Heinrich Oberreuter · Alf Mintzel

Parteien in der Bundesrepublik Deutschland

Heinrich Oberreuter · Alf Mintzel

Parteien in der Bundesrepublik Deutschland

OLZOG VERLAG

CIP-Titelaufnahme der Deutschen Bibliothek

Parteien in der Bundesrepublik Deutschland / Heinrich Oberreuter ; Alf Mintzel (Hrsg.). – München : Olzog, 1990
ISBN 3–7892–8460–2
NE: Oberreuter, Heinrich [Hrsg.]

Veröffentlicht mit freundlicher Genehmigung der Bundeszentrale für politische Bildung, Bonn, im Programm des Günter Olzog Verlages

Günter Olzog Verlag GmbH, 8000 München 19

Umschlaggestaltung: Gruber & König, Augsburg
Satzherstellung: Froitzheim, Bonn
Druck- und Bindearbeiten: May + Co., Darmstadt
ISBN 3–7892–8460–2

Inhalt

Parteien im Wandel – eine Einleitung

Parteien im Wandel, Parteien in der Krise: Schlagworte der politischen Diskussion. In der Tat stellt der rasante gesellschaftliche Wandel alle politischen Institutionen vor die Frage, ob sie den modernen Herausforderungen gewachsen sind. Die Antwort kann nicht einfach lauten, daß Strukturen des 19. Jahrhunderts den Anforderungen des 20. von vornherein nicht gewachsen seien. Wie immer kommt es darauf an, nach der »idée directrice« (Maurice Hauriou), also nach der Leitidee und dem Sinn zu fragen, der Institutionen zugrundeliegt, und dann weiter danach zu forschen, ob überkommene Strukturen sich so gewandelt haben, daß sie ihrer Leitidee auch unter veränderten Rahmenbedingungen gerecht zu werden vermögen. Dieser Wandel ist zur Bewahrung ihrer Funktionsfähigkeit für Parlament und Parteien lebensnotwendig. Vollzöge er sich nicht, blieben inhalts- und funktionsentleerte Hülsen übrig. Konkrete Fragen müßten also lauten, ob Parteien politisch steuerungsfähig, kommunikationsfähig und partizipationsfördernd sind. Zumindest läßt sich sagen, daß die Parteien in der Bundesrepublik durch typologischen, organisatorischen und strukturellen Wandel erhebliche Anstrengungen unternommen haben, diese Fähigkeiten zu erhalten und zu verbessern. Im Dienste dieser Anpassung an geänderte Rahmenbedingungen stehen gerade Entwicklungen, die oft unbedacht Kritik finden: der Ausbau von Organisation und Apparat bei gewachsenen Mitgliederzahlen, die Einrichtung von Expertenstäben, die Nutzung moderner Technologien, kurz, die zunehmende Professionalisierung. Heute sind die Großparteien nicht mehr mit den Gebilden der Gründer- und Aufbauzeit identisch. Sie nehmen Teil an der »Tertiarisierung«, an der fortschreitenden Entwicklung zur Dienstleistungszivilisation.

Die Entwicklung bilanzierend, finden wir folgende Tatsachen besonders bedenkenswert:

Die politische Institution »Partei« hat in der parlamentarisch-demokratischen Herrschaftsorganisation der Bundesrepublik Deutschland ihre zentrale und dominante Stellung bewahrt. Trotz aller prinzipiellen strukturellen und normativen Probleme ist sie als politische Institution und als Instrument der Interessenvermittlung und demokratischen Konfliktregulierung noch immer ohne wirkliche Alternative. Auf kritische Fragen und Zweifel läßt sich antworten: Die Parteien haben sich weder überlebt, noch sind sie »unweigerlich zum Aussteigen aus der Geschichte gezwungen« (Hermann Scheer).

Unsere Parteiendemokratie hat sich entgegen düsteren Prognosen durch die Entwicklung der sogenannten Volksparteien nicht selbst aufgehoben, indem sie etwa zum »Einparteienstaat« geworden wäre. Vielmehr hat sie sich als relativ flexibles Institutionengefüge erwiesen. Das Parteiensystem der Bundesrepublik läßt sich noch immer als der Typus eines »gemäßigten Pluralismus« (Giovanni Sartori) klassifizieren.

Andererseits zeigen die Großparteien bzw. Volksparteien der Bundesrepublik empirisch nachweisbar wachsende Integrationsschwächen, politische Konfliktlösungsdefizite und Legitimationsprobleme. Sie haben Schwierigkeiten bei der Mitgliederrekrutierung und Elitenselektion. Sie weisen Organisationsmängel auf, und ihr zunehmender Finanzbedarf macht seine legale Deckung problematisch. Müssen sich die Großparteien in Zukunft mit jeweils 30 bis 35 Prozent der Wählerstimmen begnügen? Sie scheinen sich darauf einzurichten.

Trotzdem stellt die moderne Großpartei eine politische Organisationsform dar, deren strukturelle Differenziertheit und funktionale Komplexität sie nach wie vor befähigt, auf allen funktionalen Ebenen des politischen Systems und in allen strukturellen Einheiten des politisch-staatlichen Institutionengefüges effektiv tätig zu werden. Die Großparteien der Bundesrepublik sind keine veralteten »Superstrukturen«, die durch neue – alternative – politische Organisationsformen ersetzt werden müßten. Allerdings machen die (neuen) gesellschaftlichen Anforderungen und funktionalen Erfordernisse eine »permanente Parteireform« im Sinne von Adaption und Flexibilisierung notwendig.

Kleinparteien sind nicht überflüssig geworden. Sie bestehen trotz aller Konzentrationstendenzen fort. Sie sind gewissermaßen Ausdruck der Differenziertheit, Komplexität, Flexibilität und relativen Offenheit des gesellschaftlichen und politischen Systems. Neuentstehende Parteien oder die Metamorphose bestehender (Klein-)Parteien müssen nicht eine dauerhafte destabilisierende Wirkung haben. Nach 1945 herrschte aufgrund der Weimarer Erfahrungen die Befürchtung, eine erneute Auffächerung des Parteiensystems könnte prinzipiell die Regierungsfähigkeit des Staates in Frage stellen. Das »Weimarer Trauma« ließ manche Politiker und Publizisten für ein Mehrheitswahlrecht und ein Zweiparteiensystem nach britischem oder amerikanischem Muster plädieren. Aber die Entwicklung verlief doch eher in kontinentaleuropäischen Bahnen: Es blieb beim Mehrparteiensystem, innerhalb dessen sich ein »gemäßigter Pluralismus« ausprägte. Sowohl die Zentralität und Dominanz von zwei Großparteien als auch die Koalitionsfähigkeit und -offenheit von Kleinparteien führten zu einer regierungsfähigen Parteiendemokratie. Das »Weimarer Trauma« ist trotz neuer Beunruhigung wohl grundsätzlich überwunden. Aber können wir wirklich verläßlich abschätzen, welche Konsequenzen eine durchaus denkbare zusätzliche Fragmentierung des Parteiensystems mit sich zu bringen vermag?

Die Revision der Ausgangssituation 1945/46

Das Jahr 1989 war das Jahr der »friedlichen Revolution« in der DDR und des Zusammenbruchs des SED-Staates. Gänzlich unvorhergesehen begann sich die Vereinigung der Bundesrepublik Deutschland und der DDR anzubahnen. Die historische Ausgangssituation von 1945/46 bzw. von 1948/49 wird in den 90er Jahren revidiert. Das Blockparteien-System der DDR zerbarst quasi über Nacht. Wenn das alte System je Legitimität besessen hätte, 1989/90 wäre sie zerbrochen. Die SED benannte sich in die Partei des Demokratischen Sozialismus (PDS) um und gab ihren autoritären Führungsanspruch als Avantgarde- und Staatspartei auf. Die Sozialdemokratische Partei wurde wieder gegründet. Neue Parteien und Bürgerplattformen entstanden. Die Wahl vom 18. März 1990 brachte den Durchbruch zur konkurrenzoffenen Parteiendemokratie. Mit anderen Worten: das westdeutsche Modell setzte sich 1990 in beiden Teilen Deutschlands durch. Nicht nur das. Es sieht so aus, als ob sich auch westdeutsche Erfahrungen wiederholten und als ob die Konturen des bundesdeutschen Parteiensystems jetzt schon, vor der Vereinigung, auf dem Gebiet der DDR sichtbar würden. Wiederholte Erfahrungen: anfängliche Zersplitterung, enttäuschte Führungshoffnungen der Sozialdemokratie, konservativer Wahlsieg nicht zuletzt aus wirtschaftspolitischen Motiven. Sich abzeichnende Konturen: ein starkes konservatives Lager mit innerer Konkurrenz, eine stabile und sicher ausbaufähige sozialdemokratische Linke, ,eine schmale liberale Gruppe und eine vergleichbare, allerdings noch gespaltenere alternativ-ökosozialistische Szene; anders ist nur die – wahrscheinlich doch ungewisse – Fortexistenz einer relativ großen marxistischen Partei. Von Stabilität ist der gegenwärtige Zustand jedoch weit entfernt.

Die Vereinigung schafft neue Rahmenbedingungen für das parteipolitische Kräftespiel in Deutschland. Die Gewichte und die Parameter des Kräftespiels verändern sich.

Das DDR-Gebiet war Kernland der Reformation, in dem die Katholiken stets in der Diaspora lebten. Zwar hatten nach 1945 die Flüchtlingsströme auch in der DDR die Konfessionsstruktur leicht zugunsten der katholischen Kirche verschoben, aber der evangelische Bevölkerungsteil überwog bei weitem den katholischen (etwa 7: 1,2 Mill.). Darüber hinaus gibt es im Bereich der DDR, nicht zuletzt infolge des dortigen Erziehungssystems ein politisch-ideologisch wirksames laizistisches Potential. Auf solchen und ähnlichen Überlegungen beruhten die Prognosen für den Ausgang der Wahlen in der DDR vor dem 18. März 1990. Die Unionsparteien, so hieß es, liefen Gefahr an Gewicht einzubüßen, weil ihre historisch-strukturellen Milieu-Basen in einer gesamtdeutschen Dimension nicht mehr die bisherige Mehrheitsposition garantierten. Niemand traute der CDU (DDR) eine Mehrheit zu. Hingegen galt die SPD (DDR) bereits als die große Siegerin, als die »geborene« Mehrheitspartei der DDR. Der überraschende Ausgang signalisierte ganz andere Kalküle und Sehnsüchte der Wähler, vor allem den Wunsch nach einer möglichst raschen Vereinigung beider deutscher Staaten und nach Teilhabe am westlichen Wohlstand und den westlichen zivilisatorischen Standards. Keine Experimente! Wie nach der Gründerphase im Westen dieser Slogan eine breite Stimmung in der Bevölkerung traf, so sprachen im DDR-Wahlkampf 1990 die Zielsetzungen und Handlungspräferenzen der CDU diese Kalküle und Sehnsüchte an. Entgegen allen Prophezeiungen wurde die CDU (DDR) zur großen Mehrheitspartei.

Doch damit sind die Gewichte und Parameter wahrscheinlich noch lange nicht dauerhaft balanciert und bestimmt. In gesamtdeutscher Perspektive befindet sich das Parteiensystem in einer Übergangsphase, in der unkalkulierbare Entwicklungen eintreten können. Vieles ist in Fluß geraten. Schon wird die Frage gestellt, wer der »Kanzler für Deutschland« sein könnte, und schon werden staatsmännische Qualitäten gesamtdeutsch gewogen. Auch die föderale Struktur und die föderalen Kräfteverhältnisse stehen wieder zur Diskussion auf staatlicher Ebene wie im Parteiensystem. Die in vierzig Jahren gewonnene innere Balancierung des Kräftespiels zwischen CDU und CSU steht vor neuen Herausforderungen und Bewährungsproben. Die parteistrategischen Initiativen der CSU bei der Formierung eines demokratisch-konservativen Parteienbündnisses in der DDR und ihre gesonderte Unterstützung der Deutschen Sozialen Union (DSU) signalisierten dies ebenso wie die Strategien der CDU. Die in der deutschen Parteien- und Parlamentsgeschichte einzigartige institutionelle Konstruktion der Bonner Fraktionsgemeinschaft von CDU und CSU ermöglichte sowohl politisch-institutionelle Integration in die große Politik als auch staatspolitische Selbstbehauptung und »eigensinnige« Abgrenzung eines politisch und kulturell traditionsbewußten Bundeslandes. In einer neuen gesamtdeutschen Perspektive sind solche institutionellen Sicherungen und Hebel wieder in Frage gestellt. In einem vereinigten Deutschland verkümmert die CSU zu einer – auch vom Wählerpotential her – bedeutungsreduzierten Regionalpartei, deren republikweiter Anspruch eher unglaubwürdig wirkt. Will sie ihre Ausweitung auf das alte DDR-Gebiet vermeiden, braucht sie dort einen gegenüber der CDU selbständigen Partner; daher der immense Wahlkampfeinsatz, daher auch derzeit die Verweigerung jener Fraktionsgemeinschaft, die in Bonn zumeist selbstverständlich war. Für die CDU bedeutet dagegen eine Einigungsstrategie im Osten nicht nur Arrondierung und Konsolidierung dort. Die damit verbundenen Gewichtsverluste der CSU im vereinigten Deutschland wären Gewinne der CDU. Sie brächten ihr wahrscheinlich die Chance, den bayerischen Partner rechts liegen zu lassen. Offensichtlich ist sie von diesem verführerischen Gedanken nicht frei.

Europa unterliegt am Ende des zweiten Jahrtausends einem rasanten und faszinierenden Wandlungsprozeß. Ein vereinigtes Deutschland ist in greifbarer Sicht, Europa geht ab 1992 in eine neue Phase seiner Integration. Wahrscheinlich wird die »nationale Entwicklung« der europäischen Parteien und Parteiensysteme immer mehr von transnationalen Prozessen bestimmt. »Nationale« Nabelschau wird obsolet. Dies gilt auch für die Betrachtung der Parteiensysteme im Westen und Osten Deutschlands. Beide erleben derzeit eine Zäsur in ihrer nun fast fünfzigjährigen Entwicklungsgeschichte. Gerade die neuesten Vorgänge und Veränderungen in der Herrschaftsorganisation osteuropäischer Staaten scheinen aber Parteienpluralismus und Parteiendemokratie des Westens als attraktives Muster der gesellschaftlichen Interessenvermittlung, Konfliktlösung und Integration zu bestätigen.

Gleichwohl war die Konzeption dieses Sammelbandes stets darauf gerichtet, Entwicklung, gegenwärtige Situation und Zukunftsperspektiven der Parteien und des Parteiensystems in der Bundesrepublik Deutschland exemplarisch darzustellen und abzurunden. Angestrebt wurde ein Band mit Handbuchcharakter. Er gliedert sich erstens in einen systematisch-einführenden Teil, zweitens in Einzelporträts der bis dato politisch relevanten Parteien, einschließlich eines Überblicks über die »sonstigen« Parteien »im Schatten der Macht«, drittens in eine Schlußbetrachtung und viertens in einen Anhang mit Dokumenten, Daten und Literaturhinweisen, die eine rasche Orientierung ermöglichen sollen. Den Autoren der Einzelporträts war ein allgemeines analytisches Raster vorgegeben, an das sie sich – mit gewisser Flexibilität – im großen und ganzen gehalten haben: 1. Geschichte und Tradition; 2. weltanschauliches Profil und programmatische Akzente; 3. Organisation, Mitgliederschaft, Selbstdarstellung; 4. innerparteiliche Willensbildung, Einwirkungen auf die politische Willensbildung, gesellschaftliche Beziehungen; 5. Parteienfinanzierung; 6. Wahlen und Wählerschaften. Dieser Band erscheint möglicherweise zum Zeitpunkt einer neuen Zäsur in der Entwicklungsgeschichte des Parteiensystems. Die vom Ergebnis der Europawahlen vom 18. Juni 1989 ausgehenden Irritationen konnten in ihren Grundzügen wenigstens noch aufgenommen werden.

Im Entstehungsprozeß gab es natürlich die bei solchen Kooperationen üblichen Probleme. Wir danken allen Autoren für ihre Bereitschaft zur kollegialen Mitarbeit: denen, die termingerecht, und denen, die etwas später fertig wurden. Zuversichtlich hoffen wir, das gemeinsame Werk kann sich sehen lassen. Nicht zuletzt danken wir in der Bundeszentrale für politische Bildung Rüdiger Thomas und Heinz Ulrich Brinkmann für die stets offene Zusammenarbeit, für ihre Anregungen, für ihre Geduld – und Herrn Brinkmann zusätzlich für die gewissenhafte redaktionelle Betreuung.

Passau, im März 1990 *Alf Mintzel/Heinrich Oberreuter*

I. Systematische Einführung

HEINRICH OBERREUTER

Politische Parteien: Stellung und Funktion im Verfassungssystem der Bundesrepublik

Existenz und Wirken politischer Parteien sind zumindest an zwei Voraussetzungen gebunden: zunächst an den gesellschaftlichen Pluralismus und die Legitimität, ihn zum Ausdruck zu bringen[1]; sodann an die Zulassung gesellschaftlicher Mitsprache bei staatlichen Entscheidungen[2]. Beides sind Grundlagen des demokratischen Verfassungsstaats der Neuzeit. In die politische Kultur, ins Verfassungsdenken der Deutschen haben sie mit charakteristischer Verspätung Eingang gefunden. Lange Zeit waren dort andere Grundannahmen bestimmend. Das monarchische Prinzip, nach dem in Deutschland bis 1918 regiert worden ist, beruhte zum einen auf der Annahme, daß das Gemeinwohl jenseits aller (partei-)politischen Pluralität substantiell vom Staat und vom Monarchen definiert werden könnte, zum anderen auf der Forderung, die Staatsgewalt und ihre Macht ungeteilt und unbeeinflußt von gesellschaftlicher Mitbestimmung bei der Krone und der von ihr allein abhängigen und überparteilich gedachten Regierung zu belassen. Staat und Gesellschaft standen einander getrennt gegenüber. Die Politik fiel in den Bereich der Staatlichkeit. Solange die Staatsgewalt nicht demokratisch legitimiert und aus eigenem Recht bei der Krone angesiedelt blieb, die zugleich auch die Einheit der Nation verkörperte, gab es weder Raum für Parteien als Ausdruck gesellschaftlicher Pluralität noch eine Chance für ihre Funktion, zwischen gesellschaftlicher Meinungs- und Interessenvielfalt und staatlichem Handeln zu vermitteln. Denn der Staat beanspruchte eine Position oberhalb der Gesellschaft und über den Parteien.

Parteien blieben also auf die Gesellschaft beschränkt. Soweit sie sich in Deutschland spätestens nach 1848 etablierten, wuchsen sie als Mitglieder- und Klientelverbände, akzentuiert auch als Gesinnungsgemeinschaften in die Gesellschaft hinein. So wie die Parlamente, die den Parteien als Aktionsbühne zur Verfügung standen, von der Staatsleitung ausgeschlossen waren, blieben sie es auch selbst. In der Staatstheorie waren auch die Parlamente gesellschaftliche, nicht staatliche Institutionen. Dort konnten zwar Forderungen nach gesellschaftlicher Mitsprache an den unabhängigen Staat erhoben und dessen Macht in gewissen Bereichen, speziell in Steuerfragen, durch ein Veto eingeschränkt werden. Zugriff auf die konkrete Macht und auf die Staatsleitung gab es jedoch nicht.

1 Vgl. Dimitris Tsatsos/Martin Morlok, Parteienrecht. Eine verfassungsrechtliche Einführung, Heidelberg 1982, S. 5, 13.

2 Vgl. Dieter Grimm, Politische Parteien, in: Ernst Benda/Werner Maihofer/Hans-Jochen Vogel (Hrsg.), Handbuch des Verfassungsrechts der Bundesrepublik Deutschland, Teil 1, Berlin–New York 1984, S. 317.

Erst als das monarchische Prinzip durch das demokratische ersetzt worden und die Staatsgewalt auf das Volk übergegangen war, greifen die Parteien über die gesellschaftliche Wirkungsebene hinaus; erst jetzt überschreiten sie die Schwelle zum Staat und gewinnen Einfluß auf die Staatsleitung. Denn die Regierung wird nun nicht mehr »von Gottes Gnaden« legitimiert, sondern vom Volk durch Wahlen. Die aus Wahlen hervorgehende handlungsfähige Parteienmehrheit besetzt die Regierung mit ihrem Führungspersonal und führt sie gemäß ihren programmatischen Leitlinien.

Bekanntlich ist der Weg zur parlamentarischen Demokratie in Deutschland lang gewesen. Der 1918 in Weimar begonnene erste Versuch war inkonsequent und halbherzig. Auf ihn folgte die totalitäre NS-Diktatur, die staatstheoretisch in Antipluralismus, Antiparlamentarismus und im Antiparteienaffekt gipfelte: Die Herrschaft »der« Partei sollte ja gerade jegliche Vielfalt beseitigen, gemäß ihrem totalitären Anspruch. Erst das Grundgesetz brachte die konsequente Entscheidung für ein parlamentarisches Regierungssystem, dessen politische Willensbildung und Entscheidungsfindung notwendigerweise intensiv von politischen Parteien bestimmt wird. Allerdings fragt es sich, ob der neuen Rolle der politischen Parteien und ihrem angemessenen Verständnis in der Öffentlichkeit nicht das überkommene traditionelle Erbe entgegensteht. Dieses Erbe setzt mehr auf Einigkeit und Harmonie in der Politik. Das Grundgesetz normiert für die politische Willensbildung lediglich einen schmalen und fundamentalen Basiskonsens. Jenseits dessen beruht es auf Pluralität und der Freiheit, Konflikte und Kontroversen auszutragen. Die bundesdeutsche Verfassungskonstruktion akzeptiert den Streit als Normalfall der Politik und setzt das Wirken der Parteien in den Staatsorganen voraus, nicht ihre Abstinenz.

I. Historische Vorbelastungen

Nicht nur Deutschland, alle Staaten, die sich heute bemühen, das Leitbild der liberalen und pluralistischen Demokratie zu verwirklichen, haben historische Phasen durchlaufen, in denen Parteien als Schädlinge nationaler Einheit, Größe und Souveränität verfemt wurden[3]. Freilich waren die Hindernisse in Deutschland besonders hoch und vielfältig. In England dagegen begannen die politischen Parteien sich bereits Ende des 17. Jahrhunderts zu etablieren. Aber selbst dort konnte sich nicht einmal die verdienstvolle und weitreichende Oppositionstheorie Lord Bolingbrokes, die zur Mitte des 18. Jahrhunderts mit erstaunlicher Modernität formuliert worden ist, dem parteienskeptischen Ansatz entziehen. Zwar gibt es bis heute keine zwingendere Begründung der Legitimität von Opposition und damit zugleich des Mehrparteienprinzips. Aber auf die Unterscheidung zwischen Parteien und »Factions« wollte auch Bolingbroke nicht verzichten. Parteien verfolgten seiner Meinung nach das Gemeinwohl, Factions dienten dem bloßen Macht- und Beutegewinn. Die Oppositionspartei rechtfertigte sich nach Bolingbroke dadurch, daß sie gegenüber den durch

3 Vgl. Erwin Faul, Verfemung, Duldung und Anerkennung des Parteiwesens in der Geschichte des politischen Denkens, in: Politische Vierteljahresschrift, 5 (1964), S. 61–80.

die Macht korrumpierten Regierenden den wahren Patriotismus – also das Gemeinwohl par excellence – verkörperte[4].

Durchaus parteifeindlich war die von Rousseau beeinflußte radikaldemokratische Einheitsvorstellung der Französischen Revolution. Selbst konkurrierende Gruppen wiesen die Zumutung weit von sich, lediglich als politische Partei betrachtet zu werden und geringerem verpflichtet zu sein, als dem ungeteilten Nationalwillen. Gerade die Jakobiner taten sich dabei hervor und bezeichneten, wie Saint-Just, Parteien als verbrecherisch und als einen Anschlag auf die Souveränität der Nation. Schließlich diente die föderalistische Verfassungsordnung der USA nach dem Willen der Verfassungsväter nicht zuletzt dem Ziel, Parteien die Bildung nationaler Mehrheiten unmöglich zu machen, da sie nach Madison von Leidenschaften und Sonderinteressen bewegt und gegen die Vernunft des Ganzen gerichtet seien[5].

Von Grund auf klingen hier Positionen und Traditionen an, die besonders in Deutschland wirkmächtig waren und geblieben sind, seitdem der Parteibegriff mit bloß subjektiven Meinungen und lediglich zufälligen Interessen verknüpft worden war. Die anderen Länder haben es ja doch vermocht, die restriktiven Fesseln dieses frühen Parteiverständnisses abzustreifen, obwohl auch bei ihnen bis heute das Machtspiel der Politiker und ihrer Parteien mit Kritik und Distanz begleitet wird. In Deutschland haben sich die skeptischen Einstellungen am längsten gehalten, weil die vorherrschende und rechtlich abgesicherte Staatsanschauung entsprechenden Nährboden bot. Sie bestritt die Legitimität der politischen Parteien auf mehreren Ebenen:
1. Die deutsche Staatstheorie gliederte die Parteien aus dem Staate aus. Bewirkt wurde dies allein schon durch die strikte Trennung von Staat und Gesellschaft, die aber tiefer fundiert war. Diese Theorie, auf Hegel gestützt, begriff den Staat als Verwirklichung der sittlichen Idee. Der Monarch verkörperte ihn substantiell. Staat war nur, was der Sphäre des »Allgemeinen« zugehörte. Die Parteien wurden in die Sphäre des »Besonderen« verwiesen. Die Identifizierung des Staates mit dem »Allgemeinen« entzog den Parteien zugleich jede Basis theoretischer Rechtfertigung. Ebenso führte die Identifizierung des Staates mit dem Monarchen dazu, die Überparteilichkeit seiner Regierung und die exklusive Vertretung des Gemeinwohls durch sie zu unterstellen. In der Praxis hat dieses Denken zwei Folgen: Zum einen wird jeder Versuch, sich in die Befugnisse der Sachwalter des Allgemeinen einzumischen, zu einer unzulässigen Gefährdung des Gemeinwohls; zum anderen können Konflikte nicht als fruchtbares Element des politischen Prozesses aufgefaßt werden, sondern nur als dessen partikularistische Störung. In der Demokratie jedoch beruht das Wirken der modernen politischen Partei gerade auf diesen beiden Voraussetzungen, die von der herrschenden deutschen Staatsidee zu ihrer Selbstverteidigung negiert worden sind.

4 Vgl. Henry St. John Bolingbroke, Letters on the Spirit of Patriotism and on the Idea of a Patriot King 1749, 1752 (Oxford 1926, hrsg. von A. Hassal). Vgl. dazu Wolfgang Jäger, Politische Partei und parlamentarische Opposition. Eine Studie zum politischen Denken von Lord Bolingbroke und David Hume, Berlin 1971.

5 Vgl. Klaus von Beyme, Partei, Fraktion, in: Otto Brunner/Werner Conze/Reinhart Koselleck (Hrsg.), Geschichtliche Grundbegriffe, Bd. 4, Stuttgart 1978, S. 677ff.

Gustav Radbruch hat diese Grundannahmen später als die »Lebenslüge des Obrigkeitsstaates« bezeichnet[6]. Dennoch galt damals allgemein, daß öffentliches politisches Wirken sich überhaupt nur durch den Besitzanspruch auf das Gemeinwohl rechtfertigte. Das führte zu sich im Grunde ausschließenden absoluten Positionen, die keineswegs den Weg zu pragmatischer politischer Willensbildung öffneten. Sie begründeten vielmehr nur andere Exklusivitätsansprüche. In Deutschland wiederholte sich die aus der englischen Parteiengeschichte stammende Unterscheidung von »party« und »faction« ein Jahrhundert später als im Ursprungsland. Um dem diskriminierenden Parteienbegriff zu entfliehen, nahmen Konservative sowie besonders die Liberalen für sich in Anspruch, das Ganze zu repräsentieren, um von daher alle anderen als Partei diffamieren zu können. Bei Rotteck, einem großen Liberalen, finden wir den Satz: »Wer gegen unser Beginnen sich erhebt, der bildet eine Partei, denn er setzt dem allgemeinen Recht eine besondere Anmaßung entgegen.«[7] Damit beanspruchten auch die Herausforderer der alten Staatsidee für sich, exklusiv das Gemeinwohl zu vertreten. Aus diesem Dilemma konnte nur die Bereitschaft herausführen, Exklusivansprüche aufzugeben und zu konzedieren, daß auch um das Gemeinwohl gestritten werden kann. Nur diese Einsicht hätte zur Legitimation der Parteienkonkurrenz führen können. Aber die Zeit war noch nicht reif dafür. Der Anspruch der Parteien, die nicht Partei sein und Pluralismus nicht verwirklichen wollten, sondern nur einen Einheitsbegriff durch einen anderen auszuwechseln gedachten, zerschellte an der Macht der Obrigkeit. Wie die Verhältnisse geordnet waren, verdeutlichte Bismarck vor dem Reichstag am 8. Mai 1884: »Die politischen Parteien sind der Verderb unserer Verfassung und der Verderb unserer Zukunft.«

2. Die Staatsrechtslehre folgte den Vorgaben der Staatsanschauung. Sie sanktionierte die parteienskeptische Tradition. Die Verfassungen des 19. Jahrhunderts übergingen die Parteien bei der Regelung der Staatsorganisation. Folglich sah auch die Rechtswissenschaft für sie keine Funktionen im Staat, ignorierte sie oder betrachtete sie als ausschließlich gesellschaftliche Gebilde. Die Perspektiven wurden so verengt, daß in der politischen oder parlamentarischen Betätigung des Beamten eine Gefährdung des über den Parteien stehenden Staatsdienertums gesehen und die politische Treuepflicht durch Frontstellung gegen die politischen Parteien erzwungen werden sollte[8]. Auch die Weimarer Reichsverfassung lag ganz auf dieser Linie und überbrückte die Kluft zwischen Parteien und Staat expressis verbis nicht. Implizit aber wurde das Wirken politischer Parteien für die in der Verfassung institutionalisierten Willensbildungsprozesse vorausgesetzt, zumindest aber nicht unterbunden: ein Widerspruch, der schließlich in den parteienfeindlichen autoriären Präsidialregimen und in der totalitären Führerdiktatur aufgelöst wurde. Heinrich Triepel faßte die Traditionslinien und die damals vorherrschende Verfassungsinterpretation zutreffend zusammen, als er schrieb, »im Bereiche der staatlichen ›Integration‹« sei »die Partei eine extrakonstitutionelle Erscheinung, ihre Beschlüsse sind, vom Standpunkt des Rechts aus gesehen, unverbindliche und unmaßgebliche Äußerungen eines dem

6 Gustav Radbruch, Die politischen Parteien im System des deutschen Verfassungsrechts, in: Georg Anschütz/Richard Thoma (Hrsg.), Handbuch des Deutschen Staatsrechts, Bd. 1, Tübingen 1930, S. 289.

7 In einer Rede 1830, zit. nach K. v. Beyme (Anm. 5), S. 714.

8 Vgl. D. Tsatsos/M. Morlok (Anm. 1), S. 4ff.

Staatsorganismus fremden sozialen Körpers«[9]. Triepel war es aber auch, der den Widerspruch zwischen der faktischen Bedeutung der Parteien und ihrer dogmatischen Negierung erkannte und – wie übrigens auch Radbruch – ihre Inkorporation in die Verfassung schon vorhersah.

3. Staatspraxis und Staatsverfassung des Konstitutionalismus, wie er im 19. Jahrhundert bestand und bis in die Gründungsphase der Weimarer Republik hineinragte, engten mit den Funktionen des Parlaments auch die Funktionen der Parteien ein. Geduldet war nur ein machtloser Parlamentarismus, dem jeder Anteil an der politischen Führung und an der konkreten Macht im Staate verweigert blieb. Das Parlament war, wie Max Weber es ausdrückte, zu lediglich negativer Politik[10] verurteilt und entwickelte von daher kein gestaltungs- und verantwortungsfreudiges, sondern nur ein oppositionelles Selbstverständnis. Für Gestaltung, Verantwortung und Macht hätte es aber auch keine staatsrechtliche Basis gegeben.

4. Diese Basis boten aber auch nicht Selbstverständnis und innere Struktur der Parteien. Trotz aller Verfemung hatten sie sich 1848 mit einem Jahrhundert Verspätung im Vergleich zu England zwar gebildet[11], aber diese Parteibildung folgte entlang ideologisch-dogmatischer oder auch sozial-struktureller Zerklüftungen, die eher desintegrierende und kooperationshemmende Wirkungen entfalteten. Diese Orientierungen drangen nicht zu einem funktionalen neuen Verständnis vor. Auf diese Weise drängten der Obrigkeitsstaat und ihr eigenes Selbstverständnis die Parteien von einer verantwortlich gestaltenden politischen Rolle ab. Es konnte sich nur ein oppositionelles Selbstverständnis entwickeln, welches bis in die Weimarer Republik hinein andauerte und bis zu einem gewissen Grad stets auch jene Parteien erfaßte, die an den Regierungen beteiligt waren. Der politische Spielraum, der in der Beschränkung auf die Gesellschaft und im »negativen« Parlamentarismus übriggeblieben war, führte zur Fixierung der Parteien auf den Typus und die Verhaltensweisen ihrer Gründungsphase. Er hat sie auch bis zuletzt, bis ins 20. Jahrhundert hinein, beim Griff nach der Regierungsmacht zaudern lassen. So entstand die paradoxe Situation, daß es zwar ein Parteiensytem gab, in dem einzelne Parteien die Lebenswelt ihrer Mitglieder gänzlich durchdrangen, das aber sein potentielles politisches Gewicht dennoch nicht in konkrete Macht umsetzen konnte, noch es ernsthaft wollte[12]. »Das Vorhandensein ausgebildeter Parteien darf nicht darüber hinwegtäuschen, daß sie in diesem kryptoabsolutistischen System ihre eigentliche Funktion verloren hatten, noch ehe sie diese hatten üben können. Sie sind zur Durchpolitisierung privater Interessenstrebungen und damit zu einer Mitverantwortung für die Gesamtheit nicht vorgedrungen. Im Entscheidenden blieben sie immer ›Gesellschaft‹ und wurden nie ›Staat‹.«[13]

---

9 Heinrich Triepel, Die Staatsverfassung und die politischen Parteien, Berlin 1927, S. 24ff.

10 Vgl. Max Weber, Wirtschaft und Gesellschaft, 2. Halbbd., Köln 1964, S. 1081ff.

11 Vgl. Theodor Schieder, Die geschichtlichen Grundlagen des deutschen Parteiwesens, in: ders., Staat und Gesellschaft im Wandel der Zeit, München 1958; Gerhard A. Ritter, Die deutschen Parteien vor 1918, Köln 1973; Thomas Nipperdey, Die Organisation der deutschen Parteien vor 1918, Düsseldorf 1961; Heino Kaack, Geschichte und Struktur des deutschen Parteiensystems, Opladen 1971; Hans Fenske, Strukturprobleme der deutschen Parteiengeschichte, Frankfurt 1974.

12 Vgl. K. von Beyme (Anm. 5), S. 731f.

13 Sigmund Neumann, Die Parteien der Weimarer Republik, Stuttgart 1970 (Erstveröffentlichung 1932), S. 25.

Das blieb auch unter der Weimarer Verfassung so, die den Zugriff auf Macht und Verantwortung zwar ermöglichte, aber nicht erzwang.
5. Aus diesen vier Grundbedingungen formte sich eine Konstellation, in der sich die innnere Schwäche der Parteien und der vom Obrigkeitsstaat auf sie ausgeübte Druck gegenseitig verstärkten. Beide zusammen prägten auf Dauer ein zersplittertes, kraftloses und auf Partikularininteressen konzentriertes Parteiensystem, dem innerer Antrieb zur Übernahme von Macht und Verantwortung im Staat fremd geblieben ist. Der Obrigkeitsstaat gewährte den Parteien politischen Aktionsraum nur als Agenten von Sonderinteressen, und zugleich diffamierte er sie genau deswegen. Er errichtete ein dauerhaftes Fundament für ihre entsprechende Verfemung als partikularistisch und gemeinwohlschädlich sowie für die typologische Verengung auf Weltanschauungs- und Interessenparteien und die daraus folgende Struktur eines zerklüfteten Vielparteiensystems. Die Parteien kamen als stabilisierende Faktoren für das politische System nicht in Frage: weder im Konstitutionalismus, dessen staatsrechtliche Organisation im monarchischen Prinzip wurzelte und die Souveränität nicht mit Parlament oder Parteien zu teilen beabsichtigte, noch nach dem verfassungspolitischen Wandlungsprozeß 1918/19, weil die verfestigten Binnenstrukturen und die darauf aufbauenden politischen Verhaltensweisen nicht reif gewesen sind für die Anforderungen, die sich aus der Einladung zu kontinuierlicher Regierungsverantwortung ergaben. Weltanschauliche Verkrustung und interessenspezifische Verengung bildeten keinen Nährboden dafür, Gesamtverantwortung für die Staatsleitung zu entwickeln. Die Weimarer Nationalversammlung (1919/20) traute den Parteien diese Leistung nicht zu. Folglich gestaltete sie das parlamentarische Regierungssystem nicht konsequent und ließ es von einer präsidialen Neben- und Reserveverfassung überlagern. Daher ging von der demokratischen Verfassung kein Zwang aus, Verhaltensweisen, die dem monarchischen Konstitutionalismus des 19. Jahrhunderts entstammten, im parlamentarischen System des 20. Jahrhunderts zu ändern. Auch daran zerbrach später die Republik.

In aller Kürze läßt sich folgendes Fazit ziehen: Nicht nur der ideologische Anspruch der Exekutive, überparteilich das Gemeinwohl zu repräsentieren, auch die Verbannung der Parteien aus dem Staat sowie später ihr Rückzug an die Peripherie des politischen Systems als Repräsentanten von Partikularinteressen verschärften die Vormachtstellung der Exekutive, die Entrückung der Regierung vom Parlament und die prinzipielle Diffamierung der Parteien in der politischen Kultur.

II. Die Parteiendemokratie der Bundesrepublik

Das Grundgesetz bricht mit dieser Tradition. In der von Heinrich Triepel aufgestellten historischen Abfolge staatlichen Verhaltens gegenüber politischen Parteien – von der Bekämpfung über die Ignorierung hin zur Legalisierung und schließlich zur Inkorporation in die Verfassung selbst – erreicht es die letzte Stufe: Die Parteien sind in den Teil der Verfassung aufgenommen, der die Staatsorganisation regelt. Damit sind sie nun formell anerkannt und stehen nicht mehr außerhalb der staatlichen Sphäre.

1. Die Anerkennung der Parteien im Prozeß der Verfassungsgebung

Angesichts des Erbes ist es überraschend, daß sich in der Gründungsphase der Bundesrepublik ein neuer Konsens über die Rolle der Parteien durchsetzte. Das mag zum einen daran gelegen haben, daß in dem weitverbreiteten Willen, aus historischen Fehlern zu lernen, der Verfemung der Parteien durch ihre normative Anerkennung der Boden entzogen werden sollte; zudem hatte das Scheitern der Weimarer Republik gezeigt, daß eine parlamentarische Demokratie ohne funktionsfähige Parteien nicht realisiert werden kann. Zum anderen hatten sich in jenen Jahren Parteien als politische Klammern erwiesen, welche die Grenzen von Besatzungszonen und Ländern überschritten und als dynamisches Element der Staats- und Einheitsbildung wirkten. Dabei gab es durchaus ein Spannungsfeld zwischen der traditionellen Abwehrhaltung gegenüber den Parteien und der letztlich gefundenen modernen Lösung. Carlo Schmid hat dieses Spannungsfeld beim Herrenchiemseer Verfassungskonvent treffend zum Ausdruck gebracht, als er erklärte: »die Form in der die (das öffentliche Leben dynamisch bewegenden) Kräfte sich organisieren, also politisch und gesellschaftlich zur Wirksamkeit kommen, sind nun einmal, ob es einem gefällt oder nicht, die politischen Parteien«[14]. Parteiendemokratie – »ob es einem gefällt oder nicht«. Es fehlte im parlamentarischen Rat durchaus nicht an Stimmen, in denen die traditionelle deutsche Parteienprüderie zum Ausdruck kam[15]. Eine intensive Diskussion über Rolle und Funktion der Parteien sucht man in den Protokollen vergeblich. Tatsächlich hatten Parteien in den meisten Verfassungsentwürfen zwischen 1945 und 1948 keine Berücksichtigung gefunden. Noch im Parlamentarischen Rat gab es Stimmen, die den streng neutralen Staat jenseits der Parteien forderten und die »echten Politiker« über sie stellten[16]. Darin drückten sich die Erblasten aus. Andererseits lagen in den Verfassungsberatungen aber auch Materialien vor, die den später getroffenen Regelungen durchaus nahe kamen[17]. In ihnen ist der Ansatz zu sehen, Tradition und Parteienprüderie auf die Seite zu schieben. Entscheidend gestützt wurde dieser moderne Trend durch die Einführung des parlamentarischen Regierungssystems. Der Parlamentarische Rat folgte nicht vereinzelt vorgetragenen Wünschen, die Regierung nach alter Tradition parteiunabhängig zu gestalten. Im Gegenteil: Dieses System beruht konstitutiv auf dem Grundsatz der parlamentarischen Parteiregierung, weil der Herrschaft im Staat alle anderen Legitimationsquellen verschlossen bleiben.

Eine systematische Diskussion dieser Zusammenhänge fand jedoch nicht statt. Man traf die richtige Entscheidung, ohne sie verfassungspolitisch systematisch zu begründen. Nur vereinzelt wurde der Einsicht Ausdruck verliehen, daß Parteien »entscheidende Faktoren unseres staatlichen Lebens (sind), und je nach dem ob sie so oder anders organisiert sind, haben unsere Staatsorgane diesen oder einen anderen

---

14 Der Parlamentarische Rat 1948–1949. Akten und Protokolle, Bd. 2, bearb. von Peter Bucher, Boppard 1981, S. 167.

15 Vgl. Volker Otto, Das Staatsverständnis des Parlamentarischen Rates, Düsseldorf 1971, S. 155ff.

16 Vgl. ebd., S. 152, 155.

17 Vgl. Wolfgang Benz (Hrsg.), »Bewegt von der Hoffnung aller Deutschen«. Zur Geschichte des Grundgesetzes. Entwürfe und Diskussionen 1941–1949, München 1979, S. 391ff., 424ff.

politischen Wert«[18]. Der Herrenchiemseer Verfassungskonvent von 1948 hatte die verfassungsmäßige Absicherung der Parteien und die später ins Grundgesetz übernommenen Gestaltungsprinzipien für das Parteiensystem zu den Sicherungen gegen arbeitsunfähige Parlamente gezählt[19]. Was er mit seinen Vorschlägen angebahnt hatte, wurde in Bonn in einer zwiespältigen Diskussionssituation vollendet. Diese Lösung war für diejenigen essentiell, die den funktionalen Zusammenhang zwischen Parteien und Regierungssystemen erkannt hatten. Seither heißt es in Artikel 21 des Grundgesetzes: »Die Parteien wirken an der politischen Willensbildung des Volkes mit.« Damit waren sie nicht nur von Anbeginn als Bestandteil der neuen Verfassungsordnung anerkannt, sondern auch funktional in den Bereich der politischen Willensbildung einbezogen. Das Grundgesetz hat zu einem neuen verfassungstheoretischen Parteienverständnis gefunden: Der frühere konstitutionalistische Dualismus von Staat und Gesellschaft wird relativiert, der Anspruch demokratischer Partizipation kommt zum Ausdruck und den Parteien wird die ihnen zukommende Rolle zugeschrieben, zwischen Politik und Gesellschaft zu vermitteln[20] und demokratische Legitimität herzustellen.

2. *Die Parteien und das Demokratiemodell des Grundgesetzes*

Auch die Weimarer Republik beruhte auf dem Grundsatz der Volkssouveränität. Allerdings konnte sie wirkmächtige Restbestände politischer Mentalitäten, die aus dem alten staatsrechtlichen Denken hervorgingen, nie gänzlich abstreifen. In ihrer Spätphase gewannen dann autoritäre und totalitäre Konzepte die Oberhand, die sich nicht auf demokratisch-pluralistische Legitimationsprozesse stützten. Zusätzlich hatte die Verfassung den Reichspräsidenten derart mit Kompetenzen ausgestattet, daß in ihm unschwer ein Ersatzmonarch zu erkennen war, der potentiell den Parteien und dem Parlament übergeordnet war. Insofern besteht erst seit den verfassungspolitisch fruchtbaren Neuansätzen der Nachkriegszeit die reale Chance, in der Moderne zu einer gefestigten parlamentarischen Demokratie zu finden.

Nach dem Grundgesetz geht die Staatsgewalt vom Volk aus. Sie wird aber nicht von ihm ausgeübt. Der Einfluß des Volkes ist vielmehr auf die Wahl von Repräsentanten beschränkt. Alle anderen Entscheidungen werden staatlichen Organen übertragen, die jedoch direkt oder indirekt durch die Wahl legitimiert sein müssen. Das Demokratieprinzip des Grundgesetzes ist ein einprägsamer Hinweis sowohl auf die Begründung und den Adressaten legitimer demokratischer Herrschaft als auch auf deren Zwecke, Rechtfertigungen und Verantwortlichkeiten. In diesem demokratischen Herrschafts- und Verantwortungsprozeß spielt das moderne Parlament eine zentrale, keineswegs die klassische periphere Rolle. Es streift seine typischen reduzierten Funktionen aus der Vergangenheit ab. Denn nun wendet es sich nicht mehr nur als Repräsentationsorgan der bürgerlichen Gesellschaft an eine dieser Gesell-

18 Carlo Schmid, in: Parlamentarischer Rat, Stenographische Berichte Plenum, 2. Sitzung vom 8. 9. 1948, S. 15.
19 Vgl. Parlamentarischer Rat (Anm. 14), S. 536f., 589.
20 Vgl. Elmar Wiesendahl, Parteien und Demokratie. Eine soziologische Analyse paradigmatischer Ansätze der Parteienforschung, Opladen 1980.

schaft entrückte Obrigkeit, es ist vielmehr repräsentatives Organ der Selbstregierung dieser Gesellschaft im demokratisierten Staat. Dieses Konzept setzt dreierlei voraus:

- den Zugriff des Parlaments auf die Staatsleitung;
- ständig funktionierende wechselseitige Kommunikation von Parlament und Öffentlichkeit;
- Sicherung der Leistungsansprüche der Bürger durch parlamentarische Arbeits-, Initiativ- und Kontrollfähigkeit.

Wahlen messen nicht nur die Stärkeverhältnisse zwischen den Parteien. Sie bestimmen auch darüber, wer regieren, die Staatsleitung in Besitz nehmen und damit die Chance erhalten soll, sein politisches Programm zu verwirklichen. Unter dem Gesichtspunkt der Machtverteilung und -ausübung bleibt die Wahlentscheidung keineswegs mehr relativ folgenlos. Sie weist vielmehr Macht zu und bringt Herrschaft ins Amt. Diese wird Parteivertretern anvertraut. Damit schwindet auf verfassungsrechtlicher Grundlage der strukturelle Gegensatz zwischen Partei und Gemeinwohl. Bei dieser Art der Bestellung legitimer Herrschaft bleibt auch kein Raum mehr für die der alten Staatsanschauung entsprechenden Idee, daß der Staat gesellschaftlichem oder parteilichem Zugriff entzogen sei. Im Gegenteil: Demokratie kann nur durch diesen Zugriff verwirklicht werden.

Zum zweiten geben die hier skizzierten Grundannahmen auch Hinweise auf die Art der politischen Willensbildungsprozesse in der repräsentativen Demokratie. In der nahezu reinen Form, in der das Grundgesetz sie eingeführt hat, ist eines der Probleme dieses Systems die Verselbständigung der Staatsorgane gegenüber ihren Auftraggebern. Durch Rückkoppelung und Kommunikation soll demokratische Partizipation auch zwischen den Wahlterminen gewährleistet bleiben. Zur Sicherung dieser »kommunikativen Demokratie«[21] dient nicht zuletzt der Wettbewerb konkurrierender Gruppen[22] im Hinblick auf die regelmäßig wiederkehrende Wahl. Daß dabei über Zuteilung oder Entzug von Macht entschieden wird, stellt die stärkste Sicherung für die Berücksichtigung der im Volk vorhandenen Meinungen und Interessen dar. Die Demokratie des Grundgesetzes ist substantiell durch den offenen Prozeß politischer Meinungs- und Willensbildung gekennzeichnet. Sie erschöpft sich nicht im Wahlakt. »Dahinter kommt ein Verständnis politischer Herrschaft zum Vorschein, bei dem sich der Schritt von der vorgefundenen gesellschaftlichen Meinungs- und Interessenvielfalt zu der aufgegebenen staatlichen Einheitsbildung nicht vollzieht, indem oberhalb der tatsächlich vorhandenen Unterschiede ein hypothetischer wahrer Volkswille angenommen wird, den die staatlichen Organe ohne Rücksicht auf gesellschaftlichen Konsens durchzusetzen haben. Die Pluralität der Meinungen und Interessen wird vielmehr ernst genommen, und die staatliche Willensbildung ist das Ergebnis eines diskursiven Prozesses, der mit Mehrheitsentscheidung abgeschlossen wird.«[23] Es lassen sich eine Reihe von Bedingungen zur Sicherung dieses Konkurrenzprinzips angeben, wie etwa die bekannten Grundsätze der Freiheit und Gleichheit der Wahl, der Parteienpluralismus und die Oppositonsfreiheit, die Trans-

---

21 Vgl. Heinrich Oberreuter, Bewährung und Herausforderung. Zum Verfassungsverständnis in der Bundesrepublik Deutschland, München 1989, S. 136f.

22 Vgl. Gerhard Lehmbruch, Parteienwettbewerb im Bundesstaat, Stuttgart u. a. 1976.

23 D. Grimm (Anm. 2), S. 322.

parenz des politischen Prozesses sowie grundrechtliche Freiheiten von Individuen und Gruppen, auf ihn einzuwirken.

In diesem System weist die Verfassung den Parteien die Aufgabe zu, an der politischen Willensbildung des Volkes mitzuwirken. Die Verfassungsnorm deutet darauf hin, daß sich die Parteien dabei ihrerseits der Konkurrenz stellen müssen. Dennoch ist ihre Stellung zentral, da sie sich nicht nur in dieser Mitwirkung erschöpft. Denn im Ergebnis entscheidet diese Willensbildung über die Besetzung staatlicher Ämter und über die Staatsleitung durch Personen, die führende Repräsentanten der Parteien sind, parteilichen Bindungen und innerparteilichen Auswahlverfahren unterliegen. Folglich sind es heute die früher verabscheuten und über den Rand des Staates hinausgedrängten Parteien, die funktionsnotwendig miteinander verklammern, was früher getrennt bleiben sollte, um die Macht möglichst ungeteilt und unkontrolliert zu erhalten: Staat und Gesellschaft. Damit sind die Parteien nicht mehr allein dem gesellschaftlichen Bereich zuzuordnen. Sie wurzeln vielmehr mit den Füßen in der Gesellschaft, reichen aber mit dem Kopf in den Staat. Das heißt, sie sind gesellschaftlichen Ursprungs, identifizieren gesellschaftliche Probleme und führen sie politischen Lösungen zu. Sie werben in der Gesellschaft für Zustimmung zu diesen Lösungen und Konzepten. Ihr Ziel ist es jedoch, die Staatsleitung zu übernehmen. Denn damit fällt ihnen die Möglichkeit allgemeinverbindlicher politischer Gestaltung nach ihren eigenen Prioritäten zu.

Die Politikwissenschaft entzieht sich der Frage nach dem Ort der Parteien in Staat und Gesellschaft, indem sie vom politischen System spricht und damit zutreffend auf die Tatsache reagiert, daß in der Moderne politisches Handeln keineswegs nur mit staatlichem Handeln identisch ist, sondern der Kreis politischer Akteure – also jener, die allgemeinverbindliche Entscheidungen beeinflussen wollen – in der modernen Demokratie über die Staatsorgane hinaus reicht. Im politischen System nehmen Parteien eine zentrale Position ein. Trotzdem bleibt die Frage, ob staatliche und gesellschaftliche Funktionen unterschieden werden können, auch dann bestehen, wenn der klassische Dualismus überwunden ist. Die absolute Identität beider Bereiche führte nämlich zu einer öffentlichen Ordnung, die alle Lebensbereiche durchdringt und einem einzigen strukturierenden Prinzip unterwirft. Es gäbe dann auch keinen Ansatz mehr, öffentliche Gewalt zu begrenzen[24]. Dadurch erhöhte sich die Reichweite politischer Entscheidung sowie die Intensität des Wirkens politischer Parteien. Wenn die historisch-bürgerliche Trennung von Staat und Gesellschaft heute nicht mehr zutrifft, so bedeutet dies noch keineswegs, daß es nicht doch noch Reservate von Staatlichkeit oder Privatheit gibt, und es bedeutet insbesondere auch nicht, daß keine Rollendifferenzierungen existierten. Wer demonstriert oder Interessen organisiert und artikuliert, bewegt sich aktuell im politischen System. Aber er ist deswegen noch nicht Staat. Er agiert auch noch nicht im zentralen politischen Entscheidungssystem. Daß die Trennungsdoktrin nicht mehr zutrifft, entspricht der Logik der Demokratie, die ja auf der Legitimierung allen staatlichen Handelns durch

---

24 Vgl. in diesem Zusammenhang z. B. Ernst-Wolfgang Böckenförde, Die Bedeutung der Unterscheidung von Staat und Gesellschaft im demokratischen Sozialstaat der Gegenwart, in: ders. (Hrsg.), Staat und Gesellschaft, Darmstadt 1976; s. a. Hans Heinrich Rupp, Die Unterscheidung von Staat und Gesellschaft, in: Josef Isensee/Paul Kirchhof (Hrsg.), Handbuch des Staatsrechts der Bundesrepublik Deutschland, Bd. 1, Heidelberg 1987, S. 1206ff.

das Volk beruht. Ebenso evident ist aber, daß sich mit der Identitätsdoktrin eher eine Entfesselung politischer Macht als ihre Begrenzung verbindet. Dem stehen jedoch die freiheitssichernden rechtstaatlichen Elemente des demokratischen Verfassungsstaates entgegen, die der politischen Gestaltungsfreude Grenzen setzen.

Man muß diese Diskussion nicht auf die Spitze treiben. Einsichtig ist jedoch, daß Parteien um so mächtiger werden, je weiter sich Spielräume für politische Gestaltung und Entscheidung öffnen. Die entscheidende Frage dürfte in der Tat sein, wie weit die Parteien in die institutionalisierte Staatlichkeit integriert sind[25]. Danach entscheiden sich eine Reihe praktischer Fragen: der Zugriff auf staatliche Ressourcen, die Zulässigkeit staatlicher Parteienfinanzierung, die Gleichheit der Parteien (gehört den im Parlament vertretenen Parteien der Staat und den nichtvertretenen nicht?) usw.

In der Parteienstaatslehre von Gerhard Leibholz werden die Folgen deutlich, die sich aus der Lösung der Zuordnungsfrage ergeben. Diese Lehre ist deshalb faszinierend, weil Leibholz frühzeitig für historische Wandlungsprozesse sensibel gewesen ist und den Versuch einer Typologisierung dieser Entwicklung unternahm, auch wenn er gelegentlich Gegentendenzen und systematische Zusammenhänge übersehen und durch Zuspitzung die Wirklichkeit verfehlt hat. Nach Leibholz hat sich während der letzten hundert Jahre der »liberaldemokratische, repräsentative Parlamentarismus« durch einen tiefgreifenden Strukturwandel »geradezu in sein Gegenteil verkehrt«, nämlich in die »parteienstaatliche Demokratie«. Dieser »moderne Parteienstaat« ist »seinem Wesen wie seiner Form nach nichts anderes wie eine rationalisierte Erscheinungsform der plebiszitären Demokratie im modernen Flächenstaat«, ein »Surrogat der direkten Demokratie«. Der »Volks- und Gemeinwille« werde durch die Parteien gebildet und entstehe »allein mit Hilfe des Identitätsprinzips ohne Beimischung repräsentativer Strukturelemente«. Das Parlament sei dabei zu einer Stätte geworden, an der sich nicht mehr Repräsentanten des ganzen Volkes treffen, sondern »Parteibeauftragte..., um anderweitig (in Ausschüssen oder Parteikonferenzen) bereits getroffene Entscheidungen registrieren zu lassen«. Dem Abgeordneten fehle die letzte Legitimität, in wichtigen Fragen von der Linie der Partei oder Fraktion abzuweichen[26]. Aus der Demokratisierung des Wahlrechts folgt für Leibholz die strukturelle Veränderung der repräsentativen Demokratie. Da das Volk erst durch Parteien handlungsfähig wird und als eigenständige und unterscheidbare Größe nicht mehr in Erscheinung tritt, schließt Leibholz, »daß... die Parteien das Volk ›sind‹«[27]. Aus der Verschiebung des Charakters der Wahl von der Personalwahl zur Abstimmung über den Regierungskurs schließt er, daß »in der parteienstaatlichen Massendemokratie der Wille der jeweiligen Parteimehrheit... mit der volonté générale gleichgesetzt wird«[28]. Die zweite Identifikation, zu der Leibholz kommt, lautet also, daß die Parteien der Staat sind – zumindest die jeweilige Mehrheitspartei, solange ihr Mandat währt.

Leibholz übersieht, daß das Volk durchaus noch in anderen Organisationsformen politisch in Erscheinung tritt. Er erkennt nicht, daß am politischen Willensbildungs-

25 Vgl. D. Grimm (Anm. 2), S. 322.

26 Gerhard Leibholz, Der Strukturwandel der modernen Demokratie, in: ders., Strukturprobleme der modernen Demokratie, Karlsruhe 1967[3], S. 93ff.

27 Gerhard Leibholz, Verfassungsrechtliche Stellung und innere Ordnung der Parteien, in: Verhandlungen des 38. Deutschen Juristentages 1950, München 1950, S. C 10.

28 Ebd., S. C 9f.

prozeß noch andere Faktoren gestaltend beteiligt sind – Elemente balancierender politischer Gewaltenteilung, denen die Parteienstaatslehre im Grunde sogar die Aktionsbasis entzieht. Die Parteienstaatslehre löst damit Restriktionen auf, denen Parteien nach demokratischem Verständnis unterworfen bleiben müssen: Wo der Staat Beute der Parteien ist, bleibt kein Raum für die Einsicht, daß Herrschaft ein anvertrautes und zum Wohle aller auszuübendes Amt ist, daß den Parteien der direkte Durchgriff auf die Mandatsträger verwehrt bleibt – kurz, daß es einen Unterschied zwischen Parteiendemokratie und Parteitagsstaat geben muß. Leibholz berücksichtigt auch nicht die Funktionen, Strukturen und Prozesse moderner Parteien und Parlamentsfraktionen, die bei weitem komplexer sind, als seine Doktrin es zuläßt[29]. Weder ist das Volk mit den Parteien, noch sind die Mehrheitsparteien mit dem Staat identisch.

Trotzdem hatte Leibholz' Lehre erhebliche Konsequenzen, weil das Bundesverfassungsgericht, dem er angehörte, sich insbesondere in seinen Gründerjahren an ihr orientierte. Das Gericht hat in seiner ersten einschlägigen Entscheidung selbst die Terminologie übernommen und festgestellt, heute sei »jede Demokratie zwangsläufig ein Parteienstaat«[30]. Karlsruhe schloß damals auch nicht aus, daß Parteien Staatsorgane sein könnten, wobei freilich die Gleichstellung mit den formierten oberen Staatsorganen Parlament und Regierung verneint wurde[31]. Diese relative Unbestimmtheit wurde in dem gleichen Urteil durch die Formel aufgelöst, Parteien müßten als »Faktoren des Verfassungslebens anerkannt werden, da sie in dessen innerem Bereich stehen«, zumal ihnen im demokratiebegründenden Wahlvorgang vielfältige Befugnisse zugeschrieben worden seien und von daher ihre Beteiligung am Prozeß der staatlichen Willensbildung feststehe[32]. Wenig später (1954) setzte sich das Verfassungsgericht ein Stück weit von dieser Position ab und bezeichnete die Parteien in Abgrenzung von den Staatsorganen nun als Verfassungsorgane[33]. Konrad Hesse hat diesem Begriff seinen Sinn abgesprochen, da die Verfassung keine Organe haben könne[34]. Trotzdem wurde in der Diskussion daraus der Schluß gezogen, die Parteien würden durch diese Definition verstaatlicht, während das Gericht wohl von gegensätzlichen Intentionen geleitet war. Das Parteienfinanzierungsurteil von 1966 neigt gänzlich in die andere Richtung, trennt – realitätsfern – die Willensbildung des Volkes von der des Staates, ordnet die Parteien der gesellschaftlichen Sphäre zu und definiert sie aus der staatlichen – mit der Ausnahme des Wahlvorgangs – geradezu hinaus[35].

Das Urteil des Bundesverfassungsgerichts von 1977 zur Öffentlichkeitsarbeit der Regierung im Wahlkampf wiederum setzt das Wirken der Parteien in den Staatsorga-

---

29 Zur Kritik an Leibholz vgl. Peter Haungs, Parteiendemokratie in der Bundesrepublik Deutschland, Berlin 1980; zur neueren Diskussion siehe Michael Stolleis, Parteienstaatlichkeit – Krisensymptome des demokratischen Verfassungsstaats?, in: Veröffentlichungen der Vereinigung Deutscher Staatsrechtslehrer, 44 (1986), S. 7–45.

30 BVerfGE 1, 32, S. 224.

31 Vgl. ebd., S. 225.

32 Ebd., S. 226f.

33 Vgl. BVerfGE 4, 27, S. 30.

34 Vgl. Konrad Hesse, Die verfassungsrechtliche Stellung der politischen Parteien im modernen Staat, in: Veröffentlichungen der Vereinigung Deutscher Staatsrechtslehrer, 17 (1959), S. 40.

35 Vgl. BVerfGE 20, 56, S. 98ff.

nen voraus und definiert sie – realitätsnah – als Zusammenschlüsse von Bürgern »mit dem Ziel der Beteiligung an der Willensbildung in den Staatsorganen«[36]. Deutlicher als je zuvor folgt zugleich die Erinnerung an den Amtsgedanken, an die Tatsache also, daß der Staat ungeachtet der parteipolitischen Besetzung seiner Ämter Staat des ganzen Volkes bleibt, daß Herrschaft gemeinwohlorientiert für alle Bürger auszuüben ist und von daher Staat und regierende Mehrheit nicht identisch seien[37]. Damit ist der Anschluß an die Legitimitätsdoktrin des Grundgesetzes wieder vollzogen: Herrschaft ist eine Auftragsangelegenheit des Volkes. Dessen Wahlentscheidung bestimmt, von wem und nach welchen Konzepten sie für eine begrenzte Zeit ausgeübt werden soll. Ihre Ausübung ist eingebettet in den offenen Prozeß politischer Willensbildung, der permanent kommunikative Begründungen und Rechtfertigungen erfordert und für Einflüsse der Bürger offen bleibt. Es handelt sich um einen Kreislauf politischer Kommunikation. Sie verläuft nicht nur einseitig vom Volk zu den Staatsorganen, sondern auch umgekehrt, weil sonst weder Raum für legitime politische Führung, noch für die diskursive Rechtfertigung politischer Entscheidungen wäre, zu denen ja Zustimmung erworben werden soll. Auch die Staatsorgane haben eine meinungsbildende Funktion, die sich speziell in der parlamenarischen Debatte ausdrückt. Gerade die staatliche Einbindung in den permanenten Willensbildungsprozeß ist demokratiekonform. Der Staat darf aber mit seinen Mitteln dessen Offenheit nicht beeinträchtigen.

Für die Parteien gelten die gleichen Forderungen. Der »Status der Öffentlichkeit«, den Konrad Hesse ihnen zubilligt, um ihre Ausgrenzung aus dem Staat ebenso zu vermeiden wie dessen völlige parteipolitische Inbesitznahme[38], umschreibt diese Position in der politischen Willensbildung. Die Parteien dürfen nicht soweit in den Bereich der institutionalisierten Staatlichkeit entrückt werden, daß sie ihre gesellschaftliche Verwurzelung verlieren, ihre Führungen Unabhängigkeit von den Mitgliedern gewinnen und sich die dauernde Rückkoppelung an die gesellschaftliche Vielfalt von Meinungen und Interessen auflöst. Deswegen unterliegen sie selbst dem Demokratiegebot. Andererseits ist aber ihre Wirksamkeit in den Staatsorganen zwangsläufig, da nur sie als vermittelnde Instanzen das Volk befähigen, Herrschaft im Staat demokratiegemäß zu bestimmen.

III. Die Funktion der Parteien

Die Willensbildung des Volkes erstreckt sich auf den Staat. An ihr mitzuwirken bedeutet also, an diesem Zugriff auf den Staat teilzuhaben. Die spezifische Funktionsbestimmung der Parteien in Artikel 21 GG täuscht darüber hinweg, indem suggeriert wird, die Parteien seien in die Sphäre der Volkswillensbildung verwiesen. Aber in der Demokratie kann es keine davon abgeschiedene Staatswillensbildung geben. Beide Sphären sind miteinander zu verbinden, und das Instrument dafür ist

36 BVerfGE 44, 125, S. 145.
37 Vgl. ebd., S. 142 ff.
38 Vgl. K. Hesse (Anm. 34), S. 40 ff.

die politische Partei[39]. Im übrigen setzt das Grundgesetz selbst in vielfältiger Weise die Wirksamkeit entsprechend funktionsfähiger politischer Parteien voraus, indem es der Wahl – die ohne Parteien nicht möglich wäre – zentrale Bedeutung gibt, indem es dem Parlament – das naturgemäß von Fraktionen gebildet und beherrscht wird[40] – wichtige Funktionen zuschreibt und ihm sogar die Regierungsbildung überträgt, und indem es gerade dadurch die Staatsleitung in die Hände der Mehrheitsparteien legt. Das Wirken der Parteien bricht also nicht ab, sobald sie ihre Meinungen und Interessen gebündelt, identifizierbar gemacht und damit gesellschaftliche Vielfalt auf entscheidungsfähige Alternativen reduziert haben[41]. Dieses Wirken setzt sich vielmehr fort.

Sicher ist es nicht ganz falsch, in den Parteien »Wahlvorbereitungsorganisationen«[42] zu sehen. Aber darin erschöpft sich ihre Tätigkeit nicht, da sie ja in dem gewählten Organ präsent bleiben und dessen Willensbildungs- und Entscheidungsprozesse vorantreiben. Sie stellen nicht nur Abgeordnete, sie bilden auch die Regierung. Von daher ging das Bundesverfassungsgericht fehl, als es die Wahl zur überragenden Funktion der Parteien erhob[43] und dabei wohl in den älteren Dualismus von Staat und Gesellschaft zurückfiel, der beide nicht als unterscheidbare, sondern als voneinander getrennte Sphären verstand. Wenn die Parteien auch im Staat wirken, überschreiten sie nicht ihre verfassungsmäßigen Aufgaben. Die parlamentarische Demokratie, die das Grundgesetz ebenso konstituiert, beruht vielmehr auf dieser Voraussetzung.

Irrig ist auch die Annahme, die Willensbildung des Volkes sei auf die Wahl verkürzt. Sie findet vielmehr permanent statt, und Parteien wirken stets an ihr mit. Das geschieht zumindest in zwei Dimensionen. Vereinfachende Demokratiekonzepte sehen in aller Regel nur die Einflußnahme vom Volk auf die Staatsorgane, wobei der Partei die Funktion des »Sprachrohrs« zugeschrieben wird, »dessen sich das mündig gewordene Volk bedient, um sich artikuliert äußern und politische Entscheidungen fällen zu können«[44]. Nach dieser Beschreibung wären Parteien sogar auf die Verstärkung und Vermittlung von Positionen reduziert, deren Existenz offensichtlich vorausgesetzt wird. Es ist aber evident, daß solche Positionen sich erst als Ergebnis politischer Prozesse herausbilden, auf welche die Parteien ihrerseits einwirken. Zu dieser Einsicht hat auch das Bundesverfassungsgericht wieder gefunden und den Parteien ihre aktive Rolle zurückgegeben. Das Gericht bestand aber darauf, daß sich die Willensbildung im demokratischen Staat mit Hilfe der Parteien vom Volk zu den Staatsorganen vollziehen müsse und nicht umgekehrt[45]. In Reaktion auf den Obrigkeitsstaat, der den politischen Willen von oben her formierte, wird offenbar ange-

39 Vgl. D. Tsatsos/M. Morlock (Anm. 1), S. 30ff; D. Grimm (Anm. 2), S. 325; Peter Häberle, Unmittelbare staatliche Parteienfinanzierung unter dem Grundgesetz, in: Juristische Schulung, (1967), S. 64ff.
40 Vgl. Gerald Kretschmer, Fraktionen. Parteien im Parlament, Heidelberg 1984.
41 K. Hesse (Anm. 34), S. 18, spricht von der »Formungsbedürftigkeit des pluralistisch aufgespaltenen Volkswillens«.
42 BVerfGE 8, 51, S. 63 passim.
43 Vgl. BVerfGE 20, 56, S. 113.
44 In Anlehnung an G. Leibholz: BVerfGE 1, 208, S. 224.
45 Vgl. BVerfGE 20, 56, S. 99.

nommen, in der Demokratie müsse es sich nun umgekehrt verhalten. Eine Einbahnstraße wird also durch eine andere ersetzt.

Diesem Denken fehlt die zweite Dimension: die Kommunikation der Staatsorgane mit den Bürgern, in der ebenfalls die Parteien Mittlerdienste leisten. Gerade in der Demokratie, die ihre Legitimität kommunikativ sichert, bricht politische Willensbildung nicht ab, wenn sie die obersten Entscheidungsorgane erreicht hat. Vielmehr müssen Entscheidungen mitgeteilt, diskutiert, gerechtfertigt werden. Entscheidungen lösen Probleme, finden Zustimmung – oder sie werfen neue Probleme auf und provozieren Kritik. Sie lösen damit ihrerseits erneut politische Willensbildungsprozesse aus und beeinflussen sie. Daraus ergibt sich ein Drei-Phasen-Modell: Parteien identifizieren Probleme und führen sie in den politischen Entscheidungsprozeß ein; in Parlament und Regierung bewirken sie eine allgemeinverbindliche Entscheidung; diese Lösung geben sie dann erneut in den politischen Kommunikations- und Willensbildungsprozeß zurück. Ihr Ziel dabei ist, Legitimität für getroffene Entscheidungen zu erzielen[46]. Dieses Ziel gewinnt noch an Bedeutung, sobald in Entscheidungen dezidierter Wille zur Führung zum Ausdruck kommt. Aber auch im Normalfall erfordert das Demokratiegebot die Einbeziehung der Staatsorgane in den Prozeß politischer Kommunikation und damit zugleich auch Willensbildung von ihnen zum Volk. In der Demokratie ist der Prozeß politischer Willensbildung ein Kreislauf- und ein Rückkoppelungsprozeß. In ihm lassen sich unterschiedliche Rollen und Kompetenzen identifizieren. Aber es wäre funktionswidrig, irgendeine Institution oder Organisation aus diesem Kreislauf hinauszudefinieren, die an der demokratischen Willensbildung und Entscheidung beteiligt ist. Im Idealfall gewinnt diese ihre unverwechselbaren Qualitäten gerade durch die kommunikative Einbindung aller Macht und Einflußfaktoren.

Daß der Einfluß der mitwirkenden Parteien und ihrer Mitglieder im politischen Kommunikationsprozeß am weitesten reicht und ihnen dabei sogar eine dominierende Position zukommt, liegt in der Natur der Sache. Schließlich operieren die Parteien nicht nur an der Nahtstelle zwischen Staat und Gesellschaft, sie besetzen auch die Ämter im Staat und formulieren die mit Hilfe staatlicher Institutionen betriebene Politik. Von daher bereitet die Eingrenzung ihrer Rolle erhebliche Schwierigkeiten, obwohl es sowohl Rollendifferenzierungen zwischen Partei-, Parlaments- und Regierungsmitgliedern als auch zusätzliche Restriktionen gegen den ungenierten Durchgriff der Parteien auf Parlamentsfraktion und Kabinett gibt. Doch daneben besteht gewiß auch Solidarität. Rollendifferenzierung, rechtliche Schranken, Medien- und Verbandsmacht sind kontrollierende oder sogar mitwirkende Elemente. Dennoch bleibt die zentrale Position der Parteien im politischen Kommunikationsprozeß und ihre Präsenz auf allen seinen Ebenen unübersehbar. Ins Auge fällt jedoch auch ihre Legitimierung durch die Wähler.

---

46 Es kommt dabei nicht nur auf die generelle Unterstützung der politischen Führung an (vgl. etwa Niklas Luhmann, Legitimation durch Verfahren, Darmstadt–Neuwied 1975²), sondern auf die konkrete Chance zur Partizipation. Zur Praxis vgl. die neueren Veröffentlichungen von Oskar Niedermayer, Innerparteiliche Partizipation, Opladen 1989; Michael Th. Greven, Parteimiglieder, Opladen 1987; Wolfgang Falke, Die Mitglieder der CDU, Berlin 1982; Emil Hübner, Partizipation im Parteienstaat, München 1976.

Diese systematischen Zusammenhänge kommen in den parteiengesetzlichen Funktionsbestimmungen deutlich zum Ausdruck. Von den hier noch einmal zusammengefaßten systematischen Voraussetzungen her völlig konsequent, hat der Gesetzgeber die dauernde Einflußnahme auf die politische Willensbildung, die in der Beteiligung an Wahlen gipfelt, zum definierenden Kriterium der Partei erhoben. Sie verliert ihre Rechtsstellung, wenn sie sechs Jahre lang in Bund und Ländern nicht kandidiert. Die öffentliche Aufgabe der Parteien setzt sich im einzelnen nach der Legaldefinition des Parteiengsetzes aus der Erfüllung folgender acht Funktionen zusammen:

1. Einflußnahme auf die Gestaltung der öffentlichen Meinung;
2. Mitwirkung an der politischen Bildung;
3. Förderung der politischen Beteiligung der Bürger;
4. Heranbildung von politischem Führungspersonal;
5. Rekrutierung von Kandidaten;
6. Einflußnahme auf Parlament und Regierung;
7. Eingabe politischer Zielvorstellungen in die »staatliche Willensbildung«;
8. Sorge für die »ständige lebendige Verbindung« zwischen Volk und Staatsorganen.

Im Gegensatz zu elitär-liberalen Theorien der Vergangenheit steckt hinter diesem Konzept offensichtlich keine Furcht vor der Mediatisierung des Volkswillens, sondern ein realistischeres Demokratiemodell. Es berücksichtigt den Strukturwandel zur Massendemokratie, die ja nirgendwo in Europa zum Zeitpunkt der Formulierung liberaler Positionen auch nur andeutungsweise verwirklicht und zu einem beträchtlichen Teil auch gar nicht beabsichtigt war. Dieser Strukturwandel löst die Idealvorstellung politischer Willensbildung in unmittelbarer Kommunikation auf; das eine schließt das andere aus. Partizipation wird nur noch möglich durch vermittelte und strukturierte Kommunikation, die Informationen ordnet und sich innerhalb bestimmter Kanäle vollzieht. Die Parteien sind solche Kommunikationskanäle. Sie aggregieren und artikulieren »den Volkswillen« durch ein strukturiertes Angebot politischer Offerten oder auch dadurch, daß sie Probleme und Interessen aufspüren. Sie sorgen für die Kommunikation vom »Volk zu den Staatsorganen«, wie es das Bundesverfassungsgericht einmal ausgedrückt hat. Mit diesem Transport von Bedürfnissen und Interessen, mit dieser Transmissionsaufgabe, sehen manche ihre wesentliche Funktion bereits definiert. Darüber hinaus hätten sie es gerne, diese Aufgabe auf die Übermittlung solcher (zum Teil sogar der einzig »richtigen und wahren«) Interessen zu beschränken und jeden Eigenbeitrag der Parteiorganisationen zu delegitimieren. Aber diese Aufgabenbestimmung griffe sachlich und inhaltlich zu kurz.

Parteien dienen ferner als Kanäle für den Informationsfluß von »den Staatsorganen zum Volk«. Systemtheoretisch betrachtet gilt es ja nicht nur, dem politischen System aus der Gesellschaft Forderungen und Unterstützung zuzuführen. Auch die politischen Entscheidungen sind an die Gesellschaft zu vermitteln und vor ihr zu begründen. Erst dadurch schließt sich der Kreislauf politischer Kommunikation. Demokratietheoretisch ist diese zweite Aufgabe unabdingbar gefordert. Der einzelne Mandatsträger kommt ihr nach, wenn er an die Partei als seine politische Basis zurückgebunden bleibt und – ob nun unter dem Vorzeichen der Kontrolle oder dem der Information – den kommunikativen Kontakt zu ihr und darüber hinaus auch zu seinen Wählern aufnimmt. Parteien kommen ihr nach, indem sie als Folge und im Sinne der permanenten Konkurrenz um Wählerstimmen Interesse daran besitzen, ihre Positionen im zentralen politischen Entscheidungssystem, also ihr Handeln als Regierungs- oder Oppositionspartei, ständig öffentlich zu verdeutlichen[47]. Politische Mobilisierung und Sozialisation der Bürger werden auf diese Weise am ehesten erreicht.

Die Parteien stehen hinsichtlich der Rekrutierung politischen Führungspersonals für Mandate und Ämter unter einem starken Leistungsdruck. Ihre gesetzliche Definition durch Beteiligung an der Wahl unterstreicht diese Forderung. Die Rekrutierungsfunktion ist die personelle Seite der Regierungsfähigkeit.

Parteien stehen auch unter Druck hinsichtlich der Formulierung und des Angebots politischer Programme: die sachliche Seite ihrer Regierungsfähigkeit. In der Literatur wird diese Aufgabe inzwischen auch als Zielfindungsfunktion bezeichnet[48]. Programme sind handlungsrelevante Strategien und ein Nachweis alternativer Handlungsmöglichkeiten. Sie hängen mit der Steuerungsfunktion eng zusammen, die Parteien ja insbesondere dann zukommt, wenn sie zur Regierungsbildung verfassungsmäßig verpflichtet sind. Denn ihr Programm ist die Grundlage politischer Steuerung, solange der Anspruch aufrechterhalten bleibt, daß nicht nach technokratischen, sondern nach wertorientierten Prämissen politisch gestaltet werden soll.

Parteien stehen also im Dienste wechselseitiger Kommunikation zwischen Staatsorganen und Öffentlichkeit. Aber sie erschöpfen sich darin nicht. Ihre Funktionsfähigkeit ist erst dann sichergestellt, wenn sie in der Lage sind, Personen und Programme in das politische System einzubringen, die dieses zu steuern vermögen. Hier ist ihr entscheidender Beitrag zur ständigen Legitimierung zu sehen, der Partizipation und Kontrolle über den Kreis der aktiven Parteibürger hinaus ermöglichen und den Staat für Informationen und Innovationen ständig offenhalten soll.

IV. Zur Rechtsstellung

Den Parteien sind von Rechts wegen umfassende Aufgabenfelder eröffnet. Unter machtpolitischen Gesichtspunkten, die bekanntlich nicht vollständig rechtlich eingegrenzt werden können, sind diese Aufgaben »geradezu unendlich«[49]. Daß es erst relativ spät zur Normierung speziellen Parteienrechts kam, hat in dieser Nähe zum Machtspiel seine Ursache – aber auch in der verständlichen Abneigung der Parteipolitiker, ihren Aktionsraum allzu engen rechtlichen Bindungen zu unterwerfen[50].

---

47 Repräsentative Demokratie verwirklicht sich als ständiger Kommunikationsprozeß, an dem nicht nur die Parteien – diese aber an herausgehobener Stelle –, sondern alle Institutionen Träger politischer Rollen und die Medien beteiligt sind. Vgl. Hanna F. Pitkin, The Concept of Representation, Berkeley u. a. 1967.

48 Vgl. Klaus von Beyme, Kritik des Parteienstaats – ein internationales Phänomen?, in: Joachim Raschke (Hrsg.), Bürger und Parteien, Opladen 1982, S. 88; s. a. Bericht zur Neuordnung der Parteienfinanzierung. Vorschläge der vom Bundespräsidenten berufenen Sachverständigen-Kommission, Köln 1983, S. 65f.

49 Heino Kaack, in: Maßstäbe einer sachgerechten Parteienfinanzierung, Stenographische Niederschrift der Veranstaltung der Deutschen Vereinigung für Parlamentsfragen am 22. Juni 1983 in Bonn (masch. Fassung), S. 6.

50 Vgl. Karl-Heinz Seifert, Die politischen Parteien im Recht der Bundesrepublik Deutschland, Köln u. a. 1975, S. 45.

Dahinter stehen aber durchaus ernstzunehmende Probleme: Zum einen läßt sich in der Tat politische Willensbildung nicht nach Art eines bürgerlichen Rechtsgeschäfts normativ umhegen. Zum anderen kann man nicht ein politisches System auf den Fundamenten politischer Freiheit gründen und jene Organsationen, in denen diese sich am effektivsten ausdrückt, gleichsam im Gegenzug in ein allzu enges Normenkostüm zwängen. Parteienrecht muß im Gegenteil Rahmenbedingungen für ihre Entfaltungsfreiheit in der politischen Willensbildung schaffen. Es muß natürlich auch Grenzen ziehen. Aber diese Grenzen bestimmen sich aus der Intention, die Funktionen der politischen Parteien zu sichern. Ihr Rechtsstatus kann als die Summe der rechtlichen Voraussetzungen für die Erfüllung ihrer Funktionen betrachtet werden[51].

In dieser Materie spiegelt sich das Spannungsverhältnis zwischen der Nähe der Parteien zur institutionalisierten Staatlichkeit und ihrer eigenständigen Rolle als gesellschaftliche Organisationen. In der Rechtswissenschaft wird die Beziehung zwischen Parteien und Staat mit dem Begriff des Doppelstatus charakterisiert. Auf der einen Seite sind die Parteien natürlich – wie jedermann im Rechtsstaat – der Staatsgewalt unterworfen (status subjectus), auf der anderen Seite wirken sie an der Staatsgewalt aktiv mit (status activus)[52]. Auch das gilt grundsätzlich für alle Bürger, jedoch im Regelfall in einer sehr abstrakten Weise. Der status activus der Parteien gipfelt dagegen darin, daß ihre Mitglieder Staatsämter besetzen und Staatsleitung ausüben. Der Staat unterliegt der Parteienkonkurrenz, die stets offen bleiben muß. Demgemäß ist die Rechtsstellung der Parteien zwar zu regeln, aber zugleich hat sich der Staat in den Parteienwettbewerb nicht einzumischen und parteipolitisch neutral zu verhalten[53]. Die Parteien wiederum, die den Staat führen und legitimerweise nach ihren eigenen Vorstellungen gestalten wollen, haben sich dabei von dem Bewußtsein leiten zu lassen, daß staatliche Ämter ihnen im Dienste des Gemeinwohls auf Zeit anvertraut und im Namen und zugunsten aller Bürger auszuüben sind – keineswegs nur zum Nutzen der eigenen Anhängerschaft. Im Bewußtsein politischer Akteure ist diese Orientierung durchaus präsent[54], wenngleich zuzugeben ist, daß es sich hier um eine stets vom Absturz bedrohte Gratwanderung handelt.

Zunächst genießen die Parteien zur Sicherung der demokratischen Willensbildung gegenüber dem Staat den Status der Freiheit[55]. Ihre Freiheit ist auf ihre Funktionen

---

51 Vgl. K. Hesse (Anm. 34), S. 27. Zur Rechtsstellung der Parteien vgl. neben der bereits aufgeführten Literatur insbesondere Wilhelm Henke, Das Recht der politischen Parteien, Göttingen 1972; Philip Kunig, Parteien, in: Josef Isensee/Paul Kirchhof (Hrsg.), Handbuch des Staatsrechts, Bd. 2, Heidelberg 1987, S. 103–147.

52 Vgl. K.-H. Seifert (Anm. 50), S. 393ff.

53 Vgl. ebd., S. 413ff.

54 Vgl. z. B. die entsprechenden Bemerkungen zweier Bundeskanzler: »Parteien geben nicht ›Direktiven‹ für das politische Handeln der Exekutive. Das Verfassungsgebot an die Regierung, das Volk (in der Bundesrepublik Deutschland) in seiner Gesamtheit zu vertreten, kann zur Folge haben, daß ein Bundeskanzler in Meinungsverschiedenheiten mit seiner Partei geraten kann.« (Willy Brandt, Was soll das Gerede vom Parteienstaat?, in: Vorwärts vom 13. April 1977). »Aber das Grundgesetz hat keineswegs Parteitage über das Parlament und über die Bundesregierung gesetzt.« (Helmut Schmidt, Zehn Thesen zur sozialdemokratischen Gemeinsamkeit, ebd.).

55 Vgl. K. Hesse (Anm. 34), S. 27; W. Henke (Anm. 51), S. 229; K.-H. Seifert (Anm. 50), S. 110; D. Grimm (Anm. 2), S. 355f.; D. Tsatsos/M. Morlok (Anm. 1), S. 73ff.; P. Kunig (Anm. 51), S. 112ff.

bezogen und wird von diesen bestimmt und begrenzt. Gleichwohl ist die Freiheit der Parteien aber auch auf die grundrechtlich eingeräumten bürgerlichen Freiheiten bezogen, weil sie zu einer Struktur des politischen Systems beiträgt, in der sich die personale Freiheit auf politische Mitbestimmung entfalten kann. Zunächst ist die Gründung von Parteien frei (Art. 21 Abs. 1 GG). Sie unterliegt keiner staatlichen Zulassung und ist auch nicht an bestimmte Rechtsformen gebunden. Die Verfassung schreibt auch nicht das Parteiensystem fest. Sein Konzentrationsgrad sowie der in ihm vorherrschende Parteientyp bleiben der offenen politischen Entwicklung überlassen. Ebensowenig kann durch das Recht gesteuert werden, welche Interessen und Positionen sich parteipolitisch organisieren und welche nicht. In der Geschichte der Bundesrepublik hat es bisher etwa 150 Parteien unterschiedlichen Profils gegeben[56].

Frei sind die Parteien auch in der Wahl ihrer Ziele. Um dieser Ziele Willen werden sie ja gegründet. Ohne Programmautonomie würde die Gründungsfreiheit bedeutungslos. Es gibt keine rechtliche Befugnis zur Bewertung von Programmaussagen (abgesehen vom Problem der Verfassungswidrigkeit). Insofern erübrigt sich die Forderung, Parteien müßten sich am Gemeinwohl orientieren. Zum einen liegt das Gemeinwohl inhaltlich nicht fest, und eine systematische Voraussetzung für offene und freie Parteienkonkurrenz besteht gerade darin, daß das Gemeinwohl nicht a priori bestimmt wird, sondern selbst im Widerstreit steht und allenfalls Ergebnis eines offenen Willensbildungsprozesses sein kann. Zum anderen muß es Parteien unbenommen bleiben, inhaltliche Schwerpunkte zu setzen, Themen zu akzentuieren oder zu vernachlässigen. Ein abgestimmtes, koordiniertes Gestaltungskonzept für alle Politikbereiche kann von ihnen nicht verbindlich gefordert werden. Daß solche Konzepte verfassungspolitisch wünschenswert sind und der Funktions- und Leistungsfähigkeit der Parteien bei der Steuerung der parlamentarischen Demokratie dienen, ist eine andere Frage. Unter dem Gesichtspunkt der Stimmenmaximierung und des Machterwerbs empfiehlt es sich natürlich, Interessen und Themen möglichst breit zu integrieren; jede Verengung schränkt zugleich die Attraktivität am Wählermarkt ein. Aus diesem Grund haben sich die großen Parteien bisher für das Volksparteikonzept entschieden – und nicht, weil sie normativ entsprechenden Anforderungen unterlägen. Engere programmatische Angebote waren im Parteiensystem der Bundesrepublik immer möglich. Inzwischen gewinnen sie im begrenzten Rahmen sogar neue Wählerresonanz.

Zusätzlich genießen die Parteien allgemeine Betätigungsfreiheit. Zwar ist ihre verfassungsrechtliche Funktion die Beteiligung an der politischen Willensbildung, die für sie konstitutiv ist: Ohne regelmäßige Kandidatur verlieren sie ihre Rechtsstellung. Von Rechts wegen sind sie also gehalten, diese Funktion in jedem Fall zu erfüllen. Darüber hinaus genießen sie aber Handlungsfreiheit und können sich in vielfältiger Weise betätigen: wirtschaftlich, sozial, karitativ, kulturell usw. Tatsächlich sind auf lokaler und regionaler Ebene viele Parteiaktivitäten alles andere als genuin politisch. Sie dienen der Integration der Mitglieder, der Gewinnung sozialer Identität oder auch Attraktivität, indem Parteien versuchen, mehr vertrauensbildend zu wirken, Nähe zum konkreten Lebensraum zu dokumentieren, Lösungen für soziale Probleme

56 Vgl. dazu den Beitrag von Manfred Rowold, in diesem Bande, S. 314; s. a. Richard Stöss (Hrsg.), Parteien-Handbuch. Die Parteien der Bundesrepublik Deutschland 1945–1980, 2 Bde., Opladen 1983.

anzubieten und die Bürger nicht nur politisch anzusprechen. Die Großparteien haben sich in diesem Kontext zunehmend zu Dienstleistungszentren entwickelt. Zumindest auf überregionaler Ebene sind sie sogar wirtschaftlich tätig. Das Parteienrecht steht dem nicht entgegen. Ob für die Parteien eine Konzentration auf ihre genuin politischen Aufgaben nicht besser wäre, ist erneut eine verfassungspolitische Frage. Soweit sie diese Aufgaben wahrnehmen, ist der Wille zur Übernahme von Regierungsverantwortung erneut nur ein verfassungspolitisches, kein rechtliches Problem. Parteien, die ihre Gründungs- und Programmfreiheit im wesentlichen zur Artikulation von Protest in Anspruch nehmen, können nicht durch Rechtsnormen in die Verantwortung und zum Abschied von ihren primären politischen Intentionen gezwungen werden.

Schließlich besitzen die Parteien den Status der Gleichheit[57]. Die chancengleiche Parteienkonkurrenz war schon frühzeitig als unabdingbares Kriterium in die Definition der freiheitlich-demokratischen Grundordnung durch das Verfassungsgericht eingegangen[58]. Der demokratische Staat, gelenkt durch das Mittel der Parteienkonkurrenz, muß diesen Wettbewerb freigeben und gegenüber den Wettbewerbern neutral bleiben. Die Schwierigkeiten liegen darin, daß der Gleichheitsgrundsatz für Ungleiches gilt. Denn die Parteien bilden sich ja um programmatische Profile und personelle Alternativen herum aus. Ihre Mitglieder- und Wählerschaften und ihre Finanzkraft sind nicht gleich. Diese Ungleichheiten sind aber ein Ergebnis des politischen Prozesses. Sie sind dem Staat vorgegeben. »Staatliche Neutralität kann dann aber nur Nichtbeeinflussung der Ungleichheit bedeuten.«[59] Die Gleichheit ist also formal[60]. Praktische Probleme entstehen daraus, daß die staatliche Neutralität von Staatsorganen eingehalten werden muß, die selbst parteipolitisch besetzt sind. Das Bundesverfassungsgericht hat beispielsweise in seinem wichtigen Urteil über die Öffentlichkeitsarbeit der Regierung im Wahlkampf wichtige Grenzen gezogen[61] und darauf hingewiesen, daß es den Staatsorganen untersagt bleibt, parteiergreifend auf den Wahlkampf einzuwirken und sich als solche selbst zur Wiederwahl zu stellen. Die Regierung darf nicht mit Staatsmitteln und Steuergeldern Wahlwerbung betreiben. Auch in Wahlrechtsfragen sind die Parteien öfters korrigiert worden[62]. Die Fünf-Prozent-Klausel freilich hat das Bundesverfassungsgericht stets akzeptiert. Die »zwingenden Gründe«, die Ausnahmen vom Gleichheitsprinzip rechtfertigen, sahen die Richter in der Vermeidung eines zersplitterten und zur Regierungsbildung unfähigen Parteiensystems. Ob ohne die Fünf-Prozent-Klausel der Prozeß der Parteienkonzentration wesentlich anders verlaufen wäre, ist eine offene Frage. Allerdings ist ihr die Immobilität des Parteiensystems und eine defizitäre Sensibilität gegenüber neuen

57 Vgl. Hanns-Rudolf Lipphardt, Die Gleichheit der politischen Parteien vor der öffentlichen Gewalt, Berlin 1975.
58 Vgl. BVerfGE 2, 1, S. 12f.
59 Vgl. D. Grimm (Anm. 2), S. 344.
60 Vgl. zu diesem Komplex auch P. Kunig (Anm. 51), S. 132ff.
61 Vgl. BVerfGE 44, 9, S. 125ff.
62 Vgl. Jochen A. Frowein, Die Rechtsprechung des Bundesverfassungsgerichts zum Wahlrecht, in: Archiv des öffentlichen Rechts, 99 (1974), S. 72.

Strömungen und Entwicklungen angelastet worden[63]. Seitdem der Nachweis geführt wurde, daß auch neue Parteien diese Hürde überspringen können, ist diese Kritik verstummt.

Ferner mutet das Grundgesetz den Parteien öffentliche Verantwortung[64] zu. Aufgrund ihrer politischen Macht und der Nähe zum Staat unterwirft es sie besonderen Pflichten und Regeln, die für andere Verbände oder Vereinigungen nicht gelten. Ihre innere Struktur muß demokratischen Grundsätzen entsprechen, über ihre Finanzen haben sie öffentlich Rechenschaft abzulegen und bei Verfassungsfeindlichkeit schwebt über ihnen die Sanktion des Parteiverbots.

Gemäß Art. 21 Abs. 2 GG dürfen nur solche Parteien verboten werden, die die freiheitlich-demokratische Grundordnung beseitigen wollen oder den Bestand der Bundesrepublik gefährden. Damit sind die Grenzbereiche der wehrhaften Demokratie aufgezeigt. Hinter dieser Regelung steht die historische Erfahrung des Untergangs der Weimarer Republik, die keine Abwehrmöglichkeiten gegen fundamentale Herausforderer besaß. Das Parteiverbot ist ein schwerer Eingriff; rechtfertigen läßt es sich nur zur Verteidigung der Fundamente der Demokratie: Pluralität und konkurrenzoffene Willensbildung. Es ist daher keine Waffe gegen beliebige politische Positionen. Vielmehr kann es nur gegen solche Organisationen eingesetzt werden, die Vielfalt gegen Totalität und Konkurrenz gegen Exklusivität vertauschen möchten, beispielsweise gegen eine Partei, welche die Parteienkonkurrenz aufheben will. Es geht demnach um die Konstitutionsbedingungen der Demokratie des Grundgesetzes. Die Verfassungswidrigkeit einer Partei, die ihre Auflösung zur Folge hat, kann allerdings nur vom Bundesverfassungsgericht festgestellt werden.

Der Status der Freiheit wird auch durch die Auflagen des Art. 21 Abs. 1 GG und des Parteiengesetzes eingeschränkt, die ihnen eine Grundstruktur für ihre innere Ordnung vorschreiben; die nähere Ausgestaltung bleibt ihnen jedoch selbst überlassen. Konrad Hesse hat schon frühzeitig darauf aufmerksam gemacht, daß diese Einschränkungen im Dienste der Parteifreiheit stehen[65]. Damit meint er allerdings nicht die Freiheit vom Staat, sondern die freiheitliche Ordnung der gesamten Institution Partei, also auch ihre inneren Verhältnisse. Diese Vorgabe folgt ebenfalls aus der Funktion der Parteien in der Demokratie. Wenn demokratische Herrschaft und Legitimität im wesentlichen durch die Parteien vermittelt werden, hängt der Erfolg der Demokratie vom demokratischen Aufbau und von demokratischen Prozessen in den Parteien selbst ab. Die herausgehobene Rolle der Parteien verlangt »strukturelle Homogenität zwischen Staat und Parteien, welche ein funktionsadäquates Zusammenwirken beider erfordert»[66]. Das Parteiengesetz versucht, die innerparteiliche

63 Vgl. etwa Joachim Raschke, Einleitung, in: ders. (Anm. 48), S. 9; Bernd Guggenberger, Bürgerinitiativen in der Parteiendemokratie, Stuttgart u. a. 1980; Claus Offe, Konkurrenzpartei und kollektive politische Identität, in: Reinhold Roth (Hrsg.), Parlamentarisches Ritual und politische Alternativen, Frankfurt 1980, S. 26.

64 Dieser Begriff findet sich bei Josef Isensee, in: Verhandlungen des 56. Deutschen Juristentages, München 1986, S. Q 10. Vom Status der »Öffentlichkeit« sprach bereits K. Hesse (Anm. 34), S. 39f.

65 Vgl. K. Hesse (Anm. 34), S. 30.

66 D. Grimm (Anm. 2), S. 339; s. a. W. Henke (Anm. 51), S. 49ff.; K.-H. Seifert (Anm. 50), S. 189ff.; P. Kunig (Anm. 51), S. 115ff.

Demokratie in vielfältiger Weise abzusichern. Rechtsregeln allein können sie aber nicht verwirklichen; schon die frühe Parteiensoziologie hat auf gegenläufige Tendenzen in der Wirklichkeit aufmerksam gemacht[67]. Informations-, Einfluß- und Machtübergewichte zugunsten der Parteieliten können rechtlich nicht nivelliert werden. Erneut kann das Recht nur Rahmenbedingungen und Schranken setzen und Legitimationsprozesse normieren. Die Willensbildung selbst vollziehen kann es jedoch nicht. Ursachen für die Macht der Parteiführungen liegen nicht zuletzt in der Apathie der Basis. Normativ kann es freilich nicht darum gehen, die Mitgliedschaft der Parteien im Luhmannschen Sinne lediglich »enttäuschungsfest« zu machen und sie auf eine »bescheidene und dienende Funktion«[68] zu reduzieren – etwa um Leistungs- oder Regierungsfähigkeit optimal zu sichern. Daß die Parteien das politische System steuern sollen, läßt sich nicht gegen den Grundsatz innerparteilicher Demokratie anführen. Das Grundgesetz verlangt nicht eines von ihnen, sondern beides. Aber es kann von sich aus weder Mitgliederapathie in rege Aktivität umwandeln, noch den natürlichen Informationsvorsprung von Amtsinhabern reduzieren, noch gar die öffentliche Meinung verändern, die in innerparteilicher Diskussion eher einen Ausdruck mangelnder Geschlossenheit erblickt als eine selbstverständliche Verwirklichung demokratischer Optionen. Das Parteiengesetz jedenfalls schafft eine Fülle organisatorischer Voraussetzungen für innerparteiliche Partizipation, indem es z. B. den Parteien eine mitgliedernahe regionale Organisationstruktur vorschreibt.

Aus Funktion und Rechtsstellung der politischen Parteien ergeben sich weitreichende Folgerungen für die Parteienfinanzierung[69]. Deren Gestaltung berührt natürlich Freiheit und Gleichheit, sie muß daher diesen wichtigen Prinzipien entsprechen. Von den wichtigsten Quellen der Parteifinanzen werfen nur die Mitgliedsbeiträge keine, Spenden und Staatsmittel dagegen erhebliche Probleme auf. Bei Spenden stellt sich die Frage der Freiheit und Unabhängigkeit der Parteien angesichts des vom Spender erwarteten politischen Wohlverhaltens. Angesichts der Steuerbegünstigung von Spenden, die diese zu einer Art mittelbarer staatlicher Parteienfinanzierung werden läßt, stellt sich aber bereits die Frage nach Staatsfreiheit und Gleichbehandlung. Staatsfreiheit, Chancengleichheit und gesellschaftliche Verwurzelung werden aber erst recht ein Problem bei der unmittelbaren Zuwendung von Mitteln durch den Staat. Die Funktion der Parteien gilt als gefährdet, wenn sie überwiegend aus staatlichen Mitteln alimentiert werden[70]. In der Praxis übersteigen Spenden und

67 Vgl. Moisei Ostrogorski, Democracy and the Organization of Political Parties, London 1902; Robert Michels, Zur Soziologie des Parteiwesens in der modernen Demokratie. Untersuchungen über die oligarchischen Tendenzen des Gruppenlebens, Stuttgart 1957 (Erstveröffentlichung 1911).

68 Wilhelm Hennis, Parteienstruktur und Regierbarkeit, in: ders./Peter Graf Kielmansegg/ Ulrich Matz (Hrsg.), Regierbarkeit, Bd. 1, Stuttgart 1977, S. 173.

69 Vgl. den knappen Überblick bei P. Kunig (Anm. 51), S. 136ff.; s. a. Hans Herbert von Arnim, Verfassungsfragen der Parteienfinanzierung, in: Juristische Arbeitsblätter (1985), S. 121ff., 207ff.; Klaus von Beyme, Parteien in westlichen Demokratien, München 1982, S. 255ff.; Uwe Schleth, Parteifinanzen, Meisenheim 1973; Hans-Otto Mühleisen (Hrsg.), Das Geld der Parteien, München-Zürich 1986; Karl-Heinz Naßmacher, Parteienfinanzierung als verfassungspolitisches Problem, in: Aus Politik und Zeitgeschichte B11/89, S. 27–38. Wichtig ist hierbei vor allem der Sachverständigen-Bericht 1983 (Anm. 48).

70 Vgl. BVerfGE 20, 56, S. 102.

staatliche Parteienfinanzierung längst die Mitgliedsbeiträge, bei den kleineren Parteien noch stärker als bei den beiden großen[71].

Staatliche Spendenanreize durch Steuervergünstigungen müssen dem Grundsatz der Parteiengleichheit entsprechen. Es genügt dabei nicht, wenn die Steuervergünstigungen für alle Parteien gleichmäßig gelten. Sie dürfen sich nach einem Urteil des Bundesverfassungsgerichts auch nicht wettbewerbsverzerrend auswirken. Dieser frühen Entscheidung von 1958[72] ist das Gericht auch später gefolgt. Es sah den praktischen Wandel der Parteitätigkeit und den gestiegenen Finanzbedarf zwar durchaus ein, behielt die Gefahr der Wettbewerbsverzerrung aber weiter im Auge[73].

Wegen der Unentbehrlichkeit der Parteien für die Wahl hatte das Gericht bereits im Kontext der Steuerbegünstigung von Spenden die Zulässigkeit staatlicher Parteienfinanzierung grundsätzlich bejaht[74]. Die Parteien hatten sich daraufhin direkte Zuschüsse aus dem Bundeshaushalt bewilligt. Dieser generellen Staatsfinanzierung trat das Bundesverfassungsgericht entgegen: Die politische Willensbildung, nach Staatssphäre und Volkssphäre säuberlich geschieden, müsse sich frei vom Volk zu den Staatsorganen vollziehen können. Die Parteien werden dabei dem Bereich der Willensbildung des Volkes zugeschlagen. Bei der staatlichen Parteienfinanzierung befürchtet das Bundesverfassungsgericht eine so enge Verschränkung von Partei und Staat, daß die Staatsfreiheit aufhöre und der Willensbildungsprozeß sich umkehre. Weiterhin seien die Parteien durch Art. 21 GG zwar verfassungsrechtlich anerkannt, verlören dadurch aber nicht ihre Eigenart als frei konkurrierende gesellschaftliche Gruppen. Angesichts der überragenden Funktion der Wahl, welche die Staatsorgane erst hervorbringt und nur durch Parteien ermöglicht wird, vollzieht das Gericht sodann aber eine Wende und erlaubt die Erstattung der »notwendigen Kosten eines angemessenen Wahlkampfes«[75], weil die Parteien hier an der Erfüllung einer staatlichen Aufgabe mitwirkten, die von ihrer sonstigen Tätigkeit hinreichend abgrenzbar sei und daher die Gefahren der allgemeinen Staatsfinanzierung vermeide.

Die Schwachstellen dieses Urteils liegen auf der Hand, angesichts der Funktion der Parteien, beide Willensbildungssphären miteinander zu verbinden, in den Staatsorganen zu wirken und sogar den staatlichen Entscheidungsprozeß zu gestalten. Dafür müssen sie ausgerüstet werden. Parteien beziehen weder einseitig eine gesellschaftliche Position, noch sind sie, wie es die alleinige Konzentration auf ihre Schlüsselfunktion bei den Wahlen suggeriert, nur Erfüllungsgehilfen bei einer Staatsaufgabe. Die Wahl selbst ist vielmehr eingebettet in einen permanenten politischen Kommunikations- und Informationsprozeß[76]. Alle Parteitätigkeit ist willensbildungsbezogen, Wahlkampf ist insofern nicht nur die Materialschlacht der letzten Wochen vor den Wahlterminen[77]. Wahlkampf und Routinearbeit lassen sich insoweit nicht

71 Vgl. den jüngsten Bericht der Bundestagspräsidentin zur Parteienfinanzierung vom 7. Juni 1989, in: Deutscher Bundestag, Drucksache 11/4814.

72 Vgl. BVerfGE 8, S. 51 ff.

73 Vgl. BVerfGE 52, S. 63 ff.

74 Vgl. BVerfGE 8, 51, S. 63.

75 BVerfGE 20, 56, S. 113.

76 Zur Kritik vgl. P. Kunig (Anm. 51), S. 126; D. Grimm (Anm. 2), S. 351; P. Häberle (Anm. 39), S. 67 f.; H. Zwirner, Die Rechtsprechung des Bundesverfassungsgerichts zur Parteienfinanzierung, in: Archiv des öffentlichen Rechts, 93 (1968), S. 114.

77 Vgl. Peter Radunski, Wahlkämpfe. Moderne Wahlkampfführung als politische Kommunikation, München 1980.

voneinander trennen. Faktisch und von ihren ganzen Modalitäten her ist die Wahlkampfkostenerstattung längst allgemeine Parteienfinanzierung auf der Grundlage der letzten Wahlergebnisse. »Stellt man sich darauf ein und bedenkt außerdem die zahlreichen öffentlichen Zuwendungen an Parteien, dann verliert das Problem viel von jenem Ausschließlichkeitscharakter, in den es Literatur und Judikatur gedrängt haben. Differenzierende Betrachtungen werden möglich. Die Freiheit der Willensbildung und das Leitbild der politischen Parteien schließen dann staatliche Finanzhilfen nicht per se aus. Sie müssen nur so gewährt werden, daß der politische Prozeß offen, der Parteienwettbewerb erhalten und die Rückbindung der Parteiführungen an ihre gesellschaftliche Basis gesichert bleiben. Das Interesse verlagert sich damit vom Ob auf das Wie...«[78] Im übrigen ist staatliche Parteienfinanzierung auch in anderen Demokratien weit verbreitet. Die Regelungen sind unterschiedlich, die in der Bundesrepublik freilich relativ großzügig[79]. Wenn die Parteien von Mitgliedsbeiträgen allein nicht leben können, dürfen sie nicht in die Abhängigkeit von privaten Spendern getrieben werden. Ohne öffentliche Subventionen geschähe aber genau dies.

V. Parteien zwischen Recht und Politik

Nicht nur mit ihrem verfassungsrechtlichen Status und mit öffentlichen Geldern, sondern auch mit Selbstbewußtsein und ungebrochener Bereitschaft zu Macht und Verantwortung im Staat ausgestattet, haben sich die Parteien in der Bundesrepublik eine zentrale Position erworben[80]. Sie sind also für den Prozeß politischer Willensbildung im Staat privilegiert. Parlament und Regierung sind ihrem Zugriff unterworfen. Ohne sie könnten sie nicht einmal kreiert werden, geschweige denn funktionieren. Ihrem Zugriff verschlossen sind dagegen normativ Gerichtsbarkeit und Verwaltung. Parteipatronage, also die Parteipolitisierung dieser Institutionen, ist verfassungswidrig. Als Stoppsignale gegen solche Übergriffe gelten die Gewaltenteilung, die Gesetzesbindung der vollziehenden Gewalt, die parteineutrale Amtsloyalität sowie richterliche Unabhängigkeit und Berufsbeamtentum. Für den Bereich der Verwaltung gilt mit Sicherheit, daß Parteien dazu neigen, die verfassungsmäßigen Schranken zu dehnen. Andererseits muß in der Demokratie die Verwaltung der politischen Führung unterstehen; politische Führung ist nur durchzusetzen, wenn sie über die Schlüsselpositionen im Apparat verfügt. Insofern ist die Institution des politischen Beamten durchaus gerechtfertigt. Allerdings reicht Parteipatronage heute bekanntlich weit über die Leitungsfunktionen in der Verwaltung hinaus.

Ähnlich verhält es sich mit dem Grundsatz der Rechtssicherheit: Er kann nicht als Gestaltungsverbot gegenüber einer durch Wahlen gerade zur politischen Gestaltung

78 D. Grimm (Anm. 2), S. 352.

79 Vgl. Karl-Heinz Naßmacher, Parteienfinanzierung im internationalen Vergleich, in: Aus Politik und Zeitgeschichte, B 8/84, S. 27–45; s. a. ders., Öffentliche Parteienfinanzierung in Westeuropa. Informationsstrategien und Problemstand, in: Politische Vierteljahresschrift, 28 (1987), S. 101–125.

80 Vgl. Gordon Smith, The German Volkspartei and the Career of the Catch-All Concept, in: Herbert Döring/Gordon Smith (Hrsg.), Party Government and Political Culture in Western Germany, London-Basingstoke 1982, S. 65 ff.

beauftragten Führung interpretiert werden. Politische Führung im Rechtsstaat bedeutet aber, neues Recht zu setzen und altes Recht zu wandeln. Da Rechtssicherheit kein Gestaltungsverbot sein kann, bleiben als verläßliche Grenze zum einen die verfassungsmäßigen Verfahrensweisen, zum andern jene fundamentalen Normen, die in der wertgebundenen Ordnung alles nachrangige Recht binden.

Läßt sich das Politische jenseits dieser grundsätzlichen Einhegungen effizient verrechtlichen? Entsprechende Postulate kollidieren mit den hohen Verfassungsgütern gesellschaftlicher Pluralität und konkurrierender, offener Willensbildung. Hinter ihnen steht wohl grundsätzliches Mißtrauen gegen politische Gestaltung und politisches Machtspiel. Für den dynamischen Prozeß politischer Willensbildung lassen sich zwar rechtliche Rahmenbedingungen, aber keine perfektionistischen Detailregelungen schaffen. Das Grundgesetz geht diesen Weg. Der andere Weg zu naivem Vertrauen in die Wirksamkeit der Verrechtlichung alles Politischen führt aus den Prämissen des Grundgesetzes heraus.

Eine Verfassung ist kein Grundbuch der Nation[81]. Es wäre gar nicht möglich, den fließenden Prozeß des Politischen in statische Liegenschaften umzudefinieren, sie entsprechend zu vermessen und zu registrieren. Daß verfassungsmäßige Parteifreiheit selbst eine Barriere gegen allzu enge Verrechtlichung bildet, wurde bereits angedeutet. Parteien müssen sich frei bewegen können – und sie können es auch: Je näher sie am Staat operieren, um so mehr greifen gesetzliche Regelungen; je weiter sie in die Gesellschaft hineingehen, um so rechtlich freier agieren sie – und müssen sie agieren können. Ein weiter Spielraum politisch wichtigen Verhaltens bleibt ungeregelt – und muß ungeregelt bleiben: das Spiel um Einfluß, Macht und Mehrheit.

Selbst im Aufgabenkatalog des Parteiengesetzes will das Bundesverfassungsgericht insgesamt keine verbindlichen Rechtspflichten sehen. Unverzichtbar sind demnach nur die Einwirkung auf die politische Willensbildung und die Mitwirkung an der Vertretung des Volkes in den Parlamenten. Die Mitwirkung an der politischen Bildung und die Förderung politischer Partizipation – die Ziffern 2 und 3 des parteiengesetzlichen Aufgabenkatalogs – dürfen jedoch Zweckmäßigkeitsüberlegungen unterliegen. Denn sie werden als Aufgaben beschrieben, die von den Parteien zwar wahrgenommen werden können, »aber nicht müssen«[82]. Mit Mitteln des Rechts jedenfalls ist ihre Erfüllung nicht zu erzwingen.

Neben ihrer abgesicherten Rechtsstellung eröffnet sich den Parteien zusätzlich also ein weiter Freiraum ohne Rechtszwänge und ohne Rechtsgarantien. Das Grundgesetz nimmt prinzipiell die Risiken in Kauf, die darin liegen, daß es die politische Willensbildung »der Urteilskraft und der Aktivität der Bürger« anvertraut[83].

81 Vgl. Wilhelm Hennis, Verfassung und Verfassungswirklichkeit. Ein deutsches Problem, Tübingen 1968.
82 BVerfGE 73, 1, S. 34.
83 BVerfGE 73, 40, S. 86.

Eckhard Jesse

Parteien in Deutschland
Ein Abriß der historischen Entwicklung

Wer einen historischen Abriß zu den Parteien in Deutschland verfaßt, kommt nicht umhin, bestimmte Schwerpunkte zu setzen. Der folgende Beitrag ist chronologisch und systematisch zugleich aufgebaut. Chronologisch insofern, als die Entwicklung seit Mitte des 19. Jahrhunderts abgehandelt wird, systematisch insofern, als übergreifende Probleme wie etwa die Funktionsweise des Parteiensystems in der jeweiligen Epoche zur Sprache kommen. Gewisse Wiederholungen sind dabei unvermeidlich. Knotenpunkte der Entwicklung – die Anfänge und das Ende des jeweiligen politischen Systems – verdienen eine besondere Erwähnung, weil die Parteien als wichtige Kräfte des politischen Lebens dabei eine Schlüsselrolle gespielt haben. So interessant der vergleichende Aspekt auch sein mag – Hinweise auf aufschlußreiche Parallelen und Unterschiede zu der Entwicklung in anderen Staaten tauchen nur am Rande auf. Es ist auch nicht immer möglich, die Rahmenbedingungen in jenem Umfang zu erörtern, wie es zwecks Verzahnung teils gegenläufiger, teils gleichgerichteter geistesgeschichtlicher, verfassungspolitischer und historischer Bedingungen eigentlich wünschenswert wäre. Dies würde das Gefüge eines vergleichsweise kurzen historischen Abrisses ebenso sprengen wie detaillierte politikwissenschaftliche Ausführungen zum Programm und zur Organisation der Parteien. Daß die Reichweite der Parteien im konstitutionellen System des Kaiserreiches eine weitaus geringere gewesen ist als etwa heutzutage, liegt auf der Hand.

Dem Beitrag vorangestellt ist ein knapper Überblick zum Forschungsstand. Das läßt sich mit der Kompaktheit der nachfolgenden Ausführungen rechtfertigen, zumal in ihnen keine, allenfalls knappe oder exemplarische Hinweise auf Forschungsprobleme erfolgen. Im zweiten Kapitel wird die Vorgeschichte der Parteien nachgezeichnet, naturgemäß unter besonderer Berücksichtigung des Jahres 1848/49, einem wesentlichen Ausgangspunkt für die Entstehung des deutschen Parteiensystems. Die Kapitel über das Kaiserreich und die Weimarer Republik unterscheiden sich im Aufbau nicht voneinander, wiewohl der ganz andere Stellenwert der Parteien in diesen politischen Systemen berücksichtigt ist. Neben eigenen Abschnitten zum Beginn und Ende des jeweiligen Systems findet sich ein knapper Überblick zu den einzelnen Parteien sowie zum Parteiensystem.

In vielen historischen Gesamtdarstellungen bleibt das Dritte Reich einfach ausgespart – offenbar Ausdruck einer eigentümlichen Tabuisierung jener, wie es heißt, »Katastrophe« oder »dunkelsten Zeit« der deutschen Geschichte, die verschämt als »Vergangenheit« firmiert, wenn man auf ihre »Bewältigung« abhebt. Auch der nationalsozialistische Einparteienstaat bedarf einer angemessenen wissenschaftlichen

Aufarbeitung. Insofern wird die Epoche zwischen 1933 und 1945 einbezogen, wenngleich nur in einer eher globalen Form.

Das letzte Kapitel über die Zeit nach 1945 ist einigermaßen heterogen strukturiert. Es befaßt sich zunächst mit den Anfängen der Parteien – der Entwicklung der Jahre von 1945 bis 1949 in der sowjetischen und in den westlichen Besatzungszonen –, ehe der andersartige Verlauf in der DDR nachgezeichnet wird. Angesichts der vielen anderen Beiträge in diesem Band geht der Abschnitt über die Hauptcharakteristika des westdeutschen Parteiensystems nicht in Details; er kontrastiert vielmehr insbesondere die Entwicklung mit jener in der ersten deutschen Demokratie. Die kursorischen Überlegungen zu den Perspektiven des Parteiensystems in der Bundesrepublik sind mehr andeutender Natur, weniger empirisch abgesichert. Eine abschließende Bilanz läßt noch einmal den Verlauf von anderthalb Jahrhunderten Parteiengeschichte unter den Aspekten von Kontinuität und Wandel Revue passieren, wobei die These zu untermauern ist, daß sich erst in der Bundesrepublik eine Parteiendemokratie herausgebildet hat.

I. Forschungsstand

Eine umfassende neue Gesamtdarstellung zur Geschichte des deutschen Parteiwesens aus einem Guß liegt nicht vor. Sie würde den Verfasser bei der Vielzahl von zu berücksichtigenden Problemen vor eine schwierige Aufgabe stellen. So muß und kann man immer noch auf die schon klassische, erstmals 1921 erschienene Studie von Ludwig Bergsträsser zurückgreifen[1]. Während dieser vornehmlich eine Parlamentsgeschichte geschrieben hat, ist die Arbeit von Walter Tormin breiter angelegt[2], wenngleich sie den eigenen Anspruch nicht voll einlöst: »Eine Parteiengeschichte kann heute nicht mehr Parlaments- und Fraktionsgeschichte sein, sondern sie muß die Organisation, die Institution und die Willensbildung innerhalb der Parteien untersuchen, Aussagen über die Zahl und die Zusammensetzung der Mitglieder und über die Tätigkeit der Parteien außerhalb des Parlaments machen.«[3] Die Gesamtdarstellung von Wolfgang Treue über die deutschen Parteien ist in mancher Hinsicht wenig befriedigend[4], nach eigenem Bekunden »kein Beitrag zur Forschung«[5]. Der Sammelband von Walter Schlangen[6] eignet sich für einen ersten Überblick besser, nicht nur deshalb, weil er die Forschung stärker eingearbeitet hat als die gänzlich ohne Anmerkungsapparat verfaßte Schrift Treues. Dies gilt ebenfalls für die freilich veraltete Arbeit von Helga Grebing[7]. Angesichts der wenigen Studien zur Parteienge-

1 Vgl. Ludwig Bergsträsser, Geschichte der politischen Parteien in Deutschland, München–Wien 1970[12].
2 Vgl. Walter Tormin, Geschichte der deutschen Parteien seit 1848, Stuttgart u. a. 1968[3].
3 Ebd., S. 7.
4 Vgl. Wolfgang Treue, Die deutschen Parteien. Vom 19. Jahrhundert bis zur Gegenwart, Frankfurt u. a. 1975.
5 Ebd., S. 9.
6 Vgl. Walter Schlangen (Hrsg.), Die deutschen Parteien im Überblick. Von den Anfängen bis heute, Königstein 1979.
7 Vgl. Helga Grebing, Geschichte der deutschen Parteien, Wiesbaden 1962.

schichte sollte auch Hubers dickleibiges Kompendium zur Verfassungsgeschichte herangezogen werden, da in ihm, was man mitunter übersieht, umfangreiche Ausführungen zu den Anfängen der Parteien sowie zur Rolle der Parteien im Kaiserreich und in der Weimarer Republik versteckt sind[8].

Ein alphabetisch gegliedertes »Lexikon zur Parteiengeschichte 1789–1945«, von DDR-Autoren in mehrjähriger Forschungsarbeit erstellt[9], fehlt in der Bundesrepublik. Es enthält eine Reihe von kleinen Monographien zu einzelnen Parteien. Das nach Ländern strukturierte und ebenfalls alphabetisch angeordnete »Lexikon zur Geschichte der Parteien in Europa« ist dafür kein Ersatz, so sehr es auch nützliche Informationen über (frühere und heutige) Parteien in Europa zur Verfügung stellt[10].

In gewisser Weise eine Gesamtübersicht zum deutschen Parteiensystem – wenn auch unter einer bestimmten Fragestellung – präsentiert Hans Fenske[11]. Nach ihm hätte das von Anfang an fünfgliedrige deutsche Parteiensystem durch ein anderes Wahlsystem – etwa in der Weimarer Republik – nicht umgeformt werden können. Von einem ganz anderen Ansatz geht in eine ähnliche Richtung die breit rezipierte und stark diskutierte Auffassung von Seymour M. Lipset und Stein Rokkan, daß sich die Parteiensysteme in den europäischen Ländern aufgrund von bestimmten cleavages (z. B. Zentrum/Peripherie; Staat/Kirche; Stadt/Land; Arbeit/Kapital) bereits am Ende des Ersten Weltkrieges ausgeprägt haben und bis in die Gegenwart hinein »eingefroren« sind[12].

Für die Geschichte des deutschen Parteiwesens von besonderer Bedeutung ist das vielbändige, noch nicht abgeschlossene »Handbuch der Geschichte des deutschen Parlamentarismus«, das von der 1951 gegründeten Bonner Kommission für »Geschichte des Parlamentarismus und der politischen Parteien« seit den siebziger Jahren betreut wird[13]. Mittlerweile sind einige Bände erschienen, die für die Entwicklung der Parteien von großem Interesse sein dürften, wie etwa die Arbeiten von

8 Vgl. Ernst Rudolf Huber, Deutsche Verfassungsgeschichte seit 1789, Bd. II, Stuttgart 1988³, S. 324–434 (zu den Anfängen des Parteiwesens); Bd. IV, Stuttgart 1969, S. 3–128 (zum Kaiserreich); Bd. V, Stuttgart 1978, S. 913–1001 (zur Reorganisation des Parteiwesens nach 1918); Bd. VI, Stuttgart 1981, S. 127–303 (zur Weimarer Republik).

9 Vgl. Dieter Fricke u. a. (Hrsg.), Lexikon zur Parteiengeschichte. Die bürgerlichen und kleinbürgerlichen Parteien und Verbände in Deutschland (1789–1945). In vier Bänden, Leipzig 1983–1986. Unter der Leitung von Dieter Fricke war bereits folgendes Werk, auf dem das neue aufbaut, vorgelegt worden: Die bürgerlichen Parteien in Deutschland. Handbuch der Geschichte der bürgerlichen Parteien und anderer bürgerlicher Interessenorganisationen vom Vormärz bis zum Jahre 1945 in zwei Bänden, Berlin (Ost) 1968/1970.

10 Vgl. Frank Wende (Hrsg.), Lexikon zur Geschichte der Parteien in Europa, Stuttgart 1981. Die deutschen Parteien sind aufgelistet ebd., S. 67–136.

11 Vgl. Hans Fenske, Wahlrecht und Parteiensystem. Ein Beitrag zur deutschen Parteiengeschichte, Frankfurt 1972; eine teils erweiterte, teils gekürzte Fassung ist bald darauf erschienen als: Strukturprobleme der deutschen Parteiengeschichte. Wahlrecht und Parteiensystem vom Vormärz bis heute, Frankfurt 1974.

12 Vgl. Seymour Martin Lipset/Stein Rokkan, Cleavage Structures, Party Systems, and Voter Alignments: An Introduction, in: dies. (Hrsg.), Party Systems and Voter Alignments: Cross-National Perspectives, New York–London 1967, S. 47.

13 Einen Überblick über das ambitiöse Vorhaben gibt folgender Band: Gerhard A. Ritter (Hrsg.), Gesellschaft, Parlament und Regierung. Zur Geschichte des Parlamentarismus in Deutschland, Düsseldorf 1974.

Manfred Botzenhart, Hartwig Brandt, Günther Grünthal, Horst Möller, Herbert Obenaus, Klaus Erich Pollmann[14]. Parlamentsgeschichte war seinerzeit auch gleichzeitig und wesentlich Parteiengeschichte. Gerhard A. Ritter, der Münchner Historiker und Betreuer des ambitiösen Großprojekts, hat seinerseits zu der Ausformung der Parteien von 1830 bis zum Ende des Kaiserreiches eine konzise Studie vorgelegt[15], in der er die These von der engen Wechselwirkung des Parteiensystems »mit den Verfassungsverhältnissen und seiner historisch geprägten sozialen, ökonomischen und konfessionellen Struktur«[16] zu begründen sucht.

Einen eingängigen Abriß zu den politischen Bewegungen der 48er Revolution bietet die um eine Dokumentation angereicherte Studie von Werner Boldt[17]. Tiefschürfender angelegt ist Thomas Nipperdeys bis heute weitgehend noch nicht überholte Monographie zum Parteiwesen im Kaiserreich[18]. Seine Kernthese ist, daß es bis zum Ende des Ersten Weltkrieges weitgehend aus Honoratiorenparteien bestand, sieht man von der Sozialdemokratie ab. Erst danach änderte sich die Organisationsstruktur grundlegend, mögen sich auch schon vorher Wandlungen wenn nicht vollzogen, so doch angebahnt haben. Die Massengesellschaft forderte ihren Tribut. Das zeigt etwa auch die Studie von Wilfried Loth zur Zentrumspartei in der zweiten Hälfte des Kaiserreiches[19], an die sich Rudolf Morseys grundlegendes, methodisch und politisch wesentlich anders akzentuiertes Werk über die Anfänge der Zentrumspartei in der Weimarer Republik anschließt[20].

Von Nipperdey finden sich auch zwei Aufsätze zur Entstehung der deutschen Parteien in einem Sammelband zum Parteiwesen vor 1918[21]. Der Reader enthält u. a. einen immer wieder herangezogenen Beitrag von Rainer M. Lepsius zum Zusammenhang zwischen der Ausprägung der Parteien und sozio-kulturellen Milieus. Nach Lepsius haben die deutschen Parteien, auf die Perpetuierung ihrer voneinander scharf abgegrenzten Sozialmilieus (Katholizismus, Konservatismus, Liberalismus, Sozialismus) fixiert, Kompromißfindung sowie die Koalitionsfähigkeit erschwert. Eine interessante These, die freilich nicht alle regionalen Spezifika zu erklären vermag, zumal

---

14 Vgl. Manfred Botzenhart, Deutscher Parlamentarismus in der Revolutionszeit 1848–1850, Düsseldorf 1977; Hartwig Brandt, Parlamentarismus in Württemberg 1819–1870. Anatomie eines deutschen Landtags, Düsseldorf 1987; Günther Grünthal, Parlamentarismus in Preußen 1848/49–1857/58. Preußischer Konstitutionalismus – Parlament und Regierung in der Reaktionsära, Düsseldorf 1982; Horst Möller, Parlamentarismus in Preußen 1919–1932, Düsseldorf 1985; Herbert Obenaus, Anfänge des Parlamentarismus in Preußen bis 1848, Düsseldorf 1984; Klaus Erich Pollmann, Parlamentarismus im Norddeutschen Bund 1867–1870, Düsseldorf 1985.

15 Vgl. Gerhard A. Ritter, Die deutschen Parteien 1830–1914. Parteien und Gesellschaft im konstitutionellen Regierungssystem, Göttingen 1985.

16 Ebd., S. 5.

17 Vgl. Werner Boldt, Die Anfänge des deutschen Parteiwesens. Fraktionen, politische Vereine und Parteien in der Revolution 1848. Darstellung und Dokumentation, Paderborn 1971.

18 Vgl. Thomas Nipperdey, Die Organisation der deutschen Parteien vor 1918, Düsseldorf 1961.

19 Vgl. Wilfried Loth, Katholiken im Kaiserreich. Der politische Katholizismus in der Krise des wilhelminischen Deutschlands, Düsseldorf 1984.

20 Vgl. Rudolf Morsey, Die deutsche Zentrumspartei 1917–1923, Düsseldorf 1966.

21 Vgl. Gerhard A. Ritter (Hrsg.), Deutsche Parteien vor 1918, Köln 1973.

sie auch das Phänomen der cross-pressures (Überschneidung von Sozialmilieus) verkennt.

Ein klassisches Werk zu den Parteien der Weimarer Republik stammt von Sigmund Neumann[22]. Erschienen am Ende der Weimarer Republik, nahm es eine Typologie des Parteiwesens vor. Neumann unterscheidet die absolutistischen Integrationsparteien (NSDAP, KPD) von den demokratischen Integrationsparteien (SPD, Zentrum) und den liberalen Repräsentationsparteien. Die Gegenwart sei durch eine Hinwendung zur Entwicklung von Integrationsparteien gekennzeichnet. Neumanns die Parteienforschung beflügelndes Werk – die Rezeption ließ allerdings Jahrzehnte auf sich warten – reiht sich ein in die Skala anderer Klassiker zur Parteientheorie bereits zu Beginn des Jahrhunderts (Ostrogorski und Michels)[23].

Wissenschaftliche Gesamtdarstellungen zum Parteiensystem in der Weimarer Republik sind Mangelware. Bezeichnend ist, daß die Arbeit von Neumann noch keinen Nachfolger gefunden hat. Es dominieren Studien zu einzelnen Parteien, die aber häufig nicht einmal die gesamte Weimarer Zeit umgreifen. Die dreibändige Arbeit von Heinrich August Winkler über die Arbeiterbewegung umfaßt demgegenüber eine weite Perspektive[24]. Die Analyse von SPD und KPD, faktisch in die krisengeschüttelte Geschichte der Weimarer Republik eingebettet, zeichnet ein äußerst materialreiches wie nuanciertes Bild von »der« Arbeiterbewegung. Auch der Linksliberalismus ist – im Vergleich zu seiner Bedeutung – eingehend untersucht worden[25]. Immer noch das Prädikat Standardwerk verdient der voluminöse Sammelband über das »Ende der Parteien«[26] aus dem Jahre 1960. Er schildert minutiös das Verhalten der Parteien in der Endphase der Weimarer Republik und deren jähen Auflösungsprozeß im Jahre 1933.

Was den Einparteienstaat im Dritten Reich angeht, so ist besonders das Verhältnis von Partei und Staat interessant. Wo lag »das« Machtzentrum? Bei Hitler, bei der NSDAP, bei der Führungsclique der Partei, bei der SS? Oder fehlte ein solches? Peter Diehl-Thiele hat am Beispiel des Verhältnisses von NSDAP und Verwaltung den Dualismus von Partei und Staat zu erfassen versucht[27]. Was er vor zwei Jahrzehn-

---

22 Vgl. Sigmund Neumann, Die Parteien der Weimarer Republik, Stuttgart u. a. 1970^2 (1932).

23 Vgl. Moisei Ostrogorski, Democracy and the Organization of Political Parties, London 1902; Robert Michels, Zur Soziologie des Parteiwesens in der modernen Demokratie. Untersuchungen über die oligarchischen Tendenzen des Gruppenlebens, Stuttgart 1957^2 (1911).

24 Vgl. Heinrich A. Winkler, Von der Revolution zur Stabilisierung. Arbeiter und Arbeiterbewegung in der Weimarer Republik 1918 bis 1924, Berlin–Bonn 1985^2; ders., Der Schein der Normalität. Arbeiter und Arbeiterbewegung in der Weimarer Republik 1924 bis 1930, Berlin–Bonn 1985; ders., Der Weg in die Katastrophe. Arbeiter und Arbeiterbewegung in der Weimarer Republik 1930 bis 1933, Berlin–Bonn 1987.

25 Vgl. etwa Lothar Albertin, Liberalismus und Demokratie am Anfang der Weimarer Republik. Eine vergleichende Analyse der Deutschen Demokratischen Partei und der Deutschen Volkspartei, Düsseldorf 1972; Werner Stephan, Aufstieg und Verfall des Linksliberalismus 1918–1933. Geschichte der Deutschen Demokratischen Partei, Göttingen 1973; Reinhard Opitz, Der deutsche Sozialliberalismus 1917–1933, Köln 1973; Hartmut Schustereit, Linksliberalismus und Sozialdemokratie in der Weimarer Republik. Eine vergleichende Betrachtung der Politik von DDP und SPD 1919–1930, Düsseldorf 1975.

26 Vgl. Erich Matthias/Rudolf Morsey (Hrsg.), Das Ende der Parteien 1933. Darstellungen und Dokumente, Königstein 1979^2.

27 Vgl. Peter Diehl-Thiele, Partei und Staat im Dritten Reich. Untersuchungen zum Verhältnis von NSDAP und allgemeiner innerer Staatsverwaltung, München 1971^2.

ten zu Papier brachte, trifft weitgehend noch immer zu: »Die Geschichte der nationalsozialistischen Partei zwischen 1933 und 1945, der Zerfall der nur in ihrer Propaganda bestehenden Einheit und ›Geschlossenheit‹ in die Vielzahl rivalisierender Ämter und Unter-Organisationen, ist noch nicht geschrieben worden.«[28] Hingegen gibt es – damit zusammenhängend – seit längerem eine Kontroverse zur Frage, inwieweit das Dritte Reich wirklich der »Führerstaat« war, der alle Kompetenzen an sich zog. Oder bestanden massive Interessendivergenzen zwischen unterschiedlichen, um Einfluß ringenden Kräften – wobei hinzugefügt werden mag, daß zwischen beiden Richtungen nicht unbedingt ein (krasser) Gegensatz bestehen mußte? Die Positionen der Intentionalisten, wie sie in der ersten These zum Ausdruck kommt (vertreten etwa durch Karl Dietrich Bracher und Klaus Hildebrand), und der Funktionalisten (repräsentiert u. a. von Martin Broszat und Hans Mommsen) widerstreiten sich gleichwohl schroff[29]. Man kommt um folgendes Paradoxon nicht herum: Die Vielzahl theoretischer Untersuchungen steht in einer gewissen Diskrepanz zur bisher noch mangelnden Erforschung der Rolle von Teilgruppen im nationalsozialistischen Herrschaftssystem. Vielleicht erklärt auch dieser Sachverhalt u. a. die Heftigkeit der Forschungskontroverse.

Zur Bundesrepublik Deutschland liegt naturgemäß eine Reihe von übergreifenden Darstellungen und eine Fülle von Studien zum Parteiengefüge sowie zu einzelnen Parteien vor[30]. An erster Stelle muß das zweibändige Parteien-Handbuch von Richard Stöss genannt werden[31]. Es verzeichnet neben einer dreihundertseitigen Einleitung des Herausgebers insgesamt Einzelbeiträge zu 47 Parteien und analysiert sie nach einem weitgehend einheitlichen Raster, das Vergleichbarkeit ermöglicht. In der Parteienforschung fallen gleichwohl merkwürdige Diskrepanzen auf. So existieren mittlerweile – freilich von sehr unterdurchschnittlicher Qualität – weit mehr Bücher zu den GRÜNEN als etwa zu einer alteingesessenen Partei wie der FDP, über die eine wissenschaftlich anspruchsvolle Gesamtdarstellung bisher fehlt[32]. Weiß sich ein von Berliner Wissenschaftlern erstellter Sammelband von Dietrich Staritz besonders den sozioökonomischen Determinanten verpflichtet[33], so sind andere Bände stärker

28 Ebd., S. VII; siehe allerdings Dietrich Orlow, The History of the Nazi Party, Bd. 1: 1919–1933; Bd. 2: 1933–1945, Pittsburgh 1969/1973. Ohne jegliche Systematik: Jochen von Lang, Die Partei. Mit Hitler an die Macht und in den Untergang. Ein deutsches Lesebuch, Hamburg 1989.

29 Vgl. beispielsweise folgenden Sammelband: Gerhard Hirschfeld/Lothar Kettenacker (Hrsg.), Der »Führerstaat«: Mythos und Realität. Studien zur Struktur und Politik des Dritten Reiches, Stuttgart 1981. Siehe auch (unter einem mißverständlichen Titel) Gerhard Schreiber, Hitler. Interpretationen 1923–1983. Ergebnisse, Methoden und Probleme der Forschung, Darmstadt 1988², insbes. S. 264–301; ferner Peter Hüttenberger, Nationalsozialistische Polykratie, in: Geschichte und Gesellschaft, 2 (1976), S. 417–442.

30 Vgl. zur knappen Einordnung der Literatur Peter Haungs/Eckhard Jesse, Kommentierte Auswahlbibliographie, in: dies. (Hrsg.), Parteien in der Krise? In- und ausländische Perspektiven, Köln 1987, S. 265–271.

31 Vgl. Richard Stöss (Hrsg.), Parteien-Handbuch. Die Parteien der Bundesrepublik Deutschland 1945–1980, 2 Bde., Opladen 1983/1984.

32 Vgl. hierzu Jürgen Dittberner, FDP – Partei der zweiten Wahl. Ein Beitrag zur Geschichte der liberalen Partei und ihrer Funktionen im Parteiensystem der Bundesrepublik, Opladen 1987.

33 Vgl. Dietrich Staritz (Hrsg.), Das Parteiensystem der Bundesrepublik. Geschichte – Entstehung – Entwicklung, Opladen 1980².

empirisch orientiert[34]. Das Handbuch von Heino Kaack und Reinhold Roth liefert eine nützliche Bestandsaufnahme bis Ende der siebziger Jahre[35]. Die umfassende Arbeit von Heino Kaack, die längst eine Aktualisierung oder – besser noch – einen Ergänzungsband verdiente, gibt einen materialreichen Überblick zum Parteiensystem der Bundesrepublik in den ersten zwei Jahrzehnten[36]. Der beste ausländische Überblick zu den Parteien in der Bundesrepublik stammt von dem Briten Gordon Smith, der sie, mit viel Sinn für Nuancen, in das politische Gefüge einbettet und den Trend zur Mitte als charakteristisch für das Parteiensystem der Bundesrepublik herauskehrt[37].

Trotz der kaum noch überschaubaren Fülle an Literatur fehlt bis jetzt aber eine umfassende Synthese, die sowohl die Entwicklung der Parteien nachzeichnet als auch die Probleme der Parteiendemokratie in der Bundesrepublik auf wissenschaftlichem Niveau erörtert. Mag sein, daß ein einzelner Autor dies nicht lösen kann. Auch sonst gibt es noch genügend weiße Flecken der Forschung. Beispielsweise: Nach wie vor liegt keine umfassende Darstellung zu den Konzentrationstendenzen im Parteiensystem der Bundesrepublik vor. Es ist weit einfacher, die einzelnen Faktoren aufzuzählen als eine Gewichtung vorzunehmen. Ebenso mangelt es an einer Analyse der Kandidatenaufstellung zu den Bundestagswahlen von 1949 an, von einigen Detailstudien abgesehen.

Zwar war die DDR bis zum Herbst 1989 faktisch ein SED-Staat – insofern ist die Zahl der Arbeiten zu dieser Einheitspartei Legion gewesen, angefangen bei der Pionierstudie von Carola Stern, dem »Porträt einer bolschewistischen Partei«[38] (abgesehen davon, daß jede Darstellung des politischen Systems in der DDR eingehend die Führungsrolle der SED würdigen mußte) –, doch haben weitere Parteien bisher nicht die genügende Beachtung gefunden. Mit Peter Joachim Lapps Monographie über die vier Blockparteien CDU, LDPD, DBD und NDPD[39], die in der DDR vielen eine Art Nische geboten haben, ist diese Lücke geschlossen worden. Der Transformationsprozeß zwischen 1945 und 1949 wurde nicht zuletzt von Hermann Weber und seinen Schülern gut ausgeleuchtet und erhellt. Webers Band über das »Parteiensystem zwischen Demokratie und Volksdemokratie«[40] verdeutlicht den

34 Vgl. etwa Peter Haungs, Parteiendemokratie in der Bundesrepublik Deutschland, Berlin 1981[2]; Warnfried Dettling (Hrsg.), Deutsche Parteien im Wandel. Eine Bestandsaufnahme, München 1983; Heinrich Oberreuter, Parteien – zwischen Nestwärme und Funktionskälte, Zürich 1984[2]; Werner Kaltefleiter, Parteien im Umbruch. Ein Beitrag zur politischen Geschichte der Bundesrepublik Deutschland, Düsseldorf 1984; Gerd-Klaus Kaltenbrunner (Hrsg.), Volksparteien ohne Zukunft? Die Krise des Parteienstaates, München 1988.

35 Vgl. Heino Kaack/Reinhold Roth (Hrsg.), Handbuch des deutschen Parteiensystems, 2 Bde., Opladen 1980.

36 Vgl. Heino Kaack, Geschichte und Struktur des deutschen Parteiensystems, Opladen 1971.

37 Vgl. Gordon Smith, Democracy in Western Germany. Parties & Politics in the Federal Republic, London 1986[3]; siehe auch ders., The Politics of Centrality in West Germany, in: Government and Opposition, 11 (1976), S. 387–407.

38 Carola Stern, Porträt einer bolschewistischen Partei. Entwicklung, Funktion und Situation der SED, Köln u. a. 1957.

39 Vgl. Peter Joachim Lapp, Die ›befreundeten Parteien‹ der SED. DDR-Blockparteien heute, Köln 1988.

40 Hermann Weber (Hrsg.), Parteiensystem zwischen Demokratie und Volksdemokratie. Dokumente und Materialien zum Funktionswandel der Parteien und Massenorganisationen in der SBZ/DDR 1945–1950, Köln 1982.

unaufhaltsamen Wandel innerhalb weniger Jahre; der Band von Siegfried Suckut kommentiert und dokumentiert nahezu lückenlos die Sitzungsprotokolle des »Gemeinsamen Ausschusses der Einheitsfront der antifaschistisch-demokratischen Parteien Deutschlands«, die damit erstmals der Öffentlichkeit zugänglich gemacht werden[41]. Aus ihnen geht der Machtwille der SED hervor, den Willensbildungsprozeß in ihrem Sinne zu gestalten. Die SED-Blockpolitik versuchte jene Organisationen, in denen sich oppositionelle Strömungen regten, geschickt einzubinden. Einen Abriß über die verschiedenartigen oppositionellen Bestrebungen in der DDR hat in umfassender Form – bis Anfang der achtziger Jahre – erstmals Karl-Wilhelm Fricke, einer der besten Kenner der DDR, vorgelegt[42] – angefangen vom Kampf der Sozialdemokraten gegenüber Kommunisten und von der »Zernierung der bürgerlichen Opposition«[43] seitens der CDU und der LDP bis hin zur Opposition innerhalb der SED, die sich verschiedentlich artikulieren konnte. Selbst die »Sektion DDR« der KPD/ML, eine sektiererische, inzwischen aufgelöste K-Gruppe in der Bundesrepublik, bleibt nicht außer acht. Keine Studie hat den revolutionären Umbruch, der 1989/90 das SED-Regime förmlich »hinwegfegte«, auch nur ansatzweise vorhergesagt.

Längsschnittdarstellungen zu mehreren Epochen liegen zahlreiche vor, sei es mit dem Schwerpunkt auf einer Partei[44], sei es mit dem Schwerpunkt auf einem Ideenkreis[45]. Aber dieser Aspekt kommt in der folgenden chronologisch angelegten Abhandlung nur kurz vor. Insofern bedarf es auch keiner erschöpfenden Sichtung der einschlägigen Literatur.

II. Anfänge der Parteien

Wo die Stände allmählich schwanden und das jahrhundertealte soziale Gefüge durch die Industrialisierung zerbrach, war die Herausbildung neuer Formen von Zusammenschlüssen unumgänglich. Das aufstrebende Bürgertum wollte sich nicht allein mit wirtschaftlicher Macht begnügen. Dies war die Geburtsstunde der Parteien. Ihre Anfänge, in Deutschland auf eine spätere Zeit zu datieren als in westeuropäischen Ländern (der, wenngleich aufgeklärte, Absolutismus konnte sich länger halten), gehen im Kern auf das Paulskirchenparlament (1848) und auf den Vormärz zurück. Denn alle nachfolgenden politischen Richtungen nahmen von hier ihren Ausgang, wiewohl verschiedene Weltanschauungen, Gesinnungsgemeinschaften und Zeitschriften um einzelne politische Richtungen vorher bestanden haben, und zwar bereits in der Phase der Restauration (organisatorische Zusammenschlüsse waren damals untersagt), wenn nicht sogar schon davor[46]. Die ersten Parteiungen begriffen

41 Vgl. Siegfried Suckut, Blockpolitik in der SBZ/DDR 1945–1949. Die Sitzungsprotokolle des zentralen Einheitsfront-Ausschusses. Quellenedition, Köln 1986.

42 Vgl. Karl-Wilhelm Fricke, Opposition und Widerstand in der DDR. Ein politischer Report, Köln 1984.

43 Ebd., S. 59.

44 Vgl. etwa Susanne Miller/Heinrich Potthoff, Kleine Geschichte der SPD. Darstellung und Dokumentation 1848–1980, Bonn 1988[6].

45 Vgl. Dieter Langewiesche, Liberalismus in Deutschland, Frankfurt 1988.

46 Vgl. Fritz Valjavec, Die Entstehung der politischen Strömungen in Deutschland 1770–1815, München 1951.

sich überwiegend als Repräsentanten von Weltanschauungen, nicht als Interessenvertretungen, da sie von der Herrschaft ausgeschlossen blieben. »Für die deutsche Geschichte hat diese formative Phase unserer Parteien eine lange Nachwirkung gehabt: das politische Glaubensbekenntnis bleibt eine deutsche Figur; die Parteien neigen zum Doktrinären; der politische Konflikt tendiert leicht zum Kampf um letzte Überzeugungen.«[47]

Die Kleinstaaterei und die mannigfache – vornehmlich ideologisch wie konfessionell bedingte – Zerklüftung in Deutschland hemmten den Zusammenschluß von politischen Parteien. Politische Organisationen existierten daher im Vormärz noch nicht, mag es auch in den Parlamenten der süddeutschen Länder schon ab 1830 entsprechende Fraktionsbildungen gegeben haben, insbesondere bei den Liberalen. »In der Revolution von 1848/49 entwickelte sich aus diesen begrenzten rudimentären Frühformen von locker organisierten Parteien eine relativ feste Organisation der Parlamente in Fraktionen.«[48] Diese These hat sich in der Forschung weitgehend durchgesetzt. Die fünf Richtungen, die fast ein Jahrhundert das deutsche Parteiensystem bestimmen sollten, lassen sich, mit gewissen Abstrichen im Hinblick auf den politischen Katholizismus, bis auf die Revolution von 1848/49 und sogar noch davor zurückführen, mögen sich die Strömungen auch vielfach überlappt haben[49].

Die revolutionären Ereignisse in Frankreich griffen schnell auf Deutschland über. Ein aus der revolutionären Bewegung hervorgegangenes Vorparlament, das vornehmlich aus Abgeordneten süddeutscher Landtage bestand, beschloß Grundsätze für die nach einem allgemeinen Männerwahlrecht[50] bestellte Nationalversammlung. Sie war weitgehend ein von lokalen Honoratioren beherrschtes Parlament, in dem sich erst allmählich – locker gefügte – Fraktionen herauskristallisierten (genannt nach ihren Versammlungslokalen, in denen sie tagten). Abspaltungen und Neugruppierungen gehörten zur Tagesordnung, zumal landsmannschaftliche Besonderheiten politische Richtungen partiell überkreuzten. Etwa ein Viertel der Abgeordneten schloß sich keiner Gruppierung an. Gleichwohl fielen die Entscheidungen nicht erst in den Parlamentsdebatten. Zufallsmehrheiten gab es so gut wie nicht, waren doch die Fraktionsbindungen stärker ausgeprägt, als man lange angenommen hatte[51]. Sieht man einmal ab von der äußersten »Rechten« (sie wünschte alles beim »alten« zu lassen), von Revolutionären auf der »Linken« (die einem Umsturz der sozialen Verhältnisse das Wort redeten; das zu dieser Zeit entstandene Kommunistische Manifest spielte keine Rolle) sowie vom politischen Katholizismus (der sich in mannigfachen Gruppen zusammenfand), war ein breites Spektrum verschiedener Strömungen im Parlament vertreten, wenngleich die liberale Richtung überwog.

---

47 So treffend beobachtet von Thomas Nipperdey, Deutsche Geschichte 1800–1806. Bürgerwelt und starker Staat, München 1983, S. 378.

48 G. A. Ritter (Anm. 15), S. 11.

49 Vgl. dazu eingehend E. R. Huber (Anm. 8), Bd. II, S. 324–434.

50 In der Praxis wurde diese Prozedur wegen der unterschiedlichen Auslegung des Kriteriums der »Selbständigkeit« teilweise unterlaufen.

51 Vgl. hierzu insbesondere Helmut Kramer, Fraktionsbildungen in den deutschen Volksvertretungen 1819–1849, Berlin 1969.

Insofern ist die folgende Aufschlüsselung nur eine Momentaufnahme, vernachlässigt sowohl die Wandlungen als auch die Vielzahl der Abspaltungen[52].

Zur politischen »Rechten« gehörten konservativ gesinnte Abgeordnete, die die Kompetenzen des Parlaments auf ein Minimum reduzieren wollten (Café Milani). Diese Richtung bestand aus einem katholischen und aus einem protestantischen Flügel. Die Liberalen, weitaus die stärkste Kraft, verfügten über mehrere Fraktionen. Befürwortete der »Rechtsliberalismus« (Casino) neben der kleindeutschen Lösung eine gewisse Beschränkung der Macht des Monarchen, so bejahte der »Linksliberalismus« (Württemberger Hof) das Prinzip der parlamentarischen Monarchie, bekämpfte entschieden den Fürstenabsolutismus und machte sich überwiegend für die großdeutsche Lösung stark. Die politische »Linke« (Deutscher Hof) sprach sich ohne Einschränkungen für die Volkssouveränität aus, zum Teil auch entschieden für die Republik. Von ihr spaltete sich die Fraktion Donnersberg ab, die noch weitergehende, zum Teil revolutionäre Forderungen erhob.

Auch wenn die Nationalversammlung scheiterte – sie votierte für die kleindeutsche Lösung und für ein demokratisches Männerwahlrecht zur zweiten Kammer, dem Volkshaus – und die alten Dynastien in der Folgezeit wieder erstarkten, legten die Abgeordneten den Grundstein für die weitere Entwicklung nicht nur der Parteien und des Parlamentarismus, sondern auch der Einigung Deutschlands. Freilich, das muß als Tragik gelten, kamen in der Folge die Ideen der Einheit und Freiheit nicht zur Deckung. Zudem sah sich das Bürgertum hinfort politisch geschwächt.

III. Kaiserreich

1. Rahmenbedingungen und Anfänge

Trotz des Scheiterns der Revolution war das organisierte Parteiwesen nicht aufzuhalten, wenngleich in den nächsten Jahren gegenrevolutionäre Bestrebungen zunächst ein retardierendes Element in diese Entwicklung brachten. Bald kam es jedoch – größtenteils noch vor der Bildung des Nationalstaates – in schneller Folge zu einer Reihe von Parteigründungen, sei es kurz vor 1871, sei es kurz danach.

1861 entstand die liberale Deutsche Fortschrittspartei, 1866/67 – als Reaktion auf den preußischen Verfassungskonflikt (1862–1866) – die mehr besitzbürgerlich orientierte Nationalliberale Partei, die Bismarcks Politik unterstützte. »Die wesentliche Schwäche des deutschen politischen Liberalismus lag darin, daß er, im Gegensatz zum Zentrum und zur Sozialdemokratie, über keine eindeutige soziale bzw. konfessionelle Basis verfügte und nicht in einer eigenen Subkultur verwurzelt war.«[53] Diese These Ritters mag man relativieren, denn im bürgerlich-protestantischen Milieu verfügte der Liberalismus durchaus über einen beträchtlichen Anhang, ganz abgesehen davon, daß die unzureichende Verankerung in einem Milieu nicht unbedingt

52 Detaillierter Werner Boldt mit dem Abdruck zahlreicher Programme und Statuten der Fraktionen, vgl. ders. (Anm. 17), S. 163–200.

53 So G. A. Ritter (Anm. 15), S. 65.

»die wesentliche Schwäche« sein muß. Lag sie nicht vielmehr in der Aufsplitterung des politischen Liberalismus, der nach dem preußischen Verfassungskonflikt in wesentlichen Teilen seine liberalen Grundsätze preisgegeben hatte?

Auch bei den Konservativen kam es zu einer Ausdifferenzierung. Im Jahre 1867 wurde aus dem Preußischen Volksverein, einer Adelsgruppierung, die Freikonservative Partei ins Leben gerufen; die Deutsch-Konservativen formierten sich erst 1876. Diese Parteigründungen sind wesentlich eine Reaktion auf die Politik der Liberalen, verfügten Konservative doch über genügend andere Machtbastionen. Allerdings gelang ihnen die Mobilisierung der eigenen Richtung nur in begrenztem Ausmaße. Ein Manko, das sie durch ihren Rückhalt bei wesentlichen Kräften der Obrigkeit – sei es beim Hof, sei es beim Militär – zu kompensieren wußten. »Es war das Dilemma der Konservativen im Parteienstaat, daß sie sich, obwohl sie ihn ablehnten und beseitigen wollten, seinen Regeln unterwerfen mußten.«[54]

Komplizierter verlief die Entwicklung bei der Sozialdemokratie. Sie ist undenkbar ohne die Arbeiterbildungsvereine, die als Reaktion auf die tiefen Umwälzungen zumeist von Liberalen ins Leben gerufen wurden – zwecks Einbindung und »Vereinnahmung« der Arbeiterschaft, wie das ja in anderen Ländern zunächst gelang. 1863 gründete der betont antiliberal orientierte Ferdinand Lasalle in Leipzig den gemäßigten und reformerisch eingestellten Allgemeinen Deutschen Arbeiterverein (ADAV), der insbesondere in Norddeutschland Einfluß gewann; 1869 bildete sich in Eisenach unter August Bebel und Wilhelm Liebknecht, Anhängern von Karl Marx (der freilich der Gründung skeptisch gegenüberstand), die Sozialdemokratische Arbeiterpartei Deutschlands (SDAP). Auf dem Vereinigungsparteitag 1875 in Gotha nahm die Partei den Namen »Sozialistische Arbeiterpartei Deutschlands« (SAP) an, seit 1891 firmiert sie als Sozialdemokratische Partei Deutschlands (SPD). Die auf Deutschlands Rückständigkeit zielende Behauptung von der »Verspätung« (z.B. hinsichtlich eines Nationalstaates oder hinsichtlich der Parlamentarisierung) gilt somit nicht für die Gründung einer Arbeiterpartei. Der Sonderweg lag eher in der umgekehrten Richtung. Der Liberalismus, stärker realpolitisch orientiert als 1848/49, hatte sich in Deutschland zunehmend in eine großbürgerliche Richtung hin entwickelt, so daß der Sozialismus in ihm keine angemessene Repräsentation sah, zumal er in der Schaffung eines Nationalstaates nur hinhaltend taktierte. Es kam vorübergehend, jedenfalls seitens der Lasalle-Richtung, sogar zu einer gewissen Annäherung an freilich betont paternalistische Kräfte des preußischen Staates.

Während die Liberalen, die Konservativen und die Sozialisten im großen und ganzen mit den sozialen Hauptgruppen des Bürgertums, des Adels und der Arbeiterschaft identifiziert werden können, ist das Zentrum nicht durch eindimensionale soziale Interessen zu verorten. Die Anfänge des politischen Katholizismus, einer »gewaltige[n] untergründige[n] Macht«[55], in Form der Zentrumspartei gehen auf das Jahr 1870 zurück: Katholische Vertreter im preußischen Abgeordnetenhaus schlossen sich in ihr zusammen. Großdeutsch orientiert, fürchtete man, der politische Katholizismus werde im neuen, stark protestantisch ausgerichteten Staat in eine Minderheitenposition geraten, wie dies der Kulturkampf zu zeigen schien. Doch gerade aus dem Kulturkampf – Bismarck zog mit den Liberalen an einem Strang – ging das Zentrum,

54 W. Tormin (Anm. 2), S. 60.
55 T. Nipperdey (Anm. 47), S. 734.

zum Teil unterstützt von nationalen Minderheiten, unter seinem langjährigen Vorsitzenden Ludwig Windthorst gestärkt hervor. Der katholische Bevölkerungsteil rückte enger zusammen, und infolge des Drucks von außen ließ sich die Austarierung der Interessen besser vollziehen. Das Zentrum war, bei aller Orientierung am katholischen Bekenntnis, »keine klerikale Partei«[56], der Vorwurf des »Ultramontanismus« daher überzogen. Es wußte vielmehr zwischen den verschiedenen politischen Strömungen zu vermitteln.

Bekanntlich entsprang die nationale Einigung Deutschlands im Jahre 1871 weder einer Volksbewegung noch Initiativen der Parteien. Sie war vielmehr – nach dem siegreich beendeten Feldzug gegen Frankreich – eine Art Revolution von oben, das Werk von Fürsten und Militärs. Die Verfassung des Kaiserreiches blieb mithin obrigkeitlich gefärbt. Der Kanzler war vom Kaiser abhängig, nicht vom Reichstag, der ihn weder ernennen noch stürzen konnte. Galt Friedrich Julius Stahls programmatische Schrift über das »monarchische Prinzip« vor der Reichsgründung in konservativen Kreisen als sakrosankt[57], so fand die Lehre vom »deutschen Konstitutionalismus« fortan viele Anhänger. Er zeichnete sich durch eine Kombination zwischen monarchischem Absolutismus und parlamentarischer Monarchie aus. Wenn die Parteien auch noch längst nicht ihre heutige Bedeutung besaßen, förderte das allgemeine und gleiche Reichstagswahlrecht – in Preußen bestand bis zum Jahre 1918 das undemokratische Dreiklassenwahlrecht fort – doch die Ausbildung der Parteiorganisationen, wie überhaupt die Unitarisierung dazu beitrug. Jedenfalls gingen partikularistische Bestrebungen zurück. Auch liberale und konservative Parteien mußten sich nun um einen gewissen organisatorischen Aufbau zwecks Mobilisierung der eigenen Anhänger bemühen. Vieles blieb infolge des absoluten Mehrheitswahlsystems, das die Perpetuierung von Hochburgen begünstigte, allerdings in den Anfängen stecken.

2. Einzelne Parteien

Wie bereits erwähnt, bestanden im Kaiserreich fünf große Parteiblöcke. Zwar verschoben sich die Mehrheitsverhältnisse (während die Liberalen an Stimmen verloren, erhielten die Sozialdemokraten immer mehr Zulauf), aber dieses Fünfersystem hatte bis 1918 Bestand. Die Parteien der nationalen Minderheiten (die Polen, die Franzosen Elsaß-Lothringens und die nord-schleswigschen Dänen) spielten auch eine gewisse Rolle, werden jedoch bei der folgenden Charakterisierung[58] vernachlässigt.

a) Die konservativen Parteien wollten ihre Vorrechte bewahren und machten sich noch für eine Monarchie »von Gottes Gnaden« stark, kritisierten also den Konstitutionalismus. Während die – von antisemitischen Strömungen nicht freien – Deutsch-Konservativen großagrarische Interessen und sozial-reaktionäre Maßnahmen befürworteten (ein Teil der Bauernschaft gehörte ebenfalls zu ihrer Klientel), organisierten sich in erheblichem Maße auch Industrielle und Repräsentanten der Bürokratie bei

---

56 G. A. Ritter (Anm. 15), S. 51.
57 Vgl. Friedrich Julius Stahl, Das monarchische Prinzip, Berlin 1845.
58 Vgl. zusammenfassend G. A. Ritter (Anm. 15), S. 49–84; Hans-Ulrich Wehler, Das Deutsche Kaiserreich 1871–1918, Göttingen 1983[5], S. 80–95.

den aufgeschlosseneren, wenngleich nicht so einflußreichen Freikonservativen, deren Organisationsstruktur notorisch schwach war.

b) Die Nationalliberalen, die vor allem Interessen des Großbürgertums repräsentierten, begrüßten weitgehend den Machtstaat Bismarckscher Prägung. Sie propagierten in verstärktem Maße eine nationalistische Politik, mithin eine expansive Kolonialpolitik. Innenpolitisch wandten sie sich gegen eine Reform des Systems von 1871, verteidigten also das preußische Dreiklassenwahlrecht, wiewohl sie sich ansonsten als strikte Verteidiger des Rechtsstaates verstanden. Sie verloren im Vergleich zur Gründungsphase jedoch später an Einfluß.

c) Die zum Teil in mehrere Richtungen gespaltenen und in wechselnden Verbindungen kandidierenden Linksliberalen (u. a. Deutsche Fortschrittspartei [bis 1884], Freisinnige Volkspartei [1893–1910], Fortschrittliche Volkspartei [seit 1910]), die ihr Wählerreservoir vorwiegend in den freien Berufen, Teilen des Handwerks und Handels besaßen, befürworteten in der Verfassungspolitik eine parlamentarische Monarchie nach britischem Muster, ohne aber entschieden auf eine Demokratisierung zu drängen. Ihre allmähliche Aufgeschlossenheit für soziale Probleme begünstigte – besonders in den letzten Jahren des Kaiserreiches – ein punktuelles Zusammengehen mit den Sozialdemokraten, wobei sie jedoch gegenüber Massenbewegungen Skepsis walten ließen.

d) Das durch die Klammer der katholischen Konfession zusammengehaltene Zentrum verfügte als Partei des politischen Katholizismus über einen festen Wählerstamm von etwa 20 Prozent, mit leicht sinkender Tendenz. Es versuchte nicht ohne Erfolg, Adels-, Bürger-, Bauern- und Arbeiterinteressen gleichermaßen zu integrieren. Im Gegensatz zu allen anderen Parteien gehörten ihm relativ gleichmäßig Angehörige aller sozialen Schichten an. Ob man die Zentrumspartei aufgrund ihrer konfessionellen Schranken, regionalen Verschiedenheiten und betont antiliberalen Ausrichtung als »erste Volkspartei in Deutschland«[59] bezeichnen kann, dürfte fraglich sein. Das Zentrum hat höchst unterschiedliche Phasen durchlaufen, operierte aber meist in der rechten Mitte.

e) Die Sozialdemokratie nahm als sozialistische Opposition eine Sonderstellung ein. Diffamiert als Gemeinschaft vaterlandsloser Gesellen, wurde sie von der Obrigkeit isoliert, teilweise schikanös behandelt. Trotz staatlicher Sozialpolitik (die Sozialgesetzgebung war für die damalige Zeit vorbildlich) und kontinuierlicher Hebung des Lebensstandards für weite Teile der Bevölkerung – die soziale Frage blieb gleichwohl erhalten – erhielt die SPD Zulauf. Nur langsam begann die Integration der Arbeiterschaft in den Staat. Obschon sich die Sozialdemokratie oft in revolutionärer Rhetorik übte, überwog in der Praxis zunehmend die reformorientierte Politik. Der Revisionismus Eduard Bernsteins, der marxistischen Dogmen (wie der Katastrophen- und Verelendungstheorie) eine Absage erteilte, gewann an Bedeutung. Punktuell versah die Partei August Bebels sogar Reformarbeit – wie im liberalen Klima Süddeutschlands. Doch war sie nicht in den Staat integriert. Man suchte die Rolle der SPD –

---

59 So Hans-Hermann Hartwich, Berlin – Weimar – Bonn. Zum Weg der deutschen Parteien vom Obrigkeitsstaat zur sozialstaatlichen Demokratie, in: Christian Graf von Krockow/ Peter Lösche (Hrsg.), Parteien in der Krise, München 1986, S. 25.

wohl etwas überzogen – mit den Begriffen der »negativen Integration« und des »revolutionären Attentismus« zu erfassen[60].

3. Parteiensystem

Angesichts der fehlenden Parlamentarisierung der Exekutive im Kaiserreich bestand für die Parteien keine Notwendigkeit zu gedeihlicher Zusammenarbeit. Der für den Konstitutionalismus typische Dualismus von Regierung und Parlament sollte sich später, bei längst vollzogener Parlamentarisierung, negativ auswirken. Ein parlamentarisches Regierungssystem konnte sich im Kaiserreich – im Gegensatz etwa zu Großbritannien – nicht entwickeln. Allerdings war in Deutschland bereits das allgemeine (Männer-)Wahlrecht eingeführt, während in Großbritannien nur ein kleiner Teil der erwachsenen Bevölkerung das Wahlrecht erhalten hatte und sich erst schrittweise die Ausdehnung auf andere Wählerschichten zu vollziehen begann. Fehlte es in Deutschland an der Parlamentarisierung, so in Großbritannien an der Demokratisierung.

Trotz des allgemeinen Männerwahlrechts kam es zu massiven Ungerechtigkeiten[61]. Die Wahlkreiseinteilung wurde bis zum Ende des Kaiserreiches nicht geändert, so daß infolge der unterschiedlichen Größe speziell die Konservativen von dieser »passiven Wahlkreisgeometrie« profitierten, während sie die Sozialdemokraten benachteiligte. Das absolute Mehrheitswahlrecht – gewählt war, wer im Wahlkreis die absolute Mehrheit der Stimmen erhielt – wirkte sich durch das System der Stichwahl (es kam häufig zu Wahlabsprachen der nichtsozialistischen Parteien) für die Sozialdemokratie ebenfalls ungünstig aus. Auch dadurch verzerrte sich das Verhältnis von Stimmen- und Mandatsanteil. Schon 1890 erreichte die SPD die meisten Stimmen, erst 1912 jedoch die meisten Mandate. Freilich bedarf dieser Sachverhalt insofern der Relativierung, als die anderen Parteien im Gegensatz zur SPD häufig auf reine Zählkandidaturen verzichteten.

Die Apostrophierung als »Reichstreue« (Konservative und Nationalliberale) und »Reichsfeinde« (Linksliberale, Zentrum, Sozialdemokraten) kennzeichnet nur grobmaschig die Haltung der Regierung zu Parteien. Es gab auch Konstellationen, in denen Zentrum und Linksliberale die Regierung unterstützten, während Konservative und Nationalliberale opponierten. Nur die Sozialdemokratie blieb in steter Opposition, wobei die verbale Rhetorik, wie erwähnt, zunehmend von reformistischer Praxis überlagert wurde. Je heftiger die Regierung gegen die Sozialdemokratie – in den Sozialistengesetzen (1878–1890) – und gegen das Zentrum – im Kulturkampf (1871–1879) – Maßnahmen ergriff, um so mehr stärkte sie ihre Gegenspieler. Anders endete der Verfassungskonflikt, aus dem der Liberalismus geschwächt hervorging. Wer von einer »ingeniöse[n] Herausbildung dieser Herrschaftstechnik der

60 Vgl. Dieter Groh, Negative Integration und revolutionärer Attentismus. Die deutsche Sozialdemokratie am Vorabend des Ersten Weltkrieges, Frankfurt u. a. 1973.

61 Vgl. für Einzelheiten Alfred Milatz, Reichstagswahlen und Mandatsverteilung 1871 bis 1918. Ein Beitrag zu Problemen des absoluten Mehrheitswahlrechts, in: G. A. Ritter (Anm. 13), S. 207–223; H. Fenske (Anm. 11), Wahlrecht und Parteiensystem, insbes. S. 106–145.

negativen Integration«[62] seitens der Obrigkeit spricht, unterstellt eine systematische Machtstrategie der Regierung, die so wohl nicht gegeben war.

Wie *Tab. 1* zeigt, waren im Jahre 1890 – am Ende der Bismarck-Ära, etwa in der Mitte des Kaiserreiches – alle fünf Gruppierungen fast gleich stark, jedenfalls nach Stimmen. Nach Mandaten hatten jedoch die Parteien der rechten Mitte stets eine Mehrheit. Die vom Kaiser eingesetzten Kanzler konnten mit wechselnden Mehrheiten regieren. Sie brauchten ohnehin keine parlamentarische Mehrheit hinter sich zu haben, wenngleich sich in der Spätphase ein Wandel abzuzeichnen begann. Dominierte bis 1890 der Kanzler Bismarck, so prägte später Wilhelm II. die nachfolgende Epoche, obwohl das Schlagwort vom »persönlichen Regiment« die gewachsene Kraft der Parteien verkennt und die jeweiligen Kanzler indirekt zu Galionsfiguren herabwürdigt.

Tab. 1: Wahlergebnisse der Reichstagswahlen von 1871 bis 1912 in Prozent

Wahljahr	Wahlbeteiligung	SPD	Linksliberale Parteien	Zentrum	Rechtsliberale Parteien	Konservative Parteien	Minderheiten, regionale Gruppen
1871	52,0	3,1	9,3	18,7	37,2	23,1	6,6
1874	61,2	6,8	9,0	27,9	30,8	14,2	10,5
1877	61,6	9,1	8,6	25,0	29,7	17,6	9,8
1878	63,4	7,6	7,9	23,1	25,8	26,7	8,9
1881	56,3	6,1	22,9	23,2	15,0	23,7	8,8
1884	60,5	9,7	19,3	22,6	17,6	22,1	8,5
1887	77,5	10,1	14,1	20,1	22,6	25,1	7,7
1890	71,5	19,7	18,2	18,6	16,8	19,8	6,6
1893	72,4	23,3	14,3	19,1	13,2	22,8	7,1
1898	68,1	27,2	11,8	18,8	13,1	20,8	8,1
1903	76,1	31,7	9,5	19,5	14,2	17,4	7,1
1907	84,7	28,9	11,4	19,4	14,7	18,1	6,6
1912	84,2	34,8	12,8	16,4	14,1	15,3	6,3

Quelle: Alfred Milatz, Reichstagswahlen und Mandatsverteilung 1871 bis 1918, in: Gerhard A. Ritter (Hrsg.), Gesellschaft, Parlament und Regierung. Zur Geschichte des Parlamentarismus in Deutschland, Düsseldorf 1974, S. 220f.

Auch die nicht-sozialdemokratischen Parteien mußten dem Eintritt der Massen in die Politik Rechnung tragen. Gewiß hatte sich die Organisationsdichte bei ihnen im Vergleich zur Bismarckzeit verbessert (am wenigsten bei den Konservativen), doch entwickelten sie sich nicht zu Massenparteien, die im ganzen Reichsgebiet vertreten waren. Hingegen existierte im 19. Jahrhundert, das man gar als ein »vereinsseliges Säkulum«[63] apostrophiert hat, ein blühendes Vereinsleben. Parteien hatten mithin keineswegs ein Monopol auf die politische Willensbildung im weitesten Sinne. Die Interessenverbände unterstützten sie, nahmen den bürgerlichen Parteien sogar teilweise die Mobilisierung der Sympathisanten ab, wirkten auf das Parlament ein, ohne daß man ihren Einfluß überschätzen darf. Selbst der größte Verband, der 1893 gegründete Bund der Landwirte, der eng mit den Deutschkonservativen verzahnt

62 So H.-U. Wehler (Anm. 58), S. 99.

63 So D. Langewiesche (Anm. 45), S. 111.

war, konnte viele seiner Vorstellungen bei der Regierung nicht durchsetzen. »Die Aufgabe, Massen zu werben und zu organisieren, Interessen zu integrieren, die innerparteiliche Meinungsbildung zu ordnen und die Anhänger daran in gewissem Maße zu beteiligen, sind von den Parteien verschieden gelöst worden. Die wichtigsten Kennzeichen einer Honoratiorenpartei aber, Unabhängigkeit der lokalen Instanzen bei der Aufstellung der Kandidaten, mindestens relatives Übergewicht der ›natürlichen‹ Führer über die Geführten und Unabhängigkeit der Fraktion blieben in allen Parteien bis 1918 auf Grund des Wahlsystems, des Mehrparteiensystems und der gesellschaftlichen Struktur erhalten.«[64] Anders war die Situation bei den Sozialdemokraten, einer ausgesprochenen Klassenpartei. Sie betreuten ihre Mitglieder – wie es hieß – »von der Wiege bis zur Bahre«. Die Milieugebundenheit löste sich nur langsam auf.

Die einseitige Charakterisierung der Parteien (sie galten vielfach als Verfechter von egoistischen Sonderinteressen) sollte sich später ebenso negativ auswirken wie deren starre Kompromißunfähigkeit, gefördert durch den Konstitutionalismus, der die Parteien von der politischen Verantwortung weitgehend ausschloß. Gerade die ziemliche Machtlosigkeit der Parteien im Reichstag mag ihre Vielfalt und ihren Doktrinarismus begünstigt haben. Damit dürfte auch die Verantwortungsscheu in späterer Zeit zusammenhängen, ebenso wie die politische Abstinenz vieler Persönlichkeiten: »Das Parlament bot keine Karrierechance.«[65]

4. Die Rolle der Parteien am Kriegsende

Die Parteien machten sich nur unzureichend für die Parlamentarisierung der Regierung stark. Proklamierten die Sozialdemokraten in erster Linie eine sozialistische Gesellschaftsordnung, vernachlässigten die Forderung nach Demokratisierung und entwickelten kein Konzept für ein demokratisches Regierungssystem, so hüteten sich die bürgerlichen Parteien vor entsprechenden Postulaten, weil sie ein Übergewicht der Sozialdemokratie befürchteten. Allein die Linksliberalen sowie der linke Flügel des Zentrums unter Erzberger engagierten sich für die Parlamentarisierung. Hinzu kam verfassungstheoretisches Unverständnis. Exekutive und Legislative galten als Gegenspieler. Den Parteien genügte es vielfach, ihre Interessen beim Gesetzgebungsprozeß zur Geltung zu bringen.

Zunehmend wurde jedoch die Rolle der Parteien wichtiger; der jeweilige Kanzler hatte es immer schwerer, ohne einen festen Parteienblock zu regieren. Das Gewicht des Reichstages nahm zu, das des von Preußen dominierten Bundesrates hingegen ab. In den letzten Jahren des Kaiserreiches schien sich trotz gegenläufiger Tendenzen eine Parlamentarisierung der Exekutive anzubahnen (stiller Verfassungswandel). Zudem beschleunigten die Auswirkungen des Ersten Weltkrieges den Sieg der parlamentarischen Demokratie.

---

64 Thomas Nipperdey, Organisation der bürgerlichen Parteien in Deutschland, in: G. A. Ritter (Anm. 21), S. 118.

65 Michael Stürmer, Das ruhelose Reich. Deutschland 1866–1918, Berlin 1983, S. 119.

Die Verfassungsänderung vom Oktober 1918 ging – jedenfalls auf den ersten Blick[66] – von oben aus, um den Forderungen des amerikanischen Präsidenten Wilson nach dem verlorenen Weltkrieg Rechnung zu tragen. Die Parlamentarisierung der Exekutive wurde vollzogen. Doch das Zugeständnis kam viel zu spät, als daß die Monarchie, Symbol des Obrigkeitsstaates, noch zu retten und die Revolution aufzuhalten gewesen wäre. Aber auch auf der politischen Linken kam es zu Änderungen. Von der Sozialdemokratie hatten sich 1917 die Unabhängigen Sozialdemokraten (USPD) abgespalten, insbesondere wegen der Bewilligung der Kriegskredite seitens der Mehrheitssozialdemokratie. Diese befand sich im Verhältnis zu den anderen Parteien längst nicht mehr in der früheren Isolation.

Wer die Weimarer Republik mit Blick auf die Initiative der Obersten Heeresleitung zur Beendigung des Weltkrieges als eine »improvisierte Demokratie«[67] ansieht, verkennt wohl den fortgeschrittenen Einfluß der Parteien des Reichstags am Ende des Kaiserreiches, so sehr auch die Oktoberreformen von 1918 überraschend vonstatten gingen. Bereits im Sommer 1917 war ein Interfraktioneller Ausschuß entstanden, dem Vertreter der SPD, des Zentrums und der Fortschrittlichen Volkspartei angehörten. Die spätere Weimarer Koalition kristallisierte sich hier bereits heraus. Vieles spricht mithin für die These, daß sich in den letzten Jahren des Kaiserreiches eine Parlamentarisierung abzuzeichnen begann[68], die von den Verfechtern der kaiserlichen Prärogative auf Dauer nicht abzuwenden gewesen wäre. Die Form des deutschen Konstitutionalismus, sofern es sich überhaupt um einen eigenständigen Verfassungstypus[69] handelte, hätte sich nicht behaupten können. Seine Lebenskraft war erschöpft[70]. Durch die Oktoberreformen konnte der zumindest teilweise irrige Eindruck entstehen, das »wesensfremde« parlamentarische System sei Deutschland oktroyiert worden.

---

66 Wie die Vorgeschichte der Regierung Max von Badens zeigt, waren die Parteien keineswegs untätig. Vgl. Erich Matthias/Rudolf Morsey, Die Bildung der Regierung des Prinzen Max von Baden, in: Eberhard Kolb (Hrsg.), Vom Kaiserreich zur Weimarer Republik, Köln 1972, S. 63–76.

67 Vgl. Theodor Eschenburg, Die Republik von Weimar. Beiträge zur Geschichte einer improvisierten Demokratie, München 1984. Eschenburgs These von der »Improvisation« geht bereits auf das Jahr 1951 zurück.

68 Besonders pronounciert und vielleicht etwas überzogen Manfred Rauh, Föderalismus und Parlamentarismus im Wilhelminischen Deutschland, Düsseldorf 1973; ders., Die Parlamentarisierung des Deutschen Reiches, Düsseldorf 1977. Die Gegenposition wird dezidiert vertreten von H.-U. Wehler (Anm. 58). Die These von der Ablenkung der innenpolitischen Schwierigkeiten nach außen findet sich mehrheitlich auch in folgendem Band: Michael Stürmer (Hrsg.), Das Kaiserliche Deutschland, Düsseldorf 1977[2]. Eine Mittelposition nimmt ein: Ernst Nolte, Deutscher Scheinkonstitutionalismus, in: ders., Was ist bürgerlich? und andere Artikel, Abhandlungen, Auseinandersetzungen, Stuttgart 1979, S. 179–208.

69 In diesem Sinne immer wieder E. R. Huber (Anm. 8), Bd. III, S. 3–26; zuletzt ders., Das Kaiserreich als Epoche verfassungsstaatlicher Entwicklung, in: Josef Isensee/Paul Kirchhof (Hrsg.), Handbuch des Staatsrechts der Bundesrepublik Deutschland, Bd. I, Heidelberg 1987, S. 35–83.

70 So im Gegensatz zu Huber: Ernst Wolfgang Böckenförde, Der deutsche Typ der konstitutionellen Monarchie im 19. Jahrhundert, in: Werner Conze (Hrsg.), Beiträge zur deutschen und belgischen Verfassungsgeschichte im 19. Jahrhundert, Stuttgart 1967, S. 70–91.

IV. Weimarer Republik

1. Rahmenbedingungen und Anfänge

Der Systemwechsel vom Kaiserreich zur Weimarer Republik war in mancher Hinsicht nicht von zentraler Bedeutung. Gewiß, die Monarchie wurde gleichsam hinweggefegt – nicht zuletzt durch die Niederlage im Krieg –, und es entstand eine parlamentarische Republik, die dem Gebot der Volkssouveränität in vollem Maße Rechnung trug. Andererseits gab es auch Kontinuität, insbesondere durch die Funktion des Reichspräsidenten als eine Art »Ersatzmonarch«. Die nach dem Ersten Weltkrieg einsetzenden Versuche zur revolutionären Umgestaltung des parlamentarischen Systems – in der Rätebewegung überwogen keineswegs kommunistische Gruppierungen – wurden maßgeblich von der Sozialdemokratie vereitelt, die ebenso von Bolschewismusfurcht befallen war[71] wie andere gesellschaftliche Kräfte. Dabei mußte sie sich allerdings der Freikorps bedienen und schuf so unfreiwillig eine Hypothek für die junge Demokratie[72].

Daß der Wandel entgegen dem ersten Anschein nicht so fundamentaler Natur war – die Bürokratie jedenfalls konnte weiterwirken, ohne daß es zu einer »Blutauffrischung« kam –, gilt auch für das Partei- und Parlamentswesen. Es zeigte sich nämlich eine beachtliche Kontinuität vom Ende des Kaiserreiches zum Beginn der Weimarer Republik[73]. Das Parteiensystem formte sich nicht grundlegend um, sondern setzte sich mehr oder weniger fort, obwohl ein ganz anderes Wahlsystem eingeführt wurde. Von den 14 Ministern der ersten Regierung der Weimarer Republik gehörten bereits sechs, darunter Scheidemann, Landsberg und Erzberger, dem Interfraktionellen Ausschuß von 1917 an.

Wie die Parteien keine Erwähnung in der Verfassung des Kaiserreiches fanden, so tauchten sie nicht in jener der Weimarer Republik auf, sieht man einmal von der negativen Wendung in Art. 130 ab, wonach Beamte Diener der Gesamtheit seien, nicht einer Partei. Dabei mußte ihre Funktion in einem wesentlich von ihnen getragenen System eine weitaus bedeutendere sein. Aber die Parteien, vielfach in konstitutionellem Denken befangen, perzipierten diese Wandlung ebenso unzureichend wie weite Teile der Bevölkerung, die obrigkeitlichen Vorstellungen huldigten. Die Rolle, die dem Kaiser im obrigkeitlichen Regime zufiel, kam nun gewissermaßen dem vom Volk gewählten und mit zahlreichen Kompetenzen ausgestatteten Reichspräsidenten zu. Er ernannte den Kanzler, besaß ein Auflösungs- und Notverordnungsrecht. Auf diese Weise wurde die Parteiendemokratie durchbrochen, die Verantwortlichkeit der Parteien bei Konflikten geschwächt, erst recht bei schwierigen

---

71 Vgl. dazu Peter Lösche, Der Bolschewismus im Urteil der deutschen Sozialdemokratie 1903–1920, Berlin 1967.

72 In der Forschung wird seit längerem eine Diskussion darüber geführt, ob es sich hier um einen Geburtsfehler der Weimarer Republik handelt. Allerdings muß der Wahrnehmungshorizont der Zeitgenossen beachtet werden. Erst nach 1933 kam nämlich der Gedanke auf, die Sozialdemokratie habe ihren Handlungsspielraum leichtfertig nicht genutzt. Vgl. als erster in diesem Sinne: Arthur Rosenberg, Die Geschichte der Weimarer Republik, Frankfurt 1981[20] (1935).

73 Vgl. Gerhard A. Ritter, Kontinuität und Umformung des deutschen Parteiensystems 1918–1920, in: E. Kolb (Anm. 66), S. 244–275.

Mehrheitsverhältnissen. Schon in der Verfassungskonstruktion ist damit praktisch ein überparteiliches Präsidialregime angelegt.

Die Weimarer Koalition (SPD, Zentrum, DDP) erhielt im Jahre 1919 zwar eine solide 75 Prozent-Mehrheit, doch in der Folge erreichten diese Parteien nicht einmal mehr die absolute Mehrheit, wie bereits die erste Reichstagswahl im Jahre 1920 zeigte. Kraß formuliert: Die Wähler haben den demokratischen Parteien das Vertrauen entzogen. Diese wiederum wußten es nicht zurückzugewinnen, mag auch zeitweise eine gewisse Konsolidierung eingetreten sein.

2. Einzelne Parteien

Die fünf Parteien, die im Kaiserreich tonangebend waren, sofern man dies seinerzeit von Parteien überhaupt sagen kann, spielten auch in der Weimarer Republik eine entscheidende Rolle, teilweise unter anderem Namen, wobei charakteristischerweise insbesondere eher konservative Parteien sich mit dem Epitheton »Volk« schmückten (Deutschnationale Volkspartei, Deutsche Volkspartei, Bayerische Volkspartei). Hinzu kam die extreme Rechte und die extreme Linke[74]. Von den durch das Verhältniswahlsystem begünstigten kleinen Parteien wie der Wirtschaftspartei, dem Christlich-Sozialen Volksdienst und anderen ist im folgenden nicht die Rede[75].

a) Die Deutschnationale Volkspartei stellte zwar dem Namen nach eine Neugründung dar, doch sammelten sich in ihr überwiegend die Anhänger der konservativen Parteien des Kaiserreiches, deren Politik zunächst diskreditiert schien. Wie diese hatte sie ihre Unterstützung vor allem bei den Großagrariern Ostdeutschlands, aber auch bei anderen Gruppen, z. B. Angestellten in Großstädten. Nur selten gab sie ihre Frontstellung gegen das neue demokratische System auf, mochte sie auch zeitweilig – in der Mittelphase der Republik – an der Regierung beteiligt gewesen sein, und zwar in den Kabinetten Luther (1925) und Marx (1927). Unter ihrem Parteivorsitzenden Alfred Hugenberg (1928–1933) kam es zu einer weiteren Verlagerung der DNVP nach rechts (die Absplitterung einer gemäßigt-gouvernementalen Rechten unter Graf Westarp kennzeichnete den Prozeß, verstärkte ihn aber auch), und durch ihre spätere Zusammenarbeit mit den Nationalsozialisten (»Harzburger Front«) ebnete sie diesen entscheidend den Weg zur Macht.

b) Die Deutsche Volkspartei, zunächst organisatorisch schwach entwickelt, vertrat stark industrielle Interessen. Die Mehrheit der Nationalliberalen aus dem Kaiserreich setzte hier ihre Politik fort. Die DVP, deren Haltung zur Weimarer Republik schwankte, fand Unterstützung im neuen und alten Mittelstand. Nach dem Tode Gustav Stresemanns, ihres überragenden Staatsmannes, der die DVP in die politische Mitte geführt hatte, gewannen die rechtsstehenden, der parlamentarischen Demokratie nicht wohlgesonnenen Kräfte wieder die Oberhand. Sie war, von der Anfangsphase abgesehen, stärker und einflußreicher als ihr linksliberaler Widerpart, büßte in der Wirtschaftskrise aber das Hauptkontingent ihrer Wähler ein.

---

74 Zu den Parteien vgl. z. B. (knapp zusammenfassend) Karlheinz Dederke, Reich und Republik. Deutschland 1917–1933, Stuttgart 1984[5], S. 125–135.

75 Vgl. u. a. Martin Schumacher, Zersplitterung und Polarisierung. Kleine Parteien im Weimarer Mehrparteiensystem, in: Aus Politik und Zeitgeschichte, B 31/77, S. 39–46.

c) Die Deutsche Demokratische Partei repräsentierte den Linksliberalismus. Klangvolle Namen wie der bereits im August 1919 verstorbene erste Vorsitzende Friedrich Naumann, Hugo Preuß, der eigentliche Vater der Weimarer Verfassung, und Max Weber gehörten zu ihren Gründungsvätern. Um den zunehmenden Verlust der Wählerschaft zu stoppen, verband sich die DDP im Jahre 1930 kurzfristig mit dem Jungdeutschen Orden, einem nationalen Kampfbund unter der Führung von Arthur Mahraun, der allmählich zur demokratischen Staatsform ein positives Verhältnis gefunden hatte. Doch auch die Deutsche Staatspartei, so lautete der neue Name, konnte den Ver- und Zerfall des Liberalismus nicht aufhalten. In den wirtschaftlichen Krisenzeiten übten Ideen des Liberalismus auf die eigene Anhängerschaft – insbesondere das Bürgertum – keine Anziehungskraft aus.
d) Das Zentrum gehörte fast allen Regierungen der Weimarer Republik an, weil es noch am ehesten in der Lage war, unterschiedliche Interessen zu vereinen und damit auszugleichen, so sehr den linken und rechten Flügel auch gravierende Meinungsverschiedenheiten voneinander trennten. Wie schon im Kaiserreich konnte die Zentrumspartei beträchtliche Teile des katholischen Lagers aus allen Schichten an sich binden. Vielleicht der bedeutendste Politiker des Zentrums (der ähnlich wie Joseph Wirth bei der politischen Rechten verfemte Matthias Erzberger war bereits 1921 einem Attentat erlegen) mag Wilhelm Marx gewesen sein (Parteivorsitzender von 1920 bis 1928), der mehrfach als Reichskanzler amtierte. Unter Prälat Ludwig Kaas kam es ab 1928 zu einem gewissen Schwenk nach rechts, wie auch die Kanzlerzeit Heinrich Brünings (1930–1932) gezeigt hat. In Bayern vertrat die Bayerische Volkspartei, die sich 1920 vom Zentrum getrennt hatte, den politischen Katholizismus mit einer deutlichen Rechtsorientierung und in einer betont föderalistischen, wenn nicht gar partikularistischen Variante.
e) Die SPD war noch am ehesten eine Stütze der Republik, wenngleich sie ihr Verhältnis zum Staat nicht eindeutig zu bestimmen vermochte. Die aus dem Kaiserreich herrührende Kluft zwischen radikaler Ideologie und reformerischer Praxis wirkte fort, freilich in gemilderter Form. Allerdings oblag der Sozialdemokratie in Weimar Verantwortung, während sie im Kaiserreich von der politischen Willensbildung weitgehend ausgeschlossen blieb. Verschärft wurde dieses Dilemma durch einen Zweifrontenkampf, dem sich die SPD und ihre Führer Friedrich Ebert, Hermann Müller sowie Otto Wels ausgesetzt sahen: Viele bürgerliche Parteien wetterten gegen den Marxismus der SPD, während umgekehrt die Kommunisten ihr Verrat an dessen Prinzipien vorwarfen. Die bis zum Jahre 1932 stärkste Partei war die meiste Zeit in der Opposition – Symptom für den mangelnden Gestaltungswillen der demokratischen Arbeiterpartei, die allerdings in Preußen bis zum »Preußen-Schlag« vom 20. Juli 1932 in der Regierung blieb.

Links von der SPD und rechts von der DNVP formierten sich zwei Parteien, die das Parteiengefüge verbreiterten und durch die somit erschwerte Koalitionsbildung die ohnehin ungefestigte Demokratie weiter belasteten. Beide bekämpften das System unnachsichtig und rücksichtslos. Der politische Extremismus fristete in der ersten deutschen Demokratie kein Mauerblümchendasein – ganz abgesehen davon, daß bei den oben erwähnten Parteien auch antidemokratische Tendenzen bemerkbar waren, am stärksten bei der DNVP, die aufgrund ihrer obrigkeitlichen Traditionen die Weimarer Demokratie innerlich niemals akzeptieren konnte.
f) Die KPD wurde durch die Spaltung der USPD – der radikale Flügel wandte sich

den Kommunisten zu, der gemäßigte ging zur Sozialdemokratie zurück – eine Massenpartei, die der Weimarer Republik den Kampf ansagte. Ihre Aufstandsversuche von 1921 und 1923 blieben erfolglos, trieben die Republik eher nach rechts. Zunehmend sah die KPD ihr Heil in Moskau, sie wurde unter ihrem Führer Ernst Thälmann ein linientreuer Befehlsempfänger sowjetischer Politik (Bolschewisierung der KPD)[76]. Abhängig von dieser in personeller, finanzieller, ideologischer und organisatorischer Hinsicht, proklamierte die KPD von 1929 bis zum Ende der Weimarer Republik ihre von der Sowjetunion aus internen Gründen geförderte Sozialfaschismus-These. Für die KPD galt die SPD als der Hauptfeind, dessen Stimmenanteil sie niemals erreichte (wenngleich die Differenz in der Größenordnung zwischen den beiden Arbeiterparteien am Ende abnahm).

g) Die Nationalsozialistische Deutsche Arbeiterpartei (NSDAP), aus einer völkischen Gruppe entstanden, verkündete einen fanatischen Antisemitismus und aggressiven Nationalismus, der sich mit sozialdarwinistischen Ideen verband. Sie proklamierte einen unerbittlichen Kampf gegen Liberalismus und Kommunismus. Ursprünglich nur eine der vielen Splitterparteien, profitierte die Partei Hitlers (seit 1921 ihr Vorsitzender) von der Weltwirtschaftskrise und wuchs im Jahre 1932 zur weitaus stärksten Kraft, die auch durch die Absplitterung des Strasser-Flügels im Jahre 1932 nicht sichtlich geschwächt wurde. Vor allem ein großer Teil des Mittelstandes, der seine Existenz gefährdet sah, zeigte sich für demagogische Parolen empfänglich. Die Unterschätzung der nationalsozialistischen Dynamik war allgemein – sie reichte von den Deutschnationalen bis zu den Kommunisten. Man sah in Hitler vielfach nur einen »Trommler«.

3. Parteiensystem

Die Wahlen in der Weimarer Republik brachten niemals einer Partei eine Mehrheit, nicht zuletzt bedingt durch das 1918 eingeführte Verhältniswahlrecht[77]. Auf 60000 Stimmen entfiel bereits ein Mandat (sieht man von einigen Kautelen ab, die jedoch für die größeren Parteien nicht zutrafen). Mit dem Verhältniswahlsystem ging eine seit langem erhobene Forderung der Sozialdemokraten in Erfüllung, aber auch die anderen Parteien waren in der Situation nach dem Ersten Weltkrieg von diesem Wahlmodus angetan, weil er eine (perzipierte) Mehrheit der Sozialdemokratie abblockte.

Angesichts der Mehrheitsverhältnisse im Parlament *(vgl. Tab. 2)* verliefen die Regierungsbildungen häufig kompliziert, und es ist charakteristisch, daß kein Reichstag die volle Legislaturperiode überstand. Fünf der 20 Weimarer Reichsregierungen leiteten Kanzler, die weder Parlaments- noch Parteimitglieder waren. Ungefähr 40 Prozent der Minister gehörten nicht dem Reichstag an und etwa 20 Prozent nicht einmal einer Partei. Eine Minderheitsregierung, von der Mehrheit des Parlaments

---

76 Vgl. Hermann Weber, Die Wandlung des deutschen Kommunismus. Die Stalinisierung der KPD in der Weimarer Republik, 2 Bde., Frankfurt 1969.

77 Zum Weimarer Wahlsystem und zum Wahlverhalten vgl. Eberhard Schanbacher, Parlamentarische Wahlen und Wahlsystem in der Weimarer Republik. Wahlgesetzgebung und Wahlreform im Reich und in den Ländern, Düsseldorf 1982.

toleriert, stellte ebensowenig eine Seltenheit des Weimarer Parlamentarismus dar wie ein – für ein parlamentarisches System an sich nicht vorgesehenes – »Kabinett der Fachleute« oder ein »Kabinett der Persönlichkeiten«. Der Parteienstaat hatte sich in Weimar nicht durchgesetzt, was sich beispielsweise auch in der Vielzahl von Bünden zeigte, die in mancher Hinsicht »als Gegenkräfte zu den Parteien gedacht«[78] waren, obwohl diese teilweise selber eigene Bünde hervorbrachten – die Kommunisten den Rotfrontkämpferbund, die Deutschnationalen den Stahlhelm, die Parteien der Mitte das Reichsbanner, dessen 3,5 Millionen Mitglieder sich vor allem aus den Reihen der Sozialdemokratie rekrutierten. Parteien galten vielfach als Fremdkörper, die das Gemeinwohl gefährdeten.

Tab. 2: Wahlergebnisse der Reichstagswahlen von 1919 bis 1933 in Prozent

Wahljahr	Wahlbeteiligung	KPD	USPD	SPD	DDP	Zentrum	BVP	DVP	DNVP	NSDAP	Sonst. Parteien
1919	83,0	–	7,6	37,9	18,5	19,7	–	4,4	10,3	–	1,6
1920	79,2	2,1	17,9	21,7	8,3	13,6	4,4	13,9	15,1	–	4,0
1924 (Mai)	77,4	12,6	0,8	20,5	5,7	13,4	3,2	9,2	19,5	6,5	8,6
1924 (Dez.)	78,8	9,0	0,3	26,0	6,3	13,6	3,7	10,1	20,5	3,0	7,5
1928	75,6	10,6	0,1	29,8	4,9	12,1	3,1	8,7	14,2	2,6	13,9
1930	82,0	13,1	–	24,5	3,8	11,8	3,0	4,5	7,0	18,3	14,0
1932 (Juli)	84,1	14,3	–	21,6	1,0	12,5	3,2	1,2	5,9	37,3	3,0
1932 (Nov.)	80,6	16,9	–	20,4	1,0	11,9	3,1	1,9	8,3	33,1	3,4
1933 (März)	88,8	12,3	–	18,3	0,9	11,2	2,7	1,1	8,0	43,9	1,6

Quelle: Bernhard Vogel/Dieter Nohlen/Rainer O. Schultze, Wahlen in Deutschland. Theorie – Geschichte – Dokumente. 1848–1970, Berlin – New York 1971, S. 296f.

Die ideologisch verhärteten Parteien besaßen nur ein unzureichendes Verständnis für die Funktionsbedingungen eines parlamentarischen Systems. Vorwiegend an der überkommenen Gewaltenteilungsdoktrin orientiert, fühlten sie sich vor allem zur Kontrolle der Regierung berufen. Zu den Grotesken des Weimarer Semi-Parteienstaates gehört, daß die Fraktionen manchmal auch dann gegen eine Regierungsvorlage stimmten, wenn Minister der eigenen Partei in der Regierung saßen. So lehnte die SPD-Fraktion gegen das Votum der von SPD-Kanzler Hermann Müller geführten Regierung den Bau des Panzerkreuzers A 1928 ab. Müller mußte sich als Abgeordneter entsprechend der Fraktionsdisziplin seiner Partei im Plenum anschließen. Die Parteien scheuten Verantwortung auch deshalb, weil die Lösung der drückenden Probleme unpopuläre Maßnahmen erforderte. »Indem die Regierungen der Weimarer Republik die Antwort auf die Bestrebungen, sie der Kontrolle von Parteiinstanzen zu unterwerfen, nicht in dem Bemühen um Führung der Parlamente sahen, sondern andere politische Kräfte als Gegengewichte gegen den Reichstag ausspielten, indem sie versuchten, sich von den Parteien zu emanzipieren und unter Betonung ihrer überlegenen Sachkompetenz einen möglichst ›politikfreien‹ Raum auszusparen, verhielten sie sich ganz im Stil der Reichsleitungen des vorangegangenen konstitutio-

78 So K. Dederke (Anm. 74), S. 135.

nellen Regierungssystems.«[79] Das Verständnis für eine durch das Gegenüber von parlamentarischer Mehrheitsfraktion(en) und parlamentarischer Opposition gekennzeichnete Parteiendemokratie fehlte, bedingt nicht zuletzt durch die historischen Vorbelastungen, bedingt aber auch durch Konstruktionsfehler der Weimarer Reichsverfassung, in der die plebiszitären Elemente aus Angst vor einem »Parteienabsolutismus« stark ausgeprägt waren.

Die Zusammenarbeit zwischen den systemloyalen Parteien funktionierte nicht sonderlich gut. Wer in erster Linie auf die radikalen Flügelparteien von rechts und links abstellt, sowie die Parteienzersplitterung erwähnt, macht es sich zu einfach. Die Koalitionsregierungen brachen mehr wegen der Umorientierung von Parteien auseinander als durch ein destruktives Mißtrauensvotum. Was schon bei der Gründung der Parteien angelegt war, sich im Kaiserreich fortsetzte, schwächte in der Weimarer Republik nicht ab – »die selbstzerstörerische Eigenart der deutschen Parteien, die ihren eigentlichen Daseinszweck nicht in der parlamentarischen Mehrheits- und Regierungsbildung, sondern in Sinnstiftung und Wahrheitsverkündung sehen, so daß jede Politik, die sich mit der eigenen nicht deckt, ohne weiteres feindlich ist«.[80] In Weimar aber bedurfte es zur Mehrheitsbildung der Parteien. Insofern war der mangelnde Pragmatismus ein besonderer Strukturdefekt.

4. Die Krise des Parteienstaates

War das Ende des Weimarer Parteienstaates geradezu zwangsläufig? Über diese Frage gibt es eine Forschungskontroverse. Werner Conze hatte 1954 in einem programmatischen Aufsatz von einer tiefgehenden »Krise des Parteienstaats« um das Jahr 1930 gesprochen[81]. Nach Conze waren die Gegensätze zwischen der rechten (DVP) und der linken Regierungspartei (SPD) – mithin die zentrifugalen Kräfte – so stark, daß die parlamentarische Mehrheitsbildung – noch vor dem Aufstieg der NSDAP – habe scheitern müssen und der Übergang zum Präsidialsystem geradezu von innerer Notwendigkeit war. Karl Dietrich Bracher hingegen wandte sich gegen den als deterministisch bezeichneten Ansatz Conzes, betonte demgegenüber immer wieder die vielfältigen Möglichkeiten zur Überwindung der »Weimarer Staatskrise«[82], gleichzeitig auf die Brüningsche Präsidiallösung verweisend, die sich aus einem unpolitischen Denken scheinbarer Überparteilichkeit heraus ganz bewußt von einer parteiendemokratischen Politik abgewandt hatte. Die Notverordnungspolitik der Regierung Brüning verschärfte die Krise der Parteien, erleichterte jedenfalls nicht die Bereitschaft der Parteien zur Kooperation.

Wie immer man diese Kontroverse[83] bewertet – Brünings Memoiren[84] haben Bracher, wenn auch unfreiwillig, in weiten Teilen bestätigt –, die Weimarer Parteien-

79 G. A. Ritter (Anm. 13), S. 250.

80 Hagen Schulze, Weimar. Deutschland 1917–1933, Berlin 1982, S. 70.

81 Vgl. Werner Conze, Die Krise des Parteienstaates in Deutschland 1929/30, in: Historische Zeitschrift, 178 (1954), S. 47–83.

82 Vgl. Karl Dietrich Bracher, Parteienstaat, Präsidialsystem, Notstand. Zum Problem der Weimarer Staatskrise, in: Politische Vierteljahresschrift, 3 (1962), S. 212–224.

83 Conze und Bracher haben des öfteren ihre Begründungen in weiterführender Form (modifizierend) wiederholt. Vgl. z. B. Werner Conze, Die Reichsverfassungsreform als Ziel der

demokratie war bereits in eine ernste Krise geraten, bevor der Nationalsozialismus aufkam. Durch ihn wurde ein – bereits angesichts der verfassungsrechtlichen und -politischen Konstellationen nur eingeschränkt mögliches – parteiendemokratisch regiertes System aufgrund der parlamentarischen Mehrheitsverhältnisse geradezu verhindert. Freilich läßt sich dieser Sachverhalt nicht in dem Sinne deuten, als sei die Machtübernahme der Nationalsozialisten unabwendbar gewesen, so sehr auch deren Wahlerfolge (von 2,6 [1928] auf 18,3 [1930] und 37,3 Prozent [1932]) ein – immer wieder erklärter und dennoch erklärungsbedürftiger – »unerhört dramatischer Vorgang«[85] waren, hält man sich die erstaunliche Kontinuität des deutschen Parteiensystems vor Augen.

Die Radikalisierung schritt mit der Verschlechterung der ökonomischen Lage um so rapider voran. Im Jahre 1932 gewannen die beiden offen systemfeindlich operierenden Flügelparteien – die NSDAP und die KPD – die absolute Mehrheit der Mandate. Wurden die liberalen Parteien in der Endphase der Weimarer Republik fast gänzlich aufgerieben[86], so erwies sich die Wählerschaft der SPD und des Zentrums der nationalsozialistischen Propaganda gegenüber vergleichsweise immun[87]. Allerdings läßt sich der Untergang der Weimarer Demokratie monokausal – in diesem Fall ökonomisch – nicht hinreichend schlüssig erklären, denn auch andere Demokratien (von freilich größerer Stabilität und tieferer historischer Verwurzelung) sahen sich ähnlichen Herausforderungen ausgesetzt und das etablierte Parteiensystem wurde nur unwesentlich erschüttert. Es herrscht weitgehender Konsens in der Forschung, daß ein vielschichtiges Ursachenbündel zusammengekommen ist, wobei über die Gewichtung die Meinungen stark differieren[88].

»Wie sich Stellung und Gewicht der Parteien in diesem Prozeß bestimmen werden, ob ihr Ende gekommen ist, ob ihr Gesicht und Bestand trotz allem gewahrt bleibt oder ob sie gerade nun in einer Neuformierung an Gestalt, Gehalt und Kräfteeinsatz das zur Mitverantwortung aufgerufene Volk neu aktivieren werden – es sind Fragen an die Zukunft.«[89] So urteilte Sigmund Neumann im Jahre 1932, das jähe Ende, das einerseits durch Preisgabe demokratischer, andererseits durch Zerstörung seitens diktatorischer Kräfte erfolgte, offenbar nicht ahnend. In der Tat war die Situation selbst nach den beiden Reichstagswahlen des Jahres 1932 noch offen.

Politik Brünngs, in: Der Staat, 11 (1972), S. 209–217; Karl Dietrich Bracher, Demokratie und Machtvakuum: Zum Problem des Parteienstaats in der Auflösung der Weimarer Republik, in: Karl Dietrich Erdmann/Hagen Schulze (Hrsg.), Weimar. Selbstpreisgabe einer Demokratie. Eine Bilanz heute, Düsseldorf 1980, S. 109–134.

84 Vgl. Heinrich Brüning, Memoiren, Stuttgart 1970.

85 Eberhard Kolb, Die Weimarer Republik, München–Wien 1984, S. 170.

86 Vgl. zur Auflösung des liberalen Milieus die Ausführungen bei D. Langewiesche (Anm. 45), S. 240–251.

87 Wie jedoch die zahlreichen Untersuchungen von Jürgen W. Falter gezeigt haben, sind die Wahlerfolge der NSDAP nicht ausschließlich dem »Einbruch« beim Mittelstand zuzuschreiben. Auch ein Teil der Arbeiterschaft wandte sich der NSDAP zu, wie diese überhaupt aus allen Schichten Zulauf erhielt. Vgl. beispielsweise ders., Wer verhalf der NSDAP zum Sieg?, in: Aus Politik und Zeitgeschichte, B 28–29/79, S. 3–21.

88 Vgl. etwa den Band von K. D. Erdmann/H. Schulze (Anm. 83). Siehe insbesondere Hagen Schulze, Das Scheitern der Weimarer Republik als Problem der Forschung, in: ebd., S. 23–41.

89 S. Neumann (Anm. 22), S. 110.

V. Drittes Reich

1. Das Ende der Parteien

Doch das Ende der Parteien kam für die Zeitgenossen schneller als erwartet. Nach der Machtübernahme der NSDAP am 30. Januar 1933 – konservative Kreise glaubten, man könne Hitler »einrahmen«, dessen Machtwillen und die Dynamik der nationalsozialistischen Bewegung sträflich unterschätzend – drängte der »Führer« auf Neuwahlen. Einen Tag nach dem Reichstagsbrand vom 27. Februar 1933 wurde die Notverordnung »zum Schutze von Volk und Staat« erlassen, die wichtige Grundrechte aufhob. Führende Funktionäre von KPD und SPD kamen in Haft. Die Gleichschaltung nahm ihren Lauf[90]: Die Reichstagswahl vom 5. März 1933 brachte der NSDAP bei einer extrem hohen Wahlbeteiligungsquote von 88,8 Prozent zwar beträchtliche Stimmengewinne, jedoch nicht die gewünschte absolute Mehrheit; die erzielte sie freilich gemeinsam mit ihrem Koalitionspartner, der DNVP, die 8,0 Prozent der Stimmen erhielt.

Ein weiterer bedeutsamer Schritt auf dem Wege zum Einparteienstaat war das Ermächtigungsgesetz vom 23. März 1933, das auch mit den Stimmen der anderen Parteien zustandekam. Nur die SPD votierte dagegen, die KPD durfte bereits nicht mehr an der Reichstagssitzung teilnehmen. Ihre 81 Mandate wurden später »kassiert«. Mit dem »Gesetz zur Behebung der Not von Volk und Staat«, das auch die Reichsregierung zur Gesetzgebung ermächtigte, unterschrieben die Parteien ihr Todesurteil. Durch das mißverständlich so bezeichnete »Gesetz zur Wiederherstellung des Berufsbeamtentums« vom 7. April 1933 kam es zur Entlassung »rassisch« und politisch nicht »einwandfreier« Beamten, die häufig durch Nationalsozialisten ersetzt wurden. Die Entwicklung zum Einparteienstaat schritt schnell voran. Nach der Ausschaltung der Freien Gewerkschaften bereits Anfang Mai 1933 lösten sich die bürgerlichen Parteien im Juni/Juli 1933 auf, der SPD wurde am 22. Juni 1933 jede Betätigung untersagt. Ihr nützte es nichts, daß die Reichstagsfraktion im Mai 1933 einer außenpolitischen Erklärung Hitlers beigepflichtet hatte.

Am 14. Juli 1933 kam es zum »Gesetz gegen die Neubildung von Parteien«, das den Einparteienstaat besiegelte. Die NSDAP war, ohne auf große Widerstände zu stoßen, zur Staatspartei avanciert, nicht einmal ein Jahr nach ihrem sensationellen Wahlerfolg. Bereits am 12. November 1933 fanden Neuwahlen zum Reichstag statt. Ihm gehörten nur noch Abgeordnete der NSDAP an. Das »Gesetz zur Sicherung der Einheit von Partei und Staat« vom 1. Dezember 1933 symbolisierte den Prozeß der Gleichschaltung. In ihm manifestierte sich die unauflösliche Verbundenheit zwischen Partei und Staat.

»Nachträglich kann man nicht umhin, Hitlers Vorgehen gegenüber den Parteien von seinem Standpunkt aus als übereilt und kurzsichtig zu bezeichnen. Das Naziregime wäre trotz definitiver militärischer Niederlage im Mai 1945 nicht so vollständig ›zusammengebrochen‹, von einem zum anderen Tag so total von gestern gewesen,

---

90 Vgl. z. B. Gerhard Schulz, Die Gleichschaltung des öffentlichen Lebens, in: Wolfgang Treue/Jürgen Schmädeke (Hrsg.), Deutschland 1933. Machtzerfall der Demokratie und nationalsozialistische »Machtergreifung«. Eine Vortragsreihe, Berlin 1984, S. 65–95.

hätte es nicht alle konkurrierenden Parteien zugunsten der einen Regimepartei samt und sonders ausgeschaltet.«[91] Diese (richtige) Erkenntnis verkennt gleichwohl den Sachverhalt, daß die Ideologie der Nationalsozialisten die Existenz willfähriger Parteien verbot. Die NS-Führung ging ebenfalls gegen jene vor, die eine zweite Revolution wünschten und mit der bisherigen, als halbherzig angesehenen Umgestaltung von Staat und Gesellschaft nicht zufrieden waren. Die SA unter ihrem Führer Ernst Röhm wurde am 30. Juni 1934 blutig ausgeschaltet, die Reichswehr damit aufgewertet. Nach dem Tode Hindenburgs am 2. August 1934 übernahm der Reichskanzler auch das Amt des Reichspräsidenten und ließ die Reichswehr auf sich vereidigen. Die Gleichschaltung zum »Führerstaat«[92] hatte sich vollzogen, ohne daß sich merkbare Bestrebungen des Widerstands regten. Die Zäsur von 1933/34 war viel einschneidender als die des Jahres 1918/19 – auch und gerade für die Parteien. Die NSDAP, eine revolutionäre Massenbewegung, hatte ihre Konkurrenten schnell zur Seite gedrängt.

2. Verhältnis von Partei und Staat

Wer herrschte im Dritten Reich? Gab es die beanspruchte Identität von Regierenden und Regierten? Waren in der »Volksgemeinschaft« gravierende Interessendivergenzen beseitigt? Fragen, die sich leichter stellen als beantworten lassen[93]. Jedenfalls muß man zwischen verschiedenen Perioden unterscheiden. In den Friedensjahren dominierten eher die alten Eliten (innerhalb des von oben vorgegebenen »Rahmens«), während diese später zugunsten der nationalsozialistischen »Bewegung« – etwa der SS – stetig zurückgedrängt wurden. Sitzungen des Reichskabinetts fanden nach dem Februar 1938 überhaupt nicht mehr statt. Schon 1936 und 1937 gab es bloß deren vier bzw. sechs. Der Prozeß der Machtakkumulation durch Gruppierungen innerhalb der NSDAP schritt immer weiter fort. Ihm entsprach eine tendenzielle Zersetzung des Staates.

Adolf Hitler war – auch für den überwiegenden Teil der Bevölkerung[94] – unumstrittener Führer der NSDAP, die ein Jahrzehnt nach der Machtergreifung 6,5 Millionen weitgehend überzeugter Mitglieder umfaßte, während sie im Januar 1933 immerhin bereits 850 000 Mitglieder zählte, wenige Monate später bereits das Doppelte. Man sprach sarkastisch von den »Märzgefallenen«. Ein Aufnahmestopp, der freilich immer wieder durchbrochen wurde, war die Folge. Die führenden Repräsen-

---

91 Wilhelm Hennis, Die Rolle des Parlaments und die Parteiendemokratie, in: Richard Löwenthal/Hans-Peter Schwarz (Hrsg.), Die zweite Republik. 25 Jahre Bundesrepublik Deutschland. Eine Bilanz, Stuttgart 1974, S. 206.

92 Vgl. die Analyse bei Norbert Frei, Der Führerstaat, München 1988.

93 Interessante Ausführungen finden sich bei Wolfgang Benz, Partei und Staat im Dritten Reich, in: Martin Broszat/Horst Möller (Hrsg.), Das Dritte Reich. Herrschaftsstruktur und Geschichte, München 1983, S. 64–82; siehe vor allem auch: Martin Broszat, Der Staat Hitlers. Grundlegung und Entwicklung seiner inneren Verfassung, München 1969. Nach Broszat war der »Staat Hitlers« nicht »Hitlers Staat«.

94 Vgl. Ian Kershaw, Der Hitler-Mythos. Volksmeinung und Propaganda im Dritten Reich, Stuttgart 1980.

tanten der NSDAP entstammten nicht jenen Schichten, die vor 1918 in Deutschland die Herrschaft ausgeübt hatten. Der Adel spielte bei der Rekrutierung ebensowenig eine Rolle wie die großbürgerliche Herkunft; hingegen erfuhr das Kleinbürgertum und die Arbeiterschaft eine Aufwertung. Insofern trat eine soziale Egalisierung ein, die in einem seltsamen Kontrast zur propagierten Ideologie der Hierarchie stand. Lange hat man die modernisierende Wirkung des NS-Systems unterschätzt, mag sie nun ungewollt oder beabsichtigt gewesen sein. Allerdings wurde die administrative Elite nicht gleich ausgeschaltet, später jedoch weitgehend entmachtet[95]. Was die soziale Schichtung angeht, so galt die NSDAP als eine Art Spiegelbild des Volkes. Die Überrepräsentation der jungen Generation verlieh der Partei – in Zusammenhang mit anderen Faktoren – eine mobilisierende Funktion.

Die NSDAP besaß zahlreiche Untergliederungen (neben der SA und der SS z. B. Hitler-Jugend [HJ], NS-Frauenschaft, NS-Dozentenbund) sowie mit ihr verbundene Vereinigungen (z. B. die Deutsche Arbeitsfront, den NS-Lehrerbund oder die NS-Volkswohlfahrt). Millionen von Menschen wurden dadurch in ihren Wirkungskreis gezogen. Manche Gruppen wie etwa die Studenten – ca. 95 Prozent von ihnen waren im NS-Studentenbund organisiert – konnten sich der Mitgliedschaft in Vereinigungen kaum entziehen. Aber weder die NSDAP noch die Mehrzahl ihrer Untergliederungen war so durchstrukturiert, daß der Parteiwille sich von oben nach unten ungefiltert entfaltete – entgegen dem »Führerprinzip«. Es gab Eigenmächtigkeiten vieler Parteifunktionäre. Die Theorie des NS-Staates von der Gleichschaltung stand in einem bemerkenswerten Kontrast zur Praxis des Ressortegoismus. Wenn man auf das Ämter- und Kompetenzchaos abstellt, so ist das ein Einwand gegen die Annahme einer Monokratie, jedoch nicht gegen den Totalitarismus der NS-Zeit. Die Polykratie der Ämter konnte ihn noch verstärken.

Partei- und Staatsstellen blieben selbständig erhalten, nur teilweise trat eine Verzahnung ein. So rückten der »Stellvertreter des Führers« und der Stabschef der SA zu Mitgliedern der Reichsregierung auf. Viele Gauleiter hatten gleichzeitig auch eine staatliche Funktion, z. B. als Reichsstatthalter[96]. Niemals wurde eine Abgrenzung zwischen staatlichen Instanzen und dem Apparat der Partei herbeigeführt. Ob Hitler das Kompetenzchaos förderte oder ob er nicht fähig war, es zu ordnen, ist eine bis heute in der Forschung kontrovers erörterte Frage. Diejenigen, die Hitler eine überragende Rolle zusprechen, mutmaßen mit Karl Dietrich Bracher, er habe einer Divide et impera-Devise gehuldigt, die anderen hingegen gehen wie Hans Mommsen von einer ungeregelten Anarchie aus, wenden sich gegen eine »Hitlerzentrik«[97].

---

95 Für Einzelheiten vgl. Dieter Rebentisch, Innere Verwaltung, in: Kurt G. A. Jeserich/Hans Pohl/Georg-Christoph von Unruh (Hrsg.), Deutsche Verwaltungsgeschichte. Bd. 4: Das Reich als Republik und in der Zeit des Nationalsozialismus, Stuttgart 1985, S. 732–774; ders., Führerstaat und Verwaltung im Zweiten Weltkrieg. Verfassungsentwicklung und Verwaltungspolitik 1939–1945, Stuttgart 1989.

96 Zu diesem Problem vgl. Peter Hüttenberger, Die Gauleiter. Studie zum Wandel des Machtgefüges in der NSDAP, Stuttgart 1969.

97 Vgl. zum Forschungsstand etwa Ian Kershaw, Hitler: »Herr und Meister im Dritten Reich« oder »schwacher Diktator«?, in: ders., Der NS-Staat. Geschichtsinterpretationen und Kontroversen im Überblick, Reinbek bei Hamburg 1988, S. 125–164; Klaus Hildebrand, Das Dritte Reich, München 1987[3], insbes. S. 178–188.

Überspitzt formuliert: Für die erste Position ist das Kompetenzchaos geradezu eine gewollte Voraussetzung des »Führerstaates«, für die zweite eine Folge von Hitlers eingegrenzten Handlungsmöglichkeiten.

Eine durchgängige Verschmelzung von Partei und Staat trat nicht ein. Staatliche Einrichtungen wurden nicht aufgelöst, auch wenn sie einen großen Teil ihrer Kompetenz verloren bzw. nur noch dahinsiechten (wie etwa der Reichstag). Nicht nur im Dezember 1933, sondern auch im März 1936 und im April 1938 fanden Wahlen zum Reichstag statt, der im April 1942 das letzte Mal zusammentrat und Hitler eigens die unumschränkte Machtausübung bescheinigte. Die Wahlbeteiligungs- und Zustimmungsquote lag 1938 bei etwa 99 Prozent (*vgl. Tab. 3*). Außerdem gab es drei Volksabstimmungen, deren Ergebnisse (1933: 95,1 Prozent; 1934: 89,9 Prozent; 1938: 99,0 Prozent) nicht nur auf Manipulation oder auf Wahlfälschungen zurückzuführen sind[98].

Tab. 3: Wahlergebnisse der Reichstagswahlen von 1933 bis 1938
in Prozent

Wahljahr	Wahlbeteiligung	Ja-Stimmen
1933 (Nov.)	96,3	95,1
1934	95,6	89,9
1938	99,5	99,0

Quelle: Zusammenstellung nach den amtlichen Wahlstatistiken.

Ernst Fraenkel hat – bereits 1941 – den zwiegesichtigen Charakter des nationalsozialistischen Herrschaftssystems mit den Begriffen Normenstaat und Maßnahmestaat zu erfassen versucht[99]. Die Prinzipien des Normenstaates, die auf das gesetzte Recht abstellten, würden mit denen des Maßnahmestaates konkurrieren. Noch weiter ging Franz Neumann, der, ebenfalls schon im Krieg, den staatlichen Charakter des Nationalsozialismus gänzlich in Frage stellte, indem er auf die Autonomie von Bürokratie und Industrie sowie insbesondere von Partei und Armee verwies[100]. Bei der NSDAP und ihrem Staat handelte es sich in der Tat um kein monolithisches Gefüge. Es gab viele Gruppierungen, die sich gegenseitig ihren Platz streitig machten.

Ob man soweit wie Martin Broszat gehen kann, das Führungschaos sei für die Dynamik des nationalsozialistischen Systems eher leistungsfördernd gewesen[101], ist freilich fraglich. Der Wildwuchs des Ämterchaos dürfte die Effizienz geschwächt, eine zügige Entscheidungsbildung wenn nicht neutralisiert, so doch eher behindert haben. Aber solche Fragen sind erst dann mit größerer Sicherheit zu entscheiden, wenn mehr Regionaluntersuchungen vorliegen. »Fern von jeder Apologie eines verbrecherischen Regimes und angesichts der Tatsache, daß die Frage nach der Moral

98 Leider gibt es hierzu so gut wie keine Untersuchungen.
99 Vgl. Ernst Fraenkel, Der Doppelstaat, Frankfurt 1974 (1941).
100 Vgl. Franz Neumann, Behemoth. Struktur und Praxis des Nationalsozialismus 1933–1944, Frankfurt 1984 (1944).
101 Vgl. M. Broszat (Anm. 93), S. 429.

oder Unmoral des Dritten Reiches geklärt ist«[102], hat die Forschung noch zahlreiche Probleme zu klären. Die vielbeschworene Historisierung des Nationalsozialismus steht erst am Anfang.

VI. Entwicklung nach 1945

1. Die Wieder- und Neugründungen

Ähnlich wie 1933 bedeutete das Jahr 1945 für die Parteien – und nicht nur für sie – eine tiefe Zäsur. Man kann in der Tat gewissermaßen von einer Stunde Null sprechen, wiewohl es etwa durch Kooperation im Widerstand Überlegungen für die Zukunft gab. Verschwand die NSDAP nach 1945 gleichsam vom Erdboden, so mußte die radikale Ausschaltung der anderen Parteien im Jahre 1933 zu ihrer Nichtbelastung in den folgenden Jahren führen. »Nur« der Makel der Zustimmung beim Ermächtigungsgesetz lastete auf den bürgerlichen Parteien, während andere Organisationen und Institutionen in mannigfache Verstrickung geraten waren. »Es ist für die Entwicklung des Bonner Staates und seines parlamentarischen Systems von gar nicht hoch genug einzuschätzender Bedeutung, daß einzig die politischen Parteien von diesem Korrumptionsprozeß ausgenommen blieben. [. . .] Ob zu Recht oder nicht – die Parteien konnten nach 1945 den Eindruck erwecken, sie seien von Anfang an verfolgt gewesen.«[103] Damit mußten die Parteien nicht die Verantwortung für das Geschehene übernehmen. Insofern unterschied sich die Ausgangslage völlig von der nach dem Ersten Weltkrieg. Aber das gilt noch in anderer Hinsicht: Im Gegensatz zu damals verstanden sich die westlichen Besatzungsmächte angesichts des Ost-West-Konflikts sehr bald nicht mehr als Gegner der Deutschen.

Auf der Potsdamer Konferenz vom 17. Juli bis zum 2. August 1945 sprachen sich die Alliierten für die Zulassung demokratischer Parteien in Deutschland aus, nachdem bereits in der sowjetischen Zone dieser Zulassungsprozeß erfolgt war. Die ins Leben gerufenen Parteien – es bestand Lizenzzwang – wurden von den Besatzungsmächten angesichts der Millionen von früheren NSDAP-Mitgliedern zum Teil mißtrauisch beäugt. Damit erklärt sich u. a. auch die Verzögerung von überzonalen Zusammenschlüssen, besonders seitens der Franzosen.

Die Parteien knüpften zum Teil an frühere Traditionen an, zum Teil gab es einen Neubeginn[104]. Die Kommunisten und die Sozialdemokraten stellten sich in ihre frühere Tradition, die alte Fehde brach wieder auf. Bald herrschte zwischen ihnen offene Feindschaft. Die Liberalen vereinigten sich – im Gegensatz zur Vergangenheit – in einer Partei, zunächst unter verschiedenen Parteinamen (DVP, LDP, FDP). Erst im Dezember 1948 schlossen sich in Heppenheim die liberalen Landesverbände zur FDP zusammen, womit aber die traditionellen Konflikte zwischen der national-

102 K. Hildebrand (Anm. 97), S. 184.
103 W. Hennis (Anm. 91), S. 206.
104 Vgl. Alf Mintzel, Besatzungspolitik und Entwicklung der bürgerlichen Parteien in den Westzonen (1945–1949), in: D. Staritz (Anm. 33), S. 73–89.

liberalen und der links-liberalen Richtung keineswegs aufgehoben waren[105]. Die CDU und die CSU waren hingegen völlige Neugründungen, die freilich ältere Traditionen fortführten[106]. Es ging den Gründungsvätern der Union um die Schaffung einer christlich-überkonfessionellen Partei. Sie wollten das Manko des ausschließlich auf den katholischen Bevölkerungsteil orientierten Zentrums überwinden. Erst im Oktober 1950 kam es in Goslar auf dem Ersten Bundesparteitag der CDU zum Zusammenschluß der Landesverbände, während sich die stärker föderalistisch ausgerichtete CSU bereits im Oktober 1945 in Würzburg konstituierte.

Schon in den Jahren zwischen 1945 und 1949 erlangten die Parteien unter Oberaufsicht der Alliierten beträchtlichen Einfluß. Im Gegensatz zur Entwicklung nach dem Ersten Weltkrieg besetzten die Parteien wichtige Stellen in der Bürokratie neu, wenn auch Wilhelm Hennis' Hinweis auf die »Kameraderie der Parteileute«[107] überzogen klingen mag, wiewohl einer »Fachmannsideologie« durch die Patronage-Politik der Parteien der Boden entzogen war[108]. Die Landtagswahlen 1946/47[109] ließen angesichts der höchst unterschiedlichen Wahlergebnisse noch keine klare Einschätzung von der Stärke der Parteien zu. Seinerzeit kam es entsprechend dem Konkordanzgedanken in den Ländern zunächst vielfach zu Allparteienregierungen (selbst unter Einschluß der Kommunisten, die allerdings mit der Zuspitzung des Ost-West-Konflikts spätestens 1948 aus den Kabinetten ausschieden)[110]. Die Kommunisten hatten den Bonus, den sie aufgrund ihrer Widerstandstätigkeit im Dritten Reich besessen hatten, durch ihre kompromittierende Kooperation mit der Sowjetunion schnell verspielt. Kontinuierlich sank ihr Stimmenanteil. Im Parlamentarischen Rat stellte die KPD nur zwei Mitglieder. Die Union schnitt als neue Partei – für viele überraschend – besser ab als die SPD, wenn auch nur geringfügig. Zusammen

---

105 Vgl. Dieter Hein, Zwischen liberaler Milieupartei und nationaler Sammlungsbewegung. Gründung, Entwicklung und Struktur der Freien Demokratischen Partei 1945–1949, Düsseldorf 1985; Karsten Schröder, Die FDP in der britischen Besatzungszone 1946–1948. Ein Beitrag zur Organisationsstruktur der Liberalen im Nachkriegsdeutschland, Düsseldorf 1985.

106 Vgl. Winfried Becker, CDU und CSU 1945–1950. Vorläufer, Gründung und regionale Entwicklung bis zum Entstehen der CDU-Bundespartei, Mainz 1987; siehe auch Günter Buchstab/Klaus Gotto (Hrsg.), Die Gründung der Union. Traditionen, Entstehung und Repräsentanten, München 1981; Peter Haungs, Die Christlich Demokratische Union Deutschlands (CDU) und die Christlich Soziale Union in Bayern (CSU), in: Hans-Joachim Veen (Hrsg.), Christlich-demokratische und konservative Parteien in Westeuropa, Bd. 1, Paderborn 1983, insbes. S. 9–19.

107 W. Hennis (Anm. 91), S. 209.

108 Über die Entwicklung zwischen 1945 und 1949 im Hinblick auf Regierungen, Institutionen, Parteien, Wahlen und Organisationen informiert folgendes Nachschlagewerk: Handbuch politischer Institutionen und Organisationen 1945–1949. Bearbeitet von Heinrich Potthoff in Zusammenarbeit mit Rüdiger Wenzel, Düsseldorf 1983.

109 Am 5. Dezember 1948 fand noch die Wahl zur (Groß-)Berliner Stadtverordnetenversammlung statt.

110 Es wäre eine Abhandlung wert, wieso in der Folgezeit sich derart schnell ein konkurrenzdemokratisches System herausbilden und einspielen konnte. In den Bundesländern gab es in der ersten Hälfte der fünfziger Jahre (und auch noch in der zweiten der sechziger) eine Reihe von Großen Koalitionen. Vgl. Peter Haungs, Koalitionen und Koalitionsstrategien in der Bundesrepublik. Geschichte und Systematik, in: Hans-Georg Wehling (Red.), Westeuropas Parteiensysteme im Wandel, Stuttgart u. a. 1983, S. 95–112.

erreichten sie mehr als 70 Prozent der Stimmen und entsandten in den Parlamentarischen Rat, der das Grundgesetz ausarbeiten sollte, jeweils immerhin 27 Mitglieder von insgesamt 65.

Gleichwohl konnte bei der notorischen Buntscheckigkeit des deutschen Parteiensystems dessen spätere Stabilität in der Bundesrepublik keineswegs vorausgesehen werden, so strukturbestimmend die gleich nach 1945 einsetzende »Kanalisierung«[111] auch gewesen ist. Zu unsicher war die Zukunft angesichts der Zerstörungen, der Millionen von Flüchtlingen und Vertriebenen, des materiellen Elends und der Arbeitslosen. Zwar gaben die Landtagswahlen 1946/47 Anlaß zu Optimismus (obwohl rechtsextremistische Parteien von ihnen ausgesperrt blieben). Bei und vor allem nach der Bundestagswahl 1949 schien sich – ein heute fast vergessener Sachverhalt! – das Parteiensystem in den ersten Landtagswahlen aufzusplittern, zumal inzwischen der Lizenzierungszwang aufgehoben war.

Völlig anders verlief die Entwicklung der Parteien in der sowjetisch besetzten Zone. Schon frühzeitig ließ die Sowjetische Militäradministration in ihrem Befehl Nr. 2 vom 10. Juni 1945 die Bildung von Parteien zu (KPD, SPD, CDU, LDPD). Hatte es kurzfristig so ausgesehen, als würden die Kommunisten einen eigenständigen deutschen Weg zum Sozialismus einschlagen, so trat bald der Versuch der Monopolisierung der politischen Willensbildung zutage. Die Zwangsvereinigung von KPD und SPD am 21./22. April 1946 zur Sozialistischen Einheitspartei Deutschlands (SED) symbolisierte den Prozeß der Gleichschaltung im kommunistischen Sinne. Nach den Landtagswahlen vom Herbst desselben Jahres – die mit zahlreichen Wahlbehinderungen und Benachteiligungen für die bürgerlichen Parteien verbunden waren (von der Papierzuteilung angefangen), gleichwohl aber der SED nirgendwo die absolute Mehrheit der Stimmen einbrachten[112], überall jedoch eine deutliche relative Mehrheit (von 43,9 Prozent in Brandenburg bis zu 49,5 Prozent in Mecklenburg) – verzichtete man hinfort auf demokratische Wahlen. Einheitslisten prägten zukünftig das Wahlgeschehen. Dem steht die Gründung der Demokratischen Bauernpartei Deutschlands (DBD) und der Nationaldemokratischen Partei Deutschlands (NDPD) nicht entgegen[113]. Denn die »beiden Retortenprodukte der Kommunisten«[114] sollten zur Integration von Bauernschaft und ehemals nationalistisch orientierten Kräften in das sozialistische System beitragen. Innerhalb weniger Jahre kam es auch zu einer weitgehenden Gleichschaltung von CDU und LDPD. Bei Gründung der DDR 1949 hatte sich die SED das Herrschaftsmonopol längst gesichert.

2. Das Parteiensystem in der DDR

Die Sozialistische Einheitspartei Deutschlands – nach Art. 1 Abs. 1 der DDR-Verfassung ist die DDR bis zum Jahresende 1989 »die politische Organisation der Werktätigen in Stadt und Land unter Führung der Arbeiterklasse und ihrer marxistisch-

111 Zutreffend A. Mintzel (Anm. 104), S. 80.

112 Vgl. Günter Braun, Zur Entwicklung der Wahlen in der SBZ/DDR 1946–1950, in: H. Weber (Anm. 40), S. 545–562.

113 Vgl. Norbert Mattedi, Gründung und Entwicklung der Parteien in der Sowjetischen Besatzungszone Deutschlands 1945–1949, Berlin 1966.

114 P. J. Lapp (Anm. 39), S. 15.

leninistischen Partei« gewesen – prägte in der DDR das politische Geschehen, auch wenn das in der parlamentarischen Repräsentanz nicht zum Ausdruck kam. Entsprechend einem starren Verteilungsschlüssel (der sich nur unwesentlich 1954, 1963 und 1986 geändert hat) entfielen auf die SED 127 Mandate von 500 (25,4 Prozent), auf die vier Blockparteien CDU, LDPD, DBD und NDPD je 52 (10,4 Prozent). Die übrigen Mandate erhielten die fünf Massenorganisationen Freier Deutscher Gewerkschaftsbund (61 Mandate, 12,2 Prozent), Freie Deutsche Jugend (37 Mandate, 7,4 Prozent), Demokratischer Frauenbund Deutschlands (32 Mandate, 6,4 Prozent), Kulturbund der DDR (21 Mandate, 4,2 Prozent) sowie – wieder seit 1986 – die Vereinigung der gegenseitigen Bauernhilfe (14 Mandate, 2,8 Prozent). Da die Repräsentanten der Massenorganisationen in der Regel die SED-Mitgliedschaft besaßen, bestand auch formal eine absolute Mehrheit der SED. Aber die Aufschlüsselung der parlamentarischen Zusammensetzung ist insofern wenig relevant, als die Abstimmungen in der Volkskammer einstimmig erfolgten. Die einzige Ausnahme betraf das Gesetz zur Schwangerschaftsunterbrechung im Jahre 1972: Es gab 14 Gegenstimmen und 8 Enthaltungen seitens der CDU-Fraktion.

Ebenso uninteressant ist die Zahl der Ja-Stimmen bei den Wahlen, da eine Alternative nicht bestand und nur die Wahl der Liste der Nationalen Front verblieb[115]. Wie *Tab. 4* zeigt, lag die Zustimmungsquote zwischen 99,46 (1954) und 99,95 Prozent (1963), die Wahlbeteiligungsquote zwischen 98,51 (1954) und 99,74 Prozent (1986). Die Kandidatenaufstellung, die angesichts des feststehenden Wahlausgangs faktisch die Wahl vorwegnahm und unter Ausschluß der Öffentlichkeit verlief, ermöglichte dem Bürger keine Chance der Partizipation, entgegen den Hinweisen der DDR-Literatur[116]. Wie niedrig der Anteil derjenigen war, die tatsächlich die Partei des »real

Tab. 4: Wahlergebnisse der Volkskammerwahlen von 1950 bis 1986
in Prozent

Wahljahr	Wahlbeteiligung	Ja-Stimmen
1950	98,53	99,72
1954	98,51	99,46
1958	98,90	99,87
1963	99,25	99,95
1967	98,82	99,93
1971	98,48	99,85
1976	98,58	99,86
1981	99,21	99,86
1986	99,74	99,94

Quelle: Zusammenstellung nach den amtlichen Wahlstatistiken.

115 Zu den Wahlen in der DDR vgl. die entsprechenden Arbeiten aus marxistisch-leninistischer Sicht: Herbert Graf/Günter Seiler, Wahl und Wahlrecht im Klassenkampf, Berlin (Ost) 1971; Autorenkollektiv unter Leitung von Oswald Unger (Hrsg.), Wahlsystem und Volksvertretungen in der DDR, Berlin (Ost) 1988. Siehe dagegen Peter J. Lapp, Wahlen in der DDR. Wählt die Kandidaten der nationalen Front!, Berlin 1982.

116 Vgl. die minutiöse Schilderung bei Hans-Jürgen Brandt, Die Kandidatenaufstellung zu der Volkskammer der DDR. Entscheidungsprozesse und Auswahlkriterien, Berlin 1983.

existierenden Sozialismus« unterstützten, wird sich bei der ersten demokratischen Wahl zur Volkskammer am 18. März 1990 zeigen. Die inzwischen zur »Partei des Demokratischen Sozialismus« (PDS) avancierte SED dürfte klar ins Hintertreffen geraten.

Die SED wußte sich den Prinzipien des Marxismus-Leninismus verpflichtet. Ihr kam entsprechend der Leninschen Parteitheorie als Repräsentantin der Arbeiterklasse eine Avantgardefunktion bei der Umsetzung der Klasseninteressen zu. Das im Kommunismus angelegte Ziel vom Absterben des Staates lief keineswegs auf eine Entmachtung der SED hinaus – im Gegenteil: »Die herrschende Parteitheorie in der DDR geht von der Vorstellung aus, daß die führende Rolle der SED in der Periode des Aufbaus des Kommunismus wächst.«[117]

Spitzenpositionen im Staat wurden bis Ende 1989 fast ausschließlich durch Mitglieder der SED besetzt. Oblag das Amt des Volkskammerpräsidenten früher Mitgliedern der Blockparteien (von 1949 bis 1969 präsidierte Johannes Dieckmann [LDPD] der Volkskammer, von 1969 bis 1976 Gerald Götting [CDU]), so übte dieses Amt bis zum Umbruch des Jahres 1989 Horst Sindermann (SED) aus. Nach der Abberufung von Heinrich Toeplitz (CDU) vom Amt des Präsidenten des Obersten Gerichts im Jahre 1986 verfügte kein Mitglied einer Blockpartei mehr über eine politische Spitzenstellung, ehe sich durch den revolutionären Umbruch 1989 alles schlagartig änderte. Durch Kaderpolitik, die auf dem Nomenklatursystem basierte, erfolgte nicht nur Elitenrekrutierung, sondern eine Steuerung der wichtigsten Prozesse in der Gesellschaft[118].

»Die Stärke der SED und ihre Erfolge beruhen auf ihrer politischen Einheit und organisatorischen Geschlossenheit, auf ihrer engen Verbundenheit und dem Vertrauensverhältnis mit der Arbeiterklasse und den anderen Schichten des werktätigen Volkes, auf dem wissenschaftlichen Charakter ihrer Politik, die die Interessen der Arbeiterklasse und aller Werktätigen zum Ausdruck bringt, und auf ihrer unverbrüchlichen, sich ständig festigenden Kampfgemeinschaft mit der KPdSU und den anderen kommunistischen Parteien«[119] – nicht zuletzt auch auf ihrem Herrschaftsmonopol. Allerdings sah sich die SED angesichts des wissenschaftlich-technischen Fortschritts zu Konzessionen an die wissenschaftliche Elite und zu Effizienzdenken gezwungen[120]. Freilich verlief dieser Prozeß keineswegs geradlinig. Phasen der »Liberalisierung« wechselten mit solchen der »Dogmatisierung«.

Die von der SED hervorgehobene Identität von Regierenden und Regierten entsprach keineswegs der Realität. Die DDR war zwar zentralistisch organisiert, aber

---

117 Peter Christian Ludz/Ursula Ludz, Sozialistische Einheitspartei Deutschlands (SED), in: Bundesministerium für innerdeutsche Beziehungen (Hrsg.), DDR-Handbuch, Wissenschaftliche Leitung: Hartmut Zimmermann, Köln 1985³, S. 1187.

118 Vgl. z. B. Gert-Joachim Glaeßner, Herrschaft durch Kader. Leitung der Gesellschaft und Kaderpolitik in der DDR, Opladen 1977; Rudolf Schwarzenbach, Die Kaderpolitik der SED in der Staatsverwaltung. Ein Beitrag zur Entwicklung des Verhältnisses von Partei und Staat in der DDR (1945–1975), Köln 1976.

119 Artikel Sozialistische Einheitspartei Deutschlands, in: Kleines Politisches Wörterbuch, Berlin (Ost) 1983⁴, S. 861.

120 Das hat als einer der ersten nachgewiesen: Peter Christian Ludz, Parteielite im Wandel. Funktionsaufbau, Sozialstruktur und Ideologie der SED-Führung. Eine empirisch-systematische Untersuchung, Opladen 1970³.

weit weniger monolithisch, als es die Parteispitze wahrhaben wollte. Im Vergleich zum Dritten Reich gab es jedoch nicht jene eigentümliche Tendenz zur »Entstaatlichung«, die auf einen »Zerfallsprozeß« hinausgelaufen wäre. Staat und Partei deckten sich stärker, das Regime war damit gefestigter.

Die Bedeutung der Blockparteien ist nicht sonderlich groß gewesen, wenngleich keineswegs zu vernachlässigen[121]. Sie sollten als Transmissionsriemen der SED bei jenen Bevölkerungsschichten dienen, die der herrschenden Politik fernstanden. Gewiß machten sie der SED keine Konkurrenz, aber sie ermöglichten den zu politischer Aktivität gedrängten Bürgern einen gewissen Schutz vor der Staatspartei, wiewohl sie in ihren Statuten deren Führungsrolle anerkannten. Viele Selbständige sahen ihre Heimat in der LDPD, viele Christen in der CDU. Hingegen waren den beiden auf Bestreben der SED ins Leben gerufenen Blockparteien (DBD, NDPD) »die spezifischen Zielgruppen abhanden gekommen«[122] – ehemalige NSDAP-Mitglieder waren (fast) ebenso nicht mehr vorhanden wie Einzelbauern. Die SED mußte ein Interesse daran haben, daß in den Blockparteien Spielraum für eine gewisse Eigenständigkeit gegeben war, besser: daß ein solcher Anschein aufkommen konnte. Auf diese Weise ließ sich eine bessere Integration der abseits stehenden Bevölkerung in das Herrschaftssystem erreichen, wiewohl Eigenmächtigkeiten zwecks Vermeidung der Dysfunktionalität natürlich nicht vorkommen durften. Insofern bestand für die SED in der Existenz der Blockparteien ein gewisses Dilemma.

Jeder fünfte erwachsene DDR-Bürger gehörte der SED bis zum Umbruch im Herbst 1989 an (2,3 Millionen), aber nur jeder fünfundzwanzigste einer der vier Blockparteien (rund 470000), wobei in den achtziger Jahren eine Zunahme zu verzeichnen war[123]. »*Allein die Chance, einer anderen Partei als der allmächtigen SED beitreten zu können, wirkt auf manche DDR-Bürger anziehend.* Zumindest in der CDU und LDPD existieren Kräfte, auch im unteren und mittleren Leitungsbereich, die im ›allmählichen Übergang zum Kommunismus‹ (so das SED-Parteiprogramm von 1976) nicht die letzte Antwort der deutschen Geschichte sehen.«[124] Diese Aussage stammte aus der Zeit vor dem revolutionären Umbruch 1989/90. Wie treffend sie war, zeigte der Umstand, daß sich sowohl die CDU als auch die Liberalen nach dem Zusammenbruch des kommunistischen Herrschaftssystems von den Prinzipien des »real existierenden Sozialismus« lösten.

3. Hauptcharakteristika des Parteiensystems in der Bundesrepublik Deutschland

Kennzeichnend für die Entwicklung des Parteiensystems in der Bundesrepublik Deutschland wurde eine zunehmende (wenn auch in jüngster Zeit gestoppte) Konzentrationsbewegung (*vgl. Tab. 5*), die sich mit einer gewissen Verzögerung in den

121 Vgl. ausführlich P.J. Lapp (Anm. 39); ferner Wolfgang Mleczkowski, Bewegung im Monolith. Das »sozialistische Mehrparteiensystem« der DDR, in: Aus Politik und Zeitgeschichte, B 16–17/84, S. 3–17.

122 P.J. Lapp (Anm. 39), S. 149.

123 Vgl. die Tabelle ebd., S. 146.

124 Ebd., S. 149f. (Hervorhebung im Original).

Bundesländern bemerkbar machte. Die Aufsplitterung des Parteiensystems nach der ersten Bundestagswahl war lediglich vorübergehender Natur. Als die CDU/CSU bei der nächsten Bundestagswahl eine hauchdünne absolute Mehrheit der Mandate – und zwar unter den Bedingungen der nur durch die Fünfprozentklausel eingeschränkten Verhältniswahl – erreicht hatte (244 von 487 Mandaten)[125], sprach man von einem Wahlwunder (Dolf Sternberger). Bei der folgenden Bundestagswahl erzielte die Union sogar auf Kosten der kleinen Parteien die absolute Mehrheit der Stimmen, zum ersten und bisher einzigen Mal in Deutschland unter den Bedingungen demokratischer Verfahrensweisen.

Tab. 5: Zweitstimmen-Ergebnisse bei den Bundestagswahlen von 1949 bis 1987
in Prozent

Jahr der Wahl	1949	1953	1957	1961	1965	1969	1972	1976	1980	1983	1987
Wahlbeteiligung	78,5	86,0	87,8	87,7	86,8	86,7	91,1	90,7	88,6	89,1	84,3
CDU/CSU	31,0	45,2	50,2	45,3	47,6	46,1	44,9	48,6	44,5	48,8	44,3
SPD	29,2	28,8	31,8	36,2	39,3	42,7	45,8	42,6	42,9	38,2	37,0
FDP	11,9	9,5	7,7	12,8	9,5	5,8	8,4	7,9	10,6	7,0	9,1
GRÜNE	–	–	–	–	–	–	–	–	1,5	5,6	8,3
DP	4,0	3,3	3,4	–	–	–	–	–	–	–	–
BP	4,2	1,7	0,5	–	–	0,2	–	–	–	–	–
KPD	5,7	2,2	–	–	–	–	–	–	–	–	–
WAV	2,9	–	–	–	–	–	–	–	–	–	–
Zentrum	3,1	0,8	0,3	–	–	0,0	–	–	–	–	–
DReP	1,8	–	–	–	–	–	–	–	–	–	–
DRP	–	1,1	1,0	0,8	–	–	–	–	–	–	–
GB/BHE	–	5,9	4,6	–	–	–	–	–	–	–	–
GDP	–	–	–	2,8	–	0,1	–	–	–	–	–
DFU	–	–	–	1,9	1,3	–	–	–	–	–	–
NPD	–	–	–	–	2,0	4,3	0,6	0,3	0,2	0,2	0,6
DKP	–	–	–	–	–	–	0,3	0,3	0,2	0,2	–
Sonstige	6,2	1,5	0,5	0,2	0,3	0,8	0,0	0,3	0,1	0,0	0,7

DP = Deutsche Partei; BP = Bayernpartei; WAV = Wirtschaftliche Aufbauvereinigung; DReP = Deutsche Rechtspartei; DRP = Deutsche Reichspartei; GB/BHE = Gesamtdeutscher Block/Block der Heimatvertriebenen und Entrechteten; GDP = Gesamtdeutsche Partei; DFU = Deutsche Friedensunion.

Quelle: Zusammenstellung nach den amtlichen Wahlstatistiken.

Bis zur Mitte der sechziger Jahre war das Parteiensystem in der Bundesrepublik insofern asymmetrisch, als die SPD gegenüber der Union strukturell benachteiligt war. Denn die FDP kooperierte mit der CDU/CSU, fing deren Verluste auf, so daß die SPD zwei Jahrzehnte in einer Minderheitenposition war, wiewohl sie von 1957 bis 1969 kontinuierlich an Stimmen gewann (Genosse Trend). Insofern war der Kurswechsel der Liberalen im Jahre 1969 für die Funktionsweise des Parteiensystems mit

125 In den Tabellen wird zwar korrekterweise bei der Union von 243 Mandaten gesprochen (ohne die Berliner Abgeordneten). Allerdings gehörte einer der drei gewählten Zentrumsabgeordneten der Union an. Die parlamentarische Repräsentanz der Zentrumspartei (0,8 Prozent) gelang nur mit Hilfe der Union, die zu ihren Gunsten in einem Wahlkreis auf die Aufstellung eines Wahlkreisabgeordneten verzichtet hatte (»Aussparungsabkommen«).

seinem Wechsel von Regierung und Opposition von fundamentaler Bedeutung. In der Folgezeit traf auf die Union das zu, was in den fünfziger und sechziger Jahren für die SPD galt: Sie war – auf sich allein gestellt – nicht mehrheitsfähig, wenn sie auch im Jahre 1976 die Mehrheit der Mandate beinahe alleine erreichte. Erst 1982, nachträglich »abgesegnet« durch die vorgezogene Bundestagswahl vom März 1983, kam die Union im Bund wieder an die Regierung.

Es ist für das Parteiensystem der Bundesrepublik charakteristisch, daß beide Regierungswechsel (1969 und 1982/83) durch die FDP vollzogen wurden, nicht durch das Votum der Bevölkerung, wenngleich natürlich die Kursrevisionen der Liberalen auch auf den sich verändernden Wählerwillen zurückgehen. Seit 1982 besteht wieder – wie zwischen 1961 und 1966 – eine christlich-liberale Koalition, freilich mit dem Unterschied, daß die Isolation der SPD infolge der 1980 gegründeten Partei der GRÜNEN, in der sich (neben ehemaligen SPD-Wählern) weitgehend die Anhängerschaft von Protestbewegungen zusammengefunden hat, nicht mehr besteht. Ob angesichts der mangelnden Koalitionsfähigkeit und -willigkeit von Teilen der GRÜNEN ein festes Bündnis möglich ist, erscheint gegenwärtig nicht sicher, mag auch die seit dem Frühjahr 1989 bestehende Koalition in Berlin bei allen Anfechtungen auf einer stabileren Basis stehen als das grün-rote Bündnis in Hessen, das nur zwischen Dezember 1985 und Februar 1987 Bestand hatte. Unter demokratietheoretischen Gesichtspunkten wäre ein alternierendes Parteiensystem (CDU/CSU und FDP versus SPD und GRÜNE) wünschenswert.

»Auch scharfe Kritik an den Mängeln des Bonner Systems kann nicht leugnen, daß nirgends der Unterschied der zweiten deutschen Demokratie gegenüber der Weimarer Republik deutlicher hervortritt als in dem reifer und sicherer gewordenen Parteiwesen.«[126] Was Karl Dietrich Bracher vor fast zwei Jahrzehnten festgestellt hat, gilt auch noch für die Gegenwart. Die Unterschiede zum Parteiengefüge der Weimarer Republik sind in der Tat fundamentaler Natur: Das trifft sowohl auf die einzelnen Parteien (a) als auch für das gesamte Parteiensystem (b) zu.

a) Die ideologischen Gegensätze der großen Parteien haben sich abgeschliffen, wenngleich es natürlich immer wieder Phasen der Verhärtung geben mag. Die Formierung von Volksparteien[127], die zwar nach wie vor in bestimmten sozialen Schichten ihre Schwerpunkte haben und eine gewisse Nähe zu »ihren« Interessenverbänden aufweisen, sich mit ihrer Programmatik aber generell an das gesamte Volk wenden. Das bestehende System wird nicht in Frage gestellt, das demokratische Regelwerk bejaht. Das ist ein entscheidendes und, alles in allem betrachtet, positiv zu bewertendes Merkmal der bundesdeutschen Parteien. In Weimar hingegen handelte es sich weitgehend um Milieuparteien, die zum politischen Gegner keine oder kaum Brücken zu schlagen vermochten. Allerdings ist mit den GRÜNEN ein verstärkt

---

126 Karl Dietrich Bracher, Das Bonner Parteiensystem (1970), in: ders., Das deutsche Dilemma. Leidensweg der politischen Emanzipation, München 1971, S. 294.

127 Vgl. die Bestandsaufnahme zum Begriff und zu den Ansätzen wie Typologien von Alf Mintzel, Die Volkspartei. Typus und Wirklichkeit. Ein Lehrbuch, Opladen 1984. Entgegen dem Titel distanziert sich Mintzel von diesem Begriff, ohne aber einen besseren vorschlagen zu können. Neuerdings benutzt der Autor den Terminus Großparteien, vgl. ders., Großparteien im Parteienstaat der Bundesrepublik, in: Aus Politik und Zeitgeschichte, B 11/89, S. 3–14.

ideologisches Element in die Bonner Parteienarena getragen worden. Die Ursachen für den Erfolg dieser Partei, die in Europa ihresgleichen sucht, sind sicher vielschichtig. Wer sie in erster Linie als Reaktion auf die Vernachlässigung von Umweltschutzinteressen interpretiert, verkennt gänzlich den Veränderungswillen dieser »Anti-Partei-Partei« (Petra Kelly), bei der sich ein beträchtlicher Teil der früheren außerparlamentarischen Opposition heimisch fühlt. Der Erfolg mag wesentlich ebenso mit kulturpessimistischen Strömungen zusammenhängen wie mit dem Fehlen einer profilierten Linkspartei. Warfen die Parteienforscher den Parteien der Weimarer Republik vor, sie hätten sich nicht genügend von ihrem Milieu gelöst, so geht der Vorwurf heute eher in die umgekehrte Richtung. Den Parteien fehle eine »motivierende Kraft«, sie seien »kontextlos« und ohne Bindung an soziale Gruppen[128]. Aber zu Recht wird davor gewarnt, das »Kind mit dem Bade auszuschütten«[129]. Denn eine Milieupartei wie die GRÜNEN fördert nicht Kompromißfähigkeit sondern Prinzipientreue und leistet – entgegen ihrem Anspruch – wenig für die Integration konfligierender Interessen in einer hochentwickelten Gesellschaft. Es mutet seltsam an, daß ausgerechnet in einem Land, das von Parteiideologisierung und Antiparteiaffekten unterschiedlichster Richtung wahrlich heimgesucht worden ist[130], erneut eine Klage über die Entideologisierung angestimmt wird.

b) Die Bundestagsparteien verstanden sich bisher allesamt untereinander als koalitionsfähig, wenn auch nicht immer zu derselben Zeit. Insofern funktionierte das Parteiensystem; die Verantwortungsscheu und Obstruktionspolitik der Weimarer Zeit blieb aus. Vor der jeweiligen Wahl wußte der Wähler prinzipiell, wer mit wem eine Koalition zu bilden beabsichtigte. Er entschied mit seiner Stimmabgabe praktisch zugleich auch über die Regierung. Das Mehrparteiensystem ist faktisch ein Zweigruppensystem. Im Grunde hat es – im Gegensatz zu Weimar – von Anfang an in der Bundesrepublik zwei Blöcke[131] oder besser: zwei Lager gegeben, institutionell durch die Sperrklausel des Wahlgesetzes begünstigt (sieht man einmal davon ab, daß in einem föderalistischen System die parteienstaatliche Komponente durch die bundesstaatliche wenn nicht überlagert, so doch abgeschwächt wird)[132]. Mit den GRÜNEN ist jedoch eine Partei in die Parlamente gekommen, die bei knappen Konstellationen die Regierungsfähigkeit erschweren oder gar lahmlegen könnte (»hamburger« oder »hessische Verhältnisse«). Zudem ist die SPD in diesen beiden Ländern neuerdings nicht zu einer Koalition mit der Union bereit gewesen. Mag sein, daß die GRÜNEN auf der rechten Seite in der Partei der Republikaner ein Pendant erhalten.

---

128 Vgl. in diesem Sinne Wilhelm Hennis, Überdehnt und abgekoppelt. An den Grenzen des Parteienstaats, in: Christian Graf von Krockow (Hrsg.), Brauchen wir ein neues Parteiensystem?, Frankfurt 1983, S. 28–46.

129 Vgl. u. a. H. Oberreuter (Anm. 34).

130 Vgl. komparativ Erwin Faul, Verfemung, Duldung und Anerkennung des Parteiwesens in der Geschichte des politischen Denkens, in: Politische Vierteljahresschrift, 5 (1964), S. 40–60.

131 Dieser Ausdruck suggeriert einen festgefügten Wählerstamm, der durch die Forschung zu dem steigenden Anteil an Wechselwählern nicht bestätigt wird.

132 Vgl. Gerhard Lehmbruch, Parteienwettbewerb im Bundesstaat, Stuttgart u. a. 1976.

4. Perspektiven

Natürlich sind Aussagen über die Zukunft immer durch einen hohen Grad an Unsicherheit gekennzeichnet, Imponderabilien von daher nicht auszuschließen. Aber die bisherige Stabilität der beiden großen Volksparteien läßt das Urteil gerechtfertigt erscheinen, daß ein Auseinanderbrechen unwahrscheinlich ist. Sowohl die Union als auch die SPD ist strukturell gefestigt, was ein Abbröckeln von Gruppen am Rande nicht ausschließen muß. Weniger einfach beurteilen läßt sich die weitere Entwicklung der Liberalen, die über keinen größeren festen Wählerstamm verfügen – »in the longer term the fate of the FDP remains an open question«[133]. Die Annahme, die GRÜNEN seien für sie eine ernsthafte Gefahr oder Konkurrenz, ist nur prima facie einleuchtend. Abgesehen vom unterschiedlichen Wählerpotential mag das Aufkommen der GRÜNEN auch die Liberalen stärken, denn diejenige große Partei, mit der die FDP koalieren will, bleibt angesichts der Mehrheitsverhältnisse auf sie angewiesen: Bei den Bundestagswahlen 1983 und 1987 dürften manche Anhänger der Union zwecks Sicherung der bürgerlichen Mehrheit der FDP ihre Stimme gegeben haben, wie das 1972 für eigentliche SPD-Wähler spiegelbildlich zutraf (Stimmensplitting). Die Formierung von Lagern kommt der FDP zugute, die sich selbstbewußt lange als die dritte Kraft verstanden hat.

Was die GRÜNEN angeht, so mag folgende Aussage gewagt werden: Verharren sie in einer prinzipiellen Oppositionshaltung, dürften ihre parlamentarischen Tage gezählt sein; schlagen sie hingegen einen pragmatischeren Kurs ein, müßte sich ihr Stimmenanteil stabilisieren (mit der Tendenz nach oben), was freilich auch die Absage an einen Teil ihrer Vorstellungen einschließt. Natürlich garantiert Koalitionswilligkeit per se noch nicht den Einzug ins Parlament. Ihr ursprüngliches – alternatives – Konzept dürfte kaum mehrheitsfähig sein, und sei es nur im Hinblick auf das Überwinden der Fünfprozenthürde. Allerdings hat sich die politische Kultur in der Bundesrepublik seit der Studentenbewegung im Hinblick auf Akzeptanz von Konflikten und unorthodoxen Verhaltensweisen gewandelt, so daß die »Turnschuh-Partei«[134] vorerst nicht mehr aus dem politischen Leben wegzudenken ist, so sehr sich die Flügel auch feindlich gegenüberstehen. Die GRÜNEN beziehen gerade aus der Koexistenz von Realos und Fundis ihre Dynamik, die sich freilich durch einen unerbittlich geführten Parteikrieg zugunsten von Reibungsverlusten abschwächt.

Hinsichtlich des politischen Extremismus nimmt die Bundesrepublik eine Sonderstellung ein. Sowohl der Rechts- als auch der Linksextremismus ist diskreditiert – der Rechtsextremismus durch die Geschichte des Dritten Reiches, der Linksextremismus durch die Entwicklung im anderen deutschen Staat. Beide fristen seit vier Jahrzehnten ein Schattendasein, von gewissen Achtungserfolgen abgesehen. Allerdings deuten manche Entwicklungen auf eine »Auflockerung« des Parteiensystems links- und rechtsaußen hin. Auf dem linken Spektrum ist mit den GRÜNEN eine Partei entstanden, deren Anhängerschaft über ein reines Protestpotential hinausreicht und

---

133 William M. Chandler, Party system transformations in the Federal Republic of Germany, in: Steven B. Wolinetz (Hrsg.), Parties and party systems in liberal democracies, London–New York 1988, S. 78.

134 Caspar von Schrenck-Notzing, Abschied vom Dreiparteiensystem. Versagt die Riesenwaschkraft der Parteien?, in: G.-K. Kaltenbrunner (Anm. 34), S. 130.

nicht so schnell verschwinden dürfte. Auf dem rechten Spektrum könnte sich, folgt man equilibristischen Gedankengängen, eine ähnliche Entwicklung anbahnen, zumal das Parteiensystem der Bundesrepublik angesichts der historischen Last immer noch unter Quarantäne steht. Doch mehren sich die Anzeichen für einen gewissen Wandel (Sinken der Wahlbeteiligung zuungunsten der Union; erste Erfolge unterschiedlicher Rechtsparteien; Zunahme werbewirksamer Sachfragen [issues] wie etwa des Überdrusses an der Vergangenheitsbewältigung oder der Kritik an der Ausländerpolitik). In welcher Form eine neue (die im Jahre 1983 ins Leben gerufenen Republikaner von Franz Schönhuber sind gegenwärtig keine Anti-Systempartei) oder eine alte Rechtspartei (DVU, NPD) oder ein Zusammenschluß von Teilen des rechtsextremistischen Lagers mit deutschnationalen Tendenzen reüssiert, hängt jedoch von vielen Unwägbarkeiten ab. Die Problemlösungskapazität der etablierten Parteien kann den Erfolg hinausschieben, dürfte ihn aber a là longue nicht verhindern. Vielleicht zeigt dieser Sachverhalt nur die Normalität des bundesdeutschen Parteiensystems.

Allerdings läßt die Tendenz der Ergebnisse bei den Wahlen zum Europäischen Parlament keinen hinreichenden Schluß auf die weitere Entwicklung des Parteiensystems zu (*vgl. Tab. 6*). Denn Europawahlen sind im Bewußtsein der Wähler »Nebenwahlen«, in denen man viel eher bereit ist, seine Stimme einer kleineren Partei zu geben. Zudem liegt die Wahlbeteiligung weit unter der von Bundestagswahlen. Immerhin muß die Unzufriedenheit mit den großen Parteien zugenommen haben, wie die Entwicklung drastisch signalisiert. Bei den Europawahlen 1984 und 1989 verloren die beiden Großparteien – wenn auch in unterschiedlichem Maße – jeweils Stimmen. Kam dies seinerzeit der Partei der GRÜNEN zugute, so konnte 1989 von dem Protestpotential vor allem die politische Rechte – insonderheit die Partei der Republikaner (REP) – davon profitieren. Erhielten im Jahre 1979 die beiden Volksparteien exakt 90 Prozent, so waren es 1984 83,4 und 1989 gar nur 75,1 Prozent. Auch wenn die Ergebnisse von Europawahlen nicht überschätzt werden dürfen, spricht doch manches für eine gewisse Auflockerung des Parteiensystems. Die Behauptung, damit seien die Tage der Volkspartei gezählt, wäre allerdings nur dann richtig, wenn die großen Parteien die in dem Protestpotential sichtbar werdende Herausforderung nicht annähmen. Würde die Bundestagswahl von 1990 ein ähnliches Ergebnis zeiti-

Tab. 6: Ergebnisse bei den Wahlen zum Europäischen Parlament in Prozent

Jahr der Wahl	1979	1984	1989
Wahlbeteiligung	65,7	56,8	62,4
CDU/CSU	49,2	46,0	37,8
SPD	40,8	37,4	37,3
FDP	6,0	4,8	5,6
GRÜNE	3,2	8,2	8,4
DKP	0,4	–	0,2
Die Friedensliste	–	1,3	–
NPD	–	0,8	–
Die Republikaner	–	–	7,5
DVU – Liste D	–	–	1,6
Sonstige	0,4	1,5	1,6

Quelle: Zusammenstellung nach den amtlichen Wahlstatistiken.

gen, so wäre die Mehrheitsbildung blockiert – es sei denn, es käme zu einer »Ampel«-Koalition (rot-gelb-grün) oder gar zu einer großen Koalition.

Es sind viele Mutmaßungen über den Parteienstaat in der Bundesrepublik angestellt worden. Ekkehart Krippendorff hatte bereits 1962 das »Ende des Parteienstaates« heraufbeschworen[135], weil die Regierungspartei über derart viele Mittel der Beeinflussung verfüge, daß die chancenlose Opposition allenfalls auf eine Allparteienkoalition hoffen könne. Eine überaus voreilige, Rahmenbedingungen (z. B. wirtschaftliche Krisensituationen, die »Revolution der steigenden Erwartungen« bei den Wählern) sträflich vernachlässigende Diagnose, wie sich zeigen sollte. Später hat die studentische Protestbewegung der etablierten Parteiendemokratie den Totenschein ausgestellt und – im Anschluß daran – ein Teil der wissenschaftlichen Forschung vorschnell eine generelle Legitimationskrise der Parteien mehr beschworen als diagnostiziert[136]. Die Kritik, die seit einigen Jahren nicht nur aus den Reihen der GRÜNEN kommt, hält die großen Parteien für erstarrt. Doch je etablierter die GRÜNEN werden, um so mehr Verhaltensweisen der alten Parteien nehmen sie an. Auch wenn es wenig eindrucksvoll erscheint, die Frage von Wilhelm Grewe – »Parteienstaat – oder was sonst?«[137] – hat nach fast vierzig Jahren nichts von ihrem rhetorischen Charakter verloren, in deskriptiver wie in präskriptiver Hinsicht: Es gibt keine angemessene Alternative zu Parteien, weil die ohnehin spärlichen Vorschläge zu einer anderen Form der Interessenbündelung entweder auf Kosten der Liberalität oder der Effizienz gingen.

VII. Bilanz

Auffallend ist die Kontinuität des Parteiensystems. Das sich während der 48er Revolution in ersten Ansätzen herauskristallisierende Fünfparteiensystem (Konservative, politischer Katholizismus, Rechts- und Linksliberale, Sozialisten) setzte sich im Kaiserreich und in der Weimarer Republik fort, wobei es durch eine rechts- und linksextreme Parteibildung in Form der NSDAP und der KPD zu einer Vergrößerung des buntscheckigen Spektrums kam. Erst durch die Zeit des Nationalsozialismus erfolgte ein grundlegender Wandel.

Nach 1945 bildete sich, nicht zuletzt aufgrund der Erfahrungen im Dritten Reich, eine überkonfessionelle christliche Volkspartei, so daß das Zentrum, das nach 1945 nie mehr als eine Honoratiorenpartei war, schnell in die Defensive geriet und bald wegen mangelnder Zeitgemäßheit in einer säkularisierten Gesellschaft von der politischen Bühne verschwand[138], wenngleich es bis zum heutigen Tage nicht aufgelöst

---

135 Vgl. Ekkehart Krippendorff, Das Ende des Parteienstaates?, in: Der Monat, 14 (1962) 160, S. 64–70; siehe auch ders., Ende des Parteienstaates, in: Die Neue Gesellschaft, 13 (1966), S. 3–10. Zur Kritik neuerdings Eckhard Jesse, Wahlen. Bundesrepublik Deutschland im Vergleich, Berlin 1988, S. 28–33.

136 Typisch hierfür ist folgender Band: Jürgen Dittberner/Rolf Ebbighausen, Parteiensystem in der Legitimationskrise. Studien und Materialien zur Soziologie der Parteien in der Bundesrepublik Deutschland, Opladen 1973.

137 Wilhelm Grewe, Parteienstaat – oder was sonst?, in: Der Monat, 3 (1950/51), S. 563–577.

138 Vgl. für Einzelheiten Ute Schmidt, Zentrum oder CDU. Politischer Katholizismus zwischen Tradition und Anpassung, Opladen 1987, insbes. S. 344–358.

ist[139]. Die Mehrheitsfähigkeit der Union wurde gerade dadurch erleichtert, daß ein Teil des politischen Katholizismus zunächst außen vor blieb. So nahmen die konfessionellen Gegensätze anfangs keine schroffen Formen an, und die neue Partei konnte ihren Unionscharakter festigen[140]. Gerade die bodenständige und moderne CSU trug durch ihre Wahlgewinne maßgeblich zum Zusammenhalt der Union bei[141], wie sie ihn umgekehrt durch Eigenmächtigkeiten insbesondere seitens ihres langjährigen Vorsitzenden Franz Josef Strauß in Frage zu stellen schien.

Der SPD war ein Erfolg wesentlich dadurch beschieden, daß ihr ein Zweifrontenkampf erspart geblieben ist. Denn die KPD, diskreditiert durch die Politik in der SBZ/DDR, mit der sie sich identifizierte, konnte niemals ihren Anspruch auf die Repräsentation der Arbeiterbewegung glaubwürdig erheben. Sie schrumpfte schon vor ihrem Verbot zur Bedeutungslosigkeit[142]. Das wiederum erlaubte es der SPD, sich an der politischen Mitte zu orientieren, da ihr von links keine Partei Stimmen streitig machen konnte. Zudem verhinderte der soziale Wandel in der Bundesrepublik Radikalisierungstendenzen. Insofern war die Entwicklung zur Volkspartei, wie sie sich mit dem Godesberger Programm vollzog, ein konsequenter Schritt, der sowohl den prinzipiellen Wandel der SPD reflektierte als auch wahltaktischen Notwendigkeiten entsprach[143].

Wie dem Zentrum und der KPD erging es einer Reihe anderer kleiner Parteien, die zumeist von der Union aufgesogen wurden. Die Bayernpartei war 1951 mit dem Zentrum eine Fraktionsgemeinschaft eingegangen, die den Niedergang ebensowenig aufzuhalten vermochte wie der anläßlich der Bundestagswahl 1957 erfolgte Zusammenschluß mit dem Zentrum zur Föderalistischen Union (0,2 Prozent)[144]. Noch rapider verlief der Niedergang der ebenfalls – vornehmlich – bayerischen Wirtschaftlichen Aufbau-Vereinigung[145]. Hingegen konnte sich die DP länger behaupten, freilich im wesentlichen nur dank der Union[146]. Etwas gegenläufig verlief die Entwicklung beim BHE, der 1953 in den Bundestag einzog, aber 1957 knapp an der

139 Vgl. dies., Die Deutsche Zentrums-Partei, in: Richard Stöss (Anm. 31), S. 1192–1242. Die Zentrumspartei erreichte bei der Europawahl 1984 immerhin einen Achtungserfolg mit 0,4 Prozent der Stimmen (Bundestagswahl 1987: 0,1 Prozent).

140 Vgl. beispielsweise Dorothee Buchhaas, Die Volkspartei. Programmatische Entwicklung der CDU 1950–1973, Düsseldorf 1981.

141 Vgl. für Einzelheiten Alf Mintzel, Die CSU. Anatomie einer konservativen Partei, Opladen 1975; ders., Geschichte der CSU, Opladen 1977.

142 Vgl. Hans Kluth, Die KPD in der Bundesrepublik. Ihre politische Tätigkeit und Organisation 1945–1956, Köln 1959.

143 Vgl. grundlegend Kurt Klotzbach, Der Weg zur Staatspartei. Programmatik, praktische Politik und Organisation der deutschen Sozialdemokratie, Berlin–Bonn 1982. Daß der Begriff Staatspartei mißverständlich und unsinnig ist, wurde vielfach bemerkt.

144 Vgl. Ilse Unger, Die Bayernpartei. Geschichte und Struktur 1945–1957, Stuttgart 1979; Konstanze Wolf, CSU und Bayernpartei. Ein besonderes Konkurrenzverhältnis 1948–1960, Köln 1982.

145 Vgl. Hans Woller, Die Loritz-Partei. Geschichte, Struktur und Politik der Wirtschaftlichen Aufbau-Vereinigung (WAV) 1945–1955, Stuttgart 1982.

146 Vgl. Hermann Meyn, Die Deutsche Partei. Entwicklung und Problematik einer nationalkonservativen Rechtspartei nach 1945, Düsseldorf 1965.

Sperrklausel scheiterte[147]. Mit der zunehmenden Integration der Vertriebenen und Flüchtlinge wurde ihm die Wählerbasis entzogen – eine für die Partei eigentümliche Ambivalenz, wie sie ja auch für den politischen Liberalismus in abgemilderter Form charakteristisch ist. Gerade die Erfüllung seiner Kernforderung raubte dem BHE mithin die Existenz. Daß das Zusammengehen mit der DP zur Gesamtdeutschen Partei (1961: 2,8 Prozent) – angesichts der unverkennbaren Gegensätze zu Recht als eine »widernatürliche Ehe«[148] bezeichnet – von Anfang an zum Scheitern verurteilt war, ist keine erst aus der besserwisserischen Perspektive der Nachwelt gewonnene Erkenntnis. Andere Neugründungen – Heinemanns Gesamtdeutsche Volkspartei etwa – kamen nicht an die Fünfprozenthürde heran[149]. Das kurzfristige Hoch der neonazistischen Sozialistischen Reichspartei[150] wurde nicht nur durch das Parteiverbot im Jahre 1952 gestoppt, und der Erfolg der NPD in der zweiten Hälfte der sechziger Jahre[151] setzte sich später nicht fort, wenn auch das rechte Parteienspektrum Ende der achtziger, Anfang der neunziger Jahre vor einer gewissen Renaissance stehen mag.

Nur die FDP, die sich bewußt nicht als Volkspartei versteht, obwohl sie politisch zwischen den großen Parteien zu verorten ist, konnte sich einer Vereinnahmung entziehen, wenngleich sie des öfteren in die Nähe der Fünfprozentklausel geriet, vor allem dann, wenn eine Wende bevorstand (wie 1969) oder gerade vollzogen war (wie 1982/83). Ihr Wandel im politischen Koordinatensystem ist beachtlich[152]. War sie in den fünfziger Jahren zum Teil eine Art »nationalistische Ersatzpartei«[153], so überholte sie in der ersten Hälfte der siebziger Jahre die Sozialdemokratie – vorübergehend – in manchen Fragen links.

---

147 Vgl. Franz Neumann, Der Block der Heimatvertriebenen und Entrechteten 1950–1960. Ein Beitrag zur Geschichte und Struktur einer politischen Interessenpartei, Meisenheim 1968.

148 Thomas von der Vring, Reform oder Manipulation? Zur Diskussion eines neuen Wahlrechts, Frankfurt 1968, S. 90.

149 Zu den kleinen Parteien vgl. Manfred Rowold, Im Schatten der Macht. Zur Oppositionsrolle der nicht-etablierten Parteien in der Bundesrepublik, Düsseldorf 1974 (dazu auch ders. in diesem Band, Kapitel II.6.); Stephen L. Fisher, The Minor Parties of the Federal Republic of Germany, Den Haag 1974; zur (vermeintlichen) Strategie der großen Parteien siehe Regine Roemheld, Minorisierung als Herrschaftssicherung. Zur Innovationsfähigkeit des westdeutschen Parteiensystems, Frankfurt 1983.

150 Vgl. Otto Büsch/Peter Furth, Rechtsradikalismus im Nachkriegsdeutschland, Studien über die »Sozialistische Reichspartei« (SRP), Köln–Opladen 1967².

151 Vgl. Lutz Niethammer, Angepaßter Faschismus. Politische Praxis der NPD, Frankfurt 1969; Reinhard Kühnl/Rainer Rilling/Christine Sager, Die NPD. Struktur, Ideologie und Funktion einer neofaschistischen Partei, Frankfurt 1969; siehe vor allem Peter Dudek/Hans Gerd Jaschke, Entstehung und Entwicklung des Rechtsextremismus in der Bundesrepublik. Zur Tradition einer besonderen politischen Kultur, Band 1, Opladen 1984, insbes. S. 280–355.

152 Vgl. Christian Søe, The Free Democratic Party, in: H. G. Peter Wallach/George K. Romoser (Hrsg.), West German Politics in the Mid-Eighties, New York 1985, S. 112–186.

153 So Dietrich Thränhardt, Geschichte der Bundesrepublik Deutschland, Frankfurt 1986, S. 30.

Das Aufkommen der Partei der GRÜNEN[154] in den achtziger Jahren ist ambivalent zu bewerten. Einerseits hat das politische System dadurch seine Offenheit bewiesen und viele neue Ideen aufgenommen, andererseits schwächt das bei den GRÜNEN verbreitete hohe Maß an »Gesinnungspolitik« (Kurt Sontheimer) und moralischem Rigorismus für den demokratischen Verfassungsstaat konstitutive Prinzipien wie Kompromiß, Konfliktfähigkeit und Toleranz, die in Deutschland bisher ohnehin keine sonderliche Lebenskraft entfaltet haben. Zudem dürfte der mögliche Erfolg einer Partei rechts von der Union auch eine Reaktion auf den Aufstieg der GRÜNEN sein.

Die Bundesrepublik Deutschland ist der erste deutsche Parteienstaat[155]. Daß der Deutsche Bund keiner war, liegt auf der Hand. Aber auch im Kaiserreich dominierten angesichts der fehlenden Parlamentarisierung der Exekutive und des Einflusses von Bürokratie und Militär nicht die Parteien, die im Vorhof der Macht blieben. Selbst in der Weimarer Republik kam das parteiendemokratische Element nur unzureichend zum Tragen, wie die Verfassungsstruktur, die Fehlperzeption des Parlamentarismus, das Wählerverhalten sowie die verbreiteten Urteile über den Parteienhader nachdrücklich zeigen. Auch im Dritten Reich lief die Entscheidungsbildung an der Einheitspartei, der NSDAP, weithin vorbei. Hingegen ist der politische Einfluß der Parteien in der Bundesrepublik so stark, daß sich der Terminus Parteiendemokratie zu Recht einer weiten Verbreitung erfreut. Die Auffassungen gehen zum Teil sogar in die Richtung, das parteienstaatliche Element sei ausgeufert – nicht zu Unrecht, wenn man an deprimierende Formen der Parteipatronage denkt, an die Verfilzung zwischen Parteien und öffentlichen Ämtern, an die Aufblähung der Parteiapparate, an die überbordende Parteienfinanzierung mit ihren Finanzskandalen, an das Bestreben der Parteien, sich für allzuständig zu erklären, an ihr Proporzdenken in öffentlichen Institutionen und an Tendenzen eines »Parteitagsstaates« (bei den GRÜNEN mehr als bei der SPD, bei der SPD mehr als bei der FDP, bei der FDP mehr als bei der Union). Unter Berufung auf Abstimmungen der Parteitagsdelegierten, die keineswegs die Mitgliederschaft in ihrer Gesamtheit und schon gar nicht die Wählerschaft repräsentieren, werden Entscheidungen der politisch Verantwortlichen begründet, jedenfalls in ersten Ansätzen. Diese Form der Basisdemokratie entzieht jedoch der Demokratie ihre Basis.

Durch die genannten und andere Mißstände ist Parteienverdruß hervorgerufen worden, wobei freilich längst nicht jede Kritik an den tatsächlichen oder vermeintlichen Unzulänglichkeiten der Parteien angesichts ihrer »Maßstabslosigkeit« und

---

154 Vgl. Wilhelm P. Bürklin, Grüne Politik. Ideologische Zyklen, Wähler und Parteiensysteme, Opladen 1984; Gerd Langguth, Der grüne Faktor. Von der Bewegung zur Partei?, Osnabrück 1984; Manfred Langner (Hrsg.), Die Grünen auf dem Prüfstand. Analyse einer Partei, Bergisch Gladbach 1987; Eva Kolinsky (Hrsg.), The Greens in West Germany. Organization and Policy Making, Oxford 1989.

155 Daß dieser mißverständliche Begriff nicht in der ihm von Gerhard Leibholz gegebenen spezifischen Bedeutung Anwendung findet, versteht sich von selbst. Vgl. dazu P. Haungs (Anm. 34), S. 11–25; ausführlich: Kenneth Dyson, Party, State and Bureaucracy in Western Germany, London 1977; ders., Party Government and Party State, in: Herbert Döring/Gordon Smith (Hrsg.), Party Government and Political Culture in Western Germany, New York 1982, S. 77–99.

ihrer »Provinzialität« auf einem soliden Fundament ruht[156]. Das wird auch derjenige konzedieren, der nicht von »fanatischem Parteigeist«[157] erfüllt ist. Wie der Abriß zur historischen Entwicklung gezeigt hat, läßt sich gegenwärtig keine Krise diagnostizieren, wenngleich das »Bedürfnis nach einer Politik mit einer gewissen Bodenhaftung«[158] gestiegen sein dürfte und die sinkenden Mitgliederzahlen bei den großen Parteien (die maßgeblich auf die junge Generation zurückgehen) zu Besorgnis Anlaß geben, vielleicht aber auch Lernprozesse zur Abstellung unerquicklicher Begleiterscheinungen des Parteienstaates fördern. Gleichwohl gehört Krisenrhetorik[159] nun einmal zum »typisch deutschen« Ton einer »Stimmungsdemokratie«[160], die kurzatmige Aufgeregtheit ebenso fördert wie Tendenzen des Irrationalismus. Sie schärft nicht den Blick für tatsächliche Mißstände, deckt sie vielmehr durch »Rundumschläge« gleichsam zu. Freilich verbietet sich Gesundbeterei ebenso.

---

156 Vgl. zusammenfassend Peter Haungs, Bilanz zur Parteiendemokratie in der Bundesrepublik: Mehr Stärken als Schwächen, in: ders./E. Jesse (Anm. 30), S. 90–96; siehe auch unter Einbezug der komparativen Ebene ders., Krise der politischen Parteien?, in: Ulrich Matz (Hrsg.), Aktuelle Herausforderungen der repräsentativen Demokratie, Köln 1985, S. 73–94; ders., Parteien in westlichen Verfassungsstaaten: Übermächtig oder ohnmächtig?, in: Dieter Blumenwitz/Gottfried Zieger (Hrsg.), Die deutsche Frage im Spiegel der Parteien, Köln 1989, S. 29–38.

157 W. Hennis (Anm. 128), S. 29.

158 So Hermann Rudolph, Die Herausforderung der Politik. Innenansichten der Bundesrepublik, Stuttgart 1985, S. 108.

159 Zuletzt, eher von »rechts«: G.-K. Kaltenbrunner (Anm. 34); Caspar von Schrenck-Notzing, Abschied vom Parteienstaat. Tendenzen eines Umbruchs, Asendorf 1988.

160 Vgl. dazu mit zahlreichen eingängigen Beispielen Heinrich Oberreuter, Stimmungsdemokratie. Strömungen im politischen Bewußtsein, Zürich–Osnabrück 1987.

Ulrich von Alemann

Parteien und Gesellschaft in der Bundesrepublik

Rekrutierung, Konkurrenz und Responsivität

I. Parteienstaat – Parteiengesellschaft

Arbeitsteilig mit dem Anfangskapitel über »Parteien und Staat« von Heinrich Oberreuter wird hier der Schwerpunkt auf dem Thema »Parteien und Gesellschaft« liegen. Eigentlich ist es eine Überforderung. Denn wer könnte so vermessen sein, alle wichtigen Aspekte des Verhältnisses von Parteien und Gesellschaft in der Bundesrepublik darzustellen? Für alle wesentlichen Parteien, für alle vier Jahrzehnte plus Vorgeschichte und Ausblick, für alle gesellschaftlichen Teilbereiche, Querschnittsthemen, Regionen, Ebenen und Themenfelder? Das Thema »Parteien und Gesellschaft« wird nämlich zu einer unendlichen Geschichte, wenn man sich in einem umfassenden Gesellschaftsbegriff verliert. Von daher wird versucht, im folgenden drei große Schneisen zu schlagen, um dem Thema Konturen zu geben: erstens »*Rekrutierung* – Parteien gehen aus der Gesellschaft hervor«, hier geht es um die Sozialstruktur, um die Milieubindung der Parteien und die Interessenverankerung; zweitens »*Konkurrenz* – Parteien wirken bei der politischen Willensbildung mit«, hier werden die teilweise konkurrierenden, teilweise konkordanten Kanäle der Interessendurchsetzung in der lokalen Politik, die Konkurrenz mit organisierten Interessen sowie neue Probleme in der Informationsgesellschaft thematisiert; drittens »*Responsivität* – Parteien wirken auf die Gesellschaft zurück«, hier werden die Rückwirkungen der Parteien auf die Gesellschaft, auf die politische Kommunikation, auf die Elitenrepräsentanz und auf die Akzeptanz der Parteien selbst untersucht.

Kürzlich hat Winfried Steffani einen Beitrag mit dem Titel »Parteien als soziale Organisationen« veröffentlicht, der das Problem »Parteien und Gesellschaft« aufgreift und einige nützliche Vorschläge zur politikwissenschaftlichen Parteienforschung unterbreitet. Er unterscheidet vier gesamtgesellschaftliche Hauptfunktionen der Parteien, denen die folgenden vier Sektoren der Parteienanalyse zugeordnet werden:

»1. Parteien als Ausdruck sozialer Kräfte sowie ideologischer und/oder programmatischer Ziele und Forderungen.
2. Parteien als Instrument der Machtausübung (Parteien als Herrschaftsinstrumente).
3. Parteien als Vermittler demokratischer Legitimation für verbindliche Entscheidungen.
4. Parteien als Interessengruppen in eigener Sache und als Vermittler politischen Führungspersonals (Parteien als Karrierevehikel).«[1]

---

1 Vgl. Winfried Steffani, Parteien als soziale Organisationen. Zur politologischen Parteienanalyse, in: Zeitschrift für Parlamentsfragen, 19 (1988), S. 550.

Man kann diesen Sektoren die vier Funktionen Transmission (sozialer und ideologischer Kräfte), Herrschaft, Legitimation und Rekrutierung zuordnen. Das Thema Parteien und Gesellschaft wird hauptsächlich von zwei Sektoren tangiert, nämlich Parteien als Ausdruck sozialer Kräfte und programmatischer Ziele sowie Parteien als Interessengruppen in eigener Sache und Karrierevehikel. Die beiden übrigen Sektoren gehören eher zu den Staatsfunktionen politischer Parteien. *Abb. 1* zeigt die vier Sektoren in ihrer gesellschaftlichen Verortung.

Abb. 1: Die vier Sektoren politologischer Parteienanalyse

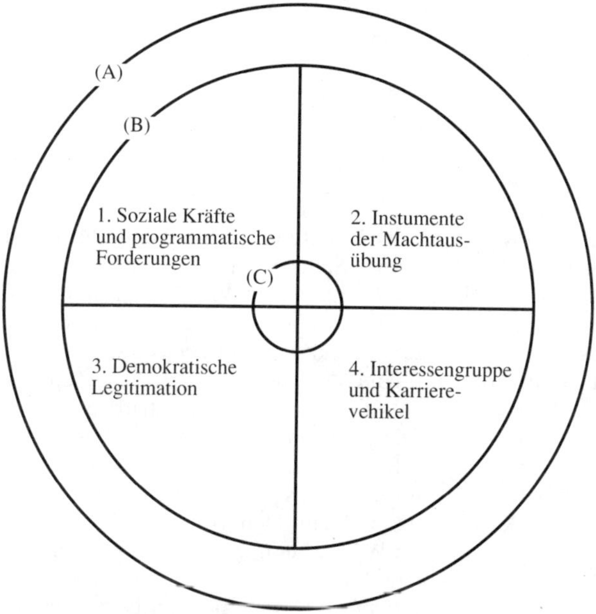

(A) *Soziales Gemeinwesen*
(B) *Politisches System* (hier. Parteiensystem)
(C) *Staatsapparat* (Staatsorgane)

Quelle: W. Steffani (Anm. 1), S. 550.

Diese Systematik fügt den zahlreichen Funktionskatalogen der politischen Parteien, die besonders in dem Band von Elmar Wiesendahl[2] aufgefächert und ausführlich diskutiert werden, noch eine weitere aktuelle Variante hinzu – eine plausible und interessante. Denn gerade die vierte Funktion von Parteien als Interessengruppe in eigener Sache und als Karrierevehikel wird in Lehrbüchern der politischen Bildung oft nur am Rande berührt. Das wäre jedoch einseitige Staatsbürgerkunde, die vor realen Phänomenen wie Patronage oder Parteienfilz die Augen verschließt oder sie

2 Vgl. Elmar Wiesendahl, Parteien und Demokratie. Eine soziologische Analyse paradigmatischer Ansätze der Parteienforschung, Opladen 1980.

der politischen Skandalpublizistik überläßt. Eine umfassende Darstellung der Rolle von Parteien in der Gesellschaft hat auch die Schattenseiten auszuleuchten.

Nicht nur im Zusammenhang mit benennbaren Skandalen und Affären – ob Parteienfinanzierung über Flick oder Wahlkampfaktivitäten unter Barschel –, sondern ganz generell wird das Verhältnis von Partei und Gesellschaft in der politischen Publizistik kritisch kommentiert. So moniert Wassermann: »Nicht nur die politische Willensbildung im Bund, in den Ländern und in den Gemeinden ist in der Hand der politischen Parteien; es gibt kaum noch öffentliche Lebensäußerungen, in denen nicht die Parteien und ihre Funktionärseliten ein maßgebliches Wort sprechen. – Sie beanspruchen das Monopol politischer Repräsentanz und politischer Entscheidung, überspringen aber auch die in der Verfassung vorgesehene Systemgrenze zwischen Staat und Gesellschaft und dehnen ihren Einfluß weit in die gesellschaftlichen Bereiche aus. Nichts scheint mehr vor ihnen sicher, sie sind allgegenwärtig.«[3]

Sind die Parteien über die Mitwirkung an der politischen Willensbildung (Artikel 21 GG) längst zu Monopolisten der Politik mutiert? Haben sie Macht und Einfluß ausgedehnt in alle gesellschaftlichen Sphären und vielleicht überdehnt? »Längst hinausgewachsen über ihre engeren politisch-parlamentarischen Funktionen bestimmen die Parteiorganisationen durch die Besetzung von Rundfunk- und Fernsehräten über Personal und Programme der Rundfunkanstalten, über die Ministerialorganisationen in Bund und Ländern, über Spitzenpositionen im Versicherungs-, Banken- und Sparkassenwesen und über Positionen in Vorständen und Aufsichtsräten der größten Industrieunternehmen. Die Parteien sitzen auf allen Ebenen des politischen und ökonomischen, des sozialen und kulturellen Lebens fest im Sattel.«[4] Dies ist die eine These: Die Mitwirkung ist zum Monopol, der parteiliche Teil ist zum Anspruch auf das Ganze, der Parteienstaat ist zur Parteiengesellschaft ausgewachsen.

Die andere These lautet: Die Parteien haben sich abgekoppelt von der Gesellschaft, führen ihr abgehobenes Eigenleben in Bonn und in den Landeshauptstädten, im Gehäuse der Behörden, Bürokratien, Körperschaften und Anstalten ohne lebendigen Kontakt zur Bevölkerung. Wilhelm Hennis vertritt diese These, die Parteien hätten sich »von der autonomen Willensbildung des Volkes in einer Weise *abgekoppelt,* daß ihre demokratische Funktion, wenn nicht gefährdet, so in der verschiedensten Weise problematisiert erscheint«[5]. Gerade bei den beiden großen bundesdeutschen Parteien müsse man sehen, »daß dieser Typ der soziologisch kontextlosen Volksparteien auch zu einer Abkoppelung der Parteien vom Volk geführt hat. Die Mitgliedschaft, Wahlpräferenz oder auch der in die Führung aufsteigende Politikertyp folgt nicht mehr einer mehr oder weniger vorgegebenen Struktur der Gesellschaft.«[6]

Überdehnung oder Abkoppelung? Monopolisierung und Durchdringung aller Gesellschaftsbereiche durch die Parteien oder etatistische Abkoppelung von Volk,

---

3 Rudolf Wassermann, Die Zuschauerdemokratie, Düsseldorf–Wien 1986, S. 87.

4 Bernd Guggenberger, »... wirken bei der politischen Willensbildung mit.« Mitwirkung oder Monopol der Parteien?, in: Christian Graf von Krockow/Peter Lösche (Hrsg.), Parteien in der Krise, München 1986, S. 128.

5 Wilhelm Hennis, Überdehnt und abgekoppelt. An den Grenzen des Parteienstaates, in: Christian Graf von Krockow (Hrsg.), Brauchen wir ein neues Parteiensystem?, Frankfurt 1983, S. 32.

6 Ebd., S. 39

Wählern und Bürgern? Welcher dieser beiden Vorwürfe trifft zu? Oder treffen vielleicht sogar beide zu, wie Hennis unterstellt[7]? In diesem Beitrag soll immer wieder die aktuelle politische Debatte um die Rolle der Parteien angesprochen und spätestens am Schluß eine mögliche Antwort gegeben werden; diese muß nicht unbedingt zwischen den beiden Polen Überdehnung und Abkoppelung liegen, da vielleicht auch »neue Politik in alten Parteien«[8] eine denkbare Lösung ist.

II. Rekrutierung: Parteien gehen aus der Gesellschaft hervor

Wo kommen die Parteien her? Dieser Frage haben die Politik und die beginnende Politikwissenschaft seit der Geburt der modernen Parteien viel Aufmerksamkeit geschenkt. Schon in der Entstehungszeit der Parteien, im 19. Jahrhundert, wurden Theorien und Typologien zur Erklärung von Parteien und Parteiensystem entwickelt. Die historische Staatslehre ordnete die verschiedenen Parteien meist »natürlichen« Ausprägungen im Wesen der Politik zu wie Ordnung und Fortschritt, Furcht vor der Macht und Liebe zur Macht oder Autorität und Freiheit. Andere versuchten, die Sitzgeographie im Parlament zu einer Theorie der Parteitypen zu überhöhen – natürlich, notwendig und normal sei deshalb ein System von fünf Parteien: die Mitte, rechtsgemäßigt und rechtsaußen sowie linksgemäßigt und linksaußen. Eine Zeitlang haben sich die deutschen Parteien des Wilhelminischen Reichstages an diese Theorie gehalten: Zentrum, Nationalliberale, Konservative, Fortschrittsliberale und Sozialisten.

Andere haben die Parteibildung mit Temperamenten und Charakteranlagen verknüpft. So baute der Schweizer Staatsrechtler Friedrich Rohmer schon 1844 eine kunstvolle Theorie der Parteien auf dem Temperament und dem Wesen der menschlichen Lebensstufen auf[9]. Der Knabe sei radikal, der Jüngling liberal, der Mann konservativ, der Greis absolut. So merkwürdig diese Theorie anmutet, so ist sie dennoch Ausdruck einer bis heute nicht gänzlich vergessenen Idee, Parteien aus unterschiedlichem Wesen, unterschiedlichen Charakteren oder zumindest aus unterschiedlicher Ideologie zu erklären. Erst mit dem Beginn der Sozialwissenschaften – ob in den Theorien von Marx und Engels oder den Analysen von Max Weber – wurde die weltanschauliche Betrachtung von Parteien mehr und mehr auf soziale, ökonomische und historisch bedingte Interessenlagen übertragen. Seit um die Jahrhundertwende eine erste empirische Parteienforschung und -theorie mit den Werken von Moisei Ostrogorski und Robert Michels entstand, gewann die Frage nach dem Verhältnis von Partei und Gesellschaft, von Partei und Demokratie sowie von Partei und Organisation – und damit auch nach dem sozialstrukturellen Rekrutierungspotential der Parteien – die Oberhand gegenüber der weltanschaulich-programmati-

7 Vgl. dazu auch Hartmut Wasser, Parteien und Verbände, in: Grundlagen unserer Demokratie, hrsg. von der Bundeszentrale für politische Bildung, Bonn 1988, S. 265 ff.

8 Hermann Schmitt, Neue Politik in alten Parteien. Zum Verhältnis von Gesellschaft und Parteien in der Bundesrepublik, Opladen 1987.

9 Vgl. Otto Koellreutter, Die politischen Parteien im modernen Staate, Breslau 1926, S. 18 ff.

schen Sicht. Seitdem hat sich eine Parteiensoziologie entwickelt, die höchst ausdifferenziert Theorien zur Rekrutierung der Parteien aus der Gesellschaft anbietet[10].

Im folgenden werden drei Schlüsselbegriffe in den Vordergrund gerückt: Sozialstruktur, Milieu und Interessen. Dabei sollen Theorien nicht nur vorgestellt, sondern auch auf die tatsächliche Parteienentwicklung der Bundesrepublik angewandt sowie aktuelle politische Problemlagen und Diskussionsschwerpunkte angezeigt werden.

1. Sozialstruktur

Die Sozialstruktur bestimmt das Parteiensystem, so lautet die simpelste Reduktion des Beziehungsgeflechts zwischen Partei und Gesellschaft. Der amerikanische Soziologe Seymour M. Lipset hat schon in den frühen fünfziger Jahren dieses Verhältnis auf einen einfachen Nenner gebracht: »In every democracy conflict among different groups is expressed through political parties which basically represent a 'democratic translation of the class struggle'. Even though many parties renounce the principle of class conflict or loyalty, an analysis of their appeals and their support suggests that they do represent the interest of different classes.«[11]

Einer solchen Gleichsetzung von Klasseninteressen und Parteien würden selbstverständlich auch marxistische Autoren voll zustimmen. Wobei man natürlich berücksichtigen muß, daß die amerikanische Soziologie mit dem Begriff class viel unbefangener umgeht. In den sechziger Jahren hat Lipset zusammen mit dem norwegischen Politikwissenschaftler Stein Rokkan[12] seine früheren Thesen zum Zusammenhang von Sozialstruktur und Parteien in ein anspruchsvolles und einflußreiches Entwicklungs- und Erklärungsmodell politischer Parteien umformuliert.

Parteien sind Ausdruck sozialstruktureller Konfliktlagen (cleavages), die aber nicht nur auf dem Klassenkonflikt (cleavage Kapital versus Arbeit) basieren, sondern auch aus den historischen Konflikten zwischen Stadt und Land, Kirche und Staat sowie Zentrum und Peripherie hervorgehen.

Aus der unterschiedlichen Mischung dieser Konfliktlinien in den europäischen Ländern erklären sich die spezifischen Konfigurationen der nationalen Parteien. Wenn einige Konflikte historisch früh gelöst werden oder nicht zum Tragen kommen – wie in England zwischen Kirche und Staat durch die dominante anglikanische Kirche sowie zwischen Zentrum und Peripherie durch frühe Nationalbildung – und wenn sich andere Konflikte überlagern, dann kann es zu einem bipolaren Zweiparteiensystem kommen. Wenn viele Konflikte noch lange andauern und sich gleichzeitig überkreuzen – wie in der Weimarer Republik die späte Nationbildung, die Konfessionsspaltung, die regional-föderalen Konflikte –, dann wird ein zersplittertes Vielparteiensystem entstehen, das jede Kompromißbildung erschwert.

---

10 Einführend und im Überblick: Ulrich von Alemann, Parteiensysteme im Parlamentarismus. Eine Einführung und Kritik von Parlamentarismustheorien, Düsseldorf 1973; E. Wiesendahl (Anm. 2); Alf Mintzel, Die Volkspartei. Typus und Wirklichkeit. Ein Lehrbuch, Opladen 1984; Andreas Engel, Wahlen und Parteien im lokalen Kontext. Eine vergleichende Untersuchung des Basisbezugs lokaler Parteiakteure in 24 nordhessischen Kreisparteiorganisationen von CDU, FDP und SPD, Frankfurt 1988.

11 Seymour M. Lipset, Political Man. The Social Bases of Politics, Garden City 1981, S. 230.

12 Vgl. Seymour M. Lipset/Stein Rokkan (Hrsg.), Party Systems and Voter Alignements: Cross-National Perspectives, New York 1967.

Die vergleichende Beobachtung der westeuropäischen Parteiensysteme in den sechziger Jahren veranlaßte Lipset und Rokkan zu der seither vielzitierten These vom Einfrieren der Hauptkonfliktlinien und damit der Parteiensysteme seit den zwanziger Jahren: »The party systems of the 1960's reflect, with few but significant exceptions, the cleavage structure of the 1920's.«[13]

Deutschland gehört – mit den Unterschieden zwischen dem Weimarer und dem Bonner Parteiensystem – sicher zu den »wenigen, aber signifikanten Ausnahmen«. Aber dennoch kann das Modell der cleavages auch bei uns einiges zur Erklärung von Form und Wandel des Parteiensystems beitragen.

Im Gegensatz zur Weimarer Republik war die nationale Konfliktlinie (cleavage Zentrum vs. Peripherie) in den Nachkriegsjahrzehnten gewissermaßen suspendiert, wenn sie auch in der Westpolitik der CDU/CSU und der Ostpolitik der SPD/FDP zuweilen konfliktorisch durchschimmerte. Auch die agrarisch-industrielle Konfliktlinie (cleavage Stadt vs. Land) hatte nach der Mobilität als Kriegsfolge im Wirtschaftswunderland Bundesrepublik an Sprengkraft verloren. Prägend blieben dagegen die Konfliktlinien zwischen Arbeitnehmer- und gewerkschaftlichen Interessen sowie bürgerlich-mittelständisch-freiberuflichen Interessen (cleavage Arbeit vs. Kapital) einerseits und zwischen religiös-kirchlich-konfessionell gebundenen sowie nichtreligiösen, liberalen, kirchlich ungebundenen Gruppen bzw. Wählern oder Parteianhängern (cleavage religiös vs. säkular) andererseits. Da sich diese beiden Konfliktlinien nicht völlig überlagern, sondern kreuzen (crosscutting cleavages), entstand daraus in den fünfziger und sechziger Jahren ein Parteiensystem, dessen Anhängerschaft sich aus vier verschiedenen Stammgruppen rekrutierte *(vgl. Abb. 2)*[14].

Abb. 2: Konfliktlinien im Parteiensystem der Bundesrepublik der fünfziger und sechziger Jahre

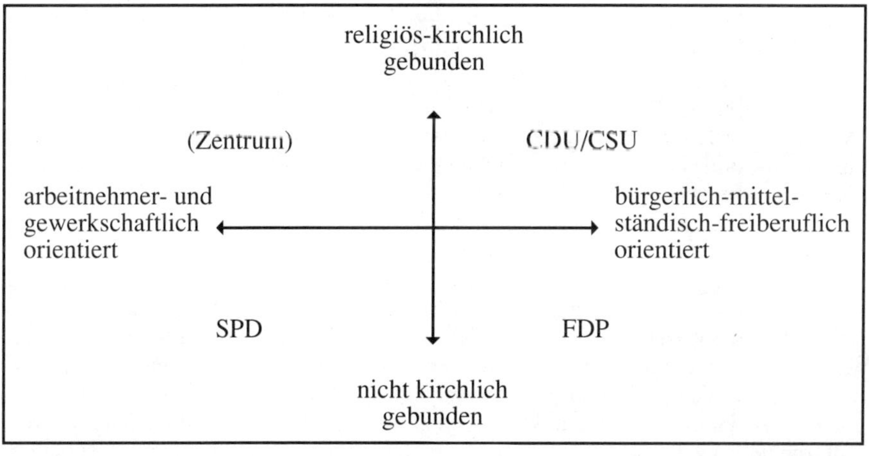

13 Ebd., S. 50.

14 Vgl. die grundlegenden Arbeiten von Franz Urban Pappi, insbesondere ders., Sozialstruktur gesellschaftlicher Wertorientierungen und Wahlabsichten. Ergebnisse eines Zeitvergleichs des deutschen Elektorats 1953 und 1976, in: Politische Vierteljahresschrift, 18 (1977), S. 195–229.

Die treuesten Stammwähler der Parteien entstammten genauso wie die aktiven Parteimitglieder und -funktionäre klar beschreibbaren sozialen Gruppen: die SPD gewerkschaftlich orientierten Gruppen, die nicht kirchlich gebunden waren; die CDU/CSU kirchlich gebundenen Gruppen, die dem Mittelstand entstammten (mit einigen deutlichen Bindungen zur katholischen Arbeitnehmerschaft); die FDP kirchlich ungebundenem, bürgerlichem alten Mittelstand; die noch existierende kleine Zentrumspartei repräsentierte typologisch das vierte Segment aus katholischer Arbeitnehmerschaft.

Im Laufe der sechziger Jahre wirkten sich zunehmend Wandlungstendenzen in der Sozialstruktur auf die Rekrutierungsbasis der Parteien aus. Kirchliche Bindungen traten in der Bevölkerung genauso zurück wie Gegensätze zwischen den beiden großen Konfessionen. Der Dienstleistungssektor stieg weiter an und drängte den Primärbereich der Landwirtschaft in eine marginale Rolle, während der sekundäre Sektor der Industrie nur geringfügig zurückging, sich intern aber einschneidend nach Branchen, Produktpaletten und Größenverhältnissen veränderte. Im Zusammenhang damit wandelte sich die Berufsstruktur. Der Anteil an Arbeitern und Selbständigen ging zurück, der an Angestellten und Beamten stieg stark an *(vgl. Abb. 3)*.

Abb. 3: Entwicklung der Berufsstruktur in der Bundesrepublik 1950–1985 (in Prozent)

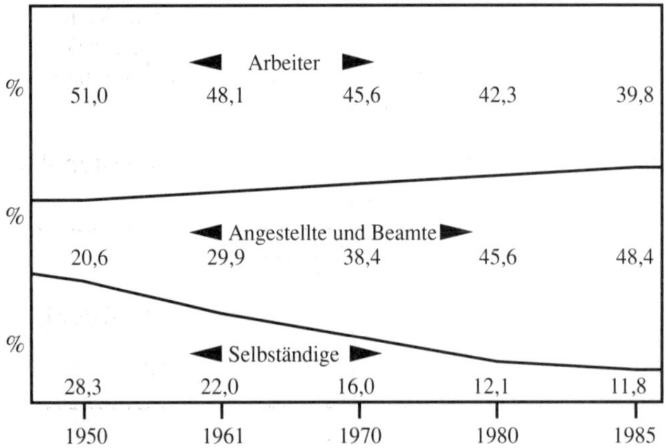

Quelle: R. O. Schultze[15].

Im Laufe der sechziger Jahre hatten sich die Konfliktlinien mehr und mehr überlagert, so daß zu Zeiten der sozialliberalen Koalition ein arbeitnehmerorientiertes, nichtreligiöses, aufstiegsorientiertes, dem neuen Mittelstand verbundenes Lager – eben das sozialliberale – einem katholisch geprägten, dem alten Mittelstand und der Unternehmerschaft nahestehenden konservativen Lager gegenüberstand. Die beiden alten Konfliktlinien (Kapital vs. Arbeit und religiös vs. säkular) waren zu einem Rechts-Links-Gegensatz verschmolzen. Die beiden großen Volksparteien, CDU/

15 Rainer-Olaf Schultze, Die Bundestagswahl 1987 – eine Bestätigung des Wandels, in: Aus Politik und Zeitgeschichte, B 12/87, S. 14.

CSU und SPD, waren sich, was ihre Wählerschaft anbetrifft, zwar zunehmend ähnlicher geworden, ohne daß dies aber eine völlige Angleichung bedeutet hätte. Auch 1983 waren, wie Veen und Gluchowski mit Hilfe von Längsschnittdaten zeigen konnten, Arbeiter unter den SPD-Wählern überproportional vertreten, die selbständigen Berufsgruppen dagegen in der CDU/CSU-Wählerschaft. Wenn die Wähler trotzdem zwischen »linker« und »rechter« Volkspartei differenzieren, so zeigt dies, daß ideologische Polarisierung auch bei abgeschwächter sozialer Differenzierung der Parteien auftreten kann[16]. Außerhalb dieser beiden Lager war politisches Niemandsland, so daß die drei im Bundestag vertretenen Parteien (einschließlich CSU) in den siebziger Jahren 98–99 % der Stimmen bei Bundestagswahlen auf sich vereinigen konnten.

Diese scheinbar so stabile Lage veränderte sich in den achtziger Jahren drastisch. Bereits in den siebziger Jahren hatten Studentenbewegung, Bürgerinitiativbewegung, neue soziale Bewegungen für Frauen, Frieden und Umwelt Bewegung in die Politik gebracht. Ein Wertewandel – weg von den alten materiellen Werten (rechts-links-cleavage) hin zu neuen postmaterialistischen Werten (cleavage materialistische, »alte« Politik vs. postmaterialistische, »neue« Politik) – kündigte sich an[17].

Alte soziologische Theorien über politisches Entfremdungspotential in der Bevölkerung wurden damit aufgehoben. Protest war nicht mehr von ökonomisch benachteiligten Gruppen zu erwarten, sondern im Gegenteil: Von relativ gut situierten, insbesondere gut ausgebildeten Gruppen jüngerer Menschen gingen Initiativen nach mehr Beteiligung, nach Engagement im Umweltschutz, gegen Atomenergie, gegen unreflektierte Wachstumsideologie und gegen eine Ausbeutung der Dritten Welt aus.

Auf diese Weise entwickelte sich seit den siebziger Jahren eine neue Konfliktlinie quer zur traditionellen Rechts-Links-Achse *(vgl. Abb. 4)*.

Abb. 4: Neue Konfliktlinien im Parteiensystem der Bundesrepublik in den achtziger Jahren

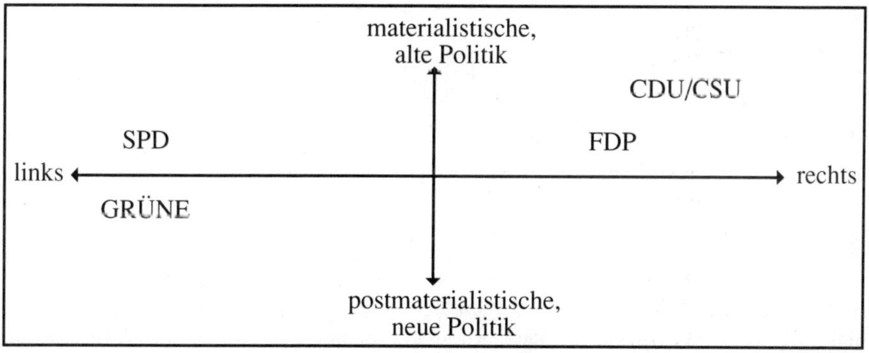

16 Vgl. Hans-Joachim Veen/Peter Gluchowski, Tendenzen der Nivellierung und Polarisierung in den Wählerschaften von CDU/CSU und SPD von 1959 bis 1983. Eine Fortschreibung, in: Zeitschrift für Parlamentsfragen, 14 (1983), S. 545–555.

17 Vgl. Ronald Inglehart, Traditionelle politische Spannungslinien und die Entwicklung der neuen Politik in westlichen Gesellschaften, in: Politische Vierteljahresschrift, 24 (1983), S. 139–165.

Gegen Ende der achtziger Jahre scheint sich die Brisanz der neuen Politik gelegt zu haben. CDU/CSU und FDP sind seit der Wende von 1982 auch in der sozialstrukturellen Zusammensetzung ihrer Wähler- und Anhängerschaft wieder stärker zusammengewachsen; SPD und GRÜNE sind sich in der gemeinsamen Opposition näher gekommen. Es fällt damit wieder leichter, die Parteien auf einer Konfliktlinie von »links-progressiv« bis zu »rechts-konservativ« zu verorten, mit einer linken (SPD) und rechten (CDU) Volkspartei im Mittelbereich. Bilanziert man, welchen Einfluß die Sozialstruktur auf die Rekrutierung der Wählerschaft nach der Bundestagswahl 1987 hat, so kann man mit Schultze eine Fortdauer der traditionellen Konfliktlinien bei gleichzeitiger Abnahme der Parteibindungen feststellen. Die Gegensätze zwischen Kapital und Arbeit einerseits sowie zwischen kirchlich ungebundenen und gebundenen Schichten andererseits haben weiterhin eine prägende Kraft für das Parteiensystem[18].

Ähnlich verhält es sich bei der Mitgliedschaft der Parteien. Am Beispiel der Berufsstruktur der Mitgliedschaft kann man erkennen, wie stark die Parteien sich aus unterschiedlichen »Muttergruppen« in der Bevölkerung rekrutieren; im Zeitverlauf wird zudem ein Wandel in allen Parteien hin zu den Berufen der Dienstleistungsgesellschaft, insbesondere zum Öffentlichen Dienst, deutlich *(vgl. Tab. 1)*.

Tab. 1: Die Berufsstruktur der Parteimitgliedschaft (in Prozent)

	SPD (1983)	CDU (1983)	CSU (1983)	FDP (ca. 1980)
Arbeiter	27,6	10,2	14,9	5,0
Angestellte	25,7	28,0	23,0	30,0
Beamte	10,9	12,3	12,7	14,0
Selbständige	4,3	24,5	18,1	19,0
Landwirte	0,2		10,4	
Rentner/Pensionäre	8,3	4,8	4,4	12,0
Hausfrauen	12,0	11,1	4,9	11,0
in Ausbildung	6,8	6,5	4,6	9,0
Sonstige/k.A.	4,2	2,6	7,0	–
	100,0	100,0	100,0	100,0

Quelle: zusammengefaßt nach K. G. Tempel[19].

Allerdings sind diese Zahlen mit einiger Vorsicht zu interpretieren, weil das Datenmaterial zur Berufsstruktur der Parteimitglieder nicht sehr zuverlässig ist. Oft kennen die Parteien nämlich die aktuellen Berufe ihrer Mitglieder nicht, da diese in der Kartei bzw. heute in der EDV nur mit der Berufsangabe zur Zeit des Beitritts

18 Vgl. R. O. Schultze (Anm. 15), S. 13.

19 Karl G. Tempel, Die Parteien in der Bundesrepublik Deutschland und die Rolle der Parteien in der DDR, Berlin 1987, passim.

verzeichnet sind, der schon 20 Jahre zurückliegen kann. Um die Daten aller Parteien vergleichen zu können, mußten leider Zahlen aus den frühen achtziger Jahren verwandt werden; zu den GRÜNEN gibt es bisher kaum zuverlässige Daten über die Sozialstruktur der Mitgliedschaft. Trotz dieser Einschränkungen lassen sich signifikante Unterschiede zwischen den Parteien aus den Daten ablesen:

- Die Mitgliedschaft der SPD rekrutiert sich noch zu ungefähr einem Drittel aus der Arbeiterschaft (wenn man einen guten Teil der Rentner mitberücksichtigt); die Angestellten stellen die zweitgrößte Gruppe, mit wachsender Tendenz, so daß sie nach neueren Zahlen wohl die Arbeiter überholt haben; auch die Beamten sind gegenüber der allgemeinen Bevölkerung überrepräsentiert, während die Selbständigen und auch die in Ausbildung Befindlichen angemessen repräsentiert sind.
- In der CDU/CSU-Mitgliedschaft sind dagegen die Selbständigen mit einem Viertel in der CDU und sogar einem Drittel in der CSU stark überrepräsentiert; danach kommen die Angestellten; auch die Beamten sind deutlich stärker als in der Bevölkerung vertreten; Arbeiter sind dagegen in der CDU mehr, in der CSU weniger unterrepräsentiert.
- Die FDP-Mitgliedschaft ist am deutlichsten bei den Angestellten überrepräsentiert, aber auch bei den Selbständigen und Beamten; sie weicht insgesamt am stärksten vom Bevölkerungsdurchschnitt in der Zusammensetzung ihrer Mitgliedschaft ab.

Wenngleich hier nur ein einziger Indikator, nämlich die Stellung im Beruf, benutzt worden ist, so kann man daraus sicher verallgemeinern, daß es falsch wäre, die sozialstrukturelle Verankerung der Parteien in unterschiedlichen Schichten, Gruppen und Klassen zu ignorieren. Wählerschaft und Mitgliedschaft behalten ein durchaus unterschiedliches Profil. Auch wenn die Bedeutung von gesellschaftlichen Konfliktlinien (cleavages) sich wandelt – einige sind in den letzten Jahrzehnten in ihrer Bedeutung abgeschwächt, andere, besonders die zwischen ökonomischem Wachstum und ökologischer Verantwortung, neu entstanden – bleiben sozialstrukturelle Faktoren weiterhin bedeutsame Unterscheidungsmerkmale bei den Parteien. Der »Weg zum Einparteienstaat«[20] war in dieser Hinsicht eine irreführende Eintragung auf der Orientierungskarte einiger Parteienforscher. Die Parteien selbst und ihre Anhängerschaft haben diesen Weg nicht eingeschlagen.

2. *Milieu*

Als Bezugstheorie für die Wechselwirkung der Parteien mit der Sozialstruktur der Gesellschaft ist auf die cleavage-Theorie von Lipset und Rokkan verwiesen worden. Sie waren an historisch tief verankerten und vergleichend weit ausgreifenden makrosoziologischen Erklärungen interessiert. Eine enger auf die deutsche Parteientwicklung gezielte Theorie von der Reichsgründung bis zum Ende der Weimarer Republik versuchte Rainer M. Lepsius[21] mit seinem Konzept der »sozial-moralischen Milieus«.

---

20 Vgl. Wolf-Dieter Narr (Hrsg.), Auf dem Weg zum Einparteienstaat, Opladen 1977.

21 Vgl. Rainer M. Lepsius, Parteiensystem und Sozialstruktur. Zum Problem der Demokratisierung der deutschen Gesellschaft, in: Wilhelm Abel u. a. (Hrsg.), Wirtschaft, Geschichte und Wirtschaftsgeschichte. Festschrift zum 65. Geburtstag von F. Lütge, Stuttgart 1966, S. 371–393.

Im weitesten Sinn handelt es sich hier auch um einen sozialstrukturellen Ansatz, der aber doch eine sehr eigene mikro- oder mesosoziologische Komponente im Begriff des politisch-sozialen Milieus besitzt[22].

Für die Entwicklung der Strukturprobleme des deutschen Parteiensystems bis zur Weimarer Republik seien folgende Tendenzen charakteristisch: Die Stabilität des deutschen Parteiensystems beruhe auf seiner unmittelbaren Verbindung mit je relativ geschlossenen Sozialmilieus. Die Parteien seien auf die einmal mobilisierten Gesinnungsgemeinschaften fixiert, ritualisierten und verewigten damit die Konfliktlinien. Trotz des Wandels der Milieus blieben die Parteien an die ursprünglichen sozialmoralischen Wertvorstellungen gebunden und hemmten die Ausbildung moderner Normen der Industriegesellschaft. In der Perpetuierung der Bindungen an Sozialmilieus liege die Gefahr, daß das Parteiensystem mehr der Aufrechterhaltung der Autonomie des Milieus als seiner Integration in die Gesamtgesellschaft diene, insbesondere dann, wenn eine homogene Führungsschicht an einer alten Milieubindung festhalte.

Im Kaiserreich und in der Weimarer Zeit könne man vier »politisch-soziale Subkulturen bzw. sozialmoralische Milieus« unterscheiden:

1. das katholische Sozialmilieu, dem als politische Gesinnungsgemeinschaft das Zentrum entspreche,
2. das konservativ-protestantische Sozialmilieu (ländlich-bäuerliches Milieu/konservativ), das den Konservativen nahestehe,
3. das protestantisch-bürgerliche Sozialmilieu (städtisch-bürgerlich/liberal), das die Liberalen repräsentiere, und
4. das sozialdemokratische Sozialmilieu (sozio-kulturelles Arbeitermilieu oder sozialistische Subkultur bzw. sozialistisches Arbeiter- und Handwerkermilieu), das die Sozialisten sowie ferner in Weimar die Kommunisten verträten.

Jede dieser Gesinnungsgemeinschaften sei mit vorpolitischen sozialen Ordnungsgebilden verbunden und entwickle eine eigene politisch-soziale Subkultur – seien dies Sportvereine, Sparervereine, Zeitungen, Bildungseinrichtungen, Kulturvereine oder Baugenossenschaften.

Soweit beschreibt Lepsius sicher mehr (Sozialdemokratie, Zentrum) oder weniger (Liberale, Konservative) zutreffend das, was Sigmund Neumann[23] den Typus der Integrationspartei genannt hat. Seine These ist, daß schon die Schlußphase der Weimarer Republik »zur gewaltsamen Liquidierung eines seit sechzig Jahren relativ stabilen Parteiensystems«[24] geführt habe. Endgültig habe dann der Nationalsozialismus alte Bindungen und traditionelle politische Milieus zerstört und wie mit einer Planierraupe gerodet.

Die Parteien der Bundesrepublik also losgelöst von politischer Tradition und jeglicher Milieubindung? Zahlreiche Regionalstudien haben nachgewiesen, daß zumindest in den ersten Nachkriegsjahrzehnten klar abgrenzbare politische Milieus in der Bundesrepublik existiert haben. Herbert Kühr hat in seinem Band »Vom Milieu zur Volkspartei« verschiedene Einzelarbeiten zum Fortbestand der Milieus gesam-

---

22 Vgl. dazu Darstellung und Kritik bei Alf Mintzel (Anm. 10), S. 238 ff.

23 Vgl. Sigmund Neumann, Parteiensysteme und Integrationsstufen, in: Kurt Lenk/Franz Neumann (Hrsg.), Theorie und Soziologie der politischen Parteien, Bd. 1, Darmstadt-Neuwied 1974, S. 102–112.

24 R. M. Lepsius (Anm. 21), S. 380.

melt: so von Karl-Heinz Naßmacher zum »Zerfall einer liberalen Subkultur«, die er im Oldenburgischen erforschte, und von Dorothee Buchhaas zum Wandel des katholischen Sozialmilieus im Ruhrgebiet. Auch ein sozio-politisches Milieu der Arbeiterbewegung mit Sozialdemokratie und Gewerkschaften hat nicht nur in den fünfziger Jahren fortbestanden, sondern überdauerte sowohl in bestimmten starken Hochburgen, wie dem Ruhrgebiet, als auch in manchen Diaspora-Gebieten von Süddeutschland unter veränderten Bedingungen bis heute[25].

Für Bayern hat Alf Mintzel in beeindruckender Weise die sozial-geschichtlich tief fundierte Milieuverankerung der CSU nachgewiesen[26], die zwar die herkömmliche »Honoratiorenpartei« abgestreift hat, aber auch als »Massen- und Apparat-Partei modernen Typs« wie Mintzel sie nennt, in Bayern lokal und regional so tief verankert ist, daß man hier wohl zu Recht noch von politischen Milieus sprechen kann.

Sicher ist die intensive Milieubindung, die noch in der Weimarer Republik bestand, in der Bundesrepublik nicht mehr gegeben: Durch die hohe horizontale und vertikale Mobilität in der Gesellschaft, durch die Kommerzialisierung von Freizeit, durch die Konsumdurchdringung aller Lebensbereiche, durch einheitlichere Bildung und Ausbildung sowie insbesondere in Folge der Durchdringung des Alltags durch die Medien, insbesondere des Fernsehens, ist die Abkapselung homogener Gruppen und Milieus kaum mehr möglich.

Trotz der Erosion traditioneller Parteimilieus bleiben klar identifizierbare Fremdbilder der anderen Parteien und Eigenbilder der eigenen Gruppe klar unterscheidbar, wie Greven nachgewiesen hat[27]. Anstelle der traditionellen Milieus treten neue Netzwerke der Kommunikation und der politischen (Sub-)Kultur, wie dies besonders bei der jungen Partei der GRÜNEN überdeutlich zutage tritt. Die Verankerung im Milieu der neuen sozialen Bewegungen wie Frauengruppen, Friedensbewegungen, Alternativökonomie, Ökologiebewegung, Bürgerinitiativen, Dritte-Welt-Aktionsgruppen usw. ist zwar lange nicht (mehr) so eng und komplikationslos, wie viele meinen, aber der enge Kontakt zur »Alternativkultur« bzw. zur »Szene« ist unstreitig und wird erst recht deutlich, wenn man die Schwierigkeiten und Probleme der anderen Parteien damit vergleicht, hier mit den GRÜNEN gleichzuziehen.

Es gibt manche Versuche, die neuen Milieus zu konzeptualisieren. Greven[28] versucht es mit dem Begriff »persönlich-politisches Kontaktfeld«. Er beobachtet eine Homogenität des persönlich-politischen Kontaktfeldes bei CDU- und SPD-Mitgliedern, das bei langjährigen (alten) Mitgliedern stärker ist als bei neuen. Ob dies allerdings bedeutet, daß Kontaktfelder bei Neumitgliedern generell lockerer bleiben,

---

25 Vgl. dazu im Überblick Alf Mintzel (Anm. 10), S. 246 ff. sowie die Einzelstudien von Herbert Kühr (Hrsg.), Vom Milieu zur Volkspartei. Funktionen und Wandlungen der Parteien im kommunalen und regionalen Bereich, Königstein 1979; Karl-Heinz Naßmacher, Zerfall einer liberalen Subkultur. Kontinuität und Wandel des Parteiensystems in der Region Oldenburg, in: ebd., S. 24–134; Dorothee Buchhaas/Herbert Kühr, Von der Volkskirche zur Volkspartei. Ein analytisches Stenogramm zum Wandel der CDU im rheinischen Ruhrgebiet, in: ebd., S. 135–232; vgl. ferner Theo Pirker, Die SPD nach Hitler. Die Geschichte der sozialdemokratischen Partei Deutschlands 1945–1964, München 1965.

26 Vgl. Alf Mintzel, Die CSU. Anatomie einer konservativen Partei 1945–1972, Opladen 1978[2].

27 Vgl. Michael T. Greven, Parteimitglieder. Ein empirischer Essay über das Alltagsbewußtsein in Parteien, Opladen 1987, S. 124 ff.

28 Vgl. ebd.

oder daß Parteimitgliedschaft auf die Dauer zu einer Homogenisierung des eigenen privaten Kontaktfeldes führt, bleibt Spekulation *(vgl. Tab. 2)*.

Tab. 2: Homogenität des persönlich-politischen Kontaktfeldes bei CDU- und SPD-Mitgliedern (in Prozent)

	CDU		SPD	
Bekannte mit gleicher Parteineigung (Mitgliedschaft):	Alte	Neue	Alte	Neue
keiner/einer	12 (69)	9 (78)	15 (69)	24 (77)
zwei	23 (21)	36 (13)	31 (17)	36 (16)
drei/vier	66 (11)	56 (9)	55 (15)	41 (7)
N =	276 (235)	149 (122)	280 (230)	187 (168)
Cramer's V	.203 (.105ns)		.147 (.136, p = .058)	

Quelle: M.T. Greven (Anm. 27), S. 139.

Die Forschungsgruppe SINUS hat mit einem anderen Ansatz einen Milieubegriff, der ursprünglich in der Konsumforschung entwickelt worden war, auf die Parteianhängerschaft übertragen. Aufgrund von intensiven qualitativen und z.T. quantitativen Verfahren unterscheiden die SINUS-Forscher acht soziale Milieus:

1. *Konservatives gehobenes Milieu:* »Personen, die zu diesem Milieu gehören, haben überdurchschnittlich häufig eine mittlere bis sehr hohe Formalbildung (Hochschulabschluß) und zählen zu hohen bis höchsten Einkommensgruppen. Unter ihnen gibt es überdurchschnittlich viele ältere Personen (Rentner/Pensionäre), Angestellte und Beamte in leitenden Positionen sowie Freiberufler und Selbständige.«[29]
2. *Kleinbürgerliches Milieu:* »Personen, die zu diesem Milieu gehören, haben überwiegend einen Hauptschulabschluß (meist mit abgeschlossener Berufsausbildung). Sie zählen zu den kleinen bis mittleren Einkommensgruppen. Der Anteil von Rentnern, kleinen Angestellten und Beamten sowie von kleinen Selbständigen und Landwirten in diesem Milieu ist hoch.«[30]
3. *Traditionelles Arbeitermilieu:* »Der Name deutet es an: in diesem Milieu findet man überdurchschnittlich viele Facharbeiter und un-/angelernte Arbeiter. Das bedeutet: einen überdurchschnittlich hohen Anteil von Personen mit kleinerem bis mittlerem Einkommen und eher niedriger formaler Bildung (Hauptschule mit Berufsausbildung).«[31]
4. *Traditionsloses Arbeitermilieu:* »Personen, die zu diesem Milieu gehören, stehen in der sozialen Hierarchie ganz unten. Nur Randgruppen und sogenannte Asoziale haben einen noch geringeren sozialen Status. Bildungsstand und Stellung im Beruf

29 SINUS, Planungsdaten für die Mehrheitsfähigkeit der SPD. Ein Forschungsprojekt des Vorstands der SPD, Bonn 1984, S. 33.

30 Ebd., S. 37.

31 Ebd., S. 40.

sind dementsprechend niedrig (Hauptschule ohne Berufsausbildung bzw. un-/angelernte Arbeiter). Der Anteil von Arbeitslosen ist in diesem Milieu sehr hoch.«[32]

5. *Aufstiegsorientiertes Milieu:* »In diesem Milieu sind Facharbeiter und mittlere Angestellte, Personen mit einem mittleren Bildungsabschluß (Hauptschule mit Berufsausbildung, Realschule, mittlere Reife) sowie Personen mit mittlerem bis hohem Einkommen überrepräsentiert.«[33]
6. *Technokratisch-liberales Milieu:* »Personen, die zum technokratisch-liberalen Milieu gehören, verfügen meist über eine mittlere bis höhere formale Bildung (Abitur, Studium). Höhere Angestellte und Beamte, mittlere bis größere Selbständige und Freiberufler und Personen mit hohen Einkommen sind deutlich überrepräsentiert.«[34]
7. *Hedonistisches Milieu:* »In diesem Milieu sind Personen mit mittleren Schulabschlüssen etwas stärker vertreten. Der Anteil von jüngeren Personen, d. h. von Schülern und Auszubildenden sowie von Arbeitlosen, an-/ungelernten Arbeitern und ausführenden Angestellten ist hoch. Dementsprechend sind kleine bis mittlere Einkommensgruppen hier überdurchschnittlich stark vertreten.«[35]
8. *Alternatives/linkes Milieu:* »Ein sehr hoher Bildungsstand und ein relativ junges Durchschnittsalter sind die wichtigsten soziodemographischen Kennzeichen dieses Milieus. Der Anteil von Schülern/Studenten, höheren Angestellten und Beamten sowie freien Berufen, aber auch der Anteil von Arbeitslosen ist vergleichsweise hoch.«[36]

Die Verteilung dieser Milieus in der Bevölkerung und die Parteiidentifikation der Gruppen ist in *Tab. 3* wiedergegeben.

Heuristisch kann diese Typologie zweifellos ganz fruchtbar sein, aber methodisch ist sie doch recht problematisch, da sehr unterschiedliche Dimensionen und Kategorien (konservativ: politische, kleinbürgerlich: soziodemographische, hedonistisch: moralische Kategorie) durcheinander gewürfelt werden. Es handelt sich auch nicht um Milieus im traditionellen Sinne, in denen gemeinsam agiert oder zumindest in Ansätzen kommuniziert wird, sondern höchstens um sozialmoralische Milieus, die nicht unbedingt miteinander in Kontakt treten. Bezüglich der Parteien zeigen die Zahlen sehr deutlich, daß CDU/CSU, FDP und GRÜNE stärkere Schwerpunkte in wenigen Milieus aufweisen als die SPD, die vor dem Dilemma steht, daß ihre Anhänger in besonders zahlreichen und besonders heterogenen Milieus zu finden sind[37].

Ähnlich wie zuvor das SINUS-Institut hat auch Peter Gluchowski vom Forschungsinstitut der Konrad-Adenauer-Stiftung eine Typologie von Lebensstilen ent-

32 Ebd., S. 44.
33 Ebd., S. 46.
34 Ebd., S. 49.
35 Ebd., S. 52.
36 Ebd., S. 55.
37 Während die SINUS-Studie sozioökonomische und ideologische Merkmale zu Milieus zu integrieren versucht, vermuten Veen und Gluchowski, daß dies in der »Nivellierten Mittelstandsgesellschaft« in Zukunft immer weniger möglich sei; vgl. H.-J. Veen/P. Gluchowski (Anm. 16), S. 555.

Tab. 3: Anteile der Milieus in der Wahlbevölkerung und Parteiidentifikation (in Prozent)

Milieu	SPD	CDU/CSU	GRÜNE	FDP	K. A.	Summe
1. Konservativ gehobenes	1,7	5,9	0,1	1,3	1,0	10
2. Klein-bürgerliches	8,4	16,0	0,3	1,1	3,2	29
3. Traditionelles Arbeiter ~	4,7	3,1	0,1	0,1	1,0	9
4. Traditionsloses Arbeiter ~	4,0	2,5	0,5	0,1	0,9	8
5. Aufstiegs-orientiertes	8,4	8,4	0,8	1,3	2,1	21
6. Technokratisch-liberales	4,3	4,0	0,8	1,1	0,8	11
7. Hedonistisches	3,4	1,3	2,2	0,1	1,0	8
8. Alternatives/ linkes	1,8	0,5	1,3	0,1	0,3	4
Summe	36,7	41,7	6,1	5,2	10,3	100

Quelle: SINUS (Anm. 29), S. 62.

wickelt[38]. Er zieht es jedoch vor, nicht von Milieus zu sprechen, da die Einteilung auf der Basis von Individualdaten vorgenommen wurde, Kontextmerkmale also nicht unabhängig von den Einschätzungen der Individuen erfaßt wurden.

Bei seiner Typologie berücksichtigt Gluchowski ein breites Spektrum von Merkmalen: Grundorientierungen wie Lebensziele, persönliche Wertorientierungen und Persönlichkeitsstärke; Haltungen zu zentralen Lebensbereichen wie Berufswelt, Familie und Freizeit; sowie Einstellungen zu Konsum und Mode, zur Technik, zur Religion und zur Politik. Hinsichtlich der Wertedimension knüpft Gluchowski an die Arbeiten von Ronald Inglehart an und unterscheidet zwischen Pflicht- und Akzeptanzwerten (materielle Orientierung) sowie Freiheits- und Entfaltungswerten (postmaterielle Orientierung).

Insgesamt werden neun Lebensstil-Gruppierungen unterschieden (in Klammer stehen Angaben über den Anteil der jeweiligen Gruppe an der Gesamtbevölkerung):
1. Der aufstiegsorientierte, jüngere Mensch (10 Prozent)
2. Der postmateriell-linksalternativ eingestellte jüngere Mensch (5 Prozent)

38 Vgl. Peter Gluchowski, Lebensstile und Wandel der Wählerschaft in der Bundesrepublik Deutschland, in: Aus Politik und Zeitgeschichte, B. 12/87, S. 18–32.

3. Der linksliberale, integrierte Postmaterialist (10 Prozent)
4. Der unauffällige, eher passive Arbeitnehmer (13 Prozent)
5. Der pflichtorientierte, konventionsbestimmte Arbeitnehmer (11 Prozent)
6. Der aufgeschlossene und anpassungsfähige Normalbürger (25 Prozent)
7. Der gehobene Konservative (11 Prozent)
8. Der integrierte ältere Mensch (11 Prozent)
9. Der isolierte Mensch (4 Prozent)[39].

Ordnet man die Gruppen nach den zwei Merkmalen »gesellschaftliche Werorientierungen« und »soziale Schicht«, so zeigt sich bei den traditionsbestimmten Gruppen eine Schichtdifferenzierung, während die entfaltungsorientierten Gruppen sich eher in der oberen Hälfte der Schichtenskala befinden. Lediglich die Gruppe der unauffälligen, eher passiven Arbeitnehmer ist auf beiden Dimensionen nicht eindeutig einzuordnen.

An den Parteiidentifikationen der einzelnen Gruppen wird die Überlagerung alter und neuer gesellschaftlicher Spannungslinien deutlich. Vor allem das SPD-Potential ist heterogener geworden, denn die Partei findet Anklang sowohl bei den »pflichtorientierten, konventionsbestimmten Arbeitnehmern«, die sich zu 38 Prozent mit der SPD identifizieren, als auch bei den »linksliberalen, integrierten Postmaterialisten«, von denen 31 Prozent sich zur SPD bekennen. Bei den traditionsbestimmten Gruppen tendieren diejenigen mit höherer Schichtzugehörigkeit zur CDU, die Gruppen mit niedriger Schichtzugehörigkeit dagegen zur SPD, während bei den Wertorientierungen zwischen Anhängern der SPD und der GRÜNEN differenziert wurde. Die »unauffälligen, eher passiven Arbeitnehmer« stehen sozusagen zwischen den Fronten, sie werden weder von den alten noch von den neuen Konfliktdimensionen sichtlich berührt[40].

Auf der Grundlage der traditionellen Konfliktdimensionen Konfession, Berufsstatus und Gewerkschaftsbindung hat auch INFAS eine neue Wählertypologie entwikkelt[41]:

1. »Arbeiterbereich« (gewerkschaftlich organisierte, sowie nicht-organisierte, bewußte Arbeiter)
2. gewerkschaftlich gebundene Angestellte und Beamte
3. die »Neue Mittelschicht« (soziale Aufsteiger, d.h. Angestellte, Beamte und Selbständige, deren Väter Arbeiter waren)
4. die »Alte Mittelschicht« (Angestellte, Beamte und Selbständige, deren Väter bereits gleichartige Berufe hatten)
5. der »katholische Traditionsbereich« (Angehörige der Mittelschicht und der Arbeiterschaft mit engen kirchlichen Bindungen)[42].

Die einzelnen Wahlsegmente sind ungefähr gleich stark, jedoch ist der Anteil des Arbeiterbereichs rückläufig, während der Anteil der »Neuen Mittelschicht« zunimmt. Bei der Wahl 1987 konnte die SPD ihren Anteil im Arbeiterbereich mit 63 Prozent festigen, ihr Anteil im »Katholischen Traditionsbereich« sackte dagegen weiter ab.

---

39 Vgl. ebd., S. 21.
40 Vgl. ebd., S. 28ff.
41 Vgl. Ursula Feist/Hubert Krieger, Alte und neue Scheidelinien des politischen Verhaltens. Eine Analyse zur Bundestagswahl vom 25. Januar 1987, in: Aus Politik und Zeitgeschichte, B 12/87 S. 33–47.
42 Vgl. ebd., S. 37

Interessanterweise ist die »Alte Mittelschicht« die wichtigste Wählerbasis der GRÜNEN; in dieser Gruppe konnte sie ihren Anteil von 9 auf 15 Prozent verbessern, während sie in der »Neuen Mittelschicht« ihren Anteil von 4 Prozent halten konnte.

Eine »Rückkehr ins Milieu«, nach der Oberreuter[43] fragt, erscheint kaum wahrscheinlich, wenn darunter die traditionellen soziokulturellen Gemeinschaften verstanden werden. Die polemischen Dichotomien »Parteien zwischen Nestwärme und Funktionskälte« bringen wahrscheinlich ebensowenig weiter wie die kumulativen Vorwürfe an den Parteienstaat als »überdehnt und abgekoppelt«[44] oder an eine einzelne Partei »Die SPD – staatstreu und jugendfrei«[45]. Das mag jeweils brillant formuliert sein – die Realität ist meist jedoch weniger sensationell. Um bei den Milieus der Parteien zu bleiben: Deutlich unterscheidbare »Parteikulturen«, politische Kommunikationsfelder oder soziopolitische Netzwerke bleiben auch nach der Erosion der alten Milieus in den bundesrepublikanischen Parteien sichtbar und natürlich wandelbar. Aber sie sind zur Enttäuschung vieler Parteistrategen nur begrenzt machbar.

3. Interessen

Sind historische Konstellationen und Konfliktlinien der Sozialstruktur prägend für das Verhalten von Parteien und Gesellschaft? Oder sind vielmehr sozialmoralische Milieus die Geburtsstätten und der politische Nährboden für das Leben der Parteien? So haben wir bisher gefragt. Ein dritter Aspekt der Parteientheorie bleibt dabei noch unberücksichtigt. Es ist die Auffassung von Parteien als Organisationen zur Stimmenmaximierung auf dem Wählermarkt, als Zusammenschlüsse von Macht- und Mandatssuchern zum eigenen Vorteil, als Vertretern von Interessen, die nicht ideologisch orientiert sind. Auch diese Ansätze wurden – wie die cleavage-Theorie von Lipset/Rokkan oder die Milieu-Theorie von Lepsius – ursprünglich in den sechziger Jahren formuliert, die für die Parteientheorie offensichtlich ein fruchtbares Jahrzehnt gewesen sind.

Aus der Beobachtung gesellschaftlicher Prozesse in den fünfziger Jahren entwickelte Otto Kirchheimer seine Thesen zum »Wandel des westeuropäischen Parteiensystems«[46]. Parallel mit Politologen, die vom Ende der Ideologien, und Soziologen, die vom Sieg der nivellierten Mittelstandsgesellschaft sprachen, konstatierte Kirchheimer aufgrund von wachsendem Wohlstand für breite Schichten eine Lockerung traditioneller, sozialstrukturell verankerter Parteibindungen zusammen mit einer Entideologisierung und Entpolitisierung der Wählerschaft. Die Aufhebung der alten Klassenspaltung ließe die traditionellen Klassenparteien obsolet werden. Die alte Massenintegrationspartei, die ihren Wählern und Anhängern eine lebenslange politische Heimat geboten hat, löste sich auf. Wenige große Parteien boten Politik für jeden wie

---

43 Vgl. Heinrich Oberreuter, Parteien – zwischen Nestwärme und Funktionskälte, Zürich 1983, S. 63 ff.

44 Vgl. W. Hennis (Anm. 5).

45 Vgl. Wolfgang Michal, Die SPD – staatstreu und jugendfrei. Wie altmodisch ist die Sozialdemokratie?, Reinbeck bei Hamburg 1988.

46 Vgl. Otto Kirchheimer, Wandel des westeuropäischen Parteiensystems, in: Politische Vierteljahresschrift, 6 (1965), S. 20–41.

ein großes Warenhaus, im Idealfall entstünde ein Zweiparteiensystem wie in den USA ohne große weltanschauliche Differenzen. Der Typus der catch-all-party oder der Allerweltspartei dominierte; Parteien würden sich selbst Volksparteien nennen.

Die politische Partei würde zum Markenartikel, das politische Marketing zum entscheidenden Problem parteipolitischer Strategie auf dem Wählermarkt. Kirchheimer selbst formuliert dies ganz offen: »Ihre Rolle muß auf politischem Gebiet das sein, was auf dem wirtschaftlichen Sektor ein überall gebrauchter Marken- und Massenartikel ist.«[47]

Waren Kirchheimers Thesen aus einer kritischen Zeitdiagnose erwachsen, so hat wenig früher Anthony Downs eine in der Konsequenz ganz ähnliche Konzeption als grundsätzliche und generalisierbare »Ökonomische Theorie der Demokratie« entwickelt[48]. Für die ökonomische Theorie der Politik, zum Teil auch »public choice theory« genannt, ist die Übertragung des Modells ökonomischer Rationalität als individuelle Nutzenmaximierung auf die Politik eine Basisannahme[49]. Rational ist danach nicht, wer human oder altruistisch agiert, sondern wer egoistisch seinen Eigennutzen maximiert. Auf Parteien und Bürger übertragen ergeben sich folgende Konsequenzen:

»1. Politische Parteien – und von diesen getragene Regierungen – handeln in einer Demokratie ausschließlich aus dem Beweggrund, die Regierungsmacht zu erreichen, auszuüben und zu behalten; ihr Handeln ist deshalb durch das Bestreben nach Stimmenmaximierung bei Wahlen bestimmt – zu ihrem eigenen Vorteil der Erlangung von Prestige, Status und Einkommen und nicht aus altruistischen oder humanitären Motiven der Mehrung der Wohlfahrt aller oder eines bestimmten Teils.

2. Die Bürger in so regierten Demokratien verhalten sich rational und sind ebenfalls in ihrer politischen Aktivität, besonders beim Wahlakt, nur durch die Maximierung ihres individuellen privaten Nutzens motiviert.«[50]

Unter der Voraussetzung, daß in einer entideologisierten und nivellierten Mittelstandsgesellschaft die politischen Meinungen etwa normal verteilt sind – d. h. daß eine glockenförmige Kurve links niedrig beginnt, zur Mitte aufsteigt und nach rechts wieder niedrig ausläuft –, werden sich zwei große Parteien bilden, die im wesentlichen um die Wähler in der Mitte konkurrieren. Die politischen Konzeptionen und Programme der Parteien werden verschwommen, einander ähnlicher und weniger mit Ideologien verknüpft, um maximale Wahlerfolge im wichtigsten Wählersegment der großen Mitte zu erzielen.

Voraussetzungen und Folgerungen der Theorie von Downs sind zwar viel kritisiert worden[51]; seit Ende der fünfziger Jahre wiesen allerdings zunächst viele Anzeichen darauf hin, daß die deutschen Parteien den Grundannahmen von Downs bzw. den

---

47 Ebd., S. 34.

48 Vgl. Anthony Downs, Ökonomische Theorie der Demokratie, Tübingen 1968 (zuerst englisch 1957).

49 Vgl. als Überblick Franz Lehner, Einführung in die Neue Politische Ökonomie, Königstein 1985.

50 A. Downs (Anm. 48), S. 289.

51 Vgl. z. B. U. von Alemann (Anm. 10); A. Mintzel (Anm. 10); positiver in der Rezeption z. B. Hermann Schmitt, Das Parteiensystem der Bundesrepublik Deutschland. Kurs Nr. 3207 der Fernuniversität Hagen, Hagen 1987.

Tendenzaussagen von Kirchheimer durchaus entsprechen wollten. Die SPD bekannte sich in ihrem Godesberger Programm 1959 zum Begriff der Volkspartei, den die CDU schon länger adaptiert hatte. Die ideologische Distanz hatte sich so abgeflacht, daß 1966 eine große Koalition aus CDU/CSU und SPD möglich wurde. Selbst die FDP reklamierte seit Ende der sechziger Jahre, auch eine sozialliberale Volkspartei sein zu wollen.

Stimmenmaximierung mit Wahlkampfstrategien nach dem Vorbild US-amerikanischer Kampagnen setzte sich durch. Parteiprogramme wurden sich so ähnlich, daß in den siebziger Jahren die Grundwerte »Freiheit, Gerechtigkeit, Solidarität« sowohl von SPD als auch CDU wörtlich übernommen wurden. Auch wenn sich keine Partei gerne Allerweltspartei, catch-all-party oder Stimmenmaximierungspartei nennen läßt, so ist doch der in der Wissenschaft so umstrittene, weil verschwommene, ideologisch aufgeladene und das Parteienprofil verunklarende Begriff Volkspartei weiterhin populär. Allerdings zieht die CDU es vor, sich als »moderne Volkspartei« zu bezeichnen[52], während die SPD sich als »linke Volkspartei« sieht. Die FDP hat allerdings von diesem Anspruch Abstand genommen; die GRÜNEN haben ihn nie erhoben.

Obwohl die Wahlkampfstrategien der großen Parteien zweifellos manchen Annahmen der Stimmenmaximierung entsprechen, kann man nicht behaupten, daß die bundesdeutschen Parteien reine entideologisierte politische Maschinen zur Mehrheitsgewinnung sind. Sie sind allerdings auch keine Allerweltsparteien oder Volksparteien im Kirchheimerschen Sinne geworden. Ihre soziodemographische Struktur ist nach wie vor geprägt von gesellschaftlichen Konfliktlinien, die sich in traditionellen und auch in neuen soziopolitischen Milieus verdichten. Die ideologischen Orientierungen unterscheiden sich deutlich und sind in den letzten Jahren eher profilierter geworden. Es fällt jedem Wähler leicht, die Parteien auf einer Rechts-Links-Skala eindeutig zuzuordnen. Diese Positionen entsprechen im großen und ganzen dem Eigenbild, das die Parteien von sich formulieren.

Das komplizierte Geflecht der Beziehungen zwischen Parteien und Gesellschaft ist also nicht auf einen einzigen Bezugspunkt zu reduzieren. Auf der Basis von sozialstrukturellen Konfliktlinien (cleavages) bestimmen durchaus noch kommunikative soziopolitische Milieus die Parteienrealität. Die GRÜNEN demonstrieren deutlich, wie neue Milieus und Konfliktlinien in Parteistrukturen umgesetzt werden können. Strategien der Stimmenmaximierung gehören dabei zur Austauschlogik in Wahlkämpfen. Politik kann deshalb aber nicht allein auf Stimmenmaximierung reduziert werden, da sie sonst den Kern der »polis«, die Interaktion und kollektive Interessenwahrnehmung im Gemeinwesen verlieren würde.

52 Vgl. Wulf Schönbohm, Die CDU wird moderne Volkspartei. Selbstverständnis, Mitglieder, Organisation und Apparat 1950–1980, Stuttgart 1985.

III. Konkurrenz: Parteien wirken bei der politischen Willensbildung mit

Nach traditioneller Auffassung der konservativen deutschen Verfassungslehre ist allein der Staat der Raum der Politik. Alles andere ist der vorpolitische Raum. Noch in der Weimarer Republik wurden von der herrschenden Lehre des Staatsrechts die Parteien dem gesellschaftlichen Bereich zugeordnet und mißtrauisch bis ablehnend ihre politische Funktion betrachtet – die doch in einem parlamentarischen Regierungssystem unerläßlich ist, um gesellschaftliche Interessen zu Wahlalternativen zu bündeln oder um parlamentarische Arbeit gegenüber der Regierung durch Fraktionen zu verstärken.

Alle deutsch-nationalen Ressentiments gegen »Parteiungen«, »Parteienhader« und »Systemparteien« konnten die Nationalsozialisten ausbeuten, als sie durch das Ermächtigungsgesetz mit Zustimmung aller bürgerlichen Parteien die Ausschaltung von Parteien überhaupt, außer der eigenen, betrieben.

In der jungen Bundesrepublik wurden als Gegenreaktion die Parteien deutlicher als je zuvor in einer liberal-demokratischen Verfassung positiv gewürdigt. In Art. 21 GG heißt es bekanntlich: »Die Parteien wirken bei der politischen Willensbildung des Volkes mit.« So fanden sich auch konservative Staatsrechtler mit den Parteien im »Parteienstaat« des Bonner Grundgesetzes zunehmend ab, wenn sie nicht sogar zuviel des Guten taten und die Parteien gleich zu Staatsorganen beförderten, da sie weiterhin an der Zwei-Welten-These von Staat und Gesellschaft festhielten, wie sie sich bei Joseph H. Kaiser zeigt: »Die Parteien sind aus der Region der nichtstaatlichen Gesellschaft abgewandert und zu Trägern der staatlichen Herrschaft geworden, 'während das Volk unabänderlich Volk bleibt' und sich mittels der von ihm herausgestellten Interessenorganisationen zu den Parteien fast wie zu den sonstigen Staatsorganen in Beziehung setzt.«[53]

Es ist ein Zweistufenmodell politischer Willensbildung, das hier durchscheint. Die Gesamtheit der Interessen der Bürger wird von den Interessengruppen in der Gesellschaft gebündelt; die Parteien verwandeln diese Interessenbündel in konkurrierende Gesamtprogramme als gemeinwohlverpflichtete und den Staat tragende Volksparteien.

Die Trennung von Staat »oben« – mit den Parteien im politischen Raum – und der Gesellschaft »unten« – mit Interessengruppen im vorpolitischen Raum – ist nach diesem konservativen und altliberalen Modell perfekt. Die Forderung des Grundgesetzes, das von *Mit*wirkung der Parteien bei der politischen Willensbildung spricht, scheint allerdings eher von einer Konkurrenz als von einem Politikmonopol der Parteien auszugehen. Ein solches pluralistisches Konkurrenzmodell – die Parteien eingeordnet in den intermediären Bereich, wenn auch an zentraler Stelle – illustriert die *Abb. 5* (von Mintzel/Schmitt)[54].

53 Joseph H. Kaiser, Die Repräsentation organisierter Interessen, Berlin 1956, S. 238.

54 Vgl. Alf Mintzel/Hermann Schmitt, Krise der Parteiendemokratie? Zu Funktionen, Leistungen und Defiziten der Parteien in der parlamentarischen Demokratie, in: Politische Bildung, 14 (1981), S. 8.

Abb. 5: Beziehungsgeflecht zwischen gouvernementalem Bereich, intermediärem Bereich und den »Bürgern«[1]

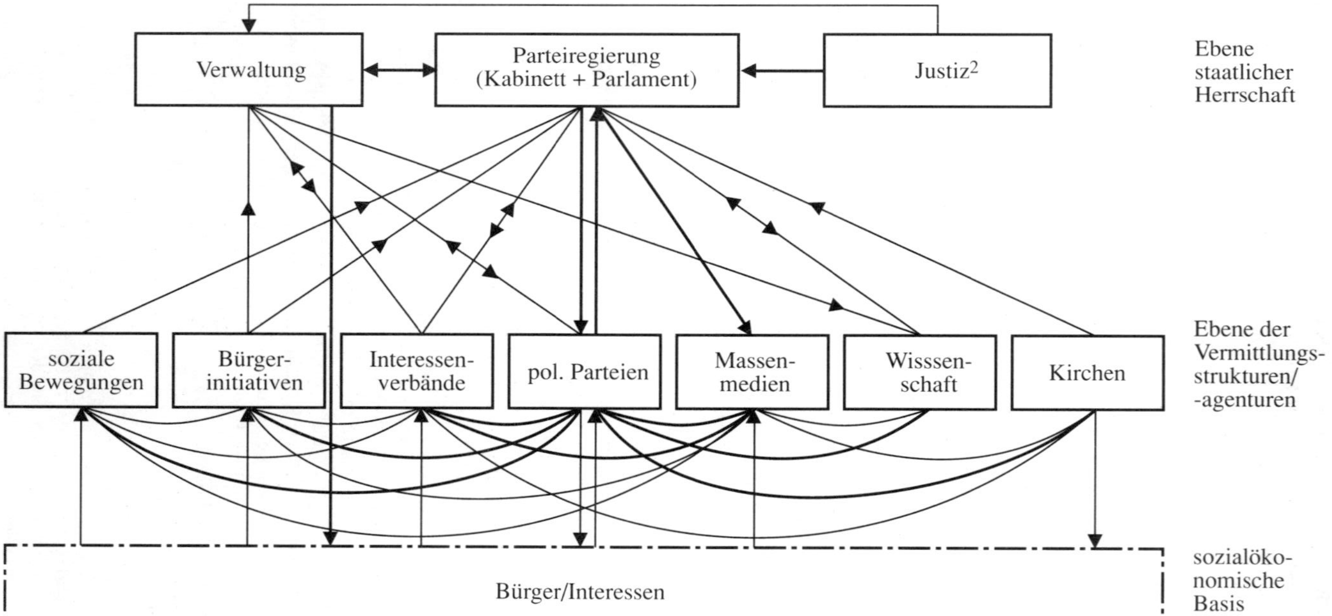

1 Dieses Schaubild zeigt nur Hauptbeziehungslinien auf; fette Linien heben die Relevanz dieser Beziehung für den politischen Prozeß hervor. Soweit die Beziehungen mit Richtungspfeilen gekennzeichnet sind, deuten sie die Richtung der Einflußnahme an.
2 Die Justiz ist hier der Vollständigkeit halber berücksichtigt; auf die Markierung von Beziehungslinien wurde verzichtet, um die Übersichtlichkeit zu wahren.

Quelle: A. Mintzel/H. Schmitt (Anm. 54).

Natürlich stilisiert und vereinfacht dieses Modell die tatsächliche Konkurrenzsituation zwischen Parteien und anderen Kräften im intermediären Bereich ganz beträchtlich. Aber es ist doch realitätsnäher und auch grundgesetzkonformer (Mitwirkung) als das dichotome Konzept Parteienstaat vs. Gesellschaft. Im folgenden soll insbesondere die Konkurrenzsituation von Parteien und Interessen in der lokalen Politik, wo ein Mit- und Gegeneinander besonders augenfällig wird, die Konkurrenz zwischen Parteien und organisierten Interessen generell sowie die zunehmende Bedeutung des Mediensystems in der »Informationsgesellschaft« nachgezeichnet werden.

Aufgrund der Tendenz zur Verrechtlichung der Politik, aufgrund staatlicher Parteienfinanzierung, Professionalisierung der Parteiapparate, einer gewissen Verbeamtung der Parteimitgliedschaft und auch der Mandatsträger wurde 1981 folgende These formuliert: »Die vier Bundestagsparteien stehen ständig vor der Versuchung der eigenen Verstaatlichung – und widerstehen dieser nicht immer. Die Verflechtung der deutschen politischen Parteien mit dem Staat nimmt zu. Die Verrechtlichung der Politik leistet dem überall Vorschub. Man liebt in Deutschland klare Verhältnisse. Rechtlich-politische Zwitterwesen, wie es die Parteien zwischen Gesellschaft und Staat nun einmal sein müssen, läßt man nicht gerne lange frei herumflattern. So wurden die Parteien ähnlich wie die Gewerkschaften eingefangen in das Netz des Rechts.«[55]

Zum Ende der achtziger Jahre existieren Gegentendenzen nach den Erfolgen der GRÜNEN, durch Rückwirkungen der Flick-Affäre und des Kieler Barschel-Skandals[56]. Regierungswechsel in Bund und Ländern haben die Kontrollfunktion der jeweiligen Opposition aktiviert. Aber das Problem von Verstaatlichungstendenzen bleibt.

1. Parteien in der lokalen Politik

Die gesellschaftliche Kooperation und Konkurrenz der Parteien zeigt sich nicht nur in der Bundesrepublik, die manche Kommunalpolitiker immer noch »die große Politik« nennen, sondern gerade auch im Kontext der lokalen Bezüge. Die Parteien haben zwar in den letzten Jahrzehnten die Kommunalpolitik zunehmend durchpolitisiert und sie ihres vermeintlich unpolitischen Charakters als lokale Selbstverwaltung entkleidet[57]. Aber sie haben dort nicht die politische Willensbildung monopolisieren können. Obwohl die Durchdringung der Kommunalpolitik durch die Parteien manchen übermächtig erscheint[58], erwachsen den Parteien hier andererseits mehr und andere Konkurrenten als auf Landes- und Bundesebene. Neben den Verbänden und

55 Ulrich von Alemann, Parteiendemokratie und Bürgermitwirkung. Sieben Thesen, in: Landeszentrale für politische Bildung Nordrhein-Westfalen (Hrsg.), Demokratie als Teilhabe, Köln 1981, S. 112.

56 Vgl. ders., Politische Moral und politische Kultur in der Bundesrepublik. Vergiften oder reinigen Skandale die Politik?, in: Gewerkschaftliche Monatshefte, 36 (1985).

57 Vgl. Helmut Köser (Hrsg.), Der Bürger in der Gemeinde. Kommunalpolitik und politische Bildung, Bonn 1979; Oscar W. Gabriel (Hrsg.), Bürgerbeteiligung und kommunale Demokratie, München 1983.

58 Vgl. Bernd Guggenberger, Bürgerinitiativen in der Parteiendemokratie. Von der Ökologiebewegung zur Umweltpartei, Stuttgart 1980, S. 63 ff.

den Medien, die überall mit den Parteien arbeiten, kommen auf lokaler Ebene die freien Wählergemeinschaften hinzu, die lokalen Bürgerinitiativen und in manchen kleineren Gemeinden mit einseitiger Wirtschaftsstruktur Einzelunternehmen mit einer monopolartigen Stellung auf dem Arbeitsmarkt.

Die jeweilige kommunale Mehrheitspartei ist in dem lokalen Netzwerk von Kommunikation, Kommerz und politischer Kultur zwar eine zentrale Schaltstelle; aber sie muß mit der Macht einer Monopolzeitung rechnen, die örtliche Vereinsstruktur respektieren, das Großunternehmen am Platz, den größten Arbeitgeber im Ort hofieren, freien Wählergemeinschaften das Wasser abzugraben versuchen und mit Bürgerinitiativen umzugehen lernen.

Gerhard Lehmbruch hat deshalb vom »Januskopf der Ortsparteien« gesprochen[59]. Das eine Gesicht ist ganz auf die lokale Politik und die örtliche Kommunikationsstruktur gerichtet. Das andere Gesicht blickt »nach oben« auf die große Politik der Parteien und versucht, diese »nach unten« zu vermitteln. Dies könne zu einem schwierigen Blanceakt werden und erkläre die defizitäre politische Effizienz vieler lokaler Parteiorganisationen. Der Gegensatz zwischen lokalen und überlokalen Orientierungen könne die außengerichteten Aktivitäten lahmlegen. »Die Ortsgruppe macht sich dann nach außen hin unsichtbar und beschränkt sich im wesentlichen darauf, den Mitgliedern das Bewußtsein der Zusammengehörigkeit zu vermitteln und den Binnenkontakt zu stärken. Sie wird gewissermaßen ein Verein unter anderen, der Familienausflüge und Sommerfeste für die Mitglieder organisiert und allenfalls periodisch einen von den oberen Parteigliederungen vermittelten Wahlredner präsentiert, so wie andere Vereine für die Außendarstellung beispielsweise ihre jährliche Kleintierschau veranstalten.«[60]

Was Lehmbruch für die siebziger Jahre beschrieb, persiflierte jüngst Michal[61] in bewußter polemischer Überzeichnung. Seine Patentlösung, die Ortsvereine sollten sich in der alten Form auflösen und sich ihren lokalen organisatorischen Konkurrenten, den Bürgerinitiativen, anpassen und deren Struktur übernehmen, ist freilich Wunschdenken. Es käme der Aufgabe jeder kontinuierlichen Basisarbeit der Parteien gleich, die dann nur noch ad-hoc-Projekte, aber keine längerfristigen Programme mehr verfolgen könnten. Im Sinne von innerparteilicher Demokratie würde im übrigen eine ständige, kritische Basis für die höheren Parteigliederungen fehlen.

In der Realität lokaler Politik ist es mitnichten leicht zu entscheiden, wer wen bestimmt: die Parteien die lokale Vereinsstruktur oder umgekehrt. Sicher ist zweifellos: »Vereinsarbeit zählt zu den Standardaktivitäten jeder lokalen Partei.«[62] Vereine können als Forum benutzt werden, um in überschaubaren Gruppen persönliche Kontakte mit sozial aktiven und gesellschaftlich informierten Personen anzuknüpfen. »Sie sind Treffpunkte für die Mitglieder der lokalen Elite (nicht nur der lokalen

---

59 Vgl. Gerhard Lehmbruch, Der Januskopf der Ortsparteien. Kommunalpolitik und das lokale Parteiensystem, in: H. Köser (Anm. 57).

60 Ebd., S. 330.

61 Vgl. W. Michal (Anm. 45), S. 22 ff.

62 Klaus Simon, Lokale Vereine – Schule der Demokratie? Zum Einfluß lokaler Freizeitvereinigungen auf die politische Beteiligung in der Gemeinde, in: O. W. Gabriel (Anm. 57), S. 241–269.

Parteielite . . .), an denen Pläne und Strategien diskutiert sowie Absprachen getroffen werden können.«[63]

Der Streitpunkt in der Forschung, ob der vorpolitische Raum das Reservoir für die Parteien personell bereitstellt sowie die politische Sozialisation übernimmt oder ob es umgekehrt ist, kann sinnvollerweise in eine gegenseitige Austauschlogik aufgelöst werden. Kommunale Eliten nutzen beide Kanäle der Mitwirkung an der politischen Willensbildung. Falls in dauerhafter Hegemonie solcher Netzwerke Verfilzungen entstehen, haben in den letzten Jahrzehnten zunehmend und manchmal erfolgreich Bürgerinitiativen und die Partei der GRÜNEN diese Symbiose gestört[64].

2. *Parteien und organisierte Interessen*

Wenn man organisierte Interessen versteht als »freiwillig gebildete soziale Einheiten mit bestimmten Zielen und arbeitsteiliger Gliederung, die individuelle, materielle und ideelle Interessen ihrer Mitglieder im Sinne von Bedürfnissen, Nutzen und Rechtfertigungen zu verwirklichen suchen«[65], dann fallen darunter nicht nur die klassischen Verbände und Lobbys, die in Bonn die Parteien unter »pressure« setzen. Das gesamte traditionelle Vereinswesen ist damit gemeint, aber auch neue soziale Bewegungen und Bürgerinitiativen, die durchaus Organisationen im soziologischen Sinne sein können.

In der Einleitung dieses Kapitels wurde ein Zweistufenmodell der politischen Willensbildung – Bürger und Verbände als Gesellschaft, Parteien und Staat als Politik – abgelehnt, weil die Beziehungen zwischen beiden viel zu komplex und wechselseitig sind, um sie auf einen solchen simplen Nenner zu bringen. Bestimmen die Gewerkschaften die SPD oder umgekehrt? In welcher Richtung laufen die Einflußkanäle bei der CDU/CSU gegenüber Bauern- und Vertriebenenverbänden, katholischen Vereinen und Mittelstandsvereinigungen, Beamtenverbänden und Industrieverbänden? Wie verhält es sich bei der FDP mit bestimmten Verbänden der Freiberufler oder der Leitenden Angestellten? Oder bei den GRÜNEN mit Umwelt- und Friedensbewegungen? Auf die alte Formel von Druck und Lobby lassen sich diese Beziehungen nicht so leicht bringen, hier tritt meist ein push-and pull-Verhältnis zutage. Dieses Austauschverhältnis ist allerdings nicht so wörtlich zu verstehen, daß die Verbände über die Parteien bestimmte sie interessierende politische Entscheidungen erreichen und sie dafür im Gegenzug bei anstehenden Wahlen Stimmenpakete ihrer Mitglieder den Parteien überantworten. Zwar versuchen die Kirchen, die Bauern, die Vertriebenen, die Gewerkschaften und auch der ADAC, vor Wahlen ihren Mitgliedern Abstimmungsempfehlungen mehr oder weniger verklausuliert zu geben, aber bei der individuellen Wahlentscheidung dürfte dies selten der ausschlaggebende Faktor sein. Dafür existieren zu viele überlappende Mitgliedschaften in der Wählerschaft.

Ein weiterer Punkt des Verhältnisses von Parteien und Verbänden, der international eine große Rolle spielt, gehört in der Bundesrepublik ebenfalls nicht zu den

63 A. Engel (Anm. 10), S. 139.
64 Weitere Literatur dazu ebd., S. 139 ff.
65 Ulrich von Alemann, Organisierte Interessen in der Bundesrepublik, Opladen 1987, S. 30.

problematischsten Aspekten. Gemeint ist das Geld: Parteienfinanzierung durch Verbände – sei es mit Hilfe von Political Action Committees (PACs) wie in den USA oder durch korporative Mitgliedschaft wie zwischen Gewerkschaften und Labour Party in Großbritannien – ist in der Bundesrepublik kaum relevant. Was nicht heißen soll, daß hier alles zum Besten steht[66]. Aber die Hauptquellen der Parteienfinanzen – staatliche Parteienfinanzierung, Mitgliedsbeiträge sowie Spenden von Einzelpersonen und Unternehmen – fließen, verglichen mit anderen Ländern, so reichlich und kontinuierlich, daß auf das Geld von Interessenverbänden weniger zurückgegriffen werden muß.

Trotz beträchtlicher Finanzkraft der deutschen Parteien darf allerdings nicht übersehen werden, daß viele Großverbände ihnen hier noch bei weitem überlegen sind. Das betrifft vielleicht nicht das für Wahlkämpfe verfügbare Geld. Aber die Großverbände, ob Industrieverbände, Gewerkschaften, sonstige Berufsverbände, Kirchen oder Automobilclubs, können über unvergleichlich höhere Ressourcen an personellem Sachverstand verfügen. Die beiden großen Bonner Parteien SPD und CDU verfügen auf Bundesebene über einen Apparat von je um die 200 ständigen Mitarbeitern. Die Landes- und Regionalgeschäftsstellen sind überall chronisch unterbesetzt, auf der Ortsebene dominiert die ehrenamtliche Mitarbeit. Stellt man die personellen Ressourcen der Verbände dagegen, wird ein drastisches Mißverhältnis deutlich. Die Unternehmerverbände BDI (Bundesverband der Deutschen Industrie), BDA (Bundesvereinigung der Deutschen Arbeitgeberverbände) und DIHT (Deutscher Industrie- und Handelstag) beschäftigen in ihren Kölner Zentralen zwar ebenfalls nur ungefähr je 200 Mitarbeiter, aber insbesondere die BDI-Mitgliedsverbände sowie die regionalen Kammern verfügen über ein vielfaches dieser Personalkapazität[67].

Es gibt Schätzungen, daß die insgesamt rund 5 000 Einzelverbände im Bereich von Industrie und Selbständigen rund 120 000 hauptamtliche Verbandsmitarbeiter beschäftigen[68]. Die Gewerkschaften dagegen beschäftigen ungefähr ein Zehntel dieses Personals, nämlich rund 12 000 Mitarbeiter[69]. Natürlich handelt es sich hierbei vorrangig um Serviceleistungen für die Mitglieder. Aber es bleiben dennoch erheblich mehr Möglichkeiten der personellen Einflußnahme und Durchdringung gegenüber Parteien, Regierungen und Verwaltungen bestehen.

Die Großverbände sind selbstbewußte Kooperationspartner des Staates geworden, die aus der Rolle des Bittstellers in der Lobby des Parlaments herausgewachsen sind. Parlament und Parteien werden für manche Interaktion zwischen Exekutive und organisierten Interessen kaum mehr benötigt. Theorien des (Neo-)Korporatismus befassen sich mit diesen Strategien, über »Konzertierte Aktionen« des Staates mit

66 Vgl. dazu ders., Parteienfinanzierung – Skandale, Umwege, Urteile, in: Peter Haungs/ Eckhard Jesse (Hrsg.), Parteien in der Krise?, Köln 1987, S. 210–214; Peter Lösche, Wovon leben die Parteien? Über das Geld in der Politik, Frankfurt 1984.

67 Vgl. Jürgen Hartmann, Verbände in der westlichen Industriegesellschaft. Ein international vergleichendes Handbuch, Frankfurt 1985, S. 100 f.

68 Vgl. Walter Simon, Macht und Herrschaft der Unternehmerverbände. BDI, BDA und DIHT im ökonomischen und politischen System der BRD, Köln 1976, S. 62.

69 Vgl. Horst-Udo Niedenhoff, Die unbekannte Macht. Unternehmer, DGB, Köln 1977[3], S. 257.

Großorganisationen sich zu arrangieren[70]. Keineswegs sind aber die Parteien aus solchen neuen Entscheidungsstrukturen völlig ausgeschlossen. Schließlich bestimmen sie im »Parteienstaat« über die »Staatspolitik« personell und inhaltlich mit. Eine Konkurrenz zwischen Parteien und organisierten Interessen bleibt auf Spitzenebene aber durchaus bestehen und zeigt sich auf Landes- und Kommunalebene oft noch klarer, wo die Exekutive noch deutlicher den direkten Kontakt mit Verbänden und Großinvestoren gegenüber dem schwierigen Weg über das Parlament bevorzugt.

Agieren hier Parteien und Verbände einerseits als Konkurrenten, so leben sie andererseits mit den organisierten Interessen des eigenen soziopolitischen Milieus in enger Symbiose. Nicht ohne gewisse gebietsherrschaftliche Allüren sehen die Parteien die Organisationen des eigenen Spektrums als ihre politischen Vorfeldorganisationen an. Bei der SPD gehören nicht nur Teile der Gewerkschaften, sondern auch die Arbeiterwohlfahrt, der Mieterbund, die Jugendorganisation »Falken« und viele Genossenschaften dazu. Bei CDU/CSU sind dies Teile der katholischen Vereine, Bauernverbände, Mittelstandsvereinigungen oder Flüchtlingsverbände. Durch Arbeitsgemeinschaften, Fachausschüsse, besondere Vereinigungen und Unterorganisationen versuchen die Parteien, die Bindungen zu speziellen Gruppen und den dort organisierten Interessen zu intensivieren. Verläßliche vergleichende Daten über Mitgliedschaften von Parteimitgliedern in Verbänden gibt es wenige. Die Daten von N. Diederich[71] – siehe *Tab. 4* – geben einen Eindruck davon, wie gleichmäßig sich

Tab. 4: Mitgliedschaften von Parteimitgliedern nach Vereinsarten

	CDU (N = 492) %	SPD (N = 554) %
Sportvereine	35	31
Hobbyvereine	13	12
Gesellschaftliche und kulturelle Verbände	27	17
Kirchliche Vereine	34	2
Karitative Vereine	14	7
Genossenschaften, Selbsthilfe, Berufsverbände, Berufsvereinigungen	9	7
Wirtschaftliche Interessenverbände	18	7
Gewerkschaften	12	38
Politische Vereinigungen, Vertriebenenverbände	20	14
Durchschnittliche Zahl der Vereinsmitgliedschaften	2,1	1,7
Davon:		
nur Männer	2,1	1,7
nur Frauen	1,8	1,1

Quelle: N. Diederich (Anm. 71)

70 Vgl. Ulrich von Alemann/Rolf G. Heinze (Hrsg.), Verbände und Staat. Vom Pluralismus zum Korporatismus. Analysen, Positionen, Dokumente, Opladen 1981[2].

71 Vgl. Nils Diederich, Zur Mitgliederstruktur von CDU und SPD, in: Jürgen Dittberner/Rolf Ebbighausen (Hrsg.), Parteiensystem in der Legitimationskrise, Opladen 1973, S. 45.

Mitglieder der beiden großen Parteien in Sport- und Hobbyvereinen beteiligen, aber welche Unterschiede bei anderen Vereinsarten bestehen.

Das Aufkommen der Bürgerinitiativen und der neuen sozialen Bewegungen seit Beginn der siebziger Jahre wurde allgemein als bedrohlich für die Organisationskraft der alten Parteien angesehen. Wird es eine Abstimmung mit den Füßen von den alten Parteien hin zu den neuen sozialen Bewegungen geben? Wird die Partizipation über Parteien durch die Konkurrenz zu den neuen sozialen Bewegungen ausgetrocknet? Diese Befürchtungen sind so nicht gerechtfertigt. Im Gegenteil, die Parteimitgliedschaft ist seitdem bei CDU und CSU stark angestiegen und stagniert auf recht hohem Niveau in den letzten Jahren; bei der SPD ist nach Verlusten zu Beginn der achtziger Jahre wieder ein leichter Anstieg zu verzeichnen. Allerdings mußten beide Parteien viele jüngere Leute, die bereit waren, an politischen Parteien mitzuwirken, den GRÜNEN überlassen.

Neue soziale Bewegungen sind aber nicht losgelöst von Parteien als völlig neue Form der politischen Willensbildung zu betrachten – weil natürlich mit den GRÜNEN ein enger Kontakt zu einer politischen Partei besteht. Mitglieder auch der anderen Parteien, insbesondere der SPD, stellen zudem einen nicht geringen Teil des aktiven Kerns von Bürgerinitiativen und neuen Initiativgruppen. Statt Konkurrenz gibt es auch hier ein komplexeres Arbeitsteilungs- und Austauschverhältnis, wie generell zwischen Parteien und organisierten Interessen.

3. *Parteien in der Informationsgesellschaft*

Zum gesellschaftlichen Umfeld der Parteien gehören auch die Medien, die in der *Abb. 5* von Mintzel/Schmitt, die oben wiedergegeben ist, im intermediären Bereich gleich neben den Parteien lokalisiert sind. Parteien und Medien stehen in einem natürlichen Spannungsverhältnis zueinander, das in der Bundesrepublik in den letzten Jahrzehnten besonders in der »Rundfunkpolitik«[72] und im letzten Jahrzehnt in der Konkurrenz des öffentlich-rechtlichen Fernsehens mit neuen (größtenteils privaten) Sendern deutlich sichtbar wurde. Aber: »Das Spannungsverhältnis ist uralt«.[73] Es gründet auf der Rollenverteilung zwischen politisch Handelnden und politisch Informierenden, die eine gesellschaftliche Kontrollfunktion zu Recht reklamieren können. Beide sind aufeinander angewiesen: die Parteien auf die Medien für jegliche öffentliche Kommunikation, nachdem ihre eigenen Medien auf eine irrelevante Größe geschrumpft sind (einzige Ausnahme: der Bayernkurier der CSU); und die Medien auf die Parteien, um Informationen und Hintergrundwissen zu erhalten. Je mehr die Parteien davon überzeugt sind, daß Wahlen nicht durch milieugebundene Stammwähler, sondern eher durch bewegliche Wechselwähler entschieden werden, und je mehr sie an unmittelbare Wirkungen der Medien, insbesondere des Fernsehens, auf die Meinungsbildung glauben, desto intensiver versuchen sie, Personal und

---

72 Vgl. Hans J. Kleinsteuber, Rundfunkpolitik in der Bundesrepublik. Der Kampf um die Macht über Hörfunk und Fernsehen, Opladen 1982.

73 Thomas Habicht, Medien und Parteien. Ein gespanntes Verhältnis, in: P. Haungs/ E. Jesse (Anm. 66), S. 139.

Inhalte der Medien zu beeinflussen und zu bestimmen. Verstärkte Medienkonkurrenz durch Verkabelung und Kommerzialisierung vervielfältigt noch das Massenkommunikationsangebot und absorbiert mehr Freizeit der Bürger. Eine Entwicklung zur „Informationsgesellschaft" läßt den Einfluß der Medien zusätzlich anwachsen.

Die Kontinuität parteipolitischer Personalpolitik reicht allerdings schon in den »CDU-Staat« der Adenauer-Zeit zurück. Die Kontrollgremien der öffentlich-rechtlichen Medien sind von Anbeginn – bis zu über 50 Prozent – mit Vertretern der Exekutiven oder Legislativen[74] etabliert worden. Die Vertreter der »gesellschaftlich-relevanten Gruppen« sollten für ein Gegengewicht sorgen. Die gesellschaftliche Kontrollmacht wird allerdings dadurch unterlaufen, daß »die Verbände den Parteien nicht beziehungslos gegenüberstehen, sondern mit diesen vielfältig sachlich und personell verflochten sind«[75]. Verbände neigen der einen (z. B. Gewerkschaften der SPD) oder der anderen (z. B. Bauernvertreter der CDU) Seite zu. So ergibt sich, daß die „grauen" Vertreter in den Rundfunkgremien mehr oder weniger offen der einen oder der anderen Seite im Parteienspektrum zugerechnet werden können.

Dies schlägt sich bei der Besetzung von Positionen in den Rundfunkanstalten nieder. Um zuverlässige Daten zu gewinnen, erstellen die Parteien interne Listen über die Zurechenbarkeit des Personals, um bei Neubesetzungen den Proporz zu wahren oder herzustellen. Beim NDR habe es 1975 ein ausgeklügeltes Proporztableau gegeben, auf das sich die Parteien geeinigt hatten; danach seien die Spitzenpositionen wie folgt zu verteilen[76]:

SPD	CDU
Intendant	Stellv. Intendant
Programmdirektor Hörfunk	Programmdirektor Fernsehen
Justitiar	Finanz- und Wirtschaftsdirektor
Funkhausdirektor Hannover	Funkhausdirektor Kiel
Chefredakteur Fernsehen	Chefredakteur Hörfunk
Stellv. Chefredakteur Hörfunk	Stellv. Chefredakteur Fernsehen
Stellv. Funkhausdirektor Kiel	Stellv. Funkhausdirektor Hannover

Was der Proporz für das Personal, das hat die „Ausgewogenheit" für das Programm zu sein. Über Programmrichtlinien und -grundsätze wird ein kleinster gemeinsamer Nenner gesucht, der individuellen, kritischen, investigativen Journalismus kaum noch ermöglicht. So zitiert Müller eine Definition des ZDF-Fernsehratausschusses für die Sendung »Journalisten fragen, Politiker antworten«, die den Fernsehjournalismus zur Verlautbarungsbühne für Politiker der Parteien und Regierungen degradiert: »Die Diskussion ist eine Form der Vermittlung von Informationen und Meinungen, die es ermöglicht, Sachverhalte innerhalb einer Sendung von verschiedenen Gesichtspunkten zu beleuchten. Dabei werden an Persönlichkeiten des öffentlichen Lebens von Journalisten Fragen gestellt, oder es diskutieren Journalisten mit Gästen. Kennzeichen dieser Sendeform ist die Möglichkeit zur *ausgewogenen* Dar-

74 Vgl. H. J. Kleinsteuber (Anm. 72), S. 98.
75 Ebd.
76 Johannes Georg Müller, Staats- und Parteieneinfluß auf die Rundfunkanstalten in Frankreich und Deutschland. Eine vergleichende Analyse, Frankfurt–New York 1987, S. 302.

stellung unterschiedlicher Meinungen in einer Sendung, wobei der Diskussionsleiter, falls vorhanden, eher eine *neutrale* Rolle spielt.«[77]

Es hat den Anschein, daß die Angriffe insbesondere der CDU/CSU auf einen linkslastigen »Rotfunk« seit der Wende von 1982 milder geworden sind. Die Gründe dafür können vielfältig sein. Haben sich die Journalisten angepaßt? Sind die Politiker des Streitens müde geworden? Ist die Situation durch die neuen Medien bereits neu definiert? Habicht resümiert seine Überlegungen zum gespannten Verhältnis von Parteien und Medien so: »Das Verhältnis der Parteien zu den Medien in der Bundesrepublik ist demnach von massiven Eigeninteressen bestimmt; in beiden politischen Lagern überschätzt man den Einfluß dieser Medien auf die Mehrheit der durchaus zu einem eigenen Urteil fähigen Wahlbürger. Hektik kennzeichnet daher die bundesdeutsche Medienpolitik. Zu empfehlen wäre den Parteien, über ihre Medieninteressen zu verhandeln und beiderseitig abzurüsten.«[78]

IV. Responsivität: Parteien wirken auf die Gesellschaft zurück

Der dritte Argumentationsschritt – nach den beiden Abschnitten zur Rekrutierung und Konkurrenz – führt einen neuen Begriff ein, der über die engere Fachdiskussion hinaus bisher noch keine Ausstrahlung fand. Für den Begriff Responsivität, der aus der amerikanischen Demokratietheorie stammt[79], sind vielfältige deutsche Übersetzungen versucht worden: Empfänglichkeit, Reaktionswilligkeit, Sensibilität, Bedürfnisorientierung oder Bedürfnissensibilität[80]. Diese Übersetzungen erscheinen mir aber zu einseitig aufnehmende Begriffe zu sein. Sie unterschlagen das Antworten. In einer frühen Rezeption des Begriffs ist das Konzept der Responsivität auf die Probleme der innerparteilichen Demokratie angewandt und folgendermaßen umschrieben worden: »Es ist ein Offenes-Aufnehmen-und-Antworten, was im Begriff der *responsiveness* mitschwingt«[81]. In jüngerer Zeit wurde Responsivität zu einem allgemeinen – vielleicht sogar allzu allgemeinen – Kriterium von Repräsentation und Demokratie überhöht[82].

Auch Kevenhörster unterliegt in seinem anregenden Buch zur „Politik im elektronischen Zeitalter“ dieser Generalisierungsgefahr, wenn er Responsivität zunächst wie amerikanische Autoren als »Reflexion und Verbalisierung des Volkswillens« versteht, dann aber fortfährt: »Responsive Politik verlangt auch nichtmehrheitsfähige

---

77 Ebd., S. 314.

78 T. Habicht (Anm. 73), S. 142.

79 Vgl. Amitai Etzioni, The Active Society, New York 1968 (deutsch: Die aktive Gesellschaft, Opladen 1975).

80 Vgl. Ulrich von Alemann, Responsive Demokratie. Ein Lob dem Mittmaß?, in: Zeitschrift für Parlamentsfragen, 12 (1981) 3, S. 439.

81 Ders., Mehr Demokratie per Dekret? Innerparteiliche Auswirkungen des Deutschen Parteiengesetzes von 1967, in: Politische Vierteljahresschrift, 13 (1972) 2, S. 185.

82 Vgl. Herbert Uppendahl, Repräsentation und Responsivität. Bausteine einer Theorie responsiver Demokratie, in: Zeitschrift für Parlamentsfragen, 12 (1981) 1, S. 123–134; kritisch dazu U. von Alemann (Anm. 80).

Interessen einzubinden, allen gesellschaftlichen Gruppen Chancen der Teilhabe und Kommunikation zu eröffnen, auch nichtorganisierbare Interessen zu berücksichtigen und Chancengleichheit und Verteilungsgerechtigkeit zwischen Gruppen und Generationen zu verwirklichen.«[83]

Das ist ein gutes Konzept von sozialer und partizipatorischer Demokratie. Aber was bedeutet in diesem Kontext Responsivität? In dem Begriff steckt zunächst das Antworten, das Eingehen auf Bedürfnisse, die von der Gesellschaft artikuliert werden. Responsivität – als normative Forderung auf die Partei angewandt – meint deshalb: Parteien gehen nicht nur aus der Gesellschaft hervor und wirken bei der politischen Willensbildung mit, sondern sie wirken auch auf die Gesellschaft zurück. Sie sollen offen für sozialen und politischen Wandel sein und Antworten auf neue Problemstellungen geben können. Mangelnde Responsivität hingegen bedroht die Parteien mit der Strafe potentieller Wählerverluste.

Zeigen die bundesrepublikanischen Parteien in diesem Sinne Responsivität – als Offenheit gegenüber gesellschaftlichen Anfragen und Bereitstellung entsprechender Antworten? Oder koppeln sie sich von der Gesellschaft unter gleichzeitiger Überdehnung ihres Machtanspruchs ab? Auch diese Fragen, die wieder auf eine der Ausgangsfragen zurückführen, sollen in drei Schritten angegangen werden: Wie wirken die politischen Parteien auf die politische Kommunikation ein? Wie wirken die Parteien auf die Rekrutierung politischen Personals zurück? Wie wirken sich diese Zusammenhänge auf die Glaubwürdigkeit und Akzeptanz der Parteien in der Bevölkerung aus?

1. Parteien und politische Kommunikation

Kommunikation ist eine elementare Grundtatsache menschlicher Existenz. Sie ist Voraussetzung und Element nahezu jeder Interaktion beim Zusammenleben von Menschen. Politische Kommunikation ist deshalb grundlegend für jede Form der politischen Willens- und Entscheidungsbildung. Wenn man nach der Responsivität von Parteien in der Gesellschaft fragt, ist deren Offenheit für eine Kommunikation mit der Bevölkerung ausschlaggebend. Kann man von einer Chancengleichheit in der Interaktion zwischen Parteien und Gesellschaft ausgehen? Ist die Kommunikation eher symmetrisch oder eher asymmetrisch angelegt? Wer bestimmt die politischen Themenkonjunkturen und den Wertehaushalt – steuern die Parteien oder werden sie durch gesellschaftliche Gruppen und Interessen bestimmt? Dies sind schwierige Fragen, die in der wissenschaftlichen Literatur zur Sprache und Politik, zu Kommunikation und Herrschaft und zu symbolischer Politik umstritten sind[84].

---

83 Paul Kevenhörster, Politik im elektronischen Zeitalter. Politische Wirkungen der Informationstechnik, Baden-Baden 1984, S. 184.

84 Vgl. Harry Pross, Politische Symbolik. Theorie und Praxis der öffentlichen Kommunikation, Stuttgart 1974; Wolfgang Bergsdorf, Herrschaft und Sprache. Studie zur politischen Terminologie der Bundesrepublik Deutschland, Pfullingen 1983; Ulrich Sarcinelli, Symbolik der Politik. Zur Bedeutung symbolischen Handelns in der Wahlkampfkommunikation der Bundesrepublik Deutschland, Opladen 1987.

Im folgenden soll zunächst das Kommunikationsverhalten der beiden Seiten beschrieben werden: Wie informiert sich der Bürger über die Parteien, wie informieren die Parteien die Bürger? Überblickt man den Gesamtbereich möglicher politischer Erfahrungsfelder der Bürger, so kann man für deren Informationshaushalt mit Sarcinelli zahlreiche Politikvermittlungsquellen unterscheiden. Bürger informieren sich über Politik:

»– aus Massenmedien,
- aus unmittelbaren, politisch relevanten Erfahrungen im persönlichen Umfeld,
- aus dem Umgang mit Behörden aller Art,
- aus der direkten Anschauung von Politik im lokalen Bereich,
- aus direkten Kontakten mit politischen Akteuren,
- aus eigenem Engagement in Parteien, Verbänden, Bürgerinitiativen und anderen gesellschaftlichen Gruppen oder auch
- aus den in der politischen Bildung vermittelten Kenntnissen und Werthaltungen«[85].

Diese Aufzählung sagt nichts über die Bedeutung und Intensität der verschiedenen Informationsquellen aus. Aber aus der Kommunikationsforschung sind zumindest die am meisten und am wenigsten relevanten Quellen als gesichert abzuleiten: Die Massenmedien sind bei weitem am bedeutsamsten, während die (schulische und sonstige) politische Bildung mit die geringste Rolle spielen dürfte. Die unmittelbare Kommunikation im persönlichen Umfeld und im direkten politischen Kontakt vermittelt besonders intensive und nachhaltige Erfahrungen und Werthaltungen.

Zuverlässige empirische Daten über die Wirkungsmächtigkeit aller dieser Politikvermittlungsquellen gibt es kaum. Über den Einfluß der Massenmedien streitet die Forschung intensiv – exemplarisch abzulesen am Dissens über die »Schweigespirale« von Elisabeth Noelle-Neumann, die Journalisten vorwirft, durch die Vorspiegelung eines positiven Meinungsklimas (in diesem Fall für die sozialliberale Koalition vor der Bundestagswahl 1976) die Wählerschaft unzulässig manipuliert zu haben[86].

Eine vergleichende Untersuchung zur politischen Kommunikation von 1977 gibt einen Eindruck von den Informationsquellen, die Mitglieder und Funktionäre von SPD und CDU nutzen *(vgl. Abb. 6)*.

Die Daten zeigen, daß selbst in Parteien aktive Bürger am stärksten auf Massenmedien für die politische Information zurückgreifen. Dagegen werden die Kommunikationsangebote der eigenen Parteiorganisation geringer genutzt. Die Unterschiede zwischen beiden Gruppen, Mitgliedern und Funktionären, sowie zwischen den beiden Parteien, SPD und CDU, sind erstaunlich gering – mit Ausnahme der deutlich stärker an Mitteilungen der Partei und Gesprächen mit ihren Kollegen interessierten CDU-Funktionäre. Leider sind die FDP und die GRÜNEN, die zur Zeit der Studie noch

85 Ulrich Sarcinelli, Politikvermittlung und demokratische Kommunikationskultur, in: ders. (Hrsg.), Politikvermittlung. Beiträge zur politischen Kommunikationskultur, Bonn 1987, S. 19.

86 Vgl. Elisabeth Noelle-Neumann, Die Schweigespirale. Öffentliche Meinung – unsere soziale Haut, München–Zürich 1980; kritisch dazu z. B. Klaus Mertens, Der wahlentscheidende Einfluß des Fernsehens auf die Bundestagswahl 1976 – oder Alchimie in der empirischen Sozialforschung, in: Heribert Schatz/Klaus Lange (Hrsg.), Massenkommunikation und Politik, Frankfurt 1982, S. 121–139.

Abb. 6: Informationsquellen über die jeweilige Politik der Gesamtpartei (SPD und CDU/CSU)

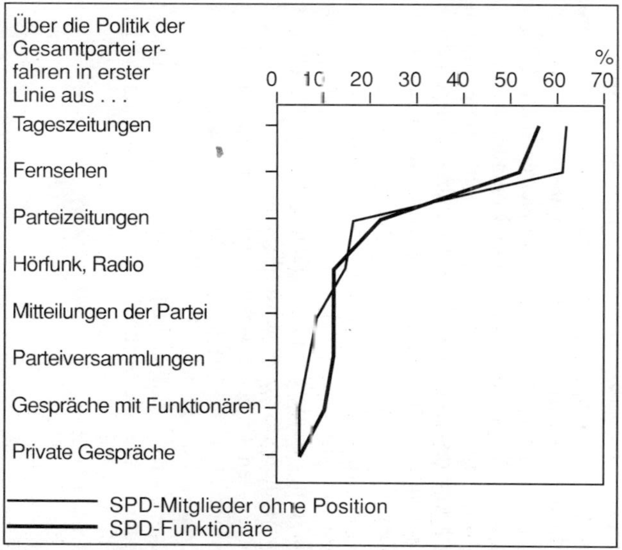

Quelle: infas-Kommunikationsstudie 1977. Repräsentativbefragung bei 2.534 Mitgliedern der SPD (Random-Auswahl). Befragung bei 203 Funktionären der SPD sowie Quoten-Auswahl, Juni/Juli 1977.

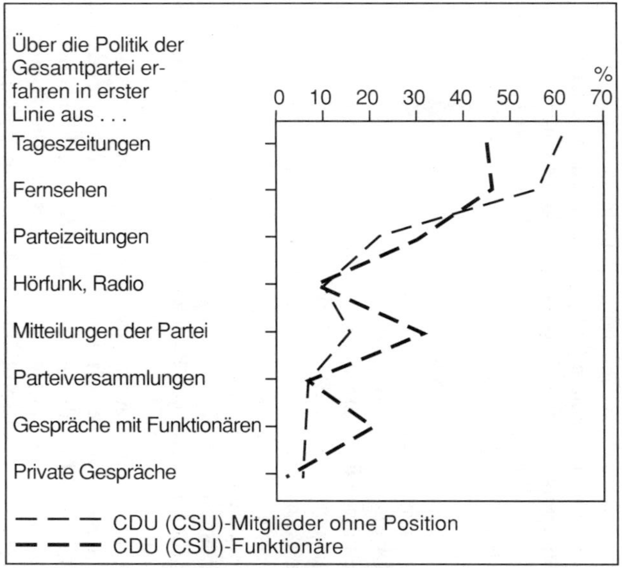

Quelle: infas-Kommunikationsstudie 1977. Befragung bei 483 politisch Aktiven von CDU (CSU) (jeweils Quoten-Auswahl), Juni/Juli 1977.

Quelle: infas 1977, S. 27 und 28[87]

87 infas-Report, Kommunikationsstudie, Bonn 1977.

nicht existierten, nicht einbezogen. Wegen geringerer Mitgliederzahlen ist bei beiden eher noch weniger parteiinterne Kommunikationsnutzung zu erwarten.

Dies leitet zum Kommunikationsangebot der anderen Seite über, der Parteien an die Bürger. Auch hier gibt es ein vielfältiges Angebot von Formen und Wegen, wie von den Parteien aus an die Bürger Informationen vermittelt werden:

- über Massenmedien,
- über parteinahe Zeitungen (z. B. Vorwärts, Bayernkurier),
- über Mitgliederzeitschriften,
- über Mitteilungsdienste für Funktionsträger,
- über Großveranstaltungen und Parteitage,
- über direkte Anschauungen von Parteipolitik im lokalen Bereich,
- über direkten Kontakt mit Parteipolitikern (z. B. Bürgersprechstunden),
- über Wahlkampfkommunikation (Anzeigen, Fernsehspots, Plakate, Info-Stände, Hausbesuche, Broschüren),
- über Mitgliederversammlungen der Parteibasis und schließlich
- über in der politischen Bildung der Parteien (und ihrer Stiftungen) vermittelte Kenntnisse.

Auch hier ist es schwierig, empirisch zu messen, welche Kommunikationsangebote der Parteien die effektivsten in der Breitenwirkung und die intensivsten in der Tiefenwirkung sind. Zumindest ist aber festzustellen, daß alle Parteien der Kommunikation über die Medien die meiste Bedeutung zumessen. Die Politikvermittlung wird somit »kommunikatives Kunstprodukt«[88]. Dies ist in der Entwicklung der deutschen Parteien nicht immer so gewesen. In den fünfziger Jahren konnte man noch zwei Kommunikationsmodelle zwischen den großen Parteien unterscheiden: Die CDU/CSU als »Kanzlerwahlverein« Konrad Adenauers pflegte einen gouvernementalen Kommunikationsstil, der ganz auf den Staatsmann an der Spitze zugeschnitten war; die SPD einen parteilich-integrativen Kommunikationsstil, der auf einer breiten Parteipresse und reger innerparteilicher Kommunikation beruhte. In den sechziger und besonders den siebziger Jahren konvergierten diese Differenzen zu einem Stil programmatischer Planung, so daß in der Kommunikation der Parteien intensive Programmarbeiten und Planungspapiere (Orientierungsrahmen–85 der SPD, Mannheimer Erklärung der CDU von 1975, Freiburger Thesen der FDP von 1972) in den Vordergrund rückten. In den achtziger Jahren tritt nun zunehmend der Stil eines professionellen Kommunikationsmanagements in den Mittelpunkt der Öffentlichkeitsarbeit der Parteien. Dabei heißt Öffentlichkeitsarbeit »den Strom von Informationen nicht abreißen lassen, heißt Themen besetzen, Kompetenz demonstrieren, Schlagzeilen liefern, Aufmerksamkeit erzeugen, und dies alles, um nicht zuletzt eine permanente Medienpräsenz zu gewährleisten«[89].

Allerdings sollte außer den Fragen »wie informiert sich der Bürger über die Parteien?« und »wie informieren die Parteien die Bürger?« auch die Frage gestellt werden: »Wie informieren sich die Parteien über Wünsche, Interessen und Meinungen der Bürger?« Sie nutzen dazu natürlich die Kanäle der innerparteilichen Kommunikation und Willensbildung. Aber diese sind doch recht verengt auf die Parteistruk-

---

88 U. Sarcinelli (Anm. 85), S. 24.
89 Ebd.

tur ausgerichtet und nicht offen genug für die Alltagsanliegen der Bürger und Wähler. Wenn ein Parteivorsitzender die Welt nur durch den Spiegel der Anträge seiner Parteigliederungen auf Parteitagen zur Kenntnis nähme, wäre sein Weltbild sicher etwas verzerrt. Der breiteste Strom an Information fließt auch hier den indirekten Weg über die Massenmedien, wo wieder die bekannten Filter eingebaut sind, die Interessen auswählen und Meinungen verändern. Die Filterung wird noch dadurch verstärkt, daß viele Spitzenpolitiker die Massenmedien kaum selbst wahrnehmen, sondern »lesen lassen«. Morgendliche Pressedienste verdichten Zeitungsausschnitte zu einem Informationsverschnitt, der oft mehr der Selbstbespiegelung der Politiker (wer wird wie oft zitiert?) als der Sammellinse für Bürgermeinungen dient.

Meinungsumfragen sind die dritte Informationsquelle der Politiker über die Wählerschaft. Auch wenn sie repräsentativ ist, bleibt die Demoskopie selektiv auf bestimmte Fragen fixiert. Schließlich nutzen Politiker noch ihr unmittelbares Umfeld für ihr Meinungsbild über die Bedürfnisse der Bevölkerung – sei es der persönliche Referent, die Sekretärin, der Fahrer, der Taxi-Fahrer oder die Putzhilfe, ganz abgesehen von dem privaten Umfeld aus Familie und Bekanntenkreis. Das recht zufällige und nicht repräsentative persönliche Umfeld der Politiker beeinflußt die Entscheidungen von Parteien und Regierungen sicher mehr, als manche systematisch trainierten Politologen zugestehen wollen.

Politik wird dabei leicht auf symbolische Rituale reduziert, die das Fernsehen reproduziert: Reden halten, Hände schütteln, Türen öffnen, mit Autos vorfahren, Schauplätze besichtigen, Fragen beantworten. Ist die »Medienpolitik« schon die wirkliche Politik? Oder ist sie nur die Produktion eines Spektakulums[90]? Sarcinelli schließt seine wichtige Untersuchung symbolischen Handelns in der Wahlkampfkommunikation der Bundesrepublik mit einer skeptischen These: »Für die Generierung und Darstellung von Politik als einer symbolischen Wirklichkeit erweist sich das Massenkommunikationssystem als konstitutiv. Es gibt die Kriterien vor, die Nachrichtenwert ausmachen und auf die auch die symbolische Verdichtung der politischen Kommunikation in hohem Maße ausgerichtet ist. Insofern ist die vermittelte politische Realität nicht ein verkleinertes Abbild einer vorfindlichen politischen Wirklichkeit, sondern eine mediale Wirklichkeitskonstruktion auf der Basis eines symbiotischen Verhältnisses von Politik und Journalismus. Die vorarrangierte politische Medienkultur erlaubt den als Medienpublikum verstandenen Bürgern die alltägliche symbolische Teilnahme am politischen Prozeß oder besser an einem medieninszenierten Ausschnitt desselben. Die Wahrnehmung der massenmedial verbreiteten und Authentizität suggerierenden überschaubaren politischen Topologie kann so zum funktionalen Äquivalent für aktives politisches Verhalten werden.«[91]

Diese These, auch wenn sie etwas überfrachtet ist mit schwieriger Terminologie, ist sehr bedenkenswert. Man möchte sich ihr aber nicht umstandslos anschließen, falls sie auf eine völlige Einbahnstraße der Kommunikation zwischen Parteien und Bürgern hinauslaufen sollte. Dies würde nämlich jeglicher Responsivität, also Offenheit oder Symmetrie in der Politikvermittlung, zuwider laufen. Man muß differenzieren zwischen verschiedenen Reichweiten der Kommunikation. Auf der Ebene von kurz-

90 Vgl. Murray Edelmann, Constructing the Political Spectacle, Chicago – London 1988.
91 U. Sarcinelli (Anm. 84), S. 243.

fristiger Politikformulierung, Politikumsetzung und insbesondere bei der Wahlkampfkommunikation dominieren eindeutig die Versuche der Parteien, Politik als einseitige Öffentlichkeitsarbeit zu betreiben. Themen werden bestimmt, besetzt und mit Hilfe eines den Parteien weit offenstehenden Mediensystems kontrolliert. Auf der Ebene der längerfristigen Programmarbeit und Politikplanung allerdings öffnen sich Parteien für gesellschaftlichen Wertwandel, Themenkonjunkturen und neue Orientierungen und nehmen diese auf. Das hat sich bereits in der Phase programmatischer Planung der sechziger Jahre gezeigt, und es wird auch bei heutigen Programmdebatten, insbesondere der SPD und der GRÜNEN, deutlich.

Responsivität ist in der politischen Kommunikation also sicher nicht symmetrisch verteilt, aber auch nicht völlig einseitig monopolisiert, sondern – wie so vieles im Feld der Politik als Interessenkonflikt – asymmetrisch gebrochen.

2. *Parteien und politisches Personal*

Über die Rekrutierung von Mitgliedern, Aktivisten und Wählern aus der Gesellschaft in die politischen Parteien ist oben im ersten Abschnitt gesprochen worden. Nun wird die Rückwirkung der Parteien auf die personelle Ausstattung der politischen Entscheidungsebene erörtert. Auch diese Perspektive steht unter der Frage nach der Responsivität: Gibt es einen offenen Austausch oder einseitige Patronage? Diese Frage führt auf die vierte Hauptfunktion politischer Parteien zurück, die eingangs aus den Überlegungen von Steffani[92] zitiert wurde: Parteien als Interessengruppen in eigener Sache und als Vermittler politischen Führungspersonals (Parteien als Karrierevehikel).

In einer repräsentativ-liberalen Demokratie, in der politische Ämter über organisierte politische Richtungsgruppen, also über die Parteien, vergeben werden, mögen manche ihre Allgegenwart in der Politik beklagen; aber es gibt keine Alternative dazu. Weder der unpolitische Experte noch der überparteiliche Beamte oder der neutrale Fachmann sind ein diskutabler Ersatz. In der Regel ist die vorgebliche politische Neutralität nur eine Bemäntelung von politischer Ideologie und verborgenen Interessen. Denn auch Fachleute entscheiden bei knappen Mitteln nach Interessen.

Aber die Parteien besitzen nicht das alleinige Monopol auf Rekrutierung von politischem Personal. Wie oben im Abschnitt zur Konkurrenz von Parteien und organisierten Interessen erläutert, bestehen neben dem Parteiensystem Netzwerke der Information, Kommunikation und des personellen Einflusses. Korporative Kartelle formieren sich in manchen Bereichen von Wirtschafts-, Sozial- oder Technologiepolitik, die an Partei und Parlament vorbei Entscheidungen zu beeinflussen versuchen. Solche Tendenzen und Strategien sind aber kein Anlaß, eine korporative Verschwörung an die Wand zu malen. Die Parteien bleiben Scharniere der Politik. Und sie bleiben die wichtigsten Kanäle für politische Karrieren.

Man kann deshalb mit Steffani ganz unbefangen formulieren: »Parteien sind Interessengruppen in eigener Sache, die an politischen Führungsaufgaben interes-

---

92 Vgl. Steffani (Anm. 1), S. 550.

sierten Bürgern Karrierechancen eröffnen.«[93] In der Parteienforschung steht dieser Tatbestand nicht im Mittelpunkt; er bestimmt eher die Parteienkritik[94]. Eine der ausführlichsten Darstellungen von Rekrutierung und Struktur der politischen Führungselite hat Heino Kaack[95] vorgelegt. Er trug eine Fülle von statistischem und Quellenmaterial zusammen, einschließlich hochinteressanter interner Kriterienkataloge der großen Parteien zur Auswahl von Mandatsträgern. Dabei muß man berücksichtigen, daß die Auswahl z. B. eines Bundestagskandidaten unter den mehreren tausend Parteimitgliedern eines Bundestagswahlkreises sich von vornherein auf eine Handvoll Personen konzentriert. Kaack hat die Eingrenzung des Potentials von Personen sehr anschaulich in einer Modellrechnung illustriert *(vgl. Tab. 5).*

Tab. 5: Eingrenzung des Kandidatenpotentials

3200	durchschnittliche Mitgliederzahl auf Bundestagswahlkreisebene (SPD)
– 2720 = 85 %	nicht aktiv
480 = 15 %	aktive Mitglieder
– 96 = 3 %	ohne Funktion
384 = 12 %	Funktionäre
– 288 = 9 %	auf kommunalpolitischen Horizont begrenzt
96 = 3 %	überlokal aktive Mitglieder
– 64 = 2 %	infolge mehrstufiger Hierarchie ohne Chance
32 = 1 %	innerer Kern der Partei
– 16 = 0,5 %	mit Ämtern saturiert (aus eigener Überlegung, vielleicht mit Nachhilfe der Parteifreunde)
16 = 0,5 %	ernsthafte Ambitionierte
– 8 = 0,25 %	ohne Anhang, Hausmacht bzw. Protektion, ohne Ausgangsbasis (Kandidaten der einsamen Illusion)
8 = 0,25 %	Ambitionierte mit Hintergrund
– 4 = 0,125 %	Repräsentanten aussichtsloser Minderheiten
4 = 0,125 %	Ambitionierte, die in engere Wahl kommen können: das effektive Kandidatenpotential

Quelle: nach H. Kaack (Anm. 95), S. 602.

93 Ebd., S. 559.
94 Vgl. R. Wassermann (Anm. 3), S. 87.
95 Vgl. Heino Kaack, Geschichte und Struktur des deutschen Parteiensystems, Opladen 1971, S. 565–685. An jüngeren Daten zur sozialen Zusammensetzung des Bundestages vgl. ders., Die soziale Zusammensetzung des Deutschen Bundestages, in: Uwe Thaysen u. a. (Hrsg.), Amerikanischer Kongreß, Deutscher Bundestag, Opladen 1988.

Natürlich kommt durch eine solche Eingrenzung der Auswahlprozedur für politische Ämter kein repräsentatives Abbild der Bevölkerung zustande. Für die Zusammensetzung des Deutschen Bundestages in den siebziger Jahren (1969–1980) kann man für die Berufsgruppen eine Reihe von signifikanten Abweichungen von den Durchschnittszahlen aller Berufsgruppen feststellen *(Tab. 6)*.

Tab. 6: Über- und Unterrepräsentation von Berufsgruppen im Deutschen Bundestag 1969–1980 gegenüber dem Durchschnitt der Bevölkerung

Fraktion	überdurchschnittlich vertreten	unterdurchschnittlich vertreten
CDU/CSU	Angestellte in der Wirtschaft Selbständige Angehörige freier Berufe	Angestellte politischer und gesellschaftlicher Organisationen
SPD	Regierungsmitglieder Beamte Angestellte des öffentlichen Dienstes Angestellte politischer und gesellschaftlicher Organisationen	Angestellte in der Wirtschaft Selbständige Angehörige freier Berufe
FDP	Regierungsmitglieder Selbständige	Beamte Angestellte des öffentlichen Dienstes Angestellte politischer und gesellschaftlicher Organisationen

Quelle: P. Schindler[96].

Dieses Bild *(vgl. Tab. 6)* hat sich in den achtziger Jahren natürlich in bezug auf die Regierungsmitglieder völlig gewandelt, die nun bei der jetzigen Opposition unterrepräsentiert sind. Es bleibt allerdings dabei, daß die Angehörigen des öffentlichen Dienstes in allen Fraktionen überrepräsentiert sind: am stärksten bei der SPD und den GRÜNEN, weniger bei der CDU/CSU und am wenigsten bei der FDP, während bei diesen beiden letzteren Fraktionen die Angehörigen freier Berufe deutlich überrepräsentiert sind. Nicht ohne gewisse resignative Ironie sammelt *Tab. 7* für den Bundestag von 1987 in der Kategorie »politische Randgruppen« Hausfrauen, Arbeiter und sonstige. An den Daten von *Tab. 7* ist nicht so sehr die Überrepräsentation von öffentlichem Dienst und Freiberuflichen im Bundestag überraschend. Dies zeigt sich bereits in der Parteimitgliedschaft. Bemerkenswert ist vielmehr, daß zwei der stärksten Gruppen in der Bevölkerung im Bundestag nur sehr marginal vertreten

96 Peter Schindler, Datenhandbuch zur Geschichte des Deutschen Bundestages 1949–1982, Bonn 1983, S. 203.

sind: die Hausfrauen (2,1 Prozent) und die Arbeiter (1,7 Prozent). In der erwachsenen Bevölkerung sind dagegen die Hausfrauen und die Arbeiter jeweils mit ca. 18 Prozent vertreten. Vergleichszahlen der Berufsstruktur der gesamten Bevölkerung, die als grobe Orientierung der Zusammensetzung des Bundestages gegenübergestellt werden können, enthält die oben zitierte Abb. 3.
Frauen sind ganz allgemein in allen politischen Führungspositionen eklatant unterrepräsentiert – wie in gesellschaftlichen Führungspositionen überhaupt. Von Responsivität kann hier kaum die Rede sein: Der Bundestag ist genauso wie die politische Elite (und die ökonomische oder kulturelle) kein Spiegelbild der Sozialstruktur und erst recht nicht der Parität der Geschlechter. Es ist allerdings durchaus fraglich, ob der Bundestag ein solches soziales Spiegelbild sein muß. Dies ist eine umstrittene Thematik der Repräsentationstheorie[97]. Anerkannt wird zwar mehr oder weniger, daß eine bessere Gleichberechtigung der Geschlechter verwirklicht werden muß. Die GRÜNEN haben demonstriert, daß dies möglich ist. Die SPD hat sich durch den Quotenbeschluß auf den schwierigen Weg gemacht, politische Gleichberechtigung der Geschlechter bei Führungsämtern zu verwirklichen. Aber auf die Berufs-, Alters- oder Einkommensstruktur muß die Forderung nach sozialer Repräsentation nicht ausgedehnt werden. Wichtiger bleibt für die Frage politischer Repräsentation: Bildet die Volksvertretung im Parlament die politischen Strömungen und Willensbekundungen in der Bevölkerung angemessen ab?

Zurück zu der Leitfrage dieses Abschnitts, welche Rückwirkung die Parteien auf die personelle Ausstattung der politischen Entscheidungsebene haben. Sie konnte hier nur sehr unzulänglich mit einem exemplarischen Indikator, der sozialstrukturellen Repräsentation der Bevölkerung im Bundestag, angegangen werden. Weitere Fragen des offenen personellen Austausches zwischen Parteien und Gesellschaft konnten nicht detailliert angesprochen werden. In der Bundesrepublik ist das Parteienprinzip nicht nur bei der Besetzung von Ministerämtern durchgängig mit wenigen Ausnahmen etabliert. Auch höhere Beamtenpositionen sind offener als in anderen Ländern in der Hand der Mehrheitsparteien. Und im übrigen Beamtenkörper der Ministerialbürokratie sowie nachgeordneter Behörden ist die Besetzung nach Parteizugehörigkeit der Spitze oder mindestens, besonders in den Kommunen, nach parteipolitischem Proporz gang und gäbe. Zu den öffentlich-rechtlichen Anstalten wurde im Abschnitt über Parteien und Medien das Entsprechende gesagt; aber auch Sparkassen, Kreditanstalten, Lottogesellschaften, Baugenossenschaften oder Spielcasinobetriebe werden vom Parteienproporz erfaßt. Ist das Patronage? Filzokratie? Korruption durch Nepotismus? Durchaus nicht immer. Denn in einem Parteienstaat ist es nicht illegitim, wenn ein Bewerber um eine öffentlich zu vergebende Position Mitglied einer Partei ist. Erst wenn deutlich wird, daß der Bewerber weniger qualifiziert ist als andere und ungerechtfertigt die Position erlangt hat, kommt Ämterpatronage ins Spiel. Diese ist auch in der Bundesrepublik verbreitet und nicht etwa nur bei den amerikanischen Parteimaschinen der großen Städte[98]. Von daher

---

97 Vgl. Bernhard Wessels, Wählerschaft und Führungsschicht: Probleme politischer Repräsentation (Informationen aus Forschung und Lehre, Freie Universität Berlin, Zentralinstitut für sozialwissenschaftliche Forschung, 2/1985), Berlin 1985.

98 Zu politischer Korruption und Ämterpatronage weltweit vgl. Arnold J. Heidenheimer u. a. (Hrsg.), Political Corruption, New Brunswick 1988.

Tab. 7: Die Berufsstruktur des XI. Deutschen Bundestages (Stand: 1987)

	CDU/CSU		SPD		FDP		Die GRÜNEN		insgesamt	
	n	%	n	%	n	%	n	%	n	%
1. Regierungsmitglieder u. ehemalige Regierungsmitglieder										
a) Bundeskanzler u. Bundesminister (amtierend)	15	6,4	0	0,0	4	8,3	0	0,0	19	3,7
b) Parlamentarische Staatssekretäre (amtierend)	23	9,8	0	0,0	4	8,3	0	0,0	27	5,2
c) Ehemalige Regierungsmitglieder	3	1,3	14	7,3	3	6,3	0	0,0	20	3,9
insgesamt	41	17,5	14	7,3	11	22,9	0	0,0	66	12,7
2. Beamte, Richter, Pfarrer u. Angestellte des öffentlichen Dienstes										
a) Sog. politische Beamte u. ehemalige Mitglieder von Landesregierungen	5	2,1	3	1,6	2	4,2	0	0,0	10	1,9
b) Andere Beamte des höheren Dienstes (Verwaltung)	17	7,3	12	6,2	0	0,0	2	4,5	31	6,0
c) Beamte des gehobenen Dienstes (Verwaltung)	2	0,9	11	5,7	0	0,0	1	2,3	14	2,7
d) Richter und Staatsanwälte	2	0,9	5	2,6	0	0,0	0	0,0	7	1,3
e) Berufssoldaten	0	0,0	4	2,1	0	0,0	0	0,0	4	0,8
f) Kommunale Wahlbeamte	10	4,3	8	4,1	0	0,0	0	0,0	18	3,5
g) Professoren an Universitäten und Hochschulen	3	1,3	4	2,1	1	2,1	0	0,0	8	1,5
h) Andere Wissenschaftler an Universitäten und Hochschulen	2	0,9	8	4,1	1	2,1	3	6,8	14	2,7
i) Lehrer an weiterführenden Schulen	10	4,3	17	8,8	1	2,1	6	13,6	34	6,6
j) Lehrer an Grund-, Haupt- und Realschulen	9	3,8	11	5,7	2	4,2	5	11,4	27	5,2
k) Angestellte des öffentlichen Dienstes (auch von Anstalten u. Körperschaften des öffentlichen Rechts)	2	0,9	5	2,6	0	0,0	2	4,5	9	1,7
l) Pfarrer	0	0,0	0	0,0	0	0,0	0	0,0	0	0,0
insgesamt	62	26,5	88	45,6	7	14,6	19	43,2	176	33,9

	CDU/CSU		SPD		FDP		Die GRÜNEN		insgesamt	
	n	%	n	%	n	%	n	%	n	%
3. Angestellte der Wirtschaft sowie politischer und gesellschaftlicher Organisationen										
a) Angestellte in Industrie, Handel und Gewerbe	19	8,1	10	5,2	2	4,2	5	11,4	36	6,9
b) Angestellte von Wirtschaftsorganisationen (Verbände, IHK)	4	1,7	0	0,0	1	2,1	0	0,0	5	1,0
c) Angestellte von Parteien und Fraktionen	9	3,8	20	10,4	4	8,3	1	2,3	34	6,6
d) Angestellte von Gewerkschaften und anderen Arbeitnehmerorganisationen	2	0,9	17	8,8	0	0,0	0	0,0	19	3,7
e) Angestellte sonstiger Organisationen und Institutionen bzw. Interessenverbänden	7	3,0	6	3,1	3	6,3	3	6,8	19	3,7
insgesamt	41	17,5	53	27,5	10	20,8	9	20,5	113	21,8
4. Selbständige und Angehörige freier Berufe (oft zugleich Vertreter von Organisationen bzw. Verbänden ihres Bereichs)										
a) Fabrikanten und Unternehmer, selbständige Kaufleute sowie quasi unabhängige Wirtschaftsvertreter	22	9,4	4	2,1	3	6,3	0	0,0	29	5,6
b) Selbständige Handwerker	5	2,1	1	0,5	0	0,0	0	0,0	6	1,2
c) Selbständige Land- und Forstwirte	15	6,4	1	0,5	4	8,3	2	4,5	22	4,2
d) Rechtsanwälte und Notare	31	13,2	8	4,1	7	14,6	1	2,3	47	9,1
e) Sonstige Angehörige freier Berufe (Ärzte, Ingenieure, Journalisten u. a.)	13	5,6	9	4,7	2	4,2	2	4,5	26	5,0
insgesamt	86	36,8	23	11,9	16	33,3	5	11,4	130	25,0
5. „Politische Randgruppen"										
a) Hausfrauen	3	1,3	3	1,6	2	4,2	3	6,8	11	2,1
b) Arbeiter	1	0,4	7	3,6	0	0,0	1	2,3	9	1,7
c) Ohne bisherige Berufsausübung oder ohne verwendbare Aufgabe	0	0,0	5	2,6	2	4,2	7	15,9	14	2,7
insgesamt	4	1,7	15	7,8	4	8,3	11	25,0	34	6,6
Gesamt*	234	100,0	193	100,0	48	100,0	44	100,0	519	100,0

* Ein Über- bzw. Unterschreiten von 100,0 Prozent ergibt sich aus der Verkürzung auf eine Dezimalstelle.

Quelle: Emil Peter Müller, Interessen der Sozialpartner im XI. Deutschen Bundestag, in: Zeitschrift für Parlamentsfragen, 19 (1988) 2, S. 190.

muß sich mit dieser Art von Schattenpolitik auch die Politikwissenschaft intensiver befassen. Denn Ämterpatronage verstopft endgültig die laut Grundgesetz offene personelle Kommunikation zwischen Politik und Gesellschaft, die sich durch Chancenungleichheit und Interessenmacht sowieso schon durchaus asymmetrisch darstellt.

3. Glaubwürdigkeit und Akzeptanz der Parteien

Ein freundliches Fremdwort geistert seit einigen Jahren durch die politische Sprache: Akzeptanz. Es hat bereits die Werbesprache erreicht und insbesondere das Marketing. Da stellt sich die Akzeptanzfrage von Pulverkaffee und phosphatfreiem Waschpulver. Politikwissenschaft und Soziologie entdecken die Akzeptanzforschung, die lukrative Aufträge verspricht. Technikakzeptanz ist die breiteste Forschungssparte in diesem Kontext[99].

Sind die Parteien in einer Akzeptanzkrise? Der Begriff Akzeptanz scheint dem Wortschatz des Politmarketing entliehen zu sein: Es klingt nach Absatz und Abnehmen, nicht nach kritischem Prüfen und offenem Austausch wie beispielsweise der Begriff der Responsivität. Besser ist deshalb der Begriff Glaubwürdigkeit, der freilich auch seine Tücken hat. Denn Glaubwürdigkeit ist eigentlich eine sehr persönliche Tugend, die vorschnell auf politische Institutionen und Kollektive übertragen wird. Ein Mensch, ein Zeuge vor Gericht hat glaubwürdig zu sein. Nach der Barschel-Affäre in Schleswig-Holstein, Korruptionsaffären in Berlin oder Frankfurt, Parteispendenskandalen mit weit über tausend Gerichtsverfahren ist es kein Wunder, daß die Glaubwürdigkeit einer Institution wie der politischen Partei ernsthaft öffentlich in Frage gestellt wird.

Aber es wäre falsch, wie in manchen Massenmedien üblich, Parteien und Politiker allein an der Glaubwürdigkeit, am ehrlichen Auftreten und den offenen blauen Augen zu messen. Natürlich müssen Politiker glaubwürdig sein. Es ist eine entscheidende Voraussetzung, eine notwendige Vorbedingung. Aber es ist eben keine hinreichende Bedingung. Der Bürger will nicht nur wissen, daß ein Politiker gerade steht, sondern auch wofür er steht. Erst recht gilt das für Institutionen. Man will sie an ihren Leistungen messen. Die sollen vertrauenswürdig erbracht werden. In einer Demokratie sind die Leistungen der Parteien ständig zu kontrollieren und zu kritisieren. Nicht nur Vertrauen, auch Mißtrauen ist damit eine politische Tugend der Demokratie – im Sinne von kritischer Wachsamkeit. Glaube an die Gemeinwohlorientierung der Parteienregierung – das wäre eine Tugend in einem Obrigkeitsstaat[100].

Sind die deutschen politischen Parteien in einer Krise der Glaubwürdigkeit und Akzeptanz? Sicher, aber dies sind sie immer schon gewesen. Die Parteien haben über Jahrzehnte um Anerkennung und Duldung als Träger der politischen Willensbildung

---

99 Vgl. Jürgen Fijalkowski, Akzeptanzprobleme und Beurteilungsstrategien, in: Hans-Hermann Hartwich (Hrsg.), Politik und die Macht der Technik, Opladen 1986, S. 351–360.

100 Vgl. dazu Ulrich von Alemann, Die politischen Parteien in der Glaubwürdigkeitskrise?, in: Gewerkschaftliche Monatshefte, 39 (1988), S. 65.

kämpfen müssen[101]. Anfang der siebziger Jahre stand das Parteiensystem in der Legitimationskrise. Zehn Jahre später nannte man die Krise Parteienverdrossenheit. Heute nennt man es Akzeptanz- oder Glaubwürdigkeitskrise. Kürzlich sind gleich zwei Bücher kurz hintereinander mit dem gleichen Titel »Parteien in der Krise« publiziert worden[102]. Krise ist ein zu nichtssagender Begriff, der für die Parteien inflationär genutzt wird. Eine dramatische Zuspitzung konfliktorischer sozialer Situationen mit dem Risiko des Scheiterns – so kann der Krisenbegriff wohl für die Gesellschaftswissenschaften übersetzt werden. Dieser Krisenbegriff ist viel zu dynamisch, um sinnvoll für die Parteien genutzt zu werden. Es geht hier in der Tat um Probleme, die viel langfristiger, chronischer Natur sind. Es gibt eingebaute Dilemmata, die kaum vermeidbar sind; es geht um nichtintendierte Nebenfolgen politischer Entwicklungen, die kaum vorhergesehen werden können.

Die Rolle der politischen Parteien gegenüber dem Dreieck Bürgerschaft, politische Institutionen und ökonomische organisierte Interessen ist schon immer prekär gewesen. Wenn sie sich zwischen diesen Spannungsfeldern unumstritten etabliert hätten, dann wäre wohl etwas falsch. Die Parteienkritik redet deshalb zuviel von akuter Krise, während sie mehr von chronischen Syndromen sprechen sollte. In der aktuellen Parteienkritik dominieren deshalb zu stark die einfachen Thesen; die Wirklichkeit ist verwickelter. Einige dieser Brüche zwischen Rekrutierung, Konkurrenz und Responsivität sind hoffentlich in diesem Beitrag deutlich geworden. Daraus ein stromlinienförmiges Fazit zu ziehen, wäre vermessen.

---

101 Vgl. Erwin Faul, Verfemung, Duldung und Anerkennung des Parteiwesens in der Geschichte des politischen Denkens, in: Politische Vierteljahresschrift, 5 (1964), S. 60–80.

102 Vgl. C. Graf von Krockow/P. Lösche (Anm. 4); P. Haungs/E. Jesse (Anm. 66).

II. Parteien in Einzelportraits

Hermann Schmitt

Die Sozialdemokratische Partei Deutschlands

Die Sozialdemokratische Partei Deutschlands (SPD) ist wohl diejenige Partei des bundesrepublikanischen Parteiensystems, die auch international am meisten politikwissenschaftliche Aufmerksamkeit auf sich gezogen hat. Schon im Kaiserreich, als Realtypus der Arbeiter-(klassen-)partei, diente sie Robert Michels[1] als zentrales Anschauungs- und Belegobjekt für seinen generellen Oligarchie-Vorwurf an die Parteiendemokratie. Auch Sigmund Neumann[2] machte seinen zentralen Unterschied zwischen der demokratischen und der absolutistischen Integrationspartei an der SPD und der NSDAP fest. Otto Kirchheimer[3] hatte wiederum die bundesrepublikanische Entwicklung, und hier vor allem »die SPD nach Godesberg« im Auge, als er von einer generellen Entwicklung hin zur Volkspartei schrieb.

Ihre parteitypus-prägende Kraft und damit ihre hervorgehobene Rolle in der politikwissenschaftlichen Debatte hat die SPD seither verloren. Etwa seit der zweiten Hälfte der siebziger Jahre fasziniert eine andere bundesrepublikanische Partei die nationale und internationale professionelle Aufmerksamkeit stärker: die GRÜNEN (und damit in engem Zusammenhang die neuen sozialen Bewegungen).

Sicher kann die Entstehung und Entwicklung der GRÜNEN nicht losgelöst von sozialdemokratischer Politik in der Bundesrepublik der späten siebziger und frühen achtziger Jahre gesehen werden; umgekehrt ist aber auch die jüngere Entwicklung der SPD ohne diese neue Konkurrenz kaum zu verstehen. Deshalb muß im folgenden auch auf die GRÜNEN etwas detaillierter eingegangen werden. Doch zunächst richten wir unseren Blick etwas weiter zurück.

---

1 Vgl. Robert Michels, Zur Soziologie des Parteiwesens in der modernen Demokratie (Neudruck der zweiten Auflage), Stuttgart 1970 (Erstveröffentlichung 1911).

2 Vgl. Sigmund Neumann, Die Parteien der Weimarer Republik (3. Auflage des Neudrucks der Erstausgabe von Kohlhammer, Urban-Taschenbücher 175), Stuttgart etc. 1973 (Erstveröffentlichung 1932); siehe auch ders., Toward a Comparative Study of Political Parties, in: ders. (Hrsg.), Modern Political Parties. Approaches to Comparative Politics, Chicago etc. 1956.

3 Vgl. Otto Kirchheimer, Der Wandel des westeuropäischen Parteiensystems, in: Politische Vierteljahresschrift, 6 (1965), S. 20–41.

I. Geschichte und Tradition

Das bundesrepublikanische Parteiensystem repräsentiert in seinen zentralen Strukturen nach wie vor traditionelle politische Konfliktlagen (cleavages), die bis ins 18. und 19. Jahrhundert zurückreichen[4]. In diesem Sinne haben die beiden Brüche in der Parteiensystementwicklung – der Erste Weltkrieg mit dem Übergang vom Kaiserreich in die Weimarer Republik und von da über die Nazi-Diktatur des Dritten Reiches und den Zweiten Weltkrieg nach Bonn – überraschend wenig bewirkt. Entsprechend schwer wiegt die historische Last auf den Schultern der bundesrepublikanischen Parteien – insbesondere auf jenen der Sozialdemokratie, die auf eine weitgehende organisatorische Kontinuität zurückblicken kann.

Diese historische Last resultiert aus zwei zunächst voneinander unabhängigen, aber in ihrem Zusammenwirken unausweichlich Friktionen verusachenden Prozessen: Sie ist einerseits ein Resultat der historischen Ungleichzeitigkeit prägender Erfahrungen und Wahrnehmungen parteilicher Akteure (Parteieliten, Mitglieder, Wähler etc.)[5] und der daraus jeweils individuell abgeleiteten Parameter politischen Verhaltens. Auf der anderen Seite ist sie ein Ergebnis der (überlebens-)notwendigen Responsivität politischer Parteien angesichts gravierender Veränderungen im gesellschaftlichen Problemhaushalt[6].

Die SPD beging im Jahre 1988 die Gründung des Allgemeinen Deutschen Arbeitervereins (ADAV) um Ferdinand Lassalle im Jahre 1863 als ihr 125. Parteijubiläum. In diesen 125 Jahren haben unterschiedlichste politische Erfahrungen die politischen Orientierungen von Sozialdemokraten geprägt; und die SPD mußte in unterschiedlichsten Problemkontexten jeweils traditionelle Positionen angesichts neuer soziopolitischer Rahmenbedingungen überprüfen. Im folgenden sollen vier sozialdemokratische Grunderfahrungen in groben Strichen skizziert werden[7].

1. Die Erfahrung des Nicht-Dazu-Gehörens und des Ausgeschlossen-Seins

Für die SPD des Kaiserreiches und ihre Vorläuferorganisationen ist die Emanzipation der Arbeiterschaft und ihre Integration ins politische und gesellschaftliche System das zentrale Problem. Die prägenden Erfahrungen von Sozialdemokraten jener Zeit sind die der ökonomisch ausgebeuteten, politisch unterdrückten (am sinnfälligsten angezeigt durch Bismarcks Sozialistengesetze) und gesellschaftlich ausgegrenzten Arbeiterschaft. Sie organisieren sich in einer Art Ghetto-Partei (S. Neumann), die für ihre Mitglieder und Sympathisanten neben unmittelbar politischen auch vermehrt soziale Funktionen erfüllen muß und sich dazu einen Kranz von Hilfsorganisationen (»... von der Wiege bis zur Bahre«) schafft.

---

4 Vgl. ausführlicher Hermann Schmitt, Das Parteiensystem der Bundesrepublik Deutschland (Kurs Nr. 3207 der Fernuniversität), Hagen 1987.

5 Vgl. Hermann Schmitt/Oskar Niedermayer, Middle-Level Party Elites and Socio-Political Linkage, paper, ECPR Joint Sessions of Workshops, Rimini 1988.

6 Vgl. Hermann Schmitt, Neue Politik in alten Parteien, Opladen 1987.

7 Vgl. Wolfgang Abendroth, Aufstieg und Krise der deutschen Sozialdemokratie, Frankfurt 1965; Helga Grebing, Geschichte der deutschen Arbeiterbewegung, München 1979; Susanne Miller/Heinrich Potthof, Kleine Geschichte der SPD, Bonn 1981.

Diese kollektive Erfahrung des Ausgeschlossen-Seins macht wohl auch die innerparteiliche Auseinandersetzung um die Frage der parlamentarischen Bewilligung der Kriegskredite 1914 und die schließliche Zustimmung hierzu durch die Mehrheits-Sozialdemokratie unter Ebert verständlich: Jenseits aller ideologischen Erwägungen fühlte sich ein Großteil der Sozialdemokratie dazu aufgerufen, sich als verantwortlicher Teil der Gesellschaft zu beweisen, auch wenn dies die Gefahr der – wie sich zeigen sollte: dauerhaften – Spaltung der deutschen Arbeiterbewegung in sich barg.

Unter gänzlich anderen Umständen, aber gleichwohl ausgeschlossen von der Teilhabe an der politischen und gesellschaftlichen Macht im Staate, agierten auch die Sozialdemokraten der Frühphase der Bundesrepublik. Symbolisiert in der Person ihres Vorsitzenden Kurt Schuhmacher waren sie politisch und moralisch unbelastet aus dem Terror der Nazi-Herrschaft hervorgegangen. Sie fühlten sich als die legitimen Repräsentanten des »anderen Deutschlands« – und vor allen anderen politischen Kräften zur Neugestaltung einer deutschen Demokratie berufen. Dazu ist es jedoch – nach sozialdemokratischen Anfangserfolgen unter den globalen Rahmenbedingungen des beginnenden »Kalten Krieges« und der deutschen Teilung sowie der dazu notwendigen soziopolitischen Restauration im Innern – bundesweit nicht gekommen.

2. *Die Erfahrung innerparteilicher Flügelkämpfe*

Es wurden auch immer wieder erbitterte innerparteiliche Flügelkämpfe ausgetragen, zumeist zwischen – in heutigen Begriffen gesprochen – pragmatischen Reformisten und orthodoxen Marxisten; diese Kämpfe prägten die politischen Erfahrungen von Sozialdemokraten. Die 1869, nach dem Tode Lassalles und unter dem Eindruck einer Führungskrise im ADAV, in Eisenach von Bebel und Liebknecht ins Leben gerufene Sozialdemokratische Arbeiterpartei (SDAP) war die erste – freilich nicht die letzte – Links-Abspaltung vom sozialdemokratischen main stream. Schon 1875 kam es zum Einigungsparteitag in Gotha, aus dem die Sozialistische Arbeiterpartei Deutschlands hervorging.

Damit waren freilich die (inner-)parteilichen Gegensätze keineswegs aufgehoben. Die spätere Abspaltung der Unabhängigen Sozialdemokratischen Partei (USPD: Fraktionsbildung 1916, Parteigründung 1917) wurde durch die Frage der Kriegskredite lediglich ausgelöst; die Wurzel auch dieser Abspaltung waren die ursprünglichen Spannungen zwischen dem national, realpolitisch und parlamentarisch orientierten ADAV Lassalles und der marxistisch-internationalistisch orientierten SDAP Bebels und Liebknechts. Als mit dem Friedensschluß der Anlaß dieser Parteigründung obsolet geworden war, schloß sich der linke Flügel der USPD der mit Kriegsende gegründeten KPD an, während der moderate, pazifistisch motivierte Teil zur SPD zurückfand.

Zahlreichen kleineren Abspaltungen blieb der wahlpolitische Erfolg versagt. Zu erwähnen ist jedoch die bundesrepublikanische Partei der GRÜNEN, die seit Ende der siebziger Jahre in verschiedenen Landtagen und seit 1983 auch im Bundestag die Politik der Bundesrepublik beeinflußt. Kann man die Entstehung der GRÜNEN als eine weitere klassische Abspaltung von der Sozialdemokratie verstehen? Wohl nicht in einem formalen Sinne; aber je klarer das politisch-ideologische und wahlsoziologische Erscheinungsbild der GRÜNEN sich in der ersten Dekade nach ihrer Gründungsphase herauskristallisiert, um so deutlicher wird, daß diese Partei erst aus einer akuten Integrationsschwäche der Regierungspartei SPD heraus entstehen konnte und jedenfalls auf der Ebene ihrer Wählerschaft zumeist aus ehemaligen oder potentiellen – man könnte auch sagen: verhinderten – Sozialdemokraten besteht.

3. Die Erfahrung politischer Verfolgung

Hinzu kommen schließlich die Erfahrungen politischer Verfolgung, der Illegalität und der Emigration. Schon zwischen 1878 und 1890 – in der Zeit der Sozialistengesetze – mußten Sozialdemokraten (und freie Gewerkschafter) ihre politischen Ziele im Untergrund verfolgen – oder von ihnen lassen. Daß letzteres nicht die Regel war, zeigt die Tatsache, daß die SPD – sie nennt sich nun Sozialdemokratische Partei Deutschlands – nach der Wiederzulassung zur stimmenstärksten Partei im Kaiserreich wird.

Ein knappes halbes Jahrhundert später, unter der braunen Willkür des Dritten Reiches, mußten Sozialdemokraten erneut diese bittere Erfahrung machen. Die SPD-Abgeordneten des Reichstages verweigerten im März 1933 als einzige dem nationalsozialistischen Ermächtigungsgesetz ihre Zustimmung – wobei die kommunistische Fraktion an dieser Abstimmung schon nicht mehr teilnehmen konnte, ihre Abgeordneten wie auch einige sozialdemokratische Reichtstagsmitglieder waren bereits verhaftet. Exil, Widerstand, auch das Abtauchen in die innere Emigration kennzeichneten die Jahre zwischen 1933 und 1945.

4. Die Erfahrung der Regierungsverantwortung

Eine zentrale Erfahrung der Sozialdemokratie in der Weimarer Republik war zweifellos, daß die SPD sich nach dem Ersten Weltkrieg und der Novemberrevolution 1918 zum politischen Zentrum der neuen Republik emanzipieren konnte. Die SPD stellte mit Ebert den ersten Reichspräsidenten, und sie führte die verschiedenen Reichsregierungen der Jahre 1918 bis 1923 und 1928 bis 1930 an. Es waren Sozialdemokraten, die in der »Weimarer Koalition« zusammen mit dem katholischen Zentrum und der bürgerlich-fortschrittlichen Deutschen Demokratischen Partei (DDP) – in der Großen Koalition darüber hinaus zusammen mit Stresemanns nationalliberaler Deutschen Volkspartei (DVP) – die Weimarer Demokratie gegen die erbitterten und gewaltsamen Angriffe von links und rechts getragen haben. Auch wenn man den Zusammenbruch dieser Republik – in soziologischer Perspektive – vor allem auf den Zerfall des bürgerlich-liberalen Milieus[8] und seine Affinität zu den Parolen des Nationalsozialismus zurückführen muß, so markierte das Ermächtigungsgesetz des Jahres 1933 doch auch das Scheitern sozialdemokratischer Politik.

---

8 Vgl. M. Rainer Lepsius, Parteiensystem und Sozialstruktur: Zum Problem der Demokratisierung der deutschen Gesellschaft, in: Wolfgang Abel u. a. (Hrsg.), Wirtschaft, Geschichte und Wirtschaftsgeschichte, Stuttgart 1966.

Unter gänzlich anderen und in vielerlei Hinsicht besseren Rahmenbedingungen trat die bundesrepublikanische SPD nach 20jährigem »Anlauf« erneut die Regierungsverantwortung an – 1966 als Juniorpartner in der Großen Koalition mit der CDU/CSU und 1969–1982 als der größere Partner verschiedener sozialliberaler Koalitionen mit der FDP. Für viele stellte erst dieser »Machtwechsel« der Bonner Republik das Reifezeugnis aus, und vor allem für Sozialdemokraten – aber auch für viele (Sozial-) Liberale – begann 1969 eine neue Zeit: eine Zeit der innenpolitischen Reformen nach dem Brandtschen Motto »mehr Demokratie wagen«; aber auch eine Zeit der außen- und vor allem ostpolitischen Initiativen mit dem Ziel der Aussöhnung und der Entspannung (détente) der starren Fronten, die im Kalten Krieg zwischen »dem Ostblock« und »der freien Welt« aufgebaut worden waren. Sehr bald freilich sind sozialdemokratische Reformpläne an die Grenzen des ökonomisch Machbaren gestoßen. Spätestens ab Mitte der siebziger Jahre war die Aufbruchsstimmung verflogen, und Kanzler Schmidt führte unter schwierigen ökonomischen Bedingungen eine oft widerstrebende SPD auf einen Kurs der wirtschafts- und gesellschaftspolitischen Schadensbegrenzung. Im Herbst 1982 stürzte die dritte Regierung Schmidt über sozial- und vor allem gewerkschaftspolitische Differenzen mit dem nationalliberalen Flügel der FDP.

5. *Der Fundus erlebter Erfahrungen in der heutigen Sozialdemokratie*

Die Hervorhebung von vier sozialdemokratischen Grunderfahrungen – jener des Nicht-Dazu-Gehörens, der Flügelkämpfe und Spaltungen, der politischen Verfolgung und schließlich der Übernahme von Regierungsverantwortung – mag bis zu einem gewissen Grade unvollständig sein; in der über 125 Jahre alten Geschichte und Tradition mögen Sozialdemokraten weitere grundlegende Erfahrungen gemacht haben. Wenn wir gleichwohl von einem grundlegenden Charakter dieser vier Erfahrungsdimensionen ausgehen, so deshalb, weil sie in gewisser Weise zeit- und epochenübergreifend sind: Die politischen Überzeugungen und das politische Verhalten von Sozialdemokraten waren zu unterschiedlichen Zeiten von diesen Erfahrungen geprägt.

Auf einer historisch-konkreten Ebene können wir die Ergebnisse von drei Umfragen unter mittleren Parteieliten der SPD[9] heranziehen und überprüfen, unter welchen

9 Zwischen 1975 und 1986 hat eine Gruppe von Parteien- und Wahlforschern am Mannheimer Institut für Sozialwissenschaften die Delegierten zu zehn nationalen Parteitagen bundesrepublikanischer Parteien befragt. Diese Studien, die in einer zweiten Welle in ein vergleichendes Projekt mit anderen EG-Ländern eingebunden waren, wurden von K. Reif initiiert und maßgeblich geleitet. In einer späteren Phase war der Autor für die bundesrepublikanischen Umfragen verantwortlich; vgl. für Details der Erhebungen und zum Konzept mittlerer Parteieliten Karlheinz Reif/Hermann Schmitt/Oskar Niedermayer, Die Rolle der Mittleren Führungsschicht der politischen Parteien in den EG-Parteiföderationen, in: Thomas Ellwein (Hrsg.) Politikfeldanalysen, Opladen 1980; Karlheinz Reif, Some Notes on the Role of Middle-Leven Party Elites, paper, ISPP Conference, Mannheim 1981; H. Schmitt (Anm. 6). Mit Ausnahme der Umfrage von 1986 sind die Datensätze über das Zentralarchiv in Köln verfügbar.

historischen Rahmenbedingungen die heutigen Funktionäre der Partei aufgewachsen sind und ihre prägenden politischen Erfahrungen gesammelt haben.

Hier zeigt sich, zunächst wenig überraschend, daß die spezifischen Erfahrungen der Sozialdemokratie des Kaiserreiches und der Weimarer Republik nur noch einen indirekten, kaum mehr einen unmittelbaren – durch eigenes Erleben geprägten – Einfluß auf die heutige SPD und ihre Politik haben *(Tab. 1)*. Auch die Generation jener, die unter der Hitler-Diktatur und im Zweiten Weltkrieg ihre primären politischen Erfahrungen sammeln mußte, wird in der mittleren Parteielite der SPD immer dünner: Sie umfaßt heute noch etwa zehn Prozent. In der entbehrungsreichen und insbesondere für die SPD auch politisch enttäuschenden ersten Dekade nach Kriegsende hatte 1986 gerade noch einer von dreien unserer Befragten seine formative politische Sozialisation erfahren.

Tab. 1: Die mittlere Führungsschicht der SPD nach Sozialisationsgenerationen

Befragt wurden die Delegierten zu SPD-Bundesparteitagen der Jahre:	1976	1979	1986
Politische Generationen*	%	%	%
Weimarer Republik	5	2	0
Drittes Reich	29	26	13
Bonn: Aufbau	41	45	36
Bonn: Wohlstand	24	25	42
Bonn: Protest	1	2	9

* Wir gehen davon aus, daß Befragte unter den politischen Bedingungen der Weimarer Republik sozialisiert sind, wenn sie vor 1918 geboren sind; im Dritten Reich, wenn sie zwischen 1918 und 1929 geboren sind; in der Aufbauphase der Bundesrepublik, wenn sie zwischen 1930 und 1940 geboren sind; in der Wohlstandsphase der Bundesrepublik, wenn sie zwischen 1941 und 1950 geboren sind; und in der Protestphase der Bundesrepublik, wenn sie 1951 oder später geboren sind. Vgl. zur theoretischen Begründung des Konzeptes politischer Generationen grundlegend Karl Mannheim, Das soziologische Problem der Generation, in: ders. (Hrsg.), Wissenssoziologie, Berlin–Neuwied 1964 (Erstveröffentlichung 1928); für einen Überblick über die Diskussion vgl. Helmut Fogt, Politische Generationen, Opladen 1982; für analytische Nutzanwendungen des Konzeptes vgl. Kendall L. Baker/Russel J. Dalton/Kai Hildebrandt, Germany Transformed, Cambridge, Mass. 1981 und Hermann Schmitt/Michael Kus, Politische Generationen, Beitrittserwartungen und Mitgliedschaftszufriedenheit, in: Oskar Niedermayer/Karlheinz Reif/Hermann Schmitt, Neumitglieder in der SPD, Neustadt 1987.

Der Fundus selbst erlebter Erfahrungen in der heutigen SPD ist relativ jung. Der modale politische Erfahrungszusammenhang ist jener der bundesrepublikanischen Wohlstandsgeneration, die ökonomisch vom Wirtschaftswunder und politisch von der Öffnung der SPD zum »bürgerlichen Lager« und ihrer Ratifizierung von zunächst gegen ihren Willen getroffenen Grundsatzentscheidungen (wie Wiederbewaffnung und Westintegration) geprägt wurde; mit Blick auf innerparteiliche Entwicklungen können wir diese Generation sozialdemokratischer Funktionsträger auch »die Godesberger« nennen, war doch das Godesberger Grundsatzprogramm des Jahres 1959 der Kristallisationspunkt der Neuorientierung der SPD nach dem Kriege. Schließlich gehörte 1986 bereits jeder zehnte Befragte der sogenannten »Protest-Generation« an, deren politische Erfahrungen auf die bisher letzte Phase sozialdemokratischer Regierungsbeteiligung zurückgehen und durch die kritische Auseinandersetzung damit – und oft auch Abwendung davon – gekennzeichnet sind.

II. Ideologisches Profil und programmatische Akzente

1. Das ideologische Profil der SPD

Die empirischen Informationen, die zur Skizzierung des ideologischen Profils der zeitgenössischen SPD herangezogen werden, reichen bis in die erste Hälfte der siebziger Jahre zurück. Sie beschreiben die ideologischen Orientierungen der Wählerschaft und der mittleren Parteielite der SPD.

1.1 Die Links-Rechts-Dimension

Solche ideologischen Orientierungen lassen sich in der europäischen politischen Kultur spätestens seit der Französischen Revolution mit den politischen Richtungsbegriffen »links« und »rechts« kürzelhaft beschreiben. Der semantische Gehalt dieser Begriffe verändert sich zwar – als Resultat der historischen Verschiebungen in den zentralen politischen Auseinandersetzungen – im Laufe der Zeit, doch gibt es einen mehr oder weniger stabilen und von einer breiten Öffentlichkeit mehr oder weniger identisch wahrgenommenen Kern dieses »politischen Codes«.

Allgemein steht »links« seit der Französischen Revolution für bürgerliche »Freiheit, Gleichheit und Brüderlichkeit«. Hinzu kam im Zuge der industriellen Revolution und der Entstehung bzw. Entwicklung der Arbeiterparteien die Ausdehnung dieser Prinzipien auf den ökonomischen Bereich; »links« heißen seither auch die mehr oder weniger weitgehenden Forderungen nach (und Realisierungen von) staatlichen Steuerungsmechanismen im Bereich der Wirtschaftsabläufe und hinsichtlich der Verteilung der erwirtschafteten Güter. Und es scheint, daß »links« – gerade unter dem Eindruck einer sich abzeichnenden ökologischen Katastrophe und mit der Entstehung von Umweltparteien – einen weiteren semantischen Akzent hinzugewinnt, der mit der kompromißlosen Verteidigung von Umweltbelangen gegenüber Wirtschafts- und Wohlstandsinteressen verknüpft ist[10].

»Rechts« dagegen heißt zunächst nur »konservativ« und bezeichnet eine die bestehenden Verhältnisse verteidigende und bewahrende Position. Diese kann in der Verteidigung von gesellschaftlichen Standesunterschieden bestehen, sie kann sich auf die Verteidigung der freien Marktwirtschaft beziehen, sie kann auch den Vorrang der Ökonomie vor der Ökologie behaupten.

Ein in der empirischen Sozialforschung gebräuchliches und recht zuverlässiges Maß solcher Links-Rechts-Orientierungen ist die Links-Rechts-Selbsteinstufungs-

10 Vgl. H. Schmitt (Anm. 4), 2. Kurseinheit.

skala[11]. Wenn man auf der Grundlage solcher Selbsteinstufungen in den regelmäßigen Eurobarometer-Umfragen[12] zunächst nur jene betrachtet, die sich erkennbar links von der Mitte einordnen, so erkennt man, daß sich zwar deutlich mehr als im Bevölkerungsquerschnitt, aber doch nur zwischen 40 und 50 Prozent der (potentiellen) SPD-Wähler als »Linke« verstehen *(Abb. 1)*. Weitere etwa 40 Prozent ordnen sich in der Mitte ein und etwa jeder zehnte SPD-Wähler sieht sich ideologisch rechts von der Mitte (diese Proportionen sind graphisch nicht dargestellt). Die SPD mag demnach noch immer die zentrale (wenn auch nach den Erfolgen der GRÜNEN nicht mehr die einzig relevante) Partei der westdeutschen Linken sein; sie ist nach der ideologischen Struktur ihrer Wählerschaft gleichwohl keine linke Partei, eher eine der linken Mitte.

Abb. 1: Der Anteil der Linken unter den Wählern der SPD im Vergleich zur Gesamtbevölkerung und den Wählern der GRÜNEN

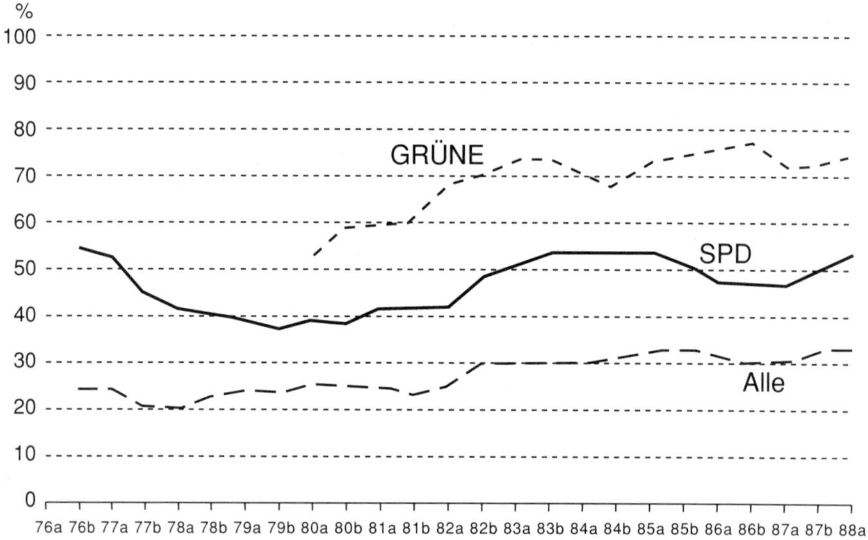

Quelle: Eurobarometer Umfragen (a=Frühjahr, b=Herbst); dargestellt sind gleitende Mittelwerte über je zwei Datenpunkte.

11 Die Frage lautet: »In der Politik spricht man von links und rechts. Wie würden Sie persönlich Ihren politischen Standpunkt auf dieser Liste einordnen?« Die vorgelegte Skala reicht von 1= links bis 10= rechts. Als »links« betrachten wir Selbsteinstufungen von 1 bis 4, die Plazierungen 5 und 6 kennzeichnen »die Mitte« und die restlichen »rechte« Orientierungen.

12 Die Eurobarometer-Umfragen werden im halbjährlichen Abstand im Auftrag der Kommission der EG in allen Mitgliedsländern der Gemeinschaft durchgeführt. Die bundesrepublikanischen Umfragen besorgt EMNID, Bielefeld. Die Datensätze sind beim Zentralarchiv in Köln verfügbar.

Man kann in der Verlaufsgrafik darüber hinaus erkennen, daß der Anteil der Linken in der SPD-Wählerschaft bis zum Ende der Kanzlerschaft Helmut Schmidts ziemlich kontinuierlich abnimmt und unter die 40-Prozent-Marke fällt, um danach allmählich wieder anzusteigen. Dies mag seine zentrale Ursache darin haben, daß die SPD unter der pragmatischen (und für die linkeren Forderungen seiner Parteibasis wenig sensiblen) Kanzlerschaft Schmidts vermehrt auch für Wähler aus der Mitte und dem rechten Spektrum wählbar wurde, während sich ein Teil der Linken enttäuscht von ihr abwandte.

In Abb. 1 wird zudem ein Prozeß sichtbar, den wir weiter oben bereits als das Sich-Herauskristallisieren des politisch-ideologischen Erscheinungsbildes der GRÜNEN bezeichnet haben. Je älter diese Partei wird, um so linker werden ihre Wähler: Bezeichneten sich zu Beginn der achtziger Jahre noch etwa 60 Prozent von ihnen als Linke, so sind daraus 1986 beachtliche 80 Prozent geworden. Somit sind sie heute das, was die SPD wohl früher einmal war – eine (auch) nach der Struktur ihrer Wählerschaft linke Partei.

Die Sache stellt sich etwas anders dar, wenn man die Perspektive wechselt und die Aufmerksamkeit auf die ideologische Struktur der sozialdemokratischen Elite – genauer: auf ihre mittlere Parteiführungsschicht – richtet *(Tab. 2)*. »Links von der

Tab. 2: Links-Rechts-Selbsteinstufungen: die mittlere Parteielite und die Wählerschaft der SPD

	1976 %	1979 %	1986 %
Mittlere Parteielite[1]			
links	15	17	31
linke Mitte	52	60	47
Mitte	28	20	19
Mitte-rechts	6	3	2
rechts	0	0	0
SPD-Wähler[2]			
links	7	2	8
linke Mitte	52	34	41
Mitte	33	54	37
Mitte-rechts	6	7	10
rechts	2	3	4
Distanz-Index[3]	.06	.23	.21

[1] 10-Punkte-Links-Rechts-Skala, in 2er-Schritten rekodiert, d. h. 1–2=links, 3–4=linke Mitte etc.

[2] Berechnet auf der Grundlage der Eurobarometer-Datensätze Nr. 6 (Herbst 1976), 11 (Frühjahr 1979), und 26 (Herbst 1986) für je etwa 300 bis 400 Befragte mit SPD-Wahlabsicht.

[3] Der Index hat einen Wertebereich zwischen 0 und 1. Er berechnet sich als gewichtete Summe des Betrages der prozentualen Abweichungen, wobei Abweichungen in der Mitte-Kategorie mit einfachem Gewicht, in den Kategorien linke/rechte Mitte mit doppeltem Gewicht, und in den Kategorien links/rechts mit dreifachem Gewicht gezählt werden; diese Summe wird schließlich in Relation zur maximalen Abweichung (in unserem Fall ist der entsprechende Wert 600) dargestellt.

Mitte«, und somit nach dem bisherigen Kriterium als Linke, ordnen sich 1976 zwei von drei und 1979 und 1986 drei von vier der befragten Eliten ein. SPD-Eliten sind also linker als ihre Wähler.

Unsere Erhebung von 1986 legt darüber hinaus nahe, daß in der neuen alten Rolle der Oppositionspartei im Deutschen Bundestag die Elitenselektions- und -delegationsmechanismen innerhalb der SPD auch für »weiter links« stehende Genossen wieder etwas durchlässiger geworden sind. Insofern hat zwischen 1979 und 1986 – quasi von Schmidt zu Vogel – die ideologische Distanz zwischen der mittleren Elite und der Wählerschaft der SPD erkennbar zugenommen (was sich jedoch, da sich zugleich auch der ideologische Schwerpunkt der Wählerschaft von der Mitte zur linken Mitte verschoben hat, im zusammenfassenden Distanz-Index nicht niederschlägt).

1.2 Die Dimension der Neuen Politik

Zum ideologischen Profil der SPD soll abschließend eine Dimension ideologischer Orientierungen angesprochen werden, die zwar nicht unabhängig von den Links-Rechts-Orientierungen gesehen werden kann, aber dennoch zur kennzeichnenden Verdeutlichung der bisherigen Aussagen beitragen kann: die Dimension der Neuen Politik, wie sie von Hildebrandt/Dalton[13] skizziert wurde.

Es geht hierbei um ein charakteristisches Auseinanderklaffen von Politikzielen, das insbesondere R. Inglehart für die entwickelten westlichen Demokratien ausgemacht hat und das er auf eine grundlegende Verschiebung in den Wertprioritäten zurückführt. Solche Wertprioritäten charakterisiert er in der begrifflichen Dichotomie von Materialismus und Postmaterialismus[14]. Materialistische Werte beruhen demnach auf prägenden Sozialisationserfahrungen der materiellen Not und physischen Unsicherheit; Materialisten betonen folglich Sicherheit und Wohlstand als primäre Politikziele. Anders die Postmaterialisten, die – aufgewachsen in relativem Wohlstand und persönlicher Sicherheit – nichtmaterielle, idealistische Ziele in den Vordergrund stellen. Auf diese Wertwandeldiskussion wird hier nicht näher eingegangen. Die vorliegenden Umfragedaten werden etwas vorsichtiger interpretiert: als unterschiedliche Wichtigkeitseinschätzungen (oder Dringlichkeitswahrnehmungen) von einzelnen Issues innerhalb des gesellschaftlichen Problemhaushaltes.

Verschiedene Studien – darunter unsere eigenen Analysen der Dimensionalität ideologischer Perspektiven mittlerer Parteieliten der bundesrepublikanischen Parteien[15] – haben für die Bundesrepublik klar gezeigt, daß die Dimension der Neuen Politik die politischen Auseinandersetzungen beherrscht – in der breiten Öffentlichkeit wie auch innerparteilich. Hierzu gehören die großen Themen der freien und chancengleichen politischen Beteiligung (auch für Frauen, auch für Ausländer ...), der Friedenssicherung durch Abrüstung und der Ökologie. Die Alte Politik betont

13 Vgl. Kai Hildebrandt/Russell J. Dalton, Die Neue Politik, in: Max Kaase (Hrsg.), Wahlsoziologie heute, Politische Vierteljahresschrift, 18 (1977) 2–3.

14 Vgl. z. B. Ronald Inglehart, The Silent Revolution, Princeton 1977.

15 Vgl. H. Schmitt (Anm. 6).

demgegenüber die nicht weniger klassischen Anliegen des Wirtschaftswachstums und der Wohlstandssicherung, der Aufrechterhaltung von Recht und Ordnung im Innern und der Verteidigungsfähigkeit nach außen.

Bekannt ist, daß die GRÜNEN über die Themen der Neuen Politik (und, was hier insbesondere interessiert, über deren Behandlung durch die regierende Sozialdemokratie) entstehen konnten[16]. Es ist insofern wenig überraschend, daß man bei den Wählern dieser Partei weit überdurchschnittliche Wichtigkeitseinschätzungen für solche Themen findet *(Abb. 2)*. Überraschender scheint dagegen, wie wenig sich Befragte mit SPD-Wahlabsicht in der Beurteilung der Fragen der Neuen Politik vom Bevölkerungsdurchschnitt abheben. Wie auf Bevölkerungsebene kann man in den achtziger Jahren knapp über 20 Prozent der (potentiellen) SPD-Wähler als Befürworter der Neuen Politik identifizieren (hier wie da allerdings mit zunehmender Tendenz), bei den GRÜNEN sind zumeist über 50 Prozent und nicht selten über 60 Prozent ihrer (potentiellen) Wähler an der Neuen Politik orientiert[17].

Abb. 2: Neue Politik-Prioritäten unter den Wählern der SPD im Vergleich zur Gesamtbevölkerung und zu den Wählern der GRÜNEN

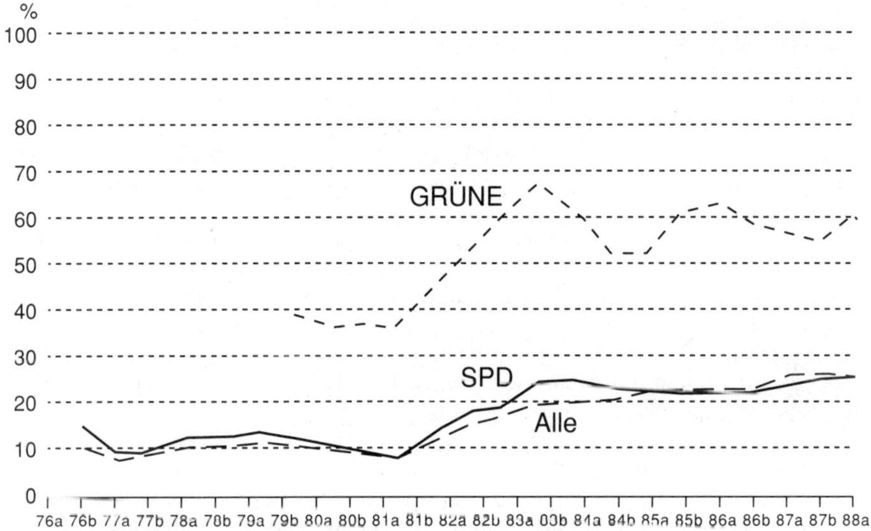

Quelle: Eurobarometer Umfragen (a=Frühjahr, b=Herbst); dargestellt sind gleitende Mittelwerte über je zwei Datenpunkte.

16 Vgl. Wilhelm P. Bürklin, Grüne Politik, Opladen 1984.

17 Neue Politik-Präferenzen wurden mit dem (kleinen) Postmaterialismus-Index, der auf R. Inglehart zurückgeht, gemessen. Dieser basiert auf der Frage: »Es gibt im Augenblick eine Reihe von Diskussionen, was die Ziele der Bundesrepublik in den nächsten 10 – 15 Jahren sein sollen. Auf dieser Liste sind einige Ziele aufgeführt, denen verschiedene Leute den Vorrang einräumen würden. Würden Sie mir bitte sagen, welches davon Sie selbst für das wichtigste auf längere Sicht halten? ... Und was halten Sie für das zweitwichtigste?«

In dieser Hinsicht »grüne Verhältnisse« findet man schließlich bei der bisher letzten Umfrage unter mittleren Eliten der SPD im Jahre 1986. Dort konnten 58 Prozent als Protagonisten der Neuen Politik und weitere 38 Prozent mit gemischten Präferenzen identifiziert werden, nur 4 Prozent präferierten eindeutig die Ziele der Alten Politik. Auf dem Hintergrund solcher Diskrepanzen ist die ideologische Distanz nach der Links-Rechts-Selbsteinschätzung zwischen den Wählern der SPD und ihrer Parteiorganisation fast lapidar. Die mittlere Parteielite der SPD vertritt – mit den GRÜNEN – mehrheitlich die Ziele der Neuen Politik, die in der SPD-Wählerschaft bei weitem noch keine Mehrheit finden.

2. *Programmatische Akzente*

Sozialdemokratische und sozialistische Parteien sind traditionell ausgesprochene Programmparteien. Jede auch nur einigermaßen weitreichende Veränderung in der offiziellen Parteiposition bedarf der programmatischen Diskussion und mehrheitlichen Verabschiedung. Hier macht die SPD keine Ausnahme, kommt doch zur allgemeinen sozialdemokratischen Veranlagung noch die deutsche Gründlichkeit hinzu.

Es ist auf diesem Hintergrund nicht ganz einfach, programmatische Akzente der SPD zu skizzieren: Sie hat sich in ihrer 125jährigen Geschichte an die fünfzig Programme gegeben, die diesen Namen verdienen, darunter auch solche, die – wie der Orientierungsrahmen '85 – zur Veröffentlichung der Buchform bedürfen.

Im Mai 1984 faßte der Bundesparteitag in Essen den Beschluß zur Einberufung einer Kommission, die »auf der Grundlage der im Godesberger Programm getroffenen Grundentscheidungen ein neues Grundsatzprogramm erarbeitet«[18]. Im Juni 1986 legt diese Kommission den sogenannten Irseer Entwurf dazu vor, und im Januar 1989 wurde ein weiterer – diesen Irseer Entwurf aufgrund der innerparteilichen Diskussion beträchtlich revidierender – Kommissions-Entwurf verabschiedet. Dieses neue Grundsatzprogramm wurde im Dezember 1989 verabschiedet; es löst das Godesberger (Grundsatz-)Programm aus dem Jahre 1959 ab.

Abgelöst werden soll damit die bisherige Richtschnur sozialdemokratischer Politik. Rekapitulieren wir, wofür »Godesberg« für die SPD stand:

- Es stand für das Abwerfen ideologischen Ballastes (Carlo Schmid) an marxistischer Terminologie, die in der politischen Praxis der SPD auch bis dahin kaum ihren Niederschlag gefunden hatte (das Godesberger Programm konnte deshalb zur Ausgrenzung von »Links-Abweichlern« in den siebziger Jahren dienen).

Die vier Items sind: a) Aufrechterhaltung von Ruhe und Ordnung; b) verstärktes Mitspracherecht der Bevölkerung bei wichtigen Regierungsentscheidungen; c) Kampf gegen Preissteigerungen; d) Schutz der freien Meinungsäußerung (vgl. für Instrumentveränderungen und deren Effekte Dagmar Krebs/Jürgen Hofrichter, Materialismus – Postmaterialismus: Effekte unterschiedlicher Frageformulierungen bei der Messung des Konzeptes von Inglehart, in: ZUMA-Nachrichten, 24 [1989]).

Neue Politik-Präferenzen haben solche, die die Items 2 und 4 als erste oder zweite Priorität nennen; Alte Politik-Präferenzen jene, die die Items 1 und 3 als erste oder zweite Priorität nennen; gemischte Präferenzen hat der Rest.

18 Vorstand der SPD (Hrsg.), Entwurf für eine neues Grundsatzprogramm der Sozialdemokratischen Partei Deutschlands, o. O. (Bonn), o. J. (1986).

- Es stand für die Anerkennung der politischen Entwicklung im Nachkriegs-Deutschland als politisches Faktum, auch wenn die frühen Weichenstellungen für diese Entwicklung der Bundesrepublik (Wiederbewaffnung, Westintegration) von der SPD so nicht gewollt und mitgetragen waren.
- Es stand für die Anerkennung der Superiorität marktwirtschaftlicher Mechanismen gegenüber planwirtschaftlichen Instrumenten (Karl Schiller: »soviel Markt wie möglich, soviel Plan wie nötig«), allerdings nicht ohne die Möglichkeit gemeinwirtschaftlicher Alternativen und generell die Notwendigkeit paritätischer Mitbestimmung zu benennen.
- Es stand – vor allem in wirtschaftspolitischer Hinsicht – für einen ungebremsten Zukunfts-Optimismus. Wirtschaftswachstum erschien Ende der fünfziger Jahre kaum irgendjemandem als Problem, ebenso wie die heute sichtbaren unbeabsichtigten ökologischen Konsequenzen.
- Und es stand nicht zuletzt für den Versuch der Annäherung an die katholische Kirche auf der Grundlage gegenseitiger Toleranz – mit dem Ziel, auch für Katholiken vermehrt wählbar zu werden.

Das Godesberger Programm faßte die politische Erfahrung der Nachkriegs-SPD zusammen; es leistete dringend notwendige Anpassungsarbeit an die veränderte gesellschaftliche Situation im geteilten Deutschland 15 Jahre nach Ende des Zweiten Weltkrieges; und es dokumentierte den Willen und die Bereitschaft der SPD zum demokratischen Machtwechsel.

Der Irseer Entwurf faßt demgegenüber die politischen Erfahrungen der SPD der siebziger und achtziger Jahre zusammen und sucht daraus für die Politik strategische Schlußfolgerungen zu ziehen. Ob man die ihm zugrundeliegende Fortschritts-Diskussion in eine Reihe neben die Anarchismus-Debatte der 1. Internationale, neben die Revisionismus-Debatte und schließlich neben die Auseinandersetzung zwischen Kommunisten und demokratischen Sozialisten stellen wird[19], muß heute nicht entschieden werden. Sicher scheint dagegen, daß in historisch weniger weitreichenden Kategorien das neue Grundsatzprogramm der SPD ein Programm der Neuen Politik sein wird. Hans Jochen Vogel, der Partei- und Fraktionsvorsitzende und Vorsitzende der Programm-Kommission schreibt im sozialdemokratischen Mitgliedermagazin SM[20] zum revidierten Programmentwurf:

»Nicht zuletzt als Ergebnis von schwierigen Lernprozessen haben sich unsere Einsichten und Erkenntnisse in den letzten 30 Jahren unter anderem gewandelt hinsichtlich der Bedeutung

des Rüstungswettlaufes,
- der Nutzung der Atomkraft,
- der Möglichkeit und der Wünschbarkeit eines unkontrollierten technischen Entwicklungsprozesses und eines unbegrenzten ökonomischen Wachstums,
- der Wirksamkeit nationaler Steuerungsinstrumente,
- des Verhältnisses zwischen Mensch und Natur und
- der Dringlichkeit der Gleichstellung der Geschlechter.«

---

19 Vgl. Thomas Mayer, Die Leitideen des Irseer Entwurfs, in: Perspektiven des demokratischen Sozialismus, 4 (1987).

20 Vgl. Hans Jochen Vogel, Humaner Fortschritt ist möglich, in: Sozialdemokrat Magazin, 2 (1989) 2, S. 3.

Frieden durch Abrüstung, Ausstieg aus der Kernkraft, konsequenter Umweltschutz, praktizierte Gleichberechtigung und schließlich ein Wirtschafts-Modell, welches Wachstumsraten klein und Umweltverträglichkeit groß schreibt: Dies, so steht zu erwarten, werden die zentralen Aussagen des neuen Grundsatzprogrammes sein, auf dessen Grundlage die SPD den Weg ins zweite Jahrtausend gehen will. Sie wendet sich damit programmatisch eindeutig der Neuen Politik zu, die in der Bundesrepublik ähnlich konsequent bisher nur von den GRÜNEN in den Mittelpunkt ihrer Programmatik gestellt wurde.

Während dies auf dem Hintergrund der ideologischen Präferenzen ihrer (mittleren) Parteielite durchaus plausibel erscheint, wird sich nach den bisherigen Ergebnissen die Attraktivität dieses Programmes für die SPD-Wählerschaft vor allem daran entscheiden, wie es die ›alten‹ Anliegen der Politik – allen voran individuelle Sicherheit und Wohlstand – gewährleisten helfen kann.

III. Wähler, Mitglieder, Organisation

1. Zum Wandel der Wählerstruktur der SPD

Wenn keine außergewöhnlichen Faktoren auf das Wahlverhalten einwirken, wird man regelmäßig davon ausgehen können, daß die SPD
- in städtischen und großstädtischen Regionen besser abschneidet als auf dem Lande;
- unter Protestanten und kirchlich Ungebundenen mehr Unterstützung findet als unter Katholiken;
- in der Arbeiterschaft relativ mehr Wähler findet als in der Neuen Mittelschicht, und dort mehr als in der Alten Mittel- und der Oberschicht;
- eine stärkere Anziehungskraft auf jugendliche Wähler hat als die anderen etablierten Parteien.

Generell scheint in der Bundesrepublik das relative Gewicht dieser sozialstrukturellen Determinanten von Wahlverhalten etwas geringer zu werden, und individuelle und situationsspezifische Faktoren scheinen an Gewicht zu gewinnen[21]. Dies kann und soll aber keine neue Volksparteien-Debatte[22] begründen. Insbesondere hinsichtlich des Lebensalters und der (z. B. über den Beruf des Haushaltsvorstands bestimmbaren) Schichtzugehörigkeit der SPD-Wähler lassen sich durchaus gegenläufige Entwicklungen zeigen.

Zu den Daten. Wie schon die Aussagen zur ideologischen Kennzeichnung der SPD-Wählerschaft stützen sich auch die folgenden auf die deutschen Ergebnisse der im halbjährlichen Turnus erhobenen Eurobarometer-Umfragen; im Unterschied zu oben wird jedoch nicht das (potentielle) sozialdemokratische Elektorat als Prozentu-

---

21 Vgl. Manfred Küchler, Individualisierungstendenzen im Wählerverhalten, Universität Mannheim 1988 (mimeo).

22 Vgl. Alf Mintzel, Die Volkspartei, Opladen 1984; s. a. ders., Großparteien im Parteienstaat der Bundesrepublik, in: Aus Politik und Zeitgeschichte, B 11/89.

ierungsbasis genommen, sondern der Anteil (potentieller) SPD-Wähler in den im einzelnen zu betrachtenden sozialstrukturellen Kategorien bestimmt.

Die Datenbasis ist insofern etwas unkonventionell, als sie nicht auf die vorliegenden Daten der amtlichen Wahlstatistik oder auf die jeweils zu Bundestagswahlen speziell durchgeführten Wahlstudien rekurriert, sondern kontinuierlich erhobene Daten in den Mittelpunkt der Diskussion rückt. Ein gutes Argument scheint für diese Vorgehensweise zu sprechen, ein anderes freilich auch dagegen.

Dafür spricht die letzthin von verschiedenen Wahlforschern unisono hervorgehobene Eigenschaft von Wahlen als »institutionalisierte, symbolisch hochdramatisierte Einschnitte in einen fortlaufenden Prozeß politischer Meinung- und Entscheidungsbildung«[23]. Wenn man Wahlen und Wahlergebnisse nur adäquat auf dem Hintergrund der politischen Entwicklung dazwischen verstehen kann, dann verdient dieser Hintergrund stärkere Beachtung als bisher.

Dagegen spricht, daß sich die konkrete Wahlabsicht bei einer nennenswerten Anzahl von Bürgern erst kurz vor der Wahl herauskristallisiert (und das am meisten valide Maß von Wahlverhalten deshalb die Rückerinnerungsfrage der zeitlich eng an die Wahl anschließenden Nachwahlumfrage ist). Das heißt umgekehrt, daß das, was man zwischen den Wahlen als hypothetische Wahlabsicht (»Wenn am nächsten Sonntag Bundestagswahlen wären . . «) erhebt, bestenfalls als nicht selten wechselhafte aktuelle Parteipräferenz zu deuten ist.

Das bedeutet, daß mit wachsender Distanz der Umfrage zum Wahltermin die Wahrscheinlichkeit geringer wird, mit der Wahlabsichtsfrage tatsächliche (im vorliegenden Falle SPD-) Wähler zu identifzieren. Da dies jedoch bis zu einem gewissen Grade auch bei den klassischen Wahlstudien zu beobachten ist, kann es die hier verfolgte Analysestrategie nicht beeinträchtigen, sondern bestenfalls für die Interpretation der Ergebnisse etwas vorsichtiger stimmen[24].

Alter. Ab etwa 1975 hat die SPD knapp die Hälfte ihres Anteils unter den Jungwählern (Befragte bis 21 Jahre) an die GRÜNEN verloren *(Abb. 3)*. Neuerdings nimmt aber auch der Anteil der GRÜNEN in dieser Altersklasse wieder ab (und unter 22-35jährigen weiter zu)[25], ohne daß allerdings die SPD erkennbar davon profitierte.

Den GRÜNEN ist damit ein für die SPD äußerst empfindlicher Einbruch in einen Generationszusammenhang gelungen, der seine eigenen politischen Erfahrungen ausschließlich unter sozialdemokratischer Regierungsverantwortung gesammelt hat (die fraglichen Jahrgänge sind 1960 und später geboren und nehmen etwa seit Mitte

---

23 Vgl. Hans-Dieter Klingemann/Max Kaase, Einleitung, in: dies. (Hrsg.), Wahlen und politischer Prozeß, Opladen 1986.

24 Die eben angeführten Regelmäßigkeiten legen darüber hinaus nahe, daß man zwischen Wahlen die Parteianteile des nächsten Wahlergebnisses nur ungenau – und oft systematisch zugunsten einer bestimmten Partei verzerrt – ermitteln kann. Aus den bundesrepublikanischen Umfragen kommt seit einer Reihe von Jahren die SPD regelmäßig mit einem im Vergleich zu ihrem Stimmenanteil erhöhten Präferenzanteil heraus. Dies wird von einigen Instituten mit einer politischen Gewichtung wieder auszugleichen versucht (vgl. Wilhelm P. Bürklin, Wählerverhalten und Wertewandel, Opladen 1988). Wir haben für die Analysen in diesem Kapitel keine solche politische Gewichtung vorgenommen.

25 Vgl. Karlheinz Reif/Hermann Schmitt, L'evolution de l'electorat de la gauche ouest-allemande depuis 10 ans: SPD et GRÜNE, colloque de la F.E.S., Paris 1986.

Abb. 3: Der Anteil der SPD an den Jungwählern im Vergleich zum Anteil der GRÜNEN

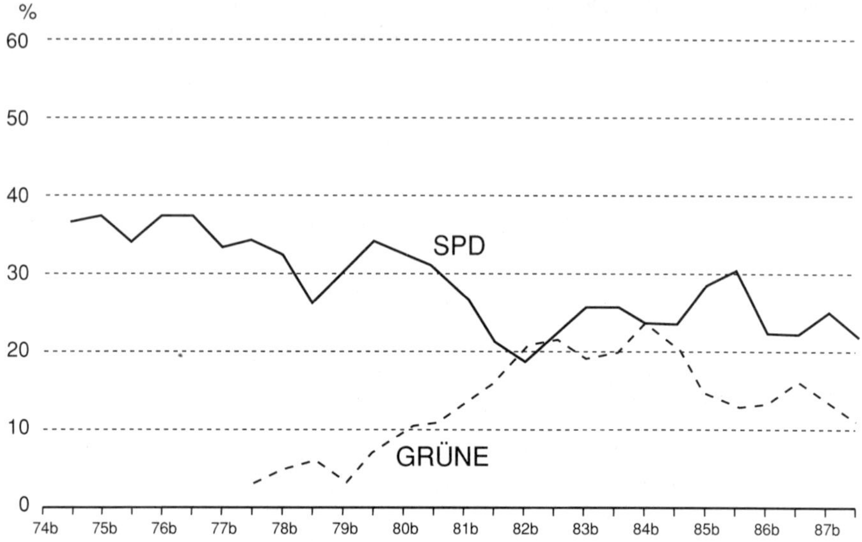

Quelle: Eurobarometer Umfragen (a=Frühjahr, b=Herbst); dargestellt sind gleitende Mittelwerte über je zwei Datenpunkte.

der siebziger Jahre – seit der Kanzlerschaft Helmut Schmidts – bewußt Anteil am politischen Prozeß).

Für diese Generation erscheint die Sozialdemokratie nicht – wie für die jungen, nachrückenden politischen Generationen vor ihr – als Alternative zu den bestehenden Verhältnissen. Sie hat diese vielmehr selbst zu verantworten, sie repräsentiert die bestehende Ordnung und damit auch den NATO-Doppelbeschluß, die Atomstrom-Politik, die Startbahn West – um nur einige Konfliktfelder der späten siebziger und frühen achtziger Jahre zu nennen.

Wenn überhaupt von einer dauerhaften Neuzuordnung zwischen Parteiensystem und Sozialstruktur (realignment) in der Bundesrepublik die Rede sein kann[26], dann ist es hier: Die SPD hat ihren quasi angestammten Anteil an einer nachwachsenden politischen Generation – jener der »Kinder sozialdemokratischer Regierungsverantwortung« – zu einem beträchtlichen Teil und offensichtlich dauerhaft an die Partei der GRÜNEN verloren.

Zugleich mit diesem empfindlichen Verlust an Attraktivität und Wählerstimmen unter den jüngsten Wählern hat die SPD aber beträchtlich an Zustimmung unter den älteren Wählern (56 Jahre und älter) gewonnen *(Abb. 4 und 5)*. Nach ihrem Wechsel in die Oppositionsrolle im Herbst 1982 steigt ihr Anteil in allen drei Altersgruppen der Befragten über 21 Jahre von etwa 30 Prozent auf nun etwas über 40 Prozent an.

26 Vgl. Russel J. Dalton, Wertewandel oder Wertewende. Die Neue Politik und Parteienpolarisierung, in: H.-D. Klingemann/M. Kaase (Anm. 23).

Der SPD-Anteil der unter 21jährigen bleibt in dieser Phase mehr oder weniger deutlich unter der 30-Prozentmarke.

Abb. 4: Der Anteil der SPD-Wähler in vier Altersklassen der Bevölkerung.

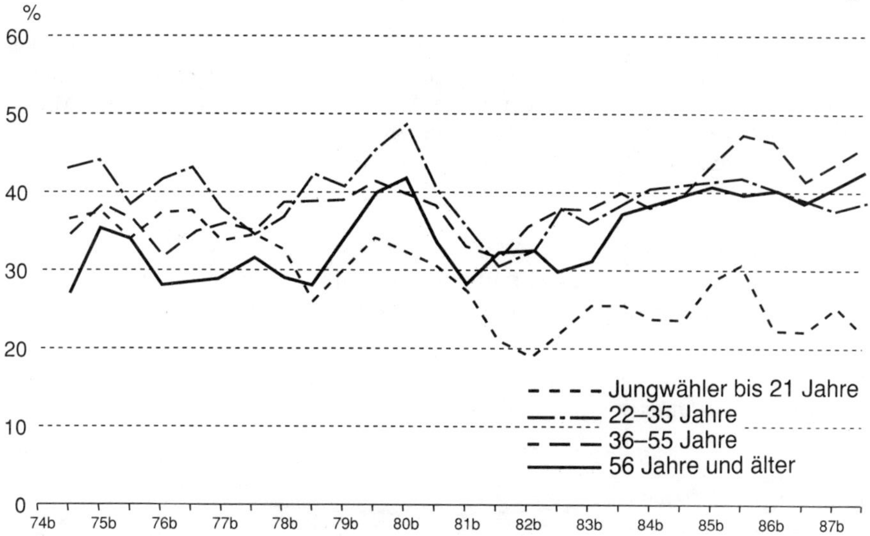

Quelle: Eurobarometer Umfragen (a=Frühjahr, b=Herbst); dargestellt sind gleitende Mittelwerte über je zwei Datenpunkte.

Abb. 5: Der Anteil der SPD-Wähler in vier Altersklassen der Bevölkerung.

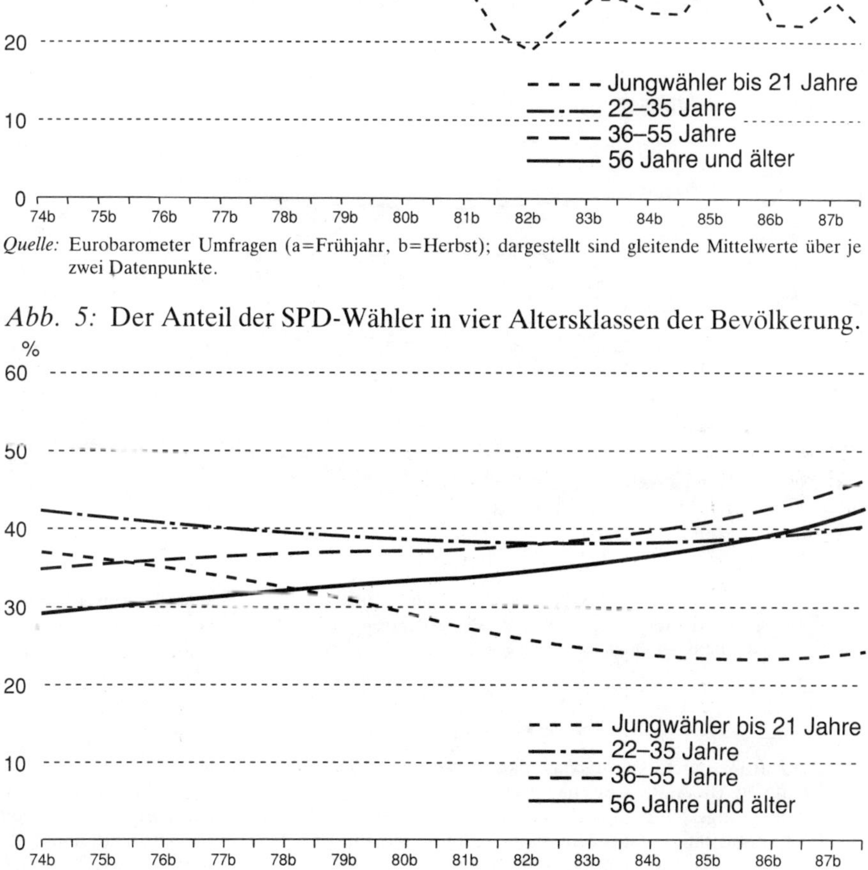

Quelle: Eurobarometer Umfragen (a=Frühjahr, b=Herbst); dargestellt sind polynome Regressionsgleichungen dritter Ordnung.

Beruf des Haushaltsvorstandes. Man kann nach den vorliegenden Informationen die Befragten in drei Klassen unterteilen: in solche aus Arbeiterhaushalten, aus Angestelltenhaushalten und aus Haushalten leitender Angestellter und Selbständiger[27]. In groben Strichen ist damit die Arbeiterschaft, die Neue Mittelschicht und die Alte Mittel- und Oberschicht bezeichnet.

Auf dem Hintergrund der traditionellen Position der SPD in der bundesrepublikanischen Cleavage-Struktur ist es wenig überraschend, daß die SPD mehr (potentielle) Wähler in der Arbeiterschaft findet als im Angestelltenmilieu (in der Neuen Mittelschicht) und dort mehr als bei leitenden Angestellten und Selbständigen (in der Alten Mittel- und Oberschicht) *(Abb. 6)*.

Abb. 6: Der Anteil der SPD-Wähler unter Befragten aus Arbeiterhaushalten, aus Angestelltenhaushalten und aus Haushalten von leitenden Angestellten und Selbständigen

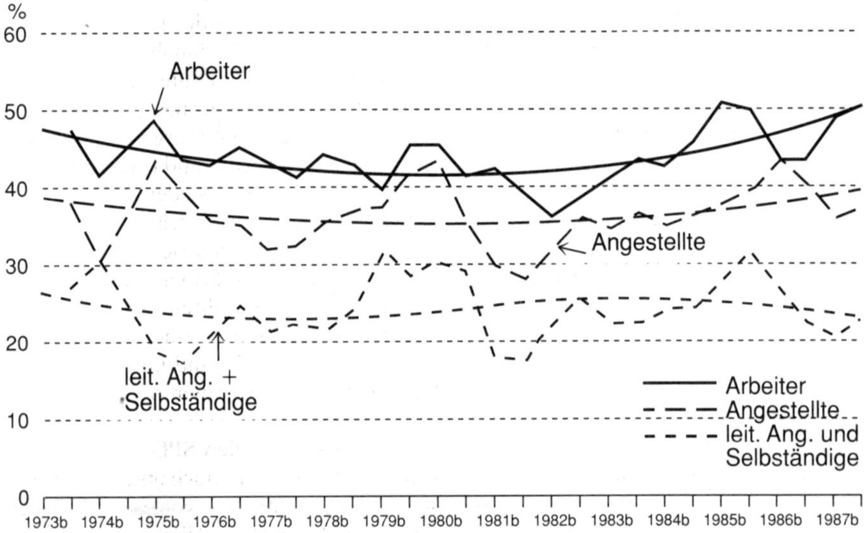

Quelle: EUROBAROMETER UMFRAGEN (a=Frühjahr, b=Herbst); dargestellt sind gleitende Mittelwerte über je zwei Datenpunkte und die Trendkurven von Regressionsgleichungen dritter Ordnung (auf der Basis der Originalverteilungen).

27 Die Eurobarometer-Berufsklassifikation unterscheidet: 1. Selbständige Landwirte; 2. Freie Berufe (z. B. Arzt, Anwalt); 3. Selbständige; 4. Arbeiter; 5. Angestellte, Beamte; 6. leitende Angestellte, Beamte im höheren Dienst; 7. Rentner, Pensionäre; 8. Hausfrauen (nicht berufstätig); 9. Studenten (in Ausbildung); 10. zur Zeit arbeitlos. Die Verkodung der Schichtvariable nach dem Beruf des Haushaltsvorstandes faßt die Kategorie(n) 1, 2, 3 und 6 zur alten Mittelschicht und Oberschicht, 5 zur neuen Mittelschicht und 4 zur Arbeiterschaft zusammen.

Eine detailliertere Betrachtung führt freilich zu einigen bemerkenswerten Qualifikationen dieser generellen Feststellung. Auf dem Hintergrund etwa der Situation im Jahre 1976 fallen zunächst die ganz außergewöhnlichen Mobilisierungserfolge der SPD im bürgerlichen Lager und insbesondere in der Neuen Mittelschicht anläßlich der Bundestagswahl 1980 auf, die durch die polarisierende Konkurrenz der beiden Spitzenkandidaten Helmut Schmidt und Franz-Josef Strauß gekennzeichnet war.

Mit Blick auf die Bundestagswahl vom Frühjahr 1983 zeigen die Trendverläufe eher unterdurchschnittliche Mobilisierungserfolge der SPD in der Arbeiterschaft (und entsprechen damit eher den Beobachtungen von INFAS [U. Feist u. a.] als denen der Forschungsgruppe Wahlen [M. Berger u. a.] in der sich anschließenden Debatte zwischen den beiden Instituten darüber, ob die SPD diese Wahl in der Arbeiterschaft verloren habe[28]); dagegen ist eine bessere – aber gleichwohl nur durchschnittliche – Ausschöpfung des sozialdemokratischen Potentials unter Angestellten auf der einen und unter leitenden Angestellten und Selbständigen auf der anderen Seite zu beobachten.

Wendet man sich schließlich der Bundestagswahl vom Januar 1987 zu, so erkennt man im Vorfeld dieser Wahl – also anläßlich und in der Folge der sozialdemokratischen Wahlerfolge im Saarland und in Nordrhein-Westfalen (Frühjahr 1985) – einen deutlichen Mobilisierungsschub in allen drei Gruppen. Dieser ebbte aber zum Bundestagswahltermin hin, nach der knappen Wahlniederlage Gerhard Schröders in Niedersachsen und nicht zuletzt aufgrund der unrealistischen und insgesamt unglaubwürdigen[29] Wahlzielvorgabe des sozialdemokratischen Kanzlerkandidaten Johannes Rau (eine »eigene Mehrheit« ohne die GRÜNEN) weitgehend wieder ab[30].

Während die bisherigen punktuellen Explorationen der Trendverläufe die Verläßlichkeit der vorliegenden Datenbasis erhärten konnten, erlauben sie darüber hinaus weitere Beobachtungen und längerfristige Schlußfolgerungen. So kann die Entwicklung der SPD-Wahlpräferenzen unter Arbeitern und Angestellten im Umfeld der Bundestagswahl 1980 am besten als temporäre Abweichung von einem langfristigen Negativtrend der SPD bezeichnet werden, der 1982 zum Stillstand kommt und sich erst nach dem Wechsel der SPD in die Opposition wieder in einen positiven Trend umkehrt.

Diese langfristigen Mobilisierungserfolge der oppositionellen SPD sind am deutlichsten in der Arbeiterschaft sichtbar; sie sind etwas moderater auch unter Angestellten (der Neuen Mittelschicht) zu erkennen; sie sind jedoch – von gelegentlichen Mobilisierungserfolgen (wie im Frühjahr 1986 im Anlauf auf die Niedersachsenwahl)

---

28 Vgl. Ursula Feist/Hubert Krieger/Menno Smid, Das kritische Potential bei der Bundestagswahl 1983: Die bewußte Arbeiternehmerschaft, in: Zeitschrift für Parlamentsfragen 15 (1984); Manfred Berger/Wolfgang G. Gibowski/Dieter Roth/Wolfgang Schulte, Das Eis schmilzt zuerst an den Rändern ..., in: Zeitschrift für Parlamentsfragen, 15 (1984).

29 Vgl. zur notwendigen Glaubwürdigkeit politischer Parteien Anthony Downs, Ökonomische Theorie der Demokratie, Tübingen 1968 (zuerst englisch 1957); neuerdings Ulrich von Alemann, Die politischen Parteien in der Glaubwürdigkeitskrise?, in: Gewerkschaftliche Monatshefte, 39 (1988).

30 Es soll gleichwohl erwähnt werden, daß die Wahl im Winter des Jahres 1987 mit Blick auf die übliche Eurobarometer-Feldzeit (März/April und Oktober/November) unglücklich lag. Es mag deshalb sein, daß unsere Daten hier die tatsächlich erreichten Mobilisierungserfolge nicht voll erfassen.

einmal abgesehen – bei leitenden Angestellten und Selbständigen (der Alten Mittel- und der Oberschicht) nicht vorhanden. Insgesamt deutet dies auf eine Re-Intensivierung von class-based politics in der Bundesrepublik der achtziger Jahre hin. Vergleicht man die relativen Wahlpräferenz-Anteile für SPD und CDU in der Arbeiterschaft, erkennt man zunächst eine nahezu perfekt reziproke Beziehung: Was die SPD hinzugewinnt, verliert die CDU, und umgekehrt *(Abb. 7)*.

Abb. 7: Die relativen Stimmenanteile der SPD und der CDU/CSU unter Befragten aus Arbeiterhaushalten

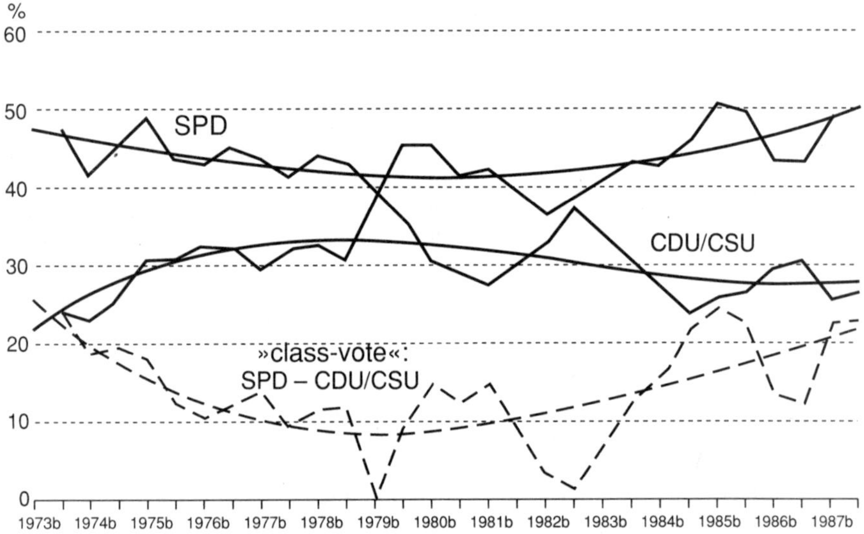

Quelle: Eurobarometer Umfragen (a=Frühjahr, b=Herbst); dargestellt sind gleitende Mittelwerte über je zwei Datenpunkte und die Trendkurven von Regressionsgleichungen dritter Ordnung (auf der Basis der Originalverteilungen).

Ein besonders für die Bundesrepublik geeigneter Indikator für die Virulenz von class-based politics berechnet sich als die Differenz des Stimmenanteils der führenden linken Partei an der Arbeiterschaft minus des Anteils der führenden bürgerlichen Partei. Es ist gezeigt worden, daß diese Indexwerte für die Bundesrepublik zwischen 1953 und 1983 drastisch abnehmen[31]: Der Anteil von SPD und CDU/CSU an den Arbeiterstimmen hat sich immer mehr angenähert. Läßt man jedoch nicht nur Nachwahluntersuchungen zu Bundestagswahlen als valide Datenquelle zu, sondern berechnet einen class-vote-index auf der Grundlage der halbjährlichen Eurobarometer-Umfragen, so kann man seit Anfang der achtziger Jahre einen im Trend durchaus

31 Vgl. Russell J. Dalton, Germany Between Two Ages, in: ders./Scott Flanagan/Paul A. Beck (Hrsg.), Electoral Change in Advanced Industrial Democracies, Princeton, N. J. 1984.

eindrucksvollen Wiederanstieg der Wahlpräferenzen entsprechend der Klassenlage beobachten[32].

2. *Mitgliederentwicklung*

Im Gegensatz zu den bürgerlichen Parteien ist die SPD traditionell eine Mitgliederpartei. Aus ihrer sozialen Basis und ihrem historisch-politischen Entstehungskontext erklärt sich, daß die mitgliedschaftliche Organisation für sie – im Gegensatz zu den damals existierenden Honoratiorenparteien – unabdingbar war[33]. Schon in der Weimarer Republik, vermehrt aber in der Bundesrepublik haben dann auch bürgerlich-konservative Parteien wie die CDU/CSU das mitgliedschaftliche Organisationsmodell übernommen. Andererseits konnte die SPD ihren hohen Organisationsgrad, den sie etwa um die Jahrhundertwende erreicht hatte, nicht aufrechterhalten[34].

Bei der Mitgliederentwicklung der (bundesrepublikanischen) SPD lassen sich grob vier Phasen unterscheiden[35]. Die erste beginnt unmittelbar nach der Wiedergründung der Partei und endet um 1955 *(Abb. 8)*. Bis dahin war der aufgrund der spezifischen

Abb. 8: Die Mitglieder-Entwicklung bei der SPD und bei der Union (in 10 000)

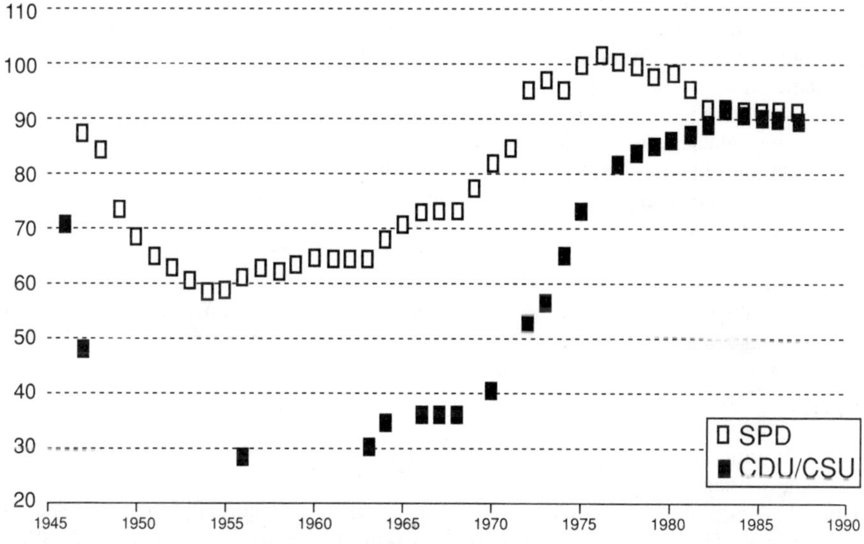

Quelle: Mitteilungen der Parteivorstände, Jahrbücher der Parteien, etc.

32 Nennenswerte Abweichungen von diesem Trend finden wir (durchaus nicht unerwartet) um die gerade von der SPD außergewöhnlich schwach mobilisierte Bundestagswahl 1987 herum.

33 Vgl. Robert Michels, Die Deutsche Sozialdemokratie, I. Parteimitgliedschaft und soziale Zusammensetzung, in: Archiv für Sozialwissenschaft und Sozialpolitik, 23 (1906).

34 Vgl. Manfred Güllner, Daten zur Mitgliederstruktur der SPD: Von der Arbeiterelite zum Bourgeois-Söhnchen, in: Wahlforschung. Sonden im politischen Markt (transfer 2), Opladen 1976.

35 Vgl. H. Schmitt (Anm. 4).

Nachkriegssituation erklärbare Mitgliederboom wieder auf ein »normales« Niveau abgeebbt. Alibi-Parteimitgliedschaften wurden nicht mehr benötigt. In der darauffolgenden Dekade bleibt die SPD relativ stabil bei etwas über 600 000 Mitgliedern – »Godesberg« hatte zumindest keinen unmittelbar meßbaren Mitglieder-Werbeeffekt. Die Jahre zwischen 1965 und 1975 sind schließlich durch zunächst moderate, dann aber zunehmend rasante Mitgliederzuwächse gekennzeichnet: Schon die Regierungsbeteiligung der Sozialdemokraten in der Großen Koalition, stärker noch der sozialliberale Machtwechsel 1969, die Aufbruchsstimmung des Brandtschen »mehr Demokratie wagen«, das gescheiterte Mißtrauensvotum Rainer Barzels 1972 u. a. m. haben die Zahl der SPD-Mitglieder von rd. 700 000 auf rd. eine Million ansteigen lassen.

In dieser Phase – wenn auch mit einem gewissen time lag – hat auch die nun oppositionelle CDU/CSU ihre organisatorischen Anstrengungen verstärkt und konnte in den ideologisch polarisierten Jahren zwischen 1970 und 1980 ihren Mitgliederstand von rd. 400 000 auf über 800 000 mehr als verdoppeln. Mitte der achtziger Jahre sind SPD und CDU/CSU nach Mitgliedern gleich stark, die SPD hat ihren traditionellen Organisationsvorsprung eingebüßt.

Die letzte der vier Phasen der SPD-Mitgliederentwicklung umfaßt die Jahre 1975 bis 1987. Seit etwa Mitte der siebziger Jahre, d. h. nach dem Kanzler-Wechsel von Willy Brandt zu Helmut Schmidt, verzeichnet die SPD erstmals seit der unmittelbaren Nachkriegszeit wieder Mitgliederverluste, die sich erst zu Beginn der achtziger Jahre in etwa wieder einpendeln. Für die oppositionelle SPD der Nach-Schmidt-Ära zeigt die Verlaufsgrafik einen oberhalb der 900 000er Marke konsolidierten Mitgliederstand.

Es ist wohl so, daß der SPD in dieser Phase jene potentiellen Neu-Mitglieder zu einem ausgeglichenen oder gar positiven Mitgliedersaldo fehlen, die ihre politische Heimat in den neuen sozialen Bewegungen und bei den GRÜNEN gefunden haben. Dieser Abwanderungsprozeß war schon im Hinblick auf jugendliche Wahlpräferenzen zu beobachten. Indirekt wird diese These aber auch durch einige Anhaltspunkte gestützt, die in den Ergebnissen einer Umfrage unter Neumitgliedern im Bezirk Pfalz aus dem Jahre 1984 zu erkennen sind[36]. Hier zeigt sich nämlich

- daß durchaus unterschiedliche Beitrittserwartungen bestehen, die sich ganz grob in sozial-kommunikative und politisch-partizipative Erwartungen unterscheiden lassen; letztere findet man erwartungsgemäß vermehrt unter jugendlichen Neumitgliedern, erstere eher bei älteren;
- daß Unzufriedenheit über die bisherige Mitgliedschaft am weitesten verbreitet ist unter jungen, engagierten Neumitgliedern, die ideologisch der Neuen Linken zuzurechnen sind.

Über die geschilderte Entwicklung der Mitgliederstärke hinaus sind mindestens zwei gravierende Veränderungen in der sozialstrukturellen Zusammensetzung der SPD-Mitglieder hervorzuheben. Zunächst hat sich in den vergangenen drei Jahrzehnten der Anteil der Frauen unter den SPD-Mitgliedern kontinuierlich und letzthin deutlich

36 Vgl. Hermann Schmitt/Michael Kus, Politische Generationen, Beitrittserwartungen und Mitgliedschaftszufriedenheit, in: Oskar Niedermayer/Karlheinz Reif/Hermann Schmitt (Hrsg.), Neumitglieder in der SPD, Neustadt 1987.

beschleunigt verbreitert: Mitte der achtziger Jahre ist unter drei Neumitgliedern eines weiblichen Geschlechts[37].

Dieselbe Geschlechter-Proportion findet man 1986 auch unter mittleren Parteieliten[38]. Dabei ist die festgeschriebene Zielvorgabe noch ambitiöser: Mit dem Quotierungsbeschluß des Nürnberger Parteitages 1986 und den Ausführungsbestimmungen des Münsteraner Parteitages 1988 ist das Organisations- und Wahlstatut der Partei so zu ändern, daß spätestens ab 1994 der Anteil der Frauen an Mandaten, Ämtern und Funktionen mindestens 40 Prozent ausmacht. Es ist zu erwarten, daß diese Quotierung – die ja innerparteilich durchaus nicht immer einvernehmlich diskutiert wurde – den Frauenanteil auch in der Mitgliedschaft weiter erhöhen wird.

Darüber hinaus hat sich das relative Gewicht der Mitglieder aus der Arbeiterschaft über die Zeit deutlich verringert. Während in den fünfziger und sechziger Jahren unter drei erwerbstätigen Neumitgliedern zwei Arbeiter und nur ein Angehöriger der Neuen Mittelschicht waren, ist dieses Verhältnis heute zumindest ausgeglichen[39]. Insgesamt kann man wohl davon ausgehen, daß der Arbeiteranteil an der Gesamtmitgliedschaft heute gerade noch ein Drittel ausmacht[40]. Dies ist sicher zum Teil auch durch den insgesamt rückläufigen Arbeiteranteil unter den Erwerbstätigen (als Ergebnis der fortschreitenden Tertiarisierung unserer Volkswirtschaft) zu erklären. Hinzu kommt aber unübersehbar eine gewachsene Organisationsferne der Arbeiterschaft, die durch die in den siebziger Jahren gewachsene Nähe der Neuen Mittelschicht zur SPD in etwa ausgeglichen wird.

3. *Organisation*

Die Parteiorganisation der SPD ist nach wie vor stark auf die traditionellen Bezirke konzentriert. Dort wo es Landesverbände gibt – wie z. B. in Nordrhein-Westfalen – mußten und müssen sie sich ein eigenständiges politisches Gewicht erst erkämpfen, ohne die Stellung der Bezirke ernsthaft gefährden zu können. (Die Ausnahme Baden-Württembergs, wo unterhalb des Landesverbandes die Organisationsebene des Bezirks nicht mehr existiert, mag diese Regel bestätigen.) So regeln die Bezirke Stellen- und Personalfragen normalerweise in eigener Regie, mit der Folge, daß beim Bundesparteivorstand beispielsweise nicht bekannt ist, wie viele hauptamtliche Mitarbeiter die SPD beschäftigt.

Dieser hauptamtliche Apparat der SPD, der vom Bundes-Parteivorstand über die Landesverbände bis auf die Bezirks- und (nicht immer) auf die Unterbezirksebene (Wahlkreise bzw. Städte mit mehreren Wahlkreisen) reicht – und zu dem neben den Parteisekretären nach funktionalen Gesichtspunkten auch die Wahlkreismitarbeiter der Bundestagsabgeordneten hinzuzuzählen wären – ist der wissenschaftlichen For-

---

37 Vgl. Oskar Niedermayer, Die deutsche Sozialdemokratie nach 1945: Mitgliederentwicklung und Sozialstruktur, in: O. Niedermayer/K. Reif/H. Schmitt (Anm. 36).

38 Vgl. Hermann Schmitt, Von den Siebzigern in die Achtziger Jahre: Die mittlere Parteielite der SPD im Wandel, Papier für den Arbeitskreis Wahl- und Einstellungsforschung der Deutschen Vereinigung für Politische Wissenschaft, Köln 1988.

39 Vgl. O. Niedermayer (Anm. 37).

40 Vgl. U. v. Alemann, S. 92f. in diesem Band.

schung kaum erschlossen. Es läßt sich freilich nicht verkennen, daß mitglieder- und wählerstarke Bezirke sachlich und personal besser ausgestattet sind als andere. Auch scheint der Informationsaustausch zwischen den einzelnen Organisationseinheiten hinter dem technischen Standard zurückzubleiben. Eine moderne computerisierte Telekommunikationsstruktur, die den innerparteilichen Informationsaustausch beschleunigen und allgemein die Koordination von Aktivitäten erleichtern könnte, soll im Jahre 1989 zwischen den einzelnen Parteibüros und dem Parteivorstand erst aufgebaut werden.

IV. Innerparteiliche Willensbildung und gesellschaftliche Beziehungen

1. Gesellschaftliche Beziehungen

Gewerkschaften. Dem kundigen Beobachter, der über die gesellschaftlichen Beziehungen der Sozialdemokratie nachdenkt, kommen zunächst die Gewerkschaften in den Sinn. Unbeschadet der statuarischen Überparteilichkeit des Deutschen Gewerkschaftsbundes, ungeachtet der Belastungen des Verhältnisses durch die langanhaltenden Skandale um die gewerkschaftseigene Neue Heimat, unberührt auch von der letzthin bewußt gewerkschaftskritischen Arbeitsmarktpolitik etwa des saarländischen Ministerpräsidenten und stellvertretenden SPD-Vorsitzenden Oskar Lafontaine hat die SPD unter den gesellschaftlichen Großorganisationen einen traditionellen, engen Verbündeten: den DGB und seine Einzelgewerkschaften[41].

Etwa jeder vierte (potentielle) SPD-Wähler ist Mitglied einer Gewerkschaft[42]. Die Gewerkschaftsmitgliedschaft ist nach wie vor ein hervorragender Prädiktor für SPD-Wahlverhalten[43]. Etwa neun von zehn Angehörigen der mittleren Parteielite der SPD sind Gewerkschaftsmitglieder, wobei viele von ihnen eine berufliche Position erreicht haben, in der gewerkschaftliche Organisation eher als symbolischer Akt gedeutet werden muß[44]. Dies mag auch für die 187 von insgesamt 193 sozialdemokratischen Mitglieder des XI. Deutschen Bundestages gelten, die Mitglied einer DGB-Gewerkschaft sind[45]. Schließlich waren 1986, die SPD war bundespolitisch in der Opposition, zwei von drei Befragten aus der mittleren Elite der SPD der Ansicht, der Einfluß der Gewerkschaften auf »politische Entscheidungen in unserem Staat« sei zu gering;

---

41 Vgl. Ulrich von Alemann, Organisierte Interessen in der Bundesrepublik, Opladen 1987, S. 81 ff.

42 Vgl. Hans-Joachim Veen/Peter Gluchowski, Sozialstrukturelle Nivellierung bei politischer Polarisierung – Wandlungen und Konstanten in den Wählerstrukturen der Parteien 1953–1987, in: Zeitschrift für Parlamentsfragen, 19 (1988), S. 243.

43 Vgl. Manfred Berger/Wolfgang G. Gibowski/Matthias Jung/Dieter Roth/Wolfgang Schulte, Die Konsolidierung der Wende. Eine Analyse der Bundestagswahl 1987, in: Zeitschrift für Parlamentsfragen, 18 (1987), S. 266.

44 Vgl. H. Schmitt (Anm. 38).

45 Vgl. Emil-Peter Müller, Interessen der Sozialpartner im XI. Deutschen Bundestag, in: Zeitschrift für Parlamentsfragen, 19 (1988), S. 195.

1979, unter sozialdemokratischer Regierungsverantwortung, war nur knapp einer von drei Befragten dieser Ansicht.

Vor dem Hintergrund dieser engen und krisenfesten Gewerkschaftsbindung beurteilen – durchaus folgerichtig – etwa neun von zehn (1979 89 Prozent; 1986 97 Prozent) der mittleren Parteielite der SPD den politischen Einfluß der Arbeitgeberverbände als »zu groß« oder als »viel zu groß« *(Tab. 3)*.

Tab. 3: Die wahrgenommene Machtverteilung in der Bundesrepublik: Bürgerinitiativen und Gewerkschaften sollen mehr Einfluß haben

»Verschiedene Organisationen und Kräfte in unserem Staat nehmen Einfluß auf politische Entscheidungen. Sind Sie der Ansicht, daß der politische Einfluß der unten genannten Organisationen und Kräfte zu gering, angemessen oder zu groß ist?«

	1979 %		1986 %	
Bürgerinitiativen				
viel zu gering	3	28	9	63
zu gering	25		54	
angemessen	51	51	35	35
zu groß	19	22	2	2
viel zu groß	3		0	
Gewerkschaften				
viel zu gering	4	40	9	62
zu gering	36		53	
angemessen	56	56	34	34
zu groß	4	5	2	3
viel zu groß	1		1	
Kirchen				
viel zu gering	0	2	0	5
zu gering	2		5	
angemessen	40	40	54	54
zu groß	41	58	29	40
viel zu groß	17		11	
Arbeitgeberverbände				
viel zu gering	0	0	0	0
zu gering	0		0	
angemessen	11	11	2	2
zu groß	45	89	35	97
viel zu groß	44		62	

Kirchen. Aufgrund der eigenständigen politischen Tradition und klaren politischen Bindungen des deutschen Katholizismus an das Zentrum und später an die CDU/CSU, aber auch aufgrund der traditionell antiklerikalen Haltung der deutschen Arbeiterbewegung ist das Verhältnis der SPD insbesondere zur katholischen Kirche nicht das innigste. Mit dem Godesberger Programm ist versucht worden, dieses zu verbessern, um insbesondere der katholischen Arbeiterschaft die »Klassenwahl« zu erleichtern. Seither haben sich die konfessionellen Proportionen in den Wählerschaften der Parteien jedoch nicht gravierend verschoben: Nach wie vor finden wir unter CDU/CSU-Wählern eine (knappe) Zwei-Drittel-Mehrheit von Katholiken, und unter SPD-Wählern eine nahezu gleichstarke Mehrheit von Protestanten.

Es ist allerdings nicht zu übersehen, daß sich der Katholikenanteil in der SPD-Wählerschaft seit Mitte der sechziger Jahre erkennbar erhöht hat[46]. Dies kann hauptsächlich als eine Folge der auch unter Katholiken zunehmenden Distanz zum kirchlichen Ritus verstanden werden. Wie überhaupt neben der konfessionellen Aufteilung die Frage der Kirchenbindung eine zunehmend stärkere Rolle als Unterscheidungsmerkmal spielt: 1979 berichteten mehr als neun von zehn Angehörigen der mittleren CDU-Elite, daß sie mehr oder weniger regelmäßig, zumindest aber einmal im Jahr, zur Kirche gehen; dies traf nur auf fünf von zehn Angehörigen der mittleren SPD-Elite zu[47]. Den politischen Einfluß der Kirchen schätzten 1979 58 Prozent der befragten SPD-Eliten als »viel zu groß« oder »zu groß« ein. 1986 waren dieser Ansicht nur noch 40 Prozent (vgl. Tab. 3).

Bürgerinitiativen gehören nicht zu den traditionellen gesellschaftlichen Großorganisationen wie Gewerkschaften, Arbeitgeberverbände und Kirchen. Sie können als spezifische Artikulationsform der Anliegen der Neuen Politik verstanden werden. Das Verhältnis der SPD zu den Bürgerinitiativen – wie ihr Verhältnis zu den Anliegen der Neuen Politik allgemein – hat sich in der vergangenen Dekade deutlich verbessert.

1984 gaben 12 Prozent der befragten SPD-Neumitglieder im Bezirk Pfalz an, selbst in einer Bürgerinitiative mitzuarbeiten oder in der Vergangenheit mitgearbeitet zu haben[48]. Auch Greven[49] berichtet aus seiner Umfrage unter SPD-Mitgliedern im Jahre 1983 über 11 Prozent Neumitglieder (und 6 Prozent Altmitglieder) mit Bürgerinitiativ-Erfahrung. Noch 1979 bewerteten 28 Prozent der sozialdemokratischen mittleren Parteieliten den politischen Einfluß von Bürgerinitiativen als zu gering oder viel zu gering, 1986 hat sich dieser Anteil mehr als verdoppelt und liegt bei 63 Prozent (vgl. Tab. 3).

2. *Innerparteiliche Willensbildung*

Samuel Eldersveld[50] hat wie kein anderer auf den Zusammenhang zwischen den gesellschaftlichen Wurzeln und Bindungen einer Partei und der Art ihrer innerparteilichen Willensbildung hingewiesen. Er hat im Gegensatz zum Oligarchie-Verdikt

46 Vgl. H. J. Veen/P. Gluchowski (Anm. 42), S. 240.
47 Vgl. H. Schmitt (Anm. 4).
48 Vgl. Jürgen Hofrichter/Michael Kus/Kurt Seitz, Befragungsergebnisse, in: O. Niedermayer/K. Reif/H. Schmitt (Anm. 36), S. 113.
49 Vgl. Michael Greven, Parteimitglieder, Opladen 1987, S. 164.
50 Vgl. Samuel Eldersveld, Political Parties, Chicago 1964.

Robert Michels[51] betont und am US-amerikanischen Beispiel ansatzweise empirisch belegt, daß die relativ heterogene (sozialstrukturelle und Interessen-)Komposition zeitgenössischer politischer Parteien im weitesten Sinne demokratischen Willensbildungs- und Entscheidungsfindungsprozessen förderlich ist – schon um den Fortbestand der Partei als soziale Koalition nicht zu gefährden.

Diese Notwendigkeit ist der heutigen oppositionellen SPD, die die »alte« und einen nennenswerten Teil der »neuen Linken«[52] in ihren Reihen zusammenhalten muß, wohl vertrauter als jener der siebziger und frühen achtziger Jahre. In jenen Jahren sozialdemokratischer Beteiligung an der sozialliberalen Koalitionsregierung war innerparteiliche Willensbildung – gerade auch hinsichtlich ideologisch hoch aufgeladener Streitfragen (Beispiel Nachrüstung) – allzuoft nur möglich im Rahmen von Koalitionskompromissen und Kanzlerentscheidungen. Diese Rahmenbedingungen beengen die innerparteiliche Willensbildung der SPD heute nicht. Auch scheint die Parteiführung nach der sukzessiven Ablösung des Triumvirats Brandt – Schmidt – Wehner mit geringeren Reibungsverlusten zu agieren, was einer offeneren innerparteilichen Auseinandersetzung zugute kommen sollte.

Unabhängig von solchen objektiven Rahmenbedingungen von Parteiführungsstrategien und von Koalitionszwängen scheint die SPD ihren Mitgliedern und Basis-Organisationen vergleichsweise günstigere Beteiligungsbedingungen[53] an der innerparteilichen Willensbildung zu bieten – oder zumindest bieten zu wollen. So findet sich beispielsweise in den Umfragen unter mittleren Eliten der etablierten Parteien nur bei der SPD ein einigermaßen nennenswerter Anteil der Befragten, die eher dem »delegate« als dem »trustee«-Modell der (innerparteilichen) Repräsentation[54] anhängen und im Entscheidungskonflikt eher den politischen Willen ihrer Basisorganisation als ihre persönliche Überzeugung zu vertreten bereit sind. Freilich überwiegt auch bei sozialdemokratischen Eliten die Präferenz, der persönlichen Überzeugung zu folgen *(Tab. 4)*.

Daß diese Zahlen nicht gerade die Organisationswirklichkeit einer basis-demokratischen Partei widerspiegeln, liegt auf der Hand. Die SPD erscheint darüber hinaus auch nicht als Prototyp einer konkurrenz-demokratisch organisierten Partei. Wenn mittlere Parteieliten der SPD nach dem Entscheidungsmodus von (zufällig ausgewählten) innerparteilichen Streitfragen befragt werden, gibt gerade ein gutes Drittel (37 Prozent derjenigen, für die diese Frage zutrifft und die sie beantwortet haben) die »Mehrheitsentscheidung in einer Abstimmung« an. Ein weiteres knappes Drittel (30 Prozent) berichtet, daß »der Sitzungsleiter... (die) Diskussion so zusammenfaßte, daß niemand widersprochen hat«. Jürgen Steiner[55] hat dieses Entscheidungs-

---

51 Vgl. R. Michels (Anm. 1).

52 Vgl. Max Kaase/Hans-Dieter Klingemann, Sozialstruktur, Wertorientierung und Parteiensystem: Zum Problem der Interessenvermittlung in westlichen Demokratien, in: Joachim Matthes (Hrsg.), Sozialer Wandel in Westeuropa, Frankfurt–New York 1979.

53 Vgl. zu den Determinanten innerparteilicher Beteiligung umfassend Oskar Niedermayer, Innerparteiliche Partizipation, Opladen 1989, S. 63ff.

54 Vgl. für einen knappen Überblick zur Diskussion und neueren Literatur Ulrich von Alemann, Repräsentation, in: Dieter Nohlen/Rainer Olaf Schultze (Hrsg.), Politikwissenschaft, Theorien, Methoden, Begriffe (Pipers Wörterbuch zur Politik, Bd. 1), München 1985, S. 863ff.

55 Vgl. Jürg Steiner/Robert H. Dorf, A Theory of Political Decision Modes. Intra-Party Decision-Making in Switzerland, Chapel Hill 1980.

findungsmuster decision by interpretation genannt. In einem Viertel der Fälle (24 Prozent) wurde »so lange beraten, bis eine einvernehmliche Lösung gefunden wurde, der alle zustimmten« (dieses Muster hat Steiner als amicable agreement bezeichnet). Und jede zehnte Entscheidung (9 Prozent) wurde nicht getroffen, »der Diskussionsgegenstand wurde vertagt oder zurückverwiesen« (non-decision). Dieses Bild innerparteilicher Entscheidungsfindungsmuster, entworfen auf der Grundlage des SPD-Surveys von 1986, ist kein spezifisch sozialdemokratisches: Die Umfrage von 1983 unter mittleren CDU-Eliten kommt weitgehend zum gleichen Ergebnis.

Aufschlußreich erscheint schließlich die Beobachtung, daß die Verteilung der Entscheidungsmodi durchaus nicht unabhängig von der jeweiligen innerparteilichen Entscheidungsebene variiert *(Tab. 5)*. Abgestimmt wird am häufigsten in den Ortsvereinen, den Stadt- und Gemeindeverbänden, auf der lokalen Ebene. Der die Debatte strukturierende und eine Entscheidung (vor-)formulierende Einfluß des jeweiligen Versammlungsleiters steigt dagegen kontinuierlich, je höher in der Parteiorganisation das Entscheidungsgremium angesiedelt ist, aus dem die Befragten berichtet haben.

Tab. 4: Welches Modell innerparteilicher Repräsentation?

Frage: »Als Parteitagsdelegierter ist man zuweilen widersprüchlichen Erwartungen ausgesetzt. So ist ein Konflikt denkbar zwischen der persönlichen Überzeugung, der Meinung der demokratisch gewählten Parteiführung und der Mehrheitsentscheidung des eigenen Kreisverbandes. Welchen Standpunkt sollte ein Parteitagsdelegierter bei Abstimmungen am meisten berücksichtigen?« (Angaben in Prozent der jeweiligen »stimme voll zu«-Antworten – auf der Grundlage einer Viererskala – an den gültigen Werten)

	SPD		FDP	CDU		CSU
	1979	1986	1979	1979	1983	1979
seine persönliche Überzeugung	60	65	78	82	80	80
die Meinung seines Ortsvereins*	32	24	15	9	14	15
die Meinung der Parteiführung	2	2	2	3	3	6

* bzw. Ortsverbandes, Kreisverbandes.

Tab. 5: Abgestimmt wird am meisten in den Ortsvereinen...
Angaben in Prozent

Entscheidungsmodi	Orts-verein	Unter-bezirk	Bezirk	Bundes-partei	Gesamt
non-decision	11	9	9	9	9
decision by interpretation	24	30	34	48	30
amicable agreement	24	29	23	13	24
majority vote	42	32	34	30	37
N (Befragte = kontroverse Entscheidungen)	38	107	35	23	203

Quelle: Mannheimer Umfrage unter mittleren SPD-Eliten 1986.

PETER HAUNGS

Die CDU: Prototyp einer Volkspartei

I. Tradition und Modernität: Grundzüge der Parteientwicklung

Die CDU gilt als Prototyp der Volkspartei in der Bundesrepublik; sie hat sich seit ihrer Entstehung in der unmittelbaren Nachkriegszeit so verstanden. Schönbohm differenziert zwischen Volkspartei und »moderner« Volkspartei: Darunter versteht er die CDU nach ihrer »Modernisierung« in den siebziger Jahren, seien die CDU der fünfziger und diejenige der achtziger Jahre doch »fast zwei verschiedene Parteien«[1]. Ist das tatsächlich so, und wie ist dieser Sachverhalt einzuschätzen?

Zwar wird die analytische Tauglichkeit des Volkspartei-Begriffs in Frage gestellt[2]; da sich aber eine überzeugende Alternative nicht anbietet, ist es wenig sinnvoll, den Begriff aufzugeben. Wohl besteht ein Spannungsverhältnis zwischen normativem Konzept und jeweiliger Realität, und es haben sich insbesondere Struktur und Selbstverständnis der CDU während ihrer über vierzigjährigen Geschichte erheblich gewandelt[3].

Die CDU entstand als Bündnis zwischen dem größeren Teil des politischen Katholizismus und protestantischen Liberalen und Konservativen, nachdem die bisherigen (nicht zuletzt konfessionellen) Gegensätze sich durch die Erfahrung eines totalitären Regimes relativiert und sich in der gemeinsamen Frontstellung gegen dieses Regime bereits Vorformen späterer Kooperation entwickelt hatten[4].

---

1 Wulf Schönbohm, Die CDU wird moderne Volkspartei. Selbstverständnis, Mitglieder, Organisation und Apparat 1950–1980, Stuttgart 1985, S. 11.; andererseits wird neuerdings behauptet, die CDU sei »noch keine wirklich moderne Volkspartei geworden... Sie ist noch mehr Zwitter aus Weltanschauungs- und Integrationspartei, die in ihrer faktischen Willensbildung nach innen und außen mehr von einer Oligarchie konkurrierender Interessengruppen bestimmt wird als von politischen Zielsetzungen« (David Seeber, Die Krise der CDU. Zur Situation einer Partei, die ihre Probleme erst annehmen muß, in: Herder-Korrespondenz, 42 [1988], S. 416).

2 Vgl. insbesondere Alf Mintzel, Die Volkspartei. Typus und Wirklichkeit. Ein Lehrbuch, Opladen 1984. Differenzierter und moderner neuerdings ders., Großparteien im Parteienstaat der Bundesrepublik, in: Aus Politik und Zeitgeschichte, B 11/89, S. 3ff.

3 Vgl. – neben W. Schönbohm (Anm. 1) – Ute Schmidt, Die Christlich Demokratische Union Deutschlands, in: Richard Stöss (Hrsg.), Parteien-Handbuch. Die Parteien der Bundesrepublik Deutschland, Bd. 1, Opladen 1983, S. 490ff.; Peter Haungs, Die Christlich-Demokratische Union Deutschlands (CDU) und die Christlich Soziale Union in Bayern (CSU), in: Hans-Joachim Veen (Hrsg.), Christlich-demokratische und konservative Parteien in Westeuropa, Bd. 1, Paderborn 1983, S. 9ff.; Geoffrey Pridham, Christian Democracy in Western Germany. The CDU/CSU in Government and Opposition, 1945–1976, London 1977.

4 Vgl. Winfried Becker, CDU und CSU 1945–1950. Vorläufer, Gründung und regionale Entwicklung bis zum Entstehen der CDU-Bundespartei, Mainz 1987.

Diese Bündnisstrategie fand auch die Zustimmung der Mehrheit des katholischen Episkopats, die glaubte, mit Hilfe einer katholisch-protestantischen Sammelpartei lasse sich am wirksamsten politischer Einfluß ausüben – unter der Voraussetzung freilich, daß sich der politische Katholizismus nicht in eine interkonfessionell-christliche und eine traditionell-katholische Partei aufspaltete[5]. Eine interkonfessionelle Partei barg aus katholischer Sicht durchaus Risiken (Verwässerung katholischer Ziele), dafür sprachen größere Mehrheitschancen sowie die Einbindung des konservativen und liberalen Protestantismus – ein Gesichtspunkt, der insbesondere für Adenauer bedeutsam war[6].

Die Attraktivität des neuartigen Parteikonzepts beruhte auf einer verbreiteten »Bereitschaft zu traditionsüberbrückender Gemeinsamkeit«[7]. Die Kooperation von Politikern mit so unterschiedlichem geistigen und politischen Hintergrund mußte sich indessen auch auf die Struktur der neuen Partei auswirken; auf ein gemeinsames Parteiverständnis konnte jedenfalls nicht zurückgegriffen werden.

In der Gründungsphase stützte sich die Partei vor allem in den alten Zentrumshochburgen auf das katholische Milieu, das sich zwar schon in der Weimarer Republik aufgelockert, aber dennoch das Dritte Reich zum Teil überdauert hatte. In katholischen Regionen wurde vielfach die Gründung sowohl der Zentrumspartei als auch der Union »von den Beteiligten ganz unproblematisch als Reorganisation des alten Zentrums angesehen und ein Bruch mit der Parteigeschichte weder empfunden noch angestrebt«[8]. Selbst in Gegenden mit evangelischer Bevölkerungsmehrheit war häufig die Mehrheit der CDU-Mitglieder katholisch – ein Überhang, der erst allmählich verringert werden konnte, aber bis heute fortbesteht. In den Anfangsjahren verfügte die Partei über einen recht stattlichen Mitgliederbestand[9], der (ähnlich wie bei der SPD) erst Ende der vierziger/Anfang der fünfziger Jahre drastisch zurückging und dann bis in die sechziger Jahre hinein stagnierte.

Trotz dieses katholischen Traditionsüberhangs läßt sich die CDU wohl zu keinem Zeitpunkt als katholische Weltanschauungspartei oder auch als christliche Gesinnungspartei charakterisieren. So verstand sich allenfalls ein Teil der führenden Politiker und Anhänger. Aber bekanntlich differiert nicht nur das katholische und evangelische Politikverständnis, so daß der Begriff »christliche Partei« umstritten war; das Bild der Gesamtpartei wurde zudem maßgeblich von liberalen und konservativen Politikern mitgeprägt[10], für die religiöse Bindungen oder gar konfessionelle Doktrinen keine vorrangige Bedeutung hatten. Und selbst ein praktizierender Katho-

5 Vgl. Ute Schmidt, Zentrum oder CDU. Politischer Katholizismus zwischen Tradition und Anpassung, Opladen 1987, S. 150ff.
6 Vgl. Hans-Peter Schwarz, Adenauer. Der Aufstieg: 1876–1952, Stuttgart 1986, S. 656.
7 U. Schmidt (Anm. 5), S. 97.
8 Ebd., S. 202.
9 1947/48 dürften es etwa 400000 gewesen sein; vgl. Heino Kaack, Geschichte und Struktur des deutschen Parteiensystems, Opladen 1971, S. 495.
10 So hatte die CDU während der Gründungsphase z. B. in Wuppertal und im Oberbergischen Land einen »bürgerlichen« Charakter, während die katholischen Arbeiter Zentrum oder SPD wählten; vgl. U. Schmidt (Anm. 5), S. 202ff.

lik wie Adenauer stand einer Bewertung politischen Handelns mit religiösen Maßstäben skeptisch gegenüber[11].

Diese geistig-religiösen und politischen Diskrepanzen sowie unterschiedliche Interessen begünstigten einen pragmatischen Stil der Partei. Insofern war die CDU von Anfang an eine moderne Partei, die sich seit den fünfziger Jahren als Regierungs- und Kanzlerpartei verstand. Bezeichnenderweise wurde die CDU als Bundespartei erst gegründet, nachdem sich ihre Bundestagsfraktion (gemeinsam mit der CSU) konstituiert hatte und Adenauer zum Bundeskanzler gewählt worden war; sie spielte für geraume Zeit neben der Bundesregierung und der Bundestagsfraktion kaum eine eigenständige politische Rolle[12]. Die Landes- und Kreisparteien besaßen weitgehende Autonomie, vor allem in personalpolitischer Hinsicht. Adenauer war vornehmlich an außenpolitischem Handlungsspielraum interessiert, dafür nahm er eine extrem föderalistische Struktur der CDU in Kauf; was die Innenpolitik angeht, hatte die CDU/CSU-Bundestagsfraktion ein beträchtliches Mitspracherecht[13].

Die Bundespartei wurde nicht nur aus dem Bundeskanzleramt heraus geführt, die von der CDU geprägte Politik der Bundesregierung diente ihr auch als Programmersatz, namentlich Adenauers Westpolitik und Erhards Konzept der Sozialen Marktwirtschaft[14]. Die CDU der fünfziger Jahre wies relativ wenige Mitglieder auf, die auch nur zu geringen Beitragszahlungen bereit waren; der hauptamtliche Apparat war auf lokaler Ebene recht lückenhaft und hielt sich sogar auf der Landes- und Bundesebene in bescheidenen Grenzen, was nicht zuletzt eine Folge der unsicheren Finanzierungssituation war: Die damals vorherrschende Einnahmeart – Spenden aus der Wirtschaft – eignete sich besser zur Finanzierung von Wahlkämpfen als zur Unterhaltung der regulären Parteiorganisation. Die Bundesgeschäftsstelle wurde eigentlich nur zur Führung von Wahlkämpfen benötigt. Adenauer betätigte sich zwar als eifriger und wirksamer Wahlkämpfer, sein Parteiverständnis war jedoch ausgesprochen restriktiv: die Parteiverbände sollten im wesentlichen für die Regierungspolitik werben, politische Mitsprachemöglichkeiten waren jedoch nicht vorgesehen. Die lockere Strukturierung der CDU in den fünfziger Jahren kann durchaus als funktional bezeichnet werden, ermöglichte sie doch die Bindung verschiedener Wählergruppen, ohne daß diese ihre spezifischen Milieus hätten aufgeben müssen[15].

---

11 Vgl. zu seiner Reaktion auf Rainer Barzels Denkschrift vom März 1962 Dorothee Buchhaas, Die Volkspartei. Programmatische Entwicklung der CDU 1950–1973, Düsseldorf 1981, S. 302.

12 Noch 1959 sagte Adenauer in einer Sitzung des Bundesvorstands: »Was man bei uns Bundespartei nennt . . . Das ist ein Wesen, das in Wirklichkeit gar nicht existiert.« (D. Buchhaas [Anm. 11], S. 205).

13 Vgl. Jürgen Domes, Bundesregierung und Mehrheitsfraktion. Aspekte des Verhältnisses der Fraktion der CDU/CSU im zweiten und dritten Deutschen Bundestag zum Kabinett Adenauer, Köln-Opladen 1964.

14 Vgl. S. 168.

15 Vgl. D. Buchhaas (Anm. 11), S. 119; von »nachgeholte(r) Parteibildung« (Hermann Scheer, Die nachgeholte Parteibildung und die politische Säkularisierung der CDU, in: Wolf-Dieter Narr [Hrsg.], Auf dem Weg zum Einparteienstaat, Opladen 1977, S. 149ff.) möchte ich trotzdem nicht sprechen, weil damit bestimmte Parteistrukturen zur Norm erklärt würden; auch »politische Säkularisierung« ist eine unangemessene Formulierung, da die CDU niemals eine klerikale Partei war.

Die sechziger Jahre lassen sich als Übergangsphase kennzeichnen. Seit dem Konflikt um die Nachfolge von Bundespräsident Heuss im Jahre 1959 und den Stimmenverlusten bei der Bundestagswahl von 1961 war Adenauers Autorität in der CDU erschüttert. Die Partei wirkte zudem aufgrund ihrer langjährigen Regierungstätigkeit erschöpft. Hinzu kam die Godesberger Wende der SPD, die die herkömmlichen politischen Frontlinien verwischte, namentlich deren Verhältnis zur katholischen Kirche entkrampfte[16], wodurch die Auflösung des katholischen Milieus noch beschleunigt wurde. Da zu dieser Zeit wichtige politische Führungsämter durch protestantische CDU-Politiker besetzt wurden und dadurch beachtliche Stimmengewinne bei protestantischen Wählern in Norddeutschland begünstigt worden sein dürften, schien sich eine Protestantisierung der CDU zu vollziehen – für manchen katholischen Traditionalisten eine beunruhigende Entwicklung, die jedenfalls dazu beigetragen hat, daß in der Partei in zunehmendem Maße das Bedürfnis nach programmatischen Richtlinien und auch nach organisatorischen Reformen artikuliert wurde. Als Voraussetzung dafür mußte jedoch erst die Handlungsfähigkeit der Bundespartei verbessert werden. Diesem Ziel diente insbesondere die Bestellung von geschäftsführenden Vorstandsmitgliedern, die seit dem Parteitag in Dortmund (1962) in verschiedenen Variationen erfolgte, abhängig von der jeweiligen Personalkonstellation an der Parteispitze. Doch erst 1967, mit der Einrichtung des Amtes des Generalsekretärs, »wurde die CDU als handlungsfähige Bundespartei eigentlich ... geboren«[17].

In den sechziger Jahren kam auch wieder Bewegung in die Mitgliederentwicklung: Nachdem eine von Dufhues zu Beginn der sechziger Jahre initiierte Werbeaktion wenig erfolgreich geblieben war, erreichte Heck mit einer weiteren Aktion 1968/69 bessere Ergebnisse. Zu dieser Zeit beriet die Partei – zum ersten Mal unter breiter Beteiligung ihrer Mitglieder und Gliederungen – ein Aktionsprogramm und verabschiedete es 1968 in Berlin. Außerdem stellte man die Finanzierung der Partei auf eine breitere Basis: Im März 1964 wurde die Staffelung der Beiträge eingeführt, deren praktische Umsetzung aber noch einige Zeit dauerte. Parallel zur Reorganisation und zum Ausbau der Bundesgeschäftsstelle vollzog sich der Aufbau der Konrad-Adenauer-Stiftung, deren Vorsitz Generalsekretär Heck 1968 gleichzeitig übernahm und bis 1989 beibehielt, als er durch den langjährigen rheinland-pfälzischen Ministerpräsidenten Bernhard Vogel abgelöst wurde.

So mühsam sich die Lösung der Partei von Adenauer und ihre organisatorische Reform gestaltete, so kann man doch feststellen, daß wesentliche Grundlagen für den Wandel der Oppositionspartei in den siebziger Jahren bereits in den sechziger Jahren, namentlich deren zweiter Hälfte, geschaffen wurden[18].

In der Oppositionsperiode der Bundespartei (1969–1982) kam es dann zur umfassenden Modernisierung der CDU. Der erste Anlauf nach dem Regierungswechsel von 1969 gedieh nicht sonderlich weit, weil die CDU darin zunächst einen Betriebsunfall sah, den sie rasch rückgängig machen wollte. Das schien auch möglich zu sein, als die sozialliberale Koalition in der Auseinandersetzung um die Ostpolitik abbröckelte.

16 Damit korrespondierte zu dieser Zeit die Tendenz des Vatikans, gegenüber den politischen Kräften künftig Äquidistanz zu wahren.
17 W. Schönbohm (Anm. 1), S. 69.
18 So insbesondere auch W. Schönbohm (Anm. 1), S. 94f.

Doch führte das konstruktive Mißtrauensvotum 1972 nicht zum Erfolg. Erst nach der eindeutigen Niederlage bei der vorzeitigen Bundestagswahl von 1972 akzeptierte die CDU die Oppositionsrolle, und nach dem Wechsel der Parteiführung von Rainer Barzel zu Helmut Kohl und der Bestellung von Kurt Biedenkopf zum Generalsekretär wurde die Parteireform energisch in Angriff genommen. Bestimmte bis dahin die Führung der Bundestagsfraktion den politischen Kurs der Oppositionspartei, deren Vorsitzender Barzel 1971 auch Parteivorsitzender geworden war, so gewann nun die außerparlamentarische Parteiorganisation an Gewicht – vor allem bis 1976, als Kohl nach ganz knapp verlorener Bundestagswahl aus der Mainzer Staatskanzlei an die Spitze der CDU/CSU-Bundestagsfraktion wechselte und diesem Amt (bis zum Regierungswechsel von 1982) Priorität einräumen mußte.

Die wichtigsten Elemente der Parteireform waren ein erheblicher Mitgliederzuwachs (ihre Zahl verdoppelte sich zwischen 1970 und 1977), die Aktivierung der Parteiorganisation auf allen Ebenen, namentlich der – durch die üppige staatliche Subventionierung ermöglichte – Ausbau des hauptamtlichen Parteiapparats, und die Fortführung der bereits Ende der sechziger Jahre begonnenen Programmdiskussion, die schließlich zur Verabschiedung des ersten Grundsatzprogramms der CDU auf dem Parteitag in Ludwigshafen (1978) führte. Wohl noch größere öffentliche Beachtung als die langjährige Programmdiskussion, die den neuen Mitgliedern Teilnahmemöglichkeiten eröffnete und sie in die Partei integrierte, fanden die Beiträge der Generalsekretäre Biedenkopf und Geißler zur politischen Semantik: Die »Neue Soziale Frage« und »Freiheit oder/statt Sozialismus« (der Wahlkampfslogan der Unionsparteien von 1976) dürften die spektakulärsten Beispiele sein[19].

Die Führungsgremien der Partei tagten nun regelmäßiger und arbeiteten effektiver, als dies in früheren Perioden der Parteigeschichte der Fall war; insbesondere bemühten sie sich – durchaus mit einigem Erfolg – um eine Koordination der CDU-Politik, befand sich die Partei doch (zusammen mit der CSU) im Bundestag in der Opposition, stellte aber andererseits im Bundesrat die Mehrheit[20], so daß die sozialliberale Koalition sich in vielen Fällen (eigentlich bei allen wesentlichen innenpolitischen Vorhaben) mit den Unionsparteien verständigen mußte. Diese unterschiedlichen Mehrheitsverhältnisse in Bundestag und Bundesrat während der sozialliberalen Koalition akzentuierten das ohnehin ausgeprägte konkordanzdemokratische Element des politischen Systems in der Bundesrepublik, das vor allem aus seiner föderalistischen Struktur und der intensiven Politikverflechtung resultiert.

Seit dem 1. Oktober 1982 bildet die CDU wiederum zusammen mit der CSU und der FDP die Bundesregierung und stellt den Bundeskanzler. Offenbar fällt es der in der Oppositionszeit programmatisch und organisatorisch reformierten Partei jedoch schwer, sich auf ihre alte Rolle als Regierungspartei einzustellen[21]. Das mag nicht

---

19 Vgl. dazu Claus Leggewie, Der Geist steht rechts. Ausflüge in die Denkfabriken der Wende, Berlin 1987, S. 108ff.

20 Vom Frühjahr 1972 bis Mai 1975 (Patt im Saarland) und wieder ab 1976 (Regierungswechsel in Niedersachsen); vgl. dazu Friedrich Karl Fromme, Gesetzgebung im Widerstreit. Wer beherrscht den Bundesrat? Die Kontroverse seit 1969, Stuttgart 1980[2].

21 Vgl. Peter Haungs, Die CDU in den achtziger Jahren. Anmerkungen zur Organisation und Strategie, in: Rupert Breitling/Winand Gellner (Hrsg.), Politische Studien (Teil II: Parteien und Wahlen). Zum 65. Geburtstag von Erwin Faul, Gerlingen 1988, S. 87ff.

zuletzt daran liegen, daß ein Großteil ihrer Mitglieder die CDU nur als Oppositionspartei (jedenfalls auf Bundesebene) erlebt hat[22]. Die in der Oppositionszeit teilweise hoch motivierten Mitglieder und Parteiverbände verhielten sich in zunehmendem Maße passiv und legten eine überraschend große Stimmungsempfindlichkeit (Schwierigkeiten werden eher übertrieben, Chancen dagegen kaum wahrgenommen) an den Tag.

Zwar mögen die CDU der fünfziger und diejenige der achtziger Jahre tatsächlich fast zwei verschiedene Parteien sein; nach den Erfahrungen seit dem Regierungswechsel von 1982/83 stellt sich jedoch die Frage, ob dieser Vergleich zugunsten der heutigen CDU ausfällt. Jedenfalls hatten die CDU-Anhänger der fünfziger Jahre geringere Probleme, sich mit ihrer Partei zu identifizieren, als dies heute der Fall ist. Und bei Wahlen war die Honoratiorenpartei der fünfziger Jahre zumindest ebenso erfolgreich wie die mit Mitgliedern, Programmen, Geld und Organisation reichlicher gesegnete CDU der achtziger Jahre. Gab es in der Ära Adenauer neben relativ wenigen Mitgliedern viele engagierte Sympathisanten bzw. nahestehende Organisationen (namentlich im Bereich der katholischen Kirche)[23], so sind für die heutige Situation frustrierte Mitglieder sowie eine Entfremdung der Partei von ihrem gesellschaftlichen Umfeld aufgrund der Binnenorientierung ihrer Aktivisten symptomatisch[24].

Es wäre gewiß unangemessen, den Zustand der CDU in der Ära Adenauer zu verklären oder gar als Rezept zur Behebung aktueller Probleme zu empfehlen. Es genügt, an das erhebliche Unbehagen in der Partei über ihren desolaten Zustand Anfang der sechziger Jahre zu erinnnern. Doch ist es berechtigt, die Bedeutung von Parteiorganisation und Mitgliedern – eine in diesem Sinne moderne Partei gilt in der Bundesrepublik gemeinhin als leistungsfähig – zu relativieren, jedenfalls im Hinblick auf Wahlerfolge; ob zügigere und wirksamere Reformen der CDU-Parteiorganisation in den sechziger Jahren den Regierungswechsel hätten verhindern können, wie Schönbohm annimmt[25], dürfte zweifelhaft sein.

Läßt sich vielleicht aus den Erfolgsgründen der CDU in den fünfziger Jahren eine Erklärung für ihre Schwierigkeiten in den achtziger Jahren ableiten? Schönbohm erläutert das gute Abschneiden der CDU bei der Bundestagswahl von 1949 – trotz defizitärer Parteiorganisation – folgendermaßen: ein »neuartiges Selbstverständnis als schichten- und konfessionsübergreifende, verschiedene politische Standorte integrierende Volkspartei«, politische Konzeptionen (wie Westorientierung der Außenpolitik und Soziale Marktwirtschaft) sowie Führungspersönlichkeiten, die diese Politik glaubwürdig repräsentieren konnten[26].

---

22 Nur etwa ein Viertel der heutigen CDU-Mitglieder gehörte der Partei bereits an, bevor sie 1969 in die Opposition geriet; und knapp ein Fünftel ist der Partei nach der Rückkehr an die Regierung beigetreten. Vgl. Bericht der Bundesgeschäftsstelle zum 36. Bundesparteitag in Wiesbaden, Juni 1988, S. 18.

23 Vgl. Alois Schardt, Wohin steuert die CDU?, Osnabrück 1961.

24 Vgl. etwa Hans-Christian Maaß, Die CDU und der vorpolitische Raum, in: Sonde, 20 (1987), S. 24ff.

25 Vgl. W. Schönbohm (Anm. 1), S. 95.

26 Ebd., S. 31.

Heute hat das Volkspartei-Konzept den Reiz des Neuartigen verloren[27], und es werden eher seine (vermeintlichen und tatsächlichen) Schwächen problematisiert als seine Vorzüge (gegenüber einem Vielparteiensystem Weimarer Prägung ebenso wie gegenüber den Parteiensystemen anderer westlicher Demokratien) gewürdigt. Solche Verschleißerscheinungen mögen teilweise unvermeidlich sein; die Volksparteien können der gängigen Parteienverdrossenheit jedoch auch entgegenwirken, vor allem durch beharrliche und überzeugende politische Arbeit, die sich auf den politischen Kernbereich konzentrieren und im übrigen (namentlich hinsichtlich expansiver Personalpatronage) Zurückhaltung üben sollte[28]. Allerdings stehen die heutigen Parteien in dieser Hinsicht unter erheblichem Druck ihrer Mitglieder, die auch insofern anspruchsvoller geworden sind.

Trotz Verschleißerscheinungen und anderer problematischer Tendenzen ist indessen eine überzeugende Alternative zu den Volksparteien nicht in Sicht. Die Partei neuen Typs, als die sich die GRÜNEN verstehen, hat sich als solche nicht erwiesen; und warum sollte die neuerdings von konservativer Seite propagierte Gesinnungspartei[29] erstrebenswert sein?

Dagegen dürften die beiden anderen Erfolgsrezepte der fünfziger Jahre – politische Konzepte und überzeugende Personalisierung – auf heutige Defizite der CDU hinweisen, die nicht unvermeidlich sind, wenn der Mangel an klaren Konturen heutzutage auch – keineswegs nur im politischen Bereich – weit verbreitet ist: Konzeptionen vom Kaliber der West- oder Ostpolitik sind zwar situationsgebunden; die Soziale Marktwirtschaft könnte indessen in aktualisierter Form (vor allem unter Einbeziehung der ökologischen Dimension) weiterhin ein attraktives Konzept sein, wie dies etwa auch im Hinblick auf die Europa- und neuerdings selbst die Deutschland-Politik gilt. In allen diesen (und auch in weiteren) Bereichen fehlt es der CDU jedoch an klaren Konturen: Es gibt zwar zahlreiche, mehr oder weniger eindrucks-

---

27 Wie der Begriff des Parteienstaats, der in der Bundesrepublik zunächst positiv geprägt war; inzwischen sind jedoch seine negativen (Weimarer) Unterströmungen wieder stärker geworden.

28 In diesem Sinne bereits Hermann Scheer, Parteien contra Bürger? Die Zukunft der Parteiendemokratie, München 1979, besonders S. 132ff.; vgl. auch Dieter Grimm, Politische Parteien, in: Ernst Benda/Werner Maihofer/Hans-Jochen Vogel (Hrsg.), Handbuch des Verfassungsrechts der Bundesrepublik Deutschland, Berlin 1983, S. 369ff. Solche Zurückhaltung wäre auch bei der staatlichen Parteien-Subventionierung dringend geboten: Hier scheint den Parteien jegliches Augenmaß abhanden gekommen zu sein, wie nicht nur der Ende 1988 eingeführte zusätzliche Sockelbetrag dokumentiert, sondern vor allem die Heraufsetzung der Veröffentlichungspflicht für Spenden von 20000 auf 40000 DM – obwohl man sich bei der Neufassung des Parteiengesetzes von 1983 gerade die erweiterte Publizitätspflicht zugute gehalten und die vom Bundespräsidenten berufene Sachverständigen-Kommission in ihrem 1983 erstatteten Bericht zur Neuordnung der Parteienfinanzierung (S. 4) ausdrücklich formuliert hatte: »Für Spenden über DM 20000, die aus einer Quelle in einem Kalenderjahr an eine Partei gezahlt werden, bleibt die Publizitätspflicht bestehen.«

29 Vgl. Gerd-Klaus Kaltenbrunner (Hrsg.), Volksparteien ohne Zukunft? Die Krise des Parteienstaates, Freiburg 1988, der in seinem Vorwort den Aufstieg der GRÜNEN als »Durchbruch einer linken Gesinnungspartei« interpretiert und zu erkennen glaubt, daß eine »politische Reservearmee« (Schrenck-Notzing) aus »Enttäuschten, Unzufriedenen und Heimatlosen von rechts ... einer rechtsorientierten Gesinnungspartei zur Verfügung stünde« (S. 15) – eine nach den bisherigen Erfahrungen mit der neuen »linken Gesinnungspartei« wenig verlockende Perspektive!

volle programmatische Texte[30], doch ergeben sich daraus noch keine Orientierungsperspektiven für das breite Publikum. Möglicherweise liegt dies daran, daß die Partei selber ihre programmatischen Ziele – beispielsweise die Notwendigkeit von Verzichten im Interesse der Zukunftssicherung oder auch die Forderung kinder- und familienfreundlicher Verhältnisse – nicht wirklich ernst nimmt und mit entsprechendem Nachdruck verfolgt, was ihrer Glaubwürdigkeit abträglich ist. Vielleicht können solche Perspektiven auch nur durch überzeugendes Regierungspersonal vermittelt werden. Daß die CDU seit über 20 Jahren keinen Außen- und keinen Bundeswirtschaftsminister mehr stellte, ist hier ein gravierendes Handicap, zumal die griffige Formulierung konzeptioneller Leitlinien nicht zu den Stärken des gegenwärtigen Bundeskanzlers zählt[31]. Der Mangel an ministrablen Fraktionsmitgliedern macht sich zudem ständig auf Bundes- und Landesebene bemerkbar.

Überblickt man die Entwicklung der CDU, so lassen sich zwei Phasen, in denen sie sich in guter Verfassung befand, von zwei anderen unterscheiden, in denen ihr Zustand eher problematisch war, wobei diese Einschätzung mit dem jeweiligen Stand der Parteiorganisation nicht identisch ist.

Die beiden positiv zu charakterisierenden Phasen sind die Ära Adenauer, jedenfalls in den fünfziger Jahren, sowie die Oppositionsperiode der CDU, vor allem in der zweiten Hälfte der siebziger Jahre. In der Ära Adenauer wies die Parteiorganisation zwar die erwähnten Defizite auf, sie war jedoch bei Wahlen sehr erfolgreich. Die CDU profitierte von einem Modernitätsbonus (aus damaliger Perspektive!) und nicht zuletzt auch vom Prestige Adenauers[32]. In der Oppositionsphase konnte sich das Selbstbewußtsein der Partei auf den gewaltigen Mitgliederzuwachs, die Reform der Parteiorganisation und ebenfalls hervorragende Wahlergebnisse, insbesondere bei der Bundestagswahl von 1976 und verschiedenen Landtagswahlen, stützen. Doch war das Hochgefühl der regenerierten Partei offenbar an die Oppositionssituation gebunden.

Zwischen diesen beiden Perioden lag in den sechziger Jahren eine problematische Phase der CDU. Das nachlassende Prestige Adenauers, die Konflikte um seine Nachfolge sowie die Schwierigkeiten der Partei angesichts der Notwendigkeit, sich auf veränderte gesellschaftliche und politische Rahmenbedingungen einzustellen, ließen ihre organisatorischen und programmatischen Defizite sichtbar werden. In einer eher problematischen Verfassung befindet sich die CDU erstaunlicherweise auch seit ihrer Rückkehr an die Regierung, obwohl die organisatorischen und programmatischen Defizite in den siebziger Jahren behoben wurden. Daß der Zustand der CDU von den eigenen Anhängern eher negativ beurteilt wird, verweist auf veränderte Erwartungen, denn objektiv ist die Partei auf allen politischen Ebenen und nicht zuletzt auch im Hinblick auf ausgeprägte strukturelle Verflechtungen und intensive Kommunikation zwischen den Ebenen in einer wesentlich besseren Verfas-

---

30 Vgl. S. 167.

31 Hinzukommt, daß er »als Machtpragmatiker den Kompromiß in der Regel so praktiziert, als ob dieser nicht Mittel, sondern Ziel von Politik wäre und ... die gleitenden Übergänge von Kompromißpolitik zu bloßer Machtverwaltung ignoriert« (D. Seeber [Anm. 1], S. 416).

32 Vgl. Arnold J. Heidenheimer, Der starke Regierungschef und das Parteiensystem: Der »Kanzler-Effekt« in der Bundesrepublik, in: Politische Vierteljahresschrift, 2 (1961), S. 241 ff.

sung als während der ersten Regierungsperiode der CDU in den fünfziger und sechziger Jahren.

Die Abschwächung der traditionellen sozialen Gegensätze gehörte zwar bereits für Otto Kirchheimer zu den Voraussetzungen der »catch-all-party«[33]. Dies dürfte jedoch auf die Bundesrepublik der siebziger/achtziger Jahre in stärkerem Maße zutreffen, als es bereits in den fünfziger und sechziger Jahren der Fall war. Der Bevölkerungsanteil sozialer Gruppen, die sich mit einer Partei besonders verbunden fühlen, wie Selbständige und Landwirte, Arbeiter oder praktizierende Christen, verringert sich weiterhin, während der Anteil der parteipolitisch nicht festgelegten Bevölkerung – namentlich in den achtziger Jahren – größer wurde. Die Bindung an die Unionsparteien nahm besonders in jüngeren Altersgruppen bereits in den sechziger Jahren ab; dieser Trend setzte sich in den achtziger Jahren, wenn auch in abgeschwächter Form, fort[34]. Diese Angaben über die Lockerung der Parteiidentifikation beziehen sich zwar auf die gesamte (wahlberechtigte) Bevölkerung, doch sind sie auch im Hinblick auf Parteimitglieder bedeutsam, unterscheiden sich diese doch kaum von der übrigen Bevölkerung[35]: Ein überspitzter Individualismus, wenig Sinn für praktizierte Solidarität, die Abneigung gegen längerfristige Festlegungen, eine Service-Mentalität (wie im Vereinswesen) scheint auch bei ihnen verbreitet zu sein.

Zwar kann nachlassende Parteiidentifikation durchaus auch positive Effekte für das politische System – etwa im Sinne politischer Kontrolle und der Begünstigung von Regierungswechseln – haben[36], doch trägt sie zweifellos dazu bei, daß die Volksparteien »erst jetzt in ihre eigentliche Bewährungsphase eingetreten« sind: »Heute befinden sich die Volksparteien in einem gewissermaßen existentiellen Spagat, in dem sie die überkommenen Wählermilieus der Stammwähler mühsam mit den seit dem Zweiten Weltkrieg nachwachsenden Wählergenerationen verbinden müssen, um mehrheitsfähig bleiben zu können.«[37] Die historische Erfahrung berechtigt freilich in der Bundesrepublik zur Zuversicht, daß die Volksparteien auch diese Bewährungsprobe bestehen, haben sie Zerfallsprognostiker doch bisher regelmäßig widerlegt[38].

---

33 Vgl. Otto Kirchheimer, Der Wandel des westeuropäischen Parteiensystems, in: Politische Vierteljahresschrift, 6 (1965), S. 20ff.

34 Vgl. Oscar W. Gabriel, Zerfall der Parteiidentifikation – Krise der Volksparteien? in: Jugendforum, (1988) 6, S. 161ff.

35 So hat z.B. Wolfgang Falke, Die Mitglieder der CDU. Eine empirische Studie zum Verhältnis von Mitglieder- und Organisationsstruktur der CDU 1971–1977, Berlin 1982, S. 198ff., die geringe Bedeutung von Parteipublikationen herausgearbeitet: Auch CDU-Mitglieder informieren sich in erster Linie aus den allgemeinen Massenmedien.

36 In diesem Sinne O. W. Gabriel (Anm. 34).

37 Hans-Joachim Veen, Bewährung als Volkspartei. Konfession und Wahlverhalten der Generationen, in: Die politische Meinung, (1988) 238, S. 65.

38 Vgl. etwa Rudolf Wildenmann, CDU/CSU: Regierungspartei von morgen – oder was sonst?, in: Richard Löwenthal/Hans-Peter Schwarz (Hrsg.), Die zweite Republik. 25 Jahre Bundesrepublik Deutschland – eine Bilanz, Stuttgart 1974, S. 345ff., der es für sehr wahrscheinlich hielt, »daß sich die CDU/CSU heute in einer strukturellen Minderheitensituation – nicht lediglich in einer Oppositionsrolle befindet«. Mitte der siebziger Jahre glaubten Hermann Kaste/Joachim Raschke, Zur Politik der Volkspartei, in: W.-D. Narr (Anm. 15), S. 56 – nicht nur »auf den ersten Blick überraschend« – »bei der CDU/CSU eher als bei der SPD Tendenzen weg von der Volkspartei« feststellen zu können. Die Wahlergeb-

II. Programmatisches Profil

Für Parteien, die die bestehenden Verhältnisse allenfalls reformieren, nicht aber grundlegend verändern wollen (zu denen die CDU zweifellos gehört), ergeben sich bei der »Programmarbeit« spezifische Schwierigkeiten: Sie schwebte tatsächlich häufig »eine Handbreit über der Partei ... ein wenig zu künstlich, zu allgemein, immer gleich von der Natur des Menschen ins ganz Grundsätzliche gehend ...«[39]. Solche programmatischen Aktivitäten gehen indessen nicht spurlos an der Partei vorüber. Selbst wenn ihre Wirkung primär nach innen gerichtet sein sollte, so stellen sie doch eine Realität dar, die auch für das Bild der Partei in der Öffentlichkeit belangvoll ist[40]. Ob die CDU mit ihren Bemühungen ein programmatisches Profil erreicht hat, ist dagegen eine andere Frage. Ihre Gremien haben in den letzten beiden Jahrzehnten zahlreiche programmatische Texte formuliert – eine geradezu verwirrende Vielfalt[41]. Außerdem steht die CDU seit 1982 wieder vor dem Problem jeder Regierungspartei, den Zusammenhang zwischen ihrem Programm und der Regierungspolitik (zumal einer Koalitionsregierung) zu verdeutlichen.

In der Gründungsphase der Partei konnten mehrere programmatische Deklarationen (insbesondere die Kölner Leitsätze und der Berliner Gründungsaufruf vom Juni 1945 sowie die Frankfurter Leitsätze vom September 1945) überregionale Bedeutung beanspruchen[42]. Bei allen Unterschieden waren sie vor allem durch »christliche Weltanschauung« in ihrer traditionellen kulturpolitischen Ausformung (konfessionelles Elternrecht, staatliche Bekenntnisschule), aber auch als Antitotalitarismus sowie durch »christlichen Sozialismus« geprägt. Das *Ahlener Programm* vom März 1947 verdient besondere Beachtung, weil es – neben seinem Vorgänger, dem Programm von Neheim-Hüsten vom Februar 1946 – das einzige Programm eines Zonenverbandes war, der zudem von Adenauer geführt wurde. Es bildete den Höhepunkt des christlich inspirierten Sozialprogramms der CDU. Danach nahm der Einfluß des Berliner und Frankfurter Gründungskreises, in denen das Konzept eines christlichen Sozialismus besonders vertreten wurde, rasch ab, während derjenige liberaler und konservativer Kräfte sich verstärkte. Aus Adenauers Sicht stellte das Programm nicht zuletzt ein taktisches Instrument in der Auseinandersetzung um die politische Führung der Partei dar[43]. Es kam den – durch seinen Hauptkonkurrenten Jakob Kaiser

---

nisse des Jahres 1989 haben die Volksparteien, namentlich CDU und CSU, zwar in zusätzliche Bedrängnis gebracht, doch entscheidet erst die nächste Bundestagswahl darüber, ob diese (Ende 1988 formulierte) Zuversicht modifiziert werden muß.

39 Hermann Rudolph, Ein halbes Jahr nach der Niederlage. Die CDU wartet in der Deckung, in: Die Zeit, Nr. 11 vom 6. März 1981, S. 6.

40 Vgl. P. Haungs (Anm. 3), S. 143ff.

41 So haben seit der Verabschiedung des Grundsatzprogramms vor zehn Jahren immer wieder nicht nur Parteitage, sondern auch der CDU-Bundesausschuß und zahlreiche Fachausschüsse Programme beschlossen, die sich nur schwer einander zuordnen lassen und die dem jeweils beschließenden Gremium kaum gegenwärtig gewesen sein dürften; hinzu kommen noch Programme der Landesparteien.

42 Vgl. neuerdings W. Becker (Anm. 4), S. 31ff.

43 Vgl. D. Buchhaas (Anm. 11), S. 164; bezeichnend für Adenauers Pragmatismus im Hinblick auf Programme seine Argumentation im Februar 1949: »Wir wollen doch jetzt nicht für die ganze zukünftige Parteiarbeit eine Grundlage schaffen, sondern wir wollen dafür sorgen, daß wir die Wahl gewinnen...« (ebd., S. 170).

repräsentierten – Anhängern eines »christlichen Sozialismus« entgegen, ohne daß sich daraus in der damaligen Situation (die politische Verantwortlichkeit lag bei den Besatzungsmächten) Konsequenzen für eine bestimmte Politik ergeben konnten.

Anders sind in dieser Hinsicht die *Düsseldorfer Leitsätze* zu beurteilen, mit denen CDU und CSU – in Ermangelung eines Wahlprogramms – den ersten Bundestagswahlkampf von 1949 bestritten. Der mit der Währungsreform vom 20. Juni 1948 eingeleitete wirtschaftspolitische Kurswechsel gehörte zu ihren Voraussetzungen, und Ludwig Erhard, der bei ihrer Formulierung im Wirtschaftsausschuß der CDU der britischen Besatzungszone während der ersten Monate des Jahres 1949 als maßgeblicher Berater fungierte, verfügte im Unterschied zu den Anhängern eines »christlichen Sozialismus« über ein praktikables wirtschaftspolitisches Konzept, die »Marktwirtschaft moderner Prägung«[44], das die Wirtschaftspolitik der Bundesrepublik von Beginn an bis heute geprägt hat.

Die *Soziale Marktwirtschaft* ist seit 1949 das zentrale Konzept der CDU für die Wirtschafts- und Sozialpolitik, die flexible Kompromißformel für liberale Marktwirtschaftler und Anhänger der christlichen Soziallehre, die sich als »soziales Gewissen« innerhalb der Volkspartei verstehen.

Neben der Sozialen Marktwirtschaft (die die CDU sozusagen zusammen mit Ludwig Erhard adoptierte[45]), war Adenauers außenpolitisches Konzept, die Verankerung der Bundesrepublik im Kreis der westlichen Demokratien, der andere Hauptpfeiler der CDU-Programmatik. Noch stärker als Erhards Soziale Marktwirtschaft war Adenauers Westpolitik ein Resultat praktischer Regierungspolitik, deren Fortführung dann u. a. das Programm der CDU war. Generell hielt die CDU in den fünfziger Jahren eine Unterscheidung zwischen Regierungspolitik und Parteiprogramm nicht für erforderlich: »Weil die Person Adenauers und die Regierungspolitik der Union vom Adressaten als Programm empfunden wurden, erübrigte sich für die Partei die Formulierung dieser Politik im Rahmen von Parteiprogrammen.«[46] Diese Identifizierung wurde erst in den sechziger Jahren, in der Spätphase der Ära Adenauer, fragwürdig, als auch die Bemühungen um eine Reorganisation der Partei begannen. In programmatischer Hinsicht führten sie zum *Berliner Programm* (erste Fassung von 1968, zweite Fassung von 1971), dem ersten CDU-Programm seit 1949, das mehr als eine Wahlplattform war[47].

Nachdem die CDU nach der Bundestagswahl von 1972 ihre Rolle als Oppositionspartei akzeptiert und die Parteiführung gewechselt hatte, intensivierte sie auch die Beratungen über ein Grundsatzprogramm. Bereits 1971 hatte der Bundesvorstand eine Grundsatzkommission unter dem Vorsitz Richard von Weizsäckers eingesetzt, die in zwei Berichten Ergebnisse ihrer Arbeit vorlegte. Auf dem Hamburger Parteitag von 1973 standen schwierige Themen auf der Tagesordnung: neben beruflicher Bildung, Vermögenspolitik und Baubodenrecht die für die CDU besonders heikle Mitbestimmungsproblematik; auf diesem Parteitag wurde auch eine Kommission zur

---

44 So Ludwig Erhard auf dem zweiten Parteitag der CDU für die britische Zone in Recklinghausen, August 1948, (ebd., S. 165).

45 So bereits Franz Etzel im Februar 1949 (ebd., S. 170); vgl. auch Daniel Koerfer, Kampf ums Kanzleramt. Erhard und Adenauer, Stuttgart 1987, S. 37ff.

46 D. Buchhaas (Anm. 11), S. 177.

47 Vgl. dazu und zur weiteren Entwicklung ebd. sowie W. Schönbohm (Anm. 1).

Ausarbeitung eines Grundsatzprogramms eingesetzt, wiederum unter Weizsäckers Vorsitz. Noch bevor diese im April 1976 einen Entwurf vorlegte, nahm die CDU 1975 auf ihrem Mannheimer Parteitag die *Mannheimer Erklärung* »zustimmend zur Kenntnis«[48], in der vor allem die *Neue Soziale Frage* Beachtung fand und kontrovers kommentiert wurde. Dieses Konzept beinhaltete insofern eine Neuorientierung der Sozialpolitik, als es die Aufmerksamkeit auf soziale Gruppen (wie alte Menschen, Mütter mit Kindern oder die nicht mehr Arbeitsfähigen) lenkte, die aufgrund fehlender oder geringer Organisations- und Konfliktfähigkeit benachteiligt waren und deshalb vordringlicher Hilfe bedurften; das Konzept hatte indessen vor allem eine ordnungspolitische Komponente[49], indem es die privilegierte Position gesellschaftlicher Großorganisationen problematisierte und dadurch die Diskussion über ein Verbändegesetz – analog zum Parteiengesetz: wichtige Stichworte waren Gemeinwohlpflichtigkeit und innerverbandliche Demokratie – auslöste, durch die sich vor allem die Gewerkschaften herausgefordert fühlten[50]. Ihr Widerstand ließ ein solches Vorhaben als wenig aussichtsreich erscheinen, so daß die sozialpolitische Komponente der Neuen Sozialen Frage größere Bedeutung für die praktische Politik – im Sinne eines Umbaus des »bürokratischen Sozialstaats« (Selbsthilfe, Flexibilisierung) – erlangen sollte.

Die Mannheimer Erklärung nimmt in verschiedener Hinsicht eine Sonderstellung unter den programmatischen Dokumenten ein: Sie war »weder ein Grundsatzprogramm noch eine Wahlkampfplattform ... Ihr Ziel ist es nicht, zu vielem wenig, sondern zu wenigem viel zu sagen«[51]. Ihre Vorzüge – systematische Anlage und analytische Präzision – hatten freilich die Kehrseite, daß die Mannheimer Erklärung vom Parteitag nur zur Kenntnis genommen wurde, ohne daß innerhalb der Partei (zuvor oder danach) eine breitere Auseinandersetzung stattgefunden hätte. Dies läßt sich über das *Grundsatzprogramm* (wie zuvor bereits über das Berliner Programm) gewiß nicht sagen, das in der Partei und mit ihr nahestehenden Experten (im September 1977 fand in Berlin ein großer Kongreß von Wissenschaftlern, Vertretern gesellschaftlicher Gruppen und Parteidelegierten statt, der sich recht kritisch mit einem Programmentwurf befaßte) über Jahre hinweg sehr gründlich beraten und endlich 1978 auf dem Parteitag in Ludwigshafen verabschiedet werden konnte[52].

In den siebziger Jahren veranstaltete die CDU auch zahlreiche Kongresse über aktuelle Themen von teilweise grundsätzlicher Bedeutung, auf denen bekannte

48 Die endgültige Fassung wurde vom Bundesvorstand im November 1975 verabschiedet, abgedruckt in: Christliche Demokratie in Deutschland (Handbücher der Politischen Akademie Eichholz, Bd. 7), Melle 1978, S. 862ff.

49 Vgl. Warnfried Dettling u. a., Die Neue Soziale Frage und die Zukunft der Demokratie, München 1977[2]; Kurt H. Biedenkopf/Rüdiger von Voss (Hrsg.), Staatsführung, Verbandsmacht und innere Souveränität. Von der Rolle der Verbände, Gewerkschaften und Bürgerinitiativen in der Politik, Stuttgart 1977.

50 Vgl. Ulrich von Alemann/Rolf G. Heinze (Hrsg.), Verbände und Staat. Vom Pluralismus zum Korporatismus. Analysen, Positionen, Dokumente, Opladen 1979.

51 So die offiziöse Interpretation von Dettling, seinerzeit Leiter des politischen Planungsstabes in der CDU-Bundesgeschäftsstelle, in: Warnfried Dettling, Die CDU nach Mannheim. Wandel und Kontinuität, in: Aus Politik und Zeitgeschichte, B 30/75, S. 11.

52 Vgl. Richard von Weizsäcker, CDU-Grundsatzdiskussion. Beiträge aus Wissenschaft und Politik, München 1977; die endgültige Fassung ist abgedruckt in: Christliche Demokratie in Deutschland (Anm. 48), S. 992ff.

Fachleute referierten und an denen keineswegs nur Parteimitglieder teilnahmen. Solche Kongresse hatte die CDU bereits in früheren Jahren abgehalten, nun aber handhabte die Bundesgeschäftsstelle Vorbereitung und publizistische Auswertung mit besonderer Virtuosität[53]. Diese Kongresse fanden aufgrund ihrer Thematik und ihres inhaltlichen Niveaus große Resonanz, und ihre Ergebnisse gingen natürlich auch in die Beratung des Grundsatzprogramms ein.

Das Grundsatzprogramm ist in der Tat zunächst einmal ein »Dokument des Selbstverständnisses«: Es beschäftigte die Partei mehr als die Öffentlichkeit, die dem Abschluß der Beratungen nach dem erwähnten Kongreß von 1977 keine große Beachtung mehr schenkte. Zutreffend ist es als »Schlußdokument einer Arbeit, die zu Beginn der Oppositionszeit begonnen hatte«[54], bezeichnet worden. Insofern stellt es auch eine »Reaktion auf die sozial-liberale Reformpolitik und die frühere Reformeuphorie in den eigenen Reihen«[55] dar. Charakteristischerweise ist nun nicht mehr – wie noch im Berliner Programm – von »Chancengleichheit«, sondern von »Chancengerechtigkeit« die Rede; betont werden die Notwendigkeit politischer Führung gegenüber organisierten Interessen sowie die staatliche Schutz- und Ordnungsfunktion: »Der Staat ist keine Einrichtung zur Erfüllung beliebiger Ansprüche.« Insofern dokumentiert das Grundsatzprogramm allerdings auch die programmatische Kontinuität der CDU[56], ist doch ein Drittel der Sozialen Marktwirtschaft gewidmet, zu deren Kernmaximen gehört, daß die Begrenzung des Wohlfahrtsstaates aus anthropologischen und ökonomischen Gründen erforderlich sei.

Der Regierungswechsel von 1982/83 wurde in ideologisch-programmatischer Hinsicht als neokonservative Wende interpretiert. Abgesehen von der Bedeutungsvielfalt des Begriffs Neokonservativismus[57], wird diese Interpretation nicht dem Umstand gerecht, daß mit der FDP einer der beiden Akteure der sozialliberalen Koalition Regierungspartei blieb (nun eben als Koalitionspartner von CDU und CSU). Sie wird auch nicht der Tatsache gerecht, daß, wenn es so etwas wie eine Tendenzwende (im Hinblick auf die wirtschaftlichen Rahmenbedingungen wie auch im Hinblick auf das geistige Klima) gab, diese sich bereits seit 1973, also während der sozialliberalen Koalition, abzeichnete und nicht erst durch den Regierungswechsel von 1982/83 markiert wird. Schließlich dürfte eine neokonservative Wende gerade im Hinblick auf die CDU als ideologisch heterogene und organisatorisch komplexe Volkspartei wenig bedeutungsvoll sein.

Die programmatischen Texte der CDU sind vielmehr Zeugnisse einer bemerkenswerten Kontinuität, was ja keineswegs ausschließt, daß Antworten auf neue Pro-

---

53 Vgl. P. Haungs (Anm. 3), S. 161f.

54 Wolfgang Jäger, Die Innenpolitik der sozial-liberalen Koalition, in: Wolfgang Jäger/Werner Link, Republik im Wandel 1974–1982. Die Ära Schmidt, Stuttgart-Mannheim 1987, S. 124.

55 Ebd.

56 So auch Ulrich Sarcinelli, Das Grundsatzprogramm der CDU. Selbstverständnis, Aussagen und Parteitagsdiskussion, in: Heino Kaack/Reinhold Roth (Hrsg.), Handbuch des deutschen Parteiensystems, Bd. 2, Opladen 1980, S. 78f.

57 Vgl. Wolfgang H. Lorig, Neokonservatives Denken in der Bundesrepublik Deutschland und in den Vereinigten Staaten von Amerika, Opladen 1988.

bleme und Entwicklungen versucht werden[58]. Darum hatte sich die CDU auch bereits in den Jahren zuvor bemüht, wenn etwa im Grundsatzprogramm von 1978 eine Neubewertung wirtschaftlichen Wachstums (aufgrund von Ressourcenknappheit und wachsender Umweltbelastung) vorgenommen wurde oder im Programm für die Bundestagswahl von 1980 die Zukunftsdimension (im Sinne einer Wiederherstellung des Gleichgewichts zwischen Ansprüchen der Gegenwart und Erfordernissen der Zukunft) betont wurde; dieser Thematik hatten sich auch bereits diverse Kongresse gewidmet: im Oktober 1977 über »Zukunftschancen der jungen Generation« und im März 1979 über »Lebenswerte Zukunft«[59].

Auf der anderen Seite diskutierten CDU-Parteitage bereits Ende der fünfziger Jahre über die »Grenzen des Sozialstaats«[60], die damals wohl noch nicht erreicht waren (sie dürften sich freilich zu keinem Zeitpunkt exakt bestimmen lassen); indessen war vielleicht die Sensibilität für diese Problematik größer als zwanzig Jahre später, als der weiter ausgebaute und perfektionierte Sozialstaat nun wirklich an seine Grenzen zu stoßen schien, und zwar sowohl im Hinblick auf seine Finanzierbarkeit als auch auf sein (vorwiegend) bürokratisches Instrumentarium.

Die wesentlichen Kontinuitätslinien werden einmal durch das Konzept der Sozialen Marktwirtschaft bestimmt, das ja hinsichtlich des Mischungsverhältnisses von staatlicher Gestaltung und Marktelementen durchaus flexibel ist und eine pragmatische Handhabung zuläßt. Wenn zudem neuerdings im Hinblick auf eine sozialpolitische Neuorientierung das Subsidiaritätsprinzip wieder stärker betont und auch neu akzentuiert wird[61], erweist sich die Vitalität eines klassischen Prinzips der christlichen, insbesondere der katholischen Soziallehre, das sich in weitgehender Übereinstimmung mit neoliberalen Konzepten befindet[62].

Zum anderen ist die außenpolitische Orientierung der CDU ein wesentliches Kontinuitätselement. Zwar hat sie mit der Ostpolitik der sozialliberalen Koalition ihren Frieden gemacht (was freilich nicht mit der nachträglichen Billigung aller ihrer Aspekte identisch ist), zumal diese teilweise eigene Aktivitäten (Adenauer, Schröder, Große Koalition) fortsetzte. Eindeutige Priorität hat für die CDU, seit sie von Adenauer auf diese Linie festgelegt wurde, die Westpolitik (mit NATO und EG als ihren hauptsächlichen Arenen) und die Einordnung der Deutschlandpolitik in das dadurch definierte Koordinatensystem.

---

58 Im Gegenteil: So betrachtete etwa Alfred Müller-Armack die Soziale Marktwirtschaft als ein offenes Konzept, als einen »der Ausgestaltung harrenden progressiven Stilgedanken« (vgl. Andreas Müller-Armack, Das Konzept der Sozialen Marktwirtschaft – Grundlagen, Entwicklung, Aktualität, in: Dieter Grosser/Thomas Lange/Andreas Müller-Armack/Beate Neuss, Soziale Marktwirtschaft. Geschichte – Konzept – Leistung, Stuttgart 1988, S. 1ff.).

59 Vgl. P. Haungs (Anm. 3), S. 149ff.

60 1958 formulierte Eugen Gerstenmaier auf dem Kieler Parteitag: »Ich sage noch einmal, was ich vor dem Parteitag in Hamburg letztes Jahr gesagt habe, daß wir in allem Wesentlichen die Grenzen des sozialen Rechtsstaates erreicht haben.« (Eugen Gerstenmaier, Streit und Friede hat seine Zeit. Ein Lebensbericht, Frankfurt 1981, S. 407).

61 Vgl. Rolf G. Heinze (Hrsg.), Neue Subsidiarität: Leitidee für eine zukünftige Sozialpolitik?, Opladen 1986.

62 Vgl. Christoph Böhr, Liberalismus und Minimalismus. Kritische Anmerkungen zur philosophischen und politischen Entfaltung einer zeitgenössischen Minimalstaatskonzeption, Heidelberg 1985, S. 5ff.; A. Müller-Armack (Anm. 58), S. 11ff.

Diese programmatische Kontinuität wird durch die Texte bestätigt, die auf den Parteitagen der achtziger Jahre verabschiedet wurden. Unter dem Titel »Deutschlands Zukunft als moderne und humane Industrienation« beschloß der Stuttgarter Parteitag im Mai 1984 die *Stuttgarter Leitsätze für die 80er Jahre*. Sie sollten kein neues Grundsatzprogramm sein, sondern eine »wirtschafts- und gesellschaftspolitische Orientierung«[63]. Diese bezieht sich vor allem auf neue naturwissenschaftliche und technische Entwicklungen. Insofern dokumentieren die Stuttgarter Leitsätze auch die Bedeutung der CDU-Landespolitik für die Programmentwicklung der Bundespartei[64]. Mag auch die baden-württembergische Industrie- und Technologiepolitik unter marktwirtschaftlichen Gesichtspunkten nicht über jeden Zweifel erhaben sein, in ihren Leitsätzen vertraut die CDU auf die Entwicklungsfähigkeit der Sozialen Marktwirtschaft : »Als einzige Wirtschaftsordnung ist die Soziale Marktwirtschaft auch den heutigen und zukünftigen Herausforderungen unseres Landes gewachsen. Dazu gehören neue technische Möglichkeiten, Schonung der natürlichen Umwelt, neue wirtschaftliche und soziale Bedingungen, aber auch neue Wertorientierungen, die neue Anforderungen an die Anpassungs- und Leistungsfähigkeit der Sozialen Marktwirtschaft stellen.« Unter Hinweis auf die besonders ausgeprägte Abhängigkeit der Bundesrepublik von ihrer internationalen Wettbewerbsfähigkeit heißt es, ihr künftiger Wohlstand hänge auch davon ab, ob sich die Länder der Dritten Welt zu wirtschaftlich leistungsfähigen Partnern entwickelten; deshalb sei es »unser Interesse, daß die Entwicklungsländer ihre Produktionskraft innerhalb einer marktwirtschaftlich orientierten und sozial ausgewogenen Wirtschaft entfalten«.

Die Bemühungen um eine Konsolidierung der Staatsfinanzen und eine Verringerung des Staatsanteils am Sozialprodukt sollten fortgesetzt werden, ebenso diejenigen um eine Entbürokratisierung bzw. Überprüfung staatlicher Aufgaben[65]. Unter dem Stichwort »Entbürokratisierung« wird die universitäre Forschung besonders hervorgehoben und für eine Erleichterung der Kooperation zwischen Wissenschaft und Wirtschaft plädiert.

Im Hinblick auf das Steuersystem als wesentlicher wirtschaftlicher Rahmenbedingung wird die Maxime formuliert: »Lieber niedrigere Steuersätze und weniger Ausnahmen als hohe Steuersätze und viele Ausnahmen.« Die Unternehmensbesteuerung sei so zu verändern, daß es attraktiver wird, »Kapital im Unternehmen zu belassen, als es anderweitig risikolos und zinsgünstig anzulegen«.

Die Leitsätze sprechen sich für ein »nüchternes und vorurteilsfreies Verhältnis zur Technik« aus: »Der technische Fortschritt gibt uns zum ersten Mal seit Mitte des 19. Jahrhunderts die Möglichkeit, Lebens- und Arbeitsrhythmus, Familie und Beruf wieder miteinander zu versöhnen.« Auch die Probleme des Umweltschutzes seien am ehesten mit Hilfe neuer Technologien zu lösen. Allerdings seien auch »dort Grenzen

---

63 Heiner Geißler in seinem Bericht als Generalsekretär der CDU auf dem 32. Bundesparteitag am 10. Mai 1984 in Stuttgart, Niederschrift S. 122; dort sind im Anhang auch die Stuttgarter Leitsätze für die 80er Jahre abgedruckt.

64 Vgl. Josef Schmid, Landesverbände und Bundespartei der CDU. Organisationsstrukturen, Politiken und Funktionsweisen einer Partei im Föderalismus, Dissertation an der Sozialwissenschaftlichen Fakultät der Universität Konstanz, 1988, S. 151ff.

65 Gerade in diesem Bereich ist es freilich viel leichter, als Oppositionspartei Entstaatlichung und Entbürokratisierung zu fordern, als solche Konzepte in Regierungspolitik, d.h. nicht zuletzt auch von der Staatsbürokratie konzipierte und ausgeführte Politik, umzusetzen.

zu setzen, wo die Technik ihre dienende Funktion gegenüber den Menschen nicht mehr begründen kann«; insbesondere erforderten mögliche Eingriffe in menschliches Erbgut »neue Grenzen für das technisch Machbare, die den ethischen Maßstäben unseres christlichen Menschenbildes entsprechen«.

Ein zentraler Gedanke ist, daß ein neues Verständnis von Arbeit und Wachstum erforderlich sei: Arbeit und Leistung gäbe es nicht nur im Berufsleben, »sondern auch in der Familie und im sozialen Dienst für andere, in der Selbst- und Nächstenhilfe«. Damit im Zusammenhang steht die Forderung nach einer Neugestaltung des Arbeitsmarktes und neuen Formen von Tarifverträgen, wobei insbesondere größere Flexibilität anzustreben sei.

Wesentliche weitere Forderungen sind eine »grundlegende Reform und Verbesserung des gesamten Familienlastenausgleichs«, die die Leistungen von Familien mit Kindern und pflegebedürftigen alten Menschen auch wirtschaftlich anerkennen müsse, sowie eine stärkere Beteiligung der Arbeitnehmer am Produktivvermögen.

Das auf dem Mainzer Parteitag im Oktober 1986 beschlossene *Zukunftsmanifest der CDU* ist eine komprimierte Fassung der Stuttgarter Leitsätze. Während das Wahlprogramm die »Aufgaben und Ziele in der nächsten Legislaturperiode« beschrieb, wollte die CDU mit dem Zukunftsmanifest zur »Diskussion über politische Herausforderungen des nächsten Jahrzehnts« beitragen, es sollte die »Stimmungswende« symbolisieren, von der Generalsekretär Geißler auf dem Mainzer Parteitag sprach: »1982 hatten die meisten Menschen Angst vor der Zukunft. 1986 blicken die meisten Menschen wieder mit Hoffnung in die Zukunft.«[66] Die Zukunft werde von denjenigen gestaltet, »die mit realistischem Optimismus die Chancen des Fortschritts für die Menschen nutzen und gestalten und gleichzeitig die Risiken begrenzen«[67].

Die Weiterentwicklung von Wissenschaft und Technik sei zur humaneren Gestaltung der Lebensverhältnisse und zur Sicherung des Überlebens unverzichtbar. Dabei seien drei ethische Grundforderungen zu beachten: »Wahrung der Menschenwürde, Verantwortung für die Schöpfung und Verantwortung für künftige Generationen«. Spitzenleistungen in der Forschung und bei der Herstellung und Nutzung moderner Technologien würden immer wichtiger für die wirtschaftliche Leistungsfähigkeit und internationale Wettbewerbsfähigkeit; die »Entwicklung einer handlungsfähigen europäischen Forschungs- und Technologiegemeinschaft« sei unverzichtbar. Die Nutzung von Kernenergie sei »verantwortbar«, wenn auch weiterhin intensive Bemühungen erforderlich seien, »damit sobald als möglich alternative Techniken zur Energiegewinnung eingesetzt werden könnten, die wirtschaftlich und sozial verantwortbar sind«.

Auch im Zukunftsmanifest wird für mehr Wahlmöglichkeiten bei der Arbeitszeit und Lohnfindung plädiert sowie die besondere Bedeutung der »Familie als Gemeinschaft mit Bindungen auf Lebenszeit« gerade in einer Gesellschaft hervorgehoben, »in der die Vielfalt der Lebensstile und Lebensformen, der Interessen und Weltanschauungen, der Chancen und Risiken weiter zunehmen wird«. Die CDU spricht sich für eine Gesellschaft aus, »in der es wieder eine Selbstverständlichkeit ist, mit Kindern zu leben und in der die Menschen ihren Wunsch nach Kindern verwirklichen können, ohne langfristig Nachteile in Kauf nehmen zu müssen«.

---

66 Protokoll des 34. Bundesparteitages am 7./8. Oktober 1986 in Mainz, S. 123.
67 Zukunftsmanifest, in: ebd., S. 173.

In einem eigenen Abschnitt werden die – ein Jahr zuvor auf dem Parteitag in Essen beschlossenen – »Leitsätze der CDU für eine neue Partnerschaft zwischen Mann und Frau« aufgegriffen und als wichtige Voraussetzung für die Gleichberechtigung zwischen Mann und Frau »die Anerkennung der Gleichwertigkeit der Arbeit in der Familie und der Arbeit im Beruf« genannt[68]. Charakteristisch ist außerdem das Votum für einen »Staat, der sich auf seine eigentlichen Aufgaben beschränkt«: »Nicht der bevormundende Betreuungsstaat ist unser Ideal, sondern der Staat, der persönlicher Initiative, Leistungsbereitschaft sowie Selbst- und Mitverantwortung eine Chance gibt. Steigende Einkommen und Vermögen ermöglichen es immer mehr Privathaushalten, Risiken in eigener Verantwortung zu übernehmen ...«

Die Neue Soziale Frage wird mit der Formulierung aufgegriffen: »Der moderne Sozialstaat hat als Anwalt des Gemeinwohls die Aufgabe, die Interessen der Machtlosen, Minderheiten und Nichtorganisierten in der Gesellschaft zu vertreten.« Das Zukunftsmanifest sieht in Selbsthilfegruppen, Nachbarschaftshilfen, ehrenamtlicher Mitarbeit in Kirchen, Verbänden und sozialen Initiativen eine Ergänzung und Bereicherung der sozialstaatlichen Sicherungssysteme.

Im Schlußabschnitt des Manifests weist die CDU auf die Notwendigkeit der Sicherung von Frieden und Freiheit hin; dafür seien die Bundeswehr und das westliche Bündnis erforderlich. Befürwortet werden jedoch auch »konstruktive und stabile Beziehungen mit den Ländern in Mittel- und Osteuropa, vor allem auch mit der Sowjetunion«. In knappen Formeln werden schließlich noch die deutsche Frage und der Ausbau der Europäischen Gemeinschaft (»in einem freien und geeinten Europa ein freies und geeintes Deutschland«) sowie die Notwendigkeit von Entwicklungshilfe (»Wir müssen anders leben, damit andere überleben können«) apostrophiert und schließlich »Menschenrechtsverletzungen, Folter, Unterdrückung und Gewalt überall in der Welt« verurteilt.

Es fällt nicht ganz leicht, die auf dem Wiesbadener Parteitag von 1988 verabschiedeten Dokumente zu qualifizieren; vermutlich liegt dies daran, daß die ursprünglichen Intentionen (des Konrad-Adenauer-Hauses) sich zu diesem Zeitpunkt nicht realisieren ließen – mit dem Ergebnis eines Konglomerats verschwommener Formulierungskompromisse[69]. Während der Text über »Unsere Verantwortung in der Welt.

---

68 Mag die »feministische Reform von oben« (C. Leggewie [Anm. 19], S. 128) innerhalb der Partei auch keineswegs nur auf Zustimmung gestoßen sein, weist die CDU doch auch in der Frauenpolitik eine bemerkenswerte Tradition auf; so enthielten die »Grundsätze der CDU/CSU Deutschlands«, mitgeteilt vom Generalsekretariat der CDU/CSU am 2. Juni 1950, bemerkenswerterweise einen Abschnitt über Frauen, in dem die aktive Mitwirkung der Frauen am politischen Leben für unentbehrlich gehalten sowie bessere soziale Bedingungen für alleinstehende und berufstätige Frauen, Erschließung neuer Frauenberufe und Zugang der Frauen zu gehobenen Stellungen verlangt werden (vgl. W. Becker [Anm. 4], S. 49f.). Den ersten umfassenden und detaillierten Beschluß zum Thema »Frau und Gesellschaft« faßte die Partei dann 1975 auf dem Mannheimer Parteitag; u. a. wurde damals ein Erziehungsgeld und die Partnerrente gefordert.

69 Vgl. Carl-Christian Kaiser, Eher Stolperstein als Meilenstein. Eine genervte und nervöse Union will kein Programm für die Zukunft formulieren, in: Die Zeit, Nr. 24 vom 10. Juni 1988, S. 5; bemerkenswerte Ausführungen zur »kontraproduktiven Debattenstruktur« der CDU bei D. Seeber (Anm. 1), S. 415f. Aufschlußreich scheint auch zu sein, daß heute gerade von katholischer und evangelischer Seite Unbehagen an der CDU in pointierter Weise formuliert wird, vgl. – neben D. Seeber – Uwe Hornauer, »Defizite beim hohen C« und »Wo bleibt die Wende?«, in: Evangelische Kommentare, 21 (1988), S. 248 und 372.

Christlich-demokratische Perspektiven zur Deutschland-, Außen-, Sicherheits-, Europa- und Entwicklungspolitik« seine Berechtigung darin haben mag, daß die CDU seit zehn Jahren ihre außenpolitischen Vorstellungen nicht mehr ausführlicher formuliert hatte, füllte das Dokument über »Politik auf der Grundlage des christlichen Menschenbildes« keine entsprechende Lücke, zumal unter dieser Überschrift recht willkürlich folgende drei – auch stilistisch wenig einheitliche – Abschnitte zusammengefaßt wurden: I. Über menschliches Leben darf nicht verfügt werden; II. Soziale Marktwirtschaft sichert Zukunft und Solidarität; III. Für eine Gesellschaft mit menschlichem Gesicht[70].

Die Heterogenität dieser Vorlage resultierte nicht zuletzt aus ihrer Vorgeschichte. Ein Parteitagsbeschluß über Wert und Würde des menschlichen Lebens wurde von zahlreichen Delegierten bereits auf dem Mainzer Parteitag im Oktober 1986 gewünscht, jedoch – auch im Hinblick auf die bevorstehende Bundestagswahl – verschoben; später gab es Bedenken, daß der Parteitag 1988 zu stark im Zeichen dieser Thematik stünde. Insbesondere die Ausführungen über die Soziale Marktwirtschaft wiederholen das bereits in den referierten Texten der Vorjahre Formulierte; dagegen sind die beiden anderen Abschnitte ausführlicher als entsprechende Passagen jener Dokumente, und namentlich die Aussagen zum Schutz des ungeborenen Kindes waren Gegenstand einer langen, in ihrer Intensität eindrucksvollen Parteitagsdebatte, die offenbar einem starken Bedürfnis vieler Parteimitglieder Rechnung trug.

Die heftige innerparteiliche Kontroverse über die deutschlandpolitischen Ausführungen in der Vorlage »Unsere Verantwortung in der Welt« ist nur schwer zu begreifen, zumal der Text lediglich die Regierungspolitik beschrieb. Es handelte sich wohl weniger um substantielle Argumente als um Profilierungsbemühungen von Politikern, die sich an der Ausarbeitung der Vorlage nicht gebührend beteiligt fühlten[71].

Gerade diese letzten programmatischen Dokumente zeigen, daß die nunmehr schon wieder geraume Zeit auch auf Bundesebene regierende CDU – trotz erheblichen Gremien- und Sekretariatsaufwands bei der Erarbeitung solcher Texte – in zunehmendem Maße Schwierigkeiten hat, mehr als undeutliche Begleitmusik zu den mühsamen Kompromissen einer Koalitionsregierung zu intonieren.

III. Parteiorganisation und Parteimitglieder

Die organisatorische Struktur der CDU wurde durch die Parteireform der siebziger Jahre zwar modifiziert, nicht aber grundlegend verändert. Die beiden wichtigsten Entwicklungen waren der Ausbau der Bonner Parteizentrale im 1971 bezogenen Konrad-Adenauer-Haus sowie die erhebliche Ausweitung der Mitgliedschaft.

70 Protokoll des 36. Bundesparteitags vom 13.–15. Juni 1988 in Wiesbaden, S. 465 ff. Der dritte Abschnitt konnte aus Zeitmangel auf dem Parteitag nicht mehr beraten werden; er wurde an den Bundesparteiausschuß überwiesen.

71 Darin – wie Peter Glotz, Prägekraft. Über den strategischen Konflikt in der CDU/CSU, in: Die Neue Gesellschaft/Frankfurter Hefte, 34 (1987), S. 772 f. – den »Abglanz der historischen Auseinandersetzung zwischen deutsch-nationaler Überzeugungstreue und bürgerlich-christlicher Verantwortungsethik« zu sehen, scheint mir der Kontroverse zu viel Ehre zu erweisen.

Zwischen 1970 und 1977 verdoppelte sich die Zahl der CDU-Mitglieder. Berücksichtigt man auch die Verluste, so sind der Partei in diesem Zeitraum mehr als eine halbe Million neue Mitglieder beigetreten. Allein 1974 nahm der Mitgliederbestand mehr zu (nämlich um über 73 000) als in den 14 Jahren von 1954 bis 1968[72]! Diese Entwicklung hatte zwar Konsequenzen für die soziale Zusammensetzung, die aber insgesamt mehr durch Stabilität als durch Veränderung gekennzeichnet war[73]; immerhin kam es zu einer beträchtlichen Verjüngung der Parteimitglieder[74], und auch der Frauenanteil erhöhte sich[75].

Inzwischen stagniert die Mitgliederentwicklung bzw. geht zurück. Der Höchststand wurde 1983 mit 735 000 erreicht, Ende 1987 waren es 706 000, inzwischen liegt die Zahl erheblich unter 700 000[76], dem Stand von 1980. Hierbei wirkten sich zuletzt auch bestimmte politische Ereignisse negativ aus, die sich normalerweise bei der Mitgliederentwicklung kaum bemerkbar machen, wie insbesondere die Barschel-Pfeiffer-Affäre und die Flugbenzin-Diskussion[77].

Doch liegt die Mitgliederzahl der Unionsparteien auch heute nur unerheblich unter derjenigen der SPD[78]; rechnet man diejenigen Mitglieder von Vereinigungen und Sonderorganisationen der Unionsparteien hinzu, die nicht gleichzeitig Parteimitglieder sind, so übertreffen die Unionsparteien die SPD sogar deutlich. Aus *Tab. 1* geht zudem hervor, daß die heutigen Zahlen weitgehend denjenigen vor zehn Jahren entsprechen[79].

Wichtiger als die negative Mitgliederentwicklung der Regierungspartei scheint mir allerdings zu sein, daß der Mitgliederstrom der siebziger Jahre die politisch-organisatorische Basis der Partei verbreiterte, ohne daß dies zugleich eine Erweiterung der politisch-inhaltlichen Leistungsfähigkeit bedeutete. Die CDU ist trotz Mitgliederzuwachs und Ausbau der Parteiorganisation eine weitgehend wahlbezogene Organisation geblieben.

---

72 Vgl. W. Falke (Anm. 35), S. 47 ff.

73 Vgl. Peter Gluchowski/Hans-Joachim Veen, Nivellierungstendenzen in den Wähler- und Mitgliedschaften von CDU/CSU und SPD von 1959 bis 1979, in: Zeitschrift für Parlamentsfragen, 10 (1979), S. 312 ff.

74 Vgl. W. Schönbohm (Anm. 1), S. 194 ff.

75 Vgl. Bericht der Bundesgeschäftsstelle zum 36. Bundesparteitag in Wiesbaden, Juni 1988, S. 18: »Während der Anteil der Frauen am gesamten Mitgliederbestand der CDU 1969 noch bei 13,1 % gelegen hatte, liegt er 1987 bereits bei 22,4 %. Unter den Neumitgliedern befinden sich 1987 sogar 31,3 %.«

76 Laut Angabe der Bundesgeschäftsstelle waren es im Dezember 1988 676 700.

77 Vgl. etwa Lothar Bewerunge, In der CDU wächst der Unmut über die Bundesregierung. Eine Welle von Parteiaustritten in Nordrhein-Westfalen, in: FAZ vom 1. Juli 1988. Im übrigen schlägt auch eine hohe Mortalität zu Buch; der Rückgang wäre noch höher, wenn nicht auch weiterhin neue Mitglieder beiträten: 1987 waren es in der gesamten Partei über 25 000; es gab sogar Landesverbände mit positiven Mitgliedersalden, und zwar Baden-Württemberg, Bremen, Hamburg und Hessen; vgl. Bericht der Bundesgeschäftsstelle zum 36. Bundesparteitag in Wiesbaden, Juni 1988, S. 17.

78 Die SPD, die Mitte der siebziger Jahre etwa eine Million Mitglieder hatte, zählt heute etwa 910 000 (laut Auskunft der SPD-Bundesgeschäftsstelle sowohl am 31. 12. 1987 wie am 30. 6. 1988), die Unionsparteien 870 000 (CDU 686 000, CSU184 000).

79 Vgl. P. Haungs (Anm. 3), S. 32 sowie Auskunft der CDU-Bundesgeschäftsstelle vom 28. 11. 1988.

Tab. 1: Mitgliederentwicklung

	Dezember 1979	September 1988
CDU-Mitglieder	682 800	685 700
JU-Mitglieder, die nicht gleichzeitig Mitglieder von CDU oder CSU sind	150 000	168 000
Mitglieder der Schüler-Union, die nicht gleichzeitig Mitglieder der JU, CDU oder CSU sind	10 000	ca. 11 000
Mitglieder aller übrigen CDU-Vereinigungen und Sonderorganisationen, die nicht gleichzeitig Mitglieder der CDU sind	50 000	ca. 52 000
CSU-Mitglieder	170 000	184 000
Mitglieder von CSU-Vereinigungen (ohne JU), die nicht gleichzeitig CSU-Mitglieder sind	15 000	ca. 16 000
Insgesamt	1 077 800	1 116 700

Heute stellt sich ebenso wie in den siebziger Jahren die Frage, welche effektiven politischen Beteiligungsmöglichkeiten lokale Parteiverbände eröffnen können. Wie Falkes Untersuchung gezeigt hat, besteht dieses Problem vor allem im Hinblick auf Parteimitglieder mit mittlerer Partizipationsbereitschaft, also solche Mitglieder, die weder Karteileichen bleiben wollen noch primär Ämterambitionen haben, die aber für die Funktionsfähigkeit und öffentliche Wirkung von Parteien besonders wichtig sind[80].

Der Ausbau und die Umstrukturierung der Bundesgeschäftsstelle verbesserte die Möglichkeiten der Bundespartei in einem breiten Aktivitätsspektrum bzw. schuf überhaupt die Voraussetzungen dafür. Dies gilt insbesondere im Hinblick auf die politischen Funktionen der Parteizentrale, mag es sich nun um Analysen zur Entscheidungsvorbereitung der Parteiführung, die fachliche Unterstützung der Bundesfachausschüsse und sonstiger Parteikommissionen oder um die Vorbereitung von Kongressen und Parteitagen handeln. Was Verbesserungen bei der Erfüllung auch bereits zuvor wahrgenommener Aufgaben angeht, so wären zahlreiche Dienstleistungen (Informationsdienste, Informations- und Werbematerialien, Hilfestellung bei der Mitgliederwerbung, Referentenvermittlung) sowie das Wahlkampfmanagement zu erwähnen, das von der CDU in konzeptioneller und organisatorischer Hinsicht perfektioniert wurde[81].

Auch diese Entwicklung veränderte jedoch nicht die Grundstruktur der Partei. Der – häufig überschätzte – Ausbau der Bundesgeschäftsstelle wird nämlich durch die parallele Modernisierung des hauptamtlichen Apparats in den Landesverbänden relativiert. Die dortige Steigerung von Mitarbeiterzahlen und Finanzmitteln hält durchaus den Vergleich mit der Bundespartei aus[82]. Außerdem ist eine Bedeutungs-

80 Vgl. W. Falke (Anm. 35), insbes. S. 70ff.
81 Vgl. Peter Radunski, Wahlkämpfe. Moderne Wahlkampfführung als politische Kommunikation, München 1980.
82 Vgl. J. Schmid (Anm. 64), S. 120ff.

zunahme von Gremien der Bundespartei nicht mit einem Bedeutungsverlust der Landesparteien gleichzusetzen, denn diese haben ihren Einfluß auf diese Gremien im Laufe der siebziger Jahre gesteigert, wodurch es zu interessanten regionalen Verschiebungen kam[83]. Das Resultat einer solchen Entwicklung ist jedoch nicht Zentralisierung, sondern eine zunehmende Verflechtung – analog der Politikverflechtung im staatlichen Bereich.

Daß die Einflußmöglichkeiten der Bundespartei und ihrer Führung begrenzt sind – ein vertrauter Sachverhalt bei der Aufstellung von Bundestagskandidaten –, zeigte sich Ende 1988 auch bei den ungewöhnlichen Vorgängen in Rheinland-Pfalz. Dem seit 1974 amtierenden Parteivorsitzenden und erfolgreichen Ministerpräsidenten (seit 1976) Bernhard Vogel fügte der Stützungsversuch durch die – im Lande verwurzelte – Führung der Bundespartei (Generalsekretär Geißler plädierte auf dem Koblenzer Parteitag für Vogel, und auch Helmut Kohl hatte sich für ihn ausgesprochen) gegen die vom langjährigen Fraktionsvorsitzenden (1981–1987) und seinerzeitigen Umweltminister Hans-Otto Wilhelm angeführte »Rebellion ohne Programm«[84] eher Schaden zu.

Ein überkommenes und weiterhin bedeutsames Strukturmerkmal der Partei sind schließlich die zahlreichen Vereinigungen und Sonderorganisationen. Diese Subsysteme haben die Aufgabe, wie es in § 39 des Parteistatuts im Hinblick auf die Vereinigungen heißt, »das Gedankengut der CDU in ihren Wirkungskreisen (junge Generation, Frauen, Arbeitnehmer, Kommunalpolitik, Mittelstand, Wirtschaft, Vertriebene und Flüchtlinge, ältere Generation) zu vertreten und zu verbreiten sowie die besonderen Anliegen der von ihnen repräsentierten Gruppen in der Politik der CDU zu wahren«. Sie haben eine eigene Satzung und das Recht zu eigenen Verlautbarungen, die allerdings den von der Partei festgelegten Grundsätzen nicht widersprechen dürfen, und teilweise – wie Junge Union und Sozialausschüsse – auch eigene Programme. Der Hauptgeschäftsführer einer Vereinigung wird im Einvernehmen mit dem Generalsekretär ernannt. Von den acht im Parteistatut aufgeführten Vereinigungen steht die Wirtschaftsvereinigung, die den der CDU nahestehenden »Wirtschaftsrat e. V.« und die Mittelstandsvereinigung zu einer gemeinsamen Parteivereinigung zusammenschließen sollte, bisher (jedenfalls auf Bundesebene) nur auf dem Papier[85].

Diese Subsysteme weisen freilich beträchtliche Unterschiede im Hinblick auf regionale Verankerung, Mitgliederzahlen und Organisationsstrukturen auf, auch variiert ihre politische Bedeutung[86]: So ist offenbar die *Schülerunion*, die in der

83 Etwa zuungunsten der CDU in Nordrhein-Westfalen, wahrscheinlich vor allem aufgrund ihrer langjährigen Oppositionsrolle im Lande; vgl. nähere Details bei J. Schmid (Anm. 64), S. 134ff.

84 Hermann Rudolph, Eine Rebellion ohne Programm, in: Süddeutsche Zeitung vom 14. November 1988; der »Koblenzer Aufstand einer frustrierten Partei-Aktivitas« stelle die Frage, »wo denn die Politiker und die Ideen sind, welche die Macht der Union über die kommenden Jahre hinweg bewahren sollen«.

85 Vgl. P. Haungs (Anm. 3), S. 51f.; dort auch Porträts der Vereinigungen und Sonderorganisationen.

86 Vgl. W. Schönbohm (Anm. 1), S. 228ff.

Oppositionszeit einen kometenhaften Aufstieg erlebt hatte[87], inzwischen bedeutungslos geworden.

Auch die *Junge Union*, die sich in den siebziger Jahren zu einem »Verband der sich in Ausbildung befindlichen Jugendlichen« entwickelte[88], hat – ähnlich wie die Gesamtpartei – mit Mitgliederschwund und Motivierungsproblemen zu kämpfen[89]. Die Junge Union ist jedoch mit knapp 250 000 Mitgliedern der weitaus größte politische Jugendverband der Bundesrepublik; sie hat die Formen ihrer politischen Arbeit mit Erfolg verändert, um den neuen – primär auf Gemeinschaftserlebnisse und greifbare Ergebnisse gerichteten – Politik-Erwartungen Jugendlicher besser gerecht werden zu können. Sie ging wichtige Themen – wie Umweltschutz oder Arbeitslosigkeit – stärker aktionsorientiert an. Die Junge Union versuchte zudem, frühzeitig Strömungen aufzufangen. In diesem Sinne sind ihre Aktivitäten zur Deutschlandpolitik, einem Schwerpunktthema seit 1984, ebenso zu verstehen wie die Beschäftigung mit der Nicaragua-Diskussion, deren grundsätzliche und innenpolitische Bedeutung sie früher erkannte als die Gesamtpartei. Gleichzeitig bemühte sich die Junge Union unter der Leitung von Christoph Böhr (seit 1983) in den letzten Jahren um eine Intensivierung der programmatischen Diskussion in den eigenen Reihen und innerhalb der CDU; sie kann für sich eine Pionierrolle bei der öffentlichen Debatte bestimmter Themen (wie Gentechnologie, Fortpflanzungsmedizin, Schutz des ungeborenen Lebens) beanspruchen.

Der Einfluß der *Sozialausschüsse,* deren Anteil an den CDU-Mitgliedern sich im Laufe der siebziger Jahre halbierte[90], dürfte in den letzten Jahren weiter abgenommen haben. Hingegen haben die *Frauenvereinigung*[91], vom Zeitgeist beflügelt, und die *Mittelstandsvereinigung* unter ihrem neuen Vorsitzenden (seit 1987), Elmar Pieroth, an Bedeutung gewonnen, in diesem Falle wohl auf Kosten des *Wirtschaftsrates*.

Zwar wird seit langem darüber gesprochen, die bestehenden Vereinigungen durch zusätzliche zu ergänzen[92], doch führten diese Überlegungen bisher nur zu einem Ergebnis: Auf dem Bonner Parteitag von 1987 wurde die *Seniorenunion* auch in der Satzung der Bundespartei verankert, nachdem solche Zusammenschlüsse älterer

---

87 In der zweiten Hälfte der siebziger Jahre zählte sie etwa 40 000 Mitglieder; vgl. Joseph Stenger, La Schüler-Union. Etude d'un mouvement politique de jeunes lycéens en République Fédérale allemande de 1972 à 1980, Frankfurt 1982.

88 W. Schönbohm (Anm. 1), S. 221; damit einher ging ein Rückgang der CDU/CSU-Mitglieder in der JU von 53,7 Prozent im Jahre 1967 auf 34,6 Prozent im Jahre 1980 (vgl. ebd., S. 222).

89 Auf ihrem Deutschlandtag Anfang Dezember 1988 in Baden-Baden wurde insbesondere über geringer gewordene innerparteiliche Aufstiegsmöglichkeiten im Vergleich zu früheren Generationen geklagt – durchaus berechtigt, doch ist dieses Phänomen auch aus anderen gesellschaftlichen Bereichen (Universitäten, Schulen, Verwaltung) bekannt; vgl. Jürgen Wahl, Auch die Unionsväter frustrieren ihre Söhne, in: Rheinischer Merkur/Christ und Welt vom 25. November 1988, S. 9; s. a. Christoph Böhr (Hrsg.), Jugend bewegt Politik. Die Junge Union Deutschlands 1947 bis 1987, Krefeld 1988.

90 Vgl. W. Schönbohm (Anm. 1), S. 224.

91 Neben der Jungen Union die einzige »voll ausgebildete, bundesweit präsente« Suborganisation der CDU (vgl. ebd., S. 233).

92 Etwa im Hinblick auf die neuen Mittelschichten; vgl. zur Organisationsdebatte P. Haungs (Anm. 3), S. 64.

Parteimitglieder bereits in verschiedenen Landesverbänden bestanden und die Partei vor allem in Wahlkämpfen wirksam unterstützt hatten.

Ein genereller Zusammenhang zwischen dem Ausbau der *Bundesfachausschüsse* und einem Bedeutungsverlust der Vereinigungen[93] scheint mir nicht zu bestehen[94], zumal einerseits die Vereinigungen der siebziger Jahre nicht überbewertet werden sollten[95]; für die Aufstellung von Kandidaten für Parlamentsmandate sowie für die Besetzung von Parteiämtern haben sie allerdings auch weiterhin große Bedeutung[96]. Andererseits kommt nur einigen Fachausschüssen politische Bedeutung zu. »Die Bedeutung einzelner Ausschüsse variiert ... mit dem jeweiligen Politikfeld, dem politischen Gewicht des Vorsitzenden und gegebenenfalls der Stellvertreter, den Konjunkturen politischer Themen sowie dem Einfluß konkurrierender Institutionen.«[97] Zudem war ihr Stellenwert in der Oppositionszeit der CDU größer als nach ihrer Rückkehr an die Regierung.

Bestand Ende der siebziger Jahre das verzweigte Netz von Fachausschüssen, Unterausschüssen, Arbeitskreisen und ähnlichen Gremien aus annähernd 50 Einheiten[98], so existieren gegenwärtig bereits an die 60 solcher Gremien. Die Zahl der Bundesfachausschüsse hat sich von 13 (1979) auf nunmehr 22 erhöht; zuletzt wurden vier neue Bundesfachausschüsse für Forschung und Technologie, Frauenpolitik, Medienpolitik und Europapolitik eingerichtet und außerdem der bisherige Bundesfachausschuß Außen- und Deutschlandpolitik aufgeteilt; die Hälfte dieser Ausschüsse haben insgesamt 35 Untergruppen gebildet[99]. Zwischen März 1985 und November 1987 traten die damals 17 Bundesfachausschüsse im Durchschnitt sechsmal zusammen, während zwischen März 1977 und März 1979 die seinerzeit 13 Bundesfachausschüsse durchschnittlich zehnmal zusammengekommen waren[100].

---

93 Wie ihn J. Schmid (Anm. 64), S. 224, herstellt; er bezieht sich außerdem auf ihre Schwächung als Vorfeldorganisationen »durch den massiven Einsatz an Wahlkampf- und Werbemitteln der Bundesgeschäftsstelle«.

94 Am ehesten läßt sich ein solcher Zusammenhang vielleicht im Hinblick auf die Sozialausschüsse und den Bundesfachausschuß Sozialpolitik, den »in den letzten zehn Jahren mit Abstand tatkräftigste(n)« (J. Schmid [Anm. 64], S. 143), erkennen, dessen Vorsitzender, der Berliner Sozialsenator und frühere CDU-Bundesgeschäftsführer Ulf Fink, freilich 1987 die Leitung der Sozialausschüsse von Norbert Blüm übernommen hat.

95 So hat W. Falke (Anm. 35), S. 220ff., beträchtliche Diskrepanzen zwischen »Zielgruppen« und tatsächlichen Zurechnungen der Parteimitglieder ermittelt: Obwohl alle Frauen in der CDU förmliche Mitglieder der Frauenvereinigung sind, rechneten sich ihr 1977 nur 31 Prozent aller weiblichen Mitglieder zu. 22 Prozent der CDU-Mitglieder sind 1977 unter 35 Jahre alt und könnten also zur Jungen Union gehören, tatsächlich waren es aber nur knapp die Hälfte dieser Altersgruppe. Von den Arbeitern unter den CDU-Mitgliedern betrachteten sich nur 7 Prozent ausdrücklich als den Sozialausschüssen zugehörig. Allerdings rechneten sich 1971 mehr als vier Fünftel der Bundestags- und Landtagsabgeordneten sowie der Kreisgeschäftsführer einer Vereinigung zu.

96 Vgl. z. B. Detlev Preuße, Gruppenbildungen und innerparteiliche Demokratie. Am Beispiel der Hamburger CDU, Königstein 1981.

97 So auch J. Schmid (Anm. 64), S. 143.

98 Vgl. P. Haungs (Anm. 3), S. 62ff.

99 Vgl. Bericht der Bundesgeschäftsstelle zum 36. Bundesparteitag in Wiesbaden, Juni 1988, S. 8ff.

100 Vgl. Bericht der Bundesgeschäftsstelle zum 35. Bundesparteitag in Bonn, November 1987, S. 21ff.; P. Haungs (Anm. 3), S. 62.

Insgesamt stellt sich die CDU-Bundespartei in der Tat als ein »kompliziertes Geflecht voneinander abhängiger, sich gegenseitig beeinflussender und miteinander rivalisierender Subsysteme dar; dazu gehören die regionalen Verbände, die Vereinigungen und die Fachausschüsse der Partei, die alle eine relativ weitgehende Selbständigkeit besitzen, wobei die der Fachausschüsse noch am meisten eingeschränkt ist. Als nichtorganisierte informelle Subsysteme der CDU, die für die innerparteiliche Willensbildung von großer Bedeutung sind, könnten die Mandatsträger auf den verschiedenen Organisationsebenen der Partei ... angesehen werden.«[101] Ein zutreffendes Bild der modernisierten CDU entsteht also nur bei differenzierter Betrachtung:

a) modernisiert hat sich nicht die gesamte Partei, modernisierte Bereiche und eher traditionelle Strukturen existieren vielmehr nebeneinander. Zu den modernisierten Bereichen gehören vor allem das Adenauer-Haus und auch andere Geschäftsstellen; Modernisierung bedeutet hier insbesondere Professionalisierung der Mitarbeiter und Perfektionierung der technischen Ausrüstung, namentlich der Kommunikationstechnologie – und dies in erster Linie im Hinblick auf die öffentliche Meinungsbildung und politische Werbung im Rahmen von Wahlkämpfen. Selbst hier sollte man den erreichten Modernisierungsgrad nicht überschätzen: So beschäftigen sich neuere Überlegungen zur Parteireform mit Defiziten der Kreisgeschäftsstellen, bei der Ausbildung der hauptamtlichen Mitarbeiter u. a.

Eher traditionelle Strukturen weisen dagegen die lokalen Parteiverbände auf: Die Aktivität der Mitglieder ist vielerorts ziemlich gering; die meisten sind in den siebziger Jahren, also während der Oppositionsperiode der Bundespartei, beigetreten und haben nun offenbar Schwierigkeiten, sich auf die in mancher Hinsicht undankbare Mitgliederrolle in einer Regierungspartei umzustellen; die meisten Orts- und Kreisverbände beschäftigen sich ausschließlich oder vorwiegend mit Kommunalpolitik und vernachlässigen andere Themen, wie Helmut Kohl auf dem Parteitag 1988 ebenso monierte wie bereits 1965; die jahrelange Organisationsdebatte (u. a. flexiblere Organisationsformen der lokalen und regionalen Parteiverbände, Aufgabenfixierung vor der Wahl von Vorstandsmitgliedern, Richtlinien für die Kandidatenaufstellung) ist für die Praxis des Parteilebens weitgehend folgenlos geblieben[102]. Durchgreifende Änderungen sind nicht in Sicht; es mag zwar sein, daß in der Bundesrepublik ein »grundlegender Wandel der politischen Kultur vom altdeutschen Vereinsleben zur modernen Initiativgruppe« im Gang ist; trotzdem dürfte die von Wolfgang Michael daraus für die SPD abgeleitete Empfehlung einer »Umwandlung der Ortsvereine in Bürgerinitiativen«[103] das Organisationsproblem der Volksparteien im lokalen Bereich nicht lösen.

Die CDU kämpft ebenso wie die SPD mit den heutigen Schwierigkeiten von Freiwilligenverbänden, von denen Parteien ebenso betroffen sind wie Gewerkschaf-

---

101 W. Schönbohm (Anm. 1), S. 218.

102 Vgl. Peter Haungs: Funktionsoptimierende Strukturen lokaler Parteiorganisationen, in: Strukturprobleme des lokalen Parteiensystems, Bonn 1975, S. 291 ff.; Norbert Lammert, Aufgabengerechte Organisationsstrukturen in Kreisverbänden, in: Jo Klein/Karl-Joachim Kierey/Norbert Lammert, Bürgernahe Organisation großstädtischer Parteien, Melle 1983.

103 Wolfgang Michael, Die SPD – die altmodische Variante der Volkspartei?, in: Gewerkschaftliche Monatshefte, 39 (1988), S. 287.

ten und Vereine. Insbesondere jüngere Menschen scheuen offenbar vor dauerhaften Festlegungen zurück und neigen eher zu punktueller Beteiligung: »Man erwartet zunehmend ein unverbindliches Programmangebot, aus dem man sich nach eigenem Belieben das Passende herauspickt«, wie Helmut Kohl auf dem Parteitag 1988 in Wiesbaden formulierte[104]. Woran es auch immer liegen mag, jedenfalls fehlen der CDU junge Mitglieder: es gibt Ortsverbände, in denen kein Mitglied unter 25 Jahren ist.

b) Modernisierung ist ambivalent und stellt jedenfalls keine politische Erfolgsgarantie dar: Modernisierung bedeutet z. B., daß bestimmte Voraussetzungen geschaffen, ein bestimmtes Instrumentarium (die Kommunikationstechnologie etwa) bereitgestellt wurde. Eine bestimmte (erfolgreiche) Nutzung ist damit aber nicht garantiert; beispielsweise ist es der CDU trotz moderner Kommunikationsmöglichkeiten nicht gelungen, 1988 in Sachen Steuerreform oder gar Flugbenzinsteuerbefreiung für Privatflieger umfassend zu informieren und überzeugend zu argumentieren!

Ein weiteres Beispiel, das die Grenzen der Modernisierung verdeutlicht: Die Professionalität der leitenden Mitarbeiter im Adenauer-Haus befähigt diese zwar, den politischen Leitungsgremien der Partei Wahlanalysen vorzulegen. Damit ist aber noch keine politische Strategie formuliert: im Hinblick auf die Gewinnung bestimmter Wählergruppen etwa, unter gleichzeitiger Wahrung der Interessen von Stammwählern und der Parteiidentität. Gelegentlich (wie vor allem im Sommer 1987) kamen zudem berechtigte Zweifel an der Qualität dieser – durchaus den gängigen, sozusagen »apolitischen« Standards entsprechenden – Analysen auf[105].

IV. Parteifinanzen

Seit 1984 unterliegen die Parteien in der Bundesrepublik einer erweiterten Rechenschaftspflicht. Sie müssen über die Herkunft ihrer finanziellen Mittel hinaus auch über deren Verwendung und über ihr Vermögen öffentlich Rechenschaft geben. Gleichzeitig wurde die Publizität jedoch eingeschränkt, denn mit der Parteiengesetz-Novelle vom 22. 12. 1983 ist die Pflicht entfallen, auch Sonderzahlungen von Fraktionsmitgliedern und Kreditaufnahmen auszuweisen. Mit dieser Novelle wurde die Wahlkampfkostenpauschale, die seit 1974 3,50 DM betragen hatte, auf fünf Mark pro Wahlberechtigten angehoben.

Im folgenden Überblick *(Tab. 2)* über die Entwicklung der CDU-Parteifinanzen werden Vergleichszahlen der SPD einbezogen; aufgrund der starken – vor allem durch Wahlen bedingten – jährlichen Schwankungen empfiehlt sich die Bildung von mehrjährigen Durchschnittswerten.

---

104 Protokoll des 36. Bundesparteitags vom 13.–15. Juni 1988 in Wiesbaden, S. 360. In dieser bemerkenswert offenen Rede werden auch weitere zentrale Probleme heutiger Parteiarbeit erörtert, etwa die durch die Medien veränderten Rahmenbedingungen (wie z. B. rascher Themenwechsel) oder der unterschiedlich intensive zeitliche Druck an der Parteispitze und an der »Basis« mit der Folge, daß Beratungsfristen als unangemessen oder unzureichend empfunden werden.

105 Vgl. dazu näher P. Haungs (Anm. 21).

Tab. 2: Vergleich der durchschnittlichen Gesamteinnahmen von CDU und SPD in Millionen DM[106]

Einnahmen	1968–1978	1984–1987
CDU	86,0	199,4
SPD	92,3	215,0

Die durchschnittlichen Gesamteinnahmen beider Parteien *(Tab. 3)* lagen also in den achtziger Jahren mehr als doppelt so hoch wie in den siebziger Jahren. Die Einnahmen der CDU sind heute mit etwa 200 Millionen DM im Jahr fast sechsmal so hoch wie vor 20 Jahren (diejenigen der SPD dagegen nur 4½ mal so hoch):

Tab. 3: Gesamteinnahmen von CDU und SPD 1968–1987 im Vergleich zu 1968[107] in Millionen DM; auf volle Millionen aufgerundet

	CDU		SPD	
	Beträge	Veränderungen	Beträge	Veränderungen
1968	34	100	48	100
1969	49	143	65	136
1970	50	146	55	114
1971	45	131	58	121
1972	114	331	114	237
1973	72	210	77	160
1974	89	257	96	199
1975	114	330	130	271
1976	154	448	139	289
1977	101	294	106	221
1978	122	355	127	265
1979	102	300	199	415
1980	177	521	207	431
1981	123	362	123	256
1982	147	432	150	313
1983	253	744	233	485
1984	218	641	210	438
1985	182	535	206	429
1986	199	585	219	456
1987	199	585	225	469

Basisjahr 1968 = 100 %.

106 Angaben für 1968–1978 bei P. Haungs (Anm. 3), S. 87ff., für 1984–1987 aufgrund der Rechenschaftsberichte der Parteien, für deren Auswertung ich Jürgen Hoffmann und Bernd Rauls danke.

107 Vgl. Anm. 106.

Tab. 4: Vergleich der durchschnittlichen Einnahmen von CDU und SPD für die Zeiträume 1968–1978 und 1984–1987 nach Einnahmearten[108] in Millionen DM und Prozent

	1968–1978		1984–1987	
	DM	Prozent	DM	Prozent
CDU				
1. Mitgliedsbeiträge u. ä.	23,6	27,4	85,7	42,9
2. Spenden	25,5	29,7	28,8	14,4
3. Wahlkampfkostenerstattung	21,7	25,2	58,5	29,3
4. Sonstiges	15,1	17,6	26,5	13,3
SPD				
1. Mitgliedsbeiträge u. ä.	38,5	41,5	104,7	48,7
2. Spenden	9,9	10,7	18,5	8,6
3. Wahlkampfkostenerstattung	24,7	26,6	64,3	29,9
4. Sonstiges	19,5	21,2	27,6	12,8

Ein Vergleich der Einnahmen von CDU und SPD in den siebziger und achtziger Jahren *(Tab. 4)* ergibt, daß bei beiden Parteien Mitgliedsbeiträge, Spenden und Wahlkampfkostenerstattung in den letzten Jahren mit etwa 87 Prozent einen höheren Einnahmenanteil ausmachen als in den siebziger Jahren. Während die Rangfolge der Haupteinnahmearten bei der SPD jedoch gleichgeblieben ist (Mitgliedsbeiträge vor Wahlkampfkostenerstattung und Spenden), hat sich bei der CDU der Anteil der Mitgliedsbeiträge erheblich vergrößert und derjenige der Spenden verringert, so daß heute die Finanzierung der CDU ebenfalls hauptsächlich auf Mitgliedsbeiträgen basiert, gefolgt von Wahlkampfkostenerstattung und Spenden. Dennoch erhält die CDU auch in den achtziger Jahren pro Jahr durchschnittlich zehn Millionen DM mehr an Spenden als die SPD.

1986 zahlten die CDU-Mitglieder durchschnittlich zehn Mark Monatsbeitrag; davon erhält die Bundespartei (bis heute) lediglich eine Mark, während ihre Kosten für jedes Mitglied im Monat zwei bis drei DM betragen. Nach den Worten von Bundesschatzmeister Walther Leisler Kiep hat in den letzten Jahren »eine ständig weiter fortschreitende Verlagerung der Aufgaben auf die Bundespartei und gleichzeitig eine Verlagerung der Einnahmen auf die nachgeordneten Organisationen wie Landes- und Kreisverbände« stattgefunden; so seien etwa die Spenden des Jahres 1986 zu drei Vierteln an die Kreisverbände gegangen[109]. Vor diesem Hintergrund wird in der CDU gegenwärtig über eine bessere Finanzausstattung der Partei diskutiert.

108 Vgl. Anm. 106; seit 1984 werden die »Beiträge der Fraktionsmitglieder« und die Kredite nicht mehr ausgewiesen; hinzugekommen sind dagegen die Kategorien »Einnahmen aus dem Chancenausgleich« und »Zuschüsse von Gliederungen«, insofern ist also ein Vergleich zwischen siebziger und achtziger Jahren nicht möglich; daraus ergibt sich die relativ große Bedeutung der Kategorie »Sonstiges«.

109 Vgl. Bericht des CDU-Bundesschatzmeisters Leisler Kiep (Vorlage der Rechenschaftsberichte 1985 und 1986), in: Protokoll des 35. Bundesparteitags am 9. November 1987 in Bonn, S. 66ff.

Tab. 5: Vergleich der durchschnittlichen Ausgaben von CDU und SPD 1984–1987 (in Millionen DM; auf jeweils volle Tausend aufgerundet)

	Personalausgaben DM	Ausgaben des laufenden Geschäftsbetriebes DM	Ausgaben für innerparteiliche Gremienarbeit und Information DM	Ausgaben für Öffentlichkeitsarbeit und Wahlen DM	Zuschüsse an Gliederungen DM	Zinsen DM	Sonstige Ausgaben DM
CDU							
1984	55,121	36,698	12,933	86,329	24,946	914	4,264
1985	59,119	39,943	14,297	64,446	5,499	783	4,443
1986	62,124	42,854	14,621	93,569	7,214	1,665	6,662
1987	62,661	40,219	18,823	78,501	5,524	3,433	4,173
Gesamt	239,025	159,714	60,674	322,845	43,183	6,795	19,542
Durchschnitt	59,756	39,929	15,169	80,711	10,796	1,699	4,886
SPD							
1984	56,428	23,896	8,583	83,500	11,585	2,526	6,054
1985	58,553	30,476	10,107	65,844	12,554	1,243	2,670
1986	60,797	32,982	11,240	98,224	19,907	146	2,858
1987	63,701	34,544	11,910	92,634	11,065	1,863	6,698
Gesamt	239,479	126,898	41,840	340,202	55,111	5,778	18,280
Durchschnitt	59,870	31,725	10,460	85,051	13,778	1,445	4,570

Tab. 6: Die Entwicklung des prozentualen Anteils der Ausgabearten an den Gesamtausgaben von CDU und SPD (1984–1987)

	Personalausgaben	Ausgaben des laufenden Geschäftsbetriebes	Ausgaben für innerparteiliche Gremienarbeit und Information	Ausgaben für Öffentlichkeitsarbeit und Wahlen	Zuschüsse an Gliederungen	Zinsen	Sonstige Ausgaben	Gesamt
CDU								
1984	24,92	16,59	5,85	39,03	11,28	0,41	1,93	100,01
1985	31,36	21,19	7,58	34,18	2,92	0,42	2,36	100,01
1986	27,16	18,74	6,39	40,91	3,15	0,73	2,91	99,99
1987	29,37	18,85	8,82	36,80	2,59	1,61	1,96	100
1984–1987	28,20	18,84	7,16	37,73	4,99	0,79	2,29	100
SPD								
1984	28,56	14,63	4,34	42,26	5,86	1,28	3,06	99,99
1985	32,27	16,80	5,57	36,29	6,92	0,69	1,47	100
1986	26,88	14,58	4,97	43,43	8,80	0,07	1,26	99,99
1987	28,64	15,53	5,35	41,65	4,97	0,84	3,01	99,99
1984–1987	29,09	15,39	5,06	40,91	6,64	0,72	2,2	100,01

Bei den Ausgaben ist ein direkter Vergleich mit den siebziger Jahren nicht möglich, da diese erst seit 1984 in den Rechenschaftsberichten veröffentlicht werden. Der mit Abstand größte Ausgabenblock sind die Ausgaben für Öffentlichkeitsarbeit und Wahlen. Diese machten bei der CDU knapp 38 (bei der SPD knapp 41) Prozent aus. Die Personalausgaben beliefen sich bei beiden Parteien auf knapp 30 Prozent, gefolgt von den Ausgaben des laufenden Geschäftsbetriebs (bei der CDU nicht ganz 20, bei der SPD gut 15 Prozent).

V. Wähler

Die CDU/CSU schnitt bei der Bundestagswahl von 1987 überraschend schwach ab, doch lag ihr Stimmenanteil von 44,3 Prozent nur unerheblich unter demjenigen, den sie auch bei einer Reihe früherer Wahlen erhalten hatte[110]. Vieles spricht dafür, daß die Bundestagswahl von 1987 nicht »eine neue Phase der wahlhistorischen Entwicklung in der Bundesrepublik Deutschland«[111] eröffnete, sondern situationsbedingte Momente besonders wirksam wurden. So war eine Wahl im Winter der Beteiligung abträglich, und vor allem schien die Wahl aufgrund der Prognosen bereits vor dem Wahltag zugunsten der bisherigen Regierungskoalition entschieden zu sein. Eine solche Situation dürfte manchen zum Protest gegen bestimmte Aspekte der Regierungspolitik (insbesondere durch Wahlenthaltung) ermuntert haben, gerade weil er annehmen konnte, damit nicht das Risiko eines Regierungswechsels einzugehen. Die Wahl war zudem politisch wenig umstritten; auch dadurch pflegen kleinere Parteien mit einem hohen Anteil von Überzeugungswählern begünstigt zu werden. Schließlich gab es nicht wenige Unionswähler, die aus verschiedenen Motiven – wie bereits 1983 – die FDP gestützt haben[112].

»Die Kanzlerfrage[113], die Relevanz von Streitfragen und die perzipierte Problemlösungsfähigkeit der Parteien haben bei dieser Wahl eine geringere Rolle gespielt als

110 1980 waren es 44,5 Prozent, 1972 44,9 Prozent, 1961 45,3 Prozent und 1953 45,2 Prozent.

111 So Ursula Feist/Klaus Liepelt, Modernisierung zu Lasten der Großen. Wie die deutschen Volksparteien ihre Integrationskraft verlieren, in: Journal für Sozialforschung, 27 (1987), S. 277.

112 Vgl. Jürgen W. Falter, Die Bundestagswahl von 1987: Ursachen und Auswirkungen des Wahlergebnisses, in: Peter Haungs/Eckhard Jesse (Hrsg.), Parteien in der Krise? In- und ausländische Perspektiven, Köln 1987, S. 262: »Ohne die Stützstimmen aus dem Unionslager, die mithin rund 20 Prozent der FDP-Wählerschaft ausgemacht haben dürften, hätten die Liberalen nur 7,3 statt 9,1 Prozent der gültigen Stimmen erhalten und die Unionsparteien nicht 4,5, sondern ›nur‹ 2,7 Prozent verloren.«

113 Vor der Bundestagswahl 1987 hatte der amtierende Kanzler zum ersten Mal keinen Vorsprung vor seinem Herausforderer; die Kanzlerpräferenzen jeweils kurz vor der Wahl wurden nämlich folgendermaßen ermittelt: 1987: Kohl 46, Rau 46 Prozent; 1983: Kohl 44, Vogel 35 Prozent, 1980: Schmidt 61, Strauß 29 Prozent; 1976: Schmidt 51, Kohl 39 Prozent; 1972: Brandt 58, Barzel 24 Prozent; 1969: Kiesinger 52, Brandt 28 Prozent; der Vergleich dieser Zahlen mit den jeweiligen Wahlergebnissen von CDU/CSU und SPD relativiert freilich ihre Bedeutung erheblich! So auch Manfred Berger u. a., Die Konsolidierung der Wende. Eine Analyse der Bundestagswahl 1987, in: Zeitschrift für Parlamentsfragen, 18 (1987), S. 276.

sonst.«[114] Der Kompetenzvorsprung der Unionsparteien vor der SPD hatte sich gegenüber 1983 – typisches Schicksal von Regierungsparteien – erheblich verringert: »Sprachen 1983 noch 57 Prozent der Befragten den Unionsparteien und nur 26 Prozent der SPD häufiger Problemlösungskompetenz in wichtigen politischen Fragen zu, so betrug das Verhältnis im Januar 1987 nur noch 46 : 39 Prozent. . .«[115]. Vor allem in ökonomischer Hinsicht wurden die Unionsparteien nach wie vor als besonders kompetent angesehen, während in Fragen des Umweltschutzes, die seit 1983 stärker in den Vordergrund gerückt waren, der SPD besonders viel zugetraut wurde.

Offensichtlich läßt sich ein Teil der Stimmenverluste auf die Unzufriedenheit der bäuerlichen Bevölkerung mit der von der Bundesregierung mitgetragenen Agrarpolitik der EG zurückführen[116].

Ein – seit den Wahlen der siebziger Jahre – bereits traditioneller Schwachpunkt der Unionsparteien ist ihr Jungwählerdefizit: Es war 1972 und 1980 besonders ausgeprägt, wenngleich die CDU/CSU 1983 immerhin den Anteil der SPD unter den 18-24jährigen Wählern übertreffen konnte[117]; 1987 war die CDU/CSU für die Jungwähler wieder weniger attraktiv (nur 36,0 Prozent gaben ihr die Stimme, dagegen 43,8 Prozent aller Wähler) als die SPD, deren Wähleranteil hier identisch war mit dem Gesamtergebnis von 38,1 Prozent. Bei den 25-34jährigen Wählern erreichten die GRÜNEN immerhin halb so viele Stimmen wie die Unionsparteien, die insgesamt die 5,5fache Stimmenzahl erhielten[118].

Mit der relativ geringen Attraktivität der Unionsparteien bei jüngeren Wählern korrespondiert ihre überdurchschnittliche Position bei Rentnern und Pensionären: »Die Union ist eindeutig die Partei der Älteren. Sie ist dies seit Anfang der 80er Jahre wieder mit steigender Tendenz und wachsendem Abstand gegenüber der SPD, deren Älterenanteil bei insgesamt wachsendem Bevölkerungsanteil Älterer stagniert.«[119]

Die Zuordnung der sozialen Gruppen zu den Parteien war auch bei der Bundestagswahl von 1987 durch Kontinuität gekennzeichnet. So haben die Unionsparteien ihre ohnehin starke Stellung bei den Selbständigen selbst 1987 noch gefestigt. In der Wählerschaft der Unionsparteien »blieben das freiberuflich-bürgerliche und das bäuerliche Element besonders ausgeprägt«, sind Katholiken und praktizierende Christen beider Konfessionen weit überdurchschnittlich vertreten, auch wenn sich die Wählerschaft beider Volksparteien in ihrer sozialen Zusammensetzung (vor allem im

114 Ebd., S. 283.

115 J. W. Falter (Anm. 112), S. 263.

116 Vgl. Pavel Uttitz, Parteipräferenz und Wahlabsicht der Landwirte in der Bundesrepublik Deutschland – neigen die Landwirte zur Wahlenthaltung?, in: Zeitschrift für Parlamentsfragen, 18 (1987), S. 243ff., der freilich darauf hinweist, daß heute (einschließlich der mithelfenden Familienangehörigen und der Fremdarbeitskräfte) nur noch weniger als 5 Prozent aller Erwerbstätigen in der Landwirtschaft beschäftigt sind.

117 CDU und CSU erhielten in dieser Altersgruppe 41,2 Prozent der gültigen Stimmen (insgesamt 48,5 Prozent ohne Briefwähler), die SPD 39,0 Prozent (insgesamt 38,9 Prozent).

118 Vgl. Eckhard Jesse, Die Bundestagswahlen von 1972–1987 im Spiegel der repräsentativen Wahlstatistik, in: Zeitschrift für Parlamentsfragen, 18 (1987), insbes. S. 239.

119 Hans-Joachim Veen/Peter Gluchowski, Sozialstrukturelle Nivellierung bei politischer Polarisierung – Wandlungen und Konstanten in den Wählerstrukturen der Parteien 1953–1987, in: Zeitschrift für Parlamentsfragen, 19 (1988), S. 238.

Hinblick auf Geschlecht, Bildung und Beruf) beträchtlich einander angeglichen hat[120].

Vor allem die »neuen Mittelschichten«, deren Bevölkerungsanteil ständig zunimmt[121], haben für beide Volksparteien eine entsprechend zentrale wahlstrategische Bedeutung erlangt: »Die geringsten Differenzen zwischen den Wählerschaften aller Parteien gibt es offenbar bei den Beamten... Die Unterschiede zwischen der Union und der SPD waren bis 1970 praktisch auf Null geschrumpft. Seither sind Beamte in beiden Volksparteien gleich stark vertreten. Seit etwa 1980 erstreckt sich die proportionale Repräsentanz von Beamten auf alle Parteien, einschließlich der Grünen.«[122]

Diesen Nivellierungsprozessen stehen allerdings »Tendenzen der Polarisierung der Parteieneinschätzungen und der politisch-ideologischen Selbsteinschätzungen im Parteiengefüge« gegenüber: »1987 ist die Distanz zwischen den Anhängerschaften der Volksparteien größer geworden, während sich ihre sozialen Unterschiede eingeebnet haben.«[123] Freilich sollte man diese Polarisierungstendenzen – auch im Hinblick auf ihre recht begrenzte quantitative Dimension – nicht dramatisieren, zeigen doch der durchschnittliche SPD- und der durchschnittliche CDU/CSU-Anhänger »ein ähnliches Wertprofil«, hat sich doch in der Bundesrepublik eine politische Mitte herausgebildet, der sich heute zwei Drittel aller Wähler zurechnen[124].

Blickt man auf längerfristige Veränderungen, so läßt sich eine Abschwächung der Präferenz katholischer Wähler für die Unionsparteien erkennen, mit der eine Zunahme des Votums vor allem gewerkschaftlich organisierter katholischer Arbeiter für die SPD korrespondiert[125]: »Vieles spricht dafür, daß in dieser Gruppe die Arbeitsmarktkonflikte – Arbeitslosigkeit, 35-Stunden-Woche, § 116 Arbeitsförderungsgesetz – in den letzten Jahren größere Bedeutung erlangten als religiöse Wertorientierungen.«[126]

Diese Entwicklung dürfte wesentlich mit dem erheblichen Rückgang kirchlich gebundener katholischer Wähler zusammenhängen. Konnten zu Beginn der siebziger Jahre noch mehr als 40 Prozent der Katholiken als kirchenverbunden gelten, sind es gegenwärtig weniger als ein Drittel; ihr Anteil an der Wählerschaft der Bundesrepu-

---

120 Vgl. ebd., S. 225ff.

121 Versteht man darunter Angestellte und Beamte, so hat sich deren Anteil an der erwerbstätigen Bevölkerung von einem Fünftel im Jahre 1950 auf knapp die Hälfte Mitte der achtziger Jahre vergrößert; vgl. Wilhelm Bürklin, Wählerverhalten und Wertewandel, Opladen 1988, S. 79.

122 H.-J. Veen/P. Gluchowski (Anm. 119), S. 233.

123 Diesem Befund liegen Einstufungen auf dem Links-Rechts-Kontinuum zugrunde; ebd., S. 247.

124 U. Feist/K. Liepelt (Anm. 111), S. 292f.

125 Jedenfalls ist die Entwicklung hier bemerkenswert kontinuierlich: Während der Anteil der CDU/CSU bei den katholischen Arbeiterwählern, die zugleich Gewerkschaftsmitglieder sind, von 1976 bis 1987 ständig abnimmt – von 53, über 49, 48 zu 41 Prozent –, wächst der Stimmenanteil der SPD von 41, über 43 und 47 auf 52 Prozent, so daß die SPD in dieser Wählergruppe 1987 zum ersten Mal die CDU/CSU übertroffen hat; vgl. M. Berger u. a. (Anm. 113), S. 272.

126 Ebd., S. 274.

blik hat sich damit auf etwa 15 Prozent reduziert; fast drei Viertel von ihnen sind Unionswähler, das entspricht einem knappen Fünftel der CDU/CSU-Anhänger[127].

Die Schrumpfung des katholischen Milieus wurde teilweise durch einen »säkularisierten Konservativismus mit gelockerter Kirchenbindung« aufgefangen sowie durch »Zugewinne insbesondere bei den nachwachsenden Wählern der sogenannten neuen Mittelschichten: Jüngere, Bessergebildete, Angestellte, Beamte, qualifizierte Fachkräfte in den weitgefächerten Dienstleistungsbereichen, in denen in der Mitte der achtziger Jahre schon die Hälfte aller Erwerbstätigen ihr Geld verdienen«[128].

VI. Politikformulierung: Partei – Fraktion – Regierung

Nachdem die reformierte Oppositionspartei 1982 wieder die Regierung übernommen hatte und auch wieder den Kanzler stellte, ergab sich die Frage, wie sich die innerparteilichen Machtverhältnisse und damit auch die Struktur der Politikformulierung entwickeln würden: Richteten sie sich nach den Mustern der fünfziger und sechziger Jahre, oder machte sich die Parteireform der siebziger Jahre bemerkbar und in welcher Weise?

Hatte sich das Bonner Adenauer-Haus, die Zentrale der Bundespartei, tatsächlich »zu einem wichtigen Machtzentrum in der CDU entwickelt – zu Lasten von Bundestagsfraktion, Kabinett, Kanzler und Landesfürsten –, so daß die Reformer eine wichtige Schlüsselposition besetzt halten, um der CDU von morgen ihren Stempel aufzudrücken, auch wenn dieser Modernisierungsprozeß nicht reibungslos abläuft«? War aus dem »föderalistischen Wahlverein« tatsächlich »eine straff und zentral organisierte Firma« geworden, wenn auch »nicht autoritär, sondern kooperativ und durch Diskussion integrativ ausgerichtet«[129]?

Was die behauptete Machtverschiebung angeht, mag sie im Hinblick auf die Bundestagsfraktion noch am ehesten zutreffen. Solange keine funktionsfähige Parteiorganisation auf Bundesebene existierte, profitierte sie von diesem Vakuum – in der Ära Adenauer ebenso wie während der Großen Koalition und zu Beginn der Oppositionsphase, als sich unter Barzels Führung zunächst die Bundestagsfraktion auf die neue Rolle einstellte, durch den Ausbau ihres Mitarbeiterstabes etwa[130].

---

127 Der Anteil kirchenverbundener Protestanten lag in den frühen fünfziger Jahren bei annähernd 20 Prozent, fiel dann in den sechziger Jahren unter 10 Prozent und bewegt sich seit den siebziger Jahren bei etwa 5 Prozent aller Protestanten, »eine im Hinblick auf ihren Wähleranteil marginale Größenordnung von insgesamt etwa 2 Prozent, von denen die Hälfte Unionsanhänger sind« (H.-J. Veen [Anm. 37], S. 63).

128 Ebd., S. 64.

129 Peter J. Grafe, Die modernisierte CDU, in: Gewerkschaftliche Monatshefte, 39 (1988), S. 269.

130 Vgl. Hans-Joachim Veen, Opposition im Bundestag. Ihre Funktionen, institutionellen Handlungsbedingungen und das Verhalten der CDU/CSU-Fraktion in der 6. Wahlperiode 1969–1972, Bonn 1976.

Nach dem Wechsel in der CDU-Parteiführung von 1973 fühlte sich die Bundestagsfraktion dann tatsächlich an den Rand gedrängt[131]; aber dieser Zustand währte nur relativ kurz, weil Helmut Kohl bereits 1976 die Leitung der Fraktion übernahm. Außerdem besitzen Parlamentsfraktionen im politischen Tagesgeschäft strukturelle Vorteile: aufgrund ihrer Spezialisierung dank arbeitsteiliger Organisation, der Unterstützung durch beträchtliche Mitarbeiterstäbe, ihrer Kenntnis des Gesetzgebungsprozesses[132].

Auch gibt es auf allen politischen Ebenen vielfältige Verbindungen zwischen Parteiorganisation und Fraktion. Die Parlamentarier haben Parteiämter inne und bestimmen insbesondere die Aktivitäten der Vereinigungen und Fachausschüsse maßgeblich mit. Ihr Einfluß auf Vorlagen für Bundesparteitage dürfte allerdings gegenüber den fünfziger und sechziger Jahren (als Parteitagsbeschlüsse ohnehin selten waren) zugunsten von Adenauer-Haus oder Parteigremien zurückgegangen sein.

Nach dem Regierungswechsel von 1982/83 spielte die Bundestagsfraktion zunächst eine unauffällige Rolle, zumal ihre führenden Köpfe nun Regierungsämter übernommen hatten. Nachdem ihr Parlamentarischer Geschäftsführer Wolfgang Schäuble im November 1984 Prof. Waldemar Schreckenberger als Chef des Kanzleramts abgelöst hatte, schien die Koordination zwischen Regierung und Bundestagsfraktion sichergestellt zu sein. Dieses Einvernehmen wurde jedoch in der zweiten Amtsperiode der neuen Bundesregierung fraglich. So lösten Kohls Personalentscheidungen bei der Regierungsbildung beträchtlichen Unmut aus (bei seiner Wiederwahl zum Bundeskanzler fehlten ihm 1987 dann auch 15 Stimmen der Koalitionsfraktionen, während es 1983 nur 7 gewesen waren), und im Laufe des Jahres 1988 kam es immer wieder zu Unmutsäußerungen der Bundestagsfraktion darüber, daß sie nicht genügend in den politischen Entscheidungsprozeß einbezogen sei. Der Fraktionsvorsitzende Alfred Dregger wandte sich im Februar mit einem entsprechenden Brief an den Bundeskanzler, und im August schrieb er an die Mitglieder der Bundestagsfraktion: »Wir müssen die Zusammenarbeit zwischen Regierung, Ressorts, Fraktion und Fraktionsarbeitsgruppen verbessern.« Ende des Jahres fühlte sich die Fraktion zusätzlich dadurch herausgefordert, daß Bundeskanzler Kohl sie bei der Regelung der Nachfolge von Frau Süssmuth erneut überging[133]. Daß Kohl dieses Risiko einging, hat zwar Über-

---

131 Vgl. Norbert Sklorz, Nur eine politische Randgruppe? Die CDU/CSU-Bundestagsfraktion, in: Sonde, 8 (1975), S. 56ff.

132 Vgl. auch H. Scheer (Anm. 15), S. 161, der bemerkt, daß die Stärkung der CDU-Parteiorganisation nicht mit zunehmender Einflußlosigkeit der Bundestagsfraktion gleichzusetzen war: »In den dortigen Arbeitskreisen entfalten sich nicht selten den Absichten der Parteiorganisation diametral entgegengesetzte Aktivitäten.«

133 Nachdem er seit Sommer 1985 bereits vier Minister berufen hatte, die nicht der Fraktion angehörten: die Dortmunder Professorin und Vorsitzende des Bundesfachausschusses für Familienpolitik Rita Süssmuth als Nachfolgerin Heiner Geißlers an der Spitze des Ministeriums für Familie, Jugend und Gesundheit, den Frankfurter Oberbürgermeister und hessischen CDU-Vorsitzenden Walter Wallmann, immerhin einen früheren parlamentarischen Geschäftsführer, dann den rheinland-pfälzischen Umweltminister Klaus Töpfer als Chef des neu eingerichteten Bundesumweltministeriums sowie schließlich den Berliner Senator Rupert Scholz zum Nachfolger Manfred Wörners als Verteidigungsminister.

raschung ausgelöst[134]; daß Kandidaten für politische Führungsämter in Bundestags- und Landtagsfraktionen selten geworden sind, ist jedoch offensichtlich[135].

CDU und CSU

Diese Mißstimmungen und Ohnmachtsgefühle scheinen innerhalb der gemeinsamen Bundestagsfraktion bei den CDU-Abgeordneten stärker verbreitet zu sein als bei der CSU-Landesgruppe, »Dreh- und Angelpunkt des rechten Flügels in der Union und Lobby für bayrische Regionalinteressen«[136]. Deren Sonderstellung innerhalb der Gesamtfraktion resultiert aus dem Umstand, daß es sich bei der CDU/CSU-Bundestagsfraktion um eine Fraktionsgemeinschaft zweier selbständiger Parteien handelt, deren Fortsetzung zu Beginn jeder Legislaturperiode beschlossen werden muß. Zwar gibt es auch regelmäßige Zusammenkünfte der CDU-Abgeordneten jeweils eines Landes, doch weisen diese Gruppierungen nicht annähernd die organisatorische Verfestigung und detaillierte Formalisierung auf wie die Landesgruppe der CSU, die eine völlig ausgebildete Fraktion innerhalb der Gesamtfraktion darstellt[137].

Die Landesgruppe strebte von Anfang an die arbeitstechnische Unabhängigkeit von der Gesamtfraktion an – diesem Ziele diente die mehrfache Erweiterung und bessere Ausstattung des Landesgruppenbüros – und bemühte sich ständig um die institutionelle Absicherung ihrer Sonderstellung. Analog zur Stellung des Landesgruppenvorsitzenden in der Gesamtfraktion ist auch diejenige ihres Parlamentarischen Geschäftsführers geregelt. Im übrigen ist die Landesgruppe an der Besetzung des Fraktionsvorstands, der Arbeitskreise der Gesamtfraktion und der Bundestagsausschüsse ihrem Mandatsanteil entsprechend beteiligt, wobei ihr zumindest das Vorschlagsrecht, im Falle der Ausschußvorsitze sogar ausdrücklich das Besetzungsrecht zusteht. Förmlich fixiert ist auch die Beteiligung der Landesgruppe an allen Verhandlungsdelegationen der Gesamtfraktion. Noch wichtiger als diese detaillierten Regelungen ist jedoch für das politische Gewicht der Landesgruppe die Tatsache, daß sie in der Regel als geschlossener Block auftritt und auf diese Weise die Entscheidungen der Gesamtfraktion maßgeblich beeinflussen kann, zumal deren CDU-Teil eine geringere Homogenität aufzuweisen pflegt.

---

134 Im Hinblick darauf, daß Kohl auch die Nachfolge Philipp Jenningers als Bundestagspräsident regelte, war sogar von einer »neuen Kanzlerdemokratie« die Rede; vgl. Eghard Mörbitz, Die neue Kanzlerdemokratie, in: Frankfurter Rundschau vom 1. Dezember 1988, S. 3: »Kohl nimmt das Volksgemurmel zur Kenntnis und marschiert trotzdem konsequent weiter auf seinem Wege in eine Kanzlerdemokratie Adenauerscher Prägung. Und keiner hält ihn auf.«

135 CSU und FDP haben allerdings bisher ihr Ministerkontingent aus der Bundestagsfraktion rekrutiert. Dabei ist zu berücksichtigen, daß die CDU von allen Parteien auf das größte Landesminister-Reservoir zurückgreifen kann: Töpfer und Scholz sind Beispiele dafür.

136 J. Schmid (Anm. 64), S. 221.

137 Vgl. P. Haungs (Anm. 3), S. 107f. In der geltenden Fraktionsvereinbarung heißt es: ». . . die CSU-Gruppe kann eine von der Mehrheit der Fraktion abweichende Meinung in einer Frage von grundsätzlicher Bedeutung im Bundestag selbständig vertreten, wenn sie nach der Erörterung der Frage in der Fraktion dieses Verlangen stellt.«

Daß die Fraktionsgemeinschaft von CDU und CSU als wesentliche institutionelle Klammer zwischen den beiden Parteien fungiert, sichert der Bundestagsfraktion eine besondere politische Bedeutung, wie sich insbesondere 1979 zeigte, als sie – mangels anderer institutioneller Vorkehrungen – über den Kanzlerkandidaten der Unionsparteien für die Bundestagswahl 1980 entschied. Im übrigen ermöglicht die Fraktionsgemeinschaft mit der CDU der CSU, die spezifischen Vorteile einer »out-group« mit denjenigen einer »in-group« zu kombinieren[138]; d. h. einerseits Forderungen an die CDU zu richten und für den Fall der Nichterfüllung mit der Aufkündigung des Bündnisses zu drohen, andererseits aber an der Willensbildung der Gesamtfraktion in vollem Umfang teilzunehmen und auf diese Weise über die eigenen Forderungen mitzuentscheiden. Diese Position wurde von der CSU immer wieder – bei Regierungsbildungen etwa – konsequent ausgereizt.

Während die CSU in der Ära Adenauer als eine »loyale Gefolgschaftspartei«[139] fungierte, empfand sie ihre Doppelrolle als um so problematischer, je mehr die CDU in den sechziger Jahren in eine permanente Führungskrise geriet[140]. Nach dem Waffenstillstand während der Großen Koalition kam es dann vor allem in der Oppositions-Situation nach 1969 zu einer Reihe alter und neuer Differenzen zwischen den beiden Parteien, die primär aus unterschiedlichen Auffassungen über die Oppositionsstrategie und die Person des Kanzlerkandidaten resultierten. Die CSU vertrat mit zunehmender Vehemenz einen Kurs harter politischer Konfrontation gegenüber der sozialliberalen Koalition, der von der CDU nicht völlig – auch nicht im Wahlkampf von 1972 – übernommen wurde. Nach der verlorenen Bundestagswahl wurde die Erneuerung der Fraktionsgemeinschaft im Bundestag lediglich als »Frage der politischen Zweckmäßigkeit« (Richard Stücklen) deklariert und die »Gleichberechtigung beider Partner« ausdrücklich fixiert. Die Kanzlerkandidatur Helmut Kohls für die Bundestagswahl von 1976 erkannte die CSU nur widerwillig an.

Nach der Wahl, bei der CDU und CSU erneut – wenn auch nur ganz knapp – die für einen Regierungswechsel erforderliche absolute Mehrheit verfehlten, kündigte die CSU-Landesgruppe die Fraktionsgemeinschaft mit der CDU im Bundestag auf. Daraufhin drohte der CDU-Bundesvorstand ultimativ mit der Gründung eines Landesverbandes in Bayern, wenn die Fraktionsgemeinschaft nicht wieder hergestellt würde. Da sich auch innerhalb der CSU starker Widerstand gegen den Trennungsbeschluß formierte, wurde im Dezember 1976 doch wieder die Fortführung der Fraktionsgemeinschaft beschlossen. Die dennoch weiterhin anhaltenden Spannungen und ständigen Reibereien zwischen den beiden Parteien schwächten die Autorität Helmut Kohls so sehr, daß er nicht nur selbst auf eine erneute Kanzlerkandidatur für die Bundestagswahl von 1980 verzichten mußte, sondern auch nicht mehr in der Lage war, den von ihm favorisierten niedersächsischen Ministerpräsidenten Ernst Albrecht gegen den CSU-Vorsitzenden Franz Josef Strauß durchzusetzen. Die Form dieses dritten Konflikts um den Kanzlerkandidaten der Unionsparteien (auch Barzels Kandidatur bei der Bundestagswahl von 1972 war von der CSU mehr geduldet als akzeptiert worden) zeigte, daß zwar ständig Loyalität, Solidarität und Einheit

138 Vgl. Günter Müchler, CDU/CSU. Das schwierige Bündnis, München 1976, S. 138ff.
139 Alf Mintzel, Geschichte der CSU. Ein Überblick, Opladen 1977, S. 377.
140 Vgl. P. Haungs (Anm. 3), S. 163ff.

beschworen wurden, von einem gegenseitigen Vertrauensverhältnis aber kaum mehr die Rede sein konnte. Wenn trotzdem das parlamentarische Aktionsbündnis fortgesetzt wurde, so läßt sich das mit der Parteitradition, der Furcht vor einem Bruderkampf bzw. vor seiner Verschärfung und mit dem Risiko erklären, das für die CSU mit bundesweiten Aktivitäten (in welcher Form auch immer) – nicht zuletzt in Gestalt eines bayerischen CDU-Verbandes – verbunden wäre.

Die Kanzlerkandidatur von Strauß und der gemeinsam geführte Wahlkampf – in dessen Verlauf am 30. 8. 1980 in Mannheim zum ersten und einzigen Male eine gemeinsame Delegierten-Versammlung von CDU und CSU stattfand – sowie vor allem die eindeutige Niederlage von Strauß trugen jedoch zu einer Verbesserung der Beziehungen zwischen den Unionsparteien bei, so daß auch die Fraktionsgemeinschaft für die 9. Legislaturperiode des Bundestags (und ebenso für die beiden folgenden) wie selbstverständlich erneuert wurde. Doch dauerte diese Entspannung nicht lange, vielmehr hielt der permanente Konflikt zwischen den Unionsparteien über Sach-, Strategie- und Personalfragen während der Oppositionsjahre auch nach der Rückkehr an die Regierung an. Er war wohl primär in der Person von Strauß begründet, seiner Erbitterung darüber, daß er weder Kanzler noch Außenminister werden konnte, obwohl er sich nach dem Abgang Adenauers allen Unionspolitikern überlegen fühlte[141].

Es bleibt abzuwarten, wie der Tod von Franz Josef Strauß im Oktober 1988 sich auf das Verhältnis von CDU und CSU sowie auf die Gewichtsverteilung in der Regierungskoalition auswirken wird. Eine Verschärfung der Integrationsprobleme am rechten Rand des politischen Spektrums sowie Wählerverluste der – von der Abgrenzung gegenüber Strauß profitierenden – FDP sind ebenso vorstellbar wie ein konstruktiveres Betriebsklima innerhalb der Regierungskoalition und eine weniger angefochtene Stellung des Bundeskanzlers, die sich insgesamt positiv auf das Ansehen der Regierung auswirken könnten[142].

Mag die Stellung der Bundestagsfraktion in der Ära Adenauer und zeitweilig auch später noch tatsächlich stärker gewesen sein, schon weil die CDU-Bundespartei kaum politisches Gewicht hatte[143], ist eine Machtverschiebung zu Lasten von Kabinett, Kanzler und Regierungs- bzw. Parteichefs der Länder nicht auszumachen. Kabinette hatten in der Bundesrepublik eigentlich nie sonderliche Bedeutung – die wichtigeren

141 Vgl. zur Schlußphase dieser Auseinandersetzung Robert Leicht, Des Gegenkanzlers letzter Kampf. Franz Josef Strauß und Helmut Kohl: Die Dauerfehde ruiniert beide, in: Die Zeit vom 8. Juli 1988, S. 1.

142 Vgl. zur Situation nach der Wahl von Theo Waigel zum CSU-Vorsitzenden Günter Müchler, Strauß war stark, die Partei ist stärker, in: Rheinischer Merkur/Christ und Welt vom 18. November 1988, S. 8. Die Wahlergebnisse des Jahres 1989, insbesondere die in Bayern – verglichen mit dem gesamten Bundesgebiet – doppelt so großen Stimmenanteile der Republikaner bei der Europawahl, deuten darauf hin, daß der »Volkstribun« Strauß tatsächlich viele »rechte« Wähler an die Unionsparteien gebunden hat.

143 Wenn indessen Bundeskanzler Kohl in letzter Zeit innerhalb der Regierungskoalition vorgehalten wurde, er bereite wichtige Entscheidungen in diversen Zirkeln vor, so handelt es sich dabei nicht um eine Erfindung Kohls, sondern um eine Spezialität Adenauers und auch um eine Praxis der anderen Bundeskanzler. Vgl. für die Ära Adenauer etwa J. Domes (Anm. 13), bes. S. 162ff. sowie Jost Küpper, Die Kanzlerdemokratie. Voraussetzungen, Strukturen und Änderungen des Regierungsstiles in der Ära Adenauer, Frankfurt 1985.

Akteure waren immer die Ressortchefs einerseits und die Kanzler andererseits (in unterschiedlicher Gewichtung)[144].

Der erste Bundeskanzler, der von einer solchen Machtverschiebung betroffen sein könnte, ist Helmut Kohl, der aber zugleich – wie die meisten seiner Vorgänger – Parteivorsitzender ist und dieses Amt durchaus wahrnimmt, welche politische Statur auch immer die Generalsekretäre haben mögen. Kohl muß sich zwar mit den Ministerpräsidenten aus den Reihen der CDU und namentlich der CSU auseinandersetzen, deren Selbstbewußtsein in der Oppositionsperiode noch zugenommen hat, als sie über den Bundesrat bundespolitische Entscheidungen maßgeblich mitgestalten konnten. Von einer vergleichbaren Einengung des politischen Spielraums des Bundeskanzlers (und Parteivorsitzenden) durch das Adenauer-Haus kann dagegen keine Rede sein. Nach der Ablösung Heiner Geißlers durch Volker Rühe als Generalsekretär auf dem Bonner Parteitag von 1989 dürften Zweifel an dieser Feststellung ausgeräumt sein.

Auch die Landesvorsitzenden der Partei[145] haben einen solchen Machtverlust nicht erlitten, spielen sie doch im Parteipräsidium die Hauptrollen neben dem Bundeskanzler. Die »Aufwertung der Provinz« nach 1969 ist ebenso unbestritten[146] wie die Tatsache, daß sich auch nach dem Regierungswechsel von 1982/83 die innerparteilichen Strukturen und Prozesse insofern kaum verändert haben, zumal eine gewisse Reföderalisierung des politischen Systems in der Bundesrepublik – nicht zuletzt als Reaktion auf die Unzulänglichkeiten und Unzuträglichkeiten intensiver Politikverflechtung – in Gang ist[147].

Zudem beeinträchtigt die Zentralisierung der Partei in Form der kommunikationstechnischen Vernetzung der Geschäftsstellen nicht die politische Autonomie der Landes- sowie der lokalen Verbände der CDU. Insofern hat sich durch die Modernisierung der Partei nichts an ihrer föderalistischen Struktur geändert; »eine straff und zentral organisierte Firma« ist die Partei allenfalls in bestimmten Bereichen (Öffentlichkeitsarbeit, Wahlkampfführung) geworden. Weiterhin zeichnen sich die Landesverbände durch spezifische Strukturen (im Hinblick auf Machtverteilung und Entscheidungsmodalitäten) und politische Profile aus[148].

Wenn auch die Landesregierungsparteien aufgrund ihrer politischen Gestaltungsmöglichkeiten über besondere Einflußmöglichkeiten (auf andere Landesparteien und auf die Bundespartei) verfügen, so ist es für »Landesoppositionsparteien« keineswegs aussichtslos, auf den politischen Kurs der Gesamtpartei einzuwirken. Das eindrucksvollste Beispiel dürfte die hessische CDU sein, deren bildungspolitische Vorstellun-

---

144 Vgl. Peter Haungs, Kanzlerprinzip und Regierungstechnik im Vergleich: Adenauers Nachfolger, in: Aus Politik und Zeitgeschichte, B1-2/89, S. 33; Karlheinz Niclauß, Kanzlerdemokratie. Bonner Regierungspraxis von Konrad Adenauer bis Helmut Kohl, Stuttgart 1988.

145 Gegenwärtig sind nur noch Lothar Späth und Walter Wallmann gleichzeitig Regierungschefs, während in Niedersachsen und neuerdings auch in Rheinland-Pfalz die Ämter getrennt sind; eine Personalunion von Parteivorsitzendem und Regierungschef war auch die Praxis in Schleswig-Holstein, während Uwe Barschel Ministerpräsident war (1982–1987), sowie im Saarland während der Ära Röder (bis 1979).

146 Vgl. J. Schmid (Anm. 64), S. 44ff.

147 Vgl. Hartmut Klatt, Interföderale Beziehungen im kooperativen Bundesstaat, in: Verwaltungsarchiv, 78 (1987), S. 200ff.

148 Vgl. die informativen Porträts der CDU-Landesverbände bei J. Schmid (Anm. 64), S. 59ff.

gen sich seit Ende der siebziger Jahre in der Bundespartei weitgehend durchsetzen konnten. Die hessische Linie hatte bei zwei Gruppen von Politikern besonderen Anklang gefunden: bei den mit der Politik ihrer eigenen Kultusminister unzufriedenen Landtagsabgeordneten der süddeutschen Länder und bei den CDU-Landesverbänden in Opposition[149].

Was trotz dieser Relativierungen bleibt, sind – neben der technischen Modernisierung – die bemerkenswerte Initiativrolle des Generalsekretärs und der führenden Mitarbeiter im Konrad-Adenauer-Haus sowie ihr – freilich auf Kohls Zustimmung angewiesenes – Durchsetzungsvermögen innerhalb der Partei: In dieser Hinsicht haben die anderen Parteien der Bundesrepublik wohl nichts Vergleichbares aufzuweisen[150]. Es bleibt freilich abzuwarten, ob auch der neue Generalsekretär Rühe diese Rolle übernehmen kann und will.

Allerdings bemißt sich das Gewicht der Bundespartei nicht nur nach der Bedeutung, die dem Generalsekretär und seinem Stab sowie der Bundesgeschäftsstelle zukommt. Es wurde bereits darauf hingewiesen, daß die Leitungsgremien der Partei (Präsidium, Vorstand, Bundesausschuß und Parteitag) regelmäßiger und intensiver beraten. Erwähnenswert sind – neben den Fachausschüssen – auch zahlreiche Kommissionen, die ständig zur Bearbeitung bestimmter Probleme und zur Formulierung von Vorlagen, insbesondere für die Parteitage, gebildet werden. Die politische Bedeutung aller dieser Beratungen und der aus ihnen resultierenden Verlautbarungen, Erklärungen, Beschlüsse ist schwer abzuschätzen, zumal einschlägige Untersuchungen fehlen. Ohne Frage zeugen sie indessen von einem regen Parteileben, an dem sich überwiegend Berufspolitiker beteiligen und das sich von entsprechenden Aktivitäten der SPD kaum unterscheiden dürfte.

Es versteht sich, daß das komplexe Organisations- und Machtgefüge der CDU konkordanzdemokratische Muster innerparteilicher Willensbildung begünstigt[151], doch sind auch Mehrheitsentscheidungen in der modernisierten CDU nicht nur vorstellbar geworden, sondern werden auch praktiziert[152]. Schließlich können im föderalistischen politischen System der Bundesrepublik erfolgreiche politische Konzepte auch ohne zentrale Entscheidungen übernommen werden[153]. Das Paradebeispiel dürften die Sozialstationen sein, die in Rheinland-Pfalz Anfang der siebziger Jahre aufgebaut und danach auch in anderen (nicht nur von CDU und CSU regierten) Ländern eingerichtet wurden[154]. In den achtziger Jahren lassen sich ähnliche Entwick-

---

149 Vgl. dazu J. Schmid (Anm. 64), S. 177 ff. Bemerkenswert ist auch die überdurchschnittlich große Zahl hessischer CDU-Politiker in bedeutsamen Positionen auf Bundesebene, wie z. B. Dregger, Leisler Kiep, Riesenhuber, Schwarz-Schilling und Wallmann (1986/87).

150 P. J. Grafe (Anm. 129), S. 269, weist darauf hin, daß eine Stabsstelle wie die dem Generalsekretär direkt unterstellte Planungs- und Grundsatzabteilung »in der SPD-Zentrale nicht durchsetzbar« zu sein scheint.

151 Vgl. D. Preuße (Anm. 96); s. a. Uwe Thaysen, Mehrheitsfindung im Föderalismus. Thesen zum Konsensualismus der westdeutschen Politik, in: Aus Politik und Zeitgeschichte, B 35/85, S. 3 ff.

152 Vgl. W. Schönbohm (Anm. 1), S. 149 ff.

153 Die ausführliche Analyse solcher Imitationsprozesse gehört zu den besonderen Verdiensten der Arbeit von J. Schmid (Anm. 64).

154 Vgl. ebd., S. 170 ff.: Baden-Württemberg und Bayern 1973, Schleswig-Holstein und Saarland 1974, Niedersachsen nach dem Regierungswechsel von 1976, Nordrhein-Westfalen und Hamburg 1977 bzw. 1979, Berlin nach dem Regierungswechsel von 1981.

lungen vor allem in der Industrie- und Technologiepolitik der Länder beobachten, bei der Berlin und vor allem Baden-Württemberg eine Vorreiter-Rolle spielen[155].

Ein charakteristisches Merkmal der CDU ist nicht zuletzt eine breite Streuung der Politikformulierungsschwerpunkte, die Josef Schmid folgendermaßen aufgelistet hat: »die Sozialausschüsse in der (klassischen) Sozialpolitik ...; der Bundesfachausschuß Sozialpolitik für eine subsidiäre Sozialpolitik; der Wirtschaftsrat und die Mittelstandsvereinigung in der (konventionellen) Wirtschaftspolitik; der Bundesfachausschuß für Agrarpolitik zusammen mit dem in diesem Politikfeld traditionell ›zuständigen‹ Landesverband Niedersachsen in der klassischen Landwirtschaftspolitik; die Bundestagsfraktion in Fragen der Sicherheits- und Außenpolitik; die Länder-Kultusminister in der (praktizierten) Schul- und Hochschulpolitik sowie einzelne Landesregierungen (vor allem Baden-Württemberg und Berlin) in der Industrie- und Technologiepolitik... Die Bundesgeschäftsstelle initiiert und propagiert vorwiegend moderne Themen wie Frauenpolitik, neue Subsidiarität etc., entwickelt langfristige Planungen und betreibt ein zentrales Wahlkampfmanagement.«[156]

Über einzelne Beispiele ließe sich streiten: Vor allem müßten im Hinblick auf die Sozialpolitik die seit 1982 wieder von CDU-Ministern geleiteten Bundesressorts, namentlich der mit Norbert Blüm auch persönlich verbundene Stab des Ministeriums für Arbeit und Sozialordnung, und in der Sicherheits- und Außenpolitik das Bundeskanzleramt berücksichtigt werden. Die strukturelle Vielfalt und die daraus resultierende Heterogenität ist dagegen gut getroffen, denn zweifellos »unterscheiden sich diese Subsysteme der Politikformulierung in ihrer Innovationsleistung, Bedeutung und politischen Richtung«[157].

Die Konrad-Adenauer-Stiftung

Eine Besonderheit, um die die deutschen Parteien im Ausland beneidet werden, sind die ihnen nahestehenden, rechtlich jedoch selbständigen und organisatorisch von den Parteien unabhängigen politischen Stiftungen. Die Konrad-Adenauer-Stiftung verfügt gegenwärtig über einen Jahresetat von rund 160 Millionen Mark und beschäftigt 450 Mitarbeiter im Inland und 80 im Ausland. Diese Stiftungen sind nicht nur aufgrund der Zusammensetzung ihrer Leitungsgremien mit den jeweiligen Parteien verbunden. Dem Vorstand der Konrad-Adenauer-Stiftung gehört Bundeskanzler Kohl an, ebenso (als kooptierte Mitglieder) Generalsekretär Rühe und CDU-Schatzmeister Leisler Kiep. Die Aktivitäten der Stiftungen ergänzen auch teilweise diejenigen der Parteien. Dies gilt im Falle der Konrad-Adenauer-Stiftung vor allem für politische Bildung und parteinahe sozialwissenschaftliche Forschung, Auslandskontakte sowie für Publikationen und Archiv. Für diese Aufgaben erhalten die Stiftungen staatliche Pauschalmittel, die seit 1988 142 Millionen DM pro Jahr betragen. In der Tat darf freilich nicht angenommen werden, »es gebe einen reibungslosen Beratungs- und Auftragsverkehr zwischen St. Augustin, Parteizentrale und Bonner Ministerien und Ämtern«[158], zumal innerhalb der CDU auch viele Vorbehalte

155 Vgl. ebd., S. 184ff.
156 Ebd., S. 228.
157 Ebd., S. 229.
158 C. Leggewie (Anm. 19), S. 107.

gegenüber der Stiftung bestehen. Aber selbst das Bundesverfassungsgericht räumt in seinem (den Stiftungen durchaus wohlwollenden) Urteil vom 14. Juli 1986 ein: »Auch wenn die Ergebnisse der in den Stiftungen geleisteten Arbeit der Öffentlichkeit und damit auch allen Parteien zugänglich sind, ergibt sich doch aus ihrer spezifischen, jeweils der Interessenlage einer bestimmten Partei zugewandten Aufgabenstellung, daß diese daraus regelmäßig einen größeren Vorteil ziehen wird als andere.«

Die Stiftungen widmen sich außerdem – ebenfalls vorwiegend mit staatlichen Mitteln[159] – der Förderung deutscher und ausländischer Studenten sowie Projekten in der Dritten Welt. Dadurch erweitern sie ebenfalls die nationale und internationale Ausstrahlung der Parteien, auch über ihre engere Anhängerschaft hinaus – ein nicht zu unterschätzendes Gegengewicht zum wieder einmal besonders heftigen (nicht nur selbst verschuldeten, sondern auch bedenklich irrationalen[160]) deutschen Antiparteienaffekt.

159 Insgesamt beliefen sich die staatlichen Zuschüsse an die parteinahen Stiftungen 1988 auf etwa 400 Millionen Mark. Vgl. Hans Herbert von Arnim, Der Machtkampf im Schlaraffenland. Mehr als eine halbe Milliarde Mark im Jahr: Die politischen Parteien kommen die Republik teuer zu stehen, in: Die Zeit vom 2. Dezember 1988, S. 3.

160 Vgl. Kurt Sontheimer: Von deutscher Normalität. Rede wider Katastrophenwahn und Unvernunft, in: FAZ vom 10. Dezember 1988.

Alf Mintzel

Die Christlich Soziale Union in Bayern

I. Gründung, Tradition, Entwicklungsgeschichte[1]

1. Im Spannungsfeld zwischen Tradition und Neuorientierung

Eine entscheidende Voraussetzung für die Entwicklung und Politik der CSU als einer autonomen bayerischen Landespartei war die territoriale, politisch-kulturelle und staatliche Kontinuität Bayerns. Mit der Proklamation Nummer 2 der amerikanischen Militärregierung vom 19. September 1945 wurde der Staat Bayern wiederhergestellt[2]. Bayern verlor nur seinen ehemals achten Regierungsbezirk, die Rheinpfalz[3]. Während andere Länder der späteren Bundesrepublik 1945/46 besatzungspolitische Neubildungen waren, konnte im Freistaat Bayern auf einem breiten und tief verankerten historischen Fundament mit dem Wiederaufbau und der Errichtung einer demokratischen Republik begonnen werden. Allerdings war mit der Wiederherstellung des bayerischen Staates und seiner verfassungspolitischen Ausgestaltung zum zweiten Freistaat Bayern der Neubeginn sofort mit historischen Hypotheken belastet. Denn

---

1 Zur weiteren Beschäftigung mit der CSU sei auf folgendes verwiesen: 1. Die Geschichte der CSU, die Organisationsdichte ebenso wie die Geschichte ihrer Politik, Programmatik und spezifischen Leistung ist von mir in mehreren Büchern, Sammelbänden und zahlreichen Aufsätzen umfassend und detailliert dargestellt worden. Siehe Alf Mintzel, Die CSU in Bayern, in: Jürgen Dittberner/Rolf Ebbinghausen (Hrsg.), Parteiensystem in der Legitimationskrise. Studien und Materialien zur Soziologie der Parteien in der Bundesrepublik Deutschland, Opladen 1973, S. 349–426; ders., Die CSU. Anatomie einer konservativen Partei 1945–1972, Opladen 1978[2]; ders., Geschichte der CSU. Ein Überblick, Opladen 1977; ders., Gesellschaft, Staat und Parteiorganisation. Ein analytisches Stenogramm der Entwicklung Bayerns und der CSU, in: Wolf-Dieter Narr (Hrsg.), Auf dem Weg zum Einparteienstaat, Opladen 1977, S. 173–212; ders., Die Christlich Soziale Union in Bayern e.V., in: Richard Stöss (Hrsg.), Parteienhandbuch. Die Parteien der Bundesrepublik Deutschland 1945–1980, Opladen 1983, S. 661–718; ders., Die Christlich-Soziale Union: Bollwerk Bayern, in: Peter Haungs/Eckhard Jesse (Hrsg), Parteien in der Krise? In- und ausländische Perspektiven, Köln 1987, S. 109–114; 2. Die Geschichte der CSU stellte außerdem dar Peter Haungs, Die Christlich-Demokratische Union Deutschlands (CDU) und die Christlich-Soziale Union in Bayern (CSU), in: Hans-Joachim Veen (Hrsg.), Christlich-demokratische und konservative Parteien in Westeuropa, Bd. 1, Paderborn 1983, S. 9–194; Günter Müchler, CDU/CSU. Das schwierige Bündnis, München 1976; Karl Möckl, Die Struktur der Christlich-Sozialen Union in Bayern in den ersten Jahren ihrer Gründung, in: Zeitschrift für Bayerische Landesgeschichte, 36 (1973) 21, S. 719–753.

2 Vgl. Peter Claus Hartmann, Bayerns Weg in die Gegenwart. Vom Stammesherzogtum zum Freistaat heute, Regensburg 1989, S. 542.

3 Vgl. ebd., S. 531f.

die historisch-territoriale Kontinuität ermöglichte zugleich das Überdauern innerbayerischer Strukturen und die Revitalisierung latenter innerbayerischer Spannungen. Die politisch-kulturelle Heterogenität und Vielfalt Bayerns und die damit gegebenen regionalen Spannungslinien und -zonen zeigten sich alsbald wieder in den Parteineugründungen und Parteikonstellationen und damit in den regionalen Schwerpunkten und Hochburgen der Parteien. Auch nach 1945 blieben in Bayern, sieht man von der Phase der »Besatzungsdemokratie« mit einer besatzungspolitisch kanalisierten Parteienentwicklung ab, noch eine Zeit lang »die geographischen Verteilungsmuster prägnanter als die soziografischen«[4].

Im Spannungsfeld zwischen Tradition und Neuorientierung wurde 1945/46 die CSU gegründet. Sie ging aus lokalen und regionalen Initiativen hervor[5]. Im Herbst 1945 übernahm der Münchner Gründerkreis die landesweit führende und koordinierende Rolle. Der »Vorbereitende Ausschuß der Christlich-Sozialen Union in München« trat am 25. November 1945 mit einem landesweiten Aufruf zur Gründung »einer großen Sammel- und Volkspartei aller Kreise« hervor[6]. Die neue, interkonfessionelle Volkspartei sollte »von dem Grundgedanken christlicher Kultur und des christlichen Sittengebots« getragen werden[7]. Am 8. Januar 1946 ließ die amerikanische Militärregierung für Bayern die CSU-Gründung auf Landesebene zu[8].

Aus dem Münchner Gründerkreis ging der in Oberfranken gebürtige Rechtsanwalt Josef Müller als erster Landesvorsitzender der CSU hervor[9]. Müller, der aus den Kreisen des deutschen Widerstandes gekommen und im April 1945 aus dem KZ Flossenbürg befreit worden war, konnte seiner politischen Herkunft nach auf keine der alten Parteien festgelegt werden. Er distanzierte sich von der Tradition der ehemaligen Bayerischen Volkspartei (BVP), überspielte die vielen lokalen und regionalen Ansätze zu einer Wiedergründung der BVP und geriet darüber mit den CSU-Gründern in Streit, die in der BVP-Tradition anknüpfen wollten. So kam es, daß in der CSU-Gründung von Anfang an Flügel- und Führungskämpfe angelegt waren.

Mit der Wiederherstellung des bayerischen Staates waren nach 1945 sofort verfassungspolitische Fragen in den Mittelpunkt der innerbayerischen Auseinandersetzungen getreten. Es waren Fragen nach der verfassungspolitischen Ausgestaltung des Freistaates und Fragen der zukünftigen verfassungspolitischen Eingliederung Bayerns in einen neuen deutschen Gesamtstaat. Josef Müller bekannte sich anfangs im parteiorganisatorischen und im verfassungspolitischen Sinne zu einer »Politik der Öffnung nach Deutschland«[10]. Er sah in der CSU den künftigen bayerischen Landesverband einer christlichen Reichsunion in nascendi und war davon überzeugt, daß die

---

4 infas, Report Wahlen, politogramm Nr. 39/40, Oktober 1974, S. A3.

5 Ausführlich darüber A. Mintzel, Die CSU (Anm. 1), insbesondere S. 90–108.

6 Ebd., S. 90f.

7 Ebd.

8 Vgl. ebd., S. 98f.

9 Ausführlich darüber ebd., S. 91–108; vgl. zum politischen Wirken Josef Müllers und dessen Autobiographie: Josef Müller, Bis zur letzten Konsequenz. Ein Leben für Frieden und Freiheit, München 1975.

10 Ausführlich darüber A. Mintzel, Geschichte der CSU (Anm. 1), S. 78–93; ders., Die CSU (Anm. 1), S. 251–270; vgl. G. Müchler, Zum frühen Verhältnis von CDU und CSU, in: Politische Studien, 23 (1972) 206, S. 595–613; ders. (Anm. 1), S. 58–67.

entstehende Union reichsweit nicht nur die sozialen und konfessionellen, sondern auch die landsmannschaftlichen Gegensätze zu überbrücken aufgerufen sei. Müller wollte nicht, daß die CSU in der veränderten historischen Situation den alten Reichsvorbehalt der BVP erneuerte. Allerdings ließ Josef Müller ebensowenig daran Zweifel, daß er immer ein föderalistisch verfaßtes Deutschland und eine entsprechende Rolle der Landesverbände in einer künftigen Reichsunion anstreben würde. In der CSU wurden – unabhängig von Richtungen – Verfassungsfragen und Fragen des organisationspolitischen Verhältnisses der CSU zu den Unionsparteien außerhalb Bayerns in einem grundsätzlichen und untrennbaren Zusammenhang gesehen.

Die BVP-Traditionalisten konnten sich die neue CSU nur als Honoratiorenpartei in der Funktion einer bayerischen Staats- und Ordnungspartei zur Bewahrung bayerisch-politischer Kultur und zur Festigung bayerischer Eigenstaatlichkeit vorstellen. Sie standen der Frage eines engen organisatorisch-politischen Aktionsbündnisses mit den Unionsparteien der anderen Besatzungszonen distanziert und zum Teil mit schroffer Ablehnung gegenüber. Das Gemeinsame aller Unionsparteien – der Gedanke christlicher Interkonfessionalität und sozialen Ausgleichs auf der Grundlage christlicher Ethik in der Politik – war für die BVP-Traditionalisten kein Anlaß zu enger organisatorisch-politischer Kooperation oder gar zu einem Zusammenschluß. Für sie stellte sich die organisationspolitische Frage eines Zusammenschlusses, wenn überhaupt, dann erst nach einer verfassungspolitischen Klärung des staatlichen Aufbaus Deutschlands. Das vorrangige politische Ziel der prononciert bayerisch-katholischen und bayerisch-vaterländisch gesinnten Kräfte war es, das »christliche Bollwerk Bayern« verfassungspolitisch gegen zentralistische und unitarische Kräfte abzusichern und die Eigenstaatlichkeit und kulturelle Eigenprägung Bayerns zu betonen[11]. Dies sollte unter anderem durch die Einrichtung des Amtes eines bayerischen Staatspräsidenten erreicht werden[12].

Im Spannungsfeld zwischen BVP-Tradition und Neuorientierung wurden Fragen des Verhältnisses zu den anderen Unionsparteien und die damit verbundenen verfassungspolitischen Grundsatzfragen zu Streitpunkten ersten Ranges, die rasch zugunsten der Sonderentwicklung der CSU zu einer autonomen Landespartei mit besonderem Bundescharakter entschieden wurden. An dem Richtungsstreit und den Flügel- und Führungskämpfen waren zwei Hauptkerngruppen beteiligt, die unterschiedliche bayerische Strömungen und politische Traditionen repräsentierten: Prominente Exponenten der liberal-konservativen, christlich-interkonfessionell orientierten Kerngruppe waren unter anderen Josef Müller, Michael Horlacher[13] und Heinrich Krehle[14]. Zur altbayerisch katholisch-etatistischen Kerngruppe zählten der ehemalige

11 Vgl. A. Mintzel, Geschichte der CSU (Anm. 1), S. 84–86.

12 Vgl. ebd., S. 298f.

13 Michael Horlacher, geb. am 18. Januar 1888 in Pottenstein in Oberfranken, gestorben am 12. Oktober 1957; Mitglied der BVP, 1920–1924 Mitglied des Reichstags, 1944 KZ Dachau; nach 1945 Gründungsmitglied der CSU, Vertreter des Bauernflügels, 1946–1950 Mitglied des Bayer. Landtags, im Dezember 1946 zum Präsidenten des Landtags gewählt.

14 Heinrich Krehle, geb. am 21. Januar 1982 in München, gestorben am 16. Oktober 1969 in München; Vertreter der christlichen Gewerkschaftsbewegung, wurde 1922 Geschäftsführer des Christlichen Holzarbeiter-Verbandes in München und 1930 Landessekretär der Christlichen Gewerkschaften Bayern; im Oktober 1945 als Staatssekretär in das bayer. Arbeitsministerium berufen, 1946 Mitgl. der Verfassunggebenden Landesversammlung in Bayern,

Vorsitzende der BVP, Fritz Schäffer[15], und Alois Hundhammer[16]. Innerhalb dieser Hauptkerngruppen gab es bäuerliche Zirkel um Michael Horlacher, Joseph Baumgartner[17] und Alois Schlögl[18]. Während Alois Hundhammer die Bauern wieder in christlichen Bauernvereinen organisieren wollte, trachteten Horlacher, Baumgartner und Schlögl – die verbandspolitisch führenden Vertreter des Bauernflügels in der CSU – danach, die verschiedenen politischen Gruppierungen in der Bauernschaft in einem berufsständischen, parteipolitisch neutralen Verband zu einigen. Diese sich zu Parteiflügeln herausbildenden Kerngruppen und ihre jeweiligen Anhängerschaften prägten die Gründungs- und Aufbauphase der CSU und erschwerten ihre rasche Konsolidierung als Typus einer neuen interkonfessionellen, die bayerischen Traditionszonen übergreifenden »Sammel- und Volkspartei aller Kreise«, wie es im Gründungsaufruf geheißen hatte. Solange der Einfluß prononciert katholisch-konservativer Kräfte in der CSU die nach 1945 erneut sichtbaren konfessionellen Spannungen eher verschärfte als abbaute, blieb die CSU im protestantischen Nordbayern mit dem Odium behaftet, eine Nachfolgeorganisation der BVP zu sein. Dagegen wurde im süd- und südostbayerischen Raum, wo alsbald die 1946 gegründete Bayernpartei (BP) an Boden gewann und gegen die CSU agierte, der relativ gemäßigte föderalistische Kurs der CSU verdächtigt, zentralistischen Tendenzen Vorschub zu leisten.

Anfangs begünstigte die amerikanische Lizenzierungspolitik das Müllersche Konzept einer, die überkommenen gesellschaftlich-politischen Strukturen Bayern übergreifenden, christlich-interkonfessionellen Sammlungsbewegung. Nachdem aber die

---

1947–1950 bayer. Staatsminister für Arbeit und soziale Fürsorge, 1950–1954 Staatssekretär im Bayer. Arbeitsministerium; 1949–1959 Vorsitzender des CSU-Bezirksverbandes München.

15 Fritz Schäffer, geb. am 8. Mai 1888 in München, gestorben am 29. März 1967 in Berchtesgaden; Mitglied der BVP, 1920–1933 Mitglied des Bayer. Landtags, 1929–1933 Vorsitzender der BVP, 1931–1933 Staatsrat und mit der Führung der Geschäfte des bayer. Finanzministeriums im Kabinett Dr. Held beauftragt; 1944 KZ Dachau; am 28. Mai 1945 von der amerikanischen Militärregierung zum Ministerpräsidenten Bayerns ernannt, im September 1945 wieder abgesetzt; 1946/47 Verbot politischer Betätigung durch die amerikanische Militärregierung; 1949–1961 Mitglied des Deutschen Bundestages; 1949–1957 Bundesfinanzminister, von 1957–1961 Bundesjustizminister.

16 Alois Hundhammer, geb. am 25. Februar 1900, verstorben am 1. August 1974; 1927 stellv. Generalsekretär des Christlichen Bauernverbandes, Mitglied der BVP, 1932/33 Mitglied des Bayer. Landtags; 1946–1970 Vorsitzender des CSU-Bezirksverbandes Oberbayern; 1946 Mitglieder der Verfassunggebenden Landesversammlung in Bayern; 1946–1970 Mitglied des Landtags; 1951–1954 Präsident des Landtags; 1946–1950 bayer. Staatsminister für Unterricht und Kultus; 1957–1969 bayer. Landwirtschaftsminister.

17 Joseph Baumgartner, geb. am 16. November 1904 in Sulzmoos/Oberbayern, verstorben am 21. April 1964; 1929–1933 stellvertr. Generalsekretär des Bayer. Bauernverbandes; 1945 Mitgründer der CSU; 1945–1948 bayer. Landwirtschaftsminister; 1946–1954 Mitgl. des Landtags; 26. Januar 1948 Übertritt in die Bayernpartei (BP) und Austritt aus der CSU; am 30. Januar 1948 zum Landesvorsitzenden der BP gewählt, Landesvorsitzender der BP 1948–1952 und 1953–1957; Mitglied des Bundestags 1949–1953; 1954–1957 stellv. bayer. Ministerpräsident und Staatsminister für Ernährung, Landwirtschaft und Forsten.

18 Alois Schlögl, geb. am 4. April 1893 in Pleinting, Kreis Vilshofen; Mitglied der BVP, 1932/33 Mitglied des Landtags; 1945–1948 Generalsekretär des Bayer. Bauernverbandes; Mitgründer der CSU; 1948–1950 bayer. Landwirtschaftsminister; Mitglied des Landtags 1946–1957.

Militärregierung am 29. März 1948 die BP auf Landesebene lizenziert hatte, konnte sich diese radikal-föderalistisch, bayerisch-vaterländisch orientierte Partei rasch zur gefährlichen landespolitischen Konkurrentin der CSU entwickeln[19]. Der Aufstieg der BP verschärfte die innere und äußere Parteikrise der CSU fast bis an den Punkt des organisatorisch-politischen Auseinanderbrechens. Durch den »Bruderstreit in Bayern«, durch das politische Auseinanderfallen des katholischen Lagers in CSU und BP, wurde das anfangs von der CSU gewonnene Terrain in beträchtlichen Teilen von der BP streitig gemacht und erobert. Die schwere Parteikrise der CSU führte 1949 zur Ablösung des ersten Landesvorsitzenden Josef Müller.

2. *Konsolidierung und Aufstieg zur bayerischen Staats- und Mehrheitspartei*

Die weitere Entwicklung der CSU durchlief zwei große Phasen: Die Phase der parteiinternen Befriedung und Konsolidierung (1949–1957), die aufs engste mit der Entwicklung des Freistaates Bayern in der jungen Bundesrepublik Deutschland zusammenhing, und die Phase des Ausbaus der hegemonialen Stellung und der Modernisierung der Partei (1957–1988). Die Phase der inneren Befriedung und Konsolidierung war zugleich die des Aufstiegs zur großen bayerischen Staats- und Mehrheitspartei. Der Tod von Franz Josef Strauß (am 3. Oktober 1988) hatte einen abrupten Übergang in eine neue Phase zur Folge. In der Post-Strauß-Ära dürfte die CSU unter veränderten Rahmenbedingungen in Bayern ihre hegemoniale Stellung einbüßen[20].

Anfang der fünfziger Jahre gelang es der CSU, in einer ebenso heftigen wie scharfen Auseinandersetzung den innerbayerischen Bruderzwist mit der BP zu ihren Gunsten zu entscheiden. Sie fand einen mittleren Weg zwischen traditionsgebundener Bayerntreue und notwendiger Öffnung sowie Modernisierung. Sie schlug nach harten internen Flügelkämpfen den Kurs eines gemäßigten, zum Ausgleich geneigten Föderalismus ein. Nachdem mit Gründung der Bundesrepublik Deutschland die verfassungspolitischen Grundentscheidungen gefallen und ein akzeptabler Ausgleich gefunden worden war, verlagerte sich das Spannungsverhältnis der CSU zur CDU in zunehmendem Maße in das gesellschafts- und sozialpolitische sowie in das außenpolitische Feld. In Bayern wurde die CSU zum politischen Hauptagenten der späten (Voll-)Industrialisierung und Modernisierung. Die Bayernpartei hingegen, die sich hauptsächlich auf die alteingesessene Landbevölkerung Alt-Bayerns gestützt und deren traditionsreiche Bindungen vertreten hatte, scheiterte an ihrer partikularistischen Verteidigung überkommener Strukturen und Traditionen Alt-Bayerns; sie wurde in den fünfziger Jahren von der Partei der Modernisierung Bayerns, der CSU, absorbiert.

---

19 Ausführlich dazu Dietrich Thränhardt, Wahlen und politische Strukturen in Bayern 1948–1953. Historisch-soziologische Untersuchungen zum Entstehen und zur Neuerrichtung eines Parteiensystems, Düsseldorf 1973, S. 268–273; Ilse Unger, Die Bayernpartei. Geschichte und Struktur. 1945–1957, Stuttgart 1979; s. a. Alf Mintzel, Die Bayernpartei, in: Richard Stöss (Hrsg.), Parteien-Handbuch. Die Parteien der Bundesrepublik Deutschland 1945–1980, Opladen 1983, S. 395–489.

20 Siehe die Ausführungen unter VI. 2.

Es steht außer Frage, daß die gelungene innerbayerische Befriedung und Konsolidierung von dem erfolgreichen Prozeß der späten Industrialisierung und von der einsetzenden wirtschaftlichen Prosperität entscheidend begünstigt und abgestützt wurde. Die lang anhaltende Prosperität und die besondere politische Aktionsgemeinschaft mit der CDU in Bonn halfen der CSU in Bayern dabei, ihre Absorptions- und Integrationskraft voll entfalten zu können. Die CSU wußte die günstigen Rahmenbedingungen zu nutzen.

Dem Bundesland Bayern blieben nach 1945 – und das ist das Typische seiner späten Industrialisierung und industriegesellschaftlichen Entwicklung – die »großen Schrecken« bzw. früheren sozialen Kosten solcher Prozesse erspart[21]. Bayern nahm im bundesrepublikanischen Rahmen an der wohlfahrtsstaatlichen Weiterentwicklung aller westeuropäischen Industriestaaten teil. Die großen sozialpolitischen Errungenschaften waren bereits erkämpft, die globale Konstellation und die Prosperität ließen soziale Spannungen und Konflikte abfangen, mildern und neutralisieren. Es entstand im Entwicklungsverlauf zur Industriegesellschaft kein Industrieproletariat und keine politisch-kulturelle und soziale Entwurzelung. Die im bayerischen Agrarraum freigesetzen Arbeitskräfte konnten zum großen Teil in der Industrie und im Dienstleistungssektor unterkommen. Bayern wurde zum »Sonderfall einer werdenden spätindustriellen Gesellschaft mit dem eingeübten normativen Verhalten einer Besitzmittelstandsgesellschaft«[22]. Die ökonomische Strukturpolitik und die Gesellschaftspolitik der CSU, die sich unter diesen besonderen politisch-territorialen, politisch-kulturellen, ökonomischen und sozioökonomischen Bedingungen zur »geborenen« bayerischen Mehrheits- und Staatspartei entwickeln konnte, waren darauf ausgerichtet, die mittelständische Strukturfestigkeit Bayerns zu erhalten. Subventionsgesteuerte Befriedungs- und Harmonisierungsstrategien sowie innovative Entwicklungsstrategien dienten dazu, den umfassenden rapiden ökonomischen und gesellschaftlichen Wandlungsprozeß gesellschaftspolitisch im Griff zu halten. Die politische Steuerung, nicht zuletzt auch die damit verbundene bayerische Kulturpolitik, wurde insbesondere in den spätindustrialisierten katholisch-konservativen Räumen Bayerns durch die Fortdauer spezifisch mittelständisch-konservativer Verhaltensmuster und durch bayerische politisch-kulturelle Identifikationsmuster erleichtert und erfolgsträchtig.

Auf dem historischen Boden einer mehr als 180jährigen Staatstradition (des neuen Bayern) und im Rückenwind von Prosperität und globalen Nachkriegskonstellationen gelang es der CSU, Überkommenes und moderne Industriegesellschaft, Tradition und moderne Gesellschaft, in einer spezifisch bayerischen Prägung miteinander zu verbinden. Bayern, noch 1945/46 überwiegend ein Agrarland mit Industrieinseln (München, Augsburg, Nürnberg, Fürth, Schweinfurt und anderen kleineren), wurde unter der CSU-Regierung zu einem modernen High-Tech-Industriestaat mit Agrarreservaten. Die Spät- und Vollindustrialisierung führte zu einem rapiden gesellschaftlichen Umbruch. Bayern wurde binnen weniger Jahrzehnte eine moderne Industriegesellschaft.

---

21 Vgl. ausführlich Klaus Schreyer, Bayern – ein Industriestaat. Die importierte Industrialisierung. Das wirtschaftliche Wachstum nach 1945 als Ordnungs- und Strukturproblem, München-Wien 1969; s. a. A. Mintzel, Geschichte der CSU (Anm. 1), S. 35–48.

22 K. Schreyer (Anm. 21), S. 17.

Das heutige Erscheinungsbild Bayerns als einer CSU-dominierten Einheit, als »CSU-Staat« und als industrielles Wachstumsland ist sehr jungen Datums und darf nicht darüber hinwegtäuschen, daß in den Grenzen Bayerns unter politisch-kulturellen und ökonomischen Aspekten heterogene Gebietsteile lagen, die erst im Laufe einer mehr als 180jährigen Geschichte zu einer wirklichen Einheit verschmolzen werden mußten. Die großen historischen Traditionszonen Franken, Schwaben und Altbayern mit ihren Subregionen und soziokulturellen Milieus waren zugleich Zentren und Schwerpunkte eines von jeher regional stark fragmentierten bayerischen Parteiensystems gewesen[23]. Mit zunehmender Integrationskraft gelang es der CSU, eine politisch-kulturelle »Flurbereinigung« größten Ausmaßes herbeizuführen. Die moderne, ressourcenreiche Großpartei durchdrang mit gesellschaftsgestaltender Kraft die alten bayerischen Traditionszonen, formte sie um und verwandelte sie in eine neue staatsbayerische Einheit. Die bayerische Parteien- und Wahllandschaft färbte sich seit den sechziger Jahren flächendeckend schwarz. Die ehemals stark fragmentierten politisch-kulturellen Verhältnisse, die alten Traditionszonen und ihre soziokulturellen Milieus verschwanden zwar nicht völlig von der wahl- und parteigeographischen Landkarte, verloren aber weitgehend ihre einstmals politisch strukturbestimmende Kraft. Über den alten politischen Kulturen Bayerns entwickelte sich in den letzten Jahrzehnten unter Führung der CSU in einem phasenweise hochdramatischen politisch-kulturellen Wandlungsprozeß eine neue staatsbayerische Hegemonialkultur. Dies läßt sich am Beispiel der Wahlergebnisse in Bayern demonstrieren.

3. *Führung im Spannungsverhältnis von Landes- und Bundespolitik*

Bis 1961 nahmen bayerische Landespolitiker den Parteivorsitz ein: Josef Müller (1945–1949), Hans Ehard[24] (1949–1955) und Hanns Seidel[25] (1955–1961). Seidel, von 1957 bis 1960 Ministerpräsident, wurde als »Schöpfer und Architekt des modernen Bayern« bezeichnet, »der die Entwicklung Bayerns so lenkte, daß es sich aus einem überwiegend durch Landwirtschaft und Kleingewerbe geprägten Land zu einem

---

23 Vgl. Alf Mintzel, Gehen Bayerns Uhren wirklich anders?, in: Zeitschrift für Parlamentsfragen, 18 (1987) 1, S. 77–93; ders., Besonderheiten der politischen Kultur Bayerns. Facetten und Etappen einer politisch-kulturellen Homogenisierung, in: Dirk Berg-Schlosser/Jakob Schissler (Hrsg.), Politische Kultur in Deutschland. Bilanz und Perspektiven der Forschung, Opladen 1987, S. 295–308; ders., Political and Socio-Economic Developments in the Post-War Era: The Case of Bavaria, 1945–1989, in: Karl Rohe (Hrsg.), Elections, Parties, and Political Traditions, Oxford 1990, S. 145–178.

24 Hans Ehard, geb. am 10. November 1887, gestorben am 19. Oktober 1980; vor 1933 Mitglied der BVP; 1949–1955 CSU-Vorsitzender; 1946 Mitglied der Verfassunggebenden Landesversammlung in Bayern, 1946–1966 Mitglied des Landtags, 1946–1954 Bayerischer Ministerpräsident; 1950/51 Präsident des Bundesrates; 1954–1960 Präsident des Bayer. Landtags, 1960–1962 erneut bayer. Ministerpräsident.

25 Hanns Seidel, geb. am 12. Oktober 1901 in Schweinheim bei Aschaffenburg, gestorben am 5. August 1961 in München; 1945 Mitgründer der CSU, 1955–1961 CSU-Vorsitzender; 1945 in Aschaffenburg als Landrat eingesetzt, 1946 Mitglied der Verfassunggebenden Landesversammlung in Bayern, 1946–1961 Mitglied des Landtags, 1947–1954 bayer. Wirtschaftsminister, 1957–1960 bayer. Ministerpräsident.

modernen Industriestaat wandelte« (Alfons Goppel[26]). Seidel führte die CSU aus der zweiten Parteikrise, die durch die Bildung der sog. Vierer-Koalition gegen die CSU 1954/55 ausgelöst worden war. Er sah die wesentliche Aufgabe darin, konservative Politik in Bayern modern und offen für die Zukunft zu gestalten. Aus dieser Zielsetzung heraus leitete er als Landesvorsitzender 1955 auch die organisationspolitische Modernisierung der CSU ein.

Franz Josef Strauß, der sich in Konkurrenz mit Hanns Seidel schon 1955 für das Amt des Landesvorsitzenden beworben und dabei gerade in der CSU-Landesgruppe des deutschen Bundestages prominente Fürsprecher gewonnen hatte, war im Januar 1955 in der Abstimmung unterlegen[27]. Damals herrschte in der CSU noch die Meinung vor, daß angesichts der landespolitischen Situation nur ein Landespolitiker für den Parteivorsitz in Frage käme. Dieses Argument wurde damals auch gegen die Kandidatur Fritz Schäffers, des Bundesfinanzministers, verwendet. Bereits damals hatte Strauß dem Hauptargument seiner Gegner widersprochen, daß mit Rücksicht auf die landespolitische Situation die Landespolitik Vorrang vor der bundespolitischen Rolle der CSU haben müsse. Seine Niederlage unterstrich, daß die innerbayerische Situation zur damaligen Zeit noch nicht reif war für die »andere« Lösung. Die Nachwehen des innerbayerischen Bruderzwistes und die sog. Vierer-Koalition (SPD, BP, FDP, Gesamtdeutscher Block/BHE) hatten die CSU, obschon stärkste Partei in Bayern, 1954 in die Opposition geraten lassen.

Erst nach dem Ausbau ihrer Mehrheit zu einer fast unerschütterlichen landespolitischen Vormachtstellung unter Führung von Hanns Seidel konnte im Rückenwind der Bundespolitik und der Nachkriegsprosperität das Schwergewicht der CSU-Politik ohne größere innerparteiliche Widerstände auf die Bundespolitik verlagert werden. Diese neue Situation wurde durch die Wahl von Franz Josef Strauß zum Landesvorsitzenden deutlich. Ihm wurde auf der außerordentlichen Landesversammlung der CSU am 18. März 1961 der Parteivorsitz mit breiter Zustimmung übertragen[28]. Franz Josef Strauß hatte dann den Landesvorsitz seiner Partei 27 Jahre lang, bis zu seinem Tod am 3. Oktober 1988 inne.

Nachdem der Glanz der alten Charakterdarsteller des »bayerischen Welttheaters« im Modernisierungsprozeß verblaßt war, wurde der Populismus von Strauß im gesellschaftlichen und wirtschaftlichen Umbruch Bayerns zur vermittelnden Kraft. Er betonte die »deutsche und europäische Aufgabe Bayerns« und führte die CSU kraft seines Populismus mit seinen Leitideen aus dem »bayerischen Welttheater« hinaus. Nach der Kuba-Krise (1962) weitete er in einer sich rasch verändernden globalen Konstellation die Politik eines »christlichen Bollwerks Bayern« zur Bollwerk-Politik eines christlich-abendländischen Westeuropa aus. Westeuropa sollte einerseits sein enges Bündnisverhältnis zu den USA festigen, andererseits aber im Prozeß seiner Einigung kulturell, ökonomisch, technologisch und militärisch wieder ein größeres

---

26 Alfons Goppel, geb. am 1. Oktober 1905 in Regensburg (Reinhausen); 1946 Rechtsrat der Stadt Aschaffenburg; 1952 Bürgermeister von Aschaffenburg; 1930–1933 Mitglieder der BVP; 1945 Mitgründer der CSU, 1954–1978 Mitglied des Bayer. Landtags, 1962–1978 Bayer. Ministerpräsident.

27 Ausführlich hierüber A. Mintzel, Die CSU (Anm. 1), S. 285–293:, ders., Geschichte der CSU (Anm. 1), S. 287f.

28 Vgl. A. Mintzel, Geschichte der CSU (Anm. 1), S. 72f.

Eigengewicht erlangen und hierdurch auf die neuen globalen Herausforderungen vorbereitet werden.

4. *Die CSU in der Regierungsverantwortung*

In Bayern[29]: Bei den bayerischen Kabinettsbildungen 1945–1989 lassen sich mehrere Abschnitte unterscheiden:

- Bis zum Dezember 1946 handelte es sich um Kabinette, die von der amerikanischen Militärregierung eingesetzt wurden.
- Von 1946 bis 1954 drehte es sich in Abweichung von der bundespolitischen Parteien- und Regierungskonstellation – mit einer Unterbrechung von drei Jahren (1947–1950) – um große Koalitionen der CSU mit der SPD und dem GB/BHE bzw. mit der Wirtschaftlichen Aufbau-Vereinigung (WAV).
- Während der sogenannten Vierer-Koalition (1954–1957) von SPD/BP/FDP und GB/BHE war die CSU von der Regierung ausgeschlossen.
- Von 1957 bis 1966, unter den Ministerpräsidenten Hanns Seidel, Hans Ehard und Alfons Goppel bildete die CSU kleine Koalitionen mit der FDP und dem GB/BHE bzw. mit der BP.
- Seit 1966 bildete die CSU aufgrund ihres stetig wachsenden politischen Erfolges die Alleinregierung; im Grunde genommen hatte es sich aber schon bei dem ersten Kabinett Goppel (1962–1966) um eine Alleinregierung gehandelt, denn die BP war nur mit einem, dazu noch von der CSU ausgewählten Staatssekretär (Robert Wehgartner) vertreten, der am 20. Juli 1966 zur CSU übertrat.
- Mit Franz Josef Strauß wurde 1978 zum ersten Mal in der bayerischen Geschichte ein (ehemaliger) Bundespolitiker bayerischer Ministerpräsident. Dieses Amt war bis 1978 Landespolitikern vorbehalten geblieben.
- Nach dem Tode von Franz Josef Strauß wurde mit Max Streibl wieder ein ausgesprochener Landespolitiker in das Amt des bayerischen Ministerpräsidenten gewählt. Der Parteivorsitz ging an den Bundespolitiker Theo Waigel, um die bundespolitische Rolle der CSU zu betonen.

In Bonn[30]: Die acht Bundeskabinette, die zwischen 1949 und 1966 gebildet wurden, waren allesamt Koalitionsregierungen, in denen die CDU und CSU jedesmal die Mehrheit der Minister stellten *(vgl. Tab. 1)*. Die Vertreter der CSU nahmen auf alle Regierungsbildungen starken Einfluß und konnten den Forderungen der CSU kraft der Sonderstellung der Landesgruppe im Aktionsbündnis mit der CDU Nachdruck verleihen. Gemessen an den Stimmenergebnissen und an dem jeweiligen Anteil der Mandate im Deutschen Bundestag wurde die CSU gegenüber der CDU meistens überproportional an den Kabinetten beteiligt. Auch bei den Regierungsbildungen schlug demnach die eigenartige Doppelstellung der CSU im Parteiensystem der Bundesrepublik zu Buche. Nach der Rückkehr in die Regierung im Jahre 1983 nahm die CSU wiederum eine relativ starke Stellung innerhalb des Bundeskabinetts ein.

---

29 Vgl. ebd., S. 321–344; P. C. Hartmann (Anm. 2), S. 543–596.

30 Vgl. A. Mintzel, Geschichte der CSU (Anm. 1), S. 363–375; Ergänzungen vom Verfasser.

Tab. 1: Anteile von CDU und CSU an den Bundeskabinetten[31]

Wahlperiode	Zeitpunkt der Kabinettbildung (-umbildung)	Bundeskanzler		Gesamtzahl der Minister	CDU	CSU	andere Parteien
I. WP 1949/53	1949, 20. 9.	Adenauer	(CDU)	15	7	3	3 FDP 2 Deutsche Partei (DP)
II. WP 1953/57	1953, 20. 10.	Adenauer	(CDU)	19	10	3	3 FDP 2 DP 1 GB/BHE
III. WP 1957/61	1957, 10. 10.	Adenauer	(CDU)	18	12	4	2 DP
	1958, April	Adenauer	dto.	18	14	4	
IV. WP 1961/65	1961, 14. 11.	Adenauer	dto.	21	12	4	5 FDP
	1962, 13. 12.	Adenauer	dto.	21	12	4	5 FDP
	1963, 16. 10.	Erhard	dto.	21	12	4	5 FDP
	1964, Juni	Erhard	dto.	21	12	4	5 FDP
V. WP 1965/69	1965, 20. 10.	Erhard	dto.	22	13	5	4 FDP
	1966, 1. 12.	Kiesinger	dto.	20	8	3	9 SPD
VI. WP 1969/72	1969, 22. 10.	Brandt	(SPD)	16	–	–	3 FPD; 12 SPD 1 Parteiloser
VII. WP 1972/76	1972, 12. 12.	Brandt	dto.	18	–	–	5 FDP; 13 SPD
	1974, 16. 5.	Schmidt	(SPD)	16	–	–	4 FDP; 12 SPD
VIII. WP 1976/80	1976, 14. 12.	Schmidt	dto.	16	–	–	4 FDP; 12 SPD
IX. WP 1980/83	1980, 5. 10.	Schmidt	dto.	17	–	–	4 FDP; 13 SPD
	1982, 1. 10.	Kohl	(CDU)	17	9	4	4 FDP
X. WP 1983/87	1983, 29. 3.	Kohl	dto.	17	9	4	4 FDP
	1984, 15. 11.	Kohl	dto.	18	10	5	3 FDP
	1986, 6. 6.	Kohl	dto.	19	11	5	3 FDP
XI. WP 1987/90	1987, 18. 2.	Kohl	dto.	19	11	4	4 FDP
	1989, April	Kohl	dto.	20	11	5	4 FDP

31 Vom Verfasser zusammengestellt; vgl. auch A. Mintzel, Geschichte der CSU (Anm. 1), S. 364.

II. Programme und weltanschauliche Akzente

1. Die Programme in der Parteigeschichte

Die CSU brachte seit 1945 insgesamt vier Grundsatzprogramme (1946, 1957, 1968, 1976) und drei Aktionsprogramme (1946, 1954, 1958) hervor, ferner ein Positionspapier, das im Bundestagswahlkampf 1976 den programmatischen Standort der CSU gegenüber der CDU präzisieren sollte. Zu den offiziellen Parteiprogrammen der Landespartei kamen spezielle programmatische Entwürfe, Leitlinien und Anregungen sowohl aus den Parteigremien auf Landesebene als auch aus einzelnen Bezirksverbänden und Arbeitsgemeinschaften[32]. In der Reihenfolge ihrer Kodifizierung, Verabschiedung und Inkraftsetzung wurden folgende Programme veröffentlicht:

- Die zehn Punkte der Christlich-Sozialen Union (31. Dezember 1945).
- Die fünf Richtlinien für die Arbeit der Union (17. Mai 1946).
- Das Grundsatz-Programm der Christlich-Sozialen Union in Bayern (14./15. Dezember 1946).
- Die dreißig Punkte der Union (14./15. Dezember 1946).
- Aktionsprogramm 1954.
- Grundsatzprogramm 1957 (1. Juni 1957).
- Aktionsprogramm 1958.
- Grundsatzprogramm vom 14. Dezember 1968.
- Grundsatzprogramm vom 12./13. März 1976.

In der zeitlichen Folge der Programme spiegelt sich auch die allgemeine Entwicklungsgeschichte der Partei wider: In der Gründungs- und Aufbauzeit, in der Streitphase über den richtigen »bayerischen Kurs« der CSU, sind mehrere programmatische Anläufe zu verzeichnen. Nach heftigen Auseinandersetzungen schloß die erste Periode politisch-programmatischer Selbstverständigung mit dem Grundsatzprogramm und dem Dreißig-Punkte-Programm vom 14./15. Dezember 1946 ab. Nach 1947 übernahmen zehn Jahre lang programmatische Reden der beiden Ministerpräsidenten und Parteivorsitzenden, Hans Ehard und Hanns Seidel, die Funktion von Parteiprogrammen.

Die gesellschaftlichen Strukturen Bayerns, die in den bäuerlich-handwerklich-kleingewerblichen Komponenten in der CSU-Mitgliederschaft sichtbar wurden, ließen bei der CSU weder einen christlichen Sozialismus nach dem Muster der Berliner CDU unter Jakob Kaiser noch einen »Sozialismus aus christlicher Verantwortung« Kölner oder Frankfurter Zuschnitts zur programmatischen Richtschnur werden. Dennoch waren auch bei der CSU unter dem Eindruck der Kriegsfolgen und unter den besatzungspolitischen Bedingungen der Nachkriegszeit sozialrevolutionäre Tendenzen zu beobachten. Sie manifestierten sich u. a. 1945 in den programmatischen Schriften Adam Stegerwalds (gestorben 3. Dezember 1945) und im sogenannten Dreißig-Punkte-Programm der CSU vom Dezember 1946. Letzteres könnte als Ahlener Programm der CSU bezeichnet werden. Aus der Antithese zum Wirtschaftsliberalismus und zur kollektivistischen Planwirtschaft wurde das Konzept einer global gelenkten Wirtschaft propagiert[33]. Auf der Basis eines christlich-sozial verpflichteten

32 Ausführlich über die Programme und programmatische Entwicklung der CSU ebd., S. 201–247.

33 Vgl. ebd., S. 235–239.

Privateigentums sollte die global gelenkte Wirtschaft der Bevölkerung aus den Nöten der Nachkriegszeit heraushelfen. Im Grunde handelte es sich bei dieser »neuen Konstruktion der Wirtschaftsordnung« um eine konzeptuelle Variante der Planwirtschaft auf der Grundlage christlicher Sozialethik. Bei allem sozialreformerischen Geist blieb dieses vage Konzept insbesondere in seinen institutionellen Konstruktionsvorschlägen unklar. Angesichts der allgemeinen Notsituation und des ungeheuren Ausmaßes der Kriegszerstörungen war 1946/47 das Konzept der Sozialen Marktwirtschaft noch außerhalb des programmatischen Horizonts der CSU-Gründer[34]. Die damaligen Vorstellungen wurden aber dann rasch von der Wirklichkeit überholt. Erst in der Oppositionsstellung (1954/55–1957) entwarf und kodifizierte die CSU wieder ein Grundsatzprogramm, das noch vor der Bundestagswahl 1957 veröffentlicht wurde. Dieses Grundsatzprogramm war zugleich Auftakt für die große Parteireform und Modernisierung der CSU.

2. *Konservative und staatsbayerische Akzente*

Wesentliche Veränderungen in der innerbayerischen, bundespolitischen und weltpolitischen Konstellation machten in den sechziger Jahren eine gründliche Überarbeitung und Neuformulierung unumgänglich. Das Grundsatzprogramm von 1968 wurde am Ende einer Entwicklungsperiode der Bundesrepublik verfaßt, die im bundesrepublikanischen Parteiensystem zum erstenmal Konturen eines »sozialliberalen Lagers« hatte sichtbar werden lassen. Die CSU bekannte sich expressis verbis zum Konservativismus: »Die CSU ist auch eine konservative Kraft und gerade deshalb entschlossen, die Lebendigkeit europäischen Geistes für die Zukunft zu erschließen.«[35] Auf dem Parteitag, auf dem das Grundsatzprogramm verabschiedet wurde, prägte Franz Josef Strauß, herausgefordert durch die politische Reformbewegung jener Jahre, die Formel: »Konservativ sein heißt an der Spitze des Fortschritts marschieren.« Die Wendung gegen links war deutlicher als bei der CDU, die einen Monat vorher ihr Programm verabschiedet hatte.

Im Grundsatzprogramm von 1976 drückte sich die zunehmende Polarisierung zwischen dem Unions-Lager und dem sozialliberalen Lager aus, doch schlugen sich in ihm auch die gewandelte Situation und Funktion der CSU im gesellschaftlich-politischen Kräftespiel der Bundesrepublik nieder. Die CSU betonte noch mehr als bisher ihre konservativen Grundpositionen. Programmatische Kernstücke waren die Forderungen nach einem gesellschaftssteuernden, handlungsfähigen, starken Staat

---

34 Der Vorsitzende des wirtschaftspolitischen Ausschusses der CSU und wirtschaftspolitische Sprecher der Partei, Johannes Semler, erklärte in der Sitzung des CSU-Landesausschusses am 6. September 1946: »Wer soll denn nun in den nächsten 20 Jahren diesen Aufbau leiten? Darauf kommt es nämlich an... 20 Jahre werden wir ganz bestimmt eine ›Planwirtschaft‹ brauchen, auch wir, die wir den Grundsatz der staatlichen Planwirtschaft ablehnen.« (Protokoll der Landesausschuß-Sitzung der CSU am 6. September 1946, München, S. 41).

35 Grundsatzprogramm 1968, Abschnitt »Grundsätze der Politik für morgen«. Die ausdrückliche programmatische Betonung der CSU als einer konservativen Partei wurde im Grundsatzprogramm 1976 erneut zum Ausdruck gebracht, in dessen Einleitung es hieß: »Die Christlich Soziale Union ist eine konservative Partei, weil sie sich einer dauerhaften Wertordnung verpflichtet weiß...«

und nach einer »bewußt gesellschaftsgestaltenden Politik«, die insbesondere der »Erhaltung und Stärkung des Mittelstandes« und damit der »gesamtwirtschaftlichen Ausgeglichenheit« und »gesamtgesellschaftlichen Stabilität« dienen sollte[36]. Aufgrund der (sozio-)ökonomischen Entwicklung Bayerns und der daraus resultierenden spezifischen gesellschaftspolitischen Aufgaben der CSU wurden diese Aspekte bezeichnenderweise stark betont.

In allen ihren Grundsatzprogrammen betonte die CSU ihre geistige Orientierungsfunktion als eine der christlich-abendländischen Kultur und Tradition verpflichteten Weltanschauungspartei. Die CSU-Programme bekräftigten wiederholt die bayerische Aufgabe der CSU, im Sinne eines historisch begründeten staatsbayerischen Mitspracheanspruches und Gestaltungsauftrages an der deutschen und europäischen Politik mitzuwirken. Die Formel für die dreifache Aufgabe war: »Politik für Bayern, für Deutschland, für Europa«[37].

3. *Programm und politische Praxis*

Die bayerischen Rahmenbedingunen führten, soweit Parteiprogramme und ideologisch-programmatische Grundpositionen überhaupt in politische Praxis umgesetzt werden (können), in der politischen Praxis der CSU zu besonderen Akzentuierungen, Forderungen, Entscheidungen und Wegen. In der Gesellschafts-, Energie-, Wirtschafts- und Agrarpolitik verfolgte die CSU Ziele und Zwecke, die sich nicht immer mit denen der Politik der Union in anderen Bundesländern und in Bonn deckten. Im bayerischen Föderalismus kam neben der kulturpolitischen notwendigerweise auch eine ökonomische Komponente zum Vorschein. Einige Beispiele mögen das verdeutlichen[38].

Die natürlichen Energiequellen des revierfernen Bayerns, die Kohle- und Erdgasvorkommen sowie die Wasserkräfte, reichten bei weitem nicht für den wachsenden Bedarf im Industrialisierungsprozeß aus. Die Entfernung zu den Seehäfen und Kohlerevieren bedeutete überdies ein Wettbewerbsmanko. Im Jahre 1960 mußte Bayern ca. 75 Prozent der benötigten Energie importieren. Die weitere Industrialisierung und die Verbesserung der Wettbewerbschancen der bayerischen Wirtschaft hingen somit in hohem Maße auch von der Lösung des Energieproblems ab. Die bayerische Staatsregierung entwickelte deshalb Ende der fünfziger Jahre eine eigene Energiepolitik und setzte auf die Versorgung mit Mineralöl. Mit dieser Energiepolitik geriet die bayerische Wirtschafts- und Energiepolitik in den sechziger Jahren aber

36 Vgl. Grundsatzprogramm der Christlich Sozialen Union (hrsg. von der CSU-Landesleitung), München 1978, S. 43.

37 Im Grundsatzprogramm 1968 der CSU hatte es in der Einleitung »Grundsätze der Politik für morgen« geheißen: »Die CSU erfüllt diese Aufgabe für unser Land, für Deutschland und für Europa«. Im Grundsatzprogramm 1976 stand: »Die Christlich Soziale Union ist eine Volkspartei. Sie erfüllt als eigenständige politische Kraft ihren Auftrag in und für Bayern, für Deutschland und für Europa.« Die Formel »Politik für Bayern, für Deutschland und für Europa« wurde in der CSU häufig verwendet.

38 Die Beispiele werden ausführlich behandelt bei A. Mintzel, Geschichte der CSU (Anm. 1), S. 248–271.

zwangsläufig in Gegensatz zur Bonner Energiepolitik und zur regionalen Strukturpolitik anderer Bundesländer. Die damaligen Bundesregierungen unter den Bundeskanzlern Konrad Adenauer und Ludwig Erhard wollten die Strukturkrise im Steinkohlebergbau bewältigen, während die CSU im Rahmen der bayerischen Wirtschaftspolitik in Bonn die Interessen und Forderungen der chemischen Industrie gegen die Interessen des nordrhein-westfälischen Kohlebergbaus favorisierte.

Die Forderung von Franz Josef Strauß im Jahre 1966, »aus dem System der Supraliberalisierung unserer Wirtschaft mit dem Laissez-aller, Laissez-faire heraus(zu)kommen«, und »die Dinge gezielter und geplanter« anzugehen, lief auf eine Modifizierung des Konzepts der »sozialen Marktwirtschaft« im Sinne einer wirtschaftspolitisch orientierten mittelfristigen Planung der staatlichen Haushaltsmittel und der Entwicklung eines staatlich konjunkturellen Instrumentariums hinaus[39].

Nach dem Ende der Regierung unter Bundeskanzler Ludwig Erhard (8. November 1966) übernahm Franz Josef Strauß im Kabinett der Großen Koalition (CDU, CSU und SPD) das Bundesfinanzministerium, der Sozialdemokrat Karl Schiller das Wirtschaftsministerium. Das Stabilitätsgesetz von 1967, die mittelfristige Finanzplanung und die Finanzreform von 1969 sowie die damit verbundenen Grundgesetzänderungen stellten die CSU vor schwierige Aufgaben der internen Abstimmung zwischen Landes- und Bundespolitik[40]. Denn diese Gesetze rührten an den Kern des föderativen Staatsaufbaus der Bundesrepublik. Die Finanzreform von 1969 führte mit der Einführung des Instituts der Gemeinschaftsaufgaben (Art. 91a GG) zu Kompetenzaufweichungen der Bundesländer. Als Landesvorsitzender der CSU konnte der Bundesfinanzminister Franz Josef Strauß aber seine Partei auf den bundespolitischen Kurs »der Stabilität von Währung und Wirtschaft«, der mittelfristigen Finanzplanung und der Finanzreform verpflichten und im Sinne eines »kooperativen Föderalismus« Bedenken gegen die Eingriffe in das föderative System entgegenwirken.

Angesichts der Weiterentwicklung der Europäischen Wirtschaftsgemeinschaft (EWG) begann die Parteispitze der CSU gegen Ende der sechziger Jahre ihre protektionistische Agrarpolitik zu modifizieren[41]. Eine besondere Herausforderung hierbei war der sog. Mansholt-Plan von 1968, der unter anderem eine sofortige Beschränkung aller nationalen und supranationalen Förderungsmaßnahmen auf landwirtschaftliche Großunternehmen vorsah. Die bayerische Staatsregierung mußte aufgrund der bayerischen Agrarstruktur und aus den damit gegebenen gesellschaftlichen Problemlagen eine eigene Stellung beziehen. Sie proklamierte einen »bayerischen Weg« der Agrarpolitik, der mit dem bayerischen »Gesetz zur Förderung der bayerischen Landwirtschaft« im Jahre 1970 eingeschlagen wurde. Mit dem »bayerischen Weg« wurde zwar am Agrarsystem einer bäuerlichen Landwirtschaft (im Gegensatz zur Großfarm, Farmindustrie oder Großraumlandwirtschaft) und am traditionellen Leitbild des Familienbetriebes festgehalten, aber das Bild vom Landwirt modernisierte sich. Der Landwirt wurde nun als Unternehmer (Betriebswirt,

---

39 (Protokoll der) Sitzung des Landesvorstandes der Christlich-Sozialen Union am 7. Oktober 1966 in München, S. 7; ausführlich darüber A. Mintzel, Die CSU in Bayern (Anm. 1), S. 415f.

40 Vgl. A. Mintzel, Geschichte der CSU (Anm. 1), S. 372–375.

41 Ausführlich hierüber ebd., S. 261–266; ders., Die CSU in Bayern (Anm. 1), S. 417–421.

Kaufmann und Produktionstechniker in einer Person) herausgestellt[42]. Die staatlichen Förderungsmaßnahmen konzentrierten sich nun auf direkte und indirekte Hilfen beim Ausbau überbetrieblicher Kooperationsformen und auf Selbsthilfeeinrichtungen.

Der von der CSU betonte bayerische Mitgestaltungsauftrag führte auch im Bereich der Außen- und Sicherheitspolitik zu Akzentsetzungen, die in der Gesamtunion Spannungen hervorriefen. In der Situation des Kalten Krieges der fünfziger und sechziger Jahre verdichtete sich in der CSU wie in der Gesamtunion die Europaidee von einer »abendländischen Staaten- und Kulturgemeinschaft« zum Konzept eines »christlichen Bollwerks« als Schutz- und Trutzbündnis gegen den Imperialismus der Sowjetunion und gegen den Warschauer Pakt. Für die Deutschland- und Ostpolitik bedeutete dies: Nichtanerkennung der DDR, Wiedervereinigung »in Frieden und Freiheit« – verstanden als »Freilassung der Zone aus der sowjetisch-kommunistischen Fremdherrschaft«, Ablehnung des Vorschlags einer deutschen Konföderation, Bewahrung der Rechtspositionen des Alleinvertretungsanspruches und Festhalten an der Hallstein-Doktrin. Die CSU-Variante dieser im großen und ganzen von beiden Unionsparteien bezogenen Positionen wurde durch eine besonders kämpferische Note charakterisiert[43]. Diese zeigte sich vor allem in den sechziger Jahren und zu Beginn der siebziger Jahre, als sich die internationale politische Konstellation zu verändern begann. Als angesichts der nuklearen Patts die Atommächte USA und Sowjetunion die Möglichkeit für eine Koexistenzpolitik sondierten und in eine neue Phase ihrer Außenpolitik eintraten, mißtraute die CSU-Führung, voran Franz Josef Strauß, der amerikanischen Entspannungspolitik und der sowjetischen Koexistenzpolitik. Sie war davon überzeugt, daß die amerikanisch-sowjetische Annäherung entgegen deutschen Interessen in Europa Entwicklungen begünstigen würde, die geeignet seien, die sowjetisch-kommunistischen Positionen zu verbessern und den Status quo in Europa und damit die Teilung Deutschlands weiter zu zementieren. Führende Politiker der CSU näherten sich Mitte der sechziger Jahre dem Europa-Konzept Charles de Gaulles an, ohne dessen Vorstellungen über ein »Europa der Vaterländer« völlig zu teilen[44]. Die außenpolitisch maßgebenden CSU-Politiker hielten die deutsch-französische Freundschaft für das Kernstück ihrer Europaidee und erhofften sich von de Gaulles europäischen Initiativen zumindest kleine Fortschritte in Richtung auf die westeuropäische politische Integration. »Europäische Politik« heiße, so meinte Strauß 1966, »daß die NATO nur dann wirklich von Bestand und Substanz sein wird, wenn sich die Europäer der Pflicht für ihren eigenen Kontinent, für ihre politische Funktion, für ihre zeitgeschichtliche Aufgabe und für ihre historischen Verpflichtungen wieder besinnen und das Gefühl dafür wieder bekommen und demgemäß handeln.«[45]

---

42 Vgl. Hans Eisenmann, Zukunftsperspektiven der Landwirtschaft in Bayern, in: Ernst Schmacke (Hrsg.), Bayern auf dem Weg in das Jahr 2000, Düsseldorf 1971, S. 123f.; A. Mintzel, Die CSU in Bayern (Anm. 1), S. 418–419.

43 Ausführlich über diese Bereiche A. Mintzel, Geschichte der CSU (Anm. 1), S. 284–297, 377–395.

44 Vgl. A. Mintzel, Geschichte der CSU (Anm. 1), S. 291–292.

45 Lt. Protokoll der Landesausschuß-Sitzung der CSU am 13. Mai 1966, Rothenburg o.d.T., S. 31; vgl. hierzu A. Mintzel, Geschichte der CSU (Anm. 1), S. 292.

Innerhalb der Fraktionsgemeinschaft mit der CDU kam es auch und gerade in außenpolitischen Fragen zu Frontstellungen zwischen dem »harten Kern« der CSU und Teilen der CDU. Das in der Sonderentwicklung der CSU angelegte Spannungsverhältnis zur CDU wurde in der Frontstellung der »Gaullisten« gegen die »Atlantiker« sichtbar[46]. Die in außenpolitischen Fragen maßgebenden Bonner CSU-Politiker Franz Josef Strauß, Karl Theodor Frhr. von und zu Guttenberg und Friedrich Zimmermann sahen mit den außenpolitischen Akzentsetzungen des damaligen Außenministers und »Atlantikers« Gerhard Schröder (CDU) 1964/65 das bis dahin gültige »Koordinatensystem« Konrad Adenauers außer acht gelassen und die »Fundamente der Politik gefährdet«[47]. Der Parteivorsitzende Franz Josef Strauß, wegen seiner persönlichen Verwicklung in die Spiegel-Affäre von 1962 bis 1966 ohne Ministeramt[48], machte als Vorsitzender der CSU-Landesgruppe in Bonn mit dem Altbundeskanzler Konrad Adenauer in der Fraktionsgemeinschaft der CDU/CSU Front gegen vermeintliche Diadochen und Abweichler in der CDU. Es war auch Strauß, der 1966 energisch auf eine Ablösung Ludwig Erhards als Bundeskanzler hinwirkte[49].

Später, in der Opposition gegen die sozialliberale Koalition, traten im politischen Aktionsbündnis mit der CDU erneut Differenzen sowohl in gesellschaftspolitischen Grundfragen (zum Beispiel in Fragen der Mitbestimmung, der Vermögensverteilung und der Berufsausbildung) als auch in der Außen- und Deutschlandpolitik auf (im Bezug auf den Moskauer Vertrag, den Warschauer Vertrag, den Grundlagen-Vertrag, den Beitritt der Bundesrepublik und der DDR zur UNO). Im Jahre 1973 rief der CSU-regierte Freistaat Bayern im Alleingang wegen des Grundlagenvertrags das Bundesverfassungsgericht an, weil es die Unionsfraktion mit knapper Mehrheit abgelehnt hatte, eine Normenkontrollklage zu erheben. Kein CDU-regiertes Land schloß sich dem Schritt Bayerns an. Mit dem erwirkten Urteil versuchte die CSU – so Franz Josef Strauß – »wesentliche Pflöcke für (ihre) Ostpolitik zur ›Begrenzung der Ostpolitik Willy Brandts und Egon Bahrs‹ einzuschlagen«. Die CSU sah »in der Härte der CSU« die eigentliche Garantie für eine Fortsetzung der Adenauer-Tradition und maß sich die Rolle eines Konsolidators der CDU an[50]. Die Auseinandersetzungen führten nach der Bundestagswahl vom 3. Oktober 1976 zur Aufkündigung der Fraktionsgemeinschaft mit der CDU. Die CSU-Landesgruppe beschloß am 19. November 1976 in Wildbad Kreuth in geheimer Abstimmung mit 30 gegen 18 Stimmen (bei einer Enthaltung), sich im 8. Deutschen Bundestag als selbständige Fraktion in der Opposition eine breitere Operationsbasis in der Politik zu schaffen[51].

---

46 Ausführlich über diesen Aspekt A. Mintzel, Geschichte der CSU (Anm. 1), S. 381–383; s. a. ebd., S. 166, 290–294.

47 So Friedrich Zimmermann, (lt. Protokoll der) Sitzung des CSU-Landesvorstandes am 10. Juli 1964, München, S. 13.

48 Vgl. A. Mintzel, Geschichte der CSU (Anm. 1), S. 166.

49 Ausführlich über den im Oktober 1966 geplanten Sturz Ludwig Erhards A. Mintzel, Geschichte der CSU (Anm. 1), S. 384–391.

50 Ebd., S. 393f.

51 Ausführlich über diese Vorgänge A. Mintzel, Geschichte der CSU (Anm. 1), S. 406–413; s. a. ders., Fraktionszusammenschluß nach Kreuth, in: Zeitschrift für Parlamentsfragen, 8 (1977) 1, S. 58–76.

Allerdings wurde dieser Beschluß am 12. Dezember 1976 wieder zurückgenommen und die Fraktionsgemeinschaft auf der neu ausgehandelten Grundlage »politischer Parität« fortgeführt.

Obschon diese Schlaglichter nur wenige Momente der spannungsreichen Entwicklung des politischen Aktionsbündnisses mit der CDU erhellen können, so helfen sie doch, das Profil der CSU als einer autonomen Landespartei und als einer bayerischen Bundespartei unter bundespolitischen Aspekten zu verdeutlichen.

III. Organisation und Mitgliederschaft

1. Organisation[52]

Zwischen CSU und CDU besteht ein Gebietskartell, wonach die Organisation der CSU auf Bayern, die Organisation der CDU auf die übrigen Bundesländer beschränkt ist. Die Organisation der CSU ist fast nahtlos in den vierstufigen bayerischen Verwaltungsaufbau eingepaßt: Kommune, Kreis, Regierungsbezirk, Land (Freistaat Bayern). Die CSU hat zehn Bezirksverbände, davon entsprechen die Bezirksverbände Oberfranken, Mittelfranken, Unterfranken, Schwaben, Oberpfalz und Niederbayern den sieben bayerischen Regierungsbezirken. Außerdem hat die CSU drei großstädtische Bezirksverbände: Augsburg, Nürnberg-Fürth und München. Diese Städte bilden die kulturellen und gewerblichen Zentren der drei großen politisch-historischen Traditionszonen Bayerns: Altbayern (München), Franken (Nürnberg-Fürth) und Schwaben (Augsburg). 1987 hatte die CSU 10 Bezirksverbände, 110 Kreisverbände, 2918 Ortsverbände und 44 Bundeswahlkreis-Organisationen.

Die sieben Arbeitsgemeinschaften der Partei sind: Junge Union (JU), Frauen-Union (FU), Christlich-Soziale Arbeitnehmerschaft (CSA), Kommunalpolitische Vereinigung (KPV), AG Landwirtschaft und Union der Vertriebenen (UdV). Die Arbeitsgemeinschaften sind trotz einer gewissen organisationspolitischen Autonomie echte Suborganisationen der Partei. Neben den klassischen Arbeitsgemeinschaften gibt es neuerdings die Schülerunion (SU).

Seit etwa Mitte der sechziger Jahre war bei einigen Arbeitsgemeinschaften ein Funktionsverlust bzw. ein Funktionswandel zu beobachten. Es gab eine deutliche Schwerpunktverlagerung zu den Arbeitskreisen, die bis 1979 auf zehn anwuchsen: Arbeitskreise für Deutschland- und Außenpolitik, Gesundheitspolitik, Kulturpolitik, Umweltsicherung und Landesplanung, Wehrpolitik, Wohnungs- und Städtebau, Polizeiwesen und Evangelischer Arbeitskreis. Die Konstituierung von Arbeitskreisen war an politischen Problembereichen, an staatlichen Funktionsbereichen und gruppenspezifischen Interessenlagen – und nicht mehr (wie bei den Arbeitsgemeinschaften) primär berufsständisch – orientiert.

52 Eine ausführliche Darstellung und Analyse der Organisation, der Organisationspolitik und der organisationspolitischen Entwicklungsphasen mit zahlreichen Quellenangaben bei Alf Mintzel, Die CSU in Bayern: Phasen ihrer organisationspolitischen Entwicklung, in: Politische Vierteljahresschrift, 13 (1972), S. 205–330; ders., Die CSU in Bayern (Anm. 1), S. 360–382; ders., Die CSU (Anm. 1), S. 81–52; ders., Geschichte der CSU (Anm. 1), S. 113–200.

Rechtlich selbständige Sonderorganisationen bzw. Nebenorganisationen der Partei sind der im Juni 1948 gegründete »Wirtschaftsbeirat der Union e. V.« und die »Hanns-Seidel-Stiftung e. V.« mit ihren vier Einrichtungen: dem »Bildungswerk«, der »Akademie für Politik und Zeitgeschehen«, dem »Institut für internationale Begegnung und Zusammenarbeit« (IBZ) und dem »Bildungszentrum Wildbad Kreuth«.

2. *Parteireform und Modernisierung*

Früher als die CDU und deren Landesverbände wurde die CSU von ihren Führungsorganen in eine moderne Großpartei umgewandelt. Anstoß hierzu gab die landespolitische Situation nach der Landtagswahl 1954. Die CSU war, obschon sie mit 38 Prozent als stärkste Partei aus der Landtagswahl hervorgegangen war, von der sogenannten Vierer-Koalition (SPD, BP, FDP und GB/BHE) in die Opposition gedrängt worden (1954–1957). Dieser Schock gab die Initialzündung für eine schrittweise Parteireform und Modernisierung der CSU. Der Umwandlungsprozeß zu einer modernen Großpartei verlief in mehreren Abschnitten: Es gab eine an innerparteilichen Widerständen reiche Reformphase (1955 bis 1961/62), dann eine Periode (1961/62–1971/72) des raschen weiteren Ausbaus der Parteiorganisation, insbesondere des Parteiapparates. In einer dritten Phase, seit 1971/72, wurde das Informations- und Kommunikationssystem und die technische Ausrüstung wesentlich verbessert.

Im Rahmen der permanenten Reform und Modernisierung der Parteiorganisation war der Aufbau und allmähliche Ausbau der sogenannten Bundeswahlkreisorganisation (Bundeswahlkreisgeschäftsstellen) als einer neuen funktionalen Organisationsebene zwischen Kreis- und Bezirksverbänden der Partei eine der wichtigsten Erweiterungen des Parteiapparates. Ihr Aufbau und Ausbau diente primär der elektoralen Mehrheitsgewinnung sowie der Wahlkreis- und Stimmkreisbetreuung.

Die Bemühungen, die CSU zu einer mitgliederstarken, gut durchorganisierten, funktional effektiven Partei fortzuentwickeln und einen funktionstüchtigen Parteiapparat mit qualifiziertem Personal aufzubauen, manifestierte sich im wesentlichen in der Organisationspolitik der Generalsekretäre und der Landesleitung in München. Die Generalsekretäre waren (zusammen mit den Referenten der zentralen Parteiorganisation) die Organisationsplaner und treibenden Akteure. Sie erhielten mit der Zeit eine immer breitere Unterstützung und Zustimmung aus der Partei. Die Organisationsreformen, insbesondere die Bürokratisierung und Technisierung, wurden in zeitlichen Schüben vorangetrieben. Bevorstehende Wahlkämpfe, insbesondere die Bundestagswahlkämpfe, wirkten jedesmal als Katalysatoren der Organisationspolitik. Seit 1955 wurde die zentrale Parteiverwaltung, die Landesgeschäftsstelle (zusammen mit dem Generalsekretariat Landesleitung genannt), ständig erweitert, ihre technischen Einrichtungen verbessert und vermehrt, ihre an Zahl wachsenden Referate immer straffer gegliedert und der Personalstand laufend erhöht. Das hauptamtliche Personal des zentralen Parteiapparates der Bezirks- und Bundeswahlkreisgeschäftsstellen wurde im Zeitraum von 1955 bis 1972 von rund 14 auf 200 Personen vermehrt. In den achtziger Jahren arbeiteten in den Geschäftsstellen der Partei insgesamt 280 bis 300 hauptamtlich besoldete Parteiangestellte. Über die tatsächliche

Effizienz des Parteiapparates gibt es aber, wie auch im Hinblick auf die anderen Großparteien, keine empirisch systematischen Untersuchungen.

Das institutionalisierte innerparteiliche Informations- und Kommunikationssystem wurde im Zuge des Ausbaus und der Modernisierung der gesamten Parteiorganisation sowohl differenziert als auch inhaltlich-qualitativ ganz wesentlich verbessert. Im innerparteilichen Informations- und Kommunikationssystem wurden alle Ebenen und Sektoren der Parteiorganisation vertikal und horizontal mehrfach vernetzt. Der Ausbau des publizistischen Apparates der Partei und die Entwicklung des Bayernkurier zu einem bundesweit beachteten und auflagenstarken Wochenblatt gehörten ebenso zur Parteireform und Modernisierung wie der Aufbau und Ausbau der Hanns-Seidel-Stiftung und parteinaher Unternehmen seit Ende der sechziger Jahre.

3. Mitgliederentwicklung 1946–1989

Die Kurve der Mitgliederentwicklung der CSU kletterte in der Gründungs- und Aufbauphase auf rund 82 000 Mitglieder (1947) an. Währungsreform und Parteikrise brachten 1948/49 einen abrupten Rückgang der Mitgliederzahlen. Nach dem Tiefstand 1954/55 mit etwa 35 000 Mitgliedern konnte die CSU wieder einen leichten Mitgliederzuwachs verzeichnen *(vgl. Tab. 2)*. Mit beginnender Parteireform (1955/56) und der Modernisierung der Partei hatte die CSU – mit einer kurzen Unterbrechung in den Jahren der Großen Koalition (1966–1969) – einen kontinuierlichen Zuwachs an Mitgliedern. Diese positive Gesamtentwicklung begann erst im Jahre 1985 zu stagnieren.

Tab. 2: Mitgliederentwicklung der CSU 1946–1987[53]

Jahr	Zahl der Mitglieder	Jahr	Zahl der Mitglieder
1946	69 370	1974	122 794
1947	82 189	1975	132 593
1954/55	35 000	1976	146 433
1956/57	43 500	1977	159 973
1960	52 501	1978	165 710
1961	58 631	1979	169 248
Juli 1963	56 018	1980	172 419
Anfang 1965	70 002	1981	175 273
Anfang 1967	80 904	1982	178 524
1968	73 618	1983	182 665
1969	76 655	1984	184 228
1970	93 220	1985	183 105
1971	109 785	1986	182 369
1972	106 951	1987	184 567
1973	111 913	1989	185 853

53 Vom Verfasser auf der Grundlage der Organisationsstatistik der CSU zusammengestellt.

Diese Stagnation und ein leichter Rückgang der Mitgliederzahlen waren auch bei den anderen Bundestagsparteien – CDU, SPD und selbst FDP – zu beobachten. Bei der CSU waren Stagnation und die kurzfristig rückläufige Mitgliederzahl 1988 auch auf Führungsfehler der Parteiführung unter Franz Josef Strauß zurückzuführen. Die sog. Flugbenzin-Affäre veranlaßte seit Juli 1988 Hunderte von CSU-Mitgliedern zum Austritt[54]. Der Mitgliederrückgang konnte aber nach dem Tode von Franz Josef Strauß aufgehalten werden.

4. *Die Sozialstruktur der Mitgliederschaft*

Die CSU blieb zwar eine Partei des alteingesessenen bäuerlichen, handwerklichen und kaufmännischen Besitzmittelstandes ländlicher und kleinstädtischer Gemeinden in den überwiegend katholischen Gebieten Bayerns, machte jedoch die spezifischen industriegesellschaftlichen Haupttrends beruflicher Umschichtung in charakteristischer Weise mit *(vgl. Tab. 3)*[55]: Der Anteil der Angestellten expandierte kontinuierlich von rd. 19 Prozent (1970) auf 29,4 Prozent (1987), wobei sich in der Expansion der Angestelltenanteile seit Mitte der siebziger Jahre eine annähernd repräsentative Parallelität zur bayerischen Bevölkerungsstatistik einstellte. Der Anteil der Beamten erhöhte sich von 13 Prozent (1970) auf 15,9 Prozent (1987) und blieb damit im Vergleich zum Beamtenanteil der erwerbstätigen Bevölkerung Bayerns in der Partei konstant doppelt so hoch. Ebenso, wie sich bei der CSU die Expansion der Angestellten und Beamten trendgemäß niederschlug, schrumpfte mit dem industriegesellschaftlichen Haupttrend der Anteil der Landwirte in der Mitgliederschaft. Fast symmetrisch-repräsentativ mit dem Rückgang des bäuerlichen Anteils in der bayerischen Erwerbsgesellschaft verringerte sich im Zeitraum von 1964 bis 1987 der Anteil der Landwirte in der CSU von 20,2 Prozent (Bayern 1961: 21,4 Prozent) auf 13,5 Prozent (Bayern 1982: 9,2 Prozent). In diesem Schrumpfungsprozeß kam es in der Mitgliederschaft somit zu einer leichten Überrepräsentation des Anteils der Landwirte. Noch immer wies das Sozialprofil ihrer Mitglieder die CSU als *die* bayerische Bauernpartei aus. Angesichts der europaweiten agrarpolitischen Entwicklung wurde diese Tatsache aber zugleich zu einem neuralgischem Problem.

Die CSU bewahrte in markanter Weise zugleich ihren Charakter als eine Partei der Selbstständigen, das heißt des kommerziellen, handwerklichen und freiberuflichen Besitzmittelstandes. Dessen Anteil blieb mit rund 20 Prozent seit den sechziger Jahren stark überrepräsentiert.

Arbeiter bleiben in der CSU-Mitgliedschaft bezeichnenderweise stark unterrepräsentiert. Während der Anteil der Arbeiter in der erwerbstätigen Bevölkerung Bayerns bei leicht rückläufigem Trend über Jahrzehnte bei über 40 Prozent (1950: 46,5, 1985: 40,9) lag, bewegte sich der Arbeiteranteil in der CSU-Mitgliederschaft

---

54 Vgl. hierzu Egon Scottland/Hans Holzhaider, Flug-Benzin setzt CSU-Basis in Brand, in: Süddeutsche Zeitung vom 30. Juni 1988, S. 26; Passauer Neue Presse vom 18. Juli 1984, S. 4; Süddeutsche Zeitung vom 4. Juli 1988, S. 9; vgl. Egon Scottland, Rebellion gegen die isolierte Spitze, in: Süddeutsche Zeitung vom 1. Juli 1988, S. 3.

55 Alle Angaben zur Sozialstruktur der CSU-Mitgliederschaft wurden vom Verfasser auf der Grundlage der Organisationsstatistik und der Rechenschaftsberichte der Generalsekretäre der CSU ermittelt und zusammengestellt.

Tab. 3: Gliederung der CSU-Mitgliedschaft nach Stellung im Beruf (in Prozent)

A: bezogen nur auf die berufstätigen Mitglieder
B: bezogen auf alle Mitglieder

		01. 10. 1964	1970/ 74	31. 12. 1976	1978	1979	30. 06. 1981	31. 12. 1981	31. 12. 1982	30. 06. 1983	31. 10. 1985	31. 10. 1987
A	Arbeiter	2	16	17.7	18.2	18.4	18.4	18.4	18.5	18.6	18.2	18.2
A	Angestellte	8 } 17	19 } 48	25.3 } 58.6	26.4 } 60.0	26.8 } 60.6	27.7 } 61.7	27.8 } 61.6	28.1 } 62.4	28.5 } 62.7	28.8 } 62.8	29.4 } 63.5
A	Beamte	7	13	15.6	15.4	15.4	15.6	15.4	15.8	15.6	15.7	15.9
A	Selbständige	6	} 19 } 22	} 13.3	} 13.5	} 17.6	k. A.	} 20.7	} 19.3	} 19.9	} 19.8	} 19.3
A	Handwerker	13										
A	Freiberufler	3	3	k. A.	3.1	3.1	3.0		3.0	3.0	2.8	2.8
A	Landwirtschaft	20.2	k. A.	19.1	22.2	21.5	21.5	16.2	14.1	13.5	14.0	13.5
A	Mithelfende Familienangehörige	k. A.	2	1.7	1.3	1.4	1.4	1.2	1.2	1.1	1.0	0.9
B	Hausfrauen	k. A.	4	4.7	5.0	5.1	5.1	5.1	5.2	4.9	4.9	4.9
B	Rentner	k. A.	9	6.8	5.8	5.4	5.0	4.9	4.6	4.1	4.0	3.7
B	in Ausbildung (Schüler, Studenten, Lehrlinge)	1	2	4.1	4.4	4.4	4.6	k. A.	7.8	4.5	4.7	4.9

durchgängig auf einer Linie von rd. 18 Prozent (vgl. Tab. 3). In dieser Unterrepräsentation zeigte sich, noch stärker als bei den anderen Parteien, bei der CSU eine charakteristische sozialstrukturelle Selektivität in bezug auf lohnabhängige Erwerbstätige.

Unter dem Gesichtspunkt der Konfessionszugehörigkeit ihrer Mitglieder blieb die CSU eine dominant römisch-katholische Partei, obgleich sich in einem Zeitraum von rd. 40 Jahren die Proportionen leicht zugunsten des evangelischen Anteils verschoben haben. Der Anteil der Katholiken an der Gesamtmitgliedschaft verringerte sich von 91,3 (1947) auf 80,6 (1987) Prozent, der Anteil der evangelischen Mitglieder erhöhte sich von 8,4 (1947) auf 17,7 (1987) Prozent. Der leichte Anstieg des evangelischen Mitgliederanteils resultierte nachweislich aus der erfolgreichen Durchdringung des fränkisch-protestantischen Traditionsraumes. Im Regierungsbezirk Mittelfranken betrug 1987 das Verhältnis von Katholiken zu Protestanten in der CSU sogar 44,9 zu 53,5 Prozent[56].

5. *Die Parteifinanzen*

Der Umwandlungsprozeß der CSU zu einer modernen, gut durchorganisierten, kampagnefähigen Großpartei fand in einem engen Zusammenhang mit der Entwicklung der staatlichen Parteienfinanzierung statt[57]. Vor dem Parteiengesetz vom 24. Juli 1967, das die gesetzliche Pflicht zur Offenlegung der Parteifinanzen brachte, hatte Franz Josef Strauß im Jahre 1961 als neugewählter Landesvorsitzender parteiintern freimütig bekannt, daß die Unterhaltung des Parteiapparates »nicht durch die Opferbereitschaft der Mitglieder möglich«[58] gewesen war, geschweige denn die Finanzierung von Wahlkämpfen. Schon in der Sitzung des Landesvorstandes seiner Partei vom 13. Mai 1966 hatte der damalige CSU-Generalsekretär Anton Jaumann unverblümt herausgestellt: »Wir haben ihn (den Parteiapparat – A. M.) bisher nur mit Steuergeldern finanziert. Ohne 370 000 oder 390 000 DM wäre das alles nicht möglich gewesen. Der ganze Parteiapparat ist mit Steuergeldern bezahlt worden.«[59] Daran änderte sich im wesentlichen bis heute nur, daß die personellen und sachlichen Kosten für die Parteiorganisation und insbesondere für den hauptamtlichen Apparat von der Kreisgeschäftsstelle aufwärts inzwischen auf Millionenbeträge angestiegen sind. Reorganisierung und Bürokratisierung wurden also immer zu einem beträchtlichen Teil mit staatlichen Mitteln verschiedener Art, mit Landes- und Bundesmitteln und damit letztendlich vom Steuerzahler finanziert. Insofern entwickelte sich die CSU – wie auch die anderen Großparteien der Bundesrepublik – zu einem halbstaatlichen Subventionsbetrieb. Die Spenden – woher sie auch immer kamen – konnten in der Regel zur Finanzierung von Wahlkämpfen verwendet werden.

---

56 Rechenschaftsbericht 1987 des Generalsekretärs der CSU, Organisationsstatistik.

57 Eine ausführliche Darstellung bei A. Mintzel, Geschichte der CSU (Anm. 1), S. 143–157.

58 Lt. (Protokoll der) Sitzung des Landesvorstandes der Christlich Sozialen Union in Bayern am 7. April 1961 in München, S. 7; vgl. A. Mintzel, Geschichte der CDU (Anm. 1), S. 70f., 143; ders., Die CSU in Bayern (Anm. 1), S. 381.

59 Lt. (Protokoll der) Sitzung des Landesvorstandes der CSU am 13. Mai 1966 in Rothenburg o.d.T.,S. 38; vgl. A. Mintzel, Geschichte der CSU (Anm. 1), S. 71, 144.

Der direkte Zusammenhang zwischen der Entwicklung der staatlichen Parteienfinanzierung und der Reorganisierung und Verapparatung der CSU wurde durch die parallele Entwicklung deutlich. Den Phasen der Ausweitung des Volumens staatlicher Parteienfinanzierung folgten gewissermaßen Bürokratisierungs- und Reorganisierungsschübe. Bürokratisierung und Parteireform gerieten ins Stocken, wenn die staatliche Parteienfinanzierung nicht in dem erwarteten bzw. erwünschten Ausmaß floß wie zum Beispiel nach dem Urteil des Bundesverfassungsgerichtes in Karlsruhe vom 19. Juli 1966. Die Parteiverwaltung mußte 1966/67 sogar temporär abgebaut werden[60].

Aus mehreren Gründen war 1966 eine durchgreifende Novellierung des CSU-Finanzstatuts aus dem Jahre 1958 unaufschiebbar geworden. Das Einkommen aus Mitgliederbeiträgen mußte spürbar angehoben werden, wollte die CSU nicht in noch größere Finanzschwierigkeiten geraten. In der Zeit der Wirtschaftsrezession und staatlichen Finanzkrise 1966/67 hatte, wie Franz Josef Strauß damals selbst gesagt hatte, »die Spendenfreudigkeit der Wirtschaft erheblich nachgelassen«[61]. »Die ständig steigenden, hauptsächlich durch soziale Maßnahmen bedingten Ausgaben« hätten »sowohl in der Klein- wie in der Mittel- und auch in der Großwirtschaft erhebliche Unruhe hervorgerufen«[62]. Andererseits hatte Strauß »eine totale Abhängigkeit von der gebenden Wirtschaft als einen unwürdigen Zustand« bezeichnet[63]. Außerdem war in der ersten Jahreshälfte 1966 das Karlsruher Urteil über die Parteienfinanzierung mit großer Skepsis erwartet worden. Da wegen des Urteils zudem die baldige Verabschiedung des Parteiengesetzes erwartet worden war, hatte sich die CSU-Führung genötigt gesehen, »eine Ausgewogenheit zwischen Eigenmitteln ... und Fremdmitteln« herzustellen[64]. Die Parteiführer hatten befürchtet, bei der künftigen parteiengesetzlich geforderten Offenlegung der Finanzen wegen der geringen Eigenmittel aus Mitgliederbeiträgen nicht den gesetzlichen Forderungen entsprechen zu können und hierdurch ins Zwielicht zu geraten. Um der Partei einen ausreichenden finanziellen Grundstock zu garantieren und der befürchteten Regelung genüge zu tun, der zufolge 50 Prozent der Ausgaben aus Eigenmitteln der Partei hätten gedeckt werden sollen, schien es 1966 unumgänglich, das einzelne Parteimitglied mehr als bisher finanziell zu belasten, die Beitragsdisziplin wesentlich zu verbessern und die Mitgliederwerbung zu intensivieren. (Allerdings wurde die befürchtete Regelung bezeichnenderweise im Parteiengesetz vom 24. Juli 1967 nicht verankert.)

Nach Einführung der gesetzlichen Rechnungslegung im Jahre 1967 ging aus den Finanzberichten der Parteien hervor, daß der Einnahmeanteil der CSU aus Mitgliedsbeiträgen nach wie vor relativ niedrig lag. Im Vergleich mit den beiden anderen Großparteien des Deutschen Bundestages, CDU und SPD, hatte die CSU den geringsten Anteil an Einnahmen aus Mitgliedsbeiträgen und die relativ höchsten

60 Ausführlich darüber A. Mintzel, Geschichte der CSU (Anm. 1), S. 145–147; ders., Die CSU (Anm. 1), S. 356–381.

61 (Protokoll der) Sitzung des CSU-Landesvorstandes am 13. Mai 1966, Nachmittagssitzung, S. 2.

62 Ebd.

63 Ebd.; vgl. A. Mintzel, Geschichte der CSU (Anm. 1), S. 370f.

64 (Protokoll der) Sitzung des CSU-Landesvorstandes am 13. Mai 1966, Nachmittagssitzung, S. 28f.

Einnahmen aus Spenden[65]. An diesen Grundverhältnissen in der Einnahmestruktur der Großparteien veränderte sich bis 1987 nichts[66]. Dennoch zeigten die Bemühungen der CSU Erfolg. Ihr Einkommen aus Mitgliedsbeiträgen, das vor dem Inkrafttreten ihres Finanzstatuts von 1966 jährlich nicht mehr als etwa 25 000 DM (!) betragen hatte[67], stieg stark an. 1968 verzeichnete die CSU Einnahmen aus Mitgliedsbeiträgen in Höhe von mehr als 1 000 000 DM. Diese Summe erhöhte sich in den folgenden 15 Jahren mit einer Ausnahme (1980/81) kontinuierlich und lag 1983 bei über 9 500 000 DM *(vgl. Tab. 4)*. Seitdem stagnierten die Einnahmen der CSU aus Mitgliedsbeiträgen.

Auch in der Gesamtsumme haben die Einnahmen der CSU seit 1968 stark zugenommen. So betrugen die durchschnittlichen Einnahmen aus den ersten vier Jahren der Rechenschaftspflicht (1968–1971) etwa 12 500 000 DM, die durchschnittlichen Einnahmen aus den letzten vier bisher veröffentlichten Jahren (1984–1987) etwa 48 500 000 DM. Zwischen den einzelnen Jahren sind erhebliche Einnahmeschwankungen festzustellen, die vor allem auf eine von Jahr zu Jahr stark schwankende Spendenbereitschaft zurückzuführen sind. In der Tendenz sind auch die Einnahmen der CSU aus Spenden zwischen 1968 und 1987 gestiegen.

IV. Innerparteiliche Willensbildung und gesellschaftliche Beziehungen

1. Innerparteiliche Willensbildung

Nach den innerparteilich stürmischen Gründungs- und Aufbaujahren, nach den Parteikrisen von 1948/49 und von 1954/55 kam es aus Gründen der Raison d'être zu einer gewissen Fesselung der innerparteilichen Willensbildung, das heißt zu einer mehr oder weniger freiwilligen Einschränkung der Diskussion. Diese nach den Schocks von 1948/49 und 1954/55 verständliche Scheu vor einem Wiederaufleben und Weiterschwelen der innerparteilichen Kontroversen über den »bayerischen Kurs« und andere Streifragen hatte jedoch auch sozialstrukturelle und sozialpsychologische Gründe. Die Spezifika der Sozialstruktur der CSU-Mitgliederschaft waren mit Werthaltungen, Einstellungen und Meinungen verbunden, die sowohl durchsetzungswillige Partizipation als auch gefolgschaftsähnliche Loyalität möglich machten. Nachdem eine Führungspersönlichkeit wie Franz Josef Strauß die Position des Landesvorsitzenden eingenommen hatte, wurde das Programm der CSU-Parteitage so auf seine Person zugeschnitten, daß in der Öffentlichkeit durchaus der Eindruck einer gefolgschaftsähnlichen Loyalität gegenüber dem charismatischen Parteiführer entstehen konnte[69].

65 Vgl. A. Mintzel, Die CSU (Anm. 1), S. 356–381.
66 Vgl. Das Parlament, Nr. 30–31 vom 21./28. Juli 1989, S. 4.
67 Vgl. A. Mintzel, Geschichte der CSU (Anm. 1), S. 143.
68 Vom Verfasser aus den veröffentlichten Rechenschaftsberichten zusammengestellt.
69 Vgl. zum ganzen Abschnitt IV. 1. A. Mintzel, Geschichte der CSU (Anm. 1), S. 123–126; s. a. die Ausführungen hierzu in: ders., Gesellschaft, Staat und Parteiorganisation (Anm. 1), S. 201f.

Tab. 4: Die Einnahmen der CSU nach den Rechenschaftsberichten 1968–87

Jahr	DM insgesamt	davon aus Mitgliedsbeiträgen (in Prozent)*				Spenden (in Prozent)[68]	
1968	10 127 957	1 276 123	(12,6)	860 876	(8,5)	2 055 975	(20,3)
1969	13 921 476	1 294 697	(9,3)	835 289	(6,0)	6 529 172	(46,9)
1970	12 873 645	1 622 079	(12,6)	888 281	(6,9)	5 677 277	(44,1)
1971	13 961 365	1 745 171	(12,5)	977 296	(7,0)	1 968 552	(14,1)
1972	22 931 070	2 017 934	(8,8)	1 100 691	(4,8)	10 227 257	(44,6)
1973	13 042 770	3 065 051	(23,5)	1 239 063	(9,5)	3 508 505	(26,9)
1974	26 644 902	3 090 809	(11,6)	1 332 245	(5,0)	8 100 050	(30,4)
1975	20 048 366	4 190 108	(20,9)	1 864 498	(9,3)	3 468 367	(17,3)
1976	33 782 682	4 560 662	(13,5)	1 925 612	(5,7)	12 600 940	(37,3)
1977	23 034 152	5 528 196	(24,0)	2 119 141	(9,2)	6 725 972	(29,2)
1978	42 931 340	6 482 632	(15,1)	2 618 811	(6,1)	14 553 724	(33,9)
1979	42 091 861	6 945 157	(16,5)	2 525 511	(6,0)	5 345 555	(12,7)
1980	45 976 472	8 827 483	(19,2)	3 494 211	(7,6)	16 873 365	(36,7)
1981	33 049 792	8 262 448	(25,0)	3 701 576	(11,2)	7 138 755	(21,6)
1982	42 354 967	9 614 577	(22,7)	3 515 462	(8,3)	11 393 486	(26,9)
1983	68 258 018	9 556 122	(14,0)	3 685 832	(5,4)	17 064 504	(25,0)
1984	43 418 845	14 675 569	(33,8)			12 374 371	(28,5)
1985	40 114 305	14 200 463	(35,4)			8 905 376	(22,2)
1986	61 195 189	14 319 674	(23,4)			18 113 776	(29,6)
1987	49 525 342	14 362 349	(29,0)			14 411 875	(29,1)

* Spalte 1 umfaßt den Anteil der Mitgliedsbeiträge im engeren Sinn, Spalte 2 den Anteil der Beiträge der Fraktionsmitglieder und ähnliche regelmäßige Beiträge; seit 1984 werden die beiden Positionen in den Rechenschaftsberichten der Parteien nicht mehr getrennt aufgeführt.

Der Prozeß der späten Vollindustrialisierung und die Schnelligkeit des gesellschaftlichen Umbruchs Bayerns stellten an die Steuerungskapazität von Staat und Partei Anforderungen, die wohl eine »Vorschaltung« und »Synchronisation« innerparteilicher legitimatorischer Prozesse von unten nach oben erschwerten. Die Repräsentations-, Willensbildungs-, Werbe- und Gouvernementalfunktion der Parteitage und anderer Mitgliederrepräsentationsorgane standen in einem unaufhebbaren Spannungsverhältnis, indem die Parteiführungen die Regie führten. Immerhin hatte die Berücksichtigung verschiedener Gruppen, Regionen und Ebenen in den früheren Organverschachtelungen und -verschränkungen sowie die Aggregierung von ex-officio-Gruppen bzw. politisch-funktionalen Ämtergruppen eine gewisse balancierende Wirkung auf die innerparteilichen Kräfteverhältnisse in der Partei ausgeübt, weil sie die Bildung sich gegenseitig kontrollierender regionaler und interessenspezifischer Subgruppen und Subkoalitionen ermöglichte. So diente auch die statuarische Abstützung und traditionsgemäß einflußreiche Rolle der zehn Bezirksvorsitzenden im innerparteilichen Kräftespiel der Stabilisierung und Balancierung regionaler Sonderinteressen. Denn die innerparteiliche soziale Basis der CSU war durch gravierende regionale Ungleichgewichtigkeiten und Disparitäten mit zum Teil weitreichenden Folgen für die Entscheidungsorganisation der Partei gekennzeichnet.

Nach 1969 trat eine Dynamisierung innerparteilicher Willensbildungsprozesse ein. Dies mag zu einem Teil auf den Verjüngungsprozeß der Partei zurückzuführen gewesen sein. Wie die anderen Parteien des Deutschen Bundestages machte auch die CSU in den letzten Jahren einen rapiden und die ganze Partei erfassenden Verjüngungsprozeß durch.

Seit Beginn der siebziger Jahre wurde mit der Technisierung und Vernetzung des innerparteilichen Informations- und Kommunikationssystems der Fluß der Informations- und Willensbildung auf allen Ebenen und Sektoren der Parteiorganisation beschleunigt und verbessert. Die CSU-Landesleitung verfügt seit 1972 über eine EDV-Einrichtung, in der die Zentralkartei der Partei gespeichert ist. In der Zentralkartei sind die Parteimitglieder, die Mitglieder der Arbeitsgemeinschaften und Arbeitskreise, alle Inhaber von Parteiämtern und die Mandatsträger der CSU sowie Interessenten und Bezieher von Informationsdiensten – insgesamt mehr als eine halbe Million Personen – erfaßt. Die Bearbeitung im Rechenzentrum der Partei erfolgt über eine Serie von Programmen, die Sonderauswertungen verschiedener Art erlauben. Als zentrale Dienstleistungen werden vom Rechenzentrum für die nachgeordneten Parteiverbände, Sub- und Nebenorganisationen, Mitgliederlisten, Karteikarten, Ausweise, Briefe und Auswertungen gefertigt. Die Nutzbarmachung neuer Kommunikationstechniken erhöhte nach innen und außen die Mobilisierungs- und Kampagnefähigkeit der CSU. Der Führungswechsel nach dem Tode von Franz Josef Strauß wäre ohne die kommunikationstechischen Möglichkeiten der Parteiorganisation nicht so glatt verlaufen. Der innere Führungszirkel und die Parteieliten auf der Bezirks- und Landesebene handelten unter sich den Führungswechsel aus. Mehr als tausend Delegierte gaben hinterher mit großer Mehrheit ihre Zustimmung.

Das institutionalisierte Informations- und Kommunikationssystem funktioniert über zentrale und regionale Geschäftsführerkonferenzen, Referentenbesprechungen in der Landesleitung, Konferenzen des Landesvorsitzenden mit Landräten und kommunalen Spitzenpolitikern, Konferenzen mit Bezirks- und Kreisvorsitzenden, regionale Wahlkreiskonferenzen sowie über Konferenzen der Ortsvorsitzenden mit den Kreisvorständen. Die politische Willensbildung wird folglich durch vielfache horizontale und vertikale Informationsströme unterstützt und ausgerichtet. Dazu kommen die heutzutage hoch formalisierten Delegiertenkonferenzen (Parteitage) der verschiedenen Parteiebenen. Jedenfalls sind die innerparteilichen Willensbildungsprozesse sehr viel komplexer geworden, als es in Bilderbuchmodellen innerparteilicher Demokratie dargestellt wird.

2. *Gesellschaftliche Beziehungen*

Wie bereits ausgeführt, bestand eine der Hauptaufgaben der CSU darin, die unumgängliche und spezifische Industrialisierung Bayerns zu fördern und die hierdurch gegebenen Anpassungsschwierigkeiten bestimmter Wirtschaftssektoren, insbesondere des agrarischen und handwerklichen Sektors, und einzelner Industriebranchen überwinden zu helfen. Dabei spielte die Überwindung der durch die politische Grenz- und Randlage Bayerns und die Beschaffenheit der Natur des Landes gegebenen besonderen Schwierigkeiten eine große Rolle. Die Ausgangslage als Agrarland, die späte Vollindustrialisierung und die Entwicklung zum industriellen Wachstumsland bestimmten maßgeblich die Beziehungen zwischen dem politischen Hauptagenten der späten Vollindustrialisierung und den gesellschaftlichen Gruppen und Interessen. Die CSU hatte aufgrund ihrer spezifischen Entwicklungsgeschichte und der politischen Aufgaben besondere Bindungen und Affinitäten zum landwirtschaftlichen, zum handwerklichen und zum industriell-unternehmerischen Bereich. Entsprechend eng waren die Kontakte zwischen CSU und den Unternehmerverbänden, dem Bayerischen Bauernverband (BBV), zu den Organisationen des Handwerks und des Handels, zum Bankwesen und zu den Industrie- und Handelskammern[70].

Die ökonomische Strukturpolitik und die Gesellschaftspoliktik der CSU waren daran orientiert, die mittelständische Strukturfestigkeit Bayerns zu erhalten. In den Klein- und Mittelbetrieben der Landwirtschaft, des Handwerks und des Einzelhandels wurden wichtige gesellschaftliche und politische Stabilisatoren gesehen. Die CSU strebte im Grunde eine Art dauerhaften Gesellschaftspakt zwischen großindustriellen und mittelständischen Kräften an[71]. Im konzeptuellen Rahmen der sozialen Marktwirtschaft entwickelte sie – den bayerischen Dimensionen adäquat – einen gesellschaftspolitischen Baustil der »kleinen Form«[72]. Aus der Hauptaufgabe der politischen Steuerung der späten Vollindustrialisierung ergab sich unter den Bedingungen der überkommenen Gesellschaftsstruktur Bayerns zwangsläufig das Primat der Mittelstandspolitik. Entsprechend der rapiden Vollindustrialisierung Bayerns und der Integration in das westeuropäische Wirtschaftsgefüge veränderten sich an der Parteispitze die ökonomischen und interessenverbandlichen Einflußkonstellationen und die Art und Weise ihrer politischen Koordination und Vermittlung.

Während der mitgliederstarke Bayerische Bauernverband bis in die jüngste Zeit eine der wichtigsten verbandspolitischen Stützen und Stimmenbeschaffer war, hatte die CSU zum Deutschen Gewerkschaftsbund und seinen Einzelgewerkschaften ein

70 Siehe zu den einzelnen Aspekten A. Mintzel, Geschichte der CSU (Anm. 1), S. 49f.
71 Vgl. ebd., S. 259f.
72 Vgl. ebd., S. 49.

gestörtes Verhältnis, das sich niemals so recht normalisierte[73]. Dagegen war der mitgliederarme Christliche Gewerkschaftsbund (CGB) gewissermaßen ein politisches Pflegekind der CSU[74].

Entsprechend der Verfassung des Freistaates Bayern waren die Beziehungen der großen bayerischen Staats- und Mehrheitspartei zu den beiden Kirchen immer sehr eng[75]. Da Dreiviertel der Bevölkerung Bayerns der römisch-katholischen Kirche angehörten, blieb das Verhältnis von CSU und katholischer Kirche traditionsgemäß geradezu symbiotisch. In dem Maß, in dem sich die CSU zur wirklich christlich-interkonfessionellen Mehrheitspartei entwickelte, befreite sie sich allerdings vom Odium, in »klerikaler Abhängigkeit« zu stehen. Es blieb aber ein traditionsgebundenes, mentalitätsgetragenes und geschmeidiges Miteinander und Ineinander der CSU-dominierten politischen und der religiös-kulturellen sowie kirchlich-institutionellen Lebens- und Ordnungsbereiche erhalten. Bei großen Staatsereignissen und Begräbnissen, dies zeigte sich erneut bei den Trauerfeiern für Franz Josef Strauß, kamen wie in keinem anderen Bundesland die Wechselbeziehungen zwischen Staat, CSU und katholischer Kirche zum Ausdruck[76]: die katholische Kirche als »Doublette bürgerlicher Sicherheiten«[77], der »barocke Triumphalismus« der Kirche[78] und die ungebrochene bayerische Staatstradition.

V. Wahlergebnisse und Wählerschaft

1. Wahlergebnisse

Der Aufstieg der CSU zur bayerischen Staats- und Mehrheitspartei und der Ausbau ihrer Vormachtstellung in Bayern dokumentiert sich am deutlichsten in ihren triumphalen Wahlergebnissen[79]. Seit 1970 gewann sie in jeder Landtagswahl die absolute Mehrheit *(vgl. Tab. 5).* Aus den Bundestagswahlen war die CSU in Bayern bereits

73 Vgl. ebd., S. 198–200.

74 Vgl. ebd.

75 Vgl. Verfassung des Freistaates Bayern, 3. Abschnitt, Religion und Religionsgemeinschaften (Art. 142–150).

76 Vgl. Alf Mintzel, Keine falschen Hoffnungen. Die CSU verkommt nicht zur Provinzpartei, in: Hans-Jürgen Heinrichs (Hrsg.), F. J. Strauß. Der Charakter und die Maske. Der Progressive und Konservative. Der Weltmann und der Hinterwäldler, Frankfurt 1989, S. 172–191; s. a. die Berichterstattung aus Anlaß des Todes und des Begräbnisses von Franz Josef Strauß, in: Passauer Neue Presse vom 4. Oktober 1988, S. 1–7; in der Abendzeitung (München) vom 6. Oktober 1988, S. 1f.; in: Report der Züricher Sonntagszeitung vom 9. Oktober 1988, S. 1.

77 Hans Maier, Das Salz des christlichen Glaubens ist schal geworden. Hans Maier ruft in seiner Abschiedsrede als Katholikentags-Präsident zur (Re-)Missionierung der Gesellschaft auf, in: Frankfurter Rundschau vom 22. November 1988, S. 10.

78 Ebd.

79 Vgl. A. Mintzel, Geschichte der CSU (Anm. 1), S. 415–441; ders., Die bayerische Landtagswahl vom 27. Oktober 1974. Triumph einer konservativen Partei: ein wahlsoziologischer Sonderfall, in: Zeitschrift für Parlamentsfragen, 6 (1975), S. 429–466; Jürgen Falter, Die bayerische Landtagswahl vom 15. 10. 1978: Anti-Strauß-Wahl oder Modernisierungschwäche einer »Staatspartei«, in: Zeitschrift für Parlamentsfragen, 10 (1979), S. 50–64.

seit 1957 mit absoluter Mehrheit hervorgegangen *(vgl. Tab. 6)*. Ungeachtet der leichten Abschwächung der absoluten Mehrheit bleibt bemerkenswert, daß die CSU etwa 30 Jahre lang eine schier uneinnehmbare Vormachtstellung inne hatte – immerhin die Zeitspanne einer Generation. Daran hatte sich auch in den achtziger Jahren durch die Parteiwerdung der GRÜNEN nichts geändert. Diese neue Partei konnte hauptsächlich dort an Boden gewinnen, wo die SPD ihre Basen und Rekrutierungsfelder hatte. Die GRÜNEN trugen in Bayern zur weiteren Schwächung der Opposition bei, konnten aber gegen die erdrückende Übermacht des konservativen Parteikolosses noch weniger ausrichten als die ohnehin schwache Sozialdemokratie. Selbst eine Addition der Opposition aus SPD, FDP, GRÜNEN und »Sonstigen« hätte die CSU-Hegemonie nicht brechen können.

Tab. 5: Wahlergebnisse der CSU, Landtags- und Europawahlen

Wahljahr	Stimmen		Mandate
	absolut	in Prozent	
Landtagswahlen			
1946	1593908	52,3	104
1950	1263685	27,4	64
1954	1845977	38,0	83
1958	2096452	45,6	101
1962	2331764	47,5	108
1966	2537171	48,1	110
1970	3172300	56,4	124
1974	3500776	62,1	132
1978	3391046	59,1	129
1982	3545722	58,3	133
1986	3142094	54,9	128
Europawahlen			
1979	2817120	62,5	8
1984	2109130	57,2	7
1989	2324655	45,4	7

Die Differenzen zwischen dem höchsten und niedrigsten CSU-Wahlergebnis wurden in den sieben bayerischen Regierungsbezirken seit 1970 von Landtagswahl zu Landtagswahl geringer und tendieren heute gegen Null. Die konservative »Bastion Bayern« wurde, wie schon betont, zu einer geschlossenen Gesamt-Hochburg der CSU. Die SPD und die FDP blieben in Bayern in diesem innerbayerischen politisch-kulturellen Homogenisierungsprozeß auf der Verliererseite. Dieser Prozeß, der Bayern erst zu der politisch-kulturellen Einheit werden ließ, als die es sich seit nunmehr einer Generation unter der CSU-Hegemonie präsentiert, wurde in den Landtagswahlergebnissen in zweifacher Weise sichtbar. Erstens überstieg die CSU 1970 bzw. 1974 (Mittelfranken) in allen bayerischen Regierungsbezirken die 50-Prozent-Marke. Sie konnte bis auf Mittelfranken ihre absolute Mehrheit seit 1970

Tab. 6: Wahlergebnisse der CSU, Bundestagswahlen

Wahljahr	Stimmen absolut	in Prozent (in Klammern: Bundesrepublik)		Mandate
1949	1380448	29,2	(5,8)	24
1953	2427387	47,8	(8,8)	52
1957	3015892	57,2	(10,5)	53
1961	3014471	54,9	(9,6)	50
1965	3136506	55,6	(9,6)	49
1969	3115652	57,4	(9,5)	49
1972	3615183	55,1	(9,7)	48
1976	4027499	60,0	(10,6)	53
1980	3908459	57,6	(10,3)	52
1983	4140865	59,5	(10,6)	53
1987	3715827	55,1	(9,8)	49

überall behaupten und zum Teil sogar noch weiter ausbauen. Der Homogenisierungsprozeß drückte sich zweitens darin aus, daß die ehemals großen Disparitäten zwischen den einzelnen Regierungsbezirken bezüglich ihres CSU-Stimmenanteils weitgehend abgebaut wurden. Diese Nivellierung der Wahlergebnisse auf der Ebene der Regierungsbezirke läßt sich an der Abweichung der CSU-Stimmenanteile in den einzelnen Regierungsbezirken vom gesamtbayerischen (CSU-)Ergebnis in den einzelnen Landtagswahlen ablesen *(vgl. Tab. 7)*. Nach deutlichen Schwankungen im Zeitraum von 1946 bis 1970 verschwanden seit 1970 die großen Disparitäten zwischen den einzelnen Landesteilen.

Tab. 7: Mittlere Abweichung der CSU-Stimmenanteile in den sieben Regierungsbezirken Bayerns vom gesamtbayerischen Ergebnis der CSU in den Landtagswahlen 1946 bis 1986

1946	1950	1954	1958	1962	1966	1970	1974	1978	1982	1986
9,4	5,8	6,1	6,0	6,9	6,8	5,4	5,4	4,7	4,3	3,5

Die größte Bewegungsmasse der Stimmenanteile war mit 42,2 Prozentpunkten (Vergleich der Landtagswahlergebnisse 1950 und 1974) in Niederbayern zu beobachten *(vgl. Tab. 8)*. Darin drückte sich der mit großer Schärfe ausgefochtene innerbayerische Bruderzwist zwischen CSU und BP und die schließliche Absorption der BP[80] aus. Niederbayern und weite Teile Oberbayerns bildeten Ende der vierziger, Anfang der fünfziger Jahre die politische »Wetterecke« des »bayerischen Welttheaters«. Es

80 Siehe zum Bruderzwist und zur Absorption der BP I. Unger (Anm. 19); A. Mintzel, Die CSU (Anm. 1), S. 168–193; ders., Geschichte der CSU (Anm. 1), S. 94–110; ders., Die Bayernpartei (Anm. 19), S. 395–489.

Tab. 8: Höchst- und Tiefststände der CSU in den Landtagswahlergebnissen von 1946 bis 1986 und die Differenzen in Prozentpunkten (nach Regierungsbezirken)

Ausgangssituation / Regierungsbezirk	1946	tiefster Stand Prozent (Jahr)	höchster Stand Prozent (Jahr)	Prozentpunkte Differenz tiefster/höchster Stand	1986	Abstand von der Ausgangssituation (in Prozentpunkten)	Abstand vom Höchststand (in Prozentpunkten)
Oberbayern	48,2	22,1 (1950)	59,6 (1974)	37,5	54,3	+ 6,1	– 5,3
Niederbayern	60,9	29,8 (1950)	72,0 (1974)	42,2	60,6	– 0,3	– 11,4
Oberpfalz	62,7	33,9 (1950)	68,3 (1974)	34,4	54,3	– 8,4	– 14,0
Oberfranken	42,9	19,8 (1950)	58,5 (1974)	38,7	55,0	+ 12,1	– 3,5
Mittelfranken	38,7	24,0 (1950)	53,7 (1974)	29,7	49,6	+ 10,9	– 4,1
Unterfranken	64,7	39,6 (1950)	64,8 (1974)	25,2	60,1	– 4,6	– 4,7
Schwaben	59,6	30,9 (1950)	66,3 (1974)	35,4	61,2	+ 1,6	– 5,1
Bayern insges.	52,3	27,4 (1950)	62,1 (1974)	34,7	55,8	+ 4,5	– 6,3

kostete die CSU über vier Legislaturperioden große Mühe, im altbayerischen Raum die relativen und absoluten Mehrheiten der Zeit der »Besatzungsdemokratie« zurückzugewinnen. Erst mit der Landtagswahl 1966 war die BP endgültig niedergerungen.

Der zweite große Homogenisierungsschub erfolgte – grob vereinfacht gesprochen – nach Bildung der sozialliberalen Koalition in Bonn (22. Oktober 1969). Danach gelangen der CSU – dies korrespondierte mit ihrer organisatorischen Expansion – große Einbrüche in weite Teile des fränkisch-protestantischen Korridors (der ehemaligen markgräflich-brandenburgischen und reichsstädtischen Gebiete sowie des Coburger Landes), wo die Hochburgen und Sozialmilieus der SPD und der FDP gelegen hatten. Dies drückte sich in hohen Zuwachsraten an Wählerstimmen vor allem in den Regierungsbezirken Mittel- und Oberfranken aus (vgl. Tab. 8).

Erst seit der Europawahl 1989 scheint die Vormachtsstellung der CSU in Bayern ernsthaft bedroht zu sein. In der Europawahl 1989 errangen »Die Republikaner« (REP) überall in Bayern – und auch dies ist wiederum eine der bayerischen Besonderheiten – zweistellige Prozentzahlen[81]. Die REP konnten im Landesdurchschnitt 14,4 Prozent der Stimmen auf sich vereinigen und die CSU unter die magische Schwelle der 50-Prozent-Marke drücken. Auch wenn die Addition der Europawahlergebnisse von SPD (24,2 Prozent), GRÜNEN (7,8 Prozent), FDP (4,0 Prozent), REP (14,6 Prozent), Deutscher Volksunion/DVU (1,0 Prozent), BP (0,8 Prozent) und Sonstigen (2,0 Prozent) nur eine rechnerische Spielerei ist, so kommt doch im neuen arithmetischen Kräfteverhältnis zwischen der bayerischen Staats- und Hegemonialpartei CSU einerseits (45,4 Prozent) und den anderen (SPD + GRÜNE + FDP + REP + DVU + BP + Sonstige = 54,4 Prozent) zum Ausdruck, daß die Vormachtstellung der CSU im Schwinden ist[82].

2. *Wahlsoziologische Befunde*

Allein die Tatsache, daß die CSU seit 1957 aus allen Bundestagswahlen mit absoluter Mehrheit hervorging und in der Bundestagswahl vom 6. März 1983 mit 59,5 Prozent fast an die Zweidrittelmehrheit herankam, deutete auf eine außergewöhnliche breite Wählerbasis hin. Untersuchungsergebnisse über Einstellungen und Verhaltensweisen der bayerischen Bevölkerung im Bereich der Politik[83] bestätigten 1973 in bezug auf sozialstrukturelle Merkmale der Wählerschaft, daß sich unter denen, die schon damals fest entschlossen gewesen waren, 1974 CSU zu wählen, 41,7 Prozent der Arbeiterschaft, 48,3 Prozent der Mittelschicht (die obere Mittelschicht mit einbezogen) und 7,2 Prozent der Oberschicht zurechneten. Ferner wurde bestätigt, daß die CSU bei der Verbreiterung ihrer Wählerbasis ihren Charakter als katholische »Bauern- und Handwerker-Partei« beibehalten hatte. Unter den bereits festgelegten CSU-Wählern gaben 7,8 Prozent an, eine größere Landwirtschaft zu führen, 1,9 Pro-

81 Vgl. Mitteilungen und Bekanntmachungen des Wahlleiters des Freistaats Bayern, Nr. 4, ausgegeben im Juni 1989, Europawahl in Bayern am 18. Juni 1989. Entgültiges Ergebnis.

82 Statistische Angaben nach der in Anm. 81 genannten Quelle.

83 Vgl. Politik in Bayern. Eine Untersuchung über Einstellungen und Verhaltensweisen der bayerischen Bevölkerung im Bereich der Politik. Tabellenband, Lehrstuhl für Politische Wissenschaft an der Universität Mannheim, August 1973. Alle folgenden statistischen Angaben stammen aus dieser Untersuchung.

zent bezeichneten sich als kleine Landwirte, und 8,5 Prozent als kleine Selbständige. Geht man davon aus, daß die Gruppe der kleinen Selbständigen vor allem Handwerker umfaßte, so zeigte sich, daß die CSU nach wie vor auch in der Handwerkerschaft eine solide Wählerbasis hatte.

Die Untersuchung des Ortstyp gab ebenfalls interessante Aufschlüsse: Das größte Wählerpotential hatte die CSU auch noch Mitte der siebziger Jahre im ländlichen Dorf, im Dorf mit städtischer Prägung und in der ländlichen Kleinstadt. Die Charakterisierung der CSU als Partei des bäuerlichen, handwerklichen, kaufmännischen und unternehmerischen Besitzmittelstandes ländlicher und kleinstädtischer Gemeinden in überwiegend katholischen Gebieten blieb zutreffend. Daß die CSU darüber hinaus große Teile der neuen Mittelschicht des sich rasch verbreitenden tertiären Sektors als Wähler an sich binden konnte, wurde indirekt durch ihren relativ starken Rückhalt in den kleinen industriellen Mittelstädten und in den städtischen Vororten bestätigt.

Eine Auswertung von Umfragen, die im Zusammenhang mit den Bundestagswahlen von 1953 bis 1983 erhoben worden waren, offenbart einige deutlichen Tendenzen bei CSU und SPD in Bayern[84]. Betrachtet man in einem ersten Schritt ohne feinere sozialstatistische Differenzierungen die beiden großen Konfessionen in Bayern, so sind die traditionellen Wählerbindungen an die beiden Großparteien wiederzufinden. Es überwiegt dabei die Bindung der Katholiken an die CSU:

- Seit 1958 ziehen die Katholiken in Bayern die CSU der SPD vor. Die Werte schwanken zwischen 59 und 70 Prozent.
- Seit 1965 ziehen die Protestanten in Bayern mit einer Ausnahme (Bundestagswahl 1980) die SPD der CSU vor. Die SPD erreichte dabei dreimal die 50-Prozent-Marke.

Eine interessante Entwicklung ergibt sich für Bayern, wenn man in einem zweiten Schritt eine sozialstatistische Differenzierung der beiden Konfessionen nach Stellung im Beruf und Kirchgangsfrequenz vornimmt:

- Unter den Katholiken fallen die Arbeiter aus dem Gesamttrend etwas heraus. Bis 1969 waren die katholischen Arbeiter nicht eindeutig einer der beiden Großparteien (CSU und SPD) zuzuordnen. Ab 1972 zieht eine klare und auch absolute Mehrheit der katholischen Arbeiter die CSU vor.
- Zwar ist in Bayern die traditionelle Bindung der Arbeiter an die SPD noch erkennbar, aber mit Beginn der sozialliberalen Koalition erweist sich in Bayern die konfessionelle Bindung als stärker als die Bindungswirkung, die sich aus der Stellung im Beruf ergibt.
- Bei den Katholiken steigt die Präferenz für die CSU mit der Kirchgangsfrequenz. Die Gruppe der Katholiken, die angibt selten oder nie in die Kirche zu gehen, zieht erst in der Bundestagswahl 1983 zum erstenmal die CSU der SPD vor.

---

84 Die spezielle Trendanalyse wurde von Karl Schmitt (Forschungsinstitut für Politische Wissenschaft und Europäische Fragen der Universität zu Köln) durchgeführt und auf dem Symposion »Regionale Gesellschaften und regionale Kulturen im deutschsprachigen Raum«, Universität Essen, 11./12. Dezember 1987 vorgelegt. Die folgenden Ausführungen stellen die Verbalisierung des Autors (A. M.) der von Karl Schmitt vorgelegten sieben Tabellen dar. Vgl. Karl Schmitt, Konfession und Wahlverhalten in der Bundesrepublik Deutschland, Berlin 1989.

- Bei den Protestanten sind keine derart eindeutigen Aussagen möglich. In der Tendenz gilt auch hier, daß häufige Kirchgänger eher der CSU zuneigen als seltene Kirchgänger. Dies gilt aber nicht durchgängig und führt nur zu einigen Befragungszeitpunkten so weit, daß die Gruppe der regelmäßig zur Kirche gehenden Protestanten in der Mehrheit zur CSU neigt.

Als Fazit dieser beiden Betrachtungen ergibt sich: Die Regelmäßigkeit des Kirchgangs führt zu einer bedeutsamen Differenzierung vor allem der Wählerbindungen der Katholiken. Unter Katholiken, die selten oder nie zur Kirche gehen, hat die CSU bis einschließlich 1983 noch keine sichere Parteipräferenzmehrheit gegenüber der SPD. Unter den Protestanten dagegen spielt für die angegebene Parteipräferenz die Konfession an sich eine größere Rolle als die Häufigkeit des Kirchgangs.

Der generelle Befund der Trendanalyse für Bayern lautet:

- Die SPD findet ihre einzige noch immer einigermaßen sichere Stütze in der protestantischen Arbeiterschaft, also in der Bevölkerungsgruppe, die beide Merkmale traditioneller SPD-Nähe auf sich vereinigt. Alle anderen sozialstatistischen Kategorien (Stellung im Beruf) stehen mehrheitlich der CSU näher.
- Die CSU hat eine sichere Mehrheit unter den bayerischen Katholiken. Auch die katholische Arbeiterschaft steht der CSU inzwischen – mit klarer absoluter Mehrheit – näher als der SPD.
- Nicht die bloße Konfessionszugehörigkeit scheint in Bayern die ausschlaggebende Rolle zu spielen, sondern der in Bayern noch immer weit verbreitete regelmäßige Kirchgang.

Die Frage, inwieweit sich diese mentalen Affinitäten in den achtziger Jahren verändert haben könnten, muß hier offengelassen werden. Zu ihrer Beantwortung bedürfte es neuer Untersuchungen. Die Wahlerfolge der Republikaner in der Europawahl 1989, die Verluste der CSU und die zeitweise Mitgliederstagnation sind deutliche Anzeigen dafür, daß die große Bindekraft der CSU seit Mitte der achtziger Jahre nachzulassen beginnt.

VI. Die institutionelle Doppelrolle und Bedrohung von rechts

1. Die institutionelle Doppelrolle

Historische Tradition und aktuelle Situation führten nach 1945 erneut zu einer bayerischen Sonderentwicklung im neu entstehenden westdeutschen Parteiensystem und zu einer gesonderten parlamentarischen Repräsentanz Bayerns im Deutschen Bundestag. Die CSU schloß auf der Parteiebene mit der CDU in den Jahren 1947 bis 1949 lediglich eine lockere Arbeitsgemeinschaft und in den Vertretungskörperschaften des entstehenden westdeutschen Teilstaates nur eine Fraktionsgemeinschaft. Als die CDU 1950 ihre Bundesorganisation gründete, war in der CSU die Aufrechterhaltung der Parteiautonomie bereits zur Selbstverständlichkeit geworden. Die bayerische Raison d'être, das innerbayerische Ringen um den »richtigen« bayerischen Kurs in der Nachkriegspolitik, führte 1949 im Deutschen Bundestag lediglich zu einer

Fraktionsgemeinschaft der CSU-Landesgruppe mit der CDU, allerdings in einer neuartigen und effektiven Organisation[85].

Die landes- und bundespolitische Stoßkraft und die Wirkung der CSU resultierten seit der Gründung der Bundesrepublik gerade aus ihrer institutionellen und politischen Doppelrolle als autonome Landespartei mit besonderem Bundescharakter. Diese Doppelrolle ermöglichte es der CSU, als die Bayern schlechthin verkörpernde Landespartei aufzutreten (und nicht als Annex der CDU) und im Bundestag über die Landesgruppe innerhalb der CDU/CSU-Fraktion und andere Institutionen als Bundespartei mit besonderer Rücksichtnahme auf bayerische Belange bundesweit Einfluß zu nehmen. Die CSU konnte in dieser Doppelfunktion nicht nur den besonderen gesellschaftlichen, kulturellen und wirtschaftlichen Entwicklungsbedingungen Bayerns besonders gut Rechnung tragen, sondern auch im Sinne des staatsbayerischen Mitspracheanspruchs und Gestaltungsauftrages in der deutschen und europäischen Politik auf den Plan treten. Die CSU-Landesgruppe nahm in dieser politisch-institutionellen Konstruktion eine strategisch-operative Schlüsselstellung ein; sie war in dieser Schlüsselstellung stets ein eminent wichtiges Instrument der Durchsetzung und Verwirklichung der von ihr beschlossenen und mitgetragenen Politik. In der Institution der CSU-Landesgruppe haben die CSU und der Freistaat Bayern – historisch gesehen – ein neues, sehr effektives Instrument der staatsbayerischen Selbstdarstellung und innerbayerischen Integration entwickelt. Die Institution der Landesgruppe steht in historischer Perspektive in der Tradition der Sonder- und Reservatsrechte Bayerns im deutschen Kaiserreich[86].

Die in der deutschen Parteien- und Parlamentsgeschichte einzigartige und bayerisch eigentümlich institutionelle Konstruktion ermöglichte sowohl politisch-institutionelle Integration in die große Politik als auch staatspolitische Selbstbehauptung und »eigensinnige« Abgrenzung. Parteiautonomie und Sonderstatus boten den Vorteil, als Plattformen für den defensiven Rückzug und für operative »Ausfälle« dienen zu können. Franz Josef Strauß benutzte diese Hebel und Plattformen virtuos – wenngleich strapaziös für die Gesamtunion – für Rückzüge und Attacken. Hierin zeigte sich das Zusammenwirken und das Zusammenspiel der Wirkkraft des »großen Mannes« und der Wirkkraft der Institutionen. Die Institutionen, Parteiautonomie, parlamentarischer Sonderstatus und ideologisch-programmatisches Profil verstärkten die Wirkung des Parteiführers und seiner Mitstreiter, der Parteiführer verstärkte unter Mithilfe seiner Mitstreiter die politische Hebelkraft der Institutionen. Eine Voraussetzung hierfür war allerdings die »innere Solidarität und innere Kohäsion« der CSU(-Landesgruppe), mit anderen Worten auch das einheitliche Erscheinungsbild der CSU in Bonn[87].

---

85 Die folgenden Ausführungen stellen eine Zusammenfassung folgender Beiträge dar: Alf Mintzel, Franz Josef Strauß und die CSU-Landesgruppe im Deutschen Bundestag, in: Friedrich Zimmermann (Hrsg.), Anspruch und Leistung. Widmungen für Franz Josef Strauß, Stuttgart-Degernloch 1980, S. 281–307; ders., Die Rolle der CSU-Landesgruppe im politischen Kräftespiel der Bundesrepbulik Deutschland, in: Politische Studien, Sonderheft 1/1989; s. a. A. Mintzel, Geschichte der CSU (Anm. 1), S. 413f.

86 Vgl. A. Mintzel, Die Rolle der CSU-Landesgruppe (Anm. 85), S. 117f.

87 (Lt. Protokoll der) Sitzung des Landesausschusses der CSU vom 7. Oktober 1966, München, S. 20f., Franz Josef Strauß apostrophierte die »verstärkte... innere Solidarität und innere Kohäsion« der CSU-Landesgruppe; s. a. A. Mintzel, Die Rolle der CSU-Landesgruppe (Anm. 85), S. 126.

Die CSU wird auch in Zukunft um ihrer bayerischen Eigenkraft willen, um ihres Eigengewichts in Bonn und um der Gesamtstärke der Union willen, im Aktions- und Fraktionsbündnis mit der CDU die »kleine Schwesterpartei« und bayerische Bundespartei spielen müssen. Die mit dem Kreuther Beschluß der CDU 1976 abgetrotzte und verbriefte politische Parität der Schwesterparteien wird der CSU auch nach Strauß besonderes Gewicht verleihen. Hörte die CSU auf, ihre historisch geprägte Doppelrolle zu spielen, und gäbe sie ihre politischen Faustpfänder – Parteiautonomie und gesonderte parlamentarische Repräsentanz – aus der Hand, so verlöre sie wahrscheinlich, was ihren eigentlichen Charakter, ihre Stärke und ihre staatsbayerische Identität ausmacht. Dieser »Logik der Situation« bzw. der politisch-institutionellen Doppelrolle der CSU hatte sich selbst Franz Josef Strauß beugen müssen. Spätestens nach seiner erfolglosen Kandidatur für das Kanzleramt 1980 hatte Franz Josef Strauß aus diesen Lektionen Schlußfolgerungen gezogen[88]. Er war zwar im Aktionsbündnis mit der CDU unbequem geblieben, hatte aber alte Überlegungen aufgegeben, eine rechtskonservative »Vierte Partei«[89] im politischen Kräftespiel der Bundesrepublik zum Wirken zu bringen.

2. Ende der CSU-Hegemonie in Bayern?

Der Prozeß der Homogenisierung und Hegemonisierung Bayerns durch die CSU stößt allem Anschein nach am Ende des 20. Jahrhunderts an seine Grenzen. Vollindustrialisierung, demographische Verdichtungen, Technisierung und Breitenwirkung der Massenmedien waren starke Erosionskräfte, die die altgewachsenen politischen Kulturen und ihre Sozialmilieus mit abschliffen und nivellierten. Die Homogenisierungsstrategien der Funktionseliten und die strukturellen Nivellierungstendenzen der ökonomischen und sozioökonomischen Prozesse wirkten zusammen. Bayerns Landschaften nahmen in vieler Hinsicht die Physiognomie einer modernen westlichen Industrielandschaft an. Das ländlich-katholische Sozialgefüge unterlag einem breiten Destruktions- und Umgestaltungsprozeß. Bisher wurde die spezifisch bayerische Entwicklung zum modernen Industriestaat und industriellen Wachstumsland in der Bundesrepublik letztlich als eine bayerische Leistung und als ein bayerischer Erfolg propagiert und gesehen, was das gesamtbayerische Identitätsmuster zu festigen half.

Die Ergebnisse der Bundestagswahl 1987 bestätigten noch einmal die gelungene gesamtbayerische Nivellierung der Parteienlandschaft auf einem CSU-Gesamtniveau überhalb der 50-Prozent-Marke – mit Ausnahme Mittelfrankens, wo die CSU erst-

---

88 Vgl. Vorabdruck von Auszügen aus den Memoiren von Franz Josef Strauß, Ich bekenne mich, in: Der Spiegel, Nr. 35 vom 28. August 1989, S. 42–69.

89 Zur Problematik CSU und rechtskonservative »Vierte Partei« vgl. A. Mintzel, Geschichte der CSU (Anm. 1), S. 402–406; ders., Die CSU in Bayern (Anm. 1), S. 353f. mit zahlreichen Belegen; s. a. Wolfgang Krutz, Die Hilfstruppen des F. J. Strauß. Von der »Deutschen Union« bis zur »Aktion Widerstand«, in: Blätter für deutsche und internationale Politik, 11 (1972), S. 1157–1171; Dieter Halfmann (Hrsg.), Das Konzept der deutschen Rechten. Aus Reden und Schriften des F. J. Strauß, Köln 1971; Conrad Taler, Rechts, wo die Mitte ist. Der neue Nationalismus in der Bundesrepublik, Frankfurt 1972; Harald Jung/Eckhart Spoo (Hrsg.), Das Rechtskartell. Reaktion in der Bundesrepublik, München 1971; vgl. dazu Franz Josef Strauß selbst in: Ich bekenne mich (Anm. 88).

mals wieder auf 47,9 Prozent fiel (1983: 52,6 Prozent)[90]. Trotz der Verluste von 4,4 Prozentpunkte im Landesdurchschnitt blieb die politisch-kulturelle Hegemonie der CSU als bayerische Besonderheit erhalten. Bayern blieb eine bayerische Gesamthochburg der CSU, während die prekäre Situation der SPD, die auf 27,0 Prozent sank (1983: 28,9 Prozent) erneut deutlich wurde[91]. Dennoch: Hatte schon das Bundestagswahlergebnis 1987 Grenzen der CSU-Hegemonie markiert, so wurde nach dem Tod von Franz Josef Strauß (3. Oktober 1988) im Ausgang der Europawahl 1989 ein neues Menetekel sichtbar, die Bedrohung durch die ultrarechten Republikaner.

Das bayerische Europawahlergebnis 1989 zeigte im Hinblick auf die regionale Verteilung des Rechtspotentials nicht mehr so deutlich das alte Muster. Während früher das Rechtspotential »traditionsgemäß« vor allem im fränkisch-protestantischen Raum anzutreffen gewesen war, kamen im Europawahlergebnis 1989 auch Schwerpunkte in überwiegend katholischen Regionen Bayerns zum Vorschein[92]. Überall in Bayern erreichten die Republikaner zweistellige Wahlergebnisse. Im »Faktor« REP sind wahrscheinlich heterogene Kräfte mit verschiedenem Gewicht zu suchen. Es wäre kurzschlüssig und falsch, den Erfolg der Republikaner allein als ein »come back« von Ewiggestrigen und Neonazis zu interpretieren. Unter der Decke dieser neuen Partei befindet sich in Bayern vermutlich ein Protespotential aus verschieden benachteiligten (funktionalen) Situationsgruppen, aus wirtschaftlich bedrohten Branchen und Kleinbetrieben, aus der kleinbürgerlichen Lebenswelt mit ihren Angstsyndromen und Anti-Haltungen. Eine nicht geringe Rolle spielte wohl auch eine in der CSU-Klientel verbreitete Denkzettel-Mentalität gegen die große Staats- und Mehrheitspartei. Eine politisch kalkulierte Denkzettel-Abgabe konnte davon ausgehen, daß in Bayern die CSU-Dominanz nicht wirklich gefährdet ist. Außerdem gab es in der Bevölkerung Bayerns generell eine politische Prädisposition, auf dem Links-Rechts-Kontinuum die »ideale« Partei mehr rechts von der Mitte anzusiedeln. Ein Teil der ultrarechten Stimmen, die früher durch den bindekräftigen Populismus von Franz Josef Strauß der Union zugute gekommen waren, wurde nun von dem ultrarechten Populismus des Parteiführers der Republikaner, Franz Schönhuber, gebunden. Jedenfalls wurde die absolute Mehrheit der CSU nach rund 30 Jahren Vorherrschaft in Bayern zum ersten Mal, und diesmal von rechts bedroht[93]. Dies hatte Franz Josef Strauß in seinen strategischen Kalkülen von jeher zurecht befürchtet[94].

---

90 Vgl. Wahl zum 11. Deutschen Bundestag in Bayern am 25. Januar 1987. Heft 48 der Beiträge zur Statistik Bayerns, hrsg. vom Bayerischen Landesamt für Statistik und Datenverarbeitung, München 1987, S. 24f.; A. Mintzel, Gehen Bayerns Uhren wirklich anders? (Anm. 23), S. 93f.

91 Vgl. Wahl zum 11. Deutschen Bundestag in Bayern am 25. Januar 1987 (Anm. 90), S. 24f.

92 Vgl. Europawahl in Bayern am 18. Juni 1989 (Anm. 81).

93 Eine systematische wahlsoziologische Analyse der Europawahl 1989 lag zum Zeitpunkt der Abfassung dieses Beitrages noch nicht vor. Siehe zu den Republikanern Kurt Hirsch/Hans Sarcowicz, Schönhuber. Der Politiker und seine Kreise, Frankfurt 1989; Claus Leggewie, Die Republikaner, Phantombild einer Neuen Rechten, Berlin 1989; s. a. Rolf Zundel, Grenzen ziehen in der Grauen Zone. Union und Republikaner: Wo der Konservatismus die Façon verliert, in: Die Zeit, Nr. 29 vom 14. Juli 1989, S. 3; Roland Tichy, Die späte Satisfaktion, in: Wirtschaftswoche, Nr. 29 vom 14. Juli 1989, S. 14–18.

94 Franz Josef Strauß hierzu: »Rechts von der Union darf es keine demokratisch legitimierte Partei geben«, in: Ich bekenne mich (Anm. 89), S. 56.

Das gewandelte und modernisierte Bayern steht ein halbes Jahrhundert nach dem Zweiten Weltkrieg und an der Wende zum dritten Jahrtausend vor neuen Problemen der politischen Integration und Führung – nach innen und nach außen, und beides in einem europäischen Maßstab. Spezifische historisch-gesellschaftliche und politische Rahmenbedingungen, industriell-gesellschaftliche Entwicklungsformen und politisch-institutionelle Strategien führten (auch) nach 1945 zu einem besonderen »Bayern-effekt« in der deutschen Politik. Diese Spezifika und die Parallelität und Dualität von staatlicher Verwaltung und CSU-Organisation sowie die genuin bayerisch geprägte institutionelle Doppelrolle der CSU brachten der staatsbayerischen Hegemonialpartei gegenüber ihren innerbayerischen Konkurrenzparteien einen nicht einholbaren politischen Effizienzvorteil, der SPD und nicht zuletzt auch der FDP einen politisch-institutionellen Nachteil. Die CSU wurde als bayerische Staats- und Mehrheitspartei gewissermaßen eine späte Erbin der aufgeklärten Regierung Montgelas'[95]. Bayern erlebte nach 1945 einen ungeheuren, rapiden Modernisierungs- und Säkularisierungsschub, Bayern wurde unter der Regierung der CSU erst in den letzten Jahrzehnten zu der regionalen Einheit, als die es sich heute präsentiert.

Doch Modernisierung und politisch-kulturelle Homogenisierung fordern nun ihren späten Preis. Die langfristigen Folgeprobleme der rapiden Spät- und Vollindustrialisierung treten immer deutlicher zutage. Der gesellschaftliche Umbruch Bayerns zur Industriegesellschaft geht in einer veränderten politischen Gesamtkonstellation in eine Phase neuer sozialer und interessenmäßiger Differenzierungen über. Bayern erlebt gegenwärtig ein »take-off« in eine neue Phase seiner politischen Geschichte[96]. Diese Entwicklungen stellen neue Anforderungen an die Großpartei CSU, an ihre Funktionseliten und an ihr Programm. Es scheint, als könnten die gegenwärtigen »Charakterdarsteller« des gewandelten »bayerischen Welttheaters« und der politisch-kulturellen Hegemonie nicht mehr geradezu selbstverständlich mit der gewohnten Zustimmung rechnen[97]. Dennoch spricht vieles dafür, daß die CSU auch künftig nicht zu irgendeiner »Provinzpartei« verkommen, sondern in Bayern und Bonn ihre Sonderstellung als bayerische Staats- und Mehrheitspartei und bayerische Bundespartei behalten wird[98].

---

95 Vgl. Jürgen Gebhardt, Bayern: Deutschlands eigenwilliger Freistaat. Historisch-gesellschaftliche Aspekte der politischen Kultur in Bayern, in: Rainer A. Roth (Hrsg.), Freistaat Bayern. Die politische Wirklichkeit eines Landes der Bundesrepublik Deutschland (Bayerische Landeszentrale für politische Bildungsarbeit), München 1982³, S. 83–104; Maximilian Joseph Freiherr (seit 1809 Graf) von Montgelas (1759–1838) war unter dem Kurfürsten und späteren König (ab 1806) Max Joseph von Bayern (1756–1825) seit 1799 leitender Minister und leitete bis zu seinem Sturz 1817 im Sinne der süddeutschen Aufklärung die Geschicke des neuen bayerischen Staates. Graf Montgelas gilt wegen seiner Reformen (Reform der Verwaltung, Reform des Beamtentums, Säkularisation, Konstitution von 1808, Religionsedikt von 1809) als Schöpfer des neuen bayerischen Staates. Die Zeit seiner neuen Tätigkeit als leitender Minister wird als »Montgelaszeit« und das Konzept seiner grundlegenden inneren Reformen wird als »Montgelassystem« bezeichnet. Die Rolle der CSU im Modernisierungsprozeß Bayerns nach 1945 kann durchaus in dieser historischen Perspektive gesehen werden. S. a. A. Mintzel, Geschichte der CSU (Anm. 1), S. 267–271.

96 Vgl. A. Mintzel, Gehen Bayerns Uhren wirklich anders? (Anm. 23), S. 92f.

97 Vgl. ebd.

98 Ausführlich dazu A. Mintzel (Anm. 76), S. 172–191.

Hans Vorländer

Die FDP zwischen Erfolg und Existenzgefährdung*

I. Die FDP als Prototyp einer Koalitions- und Regierungspartei

Als vor mehr als 40 Jahren, am 11. und 12. Dezember 1948, 89 Delegierte liberaler Landesorganisationen zum »Gesamt-Vertretertag der liberalen, demokratischen Parteien aus den nicht sowjetisch besetzten Teilen Deutschlands und seiner Hauptstadt Berlin« in Heppenheim an der Bergstraße zusammenkamen, um die Freie Demokratische Partei zu gründen, konnte der Erfolg der neuen Partei keineswegs als gesichert gelten. Zwar gelang es, konkurrierende Gründungsvorstellungen und Politiker organisatorisch unter einem Dach zu integrieren, doch ließen die in Heppenheim auftretenden Spannungen und divergierenden politischen Auffassungen – die sich in der lange Zeit bestehenden Uneinigkeit über den Namen der zu gründenden Partei niederschlugen – Erinnerungen an die durch Spaltungen und Verfallsprozesse gezeichnete Geschichte liberaler Parteien in Deutschland aufkommen. Die in Heppenheim versammelten politischen Temperamente und Vorstellungen waren zu unterschiedlich, um sich in einem Programm integrieren zu lassen. Folglich konnte sich der neue Parteizusammenschluß nur auf »Erklärungen zu dringlichen Tagesfragen der deutschen Politik« einigen[1].

Überhaupt schien die Tradition des deutschen Liberalismus das neue Gründungsprojekt nicht von vornherein zu begünstigen. Dem Liberalismus in Deutschland haftete seit der letztlich erfolglosen Revolution von 1848/49 das Stigma des Scheiterns an, die liberalen Parteien Weimars hatten nach Anfangserfolgen – vor allem der linksbürgerlichen, mit SPD und Zentrum koalierenden Deutschen Demokratischen Partei – einen Auszehrungsprozeß erlitten, der ihre Wähler in Wellenbewegungen in das deutsch-nationale Lager überlaufen ließ, und der Nationalsozialismus war gleichsam auf den Trümmern des Liberalismus entstanden. Der Liberalismus des Kaiserreichs kannte nicht nur eine Reihe von »Sündenfällen«, die sich – teils von Bismarck zur Schwächung der liberalen Parteien provoziert, teils im Kalkül der Machterhaltung von den Liberalen bewußt in Kauf genommen – in der Summe zur »Tragödie des

* Die Schreibweise »sozialliberal« ist für den Reform- und Wandlungsprozeß der FDP zu Ende der sechziger Jahre, die Schreibweise »sozial-liberal« für die Phase der SPD/FDP-Koalition auf Bundesebene verwendet worden.

1 Zur Heppenheimer Gründung vgl. Dieter Hein, Der Weg nach Heppenheim 1945–1948, in: Wolfgang Mischnick (Hrsg.), Verantwortung für die Freiheit. 40 Jahre FDP, Stuttgart 1989, S. 19–45; ders. Zwischen liberaler Milieupartei und nationaler Sammlungsbewegung. Gründung, Entwicklung und Struktur der Freien Demokratischen Partei 1945–1949, Düsseldorf 1985.

deutschen Liberalismus« addierten; er offenbarte auch eine permanente Schwäche der politischen Schlagkraft, weil er sich in zwei politische Strömungen des (stärkeren) Nationalliberalismus auf der einen und des Fortschrittsliberalismus auf der anderen Seite organisatorisch gespalten hatte[2].

Die Ausräumung des Images einer zum Scheitern verurteilten politischen Bewegung sowie die Überwindung der Spaltung der Parteienorganisation waren fortwährend die großen historischen Aufgaben des Liberalismus in Deutschland. So lag in der organisatorischen Zusammenführung der unterschiedlichen Traditionslinien zunächst einmal der sichtbarste Erfolg der FDP-Gründung in Heppenheim im Jahre 1948. Auch die Lebensdauer der FDP wird in der Geschichte des deutschen Liberalismus bislang einzig von der Nationalliberalen Partei in Preußen übertroffen, sieht man von landsmannschaftlich und regional bedingten Parteienkontinuitäten wie der Demokratischen Volkspartei (jetzt DVP/FDP) in Württemberg einmal ab. Der gemessen an der Parteigeschichte erstaunliche Erfolg der FDP in der Bundesrepublik ist jedoch weniger auf die programmatische Traditionsanbindung oder auf eine herausragende organisatorische Schlagkraft zurückzuführen als vielmehr auf ihre herausgehobene Position im Parteiensystem und ihre koalitionspolitische Funktion als Regierungspartei, die der FDP politische Bedeutung und Einfluß gegeben haben, die weit über ihre zahlenmäßige Stärke hinausreichen. Ihre Stellung als drittstärkste Partei auf Bundesebene, die die FDP seit 1949 ununterbrochen innehatte, ermöglichte ihr, eine Schlüsselstellung im Prozeß der Regierungsbildung einzunehmen. Mit der Bundestagswahl von 1961, in der die FDP als letzte der kleinen Nachkriegsparteien parlamentarisch überlebte, erreichte sie im System der Parteienkonkurrenz von CDU/CSU und SPD eine Sonderstellung. Solange keine der großen Volksparteien über eine absolute Mehrheit verfügte, war die FDP als Mehrheitsbeschafferin ein notwendiger Koalitionspartner. Diese für die FDP günstige Ausgangssituation wurde nur durch die absolute Mehrheit der CDU/CSU von 1957 bis 1961 und durch die Große Koalition von CDU/CSU und SPD im Zeitraum von 1966 bis 1969 durchbrochen. Daraus folgte, daß die FDP seit 1949 mit Ausnahme von zwei Perioden (1956–1961; 1966–1969) an allen Regierungskoalitionen auf Bundesebene beteiligt war. Damit kann die FDP auf eine längere Regierungsbeteiligung zurückblicken als die beiden Volksparteien CDU/CSU und SPD. Die Dauer der Regierungsbeteiligung betrug bei der FDP per 31. Dezember 1988 insgesamt 366 Monate, bei CDU und CSU 316 und bei der SPD 190 Monate[3].

Darüber hinaus wird das bundespolitische Gewicht der FDP auch dadurch unterstrichen, daß die beiden Regierungswechsel von 1969 und 1982 nur möglich waren, weil sich die FDP auf einen jeweils neuen Koalitionspartner und Regierungskurs,

---

2 Zur Geschichte des deutschen Liberalismus zuletzt: Dieter Langewiesche, Liberalismus in Deutschland, Frankfurt 1988; Wolfgang J. Mommsen, Zwei Jahrhunderte Liberalismus in Deutschland, in: W. Mischnick (Anm. 1), S. 377–414; Hans Vorländer (Hrsg.), Verfall oder Renaissance des Liberalismus? Beiträge zum deutschen und internationalen Liberalismus, München 1987, S. 9ff.; vgl. auch James J. Sheehan, Der deutsche Liberalismus. Von den Anfängen im 18. Jahrhundert bis zum Ersten Weltkrieg 1770–1914, München 1983; Friedrich C. Sell, Die Tragödie des deutschen Liberalismus, Baden-Baden 1981[2].

3 Vgl. Peter Schindler, Deutscher Bundestag 1949–1987: Parlaments- und Wahlstatistik, in: Zeitschrift für Parlamentsfragen, 18 (1987) 2, S. 198 sowie eigene Berechnungen.

unter erheblichen innerparteilichen Zerreißproben, festlegte. War die Haltung der FDP ausschlaggebend gewesen bei »Machtwechsel« und »Wende« und den damit verbundenen Ablösungen der beiden Kanzler Kiesinger und Schmidt, so hat sie auch bei den frühzeitigen Rücktritten von Konrad Adenauer und Ludwig Erhard eine nicht unbedeutende Rolle gespielt. Schließlich hat die FDP als Koalitionspartner in den jeweiligen Regierungen durchgehend viele bedeutende politische Posten und Ämter besetzt und damit mehr Nutzen aus ihrer gouvernementalen Präsenz gezogen, als ihre kleine parlamentarische Repräsentanz vermuten läßt[4].

Damit ist die FDP vor allem als Regierungs- und Koalitionspartei, zumindest auf Bundesebene, hervorgetreten. Während sie jedoch in den ersten 20 Jahren ihrer Existenz nur etwa 11½ Jahre der Bundesregierung unter Führung der CDU/CSU angehörte und immerhin etwa 8½ Jahre als Oppositionspartei zubrachte, hat die FDP in den letzten 20 Jahren ihrer Geschichte seit Beginn der sozial-liberalen Koalition im Oktober 1969 ununterbrochen den Regierungspartner in unterschiedlichen Koalitionen – zuerst mit der SPD und ab September 1982 wieder mit den Unionsparteien – gestellt. Auf Länderebene ergibt sich nur für die ersten 20 Jahre ein vergleichbares Bild: Von 1949 bis 1969 war die FDP mit wenigen Ausnahmen (1947–1950 in Schleswig-Holstein, 1958–1963 in Berlin und 1966–1970 in Bayern) in allen Landtagen vertreten, in der Mehrzahl der Bundesländer gehörte sie, allerdings in unterschiedlichen Koalitionen, der Regierung an. In Schleswig-Holstein war die FDP von 1950, in Rheinland-Pfalz von 1951 und im Saarland von 1961 an überwiegend Regierungspartner der CDU. In Baden-Württemberg befand sich die FDP von 1952 bis 1966 in wechselnden Koalitionen und war von April 1952 bis Oktober 1953, unmittelbar nach Gründung des Landes Baden-Württemberg, mit Reinhold Maier als Ministerpräsidenten der Führer einer Koalitionsregierung unter Einschluß der SPD. In den Stadtstaaten Bremen und Hamburg beteiligte sich die FDP im gleichen Zeitraum überwiegend als Partner der SPD an der Regierung. In Bayern, Hessen und Nordrhein-Westfalen befand sich die FDP indes länger in der Oppositions- als in einer Regierungsfunktion.

Für die Zeit nach 1969 ergibt sich auf Länderebene ein anderes Bild: Vor allem im Vorfeld der Regierungswechsel von 1969 und 1982/83 wurde eine zunehmende parlamentarische Schwäche und eine abnehmende Bedeutung der FDP als Regierungspartei offensichtlich. Dies drückte sich darin aus, daß die FDP seit 1969 in 16 Landtagswahlen (Stand 31. März 1989) das Quorum von fünf Prozent verfehlt hat, allein dreizehnmal seit 1978. Nachdem die Partei ihren absoluten Tiefstand aus den Jahren 1982 bis 1984, in denen sie zeitweilig in sechs Landtagen nicht mehr vertreten war und erstmalig bei der Wahl zum Europäischen Parlament 1984 mit 4,8 Prozent

4 Analysiert wird die FDP unter dem Gesichtspunkt ihrer Funktion u. a. von Jürgen Dittberner, FDP – Partei der Zweiten Wahl. Ein Beitrag zur Geschichte der liberalen Partei und ihrer Funktionen im Parteiensystem der Bundesrepublik, Opladen 1987; Christian Søe, The Free Democratic Party, in: H. G. Peter Wallach/George K. Romoser (Hrsg.), West German Politics in the Mid-Eighties, New York 1985, S. 112–186; ders./Hans Vorländer, Der Kampf um Überleben und Einfluß. Rolle und Funktion der FDP in der westdeutschen Politik, in: H. Vorländer (Anm. 2), S. 173–190. Eine Bilanz nach 40 Jahren unternimmt auch Heino Kaack, Die FDP im politischen System der Bundesrepublik Deutschland, in: W. Mischnick (Anm. 1), S. 19–45.

auf Bundesebene an der Fünf-Prozent-Hürde scheiterte, überwunden hatte, war sie gegen Ende des Jahres 1988 wieder in neun Ländern (einschließlich Berlin) parlamentarisch vertreten und an fünf Landesregierungen als Koalitionspartner der CDU bzw. SPD (Hamburg) beteiligt. Zu Beginn des Jahres 1989 schied die FDP jedoch wieder aus dem Berliner Abgeordnetenhaus und dem Senat aus.

Schon der »Machtwechsel« von 1969 hatte die Erfolgsabhängigkeit der Landesparteien von dem Erscheinungsbild der Bundespartei verdeutlicht. Ungleich härter und existenzgefährdender wirkte sich die »Wende« auf das Geschick der Regionalverbände aus, wobei sich schon die Konflikte innerhalb der sozial-liberalen Koalition vor 1980 in den FDP-Wahlergebnissen auf Länderebene niedergeschlagen hatten. Das öffentliche Erscheinungsbild der FDP hat sich zudem in den letzten drei Jahrzehnten nicht nur in bezug auf die zunehmende elektorale Verletzbarkeit gewandelt, sondern auch die Verschiebung zwischen den innerparteilichen Organisationsebenen der FDP verdeutlicht: Aus dem Kartell selbstbewußter und eigenständiger Landesparteien der fünfziger Jahre ist eine Dominanz der Bundes-FDP geworden. Dies zeigt sich auch in der Tendenz, Koalitionen auf Länderebene an der Koalition im Bund politisch auszurichten. Während der sozial-liberalen Bundeskoalition gab es zwischen 1971 und 1976 ausschließlich SPD/FDP-Koalitionen auf Länderebene, bei entgegenstehenden absoluten Mehrheiten der CDU oder CSU befand sich die FDP in Opposition, oder sie war parlamentarisch nicht vertreten. Nach der Gründung der CDU/CSU-FDP-Koalition auf Bundesebene im Jahre 1982/83 gab es – mit Ausnahme der seit 1987 bestehenden SPD/FDP-Koalition in Hamburg – ebenfalls nur CDU/FDP-Koalitionen in den Ländern.

Die Verlagerung der innerparteilichen Gewichte von der Länder- auf die Bundesebene hat generell eine Ausrichtung der gesamten FDP-Politik am Bonner Vorbild mit sich gebracht. Ausnahmen gibt es nur dort, wo gegenläufige Regierungskonstellationen in den Ländern dazu angetan sind, die Eigenständigkeit der Gesamtpartei zu signalisieren oder Absetzbewegungen von der Bundeskoalition einzuleiten; dies war etwa Mitte der siebziger Jahre mit einer koalitionspolitischen Strategie der Auflockerung und 1982 bei der Koalitionszusage zugunsten der CDU im Vorfeld der hessischen Landtagswahl, jeweils auf Betreiben der Bundesparteiführung, beabsichtigt.

Es mag zunächst paradox erscheinen, daß die FDP trotz ihrer herausragenden Rolle als Koalitions- und Regierungspartei wiederholt und seit Beginn der achtziger Jahre stärker denn je in ihrer Existenz gefährdet scheint. Konnte die FDP im Bund ihre besondere Funktion für den Fortbestand der jeweiligen Koalition verdeutlichen und damit ihre Existenz im Bundestag behaupten, so scheint ihr parlamentarisches Überleben in den Ländern bei jeder Wahl erneut in Frage gestellt. Auch hierin zeigt sich eine Veränderung, die die FDP der achtziger Jahre sehr deutlich von der FDP der fünfziger und sechziger Jahre unterscheidet.

Bei jedem Koalitionswechsel verändert die FDP nicht nur ihre Position im Parteiensystem, sondern bewirkt dabei auch jeweils einen starken Austausch von Wählern und Mitgliedern. Das politische Verhalten der FDP läßt sich deshalb nur sehr eingeschränkt als Funktion sozialer Wandlungen und sozialer Strukturen ableiten und erklären, wie das für andere, aus bestimmten historischen und sozialen Konfliktlinien entstandene Parteienkonfigurationen möglich ist. Das politische Verhalten der FDP ist vielmehr und vornehmlich von einem *Überlebensimperativ* bestimmt. Jede Wahl ist zu einem Kampf um das Überspringen der Fünf-Prozent-Hürde geworden. Dabei sind Wahrnehmung und Funktion der FDP als Koalitions- und Regierungspartei insofern von Vorteil, als die kleine Partei, die nur beschränkt über finanzielle und personelle Ressourcen verfügt, durch ihre Regierungstätigkeit öffentliche Darstellungsmöglichkeiten ihrer Politik gewinnt. Die machtpolitische Einflußnahme gewährt der FDP, wenn sie mit der Annahme einer *Korrektivfunktion* in einer Koalition einhergeht, die Chance zur Darstellung politisch-programmatischer Eigenständigkeit. Die kleine Regierungspartei kann als »Opposition in der Koalition« eine »Aufpasserrolle« gegenüber dem großen Partner ausüben, um so Wähler von ihrer koalitionspolitischen Notwendigkeit und deshalb von ihrer parlamentarischen Existenzberechtigung zu überzeugen. Dies geschah besonders eindrücklich in den Wahlen von 1961 und 1980, in denen die FDP das erst- bzw. drittbeste Ergebnis ihrer Geschichte bei Bundestagswahlen erreichte. *Mehrheitsbeschaffungsfunktion* und Korrektivfunktion gehen so in der Rolle als Koalitionspartei Hand in Hand – wobei die FDP allerdings immer wieder vor dem Dilemma steht, sich einerseits nicht als Anhängselpartei des großen Partners abstempeln zu lassen, andererseits aber auch nicht als unbotmäßiger Störenfried der Regierungsgeschäfte zu erscheinen. Die Strategie des begrenzten Konfliktes ist Ausdruck der für das Überleben der FDP notwendigen Gratwanderung zwischen Koalitionsloyalität und Opposition innerhalb der Koalition.

Die auffallend kontinuierliche Regierungsbeteiligung der FDP im bundesdeutschen Parteiensystem ist vielfach als »sinnentleerte Machtausübung«, die Funktion des Mehrheitsbeschaffers als »Zünglein an der Waage« kritisiert worden. Aber auch die Einflußnahme auf die Regierungsgeschäfte wird vielfach, wie vor allem in der Endphase der sozial-liberalen Koalition, als eine Majorisierung der großen durch die kleine Partei angesehen. Die vor allem in den fünfziger und sechziger Jahren unternommenen politischen – wie wissenschaftlichen – Anläufe, das Wahlrecht im Sinne eines Mehrheitswahlrechtes oder des sogenannten Grabenwahlrechts zu verändern, um so ein Zweiparteiensystem nach englischem Vorbild zu ermöglichen, hatten ihre Rechtfertigung aus solchen Vorbehalten gegenüber Regierungsfunktion und Koalitionsrolle der FDP gezogen. Adenauer wie später Kiesinger, die für die Einführung einer Form von Mehrheitswahlrecht plädierten, wollten die FDP so aus den Parlamenten »katapultieren« (Kiesinger). Dagegen ist festzuhalten, daß sowohl die Mehrheitsbeschaffungs- wie auch die Korrektivfunktion der FDP in einer Koalition vom Wähler bislang, zumindest auf Bundesebene, immer wieder honoriert worden ist. Hier wird positiv vermerkt, daß die FDP in ihrer Korrektivfunktion mäßigend auf die Flügel der großen Partnerparteien einwirkt und damit dem Regierungssystem Kontinuität und moderaten Zentrismus verleiht. Dies trifft insbesondere dann zu, wenn die FDP durch den Wechsel des Koalitionspartners einen Beitrag zum demokratischen Wandel leistet, sie somit für alternierende regierungsfähige Mehrheiten sorgt.

Blieben Forderungen nach einer für die FDP nachteiligen Wahlrechtsänderung Makulatur, so sind doch Rolle und Funktion der FDP permanent gefährdet; denn eine Partei, die die mehrheitsbeschaffende Koalitionsfunktion zur Voraussetzung ihres Überlebens, zur eigentlichen raison d'être, machen muß, ist von Rahmenbedingungen abhängig, auf die sie selbst keinen Einfluß hat. Dies gilt einmal für den Fall absoluter Mehrheiten nur einer Partei, in dem die FDP zur Regierungsbildung nicht gebraucht wird, zum anderen für den Fall einer Koalitionsbildung nach dem Muster großer Koalitionen wie in den Jahren von 1966 bis 1969. Viel gravierender als der temporäre Ausschluß der FDP von Regierungs- und Koalitionsfunktion sind Veränderungen des Parteiensystems, die die strategische Position der FDP beeinträchtigen und ihre Funktion strukturell gefährden. In einem Mehr- oder Vielparteiensystem, wie es sich seit Beginn der achtziger Jahre mit dem Einzug der Partei der GRÜNEN in zahlreiche Länderparlamente ausbildet und wie es sich in derzeit noch nicht abzusehendem Ausmaß über den rechten Rand hinaus auszuweiten scheint, kann die FDP von ihrer angestammten Position als drittstärkste Kraft verdrängt, in ihrer mehrheitsbeschaffenden Funktion als »Königsmacher« ausgeschaltet und von parlamentarischer Repräsentanz ausgeschlossen werden.

II. Geschichte der FDP

1. Ausgangslage und Gründungssituation

Strukturell prägten zwei unterschiedliche Konzeptionen das Bild des liberalen Neuanfangs nach 1945[5]. In den südwestdeutschen Staaten (Württemberg-Baden, Württemberg-Hohenzollern und Baden) und in den Hansestädten Hamburg und Bremen etablierten sich liberaldemokratische Parteien, die sich von Funktion und ideologischem Zuschnitt als Parteien der Mitte mit einer Ausgleichsfunktion zwischen politischem Konfessionalismus, der mit der CDU identifiziert wurde, und dem Sozialismus der SPD verstanden. In Hessen, Niedersachsen und Nordrhein-Westfalen hatte es zunächst Versuche zur überkonfessionellen bürgerlichen und anti-sozialistischen Sammlung gegeben, die nach deren Scheitern zu eigenen liberalen Parteigründungen und nach 1947/48 zu anti-sozialistischen und nationalistischen Politikauffassungen führten. Die sich damit schon vor der Gründung der FDP im Dezember 1948 herausbildende Dichotomie konnte einzig in der fundamentalen wirtschafts- und sozialpolitischen Übereinstimmung, wenn nicht überwunden, so doch überdeckt werden. Den gemeinsamen Nenner bildeten hier das Bekenntnis zur freien Marktwirtschaft und die Ablehnung jeglicher, auch christlich-demokratisch inspirierter Sozialisierung. Jedoch setzten nicht alle Regionalverbände einen offensiven Anti-Sozialismus ins Werk, der zugleich auch parteipolitisch, als Ablehnung jeder Kooperation mit der Sozialdemokratie, verstanden werden mußte. Hier war etwa das südwestdeutsche und hanseatische Konzept der liberalen Mitte inhaltlich offener und durchaus bereit, Allparteien-Regierungen (Berlin) und Regierungen mit CDU und SPD (Württemberg-Baden, Württemberg-Hohenzollern) oder gar nur mit der SPD

---

5 Zu Vor- und Frühgeschichte der FDP vgl. vor allem D. Hein, Zwischen liberaler Milieupartei (Anm. 1), sowie Jörg Michael Gutscher, Die Entwicklung der FDP von ihren Anfängen bis 1961, Königstein 1984; ferner Theo Rütten, Der deutsche Liberalismus 1945 bis 1955, Baden-Baden 1984; Karsten Schröder, Die FDP in der britischen Besatzungszone 1946–1948, Düsseldorf 1985; Günther Serfas, »Lieber Freiheit ohne Einheit als Einheit ohne Freiheit«. Der Neubeginn der Demokratischen Volkspartei in Württemberg-Baden 1945/46, Heidelberg 1986; vgl. auch Heino Kaack, Die FDP, Meisenheim 1978[2].

(Bremen und Hamburg) zu tragen. Die bürgerliche Milieubildung und die personellen Kontinuitätslinien zahlreicher Gründer zum Weimarer Liberalismus moderierten den Anti-Sozialismus zu einem wirtschaftspolitischen Konzept, das Sozialisierung von Schlüsselindustrien generell ablehnte und die Wiederherstellung der freien Wirtschaft zum Programm machte.

Hingegen praktizierte die niedersächsische FDP bereits nach der Landtagswahl 1947 eine kompromißlose Oppositionspolitik, die jede Beteiligung an einer SPD-Regierung ausschloß, und lehnte in ihrer Mehrheit die angestrebte Bodenreform ab. Ebenso schied die nordrhein-westfälische FDP 1947 aus der Landesregierung aus, da sie sich gegen jedwede Sozialisierung wandte. Hier setzte sich bis zum Herbst 1948 der rechte Flügel durch, der der »anti-marxistischen Partei« eine Bürgerblockpolitik bis hinab auf die kommunale Ebene diktierte. In der Folge führte diese ideologische und koalitionspolitische Wandlung zur Konstituierung einer »Rechtspartei«, die Wähler rechts von der CDU gegen eine vermeintlich von Links ausgehende Gefahr des Kollektivismus zu sammeln suchte und die liberale Traditionsbezüge bis auf ihren nationalen Restbestand abbrach. Diese Politik der nationalen Sammlung sollte erst in den parteiinternen Auseinandersetzungen der Jahre 1952 und 1953 ihr Ende finden.

Die liberale Fraktion im Frankfurter Wirtschaftsrat wurde von Franz Blücher angeführt, der dort sehr wesentlich Rolle und Bild der zukünftigen Partei zu bestimmen wußte. Auf der Ebene des Vereinigten Wirtschaftsgebietes (britisch-amerikanische Bizone) trat die neue Parteigruppierung zum ersten Mal unter ihrem später in Heppenheim bestätigten Namen in Erscheinung. Zudem wurde mit der auf Vorschlag der FDP im Wirtschaftsrat erfolgten Wahl Ludwig Erhards zum Direktor der Verwaltung für Wirtschaft eine präjudizierende koalitionspolitische Vorentscheidung getroffen. Durch die koalitionsähnliche Zusammenarbeit mit den Unionsparteien und der Deutschen Partei bildeten sich der nach der ersten Bundestagswahl etablierte Bürgerblock und die Kluft zu den Sozialdemokraten schon in Umrissen heraus. Im Parlamentarischen Rat gab es, nicht zuletzt durch Theodor Heuss repräsentiert, ein Übergewicht des württemberg-badischen Kurses. Die auf Ausgleich bedachte und auch mit der SPD in kultur- und bildungspolitischen Fragen eng kooperierende liberale Fraktion zeigte ein Rollenverständnis, das weitgehend mit der Parteikonzeption der südwestdeutschen Liberalen übereinstimmte. Hier machte die FDP Front gegen die von den Unionsparteien geforderte Konfessionsschule sowie gegen die von Kirchen und Gewerkschaften geforderte Inkorporation sogenannter sozialer Lebensordnungen in das Grundgesetz.

Neben der wirtschaftsliberalen Orientierung lag dem Zusammenschluß der Landesverbände in Heppenheim noch eine weitere Überlegung zugrunde: Die Gründung der Bundesrepublik Deutschland stand unmittelbar bevor, und eine gemeinsame Dachorganisation war notwendig geworden, um auch auf bundesstaatlicher Ebene in Erscheinung treten zu können. Das Bewußtsein, überregional und auf westzonaler Ebene präsent zu sein, entsprach der Annahme liberaler Gründer, daß auch in Zukunft ein Parteiensystem den drei großen Ideologierichtungen entsprechend sozialistisch, konfessionell und liberal strukturiert sein werde.

Der Heppenheimer Zusammenschluß war für die zukünftige Repräsentanz die notwendige kleindeutsche Lösung, nachdem im Jahre 1948 der gesamtdeutsche Parteigründungsversuch endgültig gescheitert war. Als einzige der neu entstandenen Parteigruppierungen hatten die Liberalen der Westzonen im Juli 1946 bereits einen

Koordinierungsausschuß gegründet, der einen gesamtdeutschen Zusammenschluß vorbereiten sollte. Im November 1946 fand ein Koordinierungstreffen in Coburg statt, dem am 17. März 1947 in Rothenburg ob der Tauber eine Konferenz liberaler Politiker aller vier Zonen folgte. Auf dieser Konferenz wurde als Dachorganisation die Demokratische Partei Deutschlands (DPD) gegründet; als gleichberechtigte Vorsitzende wurden Theodor Heuss und der Vorsitzende der sowjetzonalen und Berliner LDP, Wilhelm Külz, gewählt. Die Auseinanderentwicklung zwischen der Ostzone und den Westzonen im Laufe des Jahres 1947 ließ die gesamtdeutsche Kooperation aber schnell ins Stocken geraten. Im Januar 1948 trat der Koordinierungsausschuß der DPD ohne Külz, der wegen der Beteiligung der LDP am von der SED gesteuerten Volkskongreß angegriffen worden war, in Frankfurt zusammen. Der Bruch war damit vollzogen, das gesamtdeutsche Anliegen der FDP aber sollte bereits in den fünfziger Jahren sowohl zu einem Überdenken deutschland- und ostpolitischer Positionen führen wie auch zur Wiederaufnahme von Gesprächskontakten mit der LDP.

2. Die FDP in der Bürgerblockperiode (1949–1956)

Bei der ersten Bundestagswahl 1949 errang die FDP 11,9 Prozent der abgegebenen Stimmen. Damit etablierten sich die Liberalen als die drittstärkste Partei, nachdem sie 1946/47 in der ersten Runde der Landtagswahlen mit etwa 9,5 Prozent noch knapp hinter den Kommunisten an vierter Stelle gelegen hatten. Adenauer brauchte die FDP für die Mehrheitsbildung, für die FDP aber wäre eine andere als die bürgerliche Koalition auf Bundesebene auch nicht in Frage gekommen. Nicht nur ließen sich in der ersten Adenauer-Koalition die wirtschaftspolitischen Vorstellungen der FDP – und damit eine für die Liberalen elementare Richtungsentscheidung für den westdeutschen Staat – durchsetzen, auch personell konnte die FDP ihre exponierte staatspolitische Rolle verdeutlichen: Theodor Heuss wurde 1949 zum ersten Bundespräsidenten gewählt; Hermann Höpker-Aschoff wurde der erste Präsident des Bundesverfassungsgerichts. Damit konnte die FDP zwei verfassungspflegende Ämter besetzen, wobei vor allem Theodor Heuss einen nicht zu unterschätzenden und eigenständigen Beitrag zur Annäherung von Geist und Macht im Nachkriegsdeutschland leistete.

Bei der Bundestagswahl 1953 konnte die FDP ihren Stimmenanteil von 1949 nicht halten und fiel auf 9,5 Prozent zurück. Sieger der Bundestagswahl war die Union, der nur zwei Mandate zur absoluten Mehrheit fehlten. Dennoch wurde mit FDP, Gesamtdeutschem Block/BHE und Deutscher Partei eine Koalition gebildet, die Adenauer eine verfassungsändernde Mehrheit und somit die Verabschiedung der Wehrverfassung sicherte. Wenngleich sich die Position der FDP als drittstärkste Partei stabilisiert hatte, lief sie doch Gefahr, an der Seite eines übermächtigen Partners profillos zu bleiben. Hieraus ergab sich die Notwendigkeit, Eigenständigkeit zu betonen, zumal sich der innerparteiliche Zustand der Partei dramatisch verschlechtert hatte.

In Heppenheim war eine Klärung der programmatisch-strategischen Grundposition der Partei vermieden worden. Die nationalliberalen Landesverbände Hessen, Nordrhein-Westfalen und Niedersachsen mit ihrem Konzept der anti-sozialistischen

Rechtspartei hatten in den ersten Jahren der Existenz der FDP ein deutliches Übergewicht über den bürgerlich-mittelständischen Altliberalismus der südwestdeutschen und hanseatischen Landesverbände gewonnen. Größe, Finanzstärke und höherer Organisationsgrad stärkten den Einfluß der nationalliberalen Landesverbände in der Bundespartei, zugleich verfestigte sich dieser rechte Kurs auch koalitionspolitisch, in Bürgerblock-Koalitionen auf Bundes- wie auf Länderebene. Als Reinhold Maier nach der Gründung des Landes Baden-Württemberg im April 1952 eine Koalition mit der SPD (und dem BHE) einging – und damit letztmalig das Amt eines Ministerpräsidenten an die FDP fiel –, forderte der Vorsitzende der Bundestagsfraktion, August-Martin Euler, den Parteiausschluß des »Demi-Marxisten« Maier[6]. Auf dem außerordentlichen Bundesparteitag in Essen vom Juli 1952 kam es zu heftigen Auseinandersetzungen über die Koalitionsbildung, wobei der hessische Landesverband gar den Antrag stellte, die baden-württembergische DVP/FDP aus der Gesamtpartei zu entlassen. Hingegen hielten die Landesverbände Hamburg, Südbaden und Württemberg-Baden daran fest, daß die FDP »ihrem liberalen Wesen nach Koalitionen mit jeder anderen demokratischen Partei für zeitlich und sachlich begrenzte Aufgaben sowohl im Bund als auch in den einzelnen Ländern bilden« könne[7]. Das richtete sich gegen jede, auch in den siebziger und achtziger Jahren vorherrschende, Tendenz der Parallelschaltung von Länderkoalitionen nach Bundesmuster. Denn zugleich hatte mit den Regierungsbildungen 1950 in Schleswig-Holstein und 1951 in Rheinland-Pfalz die Periode der Bürgerblock-Koalitionen begonnen, mit denen die SPD aus der Regierungsverantwortung auf Länderebene gedrängt wurde, um Mehrheit im Bundesrat für die Bonner Regierung zu sichern.

Der nunmehr offen zutage getretene Richtungsstreit fand auch seinen programmatischen Ausdruck. Zur Vorbereitung des Bad Emser Parteitags 1952 verabschiedete der nordrhein-westfälische Landesparteitag ein Programm der nationalen Sammlung, das auf das Wählerpotential rechts von der CDU, aus dem sich viele der Splitterparteien zwischen 1950 und 1952 auf Länderebene rekrutierten, zielte und die FDP auf einen national orientierten Kurs festlegen sollte. Nicht zuletzt bemühte man sich mit der Forderung nach »Wiedergutmachung des Unrechts, das Nationalsozialismus, Siegerwillkür und Entnazifizierung schufen« um die Reintegration ehemaliger Nationalsozialisten und um die werbende Ansprache von Soldaten[8]. Daß damit auch eine Selbstexkulpierung führender Mitglieder der nordrhein-westfälischen FDP bezweckt werden sollte, stellte sich 1953 in der sogenannten Naumann-Affäre heraus, als die britische Besatzungsmacht einen Kreis ehemaliger Nationalsozialisten um den ehemaligen Goebbels-Staatssekretär Werner Naumann, der zum persönlichen Referenten des nordrhein-westfälischen FDP-Vorsitzenden Middelhauve geworden war, aufdeckte. Damit war jene Richtung des »Deutschen Programms« von 1952 im nachhinein diskreditiert[9].

Bereits im Verlauf des Emser Parteitags hatte sich die innerparteiliche Gegenströmung mit dem vom Hamburgischen Landesverband formulierten »Liberalen Mani-

6 Vgl. die Darstellung bei J. M. Gutscher (Anm. 5), S. 120ff.
7 Ebd., S. 127f.
8 Vgl. Peter Juling, Programmatische Entwicklung der FDP 1946 bis 1969, Meisenheim 1977, S. 23f.
9 Vgl. J. M. Gutscher (Anm. 5), S. 134ff.

fest«, das zugleich von Baden-Württemberg, Berlin und Bayern getragen wurde, eine programmatische Gegengrundlage gegeben, die im übrigen zum ersten Male den spezifisch liberalen Traditionsbezug der FDP-Politik sichtbar herausstellte. Weder das »Deutsche Programm« noch das »Liberale Manifest« wurden verabschiedet. Die Partei schien intern gespalten, der Einfluß des nationalen Flügels hatte aber auch seinen Zenit erreicht. Die Naumann-Affäre des Jahres 1953 bedeutete schon das Ende des nationalen Rechtspartei-Konzeptes. Der demokratische Nationalliberalismus aber behielt seinen Platz in der Partei und gefährdete in der zugespitzten Atmosphäre um die Verabschiedung der ost- und deutschlandpolitischen Verträge 1972 noch einmal den Zusammenhalt der Partei.

Die Außen- und Deutschlandpolitik diente der FDP dazu, in der zweiten Regierung Adenauer den begrenzten Konflikt mit dem großen Koalitionspartner zu suchen. Thomas Dehler, von 1949 bis 1953 Justizminister, schied aus dem Amt und wurde Vorsitzender der Bundestagsfraktion. Nicht in die Kabinettsdisziplin eingebunden, suchte Dehler, der 1954 auch den Parteivorsitz von Franz Blücher übernahm, den Konflikt in der Außenpolitik. Noch 1952 hatte die FDP die Politik der Adenauerschen Westintegration mitgetragen, den Vertrag über die Europäische Verteidigungsgemeinschaft (EVG) und den Deutschlandvertrag unterstützt. Allein in der Frage der Bindungsklausel des Deutschlandvertrages hatte die FDP zunächst Vorbehalte angemeldet, nach kosmetischer Umformulierung aber zugestimmt. Das Scheitern der EVG (1954) führte zu einer deutschlandpolitischen Neuorientierung der FDP, die im wesentlichen die gesamtdeutsche Option favorisierte. Thomas Dehler stellte eine zunehmende Diskrepanz zwischen der europapolitischen Konzeption Adenauers, die auf Westintegration gerichtet war, und der deutschlandpolitischen Konzeption der FDP, die an der Wiedervereinigung festhielt, heraus. Zur Eskalation der bestehenden Spannungen zwischen Adenauer und der FDP kam es dann in der Saar-Frage, als die FDP nicht bereit war, die Europäisierung der Saar bei gleichzeitigem Scheitern der EVG in der französischen Nationalversammlung hinzunehmen. Adenauer wiederum verstand es, unter Mithilfe des CDU/CSU-Fraktionsvorsitzenden Heinrich von Brentano einen Keil zwischen die FDP-Bundestagsfraktion und ihren Vorsitzenden zu treiben. Aber die Gratwanderung des begrenzten Koalitionskonfliktes durch eine von Dehler betriebene deutschlandpolitische Profilierung scheiterte auch deshalb, weil die Fraktion selbst in verschiedene Lager gespalten war[10].

Zum Bruch der Koalition im Jahre 1956 führte schließlich die von Adenauer in Zusammenhang mit der Saar-Frage betriebene mehrgleisige Disziplinierungsstrategie. Sein Versuch, durch ein sogenanntes Grabenwahlsystem die FDP zu schwächen bzw. ganz aus dem Bundestag fernzuhalten, löste eine nicht vorhergesehene und zu jenem Zeitpunkt auch nicht zu erwartende Reaktion in der nordrhein-westfälischen FDP aus. Unter der Führung von Willi Weyer, Wolfgang Döring und Walter Scheel stürzte die FDP den CDU-Ministerpräsidenten Karl Arnold durch ein konstruktives Mißtrauensvotum und wählte den Sozialdemokraten Steinhoff zum Ministerpräsidenten. Der Aufstand der »Jungtürken« und der Koalitionswechsel zielten darauf ab, mit der SPD zusammen über den Bundesrat eine Änderung des Wahlrechts zu verhin-

10 Vgl. T. Rütten (Anm. 5), S. 180ff., 217ff.

dern. Die Folge für die FDP aber war zugleich der Bruch des Bündnisses mit der CDU auf Bundesebene. Denn 16 Abgeordnete der FDP-Bundestagsfraktion einschließlich der vier Bundesminister nahmen den Sturz Karl Arnolds zum Anlaß, am 22. Februar 1956 ihren Austritt aus der FDP-Fraktion zu erklären. Der Austritt der 16 Abgeordneten war nicht allein eine Reaktion auf die koalitionspolitische Umorientierung der nordrhein-westfälischen FDP, sondern auch Ausdruck der Differenzen mit Thomas Dehler und der dahinterstehenden Auffassungsunterschiede in der Deutschlandpolitik. Während Dehler zur Durchsetzung der Wiedervereinigung nicht allein auf westliche Stärke und europäische Integrationspolitik setzte und auch die Forderung nach freien Wahlen nicht mehr zur conditio sine qua non für Kontakte mit der DDR machen wollte, hielten die 16 am Konzept der Politik der Stärke fest. Die abgespaltene FDP-Gruppe blieb in der Regierung Adenauer und gründete, nachdem sie auf dem Würzburger Parteitag 1956 aus der FDP ausgeschlossen wurde, die Freie Volkspartei (FVP), die aber bei den Bundestagswahlen 1957 ohne Erfolg blieb. Die Mehrheitsfraktion der FDP ging in die Opposition.

Bis dahin war die FDP in ihrem Sozialprofil eine bürgerliche Interessenpartei. Dem »sozialen Gründungskompromiß der Bundesrepublik«[11] begegnete sie mit Skepsis und Ablehnung. Im Unterschied zur CDU/CSU stellte sie im Konzept der sozialen Marktwirtschaft besonders die Freiheit marktwirtschaftlichen Handelns heraus und betrachtete das Epitheton sozial als tautologisch, weil die freie Marktwirtschaft per se sozial sei. Sozialpolitik war deshalb für die FDP bis zum Beginn der sechziger Jahre »terra incognita«[12]. Die sozialpolitische Praxis der FDP verwarf Existenzsicherungssysteme nach dem Solidaritätsprinzip. Dafür hielt die FDP an der Selbständigkeit gruppenbezogener Versorgungswerke (Altersversicherung, Krankenversicherung) fest. So sind die großen sozialen Reformwerke, wie zum Beispiel die Rentenreform 1957, gegen den Widerstand der Freien Demokraten durchgesetzt worden. Bis in die sechziger Jahre hinein galt in der Sozialpolitik der FDP das klassisch-liberale Prinzip der Individualisierung des Lebensrisikos und die Vorstellung vom Besitzbürger, der sein Eigentum als Rücklage gegen Existenzrisiken einsetzt: »Die Vorsorge für das Alter ist von jeher das Königsrecht des freien Mannes gewesen.«[13]

Mittelständisch orientiert blieb die Steuerpolitik. Hier gelangen der FDP Erleichterungen bei Einkommen-, Umsatz- und Gewerbesteuer, die auf die FDP-Wählerschaft des kaufmännischen und selbständigen Mittelstandes zielten. Zudem lehnte sie jedwede Besitzsteuer (Vermögens-, Erbschafts- und Grundsteuer) ab. In der Wirtschafts- und Unternehmenspolitik flankierte die FDP zusammen mit der CDU/CSU die »Wirtschaftsform des freien Wettbewerbs und der verantwortungsbewußten Unternehmerinitiative« kartellrechtlich – eine wettbewerbsorientierte Haltung, die die FDP im Zusammenhang der verschärfenden Kartellrechtsnovelle in den sechziger Jahren allerdings zugunsten der Großindustrie wieder aufgab. Während es der FDP bei der Beratung des Betriebsverfassungsgesetzes von 1952 noch kabinettsintern

---

11 Lutz Niethammer, Entscheidungen für den Westen – Die Gewerkschaften im Nachkriegsdeutschland, in: Heinz O. Vetter (Hrsg.), Aus der Geschichte lernen – die Zukunft gestalten, Köln 1980, S. 233.

12 Rolf Zundel, Die Erben des Liberalismus, Freudenstadt 1971, S. 23.

13 Thomas Dehler am 27. 6. 1956 im Deutschen Bundestag, zit. nach R. Zundel (Anm. 12), S. 163f.

gelang, gegen den ursprünglichen Unionsentwurf eigene Vorstellungen durchzusetzen, wurde das Mitbestimmungsgesetz der Arbeitnehmer in Betrieben der Montanindustrie gegen den Widerstand der FDP von CDU/CSU und SPD zusammen verabschiedet.

3. Versuche liberaler Neuorientierung (1957–1966)

Der Bundesgeschäftsführer und spätere Generalsekretär Karl-Hermann Flach versuchte schon vor der Bundestagswahl 1957, die FDP auch ideologisch als »Dritte Kraft« im Parteiensystem zu legitimieren. Mit CDU/CSU, SPD und FDP erhalte »das deutsche Parteiengefüge auch seine historisch konsequente Richtung. Das sozialistische, das liberale und das konservativ-klerikale Element bilden die Grundlagen des Dreiparteiensystems in Deutschland.«[14] Zur gleichen Zeit reklamierte der neue, auf dem Berliner Parteitag 1957 gewählte Parteivorsitzende Reinhold Maier ebenfalls die »Dritte Kraft« für die FDP, meinte damit aber zunächst seinen systemfunktionalen und in Baden-Württemberg erprobten koalitionspolitischen »Kurs der Mitte«, den er nach dem endgültigen Scheitern des Konzeptes der nationalen Sammlungsbewegung und unter der politischen Gewichtszunahme des baden-württembergischen Landesverbandes nun auch für die Bundespartei durchzusetzen hoffte. Innerparteilich hatte sich die FDP nach den Richtungskämpfen konsolidiert und in einem neoliberalen und besitzbürgerlich geprägten Berliner Programm sich eine erste programmatische Plattform gegeben, die die ideologische Eigenständigkeit der FDP unter Beweis stellen sollte. Die Gründung einer Theoriezeitschrift (»liberal«) und der Friedrich-Naumann-Stiftung belegt, daß die Partei begann, den Liberalismus als weltanschauliche Grundlage zu entdecken.

Der Anstoß für die Reflexion über Standort und Selbstverständnis der Partei kam letztlich von außen. Bei der Bundestagswahl von 1957 verlor die FDP ein Viertel ihrer Wähler und kam zum ersten Mal bedrohlich in die Nähe der Fünf-Prozent-Hürde. Weil sie sich zudem im Bund auf Oppositionsbänken wiederfand, mußte sie nun Existenzberechtigung und Eigenständigkeit programmatisch behaupten, zumal der große Wahlsieg der CDU zugleich die Überlegenheit des Volksparteikonzeptes demonstrierte, dem sich auch die SPD zunehmend öffnete. Die Wählerstrategie sollte aus der Verengung auf das selbständige mittelständische Bürgertum herausgeführt und auch die neuen lohnabhängigen Mittelschichten (Angestellte, neue Mittelschicht) ansprechen[15].

Die Modernisierungsversuche ab 1957 scheiterten zunächst. Sie waren innerparteilich noch nicht durchsetzbar. Die von Wolfgang Döring geforderte Abkehr vom bürgerlichen Image rief die in der bürgerlichen Lebenswelt verankerten Südwest-Liberalen auf den Plan, die ebenfalls von Döring ventilierte koalitionspolitische

---

14 Karl-Hermann Flach, Dritte Kraft. Der Kampf gegen Machtmißbrauch in der Demokratie, Bonn o. J. (1957), S. 5–21; vgl. auch Flachs einflußreiche Streitschrift: Noch eine Chance für die Liberalen, Frankfurt 1971.

15 Vgl. ausführlich Hans Vorländer, Der Soziale Liberalismus der FDP. Verlauf, Profil und Scheitern eines soziopolitischen Modernisierungsprozesses, in: Karl Holl/Günter Trautmann/Hans Vorländer (Hrsg.), Sozialer Liberalismus, Göttingen 1986, S. 199ff.

Öffnung zur Sozialdemokratie auf Bundesebene stieß bei den Nationalliberalen auf Widerspruch. Erich Mende, der 43jährig im Januar 1960 in Stuttgart zum Bundesvorsitzenden der FDP gewählt wurde, steuerte bei der Bundestagswahl 1961 wieder auf eine Koalition mit der CDU/CSU zu. Da Adenauer innerhalb wie außerhalb der Unionsparteien erheblich an Ansehen verloren hatte, hoffte die FDP von diesem Adenauer-Ermüdungseffekt zu profitieren und gab den Wahlslogan aus: »Mit der CDU, aber ohne Adenauer.« Mende und die FDP schätzten die Stimmungslage in der Bevölkerung richtig ein, mit 12,8 Prozent erreichte die FDP ihr bestes Wahlergebnis bei der Bundestagswahl. Damit hatte die FDP zum ersten Mal ein explizites Funktions- und Systemverständnis ihrer Rolle zum Gegenstand ihres Wahlkampfes gemacht: Mehrheitsbeschaffungs- und Korrektivfunktion konnten wählerwirksam verdeutlicht werden. Allerdings hatte Mende sowohl die Hartnäckigkeit Adenauers unter-, als auch vorherige Absprachen mit der CSU überschätzt, nach denen Ludwig Erhard als Nachfolger für Konrad Adenauer vorgesehen war. Adenauer konnte nicht nur die Widerstände in seiner eigenen Fraktion überspielen, sondern setzte auch das Druckmittel einer großen Koalition zwischen CDU/CSU und SPD ein, um die FDP gefügig zu machen. Schließlich stimmte Mende einer neuen, jedoch bis 1963 befristeten Regierung unter Adenauer zu. In der Öffentlichkeit wurde der Bruch des Wahlversprechens mit dem Verdikt des Umfallens versehen, das die FDP auch zukünftig zu stigmatisieren drohte. Nachdem die FDP im Bundestagswahlkampf 1965 versprochen hatte, keine Steuern zu erhöhen, und der Bundeshaushalt 1967 durch eine leichte Anhebung von Verbrauchssteuern finanziert werden sollte, kündigte die FDP im Oktober 1966 die Koalition mit Ludwig Erhard auf, weil sie erneut den Vorwurf des Umfallens fürchtete[16].

Die FDP blieb in der letzten Adenauer-Regierung und den zwei darauf folgenden Erhard-Koalitionen eine »bürgerliche Partei mit Korrektivfunktion zur CDU/CSU unter besonderer Betonung der mittelständischen Interessen«[17]. Mittelständischer Protektionismus bestimmte den FDP-Bundestagswahlkampf 1965. Allerdings gelangen der FDP auf dem Gebiet der Rechtsstaats-, Deutschland- und Bildungspolitik politische Akzentsetzungen, die für die Zukunft auch koalitionspolitisch ausbaufähige Gemeinsamkeiten mit der SPD erkennen ließen. In der Deutschlandpolitik betrat die FDP nach dem Mauerbau neue Wege, die auf eine auch von Mende als Gesamtdeutschem Minister vertretene »Politik der Verklammerung« beider Teile Deutschlands hinausliefen. Die FDP konnte hierbei auf eine Reihe von Aktivitäten und Vorstellungen zurückblicken: Karl Georg Pfleiderer, schwäbischer FDP-Bundestagsabgeordneter und später erster Botschafter der Bundesrepublik in Jugoslawien, hatte bereits 1952 ein gesamteuropäisches Sicherheitssystem mit einem fest integrierten Gesamtdeutschland ohne die polnischen Westgebiete angeregt. Wolfgang Döring nahm Mitte der fünfziger Jahre Kontakte zur LDPD in Ost-Berlin wieder auf, um einen Redneraustausch zwischen beiden Parteien vorzubereiten. 1956 kam es dann zu zwei Zusammenkünften in Garmisch-Partenkirchen und in Weimar mit LDPD-

16 Vgl. zu dieser Phase auch die Beiträge von Udo Wengst, Mit und gegen Adenauer und Erhard; Daniel Koerfer, Schwierige Geburten: Die Regierungsbildungen 1961, 1962, 1963 und 1965, sowie das Gespräch von Fritz Fliszar und Erich Mende, alle in: W. Mischnick (Anm. 1), S. 102ff., 156ff., 125ff.

17 H. Kaack (Anm. 5), S. 24ff.

Delegationen, deren Bekanntwerden große Aufmerksamkeit erregte. Der Ungarnaufstand setzte diesen Kontakten zunächst ein Ende. Im Jahre 1959 legte die FDP einen Deutschlandplan vor.

Als Partei des Rechtsstaates profilierte sich die FDP vor allem in der Spiegel-Affäre 1962, als Döring Adenauer im Bundestag vorwarf, er habe gegen die rechtsstaatlichen Prinzipien der Unschuldsvermutung verstoßen. Der Rücktritt der fünf FDP-Minister im November 1962 stürzte die Regierung Adenauer in eine schwere Krise. Die FDP drängte auf die Entlassung des Verteidigungsministers Franz Josef Strauß, was bis zu dessen Tode 1988 der Ausgangspunkt zu einer von persönlichen Antipathien nicht freien und wiederholt (1980, 1983, 1987) wählerwirksamen, politischen Gegnerschaft von CSU und FDP war. In der Bildungspolitik begann die FDP – unter der Führung von Hildegard Hamm-Brücher – bereits auf ihrem Frankfurter Parteitag 1965, Reformvorschläge zur Behebung der sich abzeichnenden Bildungsmisere zu entwickeln.

4. *Innerparteiliche Erneuerung und der Beginn der sozial-liberalen Koalition (1966–1971/72)*

Nach Bildung der Großen Koalition fand sich die FDP als einzige Oppositionspartei wieder. Damit hatten sich für die FDP die Befürchtungen realisiert, die Adenauer schon 1961 und auch 1962 aus Disziplinierungsgründen gegenüber dem Koalitionspartner FDP zu erwecken verstand. Zugleich war jetzt aber auch die Position der FDP in den Ländern gefährdet. Denn im November 1966 kam die FDP nicht mehr in den bayerischen Landtag, dafür aber zog die NPD ein, wie schon 14 Tage zuvor in Hessen. Der FDP gelang es, mit der Annahme der Oppositionsfunktion, der Erneuerung des Führungspersonals, der Umstrukturierung des Mitglieder- und Wählerpotentials und einer programmatischen Erneuerung einen Standortwechsel im Parteiensystem vorzunehmen, der zur Koalition zwischen SPD und FDP führte, aber zugleich die Existenz der Partei bedrohte[18].

Der innerparteiliche Erneuerungsprozeß begann 1967 mit dem Hannoveraner Aktionsprogramm, das in der Deutschland- und Ostpolitik, in Fragen der Demokratisierung von Staat und Gesellschaft, in der Hochschul- und Bildungs- sowie in der Wirtschafts- und Finanzpolitik einen neuen Kurs einleiten sollte. Auf dem Parteitag in Freiburg 1968 wurde der personelle Führungswechsel mit der Wahl Walter Scheels zum Parteivorsitzenden und Hans-Dietrich Genschers zu seinem Stellvertreter vollzogen. Hinter der neuen Führung standen jene programmorientierten Reformer, die sich um die Zeitschrift »liberal« gebildet hatten und die als innerparteiliche pressure group nicht nur eine Anerkennungspolitik in der Ost- und Deutschlandpolitik forderten, sondern hierbei auch publizistischen Rückenwind der Hamburger Magazine STERN (Henry Nannen) und SPIEGEL (Rudolf Augstein) erhielten. Gleichzeitig arbeiteten sie auf eine sozial-liberale Koalition für das Jahr 1969 hin[19].

---

18 Vgl. ausführlich H. Vorländer (Anm. 15), S. 202ff.; zu ausgewählten Problemen der FDP-Umorientierung vgl. Lothar Albertin (Hrsg.), Politischer Liberalismus in der Bundesrepublik, Göttingen 1980.

19 Vgl. Daniel Koerfer, Die FDP in der Identitätskrise. Die Jahre 1966–1969 im Spiegel der Zeitschrift »liberal«, Stuttgart 1981.

Die neue Führung versuchte zunächst, das Erscheinungsbild der Partei zu modernisieren. Dabei half ihr die Leidensgemeinschaft von ohnmächtiger parlamentarischer und protestierender außerparlamentarischer Opposition. Wenngleich die FDP aufgrund ihrer eigenen Mitglieder- und Führungsstruktur den Protest der Straße im Parlament nicht artikulieren konnte und wollte, so setzte sie doch Zeichen der Öffnung für neue Themen und Wählerschichten. Auch die Ablehnung der Notstandsgesetze der Großen Koalition durch die FDP konnte als Ausdruck der Sensibilisierung der FDP für partizipatorische und demokratische Anliegen gedeutet werden. Schließlich erfolgte mit der Wahl des Sozialdemokraten Gustav Heinemann zum Bundespräsidenten im März 1969 eine sichtbare Annäherung an die SPD.

Dieser Annäherungskurs war aber nur gegen erheblichen innerparteilichen Widerstand durchzusetzen. Der Erfolg des Parteivorsitzenden Walter Scheel wurde zum einen durch die Absicherung der Abgeordneten der innerparteilichen Gegengruppe auf den Listenplätzen der FDP für die Bundestagswahl 1969 erreicht, zum anderen war er in der Zusage der SPD begründet, endgültig auf die Einführung eines Mehrheitswahlrechts zu verzichten. Der innerparteiliche Widerstand gegen den neuen Annäherungskurs führte allerdings zu dem Ergebnis, daß die Dynamik der fortschrittlichen und modernen Orientierung der FDP (»Wir schneiden die alten Zöpfe ab«, »Opas FDP ist tot«) wieder gebremst wurde. Die Mitgliederstruktur sowie die innerparteiliche Erosion – die mit Zerreißproben in den Landesverbänden Bayern, Saarland und Nordrhein-Westfalen sowie dem Austritt von drei der zehn Landtagsabgeordneten in Niedersachsen ihren vorläufigen Höhepunkt gefunden hatte – setzten Grenzen für den Umorientierungsprozeß der FDP. In koalitionspolitischer Hinsicht war die Parteispitze genötigt, die Koalitionsfrage bis wenige Tage vor der Bundestagswahl 1969 offenzulassen und die Partei in der Öffentlichkeit als von SPD und CDU/CSU gleich weit entfernt darzustellen.

Das Bundestagswahlergebnis von 1969 war für die FDP eine herbe Enttäuschung. Mit 5,8 Prozent hatte sie das schlechteste Ergebnis erzielt und gegenüber 1965 3,7 Prozentpunkte verloren. Daß in dieser Situation der Regierungswechsel mit Hilfe der FDP zustande kam, überraschte, wenngleich es die logische Konsequenz des Verhaltens der FDP-Führungsspitze seit 1968 war[20]. Auch die zahlreichen Neumitglieder verlangten nun eine Politik der Reform. Gleichwohl ließen das schlechte Ergebnis und der knappe Vorsprung von nur zwölf Mandaten für die sozial-liberale Koalition Auseinandersetzungen erwarten, die zugleich die neu gegründete Koalition gefährdeten. Daran konnte auch die Tatsache nichts ändern, daß die FDP erstmalig den Außen- sowie den Innenminister stellte und damit zwei Schlüsselressorts einnahm, die ihr die Unionsparteien stets verwehrt hatten.

Der Kurswechsel hatte die FDP einen Großteil der Wähler aus dem alten Mittelstand verlieren lassen, ohne ausgleichende Gewinne bei neuen Wählerschichten zu erlangen. Die FDP war auf ihrem Weg durch das politische Koordinatensystem noch nicht an ihrem Zielort angelangt. Deutlich zeigte sich dies bei den Landtagswahlen der Jahre 1970/71, bei denen die FDP ausnahmslos Verluste erlitt und in Niedersachsen, im Saarland und in Schleswig-Holstein nicht wieder in den Landtag

---

20 So auch H. Kaack (Anm. 5), S. 28ff.; vgl. auch Arnulf Baring, Machtwechsel. Die Ära Brandt-Scheel, Stuttgart 1982.

zurückkehrte. In Hessen organisierte die SPD eine Leihstimmenkampagne, um die FDP über die Fünf-Prozent-Hürde zu heben – ganz ähnlich wie 13 Jahre später die CDU in Hessen die FDP zu stärken suchte.

Was zunächst Grund für die Bildung der SPD/FDP-Koalition gewesen war, schien dann ihre Sollbruchstelle zu werden. Im nordrhein-westfälischen Landesverband organisierte sich schon früh die Opposition gegen die Ostpolitik. Auf dem Bonner Parteitag 1970 wurde zwar die Führungsspitze der FDP und ihre Politik in der Koalition mit der SPD gestützt sowie das Verhalten des ehemaligen Parteivorsitzenden Erich Mende, der seine Opposition gegen die Ostpolitik vor den Delegierten zu rechtfertigen suchte, mißbilligt. Doch drohte die Mehrheit für den neuen Kurs im Bundestag verlorenzugehen, weil die nationalliberalen Opponenten Mende, Zoglmann und Starke im Oktober 1971 aus der FDP aus- und in die CDU/CSU-Fraktion eintraten. Nach weiteren Parteiwechseln ging die Mehrheit von SPD und FDP im Bundestag verloren, und die CDU/CSU versuchte am 27. April 1972 Bundeskanzler Willy Brandt zu stürzen, was unter bis heute nicht ganz geklärten Umständen mißlang. Bei den vorgezogenen Bundestagswahlen vom November 1972 konnte sich die SPD/FDP-Koalition überraschend klar behaupten; die FDP verbesserte sich auf 8,4 Prozent.

5. Die FDP in der zweiten Phase der sozial-liberalen Koalition und während der »Wende« (1972–1982)

Die Freiburger Thesen von 1971 hatten die Partei programmatisch auf die neue Grundlage des »demokratischen und sozialen Liberalismus« gestellt. Damit knüpfte die Partei an die fortschrittliche und sozialliberale Tradition eines Friedrich Naumann an. Vor allem von der Parteilinken wurde das Freiburger Programm als ein Unterpfand für das »historische Bündnis«[21] von fortschrittlichem Bürgertum und Arbeiterbewegung angesehen. Mit der Öffnung der FDP zu gesellschaftspolitischen Fragen sollten der sozial-liberalen Koalition über die Bereiche der Ost- und Deutschlandpolitik hinaus ein gemeinsames Fundament gesichert werden. Allerdings unterschied sich das Reformmodell »sozialer Liberalismus« von dem Reformmodell »demokratischer Sozialismus« der SPD doch erheblich: Stärkung der Mitspracherechte von Funktionseliten im Kapitalismus bei der FDP, Transformation des Kapitalismus durch Vergesellschaftung einzelner Industrien bei der SPD. Diese Unterschiede traten mit der Verschlechterung ökonomischer Rahmenbedingungen und in der Endphase der FDP/SPD-Koalition verstärkt in Erscheinung[22].

Auch wurde sehr schnell klar, daß die gemeinsame Grundlage der Regierungspraxis hauptsächlich in Fragen der Ostpolitik sowie in einigen Bereichen innenpolitischer Reform, insbesondere in der Rechts-, Bildungs- und Kulturpolitik, bestanden hatte. Die Besetzung des Wirtschaftsministeriums mit Hans Friderichs hatte der FDP

---

21 Von einem »geschichtliche(n) Bündnis von Arbeitern, die nicht mehr zu Proletariern deklassiert sind, mit Bürgern, die nicht mehr zu Bourgeois denaturiert sind« sprach Werner Maihofer, Liberalismus 1974, in: liberal, (1974) 2, S. 92ff.

22 Vgl. H. Vorländer (Anm. 15), S. 214ff.; Theo Schiller, Wird die FDP eine Partei?, in: Wolf-Dieter Narr (Hrsg.), Auf dem Weg zum Einparteienstaat, Opladen 1977, S. 140.

die Chance geboten, das Image des Hüters der Marktwirtschaft gegenüber einem potentiell sozialismusverdächtigen Koalitionspartner aufzubauen. Je offensiver innerhalb der SPD die Fortsetzung der Politik wirtschaftlicher Reformen angemahnt wurde, um so deutlicher konnte die liberale Korrektivfunktion herausgestellt werden. Über mehrere Jahre demonstrierte die FDP die Strategie des begrenzten Koalitionskonfliktes, insbesondere im Hinblick auf Mitbestimmung und berufliche Bildung. Die FDP konnte eine Bremserfunktion gegenüber dem linken Flügel der SPD einnehmen, sich bei Wirtschaftskreisen als Faktor wirtschaftspolitischer Verläßlichkeit ausweisen und mit fünf Kabinettsposten (darunter die drei Schlüsselressorts Außen, Innen und Wirtschaft) ihren gouvernementalen Einfluß wie ihre Bedeutung als eigenständige Partei in der Öffentlichkeit darstellen.

Hinzu kam, daß sich ab 1974 die äußeren Rahmenbedingungen für eine reformorientierte Politik so verschlechterten, daß Pragmatismus und Krisenmanagement zunehmend die Politik der Koalition bestimmten. Mit dem Tod von Karl-Hermann Flach, dem Wechsel von Walter Scheel in das Bundespräsidentenamt, dem Übergang des FDP-Parteivorsitzes auf Hans-Dietrich Genscher und der Niederlage des exponierten Reformers Werner Maihofer gegen Hans Friderichs bei der Wahl zum stellvertretenden Parteivorsitzenden dokumentierte sich das Scheitern eines Versuchs, das Profilniveau einer sozialliberalen Reformpartei auch als Regierungspartei darzustellen und zu erhalten. Ölkrise, Inflation, Anstieg der Arbeitslosigkeit sowie der Kanzlerwechsel von Brandt zu Schmidt rückten die Wirtschafts- und Finanzpolitik in den Vordergrund. FDP-intern hatte dies ein Abrücken von den gesellschafts- und umweltpolitischen Akzentsetzungen der Freiburger Thesen zur Folge. Bereits bei den Beratungen der als eine Fortschreibung des Freiburger Programms gedachten Kieler Thesen von 1977 setzte sich die Wirtschaftskommission mit Unterstützung der Parteiführung gegen die sozialliberal argumentierende Perspektivkommission durch. Damit war für viele Aktivisten in der FDP das Auseinanderfallen von reformerischer Parteibasis und Parteiführung endgültig manifest geworden.

Im Wahlkampf 1976 (»Die Vier, auf die es ankommt«) zeigte sich eine Verselbständigung des Ministerflügels innerhalb der FDP, die deshalb den Eindruck einer Ministerpartei erweckte. Daß dennoch der Anteil der FDP bei der Wahl auf 7,9 Prozent fiel (zusammen verloren beide Koalitionsparteien 3,7 Prozentpunkte), war eine herbe Enttäuschung für die FDP, die mit einem erheblich besseren Resultat gerechnet hatte. Zum Teil war dieses schlechte Ergebnis darauf zurückzuführen, daß die FDP in dem polarisierten Wahlkampf, den die CDU/CSU unter dem Motto »Freiheit oder/statt Sozialismus« führte, kein eigenes politisch-programmatisches Profil gewinnen konnte, obwohl der zur Diskussion stehende zentrale liberale Begriff der Freiheit Gelegenheit dazu geboten hätte[23]. Position und Perzeption der FDP im System der Parteienkonkurrenz wurden vielmehr dadurch bestimmt, daß sie sich als Moderator in der Polarisierung und als koalitionsinternes Korrektiv in der Abgrenzung zur SPD darstellte. Nicht ohne Erfolg: Die Betonung ihrer Systemfunktion brachte der FDP bei der Bundestagswahl 1980 das mit 10,6 Prozent dritthöchste Ergebnis bei einer Bundestagswahl. In einer für die FDP vorteilhaften Parteienkon-

23 Daß in jener Phase eine positiv-ideologische Wahrnehmung der FDP als spezifisch liberale Partei in Ansätzen vorhanden war, belegt Hans D. Klingemann, Der Wandel des Bildes der FDP in der Bevölkerung, in: L. Albertin (Anm. 18), S. 130f.

stellation hatte sie ihre Mehrheitsbeschaffungs- und Korrektivfunktion optimal verdeutlichen können. Ihr Dreizeiler »Für die Regierung Schmidt/Genscher; gegen Franz Josef Strauß; gegen die Herrschaft einer Partei« stellte einerseits auf die wirtschaftspolitischen Differenzen zwischen der SPD und ihrem Kanzler sowie gleichermaßen auf die Ressentiments liberal-konservativer Wähler gegen den Kanzlerkandidaten der CDU/CSU, Franz Josef Strauß, ab. Die Euphorie, die sich in Teilen der FDP nach dem Wahltag einstellte, erwies sich jedoch sehr schnell als trügerisch.

Existenzgefährdungen und koalitionspolitische Unsicherheiten hatten die FDP lange vor der Bundestagswahl 1980 in den Ländern wieder eingeholt. Die FDP war zwar bis 1975 wieder in allen Landtagen vertreten, sie hatte in der Summe jedoch Stimmeneinbußen hinnehmen müssen. Das gleiche galt für die Sozialdemokratie. Damit waren nicht nur die seit April 1972 nach dem Bonner Muster gebildeten Koalitionen in den Ländern gefährdet, es galt sogar eine Zweidrittelmehrheit der CDU/CSU-Regierungen im Bundesrat zu verhindern, um die sozial-liberale Regierungsfähigkeit im Bund zu erhalten. Das Koalitionsverhalten der FDP in den Ländern stand ab Mitte der siebziger Jahre wegen seiner bundespolitischen Auswirkungen wieder zur Diskussion. 1975 mußte der damalige Generalsekretär Martin Bangemann zurücktreten, weil er öffentlich über mögliche CDU-FDP-Koalitionen nachgedacht hatte. Im Jahre 1977 trat die FDP der Minderheitsregierung Albrecht in Niedersachsen bei und bildete so die erste Koalition, die vom bundespolitischen Muster abwich. Im März 1977 folgte eine zweite CDU-FDP-Regierung im Saarland. Dort hatte die FDP bei der Landtagswahl im Mai 1975 eine Koalitionsaussage zugunsten der SPD gemacht, doch die CDU hatte 25 von 50 Landtagsmandaten errungen. Um nicht als opportunistische Machtteilhabepartei zu erscheinen, hatten die Liberalen in beiden Fällen eine Schonfrist verstreichen lassen. Ähnlich verhielt sich die FDP 1981 in Berlin, nachdem die SPD-FDP-Regierung eine Niederlage bei den Mai-Wahlen einstecken mußte. Das Präsidium der Berliner FDP sprach sich für eine Politik der Tolerierung gegenüber der CDU in Berlin aus. Diese Entscheidung war von heftigen innerparteilichen Auseinandersetzungen begleitet, weil die FDP-Linke in Berlin hierin einen Vorgriff auf eine bundespolitische Wende der FDP zur CDU sah[24]. Zudem war die Partei in Bayern an der Fünf-Prozent-Hürde gescheitert.

Besonders schmerzlich für die FDP war die Niederlage kurz vor der Bundestagswahl bei der Landtagswahl in Nordrhein-Westfalen 1980: Zur Rückkehr in den Landtag fehlten der FDP ca. 1800 Stimmen. Deshalb sann die FDP schon vor der Bundestagswahl auf eine Überlebensstrategie, zumal die Schwächung der FDP mit dem Aufstieg der GRÜNEN einherging. Bei der Berliner Abgeordnetenhauswahl 1981 wurde die FDP auf den vierten Platz verdrängt, und auch bei den Landtagswahlen 1982 in Niedersachsen schafften die GRÜNEN den Sprung ins Parlament. Da der Siegeszug der GRÜNEN zudem auf Kosten der SPD geschah, deren Verluste von der FDP nicht mehr wettgemacht wurden, schien das Ende der Mehrheitsfähigkeit sozialliberaler Politik gekommen. Die FDP fühlte sich nicht nur in ihrer Funktion im Parteiensystem, sondern zugleich in ihrer Existenz bedroht.

Zugleich schienen die Unterschiede in den wirtschafts- und finanzpolitischen Vorstellungen von SPD und FDP unüberbrückbar zu sein. In den Koalitionsverhandlungen konnten zwar Richtgrößen für die Konsolidierung des Staatshaushaltes ver-

---

24 Zu den Berliner Ereignissen vgl. J. Dittberner (Anm. 4), S. 64ff.

einbart werden, doch schon kurz nach der Jahreswende 1981 wurden angesichts steigender Arbeitslosenzahlen die Unterschiede in der Wirtschaftspolitik wieder deutlich. Wesentliche Teile der SPD forderten Arbeitsbeschaffungsprogramme, wohingegen die FDP auf Einsparungen, auch im sozialpolitischen Bereich, drängte. Mehr und mehr zeigte sich zudem eine Diskrepanz zwischen dem Kanzler und seiner Partei, worauf Öffentlichkeit und FDP immer wieder hinwiesen. Nicht nur der FDP-Ehrenvorsitzende Walter Scheel, der die »Theorie vom Abnehmen der Gemeinsamkeiten in Koalitionen«[25] formuliert hatte, auch große Teile der veröffentlichten Meinung kamen zu dem Schluß, daß das Reservoir an Gemeinsamkeiten zwischen SPD und FDP erschöpft sei. Die Koalitionsatmosphäre verschlechterte sich zusehends, als im August 1981 der Parteivorsitzende Hans-Dietrich Genscher den sogenannten Wendebrief[26] an die Parteimitglieder verschickte. Darin sprach er von der Notwendigkeit einer Wende, meinte damit aber zunächst einen Aufruf zu einer leistungsbetonten marktwirtschaftlichen Umorientierung. Dies wurde aber, koalitionspolitisch verkürzt, als Einleitung des Bruches mit den Sozialdemokraten verstanden. Tatsächlich hatte Hans-Dietrich Genscher in keiner Weise zu erkennen gegeben, wann und unter welchen Umständen er den Zeitpunkt für die Wende gekommen sah. Daß der Wendebrief womöglich mehr als nur eine wirtschaftspolitische Umorientierung intendierte, machte Ergebnisse einer von der FDP in Auftrag gegebenen und von Generalsekretär Günter Verheugen an die Öffentlichkeit lancierten Umfrage deutlich, nach denen die FDP bei einem Wechsel zur Union nicht unter die Fünf-Prozent-Grenze fallen würde.

In der FDP hatte sich mittlerweile eine öffentlichkeitswirksame sozialliberale Gruppierung herausgebildet, die im Februar 1982 auf einem Kongreß in Köln unter Flachs Motto »Noch eine Chance für die Liberalen« erklärte, daß sie einen Koalitionswechsel ablehne, zumindest aber, ihn nicht unter Bruch des Wahlversprechens von 1980 akzeptieren würde. Die Krise der FDP verschärfte sich, als sie Anfang Juni bei den Wahlen zur Hamburger Bürgerschaft scheiterte. Aus Angst, der negative Wählertrend werde sich bei der Landtagswahl in Hessen im September des gleichen Jahres fortsetzen, aber wohl auch aus der Überlegung heraus, einen Probelauf zu starten, drängte die Bundesparteiführung auf Initiative des Fraktionsvorsitzenden Wolfgang Mischnick die hessische Landespartei dazu, eine Koalitionsaussage zugunsten der CDU zu machen, obwohl die hessische SPD-FDP-Regierung bis dahin als gut funktionierend galt. Das »Lambsdorff-Papier« vom 9. September[27], in dem der damalige Wirtschaftsminister eine Steuerreform und Kürzungen in der Sozialpolitik forderte, verdeutlichte die prinzipiellen Unterschiede, die zwischen FDP und SPD in der Wirtschafts- und Finanzpolitik bestanden, doch war es kaum die eigentliche Ursache für den Bruch der Koalition. Helmut Schmidt riß am 17. September die

25 Vgl. Johannes Merck, Von der sozial-liberalen zur bürgerlich-liberalen Koalition, in: W. Mischnick (Anm. 1), S. 246ff.; ders., »Klar zur Wende?« – Die FDP vor dem Koalitionswechsel 1980–1982, in: Politische Vierteljahresschrift, 28 (1987) 4, S. 384ff.; der Scheel-Verweis stammt aus Die Welt vom 16. April 1981.

26 Der Brief an die Mandats- und Funktionsträger der FDP vom 20. 8. 1981 ist abgedruckt in W. Mischnick (Anm. 1), S. 623–630.

27 »Konzept für eine Politik zur Überwindung der Wachstumsschwäche und zur Bekämpfung der Arbeitslosigkeit« vom 9. 9. 1982, vom Bundesminister für Wirtschaft (Lambsdorff) an Bundeskanzler Schmidt mit Datum vom 9. 9. 1982 gesandt.

Initiative an sich, kündigte die Koalition auf und teilte den Rücktritt der FDP-Minister mit. Vermutlich wollte der Kanzler mit diesem Schritt dem Rücktritt der FDP-Minister zuvorkommen und die Schuld für den Koalitionsbruch der FDP zuweisen[28]. Die von Schmidt des Verrats gescholtene »Wendepartei« FDP verlor neun Tage später die Wahl in Hessen vernichtend mit nur 3,1 Prozent der Wählerstimmen. Die SPD hingegen gewann wider Erwarten zusammen mit den GRÜNEN die Mehrheit im hessischen Landtag. Vierzehn Tage später blieb die FDP auch bei den bayerischen Landtagswahlen mit 3,5 Prozent erfolglos.

Die Ereignisse stürzten die FDP in die bis dahin schwerste innerparteiliche Zerreißprobe und die bislang größte Gefährdung ihrer Existenz im Parteiensystem der Bundesrepublik. Der Partei- und Fraktionsspitze ging es darum, den Widerstand in der Partei gegen den Koalitionswechsel zu überwinden, die Koalitionsverhandlungen mit der CDU/CSU zügig voranzutreiben, um alsbald Helmut Kohl durch ein konstruktives Mißtrauensvotum zum Kanzler zu machen. Sie wollte jedoch Neuwahlen, die vom immer noch amtierenden Kanzler Schmidt, aber auch von Franz Josef Strauß und der CSU gefordert wurden, auf jeden Fall vermeiden oder so weit wie möglich hinausschieben, weil die FDP für den Bruch der Koalition verantwortlich gemacht wurde und ihr Ansehen in der Öffentlichkeit einen Tiefpunkt erreicht hatte. Die Überlebensraison gebot, vollendete Tatsachen zu schaffen und im nachhinein die innerparteiliche und elektorale Legitimation dafür zu erwerben. Der Verhandlungsspielraum der FDP war deshalb außerordentlich eng; als demütigend für die Partei wurde es empfunden, daß ihr ehemaliger Innenminister Baum von den Unionsparteien noch nicht einmal in der Verhandlungsdelegation für die Koalitionsvereinbarung akzeptiert wurde. Die FDP behielt zwar ihre vier Ministerposten, darunter auch das Außenministerium, mußte aber das für sie so wichtige Innenministerium an die CSU abtreten. Schließlich wurde Helmut Kohl am 1. Oktober 1982 zum Kanzler gewählt.

Der innerparteiliche Widerstand gegen den »fliegenden Koalitionswechsel« wurde von drei Gruppierungen getragen: Der radikaldemokratische Flügel um die Jungdemokraten war generell gegen einen Koalitionswechsel und hatte schon mehrfach mit dem Auszug aus der Partei gedroht; die Exponenten sozialliberaler Politik (wie Gerhart Baum, Andreas von Schoeler, Helga Schuchardt, Ingrid Matthäus-Maier und der Generalsekretär Günter Verheugen) lehnten einen Koalitionswechsel zwar nicht grundsätzlich ab, verurteilten aber die Art und Weise, wie er vollzogen wurde; sie trafen sich darin mit einer Gruppe von Politikern, die nur bedingt zum sozialliberalen Flügel der Partei gerechnet werden konnten (wie Burkhard Hirsch, Hildegard Hamm-Brücher und Liselotte Funcke). Letztere sahen zwar wegen der haushalts- und wirtschaftspolitischen Situation die Unabwendbarkeit des Wechsels, machten aber die Wahrung der Identität der FDP auf innen-, rechts- und ausländerpolitischem Gebiet zur Bedingung. Sie vertraten außerdem die Auffassung, daß eine von der FDP

---

28 Zur Sachverhaltsschilderung und Interpretation vgl. aus der Sicht von Beteiligten Klaus Bölling, Die letzten dreißig Tage des Kanzlers Helmut Schmidt. Ein Tagebuch, Reinbek 1982; Günter Verheugen, Der Ausverkauf. Macht und Verfall der FDP, Reinbek 1984; J. Merck (Anm. 25); Wolfgang Jäger, Die Innenpolitik der sozial-liberalen Koalition 1974–1982. Geschichte der Bundesrepublik Deutschland in fünf Bänden, Stuttgart 1987, Bd. 5/II, S. 234 ff.

mitgetragene Regierung Kohl der Legitimation durch Neuwahlen bedürfe, zumal die FDP noch am 5. Februar 1982 Helmut Schmidt das Vertrauen im Bundestag ausgesprochen hatte. Doch nur 18 von 52 anwesenden Abgeordneten der FDP-Bundestagsfraktion lehnten eine Regierungsbeteiligung an der Seite der CDU/CSU ohne vorherige Neuwahlen ab. Im Bundesvorstand war das Ergebnis der Abstimmung am 17. September knapper (18 Ja-, 15 Nein-Stimmen, 1 Enthaltung). Damit war der Weg für die Koalitionsverhandlungen frei.

Der 33. ordentliche Bundesparteitag der FDP vom 5. November 1982 in Berlin legitimierte den Koalitionswechsel nachträglich, nicht ohne die Art und Weise der Wende zu verurteilen. Parteilinke und Gegner der Wende konnten weder eine personelle noch eine koalitionspolitische Alternative aufzeigen. Auf dem »Parteitag der Tränen« wurde Genscher mit 222 von 400 Stimmen – bei 169 Stimmen für seinen Gegenkandidaten Ronneburger – wiedergewählt. Mit der Wende der FDP war der Auszug zahlreicher engagierter, nicht nur sozialliberaler Mitglieder aus der Partei verbunden.

6. *Die FDP in der konservativ-liberalen Koalition*

Wider Erwarten deutlich kehrte die FDP am 6. März 1983 nach der Bundestagswahl mit 7 Prozent in den Bundestag zurück, ihre Rolle als Koalitionspartei wurde wieder einmal honoriert. Damit war die Repräsentanz der FDP auf Bundesebene sichergestellt, doch der Verlust des Unterbaus auf Länder- und kommunaler Ebene ließ Befürchtungen aufkommen, daß sich die FDP langfristig nur als Bundespartei werde behaupten können. 1982/83 war die FDP zeitweilig in 6 Landtagen nicht mehr vertreten. Bei allen Landtagswahlen von Mai 1981 bis September 1983 erzielten die GRÜNEN höhere Anteile als die FDP. Bei der Europawahl im Juni 1984 scheiterte die FDP ebenfalls. Erst 1985 wendete sich das Blatt: Im Saarland, in Berlin und in Nordrhein-Westfalen kehrte die FDP in die jeweiligen Parlamente zurück. Martin Bangemann, der 1985 als Nachfolger von Hans-Dietrich Genscher auf dem Parteitag in Saarbrücken zum Vorsitzenden gewählt worden war, hatte mit dieser Serie erfolgreicher Landtagswahlen einen guten Einstand. Doch zeigte sich bei genauerer Analyse des Berliner Wahlergebnisses, daß die FDP allein aufgrund einer massiven Zweitstimmenkampagne von Wählerinitiativen, die den bürgerlichen Senat stützen wollten, wieder in das Abgeordnetenhaus eingezogen war, gleichzeitig jedoch bei den Bezirkswahlen zum Teil verheerende Stimmeneinbußen hinnehmen mußte[29]. Der Trend bestätigte sich bei den Kommunalwahlen in anderen Ländern, wo die FDP erheblich an Terrain verloren hatte. Von insgesamt 369 Städten mit 25 000 und mehr Einwohnern war die FDP im November 1988 in 223 Räten vertreten und stellte dort insgesamt 562 Ratsmitglieder. In den Kreistagen war die FDP im Februar 1988 insgesamt mit 478 Sitzen vertreten, was bundesweit eine Repräsentanz von 3,49 Prozent ausmachte[30].

29 Vgl. zu den Wahlen vom Frühjahr 1985 Hans Vorländer, The Enigmatic FDP: Can the Liberal Party Survive?, in: German Studies Newsletter, (1985) 5, S. 9–16.
30 Angaben der Bundesgeschäftsstelle der FDP vom 16. 2. 1989.

Innerhalb der Bundeskoalition fand die FDP zu ihrem Rollenverständnis als Korrektiv zurück. In der Außenpolitik verkörperte sie – vor allem durch die Person von Hans-Dietrich Genscher – die Kontinuität einer gegen Ende der sechziger Jahre begonnenen und dann von der sozial-liberalen Koalition formulierten Entspannungspolitik. Hier konnte sie sich von revisionistischen Positionen innerhalb der CDU/CSU absetzen, wobei sie nicht den Eindruck einer partiellen außenpolitischen Übereinstimmung mit Politikern der SPD scheute. Auf dem Gebiet der Innen- und Rechtspolitik war die FDP bemüht, ihr Image als Hüterin des Rechtsstaates zu bewahren. Bei der Bundestagswahl 1987 erschien die FDP als das natürliche Korrektiv zur CSU – ein von der FDP dargestelltes Selbstverständnis, das auch der um die innere Balance der Drei-Parteien-Koalition bemühte Kanzler Helmut Kohl zu nutzen wußte. Die FDP erreichte 9,1 Prozent und zeigte sich damit auf bundespolitischer Ebene erholt.

III. Weltanschauliches Profil und programmatische Akzente

Die FDP kann auf die älteste Partei- und die längste Programmtradition in der Geschichte der Parteien Deutschlands zurückblicken. Der Liberalismus als politische und soziale Bewegung des aufsteigenden Bürgertums hatte im 19. Jahrhundert drei zentrale Forderungen erhoben: Als Verfassungsbewegung verlangte der Liberalismus die konstitutionelle Begrenzung von Macht sowie die Sicherung individueller Grund- und Bürgerrechte. Als Wirtschaftsbewegung forderte der Liberalismus die Sicherung der Gewerbefreiheit und die Einrichtung eines von staatlichen Eingriffen weitgehend freien Raumes wirtschaftlicher Betätigung. Als nationale Bewegung verlangte der Liberalismus die nationalstaatliche Einigung Deutschlands. Das soziale Leitbild des frühen, zum Teil auf vorindustriellen Vorstellungen beruhenden Liberalismus war das einer Bürgergesellschaft ohne Klassen- und Standesschranken. Sozialstrukturell bedingte Konflikte in der liberalen Bewegung sowie die realen Machtverhältnisse im Deutschland des 19. Jahrhunderts hatten bereits vor der Revolution von 1848/49 und erst recht nach ihrem Scheitern zu einer Fragmentierung der politischen Kräfte und zu einer damit verbundenen unterschiedlichen programmatischen Ausrichtung geführt. Die gemäßigten und nationalliberalen Kräfte suchten eine konstitutionelle »Vereinbarung« mit den bestehenden Fürstenhäusern, die Radikalen forderten die Errichtung einer Republik auf demokratischer und egalitärer Grundlage. Nach der gescheiterten Revolution brach ein Zielkonflikt innerhalb der nationalen Einigungsbewegung auf, die sich vor die Alternative der Verwirklichung von Einheit oder Freiheit gestellt sah. Nur die südwestdeutschen Liberalen hatten die Priorität so eindeutig gesetzt, wie es Karl von Rotteck, Geschichtsprofessor in Freiburg und Mitglied der badischen Zweiten Kammer, mit seinem bekannten Satz »Lieber Freiheit ohne Einheit, als Einheit ohne Freiheit« postuliert hatte.

Einem liberal-demokratischen Flügel stand somit seit den fünfziger Jahren des 19. Jahrhunderts eine nationalliberale Strömung innerhalb des deutschen Liberalismus gegenüber. Als Reaktion auf Industrialisierung, Proletarisierung und Arbeiterbewegung bemühten sich liberale Genossenschaftler wie Hermann Schulze-Delitzsch, liberale Ökonomen im »Verein für Socialpolitik« sowie aus der evangelischen Arbeiterbewegung stammende Politiker wie Friedrich Naumann und auch Theodor Barth um eine soziale Reformulierung des klassischen Wirtschaftsliberalismus. Diese Reformbestrebungen eines sozialen Liberalismus, der den selbständigen Industriebürger zum Leitbild hatte, konnten erst 1910, mit der Gründung der linksliberalen Fortschrittlichen Volkspartei, zu einem verspäteten Erfolg geführt werden. Die Reformtradition des Liberalismus wurde in Weimar von der Deutschen Demokratischen Partei anfänglich fortgeführt; Regelung des Schulwesens, Demokratisierung der Verwaltung und der Armee, konsequente Parlamentarisierung sowie die Erweiterung der Grundrechte zu einer umfassenden Wirtschafts- und Sozialverfassung waren die Kernelemente der verfassungspolitischen Reformvorstellungen, die auch in den Weimarer Verfassungsentwurf des Liberalen Hugo Preuß eingingen. Rathenau und Stresemann von der liberalen Deutschen Volkspartei verfolgten in Weimar zudem eine Außenpolitik, die an Friedenssicherung und Ausgleich orientiert war[31].

Aber ebensowenig, wie es sich bei der FDP um eine direkte Nachfolgerin einer liberalen Partei aus Kaiserreich oder Weimarer Republik handelt, hat sie sich zunächst explizit zur Programmtradition des Liberalismus als ideologischer Grundlage ihrer Politik bekannt. Zum einen gab es Liberale wie Theodor Heuss, der unmittelbar nach Kriegsende dem Versuch, an die Programmtradition des Liberalismus anzuknüpfen, eine Absage erteilte, weil er alle Begriffe des »überkommenen Parteienvokabulars« für abgegriffen und historisch verjährt hielt. Zum anderen waren die Vorläuferorganisationen der FDP in den Ländern politisch so unterschiedlich ausgerichtet, daß es bis zum Berliner Programm von 1957 dauerte, bis ein von der Gesamtpartei beschlossenes programmatisches Dokument zustande kam[32]. Erst im Zuge der Modernisierung der FDP in der zweiten Hälfte der sechziger Jahre unternahm sie verstärkte programmatische Anstrengungen, die ihr Profil ideologisch verdeutlichen sollten. Höhepunkt waren die Freiburger Thesen von 1971, denen 1977 eine Fortschreibung in Form der Kieler Thesen folgte. Im Februar 1985 verabschiedete die Partei als vorläufig letzte umfassende Standortbestimmung das »Liberale Manifest für eine Gesellschaft im Umbruch«.

Während die Bundespartei erst spät eine programmatische Grundlage und damit eine ideologische Bestimmung ihrer Politik fand, entfalteten die Landesverbände, die sich vor Gründung der FDP konstituiert hatten und auch nach dem Heppenheimer Zusammenschluß ein großes Eigengewicht in der Gesamtstruktur der Partei behielten, zum Teil eine bemerkenswerte Programmaktivität im zeitlichen Kontext von Gründungen und ersten Wahlen. Keine der Landesparteien hatte jedoch ein Bekenntnis zur Idee des Liberalismus abgegeben. Übereinstimmungen zwischen den regionalen Programmen gab es in den Forderungen nach Wiederherstellung der Grund- und Freiheitsrechte und einem demokratischen Staatsaufbau, im Bekenntnis zum Berufsbeamtentum, den Forderungen nach Einrichtung der Gemeinschaftsschule und nach einer Trennung von Staat und Kirche. In den letzten beiden Programmpunkten dokumentierte sich das antiklerikale und laizistische Erbe des

31 Zu den unterschiedlichen Strömungen vgl. Literaturhinweise in Anm. 2 sowie Lothar Gall (Hrsg.), Liberalismus, Königstein 1980[2] und K. Holl/G. Trautmann/H. Vorländer (Anm. 15).

32 Die programmatische Entwicklung der FDP von 1946 bis 1969 ist dokumentiert und kommentiert bei P. Juling (Anm. 8); Programm-Auszüge bis 1969 sind nach Juling zitiert, dort das Heuss-Zitat (S. 16).

Liberalismus des 19. Jahrhunderts. Generell wurde die Forderung nach einer freien Wirtschaft, oft gekoppelt mit der ausdrücklichen Ablehnung der Sozialisierung, erhoben. Gerade im wirtschaftspolitischen Bereich zeigte sich die besitzbürgerliche und mittelständische Orientierung, deren soziales Leitbild einer »Schaffung möglichst vieler unabhängiger Existenzen, insbesondere eines gesunden Bauern- und Mittelstandes« repräsentativ für die ersten weltanschaulichen Bestimmungen war. Eine egalitäre Komponente fand sich in Hamburg, wo Bodenspekulationen ebenso ausgeschaltet werden sollten wie das »Herrschaftsstreben finanzkapitalistischer oder privatmonopolistischer Besitzgruppen«. Ähnliche Formulierungen, die auf eine Ablehnung wirtschaftlichen Machtmißbrauches hinausliefen, fanden sich im Wirtschaftsprogramm der FDP der britischen Zone. Ein Bekenntnis zur Sozialpolitik fehlte nur in den Programmen von Baden und Bayern; die Parteien der britischen Zone, Württemberg-Badens und Hamburgs stellten sogar ein Recht auf Arbeit heraus. In den regionalen Programmen fand sich jedoch weder eine explizite Auseinandersetzung mit dem Nationalsozialismus noch eine Reflexion auf Theorie und Praxis des Weimarer Liberalismus. Für den Wiederaufbau wurde die moralische Erneuerung des Einzelmenschen (Süd- und Mittelbaden, 1946) oder der Geist der süddeutschen Demokratie (Württemberg-Baden, 1946) reklamiert. Die FDP der britischen Zone sprach vom »Unglück, das der imperialistische Zwangsstaat herbeigeführt hat«, die FDP Hamburgs von der Auslieferung des deutschen Volkes an die »machttrunkene Dämonie eines von Massenekstasen emporgespülten Selbstherrschers«.

Ebenso wie schon die Landesparteien vermied auch die *Heppenheimer Gründungsproklamation* vom 12. Dezember 1948 den expliziten Bezug zur liberalen Programmtradition. Sie begnügte sich mit dem grundsätzlichen Hinweis auf »den Gedanken der Freiheit und des Persönlichkeitsrechtes«, ließ dann »Erklärungen zu dringlichen Tagesfragen der deutschen Politik« folgen, die der Unterstützung der Liberalen im Frankfurter Wirtschaftsrat und im Parlamentarischen Rat dienen sollten. Zu den Forderungen zählten eine Begrenzung der Besatzungskosten, eine Befreiung des Außenhandels von allen bürokratischen Fesseln, ein gerechter Lastenausgleich sowie die Einrichtung eines zentralen Flüchtlingsamtes und die verfassungsmäßige Anerkennung des Berufsbeamtentums. Die Dichotomie von nationalliberalem und liberaldemokratischem Flügel ließ eine programmatische Standortbestimmung nicht zu und bestimmte auch den dilatorischen Kompromißcharakter der *Bremer Beschlüsse* des ersten Bundesparteitags der FDP im Juni 1949. In einem Memorandum zur Flaggenfrage erkannte der Parteitag die Flagge schwarz-rot-gold an, erklärte zugleich aber, daß er der schwarz-weiß-roten Fahne »immer ein ehrfurchtsvolles Gedenken« bewahren werde. In den Bremer Beschlüssen wurden zudem das Ende der Demontagen, eine besondere Aufbaugesetzgebung im Bereich des Wohnungsbaus, die Eingliederung von Kriegsgefangenen und Heimatvertriebenen und eine Steuerreform gefordert, sowie die im Grundgesetz vorgesehene Möglichkeit der Sozialisierung kritisiert.

Die ungeklärte Standortfrage dokumentierte sich symbolträchtig in den zwei Programmentwürfen im Vorfeld des vierten Bundesparteitags vom November 1952 in Bad Ems. Das *Deutsche Programm* des Landesverbandes Nordrhein-Westfalen vom 25. Juli 1952 war ein »Aufruf zur nationalen Sammlung«, bekannte sich zum Deutschen Reich und sollte »Deutschlands tiefste Erniedrigung« überwinden helfen. Das hiergegen formulierte Hamburger *Liberale Manifest* bekannte sich zu einem Liberalismus der Fortschrittstradition, verstanden als »Kampf gegen die Gefahren, die der inneren und äußeren Freiheit des Menschen und seiner Würde drohen, wenn er in das Getriebe kollektivistischer Verwaltungsmaschinen gerät«. Beide Programme waren nicht kompromißfähig.

Nach Überwindung der innerparteilichen Auseinandersetzung um den Kurs der Partei wurde auf dem Berliner Bundesparteitag am 26. Januar 1957 das erste Grundsatzprogramm beschlossen. Das *Berliner Programm* ging mit Versuchen einher, die Partei als »dritte Kraft« und als »moderne liberale Partei« im System der Parteienkonkurrenz zu profilieren. Dementsprechend grenzten sich die jeweils mit einer Erläuterung versehenen zehn Thesen im Sinne der liberalen Mitte von »Marxismus und sozialistischen Experimenten« ebenso ab wie vom »Mißbrauch der Religion im politischen Tageskampf«. In der Wirtschaftspolitik wurden betont neoliberale Grundsätze verfochten und insbesondere Maßnahmen zur Erhaltung des Mittelstandes und der Neubildung selbständiger Existenzen, zur Eigentumsbildung für jedermann sowie zur kostendeckenden Preisgestaltung für die Landwirtschaft gefordert. Neue Akzente gegenüber den Positionen der Unionsparteien wurden in einer »Deutschen Außenpolitik«, die auf der Basis von Entspannung und Westintegration eine friedliche Wiedervereinigung zum Ziel hatte, gesetzt. Zwei Jahre später legte die Bundestagsfraktion der FDP *Grundrisse eines deutschen Friedensvertrages (Deutschlandvertrag)* vor. Sie waren als Gegenvorschlag zum sowjetischen Friedensvertragsentwurf vom 10. Januar 1959 gedacht und beabsichtigten die Wiederherstellung der staatlichen Einheit Deutschlands bei gleichzeitigem Abschluß von Verträgen zur Wahrung der europäischen Sicherheit. Diese Verträge sollten ein europäisches Sicherheitssystem, eine dauerhafte Sicherheitsordnung in Europa, eine atomwaffenfreie Zone in Mitteleuropa sowie den Verzicht auf Besitz, Produktion, Erwerb und Erprobung biologischer und chemischer Massenvernichtungsmittel zum Gegenstand haben.

Mit dem Gang in die Opposition 1966 und dem Bemühen der Parteiführung, Wählerschichten in der neuen Mittelschicht zu erschließen, vollzog sich auch ein programmatischer Wandel. Der neue Kurs der Partei zeigte sich in Ansätzen erstmalig im *Hannoveraner Aktionsprogramm* vom April 1967, das bereits mit seinem Titel »Ziele des Fortschritts« ein neues Image der Partei aufzubauen gedachte. Betont wurden Prinzip und Ausbau des Rechtsstaats; der Liberalismus wurde auf die Wahrung der freiheitlichen Grundrechte seiner Bürger verpflichtet. Die Themen Demokratisierung der Gesellschaft, Bildungsreform und entspannungsorientierte Ost- und Deutschlandpolitik wurden ebenfalls besonders herausgestellt. Noch prononcierter gab sich dann die 1969 in Nürnberg verabschiedete *Wahlplattform*, in der die Dreiheit von »Innenpolitik vernünftiger Reformen«, »Wirtschaftspolitik des Fortschritts« und »selbstbewußterer Außenpolitik« angemahnt wird. Forderungen nach Reformen des Strafrechts, des Strafvollzugs, nach neuen Formen direkter Demokratie und nach Revision der Notstandsgesetze suchten den fortschrittlichen verfassungspolitischen Reformkurs der Partei zu verdeutlichen.

Die eigentliche programmatische Erneuerung der FDP stellten die *Freiburger Thesen* dar, die auf dem Freiburger Bundesparteitag vom 25. bis 27. Oktober 1971 beschlossen wurden. Damit bekannte sich die Partei zu einem »demokratischen und sozialen Liberalismus«. In der Einleitung zu den Freiburger Thesen wurde der Liberalismus als Träger und Erbe der demokratischen Revolution fixiert. Ausgehend vom individualistischen Freiheitsbegriff der Aufklärung über den liberaldemokratischen Begriff der politischen Freiheit wird in den Freiburger Thesen nun ein sozialer

Freiheitsbegriff angemahnt: »Nicht nur auf Freiheiten und Rechte als bloß formale Garantien des Bürgers gegenüber dem Staat, sondern als soziale Chance in der alltäglichen Wirklichkeit der Gesellschaft« komme es an. Die Forderung nach sozial erfüllter Freiheit führte schließlich zur Formulierung einer liberalen Gesellschaftspolitik, womit die FDP an frühere Versuche etwa Friedrich Naumanns und Theodor Barths um die Jahrhundertwende anknüpfte, eine für die Industriegesellschaft adäquate liberale Konzeption zu entwickeln.

Liberalismus heißt entsprechend den ersten vier grundlegenden Thesen des Freiburger Programms »Parteinahme für Menschenwürde durch Selbstbestimmung«, »Parteinahme für Fortschritt durch Vernunft«, »Demokratisierung der Gesellschaft« und »Reform des Kapitalismus«. Im einzelnen wurden Grenzen der Eigentumsfreiheit aufgezeigt, die Forderung nach besseren Erwerbschancen von Eigentum gestellt, ein Modell für eine überbetriebliche Vermögensbildung und für eine neue betriebliche und Unternehmens-Mitbestimmung vorgeschlagen. Ein Novum im Programmbestand der Parteien zu jener Zeit war ein Kapitel zur Umweltpolitik, dessen Leitthese lautete: »Umweltschutz hat Vorrang vor Gewinnstreben und persönlichem Nutzen«[33].

Mit den Freiburger Thesen wurde der vorwiegend ökonomisch definierte Liberalismus der fünfziger und sechziger Jahre durch einen gesellschaftspolitischen Reformliberalismus überwunden. Die Symbolkraft der Freiburger Thesen für die innerparteiliche Integration und den Bestand der sozial-liberalen Koalition sowie als Zeichen der Erneuerung der Partei war hoch. Den Freiburger Thesen folgten eine Reihe weiterer Programme[34] in einzelnen Politikbereichen, von denen die *Stuttgarter Leitlinien einer liberalen Bildungspolitik* von 1972, das Papier *Freie Kirche im freien Staat* von 1974 und die *Perspektiven liberaler Deutschlandpolitik* von 1975 das besondere Interesse der Öffentlichkeit fanden. In der *Bildungspolitik* forderte die FDP zur Verwirklichung des »Bürgerrechts auf Bildung« Chancengleichheit, die Durchlässigkeit von und zu allen Bildungsgängen, Integration der schulischen und außerschulischen Bildung sowie besondere Maßnahmen der individuellen Förderung. Als »offene Schule« wurde die spezifisch liberale Form der Integrierten Gesamtschule, als »offene Hochschule« die spezifisch liberale Form der Integrierten Gesamthochschule bezeichnet. Das *Kirchenpapier* der FDP forderte eine konsequente Verwirklichung der Unabhängigkeit von Staat und Kirche. Die Partei setzte sich für eine Abschaffung des bisherigen Kirchensteuersystems wie auch des Körperschaftsstatus der Kirchen und für eine Revision der bestehenden Staatsverträge mit den Kirchen ein. In der *Deutschlandpolitik* forderte die FDP nach den ostpolitischen Vertragsabschlüssen einen weiteren Ausbau der Friedens- und Entspannungspolitik, die auf den Abbau der Konfrontation in Europa und die Entwicklung systemübergreifender Formen der Zusammenarbeit gerichtet sein sollte.

Gemessen an Vielzahl und intellektuellem Zuschnitt der Programme war die FDP in den siebziger Jahren tatsächlich eine Programmpartei[35], doch handlungsleitend für

---

33 Karl-Hermann Flach/Werner Maihofer/Walter Scheel, Die Freiburger Thesen der Liberalen, Reinbek 1972. Vgl. auch zur Entstehung und Bedeutung H. Vorländer (Anm. 15), S. 209ff.

34 Die Programmentwicklung von 1969 bis 1979 ist dokumentiert in Günter Verheugen (Hrsg.), Das Programm der Liberalen, Baden-Baden 1979.

35 So die Charakterisierung des damaligen Generalsekretärs Verheugen (Anm. 34), S. 5.

die politische und die Regierungspraxis war die Programmarbeit nur bedingt. Entsprechend ihrer Rolle als wirtschaftspolitisches Korrektiv innerhalb der Koalition mit den Sozialdemokraten, aber auch im Kontext der krisenhaften ökonomischen Rahmenbedingungen entwickelte sich die FDP programmatisch wieder stärker in die Richtung einer Wirtschaftspartei. Dies wurde deutlich, als im Juli 1977 die zwei im Jahre 1975 eingesetzten Kommissionen ihre Ausarbeitungen vorlegten: Die Wirtschaftskommission unter Hans Friderichs mit *Grundzügen liberaler Wirtschaftspolitik* und die Perspektivkommission unter Werner Maihofer und später Gerhart R. Baum mit *Aktuellen Perspektiven des sozialen Liberalismus.* Die Perspektivkommission sah ihre Aufgabe in der Fortschreibung der Freiburger Thesen und entwickelte in der Tendenz eher staatsinterventionistische Konzepte für eine an qualitativem Wachstum orientierte Wirtschaft, während die Wirtschaftskommission auf marktwirtschaftliche Problemlösungsmechanismen setzte. Die 1977 verabschiedeten *Kieler Thesen* stellten formal einen Kompromiß aus den beiden Papieren dar, inhaltlich setzten sich jedoch die Befürworter des freien Marktes durch. Es wurden Thesen zu den drei Bereichen »Wirtschaft im sozialen Rechtsstaat«, »Bürger, Staat, Demokratie« und »Bildung und Beschäftigung der jungen Generation« formuliert. Kernpunkte waren die Verpflichtung der Wirtschaftspolitik auf den Markt, wobei dem Staat die Gestaltung des Ordnungsrahmens obliegt, und die Betonung der Notwendigkeit von Wirtschaftswachstum. Im Mai 1981 verabschiedete die Partei ein *Ökologisches Aktionsprogramm,* das eine programmatische Antwort auf die wählerwirksame Konkurrenz der GRÜNEN war. Hierin wurden die Grundprinzipien liberaler Umweltpolitik durch das Vorsorgeprinzip, das Verursacherprinzip und das Kooperationsprinzip definiert. Unter Kooperationsprinzip verstand die FDP die »rechtzeitige und ausgewogene Beteiligung aller gesellschaftlichen Kräfte«. Damit sollten bürgernahe Lösungen von Umweltproblemen gefunden werden. Kommunale Selbstverwaltung sollte an die Stelle von staatlicher und bürokratischer Kontrolle treten, der Schutz der Umwelt sollte auch durch marktwirtschaftliche Ansätze sichergestellt werden. Darüber hinaus wurden ökologische Eckwerte für Boden-, Grundwasser-, Strahlen-, Lärm-, Klima- und Artenschutz sowie für die Lufreinhaltung, den Schutz der Meere, den Schutz vor Chemikalien und für die Nahrungsmittelqualität festgesetzt. Umweltschutz sollte Verfassungsrang erhalten, die Verbandsklage in Belangen von Naturschutz und Landschaftspflege eingeführt werden.

Der Koalitionswechsel von 1982 ließ zunächst programmatische Anstrengungen hinter der Existenzsicherung der Partei zurücktreten. Ein auf dem Berliner Parteitag im November 1982 verabschiedetes *Berliner Manifest* blieb ohne jede Bedeutung. Im Zuge der Konsolidierung und als Zeichen innerparteilicher Geschlossenheit verabschiedete die Partei auf dem Saarbrücker Bundesparteitag 1985 ein *Liberales Manifest für eine Gesellschaft im Umbruch,* das Antworten auf die »Krise der Institutionen und Wertorientierungen« suchte: »Gegen alle Katastrophenfurcht und Zukunftsängste setzen die Liberalen das Vertrauen in die Fähigkeit des Menschen, aus eigener Verantwortung eine freie, friedliche und sozial gerechte Welt zu gestalten.« Die FDP forderte unter anderem, daß es einen »genetisch manipulierten Menschen« nicht geben dürfe. Der Umweltschutz brauche mehr ökologisch und sozial verpflichtete Marktwirtschaft; Umweltgüter wie Wasser, Luft, Boden und Landschaft müßten im Wirtschaftsleben zu Kostenfaktoren werden. Die Arbeitslosigkeit könne nur mit der marktwirtschaftlichen Ordnung beseitigt werden, unter anderem durch den Abbau von Verkrustungen, die auch auf dem Arbeitsmarkt zu finden seien. In der Fortentwicklung der Medien wird die Chance des Bürgers für mehr Kommunikation und Meinungsvielfalt gesehen. Mit dem Saarbrücker Manifest sollte an die Freiburger Thesen angeknüpft werden, doch fehlte eine explizite Bezugnahme auf die Programmtradition des sozialen Liberalismus. Die programmatische Fortführung des Liberalen Manifestes war für 1988 in der Form einer *Wiesbadener Erklärung* geplant, wurde dann aber auf dem Bundesparteitag zur Beratung weiterverwiesen. In dem Entwurf, der seit Beginn 1989 unter anderem von einer vom Parteivorstand neu eingesetzten Perspektivkommission beraten wird, wurde zur Lösung ökonomischer Probleme mehr Markt, Privatisierung und Abbau von Reglementierungen gefordert. In der Sozialpolitik wollte die FDP für »kleine soziale Netze« anstelle von »Sozialbürokratie« eintreten. In der Bildungspolitik wurde einerseits der alte liberale Grundsatz der Chancengleichheit erwähnt, andererseits aber auch die Auslesefunktion des Bildungssystems betont. Ein von der FDP zuvor auf den zwei Parteitagen in Hannover und Mainz 1986 beschlossenes Papier über *Neue Chancen kultureller Lebensgestaltung* thematisierte nicht nur staatliche Kulturpolitik und individuelle künstlerische Betätigung, sondern stellte auch die wirtschaftliche Dimension der Kultur (»Wirtschaft und Kultur gehören zusammen«) heraus und lotete die sich aus der Fortentwicklung von Technologien und Medien eröffnenden Chancen individueller Freiheit und Lebensgestaltung aus. Programmatisch zeichnet sich damit ein Profil der FDP als Wirtschafts- und Kulturpartei ab.

IV. Organisationsstruktur und Parteifinanzen

1. Organisationsstruktur der FDP

Die formale Organisationsstruktur ist in der letztmalig am 7. Oktober 1988 durch den 39. Ordentlichen Bundesparteitag geänderten Satzung geregelt. Oberstes Organ ist der Bundesparteitag, der alljährlich stattfindet und aus 402 Delegierten besteht. Weitere Organe der Bundespartei sind der Bundeshauptausschuß (»kleiner Parteitag«) sowie der Bundesvorstand, der sich aus dem Präsidium, 24 Beisitzern und den Bundesministern, Regierungschefs der Länder und Mitgliedern der EG-Kommission zusammensetzt. Bundesvorsitzende waren Theodor Heuss (1948–1949), Franz Blücher (1950–1954), Thomas Dehler (1954–1957), Reinhold Maier (1957–1960), Erich Mende (1960–1968), Walter Scheel (1968–1974), Hans-Dietrich Genscher (1974–1985) und Martin Bangemann (1985–1988). Auf dem Bundesparteitag der FDP in Wiesbaden im Oktober 1988 wurde Otto Graf Lambsdorff mit 211 zu 187 Stimmen gegen Irmgard Adam-Schwaetzer zum neuen Bundesvorsitzenden der FDP gewählt. 1971 wurde das Amt des Generalsekretärs geschaffen, das bis 1973 von Karl-Hermann Flach, 1974/75 von Martin Bangemann, 1978 bis 1982 von Günter Verheugen, 1982 bis 1985 von Irmgard Adam-Schwaetzer und von 1985 bis 1988 von Helmut Haussmann bekleidet wurde. Im Oktober 1988 wurde Cornelia Schmalz-Jacobsen zur neuen Generalsekretärin gewählt. Der Bundesvorstand der FDP hat zur gesonderten Bearbeitung von politischen oder organisatorischen Aufgaben zuletzt am 18. November 1988 beschlossen, 12 Bundesfachausschüsse für alle wichtigen Politikfelder, 2

Kommissionen (Gleichberechtigung und Familienpolitik; Medien) und einen Gesprächskreis (Liberalismus und Kirche) einzusetzen.

Die Bundesgeschäftsstelle der FDP im Thomas-Dehler-Haus verfügt mit ihren insgesamt 27 Mitarbeitern in etwa über die Personalstärke der Politischen Abteilung der CDU. Die Personalausgaben für das Jahr 1987 beliefen sich auf ca. 2,3 Millionen DM. Der gegenwärtige Bundesgeschäftsführer ist Rolf Berndt. Die Bundesgeschäftsstelle gliedert sich in die drei Abteilungen »Politik und Internationale Beziehungen«, »Presse und Öffentlichkeitsarbeit« und »Organisation«. Für technische und organisatorische Aufgaben, die die Bundesgeschäftsstelle aufgrund ihrer geringen Personalstärke nicht wahrnehmen kann, wird ein externes Dienstleistungsunternehmen beauftragt. Traditionell blieb das Management der Bundespartei im Vergleich zu den konkurrierenden Großparteien unterentwickelt. Dies lag zum Teil an dem großen Eigengewicht der Landesverbände, zum Teil an der geringen Finanzausstattung. Organisation und personelle Besetzung der Bundesgeschäftsführung waren erheblichen Schwankungen und Wechseln ausgesetzt. Die Selbstdarstellung über Ministerämter nahm vielfach eine substitutive Funktion ein. In den Oppositionszeiten 1956 bis 1961 und vor allem während der Großen Koalition 1966 bis 1969 nahm das Gewicht der Bundesgeschäftsstelle im innerparteilichen Prozeß zu. Seit 1977 wurde unter der Leitung von Günter Verheugen die Bundesgeschäftsstelle neu organisiert und auch ein Anfang zur Reform der Parteiarbeit gesetzt, deren Ziel der Abbau des organisatorischen Defizits war[36]. Viele Ziele dieses Projektes wurden nicht erreicht, in jüngster Zeit ist jedoch eine weitere Professionalisierung und Modernisierung des Parteiapparates festzustellen. Dies wird durch die konsolidierte Finanzlage der Bundespartei ermöglicht und dokumentiert sich in dem von der Bundesgeschäftsstelle betriebenen und mitfinanzierten Aufbau eines EDV-gestützten Datenverbundes von Landesverbänden und Bundespartei.

Im Unterschied zu CDU, CSU und SPD verfügt die FDP nicht über ein Netz von starken Neben- oder Unterorganisationen. Als Jugendorganisation fungieren die *Jungen Liberalen (Julis),* die im November 1982 vom Bundesvorstand und im Januar 1983 vom Wahlparteitag in Freiburg als Nachfolgeorganisation der Deutschen Jungdemokraten (DJD) anerkannt wurden. Die Julis besitzen nach eigenen Angaben 6500 Mitglieder (per 31. Dezember 1988) mit einem Durchschnittsalter von 22,8 Jahren. Sie sind in 11 Landesverbände gegliedert, Nordrhein-Westfalen mit 2000 und Baden-Württemberg mit 900 Mitgliedern sind die stärksten Landesverbände. Die Julis erhalten seit 1986 eine institutionelle Förderung von der FDP.

Ebenfalls von der FDP unterstützt wird der *Bundesverband Liberaler Hochschulgruppen (LHG).* Der Bundesverband ist die Dachorganisation von 45 studentischen Gruppen, die sich satzungsmäßig nicht als Vorfeldorganisationen der FDP verstehen, in der FDP jedoch ihren parlamentarischen Ansprechpartner sehen. Die Gründungsversammlung der LHG fand am 18. Dezember 1987 in Bonn statt. Die LHG sind die Nachfolgeorganisationen vom Liberalen Studentenbund Deutschland (LSD) und des 1972 gegründeten Liberalen Hochschulverbandes (LHV), der sich in den achtziger Jahren politisch auseinanderdividierte und organisatorisch fragmentierte.

---

36 Vgl. Vorschläge zur Reform der Parteiarbeit, vorgelegt von der Projektgruppe »Organisationsreform« der FDP-Bundesgeschäftsstelle, Bonn August 1977 (unveröff.).

Große Bedeutung für die Vorfeldarbeit der FDP hat die im Mai 1958 gegründete *Friedrich-Naumann-Stiftung*, die mit der FDP politisch und personell eng verbunden ist. Vorsitzender des Vorstands ist der FDP-Fraktionsvorsitzende Wolfgang Mischnick, Vorsitzender des Kuratoriums der FDP-Ehrenvorsitzende Walter Scheel und sein Stellvertreter der FDP-Parteivorsitzende Otto Graf Lambsdorff. Der Geschäftsführung steht Fritz Fliszar, bis 1983 Bundesgeschäftsführer der FDP, vor. Die Stiftung hatte im Jahr 1988 Gesamteinnahmen von über 76 Millionen DM (Einnahmen der Gesamt-FDP im Jahr 1987: 45,5 Millionen DM). Im Bereich Inland gab die Stiftung 16,5 Millionen DM für die politische Bildungsarbeit, 6,5 Millionen DM für die Begabtenförderung, 2,2 Millionen DM für Forschung, Planung und Archiv sowie knapp 700 000 DM für Publikationen und Öffentlichkeitsarbeit aus[37]. Mit einer Vielzahl bereits bestehender und geplanter Bildungsstätten und über die enge Zusammenarbeit mit den liberalen Landesstiftungen hat die Friedrich-Naumann-Stiftung ein nahezu flächendeckendes Netz politischer Bildungs- und programmatisch-liberaler Schulungsarbeit aufgebaut.

2. *Die Finanzen der FDP*

Nachdem die Bundespartei über viele Jahre überschuldet war und sich 1975 in einer konkursähnlichen Situation befand, ist sie seit 1987 schuldenfrei und weist ein Reinvermögen von rund einer halben Million DM aus. Die Bundespartei konnte von 1968 bis 1975 im Jahresdurchschnitt nur über etwa 5 Millionen DM verfügen, mußte im gleichen Zeitraum jedoch Kredite in Höhe von 9,8 Millionen DM aufnehmen[38]. 1975 fand unter Federführung des damaligen Schatzmeisters Karry eine Umschuldungsaktion statt, in deren Folge die schon früh, mit Gründung der Bundespartei einhergehende Abhängigkeit von Spenden aus der Wirtschaft besonders deutlich wurde. Im Zuge der Parteispendenaffäre, die 1987 mit der Verurteilung der ehemaligen Wirtschaftsminister Hans Friderichs und Otto Graf Lambsdorff wegen Steuerhinterziehung bzw. Beihilfe zur Steuerhinterziehung einen vorläufigen Abschluß fand, ging das Spendenaufkommen deutlich zurück (in Millionen DM: 1983: ca. 7; 1984: 0,6; 1985: 1,5; 1986: 1,9; 1987: 1,9). 1984 belief sich die Überschuldung der Bundespartei auf 8,6 Millionen DM, 1985 auf 7 Millionen DM und 1986 auf 8,2 Millionen DM. Seit 1987 ist die Bundespartei schuldenfrei, zwei Jahre früher, als es das Sanierungskonzept des Bundesvorstands vom 23. September 1985 vorgesehen hatte. Die Wahlkampfkostenerstattung fiel aufgrund des unerwartet hohen Stimmenanteils von 9,1 Prozent höher als angenommen aus (13,1 Millionen DM). Zugleich waren für den Bundestagswahlkampf 1986/87 nur etwa 6,2 gegenüber 14,3 Millionen DM im Jahr 1983 aufgewendet worden. Außerdem betrug der Chancenausgleich 1987 4,3 Millionen DM[39]. Die Bundespartei dürfte sich in den nächsten Jahren, nicht zuletzt

---

37 Vgl. Friedrich-Naumann-Stiftung, Jahresbericht 1988, St. Augustin 1989, S. 106f.

38 Vgl. H. Kaack (Anm. 5), S. 74ff.

39 Vgl. die entsprechenden Rechenschaftsberichte der FDP, nach der 1984 erfolgten Änderung des Parteiengesetzes jährlich vom Präsidenten des Deutschen Bundestages veröffentlicht; siehe auch den Bericht des Bundesschatzmeisters der FDP, Hermann Otto Solms, in: Neue Bonner Depesche, (1988) 11, S. 10.

durch die Einführung des Sockelbetrages aufgrund der Novellierung der Parteienfinanzierung, weiterhin finanziell konsolidieren.

V. Mitgliedschaft und innerparteiliche Willensbildung

1. Mitgliederentwicklung

Gesicherte Daten über die Mitgliedschaft der FDP liegen erst seit 1968 vor. Über Mitgliederstärke und -bewegungen im Zeitraum davor gibt es keine exakten Zahlen, weder die Bundespartei noch die Landesverbände haben – mit ganz wenigen Ausnahmen – zentrale Mitgliederkarteien geführt. Mitgliederstatistiken wurden, wenn überhaupt, ausschließlich auf der Ebene der Kreisverbände erstellt und gelangten nur anläßlich der Bestimmung von Delegiertenrechten bei Parteitagen zur Kenntnis der Parteiführungen – wobei davon auszugehen ist, daß in diesen Fällen überhöhte Mitgliederbestände angegeben wurden, um sich stärkere Delegiertenkontingente zu sichern. Nach dem Delegiertenschlüssel für die Heppenheimer Versammlung hatten die Landesparteien bei Gründung der FDP im Jahr 1948 zusammen ca. 60 000 Mitglieder; bei kritischer Durchsicht ist die Zahl auf ca. 45 000 für 1946/47 und auf ca. 48 000 Miglieder für 1949 nach unten zu korrigieren[40]. Auch Annahmen, wonach die FDP in der ersten Hälfte der fünfziger Jahre ca. 80 000 bis 90 000 Mitglieder gehabt haben soll[41], sind mit aller Wahrscheinlichkeit um mindestens 20 000 zu hoch angesetzt. Zwischen 50 000 und 70 000 Mitgliedern dürfte sich die tatsächliche Mitgliederstärke der FDP in der zweiten Hälfte der fünfziger Jahre und der ersten Hälfte der sechziger Jahre bewegt haben. Festzuhalten ist, daß die FDP von Anfang an die im Vergleich zu SPD und Unionsparteien geringste Mitgliederdichte (Korrelation zwischen Mitgliederzahlen und Wählerstimmen) aufzuweisen hatte.

Wie *Tab. 1* zeigt, verlor die FDP zwischen 1969 und 1971 im Zuge ihrer sozialliberalen Umorientierung ca. 5 500 Mitglieder. Von 1973 bis 1981 war ein kontinuierlicher Aufwärtstrend zu verzeichnen. Zwischen 1981 und 1987 hat die FDP einen saldierten Verlust von rund einem Viertel ihrer Mitgliedschaft hinnehmen müssen. Dieser Verlust ist auf den Bruch der Koalition mit der SPD zurückzuführen. Generell dürfte der Mitgliederstand in den Jahren bis 1984 zu hoch angesetzt worden sein (die Landesverbände gaben überhöhte Mitgliederzahlen an, weil die Delegiertenmandate der Landesverbände zu den Bundesparteitagen auf der Basis der Mitglieder berechnet werden; erst seit 1984 muß jeder Landesverband pro Mitglied 1 DM an den Bundesverband abführen, was zu einer Bereinigung der Mitgliederkarteien führte). Über Austauschbewegungen in der Mitgliedschaft, vor allem im Zusammenhang mit den Regierungswechseln von 1969 und 1982, liegen keine gesicherten Daten vor. Die allgemeine Mitgliederschwäche der FDP, verstärkt durch die hoch zu veranschlagenden Austauschbewegungen, erklärt ihre im Vergleich zu SPD und Unionsparteien

40 Vgl. D. Hein, Zwischen liberaler Milieupartei (Anm. 1), S. 216ff., 221.

41 So etwa Heino Kaack, Geschichte und Struktur des deutschen Parteiensystems, Opladen 1971, S. 492f.; J. M. Gutscher (Anm. 5), S. 76; Kurt J. Körper, FDP. Bilanz der Jahre 1960 bis 1966. Braucht Deutschland eine liberale Partei?, Köln 1968, S. 41.

Tab. 1: Mitgliederentwicklung der FDP seit 1969 per 31. 12. eines Jahres

	1969	1970	1971	1972	1973	1974	1975	1976
Baden-Württemberg	7 386	7 512	7 123	7 353	7 758	7 868	8 407	8 981
Bayern	4 913	4 846	4 663	5 206	5 847	6 584	6 792	7 327
Berlin	1 216	1 170	1 281	1 416	1 520	1 813	1 944	2 135
Bremen	623	647	620	733	744	784	831	863
Hamburg	2 035	1 954	1 743	1 880	1 978	2 174	2 261	2 457
Hessen	5 293	5 202	5 193	6 860	7 615	8 376	8 451	9 381
Niedersachsen	6 153	5 314	4 832	5 488	6 388	7 656	7 840	8 883
Nordrhein-Westfalen	18 869	18 515	16 859	18 744	20 199	21 791	23 730	25 046
Rheinland-Pfalz	3 903	3 811	3 722	3 892	4 351	5 599	5 743	6 136
Saarland	3 997	3 649	3 448	3 256	3 324	3 482	3 482	3 452
Schleswig-Holstein	4 332	3 878	3 763	2 876	3 420	4 776	4 463	4 401
Inland	58 720	56 498	53 247	57 704	63 144	70 903	73 944	79 062
Ausland	30	33	55	53	61	35	88	100
Gesamt	58 750	56 531	53 302	57 757	63 205	70 938	74 032	79 162

	1977	1978	1979	1980	1981	1983	1985	1987
Baden-Württemberg	8 635	8 602	8 783	9 226	9 337	8 081	7 608	7 571
Bayern	7 730	8 538	8 787	9 109	9 153	7 490	6 394	6 014
Berlin	2 254	2 351	2 342	2 388	2 481	2 184	2 058	2 141
Bremen	854	829	848	875	886	734	670	660
Hamburg	2 433	2 371	2 234	2 262	2 279	1 701	1 459	1 623
Hessen	9 668	9 747	8 875	9 990	10 290	8 326	7 833	7 703
Niedersachsen	8 972	9 037	9 504	9 033	10 484	8 644	8 087	8 266
Nordrhein-Westfalen	24 922	24 751	26 236	26 338	26 311	21 296	19 709	19 261
Rheinland-Pfalz	6 018	6 202	6 418	6 427	6 645	5 622	5 050	5 020
Saarland	3 451	3 701	3 827	3 982	4 320	3 535	3 474	3 258
Schleswig-Holstein	4 479	4 678	4 571	4 455	4 561	3 843	3 210	3 139
Inland	79 416	80 807	82 425	84 085	86 747	71 456	65 552	64 656
Ausland	123	121	121	123	137	187	210	249
Gesamt	79 539	80 928	82 546	84 208	86 884	71 643	65 762	64 905

Quelle: Bundesgeschäftsstelle der Freien Demokratischen Partei.

niedrige organisatorische Verankerung. Die lokale Präsenz der FDP ist mit 2185 Ortsverbänden (Stand vom 15. August 1988) nur zu einem Fünftel flächendeckend.

Über die Mitgliederstruktur liegen Daten aus den Jahren 1977 und 1983 vor. 1977 wurde im Auftrag einer Projektgruppe »Organisationsreform« eine repräsentative Mitgliederbefragung durchgeführt[42]. Eine Befragungsaktion der Kreisvorsitzenden der FDP, die nur mit Einschränkungen als repräsentativ anzusehen ist, fand nach der »Wende« zwischen Ende September und Mitte November 1983 statt. Tendenzen und Verschiebungen der Mitgliederstruktur zwischen 1977 und 1983 lassen sich jedoch erkennen. Die Befragung vergleicht die berufliche Aufgliederung zwischen ausgetretenen und seit dem 31. August 1982 neu eingetretenen Mitgliedern und kommt zu dem Ergebnis: „Es sind etwas mehr Arbeiter ausgetreten als eingetreten (Anteil aber ohnedies sehr gering). Es sind mehr mittlere Angestellte und Beamte ausgetreten, als anteilsmäßig neu eingetreten sind, und umgekehrt hat sich der Anteil der leitenden Angestellten und Beamten entwickelt, wo einem Anteil von 14 Prozent bei den Austritten ein Anteil von 16,1 Prozent bei den Eintritten gegenübersteht. Deutlicher ist die Tendenz bei den mittleren Selbständigen: Deren Anteil bei den Austritten von 8,1 Prozent steht ein Anteil bei den Neueintritten von 15,9 Prozent gegenüber, und in die gleiche Richtung entwickeln sich die freien Berufe.«[43] In diesen Zahlen spiegeln sich in etwa jene Entwicklungen wider, die von den Medien als die »Unterwanderung der FDP durch Makler und Maler« beschrieben wurden. Bezüglich der Mitgliederstruktur von 1983 stellt der Bericht über die Befragungsaktion keine besonders auffallenden Veränderungen gegenüber 1977 fest: Der Arbeiteranteil sei mit etwa 5 Prozent gleich geblieben, der Anteil der Selbständigen und freien Berufe auf 23,3 Prozent gestiegen, Hausfrauen machten 10,7 Prozent aus, in Schul-, Berufs- und Hochschulausbildung befänden sich nur noch 6 Prozent, der Anteil der Rentner und Pensionäre sei auf 10,7 Prozent gefallen. Der Anteil von Frauen in der Mitgliederschaft wird 1983 mit 23,4 Prozent angegeben.

Im Bereich der politischen Partizipation schätzten die Kreisvorsitzenden den Teil der sehr aktiven Mitglieder auf 10,5 Prozent, der aktiven Mitglieder auf 14,5 Prozent, der wenig aktiven Mitglieder auf 20,3 Prozent und der inaktiven Mitglieder auf 54,7 Prozent ein. Der Grad der Aktivität steigt umgekehrt proportional mit der Größe des Kreisverbandes. Über die gesellschaftlichen Beziehungen, Außenkontakte und Ansprechpartner versuchte die Befragungsaktion Klarheit zu gewinnen (»Mit welchen Verbänden, Vereinen und anderen Organisationen kommen die Kreisverbände häufig, gelegentlich, selten oder nie in Berührung?«). »Häufig« kommen danach die Mitglieder des Kreisverbandes mit Sportvereinen (20,3 Prozent), Bürger- und Heimatvereinen (12,8 Prozent), Umweltorganisationen (12,2 Prozent) und Bürgerinitiativen (11 Prozent) sowie den Kreishandwerkerschaften (10,7 Prozent) in Berührung. Werden die Nennungen in den Kategorien »häufig« und »gelegentlich« addiert, so ergibt sich eine Rangfolge der kontaktierten Organisationen (wobei die

42 Vgl. Anm. 36. Ergebnisse der Mitgliederbefragung im Materialienband, Anlage 2.

43 Befragung der Kreisvorsitzenden der FDP/Zusammenfassung der Ergebnisse, Anlage 4 zum Informationsbrief Nr. 1/84 vom 7. 2. 1984 des Generalsekretärs der FDP an Funktionsträger der FDP, S. 4ff. Die folgenden Angaben sind derselben Quelle entnommen. (Eine im September 1987 begonnene neue Mitgliederbefragung durch die Bundesgeschäftsstelle ist bislang weder abgeschlossen noch ausgewertet worden.)

Intensität des Kontaktes – formale Mitgliedschaft, gelegentliches Gespräch oder ähnliches – offen bleibt): An der Spitze liegen Umweltorganisationen mit 55,6 Prozent, Sportvereine mit 52,2 Prozent, Bürgerinitiativen (46,8 Prozent) sowie Bürger- und Heimatvereine (44,1 Prozent); auffallend ist die starke Repräsentanz von Kreishandwerkerschaft (43,5 Prozent), Handwerkskammer (40,3 Prozent) sowie Industrie- und Handelskammer (39,4 Prozent). Berufsständische Organisationen werden mit 31,1 Prozent angegeben, Gewerbevereine mit 29,3 Prozent, DGB-Gewerkschaften mit 25,4 Prozent, die DAG mit 12,8 Prozent und Frauenorganisationen mit 20,9 Prozent. 26,6 Prozent geben Kontakte zur evangelischen, nur 15,8 Prozent der Befragten Kontakte zur katholischen Kirche an[44].

Aussagekräftiger als die Erhebung der allgemeinen Mitgliederstruktur ist die Befragung der Kreisvorsitzenden selbst, wobei ein Bild der mittleren Führungsebene der FDP skizziert wird. Danach errechnet sich für 1983 ein Durchschnittsalter der FDP-Kreisvorsitzenden von 37 Jahren, der Anteil der Katholiken ist mit 23,9 Prozent gering, der Abiturientenanteil liegt mit 61 Prozent weit über dem Bevölkerungsdurchschnitt. Die Beamtenschaft ist in der mittleren Führungsschicht stark vertreten: Mit zusammen 35,3 Prozent übertreffen die Beamten deutlich die Angestellten, die 27,5 Prozent der Kreisvorsitzenden stellen, und ebenso die Selbständigen, die mit 31,1 Prozent bei den Kreisvorsitzenden erheblich mehr in Erscheinung treten, als ihrem Anteil an der erwerbstätigen Bevölkerung zu jenem Zeitpunkt entsprechen würde (11,7 Prozent). Der Aufstieg in Funktionsämter geht schnell: 30,7 Prozent der FDP-Kreisvorsitzenden sind bereits nach einer Mitgliedsdauer von maximal fünf Jahren in dieses Amt gewählt worden. Allerdings ist zu bedenken, daß in den Jahren 1982 und 1983 aufgrund des politischen Standortwechsels der FDP bundesweit ein Drittel aller Kreisvorsitzenden neu gewählt wurde. Kreisvorsitzende sind in der Regel auch »Multifunktionäre«. Ein Drittel der 345 Kreisvorsitzenden waren 1982/83 Delegierte auf dem Bundesparteitag, 64 Kreisvorsitzende waren in Landesvorständen, sechs im Bundesvorstand vertreten. In den Bundesfachausschüssen der Partei waren 56 Kreisvorsitzende vertreten. Acht Kreisvorsitzende gehörten dem Bundestag an, neun den Landesparlamenten. 35 Kreisvorsitzende gaben an, Mitglied in DGB-Gewerkschaften zu sein, davon waren fünf Kreisvorsitzende nach eigener Angabe führend tätig. 37 Prozent waren Mitglieder in berufsständischen Organisationen, davon 9 Prozent führend[45].

Nach dem Bericht des Bundesvorsitzenden der FDP zur Umsetzung des vom Bundesvorstand am 6. April 1987 beschlossenen Frauenförderplans liegt der Frauenanteil an Ämtern und Funktionen in der FDP zwischen 10 und 12,5 Prozent bei von der FDP gestellten Ministern, Senatoren und Staatssekretären auf Bundes- und Länderebene und zwischen 10 und 26 Prozent bei FDP-internen Führungspositionen auf Kreis-, Landes- und Bundesebene[46].

44 Vgl. ebd., S. 15.
45 Vgl. ebd., S. 18ff.
46 Vgl. Erster Bericht des Bundesvorsitzenden zur Umsetzung des Frauenförderplans der FDP, beschlossen vom Bundesvorstand am 6. April 1987, zum Anteil von Frauen an Ämtern und Funktionen in der FDP, Stand: August 1988, o. O., o. J.

2. *Innerparteiliche Willensbildung*

Geringe Mitgliederzahl, föderalistische Parteiorganisation und bürokratische Durchlässigkeit haben immer wieder den schnellen Aufstieg von Mitgliedern in Funktionsämter ermöglicht und relativ große Beteiligungschancen an internen Willensbildungsprozessen eröffnet. Die Willensbildungs- und Entscheidungsgremien der FDP sind – zumindest auf der Ebene der Untergliederungen – relativ offen: Grundsätzlich kann jedes Mitglied am Bundesparteitag teilnehmen, Nichtdelegierten kann als Gästen das Rederecht eingeräumt werden; Fachausschüsse, Arbeitsgruppen und Kommissionen auf Bundes- und Landesebene entwickeln und beraten die programmatischen Aussagen der Partei und sind auf Landesebene teilweise jedem interessierten Mitglied offen. Wo dies nicht der Fall ist, werden die Kreisverbände durch mindestens ein Mitglied in jedem Ausschuß repräsentiert. Kommunale Parteivorstände und Fraktionen tagen vielfach parteiöffentlich.

Nicht zuletzt aufgrund des geringen Formalisierungsgrades der FDP-internen Willensbildung sind empirisch abgesicherte Aussagen über Willensbildung und Machtverteilung ein Forschungsdesiderat geblieben. Gleichwohl lassen sich Grundtendenzen aufzeigen: Bis in die zweite Hälfte der fünfziger Jahre hat der stark föderalistische Parteiaufbau die Verteilung von Macht und Einfluß in der Gesamtpartei bestimmt. Die Bundespartei fungierte als Dachverband nahezu selbständig agierender Landesparteien, die Landesverbände Nordrhein-Westfalen und Niedersachsen übten aufgrund ihrer Mitglieder- und Finanzstärke einen dominierenden Einfluß in der Gesamtpartei aus. Auch heute sendet der Landesverband Nordrhein-Westfalen mit Abstand die meisten Delegierten (111) zu Bundesparteitagen, er stellt mit dem zweitstärksten Verband (Baden-Württemberg: 61 Delegierte) 43 Prozent aller Delegierten[47]. Fünf der neun Parteivorsitzenden kamen aus Nordrhein-Westfalen, drei aus Baden-Württemberg (einer aus Bayern).

Als eigentliches Spitzengremium der FDP auf Bundesebene hatte sich schon früh die Bundestagsfraktion etabliert. Weil viele führende Landespolitiker der Fraktion angehörten, nahmen die Fraktion und ihr Vorstand auch parteiinterne Integrationsfunktionen wahr. Vor allem in Phasen der Regierungsbildung und in Koalitionskrisen (1961, 1966, 1969, 1982/83) hat die Bundestagsfraktion der FDP – zusammen mit dem Bundesvorstand der Partei – die entscheidenden Weichenstellungen vollzogen, die die (Koalitions-)Politik der Bundespartei wesentlich mitbestimmt und die Fraktion als Gravitationszentrum des koalitionspolitischen Entscheidungsprozesses der Bundes-FDP wiederholt bestätigt haben[48]. Hauptakteure des Koalitionswechsels von 1982 waren Fraktion und Bundesvorstand, der Bundesparteitag legitimierte die vollzogenen Entscheidungen nachträglich.

Mußte der Bundesvorstand seine Tätigkeiten lange auf die Funktionen eines Koordinationsgremiums von elf Landesverbänden beschränken, so hat er seit 1957, mit der Übernahme des Bundesvorsitzes durch Reinhold Maier, kontinuierlich an

47 Vgl. Delegiertenrechte der Landesverbände zum Bundesparteitag 1988 und 1989, Berechnung und Aufstellung der Bundesgeschäftsstelle der FDP, Bonn, 3. Februar 1988.

48 Vgl. J. M. Gutscher (Anm. 5), S. 70ff.; Hartmut Ullrich, Die Rolle von Bundestagsfraktion und außerparlamentarischen Parteigremien in der politischen Willensbildung der FDP, in: Politische Vierteljahresschrift, 8 (1967) 1, S. 103–125.

Gewicht im innerparteilichen Willensbildungs- und Entscheidungsprozeß gewonnen. Dieser Zugewinn ist nicht allein auf Satzungsänderungen und parteiorganisatorische Reformen, die Ende der fünfziger Jahre und dann wieder in der Oppositions- und Modernisierungsphase nach 1966 den Bundesvorstand als Führungs- und Lenkungsorgan der Gesamtpartei zu etablieren suchten, zurückzuführen. Auch Gewicht, Darstellung und Ansehen der FDP als Regierungs- und Koalitionspartei auf Bundesebene haben, bei gleichzeitiger elektoraler Schwächung der Landesparteien, in den siebziger und achtziger Jahren die Position des Bundesvorstands entscheidend gestärkt.

Mit der Modernisierung und der Wandlung zur Reformpartei vor und während der sozial-liberalen Koalition offenbarte sich das Dilemma einer kleinen, prinzipiell offenen und partizipationsfreundlichen Partei: Einerseits verstärkten reformfreudige Parteiaktivisten auf der unteren und mittleren Parteiebene Artikulations- und Forderungsverhalten, was sich im Prozeß der Programmdiskussion und -entscheidung dokumentierte; andererseits fürchteten große Teile der Parteiführung um Regierungsfähigkeit und -teilhabe der FDP, deren Existenzsicherheit mit der gouvernementalen Funktion im Zusammenhang gesehen wurde. Der Konflikt zwischen »Programmpartei« und »Ministerpartei« konnte z. T. nur durch Rücktrittsdrohungen domestiziert werden, ehe er im Kontext der Wende von 1982/83 offen ausbrach[49].

VI. Wahlen und Wählerstruktur

Als Wählerpartei ist die FDP eine Partei sui generis. Sie besitzt weder eine feste sozialstrukturelle Verankerung in einer bestimmten Wählerschicht noch gesellschaftliche Vorfeldorganisationen wie Gewerkschaften oder Kirchen, die ein natürliches Milieu für FDP-Wähler darstellen könnten. Hinzu kommt, daß die Wählerschaft der FDP kein spezifisches Sozialprofil mehr aufweist – sieht man von der generellen Charakterisierung ab, daß die Wählerschaft der FDP überdurchschnittlich gut ausgebildet ist, ein über dem Durchschnitt liegendes Einkommen aufweist und sich überwiegend aus altem Mittelstand und neuer Mittelschicht rekrutiert. Auch eine besondere regionale Verankerung ist nicht mehr feststellbar.

Bei den Landtagswahlen 1946/47 sowie den ersten Wahlen zum Bundestag 1949 und 1953 konnte die FDP noch als Partei des protestantischen alten Mittelstandes gekennzeichnet werden. FDP-Hochburgen lagen sowohl in den städtischen Dienstleistungszentren als auch in den ländlichen Regionen des protestantischen Deutschlands. Über den Zeitraum von 1949 bis 1957 ließ sich jedoch ein Abbau der regionalen Hochburgen – die 1949 noch in den hanseatischen Stadtstaaten, in Hessen, Rheinland-Pfalz sowie Württemberg und Baden gelegen waren – und eine Angleichung der Ländereregebnisse im Bundesdurchschnitt beobachten[50].

---

49 Vgl. H. Vorländer (Anm. 15); Hans F. W. Gringmuth, Der Handlungsspielraum der Freien Demokratischen Partei als Artikulationspartei, Frankfurt u. a. 1984; Werner Pelzer, Die Genese der Freiburger Thesen der FDP. Eine Fallstudie als Beitrag zur Soziologie innerparteilicher Entscheidungsprozesse, unv. Diplomarbeit an der Universität Bielefeld, 1974.

50 Vgl. etwa Jürgen W. Falter, Kontinuität und Neubeginn. Die Bundestagswahl 1949 zwischen Weimar und Bonn, in: Politische Vierteljahresschrift, 22 (1981) 1, S. 236–263; Franz Urban

Der Modernisierungsprozeß der FDP in den Jahren 1966 bis 1972 basierte auf einem Umschichtungsprozeß in der Wählerstruktur, der sich in der Abnahme der Wähler aus dem ländlichen und der Zunahme aus dem städtischen Elektorat sowie in der Abwanderung bzw. Verringerung von Selbständigen und der Zunahme von Angestellten und Beamten ausdrückte. Die allgemeine Veränderung in der Berufsstruktur der Bundesrepublik fand sich damit in zugespitzter Form in der Veränderung der Wählerstruktur der FDP wieder, in der neuen Mittelschicht lag das Wählerreservoir einer modernisierten FDP. Sozialstrukturell gesehen, hatte sich die FDP damit bis 1972 vom protestantischen alten Mittelstand weitgehend abgekoppelt[51].

Trotz des Koalitionswechsels der FDP 1982/83 von der SPD zur CDU/CSU veränderte sich die sozialstrukturelle Zusammensetzung der FDP-Wählerschaft, wie sie sich Mitte der sechziger und Anfang der siebziger Jahre herausgebildet hatte, nur unwesentlich *(vgl. Tab. 2)*. Die Arbeiteranteile liegen niedriger als vor 1982, die

Tab. 2: Sozialstruktur der FDP-Wähler bei vier Bundestagswahlen (in Prozent der jeweiligen Strukturgruppen)

Bundestagswahl	1976	1980	1983	1987
1. Beruf des Haushaltungsvorstandes				
– ungelernte Arbeiter	2	6	3	5
– gelernte Arbeiter	6	11	2	4
– bis mittlere Angestellte und Beamte	10	15	4	9
– leitende Angestellte und Beamte	14	10	3	18
– kleine und mittlere Selbständige	5	13	11	18
2. Konfession				
– katholisch	4	7	5	7
– nicht-katholisch	11	16	5	10
3. Kirchenbindung				
– Katholiken				
– stark	2	7	3	6
– mäßig	9	10	8	7
– keine	3	5	4	7
– Nicht-Katholiken				
– stark	11	18	10	12
– mäßig	10	19	3	13
– keine	10	15	4	9

Quelle: Forschungsgruppe Wahlen e.V., Die Konsolidierung der Wende. Eine Analyse der Bundestagswahl 1987, in: Zeitschrift für Parlamentsfragen, 18 (1987) 2, S. 268, 270.

Pappi, Sozialstruktur, gesellschaftliche Wertorientierungen und Wahlabsicht. Ergebnisse eines Zeitvergleichs des deutschen Elektorats 1953 und 1976, in: Max Kaase (Hrsg.), Wahlsoziologie heute. Analysen aus Anlaß der Bundestagswahl 1976 (Politische Vierteljahresschrift, 18 [1977] 2–3), S. 195–229.

51 Vgl. mit Zahlen des Instituts für politische Planung und Kybernetik, Die Bundestagswahl 1972, Bonn 1973; s.a. Rüdiger Zülch, Von der FDP zur F.D.P. Die dritte Kraft im deutschen Parteiensystem, Bonn 1972, S. 82ff.

Selbständigen sind als Wählerpotential wieder etwas bedeutsamer als während der sozial-liberalen Koalition. Die Grundstruktur der sozialen Zusammensetzung blieb aber von der Positionsveränderung der FDP im Parteiensystem unberührt: deutlich unterrepräsentiert in der Arbeiterschaft, überrepräsentiert dagegen bei den Selbständigen und freien Berufen, bei den mittleren und höheren Beamten und leitenden Angestellten, bei den Wählern mit hoher formaler Bildung sowie bei nicht-katholischen Wählern. Bei der Bundestagswahl 1983 hatte sich der Anteil der Katholiken unter den Wählern der FDP zwar erhöht, wurde 1987 durch überdurchschnittliche Zugewinne bei den protestantischen Wählern aber wieder relativiert. Die Wählerschaft der FDP ist jedoch in der Koalition mit der Union erheblich »älter« geworden: Die FDP ist bei den jüngeren Wählern unter 35 Jahren unterrepräsentiert, hatte 1987 jedoch ihre größten Zuwächse in der jüngsten Altersgruppe der unter 25jährigen zu verzeichnen; an Bedeutung gewonnen haben die mittleren und älteren Jahrgangsgruppen, obwohl auch sie unterrepräsentiert sind. In der regionalen Zusammensetzung war 1983 ein deutliches Nord-Süd-Gefälle zu verzeichnen. In den norddeutschen Bundesländern und in Nordrhein-Westfalen verlor die FDP stärker als im Süden und Südwesten der Republik. Doch konnte die FDP bereits 1987 wieder Terrain in Schleswig-Holstein, Hamburg und Bremen zurückgewinnen[52].

Diese Verschiebungen in der sozialen und regionalen Zusammensetzung sind wenig aussagekräftig und für das politische Verhalten der FDP nur wenig relevant, weil solche Umschichtungsprozesse durch einen bei Koalitionswechseln deutlich erkennbaren Austausch von Wählern, die eine bestimmte Koalition präferieren, überlagert werden. Das seit 1965 zunehmende Stimmensplittingverhalten der FDP-Wähler *(vgl. Tab. 3),* die feststellbare Abnahme der Identifikation mit der FDP sowie abrupte Wechsel in der Links-Rechts-Einschätzung der FDP bestätigen, daß die FDP keine durch Stammwählerschaft und soziales Milieu geprägte Partei ist, sondern vom Wähler primär in ihrer Funktion als Regierungs- und Koalitionspartei wahrgenommen wird. Der Anteil der Stammwähler ist deutlich unter fünf Prozent gesunken, der typische FDP-Wähler ist der ungebundene Wechselwähler aus dem Mittelstand der Selbständigen sowie der leitenden Angestellten und Beamten, der ein eher instrumentelles als festgefügtes Wahlverhalten aufweist.

In der Bundestagswahl von 1983 wurde der Charakter der FDP als Koalitionspartei besonders deutlich. Das Stimmensplittingverhalten erreichte sein bisher größtes Ausmaß: Nur 29,1 Prozent der FDP-Zweitstimmenwähler gaben der FDP die Erststimme, 58,7 Prozent stimmten für die CDU- bzw. CSU- und 10,1 Prozent für die SPD-Kandidaten. Damit hatte sich gegenüber 1980 nicht nur der Umfang des Stimmensplittings signifikant erhöht, sondern auch dessen Richtung verändert. Anders als bei den Bundestagswahlen der siebziger Jahre erhielt die FDP die für sie entscheidenden Zweitstimmen hauptsächlich von unionsnahen Wählern, die durch

---

52 Vgl. Forschungsgruppe Wahlen, Regierungswechsel und politische Einstellungen. Eine Analyse der Bundestagswahl 1983, in: Zeitschrift für Parlamentsfragen, 14 (1983) 4, S. 556–582; dies., Die Konsolidierung der Wende. Eine Analyse der Bundestagswahl 1987, in: Zeitschrift für Parlamentsfragen, 18 (1987) 2, S. 253–284 (in beiden Analysen wird der sozialstrukturelle Wandel der FDP-Wählerschaft überbewertet). Für Anregungen und Hinweise danke ich Hans-Jürgen Beyer vom Forschungsinstitut der Friedrich-Naumann-Stiftung.

Tab. 3: Stimmensplitting von FDP-Zweitstimmenwählern seit 1957 in Prozent

Zweitstimme	Erststimme	1957	1961	1965	1969	1972	1976	1980	1983	1987
FDP	FDP	85,0	86,5	70,3	62,0	38,2	60,7	48,5	29,1	38,7
	CDU/CSU	7,5	8,1	20,8	10,6	7,9	8,0	13,3	58,3	43,2
	SPD	3,8	3,1	6,7	24,8	52,9	29,9	35,5	10,1	13,1
	Grüne	–	–	–	–	–	–	2,0	1,7	3,2
	Rest	3,7	2,3	2,2	2,6	1,0	1,4	0,8	0,9	1,8

Quelle: Repräsentative Wahlstatistik (ohne Briefwahl).

Stärkung der FDP die Fortsetzung der Koalition ermöglichen, eine absolute Mehrheit der Unionsparteien und/oder einen zu starken Einfluß der CSU in der Koalition aber verhindern wollten.

1983 war die Identifikation der FDP-Zweitstimmenwähler mit ihrer Partei signifikant zurückgegangen. Hatten 1980 noch etwa 54 Prozent der FDP-Wähler eine mehr oder weniger enge Bindung an die FDP gezeigt, so waren es 1983 nur noch 45,7 Prozent (und 1987 26,9 Prozent). Erhöht hat sich nicht nur der Anteil der FDP-Wähler ohne jegliche Parteibindung (21,4 Prozent in 1980; 24,2 Prozent in 1983; 36,7 Prozent in 1987), sondern vor allem der Anteil der FDP-Zweitstimmenwähler, die sich mit einer anderen Partei als der FDP identifizieren: 1983 identifizierten sich 22,1 Prozent und 1987 20,6 Prozent mit der CDU/CSU. Nimmt man die reine Parteiidentifikation unabhängig von koalitionspolitischen Orientierungen als Indikator für die Größe einer eventuellen Stammwählerschaft, so zeigen Umfragen 1983 und 1987 einen Anteil von jeweils 2,2 Prozent der Wähler in der Bundesrepublik, die sich mit der FDP identifizierten[53].

Diese Wählerstruktur erklärt die Verletzbarkeit der FDP, die vor allem in den Ländern zunehmend in Erscheinung tritt. Weil die FDP keine zureichende Stammwählerschaft hat, ist sie darauf angewiesen, ausreichend Situationswähler bei jeder Wahl zu gewinnen, um die Fünf-Prozent-Hürde zu überspringen. Stärke und Schwäche einer entpolitisierten Sozialstruktur liegen somit bei der FDP janusköpfig und existenzgefährdend beieinander. Die FDP hat 1980, 1983 und 1987 im Bund gezielte Zweitstimmenkampagnen geführt, und auch auf Landesebene ist die FDP bemüht, ein Zweitstimmenwahlrecht (wo nicht vorhanden) einzuführen. Bei den Wahlen zum Berliner Abgeordnetenhaus 1985 konnte die FDP davon profitieren, in Niedersachsen und Rheinland-Pfalz hat sie eine entsprechende Änderung des Wahlrechts in Koalitionen mit der CDU durchgesetzt.

53 Vgl. zu Parteiidentifikation und -sympathie Rainer-Olaf Schultze, Die Bundestagswahl 1987 – eine Bestätigung des Wandels, in: Aus Politik und Zeitgeschichte, B 12/87, S. 12f.; Forschungsgruppe Wahlen, Regierungswechsel (Anm. 52), S. 574f.

Ferdinand Müller-Rommel / Thomas Poguntke

Die GRÜNEN

Die GRÜNEN sind in den vergangenen zehn Jahren zu einem festen Bestandteil des bundesrepublikanischen Parteiensystems geworden. Mit ihren teilweise beachtlichen Wahlerfolgen auf Europa-, Bundes-, Länder- und Kommunalebene haben sie das weitgehend stabile parlamentarische Dreiparteiensystem in Bewegung gebracht. Verantwortliche Politiker in etablierten Parteien und Verbänden haben erfahren, daß Kompromisse um Politikforderungen häufig nicht mehr ohne die GRÜNEN auszuhandeln sind. Daß sich die GRÜNEN zu einer wichtigen politischen Kraft in unserem Parteiensystem entwickeln würden, prognostizierten Anfang der achtziger Jahre nur wenige politische Beobachter.

Die »grüne Bewegung« entstand Ende der siebziger Jahre, als sich in einzelnen Städten und Landkreisen unterschiedliche Bürgerinitiativen und kommunale Wählervereinigungen an Wahlen beteiligten. Diese regionalistischen Strömungen sind auch heute noch das bestimmende Strukturmerkmal der GRÜNEN. Es ist kaum möglich, die Funktionsweise und die Entwicklung der grünen Bundespartei richtig zu verstehen, ohne die Entstehungsprozesse der grün-alternativen Strömungen in den einzelnen Bundesländern genauer zu kennen.

I. Vorläufer der GRÜNEN auf Länderebene

Die Entstehung der GRÜNEN nahm ihren Anfang in *Niedersachsen.* Im Mai 1977 gab die Landesregierung bekannt, daß ein überregionales Entsorgungszentrum mit Atommülldeponie und Wiederaufbereitungsanlage gebaut werden sollte. Als möglicher Standort wurden die Städte Aschendorf, Lichtenhorst, Lutterloh und Gorleben genannt. An allen Orten bildeten sich Bürgerinitiativen gegen dieses Projekt. Die Hoffnung der Bürgerinitiativen, aus der Anti-AKW-Bewegung würde eine Volksbewegung werden, führte nach den gewaltsamen Auseinandersetzungen in Brokdorf und Grohnde vom März 1977 in eine Sackgasse. Neue Aktionsformen mußten gefunden werden, um die Sympathien der Bevölkerung zurückzugewinnen. Um der Bürgerinitiativbewegung neue Impulse zu geben, wurde im Mai 1977 in Schwarmstedt die »Umweltschutzpartei Niedersachsen« (USP) gegründet. Sie war die erste landesweite grüne Liste der Bundesrepublik. Nach den Parteitagsbeschlüssen der SPD und der FDP im Herbst 1977, die sich eindeutig für einen Ausbau der Atomenergie aussprachen, verzeichnete die USP einen bedeutenden Mitgliederzuwachs, der sich in einer flächendeckenden Organisation auf Landesebene niederschlug. Im Dezember 1977 fusionierte die USP mit der »Grünen Liste Umweltschutz« (GLU), die bei den

Kreistagswahlen in Hildesheim im Oktober 1977 mit 1,2 Prozent der Stimmen ein Kreistagsmandat errungen hatte. Mit dieser Fusion konnte die USP zugleich von dem Namen »Grüne Liste« profitieren, der in der Presse großen Anklang fand und als Synonym für ökologischen Protest galt. Bei der Landtagswahl im Juni 1978 erhielt die GLU landesweit 3,9 Prozent der Stimmen. Das beste Ergebnis erzielte die GLU in Gorleben (17,8 Prozent der gültigen Stimmen). Aber auch im Einzugsbereich von umstrittenen umweltschutzpolitischen Maßnahmen und in Universitätsstädten war die GLU außerordentlich erfolgreich[1]. Das vergleichsweise gute Wahlergebnis war u. a. darauf zurückzuführen, daß es der GLU rechtzeitig gelungen war, die aufkommende Wahlkonkurrenz einer eher linken Bunten Liste zu verhindern, indem man dieser Liste das Angebot unterbreitet hatte, nach den Wahlen für eine grundsätzliche Debatte über die ideologische Richtung der GLU bereitzustehen. Die nach der Landtagswahl entfachte heftige Diskussion über die politische Richtung der Wählervereinigung endete mit dem Rücktritt und späteren Austritt des damaligen konservativen Vorsitzenden der GLU, Carl Beddermann[2].

In der GLU setzte sich fortan die Position eines »Dritten Weges« jenseits von Kapitalismus und Sozialismus durch. 1981 nahm die niedersächsische GLU offiziell den Namen »Die Grünen« an. Bei der Landtagswahl von 1982 gelang der neuen Partei der Sprung in den niedersächsischen Landtag. Die GRÜNEN erhielten 6,5 Prozent der abgegebenen Stimmen und wurden mit elf Sitzen noch vor der FDP drittstärkste Fraktion im niedersächsischen Parlament. Bei der Landtagswahl von 1986 konnten die GRÜNEN ihren Stimmanteil zwar leicht verbessern (7,1 Prozent und elf Sitze), erzielten jedoch unmittelbar nach der Umweltkatastrophe von Tschernobyl nicht das erwartete hohe Wahlergebnis. Offensichtlich hatten es die niedersächsischen GRÜNEN nicht verstanden, alle jene Wähler für sich zu gewinnen, die für einen sofortigen Ausstieg aus der Kernenergie plädierten; vermutlich waren die GRÜNEN eben nicht nur unter dem Gesichtspunkt der Anti-Kernkraft-Problematik gewählt worden.

Während sich die grünen Listen in Niedersachsen organisatorisch zu einer Partei zusammengeschlossen hatten, kandidierten in den anderen norddeutschen Bundesländern konkurrierende grüne und bunte Listen gegeneinander.

Anstoß für eine Beteiligung an der Bürgerschaftswahl in *Hamburg* gab die Bürgerinitiative Umweltschutz Unterelbe (BUU), die sich speziell mit dem AKW-Projekt Brokdorf auseinandersetzte. Im Gegensatz zu der GLU in Niedersachsen strebte man ein breites Bündnis von Initiativgruppen an. Jede Initiative sollte dabei in ihrem eigenen Wirkungsbereich autonom ihre programmatischen Inhalte und Forderungen erarbeiten, einen eigenständigen Wahlkampf führen sowie eigene Kandidaten benennen. Im März 1978 erfolgte der Zusammenschluß unter dem Namen »Bunte Liste – Wehrt Euch: Initiative für Demokratie und Umweltschutz« (BLW). In diesem Bündnis hatte der »Kommunistische Bund« (KB) einen beträchtlichen Einfluß, was konservative Umweltschützer dazu bewegte, im April 1978 die »Grüne Liste Umweltschutz Hamburg« (GLU/HH) zu gründen. Gespräche über eine gemeinsame Kandidatur zur Bürgerschaftswahl 1978 scheiterten einerseits, weil die GLU/HH nicht mit

1 Vgl. Carl Beddermann, Die »Grüne Liste Umweltschutz« in Niedersachsen, in: Rudolf Brun (Hrsg.), Der grüne Protest, Frankfurt 1978, S. 110.
2 Vgl. Anna Hallensleben, Von der Grünen Liste zur Grünen Partei?, Göttingen 1980.

kommunistischen Gruppierungen zusammenarbeiten wollte, und andererseits, weil die Bunten sich weigerten, gemeinsam mit einigen Rechtsextremisten auf der Liste der GLU zu kandidieren. Trotz der Aufforderung der GLU Niedersachsen an die GLU/HH, ihre Kandidatur zurückzuziehen, trat diese zur Wahl an. Während die Bunte Liste 3,5 Prozent der abgegebenen Stimmen erhielt, konnte die Grüne Liste nur ein Prozent der Stimmen auf sich vereinen. Unmittelbar nach der Wahl gelang in zähen Diskussionen der Zusammenschluß von GLU/HH und BLW zur »Grün-Alternativen Liste« (GAL). Bei der Bürgerschaftswahl im Juni 1982 erhielt die GAL dann 7,7 Prozent der abgegebenen Stimmen und wurde zum Zünglein an der Waage für einen SPD-Minderheitssenat. In den Koalitionsgesprächen konnten sich SPD und GAL allerdings auf keine einheitliche politische Linie einigen und so kam es im Dezember 1982 erneut zu einer Wahl, die die SPD gewann und bei der die GAL leichte Verluste hinnehmen mußte (sie errang nur noch 6,8 Prozent und acht Mandate). Im Oktober 1984 schloß sich die GAL der Bundespartei »Die Grünen« an und kandidierte zur Bürgerschaftswahl 1986 erstmals als organisatorisch einheitliche Formation unter dem Namen »Die Grünen/GAL« mit einer reinen Frauenliste. Die Erfahrungen mit den Koalitionsverhandlungen des Jahres 1982 veranlaßten die GAL, prophylaktisch einen Katalog mit zwölf Tolerierungsbedingungen zu beschließen, für den Fall, daß die SPD erneut einen Minderheitssenat stellen würde. In dem Zwölf-Punkte-Katalog hatte sich die fundamentalistische Fraktion durchgesetzt, die einer Zusammenarbeit mit der SPD prinzipiell ablehnend gegenüberstand. Während die GAL bei der Bürgerschaftswahl 1986 ihren Wähleranteil von 6,8 auf 10,4 Prozent erhöhen konnte, verlor die SPD rund zehn Prozentpunkte ihrer Wähler und damit ihre absolute Mehrheit im Senat. Durch den fundamentalistisch orientierten Zwölf-Punkte-Katalog war das Scheitern der kurzen Sondierungsgespräche zwischen SPD und GAL vorprogrammiert. Die Bürgerschaft beschloß daraufhin Neuwahlen, die im Mai 1987 abgehalten wurden. Bei diesen Bürgerschaftswahlen verlor die GAL rund drei Prozentpunkte und erhielt nur sieben Prozent der abgegebenen Stimmen. Die SPD bildete – zusammen mit der FDP, die erstmals seit 1978 wieder in die Bürgerschaft einzog – eine sozialliberale Regierungskoalition.

Ebenso wie in Hamburg gab auch in *Schleswig-Holstein* die Bürgerinitiative Umweltschutz Unterelbe (BUU) den Anstoß für die Gründung einer Wählergemeinschaft. Im Januar 1978, noch rechtzeitig vor den Kommunalwahlen, wurde die »Grüne Liste Nordfriesland« (GLNF) gegründet. Anders als die Bunte Liste in Hamburg räumte man hier der Ökologie absoluten Vorrang vor allen anderen politischen Bereichen ein. Initiativgruppen, die nicht im Umweltschutz tätig waren, wurde die Aufnahme verwehrt. Daneben existierte seit September 1977 die »Wählergemeinschaft zur Erhaltung der Wilster Marsch«, die sich speziell gegen das Atomkraftwerk Brokdorf wandte. Sie kandidierte unter dem Namen »Grüne Liste unabhängiger Wähler« (GLUW) zum Kreistag in Steinburg. Im März 1978 zogen beide, GLUW und GLNF, nach den Kommunalwahlen in die Kreistage von Nordfriesland bzw. Steinburg ein. Mitglieder beider Listen gründeten im Mai 1978 die »Grüne Liste Schleswig-Holstein« (GLSH). Nachdem die GLSH von ihren Mitgliedern eine Erklärung unterschreiben ließ, worin diese versichern mußten, nicht Mitglied einer neofaschistischen oder einer kommunistischen Organisation zu sein, traten viele Linke aus der GLSH aus. Im November 1978 gründeten die vom Abgrenzungsbeschluß Betroffenen die »Liste für Demokratie und Umweltschutz« (LDU). Während die LDU bei der Landtagswahl im April 1979 nicht antrat, erhielt die GLSH 2,4 Prozent der Stimmen. Die GLSH verhielt sich fortan abwartend und löste sich auch bei der Gründung der Bundespartei nicht auf. Eine Fusion der GLSH und der GRÜNEN, die sich mittlerweile gegründet hatten, erfolgte erst Anfang 1983. In der Landtagswahl 1983 erzielten sie aber nur enttäuschende 3,6 Prozent. Auch bei der Landtagswahl von 1987 erhielten die GRÜNEN nur 3,9 Prozent und schafften damit nicht den Einzug ins Landesparlament. Bei der Landtagswahl von 1988 erreichten die GRÜNEN nur noch 2,9 Prozent. Freilich muß man gerade bei dieser Wahl in Rechnung stellen, daß mit Björn Engholm als Spitzenkandidat der SPD und mit dem designierten Sozialminister Günther Jansen – der vor der Wahl angekündigt hatte, daß er bereit sei, aus der Kernkraft auszusteigen – die Ausgangsposition der GRÜNEN im Wahlkampf besonders ungünstig war.

Nach den Achtungserfolgen der grünen und bunten Listen in Niedersachsen und Hamburg 1978 fand sich auch in *Bremen* ein »Initiativkreis für die Grüne/Bunte Liste« zusammen. In diesem Kreis wurde die Gründung einer grünen Wählergemeinschaft vorbereitet. Dabei wirkten u. a. Mitglieder von CDU und SPD mit. Aufsehen in der Öffentlichkeit erregte der gemeinsame Parteiaustritt von 27 SPD-Mitgliedern im Dezember 1978. Einige dieser Mitglieder waren maßgeblich an der Gründung der »Bremer Grünen Liste« (BGL) im Februar 1979 beteiligt, die zwar ein breites ideologisches Spektrum vertrat, sich aber klar von dogmatischen Linken und marxistischen »K-Gruppen« abgrenzte. Letztere gründeten daraufhin im Mai 1979 die »Alternative Liste für Demokratie und Umweltschutz Bremen« (AL), die hauptsächlich vom »Kommunistischen Bund« beeinflußt war. Nachdem mehrere Einigungsversuche gescheitert waren, kandidierten beide Listen zur Bürgerschaftswahl im Oktober 1979. Während des Wahlkampfes erhielt die BGL Unterstützung sowohl von rechten Umweltschützern (z. B. Gruhl) als auch von Linken (z. B. Dutschke). Mit dem Ergebnis von 5,1 Prozent für die BGL gelang es zum ersten Mal einer grünen Liste, in ein Landesparlament einzuziehen. Zusätzlich erreichte die AL 1,4 Prozent der Stimmenanteile. Unmittelbar nach dieser Wahl erfolgte die Gründung des grünen Landesverbandes, an dem sich die BGL allerdings nicht beteiligte.

Mit ihrem Einzug in die Bremer Bürgerschaft[3] begann die parlamentarische Phase der grünen Bewegung. Überzeugt, daß gerade die konsequente Ausgrenzung dogmatischer Kommunisten ihren Erfolg ermöglicht hatte, war die BGL unzufrieden mit der Diskussion über die Abgrenzungsfrage bei den GRÜNEN bundesweit. Folglich verließ die BGL die bundesdeutschen GRÜNEN, nachdem Herbert Gruhl bei seiner Kandidatur zum Parteivorsitzenden auf dem Dortmunder Parteitag der GRÜNEN 1980 gescheitert war. Bei der Landtagswahl 1983 kandidierte die BGL in Konkurrenz zu den GRÜNEN. Während die GRÜNEN 5,4 Prozent erhielten, erreichte die BGL nur noch 2,4 Prozent der Stimmenanteile (was vor allem auf innerparteiliche Konflikte zwischen den Bürgerschaftsabgeordneten Olaf Dinné und Peter Willers über die zukünftige politische Richtung der BGL zurückzuführen war). Bei der Bürgerschaftswahl von 1987 kandidierten nur noch die GRÜNEN; die BGL hatte sich zwischenzeitlich aufgelöst. Insgesamt konnten die GRÜNEN in Bremen ihren Stim-

3 Vgl. Axel Adamietz, Grüne im Parlament – ein Erfahrungsbericht aus der Bremischen Bürgerschaft, in: Kritische Justiz, (1981), S. 384 ff.

menanteil von 1983 bis 1987 verdoppeln: sie erreichten 1987 10,2 Prozent und zehn Mandate in der Bremer Bürgerschaft.

Die Geschichte der grünen Listen in *Hessen* begann im April 1978 mit der Gründung der GLU/Hessen, die auf Betreiben des niedersächsischen GLU-Vorsitzenden Carl Beddermann erfolgte. Um ein gemeinsames Vorgehen zu den Landtagswahlen zu ermöglichen, schloß sich die GLU/Hessen im Juni 1978 mit Umweltschutzgruppen, Bürgerinitiativen und politischen Gruppierungen wie dem Sozialistischen Büro (SB), dem »Kommunistischen Bund«, der KPD zur »Grünen Liste – Wählerinitiative für Umweltschutz und Demokratie« (GLW) zusammen.

Wegen des wachsenden Einflusses linker Gruppen innerhalb der GLW und der Gründung der eher konservativen »Grünen Aktion Zukunft« (GAZ) kam es zur Spaltung der GLU/Hessen, wobei sich ein Teil der Mitglieder fortan der GAZ zuwandte. Der andere Teil hat sich im Juni 1978 mit der GLW zur Grünen Liste Hessen (GLH) zusammengeschlossen. Interne Auseinandersetzungen über Bündnisbreite, Abgrenzung zu linken Gruppen, Programmatik, Priorität ökologischer Forderungen sowie über die Kandidatur des ehemaligen Studentenführers Daniel Cohn-Bendit führten zum Bruch der GLH und zum Ausscheiden der GLU/Hessen aus dem Bündnis. Bei den Landtagswahlen im Oktober 1978 kandidierten dann alle drei Parteien (GAZ, GLU/H, GLH) nebeneinander. Sie erzielten nur geringe Stimmenanteile: GAZ 0,9 Prozent; GLU/H 0,1 Prozent; GLH 1,1 Prozent.

Die Vereinigung der grünen Gruppierungen in Hessen erfolgte schließlich im Zuge der bundesweiten Einigung. Einen Aufschwung verzeichneten die hessischen GRÜNEN dann bei der Landtagswahl im Oktober 1982, als sie acht Prozent der Wählerstimmen erhielten. Bei der Neuwahl zum hessischen Landtag im September 1983 ging ihr Stimmenanteil wieder auf 5,9 Prozent zurück[4]. Dennoch wurden die GRÜNEN mit diesem Wahlergebnis erstmals zum Koalitionspartner der SPD. Das rot-grüne Bündnis zerbrach rund ein halbes Jahr vor dem regulären Ende der Legislaturperiode im Februar 1987. Die Umstände, die zum Koalitionsbruch beigetragen haben, waren mannigfaltig. Zentral war allerdings, daß die GRÜNEN durch ihren Umweltminister Joschka Fischer den bedingungslosen Ausstieg der Landesregierung aus der Kernkraft forderten. Nach der Auflösung der Regierungskoalition und der Selbstauflösung des hessischen Landtages führten die GRÜNEN einen politisch realistischen Wahlkampf, der darauf ausgerichtet war, die Regierungskoalition mit der SPD fortzusetzen. Die Partei konnte bei der Landtagswahl von April 1987 ihren Stimmenanteil auf 9,4 Prozent und 10 Mandate erhöhen. Das schlechte Abschneiden der SPD und das gute Ergebnis für den landespolitischen Herausforderer, Walter Wallmann von der CDU, vereitelte eine Fortführung des rot-grünen Bündnisses in Hessen.

Auch in *Nordrhein-Westfalen* wurde bereits im Juni 1978 eine Grüne Liste Umweltschutz (GLU) gegründet. Im Gegensatz zu einigen anderen Bundesländern, in denen die Gründung einer landesweiten grünen Partei das Ergebnis von langwierigen Diskussionen auf der lokalen oder regionalen Ebene war, ging hier der Gründungsprozeß von der Landesebene aus, ohne daß die neue Partei in der Bürgerinitia-

4 Vgl. Björn Johnsen, Von der Fundamentalopposition zur Regierungsbeteiligung. Die Entwicklung der Grünen in Hessen 1982–1985, Marburg 1988.

tivbewegung verankert gewesen wäre. Dieser fehlende Rückhalt erklärt auch die schnelle Spaltung der GLU im August 1978, als die GLU-Mitgliederversammlung die Umwandlung in einen Landesverband der konservativen »Grünen Aktion Zukunft« beschloß. Während die in der GLU verbleibenden Mitglieder zunächst handlungsunfähig waren, entwickelte sich der nordrhein-westfälische Landesverband zum mitgliederstärksten Landesverband der GAZ. Als Reaktion auf diese Entwicklung gründeten zahlreiche Mitglieder von lokalen Gruppieren im Dezember 1979 die Landespartei »Die Grünen Nordrhein-Westfalen«. Bei den Landtagswahlen im Mai 1980 erzielten sie auf Anhieb drei Prozent der Stimmen[5]. Das Ergebnis der Landtagswahl von 1985 war für die Partei enttäuschend. Es entschieden sich nur 4,6 Prozent der Wähler für die GRÜNEN, die damit im größten Bundesland knapp an der Fünf-Prozent-Hürde scheiterten.

In *Rheinland-Pfalz* wurde ebenfalls im Jahr 1978 eine »Grüne Liste Umweltschutz« gegründet, die sich allerdings nicht an der Landtagswahl 1979 beteiligte. Bis 1983 war die grüne Partei organisatorisch und programmatisch in einem desolaten Zustand. Bei der Landtagswahl im selben Jahr erhielt die Partei 4,5 Prozent der Stimmen. Im Landtagswahlkampf von 1987 konzentrierten sich die GRÜNEN auf konkrete Probleme in der Landespolitik. Sie konnten insgesamt 5,9 Prozent der Stimmen auf sich vereinen und zogen als viertstärkste Partei in den Landtag ein[6].

Im *Saarland* wurde ein Landesverband der GRÜNEN erst im Oktober 1979 gegründet. Bei den Landtagswahlen im April 1980 erhielt die Partei nur 2,9 Prozent der Stimmen. Die saarländischen GRÜNEN stehen im Schatten der Politik des SPD-Ministerpräsidenten Oskar Lafontaine und konnten auch bei den Landtagswahlen 1985 lediglich 2,5 Prozent der abgegebenen Stimmen auf sich vereinen.

Auch in *Bayern* gründeten die GRÜNEN erst relativ spät einen eigenen Landesverband. Bis 1979 vertrat die alteingesessene »Aktionsgemeinschaft Unabhängiger Deutscher« (AUD) als einzige Landespartei dezidiert ökologische Interessen[7]. Vor der Landtagswahl 1978 signalisierte die AUD ihre Gesprächsbereitschaft zu einer gemeinsamen Kandidatur mit den bayerischen Naturschutzverbänden und Bürgerinitiativen. Die Listengemeinschaft »AUD/Die Grünen«, ein Mitte-Rechts-Bündnis unter Ausschluß von linken Kräften, erzielte 1,8 Prozent der Stimmen auf Landesebene. Im Oktober 1979 entstand der bayerische Landesverband der GRÜNEN, der stark geprägt war durch die ideologische Position der AUD und ihres Vorsitzenden August Haußleiter. Die bayerischen GRÜNEN umfassen ein breites Spektrum von mitte-rechts Positionen bis hin zu jenen Teilen der Linken, die als »undogmatisch« gelten und dem Klassenkampf abgeschworen haben. Bei der Landtagswahl 1982 verfehlten die GRÜNEN mit 4,6 Prozent der Stimmenanteile nur knapp die Fünf-Prozent-Hürde; erst 1986 wurden sie mit 7,5 Prozent der abgegebenen Stimmen in den bayerischen Landtag gewählt.

5 Vgl. Helmut Wiesenthal, Die Grünen in Nordrhein-Westfalen, in: Ulrich von Alemann (Hrsg.), Parteien und Wahlen in Nordrhein-Westfalen, Stuttgart 1985, S. 152f.

6 Vgl. Ralf Heidger, Die Grünen. Basisdemokratie und Parteiorganisation. Eine empirische Untersuchung des Landesverbandes der Grünen in Rheinland-Pfalz, Berlin 1987.

7 Vgl. Richard Stöss, Vom Nationalismus zum Umweltschutz. Die Deutsche Gemeinschaft/Aktionsgemeinschaft Unabhängiger Deutscher im Parteiensystem der Bundesrepublik, Opladen 1980.

Die Geschichte der GRÜNEN in *Baden-Württemberg* begann erst nach der Europawahl vom Juni 1979, in der die grünen Listen in Baden-Württemberg im Landesdurchschnitt 4,5 Prozent der Stimmen erhielten[8]. Im September 1979 gründeten die GRÜNEN einen eigenen Landesverband, der im wesentlichen getragen wurde von der AUD und der GAZ. Unterstützt wurde der Landesverband ferner von der bereits im Januar 1979 gegründeten GLU/Baden-Württemberg. Der erste gewählte Landesvorstand der GRÜNEN setzte sich aus zahlreichen AUD-Mitgliedern zusammen. Insbesondere die Wahl des ehemaligen AUD-Migliedes Wolf-Dieter Hasenclever zum ersten Vorsitzenden des Landesverbandes Baden-Württemberg deutete eine ideologisch moderate und primär ökologisch bezogene zukünftige Politik an. Schon nach einem halben Jahr politischer Aktivität konnten die GRÜNEN die ersten großen Erfolge erzielen. Bei den Kommunalwahlen im Oktober 1979 erhielten sie neun Kreistagsmandate und bei der Landtagswahl im März 1980 zogen sie erstmals in einem Flächenland mit 5,3 Prozent der abgegebenen Stimmen ins Landesparlament ein. Bei den Landtagswahlen 1984 konnten die GRÜNEN trotz öffentlich ausgetragener, innerparteilicher Querelen auf der Bundesebene, landesspezifisch organisatorischer Pannen und völlig ausgewechselter Spitzenmannschaft zum Erstaunen der politischen Beobachter ihren Stimmenanteil noch um fast drei Prozentpunkte auf insgesamt acht Prozent erhöhen. Die GRÜNEN wurden damit, neben der SPD und der CDU, zur drittstärksten Fraktion im Landtag. Besonders auffallend war, daß sie sich als zweite Opposition in allen Teilen des Landes etablieren konnten. Gegenwärtig gibt es keinen Wahlkreis, in dem die GRÜNEN die Fünf-Prozent-Hürde nicht übersprungen haben.

Im Gegensatz zu Baden-Württemberg haben in *Berlin* – ähnlich wie in Hamburg – linksorientierte Gruppen und Initiativen im Oktober 1978 eine »Alternative Liste für Demokratie und Umweltschutz« (AL) gegründet. Die AL war eine von der maoistischen KPD getragene linke Gruppierung mit politischen Zielsetzungen, die nur ganz am Rande etwas mit ökologischen Fragen zu tun hatte. Bei der Wahl zum Berliner Abgeordnetenhaus im März 1979 erhielt die AL 3,7 Prozent der Stimmen. Damals gelang es der AL, in vier Bezirksverordnetenversammlungen einzuziehen. Nach Gründung der Bundespartei »Die Grünen« wurde im Februar 1980 ein formaler Landesverband Berlin gegründet, der sich vorwiegend aus AL-Mitgliedern zusammensetzte. Da Doppelmitgliedschaften zulässig waren, bildete praktisch die AL den Landesverband. So verzichteten die GRÜNEN bei der Wahl zum Berliner Abgeordnetenhaus 1981 auf eine eigene Kandidatur und ließen stattdessen die AL für sich kandidieren. Daneben trat allerdings noch die Grüne Liste Berlin (GLB) auf, deren Mitglieder vor ihrem Austritt aus der Bundespartei der GRÜNEN deren rechten Flügel angehörten. Sie erzielte 0,3 Prozent der Stimmen, während die AL ihren Anteil auf 7,2 Prozent steigern konnte und damit neun Sitze im Abgeordnetenhaus erhielt[9]. Maßgeblichen Anteil an diesem Erfolg der AL hatten die Verdrossenheit der

8 Vgl. Thomas Poguntke, Die Grünen – Eine neue Milieupartei?, in: Winne Hermann/ Wolfgang Schwegler-Rohmeis (Hrsg.), 10 Jahre Grüne in Baden-Württemberg. Ein eigenständiger Weg?, Stuttgart 1989.

9 Vgl. Marie Luise Weinberger, Von der Bewegungspartei zur Parlamentspartei. Die Parlamentarisierung der AL in Berlin, in: Die Neue Gesellschaft, 30 (1983) 4, S. 326–333.

Bürger über die skandalträchtige Berliner SPD sowie die Konflikte um die Hausbesetzungen, bei denen sich die AL für die Hausbesetzer engagierte, unter denen sie dann auch viele Stimmen gewann. Bei der Wahl zum Berliner Abgeordnetenhaus im Jahre 1985 konnte die AL ihr Ergebnis von 1981 noch verbessern: Sie erzielte mit 10,6 Prozent der Stimmenanteile das bislang höchste Ergebnis eines grünen Landesverbandes bei Landtagswahlen. Bei den Wahlen zum Abgeordnetenhaus 1989 konnte die AL ihren Stimmenanteil noch weiter auf insgesamt 11,8 Prozent erhöhen[10]. Gegenwärtig stellt die AL 17 Sitze im Berliner Abgeordnetenhaus und bildet – zusammen mit der SPD – eine Regierungskoalition.

Tab. 1: Gründungs- und Parlamentarisierungsphasen der grünen Landesverbände

Länder	Gründungsjahr	Parlamentszugehörigkeit
Baden-Württemberg	1979	1980
Bayern	1979	1986
Berlin	1978	1981
Bremen	1979	1979
Hamburg	1978	1982
Hessen	1980	1982
Niedersachsen	1977	1982
Nordrhein-Westfalen	1978	–
Rheinland-Pfalz	1978	1987
Saarland	1979	–
Schleswig-Holstein	1979	–
Bundesgebiet	1980	1983

II. Die Entwicklung der GRÜNEN auf der Bundesebene

Die ersten bundesweiten Koordinierungsbestrebungen einzelner grüner Gruppierungen auf Länderebene begannen im Herbst 1978. Zu den Initiatoren zählten eher auf dem konservativen Ökoflügel angesiedelte Gruppen: Grüne Liste Umweltschutz (Niedersachsen), Aktionsgemeinschaft Unabhängiger Deutscher (AUD), Grüne Aktion Zukunft (GAZ) und Grüne Liste Schleswig-Holstein. Noch rechtzeitig vor dem Europawahlkampf wurde von mehreren grünen Listen und Bürgerinitiativen im Frühjahr 1979 die Sonstige Politische Vereinigung (SPV) gegründet, die bei der Wahl zum Europaparlament im Juni 1979 mit einer eigenen Liste antraten[11]. Bei dieser Wahl erhielten die grünen Gruppierungen 3,2 Prozent der Stimmen. Dieses Ergebnis wurde vielerorts als Achtungserfolg bewertet und außerdem als Indikator für die Größe des Protestpotentials gesehen. Für die organisatorische Entwicklung der SPV

10 Vgl. Elke Barbara Mayer, Zehn Jahre Alternative Liste, Berlin 1988.
11 Die Alternativen und Bunten Listen beteiligten sich nicht an der Europawahl 1979.

Tab. 2: Wahlergebnisse für die Partei »Die Grünen« oder andere »ökologisch-alternative Gruppen«[1] in Landtagswahlen (LTW), in Bundestagswahlen (BTW) und in Europawahlen (EW), in Prozent der gültigen »Zweitstimmen« (für Parteilisten) seit 1978

Bundesland	LTW 1978	LTW 1979	EW 1979	LTW 1980	BTW 1980	LTW 1981	LTW 1982
Hamburg	3,5 BLW 1,0 GLU 0,1 AUD		3,5		2,3		7,7 GAL 0,2 ÖDP 6,8 GAL
Niedersachsen	3,9 GLU		3,6		1,6		6,5
Hessen	0,9 GAZ 1,1 GLH		2,8		1,8		8,0
Bayern	1,8 AUD		2,9		1,3		4,6 0,4 ÖDP
Berlin[2]		3,7 AL				7,2 AL 0,3 GLB	
Rheinland-Pfalz			2,4		1,4		
Schleswig-Holstein		2,4 GLSH	2,7		1,4		
Bremen		5,1 BGL 1,4 AL	4,7		2,7		
Baden-Württemberg			4,5	5,3	1,8		
Saarland			2,4	2,9	1,1		
Nordrhein-Westfalen			3,0	3,0	1,2		
Bundesgebiet			3,2		1,5		

[1] Die Zahlen geben die Resultate für »Die Grünen« an, wenn nicht anders vermerkt.

[2] In Berlin werden Abgeordnete für den Deutschen Bundestag und für das Europaparlament nicht direkt gewählt, sondern vom dortigen Landesparlament entsandt (im Verhältnis zur Stärke der Fraktionen im Abgeordnetenhaus).

Abkürzungen: AL: a) Alternative Liste für Demokratie und Umweltschutz (Bremen), b) Alternative Liste – Für Demokratie und Umweltschutz (Berlin); AUD: Aktionsgemeinschaft Unabhängiger Deutscher (trat in Bayern 1978 unter dem Kennwort »Die Grünen« an); BAL:

BTW 1983	LTW 1983	LTW 1984	EW 1984	LTW 1985	LTW 1986	LTW 1987	BTW 1987	LTW 1988	LTW 1989	EW 1989
8,2			12,7		10,4	6,5	11,0			11,5
5,7			8,2		7,1		7,4			8,4
6,0	5,9		7,8			9,4	9,4			9,9
4,7			6,8		7,5		7,7			7,8
				10,6					11,8	
4,5	4,5		6,6			5,9	7,5			7,3
5,2	3,6		8,2			3,9	8,0	2,9		6,7
9,7	5,4		11,9			10,2	14,5			13,8
	2,4 BGL									
	1,4 BAL									
6,8		8,0	10,1			7,8	10,0			10,0
4,8			6,6	2,5			7,1			6,2
5,2			8,0	4,6			7,5			7,9
5,6			8,2				8,3			8,4

Betrieblich-Alternative Liste; BGL: Bremer Grüne Liste; BLW: Bunte Liste – Wehrt Euch: Initiative für Demokratie und Umweltschutz; GAL: Grün-Alternative Liste; GAZ: Grüne Aktion Zukunft; GLB: Grüne Liste Berlin; GLH: Grüne Liste Hessen; GLU: Grüne Liste Umweltschutz; GLSH: Grüne Liste (Schleswig-Holstein); ÖDP: Ökologisch-Demokratische Partei.

Quelle: Statistische Jahrbücher der Bundesrepublik Deutschland und ihrer Länder, 1978ff.

bedeutete das Wahlergebnis jedoch noch mehr: Die GRÜNEN erhielten eine Wahlkampfkostenerstattung von rund 4,5 Millionen DM, die sie für ihre breite Mobilisierungskampagne im Bundestagswahlkampf 1980 einsetzten.

Unmittelbar nach der Europawahl drängten sowohl die AUD als auch die GLU auf eine enge Zusammenarbeit mit den bunten und alternativen Listen, um bei der bevorstehenden Bundestagswahl von 1980 die Fünf-Prozent-Hürde zu überspringen. Die GAZ hingegen faßte den Beschluß, sich an einer Erweiterung des »Europabündnisses« der vier grünen Listen nicht zu beteiligen. Während die grünen Listen möglichst schnell eine Bundespartei gründen wollten, um den Einfluß linker Gruppen auf das Bundesprogramm zu vermeiden, bestanden die bunten und alternativen Listen zunächst auf einer intensiven Diskussion über die programmatischen Aussagen einer neuen Partei. Die Parteigründung erfolgte daher erst im Januar 1980 und nicht, wie ursprünglich geplant, im Herbst 1979. Das Ergebnis der GRÜNEN bei der Bundestagswahl von 1980 war für die Parteiaktivisten eine herbe Enttäuschung. Sie erzielten nur 1,5 Prozent. Die Wahlerfolge der Landesverbände von 1981 und 1982 hatten jedoch einen mobilisierenden Effekt auf die Bundespartei. Nach der Abwahl von Helmut Schmidt als Bundeskanzler und der vorgezogenen Neuwahl zum Deutschen Bundestag hofften die GRÜNEN auf eine rot-grüne Regierungskoalition auf Bundesebene. Mit 5,6 Prozent der Zweitstimmen schafften die GRÜNEN, wenn auch nur knapp, den Sprung in den Bundestag. Vergleicht man die Ergebnisse zur Bundestagswahl 1980 mit denen von 1983, so ergibt sich, daß die GRÜNEN ihren Stimmenanteil in weniger als drei Jahren vervierfacht haben. Das Bundestagswahlergebnis vom Januar 1987 bestätigte den Aufwärtstrend der grünen Partei. Sie erhielt 8,3 Prozent der abgegebenen Zweitstimmen. Mit diesem Ergebnis entsenden die GRÜNEN 42 Abgeordnete in den Deutschen Bundestag (darunter 24 Frauen). Das hohe Wahlergebnis hat die Partei finanziell noch weiter saniert. Nach offiziellen Verlautbarungen hat der Bundestagswahlkampf der GRÜNEN, der unter dem Motto »Farbe bekennen« stand, fünf Millionen DM gekostet, während sich die staatliche Wahlkampfkostenerstattung für die GRÜNEN auf rund 19 Millionen DM belief.

III. Ideologische und programmatische Grundorientierung

1. Die Programmatik

Die Gründungsgeschichte der GRÜNEN gibt naturgemäß Auskunft über die wichtigsten ideologischen Traditionen dieser Partei, die zwar als klassische Ein-Punkt-Partei entstanden ist, ihr programmatisches Spektrum jedoch schnell auf andere Politikbereiche ausdehnte. Schon das Bundesprogramm der Partei aus dem Jahr 1980 deckte fast alle gängigen Politikfelder ab. Diese programmatische Ausdifferenzierung, die mit einer recht eindeutigen Orientierung zur Linken einherging, führte zur Sezession der konservativen Kräfte um den ehemaligen CDU-Bundestagsabgeordneten Herbert Gruhl und den Ökobauern Baldur Springmann[12]. Trotzdem ist die Spannweite

12 Vgl. Lilian Klotzsch/Richard Stöss, Die Grünen, in: Richard Stöss (Hrsg.), Parteien-Handbuch, Bd. 2, Opladen 1984, S. 1552ff.

weltanschaulicher Traditionen, die bislang in den GRÜNEN vertreten sind, beachtlich. Sie reicht von ehemaligen Mitgliedern der K-Gruppen und früheren Spontis über christlich-pazifistische, vornehmlich protestantische Kräfte und Aktivisten aus der Umweltbewegung bis zu den vor allem in Baden-Württemberg stark vertretenen anthroposophisch beeinflußten GRÜNEN eher bürgerlich-liberalen Zuschnitts. Symbolisiert wird dieser Spannungsbogen von biographisch und politisch so unterschiedlichen Prominenten wie Thomas Ebermann, Joschka Fischer, Antje Vollmer und – bis November 1989 – Otto Schily[13].

Angesichts dieser Bandbreite unterschiedlicher politischer Vorprägungen ist es bemerkenswert, daß es bei den GRÜNEN vergleichsweise wenig Streit über die *langfristigen* politischen Ziele gibt – ganz im Gegensatz zu der heftigen Debatte über die richtige Strategie, also über die Frage möglicher Bündnisse mit der SPD. In der Präambel ihres Bundesprogrammes stellen sich die GRÜNEN selbstbewußt als »die Alternative zu den herkömmlichen Parteien« vor und beschreiben die vier Kernpunkte ihrer politischen Identität wie folgt[14]:

Ökologisch: »Ausgehend von . . . der Erkenntnis, daß in einem begrenzten System kein unbegrenztes Wachstum möglich ist, heißt ökologische Politik, uns selbst und unsere Umwelt als Teil der Natur zu begreifen.«

Sozial: ». . ., ›Sozial‹ hat vor allem eine ökonomische Komponente. . . . Sowohl aus der Wettbewerbssituation als auch aus der Konzentration wirtschaftlicher Macht . . . gehen jene ausbeuterischen Wachstumszwänge hervor, in deren Folge die völlige Verseuchung und Verwüstung der menschlichen Lebensbasis droht. Hier genau verbinden sich die Umweltschutz- und Ökologiebewegung mit der Gewerkschaftsbewegung.«

Basisdemokratisch: »Wir gehen davon aus, daß der Entscheidung der Basis prinzipiell Vorrang eingeräumt werden muß. . . . Kerngedanke ist dabei die ständige Kontrolle aller Amts- und Mandatsinhaber und Institutionen durch die Basis (Öffentlichkeit, zeitliche Begrenzung) und die jederzeitige Ablösbarkeit, um Organisation und Politik für alle durchschaubar zu machen und um der Loslösung einzelner von ihrer Basis entgegen zu wirken.«

Gewaltfrei: »Gewaltfreiheit gilt uneingeschränkt und ohne Ausnahme zwischen allen Menschen, also ebenso innerhalb sozialer Gruppen und der Gesellschaft als Ganzem als auch zwischen Volksgruppen und Völkern. Das Prinzip der Gewaltfreiheit berührt nicht das fundamentale Recht auf Notwehr und schließt sozialen Widerstand in seinen mannigfachen Varianten ein.«

Diese vier Grundprinzipien grüner Politik bilden den Orientierungsrahmen für die Gesamtheit aller programmatischen Forderungen der GRÜNEN, die sich im Bundesprogramm von 1980 und im Wirtschaftsprogramm von 1983 finden[15]. Über die Verortung grüner Politikinhalte im Koordinatensystem der Politik ist viel diskutiert worden, besonders in der Gründungsphase der Partei. Mal wurden sie in die rechte,

13 Vgl. Thomas Ebermann/Rainer Trampert, Die Zukunft der Grünen, Hamburg 1984; Joschka Fischer, Von grüner Kraft und Herrlichkeit, Reinbek 1984; Antje Vollmer, . . .und wehret euch täglich. Bonn – ein grünes Tagebuch, Gütersloh 1984.

14 Vgl. Die Grünen, Das Bundesprogramm, 1980, Teil I.

15 Vgl. Die Grünen, Sinnvoll arbeiten – solidarisch leben. Gegen Arbeitslosigkeit und Sozialabbau (»Wirtschaftsprogramm«), beschlossen auf dem Sindelfinger Parteitag 1983.

mal in die linke Ecke gestellt. Offensichtlich war diese Debatte auch von politischen Interessen inspiriert: Der Vorwurf des Rechtskonservatismus kam häufig von der SPD, während die Christdemokraten verkappte Marxisten im grünen Gewand vermuteten[16]. Dennoch bleibt die Frage nach den Ursachen dieser auffälligen Ambivalenzen.

Um die Antwort vorwegzunehmen: Wenige grüne Themen sind originär grüne Erfindungen. Viele Forderungen sind, für sich genommen, bereits einmal von anderen Parteien erhoben worden. Das spezifisch »grüne« liegt in der Integration von – aus grüner Sicht – nur scheinbar Widersprüchlichem zu einer inhaltlich neuen Konzeption.

So bedeuten grüne *Dezentralisierungsforderungen* in Verbindung mit einer dezidiert egalitären Ausrichtung etwas anderes als christdemokratische Forderungen nach einer Stärkung des Subsidiaritätsprinzips (vor allem im Sozialbereich)[17]. Im zweiten Fall geht es, neben der gewünschten Personalisierung des Wohlfahrtsstaates, nicht zuletzt auch um eine Kostenentlastung des Staates. Subsidiäre, also kleinformatige Strukturen sollen das bestehende kollektive System sozialer Sicherung durch mehr private Eigenverantwortung ergänzen. Demgegenüber zielen grüne Forderungen nicht auf eine Reduzierung staatlicher oder kollektiver Verantwortung: Auch dezentrale, selbstverwaltete Sozialeinrichtungen sollen durch die gemeinschaftliche Leistung möglichst aller Beschäftigten finanziert werden. Folgerichtig fordern die GRÜNEN in ihrem Wirtschaftsprogramm von 1983 eine Vereinheitlichung des gesamten Sozialsystems – und damit auch die Abschaffung der Beitragsbemessungsgrenzen, die es besser Verdienenden ermöglichen, sich privat zu versichern[18].

Die *wirtschafts- und sozialpolitischen Vorstellungen* der GRÜNEN sind stark von dem Wunsch geprägt, die Einkommensunterschiede zu vermindern[19]. Dies soll in erster Linie durch größere Steuerbelastungen für höhere Einkommen und durch den Wegfall von Steuervergünstigungen und Abschreibungsmöglichkeiten erreicht werden[20]. In den entsprechenden Programmteilen ist der Einfluß des ökosozialistischen Flügels[21] unverkennbar, z. B. bei der Forderung nach »neuen Formen gesellschaftlichen Eigentums« für Boden, Naturschätze, Produktionsmittel und Banken[22]. Den GRÜNEN schwebt ein völlig anderes Verständnis von Arbeit vor, das sich von der Dominanz der Lohnarbeit lösen und statt dessen »Arbeit als freie selbstbestimmte Tätigkeit, als Möglichkeit der Persönlichkeitsentfaltung gewinnen« will[23]. Um sich

16 Vgl. beispielsweise Johannes Rau, Nährboden für rechtsautoritäre Kräfte. Die Grünen aus der Sicht der SPD, in: Jörg R. Mettke (Hrsg.), Die Grünen. Regierungspartner von morgen?, Reinbek 1982; CDU-Bundesgeschäftsstelle, Die Grünen. Eine Analyse der ökomarxistischen Radikalopposition, Bonn o. J.

17 Vgl. Die Grünen, Das Bundesprogramm (Anm. 14), Präambel; CDU, Grundsatzprogramm, 1978, § 126; CSU, Grundsatzprogramm, 1976, S. 18.

18 Vgl. Die Grünen, Wirtschaftsprogramm (Anm. 15), II.5.

19 Vgl. ebd., I.3.

20 Vgl. ebd., II.7.

21 Vgl. Detlef Murphy/Roland Roth, In viele Richtungen zugleich. Die GRÜNEN – ein Artefakt der Fünf-Prozent-Klausel?, in: Roland Roth/Dieter Rucht (Hrsg.), Neue soziale Bewegungen in der Bundesrepublik Deutschland, Frankfurt 1987, S. 309ff.

22 Vgl. Die Grünen, Das Bundesprogramm (Anm. 14), II.3; dies., Wirtschaftsprogramm (Anm. 15), I.3.

23 Die Grünen, Wirtschaftsprogramm (Anm. 15), I.3.

diesem Ziel anzunähern, sollen alle Bereiche gesellschaftlich notwendiger Tätigkeiten, vor allem die Haus- und Erziehungsarbeit, aufgewertet und sozial entsprechend abgesichert werden[24].

Trotz der starken sozialen Komponente in den wirtschaftspolitischen Vorstellungen der GRÜNEN sind diese eindeutig von der *Orientierung an ökologischen Notwendigkeiten* geprägt. Die Unterordnung der Ökonomie unter die Ökologie stellt die zentrale programmatische Innovation der GRÜNEN dar und unterscheidet sie von allen anderen Bundestagsparteien. So heißt es im Bundesprogramm: »Künftig können ökonomische Ziele nur im Rahmen ökologischer Notwendigkeiten verwirklicht werden«[25]. Folgerichtig soll wirtschaftliches Wachstum auch nur in solchen Fällen angestrebt werden, wo bessere Produkte mit gleichbleibendem oder geringerem Einsatz von Ressourcen und Energie hergestellt werden können[26]. Zu diesem Zweck fordern die GRÜNEN die Einführung einer öffentlich kontrollierbaren ökologischen Buchhaltung in den Betrieben und eine gesamtgesellschaftliche Kosten-Nutzen-Analyse vor der Einführung neuer Technologien[27].

Das Ziel einer ökologischen Wirtschaftsweise erfordert nach Ansicht der GRÜNEN einen »teilweisen Abbau und den Umbau unseres Industriesystems«. Angestrebt wird eine weitgehend dezentralisierte Wirtschaftsstruktur mit selbstverwalteten Betrieben, die ihre Produkte soweit als möglich in der eigenen Region vermarkten. Durch diese verbrauchernahe Produktion sollen die Weltmarktabhängigkeit der Wirtschaft vermindert und das Verkehrsaufkommen und der Energieverbrauch begrenzt werden[28].

Von zentraler Wichtigkeit im Ökologiekonzept der GRÜNEN ist die Forderung nach umweltverträglichen Formen der Energieerzeugung. Die sofortige Abschaltung aller *Atomkraftwerke* wird nicht nur wegen der Sorge über deren Gefährdungspotential gefordert. Aus grüner Sicht stehen sie auch für einen ganz bestimmten volkswirtschaftlichen Entwicklungspfad, nämlich das Setzen auf weiteres undifferenziertes wirtschaftliches Wachstum, zu dessen Voraussetzungen nach landläufiger Meinung die Bereitstellung von billiger Energie gehört. Daneben werden aber auch die Gefährdungen der bürgerlichen Freiheiten durch Überwachungsmaßnahmen betont, die das enorme Gefahrenpotential der Kernenergie unweigerlich notwendig macht[29].

Die zentrale Rolle der Umweltpolitik in den politischen Forderungen der GRÜNEN erklärt auch den vor allem in den Gründerjahren der Alternativpartei häufig geäußerten Verdacht, es handele sich bei den GRÜNEN im Grunde um eine konservative, wenn nicht gar reaktionäre Bewegung. Dies hat seine Ursache vor allem in der falschen Gleichsetzung von Umweltschutz mit *Ökologie*. Naturschutzbewegungen waren traditionell, nicht nur in Deutschland, alles andere als progressive Bewegungen[30]. Das Spektrum reichte und reicht hier von unpolitisch über bürgerlich-

---

24 Vgl. Die Grünen, Das Bundesprogramm (Anm. 14), V.1.
25 Ebd., IV.I.
26 Vgl. ebd., II.2.
27 Vgl. ebd., II.3.
28 Vgl. Die Grünen, Wirtschaftsprogramm (Anm. 15), I.3.
29 Vgl. Die Grünen, Das Bundesprogramm (Anm. 14), II.6.
30 Vgl. Detlef Murphy, Von Aldermaston nach Greenham Common. Politischer Protest und neue soziale Bewegungen in Großbritannien, in: Karl-Werner Brand (Hrsg.), Neue soziale Bewegungen in Westeuropa und den USA, Frankfurt-New York 1985.

liberal bis zu diffusen Anklängen an »Blut-und-Boden«-Ideologien. Dieses häufig an vorindustriellen Leitbildern orientierte Umweltschutzverständnis ist vor allem durch das Bedauern über den Verlust einer »heilen, schöneren« Welt geprägt. Auch wenn Teile der GRÜNEN von solchen Vorstellungen nicht ganz frei sind, so dominiert doch ein anderes, wissenschaftlich geprägtes Umwelt-, genauer: Ökologieverständnis, das die Abhängigkeit allen menschlichen Lebens vom Funktionieren ökologischer Kreislaufsysteme betont.

Ein weiterer programmatischer Eckpfeiler der GRÜNEN ist die Forderung nach einseitiger *Abrüstung* ohne Vorbedingungen, die in dem Wunsch nach einer Herauslösung der Bundesrepublik aus der NATO und der Auflösung der Militärblöcke gipfelt. Einseitige Abrüstung wird damit als Mittel verstanden, die Spirale des Wettrüstens zu durchbrechen und die anderen Staaten ebenfalls zu Abrüstungsschritten zu veranlassen. Folgerichtig waren die GRÜNEN ohne Einschränkung gegen die Verwirklichung des NATO-Doppelbeschlusses. Im Sinne ihres Grundprinzips der Gewaltfreiheit lehnen die GRÜNEN jede militärische Verteidigung ab und wollen statt dessen gewaltfreie Strategien der sozialen Verteidigung entwickeln. Entsprechend fordern sie ein Verbot des Waffenhandels, die Umstellung der Rüstungsproduktion auf zivile Produkte und den Abzug aller fremden Truppen von fremden Territorien[31].

Gedankenspiele hinsichtlich eines deutschen »Sonderweges« zur *Wiedervereinigung* werden allerdings zurückgewiesen: In ihrem Programm zur Bundestagswahl 1987 sprechen sich die GRÜNEN eindeutig für eine Anerkennung der DDR-Staatsbürgerschaft aus[32]. Dies war interessanterweise im Bundesprogramm von 1980 noch nicht der Fall: Damals sah man die Auflösung der Militärblöcke als Grundlage, »um die Spaltung Europas und damit auch die deutsche Spaltung zu überwinden«[33].

Für die GRÜNEN steht eine weltweite Friedenspolitik in untrennbarem Zusammenhang mit dem Kampf gegen das Elend in der *Dritten Welt*. Sie befürworten eine echte Umverteilung von Nord nach Süd, einen weitgehenden Schuldenerlaß sowie die Verminderung der Weltmarktabhängigkeit dieser Länder[34].

Der Wunsch nach Schutz und Ausbau *liberaler Freiheiten* ist ebenfalls nicht erst durch die GRÜNEN in die politische Debatte eingeführt worden. Ihre Forderungen gehen allerdings weiter als die ihrer politischen Konkurrenten. So treten sie für die vollständige Abschaffung des sog. Radikalenerlasses, eine Ausweitung der Verteidigerrechte und eine Einschränkung polizeilicher Befugnisse (etwa bei Hausdurchsuchungen) ein[35].

Neu ist hingegen die Ausdehnung der Idee individueller *Selbstbestimmung* bis hin zu einer Art »individualisiertem Anarchismus«. Forderungen nach einem Abbau staatlicher Reglementierungen der individuellen Lebensführung können deshalb generell mit einem Sympathievorschuß rechnen, der oft den substantiellen Gehalt entsprechender Forderungen in den Hintergrund drängt. Dies hat nicht zuletzt zu dem bizarren »Kindersex«-Beschluß der nordrhein-westfälischen GRÜNEN von 1985

---

31 Vgl. Die Grünen, Das Bundesprogramm (Anm. 14), II.2.
32 Vgl. Die Grünen, Farbe bekennen. Programm zur Bundestagswahl 1987, 1987, § 5.14.
33 Die Grünen, Das Bundesprogramm (Anm. 14), III.1.
34 Vgl. Die Grünen, Wirtschaftsprogramm (Anm. 15), I.4.
35 Vgl. Die Grünen, Das Bundesprogramm (Anm. 14), V.1.4.

geführt, der die Legalisierung sexueller Kontakte zwischen Erwachsenen und Kindern vorsah. Auch wenn der Beschluß nach einem öffentlichen Aufschrei wieder revidiert wurde, so hat er wohl dazu beigetragen, daß die GRÜNEN bei der darauffolgenden Landtagswahl in Nordrhein-Westfalen knapp an der Fünf-Prozent-Hürde scheiterten.

Andererseits ist das nicht explizit formulierte *Staatsverständnis* der GRÜNEN keineswegs von undifferenzierter Ablehnung staatlicher Eingriffe geprägt. Vielmehr dominiert eine pragmatische Tendenz, staatliche Macht dort zu nutzen, wo sie eigenen Zielen nützt, also vor allem im Bereich der Umweltpolitik. In diesem Bereich vertrauen sie eindeutig auf die kontrollierende und sanktionierende Macht staatlicher Institutionen[36].

Diese sollen allerdings stärker als bisher dem direkten Einfluß des Volkes unterworfen werden. Nach Ansicht der GRÜNEN braucht »die parlamentarisch-repräsentative Demokratie eine Ergänzung durch direkte Demokratie«[37]. Durch ein Volksbegehren, das durch die Unterschriften von mindestens einer Million Stimmberechtigter unterstützt werden muß, soll ein *Volksentscheid* erzwungen werden können. Zusätzlich sollen – im Sinne basisdemokratischer Zielvorstellungen – die Selbstbestimmungsrechte und die finanzielle Autonomie der unteren Ebenen des politischen Systems gestärkt werden[38].

Auch die *»Frauenfrage“* hat durch das Erscheinen der GRÜNEN auf der politischen Szene eine neue Zuspitzung und Aktualität erfahren. Forderungen nach völliger Geschlechterparität bei der Besetzung politischer Ämter und nach der bevorzugten Einstellung von Frauen in möglichst allen Bereichen von Wirtschaft und Verwaltung haben die sogenannten »Altparteien« unter Zugzwang gesetzt. Der sozialdemokratische Quotierungsbeschluß und die Selbstverpflichtung der CDU sind hier herausragende Beispiele[39].

2. Programmatische »Nachbarschaften«

Die größten inhaltlichen Gemeinsamkeiten mit einer »etablierten« Partei haben die GRÜNEN mit der SPD. Dies ist schon aufgrund der eingangs erwähnten Linksorientierung der GRÜNEN nicht überraschend. Erwartungsgemäß ähneln sich die Programmpositionen beider Parteien in Fragen der Einkommensverteilung, des Bodenrechtes und der staatlichen Steuerung der Wirtschaft[40]. Es ist allerdings zu berücksichtigen, daß diese Themen von den GRÜNEN in ihrer innerparteilichen Diskussion eher stiefmütterlich behandelt wurden. Darüberhinaus gibt es deutliche Berührungspunkte in der Frauen-, Dritte Welt- und Abrüstungspolitik, während beide Parteien

---

36 Vgl. dies., II & IV; ebd., Wirtschaftsprogramm (Anm. 15), I & II.

37 Die Grünen, Farbe bekennen (Anm. 32), § 2.

38 Vgl. Die Grünen, Das Bundesprogramm (Anm. 14), V. 1.2.

39 Vgl. Beschluß des SPD-Parteitages, Münster, 1988; Beschluß C 3 des CDU-Parteitages, Mainz, 1986; Beschluß K 2 des CDU-Parteitages, Wiesbaden, 1988; Die Grünen, Farbe bekennen (Anm. 32), § 4.

40 Vgl. SPD, Orientierungsrahmen '85, § 1.2, 2.6.5, 2.4.7, 2.5.4, 2.6.1; Die Grünen, Das Bundesprogramm (Anm. 14), II.2; Die Grünen, Wirtschaftsprogramm, (Anm. 15), I.3, I.5.

vor allem in der Umwelt-, Technologie- und Energiepolitik noch erheblich auseinanderliegen. Im Zuge der Diskussionen um die Neufassung ihres Grundsatzprogrammes nähert sich die SPD jedoch auch in der Frage weiteren wirtschaftlichen Wachstums den GRÜNEN an: Im Irseer Entwurf wird die politische Selektion von Wachstumsfeldern befürwortet[41].

Andererseits gibt es auch Affinitäten zur FDP. Besonders in der skeptischen Beurteilung der Rolle des Staates hinsichtlich der Garantie und Einschränkung individueller Freiheitsrechte existieren Anknüpfungspunkte zu den Liberalen. Angesichts der tiefgreifenden Unterschiede auf wirtschafts- und sozialpolitischem Gebiet sind diese jedoch koalitionspolitisch von untergeordneter Bedeutung.

3. Innenparteiliche Konflikte

Sowohl im programmatischen Bereich als auch in der Reaktion auf aktuelle politische Fragen zeichnen sich die GRÜNEN nach wie vor durch einen ausgeprägten Verbalradikalismus aus. Diese auch von grünen Realpolitikern ironisch als »weg mit«-Beschlüsse titulierten Politikaussagen sind kennzeichnend für das Selbstverständnis einer Partei, die sich (auch auf dem realpolitischen Flügel) weitgehend als fundamentalistisch versteht – und zwar in dem Sinne, daß sie tatsächlich eine ganz andere Welt schaffen will. Ungeachtet strategischer Differenzen zwischen den Parteiflügeln gibt es über die langfristigen inhaltlichen Ziele weit weniger Dissens in der Partei, als der hitzige Streit vermuten läßt. Vielmehr geht der Streit um den Zeithorizont: »Realos« wie Joschka Fischer oder der inzwischen zur SPD gewechselte Otto Schily gaben verschiedentlich zu bedenken, daß mit Maximalforderungen keine Politik zu machen sei. So forderte Fischer seine Partei im Sommer 1987 auf, die Forderungen nach einem einseitigem Austritt der Bundesregierung aus der NATO und der sofortigen Abschaltung aller Kernkraftwerke auf ihre Machbarkeit zu überprüfen[42].

Hinter solchen Äußerungen steckt das Bemühen, die GRÜNEN als Partei bündnisfähig zu machen, indem man zwar an den langfristigen Zielvorstellungen festhält, aber davon abrückt, deren sofortige Realisierung zu fordern. Ganz im Sinne einer klassischen reformistischen Strategie will man sich statt dessen mit ersten Schritten in die richtige Richtung zufrieden geben. Die Fundamentalisten und Ökosozialisten stehen solchen Versuchen äußerst skeptisch gegenüber. Sie befürchten, daß bei dieser Strategie die langfristigen Ziele ganz aus dem Blickfeld geraten könnten und setzen statt dessen auf Bewußtseinsveränderung durch das geschickte Nutzen der parlamentarischen Bühne und vor allem durch die Mobilisierung von außerparlamentarischem Protest.

Die heftige innerparteiliche Auseinandersetzung zwischen »Fundis« und »Realos« spiegelt im Grunde das unterschiedliche Staats- und Politikverständnis dieser Flügel wider. Auch wenn die Parallelen zum Revisionismusstreit in der SPD ins Auge fal-

---

41 Vgl. SPD (Hrsg.), Entwurf für ein neues Grundsatzprogramm der Sozialdemokratischen Partei Deutschlands (Entwurf, Irsee, Juni 1986), Bonn 1986, Teil VIII.

42 Vgl. Stuttgarter Zeitung vom 17. August und vom 17. September 1987.

len[43], so spiegelt die grüne Strategiedebattte in wesentlichen Teilen nicht nur ideologische Positionen wider, sondern auch unterschiedliche Erfahrungen aus dem »Alltag des politischen Widerstandes«. Es gibt Grund zu der Annahme, daß sich die gegensätzlichen Positionen zumindest teilweise durch spezifische politische Erfahrungen erklären lassen. Überspitzt formuliert: die häufige Konfrontation mit Einheiten der Bereitschaftspolizei, etwa im Rahmen von Anti-WAA Aktionen, dürfte das Staatsverständnis besonders junger Bürger anders prägen als die Mitarbeit in Kommunalparlamenten[44]. Der Glaube an die Reformfähigkeit eines politischen Systems korreliert auch mit einer generalisierenden, durch Sozialisation beeinflußten Zustimmung zu dessen Institutionen[45]. In dieser Hinsicht dürften die Sozialisationserfahrungen von Teilen der grünen Parteiaktivisten, also deren Kennenlernen des »Staates« vor allem in Gestalt von Polizeiketten an Bauzäunen, auch weiterhin für innerparteilichen Konfliktstoff sorgen. Da Fundamentalisten sich stärker in Protestaktionen engagieren als pragmatisch orientierte Grüne, die ja häufig kommunale Mandate wahrnehmen, ist davon auszugehen, daß diese Erfahrungen ihre ideologisch begründete Skepsis gegenüber staatlichen Institutionen und Akteuren verstärken.

Diese Sichtweise trägt zur Erklärung der Kluft zwischen Parteiaktivisten und Wählern der GRÜNEN bei: Nimmt man die Zustimmung zu einer möglichen Koalition mit der SPD als grobes Indiz für eine realpolitische Ausrichtung, so waren sowohl 1983 als auch 1987 rund 90 Prozent der Wähler realpolitisch orientiert[46]. Dies ist nicht überraschend, fehlt doch der überwiegenden Mehrheit der grünen Wähler diese spezifische »Demonstrations- und Widerstandssozialisation« der Parteiaktivisten.

Vor diesem Hintergrund muß auch die Debatte über das Gewaltmonopol des Staates verstanden werden, die von Mißverständnissen geprägt ist: Verfechter einer uneingeschränkten Anerkennung des staatlichen Gewaltmonopols werden immer wieder verdächtigt, sie redeten der Gewaltanwendung durch staatliche Organe das Wort.

Die Konzentration der öffentlichen Debatte auf diesen strategischen Konflikt hat allerdings die Tatsache in den Hintergrund gedrängt, daß die innerparteiliche Fraktionalisierung differenzierter ist. Bis zum Anwachsen der sogenannten »Zentralo-Fraktion« um die Initiatorin des Manifests »Grüner Aufbruch '88«, Antje Vollmer, galt das folgende innerparteiliche Koordinatensystem: Zu den Anhängern einer Koalition mit der SPD zählten die »Ökolibertären«, die stark auf Entstaatlichung, Selbsthilfe und Individualismus setzten und sich uneingeschränkt zur repräsentativen Demokratie bekennen. Diese Position verband sie mit den »Realos«, die sich inhaltlich vor allem als Gegenpol zu den beiden Spielarten fundamentalistischer Politik

43 Vgl. Bodo Zeuner, Parlamentarisierung der Grünen, in: Prokla, 61 (1985); Detlef Lehnert, Sozialdemokratie zwischen Protestbewegug und Regierungspartei 1848–1983, Frankfurt 1983

44 Vgl. Die Grünen (Hrsg.), Die Krisen-Klausur im »Pantheon«, Bonn 1987.

45 Vgl. David Easton, A Re-Assessment of the Concept of Political Support, in: British Journal of Political Science, 5 (1975), S. 435–457.

46 Vgl. Forschungsgruppe Wahlen, Die Bundestagswahl 1983, Mannheim 1983; dies., Die Bundestagswahl 1987, Mannheim 1987.

definierten und ebenfalls für Koalitionen mit der SPD eintraten. Auf der anderen Seite des innerparteilichen Grabens befanden sich die »Ökosozialisten«, die sich von den »Fundis« vor allem dadurch unterschieden, daß sie auf Bündnisse mit der Arbeiterschaft hofften; beide Gruppierungen lehnten eine Koalition mit der SPD strikt ab[47].

Inzwischen haben sich die innerparteilichen Gewichte zwischen diesen Strömungen verschoben. Nach der Abwahl des fundamentalistisch dominierten Bundesvorstandes um Jutta Ditfurth im Dezember 1988 auf dem Karlsruher Parteitag und der schnellen Entscheidung der Berliner Alternativen Liste für eine Koalition mit der SPD hat auch bei den linken Grünen ein Nachdenken über Koalitionen mit der SPD begonnen. Vor allem aber ist es der Mitte-Gruppierung um Antje Vollmer gelungen, die Gegensätze zu entschärfen und sich als einflußreiche innerparteiliche Gruppierung zu etablieren: Sowohl im neuen Vorstand der Bundestagsfraktion als auch im neuen Bundesvorstand sind die »Zentralos«, die ebenfalls nicht gegen Koalitionen mit der SPD sind, gut vertreten, während der Einfluß der Fundamentalisten stark beschnitten wurde[48].

IV. Organisation und innerparteiliche Willensbildung

Im Selbstverständnis der GRÜNEN bedeutet Basisdemokratie die möglichst weitgehende Autonomie der unteren Organisationseinheiten. Zugespitzt wird dieses Konzept in der Forderung des grünen Bundesprogrammes nach dem »prinzipiellen Vorrang der Basis« (Präambel). Entscheidungen in vertikal strukturierten Organisationen sollen immer möglichst weit unten, also an der Basis getroffen werden. Folgerichtig lehnt dieses Demokratieverständnis Eingriffe von höheren Organisationsebenen in nachgeordneten Stufen prinzipiell ab. Als Zielvorstellung haben die GRÜNEN dieses Organisationsmodell für alle gesellschaftlichen Bereiche formuliert, in denen demokratische Entscheidungen getroffen werden können oder könnten; dazu gehören vor allem Wirtschaftsunternehmen, Verbände (incl. Gewerkschaften) und Universitäten[49].

Im Hinblick auf die Organisation der eigenen politischen Arbeit haben die GRÜNEN ihre Zielvorstellungen in der Präambel ihres Bundesprogrammes (s. o) formuliert. Das Konzept der Basisdemokratie ist einerseits Ausdruck des tiefverwurzelten Mißtrauens gegenüber den Anpassungseffekten, die langjährige Mitarbeit in bestimmten Organisationen und die Ausübung herausgehobener Positionen mit sich bringen, andererseits trägt es aber auch postmaterialistisch motivierten Forderungen

47 Vgl. dazu ausführlich D. Murphy/R. Roth (Anm. 21), S. 309ff.; E. Gene Frankland, »Die Grünen«, in: Ferdinand Müller-Rommel (Hrsg.), New Politics in Western Europe. The Rise and Success of Green Parties and Alternative Lists, London-Boulder 1989.

48 Vgl. Grüne Blätter, (1984) 4, S. 18f.; Die Grünen im Bundestag, Bulletin, März/1989, S. 11.

49 Vgl. Thomas Poguntke, Basisdemokratie als grünes Gegenmodell? Möglichkeiten und Grenzen identitärer Demokratie im parlamentarischen System, in: Der Bürger im Staat, 39 (1989) 4, S. 255f.

nach mehr und qualitativ anderer politischer Beteiligung Rechnung[50]. Diese beziehen sich vor allem auf den Wunsch nach direkter Teilhabe an spezifischen politischen Entscheidungen – im Gegensatz zum Repräsentationsmodell, das im wesentlichen auf der Auswahl von Repräsentanten basiert, die für politische Gesamtkonzeptionen stehen. Angestrebt wird, auch einfachen Parteimitgliedern möglichst viele Mitwirkungs- und Entscheidungsmöglichkeiten einzuräumen.

1. Die Organsationsstruktur der GRÜNEN

Dieser Anspruch hat sich in einer Reihe von Satzungsregeln niedergeschlagen, die die GRÜNEN zu einem neuen Typus von politischer Partei machen[51]. Bevor diese im Detail diskutiert werden, soll der Blick auf den unterschiedlichen Enthusiasmus gerichtet werden, mit dem die Basisdemokratie in den verschiedenen, gegenüber der Bundespartei autonomen, Landesverbänden institutionalisiert wurde. Während in den Flächenstaaten – mit Ausnahme Hessens – schon aus technischen Gründen die Landesdelegiertenkonferenz als oberster Souverän der Landespartei vorgesehen ist, gibt es in den Stadtstaaten Hamburg, Berlin und Bremen Mitgliedervollversammlungen auch auf Landesebene. Unter basisdemokratischen Gesichtspunkten sind Landesversammlungen konventionellen (Delegierten-)Parteitagen vorzuziehen. Sie bieten einfachen Mitgliedern die Möglichkeit, unmittelbar über den politischen Kurs der Partei mitzubestimmen. Andererseits haben häufige Vollversammlungen vor allem in Hamburg und Berlin zu erheblichen Ermüdungserscheinungen der Basis geführt. Dies birgt die Gefahr, daß ein kleiner Kreis von stark motivierten Parteiaktivisten, denen innerparteiliche Gegner gelegentlich sektiererische Tendenzen vorwerfen, letztlich die Geschicke dieser Landesverbände lenkt[52]. Schon dieses Beispiel deutet an, daß die formale Verwirklichung von basisdemokratischen Idealen nicht zwangsläufig zu einer realen Erhöhung der Transparenz und der Mitwirkung der Mitglieder führt.

Oberstes Organ der Bundespartei ist eine Delegiertenkonferenz, die Bundesversammlung. Ihr Ablauf ist meist geprägt durch eine anti-elitäre Partizipationskultur, die es prominenten grünen Politikern erschwert, ihre Vorstellungen einzubringen. Häufig laufen Anträge grüner »Promis« Gefahr, allein schon wegen ihrer Antragsteller von der Basis verworfen zu werden. Vor allem aber hat der häufige Gebrauch von Geschäftsordnungsanträgen schon verschiedentlich dazu geführt, daß die zur Abstimmung stehenden Alternativen für viele Delegierte nicht mehr klar waren[53]. Die Bundesversammlung wählt den elfköpfigen Bundesvorstand, der jedes Jahr zur Hälfte neu bestimmt wird. Ihm gehören drei gleichberechtigte Sprecher an, die

---

50 Vgl. Max Kaase, Partizipatorische Revolution – Ende der Parteien?, in: Joachim Raschke (Hrsg.), Bürger und Parteien, Opladen 1982, S. 182ff.

51 Vgl. Thomas Poguntke, Grün-alternative Parteien: Eine neue Farbe in westlichen Parteiensystemen, in: Zeitschrift für Parlamentsfragen, 18 (1987) 3, S. 368–382.

52 Vgl. Ernst Hoplitschek, Partei, Avantgarde, Heimat – oder was?, in: J. R. Mettke (Anm. 16).

53 Vgl. Ralf Heidger, Die Grünen: Basisdemokratie und Parteiorganisation, Berlin 1987, S. 147ff.; s. a. TAZ vom 29. September 1986 (über die Nürnberger Bundesversammlung).

gemeinsam mit dem Bundesschatzmeister und dem Bundesschriftführer den geschäftsführenden Vorstand bilden. Mit Ausnahme des Schatzmeisters ist die Amtsdauer der Bundesvorstandsmitglieder, die nicht zugleich für ihre Partei ein Parlamentsmandat ausüben dürfen, auf vier Jahre begrenzt. Die sechs Beisitzer sollen möglichst gleichberechtigt an den Geschäften des Vorstandes beteiligt werden. Diese interne Gleichberechtigung wird durch den Beschluß der Bundesdelegiertenkonferenz von Duisburg vom März 1989 symbolisiert, der allen Mitgliedern des Bundesvorstandes das Recht einräumt, auf Antrag ein Gehalt entsprechend den Regelungen des BAT III zu beziehen[54]. In der politischen Außenwirkung haben jedoch bislang stets die drei Parteisprecher dominiert.

Die Organisation der Parteiführung ist also deutlich von basisdemokratischen Grundsätzen geprägt: Sowohl die zeitliche Begrenzung der Amtsdauer, als auch das Prinzip der kollektiven Führung und die Trennung von Amt und Mandat sollen der Verfestigung von Machtpositionen in der Führung der Partei entgegenwirken. Darüberhinaus ist der Bundesvorstand laut Statut an die Beschlüsse des Bundeshauptausschusses gebunden, der aus Delegierten der Landesverbände und den Mitgliedern des Bundesvorstandes besteht und mindestens alle drei Monate zusammenkommt. Die Delegierten der Landesverbände werden von den jeweiligen Landesversammlungen gewählt, wobei jedem Landesverband mindestens zwei Delegierte zustehen. Für den Fall, daß die Mitgliederzahl eines Landesverbandes 3000 übersteigt, steht diesem ein weiteres Mitglied im Bundeshauptausschuß zu. Um das Gremium in einer arbeitsfähigen Größe (40 Mitglieder) zu halten, kann die Bundesversammlung den Delegiertenschlüssel neu festsetzen[55].

2. *Die Finanzen der GRÜNEN*

Der bundespolitische Durchbruch der GRÜNEN im Jahr 1983 ist zweifellos auch durch den Verdruß der Öffentlichkeit über die Flick- und Parteispendenaffäre begünstigt worden, die seinerzeit erhebliche Aufmerksamkeit auf sich gezogen hat. Angetreten unter dem Banner finanzieller Sauberkeit haben die GRÜNEN seit den Vorgängen um das parteieigene Tagungszentrum »Haus Wittgenstein« einen Teil ihrer Glaubwürdigkeit eingebüßt, obwohl es sich hier vermutlich nur um die Auswüchse »alternativ-lässiger« Verwaltungsorganisation gehandelt hat[56].

Problematischer als diese vergleichsweise harmlose Affäre könnte sich allerdings der strukturell bedingte Konflikt mit verfassungsrechtlichen Bestimmungen über den Anteil der zulässigen »Staatsquote« politischer Parteien in der Bundesrepublik erweisen. Ein Verfassungsgerichtsurteil aus dem Jahre 1966 besagt, daß der Anteil öffentlicher Gelder an den gesamten Einnahmen einer Partei 50 Prozent nicht überschreiten dürfe. Ungeklärt ist allerdings bislang, ob diese Regelung für die jeweilige Gesamtpartei gilt oder auf jede Organisationsebene gesondert angewendet werden

54 Vgl. Grüne Blätter, (1989) 4, S. 18.
55 Vgl. Die Grünen, Satzung der Bundespartei, § 8a.
56 Vgl. Ingo Wielgos, Bericht über die Sonderprüfung der Buchhaltung bei der Bundesgeschäftsstelle DIE GRÜNEN, November 1988.

muß[57]. Im zweiten Fall befänden sich die Parteizentralen aller Bundestagsparteien weit jenseits der verfassungsrechtlich zulässigen Grenze.

Besonders prekär ist allerdings die Situation der GRÜNEN, deren Bundeszentrale in den Jahren 1983 bis 1987 zu 83,9 Prozent durch öffentliche Gelder finanziert wurde[58]. Dies liegt vor allem daran, daß die Höhe der staatlichen Wahlkampfkostenerstattung, die den größten Anteil staatlicher Finanzspritzen ausmacht, sich nach den Wahlergebnissen richtet. Da die GRÜNEN im Verhältnis zu ihren Wahlergebnissen die niedrigste Mitgliederzahl haben, ergibt sich zwangsläufig, daß das Verhältnis von Eigeneinnahmen zu staatlichen Geldern ungünstiger ausfällt als bei den etablierten Parteien. Im Vergleich zu den anderen Bundestagsparteien haben die GRÜNEN das mit Abstand geringste Aufkommen an Mitgliedsbeiträgen. Während 1987 die CDU 44 Prozent ihrer Einnahmen aus den Beiträgen ihrer Mitglieder bestritt und die SPD gar knapp an die 50-Prozent-Marke heranreichte, lag dieser Anteil bei den GRÜNEN bei 8,5 Prozent. Im Verlauf der vergangenen Jahre schwankte der Anteil stets zwischen zehn und fünfzehn Prozent[59].

Die Rolle staatlicher Parteienfinanzierung wird in der Gründungsphase der Partei besonders deutlich. Im Jahre 1979 belief sich der Anteil der staatlichen Wahlkampfkostenerstattung (einschließlich der Europawahl) auf 98,2 Prozent der gesamten Einnahmen der GRÜNEN, die seinerzeit noch unter dem Namen »Sonstige politische Vereinigung – Die GRÜNEN« antraten[60]. Inzwischen ist dieser Anteil auf ungefähr ein Drittel der Einnahmen gesunken. Sieht man einmal von der Anfangsphase der Partei ab, so haben die GRÜNEN bislang in beträchtlichem Maße Spenden eingenommen. Mit einem Spendenaufkommen, das seit 1981 zwischen 15,9 und 35,9 Prozent der gesamten Einnahmen schwankt, liegen sie seit 1984 prozentual sowohl vor der CDU als auch vor der SPD[61]. Finanziell steht die Partei auf einer gesunden Basis, was nicht zuletzt auf ihren im Vergleich zur politischen Konkurrenz geringen Personal- und Verwaltungsaufwand zurückzuführen ist. Während sich beispielsweise die Personalkosten der SPD und der CDU im Jahre 1987 auf fast 30 Prozent der Gesamtausgaben beliefen, kamen die GRÜNEN mit 9,9 Prozent aus. Von 1984 bis 1987 hat die Partei durchgängig Überschüsse erzielt[62].

3. Zwänge des Parlamentsbetriebes

Im Januar 1983, kurz vor der Bundestagswahl, beschloß die Sindelfinger Bundesdelegiertenkonferenz, daß alle Bundestagsabgeordneten ihre Sitze in der Mitte der Legislaturperiode für sog. Nachrücker räumen sollten, die in der ersten Hälfte der Legislaturperiode formal als Fraktions- oder Abgeordnetenassistenten angestellt

---

57 Vgl. Karl-Heinz Naßmacher, Parteienfinanzierung als verfassungspolitisches Problem, in: Aus Politik und Zeitgeschichte, B 11/89, S. 37.

58 Vgl. ebd.

59 Vgl. Bundestagsdrucksache 11/4814, 1989, S. 5; Datenhandbuch zur Geschichte des Deutschen Bundestages, 1980–84, Baden-Baden 1986, S. 117.

60 Vgl. Datenhandbuch (Anm. 59), S. 117.

61 Vgl. Bundestagsdrucksache 11/4814, 1989, S. 5; Datenhandbuch (Anm. 59), S. 117.

62 Vgl. Bundestagsdrucksache 11/4814, 1989, S. 10f.

werden sollten. Nachrücker und Abgeordnete sollten, so der Beschluß, das Abgeordnetenmandat gemeinsam wahrnehmen. Durch die gewünschte enge Kooperation im Rahmen der Bürogemeinschaft zwischen dem Abgeordneten und »seinem« Nachrücker sollten die Reibungsverluste beim Austausch der Parlamentsmannschaft auf ein Minimum beschränkt werden[63]. Verfassungsrechtlich stand dieser Beschluß von Beginn an auf einer unsicheren Grundlage. Das Grundgesetz garantiert die Freiheit des Abgeordneten und sieht nur die Wahl für eine volle Legislaturperiode vor. Die Rotation eines Teils der niedersächsischen Landtagsabgeordneten der GRÜNEN im Herbst 1984 wurde schließlich zum juristischen Testfall. Nachdem ihnen durch einen Mehrheitsbeschluß des Parlamentes die Niederlegung ihres Mandates verweigert worden war, entschied der niedersächsische Staatsgerichtshof, daß die Rotation nicht verfassungskonform sei. In der Abwägung zwischen der freien Entscheidung des einzelnen Abgeordneten und der Frage, ob durch die Teil-Rotation die verfassungsmäßige Ordnung – in diesem Falle also die Funktionsfähigkeit des Parlamentes – beeinträchtigt werde, gab das Gericht allerdings der Gewissensentscheidung den Vorrang und gestattete die Rotation[64].

Bei der Rotation gibt es ausgeprägte regionale Unterschiede. Die Zweijahres-Rotation der Abgeordneten, die vielen Parteimitgliedern lange Zeit als Prüfstein basisdemokratischer Aufrichtigkeit galt, wurde von einigen Landesverbänden für die Landtage nie übernommen. In Baden-Württemberg beispielsweise galt von Beginn an eine Vierjahres-Regelung und in Niedersachsen wurde nur eine Hälfte der Parlamentsmannschaft ausgewechselt. Inzwischen geht der Trend eindeutig zu längerfristigen Regelungen: So gibt es beim hessischen Landesverband keine formale Begrenzung der Mandatsdauer mehr[65]. Auf Bundesebene wurde die Zweijahres-Rotation in der Legislaturperiode 1987–1990 nur noch von den stark linksorientierten Hamburger Grün-Alternativen und der Berliner Alternativen Liste praktiziert[66].

Ausschlaggebend für die weitgehende Abschaffung der Zweijahres-Rotation waren die schlechten Erfahrungen, die die Bundestagsfraktion mit dieser Regelung gemacht hatte. Zum einen erwies sich, daß die notwendige Einarbeitungszeit weit unterschätzt worden war. Die Ausführung des Rotationsbeschlusses, zu der sich die Partei im Interesse der Glaubwürdigkeit gegenüber ihren Wählern verpflichtet fühlte, führte 1985 zu einer mehrmonatigen Lähmung der politischen Arbeit der Fraktion. Die fehlende Kontinuität geht allerdings nicht zuletzt auf die Tatsache zurück, daß es nur in wenigen Fällen gelang, funktionierende Bürogemeinschaften zwischen Abgeordneten und Nachrückern zu schaffen. Dies lag vor allem an deren meist unterschiedlichen Interessengebieten. Da für die Aufstellung von Landeslisten politische Kräfteverhältnisse und nicht Fachgebiete ausschlaggebend sind, hätte dies nicht überraschen dürfen. Für eine prinzipiell mögliche, sachgebietsorientierte Einteilung der Bürogemeinschaften fehlte den Grünen im Bundestag in der Anfangsphase die organisatorische Kapazität.

Obwohl die Zweijahres-Rotation abgeschafft wurde, besteht weiterhin ein starker innerparteilicher Konsens, an der Idee der Rotation insofern festzuhalten, als keine

---

63 Vgl. Protokoll des Sindelfinger Parteitages von Januar 1983, Anhang.
64 Vgl. Süddeutsche Zeitung vom 7. Juni 1985.
65 Vgl. Grüne Blätter, (1989) 10, S. 19.
66 Vgl. Die Grünen im Bundestag, Bulletin, März/1989, S. 11.

Berufsparlamentarier zugelassen werden sollen. Gegenwärtig gilt auf Bundesebene, daß nach einer Legislaturperiode eine Zwangspause ansteht. Dies bedeutet allerdings, daß alle vier Jahre mit lauter »ungelernten Kräften« ein Neuanfang zu bewerkstelligen ist, der nicht zuletzt die Stellung von längerfristig beschäftigten Fraktionsassistenten über Gebühr stärken könnte. Die Ablehnung von Berufsparlamentariern wird auch durch die weiterhin geltende Begrenzung der Abgeordnetendiäten symbolisiert. Gegenwärtig liegt die selbstgesetzte Einkommensgrenze bei 2100 DM netto für die Abgeordneten, zuzüglich 500 DM für jede zu versorgende Person. Die darüber hinausgehenden Beträge werden den Ökofonds für alternative Projekte zur Verfügung gestellt.

Die Bonner Erfahrung hat gezeigt, daß der Versuch, im Parlamentsbetrieb eine hierarchiefreie Zone zu etablieren, auf mehrere institutionelle und systematische Schranken stößt: Im Einklang mit basisdemokratischen Grundsätzen sollten Abgeordnete und Nachrücker innerhalb der Fraktion vollkommen gleich gestellt werden. Schon bei eher unpolitischen Fragen ließ sich dieses Prinzip jedoch nicht durchhalten. Die Nachrücker genossen nicht die arbeitsrechtliche Absicherung, die gewählten MdBs gegenüber ihren ursprünglichen Arbeitgebern zusteht; sie kamen nicht in den Genuß von Privilegien, die sich aus dem Abgeordnetenstatus ergeben (Freifahrten mit der Bundesbahn, Fahrbereitschaft des Bundestages, etc.); und sie hatten weniger Geld zur Verfügung, weil ihnen die Unkostenpauschale, anders als den Abgeordneten, aus technischen Gründen nur brutto ausbezahlt werden konnte[67]. Von größerer politischer Bedeutung war allerdings das erhebliche Informationsgefälle zwischen Abgeordneten und Nachrückern. Da letztere keinen Zugang zu Ausschußsitzungen hatten, blieben sie hinsichtlich wichtiger Hintergrundinformationen auf das Wohlwollen und die Auskunftsfreude ihrer »mandatierten« Fraktionskollegen angewiesen[68].

Ein anderes grünes Organisationsprinzip kam schon aus verfassungsrechtlichen Gründen nie über reine Willensbekundungen hinaus und ist deshalb inzwischen weitgehend in Vergessenheit geraten – das sogenannte imperative Mandat, das laut den Sindelfinger Beschlüssen vom Januar 1983 die Abgeordneten an die Beschlüsse ihrer zuständigen Parteigremien binden sollte[69].

Für den politischen Alltag der GRÜNEN im Bundestag war die Selbstverpflichtung zur Öffentlichkeit aller Sitzungen weitaus folgenreicher. Einerseits erhöht dieses Prinzip, das bis heute mit wenigen Ausnahmen eingehalten wird, die Transparenz demokratischer Entscheidungsprozesse; andererseits erschwert die Anwesenheit der Öffentlichkeit jedoch das Finden von Kompromissen oder verleitet zu einer neuen Form versteckter Verhandlungen: Sie finden eben nicht mehr hinter verschlossenen Türen statt, sondern auf dem Korridor während der Zigarettenpause[70]. In jedem Fall verzögert das Öffentlichkeitsprinzip Entscheidungsprozesse und engt das Zeitbudget grüner Parlamentarier zusätzlich ein.

67 Vgl. Die Grünen im Bundestag, 1. Rechenschaftsbericht, 1984, S. 3f.

68 Vgl. Thomas Poguntke, The organization of a participatory party – the German Greens, in: European Journal of Political Research, 15 (1987), S. 627f.; Dirk Cornelsen, Ankläger im hohen Haus, Essen 1986, S. 155ff.

69 Vgl. D. Cornelsen (Anm. 68), S. 157.

70 Vgl. J. Fischer (Anm. 13), S. 125; Roland Schaeffer, Basisdemokratie. Oder: Wenn der Löwenzahn nicht wachsen will, müssen wir eben Kopfsalat essen, in: Kursbuch, 74 (1983), S. 125.

Auch wenn sich der parteiinterne Streit lange Zeit wahlpolitisch nicht negativ auszuwirken schien, so ist zwischenzeitlich ein Ausmaß an parteiinterner Polarisierung erreicht worden, das von allen Parteiflügeln als schädlich angesehen wurde. Neben den bereits diskutierten inhaltlichen Gründen läßt sich die Schärfe des Streites auch mit organisationsstrukturellen Besonderheiten der GRÜNEN in Verbindung bringen. Vor allem die strikte Trennung zwischen Amt und Mandat institutionalisiert ein Konkurrenzverhältnis zwischen Parteiführung und Fraktion. Da die Parteiführung schon wegen der fast vollständig fehlenden Ausstattung mit politischen Mitarbeitern dem inhaltichen Übergewicht der Fraktion kaum Paroli bieten kann, ist der Rückgriff auf polemische Polarisierungen verlockend[71].

Unter basisdemokratischen Gesichtspunkten ist die kollektive Parteiführung im Bund und in den Landesverbänden grundsätzlich positiv zu bewerten. Entsprechend dem Grundgedanken der Machtbeschränkung wird durch die Dreiteilung der Führungsposition dieses mögliche Machtzentrum gewissermaßen entschärft. Die Vergangenheit hat allerdings gezeigt, daß eine kollektive Parteiführung einen Verlust an Handlungsfähigkeit bedeuten kann. Der Wunsch nach Integration führt in etablierten Parteien normalerweise zur Wahl eines Parteiführers, der keinem Flügel eindeutig zuzuordnen ist. Bei einer kollektiven Führung liegt demgegenüber die Versuchung nahe, dieses Gremium proportional zu besetzen. Da aber alle Mitglieder der Führung ihre Wahl in erster Linie der Zuordnung zu einem bestimmten Flügel verdanken, liegt es nahe, diese richtungspolitische Identifizierbarkeit im Interesse der Wiederwahl und des eigenen politischen Profils zu pflegen. Die Erfahrung zeigt, daß dies die Einigkeit und damit die Handlungsfähigkeit eines solchen Gremiums nicht fördert[72].

Es ist offensichtlich, daß die grünen Parteistrukturen der Machtkonzentration auf höheren Parteiebenen entgegenwirken. Neben den bereits erwähnten Regeln sind in diesem Zusammenhang die zeitliche Begrenzung der Amtsdauer, das Verbot der Ämterhäufung und das Prinzip der ehrenamtlichen Ausübung von Parteiämtern zu nennen. Einfache Mitglieder haben es überdies leichter als in etablierten Parteien, auf die Auswahl von Bundesdelegierten oder auf den Inhalt von Vorlagen für Parteitagsbeschlüsse Einfluß zu nehmen, da die entsprechenden Kompetenzen auf den unteren Organisationsebenen angesiedelt sind[73]. Auch die Regeln für den Ablauf von Parteitagen räumen den Parteiführungsgremien kaum Lenkungsbefugnisse ein: Über das klassische Steuerungsinstrument, die Rednerliste, entscheidet meist das Los.

Die Idee der Basisdemokratie lebt in erster Linie jedoch nicht von bestimmten Satzungsregeln, sondern von der intensiven Mitarbeit der Mitglieder. Inhaltliche Kontrolle von Mandatsträgern und die politische Steuerung der Partei durch die Basis läßt sich nur auf der Grundlage starker Mitgliederpartizipation denken. Dies ist allerdings der Punkt, an dem Anspruch und Wirklichkeit am weitesten voneinander

---

71 Vgl. E. Gene Frankland, The Role of the Greens in West German Parliamentary Politics, 1980–87, in: Review of Politics, 50 (1988) 1, S. 108.

72 Vgl. Rechenschaftsbericht des Bundesvorstandes, vorgelegt zur 8. Bundesdelegiertenkonferenz in Offenburg, Dezember 1985, S. 57.

73 Vgl. T. Poguntke (Anm. 68), S. 613.

entfernt sind. Nach schnellem Wachstum in der Gründungsphase der Partei stagnieren die Mitgliederzahlen seit einigen Jahren. Im Oktober 1979 hatte die »Sonstige politische Vereinigung« knapp 3000 Mitglieder, im Juni 1980, kurz nach der Gründung der GRÜNEN, war die Zahl schon auf 18000 angewachsen, Ende 1982 lag sie bei rund 22000[74]. Gemessen an den Wahlerfolgen hat die Mitgliederzahl nicht mit der Entwicklung der Partei Schritt halten können: Ende 1987 lag sie bei rund 40000[75]. Die Organisationsdichte der übrigen Bundestagsparteien, also das Verhältnis von Wählern zu Parteimitgliedern, ist deutlich höher[76]. Dies wäre an sich noch zu verkraften, wenn das dem basisdemokratischen Konzept zugrunde liegende Bild des sehr aktiven Parteimitglieds der Realität entspräche. Tatsächlich scheint die Partizipationsrate grüner Parteimitglieder nicht wesentlich über der von Mitgliedern anderer Parteien zu liegen. Angesichts des großen Bedarfs an Amts- und Mandatsträgern, der sowohl auf gute Wahlergebnisse als auch auf die Inkompatibilitätsregeln zurückgeht, gibt es vielerorts kaum noch einfache Mitglieder zur Kontrolle grüner Funktionsträger. Nach neuen Berechnungen ist etwa jedes sechste Parteimitglied der GRÜNEN auch Mandatsträger der Partei[77]. Das Ziel einer spezifischen inhaltlichen Unterstützung und Kontrolle grüner Mandatsträger durch eine aktive Parteibasis ist deshalb weitgehend nicht verwirklicht worden[78].

Über die Sozialstruktur der Mitglieder ist so gut wie nichts bekannt, da die GRÜNEN derartige Statistiken aus prinzipiellen Gründen, vor allem wegen ihrer Sorge um den Schutz personenbezogener Daten, ablehnen. Der Frauenanteil lag nach Angaben der Partei im März 1987 bei 33 Prozent[79]. Das Profil der Parteitagsdelegierten läßt jedoch vorsichtige Rückschlüsse auf die gesamte Mitgliedschaft zu. Nach einer Umfrage auf dem Offenburger Parteitag von 1985 sind grüne Parteitagsdelegierte überwiegend postmaterialistisch orientierte junge Angehörige der neuen Mittelschichten mit einem hohen Bildungsstand. Viele sind Beamte oder studieren noch an einer Hochschule[80]. Angesichts der offenen und wenig formalisierten Organisationstruktur der GRÜNEN, die es einfachen Mitgliedern leicht macht, als Delegierte aufgestellt zu werden, kann man die Sozialstruktur der Parteitagsdelegierten als ungefähres Abbild der Gesamtpartei werten. Mit dieser Einschränkung läßt sich folgern, daß sich die in Kapitel VI geschilderten Sozialprofile grüner Wähler mit denen der Mitglieder weitgehend decken.

Die geringe Bereitschaft zum Beitritt oder gar zur Mitarbeit bei den GRÜNEN hängt mit der besonderen Wertorientierung und den damit verbundenen Partizipationswünschen ihres Wählerpotentials zusammen. Der Wunsch nach direkter Teil-

---

74 Vgl. L. Klotzsch/R. Stöss (Anm. 12), S. 1581f.

75 Vgl. Bundestagsdrucksache 11/4814, 1989, S. 7.

76 Vgl. Gerd Langguth, Der grüne Faktor. Von der Bewegung zur Partei?, Zürich 1984, S. 62f.; Helmut Fogt, Basisdemokratie oder Herrschaft der Aktivisten? Zum Politikverständnis der Grünen, in: Politische Vierteljahresschrift, 25 (1984) 1, S. 105.

77 Vgl. D. Murphy/R. Roth (Anm. 21), S. 324.

78 Vgl. Wolfgang Ismayr, Die Grünen im Bundestag. Parlamentarisierung und Basisanbindung, in: Zeitschrift für Parlamentsfragen, 16 (1985) 3, S. 309; Gertrud Schrüfer, Die Grünen im Deutschen Bundestag. Anspruch und Wirklichkeit, Nürnberg 1985, S. 40.

79 Vgl. Statistisches Bundesamt (Hrsg.), Datenreport 1987, Bonn 1987, S. 158.

80 Vgl. Thomas Poguntke, An Alternative Politics? The German Green Party in a Comparative Context, unv. Dissertation am Europäischen Hochschulinstitut, Florenz 1989, S. 311ff.

habe an spezifischen Politikentscheidungen läßt diesen Wählerschichten die kontinuierliche Mitarbeit in einer politischen Partei als wenig attraktiv erscheinen. Anstatt in einer Partei mit anderen Mitgliedern um Aufmerksamkeit für die für wichtig gehaltenen politischen Themen zu konkurrieren, engagiert sich dieser neue Partizipationstyp lieber in themenbezogenen Initiativen oder neuen sozialen Bewegungen[81].

Diese themenspezifische Motivation zur politischen Mitarbeit hat sich die Partei zum Teil durch die Einrichtung von Landes- und Bundesarbeitsgemeinschaften zunutze gemacht. Die thematisch definierten Arbeitskreise, die weitgehend aus den Mitteln der Parlamentsfraktionen finanziert werden, unterstützen die Fraktionen bei der Formulierung von Anfragen und Gesetzentwürfen. Sie stehen allen Interessenten offen. Der Anspruch auf inhaltliche Verzahnung von Parlamentsfraktion und Parteibasis wird auf diese Weise zumindest teilweise eingelöst[82].

V. Gesellschaftliche Beziehungen

Das grüne Selbstbild vom Sprachrohr der neuen sozialen Bewegungen trifft allenfalls – mit Einschränkungen – für die Gründungsphase der Partei zu, die vor allem aus der Umweltschutz- und Anti-Kernkraft-Bewegung hervorgegangen ist[83]. Dieses liebgewordene Selbstverständnis der GRÜNEN hat immer unterschlagen, daß die neuen sozialen Bewegungen sowohl hinsichtlich ihrer Ziele, als auch ihrer organisatorischen Vernetzungen mit Verbänden und politischen Parteien weit über das originär grüne Spektrum hinausreichen[84]. Am stärksten trifft dies für die Friedensbewegung zu, die sowohl in den Kirchen als auch in den Gewerkschaften und der SPD stark verankert ist und sich gegen die Umarmungsversuche der GRÜNEN immer zur Wehr gesetzt hat[85]. Ein Blick auf die Gründungsgeschichte der GRÜNEN zeigt, daß keineswegs die gesamte Umweltbewegung den Schritt in die Parteipolitik unterstützte[86].

Auch wenn die meisten neuen sozialen Bewegungen die GRÜNEN als ihre »natürlichen« Ansprechpartner betrachten und umgekehrt die Partei sich immer

81 Vgl. M. Kaase (Anm. 50), S. 185ff.

82 Vgl. Die Grünen im Bundestag, 2. Rechenschaftsbericht, November 1984, S. 15; W. Ismayr (Anm. 78), S. 310.

83 Vgl. Dieter Rucht, Zum Verhältnis von sozialen Bewegungen und politischen Parteien, in: Journal für Sozialforschung, 27 (1987) 3–4, S. 308; Ferdinand Müller-Rommel, Social Movements and the Greens, in: European Journal for Political Research, 13 (1985), S. 53–67.

84 Vgl. Rüdiger Schmitt, Was bewegt die Friedensbewegung? Zum sicherheitspolitischen Protest der achtziger Jahre, in: Zeitschrift für Parlamentsfragen, 18 (1987) 1, S. 123; Thomas Leif, Die Friedensbewegung zu Beginn der achtziger Jahre. Themen und Strategien, in: Aus Politik und Zeitgeschichte, B26/89, S. 32; Franz Urban Pappi, Die Anhänger der neuen sozialen Bewegungen im Parteiensystem der Bundesrepublik, in: Aus Politik und Zeitgeschichte, B26/89, S. 24.

85 Vgl. Klaus von Beyme, Neue soziale Bewegungen und politische Parteien, in: Aus Politik und Zeitgeschichte, B44/86, S. 36.

86 Vgl. Richard Stöss, Parteien und soziale Bewegungen, in: R. Roth/D. Rucht (Anm. 21), S. 294.

wieder durch die Übernahme von Forderungen aus den Bewegungen als parlamentarischer Arm der Bewegungen zu präsentieren versucht, so hat die organisatorische Verfestigung und die Eigendynamik der parlamentarisch ausgerichteten Politik die Autonomie der Partei deutlich vergrößert. Schließlich führt das Bemühen der GRÜNEN, konsistente programmatische Positionen zu entwickeln, zu inhaltlichen Schranken gegenüber einer automatischen Übernahme von Forderungen verschiedener Protestbewegungen. Die scharfe Debatte über die Beibehaltung der Mindeststrafe bei Vergewaltigung verdeutlicht dies: Die Forderung der um eine Liberalisierung des Strafrechts bemühten Gruppen nach einer Senkung der Mindeststrafe zugunsten der Stärkung des Resozialisierungsgedankens läßt sich nicht mit den Wünschen aus der Frauenbewegung nach einer harten Linie gegenüber männlicher Gewalt in Einklang bringen. Der Versuch, solch widersprüchliche Interessen zu integrieren anstatt sie nur im Parlament zu Gehör zu bringen, bleibt originäre Aufgabe einer politischen Partei, die zwar auf vielfältige Weise in miteinander sympathisierenden Bewegungen verankert ist, die jedoch eine eigenständige, nicht zuletzt von den erwähnten Notwendigkeiten der Parteipolitik bestimmte Rolle spielt.

Gleichzeitig bemühen sich die GRÜNEN unablässig, durch symbolische Aktionen ihre engen Bindungen an die Protestbewegungen unter Beweis zu stellen. In diesem Zusammenhang spielt nicht nur die inhaltliche Übereinstimmung mit bestimmten Zielen eine Rolle, sondern vor allem auch die demonstrative Teilnahme an bestimmten, unkonventionellen Formen des politischen Protestes. Das Spektrum reicht hier von Sitzungen der Bundestagsfraktion in Wackersdorf über die Teilnahme prominenter grüner Politiker an Blockaden bis zur Unterstützung illegaler, aber von den GRÜNEN für legitim erachteter Boykottaktionen (z. B. gegen die Volkszählung).

VI. Die Wähler der GRÜNEN

Ein Blick auf die Wählerschaft der GRÜNEN ergibt zunächst ein recht diffuses Bild. In den Landesverbänden der GRÜNEN haben sich von Anfang an zahlreiche politische Strömungen und Gruppierungen aus den unterschiedlichsten sozialen und politischen Milieus und mit teilweise völlig verschiedenen politischen Erfahrungen zusammengeschlossen. Generell scheint es, als handle es sich bei den grünen Wählern um ein typisches Mittelschichtenphänomen mit deutlichen Bildungs- und Aufstiegsakzenten. Hinzu kommt, daß es sich bei den Wählern der GRÜNEN und auch bei deren parlamentarischen Repräsentanten überwiegend um Personen handelt, die im tertiären Sektor beschäftigt sind und die keine konkreten Erfahrungen im industriellen Konflikt zwischen Arbeitnehmern und Arbeitgebern gemacht haben[87].

Wie läßt sich die Wählerschaft der GRÜNEN genauer beschreiben? Zur Beantwortung dieser Frage wurden Daten aus einer repräsentativen Bevölkerungsumfrage

---

87 Vgl. u. a. die folgenden Studien über die Wählerschaft der GRÜNEN: Ferdinand Müller-Rommel, Die Grünen im Lichte von neuesten Ergebnissen der Wahlforschung, in: Thomas Kluge (Hrsg.), Grüne Politik, Frankfurt 1984, S. 125–141; Wilhelm Bürklin, Grüne Politik, Opladen 1984; Hans Joachim Veen, Wer wählt grün?, in: Aus Politik und Zeitgeschichte, B35–36/84, S. 3–17.

aus dem Jahr 1988 zusammengestellt. Die in *Tab. 3* dargestellten soziodemographischen Faktoren belegen zunächst einmal, daß sich die Wählerschaft der GRÜNEN – im Vergleich zu der der anderen Parteien – überdurchschnittlich stark aus jüngeren Bürgern zusammensetzt. Dieser Befund ist nicht neu, er ist schon seit den ersten empirischen Studien über die GRÜNEN hinreichend bekannt[88]. Nur selten erwähnt wurde allerdings bislang, daß rund 40 Prozent der grünen Wählerschaft 30 Jahre und älter sind. Dieser insgesamt hohe Anteil deutet darauf hin, daß die GRÜNEN keineswegs nur die Partei der verdrossenen Jung- und Erstwähler ist, die noch keine historisch gewachsene Parteiidentifikation haben. Vielmehr handelt es sich bei den 30- bis 40jährigen um Bürger, die bereits drei- bis fünfmal die Gelegenheit hatten, sich an Bundestagswahlen zu beteiligen. Es ist eindeutig, daß es sich bei dieser Altersgruppe vor allem um ehemalige Wähler der etablierten Parteien handelt, die sich weniger aus Gründen des Leistungs- und Repräsentationsdefizits, sondern vielmehr wegen mißliebiger Fehlleistungen der Regierung und der Opposition von der »trägen« Loyalität gegenüber den etablierten Parteien gelöst und zunehmend eine Bereitschaft gezeigt haben, die GRÜNEN zu wählen.

Neben dem Alter korrespondiert auch der Bildungsgrad (hier gemessen über den Schulabschluß) mit der Bereitschaft, die GRÜNEN zu wählen. Unter den grünen Anhängern befinden sich weitaus mehr Personen mit dem formalen Abschluß eines Abiturs als unter den Wählern der CDU/CSU und der SPD. Hingegen gibt die Mehrzahl der Wähler von etablierten Parteien an, über einen Hauptschulabschluß zu verfügen. Was die Berufstätigkeit anbetrifft, so ergeben sich nur in einigen Punkten entscheidende Abweichungen zwischen der Wählerschaft der GRÜNEN und der der etablierten Parteien: Die GRÜNEN sind beispielsweise deutlich mehr ganztags berufstätig als die CDU/CSU-Anhänger. Andererseits sind bei den GRÜNEN mehr Arbeitslose als bei den Anhängern der anderen Parteien zu finden.

Nach dem Selbstverständnis ihrer Anhänger sind die GRÜNEN eindeutig eine Linkspartei. Das zeigt sich, als die Befragten gebeten wurden, auf einer Skala mit 11 Punkten von 1 (sehr weit links) bis 11 (sehr weit rechts) ihren eigenen politischen Standort anzuzeigen. Die Wähler der GRÜNEN stuften sich im Durchschnitt weiter links ein als die Wähler der etablierten Parteien. Ferner wurde in verschiedenen Studien bereits erwähnt, daß der Wahlentscheid für die GRÜNEN zu einem nicht unerheblichen Teil auf einen allgemeinen Wertewandel in der bundesrepublikanischen Bevölkerung zurückzuführen ist, den Ronald Inglehart als »stille Revolution« bezeichnet hat: Insbesondere für die jüngeren und besser Ausgebildeten ist eine Abkehr von »materialistischen« Wohlstandswerten (wie wirtschaftliches Wachstum) zu »postmaterialistischen« Werten kennzeichnend, also beispielsweise zu mehr Lebens- und Umweltqualität oder zu mehr politischer Beteiligung[89]. Konkret bedeutet dies: Bevölkerungsteile sympathisieren entweder mit der Friedensbewegung, mit Hausbesetzern und mit sozialen Randgruppen (die Postmaterialisten) oder aber mit der Polizei, der Verwaltungsbürokratie bzw. – allgemeiner gesagt – mit den etablier-

88 Vgl. Lutz Mez/Ulf Wolter, Wer sind die Grünen?, in: dies. (Hrsg.), Die Qual der Wahl, Berlin 1980, S. 6–31; Horst Dieter Rönsch, Die Grünen: Wählerbasis, politische Entwicklung, Programmatik, in: Gewerkschaftliche Monatshefte, 34 (1983), S. 98–111.

89 Vgl. W. Bürklin (Anm. 87); Ronald Inglehart, Kultureller Umbruch. Wertewandel in der westlichen Welt, Frankfurt 1989.

Tab. 3: Soziodemographische Zusammensetzung der grünen Wähler und der Wähler von etablierten Parteien 1988
in Prozent

(N)	CDU/CSU (751)	SPD (905)	FDP (126)	GRÜNE (178)
Alter				
18–29	12	24	32	61
30–44	21	28	22	29
45–59	27	22	23	7
60 und älter	40	26	23	3
	100	100	100	100
Schulabschluß				
kein Schulabschluß	2	2	2	1
Hauptschulabschluß	58	61	33	20
Mittlere Reife	24	21	29	27
Fachhochschulreife	4	3	6	4
Abitur	12	12	28	42
noch Schüler	1	1	2	6
	100	100	100	100
Berufstätigkeit				
ganztags berufstätig	31	42	44	46
halbtags berufstätig	5	7	6	5
nebenher berufstätig	5	3	3	6
arbeitslos	1	2	1	6
Wehr- und Zivildienst	0	1	0	0
nicht berufstätig	58	45	46	37
	100	100	100	100

Quelle: ALLBUS 1988, eigene Berechnungen.

ten staatlichen und politischen Institutionen, die die bestehende Gesellschaftsordnung sichern (die Materialisten).

Wenn die Annahme stimmt, daß der Bevölkerungsanteil mit postmaterialistischen Werthaltungen in den kommenden Jahren wächst bzw. zumindest stabil bleibt und wenn ebenso zutrifft, daß zwischen der organisatorischen Entfaltung der GRÜNEN und dem Anteil von »neuen« Werteorientierungen ein enger Zusammenhang besteht, erscheint es nicht unplausibel zu prognostizieren, daß die GRÜNEN in den neunziger Jahren zu einem festen Bestandteil des bundesrepublikanischen Parteiensystems heranwachsen werden, sofern sich ihr Wählerklientel tatsächlich überwiegend aus Postmaterialisten zusammensetzt, die sich bekannterweise durch die programmatisch angelegten »neuen« Politikforderungen der GRÜNEN zumindest angesprochen, wenn nicht gar mobilisiert fühlen.

Ein erster Blick auf die Datenlage zeigt, daß sich die Wähler mit »reinen« postmaterialistischen und »reinen« materialistischen Werteorientierungen in ihrer Parteipräferenz weniger stark unterscheiden als erwartet: Während 28 Prozent der CDU/CSU Wähler zu den »reinen« Materialisten und 11 Prozent zu den »reinen« Postmaterialisten zählen, sind bei den GRÜNEN immerhin 20 Prozent »reine« Materialisten und nur 17 Prozent »reine« Postmaterialisten. Deutlichere Polarisierungen ergeben sich bei den sogenannten Mischtypen. Befragte, die eher materialistische Werteorientierungen haben, sind in der Wählerschaft der CDU/CSU überdurchschnittlich oft vertreten (42 Prozent). Umgekehrt haben bei den GRÜNEN 42 Prozent eher postmaterialistische Werteorientierungen.

Die empirischen Befunde zeigen, daß sich die Wählerschaft der GRÜNEN primär aus nachkriegssozialisierten Bürgern mit tendenziell eher »linkem« Selbstverständnis zusammensetzt (wobei zu fragen wäre, ob »links« für jüngere Wähler inhaltlich die gleiche Bedeutung hat wie für ältere Bürger!). Ferner überwiegen bei den GRÜNEN die neuen Werteorientierungen. Damit zählen die Anhänger der GRÜNEN eindeutig zur sogenannten »neuen Linken« in der Bundesrepublik, die sich durch neue Werteorientierungen und durch ideologisch eher »linke« Positionen auszeichnet. Daß sich die Wähler der GRÜNEN in diesem Bereich klar von denen der etablierten Parteien unterscheiden, wird in *Abb. 1* sichtbar.

Es wäre sicherlich eine völlige Fehleinschätzung, die Anhänger der GRÜNEN als »systemfeindliche« oder gar als »extremistische« Wählergruppe zu bezeichnen. Ebenso kurzsichtig waren jene journalistischen Kommentare aus den frühen achtziger Jahren, in denen die grüne Partei nur als kurzfristig bestehende Protestpartei klassifiziert wurde. Mittlerweile ist deutlich geworden, daß die Wähler der GRÜNEN nicht jene Systemveränderer sind, für die man sie anfangs gehalten hat. Diese These läßt sich durch einige Daten untermauern.

Wertet man die Frage nach der Demokratiezufriedenheit als allgemeine Systemakzeptanz, dann sind die Wähler der GRÜNEN zwar deutlich unzufriedener als die Anhänger der übrigen Parteien. Allerdings sind sogar bei den GRÜNEN 56 Prozent der Befragten mit der Demokratie in der Bundesrepublik zufrieden. Zufriedenheit heißt jedoch nicht nur, das System zu akzeptieren. Zufriedenheit steht vielmehr in engem Zusammenhang mit der Wahrnehmung der politischen Realität und den persönlichen Erwartungen an die Politik. Im Hinblick auf die Wahrnehmung der politischen Realität unterscheiden sich zwar die GRÜNEN von den Wählern der anderen Parteien. Interessant erscheint jedoch, daß 62 Prozent der GRÜNEN Wählerschaft die Funktionsfähigkeit des politischen Systems in der Bundesrepublik als gut bzw. im großen und ganzen gut einschätzen. Auch in bezug auf die Erwartungen an das demokratische Geschehen in der Bundesrepublik nehmen die Wähler der GRÜNEN eine besondere Position ein. Im Gegensatz zu den Anhängern der etablierten Parteien sind die GRÜNEN eher davon überzeugt, daß der Bürger einen Einfluß auf die Regierungspolitik hat. Diese Einschätzung geht einher mit einem überdurchschnittlich starken Interesse der grünen Wählerschaft, sich mit politischen Fragen auseinanderzusetzen. Diese Aktivitäts*bereitschaft* zeigt sich auch in den konkreten Formen des Partizipations*verhaltens* der GRÜNEN Wähler.

Die Umfrageergebnisse in *Tab. 4* weisen darauf hin, daß sich die Wähler der GRÜNEN deutlich stärker als die der etablierten Parteien
– an öffentlichen Diskussionen beteiligen,

Abb. 1: Ideologische Selbsteinstufung und Wertorientierungen der Wählerschaft
in Prozent

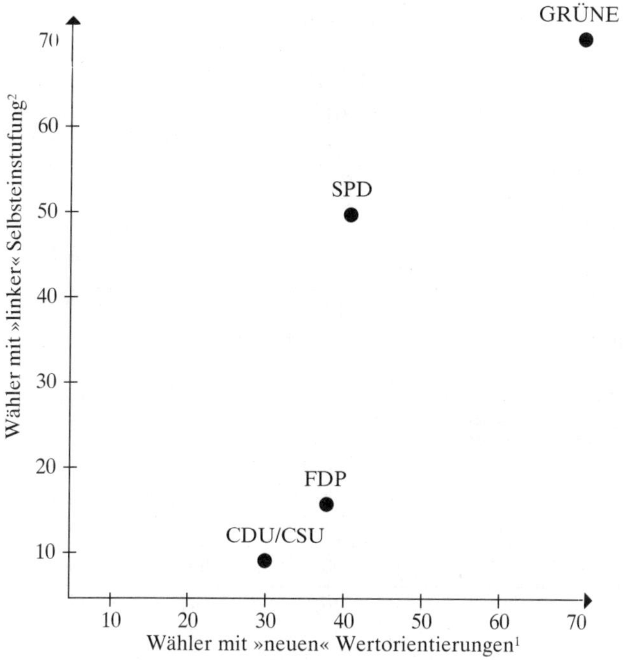

1 gemessen am Anteil der Befragten, die angaben Postmaterialisten bzw. eher Postmaterialisten als Materialisten zu sein (Kategorie: POSTMAT und POSTMAT/MAT).
2 gemessen am Anteil der Befragten, die sich auf der links-rechts Skala als links bzw. mitte-links eingestuft haben (Kategorie: 1–2 = links; 3–4 = mitte-links).

- in Bürgerinitiativen mitarbeiten,
- an ungenehmigten Demonstrationen teilnehmen.

Weniger deutlich ist der Unterschied zwischen den GRÜNEN und den Wählern der etablierten Parteien bei der Frage nach der Teilnahme an Besetzungsaktionen: Hier besteht bei den Befragten aller Parteien nur eine verschwindend geringe Bereitschaft, sich an diesen unerlaubten Aktionen zu beteiligen.

Offensichtlich haben die Wähler der GRÜNEN ein grundlegend anderes Verständnis von politischer Partizipation, Politikplanung, -verwaltung und -umsetzung als die Wähler der anderen Parteien. Die etablierten, schwerfällig arbeitenden Parteiapparate stellen sich nur sehr langsam auf dieses neue Politikverständnis ein. Die GRÜNEN können zumindest solange noch mit einer großen Wählerunterstützung rechnen, wie sich die etablierten Parteien nur in verbalen Bekundungen – und nicht in der konkreten politischen Umsetzung von grünen Forderungen – der grünen Partei und ihren Wählern nähern.

Tab. 4: Systemakzeptanz und politische Aktivitäten von grünen Wählern und Wählern etablierter Parteien

in Prozent; Gesamtzahl der Fälle in Klammern

	CDU/CSU	SPD	FDP	GRÜNE
Zufriedenheit mit der Demokratie in der Bundesrepublik	(735)	(896)	(124)	(178)
sehr/ziemlich/etwas zufrieden	94	85	94	56
etwas/ziemlich/sehr unzufrieden	6	15	6	44
	100	100	100	100
Einschätzung der Funktionsfähigkeit des politischen Systems	(729)	(893)	(125)	(177)
funktioniert gut/im großen und ganzen gut	94	85	89	62
funktioniert nicht gut/ überhaupt nicht gut	6	15	11	38
	100	100	100	100
Der Bürger hat keinen Einfluß auf die Regierung	(724)	(884)	(122)	(171)
Stimme voll/eher zu	59	62	46	37
stimme nicht/eher nicht zu	41	38	54	63
	100	100	100	100
Politisches Interesse	(746)	(904)	(126)	(178)
sehr stark/stark	34	37	45	63
mittel	24	29	30	23
wenig/überhaupt nicht	42	34	25	14
	100	100	100	100
Teilnahme an öffentlichen Diskussionen	(658)	(831)	(118)	(169)
nicht genannt	82	71	70	51
genannt	18	29	30	49
	100	100	100	100
Mitarbeit in Bürgerinitiativen	(685)	(831)	(118)	(169)
nicht genannt	91	86	86	66
genannt	9	14	14	34
	100	100	100	100
Mitarbeit in einer Partei	(658)	(831)	(118)	(169)
nicht genannt	95	94	96	87
genannt	5	6	4	13
	100	100	100	100

	CDU/CSU	SPD	FDP	GRÜNE
Teilnahme an ungenehmigten Demonstrationen	(658)	(831)	(118)	(169)
nicht genannt	100	98	99	83
genannt	0	2	1	17
	100	100	100	100
Teilnahme an Besetzungsaktionen	(658)	(831)	(118)	(169)
nicht genannt	100	99	99	98
genannt	0	1	1	2
	100	100	100	100

Quelle: ALLBUS 1988, eigene Berechnungen.

VII. Die GRÜNEN – ein fester Bestandteil des Parteiensystems?

Bei Parteien, die strukturell nahe an der Fünf-Prozent-Hürde angesiedelt sind, stehen Prognosen ihrer langfristigen Überlebenschancen auf recht unsicherem Boden. Die Ausführungen über die Wählerschaft der GRÜNEN haben allerdings gezeigt, daß sich die GRÜNEN hinsichtlich verschiedener Merkmale deutlich von den Wählern anderer Parteien abheben. Die Verankerung in zumindest teilweise klar definierbaren Milieus sichert den GRÜNEN einen festen Wählerstamm, der jedoch keinen sicheren Platz jenseits der Fünf-Prozent-Hürde garantiert[90]. Vielmehr deutet der überdurchschnittliche Anteil hochgebildeter Wähler darauf hin, daß die tatsächliche Politik der grünen Partei ihre Wahlerfolge erheblich beeinflußt. Diese Wählergruppe neigt nämlich dazu, ihre Wahlentscheidung im Sinne einer rationalen Entscheidung von den Leistungen der Partei abhängig zu machen[91].

Da rund 90 Prozent der grünen Wähler eine Koalition mit der SPD wünschen, werden zukünftige Wahlerfolge der GRÜNEN mit davon beeinflußt, ob es der Partei gelingt, zumindest auf Länderebene als potentieller Regierungspartner wahrgenommen zu werden. Gefährlich wird es für die GRÜNEN immer dann, wenn eine für grüne Themen offene SPD eine echte Chance auf eine absolute Mehrheit hat (wie die Beispiele Saarland und Schleswig-Holstein gezeigt haben). Allerdings sind die programmatischen und auch politisch-kulturellen Differenzen zwischen der SPD und den GRÜNEN derzeit noch zu groß, als daß es der SPD als Regierungspartei gelingen könnte, die GRÜNEN auf Dauer unter die Fünf-Prozent-Hürde zu drücken. Selbst

90 Vgl. Hans Joachim Veen, Die Anhänger der Grünen – Ausprägung einer neuen linken Milieupartei, in: Manfred Langner (Hrsg.), Die Grünen auf dem Prüfstand, Bergisch Gladbach 1987, S. 60–127; ders., Die Grünen als Milieupartei, in: Hans Maier u. a. (Hrsg.), Politik, Philosophie, Praxis, Tübingen 1988, S. 454–476.

91 Vgl. dazu länderübergreifend Ferdinand Müller-Rommel, New Politics Parties and New Political Movements in Western Europe, in: Russell J. Dalton/Manfred Küchler (Hrsg.), Challenging the Political Order, Oxford 1989.

wenn sich die SPD den GRÜNEN programmatisch annähern würde, so bleiben klare Unterschiede hinsichtlich des Politikstils. Es kann davon ausgegangen werden, daß gerade die unkonventionellen, alternativen Formen grüner Politik einen zusätzlichen Werbeeffekt für die Partei haben.

Das föderative System der Bundesrepublik bietet durch die unterschiedlichen Wahltermine von Bund, Ländern und Gemeinden kleinen Parteien die Möglichkeit, Krisensituationen durchzustehen: Selbst der Verlust aller Bundestagsmandate bedeutet nicht unbedingt das Ende bundespolitischer Relevanz, sofern auf Länderebene Regierungsbeteiligungen im Bereich des Möglichen zu sein scheinen.

Jenseits aller wahltaktischen Überlegungen müssen die Beharrungskräfte einmal etablierter und mit erheblichen Finanzmitteln ausgestatteter politischer Organisationen in die Überlegungen miteinbezogen werden. Eine mit wissenschaftlichen Apparaten und Mitteln für die politische Bildung ausgestattete Partei ist bis zu einem gewissen Grad in der Lage, sich selbst Unterstützung zu verschaffen, indem sie Themen in der öffentlichen Diskussion hält, die ihr wahlpolitisch zugute kommen. Die Ausstattung der GRÜNEN mit beträchtlichen staatlichen Finanzen und Mandaten auf allen politischen Ebenen bringt auch Patronagemöglichkeiten mit sich. Vor allem auf kommunaler Ebene sorgen grüne Mandatsträger dafür, daß »Staatsknete« die vielfältigen Einrichtungen des alternativen Milieus am Leben erhält. Damit erhöht sich die wahlpolitische Stabilität der Partei.

Der wohl wichtigste Grund, der für das – zumindest mittelfristige – Überleben der GRÜNEN spricht, liegt in der offensichtlichen Brisanz zahlreicher ökologischer Probleme. Die Schuldzuweisung der Bevölkerung für Umweltkatastrophen trifft nur die »etablierten« Parteien. Diese orientieren sich bei Lösungsversuchen für Umweltprobleme aufgrund ihrer programmatischen Ausrichtung und der Vernetzung mit gesellschaftlichen Großgruppen nach wie vor stark an ökonomischen Notwendigkeiten; sie können deshalb nur schwer mit den radikalen Vorschlägen der GRÜNEN konkurrieren. Da nicht anzunehmen ist, daß ökologische Katastrophen in Zukunft ausbleiben, können die GRÜNEN auf einen quasi naturgegebenen Themenvorrat vertrauen.

Andererseits muß bei allen Prognosen das erhebliche innerparteiliche Konfliktpotential berücksichtigt werden. Auch wenn es zutrifft, daß offen ausgetragene innerparteiliche Meinungsverschiedenheiten die Wahlchancen der GRÜNEN weit weniger stark beeinträchtigen als dies für die anderen Parteien zutrifft, so hat das Verständnis der Wähler für lebhaften Streit zweifellos Grenzen. Diese sind jedenfalls erreicht, wenn der innerparteiliche Grabenkrieg die Teilnahme der Partei an der öffentlichen Diskussion über relevante Themen weitgehend verhindert. Für das Fortbestehen der GRÜNEN wird es daher wichtig sein, Formen des innerparteilichen Umgangs zu finden, die nicht alle politischen Energien ihrer Aktivisten und den Vertrauensvorschuß ihrer Wählerschaft absorbieren.

Manfred Rowold

Im Schatten der Macht
Nicht-etablierte Kleinparteien

I. Einführung

Vierzig Jahre nach der Gründung der Bundesrepublik Deutschland gehört es längst zu den scheinbaren Selbstverständlichkeiten, daß der politische Wille von mehr als neunzig Prozent der Wähler von drei Parteien repräsentiert wird. Die Christlich Demokratische Union (CDU) mit ihrer bayerischen Schwesterpartei Christlich-Soziale Union (CSU), die Sozialdemokratische Partei Deutschlands (SPD) und die Freie Demokratische Partei (FDP) beherrschen seit den Anfängen die Parlamente des Bundes und der Bundesländer. Nur zwei anderen Parteien gelang es in den letzten drei Jahrzehnten, den Trend zu einer nahezu hundertprozentigen Konzentration auf die drei etablierten Parteien zu stoppen und in die geschlossene parlamentarische Gesellschaft einzudringen. In den Jahren 1966 bis 1968 war es die Nationaldemokratische Partei Deutschlands (NPD), die mit Stimmenanteilen zwischen 5,8 Prozent und 9,8 Prozent für jeweils eine Legislaturperiode in sieben Landesparlamente einzog. Und seit 1983 sind die GRÜNEN sogar im Bundestag vertreten (mit einem Stimmenanteil 1987 von 8,3 Prozent); seit 1979 glückte dieser neuen Partei mit Wahlergebnissen zwischen 5,3 Prozent und 11,8 Prozent der Sprung in acht Landesparlamente.

Doch auch NPD und GRÜNE änderten nichts an dem schon früh erstellten Befund, wonach Bonn nicht Weimar ist[1]. Gerade die Konzentration der Wähler auf wenige Parteien gilt als ein wesentlicher Unterschied zwischen der ersten und der zweiten deutschen Republik. In der Tat: Unter dem uneingeschränkten Verhältniswahlrecht der Weimarer Zeit gelangten in den Jahren 1920 bis 1933 zwischen elf und siebzehn Parteien in den Deutschen Reichstag, in dem sie zwischen neun und zwölf Fraktionen bildeten[2]. Das Ausmaß der Zersplitterung erscheint jedoch etwas differenzierter, wenn man bedenkt, daß nur in einem der Reichstage sieben Fraktionen mehr als fünf Prozent der Mandate hatten; in vier Legislaturperioden verfügten sechs Fraktionen und in den drei letzten Reichstagen fünf Fraktionen über mehr als fünf Prozent der Sitze.

Was den Unterschied zwischen Bonn und Weimar ausmacht, ist nicht nur (und wohl auch nicht in erster Linie) das unterschiedliche Ausmaß der Zersplitterung des

---

1 Vgl. Fritz René Allemann, Bonn ist nicht Weimar, Köln-Berlin 1956.

2 Vgl. Heino Kaack, Geschichte und Struktur des deutschen Parteiensystems, Opladen 1971, S. 133.

parlamentarisch repräsentierten Parteiensystems, sondern die Tatsache, daß ein ideologischer Antagonismus der großen Parteien den Parlamentarismus der Weimarer Republik lähmte und ihre politische Kultur belastete. Die deprimierenden Erfahrungen der Weimarer Zeit und der tiefe Einschnitt der nationalsozialistischen Diktatur führten nun aber keineswegs zur parteipolitischen Abstinenz. Als 1949 der erste Deutsche Bundestag gewählt wurde, stellten sich außer CDU/CSU, SPD und Liberalen elf weitere Parteien zur Wahl, die gemeinsam mit parteilosen Kandidaten einen Stimmenanteil von immerhin 27,9 Prozent gewannen; acht dieser kleineren Parteien zogen mit insgesamt 77 von 402 Sitzen in den Bundestag ein. Was die bloßen Zahlen betrifft, offenbarte sich also 1949 noch kein totaler Wandel von der Weimarer zur Bonner Republik: Elf Parteien im ersten Deutschen Bundestag – das waren genauso viele wie im letzten Reichstag von 1933. Im Unterschied zu den folgenden Bundestagswahlen galt 1949 die Fünf-Prozent-Sperrklausel noch nicht in bezug auf das ganze Wahlgebiet, sondern lediglich auf Landesebene. Sieben der acht kleineren Parteien, die Mandate gewannen, verdankten sie nicht zuletzt dieser wahlrechtlichen Besonderheit, die Parteien mit regionalen Schwerpunkten entgegenkam. Nur die Kommunistische Partei Deutschlands (KPD) hätte 1949 mit einem Stimmenanteil von 5,7 Prozent die Sperrklausel auch auf Bundesebene überwunden.

Als vier Jahre später dann die Klausel bundesweit galt, überwand sie mit 5,9 Prozent der Zweitstimmen nur noch der Gesamtdeutsche Block – Block der Heimatvertriebenen und Entrechteten (GB/BHE). Daß dennoch auch die Deutsche Partei (DP) mit 3,3 Prozent und die Deutsche Zentrumspartei (Zentrum) mit nur 0,8 Prozent im zweiten Bundestag vertreten waren, verdankten sie Wahlabsprachen mit CDU und FDP (DP) bzw. mit der CDU allein (Zentrum), die ihnen den Gewinn von Direktmandaten ermöglichten, wodurch die Wirkung der Fünf-Prozent-Klausel aufgehoben wurde[3]. So waren 1953 neben den drei großen noch drei kleinere Parteien mit 44 von 487 Mandaten vertreten. Kandidiert hatten insgesamt zwölf kleinere Parteien, deren Stimmenanteil nun jedoch nur noch 16,7 Prozent erreichte. Die Tendenz war eindeutig: Die Wähler konzentrierten sich immer mehr auf die drei etablierten Kräfte – ein Prozeß, der bei den Bundestagswahlen 1972 und 1976 mit 99,1 Prozent der abgegebenen gültigen Stimmen einen vorläufigen Höhepunkt erreichte.

Trotz dieser Konzentration der Wählerstimmen, die seit 1980 vor allem durch das Auftreten der GRÜNEN wieder geringer geworden ist, haben die parteipolitischen Gehversuche im vorparlamentarischen Bereich nicht aufgehört. Neben den drei etablierten Parteien traten zum Beispiel zu den Bundestagswahlen 1957 noch zehn, 1961 fünf, 1965 sieben, 1969 neun, 1972 vier, 1976 dreizehn, 1980 elf, 1983 neun und 1987 siebzehn kleinere Mitbewerber an[4]. Noch mehr mag eine andere Zahl erstaunen: Im Sommer 1988 waren beim Bundeswahlleiter in Wiesbaden neben den im Bundestag vertretenen weitere 49 Parteien mit Vorstandslisten, Satzung und Programm registriert[5] – eine Größenordnung, die durchaus auch für frühere Jahre der Bundesrepublik galt. Eine bemerkenswerte parteipolitische Vielfalt im Schatten der Macht.

---

3 Siehe § 6, Abs. 6 Bundeswahlgesetz (BWahlG).

4 Vgl. Datenhandbuch zur Geschichte des Deutschen Bundestages, Bonn 1983, S. 34ff. und Statistisches Bundesamt VIII 0–07/01.

5 Unterlagen gemäß § 6 Abs. 3 Parteiengesetz (PartG).

Registriert waren folgende Organisationen:
Allianz, Bündnis von Parteien der Mitte (Allianz)
Arbeitnehmer Partei Deutschlands (APD)
Alle Sozialversicherten und Rentner Deutschlands (Rentnerpartei) (ASD)
Bayernpartei (BP)
Bürgerpartei, Partei der Steuerzahler (Bürgerpartei)
Bundespartei Arbeit, Wirtschaft und Soziales (AWS)
Bayerische Staatspartei (BSP)
Bund Westdeutscher Kommunisten (BWK)
Christliche Bayerische Volkspartei (Bayerische Patriotenbewegung) (C.B.V.)
Christliche Liga (Liga)
Cosmopolitano Soziale Aktion (CSA)
Demokratische Sozialisten (DS)
Deutsch-Demokratische Volksbewegung (DDVB)
Deutsche Familien-Partei e. V. (Familie)
Deutsche Kommunistische Partei (DKP)
Deutsche Konservative Union (Konservative)
Deutsche Solidarität, Union für Umwelt- und Lebensschutz
Deutsche Volksunion – Liste D (DVU)
Deutsche Zentrums-Partei (Zentrum)
Deutsch-Nationale Volkspartei (DNVP)
Die Deutschen (DD)
Die Friedensliste NRW (Frieden)
Die Mündigen Bürger (Mündige Bürger)
Die Republikaner (REP)
Die Weißen – Unabhängige Liste für Niedersachsen
Frauenpartei (Frauen)
Freiheitliche Deutsche Arbeiterpartei (FAP)
Freiheitliche Volkspartei (FVP)
Freisoziale Union – Demokratische Mitte (FSU)
Haas-Eyb-Partei (H.E.P.)
Hamburger Liste für Ausländerstopp (HLA)
Humanistische Partei (HP)
Internationale Weltfriedens-Partei (IWP)
Königstreue Deutsche Volkspartei (K.D.V.P.)
Kommunistische Partei Deutschlands (Marxisten-Leninisten) (KPD)
Liberale Demokraten (LD)
Nationaldemokratische Partei Deutschlands (NPD)
Nationalistische Front (NF)
Neues Bewußtsein, die ganzheitlich-esoterische Partei Deutschlands (Bewußtsein)
Ökologisch-Demokratische Partei (ÖDP)
Partei für Deutschland und Europa (P.D.E.)
Patrioten für Deutschland (Patrioten)
Schleswig-Holstein-Partei (S-H-P)
Südschleswigscher Wählerverband (SSW)
Unabhängige Arbeiter-Partei (Deutsche Sozialisten) (UAP)
Unabhängige Wählergemeinschaft Schleswig-Holstein (UWSH)

Union nicht genug überdachten Lächelns trotz innerer Genialität (UngüLtiG)
Vereinigte Sozialistische Partei (VSP)
WIR fahrradeuphorischen EPIKUREER + WIR kreativen EVOLUTIONÄRE (1. evolutionistische Partei der Welt) (WIR + WIR, die KREATIVEN)

Nicht jede dieser Organisationen vermag freilich von der Ernsthaftigkeit der Zielsetzung zu überzeugen, auf die politische Willensbildung Einfluß zu nehmen und im Bundestag oder einem Landtag mitzuwirken, wie es das Parteiengesetz in der Definition des Parteibegriffes[6] fordert. Viele der Organisationen haben nur einen Bundesvorstand, einen oder wenige Landesverbände; oft sind Vorstände des Bundes- und eines Landesverbandes nahezu identisch; gelegentlich lassen die Vorstandslisten erkennen, daß es sich um ein »Familienunternehmen« handelt; nur selten geht die Zahl der Mitglieder über ein, zwei Dutzend hinaus[7]. Zudem mangelt es im Schatten der Macht auch nicht an Kuriositäten, wobei zuweilen bereits der Name der Organisation Zweifel an der politischen Ernsthaftigkeit nährt. Da gab es zum Beispiel eine Partei »Friedensengel« oder eine »Deutsche Sex-Partei«, da gibt es eine »Union nicht genug überdachten Lächelns trotz innerer Genialität« (UngüLtiG) oder eine Organisation namens »Wir fahrradeuphorischen Epikureer + Wir kreativen Evolutionäre (1. evolutionistische Partei der Welt)«, die im Radfahren »den maximalen Einstieg ... in einen Förderungsprozeß der menschlichen Kreativität und des Überlebens« entdeckt hat.

Solche Erscheinungen aber sind die Ausnahme, nicht die Regel unter den nichtetablierten Kleinparteien. Seit den Anfängen des Nachkriegs-Parlamentarismus haben sich immerhin rund 150 Parteien[8] um Mandate im Bundestag oder in einem Landtag bemüht. Bei diesen Kandidaturen haben parlamentarisch bisher nicht vertretene Organisationen besondere Voraussetzungen zu erfüllen, die als Hinweis auf die Ernsthaftigkeit ihrer Zielsetzung und als Indiz für eine gewisse organisatorische Präsenz gelten sollen. Bei Bundestagswahlen zum Beispiel müssen Parteien, »die im Deutschen Bundestag oder einem Landtag seit deren letzter Wahl nicht aufgrund eigener Wahlvorschläge ununterbrochen mit mindestens fünf Abgeordneten vertreten waren«[9], für eine Direktkandidatur im Wahlkreis Unterstützungs-Unterschriften von mindestens 200 Wahlberechtigten des Wahlkreises[10] und für eine Kandidatur per Landesliste Unterstützungs-Unterschriften von einem Promille der Wahlberechtigten des Landes bei der letzten Bundestagswahl, höchstens aber von 2 000 Wahlberechtig-

6 Siehe § 2 PartG.
7 Vgl. Richard Stöss, Einleitung: Struktur und Entwicklung des Parteiensytems der Bundesrepublik – Eine Theorie, in: ders. (Hrsg.), Parteien-Handbuch. Die Parteien der Bundesrepublik Deutschland 1945–1980, Opladen 1986, S. 201 f.
8 Vgl. ebd., S. 194 ff., sowie die Entwicklung seit 1980.
9 BWahlG § 18, Abs. 2.
10 BWahlG § 20, Abs. 2; diese Bestimmung gilt wie auch andere Erfordernisse des BWahlG nicht für Parteien nationaler Minderheiten wie den Südschleswigschen Wählerverband (SSW).

ten[11] vorweisen. Für Landtagswahlen verfahren die Landeswahlgesetze im Prinzip entsprechend[12].

Doch diese Bestimmungen erweisen sich kaum als wesentliche Beschränkung der Wettbewerbschancen. Die Wettbewerbsfähigkeit allerdings ist bei den nicht-etablierten Parteien in der Regel schon wegen der relativ schwachen Organisation eingeschränkt. Ein daraus resultierendes nur geringes Beitragsaufkommen sowie die Zurückhaltung von Spendern, die angesichts der Fünf-Prozent-Hürde den politischen Ertrag ihrer Zuwendungen bezweifeln müssen, bedingen die in aller Regel bescheidenen Möglichkeiten der politischen Werbung und Darstellung in der Öffentlichkeit. Die Situation des Neulings bei Wahlen ist auch in dieser Hinsicht schwieriger als die einer Partei, die bereits insofern einen gewissen Wahlerfolg erzielt hat, als sie die Sperrklausel für die Erstattung von Wahlkampfkosten[13] überwinden konnte. Zwar sind während Wahlkämpfen die öffentlich-rechtlichen Rundfunk- und Fernsehanstalten verpflichtet, auch kleinen Parteien ein Minimum an Sendezeit für Wahlwerbung einzuräumen[14], doch reicht dies für die nicht-etablierten Kräfte selten aus, um in das Bewußtsein einer breiten Öffentlichkeit zu dringen. Aber auch wenn diese Barriere überwunden werden kann, wirkt die Fünf-Prozent-Klausel auf manchen Wähler, der mit einer kleinen Partei sympathisiert, abschreckend. Die Diskussion über die »verlorene« Stimme im Falle eines Scheiterns an dieser Hürde umreißt die eigentliche politische Wirkung der Sperrklausel, die freilich im Vorfeld der Stimmenauszählung liegt und damit nicht quantifizierbar ist.

Nimmt man das etablierte Parteien-Spektrum einer breiten politischen Mitte zur Orientierung, so siedelten sich die Hauptströmungen im Schatten der Macht vor allem an den Rändern dieses Spektrums an. Die meiste Bewegung gab es dabei auf der Rechten, wo neonazistische, radikal-nationalistische, national-neutralistische, volkssozialistische, national-konservative und monarchistische Kräfte auftraten und zum Teil nach wie vor auftreten. Auf der Linken waren und sind es vor allem die an Moskau orientierten Kommunisten, die von ihnen beeinflußten Volksfront-Parteien, Kommunisten chinesischer Ausrichtung und radikale Sozialisten. Neben diesen im wesentlichen ideologisch motivierten Flügelbereichen des Parteiensystems gab und gibt es Landesparteien, deren Organisation und Zielsetzung regional begrenzt sind und deren Programmatik sich im Rahmen der breiten politischen Mitte bewegt. Diese

---

11 BWahlG § 27, Abs. 1; bei der Bundestagwahl 1987 zum Beispiel waren in Niedersachsen, Nordrhein-Westfalen, Hessen, Rheinland-Pfalz, Baden-Württemberg und Bayern 2000 Unterschriften erforderlich, in Schleswig-Holstein 1976, in Hamburg 1247, in Bremen 524 und im Saarland 842 (siehe: ABC der Bundestagswahl 1987, Informationen des Bundeswahlleiters, Wiesbaden 1986, S. 13).

12 Siehe Manfred Rowold, Im Schatten der Macht. Zur Oppositionsrolle der nicht-etablierten Parteien in der Bundesrepublik, Düsseldorf 1974, S. 104ff.

13 Für Bundestagswahlen bestimmt § 18 PartG ein Quorum von 0,5 Prozent der Zweitstimmen im Wahlgebiet sowie zehn Prozent der Erststimmen im Wahlkreis, falls eine Landesliste der Partei in diesem Land nicht zugelassen war; die Gesamtsumme für alle Parteien zusammen richtet sich nach der Zahl der Wahlberechtigten, da für jeden Wahlberechtigten ein Betrag von 5 DM gezahlt und der Gesamtbetrag auf die einzelnen Parteien gemäß ihrem jeweiligen Stimmenanteil aufgeteilt wird. Zur Praxis in den Bundesländern siehe: M. Rowold (Anm. 12), S. 125ff.

14 Siehe M. Rowold (Anm. 12), S. 112ff.

letztgenannte Voraussetzung gilt auch für eine offenbar wachsende Gruppe von Parteien, die – geleitet von Bürokratie- und Politik-Verdrossenheit und enttäuscht von den etablierten Parteien – besondere Einzelprobleme wie etwa die Rentenfrage, die Stellung der Familie oder der Frau, die Ökologie, den Weltfrieden, die Wiedervereinigung, die Belange der Autofahrer oder das Erfordernis eines neuen Bewußtseins in den Mittelpunkt ihres politischen Wollens stellen.

Im folgenden sollen die Grundzüge der parteipolitischen Entwicklung im Schatten der Macht nachgezeichnet werden.

II. Die Rechte

In doppelter Hinsicht formierte sich der Rechtsradikalismus[15] in der Bundesrepublik zweigleisig: zum einen regional, zum anderen ideologisch-programmatisch. Im Norden lebte der autoritär-konservative Nationalismus wieder auf, der seine Wurzeln in der Weimarer Republik und seine soziale Basis vorwiegend im protestantischen Mittelstand sah. Im Süden herrschte in der Anfangsphase ein am Kleinbürgertum orientierter Nationalismus vor, der in Abkehr von rechten Traditionen ein neuer Nationalismus sein wollte. Im Verlauf dieser Entwicklung erwies sich die traditionelle nationalistische Rechte, die die Westintegration der Bundesrepublik akzeptierte, schon sehr bald als die stärkere Strömung, wenngleich auch sie nur für wenige Jahre aus dem Schatten der Macht heraustrat und den Sprung in einige Landesparlamente schaffte. Charakteristisch für das gesamte rechtsextreme Lager ist der Versuch, eine große nationale Sammlung zustande zu bringen. Diesem Versuch, der in immer neuen Fusionen seinen Ausdruck fand, wurde oft die programmatische Profilierung untergeordnet, was wiederum zu zahlreichen Abspaltungen führte.

Im März 1946 entstand in der britischen Besatzungszone die Deutsche Konservative Partei – Deutsche Rechtspartei (DKP-DRP), eine Fusion zweier Parteien, die an Organisationen der Weimarer Zeit anknüpften: Die Deutsche Konservative Partei (DKP) war von ehemaligen Mitgliedern der Deutschnationalen Volkspartei (DNVP) initiiert worden und konnte sich vor allem in Schleswig-Holstein und Hamburg, schwächer im Rheinland und in Westfalen organisieren. Die Deutsche Aufbau-Partei

15 Dazu allgemeine Literaturhinweise: Manfred Jenke, Verschwörung von rechts? Ein Bericht über den Rechtsradikalismus in Deutschland nach 1945, Berlin 1961; Kurt P. Tauber, Beyond Eagle and Swastika, 2 Bd., Middletown, Conn. 1967; Otto Büsch/Peter Furth, Rechtsradikalismus im Nachkriegsdeutschland. Studien über die »Sozialistische Reichspartei« (SRP), Berlin–Frankfurt 1957; Hans-Helmuth Knütter, Ideologien des Rechtsradikalismus im Nachkriegsdeutschland. Eine Studie über die Nachwirkungen des Nationalsozialismus, Bonn 1961; Franz Greß/Hans Gerd Jaschke, Rechtsextremismus in der Bundesrepublik seit 1960. Dokumentation und Analyse von Verfassungsschutzberichten, München 1982; Lutz Niethammer, Angepaßter Faschismus. Politische Praxis der NPD, Frankfurt 1969; Reinhard Kühnl, Die NPD. Struktur, Programm und Ideologie einer neofaschistischen Partei, Berlin 1967; Hans Maier/Hermann Bott, Die NPD. Struktur und Ideologie einer »nationalen Rechtspartei«, München 1968; Werner Smoydzin, NPD. Geschichte und Umwelt einer Partei. Analyse und Kritik, Pfaffenhofen 1967; Peter Molt, Die neutralistische Opposition 1949–1954, Diss. Heidelberg 1956; R. Stöss (Anm. 7).

(DAP) versuchte ehemalige Kräfte der 1922 von der DNVP abgespaltenen Deutschvölkischen Freiheitspartei (DVFP) zu reaktivieren, die eine antisemitische Politik im Rahmen einer »völkischen Diktatur«[16] propagiert hatte und vorübergehend mit der NSDAP fusioniert war.

Zur Schaffung einer »einheitlichen großen Rechtspartei, in der alle konservativ, christlich und national eingestellten Deutschen ihre politische Heimstatt finden«[17] sollten, schlossen sich DKP und DAP im Frühjahr 1946 zusammen. Doch in dem folgenden Streit um den Namen der neuen Partei[18] drückte sich bereits eine programmatische Kontroverse aus, die schon bald zum Zerfall der Partei führte. Es war der Gegensatz zwischen einer autoritär-konservativen, bürgerlich-elitären Gesellschaftsauffassung in deutschnationaler Tradition und einer radikaleren, auch an sozialen Fragen und unteren Schichten orientierten Politik, die ebenfalls für ehemalige Anhänger des Nationalsozialismus attraktiv sein wollte. Es kam zu Abspaltungen, die sich gegen die Dominanz deutsch-nationaler Traditionen in der Partei richteten. In Schleswig-Holstein, Nordrhein-Westfalen und Hamburg traten Mitglieder vor allem zur Deutschen Partei (DP) über, die 1945 als Niedersächsische Landespartei (NLP) entstanden war und dort für welfische Traditionen eintrat.

In Niedersachsen war die DKP-DRP organisatorisch schwächer, aber hier gelang ihr bei den Kommunalwahlen 1948 in Wolfsburg mit fast 70 Prozent der Stimmen ein spektakulärer Erfolg, der das Gewicht des niedersächsischen Landesverbandes in der Partei erhöhte. Hauptverantwortlich für diesen Erfolg war ein Mann des Landesvorstandes, der in den folgenden zwei Jahrzehnten zur zentralen Figur des Rechtsradikalismus wurde: Adolf von Thadden. Er war auch einer der fünf Abgeordneten, die die Partei nach der Wahl von 1949 in den ersten Deutschen Bundestag entsenden konnte. Sie erreichte zwar bundesweit nur 1,8 Prozent der Stimmen, überwand aber mit 8,1 Prozent in Niedersachsen die damals nur auf Landesebene bezogene 5 %-Sperrklausel deutlich; hier gewann die DKP-DRP zwei Drittel ihrer Gesamtstimmen[19]. Dennoch machte der Zerfall auch vor dem niedersächsischen Landesverband nicht halt. Im Frühjahr 1949 hatten Alt-Nazis um den ehemaligen NS-Funktionär Dr. Fritz Dorls die Gemeinschaft unabhängiger Deutscher (GuD) gebildet, die an der Landesliste der DKP-DRP beteiligt wurde und als Wahlhelfer Otto Ernst Remer präsentierte, der als Kommandeur des Berliner Wachregiments maßgeblich an der Niederschlagung des Staatsstreichversuchs vom 20. Juli 1944 gegen Hitler beteiligt war. Der Wahlkampf zielte deutlich darauf ab, nazistische Wähler zu gewinnen. Durch den relativen Erfolg in Niedersachsen fühlten sich die nazistischen Kräfte ermutigt, und es

---

16 Vgl. Horst W. Schmollinger, Die Deutsche Konservative Partei – Deutsche Rechtspartei, in: R. Stöss (Anm. 7), S. 986.

17 Ebd., S. 988.

18 Ursprünglich war der Name Deutsche Konservative Partei vereinbart; die Gründungsversammlung im Juni 1946 in Hamburg beschloß mit 42:41 Stimmen den Namen Deutsche Rechtspartei – Konservative Sammlung; die Zonenleitung änderte ihn dann in Deutsche Rechtspartei – Konservative Vereinigung, was wiederum im April 1948 geändert wurde in Deutsche Konservative Partei – Deutsche Rechtspartei; die Landesverbände konnten sich auf einen der beiden Namen beschränken (vgl. ebd., S. 988f.).

19 Bei den Landtagswahlen erreichte die Partei 1946 in Hamburg 0,3 Prozent und 1947 in Niedersachsen 0,3 Prozent, in Nordrhein-Westfalen 0,5 Prozent und in Schleswig-Holstein 3,1 Prozent.

kam zur Konfrontation mit nationalkonservativen Kräften. Im Verlauf dieser Auseinandersetzung schloß die niedersächsische Delegierten-Versammlung Dorls, Remer und einige ihrer Anhänger aus der Partei aus.

Noch am selben Tag, am 2. Oktober 1949, gründeten die Ausgeschlossenen, die sich selbst als »nationale Sozialisten« zu bezeichnen pflegten, die Sozialistische Reichspartei (SRP). Dieser radikal an nationalsozialistische Traditionen anknüpfenden Partei gelang es in den folgenden drei Jahren, zum Zentrum des Rechtsradikalismus zu werden, wobei die SRP organisatorisch ihren Schwerpunkt im protestantischen Norden, vor allem in Niedersachsen behielt[20]. Sie sprach bisher nicht organisierte Rechtsextremisten an und gewann zahlreiche Einzelmitglieder, aber auch ganze Kreisverbände der DKP-DRP, die im Januar 1950, kurz nach der SRP-Gründung, noch 6000 Mitglieder gehabt haben soll[21]. Obwohl selbst Partei, verstand sich die SRP als eine Bewegung gegen die westliche Parteien-Demokratie, die sie als Ausdruck der »Zerreißung des deutschen Volkes«[22] ablehnte. Volksgemeinschaft, Reichsgedanke und »Deutscher Sozialismus« (oder auch Volks- und Reichs-Sozialismus) waren zentrale Stichworte der SRP-Ideologie, deren antiliberale Ausrichtung sich deutlich in der Übernahme der NS-Parole »Ich bin nichts – mein Volk ist alles!« ausdrückte.

Im Herbst 1950 erklärte die Bundesregierung eine SRP-Mitgliedschaft für unvereinbar mit einer Beschäftigung im öffentlichen Dienst; im Mai 1951 kündigte sie einen Verbotsantrag beim Bundesverfassungsgericht an, der schließlich im November 1951 gestellt wurde. Nachdem die SRP im Jahre 1950 bei den Landtagswahlen in Nordrhein-Westfalen nur 0,2 Prozent und in Schleswig-Holstein nur 1,6 Prozent der Stimmen erzielt hatte, konnte sie trotz der Verbotsdrohung im Mai 1951 in Niedersachsen 11,0 Prozent und 16 Landtagsmandate gewinnen, wobei sie in den Wahlkreisen Diepholz, Bremervörde, Lüneburg und Aurich sogar um die 30 Prozent erreichte. Im Oktober gelang es der SRP dann auch in Bremen, mit einem Wahlergebnis von 7,7 Prozent, acht Mandate zu erringen. Unter der Führung von Dorls präsentierte sich die Partei lautstark als Opposition gegen die Besatzungsmächte und Protestbewegung gegen die hohe Arbeitslosigkeit. Ihre Parolen fielen vor allem in ehemaligen NS-Hochburgen auf fruchtbaren Boden sowie bei Bevölkerungsgruppen, die unter Arbeitslosigkeit und Vertreibung zu leiden hatten oder als ehemalige Parteigänger des Nationalsozialismus ihren sozialen Abstieg befürchteten.

Am 23. Oktober 1952 erklärte das Bundesverfassungsgericht die Sozialistische Reichspartei für verfassungswidrig und ihre Mandate für ungültig. Die Partei wurde verboten, ihr Vermögen eingezogen. In personeller wie ideologischer Hinsicht bezeichnete das Gericht die SRP als eine nazistische Partei, die wesentliche Elemente der freiheitlichen demokratischen Grundordnung wie das Mehrparteiensystem und das Recht auf Opposition bekämpfe. Dieses Verbot hatte zur Folge, daß der Rechtsradikalismus fortan vorsichtiger taktierte und jene Kräfte hervortraten, die die SRP vorübergehend in den Hintergrund gedrängt hatte. Zahlreiche SRP-Repräsen-

---

20 So hatte die Partei 1951 von ihren 10300 Mitgliedern in neun Landesverbänden allein 6500 in Niedersachsen (vgl. H. W. Schmollinger, Die Sozialistische Reichspartei, in: R. Stöss [Anm. 7], S. 2321).

21 Vgl. H. W. Schmollinger (Anm. 16), S. 1016.

22 O. Büsch/P. Furth (Anm. 15), S. 237f.

tanten wendeten sich nun der Deutschen Reichspartei (DRP) zu, die im Januar 1950 in Kassel entstanden war, und zwar durch die Fusion des niedersächsischen Landesverbandes der DKP-DRP mit einem Teil der nur in Hessen aktiven Nationaldemokratischen Partei (NDP). Beide Partner waren die Reste einer zerfallenen Organisation. Ähnlich wie die DKP-DRP, die zum Zeitpunkt der Fusion nur in neun von 75 Kreisen Niedersachsens über funktionsfähige Parteiverbände verfügte, hatte die NDP Ende 1949 ihren nazistisch orientierten Parteiflügel an die SRP verloren, so daß sie nur noch in 14 von 49 Kreisen Hessens etwa 300 Mitglieder hatte[23]. Beide Partner verband das Ziel, in Konkurrenz zum sich formierenden Bürgerblock deutschnationale und nationalsozialistische Traditionen in einer rechten Sammelpartei zusammenzuführen. Doch dieses Ziel verfehlte die Deutsche Reichspartei sowohl organisatorisch als auch beim Wähler. Zwar trat sie in zehn Bundesländern in Erscheinung, aber Niedersachsen blieb der Schwerpunkt der DRP, hier hatte die Partei zum Beispiel 1955 allein die Hälfte ihrer damals auf 4000 geschätzten Mitglieder, gefolgt von Nordrhein-Westfalen mit 1000, während sich die restlichen tausend auf alle anderen Landesverbände verteilten[24]. Dieser Schwerpunkt zeigte sich auch bei den drei Bundestagswahlen, an denen die DRP teilnahm, jedoch mit jeweils nur rund 300000 Stimmen (das waren 1953: 1,1 Prozent, 1957: 1,0 Prozent und 1961: 0,8 Prozent) bundesweit hinter ihren Hoffnungen zurückblieb. Bei diesen Wahlen gewann die DRP 44,7 Prozent (1953), 28,8 Prozent (1957) und 24,1 Prozent (1961) ihrer gesamten Zweitstimmen in Niedersachsen. In diesem Bundesland galt von 1950 bis 1958 keine Sperrklausel[25], so daß die DRP 1951 mit 2,2 Prozent drei und 1955 mit 3,8 Prozent sechs Mandate bei den Landtagswahlen gewann.

Der bescheidene Wahlerfolg 1963 in Bremen stand bereits im Zeichen einer neuen Bündnispolitik. In einem Wahlbündnis mit der Bremer Deutschen Partei (DP) unter Fritz Thielen erreichte die DRP 5,2 Prozent und vier Mandate – ein Test auf die ein Jahr später vollzogene Fusion und Gründung der Nationaldemokratischen Partei Deutschlands (NPD). Die Entwicklung der DRP, die das organisatorische Bindeglied zwischen DKP-DRP und NPD bildete, stand lange im Zeichen einer programmatischen und bündnispolitischen Unsicherheit, die ausgelöst wurde durch die insgesamt doch enttäuschende Wählerresonanz und die damit verbundene Existenzfrage, mit der die Partei konfrontiert war. Führende DRP-Politiker wie die ersten Vorsitzenden Hans-Heinrich Scheffer und Wilhelm Meinberg sowie Adolf von Thadden befürworteten die Westintegration der Bundesrepublik und eine Annäherung an konservative bürgerliche Kräfte. Andererseits gab es aber auch Anhänger einer selbständigen rechtsextremen Sammlungspolitik, die für einen nationalen Neutralismus eintraten. Nach der erfolglosen Bundestagswahl von 1953 setzte sich dieser neutralistische Kurs durch, ermutigt auch durch den österreichischen Staatsvertrag von 1955, der als eine Chance zur Wiedervereinigung gedeutet wurde. Ebenfalls 1955 schloß sich die Deutsche Nationalpartei von 1954 (DNP) unter Herbert Freiberger der DRP an. Freiberger, der noch im gleichen Jahr Landesvorsitzender in Niedersachsen wurde, setzte 1956 auf dem Landesparteitag in Celle und auf dem Bundesparteitag in Wiesbaden Forderungen nach dem Austritt aus der NATO und nach Ablehnung der

23 Vgl. Horst W. Schmollinger, Die Deutsche Reichspartei, in: R. Stöss (Anm. 7), S. 1114.
24 Vgl. ebd., S. 1181.
25 Vgl. M. Rowold (Anm. 12), S. 94.

»Wehrpflicht im zweigeteilten Deutschland« durch und erklärte die CDU »mit ihrem klerikalen, einseitig westlichen und die deutsche Wiedervereinigung verhindernden Kurs«[26] zum Hauptgegner. Ein strikter Antikommunismus ging einher mit dem Wunsch nach Verhandlungen mit der Sowjetunion.

Als sich in der Bundestagswahl 1957 mit der absoluten Mehrheit der Unionsparteien eine breite Zustimmung zur Westintegration gezeigt und sich der Neutralismus der DRP als unattraktiv erwiesen hatte, setzte die Gegenbewegung ein, zunächst bündnispolitisch. Meinberg und von Thadden setzten sich nun für intensive Verhandlungen mit FDP und GB/BHE ein und propagierten das Konzept der »Dritten Kraft«, das sich auf dem Parteitag vom Oktober 1957 in Kassel durchsetzte, worauf Freiberger sich aus allen Parteiämtern zurückzog und später die Partei verließ. Im November 1957 schlossen sich die sechs DRP-Abgeordneten im niedersächsischen Landtag der Gemeinschaftsfraktion von FDP und GB/BHE als Hospitanten an, doch im Juni 1958 wurde diese Zusammenarbeit von den Partnern der DRP wieder beendet. Das Konzept einer Kooperation mit den bürgerlich-konservativen Parteien scheiterte, und auch zur Bundestagswahl 1961 blieb die Deutsche Reichspartei allein, während sich die Deutsche Partei und der Gesamtdeutsche Block/BHE zur Gesamtdeutschen Partei zusammenschlossen. Offiziell vertrat die Partei zwar noch einen neutralistischen Nationalismus, aber die einflußreiche Gruppe um von Thadden vollzog mit Hilfe der seit 1959 erscheinenden Deutschen Wochenzeitung des Verlegers Waldemar Schütz die pro-westliche Kehrtwende. Auf dem Northeimer Parteitag kam es im Dezember 1961 zur Konfrontation zwischen den beiden Richtungen: In einer Kampfabstimmung gegen den bisherigen Vorsitzenden Heinrich Kunstmann wurde von Thadden zum neuen Vorsitzenden gewählt. Die unterlegenen Anhänger des nationalneutralistischen Kurses und einer autonomen Bündnispolitik formierten sich im Januar 1962 unter der Führung von Kunstmann in der neugegründeten Deutschen Freiheits-Partei (DFP), die drei Jahre später in der Aktionsgemeinschaft Unabhängiger Deutscher (AUD) aufging.

Auf dem Frankfurter Parteitag von 1962 stellte sich die DRP nun als deutsche Variante des Gaullismus dar, sprach von einem Europa der Vaterländer, betonte die militärische Stärke und eine autoritär-konservative Sozialordnung und propagierte den Antikommunismus. Doch ein detailliertes neues Programm wurde nicht entwickelt. Die Landtagswahlen des Jahres 1963 in den DRP-Hochburgen Niedersachsen und Rheinland-Pfalz wurden zum Alarmsignal: Mit nur noch 1,5 Prozent beziehungsweise 3,6 Prozent wurde deutlich, daß die DRP alleine politisch chancenlos war. Im gleichen Jahr kam es jedoch in Bremen zu einem Wahlbündnis mit der dortigen DP, die von Fritz Thielen nach dem Scheitern der Gesamtdeutschen Partei bei der Bundestagswahl 1961 wiedergegründet worden war. Das Ergebnis von 5,2 Prozent und vier Mandaten ermutigte den Thadden-Kurs, die DRP nicht als Selbstzweck, sondern – auch mit Blick auf die Bundestagswahlen 1965 – als Partner einer anzustrebenden »Dritten Kraft« zu begreifen. »Der Fusionsversuch um den Preis der Selbstaufgabe war buchstäblich die letzte Überlebenschance des DRP-Apparates.«[27]

Im Juni 1964 beschloß der Bonner Parteitag der DRP, sich an einer National-Demokratischen Union zu beteiligen. Zahlreiche kleine Parteien und Gruppen im

26 H. W. Schmollinger (Anm. 23), S. 1125.
27 L. Niethammer (Anm. 15), S. 63.

rechtsradikalen Lager wurden angesprochen, vor allem auch die Reste der Gesamtdeutschen Partei (GDP). Aber nur Thielens Deutsche Partei in Bremen und die kleine, 1962 gegründete Deutsch-Nationale Volkspartei (DNVP) in Nordhessen fanden sich als geschlossene Organisationen zur Fusion bereit. Die Gründungsversammlung der nun Nationaldemokratische Partei Deutschlands (NPD) genannten neuen Organisation fand am 28. November 1964 in Hannover statt. Obwohl die Deutsche Reichspartei mit rund 3 500 bei weitem die meisten Mitglieder in die Fusion einbrachte[28], hielt sie sich in ihrem Führungsanspruch zurück. Erster NPD-Vorsitzender wurde Fritz Thielen (DP), seine Stellvertreter waren Heinrich Faßbender (DNVP), Wilhelm Gutmann (GDP) und Adolf von Thadden (DRP). In den Landesvorständen ergab sich ein ähnliches Bild: In neun Landesverbänden kamen 1965 nur zwei der Vorsitzenden aus der DRP, zwei kamen aus der GDP, je einer aus der Bremer DP, aus der DNVP und der FDP, zwei waren bislang parteipolitisch nicht organisiert gewesen[29].

Schon kurz nach ihrer Gründung stießen aus mehr als 70 Splittergruppen 4 000 neue Mitglieder zur NPD, aus der ehemaligen SRP und anderen verbotenen Organisationen kamen 500 hinzu[30]. 1965, im Jahr der Bundestagswahl, zählte die Partei schon 13 700 Mitglieder[31]. Mit 2,0 Prozent blieb die NPD bei der Bundestagswahl 1965 zwar hinter ihren Erwartungen zurück; aber die mit ihr konkurrierende nationalneutralistische AUD erwies sich mit 0,2 Prozent als deutlich schwächer, aus ihren Reihen traten nun zahlreiche Mitglieder zur NPD über.

Im wesentlichen waren es drei Faktoren, die in den Jahren 1966 bis 1968 zu überraschenden Wahlerfolgen der Nationaldemokraten führten: Die wirtschaftliche Rezession vergrößerte das Potential der sich sozial bedroht fühlenden Protestwähler. Durch die Bildung der Großen Koalition in Bonn, in der erstmals in der Bundesrepublik die Sozialdemokraten an der Macht beteiligt waren, entstand ein oppositionelles Vakuum, in das die NPD hineinstoßen konnte. Erleichtert wurde ihr das durch einen dritten Faktor, das Auftreten der linksgerichteten Außerparlamentarischen Opposition (APO), gegen die sich die NPD den aufgeschreckten Bürgern als entschiedener Hüter von Recht und Ordnung empfahl. In dieser politischen Konstellation fand die neue rechte Sammelpartei weit über die soziale und regionale Basis der früheren DRP hinaus Zuspruch, so daß die Nationaldemokraten zwischen 1966 und 1972 in sieben Landesparlamenten mit insgesamt 61 Abgeordneten vertreten waren. Es begann 1966 in Hessen (7,9 Prozent, acht Mandate) und Bayern (7,4 Prozent, 15 Mandate), setzte sich 1967 bei den Wahlen in Rheinland-Pfalz (6,9 Prozent, vier Mandate), Schleswig-Holstein (5,8 Prozent, vier Mandate), Niedersachsen (7,0 Prozent, zehn Mandate) und Bremen (8,8 Prozent, acht Mandate) fort, und endete 1968 in Baden-Württemberg (9,8 Prozent, zwölf Mandate). Zu den Hochburgen zählten weiterhin mittelständisch-agrarische Regionen mit einem hohen Anteil an Protestanten, in denen der Rechtsradikalismus traditionell relativ stark war[32]. Es gelang der

28 Vgl. H. Maier/H. Bott (Anm. 15), S. 8.
29 Vgl. L. Niethammer (Anm. 15), S. 68.
30 Vgl. H. Maier/H. Bott (Anm. 15), S. 8.
31 Vgl. F. Greß/H. G. Jaschke (Anm. 15), S. 20.
32 Zu den regionalen Schwerpunkten gehörten das nördliche Niedersachsen, Nordhessen, Ober- und Mittelfranken, die Westpfalz und die rheinhessischen Weinbaugebiete.

NPD jedoch, sich in der Sozialstruktur ihrer Wählerschaft dem Bevölkerungsdurchschnitt anzunähern[33] und regional weit über diese Schwerpunkte hinaus Fuß zu fassen, vor allem in Bayern und Baden-Württemberg.

Von den 25 300 Mitgliedern im Jahre 1966 kamen 9 400 (fast 38 Prozent) aus den beiden süddeutschen Ländern, wo bis dahin keine Partei der traditionellen Rechten einen ähnlichen Zulauf hatte. Allein Bayern stellte mit 6 000 fast ein Viertel der Mitglieder und beinahe doppelt so viele wie das DRP-Kernland Niedersachsen[34]. Nachdem bis 1969 die Mitgliederzahl auf 28 000 gestiegen war, setzte nach der Bundestagswahl jenes Jahres, bei der die NPD mit 4,3 Prozent an der Sperrklausel scheiterte, ein zunächst rapider, dann stetiger Rückgang ein, so daß 1987 nur noch 6 200 Mitglieder verzeichnet wurden[35]. Diese Rückentwicklung vollzog sich regional gleichmäßig und bedeutete nicht eine Rückführung auf den harten Kern der ehemaligen DRP. Auch in den Führungsgremien der NPD dominierten, was die Zahl betrifft, keineswegs die DRP-Funktionäre. Dazu ein Blick in das Jahr 1967: Nur 12 der 30 Mitglieder des Parteivorstandes kamen aus der DRP, in den Landesverbänden besetzten ehemalige DRP-Funktionäre nur 162 von 446 Parteiämtern und in den Kreisorganisationen weniger als ein Viertel[36]. Von den 61 NPD-Abgeordneten in den Landtagen kamen 22 aus der DRP, weitere acht aus DP und GDP; nur 36 (59 Prozent) waren direkt vor ihrem Beitritt zur NPD in einer anderen Partei organisiert gewesen[37]. Dennoch gelang es den ehemaligen DRP-Funktionären in aller Regel, den Parteiapparat in der Hand zu behalten und zentrale Positionen wie die Bereiche Organisation und Finanzen, Presse und Propaganda sowie die Geschäftsführungen zu besetzen[38]. Mehr und mehr wurden die DP-Partner zurückgedrängt, so in Bayern und Niedersachsen, wo es bei einem Konflikt um die Wahl des Landesvorstandes zu einer Auseinandersetzung zwischen Thielen und von Thadden kam, in deren Verlauf der Bundesvorsitzende 1967 die NPD verließ, die Nationale Volkspartei (NVP) gründete und sie später in die fortbestehende Bremer DP überführte. Der Bundesparteitag in Hannover wählte von Thadden zum neuen Vorsitzenden. Zwar führten dieser Konflikt wie auch Querelen im bayerischen Landesverband zu Austritten, nicht aber zu einer spürbaren organisatorischen Schwächung. Diese wurde vielmehr eingeleitet durch die enttäuschten Hoffnungen bei der Bundestagswahl 1969, in der eine sozialliberale Mehrheit gewählt und die CDU/CSU in die Opposition verwiesen wurde. Das oppositionelle Vakuum, von dem die NPD profitiert hatte, existierte nicht mehr.

---

33 Zwar wählten mit rund 70 Prozent vor allem Männer die NPD, vorwiegend in der Altersstufe über 45 Jahre, zudem erzielte die Partei in ländlichen Gebieten mit hohem Anteil von Protestanten besonders gute Ergebnisse, insgesamt aber ist der Wahlerfolg der Nationaldemokraten nicht auf eindeutige soziodemographische Faktoren zurückzuführen (vgl. M. Rowold [Anm. 12], S. 233 ff.).

34 Vgl. F. Greß/H. G. Jaschke (Anm. 15), S. 25.

35 Vgl. ebd., S. 25 und Verfassungsschutzbericht 1987, hrsg. vom Bundesminister des Innern, Bonn, Juni 1988, S. 112; für 1987 wird nach Jahren der Stagnation erstmals ein Zugang von 100 neuen NPD-Mitgliedern verzeichnet.

36 Vgl. Horst W. Schmollinger, Die Nationaldemokratische Partei Deutschlands, in: R. Stöss (Anm. 7), S. 1984.

37 Vgl. ebd., S. 1965.

38 Vgl. L. Niethammer (Anm. 15), S. 66 ff.; H. W. Schmollinger (Anm. 36), S. 1981 ff.; M. Rowold (Anm. 12), S. 220 ff.

Im Gegenteil: Eine starke politische Polarisierung zwischen den etablierten Parteien, vor allem beim Thema Ostpolitik, entzog den Nationaldemokraten die günstigen Voraussetzungen aus den Jahren der Großen Koalition.

Es kam in der NPD zu Differenzen über Stil und Programm. Die Parteiführung deutete die Wahlniederlage als Ergebnis einer Diffamierung als rechtsradikale Partei und wollte diesem Image auf dem 4. Parteitag im Februar 1970 mit dem Wertheimer Manifest begegnen, in dem sich die NPD den bürgerlichen Kräften als konservativer Partner zur Abwehr des Kommunismus anbot, ausdrücklich alle Kriegsverbrechen verurteilte und sich zur freiheitlich-demokratischen Grundordnung bekannte. Vor allem ehemals parteilose NPD-Funktionäre aus dem süddeutschen Raum warfen nun von Thadden vor, eine zu zahme, zu legalistische Opposition zu betreiben. Diese Kräfte um den bayerischen Landesvorsitzenden Siegfried Pöhlmann propagierten das Konzept einer Aktionspartei gegen das einer Wahlpartei. Mit ihrer maßgeblichen Beteiligung an der Aktion Widerstand (AW) hatte die NPD 1970/71 versucht, die aktionistischen Tendenzen in einem breiteren Bündnis zu kanalisieren und gegen die Ostpolitik der sozialliberalen Koalition zu richten. Doch lehnte es die Parteiführung ab, sie zu einer »APO von rechts« zu machen.

Auf dem Parteitag 1971 in Holzminden zog sich angesichts der internen Streitigkeiten von Thadden vom Parteivorsitz zurück, setzte aber durch, daß ein Mann seiner politischen Linie, Martin Mußgnug aus Baden-Württemberg, zum neuen Vorsitzenden gewählt wurde; er führt die NPD bis heute. Die aktionistischen Kritiker der Mehrheitsposition verließen die Partei und schlossen sich teilweise der Aktion Neue Rechte (ANR) an, die der gegen Mußgnug in Holzminden unterlegene Pöhlmann Anfang 1972 gegründet hatte; zwei Jahre später hatten sich ihre rund 400 Mitglieder jedoch wieder in kleinere aktionistische nationalrevolutionäre Gruppen verlaufen. Es begann eine Phase, in der gewalttätige neonazistische Organisationen wie die Aktionsfront Nationaler Sozialisten (ANS) in Erscheinung traten und die NPD sowohl organisatorisch als auch wahlpolitisch immer mehr an Gewicht verlor[39]. Erst 1987 konnten die Nationaldemokraten bei der Bundestagswahl wieder eine deutliche Zunahme verzeichnen; mit einem Anteil von 0,6 Prozent wurde die Stimmenzahl gegenüber der Wahl von 1983 mehr als verdoppelt. Eine der maßgeblichen Ursachen dürfte die Ausländerproblematik in der Bundesrepublik sein, die seit 1980 zu den bevorzugten Agitationsthemen der Partei gehört. Damals initiierte die NPD die Bürgerinitiative Ausländerstopp, zwei Jahre später gründete sie die Hamburger Liste für Ausländerstopp (HLA), die bei den Bürgerschaftswahlen 1982 0,7 und 0,3 Prozent und bei der Wahl des Jahres 1986 wieder 0,7 und 1987 0,4 Prozent erreichte.

Schon in den siebziger Jahren hatte es Versuche gegeben, mit dem größten rechtsextremen Verleger in der Bundesrepublik, Gerhard Frey (Deutsche National-Zeitung), und der von ihm 1971 gegründeten Deutschen Volksunion (DVU) zusammenzuarbeiten, die nach Erkenntnissen des Verfassungsschutzes 1987 mit 12 000 Mitgliedern die größte rechtsradikale Vereinigung war[40]. Mit Unterstützung der NPD

---

39 Bundestagswahl-Ergebnisse 1972: 0,6 Prozent, 1976: 0,3 Prozent, 1980: 0,2 Prozent, 1983: 0,2 Prozent, 1987: 0,6 Prozent; auch bei Landtagswahlen sank die NPD unter die Ein-Prozent-Marke oder trat überhaupt nicht mehr an.

40 Vgl. Verfassungsschutzbericht 1987 (Anm. 35), S. 117.

gründete Frey im März 1987 in München eine neue Rechtspartei unter dem Namen Deutsche Volksunion – Liste D (wobei D für Deutschland steht), die nur in Bayern und Bremen über Landesverbände verfügt. Im September 1987 erzielte diese Partei als Wahlbündnis von DVU und NPD bei der Bürgerschaftswahl in Bremen 3,4 Prozent der Stimmen; da ihr in Bremerhaven – das sowohl eine selbständige Stadt ist als auch einen Wahlbezirk des Bundeslandes Bremen bildet – mit 5,4 Prozent der Sprung über die Sperrklausel gelang, zog mit ihrem Spitzenkandidaten Hans Altermann zum erstenmal seit fast zwanzig Jahren wieder ein Rechtsradikaler in ein Landesparlament ein. Die DVU – Liste D zählte 1987 mehr als 2500 Mitglieder[41] und tritt mit einem Programm an, das das Thema Ausländerstopp in den Mittelpunkt stellt und sehr viel deutlicher als das aktuelle NPD-Programm (Nationaldemokratische Gedanken für eine lebenswerte Zukunft) nationalistische Ressentiments anspricht.

In ihren Programmen – etwa im »Manifest der NPD« von 1965, in den »Grundlagen nationaldemokratischer Politik« von 1967, im »Wertheimer Manifest 70« oder im »Düsseldorfer Programm 1973« – hat sich die NPD sehr viel weniger als rechtsradikale Partei zu erkennen gegeben als in internen Materialien wie dem »Politischen Lexikon«[42] oder in der Parteipresse [43]. Einige immer wieder auftauchende Elemente waren zum Beispiel die Zurückweisung der »Lüge von der deutschen Alleinschuld« an den Weltkriegen, der Protest gegen die »moralische Selbstvernichtung unserer Nation«, gegen »Fremdherrschaft und Verfremdung«, die Forderung nach Wiederherstellung des Deutschen Reiches und nach einer Volksgemeinschaft, deren Bedürfnissen sich Einzelinteressen unterzuordnen hätten. Der Antikommunismus gehörte zu den festen programmatischen Elementen ebenso wie mittelständische Forderungen. Während die NPD im »Wertheimer Manifest« erstmals offiziell das atlantische Bündnis »für eine Übergangszeit« akzeptierte, vollzog sie auf dem Bundesparteitag 1982 in Germersheim einen Kurswechsel zu neutralistischen Positionen und forderte den Austritt beider deutscher Staaten aus den gegnerischen Militärblöcken NATO und Warschauer Pakt. Als »oberstes nationaldemokratisches Ziel« verkündet die NPD in der Präambel ihrer »Nationaldemokratischen Gedanken für eine lebenswerte Zukunft« »ein souveränes, einiges Deutschland, ... als blockfreier Mittler zwischen Ost und West«. Ein Programm, das sich im übrigen vor allem Fragen des Umweltschutzes und der These widmet: »Der innere Friede wird durch den Massenzustrom von Ausländern gefährdet!«

Während die NPD heute neutralistische Positionen vertritt, existieren die ursprünglichen Parteien des nationalen Neutralismus nicht mehr. Im Zentrum dieser politischen Strömung stand die Deutsche Gemeinschaft (DG), die Ende 1949 von August Haußleiter mit Sitz in München gegründet wurde. Haußleiter, zuvor stellvertretender Vorsitzender und Landtagsabgeordneter der CSU, war der politische

41 Vgl. ebd.
42 Ausschnitte daraus in H. Maier/H. Bott (Anm. 15), S. 92ff.
43 Das zentrale Parteiorgan waren die Deutschen Nachrichten (DN), die im Januar 1965 der DRP-Wochenzeitung Reichsruf folgten; die DN erreichten 1966 mit 45000 gedruckten Exemplaren pro Woche ihre höchste Auflage. Anfang 1974 wurden die DN in die Deutsche Wochenzeitung überführt, worauf die Partei den Deutschen Kurier (DK) als monatlich erscheinendes Parteiorgan herausbrachte; seit Januar 1976 erscheint im parteieigenen Verlag die Deutsche Stimme (DS) als Monatszeitung (vgl. H. W. Schmollinger [Anm. 36], S. 1986ff.).

Motor der DG, deren Vorsitzender er von 1952 bis 1965 war, als die Partei in der Aktionsgemeinschaft Unabhängiger Deutscher (AUD) aufging. Der regionale Schwerpunkt der DG lag in Süddeutschland, wo sie in ihrer Anfangsphase durch eine enge Zusammenarbeit mit Vertriebenenvereinigungen beachtliche Wahlerfolge erzielte – so 1950 bei der Landtagswahl in Württemberg-Baden mit 14,7 Prozent und in Bayern mit 12,3 Prozent. Die Deutsche Gemeinschaft profitierte davon, daß den Vertriebenen von den Besatzungsmächten verboten war, eine eigene Interessenpartei zu bilden. Als im Frühjahr 1950 der Lizenzzwang aufgehoben wurde und sich daraufhin der Bund der Heimatvertriebenen und Entrechteten (BHE) bundesweit als Partei konstituierte, brach das Bündnis mit der DG auseinander; nicht zuletzt auch deshalb, weil der BHE grundsätzlich für eine Regierungsbeteiligung eintrat, die Deutsche Gemeinschaft sich aber für eine entschiedene Opposition aussprach[44]. Es zeigte sich in den folgenden Wahlen, daß die DG zuvor ihre Erfolge überwiegend Vertriebenen zu verdanken hatte, die sich nun dem BHE zuwandten, der wenig später als Gesamtdeutscher Block/BHE (GB/BHE) auftrat. Dies wirkte sich zum Beispiel bei der Landtagswahl 1956 in Baden-Württemberg drastisch aus, als die DG auf 0,4 Prozent herabsank, der GB/BHE immerhin 6,3 Prozent verzeichnen konnte. Schon 1953 bei der Bundestagswahl war die Partei um Haußleiter deutlich gescheitert, als das von ihr initiierte Wahlbündnis mit dem Deutschen Block (DB) und der Nationalen Reichspartei (NRP) unter dem Namen Deutsche Nationale Sammlung (DNS) nur in Schleswig-Holstein, Bayern und Baden-Württemberg kandidierte und sich bundesweit mit einem Stimmenanteil von 0,3 Prozent begnügen mußte. Trotz der Erfolglosigkeit, die sich in den folgenden Wahlen[45] fortsetzte, erwies sich die Parteiorganisation als zählebig, was im wesentlichen auf das Engagement Haußleiters zurückzuführen war, der die DG als eine auf ihn persönlich bezogene politische Gemeinde führte. Ihre Mitgliederzahl soll in der Anfangsphase 14000 betragen haben, eigene Angaben gingen bis zu 20000; doch sank die Zahl bis 1953 rapide auf etwa 500, stieg dann aber wieder auf rund 2000 an[46].

Der ideologische Ansatz der Deutschen Gemeinschaft richtete sich sowohl gegen das Großkapital als auch gegen die organisierte Arbeiterbewegung sozialistischer oder kommunistischer Ausrichtung. Zielvorstellung war eine soziale Harmonie und ein neuer Nationalismus, der mit überkommenen Traditionen und Ressentiments brechen sollte. Angestrebt wurde die solidarische Volksgemeinschaft in einem von Ost und West unabhängigen Deutschland. Als Gegner betrachtete die DG alle sogenannten alten Parteien und Vertreter von Einzelinteressen, denen sie die Spaltung des Volkes und Kollaboration mit den Siegermächten zu Lasten der deutschen Einheit vorwarf. Die Partei setzte der Politik der Westintegration die Forderung nach blockfreier Neutralität entgegen und strebte seit 1956 eine »Neubildung der europäischen Mitte« an, nämlich den Zusammenschluß der Bundesrepublik Deutschland, der DDR und Österreichs zu einem »demokratischen Gesamtdeutschland, das den Russen ein Garant des Friedens und den Amerikanern ein Garant wirklicher Frei-

44 Vgl. M. Rowold (Anm. 12), S. 268f.

45 1957 und 1961 war das Ergebnis bei den Bundestagswahlen jeweils 0,1 Prozent; auch bei Landtagswahlen lag es im Null-Komma-Bereich.

46 Vgl. M. Rowold (Anm. 12), S. 269; Richard Stöss, Die Deutsche Gemeinschaft, in: ders. (Anm. 7), S. 893ff.

heit«[47] sein sollte. Die Ablehnung der Wiederbewaffnung, die Forderung nach dem Abzug aller Truppen aus Deutschland und nach einer von den Weltmächten garantierten Unabhängigkeit waren Konsequenzen dieser Politik, die jedoch gegenüber der immer deutlicher werdenden Eingliederung der Bundesrepublik in den Westen eine Randerscheinung blieb. Die DG rückte zunehmend soziale Forderungen in den Mittelpunkt, die vor allem den Schutz des Mittelstandes vor dem Großkapital, aber auch ein »Mitunternehmertum des deutschen Arbeiters« und eine »echte Kapitalbildung« für Arbeitnehmer umfaßten und auf dem Saarbrücker Parteitag von 1964 sogar bis zur Nationalisierung von Großkonzernen und Schlüsselindustrien gingen[48].

Die Zielgruppe der DG war jedoch nicht die Arbeiterschaft, sondern der Mittelstand und das Bauerntum, für das auf dem Parteitag 1963 in Karlsruhe ein »Notprogramm« verabschiedet wurde. Schwerpunkte ihrer Organisation und Wählerschaft lagen entsprechend in ländlichen und kleinstädtischen Regionen. Ordnungspolitisch propagierte die DG den autoritären Staat, der im Zusammenspiel mit plebiszitären Elementen den in Parteien, Gewerkschaften und anderen Interessenverbänden institutionalisierten Pluralismus in Frage stellte. Angesichts der fehlenden Wählerresonanz und der Bildung der Nationaldemokratischen Partei Deutschlands (NPD) als Sammelpartei im Bereich des traditionellen Nationalismus gab die Deutsche Gemeinschaft vor der Bundestagswahl 1965 ihren zwölf Jahre lang beachteten Grundsatz auf, sich an keinem Wahlbündnis zu beteiligen.

So kam es im Mai 1965 – nachdem Vorstellungen zur Bildung eines umfassenden Oppositionsbündnisses einschließlich NPD und der links angesiedelten Deutschen Friedens-Union (DFU) gescheitert waren – unter Vermittlung und Beteiligung der Vereinigung Deutsche Nationalversammlung (VDNV) in Bad Homburg zur Gründung der neutralistischen Aktionsgemeinschaft Unabhängiger Deutscher (AUD), an der sich freie Wählergemeinschaften, neutralistische Leserzirkel und der Bauern- und Mittelstandsbund beteiligten, der schon zuvor mit der DG zusammengearbeitet hatte. Wichtigste Partner waren jedoch die Deutsche Gemeinschaft und die Deutsche Freiheitspartei (DFP), die sich 1962 von der Deutschen Reichspartei abgespalten hatte. Die DFP[49] war in den drei Jahren ihrer Existenz bei keiner Wahl und auch organisatorisch kaum in Erscheinung getreten, obwohl zu ihrer Kernmannschaft aus ehemaligen DRP- und SRP-Funktionären parteilose Neutralisten und frühere Mitglieder der Deutsch-Sozialen Union (DSU) Otto Strassers gestoßen waren, die sich sieben Jahre nach ihrer Gründung 1962 wieder aufgelöst hatte. Anfang 1965 forderte die DFP ihre Anhänger auf, aus Protest ungültig zu wählen oder die Wahl zu boykottieren, da keine Oppositionspartei angesichts ungleicher Startbedingungen realistische Wahlchancen habe. Doch bald wurde diese Protestwahlinitiative überholt von den Bemühungen zur Bildung der AUD, in der man sich »über alles ... bisher Trennende hinweg« zusammenfand, wie es in der Vorrede zum »Notprogramm für Deutschland« hieß, mit dem die AUD 1965 in die Wahl zog. Was DG und DFP unterschied, waren vor allem die geringere Betonung sozialer und die größere Betonung militärischer Aspekte seitens der Freiheitspartei, aber auch die Bedeutung

---

47 M. Rowold (Anm. 12), S. 271.
48 Siehe Zwölf-Punkte-Programm; M. Rowold (Anm. 12), S. 272.
49 Vgl. dazu ausführlicher ebd., S. 274ff.

nationalistischer Ressentiments, die in der DFP eine größere Rolle spielten. Programmatische Nuancen wurden aber ganz dem gemeinsamen Ziel eines wiedervereinigten neutralen Deutschlands untergeordnet. Auch personelle Rivalitäten wurden vermieden, indem der VDNV-Vorsitzende Hermann Schwann zum Parteichef und die bisherigen DG- und DFP-Vorsitzenden, August Haußleiter und Dr. Oskar Lutz, zu seinen Stellvertretern gewählt wurden.

Die Hoffnungen der Opposition der nationalen Mitte, als die sich die AUD verstand, wurden mit einem Ergebnis von 0,2 Prozent bei der Bundestagswahl 1965 schwer enttäuscht. Wieder hatte sich der nationale Neutralismus im Lager der Rechten, nun gegenüber der NPD (2,0 Prozent), als der schwächere Teil erwiesen. Entsprechend den organisatorischen Schwerpunkten der DG in Bayern und Baden-Württemberg sowie der DFP in Nordrhein-Westfalen gewann die AUD in diesen drei Ländern allein zwei Drittel ihrer Zweitstimmen, obwohl sie bundesweit kandidiert hatte[50]. Nach dem schlechten Ergebnis zogen sich die meisten VDNV-Mitglieder wieder aus der Partei zurück, und die Aktionsgemeinschaft verlor von ihren zunächst rund 2 000 Mitgliedern etwa 1 000, die sich nun zum Teil der erfolgreicheren NPD zuwandten[51].

Zwei Entwicklungen bestimmten die folgenden Jahre: ein wachsendes innerparteiliches Übergewicht der ehemaligen DG-Funktionäre und ein gewisser, von Haußleiter durchgesetzter Linkskurs. Im Jahre 1968 schied Lutz, der die DFP in das Bündnis eingebracht hatte, aus der AUD und aus der Politik insgesamt aus; ein Jahr später zog sich Schwann aus Gesundheitsgründen aus der Parteiführung zurück, so daß nur Haußleiter vom ursprünglichen Trio an der Spitze übrigblieb. Er wurde neuer Parteivorsitzender und blieb es bis zur Auflösung der AUD im Jahre 1980. Spätestens der Kasseler Parteitag im September 1971 machte klar, daß die ehemalige Führungsmannschaft der DG nun auch den AUD-Vorstand beherrschte. Während sich der Partei jüngere, bisher parteilose Mitglieder zugesellten, zogen sich die ursprünglichen Fusionspartner der DG aus der Partei zurück. Wenngleich die AUD zeitweise wesentlich höhere Mitgliederzahlen nannte, dürfte ihr Bestand im Durchschnitt 2 000 eher unter- als überschritten haben[52].

Im »Programm für Deutschland«, das der Bochumer Parteitag im Mai 1967 verabschiedete, gab sich die AUD vor dem Hintergrund von Rezession und Außerparlamentarischer Opposition (APO) ein stärkeres sozialpolitisches Profil: »Aus der Freiheitsthese des Westens und aus der Antithese der sozialen Sicherheit des Ostens entwickeln wir die Synthese von Freiheit und Ordnung.« Mit dem »dritten Weg zwischen Kapitalismus und Kommunismus«, mit der Forderung nach Beseitigung der »Vormachtstellung des Großkapitals«, nach Sozialisierung der Grundstoffindustrien und nach einer wirtschaftlichen Rahmenplanung steuerte die AUD nun einen Kurs, mit dem sie versuchte, zum parteipolitischen Koordinator der außerparlamentarischen Protest-Bewegung zu werden (während die NPD sich gerade als Ordnungsfak-

50 Vgl. Richard Stöss, Die Aktionsgemeinschaft Unabhängiger Deutscher, in: ders. (Anm. 7), S. 327; bei der Bundestagswahl 1976, der zweiten (und letzten) an der die AUD teilnahm, erzielte sie in diesen drei Ländern fast 80 Prozent ihrer Zweitstimmen, kandidiert hatte sie nur noch in sieben Bundesländern.

51 Vgl. ebd., S. 325, 331.

52 Vgl. ebd., S. 325; M. Rowold (Anm. 12), S. 283.

tor gegen die APO empfahl). Doch dieser Linkskurs, nicht zuletzt ausgelöst durch die Große Koalition in Bonn, scheiterte; er führte zu keiner erweiterten Partei- und Wählerbasis[53], wohl aber zu Parteiaustritten, auch in den süddeutschen Schwerpunktgebieten der ehemaligen DG. War 1969 der Versuch gescheitert, die Aktionsgemeinschaft zu einer APO-Wahlpartei zu machen, so versuchte Haußleiter seit Mitte der siebziger Jahre, die Umweltschutzbewegung parteipolitisch in der AUD zu organisieren. So machte die Partei zur Bundestagswahl 1976 Bürgerinitiativen das Angebot, auf ihren Landeslisten zu kandidieren – was jedoch wenig Resonanz fand. Zwei Jahre später aber kam es bei der bayerischen Landtagswahl zu einer gemeinsamen Kandidatur mit der Grünen Aktion Zukunft (GAZ) unter der Bezeichnung »Die Grünen«, die ein Ergebnis von 1,8 Prozent erreichte. Als die dezentral entstandenen Grünen-Gruppen im Januar 1980 in Karlsruhe auf ihrer Gründungsversammlung zur Bildung einer Bundespartei »Die Grünen« die gleichzeitige Mitgliedschaft in einer anderen politischen Partei ausschlossen, beschloß der AUD-Parteitag im April 1980 in Gießen die Parteiauflösung; eine Entscheidung, die in einer Urabstimmung von gut 86 Prozent der Mitglieder gebilligt wurde. So mündete die Hauptlinie des nationalen Neutralismus in die Umweltschutzbewegung[54].

Eine Randerscheinung auf der parteipolitischen Rechten blieben die Volkssozialisten, wie sie etwa in der noch heute fortbestehenden Unabhängigen Arbeiter-Partei (Deutsche Sozialisten) (UAP) auftraten. Die Partei war 1962 in Essen von einer Gruppe um Erhard Kliese gegründet worden, die sich zuvor von der Deutsch-Sozialen Union (DSU) getrennt hatte; die DSU repräsentierte durch die Person Otto Strassers Traditionen des linken Flügels der frühen NSDAP. Die UAP blieb im wesentlichen auf einige Kreise in Nordrhein-Westfalen beschränkt, wo sie bei Bundes- und Landtagswahlen den völlig erfolglosen Versuch einer »Revolution mit dem Stimmzettel« unternahm. Ihr bestes Ergebnis erzielte die Partei bei der Bundestagswahl 1969 mit 5309 Stimmen, was auf Landesebene 0,1 Prozent entsprach. Obwohl sich 1968 die Deutsch-Soziale Partei (DSP) und die Demokratischen Sozialisten Deutschlands (DSD) der UAP anschlossen, blieb die Partei eine kleine politische Glaubensgemeinschaft um ihren Vorsitzenden Kliese, die »sich im wesentlichen auf die Agitation in ihrem Organ ›Reichs-Arbeiter-Zeitung‹ (RAZ)«[55] beschränkte. Die Wiederherstellung des Deutschen Reiches bei bewaffneter Neutralität ist für die UAP ein Hauptanliegen; daneben die »geistige Mobilisierung der nationalen und sozialistischen Kräfte in der schaffenden deutschen Gemeinschaft in Stadt und Land« sowie die »Befriedung der schaffenden Schicht unseres Volkes« durch die Vergesellschaftung von Großunternehmen und durch eine Beteiligung der Arbeitnehmer am erarbeiteten Gewinn[56].

Im Ruhrgebiet trat Anfang der siebziger Jahre eine Partei der Arbeit (Volkssozialisten) (PdA) auf, die 1971 in Krefeld als zentralistisch geführte Kaderpartei gegrün-

53 Allerdings könnten die relativ guten Wahlergebnisse in Berlin 1967 (1,1 Prozent) und 1971 (0,6 Prozent) auf die enge Anlehnung an die APO zurückzuführen sein.

54 Dazu ausführlich: Richard Stöss, Vom Nationalismus zum Umweltschutz. Die Deutsche Gemeinschaft/Aktionsgemeinschaft Unabhängiger Deutscher im Parteiensystem der Bundesrepublik, Opladen 1980.

55 Verfassungsschutzbericht 1985, hrsg. vom Bundesminister des Innern, Bonn 1986, S. 170.

56 Programm-Entwurf von 1968.

det worden war. Ihr Vorsitzender Friedhelm Busse war nach einer militanten Demonstration aus der NPD ausgeschlossen worden, deren Landesvorstand er angehört hatte. Die weniger als hundert Mitglieder zählende PdA trat zu keiner Wahl an, sondern zeigte in mehreren Demonstrationen ihre Bereitschaft zu einem radikalen Aktionismus[57]. Die Aktivisten der PdA traten später in der Volkssozialistischen Bewegung Deutschlands/Partei der Arbeit (VSBD/PdA) in Erscheinung, was ihre weitere Entfernung vom Konzept einer Wahlpartei unterstreicht. Die VSBD/PdA wurde 1982 als neonazistische Organisation verboten, lebte dann aber in der 1985 gegründeten Nationalistischen Front (NF) wieder auf, die mit nur einigen Dutzend Mitgliedern vor allem in Bielefeld, aber auch in Berlin und Bremen auftrat, allerdings nicht bei Wahlen. Mit Parolen wie »Deutsche, wehrt euch!« verbindet die von dem früheren NPD-Funktionär Meinolf Schönborn geführte NF Aufrufe zur Gewaltanwendung gegen »die Linken«[58], fordert »die schrittweise Ausweisung aller Ausländer«, die kein politisches Asyl haben, den »Zusammenschluß aller Deutschen (auch Österreichs) zu einem souveränen deutschen Volksstaat« und den »Austritt aus allen Wirtschafts- und Militärbündnissen«; die NF will Schluß machen mit »der einseitigen Vergangenheitsbewältigung« und »Kollaborateure« mit den Siegermächten des Zweiten Weltkriegs bestrafen[59]. In ihren volkssozialistisch-revolutionären Vorstellungen fühlt sich die Nationalistische Front in der Tradition der Gebrüder Strasser aus der Frühphase des Nationalsozialismus.

Neonazistische Kräfte finden sich auch in der Freiheitlichen Deutschen Arbeiterpartei (FAP), die von Anhängern der 1983 verbotenen Aktionsfront Nationaler Sozialisten/Nationale Aktivisten (ANS/NA) unterwandert wurde und 1987, bei steigender Tendenz, 500 Mitglieder zählte; Nordrhein-Westfalen bildet mit 180 Mitgliedern einen deutlichen Schwerpunkt[60]. Hier wurde auch fast die Hälfte der 266 Gesetzesverletzungen registriert, die 1987 der FAP zugeschrieben wurden, darunter auch Körperverletzungen und Brandanschläge[61]. Versuche der FAP wie 1985 in Nordrhein-Westfalen, 1986 in Hamburg, 1987 bei der Bundestagswahl sowie 1988 in Baden-Württemberg zeigten, daß der neonazistischen Partei unter dem Vorsitz von Martin Pape, der im November 1988 von Friedhelm Busse (ehemals Chef der PdA) abgelöst wurde, beim Wähler jede Resonanz fehlt. In anderen Ländern scheiterte eine Kandidatur schon daran, daß keine ausreichenden Unterstützungsunterschriften vorgelegt werden konnten. In ihrem Aktionsprogramm von 1986 gibt sich die FAP zurückhaltender als in ihren Publikationen »FAP-Nachrichten« und der Monatsschrift »Deutscher Standpunkt« oder auf Flugblättern, die für »Rassenstolz und Volksgemeinschaft« agitierten und in denen »Arierblut höchstes Gut« und Rassenmischung »Völkermord« genannt wurde.

Abseits der rechtsradikalen Hauptentwicklungslinien kam es Ende 1974 in Wiesbaden zur Gründung der Europäischen Arbeiterpartei (EAP), die bei oberflächlicher Betrachtung als eine linke Partei erscheinen konnte. Ihre Gründung ging zurück auf den Einfluß des Amerikaners Lyndon Hermyle LaRouche, des Vorsitzenden der US-

57 Vgl. M. Rowold (Anm. 12), S. 265.
58 Siehe Verfassungsschutzbericht 1985 (Anm. 55), S. 156.
59 Vgl. Aktionsprogramm der NF.
60 Vgl. Verfassungsschutzbericht 1987 (Anm. 35), S. 101.
61 Vgl. ebd., S. 102.

Labour Party (USLP). LaRouche, dem das Sendungsbewußtsein eines Sektenführers nachgesagt wird, bildete 1973 in Düsseldorf die Vereinigung European Labour Committees (ELC), die er sowohl der SPD als auch der DKP als neue Führung zur Herstellung der »Einheit für den Sozialismus« anbot. Als dieses »Angebot« zurückgewiesen wurde, rief LaRouche mit der EAP eine eigene Partei ins Leben. Eine Partei, die mit wissenschaftlichem Anspruch als philosophischer Wegweiser zum »neuplatonischen Humanismus«[62] auftrat, sich auf Karl Marx und Rosa Luxemburg berief, gleichwohl aber den Kapitalismus als das weltweit beste Instrument für technischen Fortschritt und Wirtschaftswachstum propagierte. Mit nur rund 250 Mitgliedern unterhielt die EAP eine bundesweite Organisation und eine kostspielige Zentrale in Wiesbaden[63]. Doch trotz ausreichender Geldmittel[64] auch für relativ aufwendige Wahlwerbung gelang es der Europäsichen Arbeiterpartei unter ihrer Vorsitzenden Helga Zepp-LaRouche (sie heiratete LaRouche 1977) bis auf wenige Ausnahmen nicht, bei Wahlen über einige Hundert Stimmen oder 0,0 Prozent hinauszukommen. So blieb die EAP im wesentlichen eine kleine politische Glaubensgemeinde, die sicher eher rechts als links einzuordnen ist, wie ihre Beziehung zu einer anderen Partei zeigt, die im Laufe des Jahres 1986 entstand: die Patrioten für Deutschland (Patrioten).

Während die EAP nicht mehr als Partei beim Bundeswahlleiter registriert ist, firmiert Helga Zepp-LaRouche nun als Vorsitzende der Patrioten, die sich im August 1986 in Rüdesheim als Bundespartei konstituierten und in allen Bundesländern außer Berlin vertreten sind. Anfang 1987 zählte die Partei nach eigenen Angaben 2000 Mitglieder[65]. Verfassungsschützer erkannten in den Patrioten eine »Gründung der EAP für die Bundestagswahl«[66], obwohl die Partei schon im Juni 1986 bei der Landtagswahl in Niedersachsen angetreten war und dort 0,3 Prozent erreicht hatte. Mit bundesweit knapp 23 000 Zweitstimmen erreichten die Patrioten 1987 0,1 Prozent, ein Anteil, über den sie im selben Jahr auch in Rheinland-Pfalz und 1988 in Baden-Württemberg nicht hinauskamen. Personell wie organisatorisch sind die Verbindungen zwischen Patrioten und EAP unverkennbar, was zu Austritten von Mitgliedern führte, die über diese Hintergründe zunächst im unklaren waren[67].

Mit Blick auf die Bundestagswahl 1987 gaben sich die Patrioten für Deutschland ein Programm, in dem vor einer rot-grünen Koalition und vor einem »Ausverkauf der Bundesrepublik an die Sowjetunion« gewarnt sowie die von der Regierung Kohl/Genscher angekündigte »moralische Wende« eingefordert wurde. Die Partei betont die »feste Bindung an den Westen« und die »Verteidigungsfähigkeit des Westens«, geht von der völkerrechtlichen Fortexistenz des Deutschen Reiches in den Grenzen von 1937 aus und beklagt, was »aus dem stolzen Volk der Dichter und Denker« geworden ist. Der von der EAP propagierte Fortschrittsglaube durchzieht auch das Programm der Patrioten, die zum Beispiel die strategische Verteidigungsinitiative der

---

62 Vgl. Michael Fichter, Die Europäische Arbeiterpartei, in: R. Stöss (Anm. 7), S. 1284.
63 Vgl. ebd., S. 1290.
64 Dabei handelt es sich wahrscheinlich vor allem um Zuwendungen der USLP; vgl. ebd., S. 1292.
65 Vgl. Der Spiegel vom 12. 1. 1987, S. 47.
66 Ebd.
67 Vgl. ebd., S. 48.

USA (SDI) als einschneidenden Technologiesprung ebenso vehement begrüßen, wie sie »die politisch motivierte Sabotage der Kerntechnik« anprangern.

III. Neugründung auf dem rechten Flügel: Die Republikaner

Als die Unionsparteien nach dem Bruch der sozialliberalen Koalition in Bonn an die Macht zurückkehrten, formierte sich zunächst in Bayern, dann bundesweit eine Partei am rechten Rande des Parteienspektrums. Zwar sind sich Wissenschaft und Politik über die Einordnung der Republikaner (REP) in das politische Spektrum – noch demokratisch oder schon extremistisch – noch nicht ganz schlüssig, Einigkeit besteht jedoch über ihren Charakter als eine weit rechts angesiedelte Partei. Zu ihren Gründern gehörten Ende 1983 die CSU-Bundestagsabgeordneten Franz Handlos und Ekkehard Voigt, die sich vor allem gegen die ostpolitischen Überraschungen des CSU-Vorsitzenden Franz Josef Strauß wandten, der zum Beispiel mit der Vermittlung eines Milliarden-Kredits für die DDR manchen in den eigenen Reihen irritierte. Schon bald überwarfen sich aber Handlos und Voigt mit einem anderen Parteigründer, Franz Schönhuber, der die Republikaner seitdem führt. Interne Kritiker warfen dem ehemaligen stellvertretenden Chefredakteur des Bayerischen Fernsehens und Moderator der populären Sendereihe »Jetzt red i«, der sich in einem seiner Bücher offen als Angehöriger der ehemaligen Waffen-SS bekennt, einen »Mangel an innerparteilicher Demokratie« und »Personenkult« vor[68].

Mit der Parole »Ja zu Deutschland« traten die Republikaner erstmals im Oktober 1986 zur bayerischen Landtagswahl an, bei der sie 3,0 Prozent erreichten und vor allem in Franken überdurchschnittlich großen Zuspruch fanden. Als national-konservative Partei – rechts von der Mitte, aber auch mit Distanz zur NPD – propagierten die Republikaner die »nationale Selbstbestimmung und geistig-moralische Erneuerung«, die sie bei den Unionsparteien vermißten. In ihrem 1987 verabschiedeten Programm behauptete die Partei, »daß in ganz Deutschland die geistige und politische Kultur zunehmend verwahrlost, die Sitten mißachtet werden und der Wille schwindet, die nationale Einheit wiederherzustellen«. Die in München ansässige REP bietet sich an als Partei für »Recht und Ordnung«, die die »absurde These von der ›Kollektivschuld‹ des deutschen Volkes« entschieden zurückweist und großen Wert darauf legt, daß die Bundesrepublik Deutschland »das Land der Deutschen bleiben« müsse. »Ausländer sind Gäste. Dieses schließt, wie in der Schweiz, unbefristete Arbeitsverträge und Konzessionsvergaben, Daueraufenthalte, Familienzusammenführung und Sozialleistungsansprüche aus.« Bei aller Tendenz zu vorsichtigen Formulierungen lassen sich dem damaligen Parteiprogramm doch gewisse Affinitäten mit älteren rechtsextremistischen Parteien entnehmen[69]: verharmlosende Haltung gegenüber der Zeit des Nationalsozialismus; der NS-Ideologie zumindest nahestehende Sprachmuster; antipluralistische und antimoderne Tendenzen; fremdenfeindliche Aussagen. Das neue, Anfang 1990 verabschiedete Parteiprogramm ist lediglich eine

68 Vgl. Der Spiegel vom 19. Oktober 1987, S. 92f.

69 Vgl. Norbert Lepszy, Die Republikaner, in: Aus Politik und Zeitgeschichte, B 41–42/89, S. 5ff.

geschönte vorsichtigere Fassung des ersten Programmes – aus der öffentlichen Kritik an dessen erheblich deutlicheren Formulierungen haben die Republikaner nach außen die Konsequenzen gezogen.

Schönhuber möchte auf keinen Fall in den Verdacht des Rechtsradikalismus geraten. Deshalb kam es bei internen Auseinandersetzungen nicht nur zu Austritten, sondern auch zu zahlreichen Parteiausschlüssen; so wurde etwa der baden-württembergische Landesvorsitzende Karl Mechtersheimer wegen neonazistischer Parolen aus der Partei entfernt. Laut Satzung wird nicht nur jeder von der Mitgliedschaft ausgeschlossen, der »einer verfassungswidrigen Organisation oder einer links- oder rechtsextremistischen Gruppe angehört oder sie unterstützt«, sondern auch, wer je in einer Partei eine Funktion gehabt hat, die »begründet im Verfassungsschutzbericht auftaucht«[70]. Diese Regelung gilt aber nur für künftige Anwärter auf eine Mitgliedschaft, denn beispielsweise Schönhubers Generalsekretär und spätere bayerische Landesvorsitzende Harald Neubauer war früher in der NPD und in der Aktion Neue Rechte (ANR) aktiv[71].

Im September 1987 gewannen die Republikaner bei der Bürgerschaftswahl in Bremen 1,2 Prozent der Stimmen, im April 1988 erreichten sie in Baden-Württemberg 1,0 Prozent; einen Monat später in Schleswig-Holstein nur 0,6 Prozent. Im Juni 1988 präsentierte sich die REP auf ihrem Bundesparteitag im historischen Hambacher Schloß bei Neustadt/Weinstraße als »Sammlungsbewegung des demokratischen und humanen Patriotismus«. Schönhuber, der eine Mitgliederzahl von 6800 nannte, wurde zwar von 93 Prozent der anwesenden Delegierten als Vorsitzender bestätigt, doch waren von nominell 490 Delegierten nur etwa 270 gekommen[72]. Auf innerparteiliche Probleme nahm Schönhuber wenig später auf einer Pressekonferenz Bezug, als er erklärte, er habe »übelste Elemente« aus der Partei hinausgedrängt[73]. Und zur Situation nach den Wahlniederlagen hieß es: »Mit großen Kraftakten bei nicht ganz ausgebauter Organisation haben wir uns übernommen. Der Durchbruch muß nun in Bayern gelingen.« Doch schon Ende Januar 1989 gelang den Republikanern in Berlin bei den Wahlen zum Abgeordnetenhaus der Sprung auf die parlamentarische Ebene. Mit einem Stimmenanteil von 7,5 Prozent gewann die Partei, die zu diesem Zeitpunkt nach eigenen Angaben mehr als 8600 Mitglieder hatte und im April 1989 schon von 13000 sprach, elf Mandate und wurde fast doppelt so stark wie die FDP, die an der Sperrklausel scheiterte. Überdurchschnittliche Erfolge errangen die Republikaner vor allem in Arbeiterwohngebieten wie Wedding (9,9 Prozent) und Neukölln (9,6 Prozent), wo angesichts sozialer Unsicherheit und angesichts der Konkurrenz von Ausländern und Aussiedlern auf dem Arbeits- und Wohnungsmarkt offenbar die ausländerfeindlichen Positionen der REP auf besonders fruchtbaren Boden fielen[74]. So ermittelte die Mannheimer Forschungsgruppe Wahlen, daß sich die Wähler der Republikaner überdurchschnittlich häufig Sorgen um ihren Arbeits-

70 Süddeutsche Zeitung vom 25. Mai 1988.
71 Vgl. ebd.
72 Vgl. FAZ vom 20. Juni 1988.
73 Vgl. Süddeutsche Zeitung vom 15. Juli 1988.
74 Vgl. Wahl in Berlin. Eine Analyse der Wahl zum Abgeordnetenhaus vom 29. Januar 1989, Berichte der Forschungsgruppe Wahlen e.V., Mannheim, Nr. 53 vom 2. Februar 1989, S. 55f.; Die Zeit vom 3. Februar 1989; Frankfurter Rundschau vom 2. Februar 1989 und 5. April 1989.

platz machten (63 Prozent) und mit der Lage auf dem Berliner Wohnungsmarkt (64 Prozent) sowie mit der Gesundheitsreform (72 Prozent) besonders unzufrieden waren[75]. Die sich in Berlin bereits abzeichnende Struktur von soziodemographischen und ideologischen Merkmalen der REP-Wähler zeigte sich mit nur geringfügiger Modifikation auch in den Wahlen und Umfragen des Jahres 1989[76]: Bei den jüngeren Jahrgängen zeigt sich eine geringfügige Überrepräsentation, bei den älteren eine leichte Unterrepräsentation. Zweidrittel der Wählerschaft machen Männer aus. Regional haben die Republikaner einen deutlichen Schwerpunkt in Bayern, »was auch die Überrepräsentation der Katholiken und die Konzentration auf kleinere Orte erklärt«[77]. Am erfolgreichsten sind die Republikaner bei Wählern mit niedrigem Sozialstatus; überdurchschnittliche Erfolge erzielen sie bei Facharbeitern, aber auch bei un- und angelernten Arbeitern. Für diese Gruppen ist die Wahlentscheidung für die Republikaner ein Zeichen des Protestes. Die REP-Wähler sind gekennzeichnet durch Angstgefühle und Verunsicherung aufgrund von allgemeinem Wertewandel sowie durch das Bedürfnis nach einfachen Erklärungen in einer zunehmend komplexer werdenden Welt; dies geht einher mit einem Gefühl der Benachteiligung im Modernisierungsprozeß und einer Ablehnung des EG-Binnenmarktes. Ausländer werden als Konkurrenten auf dem Wohnungs- und Arbeitsmarkt angesehen – die Ablehnung beschränkt sich nicht auf Asylbewerber und Gastarbeiter. Im Gegenteil sieht man sich gerade durch Osteuropa-Aussiedler und DDR-Übersiedler bedroht. REP-Wähler zeigen eine weit über dem Bevölkerungsdurchschnitt liegende Ablehnung des Zuzugs von Deutschen aus Osteuropa und der DDR. Im Unterschied zu den Mitgliedern ist unter den Wählern der Anteil von rechten »Bekennenden« gering, die REP sind für ihre Wähler primär ein Ventil für angestaute Unzufriedenheit – Gesundheitspolitik, Wohnungsfragen, Arbeitsmarkt u. a. sind wichtige Probleme für eine Wählergruppe, die sich durch keine Großpartei mehr vertreten fühlt und sich als unterprivilegiert empfindet. Die Partei vermag sich nicht auf eine geschlossene soziodemographische oder ideologische Gruppe der Wählerschaft zu stützen, ihr fehlt eine eigene Klientel. Die REP-Wähler empfinden keine feste Bindung an diese Partei, sondern stellen eher ein labiles Protestpotential dar.

Es zeigte sich bereits in Berlin, daß die Republikaner nicht nur, aber vor allem zu Lasten der CDU an Stimmen gewannen, was in den Unionsparteien zu intensiven Überlegungen führte, wie dieser Herausforderung zu begegnen sei. Da die FDP von der Negativ-Entwicklung ebenfalls betroffen war, drohte der Union überdies der Verlust des Koalitionspartners. Das führte vereinzelt zu Überlegungen, die Republikaner als möglichen Partner nicht auszuschließen. Gegen solche Erwägungen stellte der damalige CDU-Generalsekretär Heiner Geißler am 18. Mai 1989 in einer Presseerklärung klar: »Die CDU lehnt eine Koalition mit den REP auf allen Ebenen ab. Die CDU wird nicht um einiger Wählerprozente willen ihre Seele verkaufen.“[78] Die Bundesgeschäftsstelle der CDU legte zudem eine Analyse vor, in der die REP als

75 Vgl. Wahl in Berlin (Anm. 109), S. 56.

76 Vgl. auch zu den folgenden Ausführungen Dieter Roth, Sind die Republikaner die fünfte Partei?, in: Aus Politik und Zeitgeschichte, B 41–42/89, S. 10ff., 16ff.

77 Emil-Peter Müller, Republikaner und Grüne – zwischen Ideologie und Protest (Beiträge zur Gesellschafts- und Bildungspolitik 146 des Instituts der deutschen Wirtschaft), Köln 1989, S. 41f.

78 Pressemitteilung der CDU vom 18. Mai 1989, S. 1.

»rechtsradikale Partei« mit einem »Doppelprofil« eingeschätzt wird: Einerseits sei sie ein »Sammelbecken ökonomischen und sozialen Protestes«, andererseits Ausdruck eines »ideologisierten Nationalismus mit anti-westlichen, anti-demokratischen, autoritären und teilweise rechtsextrem-nazistischen Zügen«[79]. Wenig später kam das Forschungsinstitut der Konrad-Adenauer-Stiftung zu dem Ergebnis, daß die REP »eher eine rechtspopulistische Protestbewegung als eine politische Partei modernen Typs« sei. Obwohl es in den Themen und teilweise auch in den Formen der politischen Agitation Übereinstimmungen mit Rechtsextremisten gebe, könnten »die Republikaner nicht als rechtsextremistische, d.h. verfassungsfeindliche Partei bezeichnet werden«. Das bisherige Erfolgskonzept der Republikaner sei die »Mobilisierung diffuser, latent vorhandener Protestgefühle, nicht die Propagierung rechtsextremer, verfassungsfeindlicher Positionen«[80]. Diese Einschätzung entsprach in etwa der Beurteilung des Präsidenten des Bundesamtes für Verfassungsschutz, Gerhard Boeden, der die Republikaner im Mai 1989 »am äußersten Rand des demokratischen Spektrums« sah und betonte, sie seien »also nicht mehr weit entfernt von der Schwelle zum Extremismus«[81]. Anfang Juni 1989 wurde dann ein Beschluß der Verfassungsschutzbehörden von Bund und Ländern bekannt, die Verfassungsmäßigkeit der Republikaner einer »Vorprüfung« zu unterziehen, womit in Bayern begonnen wurde. Bei der Bekanntgabe dieses Schrittes sagte der bayerische Innenminister Edmund Stoiber, er sehe Berührungspunkte der Republikaner mit dem Rechtradikalismus, was Schönhuber mit der Bemerkung beantwortete, Stoibers Äußerungen seien »nichts anderes als eine Einschüchterungskampagne gegen die Republikaner vor der Europawahl«[82]. Diese Europawahl brachte den Republikanern am 18. Juni 1989 mit 7,1 Prozent einen weiteren Erfolg und den Einzug in das Straßburger Parlament mit sechs Abgeordneten. Auffällig war bei dieser Wahl das deutliche regionale Übergewicht der REP in Bayern, wo die Partei allein 37,2 Prozent ihrer gesamten Wählerstimmen gewann (746 886 von 2 005 555); das war in Bayern ein Anteil von 14,6 Prozent[83]. Besonders gute Ergebnisse erzielten die Republikaner nur noch in Nord- und Südwürttemberg. Sieht man von Hamburg und Teilen Niedersachsens ab, so kamen sie »praktisch nur südlich der ›Weißwurstgrenze‹ über die 5%-Marke«[84]. Zwar waren unter den Wählern der REP die Katholiken besonders stark vertreten (im wesentlichen wegen des bayerischen Schwerpunktes der Partei), aber in Gegenden mit niedrigem Katholikenanteil erzielten die Republikaner ebensolche Erfolge wie in Bezirken mit hohem Katholikenanteil. Von den REP-Wählern hatten bei der Europawahl 1984 rund 40 Prozent die Unionsparteien und 20 Prozent die SPD gewählt, während der Rest Jungwähler, frühere Nichtwähler oder Wähler anderer

---

79 Die REP. Analyse und politische Bewertung einer rechtsradikalen Partei, hrsg. von der CDU-Bundesgeschäftsstelle, Bonn 1989, S. 45.

80 Norbert Lepszy, Die Republikaner. Ideologie – Programm – Organisation und Wahlergebnisse, Interne Studien Nr. 13/1989, Forschungsinstitut der Konrad-Adenauer-Stiftung, St. Augustin 1989, S. 2f.

81 Siehe die BUNTE, vom 11. Mai 1989, S. 19.

82 Siehe Süddeutsche Zeitung vom 8. Juni 1989.

83 Vgl. Europawahl. Eine Analyse der 3. Direktwahl zum Europaparlament 15. bis 18. Juni 1989, Berichte der Forschungsgruppe Wahlen e.V., Mannheim, Nr. 54 vom 22. Juni 1989, S. 54.

84 Ebd.

Parteien waren[85]. Ein Überschreiten der Fünfprozenthürde bei der Bundestagswahl 1990 ist noch nicht sicher. Umfragen um die Jahreswende 1989/90[86] sowie das Ergebnis der Landtagswahl im Saarland (28. Januar 1990) sahen sie unter fünf Prozent. Derweil wird die Partei in Nordrhein-Westfalen und Hamburg vom Verfassungsschutz beobachtet[87], in Schleswig-Holstein wird eine der Vorprüfung ähnliche Maßnahme durchgeführt. Auf Bundesebene wird die Partei zwar als »eher rechtsextrem« eingeschätzt, angesichts der schwierigen Beweis- bzw. Bewertungslage dauert die Vorprüfung aber noch an.

IV. Die Mitte

Im engeren politischen Umfeld der etablierten Kräfte gab es vor allem im ersten Jahrzehnt der Bundesrepublik kleinere Parteien, die sich in Konkurrenz, aber nicht in grundsätzlicher Opposition zu ihnen behaupten wollten. Es waren dies vor allem die Deutsche Partei (DP) und der Gesamtdeutsche Block/Block der Heimatvertriebenen und Entrechteten (GB/BHE), die ihren Einfluß auch in Regierungsbeteiligungen suchten. Beide Parteien gerieten jedoch in eine Identitätskrise und in den Sog der etablierten Parteien, vor allem der CDU, so daß sie ihre Existenz aufgaben. Umgekehrt kam es seit den siebziger Jahren aus dem Bereich der politischen Mitte zu Versuchen, mit neuen Parteien die Akzente weiter nach rechts zu verschieben, ohne in den Bereich der radikalen Rechten zu geraten. Auch einige Landesparteien und Parteien, die spezielle Themen wie Frauenfragen oder die Renten-Problematik in den Mittelpunkt ihrer Arbeit stellten, siedelten sich in der politischen Mitte an.

Im Sommer 1945 entstand die Niedersächsische Landespartei (NLP), die an die Deutsch-Hannoversche Partei (DHP) des Kaiserreichs und der Weimarer Zeit und an deren welfischen Traditionalismus anknüpfte. Die protestantisch-konservative Partei hatte im Raum Hannover und Stade ihren Schwerpunkt, bevor sie im März 1946 eine Lizenz für die gesamte britische Besatzungszone erhielt. Ihr welfischer Föderalismus setzte jedoch einer organisatorischen Ausdehnung Grenzen, so daß sich die NLP im Juni 1947 in Deutsche Partei (DP)[88] umbenannte. Zuvor hatte die NLP bei den Landtagswahlen vom April 1947 zwar 17,9 Prozent und 27 Mandate gewonnen, lag entgegen ihren Erwartungen im bürgerlichen Lager aber hinter der CDU. Zur organisatorischen Ausdehnung kam es im wesentlichen in Hamburg, Bremen und Schleswig-Holstein, doch auch unter dem neuen Namen blieb sie in erster Linie eine niedersächsische, war sie in zweiter Linie erst eine norddeutsche und zu allerletzt eine bundesweit vertretene Partei. So hatte die DP 1952 von ihren 45 000 Mitgliedern allein 35 000 in Niedersachsen; bei gleichbleibender Mitgliederzahl in ihrem Stammland erhöhte sich das Gewicht des niedersächsischen Landesverbandes noch, weil in der Folgezeit die Gesamtzahl leicht zurückging. 1956 kamen von den 41 540 DP-

85 Vgl. Die Zeit vom 30. Juni 1989.
86 Vgl. z. B. Politbarometer der Forschungsgruppe Wahlen vom Januar und Februar 1990.
87 Vgl. Richard Stöss, Die Republikaner, Köln 1990, S. 123ff.
88 Zur DP siehe vor allem: Hermann Meyn, Die Deutsche Partei. Entwicklung und Problematik einer national-konservativen Rechtspartei nach 1945, Düsseldorf 1965; Rudolf Holzgräber, Die DP. Partei eines neuen Konservativismus, Stuttgart-Düsseldorf 1955; Horst W. Schmollinger, Die Deutsche Partei, in: R. Stöss (Anm. 7), S. 1025ff.

Mitgliedern allein 37300 aus den vier norddeutschen Ländern[89]. Auch bei Wahlen kam das niedersächsische Übergewicht deutlich zum Ausdruck: So gewann die DP bei den Bundestagswahlen 1949 63,6 Prozent, 1953 50,1 Prozent und 1957 noch 43,3 Prozent ihrer Gesamtstimmen in ihrem Stammland[90].

Die Politik der DP unter ihrem Vorsitzenden Heinrich Hellwege, der die Partei von den Anfängen bis kurz vor ihrer Fusion mit dem GB/BHE im Jahre 1961 führte, zielte auf eine Stärkung des Bürgerblocks und insbesondere der mittelständischen, betont antisozialistischen Kräfte. Diesen Kurs, der in Koalitionen mit der CDU mündete, mußte Hellwege zeitweilig gegen Tendenzen verteidigen, die die DP eher als Kern einer rechten oppositionellen Sammelpartei verstanden, massiv für soldatische Werte und gegen die Entnazifizierungspolitik der Siegermächte eintraten. Doch auch Hellwege und mit ihm die Mehrheit der Partei betrachteten es als Aufgabe der DP, »die zum Rechtsradikalismus hin tendierenden Kräfte unseres Volkes auf uns zu ziehen, sie über und mit uns in die Bahn einer konstruktiven Politik zu lenken«[91].

Bei der Bundestagswahl 1949 trat die Deutsche Partei nur in den vier norddeutschen Ländern an; mit einem bundesweiten Stimmenanteil von 4,0 Prozent gewann sie 17 Mandate. Zwölf dieser Mandate errang sie in Niedersachsen, wo die DP durch eine Absprache mit der CDU über gemeinsame Kandidaturen in Wahlkreisen fünf Direktmandate erreichte. Als die von der SPD geführte Regierung Kopf in Niedersachsen in einem neuen Wahlgesetz derartige Absprachen zu unterbinden versuchte, verließ die CDU 1950 die Koalition und schloß sich mit Blick auf die Landtagswahl vom Mai 1951 mit der DP zur Niederdeutschen Union (NU) zusammen, die jedoch mit 23,7 Prozent und 35 Mandaten ein enttäuschendes Ergebnis erzielte, weil beide Partner (die DP noch als NLP) 1947 getrennt noch 37,8 Prozent und 57 Mandate erreicht hatten. Einer der Gründe dieses Rückgangs war offenbar der Erfolg der rechtsextremen SRP mit elf Prozent. In Bonn beteiligte sich die DP an der Koalition mit CDU/CSU und FDP und stellte mit Hans-Christoph Seebohm und Heinrich Hellwege die Minister für Verkehr und für Angelegenheiten des Bundesrates.

Die zweite Bundestagswahl offenbarte bereits die große Integrationskraft der Unionsparteien, die gegenüber 1949 mehr als 14 Prozentpunkte zulegten und nun mit 45,2 Prozent die weitaus stärkste politische Kraft waren. Nur noch mit Hilfe der CDU, die in acht Wahlkreisen, und der FDP, die in zwei Wahlkreisen auf eigene Kandidaten verzichteten, zog die DP aufgrund der errungenen Direktmandate mit 15 Sitzen in den Bundestag ein, obwohl sie mit bundesweit 3,3 Prozent (knapp 900000 Stimmen) die Sperrklausel deutlich verfehlt hatte. Schon zu diesem Zeitpunkt wurde die Deutsche Partei als (nun deutlich geschwächter) Bestandteil des Bürgerblocks und nicht mehr als betont föderalistische oder gar welfische Partei identifiziert[92]. Dies führte einerseits dazu, daß die welfischen Traditionalisten der DP Verrat am Heimatgedanken, an Föderalismus und Monarchismus vorwarfen und 1953 die

89 Vgl. H. W. Schmollinger (Anm. 68), S. 1097.

90 Vgl. ebd., S. 1091.

91 Emil Ehrich, Heinrich Hellwege. Ein konservativer Demokrat, hrsg. von der Niedersächsischen Landeszentrale für politische Bildung, Hannover 1977, S. 95.

92 CDU, FDP und DP kandidierten 1953 in Hamburg als Hamburg Block, gewannen 50 Prozent und bildeten eine gemeinsame Regierung; mit CDU, FDP und GB/BHE war die DP von 1950 bis 1952 in Schleswig-Holstein in einer Koalition, ebenso in Niedersachsen bis 1957, dem sich bis 1959 eine Koalition mit CDU und SPD anschloß.

Deutsch-Hannoversche Partei (DHP) neu gründeten, die an Weimarer Positionen anknüpfte, aber bei der Landtagswahl 1955 mit 0,3 Prozent ohne Resonanz blieb. Andererseits büßte die DP auch an Profil gegenüber der CDU ein, so daß innerhalb der Partei bald offen die Frage der eigenen Existenzberechtigung aufgeworfen wurde. Wieder war es ein Wahlabkommen mit der CDU, das der DP bei der Bundestagswahl 1957[93] über die Sperrklausel half; ein Stimmenanteil von 3,4 Prozent reichte aus, um 17 Abgeordnetensitze zu gewinnen, davon sechs direkt durch Absprachen im Wahlkreis. Während die DP in Bayern, Baden-Württemberg, Hessen, Nordrhein-Westfalen und Berlin in Landtagswahlen bedeutungslos blieb, konnte sie noch 1959 in ihrem Stammland mit 12,4 Prozent das Ergebnis von 1955 wiederholen und 20 Mandate gewinnen; auch in Bremen waren es 1959 noch 14,5 Prozent und 16 Mandate; in Schleswig-Holstein und Hamburg war die Deutsche Partei zu diesem Zeitpunkt nicht mehr im Landesparlament vertreten.

Dies war die Situation vor der Bundestagswahl 1961, die der DP deutlicher als je zuvor die Existenzfrage aufdrängte, vor allem nachdem die CDU ein weiteres Wahlbündnis ausgeschlossen und eine Fusion als einzige Grundlage für Verhandlungen bezeichnet hatte[94]. Auf dem Bundesparteitag im Mai 1960 in Heilbronn konnte Hellwege nur noch knapp seine Position durchsetzen, die Eigenständigkeit der Partei in bürgerlichen Koalitionen zu sichern. Wenig später wurden Verhandlungen mit GB/BHE und FDP ins Auge gefaßt, woraufhin einige Abgeordnete, der sogenannte Ministerflügel, im Juli 1960 die Bundestagsfraktion verließen und sich der CDU anschlossen, unter ihnen die beiden DP-Minister Seebohm (Verkehr) und von Merkatz (Bundesratsangelegenheiten). Von Merkatz stellte später fest, er habe keine Legitimation für die DP mehr gesehen, denn »in allen politisch bedeutungsvollen Angelegenheiten stimmten beide Partner seit Jahr und Tag überein«[95]. Vor allem der niedersächsische Landesverband wollte die Partei dennoch dem Sog der Unionsparteien entziehen und in einer Fusion mit FDP und GB/BHE die »Dritte Kraft« in der Parteienlandschaft der beginnenden sechziger Jahre bilden. Als sich jedoch abzeichnete, daß ein Zusammenschluß nur mit dem Gesamtdeutschen Block/BHE zustande kam, trat Heinrich Hellwege im Januar 1961 als Vorsitzender der Bundespartei und des niedersächsischen Landesverbandes zurück und schloß sich im Oktober der CDU an. Unter dem neuen Vorsitzenden Herbert Schneider beschloß die DP die Fusion mit dem GB/BHE, die dann am 15. April 1961 von Delegierten beider Parteien vollzogen wurde.

In der so entstandenen Gesamtdeutschen Partei (GDP)[96] trafen sich also zwei Organisationen, die bislang wichtige Wählergruppen integriert und an den Bürgerblock herangeführt hatten, die durch diese Integration aber immer mehr ihre eigene Klientel und ihren Daseinsgrund verloren. Bei der DP waren es bürgerliche Wähler

93 Sie trat dabei als Deutsche Partei (DP/Freie Volkspartei) auf, nachdem der sogenannte Ministerflügel 1956 aus der FDP-Fraktion ausgetreten war, mit der DP im Bundestag eine Fraktionsgemeinschaft gebildet und im Januar 1957 die von ihm gegründete Freie Volkspartei (FVP) mit der DP zusammengeschlossen hatte.

94 Vgl. H. Meyn (Anm. 68), S. 64.

95 Hans-Joachim von Merkatz, Unser Weg in die UNION (= Politische Schriftenreihe, hrsg. v. d. CDU Niedersachsen, Heft 5), Bonn 1961, S. 5.

96 Zur GDP näher: M. Rowold (Anm. 12), S. 295 ff.; Richard Stöss, Die Gesamtdeutsche Partei, in: ders. (Anm. 7), S. 1460 ff.

aus den konservativen Randzonen an der Schwelle zum Rechtsextremismus; beim GB/BHE waren es Vertriebenenwähler, die in der Aufbauphase der Bundesrepublik ein beträchtliches Potential darstellten: 7,6 Millionen Vertriebene gab es 1949, vor allem in Schleswig-Holstein, Niedersachsen und Bayern – Menschen in schlechten Wohnverhältnissen, oft ohne Arbeit und Zukunftsperspektive, von den Einheimischen mit Argwohn betrachtet. Wie sehr sie von den Westalliierten als politischer Unruhefaktor gefürchtet wurden, zeigt sich darin, daß sie 1946 den Zusammenschluß von Vertriebenen in eigenen Verbänden oder Parteien verboten – eine Maßnahme, die erst 1948/49 gelockert wurde und 1949/50 dann ganz entfiel. Sie führte jedoch dazu, daß »Notgemeinschaften« von Vertriebenen zunächst mit rechtsgerichteten Parteien wie der Deutschen Gemeinschaft (DG) und der Wirtschaftlichen Aufbau-Vereinigung (WAV) in Bayern zusammenarbeiteten und ihnen in Wahlen zu beachtlichen Ergebnissen verhalfen. So erreichte die WAV im Bündnis mit dem »Neubürgerbund« bei der Bundestagswahl 1949 in Bayern 14,4 Prozent (bundesweit 2,9 Prozent) und zwölf Listenmandate.

Als der Lizenzzwang entfiel, entstanden im Laufe des Jahres 1950, ausgehend von Schleswig-Holstein, Landesorganisationen des Blocks der Heimatvertriebenen und Entrechteten (BHE), die sich Ende Januar 1951 in Bonn zur Bundespartei zusammenschlossen und Waldemar Kraft zum Vorsitzenden wählten. Kraft war es vor allem, der den BHE primär als sozialpolitisch orientierte Interessenpartei prägte und sich gegen Vorstellungen etwa der DG wandte, die Vertriebenen und ihren Anspruch auf das »Heimatrecht im Osten« als nationalistisches Oppositionspotential zu nutzen. Kraft rückte dagegen den zweiten Pfeiler des BHE, die Ausgestaltung des »Lebensrechts im Westen«, in den Mittelpunkt und strebte über Regierungsbeteiligungen bestmögliche Lösungen für die sozialen Probleme der Vertriebenen an. Die Umbenennung der Partei in Gesamtdeutscher Block/BHE im November 1952 signalisierte zwar eine stärkere Aufmerksamkeit für das deutschlandpolitische Anliegen, änderte aber nichts am Vorrang der Interessenpartei, die ihren Einfluß in unterschiedlichen Koalitionen suchte[97]. Mit der Zustimmung zur Westintegration und zum Lastenausgleichsgesetz führte Waldemar Kraft die Partei auf Adenauer-Kurs und, nach der Bundestagswahl 1953, in eine Koalition mit den bürgerlichen Parteien. Bei dieser Wahl, in der der GB/BHE mit gut 1,6 Millionen Stimmen 5,9 Prozent und 27 Mandate gewann, blieb man hinter den Erwartungen zurück, denn nur ein Drittel der wahlberechtigten Vertriebenen hatten »ihre« Interessenpartei gewählt; auch in den Schwerpunktländern Schleswig-Holstein, Niedersachsen und Bayern lag der Anteil bei nur gut 40 Prozent[98].

Vor dem Hintergrund dieses Wahlergebnisses wurde im Mai 1954 auf dem Bundesparteitag in Bielefeld die Anpassung an Adenauers Westintegration als Fest-

97 Während der GB/BHE insgesamt etwas mehr zum Bürgerblock tendierte, bildete er in Hessen von 1954 bis 1962 mit der SPD die Regierung; in Niedersachsen 1951 bis 1955 mit SPD und Zentrum, 1959 bis 1963 mit SPD und FDP; in allen übrigen Koalitionen, an denen die Partei zwischen 1950 und 1964 in Baden-Württemberg, Niedersachsen, Bayern und Schleswig-Holstein beteiligt war, waren auch oder ausschließlich bürgerliche Parteien die Partner (vgl. Richard Stöss, Der Gesamtdeutsche Block/BHE, in: ders. [Anm. 7], S. 1449).

98 Vgl. Franz Neumann, Der Block der Heimatvertriebenen und Entrechteten 1950–1960. Ein Beitrag zur Geschichte und Struktur einer politischen Interessenpartei, Meisenheim 1968, S. 305.

schreibung der Teilung Deutschlands kritisiert. Kraft wurde zwar wieder zum Vorsitzenden gewählt, nahm die Wahl aber nicht an, als eine andere Personalentscheidung gegen seinen Wunsch getroffen wurde. Zu seinem Nachfolger wählte der Parteitag Theodor Oberländer, den Bundesvertriebenenminister im Kabinett Adenauer, der wie Kraft den Bürgerblock favorisierte. Die Saarfrage wurde 1955 zur Zerreißprobe für die Bundestagsfraktion; 16 Abgeordnete stimmten gegen das Saarstatut, von dem sie ein Präjudiz für die Aufgabe der ehemaligen Ostgebiete des Deutschen Reiches befürchteten, elf Abgeordnete stimmten mit der Koalition. Im Juli 1955 trat diese Gruppe aus Fraktion und Partei aus; zwei Abgeordnete schlossen sich der FDP an, sieben, unter ihnen Kraft und Oberländer, der CDU. Kurz darauf zog sich der GB/BHE unter seinem neuen Vorsitzenden Friedrich von Kessel aus der Bonner Koalition zurück. Fortan verstärkte die Partei ihre nationalen Forderungen, betonte das Selbstbestimmungsrecht sowie das Recht auf Heimat und attackierte die sogenannte Verzichtpolitik. Es kam nun regional häufiger zur Zusammenarbeit mit Rechtsextremen, insgesamt aber rüttelte die Partei nicht an den Adenauer'schen Grundentscheidungen zur Westintegration und zum Aufbau eigener Streitkräfte.

Bei der Bundestagswahl 1957, in der nur noch ein Viertel der Vertriebenen den GB/BHE wählte[99], scheiterte die Partei mit 4,6 Prozent an der Sperrklausel. Zudem hatten die Unionsparteien mit der absoluten Mehrheit ihre große Integrationskraft unterstrichen, so daß nun der GB/BHE unter dem Vorsitz von Frank Seiboth sich bemühte, gemeinsam mit der Deutschen Partei dem Sog der CDU/CSU zu entgehen. Mit noch rund 90000 von ehedem etwa 165000 Mitgliedern beteiligte sich die Partei an der im April 1961 in Bonn geschlossenen Fusion mit der DP, die noch knapp 45000 Mitglieder einbrachte[100]. Als sich der Zweck des Bündnisses Gesamtdeutsche Partei mit nur 2,8 Prozent (das waren 5,2 Prozentpunkte weniger, als beide Parteien 1957 erreicht hatten) bei der Bundestagswahl 1961 nicht erfüllte, zogen sich bald darauf rund 80 Prozent der ehemaligen DP-Mitglieder wieder aus der Partei zurück; die GDP war damit im wesentlichen die Fortführung des GB/BHE (die Partei führte nach 1961 auch den Zusatz BHE), die DP-Mitglieder hingegen schlossen sich vor allem der CDU an[101].

Die GDP verlor auch ihre Basis unter den Vertriebenen: Bis 1963 verließen von den gut 130000 Mitgliedern 50000 die Partei, die 1969 nur noch 5000 Mitglieder zählte, weniger als vier Prozent ihres ursprünglichen Bestandes[102]. Schon 1965 war sie organisatorisch so geschwächt, daß die GDP zur Bundestagswahl auf eine eigene Kandidatur verzichtete. Gegen einen Beschluß des Bundesvorstandes unter Hermann Ahrens, der gegenüber den Landesverbänden kaum Autorität besaß, schloß die Partei 1965 in Hessen und Niedersachsen ein Wahlbündnis mit der SPD, in Bayern aber mit der CSU; so gelangten je zwei GDP-Abgeordnete als Gäste dieser beiden

99 Vgl. ebd.

100 Mitgliederzahlen für das Jahr 1960 nach R. Stöss (Anm. 77), S. 1454 und H. W. Schmollinger (Anm. 68), S. 1097.

101 Während sich im November 1961 in Verden ehemalige DP-Anhänger mehrheitlich für einen Übertritt zur CDU aussprachen, beschlossen im Juni 1962 in Rothenburg etwa 300 Mitglieder die Reaktivierung der DP als niedersächsische Landespartei; auch in Bremen formierte sich die DP wieder, bis sie unter Fritz Thielen 1964 in die NPD geführt wurde. Vgl. R. Stöss (Anm. 76), S. 1468f.

102 Vgl. ebd., S. 1474.

etablierten Parteien in den Bundestag, unter ihnen der Vorsitzende Ahrens, der auf der Liste der SPD in Niedersachsen gewählt wurde. Die schwindenden Restbestände der Partei versuchten auf unterschiedlichen Wegen zu retten, was zu retten war. In Hessen gelang 1962 immerhin mit 6,3 Prozent und sechs Abgeordneten noch einmal der Einzug in den Landtag, doch nach dem Verlust der Mandate in der Wahl 1966 setzte auch hier der Auflösungsprozeß ein, der im Unterschied zu den anderen Landesverbänden mehr in Richtung der SPD, dem langjährigen Koalitionspartner, verlief. Es zeigte sich, daß der GB/BHE auch Rechtsextreme an sich gebunden hatte, die nun 1964/65, während die GDP mehr und mehr zerfiel, vor allem in Bremen und Baden-Württemberg beim Aufbau der NPD eine beachtliche Rolle spielten. Obwohl die Partei noch Jahre formal weiter existierte, dokumentierte sie bei der Bundestagswahl 1969 ihren völligen Bedeutungsverlust. Ohne Direktkandidaten trat sie vor dem Hintergrund der neuen Ostpolitik noch einmal mit sechs Landeslisten an, nun als »die klassische Partei des Widerstands gegen den Ausverkauf Deutschlands«, die weder die »Sowjetzone als zweiten deutschen Staat« noch die »Oder-Neiße-Linie als endgültige Grenze« oder die Ungültigkeit des Münchener Abkommens anerkennen werde[103]. Doch die Partei war bereits in ihrer Substanz von der CDU aufgezehrt und von der NPD rechts überholt worden, und das Wahlergebnis beraubte sie aller Illusionen: Nur noch gut 45 000 Wähler (0,1 Prozent) fühlten sich durch die GDP angesprochen.

Ein weiteres Opfer der erfolgreichen CDU/CSU, mit der sich das Konzept einer interkonfessionellen christlich-konservativen Sammlungspartei der Mitte durchsetzte, war die Deutsche Zentrumspartei (Zentrum)[104]. Sie war im Oktober 1945 in Soest in bewußter Anknüpfung an das Zentrum der Weimarer Zeit als eine »Partei der schöpferischen Mitte und des sozialen Ausgleichs« gegründet worden und wollte die katholische Bevölkerung politisch organisieren. Doch außer in Westfalen fanden sich im wesentlichen nur noch im Rheinland und in Niedersachsen Mitglieder, die an alte Zentrums-Traditionen anknüpfen wollten. Die Partei verstand sich in Abgrenzung nach rechts, gerade auch gegenüber der CDU, als sozialfortschrittlich, lehnte Adenauers Politik der Stärke und die allgemeine Wehrpflicht ab, war föderalistisch orientiert und konservativ in kulturpolitischen Fragen.

In einigen Landkreisen Nordrhein-Westfalens, so in Coesfeld, Münster, Tecklenburg oder Warburg, gewann das Zentrum bei den Kommunalwahlen 1948 zwischen 34 und 42 Prozent; doch darüber hinaus hatte eindeutig die CDU, unterstützt vom katholischen Klerus, das Erbe des alten Zentrums angetreten. Zwar gelang es der Partei bei der Bundestagswahl 1949, in Nordrhein-Westfalen 8,9 Prozent (bundesweit 3,1 Prozent) zu gewinnen und mit zehn Abgeordneten in den Bundestag einzuziehen, doch schon 1953 verhalf nur noch ein von kirchlichen Kreisen vermitteltes Wahlbündnis mit der CDU zwei ihrer Politiker zum Einzug ins Bonner Parlament. Im Kampf

---

103 Ebd., S. 1468f.

104 Zum Zentrum vgl. Karl Buchheim, Geschichte der christlichen Parteien in Deutschland, München 1953; Ute Schmidt, Die Deutsche Zentrums-Partei, in: R. Stöss (Anm. 7), S. 1192ff.; M. Rowold (Anm. 12), S. 335ff.; zur Vorgeschichte vgl. Karl Bachem, Vorgeschichte, Geschichte und Politik der Deutschen Zentrumspartei, 9 Bde., 1927–1932 (Nachdruck: Aalen 1965ff.); Rudolf Morsey, Die Deutsche Zentrumspartei 1917–1923, Düsseldorf 1966; ders., Die Deutsche Zentrumspartei, in: Erich Matthias/Rudolf Morsey (Hrsg.), Das Ende der Parteien 1933, Düsseldorf 1960.

der Partei gegen die Fünf-Prozent-Klausel kam es, wiederum auf Vermittlung der katholischen Kirche, vor der Landtagswahl 1954 in Nordrhein-Westfalen zum sogenannten »Lex Zentrum«, wonach der Gewinn von nur einem Drittel der Stimmen in einem Wahlkreis für die Berücksichtigung bei der Mandatszuteilung ausreichte. Noch einmal gelang es dem Zentrum, trotz eines Anteils von nur 4,0 Prozent, mit neun Abgeordneten in den Landtag von Nordrhein-Westfalen einzuziehen, wo der Zentrums-Politiker Rudolf Amelunxen 1946 die ersten beiden Kabinette gebildet hatte. Das Zentrum, das 1947 9,8 Prozent und 20 Mandate und 1950 7,5 Prozent und 16 Mandate erreichte, war an den Kabinetten Arnold und Steinhoff beteiligt und gehörte in Niedersachsen mit nur sechs beziehungsweise vier Abgeordneten in den ersten beiden Legislaturperioden den von der SPD geführten Koalitionen an[105].

In dem Bemühen, trotz negativer Wahltendenz neben der CDU zu bestehen, schloß sich das Zentrum 1956 mit der Christlichen Volkspartei (CVP) des Saarlandes zusammen; im Frühjahr 1957 brach die Fusion bereits auseinander, weil sich die CVP um engere Bande zur CSU bemüht hatte. Zur Bundestagswahl 1957 kam es mit der Bayernpartei (BP) zu einem Wahlbündnis unter der Bezeichnung Föderalistische Union (FU), das jedoch nur 0,9 Prozent erreichte. Unter gleichem Namen hatten beide Parteien bereits im ersten Bundestag eine Fraktionsgemeinschaft gebildet. Die organisatorischen Kräfte der in ihrer besten Zeit 1947/48 knapp 54 000 Mitglieder zählenden Partei[106] waren inzwischen so erschöpft, daß das Zentrum zur Bundestagswahl 1961 nicht selbst antrat, sondern die Wahl der FDP empfahl, um eine erneute absolute Mehrheit der Unionsparteien zu verhindern. Vier Jahre später schloß sich die Partei nach dem vergeblichen Versuch einer Fusion aller Heimatparteien mit der Saarländischen Volkspartei (SVP) zur Christlichen Volkspartei (CVP) zusammen, erlitt aber mit 0,1 Prozent (knapp 20 000 Stimmen) eine deutliche Niederlage. Nachdem 1969 das Zentrum noch weiter geschrumpft war, trat die Partei auf Bundesebene erst wieder 1987 an; ermutigt war sie durch die Europawahl 1984, bei der sie in einigen Gemeinden Baden-Württembergs bis zu sechs Prozent gewinnen konnte[107]. Doch auf die beiden Zentrumslisten in Nordrhein-Westfalen und Baden-Württemberg entfielen bundesweit wiederum nur 0,1 Prozent – ein Ergebnis, über das die Partei auch in ihrem Stammland bei Landtagswahlen nicht mehr hinauskam. So fand der Ruf des Zentrums nach einer geistig-moralischen Wende und nach Verschärfung des Abtreibungsparagraphen 218 weitaus geringeren Widerhall, als sich die nach eigenen Angaben noch mehrere hundert Mitglieder[108] zählende Partei gewünscht hatte.

Die markanteste Landes- und Heimatpartei im Nachkriegsdeutschland war die Bayernpartei (BP)[109], die 1946 von Ludwig Max Lallinger und Jakob Fischbacher gegründet wurde und mit der Parole »Bayern den Bayern« für einen unabhängigen

---

105 Mit Rücksicht auf das Zentrum war 1950 die Sperrklausel gestrichen worden, so daß die Partei 1951 mit 3,3 Prozent vier und 1955 mit nur 1,1 Prozent noch einmal ein Landtagsmandat gewann.

106 Vgl. U. Schmidt (Anm. 84), S. 1227.

107 Vgl. Der Spiegel vom 2. Juni 1986, S. 73.

108 Vgl. ebd.

109 Zur BP vgl. Ilse Unger, Die Bayernpartei. Geschichte und Struktur 1945–1957, Stuttgart 1979; Alf Mintzel, Die Bayernpartei, in: R. Stöss (Anm. 7), S. 395 ff.; M. Rowold (Anm. 12), S. 318 ff.

bayerischen Staat innerhalb einer deutschen Föderation eintrat. Noch heute strebt die Partei die Eigenstaatlichkeit Bayerns an und betrachtet es als ihre »vornehmste Aufgabe, die Vaterlandsliebe, das Heimatgefühl und das Staatsbewußtsein (der Bayern, M. R.) zu pflegen«, wie es im Parteiprogramm von 1981 heißt. Die Bayernpartei, die 1987 nach einer Unterbrechung von vier Wahlperioden bei der Bundestagswahl ganze 0,1 Prozent gewann, ist nur noch der Rest einer »bayerisch-partikularistischen Protestbewegung«[110], die schon früh im Sog der CSU ihre politische Basis verlor. Anknüpfend an die Bayerische Volkspartei (BVP) der Weimarer Zeit, sammelten sich in der Bayernpartei vorwiegend katholische, agrarisch-mittelständische, auch monarchistische Kreise, die einem traditionellen Heimatbild vom alten Bayern anhingen; die BP verstand sich nicht nur als Protestbewegung gegen einen zentralen Bundesstaat, sondern auch als Interessenvertreter der Einheimischen gegenüber den Heimatvertriebenen. Mit solchen Positionen fand die Partei in der ersten Bundestagswahl 1949 bei gut 986 000 Wählern Zustimmung; das waren 20,9 Prozent in Bayern und entsprach 4,2 Prozent auf Bundesebene. Mit 17 Abgeordneten zog die BP auf die Oppositionsbänke des Bundestags. Es blieb ihre einzige Legislaturperiode in Bonn[111].

Im bayerischen Landtag war die Bayernpartei von 1950 bis 1966 mit abnehmender Abgeordnetenzahl vertreten[112]. Schon bei den ersten (und erfolgreichsten) Wahlen hatte sie sich – ebenso wie bei der regionalen Verteilung ihrer rund 25 000 Mitglieder – als eine im wesentlichen ober- und niederbayerische Partei erwiesen, die im Fränkischen und Schwäbischen weitaus weniger Resonanz fand[113]. Das Verhältnis zur CSU wurde bald zur Kernfrage, die die Entwicklung der Bayernpartei bestimmte. Zwei Flügel standen sich dabei gegenüber: Auf der einen Seite die strikten CSU-Gegner, betont föderalistische Kreise um die Parteigründer, die primär kleinbürgerliche Schichten in Landwirtschaft und Gewerbe vertraten und für die Eigenständigkeit der Partei fochten. Auf der anderen Seite gemäßigt föderalistische, eher großagrarisch und monarchistisch orientierte Kräfte, die zur Zusammenarbeit mit der CSU neigten und im Laufe der Zeit auch die Partei wechselten. In der Wahlparole »Gesamte Stoßkraft nach links!«[114], mit der die BP 1954 antrat, deutete sich die Anlehnung an die Bürgerblockpolitik in Bonn an. Nach dieser Bundestagswahl kam es in München zum ersten größeren Übertritt von sechs Landtagsabgeordneten, dem weitere folgten – was zum Niedergang der Bayernpartei beigetragen hat. Einen schweren Schlag bedeutete es für die BP auch, daß sie 1959 nach einem Meineidprozeß im Zusammenhang mit der Spielbankenaffäre ihre beiden populärsten Führungspersönlichkeiten verlor: Parteichef Joseph Baumgartner und August Geislhöringer wurden zu hohen Haftstrafen verurteilt und waren für die BP politisch nicht mehr haltbar. Es war die Politik der CSU, die konkurrierende Bayernpartei von Koalitio-

110 A. Mintzel (Anm. 89), S. 395.

111 1953 erreichte sie bundesweit 1,7 Prozent, 1957 mit dem Zentrum als Föderalistische Union (FU) 0,9 Prozent, 1969 0,2 Prozent und 1987 0,1 Prozent.

112 Bei den Landtagswahlen erreichte die BP 1950 17,9 Prozent (39 Mandate), 1954 13,2 Prozent (28 Mandate), 1958 8,1 Prozent (14 Mandate) und 1962 4,8 Prozent (8 Mandate).

113 Vgl. A. Mintzel (Anm. 89), S. 405, 470.

114 Arnold Bauer, Die Bayernpartei als föderalistische Landespartei, in: Max Gustav Lange u. a., Parteien in der Bundesrepublik. Studien zur Entwicklung der deutschen Parteien bis zur Bundestagswahl 1953, Stuttgart-Düsseldorf 1955, S. 481.

nen auszuschließen und ihre Mitglieder sowie Wähler zu absorbieren. Es war eine Art von Revanche, daß sich die BP 1954 trotz aller ideologischen Differenzen an einer von der SPD geführten Koalition beteiligte und damit die CSU in die Opposition drängte. Erst 1962 kam es unter Ministerpräsident Alfons Goppel zur Beteiligung an einer CSU-Regierung; doch das einzige Kabinettsmitglied der BP, der Parteivorsitzende und Staatssekretär Robert Wehgartner, trat kurz vor dem Ende der Legislaturperiode zur CSU über.

Die Niederlage bei der Landtagswahl 1966, in der die Bayernpartei mit 3,4 Prozent ohne Mandat blieb, führte zu zahlreichen weiteren Übertritten und beschleunigte den Zerfall der Partei. Der neue Vorsitzende Helmut Kalkbrenner versuchte, diese Entwicklung als Gesundungsprozeß zu begreifen und die Partei als Kampfgemeinschaft für Bayern zu reorganisieren, stieß aber mit seinem Plan einer Umbenennung in Bayerische Staatspartei (BSP) auf Widerstand. Während Kalkbrenner damit die politische Arbeit unter Franken und Schwaben erleichtern und die Partei nicht nur als altbayrisch identifiziert wissen wollte, sahen Männer wie Lallinger in dem neuen Namen die Gefahr eines Identitätsverlusts. Im Juni 1967 verließ Kalkbrenner die BP und gründete im September mit seinen Anhängern eine Bayerische Staatspartei in Konkurrenz zur Bayernpartei. Doch die BSP, die zuvor mit der Europäischen Föderalistischen Partei (EFP) kooperiert hatte, später sogar mit ihr vorübergehend fusionierte, blieb bei den Landtagswahlen 1974 und 1978 sowie 1986 mit 0,2, 0,1 und 0,0 Prozent noch unter den Ergebnissen der BP, die inzwischen ebenfalls in den Null-Komma-Bereich gesunken war.

Im Jahre 1976 kam es zu einer weiteren Abspaltung. Nachdem der Landesausschuß-Vorsitzende Ludwig Volkholz auf dem Parteitag in Regensburg wider Erwarten nicht zum Parteivorsitzenden gewählt worden war, gründete er die Christliche Bayerische Volkspartei (C.B.V.), deren Vorsitzender er bis heute ist. In ihrem Programm von 1977 heißt es unter dem Motto »Friede in Europa!«, die C.B.V. strebe für alle Volksgruppen in einem geeinten Europa »das Recht auf Unabhängigkeit und Autonomie«, auf eigene kulturelle Entwicklung und auf »eine selbständige wirtschaftliche Einheit mit eigener Finanzpolitik« sowie die »Berufung eines bayerischen Staatspräsidenten« an, »welcher vom Volke gewählt werden soll«. Mit diesen Zielen trat die Partei seit 1976 vor allem bei Bundestagswahlen an, kam aber über 11 000 Stimmen oder 0,0 Prozent nicht hinaus. Organisatorisch hat der radikale bayerische Föderalismus zwar überlebt – nicht als politische Kraft, sondern eher als Traditionsverein mit politischem Anspruch.

Eine Landespartei in einer Sonderstellung ist der Südschleswigsche Wählerverband (SSW)[115], der bis heute im Kieler Landtag vertreten ist. Die Partei entstand 1948 als »politische Vertretung der dänischen und national-friesischen Bevölkerung im Landesteil Schleswig«. Infolge des deutsch-dänischen Krieges von 1864 lebte zwischen den Flüssen Eider und Königsau eine dänische Minderheit. Nach einer Volksabstimmung im Jahre 1920, in der sich die Bevölkerung Nordschleswigs für eine

115 Vgl. Eberhard Jäckel (Hrsg.), Die Schleswig-Frage seit 1945. Dokumente zur Rechtsstellung der Minderheiten beiderseits der deutsch-dänischen Grenze, Frankfurt-Berlin 1959; Heinz Josef Varain, Parteien und Verbände. Eine Studie über ihren Aufbau, ihre Verflechtung und ihr Wirken in Schleswig-Holstein 1945–1958, Köln-Opladen 1964; M. Rowold (Anm. 12), S. 350ff.

Angliederung an Dänemark und die Mittelschleswigs für Deutschland entschied (während in Südschleswig nicht abgestimmt wurde), gab es nun auch in Dänemark eine deutsche Minderheit. Das kulturelle Bewußtsein der Dänen in Deutschland war im Kaiserreich und in der Weimarer Republik in der Regel stärker ausgeprägt als das nationale. Der Nationalsozialismus unterdrückte auch die kulturelle Traditionspflege, so daß 1945 eine gespannte Situation herrschte, die zusätzlich belastet wurde durch einen großen Zustrom an Flüchtlingen und eine große Wohnungsnot. So bekam der Wunsch nach einem Anschluß an Dänemark Auftrieb, entsprechende Bemühungen auch der Regierung in Kopenhagen wurden jedoch von den Westalliierten unterbunden. Der Südschleswigsche Verein (SSV), die kulturelle Dachorganisation der heute nach SSW-Angaben noch etwa 60 000 Dänen in Schleswig[116], trat bei der ersten Landtagswahl 1947 mit Genehmigung der britischen Militärregierung auch als politische Partei auf und gewann mit fast 100 000 ein Drittel der Stimmen in Südschleswig, was auf Landesebene einem Anteil von 9,3 Prozent entsprach und dem SSV sechs Mandate im Kieler Landtag einbrachte. Wahlanalysen ergaben, daß die Zustimmung zum SSV in erster Linie nicht einem Volkstumsbekenntnis entsprach, sondern aus der sozialen Notlage resultierte, die durch Lebensmittelspenden aus Dänemark gelindert wurde[117].

Der SSW, der von 1948 an die politische Vertretung der dänischen Minderheit übernahm, forderte zwar nicht den Anschluß an Dänemark, wohl aber die Bildung eines eigenen, von Holstein abgetrennten Landes Südschleswig; den Heimatvertriebenen wollte er lediglich ein Gastrecht, nicht aber volle politische Rechte zugestehen. Wären beide Forderungen erfüllt worden, so hätte der SSW in seinem Wirkungsbereich stärkste Partei werden können. Die Maximalforderungen traten jedoch seit Mitte der fünfziger Jahre hinter einer sozialen und kulturellen Interessenpolitik im Rahmen des staatsrechtlichen Status quo zurück. Bis dahin beklagte sich die dänische Minderheit über Behinderungen durch deutsche Behörden, zum Beispiel beim Bau und Unterhalt eigener Schulen. Erst als die Bundesregierung im Juli 1955 in der sogenannten »Bonner Erklärung« die wesentlichen Rechtsgarantien bekräftigte, die die Landesregierung schon 1949 gegeben hatte, entspannte sich die Situation. Eine wesentliche Folge der Bonner Erklärung war ein rechtlicher Sonderstatus für Parteien nationaler Minderheiten, also für den SSW, der von der Sperrklausel, vom Unterschriftenquorum und später auch vom Quorum für die Wahlkampfkostenerstattung befreit wurde.

Ohne Sonderstatus war der SSW bei der Landtagswahl 1954 mit 3,5 Prozent gescheitert, nachdem er 1950 noch 5,5 Prozent und vier Mandate gewonnen hatte. Seit 1958 konnte die Partei dann mit Stimmenanteilen zwischen 2,8 und 1,4 Prozent – 35 000 bzw. 20 000 Wählern – jeweils den Wahlquotienten (die zur Erreichung eines Sitzes notwendige Stimmenzahl) erreichen und mit einem (1958 waren es noch zwei) Abgeordneten in den Landtag einziehen (mit Fraktionsstatus). Auch im Bundestag wollte der SSW sein Anliegen zu Gehör bringen; dies gelang jedoch nur in der ersten Legislaturperiode, als die Partei mit 5,4 Prozent die damals noch auf Landesebene bezogene Sperrklausel überwand und ein Mandat gewann. Nachdem die Partei 1953

116 Vgl. FAZ vom 28. März 1988; der SSW hat nach eigenen Angaben noch etwa 4 800 Mitglieder.

117 Vgl. H. J. Varain (Anm. 95), S. 18.

in den Wahlkreisen Flensburg, Schleswig-Eckernförde, Husum, Steinburg-Süderdithmarschen, Rendsburg-Neumünster und Kiel – also in ihrem begrenzten Tätigkeitsfeld – auf die Bundesebene bezogen mit 0,2 Prozent gescheitert war und auch 1957 und 1961 die jeweils 0,1 Prozent nicht ausreichten, um ein Mandat zu gewinnen, kandidierte der SSW nicht mehr für den Bundestag. Obwohl der Partei Sympathien für die Sozialdemokraten nachgesagt wurden, bemühte sie sich gleichzeitig um ein gutes Verhältnis zur CDU. Zentrales Anliegen des SSW – wie es aus dem aktuellen Rahmenprogramm 1981 hervorgeht – ist die konstruktive Mitarbeit zur Förderung der sozialen und kulturellen Belange der dänischen Minderheit, aber auch zur Förderung des Landesteils Schleswig insgesamt, zu der der SSW wegen seiner »Verbundenheit mit den nordischen Ländern wertvolle Impulse« geben möchte. In einem Vorwort zum Rahmenprogramm stellt der Parteivorsitzende Gerhard Wehlitz fest: »Heute ist. . .aus dem früheren Gegeneinander ein für alle Beteiligten fruchtbares Nebeneinander geworden.«

Die Bildung der sozialliberalen Koalition in Bonn, durch die 1969 die Unionsparteien zum erstenmal aus der Regierung verdrängt wurden, führte zu Parteigründungen, deren Ziel es war, als »vierte Partei« CDU und CSU ohne den nun abtrünnigen Koalitionspartner FDP zurück an die Macht zu verhelfen. Gegner der sozialliberalen Koalition innerhalb der FDP bildeten zunächst 1970 die National-Liberale Aktion (NLA)[118]; unter der Führung des Bundestagsabgeordneten Siegfried Zoglmann, der sich als Hospitant der Unionsfraktion anschloß, vertrat die NLA eine nationalliberale Gegenposition zur FDP und kritisierte die Ostpolitik der Regierung Brandt/Scheel. Vertreter von Vertriebenenverbänden beherrschten anfangs den NLA-Vorstand, doch nachdem sich 1971 die CDU gegen den unerwünschten Hilfeversuch aussprach, blieb auch der Bund der Vertriebenen insgesamt zurückhaltend gegenüber der NLA, deren organisatorische Substanz[119] nicht ausreichte, um bei den Wahlen 1971 in Berlin und Schleswig-Holstein anzutreten; sie empfahl statt dessen die Wahl der CDU, die im Kieler Landtag nun erstmalig die absolute Mehrheit erreichte, während die FDP an der 5-Prozent-Hürde scheiterte. Dieses Ergebnis ermutigte die Opponenten um Zoglmann, der im Juni 1971 in Düsseldorf die Deutsche Union (DU) ins Leben rief, weil – wie es im Gründungsaufruf hieß – »das Linkskartell von SPD und FDP« den Fehlentwicklungen der Ostpolitik nicht entgegenwirken könne und wolle und die Unionsparteien nicht in der Lage seien, alle »abwehrbereiten patriotischen Kräfte« zu mobilisieren. Das Ziel der DU war es, bei der Bundestagswahl 1972 durch ein Wahlabkommen mit CDU und CSU drei Direktmandate zu gewinnen und so die Sperrklausel zu umgehen. Doch dieser Plan scheiterte an starken Widerständen in der CDU, wohingegen in der CSU noch bis Mitte 1972 an Absprachen gedacht wurde. Schließlich bekam nur der DU-Vorsitzende Zoglmann auf der CSU-Liste einen günstigen Platz eingeräumt und gelangte so, allerdings nicht als DU-Kandidat, nochmal in den Bundestag. Die Deutsche Union aber verzichtete auf eine Kandidatur und empfahl die Wahl der Unionsparteien. Im November 1974 zog sich Zoglmann aus der DU zurück und schloß sich der CSU an; mit ihm verließen weitere Vorstandsmit-

---

118 Zum Thema Vierte Partei vgl. Richard Stöss, Die Aktionsgemeinschaft Vierte Partei, in: ders. (Anm. 7), S. 336ff.; M. Rowold (Anm. 12), S. 311ff.

119 Die NLA gab als Mitgliederstand Ende 1970 2000 und Mitte 1972 5000 Mitglieder an (vgl. R. Stöss [Anm. 98], S. 362).

glieder die Partei, die organisatorisch im wesentlichen auf Nordrhein-Westfalen beschränkt blieb.

Zoglmanns bisheriger Mitstreiter Dietrich Bahner, vormals Landesvorsitzender der bayerischen FDP, führte als neuer Vorsitzender die Reste der DU im Oktober 1975 in die Aktionsgemeinschaft Vierte Partei (AVP), deren Vorsitzender er auf der Gründungsversammlung in Stuttgart wurde. In der AVP schlossen sich neben der DU vor allem die Deutsch-Soziale Union (DSU) unter Kurt Meyer und die Liberalsoziale Union unter Horst Göttig zusammen. Meyer, früher FDP-Vorsitzender in Mülheim (Ruhr), hatte sich 1974 aus der Deutschen Union zurückgezogen. Im November des gleichen Jahres hatte er die vor allem in Nordrhein-Westfalen auftretende DSU aus der Taufe gehoben, nachdem die CSU sogar gerichtliche Schritte gegen einen von Meyer initiierten »Aktionsausschuß Nordrhein-Westfalen für eine Zusammenarbeit mit der CSU« angedroht hatte. Der organisatorische Aufbau der DSU kam jedoch nicht voran, so daß die nur etwa 400 Mitglieder zählende Partei mit Rücksicht auf die CDU 1975 in Nordrhein-Westfalen auf eine Wahlbeteiligung verzichtete[120]. Statt dessen bemühte sie sich um die Beteiligung an einer bundesweiten »vierten Partei«. Die AVP wurde vor allem im Hinblick auf die Bundestagswahl 1976 gegründet und warb in Zeitungsanzeigen damit, sie verfolge »bundesweit die Ziele der CSU«. Da die AVP als Koalitionspartner die Union zurück an die Macht bringen wollte, warf sie der CDU vor, sie buhle um die Gunst der politisch unzuverlässigen FDP. »Wer eine CDU ohne Linksdrall in der Regierungsverantwortung will, muß die Aktionsgemeinschaft Vierte Partei stärken, muß sie wählen«, hieß es in Annoncen[121].

Wie schon die DU 1972 scheiterte 1976 auch die AVP bei dem Versuch, in einem Wahlbündnis von den Unionsparteien drei als sicher geltende Wahlkreise zu bekommen. Auf einer »Schwarzen Liste« denunzierte die AVP daraufhin im Wahlkampf 21 CDU-Kandidaten als »national unzuverlässig«. Die Wahl, zu der die Partei nur in sechs Bundesländern antrat, nachdem ihre anderen Landeslisten wegen formaler Mängel zurückgewiesen worden waren, offenbarte mit nur 4700 Stimmen und 0,0 Prozent den deutlichen Unterschied zwischen der großen Publizität und der geringen politischen Substanz der AVP. Nach dieser Wahl setzte schnell der organisatorische Zerfall ein: Bahner verließ die AVP, Meyer belebte seine DSU neu, 1978 schied der niedersächsische Landesverband unter Göttig aus und konstituierte sich neu als Vierte Partei Deutschlands (VPD); dieser Kreis um Göttig trat dann später unter dem Namen Deutsche Solidarität – Union für Umwelt- und Lebensschutz auf. Doch alle diese Versuche blieben ebenso erfolglos wie die Überbleibsel der AVP, die im Herbst 1978 bei der Landtagswahl in Hessen noch ganze 12 Stimmen bekam; auch die VPD kam 1978 in Niedersachsen mit 472 Stimmen nicht über 0,0 Prozent hinaus.

Nicht beteiligt an der AVP war die stärkste der neuen »vierten Parteien«: der im Oktober 1973 in Berlin gegründete Bund Freies Deutschland (BFD). In ihm, der nach eigenen Angaben höchstens 750 Mitglieder zählte[122] und mit Großkundgebungen an die Öffentlichkeit trat, hatten sich auch konservative SPD-Mitglieder gesammelt, so der langjährige Berliner Abgeordnete und Gewerkschafter Ernst Scharnowski, der zum Vorsitzenden des BFD gewählt wurde. Im Oktober 1974 konsti-

120 Vgl. ebd., S. 349f.
121 Ebd., S. 352.
122 Vgl. ebd., S. 362; die AVP nannte im März 1976 eine Höchstzahl von 3000 Mitgliedern.

tuierte sich der BFD als Partei, was intern umstritten war und dazu führte, daß sich Förderer zurückzogen und sowohl CDU als auch CSU sich von der sympathisierenden Konkurrenz distanzierten. Mit fast 47000 Stimmen erreichte der BFD bei der Berliner Wahl im März 1975 3,4 Prozent; ein vergleichsweise beachtliches Ergebnis, das jedoch insgesamt als Scheitern des Konzepts einer »vierten Partei« gewertet wurde. Wieder setzte eine Kontroverse ein, ob der BFD weiter als Partei auftreten solle. Nach Übertritten zur CDU kam es zur Spaltung des Bundes in eine Bewegung, die noch mit einigen Veranstaltungen hervortrat, und in eine Partei, die sich schließlich im Januar 1977 auflöste.

Immer wieder tauchen im Bereich der politischen Mitte kleine Parteien auf, die bestimmte Sachfragen und Zielgruppen in den Mittelpunkt ihres Programms stellen. Auffallend ist, daß sich in den letzten Jahren mehrere Neugründungen ganz sozialpolitischen Fragen widmen. Da gibt es etwa die Partei Alle Sozialversicherten und Rentner Deutschlands (Rentnerpartei) (ASD), die sich als »die legitime Partei der Sozialversicherten und Rentner zur Wahrung ihrer sozialpolitischen Interessen und der Änderung sozialer Ungerechtigkeit« versteht; sie kam bei der Bundestagswahl 1987 nicht über 0,0 Prozent hinaus. Mit nahezu wörtlich identischem Programm gibt es daneben eine Arbeitnehmer Partei Deutschlands (APD). Eine Partei Die Grauen will die speziellen Interessen alter Menschen vertreten. Die Gruppierung Bundespartei für Arbeit, Wirtschaft und Soziales (Bundespartei AWS) möchte »eine dauerhafte Verlagerung des Schwerpunktes zukünftiger Politik auf den Bereich ›Arbeit, Wirtschaft und Soziales‹ durchsetzen«. Ende 1988 formierten sich mit der Auto- und Bürgerpartei Deutschlands (ABD), der Autofahrer Partei Deutschlands (APD) und der Deutschen Autofahrer Interessengemeinschaft – Volkspartei (DAFIG) gleich drei Gruppierungen, die sich für diese speziellen Belange einsetzen wollen.

Eine andere Gruppe kleiner Parteien fällt auf, deren Existenz durch einen Vertrauensverlust der etablierten Kräfte (z. B. infolge der Parteispendenaffäre) erklärbar ist. So heißt es zum Beispiel im Programm der Allianz – Bündnis von Parteien der Mitte (Allianz): »Wir wollen die eklatanten Mißbräuche der etablierten Parteien beseitigen und Sauberkeit und Transparenz in das politische Leben bringen.« Andere Parteien dieser Stoßrichtung orientieren sich am Begriff des »mündigen Bürgers«; so etwa die Bürgerpartei – Partei der Steuerzahler (Bürgerpartei), die sich gegen eine zu große Gängelung durch den Staat wendet. Mit Mißtrauen gegen die etablierten Kräfte tritt die Partei Mündige Bürger an, die in ihrem umfangreichen Programm als Leitmotiv formuliert: »Die Wähler sind das ewige Parteiengezänk leid. Sie wollen aufbauende Sachpolitik, keine Parteipolitik.« Bei der Bundestagswahl 1987 erreichten die Mündigen Bürger auf fünf Listen knapp 25000 Stimmen oder 0,1 Prozent.

Die Deutsche Familien-Partei e. V. (Familie) »will eine Entwicklung aufhalten, in der die Familie zur Randgruppe wird«, und sieht im Geburtenrückgang die »größte Gefahr« für das deutsche Volk. Die Christliche Liga (Liga) hat sich ebenfalls dem besonderen Schutz von Ehe und Familie verschrieben, vor allem aber auch dem Kampf gegen jede Abtreibung.

Frauenfragen sind das Grundanliegen der Frauenpartei (Frauen), die bei der Bundestagswahl 1987 auf sieben Listen fast 63 000 Stimmen oder 0,2 Prozent gewann. Schon in den siebziger Jahren hatte es mehrere Frauenparteien gegeben, die aber ohne Erfolg geblieben waren.

Neben den GRÜNEN bemüht sich seit Anfang der achtziger Jahre die Ökologisch-Demokratische Partei (ÖDP) um ökologisch orientierte Wähler, so auch bei der Bundestagswahl 1987, bei der die ÖDP fast 110 000 Stimmen oder 0,3 Prozent erreichte.

Eine 5-Prozent-Block-Partei strebte bei der Bundestagswahl 1976 vergeblich wirksame Unterstützung für die Abschaffung der Sperrklausel an. Ebenso hartnäckig wie erfolglos tritt seit 1950 die Freisoziale Union – Demokratische Mitte (FSU) für die Wirtschaftslehre Silvio Gesells ein, in deren Mittelpunkt eine stabile Kaufkraft des Geldes steht. Ohne große Resonanz blieb auch eine Partei, die sich ganz auf die Vereinigung Europas konzentrierte: 1965, 1969 und 1972 bewarb sich die Europäische Föderalistische Partei (EFP) für den Bundestag, wobei sie 1969 – unter dem Namen Europa Partei – mit 0,2 Prozent ihr bestes Ergebnis erzielte.

Schließlich seien die Liberalen Demokraten (LD) erwähnt, die Ende 1982 als Reaktion auf die Wende in Bonn entstanden und sich an den liberalen Grundsätzen »der früheren F.D.P.« orientieren, insbesondere an den Freiburger Thesen von 1971. Die Liberalen Demokraten konnten 1983 in Bremen und Hessen 0,4 Prozent erreichen, traten danach aber kaum noch in Erscheinung.

V. Die Linke

Im Schatten der Macht sind auf der parteipolitischen Linken drei Hauptströmungen auszumachen: der orthodoxe, an Moskau orientierte Kommunismus, die von ihm zum großen Teil initiierten und kontrollierten Volksfrontparteien und die an Peking orientierten kommunistischen Parteien der sogenannten »Neuen Linken«.

Nach den schweren Verfolgungen durch die Nationalsozialisten hatte die Kommunistische Partei Deutschlands (KPD)[123] 1945 im Gebiet der drei Westzonen noch etwa 75 000 Mitglieder, die Hälfte ihres Bestandes von 1933. Die in Ost-Berlin ansässige Parteiführung schickte schon im Juni 1945 Max Reimann ins Ruhrgebiet und Friedrich Dettmann nach Hamburg, um vorrangig dort die Partei wieder aufzubauen, wo die KPD bis zum Ende der Weimarer Republik ihre Schwerpunkte hatte. Im April 1948 wählte eine Delegiertenkonferenz der inzwischen gebildeten elf Landesverbände Reimann zum Vorsitzenden der gemeinsamen Leitung für alle drei Besat-

---

123 Zur KPD siehe vor allem: Hans Kluth, Die KPD in der Bundesrepublik. Ihre politische Tätigkeit und Organisation 1945–1956, Köln-Opladen 1959; Werner Müller, Die KPD und die »Einheit der Arbeiterklasse«. Die Bemühungen der KPD und SED um die Bildung einer »sozialistischen Einheitspartei« in den Westzonen Deutschlands 1945–1948, Frankfurt 1979; zur Vorgeschichte: Siegfried Bahne, Die Kommunistische Partei Deutschlands, in: Das Ende der Parteien 1933, hrsg. von Erich Matthias und Rudolf Morsey, Düsseldorf 1960; Ossip K. Flechtheim, Die KPD in der Weimarer Republik, Offenbach 1948.

zungszonen[124]. Die Politik der KPD war bis 1948 darauf gerichtet, mit den Sozialdemokraten eine Einheitsfront zu bilden und die Entwicklung der Westzonen zu einem separaten Staat zu verhindern. Zwar fielen in diese ersten Jahre die besten Wahlergebnisse der Partei, die in neun Ländern mit Stimmenanteilen zwischen 14,0 Prozent (Nordrhein-Westfalen) und 5,6 Prozent (Niedersachsen) in die Landesparlamente einzog und zumindest kurzfristig an den meisten Landesregierungen beteiligt war. Das Bündniskonzept der KPD blieb jedoch ebenso erfolglos wie ihre Politik.

Die Jahre seit 1948 standen zunehmend im Zeichen des Kalten Krieges; die Verhärtung der Ost-West-Fronten führte dazu, daß die Kommunisten aus dem Spektrum der legitimen demokratischen Kräfte ausgegrenzt wurden. Die KPD gewann 1949 mit 5,7 Prozent noch 15 Bundestagsmandate, befand sich aber zu diesem Zeitpunkt bereits in einer politischen Isolation, was ihre parlamentarische wie auch außerparlamentarische Arbeit behinderte. Aufrufe zum »revolutionären Sturz« der Adenauer-Regierung dokumentierten Isolation und Radikalisierung gleichermaßen. Die zunehmende Isolierung machte sich auch in der Mitgliederentwicklung bemerkbar: Im Herbst 1947 meldete die KPD einen Höchststand von 324 000, im Januar 1951 – also noch vor dem Verbotsantrag der Bundesregierung vom November 1951 – waren es nur noch gut 148 000, von denen zum Zeitpunkt des Verbots durch das Bundesverfassungsgericht im Sommer 1956 noch 78 000 übrigblieben[125]. Einer der Gründe dieses Niedergangs: »Die Partei – voran ihr Apparat – begriff sich als Vorposten des sozialistischen Lagers und speziell der DDR. Ihr die Treue zu halten, wurde zum entscheidenden Moment der identitätsstiftenden Weltanschauung.«[126]

Politisch war die KPD bereits gescheitert[127], als das Bundesverfassungsgericht nach langem Zögern und nach zahlreichen Strafprozessen gegen KPD-Funktionäre am 17. August 1956 das Verbot aussprach. In der Begründung hieß es, daß schon die allgemeine Zielsetzung, über die »proletarische Revolution und die Diktatur des Proletariats« zu einer »sozialistisch-kommunistischen Gesellschaftsordnung« zu gelangen, gegen die freiheitlich-demokratische Grundordnung verstoße. Denn die Diktatur des Proletariats schließe die Gewaltenteilung, das Mehrparteiensystem, das Prinzip der Gleichheit, die Pressefreiheit und weitere demokratische Grundrechte aus[128]. Für die KPD begann die Zeit der Illegalität, in der führende Funktionäre von der DDR aus tätig waren, in der ihre Mitglieder teilweise aber auch in anderen Organisationen legal zu arbeiten versuchten.

In ihrer Opposition gegen die Einbindung der Bundesrepublik in den Westen und gegen die »Remilitarisierung« hatte die KPD nicht alleine gestanden. So war im Mai

124 Dazu Dietrich Staritz, Die Kommunistische Partei Deutschlands, in: R. Stöss (Anm. 7), S. 1672: »Dieses Gremium fungierte formal und real als Exekutivausschuß des Parteivorstands der gesamtdeutsch konzipierten SED, mit der die KPD seit 1947 in der ›Sozialistischen Arbeitsgemeinschaft‹ verbunden war.«

125 Vgl. D. Staritz (Anm. 124), S. 1784.

126 Ebd., S. 1674.

127 Bei der Bundestagswahl 1953 hatte sie mehr als die Hälfte ihrer Wähler verloren und nur noch 2,2 Prozent erreicht; nur in Niedersachsen und Bremen war sie 1956 noch in den Landesparlamenten vertreten.

128 Vgl. G. Pfeiffer/H. G. Strickert (Hrsg.), KPD-Prozeß. Dokumentenwerk, Bd. 3, Karlsruhe 1956, S. 641 ff.

1953 der »Bund der Deutschen für Einheit, Frieden und Freiheit« (BdD)[129] gegründet worden; Vorsitzender war der ehemalige Reichskanzler und Zentrumspolitiker Joseph Wirth, der sich schon mit seiner im Juni 1952 gegründeten »Deutschen Sammlung für Einheit, Frieden und Freiheit« für eine Zusammenarbeit auch mit den Kommunisten eingesetzt hatte, um alle Möglichkeiten zur Wahrung der deutschen Einheit auszuschöpfen. Für dieses Ziel trat Wirth zum Beispiel auch in einer Rede vor der DDR-Volkskammer ein. Seine intensiven Ostkontakte trugen dazu bei, daß der BdD in den Ruf einer kommunistischen Tarnorganisation und infolgedessen in die politische Isolation geriet. Zur Bundestagswahl 1953 fand der Bund der Deutschen in der Gesamtdeutschen Volkspartei (GVP)[130] einen Bündnispartner, dem er in einem Wahlabkommen allerdings erhebliche Zugeständnisse machen mußte. So konnten nur knapp ein Drittel BdD-Kandidaten und vor allem keine bekannten Kommunisten auf den Listen der GVP Berücksichtigung finden. Die Partei trat zwar bundesweit an, erreichte aber nur gut 318 000 Stimmen oder 1,2 Prozent.

Die GVP war im November 1952 in Frankfurt als neutralistische Partei gegen Westintegration und Wiederaufrüstung gegründet worden. Zu den Initiatoren gehörten die frühere Vorsitzende und Bundestagsabgeordnete des Zentrums, Helene Wessel, und der ehemalige CDU-Bundesinnenminister Gustav Heinemann, der im Oktober 1950 aus Protest das Kabinett Adenauer verlassen hatte; Adenauer hatte Heinemann als zuständigen Minister erst im nachhinein von seinem Angebot an die Alliierten unterrichtet, sich dem westlichen Militärbündnis mit deutschen Soldaten anzuschließen. Heinemann und mit ihm die GVP setzten sich dagegen für ein neutrales, von Ost und West gleichermaßen unabhängiges, geeintes Deutschland ein. Da dies im wesentlichen der damaligen sowjetischen Deutschlandpolitik und den Forderungen der KPD entsprach, hatte auch die GVP gegen den Vorwurf kommunistischer Tendenzen zu kämpfen – ein Vorwurf, der durch das Abkommen mit dem nach Osten weitaus offeneren BdD Nahrung erhielt. Nach dem Scheitern dieses Wahlbündnisses trat die GVP nur noch einmal 1956 in Baden-Württemberg an, wo die Partei mit 1,5 Prozent scheiterte. Schon seit 1954 hatte Heinemann eine Zusammenarbeit mit der SPD angestrebt, die in Teilbereichen wie in der Paulskirchen-Bewegung von 1955 auch zustande kam. Zwar waren sich beide Parteien vor allem in außenpolitischen Fragen nahe, aber die SPD erklärte sich nicht bereit, der GVP durch Wahlabsprachen zu einer eigenen parlamentarischen Existenz zu verhelfen. So beschloß die Gesamtdeutsche Volkspartei auf ihrem 3. Parteitag im Mai 1957 in Essen die Selbstauflösung und empfahl ihren Mitgliedern den Übertritt zur SPD. Gustav Heinemann und Helene Wessel waren zuvor für die Bundestagswahl 1957 von den Sozialdemokraten sichere Listenplätze eingeräumt worden. Im Bereich des linken Neutralismus trat damit 1957 nur noch der Bund der Deutschen an: für die Anerkennung der DDR, für gesamtdeutsche freie Wahlen, für die Bildung einer gemeinsamen Regierung. Trotz des KPD-Verbots – durch das die Partei neue Mitglieder gewann – reichte es nur noch zu knapp 59 000 Stimmen oder 0,2 Prozent; und auch in den neun

129 Siehe dazu: Reiner Dohse, Der Dritte Weg. Neutralitätsbestrebungen in Westdeutschland zwischen 1945 und 1955, Hamburg 1974, S. 136ff.

130 Zur GVP siehe: Barbara Jobke, Aufstieg und Verfall einer wertorientierten Bewegung. Dargestellt am Beispiel der Gesamtdeutschen Volkspartei, unv. Dissertation an der Universität Tübingen, 1974; Siegfried Heimann, Die Gesamtdeutsche Volkspartei, in: R. Stöss (Anm. 7), S. 1478ff.

Bundesländern, in denen sich der BdD zwischen 1954 und 1960 zur Wahl stellte, gelang es ihm nur einmal – 1955 mit 1,1 Prozent in Bremen – aus dem Null-Komma-Bereich herauszukommen. Danach nahm der BdD zugunsten einer auch durch Doppelmitgliedschaft erleichterten Zusammenarbeit mit der 1960 gegründeten Deutschen Friedens-Union (DFU)[131] von Wahlen unter eigenem Namen Abstand.

Daß sich gerade zu diesem Zeitpunkt eine neue linke Sammlung formierte, hatte mehrere Ursachen: Zum einen hatten die Sozialdemokraten ihre Opposition gegen die Außenpolitik Adenauers aufgegeben, zum anderen standen 1961 Bundestagswahlen an; außerdem waren SED und KPD in Ost-Berlin an der Formierung eines breiten Wahlbündnisses links von der SPD interessiert und unterstützten es aktiv. So fanden sich in der DFU, die am 17. Dezember 1960 in Stuttgart aus der Taufe gehoben wurde, unter dem zentralen Programmpunkt der Friedenssicherung Partner aus unterschiedlichen Lagern zusammen: Sozialdemokraten, die vom außenpolitischen Kurswechsel ihrer Partei enttäuscht waren, Kommunisten, die nach dem KPD-Verbot Möglichkeiten legaler politischer Arbeit suchten[132], und Christen, vor allem vom linken Flügel der Bruderschaften der evangelischen Kirche. Unter den an der Gründung beteiligten Organisationen sind in erster Linie der BdD zu nennen, die Vereinigung Unabhängiger Sozialisten (VUS), in der sich im November 1960 abweichende Sozialdemokraten zusammengeschlossen hatten, die Deutsche Demokratische Union (DDU)[133] des Saarlands, Wählerunionen wie die Vereinigung für Frieden und soziale Sicherheit (VFS) in Baden-Württemberg, die Bremer Wählervereinigung gegen atomare Rüstung (WgaR), die Demokratische Wählerunion in Nordrhein-Westfalen und der Zentralausschuß der Landbevölkerung gegen den Atomtod. Versuche, das Bündnis auf national-neutralistische Kreise auszudehnen, scheiterten vor allem an der Frage der Zusammenarbeit mit Kommunisten. Im Gründungsaufruf hatte es dazu geheißen: »Wir wollen keinen Kommunismus. Aber die Entscheidung, vor der wir heute stehen, heißt nicht: Kommunismus oder freie Welt, sondern: friedlicher Wettbewerb oder Untergang.«[134] An der zentralen Zielsetzung – Rüstungsstopp in der Bundesrepublik, allgemeine Abrüstung, militärische Neutralisierung Deutschlands und Schaffung einer kernwaffenfreien Zone in Mitteleuropa – sollten daher auch Kommunisten mitarbeiten können. Das Bundesamt für Verfassungsschutz machte im Mai 1961 unter 402 Funktionsträgern der DFU 53 ehemalige KPD-Mitglieder und 199 Angehörige »kommunistischer Tarnorganisationen« aus, aber auch eine relativ hohe Zahl von 118 Personen ohne bisherige politische Bin-

---

131 Zur DFU vgl. Rolf Schönfeldt, Die Deutsche Friedens-Union, in: R. Stöss (Anm. 7), S. 848 ff.; M. Rowold (Anm. 12), S. 136 ff.

132 Dazu R. Schönfeldt (Anm. 131), S. 854: »Neben der direkten Mitgliedschaft gab es Kandidaturen von Kommunisten auf Listen der DFU, und es gab die Mitarbeit von Kommunisten, die im BdD organisiert waren, über die Beiräte der Partei.«

133 Die DDU war 1955 aus der Ortsgruppe Lebach der »Deutschen Sammlung«, des Vorläufers des BdD, hervorgegangen und hatte sich im Juli 1957 als Landesverband Saar des BdD konstituiert, ohne sich jedoch formal aufzulösen. Im Frühjahr 1960 war die Partei als DDU wiederbelebt worden; im Dezember 1960 gewann sie mit 5,0 Prozent bei den Landtagswahlen zwei Mandate, nachdem sie 1955 bei ihrer ersten Kandidatur nur 0,9 Prozent erreicht hatte. De facto bildete die DDU seit 1961 den Landesverband Saar der DFU; sie trat 1965 bei der Landtagswahl aber noch einmal als DDU an und erreichte 3,1 Prozent (vgl. R. Schönfeldt [Anm. 131], S. 867 f.).

134 Siehe M. Rowold (Anm. 12), S. 138.

dung[135]. Im Jargon der SPD, die vor der Bundestagswahl 1961 vergeblich ein Verbot der linken Konkurrenz als Nachfolgeorganisation der KPD gefordert hatte, bedeutete DFU aufgrund des kommunistischen Einflusses »Die Freunde Ulbrichts«.

In den Wahlkampf fiel am 13. August 1961 mit dem Mauerbau in Berlin ein Ereignis, das die Chancen der DFU sicher nicht verbesserte. Mit knapp 610000 Stimmen oder 1,9 Prozent blieb die Sammlungspartei der linken Neutralisten ohne Mandat; nur in Hamburg, Bremen und im Saarland lagen die Ergebnisse mit 3,6, 3,0 und 3,2 Prozent deutlich über dem Durchschnitt. Es zeigte sich, daß die soziodemographisch stark von intellektuellen Berufen geprägte Partei[136] im wesentlichen nur im »städtisch-industriellen Milieu«[137] eine gewisse Resonanz fand.

Die DFU bestritt nie die Mitarbeit von Kommunisten; über das Ausmaß ihres Einflusses kam es jedoch zu internen Auseinandersetzungen, die bereits vor der Wahl von 1961 dazu führten, daß einige Kandidaten die Partei mit der Begründung verließen, sie werde von der SED gesteuert und arbeite auf ein kommunistisches Deutschland hin. Der niedersächsische Landesverband scheiterte 1963 mit dem Versuch, das Programm der DFU mehr auf die Bedürfnisse des konservativen Mittelstandes zuzuschneiden und den Einfluß der Kommunisten und des BdD in der Partei zurückzudrängen. Diese Gruppe um den Landesvorsitzenden Gerhard Bednarski wurde schließlich aus der Partei ausgeschlossen. Mit Erfolg legten sich bürgerliche Kräfte in der DFU aber vor der Bundestagswahl 1965 mit den Kommunisten in den eigenen Reihen an; diese wurden zunehmend in den Hintergrund gedrängt, so daß dem sechzigköpfigen Bundesvorstand von 1965 nur noch drei ehemalige KPD-Mitglieder angehörten. Die Gemäßigten setzten sich ebenfalls in der Frage einer selbständigen Kandidatur bei der Bundestagswahl durch und nannten den KPD-Chef Reimann einen »ungebetenen Wahlhelfer«, nachdem dieser im Juni 1965 in Ost-Berlin zur Stimmabgabe für die DFU aufgerufen hatte. Vorausgegangen waren allerdings Versuche von SED und KPD, die DFU zugunsten der SPD zum Kandidaturverzicht zu bewegen, da es vor allem darum gehe, CDU/CSU zu schlagen. Wie zwiespältig Ost-Berlin taktierte, zeigte sich auch daran, daß SED-Chef Walter Ulbricht sechs Wochen vor der Wahl zur Unterstützung der Sozialdemokraten aufrief – obwohl auf den DFU-Listen ein Viertel der Kandidaten ehemalige KPD- oder FDJ-Funktionäre waren, unter ihnen auch Kurt Bachmann, der bis zum Verbot der KPD der Sekretär des Vorsitzenden Reimann war und später, 1969 bis 1973, Chef der DKP[138].

Nachdem die DFU 1965 mit nur 1,3 Prozent erneut enttäuscht hatte, rückte die KPD-Führung in Ost-Berlin vom Volksfrontkonzept ab und stellte die Aktionseinheit mit den Sozialdemokraten in den Mittelpunkt ihrer Bündnispolitik. Ihre Anhänger in der DFU wies sie daher an, auf einen Kandidaturverzicht hinzuwirken, was bei den Landtagswahlen 1966 in Hamburg, Nordrhein-Westfalen, Hessen und Bayern auch tatsächlich beachtet wurde: Die DFU verzichtete und rief zur Wahl der SPD auf. Die Bildung der Großen Koalition in Bonn im Herbst 1966 führte das neue Bündniskonzept jedoch ad absurdum. Hatte kurz zuvor noch der Rückzug der Kommunisten aus

135 Vgl. ebd., S. 137.
136 Vgl. ebd., S. 139f.
137 R. Schönfeldt (Anm. 131), S. 860.
138 Dazu M. Rowold (Anm. 12), S. 154, 141.

der DFU zur Debatte gestanden, so arbeiteten nun verstärkt Mitglieder der illegalen KPD daran, bis zur Bundestagswahl 1969 eine neue linke Sammlungsbewegung zu formieren. Es war nur folgerichtig, daß unter den neuen Gegebenheiten die DFU bei den Wahlen des Jahres 1967 in Bremen, Niedersachsen, Rheinland-Pfalz und Schleswig-Holstein wieder Flagge zeigte, wobei die Partei in Bremen mit 4,2 Prozent ihr bestes Ergebnis überhaupt erreichte. Doch Wahlen standen immer weniger im Zentrum der DFU-Aktivitäten, die sich mehr und mehr auf den außerparlamentarischen Bereich erstreckten, so etwa mit der »Kampagne für Abrüstung«, der Ostermarschbewegung oder den Protesten gegen die Notstandsgesetze. Daneben wurden Pläne verfolgt, ein neues Linksbündnis als wahl- und parteipolitisches Sammelbecken der heterogenen Außerparlamentarischen Opposition (APO) zu bilden. Im Vorgriff auf dieses Ziel beteiligte sich die DFU an einem Bündnis mit der Demokratischen Linken (DL) in Baden-Württemberg, die dort bei der Landtagswahl 1968 2,3 Prozent erreichte.

Die Zusammenarbeit mit der im November 1967 gegründeten DL, die in ihrem Programm deutlicher als die DFU auch wirtschafts- und sozialpolitische Forderungen stellte und deren Wahlkandidaten fast zur Hälfte KPD-Mitglieder waren[139], kam ebenfalls nur gegen große innerparteiliche Widerstände zustande. Auch die Reaktionen auf den Einmarsch der Warschauer-Pakt-Truppen im August 1968 in die ČSSR waren durchaus nicht KP-konform. Dennoch war offenkundig, daß sich die Entwicklung der DFU vor dem Hintergrund der in Ost-Berlin konzipierten kommunistischen Bündnispolitik vollzog. Das zeigt sich auch insofern, als die DFU in späteren Wahlen der 1968 gegründeten Deutschen Kommunistischen Partei (DKP) das Feld überließ, nachdem sie sich gemeinsam mit ihr und anderen Gruppierungen für die Bundestagswahl 1969 zur Aktion Demokratischer Fortschritt (ADF) zusammengeschlossen hatte. Dieses Wahlbündnis erreichte nur noch knapp 200000 Stimmen oder 0,6 Prozent, weniger als die Hälfte der DFU-Wähler von 1965. Die Deutsche Friedens-Union konzentrierte sich fortan auf die außerparlamentarische politische Arbeit und ist – nach einigen nur noch formalen Kandidaturen in den siebziger Jahren zur Wahrung des Parteienstatus – heute nicht mehr als Partei registriert. Das Bundesinnenministerium mißt der DFU »eine herausragende Rolle in der ›Volksfront‹-Politik der DKP«[140] zu. In enger Abstimmung mit der DKP und unter Mitarbeit zahlreicher Kommunisten werbe die seit Jahren nur etwa 1000 Mitglieder[141] zählende »Funktionärsorganisation« in bürgerlichen, christlichen Kreisen für kommunistische Nahziele und die Politik der Sowjetunion, bekämpfe den Antikommunismus, organisiere den sogenannten Friedenskampf und koordiniere Aktionen gegen die Fernhaltung moskauorientierter Kommunisten vom öffentlichen Dienst[142].

Unter den Bedingungen der Illegalität und der Strafverfolgung hatte die von Ost-Berlin aus geführte KPD unter Max Reimann seit 1956 in der Bundesrepublik ständig

139 Vgl. Siegfried Heimann, Die Deutsche Kommunistische Partei, in: R. Stöss (Anm. 7), S. 946.

140 Verfassungsschutzbericht 1987 (Anm. 35), S. 31.

141 Die DFU selbst nannte 1985 etwa 13000 Mitglieder; widersprüchlich waren auch frühere Angaben: So soll die Partei 1963 etwa 10000 – 12000 Mitglieder gehabt haben, 1972 dann nur noch 3000; die DFU selbst nannte 1977 noch eine Zahl von mehr als 10000 (vgl. Verfassungsschutzbericht 1985 [Anm. 55], S. 50 und R. Schönfeldt [Anm. 131], S. 871).

142 Siehe Verfassungsschutzbericht 1986, S. 59f.

an Mitgliedern verloren; im Jahre 1967 hatte sie noch etwa 7000, weniger als zehn Prozent des Bestandes zum Zeitpunkt des Verbots. Doch diese Rest-Kader, die durch Kuriere mit der Parteizentrale in Verbindung standen, wurden 1968 zum organisatorischen Kern einer neuen, legalen kommunistischen Partei. Jahrelang hatten sich die Bemühungen auf eine Wiederzulassung der verbotenen KPD konzentriert, was aber auf entschiedenen Widerstand stieß, weil eine Wiederzulassung das Urteil des Bundesverfassungsgerichts sozusagen widerrufen und ein verfassungsrechtliches Problem geschaffen hätte. Die KPD verstärkte jedoch ihre Bemühungen, als mit der Bildung der Großen Koalition unter Außenminister Willy Brandt und dessen neuer Ostpolitik das Parteiverbot nicht mehr in die politische Landschaft zu passen schien. Beide Koalitionspartner sprachen sich gegen eine Wiederzulassung aus, von sozialdemokratischer Seite wurde allerdings darauf aufmerksam gemacht, daß man ja statt dessen eine neue Partei gründen könne. Zunächst wurde dieser Ausweg, den im Oktober 1967 auch die Innenminister-Konferenz der Länder signalisierte[143], abgelehnt; im März 1967 trat sogar ein »Initiativausschuß für die Wiederzulassung der KPD« in Erscheinung. Dieser bemühte sich jedoch vergeblich, wie eine Unterredung zwischen KPD-Funktionären und SPD-Justizminister Heinemann im Juli 1968 deutlich machte. Danach griff die KPD den Gedanken einer Neugründung auf, offenbar weil sie in der Illegalität zu einer kaum noch wahrnehmbaren Organisation geworden war, die unter diesen Bedingungen nur geringen Einfluß auf das große außerparlamentarische Oppositionspotential nehmen konnte.

Am 25. September 1968 konstituierte sich in Frankfurt die Deutsche Kommunistische Partei (DKP)[144], die auf ihrem 1. Parteitag im April 1969 in Essen Kurt Bachmann zum Vorsitzenden wählte, der zu diesem Zeitpunkt die Zahl der Mitglieder bereits mit 22000 angab; das war mehr als das Dreifache des alten KPD-Kerns. Dieser war jedoch maßgeblich beim organisatorischen Aufbau der DKP. So gehörten Ende 1968 etwa 80 Prozent der Mitglieder der DKP-Landesausschüsse der KPD an, und zwar 70 Prozent schon vor deren Verbot[145]. Ein markanter Ausdruck des Übergangs von KPD zu DKP war 1971 der Beitritt des früheren KPD-Chefs Max Reimann, den der Düsseldorfer Parteitag dann zum Ehrenpräsidenten der DKP wählte. Bis in die achtziger Jahre konnte die Partei, wenngleich nicht so rapide wie in der Anfangsphase, ihre Mitgliederzahl – nach eigenen Angaben – auf rund 58000 steigern; nach Erkenntnissen des Verfassungsschutzes waren es dagegen nur gut 40000[146]. Die »Erklärung zur Neukonstituierung einer Kommunistischen Partei« vom

---

143 Vgl. S. Heimann (Anm. 139), S. 905.

144 Zur DKP vgl. Rolf Ebbinghausen/Peter Kirchhoff, Die DKP im Parteiensystem der Bundesrepublik, in: Jürgen Dittberner/Rolf Ebbinghausen, Parteiensystem in der Legitimationskrise. Studien und Materialien zur Soziologie der Parteien in der Bundesrepublik Deutschland, Opladen 1973, S. 427ff.; Helmut Bilstein u. a., Organisierter Kommunismus in der Bundesrepublik Deutschland, Opladen 1977; Helmut Bärwald, Deutsche Kommunistische Partei. Die kommunistische Bündnispolitik in Deutschland, Köln 1970; S. Heimann (Anm. 139), S. 901ff.; M. Rowold (Anm. 12), S. 164ff.

145 Vgl. M. Rowold (Anm. 12), S. 168.

146 Vgl. S. Heimann (Anm. 139), S. 973 und Verfassungsschutzbericht 1986, S. 43; vor dem 9. Parteitag im Januar 1989 in Frankfurt räumte der DKP-Vorsitzende Mies ein, daß die Zahl der Mitglieder gegenüber dem Zeitpunkt des Hamburger Parteitags im Frühjahr 1986 von 57802 auf 47513 gesunken sei (vgl. FAZ vom 6. Januar 1989).

September 1968 und die »Grundsatzerklärung« des 1. Parteitags 1969 vermieden, wie auch spätere Programme, Begriffe wie »Diktatur des Proletariats«, die eine erneute Verbotsdrohung provoziert hätten. Statt dessen hieß es etwa in den »Thesen« des Düsseldorfer Parteitags von 1971 unter dem Titel »DKP kontra Großkapital. Für Frieden, demokratischen Fortschritt und Sozialismus«, die DKP strebe »auf der Basis der im Grundgesetz verkündeten demokratischen Prinzipien und Rechte« eine »demokratische Erneuerung von Staat und Gesellschaft« an.

Der erste Versuch dazu war die Beteiligung an der Aktion Demokratischer Fortschritt (ADF)[147]. Dieses Wahlbündnis war nicht mehr das ursprünglich vom Sozialistischen Zentrum und vom Gießener Kreis angestrebte breite Bündnis aller Linkskräfte, weil mehrere Gruppen, vor allem die Mehrheit des Sozialistischen Deutschen Studentenbundes (SDS), sich zurückzogen, nachdem die Warschauer-Pakt-Truppen am 21. August 1968 in die ČSSR einmarschiert waren. DFU, BdD und vor allem die DKP waren die organisatorisch stärksten Partner des »Aktions- und Wahlbündnisses«, das sich schließlich am 7. Dezember 1968 in Frankfurt als ADF konstituierte. Obwohl die DKP in den Gremien dominierte, hielt sie sich von den führenden Plätzen auf den Landeslisten zugunsten ihrer Partner fern. In ihrem Programm wandte sich die ADF zwar gegen die »Macht des Großkapitals« und forderte die Überführung der Schlüsselindustrien, Großbanken und Versicherungen in Gemeineigentum, vermied aber den Begriff sozialistisch ebenso wie jeden Hinweis auf die führende Rolle der Arbeiterklasse. Die ADF warb für die Anerkennung der DDR und für ein europäisches Sicherheitssystem und wandte sich gegen Notstandsgesetze und das Auftreten der NPD. Die soziale Zusammensetzung der Kandidatenlisten entsprach im wesentlichen der Selbstdarstellung der ADF als »Bündnis zwischen Arbeiterschaft, Intelligenz und Mittelschichten«; was die politische Provenienz der Kandidaten betrifft, so waren rund drei Viertel Kommunisten oder Funktionäre kommunistischer Hilfsorganisationen[148]. Zwei Ergebnisse der Wahl wertete die ADF als politischen Erfolg: das Scheitern der NPD an der Sperrklausel und die Bildung der sozial-liberalen Koalition. Das eigene Wahlergebnis von 0,6 Prozent aber war enttäuschend.

Die DKP, in der nun Kritik laut wurde, daß man in dem Wahlbündnis nicht offen als Arbeiterpartei auftreten konnte, zog sich aus der ADF zurück, die sich nach einigen Monaten auflöste. Fortan wollte die DKP mit einem deutlicheren programmatischen Profil unter eigener Flagge kandidieren. Doch schon die Landtagswahlen des Jahres 1970 dämpften die Hoffnungen auf echte Wahlchancen: In den einstigen KP-Hochburgen Nordrhein-Westfalen, Hamburg und Saarland reichte es nur noch zu 0,9, 1,7 und 2,7 Prozent. Ingesamt gelang es der DKP, die 1971 in Bremen mit 3,1 Prozent ihr bestes Ergebnis erreichte, nur sechsmal, die Ein-Prozent-Marke zu überschreiten; nach 1975 blieb sie, wahrscheinlich auch wegen der aufkommenden Konkurrenz der GRÜNEN, weit unter dieser Marke. Seit Mitte der achtziger Jahre bemühte sich die DKP wieder um breiter angelegte Wahlbündnisse. Die Tendenz in den Ländern entspricht der bei den Bundestagswahlen: 1972 verlor die DKP im Vergleich zur ADF deutlich und erreichte ebenso wie 1976 nur noch 0,3 Prozent, 1980 waren es noch 0,2 Prozent, ebenso wie 1983, als die DKP nur noch knapp 65 000 Stim-

147 Zur ADF vgl. S. Heimann (Anm. 139), S. 947ff.; M. Rowold (Anm. 12), S. 178ff.
148 Dazu näher: M. Rowold (Anm. 12), S. 182.

men gewinnen konnte. Zur Bundestagswahl 1987 trat die Partei nicht mehr selbst an, sondern kandidierte mit »mindestens 40 Prozent« der Bewerber für die von ihr beherrschte Friedensliste[149]; dieses Wahlbündnis stellte jedoch nur Direktkandidaten auf, die immerhin fast 189 000 Erststimmen oder 0,5 Prozent erreichten, und empfahl ansonsten, mit der Zweitstimme SPD oder GRÜNE zu wählen. Schon früh hatte sich also gezeigt, daß die DKP außerstande war, die Arbeiterschaft, die unter ihren Mitgliedern deutlich dominierte[150], in Wahlen für sich zu gewinnen.

Die DKP ging daher mit Vorrang an den Ausbau ihrer Betriebsgruppen, die neben Wohngebiets- und Hochschulgruppen ihr organisatorisches Fundament bilden. Drei Wochen nach der Konstituierung meldete die Partei, daß 220 Wohngebiets-Ausschüsse (Orts- und Stadtteil-Ausschüsse) sowie 40 Betriebsausschüsse die Arbeit aufgenommen hätten; 1971 waren es nach eigenen Angaben bereits 871 Wohngebiets-, 408 Betriebs- und 23 Hochschulgruppen[151]. Trotz eines Rückgangs der Mitglieder auf etwa 38 000 verzeichnete das Bundesinnenministerium 1987 etwa 1 000 Wohngebiets-, 450 Betriebs- und 100 Hochschulgruppen, denen nahezu 200 Kreis- und 12 Bezirksorganisationen übergeordnet sind[152]. Die Arbeit in Betrieben und Gewerkschaften stand im Mittelpunkt der Bemühungen, mit Sozialdemokraten das Bündniskonzept der »Aktionseinheit der Arbeiterklasse« zu verwirklichen; doch diese Bemühungen scheiterten immer wieder, weil – abgesehen von inhaltlichen Differenzen – die SPD politisch Distanz hielt gegenüber einer Partei, deren politisches Gewicht zu gering ist, als daß sie ein attraktiver Bündnispartner sein könnte.

Der Mannheimer Parteitag verabschiedete im Oktober 1978 das nach wie vor gültige »Programm der Deutschen Kommunistischen Partei«, in dem aufbauend auf der Lehre von Marx, Engels und Lenin »unsere Epoche« als die des »Übergangs vom Kapitalismus zum Sozialismus im Weltmaßstab« gedeutet wird. Die DKP legt darin ein Bekenntnis zu den demokratischen Prinzipien des Grundgesetzes ab, betont aber auch, daß sie als »revolutionäre Arbeiterpartei« eine »grundlegende Umgestaltung der gesellschaftlichen Verhältnisse«, das heißt den Sozialismus als »erste Phase der kommunistischen Gesellschaftsformation« anstrebe. Im Kampf gegen die »Macht der Monopole« ist es das Ziel der DKP, eine »Wende zu demokratischem und sozialem Fortschritt« zu erreichen. Diese Wende festige die »Aktionseinheit der Arbeiterklasse«, lasse »breite demokratische Bündnisse« entstehen und schaffe »reale Voraussetzungen« dafür, »daß das arbeitende Volk die Kraft und die Entschlossenheit findet, tiefgreifende antimonopolistische Umgestaltungen zu erkämpfen und sich im Klassenkampf schließlich den Weg zum Sozialismus zu öffnen«. Dabei sieht die DKP nach wie vor »die Haltung zur Sowjetunion als entscheidenden Prüfstein für jeden Kommunisten an, für seine Treue zur Sache der revolutionären Arbeiterbewegung«. Über diesen Eckpfeiler im Selbstverständnis der Partei kam es zuweilen zu Auseinandersetzungen, so im Mai 1973, als der größte Teil der Ortsgruppe im hessischen Butzbach die DKP verließ und den Bund Deutscher Kommunisten (BDK) gründete,

---

149 Siehe dazu die Verfassungsschutzberichte 1987, S. 32f., 1985, S. 54 und 1986, S. 62ff.; bei der Landtagswahl 1985 hatte die Friedensliste 0,7 Prozent erreicht, fast 62 000 Stimmen.
150 Vgl. S. Heimann (Anm. 139), S. 973.
151 Vgl. ebd., S. 962, 964.
152 Vgl. Verfassungsschutzbericht 1987, S. 25.

der sich erfolglos an den folgenden Landtags- und Kommunalwahlen beteiligte und 1978 seine Existenz aufgab[153].

Neben der Sowjetunion hatte für die DKP vor allem die DDR Vorbild-Charakter. Dazu heißt es im Mannheimer Programm, beständig pflege die DKP »vor allem ihre Verbundenheit mit der Sozialistischen Einheitspartei Deutschlands, die sich auf die gemeinsame Geschichte und Tradition gründet. Unter Führung der SED gestalten die Arbeiter und Bauern, das ganze Volk der DDR die entwickelte sozialistische Gesellschaft und stärken auf deutschem Boden den realen Sozialismus, die grundlegende Alternative zur kapitalistischen Ausbeuterordnung.« Die Verbundenheit mit SED und KPdSU äußerte sich auch in einer engen Zusammenarbeit. So wurden an der »SED-Parteischule Franz Mehring« in Ost-Berlin und am »Institut für Gesellschaftswissenschaften« in Moskau DKP-Funktionäre geschult. Funktionsträger der formell selbständigen DKP-Nebenorganisationen Sozialistische Deutsche Arbeiterjugend (SDAJ), Marxistischer Studentinnen- und Studentenbund Spartakus (MSB) und Junge Pioniere fuhren zu Lehrgängen an der »Jugendhochschule Wilhelm Pieck« in der DDR oder an der »Hochschule des Leninschen Komsomol« in Moskau. Nicht nur diese Dienstleistungen sowie Kuraufenthalte für DKP-Funktionäre wurden von der DDR getragen, von dort kamen nach Erkenntnissen des Verfassungsschutzes zum Beispiel 1987 auch 65 Millionen DM Finanzhilfe[154] für die aufwendige Parteiarbeit und Parteipresse[155]. Daß die DKP nicht in Berlin auftritt und dort ihrer Schwesterpartei, der Sozialistischen Einheitspartei Westberlins (SEW), das Feld überläßt – die bei Wahlen zum Abgeordnetenhaus ähnlich erfolglos auftrat –, hat vor allem den Grund, daß die DKP West-Berlin nicht als Teil der Bundesrepublik betrachtet.

Bei Wahlen gescheitert, ebenso in ihrer Bündnispolitik, stand die DKP vor ihrem 9. Parteitag im Januar 1989 vor einer schweren Belastungsprobe, die durch die Politik der Umgestaltung des sowjetischen Parteichefs Michail Gorbatschow ausgelöst worden war. Dessen Perestrojka und Glasnost ermutigten innerparteiliche Kritiker, so daß der in Düsseldorf ansässige Parteivorstand unter dem seit 1973 amtierenden Vorsitzenden Herbert Mies die Existenz von »zwei Linien« zugeben mußte[156]. Diese zwei Linien kamen deutlich zum Ausdruck, als eine Gruppe von zwanzig Vorstandsmitgliedern bei dem Versuch scheiterte, einen gemeinsamen Antrag für den Parteitag zum Thema »Lage und künftige Entwicklung der DKP« zu erarbeiten. Sechs Mitglieder der Arbeitsgruppe, unter ihnen die Vertreter von SDAJ und MSB, legten ein von der Mehrheit abweichendes Papier vor, in dem eine unzureichende Auseinandersetzung mit dem Stalinismus, ein zu starkes Gewicht des zentralen Apparates und damit ein System angeprangert wurden, das die Erkenntnis- und Handlungsfähigkeit der

153 Vgl. R. Stöss (Anm. 7), S. 253ff.

154 Vgl. Verfassungsschutzbericht 1987, S. 25.

155 Das DKP-Zentralorgan »Unsere Zeit« (UZ) erschien ab März 1969 zunächst als Wochenzeitung mit einer Auflage von 55000 Exemplaren, seit Oktober 1973 dann als Tageszeitung mit einer anfänglichen Auflage von 30000–40000, die inzwischen auf unter 24000 gesunken ist. Neben einem innerparteilichen Diskussions-Forum, den »DKP-Informationen«, gibt die Partei rund 320 Betriebs- und weitere 380 Kleinzeitungen in den Parteigliederungen mit Auflagen von mehreren hundert bis zu hundertausend Exemplaren heraus (vgl. S. Heimann [Anm. 139], S. 975ff. und die Verfassungsschutzberichte 1986, S. 47 und 1987, S. 26).

156 Vgl. FAZ vom 27. Oktober 1988.

Partei gefährde[157]. Die Kritiker hielten der DKP-Führung eine »Neigung zum Dogmatismus« vor, der ein »starres, autoritätsfixiertes Denken« begünstige; notwendig sei aber vielmehr ein »marxistischer Meinungspluralismus«[158]. Auf einer Tagung des Parteivorstands erklärte dazu Herbert Mies im September 1988, es zeichne sich »ein Bruch mit wesentlichen Grundsätzen des demokratischen Zentralismus« ab; es gehe darum, einem »Trend zu widerstehen, an dessen Ende keine erneuerte, sondern eine zerfallene DKP stehen würde«. Der Parteitag Anfang Januar 1989 in Frankfurt offenbarte die Zerrissenheit und vertagte die Entscheidung über zwei Grundsatzerklärungen auf 1990. Zum erstenmal kam es zu lebhaften kontroversen Debatten, und bei der Wahl des Vorsitzenden fand Herbert Mies nur noch bei knapp 72 Prozent der Delegierten Unterstützung. In seinem Rechenschaftsbericht räumte Mies ein, die DKP sei »in beispiellose innere Widersprüche geraten« und in ihrer »Handlungsfähigkeit und Einheit bedroht«[159]. Die Glaubwürdigkeitskrise der Parteiführungen von DKP und SEW verstärkte sich im Laufe des Jahres 1989, es kam zu Austritten. Seitdem die SED Ende 1989 die finanziellen Zuschüsse an beide Parteien auslaufen ließ, sehen diese einer ungewissen Zukunft entgegen. Glaubwürdigkeits- und Finanzprobleme werden den DKP-Apparat stark schmälern, die SEW befindet sich bereits in einem Auflösungsprozeß.

Die neue, zumindest in der Anfangsphase an Mao orientierte kommunistische Linke[160] hatte im wesentlichen zwei Ursprünge: zum einen die Studentenbewegung, zum anderen Fraktionen innerhalb der illegalen KPD. Zur letzteren gehörte die Gruppe »Marxisten-Leninisten der Wasserkante«, die im Sommer 1967 in Hamburg mit der Zeitung »Roter Morgen« an die Öffentlichkeit trat; ab November zeichnete das KPD-Mitglied Ernst Aust dafür verantwortlich, der bis 1966 das moskautreue KPD-Blatt »Blinkfüer« herausgegeben hatte. Der »Rote Morgen« dagegen prangerte die neue »Führungsclique« in Moskau an, die eine »reaktionäre Herrschaft« errichtet und einen »ungeheuerlichen Verrat« an den Völkern der Sowjetunion begangen habe. Die Fraktion um Aust rief zur Entlarvung des Revisionismus auf und warf der »sozialdemokratischen Herrschaftsclique« in Bonn und den »reaktionären Bonzen im DGB« Verrat vor.

Während kurz zuvor mit der DKP die moskautreuen Kommunisten wieder die legale politische Bühne betraten, wurde am 31. Dezember 1968, dem 50. Jahrestag der KPD-Gründung, in Hamburg die Kommunistische Partei Deutschlands/Marxisten-Leninisten (KPD/ML)[161] als »legitime Nachfolgerin der revolutionären Partei Karl Liebknechts, Rosa Luxemburgs und Ernst Thälmanns« aus der Taufe gehoben. Ideologische Streitigkeiten über die Rolle der Intellektuellen im revolutionären

157 Vgl. ebd.

158 Frankfurter Rundschau vom 12. September 1988.

159 Frankfurter Rundschau vom 7. Januar 1989 und 12. September 1988; vgl. auch FAZ vom 9. Januar 1989 und Die Welt vom 9. Januar 1989.

160 Siehe dazu allgemein: Friedrich-Wilhelm Schlomann/Paulette Friedlingstein, Die Maoisten. Pekings Filialen in Westeuropa, Frankfurt 1970; Hans Karl Rupp, Außerparlamentarische Opposition in der Ära Adenauer, Köln 1980; Gerd Langguth, Protestbewegung am Ende. Die Neue Linke als Vorhut der DKP, Mainz 1971.

161 Vgl. G. Langguth (Anm. 160), S. 92ff.; Jürgen Bacia, Die Kommunistische Partei Deutschlands/Marxisten-Leninisten, in: R. Stöss (Anm. 7), S. 1831ff.; M. Rowold (Anm. 12), S. 187ff.

Kampf führten bald zur Abspaltung der Gruppe »Rote Fahne«, die angesichts eines Übergewichts von Schülern und Studenten gegenüber Arbeitern eine »kleinbürgerliche Überwucherung« der Partei befürchtete. Aust gab als Hauptaufgabe die Parole »Gewinnung der Vorhut des Proletariats« aus, doch hielt die Partei an der »engen Verbindung von wissenschaftlichem Sozialismus und Arbeiterbewegung« fest. Bedenkt man, daß die Partei offenbar nie mehr als 800 Mitglieder[162] hatte, wirkte der Streit ebenso sektiererisch wie der ideologische Zwei-Fronten-Krieg gegen den westlichen Kapitalismus einerseits und den realen Sozialismus Osteuropas andererseits. Bannerträger der Revolution waren für die KPD/ML die Volksrepublik China und Albanien. Als jedoch Peking nach dem Tode Maos 1976 Deng Xiaoping rehabilitierte, kritisierte die Partei nicht nur die »neue opportunistische Strömung« in China, sondern distanzierte sich auch von Mao, den sie für die pro-amerikanische Außenpolitik Pekings, die für die KPD/ML ein schweres ideologisches Vergehen war, mitverantwortlich machte. Albanien galt seit Ende 1978 als alleiniger revolutionärer Orientierungspunkt. Zur gleichen Zeit stellte Parteichef Aust selbstkritisch fest, wie sehr die KPD/ML durch »ultralinkes Sektierertum« isoliert und von einer Massenbasis entfernt sei; es gehe nun darum, mit »Takt und Fingerspitzengefühl« parteilose Menschen an die Partei heranzuführen und einen »Kampf um Reformen« zu beginnen[163]. Konsequenz dieser Selbstkritik war im Oktober 1979 die Gründung der von der KPD/ML initiierten »Volksfront gegen Reaktion, Faschismus und Krieg, für Freiheit und Demokratie, Wohlstand und Frieden« in Dortmund, an der sich im wesentlichen maoistische Splittergruppen beteiligten. Hatte die KPD/ML bei den drei vorhergehenden Bundestagswahlen zum Boykott aufgerufen, so trat sie 1980 im Rahmen der rund 2000 Mitglieder zählenden Volksfront an, die jedoch bundesweit nur gut 9300 Stimmen oder 0,0 Prozent erreichte. Unter eigener Flagge reichte es dann 1983 bei einer Kandidatur mit vier Listen, in Schleswig-Holstein, Hamburg, Bremen und Nordrhein-Westfalen, nur noch zu gut 3400 Stimmen. Bei Landtagswahlen blieben 0,3 Prozent 1974 in Hamburg das beste Ergebnis.

Nach dem Tod von Ernst Aust im August 1985 kam es über die Frage einer Fusion mit der trotzkistischen Gruppe Internationale Marxisten (GIM)[164] zu Abspaltungen; Gegner einer Fusion warfen dem neuen Vorsitzenden des Zentralkomitees, Horst-Dieter Koch, »Verrat an der führenden Rolle der Partei« und die Bildung einer »revisionistisch-trotzkistischen Fraktion« vor. Im Oktober 1986 kam es in Dortmund

---

162 Vgl. J. Bacia (Anm. 161), S. 1848.

163 »Roter Morgen«, (1978) 39, S. 10f.; das Zentralorgan der KPD/ML erschien zunächst monatlich, seit September 1971 vierzehntägig und seit Januar 1973 wöchentlich (vgl. J. Bacia [Anm. 161], S. 1850).

164 Die GIM wurde 1969 gegründet und als offizielle deutsche Sektion der IV. Internationale anerkannt. Die Partei, die über nur wenige hundert Mitglieder verfügte, stand in der Tradition des Trotzkismus und blieb bis zur Fusion seine größte und aktivste Gruppe in der Bundesrepublik. Bei der Bundestagswahl 1976 kandidierte die GIM in Hamburg, Nordrhein-Westfalen und Baden-Württemberg, wo sie insgesamt 4759 Stimmen oder 0,0 Prozent erreichte. 1980 rief sie zur Wahl der SPD auf. Ideologisch entzog sich die GIM eindeutigen Zuordnungen zwischen alter und neuer Linken, trat aber ein für die »permanente Revolution im Weltmaßstab« und für die »Diktatur des Proletariats« in der Form von »Räte-Systemen« (vgl. Peter Brandt/Rudolf Steinke, Die Gruppe Internationale Marxisten, in: R. Stöss [Anm. 7], S. 1599ff.; Verfassungsschutzbericht 1985, S. 101ff.).

auf einem Vereinigungskongreß zur Bildung der Vereinigten Sozialistischen Partei (VSP), in die die KPD/ML noch rund 350 und die GIM mehr als 200 Mitglieder einbrachten[165]. Die VSP, mit Sitz in Köln, »geht davon aus, daß sie heute in der Bundesrepublik nicht die einzige Organisation mit revolutionär-sozialistischen Positionen ist«, wie sie in ihrem Programm betont. Sie möchte »ihren Beitrag zur Schaffung einer revolutionären, sozialistischen Massenpartei leisten« und die Zersplitterung, »ein schädliches Produkt des Sektierertums der revolutionären Linken«, überwinden, um »die Arbeitervorhut für die sozialistische Umwälzung der Gesellschaft zu gewinnen«. Klassenkampf oder Sozialpartnerschaft – in dieser Frage sieht die VSP die zentrale politische Auseinandersetzung, wobei sie für die Ablehnung der Sozialpartnerschaft auch »linke Sozialdemokraten, DKP und Teile der Grünen« als potentielle Verbündete sieht. Als möglichen Partner auf dem Weg zur Massenpartei betrachtet die VSP den Bund Westdeutscher Kommunisten (BWK), mit dem 1986 Gespräche über einen Zusammenschluß begannen. Organisatorische Berührungspunkte gibt es bereits durch die von der KPD/ML gegründete Volksfront, in der BWK-Mitglieder einflußreiche Positionen innehaben[166].

Der BWK ging 1980 aus einer Spaltung des Kommunistischen Bundes Westdeutschland (KBW)[167] hervor, der 1973 als ein »Zerfallsprodukt der Studentenbewegung«[168] entstanden war. Es war der Versuch, örtliche kommunistische Zirkel zu einer politischen Partei zu formieren, die dann jedoch, wie auch die anderen Organisationen der Neuen Linken, in ihrem Zwei-Fronten-Kampf gegen westlichen »Imperialismus« und östlichen »Sozialimperialismus« politisch ohne Resonanz blieb. Im Unterschied zur KPD/ML vollzog der KBW ohne große Probleme den Wandel der KP Chinas nach dem Tode Maos mit. In seinem Programm rechtfertigte er Waffengewalt im Kampf des Proletariats um die politische Macht, aber nur das revolutionäre Proletariat sei befugt und in der Lage, den Kapitalismus gewaltsam zu stürzen, nicht aber individueller Terror[169]. Im Jahre 1976, als die Partei mit 2500 einen Höchststand in ihrer Mitgliederentwicklung erreichte[170], bekannten sich bei der Bundestagswahl gut 20000 Wähler oder 0,1 Prozent zum KBW; vier Jahre später waren es nur noch gut 8000. Von 1974 bis 1980 kandidierte die Partei bei Wahlen in zehn Ländern einschließlich Berlin, wobei 1975 0,6 Prozent in Bremen das beste Ergebnis war. Der KBW bemühte sich um die Bildung von Zellen in Betrieben, konnte sich jedoch nicht wirklich von seiner sozialen Basis an den Universitäten lösen.

Im September 1980 kam es zur Abspaltung einer etwa 600 Mann starken Fraktion, der die Parteiführung einen kleinbürgerlich-extremistischen Kurs vorwarf. Diese

165 Vgl. die Verfassungsschutzberichte 1985, S. 97f. und 1986, S. 106ff.; im Bericht 1987, S. 55 heißt es, die Zahl der Mitglieder sei zurückgegangen.

166 Vgl. die Verfassungsschutzberichte 1987, S. 55 und 1986, S. 105, wo von etwa 600 Mitgliedern der Volksfront die Rede ist.

167 Dazu Jürgen Bacia, Der Kommunistische Bund Westdeutschland, in: R. Stöss (Anm. 7), S. 1648.

168 Ebd.

169 Vgl. ebd., S. 1653.

170 Nach den Verfassungsschutzberichten begann der KBW 1973 mit 900, erreichte 1976/77 mit 2500 seinen Höhepunkt und hatte 1980 noch 1500 Mitglieder (vgl. J. Bacia [Anm. 167], S. 1658).

Gruppe um Martin Fochler setzte auf der Basis des KBW-Programms als Bund Westdeutscher Kommunisten (BWK) die politische Arbeit fort, während der KBW in eine tiefe ideologische Krise geriet und sich Anfang der achtziger Jahre auflöste. Parteisekretär Hans-Gerhart Schmierer stellte im Mai 1981 im KBW-Zentralorgan Kommunistische Volkszeitung die These auf, daß die »Befreiung der Arbeiterklasse... nur das Werk der Arbeiterklasse selbst sein« könne und die Kommunisten nicht in der Lage seien, »die Partei der Arbeiterklasse« zu bilden[171]. Eine resignierende Feststellung, in der die Kluft zwischen Intelligenz und Arbeiterschaft im revolutionären Kampf der Partei zum Ausdruck kam.

Der BWK wendet sich in seinem Parteiprogramm scharf gegen Reformismus und Revisionismus, vor allem in der Form des »russischen Sozialimperialismus«, er preist dagegen die chinesische Kulturrevolution und propagiert »die Zerschlagung des bürgerlichen Staatsapparats und die Errichtung der proletarischen Diktatur«. Dabei lehnt der BWK »den Kampf um Reformen nicht ab« und unterstützt »alle Bewegungen, die diesen Kampf aufnehmen«. Dieser Kampf soll aber nur Reformen gelten, die die Fähigkeit der Arbeiterklasse erhöhen, den Klassenkampf zu führen. Entschieden abgelehnt werden dagegen »alle jene Reformpläne..., die auf Förderung der Zusammenarbeit mit den Ausbeutern... hinauslaufen«. Als Weg zur »proletarischen Parteibildung« verfolgt der BWK, dessen führende Mitarbeit in der »Volksfront gegen Reaktion, Faschismus und Krieg« schon erwähnt wurde, eine »Volksfront- und Einheitsfrontpolitik« bis hin zur DKP, die jedoch die Organisation bisher nicht stärkte; so verzeichnete das Bundesinnenministerium 1987 eine Schwächung der 1986 noch etwa 400 Mitglieder zählenden Partei[172]. Bei der Bürgerschaftswahl 1986 in Hamburg reichte es nur zu knapp 200 Stimmen. Vor diesem Hintergrund anhaltender Erfolglosigkeit wurden Gespräche über eine Vereinigung mit der VSP aufgenommen, in die auch die 1982 in Münster gegründeten Deutschen Sozialisten (DS) einbezogen wurden[173], die bei der Landtagswahl 1983 in Hessen immerhin mehr als 3200 Stimmen oder 0,1 Prozent gewonnen hatten.

Eine Partei, die zehn Jahre nach ihrer Gründung die Konsequenzen aus ihrer Erfolglosigkeit zog und sich 1980 auflöste, war die Kommunistische Partei Deutschlands (Maoisten)[174], die wie drei Jahre später der KBW aus der Studentenbewegung heraus entstanden war. In den Jahren 1974 bis 1976 nahm die Partei in sieben Ländern an Wahlen teil, wobei sie in ihrem Ursprungsort Berlin 1975 mit 0,7 Prozent ihr bestes Ergebnis erzielte; bei der Bundestagswahl 1976 erreichte sie fast 23000 Stimmen oder 0,1 Prozent. Seit 1978 empfahlen die Maoisten, die auf ihrem Höhepunkt 1975 900 Mitglieder zählten[175], die Wahl alternativer und grüner Listen, an deren Gründung sie sich auch selbst beteiligten, unter anderem an der Bundespartei der GRÜNEN. Mit der KPD (Maoisten) scheiterte der Versuch, aus dem »intellektuellen Milieu auszubrechen und eine proletarische Avantgardepartei aufzubauen«[176].

171 Kommunistische Volkszeitung vom 25. Mai 1981, S. 5.
172 Vgl. die Verfassungsschutzberichte 1987, S. 55 und 1986, S. 104.
173 Vgl. Verfassungsschutzbericht 1987, S. 55.
174 Siehe dazu: Jürgen Bacia, Die Kommunistische Partei Deutschlands (Maoisten), in: R. Stöss (Anm. 7), S. 1810ff.
175 Vgl. ebd., S. 1821.
176 Ebd., S. 1830.

Von diesem Ziel ist auch die heute mitgliederstärkste Partei der Neuen Linken, die Marxistisch-Leninistische Partei Deutschlands (MLPD), weit entfernt. Während sie heute sowohl in der Sowjetunion als auch in China einen »bürokratischen Kapitalismus« an der Macht sieht, preist die MLPD Maos »Große proletarische Kulturrevolution« als höchste Stufe des Klassenkampfes im Sozialismus. Die Partei war 1982 aus dem Kommunistischen Arbeiterbund Deutschlands (KABD) hervorgegangen, der Anfang der siebziger Jahre vor allem im Raum Tübingen entstanden war. Die MLPD zählt etwa 1300 Mitglieder in mehr als 100 Ortsgruppen und Stützpunkten, die bundesweit in sechzehn Parteibezirke zusammengefaßt sind. Es gelang der MLPD, 40 Betriebszellen, vor allem in der Stahlindustrie, aufzubauen und neben ihrem wöchentlich mit einer Auflage von 10000 Exemplaren erscheinenden Zentralorgan Rote Fahne zahlreiche Betriebszeitungen herauszugeben[177]. Doch auch die MLPD, die mit ihrer Propaganda vor allem massiv die DKP angreift, war in Wahlen chancenlos; so blieb sie bei der Bundestagswahl 1987 trotz einer Kandidatur in allen Ländern mit knapp 13500 Stimmen ebenso auf 0,0 Prozent wie 1985 bei ihrer ersten Landtagswahl mit fast 3400 in Nordrhein-Westfalen; 1987 ergaben dann in Bremen 200 Stimmen 0,1 Prozent.

So zeichnet sich auf der Linken sehr viel weniger als auf der Gegenseite des politischen Spektrums eine Entwicklung ab, in der es einer Partei gelingen könnte, aus dem Schatten der Macht herauszutreten.

---

177 Angaben zur Organisation nach den Verfassungsschutzberichten 1987, S. 53f. und 1986, S. 104.

III. Schlußbetrachtung

Alf Mintzel / Heinrich Oberreuter

Zukunftsperspektiven des Parteiensystems

I. Die Volkspartei – Prototypus oder Anomalie?

Struktur und Politik der Volksparteien der Bundesrepublik Deutschland sind seit Jahrzehnten Gegenstand zahlreicher theoretischer Erörterungen und empirischer Analysen. Während der sozialwissenschaftlichen Suche nach der Wirklichkeit der Großparteien wurden verschiedene Typologisierungsversuche unternommen[1]. Der bekannteste stammt von Otto Kirchheimer, der in den »echten Volksparteien«/»Allerweltsparteien«/»Catch-all Parteien« – er verwendete diese Termini synonym – einen nach dem Zweiten Weltkrieg neu entstandenen und noch immer neu entstehenden Parteitypus sah[2]. Diesen neuen Parteitypus hielt er für ein allgemeines Entwicklungsprodukt der fortgeschrittenen Industriegesellschaften des Westens, für eine höher entwickelte Organisationsform und für ein besser funktionierendes Handlungssystem als der ältere Typus der demokratischen Massenintegrationspartei und seiner Varianten (SPD und Zentrum bis 1933). Der neue Typus der »echten Volkspartei« habe eine höhere Integrations- und Problemlösungskapazität und zeichne sich zudem durch eine breitere Legitimationsbasis aus. Kirchheimer stellte die These auf, daß überall da im Westen, wo hoher Wohlstand herrscht, wo ein hohes Maß an sozialer Sicherheit erreicht ist und weiterhin garantiert wird, wo die (staatlichen) Wohlfahrtseinrichtungen der gesamten Bevölkerung zugute kommen und die Gesellschaft am gewohnten Massenkonsum ausgerichtet ist, der neuartige Typus der »echten Volkspartei« entstanden oder in Entstehung begriffen sei. Kirchheimer bezeichnete diesen Typus als westliche Partei schlechthin, charakteristisch und mustergültig für die entwickelten Industriegesellschaften und Wohlfahrtsstaaten der westlichen Welt[3]. Seither galten die volksparteilichen Großparteien der Bundesrepublik quasi als Prototypen für die politische Organisationsform fortgeschrittener Industriegesellschaften mit parteienstaatlich-demokratischer Herrschaftsorganisation. Dabei waren seine begrifflichen und interpretativen Aussagen durchaus problematisch[4]. Inzwischen mehren sich unter theoretischen und empirischen Aspekten Zweifel, ob dieser angeblich neue Typus der »echten Volkspartei« überhaupt jemals auch nur annäherungsweise existierte. Heute gilt es unter Parteienforschern als ausgemacht, daß der

1 Vgl. Alf Mintzel, Die Volkspartei. Typus und Wirklichkeit, Opladen 1983, S. 296; ders., Abschied von einem Phantom, in: Jürgen W. Falter/Christian Fenner/Michael Th. Greven (Hrsg.), Politische Willensbildung und Interessenvermittlung, Opladen 1984, S. 61–77.

2 Vgl. Otto Kirchheimer, Der Wandel des westeuropäischen Parteiensystems, in: Politische Vierteljahresschrift, 6 (1965), S. 20–41.

3 Vgl. ebd. S. 39f.

4 Vgl. A. Mintzel, Die Volkspartei (Anm. 1).

von Kirchheimer skizzierte Typus nicht zum europaweiten entwicklungstypologischen Muster wurde[5].

Gordon Smith, der Deutschland-Experte der London School of Economics and Political Science, deutete die Entwicklung des westdeutschen Volkspartei-Typus als ein besonderes Geheimnis der Nachkriegsmetamorphose Westdeutschlands und als eine »partielle Anomalie« in der westeuropäischen Parteiengeschichte[6]. Die Entwicklung der Volkspartei der Bundesrepublik sei drei historischen Ausnahmebedingungen zuzuschreiben: 1. einem starken Grundkonsens in der Bevölkerung, 2. der »politischen Zentralität« der Großparteien und 3. dem »ideologischen Trauma«, das der Nationalsozialismus hinterlassen hätte[7]. Unter »politischer Zentralität« versteht Gordon Smith die Dominanz der Volksparteien in der parteienstaatlich-demokratischen Herrschaftsordnung der Bundesrepublik[8]. Diese »politische Zentralität« hätten sie nicht zuletzt durch die staatliche Parteienfinanzierung erhalten, die sie quasi zu »Staatsparteien« habe werden lassen[9]. Nach Gordon Smith stellte die »partielle Anomalie« keinen politischen Problemfall innerhalb der westeuropäischen Demokratien dar, denn die Volksparteien der Bundesrepublik seien zu Garanten stabiler demokratischer Verhältnisse und handlungsfähiger Parteienregierungen geworden. Auch er ging davon aus, daß hierzulande ein wirklich neuer Typus entstanden sei[10].

Es besteht kein Zweifel, daß nach 1945 die traumatischen Erlebnisse, die das NS-Regime hervorgerufen hatte, das Nebeneinander von Hoffnung und Ohnmacht, von Neubeginn, Reformwille und Reaktion, von Aufbruch und Rückbesinnung sowie die neue europäische und globale Kräftekonstellation gerade auf den Wieder- und Neubeginn des parteipolitischen Lebens und auf die Gestaltwerdung der großen demokratischen Parteien prägenden Einfluß hatten. Die neugegründeten Unionsparteien traten mit dem Anspruch auf, Konfessionen, soziale Klassen und Schichten, politisch-historische Landschaften und Landsmannschaften in einer großen Sammelpartei zu vereinigen. Ihr Selbstverständnis als neue Volksparteien bezog sich ebenso auf die Organisationsform der Partei wie auf ihr übergreifendes Programm und ihre Politik. Nach dem mehr oder weniger durchdachten und ausformulierten Konzept der

---

5 Vgl. Christian Fenner, Parteiensystem und politische Kultur, in: Österreichische Zeitschrift für Politikwissenschaft, (1984)1, S. 49; Hermann Schmitt, Das Parteiensystem der Bundesrepublik Deutschland (Kurseinheit 1), Fernuniversität Hagen 1987, S. 57; Rudolf Wildenmann, The Party Government of the Federal Republic of Germany, in: Richard S. Katz (Hrsg.), Party Governments, Berlin-New York 1987, S. 105. Die Auffassung, daß der Begriff der Volkspartei, in welcher typologischen Bedeutung er auch immer gebraucht wird, angesichts der Organisationswirklichkeit der Großparteien der Präzisierung und Korrektur bedarf, teilen: Peter Haungs, Parteiendemokratie der Bundesrepublik, Berlin 1980, S. 91; Wolfgang Jäger, Bürgerinitiativen – Verbände – Parteien, in: Bernd Guggenberger/Udo Kempf (Hrsg.), Bürgerinitiativen und repräsentatives System, Opladen 1984², S. 220.

6 Vgl. Gordon Smith, The German Volkspartei and the Career of the Catch-All Concept, in: Herbert Döring/Gordon Smith (Hrsg.), Party Government and Political Culture in Western Germany, London-Basingstoke 1982, S. 59–76.

7 Ebd. S. 65–67.

8 Vgl. ebd.; s. a. Gordon Smith, Does West German Democracy Have An »Efficient Secret«?, in: William E. Paterson/Gordon Smith (Hrsg.), The West German Model, London 1981, S. 166–176.

9 Vgl. G. Smith (Anm. 8), S. 169f., 173.

10 Vgl. G. Smith (Anm. 6), S. 59.

Unionsgründer sollten die neuen Unionsparteien zu einem wirklich neuartigen Parteitypus werden, der sich von den alten Mustern »bürgerlicher Parteien« und den »unechten« Volksparteien der Weimarer Republik unterschied. Die historischen Entwicklungslinien sind bekannt.

II. Funktionalität und Zentralität der Großparteien

Die moderne Großpartei der Bundesrepublik hat im konkurrenzoffenen Prozeß politischer Willensbildung eine zentrale Funktion eingenommen und die unverwechselbaren Züge der bundesdeutschen Parteiendemokratie mitgeprägt. Trotz des Wettbewerbsdrucks, der von anderen intermediären Organisationen (Verbände, Kirchen, Massenmedien, Bürgerinitiativen) ausgeht, sind die Parteien »die Spinne im Netz der politischen Kommunikation«[11]. Ihre Position ist auch rechtlich vielfältig abgesichert – nicht, um sie mit Privilegien auszustatten, sondern um der Funktionsfähigkeit der parlamentarischen Demokratie willen. Aber ebenso wie die Parteien dem pluralistischen Wettbewerb unterliegen, bleiben sie auch rechtlichen Bindungen unterworfen. Beide Eingrenzungen gehören zu einer zutreffenden Definition ihrer »Zentralität«.

Wandel und Wachstum der Staatsaufgaben im modernen Interventionsstaat werfen aber auch die Frage nach der politischen Steuerungsfähigkeit der Parteien auf. Nur wenn sie diese besitzen, können sie eine zentrale Rolle im politischen System spielen. In der hochorganisierten Industriegesellschaft bedarf die politische Institution »Partei« zur Erfüllung der tatsächlichen und normativ zugewiesenen Aufgaben einer entsprechend ausdifferenzierten, komplexen, multifunktionalen und flexiblen Organisation[12]. Sie ist eben nicht nur ein verfassungsrechtlich sowie bundes- und landesgesetzlich privilegierter Mitgestalter des politischen Prozesses, sondern zugleich ein Vehikel und Instrument zur Realisierung ihrer multifunktionalen Struktur.

Trotz vieler prinzipieller struktureller Mängel und Restriktionen einer politischen Großorganisation ist die moderne Großpartei der Bundesrepublik eine politische Organisationsform, deren strukturelle Differenziertheit und funktionale Komplexität sie befähigt, auf allen funktionalen Ebenen des politischen Systems und in allen strukturellen Einheiten des politisch-staatlichen Institutionsgefüges präsent zu sein und tätig zu werden. Nicht die Großparteien sind überfordert, wie die Kritiker dieser »Super-Strukturen« häufig behaupten, sondern die Kleinparteien, die die multifunktionalen Aufgaben und die notwendige Politikkoordination in dem gegebenen komplexen System institutioneller Politikverflechtung mangels organisatorischer und personeller Kapazität nicht in dem notwendigen Umfang leisten können. Dennoch sind kleinere Parteien nicht überflüssig, sondern ihr Vorhandensein ist ebenfalls Ausdruck der Differenziertheit, Komplexität und relativer Offenheit fortgeschrittener Industriegesellschaften[13].

---

11 Heinrich Oberreuter, Parteien zwischen Nestwärme und Funktionskälte, Zürich 1984², S. 41.

12 Siehe Alf Mintzel, Großparteien im Parteienstaat der Bundesrepublik Deutschland, in: Aus Politik und Zeitgeschichte, B11/89, S. 3–14.

13 Vgl.ebd., S. 277.

Der informierte Beobachter erkennt in der Entwicklung der demokratischen Großparteien unschwer strukturell-funktionale Adaptionsprozesse an die Fülle wachsender Aufgaben und an die technischen Rahmenbedingungen der Politikgestaltung. Die Weiterentwicklung bzw. permanente Reorganisierung der Großparteien ist gekennzeichnet durch Bürokratisierung, Rationalisierung, Professionalisierung, politische Rollendifferenzierung, Technisierung und – mit Einschränkungen – durch Zentralisierung sowie durch Ausdifferenzierung der Parteiorganisation in Exekutivorgane und (Führungs-)Stäbe, in Suborganisationen wie Arbeitsgemeinschaften und Arbeitskreise und in Nebenorganisationen wie Wirtschafts- und Verlagsbetriebe oder Stiftungen[14]. Für die Großparteien der Bundesrepublik spricht weiterhin, daß sie nicht an den Grenzen ihrer Entwicklungsmöglichkeiten angelangt sind und – gemessen an den drängenden Gegenwarts- und Zukunftsaufgaben – noch Problemlösungskapazitäten aufweisen.

Gewiß vorhandene Struktur- und Funktionsschwächen, organisationspolitische Defizite und hierdurch verstärkte Legitimationsdefizite müssen nicht zwingend bedeuten, daß die Großparteien, die »Super-Strukturen« oder gar die Institution »Partei« selbst als politische Organisationsform veraltet und überholt sind oder in einer dramatischen Krise stecken[15]. Allerdings ist offensichtlich, daß am Ende des 20. Jahrhunderts neue gesellschaftliche Anforderungen und funktionale Erfordernisse für die Steuerungs- und Regierungsfähigkeit eine permanente Parteireform im Sinne einer Adaption und Flexibilisierung notwendig machen.

III. Wandel und Anpassung

Es besteht kein Zweifel: Die Großparteien der Bundesrepublik haben seit 1945/46 einen Wandel durchlaufen. Ihre Organisationsformen haben sich zum Teil erheblich verändert. Nach dem Zweiten Weltkrieg hatten sich Gebilde entwickelt, die weder gänzlich neue Typen, noch einfach Kopien älterer, überkommener Strukturtypen darstellten. Es gab nach 1945 keinen völlig neuen, einheitlich durchorganisierten Parteitypus, geschweige denn den Typus der »Allerweltspartei«/»Catch-all Partei« im Sinne von Otto Kirchheimer. Die demokratischen Großparteien waren und blieben Mischtypen mit sehr verschiedenen, heterogenen Strukturelementen und -eigenschaften[16]. Die sozialstrukturelle, ideologisch-programmatische und organisatorische Öffnung der Großparteien war schon vor 1933 zu beobachten gewesen[17]. Sie setzte sich

14 Vgl. Alf Mintzel, Zur Entwicklung des Parteiensystems zwischen 1961 und 1966, in: Dietrich Staritz (Hrsg.), Das Parteiensystem der Bundesrepublik, Opladen 1980², S. 172; ders., Die Volkspartei (Anm. 1), S. 316–320.

15 Vgl. Alf Mintzel/Hermann Schmitt, Krise der Parteiendemokratie? Zu Funktionen, Leistungen und Defiziten der Parteien in der parlamentarischen Demokratie, in: Politische Bildung, 14 (1981), S. 87–100.

16 Vgl. A. Mintzel (Anm. 12), S. 10f.

17 Es wird immer wieder vergessen, daß Eduard Bernstein die sozialstrukturelle Öffnung der SPD und die sog. Volkspartei-Problematik schon im Jahre 1905 thematisiert hatte, s. Eduard Bernstein, Wird die Sozialdemokratie Volkspartei?, in: Sozialistische Monatshefte, (1905) 8,

nach 1945 infolge der jüngsten deutschen Geschichte und im Rahmen neuer europäischer und globaler Machtkonstellationen beschleunigt fort. Die Großparteien der Nachkriegsgeschichte waren noch »Übergangsgebilde«, Mischtypen, die sich allmählich zu modernen, Klassen, Schichten und Konfessionen übergreifenden Massen- und Apparatparteien transformierten[18]. Auch die CDU-nahe Parteienforschung machte deutlich, daß die Unionsparteien nicht plötzlich wie ein Phönix aus der Asche als der schlechthin neue Volkspartei-Typus in Erscheinung getreten, sondern sehr heterogene und locker organisierte »Übergangsgebilde« waren, die nur in einem sehr globalen und unscharfen Sinne als »Volksparteien« bezeichnet werden konnten[19].

Im Prozeß ihres weiteren Wandels veränderten diese »Übergangsgebilde« und Mischtypen in unterschiedlichen Entwicklungsphasen nicht alle Strukturteile in gleichem Maße. In den Wandlungsprozeß einbezogen waren vor allem die Parteiapparate auf den verschiedenen Ebenen, insbesondere aber die Landes- und Bundesgeschäftsstellen der Parteien und die parteinahen Stiftungen. Sigmund Neumann hatte bereits im Jahre 1932 vom »Übergang von den Persönlichkeits- und Honoratiorenparteien zu den Massen- und Apparat-Parteien« gesprochen und diese von ihm als »Strukturgesetz der modernen Parteien« apostrophierte Entwicklungsrichtung generell auf »ökonomisch-soziale Wandlungen« zurückgeführt[20]. Er hatte jedoch nur allgemein von »einer durchgehenden Angleichung zwischen dem bürokratischen Parteiapparat und den Betrieben der modernen Wirtschaft und des modernen Großstaats« gesprochen[21].

Im hochorganisierten, interventionistischen Industriestaat der Bundesrepublik haben die Großparteien ihre Organisationsform den gewachsenen Aufgaben der gesellschaftlichen Integration, der Interessenartikulation und -aggregation sowie der gouvernementalen Steuerung anzupassen versucht. Die staatlichen Aufgaben umfassender Daseinsfürsorge und planender Regulierung sozialökonomischer Entwicklungen bei fortschreitender Technisierung haben im politischen Bereich zu einer strukturell-funktionalen Anpassung der Parteien an die gesellschaftlich-politischen Entwicklungen geführt. Denn angesichts neuer Herausforderungen erwiesen sich alte Strukturen als hinfällig. Die großen Parteien standen unter Anpassungsdruck. Als Agenten der politischen Macht und als Mit-Gestalter der gesellschaftlichen Entwick-

---

S. 663–671; vgl. hierzu R. Blank, Die soziale Zusammensetzung der sozialdemokratischen Wählerschaft Deutschlands, in: Archiv für Sozialwissenschaften und Sozialpolitik, 20 (1905), S. 507–550. Volksparteiliche Entwicklungstendenzen waren vor 1933 auch schon bei der Deutschen Zentrumspartei zu beobachten gewesen.

18 Zum Begriff der modernen Massen- und Apparatpartei vgl. Alf Mintzel, Die CSU. Anatomie einer konservativen Partei, Opladen 1975, S. 67–73; ders., Die Volkspartei (Anm. 1), S. 327f. Der Terminus stammt von Sigmund Neumann, Die Parteien der Weimarer Republik, Stuttgart 1970², S. 99.

19 Dies brachten sogar Buchtitel zum Ausdruck. Vgl. Wulf Schönbohm, Die CDU wird moderne Volkspartei. Selbstverständnis, Mitglieder, Organisation und Apparat, 1950–1980, Stuttgart 1985. Nach Schönbohms Ansicht entwickelte sich die CDU quasi von einer Volkspartei »älteren« Typus zu einer »modernen Volkspartei«. Dorothee Buchhaas stellte fest: »Zwischen 1950 und 1973 wurde die Christlich-Demokratische Union Volkspartei«, vgl. Dorothee Buchhaas, Die Volkspartei, Düsseldorf 1981, S. 329.

20 S. Neumann (Anm. 18), S. 99.

21 Ebd.

lung haben die Großparteien ihre Apparate ausgebaut und die Parteiorganisation gemäß den neuen Anforderungen durchzuorganisieren versucht. Dabei spielte die staatliche Parteienfinanzierung eine nicht zu unterschätzende Rolle. Im Prozeß ihrer Reformen entwickelten sich die Großparteien selbst zu inhärenten Momenten der »Tertiarisierung«.

Trotz aller Wandlungen sind die politischen Großparteien jedoch nicht zu »Allerweltsparteien«, zu sozial und geistig »entorteten« und »kontextlosen Superstrukturen« geworden, sondern – empirisch nachweisbar – weltanschaulich und sozialstrukturell deutlich identifizierbare und unterscheidbare »Tendenzbetriebe« geblieben. Zahlreiche Kerngruppenanalysen ergeben, daß die Großparteien der Bundesrepublik unter dem Gesichtspunkt ihrer Mitglieder- und Wählerbasis tatsächlich in hohem Maße Klassen, Schichten, Landsmannschaften und Konfessionen übergreifen, aber charakteristische sozialstrukturelle, weltanschauliche Alignments und Affinitäten beibehalten haben. Trotz der sozialstrukturellen Nivellierungstendenzen[22] in ihren Mitgliederschaften weisen die Großparteien typische Unterrepräsentationen, Überrepräsentationen und Nicht-Repräsentationen auf, die Sozialbarrieren verdeutlichen[23]. Innerhalb der Nivellierungstendenzen zeigt sich allerdings eine sozialstrukturelle Selektivität, die beiden Großparteien gemeinsam ist – nämlich die zunehmende Tendenz, zur politischen Organisation des öffentlichen Dienstes zu werden.

Großparteien unterliegen aber nicht nur den Ein- bzw. Rückwirkungen der Tertiarisierungsprozesse der Industriegesellschaft. Sie sind nicht nur abhängige Variablen, die auf umfassende gesellschaftliche Prozesse reagieren. Großparteien sind zugleich Mit-Gestalter und Wirkfaktoren, sie sind direkt und indirekt gesellschaftsgestaltende politische Agenten.

Die Prozesse der funktionalen Tertiarisierung, das heißt die Zunahme von Dienstleistungsberufen aller Art im sekundären und im tertiären, im privaten und im öffentlichen bzw. staatlichen Sektor sowie die damit einhergehende Veränderung der Beschäftigtenstruktur der Erwerbsbevölkerung, vergrößern und differenzieren zunehmend die sog. Dienstleistungsklasse vor allem in den Verdichtungsgebieten. Der Tertiarisierungsprozeß wird begleitet von einem durch steigende Bildungs- und Informationsmöglichkeiten geförderten Säkularisierungsprozeß. Diese Prozesse verändern zugleich mentale Orientierungen: In den gehobenen Ausbildungsstufen der Dienstleistungsklasse wird ein Individualisierungsprozeß, eine ideologische Abkehr

---

22 Vgl. zum Beispiel Peter Gluchowski/Hans-Joachim Veen, Nivellierungstendenzen in den Wähler- und Mitgliedschaften von CDU/CSU und SPD 1959 bis 1979, in: Zeitschrift für Parlamentsfragen, 10 (1979) 3, S. 312–331; Wolfgang Falke, Die Mitglieder der CDU. Eine empirische Studie zum Verhältnis von Mitglieder- und Organisationsstruktur der CDU, Berlin 1982; Hans-Joachim Veen, Bewährung als Volkspartei, in: Die politische Meinung, 33 (1988) 238, S. 58–66; s. a. Manfred Güllner, Die Parteien: Mittler zwischen Politik und Basis, in: transfer 2, Wahlforschung. Sonden im politischen Markt, Opladen 1976. Allerdings neigen die Autoren mit dem Hinweis auf eben diese Nivellierungstendenzen zur Bestätigung der Kirchheimerschen These von der »Allerweltspartei«.

23 Vgl. Franz Urban Pappi, Parteiensystem und Sozialstruktur in der Bundesrepublik, in: Politische Vierteljahresschrift, 14 (1973) 2, S. 191–213.

von traditionellen Autoritäten (Kirche) und eine zunehmende Distanz zu traditionellen politischen Organisationsformen (z. B. den Parteien) erkennbar[24].

Für die klassen-, schichten- und konfessionsübergreifenden Großparteien bringen diese Entwicklungen neue Anforderungen mit sich: Sie können sich nicht mehr auf die bisherigen, relativ stabilen Parteibindungen ihrer jeweiligen Kernwähler und Kerngruppen verlassen. Neue gesellschaftliche Situationsgruppen (Verbraucher, Mieter, jugendliche Arbeitslose, alte Menschen, Zuwanderer aus der DDR), spezifische berufliche Situationsgruppen des tertiären Sektors (Taxifahrer, Polizei, Pflegepersonal usw.) und ökonomische Produktionsgruppen (Landwirte, Weinbauern) sowie ihre jeweiligen Interessenlagen und Mentalitäten erweisen sich für die Großparteien als neue Problemgruppen und Konfliktpotentiale[25]. Daraus entstehen neue Integrationsprobleme, welche die Bindekraft der Volksparteien zwangsläufig auf andere Weise herausfordern als die alten.

Evident ist auch der nationale Charakter der historisch-konkreten Entwicklung und heutigen Organisationswirklichkeit der Großparteien in der Bundesrepublik, ihre nationalspezifische historisch-gesellschaftliche Bedingtheit. Der Umwandlungsprozeß vollzog sich unter den Rahmenbedingungen der Entstehung des Staates Bundesrepublik, der westdeutschen Gesetzgebung und Jurisdiktion (Verfassung, Urteile des Bundesverfassungsgerichtes, Bundes- und Landeswahlgesetze, Parteiengesetz etc.), der Wirtschaftsverfassung und ökonomischen Entwicklungen (privatwirtschaftliche Ordnung, konjunkturelle Vorgänge, bundesstaatliche und regionale Steuerungsmaßnahmen etc.) und der ideologischen Grundeinstellungen in diesem Teil Deutschlands (Anti-Totalitarismus, Westorientierung, spezifische außenpolitische Handlungspräferenzen). D. h. die spezifischen Rahmenbedingungen (in) der Bundesrepublik prägen die politischen Großparteien in dem Sinne national, daß sie sich von den Großparteien der USA oder westeuropäischen Staaten ungeachtet möglicher Konvergenzprozesse nach wie vor sehr deutlich unterscheiden. Jeder Erklärungsversuch wird den spezifischen historischen Charakter des Wandels und den heutigen Charakter der westdeutschen Großparteien berücksichtigen müssen.

Seit ihrer Gründung bzw. Wiedergründung sind 45 Jahre vergangen. Sie haben ihre in den fünfziger Jahren gewonnene Zentralität und Dominanz in der parteienstaatlich-demokratischen Herrschaftsorganisation dauerhaft ausgebaut. Es bleibt zu fragen, inwieweit heute noch im Hinblick auf die Volksparteien von einer »partiellen Anomalie« gesprochen werden kann. Die sogenannte Volkspartei-Problematik war ein typisch deutsches Problem[26]. Die jüngste Entwicklung des Parteiensystems der

---

24 Vgl. Alf Mintzel, Auf der Suche nach der Wirklichkeit der Großparteien in der Bundesrepublik Deutschland, in: Hans-Dieter Klingemann/Wolfgang Luthardt (Hrsg.), Wohlfahrtsstaat, Sozialstruktur und Verfassungsanalyse. Festschrift für Jürgen Fijalkowski, Opladen 1990 (im Erscheinen); Rudolf Wildenmann, Volksparteien – ratlose Riesen? Eine Studie unter Mitarbeit von Werner Kaltefleiter, Manfred Küchler, Alf Mintzel, Karl-Heinz Naßmacher, Hans-Martin Pawlowski, Thomas Poguntke, Gordon Smith, Gunnar Sjäblau und Ulrich Widmaier, Baden-Baden 1989, S. 62.

25 Vgl. zu dieser Problematik und Entwicklung allgemein Bert Rürup, Wirtschaftliche und gesellschaftliche Perspektiven der Bundesrepublik Deutschland, München 1989; Horst Albach, Dienstleistungen in der modernen Industriegesellschaft, München 1989.

26 Vgl. A. Mintzel, Die Volkspartei (Anm. 1), S. 71; R. Wildenmann (Anm. 24), S. 34.

Bundesrepublik und die neue Situation der Großparteien zeigen wahrscheinlich Entwicklungen hin zur Normalität an. So jedenfalls wird es inzwischen nicht nur von außen gesehen, sondern auch innerhalb der Bundesrepublik Deutschland selbst[27].

IV. Entwicklungstendenzen des Parteiensystems

Die aktuelle Lage hat sich seit längerem angedeutet, nicht zuletzt im Ansehensverlust, den die klassischen Parteien zunehmend erfahren haben. Trotzdem läßt sich gegenwärtig nicht verläßlich vorhersagen, welche Gestalt das Parteiensystem der neunziger Jahre besitzen wird. Insbesondere die Frage, ob mit den Republikanern mittel- und längerfristig zu rechnen sein wird, erscheint offen. Jedoch liegt ein Fünf-Fraktionen-Parlament durchaus im Bereich des Möglichen. Damit stünde das politische System der Bundesrepublik vor neuen Herausforderungen der Mehrheitsfindung und Regierungsbildung. Dies nicht, weil schon neue Unübersichtlichkeit heraufzöge, sondern weil unter den gegenwärtigen Voraussetzungen einerseits die Parteien untereinander nicht alle koalitionsfähig sind und andererseits gewisse Koalitionsbildungen inakzeptabel oder sogar illegitim erscheinen. Keineswegs steht allerdings die bisherige Parteienlandschaft unter Naturschutz. Verständlich ist jedoch, daß die, die sie geschaffen haben, dazu neigen, dies anzunehmen und im Übermaß zu reagieren. Ihre Empfindlichkeit rührt auch daher, daß die Konkurrenz mehrerer Kleinparteien, welche die Reizschwelle politischer Relevanz überschreiten und ins Parlament einziehen, in der Tat die Zentralität der Großparteien berührt – zumindest, wenn der Wahlausgang nicht einer der beiden Großen die Regierungsverantwortung zweifelsfrei zuschreibt.

Tatsächlich gelingt es den beiden Großparteien nicht mehr, wie in ihrer besten Zeit, knapp über 90 Prozent der Wähler an sich zu binden. Bei den Bundestagswahlen 1987 erzielten sie zusammen noch 81,3 Prozent, bei den Berliner Wahlen und der Europawahl 1989 jeweils nur noch 75,1 Prozent. Die beiden Wahlen des Jahres 1989 zeigen vermutlich keine typischen Ergebnisse. Aber schon nach der Bundestagswahl war sogleich eine ausufernde Diskussion über den Verlust an Bindekraft der Volks-

---

27 Insbesondere die Wahlerfolge der Republikaner in der Europawahl 1989 und die Tatsache, daß die Dominanz und Zentralität der Großparteien einer gewissen Erosion unterliegt, gaben Anlaß darüber nachzudenken, ob hier nicht eher Entwicklungen zur Normalität zu sehen sind denn Bedrohungen des Parteiensystems der Bundesrepublik. Vgl. zum Beispiel die Äußerung Antje Vollmers (Die GRÜNEN) zu den Republikanern als einem neuen Faktor, in: Süddeutsche Zeitung vom 18. 7. 1989, S. 4; Zu den Republikanern allgemein vgl. Uwe Backes/Eckhard Jesse, Politischer Extremismus in europäischen Demokratien. Rechts- und Linksextremismus im Vergleich, in: Aus Politik und Zeitgeschichte, B 41-42/89, S. 40–53; John Ely, Republicans: Neo-Nazis or the Black-Brown Hazelnut? Recent Successes of the Radical Right in West Germany, in: German Politics and Society, 18 (Fall 1989), S. 1–17; Claus Leggewie, Phantombild der neuen Rechten. Mit Reportagen aus Bayern, Berlin und Köln, Berlin 1989; Norbert Lepszy, Die Republikaner. Ideologie – Programm – Organisation, in: Aus Politik und Zeitgeschichte, B 41–42/89, S. 3–9; Dieter Roth, Sind die Republikaner die fünfte Partei?. Sozial- und Meinungsstruktur der Wähler der Republikaner, in: ebd., S. 10–20.

parteien[28] entstanden. Wie rational ist sie? Man erinnere sich: 1961 vereinigten die beiden Großen 81,5 % der Stimmen auf sich. Danach erhob sich eine Diskussion über ihre Überintegrationskapazität, über die politische Alternativlosigkeit und die Chancenlosigkeit der Opposition im Wohlfahrtsstaat[29]. Bei gleicher Datenlage also völlig gegensätzliche Diskussionsfronten. Was stimmt nun?

Schwerlich läßt sich behaupten, das Parteiensystem von 1961 sei unübersichtlich gewesen. Aber die These von 1987, neue Unübersichtlichkeit ziehe herauf, impliziert genau dies. Sind aber Parlamente mit vier oder fünf Fraktionen schon unübersichtlich? Wenn die Konzentrationsprozesse im Parteiensystem der Bundesrepublik Ausnahmeentwicklungen waren, dann ist die Rückkehr kleinerer Parteien im Sinne der These von Gordon Smith eher eine Rückkehr zur Normalität und darüber hinaus sicher auch ein Nachweis für die Flexibilität der parlamentarischen Demokratie. Die damaligen Koalitionszwänge haben z. B. Adenauers kraftvolle Regierungstechnik unter sicher schwierigeren Umständen als heute nicht beeinträchtigt. Vom Weimarer 30-Parteien-Parlament sind wir weit entfernt. D. h., eine begrenzte Vermehrung der Parlamentsparteien bedeutet nicht von vornherein eine Herausforderung der Stabilität.

Es besteht auch kein Anlaß zur Wählerschelte[30]. Wähler verhalten sich gemäß ihren Bedürfnissen, Interessen und Emotionen in aller Regel rational. Sie wählen nicht das Volksparteikonzept, sondern Politikkonzepte. Daß die großen Parteien in einer pluralistischen Gesellschaft lückenlos alle Positionen vertreten und bedienen könnten, ist eine Illusion. Deswegen hat es in der Geschichte der Bundesrepublik immer auch eine Fülle von »Nebenparteien« gegeben, die freilich seit den sechziger Jahren nur in Ausnahmefällen die Reizschwelle von fünf Prozent zu überschreiten vermochten. Kleinparteien erfüllen die wichtige Funktion der Einbeziehung oft auch radikaler Positionen in den parlamentarischen Willensbildungsprozeß. Daneben haben sie Signal- und Indikatorfunktionen; denn sie signalisieren Legitimations- und Integrationsdefizite ebenso wie vernachlässigte Themen und Interessen. Sie zeigen Art und Größe dieser Defizite an und das Ausmaß des dadurch in der Gesellschaft entstandenen Kritik- und Protestpotentials[31]. Damit übernehmen sie gewissermaßen zugleich die Funktion, den Großen Probleme und Themen zu liefern, die diesen, aus welchen Gründen auch immer, entgangen sind. Sie schaffen politische Berücksichtigungszwänge, indem sie eine Agenda-Setting-Funktion ausüben. Das galt für die GRÜNEN, es gilt ganz offensichtlich auch für die Republikaner. Beide haben das Spektrum der politischen Themen erweitert und, ob sie es wollten oder nicht, zur Einbindung der dahinter stehenden Interessen und Gruppen ins politische System und seine Willensbildungsmechanismen beigetragen. Damit ist über die Qualität der Themen und Argumente gar nichts ausgesagt. Im Hinblick auf die kleinen Parteien

28 Vgl. Robert Leicht, Auf dem Weg in eine andere Republik? Die Bindekraft der beiden großen Volksparteien läßt nach, in: Die Zeit vom 30. Januar 1987.

29 Vgl. Manfred Friedrich, Opposition ohne Alternative, Köln 1962; Ekkehart Krippendorff, Das Ende des Parteienstaates?, in: Der Monat, 160 (1962), S. 64–70.

30 So auch Kurt Biedenkopf, Zeitsignale. Parteienlandschaft im Umbruch, München 1989, S. 235 f.

31 Vgl. Richard Stöss, Struktur und Entwicklung des Parteiensystems der Bundesrepublik – Eine Theorie, in: ders. (Hrsg.), Parteien-Handbuch, Bd. 1, Opladen 1983, S. 237, 307.

bleibt die Frage, ob über derartige Defizit- und Protestansätze der Weg zu einem politischen Programm gefunden wird oder ob diese Ansätze Programm bleiben. In diesem Fall spricht viel dafür, daß eine dauerhafte Etablierung im Parteiensystem nicht gelingen wird. Die Großparteien werden sich dieser Ansätze bemächtigen, ihre Lücken schließen und ihre Politikkonzepte entsprechend anreichern. Kleinparteien wirken folglich nicht eo ipso destabilisierend. Das ist eine der grundlegenden Erfahrungen nach 40 Jahren Bundesrepublik. Zum Problem werden die Kleinparteien jedoch, wenn sie sich als koalitionsunwillig und -unfähig erweisen – oder wenn sie aufgrund ihrer politischen Orientierung als koalitionsunwürdig gelten.

Fragmentierungstendenzen des Parteiensystems haben aufgrund historischer Erfahrungen in der Weimarer Republik und der Mentalitätsprägungen, die von ihnen ausgegangen sind, in Deutschland eigenes Gewicht. Diese Empfindlichkeiten wurden nach den Wahlen auf unterschiedlichen Ebenen von 1989 sichtbar. Läßt man konkrete Politikinhalte einmal beiseite, ist die oben beschriebene problematische Situation tatsächlich eingetreten. Sie besteht darin, daß kleinere Parteien hinzugekommen sind oder sich verfestigt haben, die mit relativ extremen Positionen die sich gegenüberliegenden Ränder des Parteienspektrums besetzen. Sie verkörpern gegensätzliche Wert- und Politikkonzepte und üben Druck auf die Mitte aus. Dort ziehen sie Wählerstimmen ab. Die demoskopischen Befunde signalisieren uns gegenwärtig die klassischen negativen Konsequenzen für Regierungsbildung und Stabilität. Im Augenblick überschreiten Prognosen wohl das Maß vertretbarer Kühnheit. Aber es erscheint durchaus denkbar, daß noch weitere Ausdifferenzierungen aus den Volksparteikörpern stattfinden, wenn tatsächlich der Nachweis geführt wird, daß die Fünf-Prozent-Hürde auch unter den Bedingungen von Bundestagswahlen erfolgreich überschritten werden kann. Während die GRÜNEN wohl dabei sind, diesen Nachweis zu führen, schicken sich die Republikaner erst an, ihn anzutreten. Zusätzliche Fragmentierungen könnten das Parteiensystem künftig charakterisieren.

Der Wandel der Wertorientierungen als eine weitere Entwicklungstendenz, die seit Mitte der sechziger Jahre[32] anhält, hat zu einer politisch stärker interessierten und involvierten Wählerschaft geführt. Im Eurobarometer Mitte der achtziger Jahre äußerten die Deutschen die höchste Frequenz politischer Diskussionen: 84 Prozent. Während 44 Prozent der Italiener, 36 Prozent der Briten und 30 Prozent der Franzosen äußerten, »niemals« über Politik zu reden, gehörten nur 16 Prozent der Deutschen dieser Kategorie an[33]. Man ist bereit, politisch Position zu beziehen und bekennerhaft Flagge zu zeigen. Das deutet auf eine Verringerung des Abstands zur Politik hin. Dieser größeren Nähe folgt eine gestiegene Bereitschaft zur politischen Aktivität, die sich mit dem Glauben paart, Einfluß ausüben zu können – eine Annahme, die durchaus zutrifft. Parallel zur gesteigerten Aktivität haben sich neue, unkonventionelle Ausdrucksformen politischer Partizipation entwickelt. Das politische Handlungsrepertoire in der Bundesrepublik hat sich vergrößert[34] und findet be-

---

32 Vgl. z. B. Helmut Klages, Wertorientierungen im Wandel, Frankfurt-New York 1985^2; ders., Wertedynamik, Zürich 1988.

33 Vgl. David Conradt, The German Polity, New York-London 1989^4, S. 56f.

34 Vgl. Arthur Fischer u. a., Jugendliche und Erwachsene ’85. Generationen im Vergleich, Opladen 1985, Bd. 3, S. 360ff.

sonders bei Jugendlichen und jungen Erwachsenen Zustimmung. Aber diese Erweiterung des Handlungsrepertoires und des Engagements kommt fast ausschließlich unkonventionellen und nicht institutionalisierten Aktionsformen zugute: Einzelaktionen, Initiativen oder Bewegungen, die eher spontan, möglichst organisations- und verantwortungsfrei operieren.

Die partizipatorische Revolution, wie diese Entwicklung mit leichter Übertreibung genannt worden ist[35], vollzog sich an den Institutionen vorbei, zum Teil sogar mit anti-institutioneller Stoßrichtung. Zum einen sollten Parteien und Parlamente, denen man mißtraute, ja gerade nicht unterstützt und gestärkt werden. Zum anderen – denken wir an das Selbstverständnis der Bewegungen – bestehen erhebliche Vorbehalte gegen organisatorische Einbindungen und formale Mitgliedschaften an sich. Von daher konnten die Parteien von dieser Entwicklung seit Mitte der siebziger Jahre nicht mehr profitieren. Vielmehr hat sich eine an Mitgliederzahlen gleich starke, unterschiedlich akzentuierte Form neuer sozialer Bewegungen neben sie gestellt. Bei den Anhängern dieser Bewegungen ist der Glaube an die Wirksamkeit ihrer fließenden Beteiligungsformen weit verbreitet und hoch. Diese Sichtweise wird problematisch, insoweit sie sich ausdrücklich mit dem Willen zur Mitentscheidung paart. Mitentscheidungswille bedingt nämlich Kooperation mit den Institutionen, die in der Demokratie aus Gründen der Verantwortlichkeit, der Transparenz, der Rechtssicherheit und der Kontrollierbarkeit über das Entscheidungsmonopol verfügen. Sie verfügen freilich nicht über ein Monopol in der Willensbildung. Wer aber mitentscheiden will, muß in oder zumindest mit den Institutionen wirken, nicht neben ihnen und gegen sie. Allzu wörtlich verstandener Selbstbestimmung und Selbstentfaltung mag das widersprüchlich erscheinen. Ausschließlich auf die eigene Entscheidungsmacht zu rekurrieren, ist jedoch alles andere als demokratisch. Der mühsame Weg parlamentarisch-demokratischer Mehrheitsbildung und Legitimitätsgewinnung durch Wahlentscheidung ist annähernd das Gegenteil von spontaner Selbstverwirklichung. Diese Tendenz selbst wiederum fordert in erheblichem Maße die parteiendemokratischen Willensbildungsstrukturen heraus. Sie läßt sich mit dem Stichwort Entinstitutionalisierung charakterisieren.

Neben der Fragmentierung des Parteienspektrums und der Entinstitutionalisierung der Partizipationsformen läßt sich eine dritte Entwicklungstendenz mit dem Stichwort Stimmungsabhängigkeit beschreiben. Sie ergibt sich als Konsequenz des Selbstverwirklichungsansatzes, der logischerweise einen Kontrapunkt zu klassischen Formen kollektiver Partizipation und zur überkommenen Parteibindung bedeutet. Seit 1980 ist der Anteil der Wechselwähler deutlich gestiegen: 1987 erreichte er fast 40 Prozent[36]. Demgemäß verringerte sich der Anteil der Stammwähler. Nicht mehr so sehr gewachsene Parteibindungen bestimmen das Verhalten der Wählerschaft, sondern zunehmend spezifische Themen oder auch Lebensstile jenseits traditioneller Weltanschauungen und sozialer Herkünfte. Diese neue Flexibilität bedeutet aber zugleich eine zunehmende Disposition für schnell wechselnde Stimmungen: Kurzzeit-

35 Vgl. Max Kaase, Partizipatorische Revolution – Ende der Parteien?, in: Joachim Raschke (Hrsg.), Bürger und Parteien. Ansichten und Analysen einer schwierigen Beziehung, Opladen 1982, S. 173–189.

36 Vgl. Hans-Joachim Veen, Die Wähler sind wählerischer geworden, in: FAZ vom 20. Oktober 1988.

einflüsse und aktuelle politische Situationen gewinnen an Bedeutung. Man könnte auch freundlicher sagen: Die jeweils aktuelle Politik der Parteien muß ihre Attraktivität stets neu beweisen. In einer der Wahlanalysen heißt es im Blick auf die Januarwahlen 1987: »Dramatischer als das Ergebnis ist am Ende der Anteil von Wählern, die sich mit keiner Partei längerfristig identifizieren, sondern immer offener, beweglich, kurzfristig, schwer kalkulierbar, aber leicht beeinflußbar ihre Wahl treffen.«[37] Das trifft vor allem auf die »neue Mittelschicht« zu[38]. Die Parteien stehen also vor der Herausforderung, daß Partizipation und Wahlentscheidung stimmungsabhängiger werden, und geben sich in ihren internen Analysen selbst den Rat, diese Stimmungsabhängigkeit in ihre Strategien mit einzubeziehen. Sie können die Geister, die sie selber riefen, nicht mehr loswerden; denn die gleichen Parteien haben die Wahlkämpfe von Issue-Auseinandersetzungen in die wohlkalkulierte Pflege von Stimmungslandschaften verwandelt[39]. Die Berliner Wahlen vom Januar 1989 scheinen die Grenzen dieses substanz- und themenlosen Wahlkampfstils aufzuzeigen. Die Wähler mögen sich zwar nicht als reifer, wohl aber als politischer erwiesen haben, als es ihnen die Parteien zutrauten; denn wo ihnen die großen Parteien Themen und Aussagen vorenthielten, haben sie sich Parteien zugewandt, von denen sie sich eine Umsetzung ihrer Themen und Emotionen in politische Handlungen versprachen.

Dennoch: Die Bundesrepublik wird sich auf den in der Berliner Wahl sichtbaren generellen Trend der Politikvermittlung wahrscheinlich einzurichten haben und damit eine oberflächlichere und emotionalere Politikzuwendung akzeptieren müssen. Schließlich kann nicht erhofft werden, daß der Einfluß der elektronischen Medien auf die Politik geringer wird. Wir kopieren im Gegenteil den Stil amerikanischer Wahlkampagnen. Das kann zu einem weiteren Bedeutungsgewinn von Fernsehwahlkämpfen führen. Bei der hohen Selbsteinschätzung der Parteimanager erscheint es zunächst einmal fraglich, ob das Signal von Berlin, welches ein Bedürfnis nach politischen Inhalten und substantiellen Antworten auf Zukunftsfragen statt gefälliger Verpackungen anzeigt[40], richtig verstanden wird. Wer den neuen Populismus und die politischen Emotionen fürchtet, darf beiden natürlich nicht folgen. Er müßte ihnen gegenüber die Restbestände rationaler politischer Argumentation verteidigen.

V. Ausblick

Die Wahlen des Jahres 1989 zeigen sicher nur eine unter mehreren Richtungen an, die das Parteiensystem einschlagen kann, sobald sich an einem seiner Ränder Ideologie und Emotionen mit stabilem und wachsendem Erfolg verfestigen: Was an

37 Hans-Joachim Veen, Auch Zufall hatte die Hand im Spiel, in: Rheinischer Merkur vom 25. Januar 1987.

38 Vgl. Heinz Ulrich Brinkmann, Wahlverhalten der »neuen Mittelschicht« in der Bundesrepublik Deutschland, in: Aus Politik und Zeitgeschichte, B 30–31/88, S. 19–32.

39 Vgl. Heinrich Oberreuter, Stimmungsdemokratie, Zürich 1987, S. 16ff.; grundsätzlich dazu: Peter Radunski, Moderne Wahlkampfführung als politische Kommunikation, München 1980.

40 So ist jedenfalls auch K. Biedenkopfs Plädoyer zur Überwindung politischer Defizite (Anm. 30, S. 221ff.) zu verstehen.

einem Rande recht ist, ist am anderen billig – im Ergebnis schrumpft die Mitte. Bisher beruhte der Erfolg der Bonner Republik darauf, daß die Mitte auf die Ränder drückte. Nun lassen sich gegenläufige Tendenzen erkennen. Für die Großparteien zeichnet sich die zusätzliche Herausforderung ab, daß sie sich jedwede Fundamentalismen nur um den Preis ihres offenen und weitgespannten Integrationsbegriffs leisten können. Dort liegen z. B. die immanenten Grenzen der jüngsten unionsinternen Diskussion um eine Verschärfung ihres programmatischen Profils zugunsten traditioneller Wertorientierungen. Tatsächlich ist die Situation komplexer, als daß sie mit den alten Begriffen rechts oder links charakterisiert werden könnte. Die Entwicklung der Gesellschaft war bislang nicht stromlinienförmig. Insofern müssen die Großparteien zur Synthese und zum Spagat zwischen rechts und links, zwischen Tradition und Fortschritt, zwischen alten und neuen Themen fähig sein. Das ist schwierig, zumal die Kunst komplexen Denkens in unserer politischen Szene nicht weit verbreitet ist.

Anhang

1. Wahlergebnisse 1946–1989: Bundestags-, Landtags- und Europawahlen nach Bundesländern*

a) *Bundestagswahlergebnisse*

Bundestagswahlergebnisse 1949–1987 im Überblick

	1. Bundestag (14. 8. 1949)				2. Bundestag (6. 9. 1953)			
a) Wohnbevölkerung b) abgegebene Stimmen (davon ungültig in %) c) Wahlbeteiligung d) Wahlberechtigte absolut und in % der Bevölkerung	a) Tsd. 47 093	b) Tsd. 24 496 (3,1 %)	c) in % 78,5	d) Tsd. 31 208 (66,3 %)	a) Tsd. 49 142	b) Tsd. 28 480 (3,3 %)	c) in % 86,0	d) Tsd. 33 202 (67,4 %)
a) Stimmenzahl b) Stimmenanteil c) Mandatszahl d) Mandatsanteil	a) Tsd.	b) in % 100	c) 402	d) in % 100	a) Tsd.	b) in % 100	c) 487	d) in % 100
CDU/CSU	7 359	31,0	139[1]	34,6	12 444	45,2	243[2]	49,9
SPD	6 935	29,2	131[1]	32,6	7 945	28,8	151	31,0
FDP/DVP	2 830	11,9	52	12,9	2 629	9,5	48	9,9
DP	940	4,0	17	4,2	896	3,3	15[1]	3,1
BP	968	4,2	17	4,2	466	1,7	–	–
KPD	1 362	5,7	15	3,7	608	2,2	–	–
BHE/GB	–	–	–	–	1 617	5,9	27	5,5
WAV	682	2,9	12	3,0	–	–	–	–
ZP	728	3,1	10	2,5	217	0,8	3[3]	0,6
DKP/DRP	429	1,8	5	1,2	–	–	–	–
DRP	–	–	–	–	296	1,1	–	–
GVP	–	–	–	–	318	1,2	–	–
SSW	75	0,3	1	0,2	45	0,2	–	–
Parteilose	1 142	4,8	3	0,7	–	–	–	–
Sonstige	265	1,1	–	–	71	0,3	–	–

* Die Tabellen sind entnommen: Gerhard A. Ritter/Merith Niehuss, Wahlen in der Bundesrepublik Deutschland. Bundestags- und Landtagswahlen 1946–1987, München 1987; die neueren Ergebnisse beruhen auf Zusammenstellungen der Herausgeber.

	3. Bundestag (15. 9. 1957)				4. Bundestag (17. 9. 1961)			
a) Wohnbevölkerung	a)	b)	c)	d)	a)	b)	c)	d)
b) abgegebene Stimmen	Tsd.	Tsd.	in %	Tsd.	Tsd.	Tsd.	in %	Tsd.
(davon ungültig in %)	51 432	31 073	87,8	35 401	53 977	32 850	87,7	37 441
c) Wahlbeteiligung		(3,8 %)		(68,8 %)		(4,0 %)		(69,4 %)
d) Wahlberechtigte absolut und in % der Bevölkerung								
a) Stimmenzahl	a)	b)	c)	d)	a)	b)	c)	d)
b) Stimmenanteil	Tsd.	in %		in %	Tsd.	in %		in %
c) Mandatszahl								
d) Mandatsanteil		100	497	100		100	499	100
CDU/CSU	15 008	50,2	270[4]	54,3	14 298	45,3	242[5]	48,6
SPD	9 496	31,8	169	34,0	11 427	36,2	190	38,1
FDP	2 307	7,7	41	8,2	4 029	12,8	67	13,4
DP	1 007	3,4	17	3,4	–	–	–	–
BHE/GB	1 374	4,6	–	–	871[6]	2,8[6]	–	–
DRP	309	1,0	–	–	263	0,8	–	–
SSW	32	0,1	–	–	25	0,1	–	–
DFU	–	–	–	–	610	1,9	–	–
Sonstige	409	1,4	–	–	27	0,2	–	–

	5. Bundestag (19. 9. 1965)				6. Bundestag (28. 9. 1969)			
a) Wohnbevölkerung	a)	b)	c)	d)	a)	b)	c)	d)
b) abgegebene Stimmen	Tsd.	Tsd.	in %	Tsd.	Tsd.	Tsd.	in %	Tsd.
(davon ungültig in %)	56 811	33 416	86,8	38 510	58 712	33 523	86,7	38 677
c) Wahlbeteiligung		(2,4 %)		(67,8 %)		(1,7 %)		(65,9 %)
d) Wahlberechtigte absolut und in % der Bevölkerung								
a) Stimmenzahl	a)	b)	c)	d)	a)	b)	c)	d)
b) Stimmenanteil	Tsd.	in %		in %	Tsd.	in %		in %
c) Mandatszahl								
d) Mandatsanteil		100	496	100		100	496	100
CDU/CSU	15 524	47,6	245	49,4	15 195	46,1	242	48,8
SPD	12 813	39,3	202	40,7	14 066	42,7	224	45,2
FDP	3 097	9,5	49	9,9	1 903	5,8	30	6,0
NPD	664	2,0	–	–	1 422	4,3	–	–
DFU	434	1,3	–	–	–	–	–	–
Sonstige	88	0,3	–	–	380	1,1	–	–

	7. Bundestag (19. 11. 1972)				8. Bundestag (3. 10. 1976)			
a) Wohnbevölkerung b) abgegebene Stimmen (davon ungültig in %) c) Wahlbeteiligung d) Wahlberechtigte absolut und in % der Bevölkerung	a) Tsd. 56 364	b) Tsd. 37 762 (0,8 %)	c) in % 91,1	d) Tsd. 41 446 (73,5 %)	a) Tsd. 55 752	b) Tsd. 38 166 (0,9 %)	c) in % 90,7	d) Tsd. 42 058 (75,4 %)
a) Stimmenzahl b) Stimmenanteil c) Mandatszahl d) Mandatsanteil	a) Tsd.	b) in % 100	c) 496	d) in % 100	a) Tsd.	b) in % 100	c) 496	d) in % 100
CDU/CSU	16 806	44,9	225	45,4	18 395	48,6	243	49,0
SPD	17 175	45,8	230	46,4	16 099	42,6	214	43,2
FDP	3 130	8,4	41	8,3	2 995	7,9	39	7,9
NPD	207	0,6	–	–	123	0,3	–	–
DKP	114	0,3	–	–	119	0,3	–	–
Sonstige	27	0,1	–	–	92	0,3	–	–

	9. Bundestag (5. 10. 1980)				10. Bundestag (6. 3. 1983)			
a) Wohnbevölkerung b) abgegebene Stimmen (davon ungültig in %) c) Wahlbeteiligung d) Wahlberechtigte absolut und in % der Bevölkerung	a) Tsd. 55 512	b) Tsd. 38 292 (0,9 %)	c) in % 88,6	d) Tsd. 43 232 (77,9 %)	a) Tsd. 55 297	b) Tsd. 39 280 (0,9 %)	c) in % 89,1	d) Tsd. 44 089 (79,7 %)
a) Stimmenzahl b) Stimmenanteil c) Mandatszahl d) Mandatsanteil	a) Tsd.	b) in % 100	c) 497	d) in % 100	a) Tsd.	b) in % 100	c) 498	d) in % 100
CDU/CSU	16 898	44,5	226	45,5	18 998	48,8	244	49,0
SPD	16 261	42,9	218[1]	43,9	14 866	38,2	193[2]	38,8
FDP	4 031	10,6	53	10,7	2 707	7,0	34	6,8
GRÜNE	570	1,5	–	–	2 167	5,6	27	5,4
NPD	68	0,2	–	–	91	0,2	–	–
DKP	72	0,2	–	–	65	0,2	–	–
Sonstige	40	0,1	–	–	74	0,1	–	–

11. Bundestag (25. 1. 1987)				
a) Wohnbevölkerung b) abgegebene Stimmen (davon ungültig in %) c) Wahlbeteiligung d) Wahlberechtigte absolut und in % der Bevölkerung	a) Tsd. 55 063	b) Tsd. 38 225 (0,9 %)	c) in % 84,3	d) Tsd. 45 328 (82,3 %)
a) Stimmenzahl b) Stimmenanteil c) Mandatszahl d) Mandatsanteil	a) Tsd.	b) in % 100	c) 497	d) in % 100
CDU/CSU	16 762	44,3	223[1]	44,9
SPD	14 026	37,0	186	37,4
FDP	3 441	9,1	46	9,3
GRÜNE	3 126	8,3	42	8,5
NPD	227	0,6	–	–
Sonstige	286	0,8	–	–

1 Davon 1 Überhangmandat.
2 Davon 2 Überhangmandate.
3 Darunter ein Mitglied der CDU, das über die Landesliste der Deutschen Zentrumspartei gewählt worden ist.
4 Davon 3 Überhangmandate.
5 Davon 5 Überhangmandate.
6 BHE/GB zusammen mit DP.

b) Bundestagswahlen: Ergebnisse auf Länderebene

Baden-Württemberg

	1949[1]	1953	1957	1961	1965	1969	1972	1976	1980	1983	1987
Einwohnerzahl (in Tsd.)	6226	6637	7261	7813	8360	8877	8365	8295	8343	8358	8415
Wahlberechtigte in %	65,2	68,4	66,9	66,7	64,9	62,1	71,3	73,8	76,4	78,3	81,2
Wahlbeteiligung in %	70,0	81,8	84,3	84,8	84,8	85,1	90,2	89,1	86,6	88,4	83,1
ungültige Stimmen in %	4,2	3,3	4,6	3,3	3,2	2,3	1,3	1,2	1,2	1,1	1,2
CDU	39,6	52,4	52,8	45,9	49,9	50,7	50,5	53,6	48,5	52,6	46,7
SPD	23,9	23,0	25,8	32,4	33,0	36,5	42,8	38,3	37,2	31,1	29,3
FDP/DVP	17,6	12,7	14,4	16,3	13,1	7,5	5,6	7,0	12,0	9,0	12,0
KPD/DKP	6,4	2,3	–	–	–	–	0,3	0,4	0,1	0,1	–
BHE/GB/GDP	–	5,4	4,7	2,6	–	–	–	–	–	–	–
DP	–	1,6	1,3	–	–	–	–	–	–	–	–
DRP	–	–	0,6	0,6	–	–	–	–	–	–	–
NPD	–	–	–	–	2,2	4,5	0,7	0,5	0,2	0,3	1,0
GRÜNE	–	–	–	–	–	–	–	–	1,8	6,8	10,0
Sonstige	12,5[2]	2,6[5]	0,4	2,2[8]	1,6[9]	0,9	0,1	0,2	0,1	0,1	1,2
Mandate: CDU	26[3]	38	37	32	35	37	36	38	36	39	36[11]
SPD	15	16	18	22	23	27	28	26	27	23	22
FDP	10	9	11	12	10	6	8	7	9	7	9
Sonstige	4[4]	4[6]	1[7]	–	–	–	–	–	–	5[10]	7[10]
zusammen	55	67	67	66	68	70	72	71	72	74	74

1 Für die Wahl 1949 wurden hier die Ergebnisse aus den Ländern Württemberg-Baden (33 Sitze), Baden (12 Sitze) und Württemberg-Hohenzollern (10 Sitze) zusammengefaßt, die Verteilung der Mandate erfolgte auf der Ebene der einzelnen Länder. Die Mandate für „Sonstige Parteien" wurden ausschließlich in Württemberg-Baden erzielt.
2 Notgemeinschaft: 9,0 %.
3 Davon 1 Überhangmandat in Baden.
4 KPD: 2, Notgemeinschaft (parteiloser Kandidat): 1, Parteilos: 1.
5 GVP: 1,5 %, DNS: 1,1 %.
6 DP: 1, BHE/GB: 3.
7 DP.
8 DFU: 2,1 %.
9 ADF.
10 GRÜNE.
11 Ein Überhangmandat.

Bayern

	1949	1953	1957	1961	1965	1969	1972	1976	1980	1983	1987
Einwohnerzahl (in Tsd.)	9151	9079	9167	9567	10053	10543	10177	10162	10236	10256	10297
Wahlber. in %	65,4	67,6	68,1	68,5	67,2	65,0	72,5	74,3	76,5	78,1	80,8
Wahlbet. in %	81,1	85,8	87,7	87,2	85,9	85,2	89,8	89,6	87,6	87,6	81,7
ungültige Stimmen in %	2,6	3,6	3,6	4,0	2,8	1,8	0,9	0,8	1,0	0,8	0,8
CSU	29,2	47,8	57,2	54,9	55,6	54,4	55,1	60,0	57,6	59,5	55,1
SPD	22,7	23,3	26,4	30,1	33,1	34,6	37,8	32,8	32,7	28,9	27,0
FDP	8,5	6,2	4,6	8,7	7,3	4,1	6,1	6,2	7,8	6,2	8,1
KPD/DKP	4,1	1,6	–	–	–	–	0,2	0,2	0,1	0,1	–
BP	20,9	9,2	3,2[5]	–	–	0,9	–	–	–	–	0,4
BHE/GB/GDP	–	8,2	6,8	3,9	–	–	–	–	–	–	–
DP	–	0,9	0,7	–	–	–	–	–	–	–	–
DRP	–	1,6	0,5	0,5	–	–	–	–	–	–	–
NPD	–	–	–	–	2,7	5,3	0,7	0,4	0,2	0,3	0,6
GRÜNE	–	–	–	–	–	–	–	–	1,3	4,7	7,7
Sonstige	14,5[1]	1,2	0,6	1,7[6]	1,3[7]	0,7	0,1	0,4	0,2	0,3	1,1
Mandate: CSU	24	52	53	50	49	49	48	53	52	53	49
SPD	18	25	25	28	30	31	33	29	30	26	24
FDP	7	6[3]	4	8	7	4	5	6	7	6	7
Sonst.	29[2]	8[4]	–	–	–	–	–	–	–	4[8]	7
zus.	78	91	82	86	86	84	86	88	89	89	87

1 WAV: 14,4 %.

2 BP: 17, WAV: 12. 4 Abgeordnete des WAV schlossen sich im Oktober 1950 dem BHE an.

3 Die FDP erhielt 2 Direktmandate nach Wahlkreisabsprachen mit CSU, BP und DP.

4 BHE/GB.

5 Unter dem Namen FU, Föderalistische Union, einem Zusammenschluß mit dem Zentrum. Beide Parteien bildeten schon im ersten Bundestag eine Fraktionsgemeinschaft. Die FU bzw. BP hatte in 8 Wahlkreisen mit der SPD Wahlkreisabsprachen getroffen; jedoch konnte sich in keinem Fall eine der Parteien gegen den Kandidaten der CSU durchsetzen.

6 DFU: 1,6 %.

7 DFU: 1,1 %.

8 GRÜNE.

Berliner Bundestagsabgeordnete[1]

	1949[2]	1953	1957	1961	1965	1969	1972	1976	1980	1983	1987
Mandate: CDU	5	6	7	9	6	8	9	11	11	11	11
SPD	9	11	12	13	15	13	12	10	10	9	7
FDP	5	5	2	–	1	1	1	1	1	1	2
Sonstige	–	–	1[3]	–	–	–	–	–	–	1[4]	2[4]
zusammen	19	22	22	22	22	22	22	22	22	22	22

1 Nicht von der Bevölkerung, sondern vom Berliner Abgeordnetenhaus gewählt.
2 Stand am 31. 1. 1952.
3 FDV Freie Deutsche Volkspartei.
4 Alternative Liste.

Bremen

	1949	1953	1957	1961	1965	1969	1972	1976	1980	1983	1987
Einwohnerzahl (in Tsd.)	534	585	660	710	738	756	705	671	647	636	617
Wahlberechtigte in %	71,1	72,0	70,8	71,5	71,2	69,4	76,8	78,8	80,9	82,3	84,6
Wahlbeteiligung in %	81,9	87,4	88,8	88,2	86,1	86,3	91,0	90,0	87,8	88,3	82,7
ungültige Stimmen in %	2,3	3,2	3,8	4,4	1,9	1,1	0,7	0,5	0,8	1,0	0,8
CDU	16,9	24,8	30,4	27,0	34,0	32,3	29,6	32,5	28,8	34,2	28,9
SPD	34,4	39,0	46,2	49,7	48,5	52,0	58,1	54,0	52,5	48,7	46,5
FDP	12,9	7,5	5,9	15,2	11,7	9,3	11,1	11,8	15,1	6,5	8,8
KPD/DKP	6,8	3,9	–	–	–	–	0,7	0,8	0,5	0,4	–
BHE/GB/GDP	–	3,2	2,0	4,1	–	–	–	–	–	–	–
DP	18,0	17,0	13,8	–	–	–	–	–	–	–	–
DRP	–	3,0	1,4	1,1	–	–	–	–	–	–	–
NPD	–	–	–	–	2,7	4,4	0,5	0,3	0,2	0,3	0,5
GRÜNE	–	–	–	–	–	–	–	–	2,7	9,7	14,5
Sonstige	11,0[1]	1,6[3]	0,3	2,9[4]	3,1[5]	2,0	0,1	0,4	0,3	0,1	0,8
Mandate: CDU	1	2	2	1	2	2	1	2	1	2	2
SPD	3[2]	3	3	3	3	3	3	3	3	3[2]	3
FDP	–	–	–	1	–	–	–	–	–	–	1
DP	1	1	1	–	–	–	–	–	–	–	–
Sonstige	–	–	–	–	–	–	–	–	–	–	1[6]
zusammen	5	6	6	5	5	5	4	5	4	5	7

1 RSF: 2,1 %, Parteilose: 8,9 %.
2 1 Überhangmandat.
3 GVP.
4 DFU.
5 DFU: 2,7 %.
6 GRÜNE.

Hamburg

	1949	1953	1957	1961	1965	1969	1972	1976	1980	1983	1987
Einwohnerzahl (in Tsd.)	1 531	1 655	1 777	1 838	1 857	1 819	1 675	1 585	1 506	1 454	1 417
Wahlberechtigte in %	74,5	75,0	74,8	75,4	75,0	73,7	80,5	81,2	83,3	85,7	88,8
Wahlbeteiligung in %	81,2	86,2	89,2	88,6	86,4	87,6	92,2	91,1	88,8	88,7	83,0
ungültige Stimmen in %	2,3	2,3	2,6	2,8	1,3	0,7	0,5	0,4	0,6	0,5	0,6
CDU	19,8	36,7	37,4	31,9	37,6	34,0	33,3	35,8	31,2	37,6	37,4
SPD	39,6	38,0	45,8	46,9	48,3	54,6	54,4	52,6	51,7	47,4	41,2
FDP	15,8	10,3	9,4	15,7	9,4	6,3	11,2	10,2	14,1	6,3	9,6
KPD/DKP	8,5	3,8	–	–	–	–	0,6	0,8	0,5	0,3	–
BHE/GB/GDP	–	2,5	1,5	1,0	–	–	–	–	–	–	–
DP	13,1	5,9	4,7	–	–	–	–	–	–	–	–
DRP	–	1,6	0,8	0,9	–	–	–	–	–	–	–
NPD	–	–	–	–	1,8	3,5	0,4	0,2	0,2	0,2	0,4
GRÜNE	–	–	–	–	–	–	–	–	2,3	8,2	11,0
Sonstige	3,2	1,2[3]	0,4	3,6[6]	2,9[7]	1,6	0,1	0,4	0,1	0,0	0,3
Mandate: CDU	3[1]	7[4]	7	6	7	6	5	5	4	5	5
SPD	6	7	9	9	9	10	9	8	7	7[5]	6
FDP	2[1]	2[4]	2	3	1	1	2	1	2	–	1
DP	1	2[4,5]	1	–	–	–	–	–	–	–	–
Sonstige	1[2]	–	–	–	–	–	–	–	–	1[8]	2[8]
zusammen	13	18	19	18	17	17	16	14	13	13	14

1 CDU und FDP hatten in allen Wahlkreisen Wahlkreisabsprachen getroffen, die der CDU 3 und der FDP ein Direktmandat einbrachten.
2 KPD.
3 GVP.
4 Wahlkreisabsprachen zwischen CDU, FDP und DP brachten DP und FDP je 2 und der CDU 4 Direktmandate ein, die letztere jedoch nach den Zweitstimmen ohne Absprache gewonnen hätte.
5 Ein Überhangmandat.
6 DFU: 3,6 %.
7 DFU: 2,7 %.
8 GRÜNE.

Hessen

	1949	1953	1957	1961	1965	1969	1972	1976	1980	1983	1987
Einwohnerzahl (in Tsd.)	4253	4363	4586	4846	5137	5406	5148	5109	5098	5081	5025
Wahlberechtigte in %	68,3	70,6	70,1	70,1	68,4	66,1	74,6	76,3	78,5	80,1	83,2
Wahlbeteiligung in %	77,3	86,7	89,1	89,2	87,4	88,2	91,7	91,9	89,9	90,2	85,7
ungültige Stimmen in %	5,3	4,3	4,7	4,9	2,8	1,7	0,7	0,8	0,9	0,9	1,2
CDU	21,4	33,2	40,9	34,9	37,8	38,4	40,3	44,8	40,6	44,3	41,3
SPD	32,1	33,7	38,0	42,8	45,7	48,2	48,5	45,7	46,4	41,6	38,7
FDP	28,1	19,7	8,5	15,2	12,0	6,7	10,2	8,5	10,6	7,6	9,1
KPD/DKP	6,7	2,5	–	–	–	–	0,4	0,4	0,2	0,2	–
BHE/GB/GDP	–	6,4	5,6	4,1	–	0,6	–	–	–	–	–
DP	–	2,8	5,5	–	–	–	–	–	–	–	–
DRP	–	–	1,2	0,6	–	–	–	–	–	–	–
NPD	–	–	–	–	2,5	5,1	0,6	0,3	0,2	0,2	0,8
GRÜNE	–	–	–	–	–	–	–	–	1,8	6,0	9,4
Sonstige	11,8[1]	1,7[3]	0,2	2,3[7]	1,9[8]	1,0	0,1	0,3	0,1	0,1	0,6
Mandate: CDU	9	15	20	17	18	19	19	21	19	21	19
SPD	13	16	19	21	21	24	23	22	22	20	18
FDP	12	9[4]	4	7	6	3	5	4	5	4	4
Sonstige	2[2]	4[5]	3[6]	–	–	–	–	–	–	3[9]	4[9]
zusammen	36	44	46	45	45	46	47	47	46	48	45

1 Parteilose: 11,5 %.
2 KPD.
3 GVP.
4 Die FDP konnte nach Wahlkreisabsprache mit der CDU ein Direktmandat gegen den Kandidaten der SPD erringen.
5 BHE: 3, DP: 1.
6 DP, fusioniert mit FVP. Wahlkreisabsprachen mit der CDU in 5 Wahlkreisen brachten der DP ein Direktmandat und der CDU 2, die die CDU allerdings nach den Zweitstimmen auch ohne Absprache gewonnen hätte.
7 DFU.
8 DFU: 1,8 %.
9 GRÜNE.

Niedersachsen

	1949	1953	1957	1961	1965	1969	1972	1976	1980	1983	1987
Einwohnerzahl (in Tsd.)	6754	6565	6504	6666	6892	7088	6987	6982	6970	6961	6932
Wahlberechtigte in %	65,5	66,8	68,2	69,2	68,9	67,2	73,4	74,6	77,0	78,7	81,2
Wahlbeteiligung in %	77,7	88,7	89,4	88,5	87,3	87,5	91,4	91,4	89,3	89,6	85,0
ungültige Stimmen in %	2,2	2,9	3,1	1,7	2,2	1,5	0,7	2,1	0,7	0,7	0,7
CDU	17,6	35,2	39,1	39,0	45,8	45,2	42,7	45,7	39,8	45,6	41,5
SPD	33,4	30,1	32,8	38,7	39,8	43,8	48,1	45,7	46,9	41,3	41,4
FDP	7,5	6,9	5,9	13,2	10,9	5,6	8,5	7,9	11,3	6,9	8,8
KPD/DKP	3,1	1,1	–	–	–	–	0,2	0,2	0,1	0,1	–
BHE/GB/GDP	–	10,8	7,6	6,1	–	–	–	–	–	–	–
DP	17,8	11,9	11,4	–	–	–	–	–	–	–	–
DRP/DKP	8,1	3,5	2,3	1,6	–	–	–	–	–	–	–
NPD	–	–	–	–	2,5	4,6	0,5	0,3	0,1	0,2	0,5
GRÜNE	–	–	–	–	–	–	–	–	1,6	5,7	7,4
Sonstige	12,5[1]	0,5	0,9	1,4[7]	1,0	0,8	0,0	0,1	0,1	0,0	0,4
Mandate: CDU	12	25	27	26	29	30	27	28	26	29	26
SPD	24	21	22	25	26	29	30	29	30	26	26
FDP	5	5[3]	4	9	7	4	5	5	7	4	6
DP	12	8[4]	8[6]	–	–	–	–	–	–	–	–
Sonstige	5[2]	7[5]	–	–	–	–	–	–	–	4[8]	5[8]
zusammen	58	66	61	60	62	63	62	62	63	63	63

1 Zentrum: 3,4 %, Unabhängige: 8,1 %.
2 DRP/DKP.
3 Davon 2 Direktmandate, die in Wahlkreisen errungen wurden, in denen CDU und DP auf eigene Wahlkreisbewerber verzichteten.
4 Sämtliche Mandate der DP wurden als Direktmandate erzielt; in 6 dieser 8 Wahlkreise verzichteten CDU, FDP und DKP zugunsten der DP auf eigene Wahlkreisbewerber gegen den Kandidaten der SPD, in einem Wahlkreis erhielt die DP nach Absprache mit der DRP ein Mandat gegen den Kandidaten der CDU. 3 Direktmandate, die die CDU aufgrund der Absprache erhielt, hätte sie nach den Zweitstimmen ohnehin gewonnen.
5 BHE/GB.
6 Davon 5 Direktmandate, von denen 4 in Wahlkreisen errungen wurden, in denen die CDU auf eigene Kandidaten verzichtete. Die 3 Direktmandate, die der CDU nach dieser Absprache zukamen, hätte die Partei ohnehin gewonnen. Die FDP fand 1957 bei dieser Wahlabsprache keine Berücksichtigung mehr.
7 DFU: 1,3 %.
8 GRÜNE.

Nordrhein-Westfalen

	1949	1953	1957	1961	1965	1969	1972	1976	1980	1983	1987
Einwohnerzahl (in Tsd.)	12796	14145	15109	15992	16717	17095	16168	15879	15684	15544	15369
Wahlber. in %	67,8	67,9	68,9	69,3	67,7	65,9	74,2	76,3	78,9	80,9	83,5
Wahlbet. in %	79,6[1]	86,0	88,5	88,4	87,6	87,3	91,8	91,3	89,0	89,5	85,4
ungültige Stimmen in %	2,7	2,9	3,3	2,9	1,7	1,4	0,6	0,7	0,8	0,7	0,8
CDU	36,9	48,9	54,4	47,6	47,1	43,6	41,0	44,5	40,6	45,2	40,1
SPD	31,4	31,9	33,5	37,3	42,6	46,8	50,4	46,9	46,8	42,8	43,2
FDP	8,6	8,5	6,3	11,7	7,6	5,4	7,8	7,8	10,9	6,4	8,4
KPD/DKP	7,6	2,9	–	–	–	–	0,3	0,3	0,2	0,2	–
Zentrum	8,9	2,7	0,8	–	–	0,2	–	–	–	–	0,1
BHE/GB/GDP	–	2,7	2,5	0,9	–	0,0	–	–	–	–	–
DP	–	1,0	1,6	–	–	–	–	–	–	–	–
DRP	1,8	–	0,6	0,5	–	–	–	–	–	–	–
NPD	–	–	–	–	1,1	3,1	0,3	0,2	0,1	0,2	0,4
GRÜNE	–	–	–	–	–	–	–	–	1,2	5,2	7,5
Sonstige	4,8[2]	1,4[4]	0,3	2,0[7]	1,6[8]	0,9	0,0	0,3	0,2	0,0	0,4
Mandate: CDU	43	73	87	76	74	69	61	66	60	65	58
SPD	37	47	54	60	66	73	75	70	70	63	62
FDP	10	12	11	19	13	9	12	12	17	10	12
Sonst.	19[3]	6[5]	2[6]	–	–	–	–	–	–	8[9]	11[9]
zus.	109	138	154	155	153	151	148	148	147	146	143

1 Die Zahl der Wahlberechtigten stimmt in den verschiedenen amtlichen Angaben nicht überein, die Wahlbeteiligung wird z. T. mit 81,2 % angegeben.

2 RSF: 2,1 %, Unabhängige: 2,4 %.

3 Zentrum: 10, KPD: 9.

4 DVP oder GVP.

5 Zentrum: 2, DP: 1, BHE/GB: 3. Das Zentrum errang im WK Oberhausen (Reg. Bez. Düsseldorf) ein Direktmandat nach einer Wahlkreisabsprache mit der CDU und wurde so trotz seiner bundesweit geringen Stimmenzahl bei der Mandatsverteilung entsprechend berücksichtigt. Der Partei wurden insgesamt im Bundesgebiet 3 Mandate zuerkannt, bei einem der Kandidaten handelte es sich jedoch um einen auf der Zentrumslandesliste hochplazierten CDU-Kandidaten. In weiteren 5 Wahlkreisabsprachen mit FDP und DP erhielten CDU und FDP ferner je ein Direktmandat, das der Kandidat der CDU nach den Zweitstimmen ohnehin gewonnen hätte.

6 DP.

7 DFU.

8 DFU: 1,3 %.

9 GRÜNE.

Rheinland-Pfalz

	1949	1953	1957	1961	1965	1969	1972	1976	1980	1983	1987
Einwohnerzahl (in Tsd.)	2868	3121	3299	3433	3567	3669	3559	3510	3481	3468	3459
Wahlberechtigte in %	66,3	68,7	67,8	68,4	67,4	65,7	73,7	76,3	79,3	81,2	83,1
Wahlbeteiligung in %	79,6	86,0	88,3	88,2	88,0	87,0	91,6	91,5	89,9	90,4	86,7
ungültige Stimmen in %	5,4	3,7	3,9	4,8	2,8	2,0	1,1	0,8	1,2	1,8	1,3
CDU	49,1	52,1	53,7	48,9	49,3	47,8	45,8	49,9	45,6	49,6	45,1
SPD	28,6	27,2	30,4	33,5	36,7	40,1	44,9	41,7	42,8	38,4	37,1
FDP	15,8	12,1	9,8	13,2	10,2	6,3	8,1	7,6	9,8	7,0	9,1
KPD/DKP	6,2	2,3	–	–	–	–	0,3	0,3	0,2	0,2	–
BHE/GB/GDP	–	1,5	1,5	0,5	–	–	–	–	–	–	–
DP	–	1,1	1,6	–	–	–	–	–	–	–	–
DRP	–	2,5	2,7	2,3	–	–	–	–	–	–	–
NPD	–	–	–	–	2,5	5,2	0,8	0,4	0,2	0,3	0,7
GRÜNE	–	–	–	–	–	–	–	–	1,4	4,5	7,5
Sonstige	0,3	1,2[2]	0,4	1,6[3]	1,3[4]	0,6	0,0	0,2	0,0	0,1	0,5
Mandate: CDU	13	18	18	16	16	16	15	16	15	16	15
SPD	7	9	10	11	12	13	14	13	14	12	12
FDP	4	4	3	4	3	2	2	2	3	2	3
Sonstige	1[1]	–	–	–	–	–	–	–	–	1[5]	2[5]
zusammen	25	31	31	31	31	31	31	31	32	31	32

1 KPD.
2 GVP.
3 DFU: 1,5 %.
4 DFU: 1,2 %.
5 GRÜNE.

Saarland

	1957	1961	1965	1969	1972	1976	1980	1983	1987
Einwohnerzahl (in Tsd.)	1001	1080	1123	1128	1080	1049	1024	1013	1004
Wahlberechtigte in %	65,9	66,2	65,5	65,1	73,9	77,3	81,0	83,0	84,4
Wahlbeteiligung in %	89,3	87,7	89,2	89,1	92,9	92,9	90,6	90,6	87,3
ungültige Stimmen in %	6,5	7,5	4,0	2,9	1,5	1,0	1,4	1,3	1,7
CDU	54,6[1]	49,0	46,8	46,1	43,4	46,2	42,3	44,8	41,2
SPD	25,1	33,5	39,8	39,9	47,9	46,1	48,3	43,8	43,5
FDP	18,1[2]	12,9	8,6	6,7	7,1	6,6	7,8	6,0	6,9
KPD/DKP	–	–	–	–	0,7	0,5	0,3	0,3	–
BHE/GB/GDP	0,3	–	–	–	–	–	–	–	–
DP	0,7	–	–	–	–	–	–	–	–
DRP	0,6	0,9	–	–	–	–	–	–	–
NPD	–	–	1,8	5,7	0,8	0,4	0,2	0,3	0,8
GRÜNE	–	–	–	–	–	–	1,1	4,8	7,1
Sonstige	0,6	3,6[4]	3,0[6]	1,6[7]	0,1	0,2	0,0	0,1	0,6
Mandate: CDU	5[3]	5[5]	4	4	4	4	4	4	4
SPD	2	3	4	4	4	4	4	4	4
FDP	1	1	–	–	–	–	–	–	1
Sonstige	–	–	–	–	–	–	–	–	1[8]
zusammen	8	9	8	8	8	8	8	8	10

1 Davon 33,3 % CDU und 21,3 % CSU/CVP.
2 FDP/DPS.
3 CDU: 3, CSU: 2.
4 DFU: 3,2 %.
5 Davon 1 Überhangmandat.
6 DFU: 1,5 %.
7 ADF: 1,2 %.
8 GRÜNE.

Schleswig-Holstein

	1949	1953	1957	1961	1965	1969	1972	1976	1980	1983	1987
Einwohnerzahl (in Tsd.)	2665	2365	2262	2327	2423	2554	2502	2510	2524	2526	2530
Wahlberechtigte in %	65,0	66,5	68,5	69,9	69,6	67,0	73,5	74,3	76,4	78,2	80,6
Wahlbeteiligung in %	82,7	88,5	88,3	88,0	85,9	86,0	90,5	90,6	89,0	89,2	84,4
ungültige Stimmen in %	2,3	2,9	4,0	4,8	2,2	1,2	0,7	0,5	0,7	0,7	0,8
CDU	30,7	47,1	48,1	41,8	48,2	46,2	42,0	44,1	38,9	46,5	41,9
SPD	29,6	26,5	30,8	36,4	38,8	43,5	48,6	46,4	46,7	41,7	39,8
FDP	7,4	4,5	5,6	13,8	9,4	5,2	8,6	8,8	12,7	6,3	9,4
KPD/DKP	3,1	1,2	–	–	–	–	–	0,2	0,1	0,1	–
SSW	5,4	3,3	2,5	1,9	–	–	–	–	–	–	–
BHE/GB/GDP	–	11,6	8,3	3,9	–	0,1	–	–	–	–	–
DP	12,1	4,0	3,8	–	–	–	–	–	–	–	–
DRP	–	0,9	0,7	0,9	–	–	–	–	–	–	–
NPD	–	–	–	–	2,4	4,3	0,5	0,3	0,1	0,2	0,5
GRÜNE	–	–	–	–	–	–	–	–	1,4	5,2	8,0
Sonstige	11,7[1]	0,9	0,2	1,4	1,2	0,6	0,3	0,2	0,1	0,1	0,4
Mandate: CDU	8	14[3]	14[5]	13[6]	11	10	9	10	9	10	9
SPD	8	7	7	8	8	10	11	10	11[7]	9	9
FDP	2	1	1	3	2	1	2	2	3	1	2
DP	3	1	1	–	–	–	–	–	–	–	–
Sonstige	2[2]	3[4]	–	–	–	–	–	–	–	1[8]	2[8]
zusammen	23	26	23	24	21	21	22	22	23	21	22

1 DKP: 1,9 %, RSF: 1,3 %, Parteilose: 7,6 %.

2 SSW: 1, Parteilos: 1. Der parteilose Kandidat erhielt durch Wahlkreisabsprache mit allen bürgerlichen Parteien – CDU, DP, FDP, Deutsche Konservative Partei und Zentrum – ein Direktmandat gegen den Kandidaten des SSW.

3 2 Überhangmandate. In 4 Wahlkreisen erhielt die CDU durch Wahlkreisabsprache mit DP, FDP und BHE Direktmandate, die sie nach dem Zweitstimmenergebnis jedoch ohnehin gewonnen hätte.

4 BHE/GB.

5 3 Überhangmandate.

6 4 Überhangmandate.

7 1 Überhangmandat.

8 GRÜNE.

c) Landtagswahlergebnisse

Landtagswahlen 1946 bis 1949 in den Westzonen im Überblick

	Bayern[1]	Hessen[1]	Württbg.-Baden[1]	Bremen[2]	Hamburg[2]	Württbg.-Baden	Bayern
	1946 30. 6.	30. 6.	30. 6.	13. 10.	13. 10.	24.11.	1. 12.
Einwohner (Tsd.)	8983	4050	3650	491	1405	3650	8983
Wahlber. in %	43,2	53,7	40,5	62,5	68,9	50,9	46,4
Wahlbet. in %	71,7	71,7	68,2	81,6	79,0	72,2	75,7
ungült. St. in %	2,3	5,2	3,9	–	3,8	5,9	4,4
Stimmanteile							
CDU/CSU	58,3	37,2	40,9	19,3	26,7	38,4	52,3
SPD	28,8	44,3	32,3	48,0	43,1	31,9	28,6
FDP	2,5	8,1	16,8	16,9	18,2	19,5[5]	5,6
KPD	5,3	9,7	10,0	11,5	10,4	10,3	6,1
Sonstige	5,1[9]	0,6[10]	–	4,3[11]	1,6	–	7,4[9]
Mandate							
CDU/CSU	109	35	41	12	16	39	104
SPD	51	42	32	51	83	32	54
FDP	4	6	17	12	7	19[5]	9
KPD	8	7	10	3	4	10	–
Sonstige	8[9]	–	–	2[17]	–	–	13[9]
Zusammen	180	90	100	80	110	100	180
Mandatsanteil							
CDU	60,6	38,9	41,0	12,6	14,5	39,0	57,8
SPD	28,3	46,7	32,0	70,6	75,5	32,0	30,0
FDP	1,7	6,7	17,0	10,9	6,4	19,0	5,0
KPD	5,0	7,8	10,0	3,4	3,6	10,0	–
Sonstige	4,4	–	–	2,5	–	–	7,2[9]

1 Wahlen zur verfassunggebenden Landesversammlung (bzw. in Hessen: verfassungsberatenden Landesversammlung).
2 Bürgerschaftswahlen.
3 Wahl zur gesetzgebenden Versammlung mit einer ernannten Regierung.
4 Sozialdemokratische Partei Saar – SPS.
5 FDP/DVP.
6 Liberaldemokratische Partei Deutschlands.
7 Demokratische Partei Saar.
8 Bremer Demokratische Volkspartei: 13,9 %, FDP: 5,5 %.
9 WAV.

Hessen	Schlesw. -Holstein	Nieder sachsen	Nordrh.- Westf.	Rheinl.- Pfalz	Baden	Württ.- Hohenz.	Saar land[3]	Bremen[2]
	1947							
1. 12.	20. 4.	20. 4.	20. 4.	18. 5.	18. 5.	18. 5.	5. 10.	12. 10.
4050	2604	6361	11768	2717	–	–	874	483
58,6	61,2	62,2	66,8	61,3	–	–	59,6	70,0
73,2	69,8	65,1	67,3	77,9	67,8	66,4	95,7	67,8
7,6	3,6	4,5	4,9	10,6	9,2	7,5	9,8	4,5
31,0	34,1	19,9	37,6	47,2	55,9	54,2	–	22,0
42,7	43,8	43,4	32,0	34,3	22,4	20,8	32,8[4]	41,7
15,7[6]	5,0	8,8	5,9	9,8	14,3[5]	17,7[5]	7,6[7]	19,4[8]
10,7	4,7	5,6	14,0	8,7	7,4	7,3	8,4	8,8
–	12,5[12]	22,3[13]	10,6[14]	–	–	–	51,2[15]	8,1[16]
28	21	30	92	48	34	32	–	24
38	43	65	64	34	13	12	17	46
14	–	13	12	11	9	11[5]	3	17
10	–	8	28	8	4	5	2	10
–	6[18]	33[19]	20[20]	–	–	–	28[15]	3[21]
90	70	149	216	101	60	60	50	100
31,1	30,0	20,1	42,6	47,5	56,7	53,3	–	24,0
42,2	61,4	43,6	29,6	33,7	21,7	20,0	34,0	46,0
15,6	–	8,7	5,6	10,9	15,0	18,3	6,0	17,0
11,1	–	5,4	13,0	7,9	6,7	8,3	4,0	10,0
–	8,6[18]	22,1[22]	9,3[20]	–	–	–	56,0[15]	3,0[21]

10 SAP.
11 Davon SAP: 3,2 %, NLP: 1,1 %.
12 Davon SSV: 9,3 %, DKP: 3,1 %.
13 Davon DP: 17,9 % (DP erst ab 4. 6. 1947, vorher: Niedersächsische Landespartei), Zentrum: 4,1 %.
14 Davon Zentrum: 9,8 %.
15 CVP.
16 Davon DP: 3,9 %, FSU: 1,1 %, Parteilose: 3,1 %.
17 SAP.
18 SSV.
19 Davon DP: 27, Zentrum: 6.
20 Zentrum
21 DP.
22 Davon DP: 18,1 %, Zentrum: 4,0 %.

Landtagswahlen Baden-Württemberg

	9.3.[1] 1952	4.3. 1956	15.5.[2] 1960	26.4. 1964	28.4. 1968	23.4. 1972	4.4. 1976	16.3. 1980	25.3. 1984	20.3. 1988
Einwohnerzahl (in Tsd.)	6512	7092	7759	8196	8635	9112	9135	9233	9243	9331
Wahlberechtigte in %	67,3	66,8	66,2	66,8	65,0	65,8	66,7	68,5	71,5	73,6
Wahlbeteiligung in %	63,7	70,3	59,0	67,7	70,7	80,0	75,5	72,0	71,2	71,8
ungültige Stimmen in %	2,1	1,9	2,6	2,3	2,2	1,0	1,3	0,8	1,2	1,2
CDU	36,0	42,6	39,5	46,2	44,2	52,9	56,7	53,4	51,9	49,0
SPD	28,0	28,9	35,3	37,3	29,0	37,6	33,3	32,5	32,4	32,0
FDP	18,0	16,6	15,8	13,1	14,4	8,9	7,8	8,3	7,2	5,9
KPD/DKP	4,4	3,2	–	–	–	0,5	0,5	0,3	0,3	0,2
BHE/GB/GDP	6,3	6,3	6,6	1,8	–	–	–	–	–	–
DP	–	–	1,6	–	–	–	–	–	–	–
NDP	–	–	–	–	9,8	–	0,9	0,1	–	2,1
GRÜNE	–	–	–	–	–	–	–	5,3	8,0	7,9
Sonstige	7,3[3]	2,4[4]	1,2	1,7[5]	2,6[6]	0,1	0,8	0,1	0,2	3,2
Mandate:										
CDU	50	56	52	59	60	65	71	68	68	66
SPD	38	36	44	47	37	45	41	40	41	42
FDP	23	21	18	14	18	10	9	10	8	7
BHE/GB/GDP	6	7	7	–	–	–	–	–	–	–
Sonstige	4[7]	–	–	–	12[8]	–	–	6[9]	9[9]	10[9]
zusammen	121	120	121	120	127	120	121	124	126	125
Mandatsanteil:										
CDU	41,3	46,7	43,0	49,2	47,2	54,2	58,7	54,8	54,0	52,8
SPD	31,4	30,0	36,4	39,2	29,1	37,5	33,9	32,3	32,5	33,6
FDP	19,0	17,5	14,9	11,7	14,2	8,3	7,4	8,1	6,3	5,6
BHE/GB/GDP	5,0	5,8	5,8	–	–	–	–	–	–	–
Sonstige	3,3	–	–	–	9,4	–	–	4,8	7,1	8,0

1 Wahl zur verfassunggebenden Landesversammlung.
2 Für die Wahlkreise Waiblingen I und II mußte aufgrund eines Urteils des Staatsgerichtshofes von Württemberg vom 6. 2. 1961 eine Nachwahl stattfinden. Für diese Wahlkreise sind die Ergebnisse der Nachwahl am 12. 3. 1961 eingesetzt worden.
3 Davon Deutsche Gemeinschaft –DG/BHE: 3,1 % (kandidierte als Splittergruppe nicht gemeinsam mit BHE/GB/GDP), SRP: 2,4 %.
4 Davon Gesamtdeutsche Volkspartei – GVP: 1,5 %.
5 Davon: DFU: 1,4 %.
6 Davon: Demokratische Linke – DL: 2,3 %.
7 KPD.
8 NDP.
9 GRÜNE.

Landtagswahlen Bayern

	26.11. 1950	28.11. 1954	23.11. 1958	25.11. 1962	20.11. 1966	22.11. 1970	27.10. 1974	15.10. 1978	10.10. 1982	12.10. 1986
Einwohnerzahl (in Tsd.)	9108	9070	9215	9667	10178	10479	10851	10819	10961	10978
Wahlberechtigte in %	66,2	67,3	67,9	68,3	66,0	69,2	68,3	70,7	72,6	75,3
Wahlbeteiligung in %	79,9	82,4	76,6	76,5	80,6	79,5	77,7	76,6	78,0	70,1
ungültige Stimmen in %	4,0	3,2	3,7	2,8	2,7	2,5	2,2	2,2	2,1	2,0
CSU	27,4	38,0	45,6	47,5	48,1	56,4	62,1	59,1	58,3	55,8
SPD	28,0	28,1	30,8	35,3	35,8	33,3	30,2	31,4	31,9	27,5
FDP	7,1	7,2	5,6	5,9	5,1	5,6	5,2	6,2	3,5	3,8
KPD/DKP	1,9	2,1	–	–	–	0,4	0,4	0,3	0,2	–
BHE/GB/GDP	0,2	10,2	8,6	5,1	0,1	–	–	–	–	–
BP	17,9	13,2	8,1	4,8	3,4	1,3	0,8	0,4	0,5	0,6
NDP	–	–	–	–	7,4	2,9	1,1	0,6	0,6	0,5
GRÜNE	–	–	–	–	–	–	–	1,8[2]	4,6	7,5
Sonstige	17,5[1]	1,2	1,3	1,4	0,1	0,1	0,2	0,2	0,4	4,3[5]
Mandate:										
CSU	64	83	101	108	110	124	132	129	133	128
SPD	63	61	64	79	79	70	64	65	71	61
FDP	12	13	8	9	–	10	8	10	–	–
BP	39	28	14	8	–	–	–	–	–	–
BHE/GB/GDP	26[3]	19	17	–	–	–	–	–	–	–
Sonstige	–	–	–	–	15[4]	–	–	–	–	15[6]
zusammen	204	204	204	204	204	204	204	204	204	204
Mandatsanteil:										
CSU	31,4	40,7	49,5	52,9	53,9	60,8	64,7	63,2	65,2	62,8
SPD	30,9	29,9	31,4	38,7	38,7	34,3	31,4	31,9	34,8	29,9
FDP	5,9	6,4	3,9	4,4	–	4,9	3,9	4,9	–	–
BP	19,1	13,7	6,9	3,9	–	–	–	–	–	–
BHE/GB/GDP	12,7[3]	9,3	8,3	–	–	–	–	–	–	–
Sonstige	–	–	–	–	7,4	–	–	–	–	7,4[6]

1 Davon Deutscher Gemeinschaftsblock der Heimatvertriebenen und Entrechteten BHE-DG: 12,3 %, WAV: 2,8 %.
2 Aktionsgemeinschaft Unabhängiger Deutscher – DIE GRÜNEN.
3 BHE-DG.
4 NPD.
5 Davon die Republikaner: 3,0 %.
6 GRÜNE.

Wahlen zur Berliner Stadtverordnetenversammlung (Groß-Berlin) 1946 und 1948

	20. 10. 1946					
	amerikan. Sektor	brit. Sektor	französ. Sektor	sowj. Sektor	Groß-Berlin	
Einwohner in Tsd.	976	603	421	1170	3170	
Wahlberechtigte in %	74,2	73,5	78,3	72,9	74,1	
Wahlbeteiligung in %	91,8	90,3	91,3	93,8	92,3	
ungült. Stimmen in %	1,8	1,8	2,0	2,3	2,0	
Stimmanteile						
SPD	51,9	50,8	52,6	43,6	48,7	
SED	12,7	10,4	21,2	29,9	19,8	davon:
CDU	24,8	27,0	19,0	18,7	22,2	Mandate
LDP	10,6	11,8	7,2	7,8	9,3	aufgrund von
Mandate						Reststimmen
SPD	18	11	8	16	63	10
SED	3	0	3	11	26	9
CDU	7	5	2	5	29	10
LDP	0	1	0	0	12	11
zusammen	28	17	13	32	130	40
	5. 12. 1948				West-Berlin	
Einwohner in Tsd.	1006	628	438		2073	
Wahlberechtigte in %	77,0	76,7	75,1		76,5	
Wahlbeteiligung in %	87,9	86,2	82,7		86,3	
ungült. Stimmen in %	2,7	2,3	3,6		2,8	
Stimmanteile						
SPD	63,4	61,5	71,9		64,5	davon:
CDU	19,7	20,5	17,2		19,4	Mandate
LDP	16,9	18,0	10,9		16,1	aufgrund von
Mandate						Reststimmen
SPD	23	14	11		60	12
CDU	4	3	2		21	12
LDP	3	3	0		17	11
zusammen	30	20	13		98	35

Wahlen zur Stadtverordnetenversammlung Berlin (West)

	3. 12. 1950	5. 12. 1954	7. 12. 1958	17.12. 1963	12. 3. 1967	14. 3. 1971	2. 3. 1975	18. 3. 1979	10. 5. 1981	10. 3. 1985	29. 1. 1989
Einwohnerzahl (in Tsd.)	2139	2193	2223	2177	2174	2099	2004	1907	1892	1847	2013
Wahlberechtigte in %	77,8	77,3	79,1	80,3	79,1	78,8	78,8	80,4	80,1	81,6	76,1
Wahlbeteiligung in %	90,4	91,8	92,9	89,9	86,2	88,9	87,8	85,4	85,3	83,6	79,6
ungültige Stimmen in %	2,7	1,3	1,0	1,1	1,5	1,4	0,9	2,0	2,3	1,2	1,3
CDU	24,7	30,4	37,7	28,8	32,9	38,2	43,9	44,4	48,0	46,4	37,7
SPD	44,7	44,6	52,6	61,9	56,9	50,4	42,6	42,7	38,3	32,4	37,3
FDP	23,1	12,8	3,8	7,9	7,1	8,4	7,1	8,1	5,6	8,5	3,9
BHE/GB/GDP	2,2	2,6	–	–	–	–	–	–	–	–	–
SED/SEW	–	2,7	2,0	1,3	2,1	2,3	1,8	1,1	0,6	0,6	0,6
DP	3,7	4,9	3,3	–	–	–	–	–	–	–	–
AL	–	–	–	–	–	–	–	3,7	7,5[4]	10,6	11,8
Republikaner	–	–	–	–	–	–	–	–	–	–	7,5
Sonstige	1,7	2,0[1]	0,6	0,0	1,1[2]	0,7	4,6[3]	0,1	0,0	1,5	1,1
Mandate:											
CDU	34	44	55	41	47	54	69	63	65	69	55
SPD	61	64	78	89	81	73	67	61	51	48	55
FDP	32	19	–	10	9	11	11	11	7	12	–
AL	–	–	–	–	–	–	–	–	9	15	17
Republikaner	–	–	–	–	–	–	–	–	–	–	11
zusammen	127	127	133	140	137	138	147	135	132	144	138
Mandatsanteil:											
CDU	26,8	34,6	41,4	29,3	34,3	39,1	46,9	46,7	49,2	47,9	39,9
SPD	48,0	50,4	58,6	63,6	59,1	52,9	45,6	45,2	38,6	33,3	39,9
FDP	25,2	15,0	–	7,1	6,6	8,0	7,5	8,1	5,3	8,3	–
AL	–	–	–	–	–	–	–	–	6,8	10,4	12,3
Republikaner	–	–	–	–	–	–	–	–	–	–	8,0

1 Davon Wirtschaftliche Vereinigung des Mittelstandes WVM: 1,8 %.
2 Aktionsgemeinschaft Unabhängiger Deutscher.
3 Davon Bund Freies Deutschland BFD: 3,4 %.
4 Davon Grüne Liste Berlin: 0,3 %.

Bürgerschaftswahlen Bremen

	7.10. 1951	9.10. 1955	11.10. 1959	29.9. 1963	1.10. 1967	10.10. 1971	28.9. 1975	7.10. 1979	25.9. 1983	13.9. 1987
Einwohnerzahl (in Tsd.)	560	614	682	721	751	738	721	697	682	652
Wahlberechtigte in %	72,8	71,7	71,9	72,7	71,1	75,5	73,1	74,9	76,2	79,6
Wahlbeteiligung in %	83,3	84,0	79,2	76,1	77,0	80,0	82,2	78,5	79,7	75,7
ungültige Stimmen in %	1,9	1,3	1,2	1,0	1,3	0,8	0,7	0,5	0,9	0,7
CDU	9,0	18,0	14,8	28,9	29,5	31,6	33,8	31,9	33,3	23,4
SPD	39,1	47,7	54,9	54,7	46,0	55,3	48,7	49,4	51,3	50,5
FDP	11,8	8,6	7,1	8,4	10,5	7,1	13,0	10,7	4,6	10,0
KPD/DKP	6,4	5,0	–	–	–	3,1	2,1	0,8	–	0,6
BHE/GB/GDP	5,6	2,9	1,9	0,2	–	–	–	–	–	–
DP	14,7	16,6	14,5	5,2	0,9	–	–	–	–	–
NPD	–	–	–	–	8,8	2,8	1,1	0,4	–	–
GRÜNE	–	–	–	–	–	–	–	6,5[6]	9,2[10]	10,2
DVU – Liste D	–	–	–	–	–	–	–	–	–	3,4
Republikaner	–	–	–	–	–	–	–	–	–	1,2
Sonstige	13,3[1]	1,1[2]	6,8[3]	2,7[4]	4,3[5]	0,1	1,3	0,2	1,5[11]	0,7
Mandate:										
CDU	9	18	16	31	32	34	35	33	37	25
SPD	43	52	61	57	50	59	52	52	58	54
FDP	12	8	7	8	10	7	13	11	–	10
DP	16	18	16	4	–	–	–	–	–	–
GRÜNE	–	–	–	–	–	–	–	4	5	10
DVU – Liste D	–	–	–	–	–	–	–	–	–	1
Sonstige	20[7]	4[8]	–	–	8[9]	–	–	–	–	–
zusammen	100	100	100	100	100	100	100	100	100	100
Mandatsanteil:										
CDU	9,0	18,0	16,0	31,0	32,0	34,0	35,0	33,0	37,0	25,0
SPD	43,0	52,0	61,0	57,0	50,0	59,0	52,0	52,0	58,0	54,0
FDP	12,0	8,0	7,0	8,0	10,0	7,0	13,0	11,0	–	10,0
DP	16,6	18,0	16,0	4,0	–	–	–	–	–	–
GRÜNE	–	–	–	–	–	–	–	4,0	5,0	10,0
DVU – Liste D	–	–	–	–	–	–	–	–	–	1,0
Sonstige	20,0	4,0	–	–	8,0	–	–	–	–	–

1 Davon FSU: 1,3 %, SRP: 7,7 %, Parteilose: 4,3 %.
2 Bund der Deutschen (BdD).
3 Davon Wählervereinigung gegen atomare Aufrüstung: 2,6 %; DRP: 3,8 %.
4 DFU.
5 Davon DFU: 4,2 %.
6 Davon AL: 1,4 %.
7 KPD: 6, SRP: 8, GB/BHE: 2, Parteilose: 4.
8 KPD.
9 NDP.
10 Davon GRÜNE: 5,4 %, Bremer Grüne Liste: 2,4 %, Betriebliche Alternative Liste: 1,4 %.
11 Davon ASD: 1,0 %.

Bürgerschaftswahlen Hamburg

	16.10. 1949	1.11. 1953	10.11. 1957	12.11. 1961	27.3. 1966	22.3. 1970	3.3. 1974	4.6. 1978	6.6. 1982	19.12. 1982	9.11. 1986	17.5. 1987[9]
Einw. (in Tsd.)	1 494	1 655	1 771	1 832	1 852	1 794	1 743	1 672	1 632	1 632	1 577	1 577
Wahlber. %	77,1	76,2	76,0	75,6	74,3	77,1	75,4	75,6	76,1	76,0	79,2	79,1
Wahlbet. %	70,5	80,9	77,3	72,3	69,8	73,4	80,4	76,6	77,8	84,0	77,8	79,6
ung. St. %	2,8	1,2	1,4	1,2	1,3	1,1	1,1	1,1	1,1	0,8	1,2	0,8
CDU	34,5[1]	50,0[2]	32,2	29,1	30,0	32,8	40,6	37,6	43,2	38,6	41,9	40,5
SPD	42,8	45,2	53,9	57,4	59,0	55,3	45,0	51,5	42,7	51,3	41,7	45,0
FDP	–[1]	–[2]	8,6	9,6	6,8	7,1	10,9	4,8	4,9	2,6	4,8	6,5
KPD/DKP	7,4	3,2	–	–	–	1,7	2,2	1,0	0,6	0,4	0,2	–
DP	13,3	–	–[2]	4,1	–	–	–	0,1	–	–	–	–
NPD	–	–	–	–	3,9	2,7	0,8	0,3	–	–	–	–
Grüne	–	–	–	–	–	–	–	3,5[5]	8,7[6]	6,8	10,4	7,0
Sonstige	2,0[3]	1,6	1,2	3,9[4]	0,3	0,5	0,5	1,3	0,0	0,3	1,0	0,9
Mandate:												
CDU	40[1]	62[2]	41	36	38	41	51	51	56	48	54	49
SPD	65	58	69	72	74	70	56	69	55	64	53	55
FDP	–[1]	–[2]	10	12	8	9	13	–	–	–	–	8
Sonstige	15[7]	–	–	–	–	–	–	–	9[8]	8[8]	13[8]	8[8]
Zusammen	120	120	120	120	120	120	120	120	120	120	120	120
Mandatsanteil:												
CDU	33,3	51,7	34,2	30,0	31,7	34,2	42,5	42,5	46,7	40,0	45,0	40,8
SPD	54,2	48,3	57,5	60,0	61,7	58,3	46,7	57,5	45,8	53,3	44,2	45,8
FDP	–	–	8,3	10,0	6,7	7,5	10,8	–	–	–	–	6,7
Sonstige	12,5	–	–	–	–	–	–	–	7,5	6,7	10,8	6,7

1 Vaterstädtischer Bund Hamburg (CDU, FDP und Deutschkonservative Partei) – die Stimmanteile und Mandate wurden bei der CDU eingetragen. Dennoch regierte die SPD bis zum 28. 2. 1950 zusammen mit der FDP.

2 Die Stimmanteile und Mandate für den Hamburger Block (CDU, FDP, DP) wurden hier bei der CDU eingetragen.

3 RSF.

4 Davon DFU: 2,9 %.

5 Bunte Liste.

6 Davon GAL: 7,7 %, Grüne Liste Umweltschutz: 1,0 %.

7 Davon DP: 9 (7,5 %); KPD: 5 (4,2 %); RSF: 1 (0,8 %).

8 GAL.

9 Vorläufiges amtliches Endergebnis vor der Regierungsbildung.

Landtagswahlen Hessen

	19.11. 1950	28.11. 1954	23.11. 1958	11.11. 1962	6.11. 1966	8.11. 1970	27.10. 1974	8.10. 1978	26.9. 1982	25.9. 1983	5.4 1987
Einwohnerzahl (in Tsd.)	2243	4409	4619	4900	5215	5382	5582	5546	5606	5584	5025
Wahlberechtigte in %	70,4	70,4	70,5	70,4	67,9	71,1	69,0	70,9	72,3	73,0	83,0
Wahlbeteiligung in %	64,9	82,4	82,3	77,7	81,0	82,8	84,8	87,7	86,4	83,6	80,3
ungültige Stimmen in %	4,4	2,3	1,7	1,7	1,4	0,9	1,0	0,8	0,9	0,9	1,0
CDU	18,8	24,1	32,0	28,8	26,4	39,7	47,3	46,0	45,6	39,4	42,1
SPD	44,4	42,6	46,9	50,8	51,0	45,9	43,2	44,3	42,8	46,2	40,2
FDP	31,8[1]	20,5	9,5	11,4	10,4	10,1	7,4	6,6	3,1	7,6	7,8
KPD/DKP	4,7	3,4	–	–	–	1,2	0,9	0,4	0,4	0,3	0,3
BHE/GB/GDP	–[1]	7,7	7,4	6,3	4,3	–	–	–	–	–	–
DP	–[1]	1,2	3,5	–	–	–	–	–	–	–	–
NDP	–	–	–	–	7,9	3,0	1,0	0,4	–	–	–
GRÜNE	–	–	–	–	–	–	–	2,0[3]	8,0	5,9	9,4
Sonstige	0,3	0,4	0,7	2,6[2]	0,0	0,1	0,2	0,3	0,1	0,5	0,2
Mandate:											
CDU	12	24	32	28	26	46	53	53	52	44	47
SPD	47	44	48	51	52	53	49	50	49	51	44
FDP	21	21	9	11	10	11	8	7	–	8	9
BHE/GB/GDP	–	7	7	6	–	–	–	–	–	–	–
Sonstige	–	–	–	–	8[4]	–	–	–	9[5]	7[5]	10[5]
zusammen	80	96	96	96	96	110	110	110	110	110	110
Mandatsanteil:											
CDU	15,0	25,0	33,3	29,2	27,1	41,8	48,2	48,2	47,3	40,0	42,7
SPD	58,8	45,8	50,0	53,1	54,2	48,2	44,5	45,5	44,5	46,4	40,0
FDP	26,3	21,8	9,4	11,5	10,4	10,0	7,3	6,4	–	7,3	8,2
Sonstige	–	7,3	7,3	6,3	8,3	–	–	–	8,2	6,4	9,1

1 FDP, BHE und DP gingen eine Listenverbindung ein.
2 Davon DFU: 2,5 %.
3 Davon Grüne Aktion Zukunft: 0,9 %, Grüne Liste Hessen: 1,1 %.
4 NDP.
5 GRÜNE.

Landtagswahlen Niedersachsen

	6.5. 1951	24.4. 1955	19.4. 1959	19.5. 1963	4.6. 1967	14.6. 1970	9.6. 1974	4.6. 1978	21.3. 1982	15.6. 1986
Einwohnerzahl (in Tsd.)	6691	6493	6551	6761	6981	7082	7263	7225	7264	7193
Wahlberechtigte in %	66,9	67,8	68,4	69,5	68,2	71,8	70,6	72,5	74,5	77,7
Wahlbeteiligung in %	75,8	77,5	78,0	76,9	75,8	76,7	84,4	78,5	77,7	77,3
ungültige Stimmen in %	1,9	1,5	1,6	1,0	1,0	0,7	0,8	0,6	0,7	0,6
CDU	23,7[1]	26,6	30,8	37,7	41,7	45,7	48,8	48,7	50,7	44,3
SPD	33,7	35,2	39,5	44,9	43,1	46,3	43,1	42,2	36,5	42,1
FDP	8,3	7,9	5,2	8,8	6,9	4,4	7,0	4,2	5,9	6,0
KPD/DKP	1,8	1,3	–	–	–	0,4	0,4	0,3	0,3	0,1
BHE/GB/GDP	14,9	11,0	8,3	3,7	–	–	–	–	–	–
DP	–[1]	12,4	12,4	2,7	–	–	–	–	–	–
DRP	2,2	3,8	3,6	1,5	–	–	–	–	–	–
NPD	–	–	–	–	7,0	3,2	0,6	0,4	–	–
Grüne	–	–	–	–	–	–	–	3,9[4]	6,5	7,1
Sonstige	15,3[2]	1,8[3]	0,2	0,6	1,3	0,1	–	0,4	0,1	0,4
Mandate:										
CDU	35[1]	43	51	62	63	74	77	83	87	69
SPD	64	59	65	73	66	75	67	72	63	66
FDP	12	12	8	14	10	–	11	–	10	9
BHE/GB/GDP	21	17	13	–	–	–	–	–	–	–
Sonstige	26[5]	28[6]	20[7]	–	10[8]	–	–	–	11[9]	11[9]
zusammen	158	159	157	149	149	149	155	155	171	155
Mandatsanteil:										
CDU	22,2	27,0	32,5	41,6	42,3	49,7	49,7	53,5	50,9	44,5
SPD	40,5	37,1	41,4	49,0	44,3	50,3	43,2	46,5	36,8	42,6
FDP	7,6	7,5	5,1	9,4	6,7	–	7,1	–	5,8	5,8
BHE/GB/GDP	13,3	10,7	8,3	–	–	–	–	–	–	–
Sonstige	16,4	17,6	12,7	–	6,7	–	–	–	6,4	7,1

1 Die Stimmanteile und Mandate für die Niederdeutsche Union (CDU/DP) wurden hier bei der CDU eingetragen.
2 Darunter Zentrum: 3,3 %. SRP: 11,0 %, DSP 0,8 %.
3 Darunter Zentrum: 1,1 %.
4 GLU (Grüne Liste Umweltschutz).
5 Davon DRP: 3 (1,9 %), DSP: 1 (0,6 %), KPD: 2 (1,3 %), SRP (1952 verboten): 16 (10,1 %), Zentrum: 4 (2,5 %).
6 Davon DP: 19 (11,9 %), DRP: 6 (3,8 %), Zentrum: 1 (0,6 %), KPD: 2 (1,3 %)
7 DP.
8 NPD.
9 GRÜNE.

Landtagswahlen Nordrhein-Westfalen

	18.6. 1950	27.6. 1954	6.7. 1958	8.7. 1962	10.7. 1966	14.6. 1970	4.5. 1975	11.5. 1980	12.5. 1985
Einwohnerzahl (in Tsd.)	12922	14147	15304	16117	16807	16914	17176	17044	16742
Wahlberechtigte in %	68,8	68,8	68,7	69,2	67,2	70,3	70,1	72,4	75,9
Wahlbeteiligung in %	72,3	72,6	76,6	73,4	76,5	73,5	86,1	80,0	57,3
ungültige Stimmen in %	3,6	2,1	1,2	1,3	1,1	0,7	0,9	0,6	0,7
CDU	36,9	41,3	50,5	46,4	42,8	46,3	47,1	43,2	36,5
SPD	32,3	34,5	39,2	43,3	49,5	46,1	45,1	48,4	52,1
FDP	12,1	11,5	7,1	6,8	7,4	5,5	6,7	5,0	6,0
KPD/DKP	5,5	3,8	–	–	–	0,9	0,5	0,3	–
BHE/GB/GDP	–	4,6	–	0,4	–	–	–	–	–
DP	1,7	0,0	1,6	–	–	–	–	–	–
NDP	–	–	–	–	–	1,1	0,4	–	–
Zentrum	7,5	4,0	1,1	0,9	0,2	0,1	0,1	0,0	–
GRÜNE	–	–	–	–	–	–	–	3,0	4,6
Sonstige	4,0[1]	0,4	0,5	2,2[2]	0,1	0,0	0,1	0,1	0,8
Mandate:									
CDU	93	90	104	96	86	95	95	95	88
SPD	68	76	81	90	99	94	91	106	125
FDP	26	25	15	14	15	11	14	–	14
Sonstige	28[3]	9[4]	–	–	–	–	–	–	–
zusammen	215	200	200	200	200	200	200	201	227
Mandatsanteil:									
CDU	43,2	45,0	52,0	48,0	43,0	47,5	47,5	47,3	38,8
SPD	31,6	38,0	40,5	45,0	49,5	47,0	45,5	52,7	55,1
FDP	12,1	12,5	7,5	7,0	7,5	5,0	7,0	–	6,2
Sonstige	13,1	5,4	–	–	–	–	–	–	–

1 Davon RSF: 2,0 %, DRP: 1,7 %.
2 Davon DFU: 2,0 %.
3 Davon KPD: 12 (5,6 %), Zentrum: 16 (5,6 %).
4 Zentrum.

Landtagswahlen Rheinland-Pfalz

	29.4. 1951	15.5. 1955	19.4. 1959	31.3. 1963	23.4. 1967	21.3. 1971	9.3. 1975	18.3. 1979	6.3. 1983	17.5. 1987
Einwohnerzahl (in Tsd.)	3014	3207	3358	3494	3620	3671	3678	3632	3634	3610
Wahlberechtigte in %	67,1	67,1	67,5	67,6	65,9	70,4	72,0	74,8	77,4	79,1
Wahlbeteiligung in %	74,8	76,0	77,2	75,5	78,5	79,4	80,8	81,4	90,8	77,2
ungültige Stimmen in %	5,0	3,1	2,1	1,8	1,5	1,3	1,0	1,2	1,0	1,3
CDU	39,2	46,8	48,4	44,4	46,7	50,0	53,9	50,1	51,9	45,1
SPD	34,0	31,7	34,9	40,7	36,8	40,5	38,5	42,3	39,6	38,8
FDP	16,7	12,7	9,7	10,1	8,3	5,9	5,6	6,4	3,5	7,3
KPD/DKP	4,3	3,2	–	–	–	0,9	0,5	0,4	0,2	–
BHE/GB/GDP	1,9	1,8	1,4	–	–	–	–	–	–	–
DRP	0,5	–	5,1	3,2	–	–	–	–	–	–
NDP	–	–	–	–	6,9	2,7	1,1	0,7	0,1	–
GRÜNE	–	–	–	–	–	–	–	–	4,5	5,9
Sonstige	3,4[1]	3,8[2]	0,5	1,6[3]	1,3[4]	0,0	0,3	0,1	0,1	2,9[7]
Mandate:										
CDU	43	51	52	46	49	52	55	51	57	48
SPD	38	36	37	43	39	42	40	43	43	40
FDP	19	13	10	11	8	6	5	6	–	7
Sonstige	–	–	1[5]	–	4[6]	–	–	–	–	5[8]
zusammen	100	100	100	100	100	100	100	100	100	100
Mandatsanteil:										
CDU	43,0	51,0	52,0	46,0	49,0	52,0	55,0	51,0	57,0	48,0
SPD	38,0	36,0	37,0	43,0	39,0	42,0	40,0	43,0	43,0	40,0
FDP	19,0	13,0	10,0	11,0	8,0	6,0	5,0	6,0	–	7,0
Sonstige	–	–	1,0	–	4,0	–	–	–	–	5,0

1 Davon Zentrum: 2,1 %.
2 Davon Parteilose: 2,9 %.
3 Davon DFU: 1,3 %.
4 Davon DFU: 1,2 %.
5 DRP.
6 NDP.
7 Davon Freie Wählergemeinschaft FWG: 1,5 %.
8 GRÜNE.

Landtagswahlen Saarland

	30. 11. 1952	18. 12. 1955	4. 12. 1960	27. 6. 1965	14. 6. 1970	4. 5. 1975	27. 4. 1980	10. 3. 1985	28.1. 1990
Einw. (in Tsd.)	961	984	1051	1123	1120	1100	1068	1051	1056
Wahlber. in %	64,7	67,5	68,4	66,5	70,3	73,1	77,4	80,3	79,8
Wahlbet. in %	93,1	90,3	79,1	81,8	83,1	88,8	85,0	85,0	83,2
ung. St. in %	24,5	1,8	6,3	2,6	1,5	1,1	1,1	1,7	1,0
CDU	–	26,0[1]	36,6	42,7	47,8	49,1	44,0	37,3	33,4
SPD	32,4[2]	20,1[3]	30,0	40,7	40,8	41,8	45,4	49,2	54,4
DPS/FDP	–	24,2	13,8	8,3	4,4	7,4	6,9	10,0	5,6
KPD/DKP	9,5	6,6	–	–	2,7	1,0	0,5	0,3	0,1
CVP/SVP	54,7	21,8	11,4	5,2	0,9	–	–	–	–
DDU	–	0,9	5,0	3,1	–	–	–	–	–
NPD	–	–	–	–	3,4	0,7	–	0,7	0,2
Grüne	–	–	–	–	–	–	2,9	2,5	2,6
Sonstige	3,4[4]	0,3	3,2[5]	0,0	0,0	0,0	0,3	–	3,6[9]
Mandate:									
CDU	–	14	19	23	27	25	23	20	18
SPD	17[2]	9[6]	16	21	23	22	24	26	30
DPS/FDP	–	12	7	4	–	3	4	5	3
CVP/SVP	29	13	6	2	–	–	–	–	–
Sonstige	4[7]	2[7]	2[8]	–	–	–	–	–	–
zusammen	50	50	50	50	50	50	51	51	51
Mandatsanteil:									
CDU	–	28,0	38,0	46,0	54,0	50,0	45,1	37,3	35,3
SPD	34,0	18,0	32,0	42,0	46,0	44,0	47,1	52,9	58,8
DPS/FDP	–	24,0	14,0	8,0	–	6,0	7,8	9,8	5,9
CVP/SVP	58,0	26,0	12,0	–	–	–	–	–	–
Sonstige	8,0	4,0	4,0	4,0	–	–	–	–	–

1 Davon CSU: 0,6 %.
2 SPS.
3 Davon SPS: 5,8 %.
4 Demokratische Volkspartei.
5 Davon Christlich Nationale Gemeinschaft CNG: 2,6 %.
6 Darunter SPS: 2.
7 KP – Landesverband Saar.
8 DDU.
9 Davon Republikaner: 3,4%

Landtagswahlen Schleswig-Holstein

	9. 7. 1950	12. 9. 1954	28. 9. 1958	23. 9. 1962	23. 4. 1967	25. 4. 1971	13. 4. 1975	29. 4. 1979	13.3. 1983	13.9. 1987	8. 5. 1988
Einwohnerzahl (in Tsd.)	2598	2305	2267	2341	2488	2530	2584	2595	2617	2614	2614
Wahlberechtigte in %	66,0	67,2	69,1	70,6	67,6	71,5	71,2	73,0	75,1	77,9	78,1
Wahlbeteiligung in %	78,2	78,6	78,7	70,1	74,1	79,2	82,3	83,3	84,8	76,6	77,4
ungültige Simmen in %	2,3	1,9	1,3	1,2	1,0	0,7	0,7	0,5	0,3	0,6	0,9
CDU	19,8[1]	32,2	44,4	45,0	46,0	51,9	50,4	48,3	49,0	42,6	33,3
SPD	27,5	33,2	35,9	39,2	39,4	41,0	40,1	41,7	43,7	45,2	54,8
FDP	7,1[1]	7,5	5,4	7,9	5,9	3,8	7,1	5,7	2,2	5,2	4,4
KPD/DKP	2,2	2,1	–	–	–	0,4	0,4	0,2	0,1	0,2	0,1
BHE/GB/GDP	23,4	14,0	6,9	4,2	–	–	–	–	–	–	–
DP	9,6[1]	5,1[1]	2,8	–	–	–	–	–	–	–	–
DRP	2,8	1,5	1,1	–	–	–	–	–	–	–	–
NPD	–	–	–	–	5,8	1,3	0,5	0,2	–	–	1,2
SSW	5,5	3,5	2,8	2,3	1,9	1,4	1,4	1,4	1,3	1,5	1,7
GRÜNE	–	–	–	–	–	–	–	2,4[4]	3,6	3,9	2,9
UWSH	–	–	–	–	–	–	–	–	–	1,3	0,8
Republikaner	–	–	–	–	–	–	–	–	–	–	0,6
Sonstige	2,2[2]	0,9	0,7	1,4[3]	1,0	0,2	0,1	0,1	0,1	0,0	0,2
Mandate:											
CDU	16	25	33	34	34	40	37	37	39	33	27
SPD	19	25	26	29	30	32	30	31	34	36	46
FDP	8	5	3	5	4	–	5	4	–	4	–
SSW	4	–	2	1	1	1	1	1	1	1	1
BHE/GB/GDP	15	10	5	–	–	–	–	–	–	–	–
Sonstige	7[5]	4[6]	–	–	4[7]	–	–	–	–	–	–
zusammen	69	69	69	69	73	73	73	73	74	74	74
Mandatsanteil:											
CDU	23,2	36,2	47,8	49,3	46,6	54,8	50,7	50,7	52,7	44,6	36,5
SPD	27,5	36,2	37,7	42,0	41,1	43,8	41,1	42,5	45,9	48,6	62,2
FDP	11,6	7,2	4,3	7,2	5,5	–	6,8	5,5	–	5,4	–
SSW	5,8	–	2,9	1,4	1,4	1,4	1,4	1,4	1,4	1,4	1,4
BHE/GB/GDP	21,7	14,5	7,2	–	–	–	–	–	–	–	–
Sonstige	10,2	5,8	–	–	5,5	–	–	–	–	–	–

1 CDU, FDP und DP bildeten 1950 einen Wahlblock, bei dem jeweils nur eine der Parteien mit Unterstützung der beiden anderen gegen den Kandidaten der SPD antrat. 1954 bildete nur noch die DP mit der SHG einen Block ‚SHB'.
2 Davon Sozialistische Reichspartei SRP: 1,6 %.
3 Davon DFU: 1,2 %.
4 Grüne Liste Schleswig-Holstein.
5 DP.
6 SHB.
7 NPD.

d) *Europawahlergebnisse in der Bundesrepublik Deutschland*

Direktwahlen zum Europäischen Parlament
am 10. 6. 1979, 17. 6. 1984 und 18. 6. 1989 in der Bundesrepublik Deutschland

	1979			1984			1989		
Wahlberechtigte in Tsd.		42742			44466			45724	
Wahlbeteiligung in %		65,7			56,8			62,4	
ungültige Stimmen in %		0,9			1,5			1,1	
	Stimmanteile		Sitze	Stimmanteile		Sitze	Stimmanteile		Sitze
	SPD	40,8	35[1]	SPD	37,4	33[1]	SPD	37,3	31
	CDU	39,1	34[2]	CDU	37,5	34[2]	CDU	29,6	25
	CSU	10,1	8	CSU	8,5	7	CSU	8,2	7
	FDP	6,0	4[1]	FDP	4,8	–	FDP	5,6	4
	Grüne	3,2	–	Grüne	8,2	7	Grüne	8,4	8
							REP	7,1	6
	DKP	0,4	–	Frieden	1,3	–	DVU	1,6	–
	EAP	0,1	–	NPD	0,8	–	ÖDP	0,7	–
	CBV	0,2	–	Frauen	0,4	–	DKP	0,2	–
	Zentrum	0,1	–	Zentrum	0,4	–	Zentrum	0,1	–
				ÖDP	0,4	–	Sonstige[4]	0,8	–
				BP	0,1	–			
				EFP	0,1	–			
				EAP	0,1	–			
	zusammen	100	81[3]	zusammen	100	81[3]	zusammen	100	81

1 Gemeinsame Liste für alle Bundesländer.
2 Davon Liste Schleswig-Holstein 1, Hamburg 1, Niedersachsen 5, Bremen 0, Nordrhein-Westfalen 12, Hessen 3, Rheinland-Pfalz 3, Baden-Württemberg 6, Saarland 1.
3 Einschl. 3 Abgeordnete, die vom Abgeordnetenhaus von Berlin gewählt wurden; davon 1979 und 1984: SPD 1, CDU 2; 1989: SPD 1, CDU 1, AL 1.
4 Mündige Bürger 0,1; BSA 0,0; Liga 0,1; CM 0,2; Öko-Union 0,2; FAP 0,1; EAD 0,0; HP 0,0; MLPD 0,0; Bewußtsein 0,1; Patrioten 0,0.

Quelle für 1989: Süddeutsche Zeitung Nr. 138 vom 20. Juni 1989, Seite 6.

e) Europawahlen in der Bundesrepublik Deutschland 1984 und 1989:

Ergebnisse auf Länderebene (in Prozent)

Bundesland		SPD	CDU/CSU	GRÜNE	FDP	Republikaner	ÖDP	Zentrum	Mündige Bürger	DKP	DVU
Schleswig-Holstein	1989:	44,4	36,4	6,7	5,3	4,6	0,3	0,1	0,1	0,2	1,3
	1984:	39,9	44,4	8,2	4,5	–	0,2	0,1	0,2	–	–
Hamburg	1989:	41,9	31,5	11,5	6,2	6,0	0,4	0,0	0,1	0,3	1,5
	1984:	42,0	36,6	12,7	4,9	–	0,2	0,1	0,2	–	–
Niedersachsen	1989:	42,0	35,9	8,4	5,8	4,8	0,3	0,1	0,1	0,2	1,6
	1984:	40,5	43,0	8,2	4,9	–	0,3	0,3	0,2	–	–
Bremen	1989:	46,4	23,3	13,8	7,0	4,4	0,2	0,1	0,2	0,4	3,2
	1984:	48,0	31,0	11,9	4,5	–	0,2	0,2	0,2	–	–
Nordrhein-Westfalen	1989:	43,6	35,7	7,9	5,7	4,1	0,4	0,2	0,1	0,2	1,3
	1984	41,7	42,8	8,0	4,2	–	0,2	0,5	0,2	–	–
Hessen	1989:	40,5	40,5	9,9	5,5	6,5	0,5	0,1	0,1	0,3	2,3
	1984:	41,8	41,8	7,8	5,0	–	0,2	0,3	0,2	–	–
Rheinland-Pfalz	1989:	40,2	38,8	7,3	5,7	4,6	0,6	0,1	0,1	0,1	1,5
	1984:	38,6	46,6	6,6	5,0	–	0,3	0,3	0,2	–	–
Baden-Württemberg	1989:	29,1	39,3	10,0	7,2	8,7	1,4	0,2	0,1	0,2	2,4
	1984:	27,3	50,9	10,1	7,1	–	0,4	0,5	0,3	–	–
Bayern	1989:	24,2	45,4	7,8	4,0	14,6	1,0	0,0	0,1	0,1	1,0
	1984:	27,6	57,2	6,8	4,0	–	0,6	0,4	0,3	–	–
Saarland	1989:	45,3	34,5	6,2	4,8	5,8	0,5	0,1	0,1	0,4	1,3
	1984:	43,6	42,6	6,6	3,9	–	0,4	0,4	0,2	–	–

2. Parteienfinanzierung

a) Gesamteinnahmen der im Bundestag vertretenen Parteien (in DM)

Jahr	SPD	CDU	CSU	FDP	GRÜNE
1968	48 026 161	34 443 259	10 127 957	10 032 795	–
1969	65 117 768	49 318 645	13 921 475	16 147 562	–
1970	59 945 214	50 216 359	12 873 645	12 031 176	–
1971	58 032 386	45 210 348	13 961 364	10 034 549	–
1972	113 977 167	113 986 482	22 931 070	24 377 535	–
1973	76 774 063	72 448 236	13 042 770	13 758 478	–
1974	95 740 396	88 615 264	26 644 901	18 952 363	–
1975	130 049 770	113 630 526	20 048 366	22 752 229	–
1976	138 617 322	154 413 807	33 782 682	28 479 415	–
1977	106 230 644	101 195 335	23 034 151	17 071 730	–
1978	127 194 394	122 400 833	42 931 340	20 776 511	–
1979	198 869 783	192 204 602	42 091 861	34 505 373	4 931 200
1980	207 122 377	176 977 195	45 976 472	35 256 045	6 924 670
1981	122 905 117	122 779 381	33 049 792	24 331 016	2 799 942
1982	149 908 251	146 928 395	42 354 967	22 748 598	7 476 628
1983	233 465 999	252 919 039	68 258 018	49 854 430	19 757 967
1984	209 651 451	217 676 091	43 418 845	29 922 143	43 322 320
1985	206 263 035	182 151 384	40 114 305	30 750 689	34 503 865
1986	219 065 707	199 317 198	61 195 189	34 073 096	37 961 958

Quelle: Peter Schindler, Datenhandbuch zur Geschichte des Deutschen Bundestags 1949–1982, Bonn 1983, S. 93; 1980–1987, Baden-Baden 1988, S. 100.

b) Einnahmequellen

Prozentwerte 1968–1978

	Jahr	SPD in %	CDU in %	CSU in %	FDP in %
Mitgliedsbeiträge	1968	39,4	20,1	12,6	12,0
	1969	31,7	15,6	9,3	8,4
	1970	38,5	18,7	12,6	11,7
	1971	43,5	27,9	12,5	14,3
	1972	27,7	15,5	8,8	8,1
	1973	57,7	29,2	23,5	16,3
	1974	46,1	29,1	11,6	14,8
	1975	35,6	28,0	20,9	13,8
	1976	40,0	24,6	13,5	13,2
	1977	53,1	42,5	24,0	22,9
	1978	45,6	37,0	15,1	20,5
Beiträge der Fraktionsmitglieder und ähnliche regelmäßige Beiträge	1968	8,0	8,5	8,5	6,6
	1969	8,5	7,4	6,0	4,0
	1970	10,8	10,3	6,9	5,5
	1971	9,6	11,7	7,0	7,0
	1972	6,8	5,3	4,8	4,2
	1973	10,5	9,9	9,5	8,5
	1974	9,1	9,3	5,0	7,1
	1975	6,9	8,7	9,3	6,3
	1976	7,8	7,0	5,7	6,9
	1977	11,1	11,7	9,2	10,3
	1978	10,0	10,8	6,1	7,8
Spenden	1968	5,2	14,7	20,3	21,0
	1969	17,9	29,3	46,9	26,7
	1970	10,6	26,7	44,1	33,7
	1971	8,7	26,8	14,1	29,7
	1972	19,6	44,2	44,6	36,3
	1973	7,6	40,3	26,9	45,8
	1974	7,7	29,8	30,4	28,9
	1975	10,2	25,7	17,3	37,7
	1976	14,1	34,8	37,3	50,2
	1977	5,8	24,6	29,2	40,1
	1978	6,8	17,8	33,9	31,6
Wahlkampfkostenerstattung	1968	41,0	51,5	52,5	45,7
	1969	34,3	33,2	28,7	4,0
	1970	26,2	27,2	21,8	16,1
	1971	27,0	24,7	62,7	23,9
	1972	39,8	31,6	38,2	34,3
	1973	16,3	14,5	19,5	14,0
	1974	30,0	25,3	42,2	27,2
	1975	31,0	32,0	48,1	32,5
	1976	22,2	23,5	26,8	21,2
	1977	13,3	13,3	17,6	15,6
	1978	21,4	20,2	19,0	17,7

b) Einnahmequellen
Prozentwerte 1979–1986

Einnahmen	Jahr	SPD in %	CDU in %	CSU in %	FDP in %	GRÜNE in %
Mitgliedsbeiträge und ähnliche regelmäßige Beiträge[1]	1979	41,0	32,8	22,5	17,9	0,5
	1980	41,7	37,6	26,8	19,6	8,4
	1981	69,4	56,9	36,2	30,6	36,5
	1982	56,1	50,4	31,0	35,0	20,9
	1983	37,4	31,2	19,4	15,1	10,3
	1984	46,8	38,3	33,8	26,5	8,4
	1985	49,1	46,0	35,4	28,4	11,5
	1986	49,7	44,3	23,4	24,2	11,8
Spenden	1979	3,9	13,4	12,7	18,2	0,3
	1980	6,2	27,4	36,7	31,5	7,4
	1981	6,7	17,0	21,6	43,3	20,5
	1982	10,9	20,6	26,9	19,0	10,8
	1983	5,0	15,9	25,0	27,0	11,3
	1984	7,7	11,3	28,5	29,1	12,8
	1985	7,4	12,6	22,2	31,9	25,1
	1986	9,8	18,8	29,6	41,5	28,7
Wahlkampfkostenerstattung[2]	1979	51,8	50,4	64,0	48,5	98,2
	1980	23,9	22,0	16,9	33,0	68,7
	1981	14,5	11,7	12,0	13,8	12,4
	1982	22,6	23,1	26,0	28,6	49,7
	1983	53,7	49,4	52,8	34,9	69,5
	1984	33,9	33,0	31,6	33,6	55,8
	1985	29,6	31,3	35,4	34,8	35,1
	1986	25,2	26,0	41,7	27,5	32,3

1 Zwischen 1979 und 1983 Zusammenfassung der in den Rechenschaftsberichten getrennt ausgewiesenen Einnahmen aus Mitgliedsbeiträgen sowie aus Beiträgen der Fraktionsmitglieder und ähnlichen regelmäßigen Beiträgen.

2 Einnahmen aus der Wahlkampfkostenerstattung für Bundestags-, Landtags- und Europawahlen; ab 1984 einschließlich eventueller Einnahmen aus dem Chancenausgleich.

Quelle: Peter Schindler, ebd. 1949–1982, S. 94f; ders., ebd. 1980–1987, S. 101.

b) Einnahmequellen
Beträge in Millionen DM 1968–1988

Mitgliedsbeiträge

	CDU	CSU	SPD	FDP	GRÜNE	Sonstige	alle
1968	6,92	1,27	18,92	1,20	–	0,73	29,04
1969	7,69	1,30	20,62	1,36	–	1,44	32,41
1970	9,37	1,62	20,33	1,41	–	1,73	34,46
1971	12,61	1,74	25,22	1,44	–	1,75	42,76
1972	17,65	2,01	31,56	1,97	–	2,17	55,36
1973	21,14	3,06	44,30	2,24	–	2,61	73,35
1974	25,81	3,08	44,15	2,81	–	3,49	79,34
1975	31,80	4,19	46,32	3,15	–	3,29	88,75
1976	37,95	4,54	55,49	3,76	–	4,73	106,47
1977	43,04	5,53	56,39	3,91	–	4,73	113,60
1978	45,30	6,49	57,97	4,25	–	4,82	118,83
1979	48,05	6,96	66,77	4,27	–	5,93	131,98
1980	50,54	8,82	70,34	4,86	–	7,01	141,57
1981	53,34	8,28	69,62	5,22	–	7,74	144,20
1982	57,08	9,59	68,55	5,51	1,11	7,32	149,16
1983	62,20	9,53	70,89	5,53	1,86	7,79	157,80
1984	83,29	14,67	98,09	7,93	3,66	9,11	216,75
1985	83,83	14,20	101,22	8,74	3,96	10,18	222,13
1986	88,22	14,33	108,84	8,24	4,49	11,83	235,95
1987	87,50	14,38	110,60	8,71	5,46	12,31	238,96
1988	85,97	14,59	114,03	8,54	5,13	10,15	238,41

Spendeneinnahmen

	CDU	CSU	SPD	FDP	GRÜNE	Sonstige	alle
1968	5,07	2,05	2,51	2,11	–	1,37	13,11
1969	14,46	6,54	11,68	4,31	–	7,81	44,80
1970	13,43	5,67	5,48	4,05	–	7,35	35,98
1971	12,13	1,96	5,07	2,98	–	7,62	29,76
1972	50,36	10,22	22,35	8,85	–	9,33	101,11
1973	29,20	3,51	5,85	6,30	–	9,35	54,21
1974	26,38	8,10	7,45	5,47	–	11,30	58,70
1975	29,44	3,46	13,25	8,57	–	8,16	62,88
1976	53,74	12,60	19,58	14,30	–	11,08	111,30
1977	24,87	6,72	6,17	6,85	–	8,40	53,01
1978	21,77	14,55	8,64	6,56	–	9,38	60,90
1979	25,77	5,34	7,75	6,28	–	7,17	52,31
1980	48,49	16,86	12,77	11,09	–	10,04	99,25
1981	20,86	7,13	8,25	10,54	–	10,66	57,44
1982	30,30	11,40	16,34	4,33	0,80	9,53	72,70
1983	40,31	17,07	11,72	13,44	2,24	12,34	97,12
1984	24,01	12,39	16,18	8,71	5,53	8,68	75,50
1985	22,89	8,90	15,21	9,80	8,65	9,68	75,13
1986	37,51	18,09	21,53	14,15	10,90	12,74	114,92
1987	30,79	14,42	21,01	13,03	11,83	12,88	103,96
1988	23,71	12,47	19,17	11,54	12,23	10,98	90,10

Erstattungsbeträge (Wahlkampfkostenerstattung)

	CDU	CSU	SPD	FDP	GRÜNE	Sonstige	alle
1968	17,73	5,32	19,67	4,58	–	1,66	48,96
1969	16,37	3,99	22,32	0,64	–	4,49	47,81
1970	13,68	2,80	15,70	1,95	–	1,98	36,11
1971	11,16	8,75	15,67	2,40	–	1,22	39,20
1972	36,05	8,77	44,72	8,37	–	1,58	99,49
1973	10,50	2,55	12,49	1,93	–	0,47	27,94
1974	22,38	11,34	28,75	5,15	–	0,52	68,14
1975	36,36	9,64	40,30	7,39	–	0,13	93,82
1976	36,21	9,04	30,79	5,94	–	0,02	81,99
1977	13,42	4,06	14,14	2,67	–	0,06	34,35
1978	24,67	8,16	27,22	3,67	–	0,06	63,78
1979	96,89	26,95	102,96	16,72	–	5,89	249,41
1980	38,98	7,78	49,52	11,65	–	4,80	112,73
1981	14,42	3,98	17,88	3,37	–	0,36	40,01
1982	33,93	11,02	33,95	6,52	3,71	0,03	89,16
1983	124,88	36,02	125,36	17,40	13,74	–	317,40
1984	71,76	13,70	71,05	10,05	24,18	2,86	193,60
1985	54,21	12,31	61,07	9,06	9,10	0,82	146,57
1986	47,95	21,77	55,28	8,31	10,49	1,71	145,51
1987	59,91	15,86	69,83	17,45	18,81	1,46	183,32
1988	48,18	12,08	53,05	8,67	9,66	0,68	132,32

Chancenausgleich von 1985 bis 1988

	CDU	CSU	SPD	FDP	GRÜNE	Sonstige	alle
1985	2,46	1,90	–	1,66	2,99	–	9,01
1986	3,86	3,73	–	1,06	1,74	–	10,39
1987	–	1,36	1,91	4,31	5,89	0,43	13,90
1988	6,40	2,43	–	2,70	–	–	11,53

Quelle: Bericht zur Neuordnung der Parteienfinanzierung. Vorschläge der vom Bundespräsidenten berufenen Sachverständigen-Kommission, Köln 1983, S. 114, 125, 132. Bundesanzeiger 213 vom 12.11.1983. Deutscher Bundestag, Drucksachen 10/2172, 10/2366, 10/2724, 10/4104(neu), 10/4626, 10/6194, 10/6803, 11/977, 11/1660, 11/3315, 11/3883, 11/5993.

c) *Wahlkampfkostenerstattung*

Erstattungen 1959–1966

Jahr	Gesamtbetrag Bundesmittel	Zweckbestimmung	Aufschlüsselung auf die Parteien
1959–1961	5 Mio. DM pro Jahr	»Zuschüsse zur Förderung der politischen Bildungsarbeit der Parteien«	*Erläuterung zum Titel:* »Die Mittel sollen die Parteien bei der Wahrnehmung ihres Auftrages, an der politischen Bildung des deutschen Volkes mitzuwirken, unterstützen.« Die Mittel waren übertragbar. Sie waren mit Sperrvermerk versehen und durften nur mit Zustimmung des BT-Haushaltsausschusses freigegeben werden. In der 107. Sitzung beschloß der HH-Ausschuß einstimmig die Entsperrung: »Die Aufteilung erfolgt auf die im BT vertretenen Parteien nach dem Schlüssel ihrer Stärke im Bundesparlament.«
1962	5 Mio. DM Untertitel 612a	»Sondermittel für politische Bildungsarbeit«	*Erläuterung zum Titel 612a:* »Die Mittel werden auf die im BT vertretenen Parteien nach dem Schlüssel ihrer Stärke im Bundesparlament aufgeteilt.«
	15 Mio. DM Untertitel 612b	»Sondermittel für die Aufgaben der Parteien nach Art. 21 des GG«	*Erläuterung zum Titel 612b:* Mit Sperrvermerk versehen. HH-Ausschuß beschloß in 34. Sitzung am 29. 2. 62 für Untertitel 612b den gleichen Verteilerschlüssel wie für den Untertitel 612a zu wählen. Danach werden die gesamten Mittel in Höhe von 20 Mio. DM nach dem d'Hondtschen Verfahren auf die im Bundestag vertretenen Parteien verteilt.
1963–1964 1965–1966	20 Mio. DM pro Jahr 38 Mio. DM pro Jahr	»Sondermittel für die Aufgaben der Parteien nach Art. 21 GG«	*Erläuterung zum Titel 612:* »20 v. H. der Mittel werden auf die vier im BT vertretenen Parteien zu je 5 v. H. und der Rest wird auf die vier im BT vertretenen Parteien entsprechend ihrer Stärke aufgeteilt.«

Quelle: Peter Schindler, ebd. 1949–1982, S. 91.

Wahlkampfkostenpauschale seit Inkrafttreten des Parteiengesetzes vom 24. Juli 1967 (Bundestagswahlen)

Wahlkampfkostenpauschale für die Bundestagswahlen	Gesamtbetrag der direkten öffentl. Finanzierung in DM	SPD in DM	CDU in DM	CSU in DM	FDP in DM	Sonstige in DM
1965 (5. WP)[1]	6 418 399	2 618 707	2 528 849	641 840	629 003	–
1969 (6. WP)	96 693 088	41 481 335	35 679 749	9 185 843	5 608 199	4 157 803[2]
						580 159[3]
1972 (7. WP)	103 615 755	47 687 115	36 624 557	10 037 610	8 690 442	576 029[2]
1976 (8. WP)	147 203 052	63 214 029	56 414 310	15 814 282	11 760 430	–
						GRÜNE
1980 (9. WP)	151 311 093	65 161 306	52 051 537	15 662 342	16 153 396	2 282 510
1983 (10. WP)	198 400 207	76 085 870	76 044 274	21 193 690	13 854 615	11 093 301
1987 (11. WP)	226 639 910	84 492 269	78 588 566	22 384 426	20 728 311	18 832 805

1 1967 Nachzahlung auf die Wahlkampfkostenpauschale für die Bundestagswahl 1965 gem. § 39 Abs. 2 des Parteiengesetzes.
2 NPD.
3 ADF.

Wahlkampfkostenpauschale:
1980: 3,50 DM pro Stimmberechtigter.
1983: 4,50 DM pro Stimmberechtigter.
1987: 5,00 DM pro Stimmberechtigter.

Quelle: Peter Schindler, ebd. 1949–1982, S. 92; ders., ebd. 1980–1987, S. 98.

d) Rechenschaftsberichte der Parteien 1979–1986 (Auszüge)

Christlich Demokratische Union Deutschlands (CDU)

Jahr	Gesamteinnahmen – in 1000 DM –	Mitgliedsbeiträge in %	Beiträge der Fraktionsmitglieder und ähnliche regelmäßige Beiträge in %	Einnahmen aus Vermögen in %	Einnahmen aus Veranstaltungen, Vertrieb von Druckschriften und Veröffentlichungen u. a. in %	Spenden in %	Kredite in %	Erstattungsbeträge nach dem Vierten Abschnitt des Parteiengesetzes in %	Erstattungsbeträge nach dem Dritten Abschnitt des Europawahlgesetzes in %	Sonstige Einnahmen in %
1979	192 204	25,0	7,8	1,3	0,9	13,4	0,9	19,7	30,7	0,3
1980	176 977	28,6	9,0	1,9	0,8	27,4	10,0	22,0	–	0,4
1981	122 779	43,4	13,5	3,2	1,3	17,0	9,1	11,7	–	0,6
1982	146 928	38,9	11,5	3,3	1,2	20,6	0,8	15,1	8,0	0,6
1983	252 919	24,6	6,6	2,0	0,7	15,9	0,4	34,1	15,3	0,4

Jahr	Gesamteinnahmen – in 1000 DM –	Mitgliedsbeiträge und ähnliche regelmäßige Beiträge in %	Einnahmen aus Vermögen in %	Einnahmen aus Veranstaltungen, Vertrieb von Druckschriften und Veröffentlichungen u. a. in %	Einnahmen aus Spenden in %	Einnahmen aus dem Chancenausgleich in %	Einnahmen aus der Wahlkampfkostenerstattung in %	Zuschüsse von Gliederungen in %	Sonstige Einnahmen in %
1984	217 676	38,3	1,9	2,1	11,3	–	33,0	11,5	2,2
1985	182 151	46,0	2,4	1,9	12,6	1,5	29,8	3,0	2,9
1986	199 317	44,3	2,7	1,5	18,8	1,9	24,1	3,6	3,1

Christlich-Soziale Union in Bayern e. V. (CSU)

Jahr	Gesamteinnahmen – in 1000 DM –	Mitgliedsbeiträge in %	Beiträge der Fraktionsmitglieder und ähnliche regelmäßige Beiträge in %	Einnahmen aus Vermögen in %	Einnahmen aus Veranstaltungen, Vertrieb von Druckschriften und Veröffentlichungen u. a. in %
1979	42 092	16,5	6,0	0,3	0,2
1980	45 976	19,2	7,6	0,9	0,2
1981	33 050	25,0	11,2	1,8	0,4
1982	42 355	22,7	8,3	1,4	0,4
1983	68 258	14,0	5,4	1,1	1,2

Jahr	Gesamteinnahmen – in 1000 DM –	Mitgliedsbeiträge und ähnliche regelmäßige Beiträge in %	Einnahmen aus Vermögen in %	Einnahmen aus Veranstaltungen, Vertrieb von Druckschriften und Veröffentlichungen u. a. in %
1984	43 419	33,8	1,8	0,7
1985	40 114	35,4	2,3	0,6
1986	61 195	23,4	1,6	0,7

Spenden in %	Kredite in %	Erstattungsbeträge nach dem Vierten Abschnitt des Parteiengesetzes in %	Erstattungsbeträge nach dem Dritten Abschnitt des Europawahlgesetzes in %	Sonstige Einnahmen in %
12,7	–	27,8	36,2	0,1
36,7	18,2	16,9	–	0,2
21,6	27,4	12,0	–	0,5
26,9	13,9	18,8	7,2	0,5
25,0	–	35,4	17,4	0,6

Einnahmen aus Spenden in %	Einnahmen aus dem Chancenausgleich in %	Einnahmen aus der Wahlkampfkostenerstattung in %	Zuschüsse von Gliederungen in %	Sonstige Einnahmen in %
28,5	–	31,6	1,9	1,7
22,2	4,7	30,7	1,4	2,6
29,6	6,1	35,6	1,6	1,4

Die Grünen (GRÜNE)

Jahr	Gesamteinnahmen – in 1000 DM –	Mitgliedsbeiträge in %	Beiträge der Fraktionsmitglieder und ähnliche regelmäßige Beiträge in %	Einnahmen aus Vermögen in %	Einnahmen aus Veranstaltungen, Vertrieb von Druckschriften und Veröffentlichungen u. a. in %	Spenden in %	Kredite in %	Erstattungsbeträge nach dem Vierten Abschnitt des Parteiengesetzes in %	Erstattungsbeträge nach dem Dritten Abschnitt des Europawahlgesetzes in %	Sonstige Einnahmen in %
1979	4 931	0,5	–	1,1	–	0,3	–	98,2	–	–
1980	6 925	8,4	–	1,7	7,1	7,4	3,4	68,7	–	3,3
1981	2 800	32,0	4,5	10,2	11,7	20,5	1,5	12,4	–	7,2
1982	7 477	14,8	6,1	2,6	5,6	10,8	6,4	49,7	–	4,1
1983	19 758	9,5	0,8	1,6	4,1	11,3	1,7	59,7	9,8	1,4

Jahr	Gesamteinnahmen – in 1000 DM –	Mitgliedsbeiträge und ähnliche regelmäßige Beiträge in %	Einnahmen aus Vermögen in %	Einnahmen aus Veranstaltungen, Vertrieb von Druckschriften und Veröffentlichungen u. a. in %	Einnahmen aus Spenden in %	Einnahmen aus dem Chancenausgleich in %	Einnahmen aus der Wahlkampfkostenerstattung in %	Zuschüsse von Gliederungen in %	Sonstige Einnahmen in %
1984	43 322	8,4	1,7	0,6	12,8	–	55,8	19,5	1,1
1985	34 504	11,5	2,8	0,4	25,1	8,7	26,4	22,2	3,1
1986	37 962	11,8	4,0	0,8	28,7	4,6	27,7	20,0	2,5

Freie Demokratische Partei (FDP) Jahr	Gesamteinnahmen – in 1000 DM –	Mitgliedsbeiträge in %	Beiträge der Fraktionsmitglieder und ähnliche regelmäßige Beiträge in %	Einnahmen aus Vermögen in %	Einnahmen aus Veranstaltungen, Vertrieb von Druckschriften und Veröffentlichungen u. a. in %
1979	34 505	12,4	5,5	0,8	2,4
1980	35 256	13,8	5,8	2,0	3,0
1981	24 331	21,5	9,1	1,7	0,7
1982	22 749	24,2	10,8	1,9	0,8
1983	49 854	11,1	4,0	0,8	0,4

Jahr	Gesamteinnahmen – in 1000 DM –	Mitgliedsbeiträge und ähnliche regelmäßige Beiträge in %	Einnahmen aus Vermögen in %	Einnahmen aus Veranstaltungen, Vertrieb von Druckschriften und Veröffentlichungen u. a. in %
1984	29 922	26,5	1,3	1,2
1985	30 751	28,4	1,0	0,6
1986	34 073	24,2	1,0	0,7

Spenden in %	Kredite in %	Erstattungsbeträge nach dem Vierten Abschnitt des Parteiengesetzes in %	Erstattungsbeträge nach dem Dritten Abschnitt des Europawahlgesetzes in %	Sonstige Einnahmen in %
18,2	1,0	22,4	26,1	11,2
31,5	0,7	33,0	–	10,2
43,3	3,4	13,8	–	6,5
19,0	9,3	20,7	7,9	5,3
27,0	18,3	24,6	10,3	3,6

Einnahmen aus Spenden in %	Einnahmen aus dem Chancenausgleich in %	Einnahmen aus der Wahlkampfkostenerstattung in %	Zuschüsse von Gliederungen in %	Sonstige Einnahmen in %
29,1	–	33,6	4,4	3,8
31,9	5,4	29,4	1,5	1,8
41,5	3,1	24,4	2,9	2,3

Sozialdemokratische Partei Deutschlands (SPD)

Jahr	Gesamteinnahmen – in 1000 DM –	Mitgliedsbeiträge in %	Beiträge der Fraktionsmitglieder und ähnliche regelmäßige Beiträge in %	Einnahmen aus Vermögen in %	Einnahmen aus Veranstaltungen, Vertrieb von Druckschriften und Veröffentlichungen u. a. in %	Spenden in %	Kredite in %	Erstattungsbeträge nach dem Vierten Abschnitt des Parteiengesetzes in %	Erstattungsbeträge nach dem Dritten Abschnitt des Europawahlgesetzes in %	Sonstige Einnahmen in %
1979	198 870	33,6	7,4	0,8	–	3,9	0,8	20,8	31,0	1,8
1980	207 122	34,0	7,7	1,3	0,2	6,2	24,6	23,9	–	2,2
1981	122 905	56,7	12,7	3,0	0,5	6,7	2,4	14,5	–	3,5
1982	149 908	45,7	10,4	2,3	1,4	10,9	4,5	14,4	8,2	2,2
1983	233 466	30,4	7,0	1,2	1,0	5,0	0,0	36,4	17,3	1,7

Jahr	Gesamteinnahmen – in 1000 DM –	Mitgliedsbeiträge und ähnliche regelmäßige Beiträge in %	Einnahmen aus Vermögen in %	Einnahmen aus Veranstaltungen, Vertrieb von Druckschriften und Veröffentlichungen u. a. in %	Einnahmen aus Spenden in %	Einnahmen aus dem Chancenausgleich in %	Einnahmen aus der Wahlkampfkostenerstattung in %	Zuschüsse von Gliederungen in %	Sonstige Einnahmen in %
1984	209 651	46,8	2,1	1,5	7,7	–	33,9	5,5	2,5
1985	206 263	49,1	3,5	1,3	7,4	–	29,6	6,1	3,1
1986	219 066	49,7	2,6	1,5	9,8	–	25,2	9,1	2,0

Quelle: Peter Schindler, ebd. 1980–1987, S. 102.

e) *Einnahmen und Ausgaben nach den Rechenschaftsberichten der Parteien*

Auszüge aus dem Bericht der Bundestagspräsidentin vom 7. Juni 1989

Einnahmen

1987 ist es den Bundestagsparteien durchweg gelungen, das Aufkommen an Mitgliedsbeiträgen gegenüber 1986 weiter zu erhöhen. Von den »Beitragsparteien« CDU und SPD, die sich, wie sich aus Tabelle 2 ergibt, zu ca. 50 % aus eigenen Beiträgen finanzieren, konnte jedoch nur die SPD von 1984 bis 1987 einen kontinuierlichen Anstieg des Beitragsaufkommens erzielen. Diese Entwicklung zeigt zwar, daß auch die Parteien, die sich schon zu einem erheblichen Maß aus Mitgliedsbeiträgen finanzieren, das Beitragsaufkommen steigern konnten, andererseits werden jedoch Grenzen sichtbar.

Die Spendenbereitschaft nimmt vor wichtigen Wahlen stark zu und geht in den Folgejahren zurück. Diese nach früheren Bundestagswahlen beobachtete Entwicklung hat sich auch 1987 in abgeschwächter Form bestätigt.

Einen deutlichen Rückgang der Spendeneinnahmen mußten CDU und CSU hinnehmen, während SPD und FDP nur ein leichtes Absinken zu verzeichnen hatten. Bei der Partei DIE GRÜNEN sind die Spendeneinnahmen sogar weiter angestiegen. Im Vergleichszeitraum von 1984 bis 1987 konnten alle Bundestagsparteien ihr Spendenaufkommen leicht erhöhen. Dies läßt auf eine allgemein wieder zunehmende Spendenbereitschaft schließen.

Allerdings wird die Bedeutung der Spenden im Finanzgefüge der Parteien zumeist überschätzt, wie die Übersicht über die prozentualen Anteile der Spenden an den Gesamteinnahmen der Parteien zeigt. Bei der SPD beläuft sich der Spendenanteil im Durchschnitt der letzten vier Jahre nicht einmal auf 10 % der Gesamteinnahmen, bei der CDU auf gerade ca. 15 %. Bei den anderen Bundestagsparteien nimmt der Spendenanteil durchschnittlich ca. 30 % ein.

Der Anteil der nach § 25 Abs. 2 PartG zu veröffentlichenden Großspenden ist von 1986 auf 1987 insgesamt zurückgegangen, hat jedoch im gesamten Vergleichszeitraum etwas zugenommen. Die Großspenden machten im Gesamtspendenaufkommen der CDU lediglich 10 % und der FDP nur 15 % aus. Die oftmals aufgestellte These von der Abhängigkeit der Parteien von großen privaten Geldgebern ist damit eindeutig widerlegt.

Der prozentuale Anteil der Wahlkampfkostenerstattung an den Gesamteinnahmen der Parteien, die Staatsquote, liegt wie im Vorjahr bei allen Bundestagsparteien bei ca. 30 %. Sie ist damit nicht nur in den letzten vier Jahren, sondern nahezu zwei Jahrzehnte konstant geblieben. Auch die Kommission hatte für den von ihr untersuchten Zeitraum von 1968 bis 1981 »einen relativ konstanten Anteil der staatlichen Mittel etwa bei einem Drittel der Gesamteinnahmen der Parteien festgestellt«. Dies zeigt, daß es den Bundestagsparteien immer wieder gelungen ist, Mehreinnahmen aus Erhöhungen der Wahlkampfkostenpauschale durch eigene Anstrengungen bei den Mitgliedsbeiträgen und Spenden zu »neutralisieren«.

Der Chancenausgleich nach § 22a PartG gleicht zwischen den Parteien, die bei der vorausgegangenen Bundestagswahl mehr als 0,5 v. H. der Zweitstimmen erhalten haben, den Vorteil aus, der den Parteien mit relativ hohen Beitrags- und Spendenaufkommen aus dem staatlichen Steuerverzicht gegenüber den anderen Parteien erwächst. Er ist 1989 erstmals aufgrund der zum 1. Januar 1989 in Kraft getretenen neuen Berechnungsweise ausgezahlt worden.

Für die Berechnung des Chancenausgleichs 1987 waren die anspruchsberechtigten Parteien gehalten, bis zum 31. März 1989 die durch einen Wirtschaftsprüfer bestätigte Zahl ihrer beitragspflichtigen Mitglieder zum Ende des Jahres 1987 mitzuteilen. Danach hatten Ende 1987 die Parteien folgende Mitgliederzahlen:

Partei	Mitglieder
CDU	705 821
CSU	184 293
DIE GRÜNEN	39 479
FDP	64 873
SPD	910 063
NPD	6 029

Die Neuregelung des Chancenausgleichs ist zu begrüßen. Gleichwohl kann nicht übersehen werden, daß mit der Verkomplizierung der Berechnungsweise ein Stück Transparenz verlorengegangen ist. In der öffentlichen Berichterstattung wurde die Regelung teilweise als für Laien völlig undurchschaubar und selbst für Spezialisten kaum verständlich dargestellt.

Das Einnahmeprofil der Parteien, die nicht im Deutschen Bundestag vertreten sind, ist zu unterschiedlich, als daß ein tabellarischer Vergleich gerechtfertigt wäre.

Wie in den vergangenen Jahren nimmt auch 1987 die DKP eine Sonderstellung ein. Ihre Einnahmen an Mitgliedsbeiträgen und Spenden liegen wieder deutlich über denen einiger Bundestagsparteien. Mit 11 Mio. DM hat die DKP doppelt so hohe Mitgliedsbeiträge wie die Partei DIE GRÜNEN und deutlich höhere als die FDP. Auch das Spendenaufkommen von 9,6 Mio. DM ist beträchtlich. Auffällig ist weiterhin die Zahl der veröffentlichungspflichtigen Großspenden mit einem Volumen von 1,2 Mio. DM.

An der Wahlkampfkostenerstattung haben die Deutsche Volksunion – Liste D –, die Friedensliste, die Friedensliste Nordrhein-Westfalen, die NPD, die Republikaner und der Südschleswigsche Wählerverband teilgenommen.

Im Gegensatz zu den Bundestagsparteien haben es kleine Parteien teilweise schwer, den Anteil ihrer Eigeneinnahmen so zu erhöhen, daß die Wahlkampfkostenerstattungen die gesetzliche Höchstgrenze von 50 v. H. nicht überschreiten. So konnte die Friedensliste 1987 trotz erheblicher Erhöhungen des Spendenanteils nicht die Staatsquote auf unter 50 v. H. senken.

Prozentualer Anteil der wichtigsten Einnahmearten an den Gesamteinnahmen

			Mitgliedsbeiträge		
	CDU	CSU	SPD	FDP	DIE GRÜNEN
1984	43,2	34,5	49,5	27,8	10,5
1985	47,5	35,9	52,3	28,8	14,8
1986	45,9	23,8	54,6	24,9	14,8
1987	44,0	29,0	49,1	19,1	8,5
			Spenden		
	CDU	CSU	SPD	FDP	DIE GRÜNEN
1984	12,5	29,1	8,2	30,5	15,9
1985	13,0	22,5	7,9	32,4	32,2
1986	19,5	30,0	10,8	42,7	35,9
1987	15,5	29,1	9,3	28,5	18,3

Wahlkampfkostenerstattung

	CDU	CSU	SPD	FDP	DIE GRÜNEN
1984	37,2	32,2	35,9	35,2	69,4
1985	30,7	31,1	31,5	29,9	33,9
1986	25,0	36,2	27,8	25,1	34,6
1987	30,17	32,0	31,0	38,2	29,1

Ausgaben

Seit 1984 schreibt das Parteiengesetz den Parteien vor, in den Rechenschaftsberichten auch ihre Ausgaben zu erläutern.

Ein Vergleich der Personalausgaben der Bundestagsparteien seit 1984 macht deutlich, daß es nur der FDP, annähernd auch der CSU, gelungen ist, die Personalkosten trotz entsprechender tarifbedingter Anstiege auf dem Niveau des Jahres 1984 zu halten. Bei CDU, SPD und der Partei DIE GRÜNEN haben sich die Personalkosten laufend erhöht, wobei die Erhöhung bei den GRÜNEN im wesentlichen auf den Ausbau ihrer Organisationsstruktur zurückzuführen ist.

Auch im Bereich der Verwaltungsausgaben konnte seit 1984 lediglich die FDP einen weiteren Anstieg verhindern. Die anderen Bundestagsparteien haben hier deutliche Zuwachsraten aufzuweisen. Bei der CDU ist zunächst ein sprunghafter Anstieg der Verwaltungsausgaben von 1984 auf 1986, sodann von 1986 auf 1987 ein leichtes Absinken festzustellen. Bei der Partei DIE GRÜNEN ist der Anstieg auch hier auf den Ausbau ihrer Organisationsstruktur zurückzuführen. Bei ihr entspricht das Ausgabenvolumen von 6,5 Mio. DM annähernd dem der anderen kleinen Bundestagsparteien.

Wenn auch – wie oben dargelegt – die Personal- und Verwaltungskosten mancher Parteien einen hohen Anteil aller Ausgaben in Anspruch nehmen, so stellen die Ausgaben für politische Tätigkeit bei allen Bundestagsparteien den weit überwiegenden Ausgabenbereich dar. CDU und SPD geben seit Jahren etwa die Hälfte ihrer Einnahmen für politische Tätigkeiten aus, während die anderen Bundestagsparteien erheblich mehr für diesen Sektor aufwenden als für Personal und Verwaltung. Dieses Ausgabenprofil widerlegt den Hinweis auf die Entwicklung der Parteien zu »Staatsbürokratien«.

Wie das Einnahmeprofil, so läuft auch das Ausgabenprofil der nicht im Deutschen Bundestag vertretenen Parteien weit auseinander. Eine Sonderstellung nimmt auch hier die DKP ein, deren Ausgabeverhalten dem der Bundestagsparteien entspricht. Es hängt weitgehend von der Größe und Organisationsdichte der Parteien ab, in welcher Höhe Kosten für Personal- und Verwaltungsaufwand anfallen. Manche Parteien werden ausschließlich ehrenamtlich geführt, so daß keine Personalausgaben getätigt werden müssen. Daher können die kleineren Parteien relativ mehr Geld für politische Aktivitäten aufwenden als die Parteien, die über eine starke Organisationsstruktur verfügen.

Prozentualer Anteil der wichtigsten Ausgaben an den Gesamtausgaben

	CDU	CSU	SPD	FDP	DIE GRÜNEN
Personalausgaben					
1984	28,1	18,3	30,3	16,1	8,7
1985	32,3	28,8	34,7	22,4	13,2
1986	28,0	19,2	29,5	18,8	13,6
1987	29,4	21,4	28,6	17,3	9,9
Verwaltungsaufwand					
1984	18,7	12,4	15,5	18,9	13,1
1985	21,8	17,8	18,0	25,7	18,1
1986	19,4	13,5	16,0	21,5	18,1
1987	18,8	16,7	15,5	20,6	12,6
Politische Tätigkeit					
1984	50,6	62,9	49,5	60,7	70,2
1985	43,0	43,9	45,0	43,1	61,4
1986	48,8	62,0	53,1	53,5	61,9
1987	45,6	54,0	47,0	53,0	33,6

Verhältnis von Einnahmen und Ausgaben

Bei einem Vergleich der Gesamteinnahmen und Gesamtausgaben schneiden die Bundestagsparteien im Jahr 1987 weit besser ab als im Vorjahr. Die GRÜNEN haben erheblich mehr eingenommen als ausgegeben, die FDP konnte in diesem Jahr die höchsten Überschüsse seit 1984 erwirtschaften, bei CSU und SPD lagen die Einnahmen ebenfalls höher als im vorangegangenen Jahr. Lediglich die CDU hat wie in den Jahren zuvor wieder merklich höhere Ausgaben getätigt als Einnahmen erzielt. Sie zehrt seit Jahren von der Substanz.

Schlußbemerkungen

Die Möglichkeit, an der Wahlkampfkostenerstattung nach dem Parteiengesetz teilzunehmen, ist für manche Partei ein zusätzlicher Anreiz für die Beteiligung an Wahlen. Oftmals haben die Parteien aus diesen Mitteln und den dann folgenden Abschlagszahlungen nicht die entsprechenden Rücklagen für die nächste Wahl gebildet, sondern sie für andere politische Aktionen verbraucht. Mit dem ausbleibenden politischen Erfolg bei der nächsten Wahl oder der Entscheidung, erst gar nicht an der Wahl teilzunehmen, kamen zugleich erhebliche Rückzahlungsverpflichtungen auf diese Parteien zu, die vereinzelt bis zur Zahlungsunfähigkeit führten.

Die bevorstehende Wahl zum Europäischen Parlament gibt ferner Anlaß, im Hinblick auf den europäischen Integrationsprozeß auch über die Parteienfinanzierung im europäischen Rahmen nachzudenken. Wie andere Institutionen wirken die Parteien zunehmend über die Grenzen unseres Landes hinaus. Dabei beschränkt sich die verstärkte Europäisierung nicht auf die gemeinsame Arbeit im Europäischen Parlament oder in nationalen Parlamenten, sondern sie vollzieht sich ebenso außerhalb der Parlamente auf vielen Gliederungsebenen der Parteien. Die Parteien müssen bei künftigen Anstößen zu Novellierungen des Parteiengesetzes mehr als bisher auch die Auswirkungen auf die Nachbarländer im Auge behalten.

Mit den Fragen nach der Parteienfinanzierung sind oftmals, insbesondere bei der letzten Novellierung des Parteiengesetzes, Fragen nach der Glaubwürdigkeit der Parteien gestellt worden. Es kommt für die Parteien entscheidend darauf an, Vertrauen in ihr Finanzgebaren und Verständnis für ihre finanziellen Forderungen zu wecken und zu erhalten. Vertrauen in die Parteien stärkt die Legitimation unserer freiheitlich demokratischen Grundordnung, an deren Ausgestaltung die Parteien einen wesentlichen Anteil haben. Eine Glaubwürdigkeitskrise würde umgekehrt nicht nur die Parteien selbst treffen, sondern sich auch auf die Staatsorgane ausdehnen.

Quelle: Bundestagsdrucksache 11/4814.

f) *Einnahmen und Ausgaben in Millionen DM nach Parteien und Organisationsebenen (1986 plus 1987)*

	Ebene	Beiträge	Private Zuwendungen	Öffentliche Mittel	Personal	Sachaufwand	PR und Wahlkampf
CDU/CSU	Bund	24,8	19,7	94,0	46,9	41,9	90,2
	Land	40,4	29,1	60,4	56,0	29,7	51,2
	Kreis	139,3	85,9	0,0	43,6	86,2	90,0
	insgesamt	204,5	134,7	154,4	146,5	157,8	231,4
SPD	Bund	36,0	40,9	78,0	32,7	23,8	70,8
	Land	92,6	12,4	49,1	85,2	23,0	49,1
	Kreis	90,8	47,1	0,0	6,6	55,5	71,0
	insgesamt	219,4	66,8	127,1	124,5	102,3	190,9
FDP	Bund	1,6	4,0	23,2	4,6	9,0	7,4
	Land	5,6	10,2	7,9	6,3	6,5	10,0
	Kreis	9,7	15,5	0,0	1,6	10,4	13,0
	insgesamt	16,9	29,7	31,1	12,5	25,9	30,4
Grüne	Bund	2,3	2,8	27,1	2,4	4,3	3,8
	Land	3,4	7,6	10,2	4,7	8,4	8,8
	Kreis	5,2	19,8	0,0	2,5	15,0	11,8
	insgesamt	10,9	30,2	37,3	9,6	27,7	24,4
DKP	Bund	5,1	7,1	0,0	3,5	4,2	4,5
	Land	11,5	27,9	0,0	11,8	4,9	21,6
	Kreis	11,8	5,6	0,0	3,6	7,8	4,1
	insgesamt	28,4	40,6	0,0	18,9	16,9	30,2

Quelle: Karl-Heinz Naßmacher, Parteienfinanzierung im Wandel. Einnahmeentwicklung, Ausgabenstruktur und Vermögenslage der deutschen Parteien seit 1968, in: Der Bürger im Staat, 39 (1989) 4, S. 277.

g) Die Entwicklung der Rechtslage

1949–1954	Keine direkte oder indirekte Förderung durch den Bund.
1954–1959	Indirekte Förderung durch Steuerbegünstigung von Spenden durch das Gesetz zur Neuordnung von Steuern vom 16. 12. 1954 (BGBl. I S. 373).
24. 6. 1958	Das Bundesverfassungsgericht erklärt die Steuerbegünstigung von Spenden an politische Parteien für verfassungswidrig. Mit dem Leitsatz, daß es zulässig sei, »für die die Wahlen tragenden politischen Parteien finanzielle Mittel von Staats wegen zur Verfügung zu stellen«, weist das Gericht auf den Weg der direkten staatlichen Parteienfinanzierung.
1959–1966	Direkte finanzielle Förderung der im Bundestag vertretenen politischen Parteien SPD, CDU, CSU und FDP durch den Bund, ohne Zweckbindung der Mittel (vgl. Bundeshaushaltspläne 1959–1966, Einzelplan 06 – Geschäftsbereich des Bundesministers des Innern – Kapitel 02, Titel 612, 1959: Titel 620).
19. 7. 1966	Das Bundesverfassungsgericht untersagt die Bereitstellung von Haushaltsmitteln für die gesamte politische Tätigkeit der Parteien; mit dem Grundgesetz sei es jedoch vereinbar, den politischen Parteien, die an der politischen Willensbildung in erster Linie durch die Beteiligung an den Parlamentswahlen mitwirken, aus Haushaltsmitteln die notwendigen Kosten eines angemessenen Wahlkampfes zu erstatten.
24. 7. 1967	Regelung durch das Gesetz über die politischen Parteien (Parteiengesetz) vom 24. Juli 1967 (BGBl. I S. 773) in den §§ 18ff.: Beschränkung der staatlichen Parteienfinanzierung auf die Erstattung der »notwendigen Kosten eines angemessenen Wahlkampfes«. Die Wahlkampfkosten werden mit einem Betrag von 2,50 DM je Wahlberechtigten insgesamt pauschaliert (Wahlkampfkostenpauschale). Voraussetzungen für die Erstattung: Die Partei erhält 2,5 v. H. der im Wahlgebiet abgegebenen gültigen Zweitstimmen oder 10 v. H. der in einem Wahlkreis abgegebenen gültigen Erststimmen, wenn in diesem Land eine Landesliste dieser Partei nicht zugelassen war.
3. 12. 1968	Das Bundesverfassungsgericht erklärt den Prozentsatz von 2,5 v. H. für zu hoch angesetzt und hält 0,5 v. H. der Zweitstimmen für eine hinreichende Erstattungsvoraussetzung.
22. 7. 1969	Änderung des Parteiengesetzes durch Gesetz vom 22. Juli 1969 (BGBl. I S. 925): Herabsetzung des Prozentsatzes für die Erstattung der Wahlkampfkostenpauschale auf künftig »0,5 v. H. der im Wahlgebiet abgegebenen gültigen Zweitstimmen«.
24. 7. 1974	Änderung des Parteiengesetzes durch Gesetz vom 24. Juli 1974 (BGBl. I S. 1537): Die Wahlkampfkosten werden künftig mit einem Betrag von 3,50 DM je Wahlberechtigten pauschaliert.
9. 3. 1976	Das Bundesverfassungsgericht hält einen Ausschluß der unabhängigen Bewerber von der Wahlkampfkostenerstattung mit dem Grundgesetz der Chancengleichheit aller Wahlbewerber für nicht vereinbar (Fall *Daniels*).
21. 12. 1979	Änderung des Parteiengesetzes durch Gesetz vom 21. Dezember 1979 (BGBl. I S. 2358): Auch parteiunabhängige Bewerber sind anspruchsberechtigt, »sofern sie mindestens 10 v. H. der in einem Wahlkreis abgegebenen gültigen Erststimmen erreicht haben«.

18. 12. 1981	Die Führungen der drei Bundestagsfraktionen empfehlen eine vom Bundespräsidenten einzuberufende Kommission, die neue Wege für die Parteienfinanzierung finden soll.
4. 3. 1982	Im Zusammenhang mit der sogenannten »*Flick*-Parteispenden-Affäre« beruft Bundespräsident *Karl Carstens* eine unabhängige Sachverständigen-Kommission mit dem Auftrag, Vorschläge für eine künftige Regelung der mit der Parteienfinanzierung zusammenhängenden Fragen zu erarbeiten. Der Kommission gehören die folgenden fünf Mitglieder an: Prof. Dr. *Walther Fürst* (Berlin), Präsident des Bundesverwaltungsgerichts a. D., Prof. Dr. *Heino Kaack* (Kurtscheid), Dr. *Hermann Maassen* (Bonn), Prof. Dr. *Hans-Peter Schneider* (Hannover) und Prof. Dr. *Horst Vogel* (Bonn).
18. 4. 1983	Die am 4. März 1982 eingesetzte Sachverständigen-Kommission legt dem Bundespräsidenten ihre Vorschläge zur Neuordnung der Parteienfinanzierung vor. Die innerhalb der verfassungsrechtlichen Gebote und Grenzen erarbeitete Gesamtkonzeption hat zum Ziel, eine für den Bürger durchschaubare, aufgabengerechte und wettbewerbsneutrale Finanzierung der Parteien herbeizuführen. Die Kommission unterbreitet Vorschläge zur Kostenbegrenzung, zur Transparenz der Parteifinanzen, zur verstärkten Bürgerfinanzierung der Parteien, zur begrenzten staatlichen Finanzierung der Parteien sowie zur Organisation und zum Verfahren.
1. 12. 1983	Verabschiedung des 35. Gesetzes zur Änderung des Artikels 21 des Grundgesetzes mit 453 gegen 2 Stimmen, wodurch Parteien nicht nur über die Herkunft ihrer Mittel, sondern auch über deren Verwendung sowie über ihr Vermögen öffentlich Rechenschaft ablegen müssen. Verabschiedung des Gesetzes zur Änderung des Parteiengesetzes mit den Stimmen von CDU/CSU, SPD und FDP, gegen die Stimmen der GRÜNEN und bei einigen Stimmenthaltungen; die wichtigsten Bestimmungen: – Erhöhung der Wahlkampfkostenerstattung für die Bundestags- und Europaparlamentswahlen von 3,50 DM auf 5,– DM je Wahlberechtigten; rückwirkende Erhöhung der Wahlkampfkostenpauschale für die Bundestagswahl vom 6. März 1983 von 3,50 DM auf 4,50 DM; – kein Überwiegen der Höhe der Wahlkampfkostenerstattungen gegenüber den Gesamteinnahmen einer Partei; – Zahlung eines »Chancenausgleichs« zur Entzerrung verschiedener Steuervorteile bei Parteispenden; – besondere steuerliche Begünstigung kleinerer Spenden und Mitgliedsbeiträge an Parteien (bis 1 200 DM für Ledige und 2 400 DM für Verheiratete) und steuerliche Begünstigung darüber hinausgehender Spenden; – Unzulässigkeit der Annahme bestimmter Spenden (z. B. von politischen Stiftungen, gemeinnützigen Vereinigungen u. a.); – Abzugsfähigkeit von Großspenden über 20 000 DM nur bei Ausweisung des Spenders im Rechenschaftsbericht; – Verschärfung der Bestimmungen bei rechtswidrig erlangten Spenden. Zur Frage der Rückwirkung der Neuregelungen auf laufende Verfahren einer Steuerverkürzung: Erklärung der Koalitionsfraktionen, daß diese Frage allein von der rechtsprechenden Gewalt zu entscheiden sei.
18. 4. 1984	Klage der GRÜNEN beim Bundesverfassungsgericht gegen das Gesetz zur Neuordnung der Parteifinanzen.
15. 5. 1984	Rücknahme eines von der CDU/CSU und FDP eingebrachten Gesetzentwurfs über die Einstellung bestimmter Steuerstrafverfahren, womit Personen hätte Straffreiheit gewährt werden sollen, die vor der am 1. Januar 1984 in

Kraft getretenen Neuregelung der Parteienfinanzierung bei Parteispenden gegen die §§ 370 und 378 der Abgabenordnung (Steuerhinterziehung, leichtfertige Steuerverkürzung) verstoßen haben.

Der Gesetzentwurf war zunächst am 4. Mai 1984 als Änderungsantrag im Finanzausschuß während der Beratungen zu dem Gesetzentwurf zur Änderung des Einkommensteuergesetzes und des Körperschaftsteuergesetzes von den Koalitionsfraktionen vorgelegt, jedoch im Ausschuß wegen geschäftsordnungsrechtlicher Bedenken nicht behandelt worden. (Der im Ausschuß beratene Entwurf bezog sich darauf, die steuerliche Abzugsfähigkeit von Geldstrafen und -bußen als Betriebsausgabe oder Werbungskosten auszuschließen.)

Der Entwurf des Amnestiegesetzes für Parteispenden wurde daraufhin am 8. Mai 1984 von den Koalitionsfraktionen als separate Gesetzesinitiative eingebracht. Die Rücknahme erfolgt aufgrund der kritischen Reaktion und des Widerstandes seitens der Öffentlichkeit, der Oppositionsparteien und Teilen der FDP.

24. 5. 1984 Bundestagsdebatte »zum gescheiterten Strafbefreiungsvorhaben« bei Parteispenden. Keine Mehrheit findet ein Entschließungsantrag der SPD, in dem u. a. die Bundesregierung aufgefordert wird, Amnestiepläne für Steuerhinterziehung und -verkürzung bei Parteispenden »ein für allemal aufzugeben«, sowie ein noch weitergehender Antrag der GRÜNEN; mehrheitlich gebilligt wird dagegen ein die Amnestiepläne begründender Koalitionsantrag »Steuerstrafrechtliche Zweifelsfragen im Zusammenhang mit Parteispenden«.

16. 11. 1984 Erneute ausführliche Bundestagsdebatte zur »*Flick*- und Spendenaffäre«.

14. 7. 1986 Das Bundesverfassungsgericht verkündet seine Entscheidung im Verfahren über die Verfassungsmäßigkeit des Parteienfinanzierungsgesetzes und der staatlichen Unterstützung von Parteistiftungen. Gegen die Neuregelung der Parteienfinanzierung aus dem Jahre 1983 lagen dem Gericht eine Verfassungsbeschwerde eines Bürgers sowie eine Organklage der GRÜNEN vor.

Aufgrund der Verfassungsbeschwerde entscheidet das Bundesverfassungsgericht, daß Parteispenden nur noch bis zu einer einheitlichen Obergrenze von 100 000 DM steuerlich absetzbar sind; bislang galten auf das Einkommen bezogene Prozentwerte.

In seiner zweiten Entscheidung lehnt das Bundesverfassungsgericht die Organklage der GRÜNEN ab, mit der die Globalzuschüsse an die Parteistiftungen unterbunden werden sollten.

1988 Der Bundestag beschließt in Reaktion auf das Urteil des Bundesverfassungsgerichts vom 14. Juli 1986 Änderungen des Parteiengesetzes sowie des Einkommenssteuer- und Körperschaftsgesetzes. Im wesentlichen werden dabei festgestellt:

- die Berechnung des Sockelbetrages, der den Parteien für die Bundestagswahl zusätzlich zur Wahlkampfkostenpauschale gezahlt wird;
- eine korrigierte Berechnung der jährlichen Zahlungen im Rahmen des Chancenausgleichs;
- ergänzende Regelungen zur jährlichen Rechenschaftspflicht der Parteien, v. a. die Erhöhung der Grenze, ab der Parteispenden namentlich auszuweisen sind, auf 40 000 DM;
- die Festsetzung der steuerlichen Abzugsfähigkeit von Parteispenden auf jährlich 60 000 DM sowohl nach dem Einkommenssteuergesetz als auch nach dem Körperschaftssteuergesetz.

Quellen: Peter Schindler, ebd. 1949–1982, S. 89f.; ders., ebd. 1980–1987, S. 96ff.; und für 1988 BGBl. I 1989, S. 337ff.

3. Mitgliederentwicklung (1968–1988)[1]

Jahr	SPD	CDU	CSU	FDP	Die GRÜNEN
1968	732 000	287 000	74 000	57 000	–
1969	779 000	304 000	77 000	59 000	–
1970	820 000	329 000	93 000	57 000	–
1971	847 000	356 000	110 000	53 000	–
1972	954 000	423 000	107 000	58 000	–
1973	974 000	457 000	112 000	63 000	–
1974	957 000	531 000	123 000	71 000	–
1975	998 000	590 000	133 000	74 000	–
1976	1 022 000	652 000	146 000	79 000	–
1977	1 006 000	664 000	160 000	80 000	–
1978	997 000	675 000	166 000	81 000	–
1979	982 000	683 000	169 000	83 000	–
1980	987 000	693 000	172 000	85 000	ca. 18 000
1981	956 000	705 000	175 000	87 000	ca. 21 000
1982	926 000	719 000	179 000	80 000	ca. 25 000
1983	926 000	735 000	185 000	72 000	ca. 25 000
1984	916 000	730 000	184 000	71 000	ca. 31 000
1985	919 000	719 000	183 000	67 000	ca. 37 000
1986	913 000	714 000	182 000	64 000	ca. 38 000
1987	910 000	706 000	184 000	65 000	ca. 44 000
1988	910 000	693 000	184 000	65 000	·

1 Die Zahlen beziehen sich jeweils auf das Jahresende (1988: 30. Juni). Vor den genannten Jahren liegen Mitgliederzahlen auf Bundesebene nicht bei allen Parteien vor.

Quelle: Eckhard Jesse, Der politische Prozeß in der Bundesrepublik Deutschland, in : Werner Weidenfeld/ Hartmut Zimmermann (Hrsg.), Deutschland-Handbuch. Eine doppelte Bilanz 1949–1989, München 1989, S. 494.

4. Parteiengesetz

Bekanntmachung der Neufassung des Parteiengesetzes

Vom 3. März 1989

Auf Grund des Artikels 6 des Fünften Gesetzes zur Änderung des Parteiengesetzes und anderer Gesetze vom 22. Dezember 1988 (BGBl. I S. 2615) wird nachstehend der Wortlaut des Parteiengesetzes in der seit 1. Januar 1989 geltenden Fassung bekanntgemacht. Die Neufassung berücksichtigt:

1. die Fassung der Bekanntmachung der Neufassung des Parteiengesetzes vom 15. Februar 1984 (BGBl. I S. 242),
2. den am 1. Januar 1989 in Kraft getretenen Artikel 1 des eingangs genannten Gesetzes.

Bonn, den 3. März 1989

Der Bundesminister des Innern
Dr. Zimmermann

Gesetz über die politischen Parteien (Parteiengesetz)

ERSTER ABSCHNITT
Allgemeine Bestimmungen

§ 1 Verfassungsrechtliche Stellung und Aufgaben der Parteien

(1) Die Parteien sind ein verfassungsrechtlich notwendiger Bestandteil der freiheitlichen demokratischen Grundordnung. Sie erfüllen mit ihrer freien, dauernden Mitwirkung an der politischen Willensbildung des Volkes eine ihnen nach dem Grundgesetz obliegende und von ihm verbürgte öffentliche Aufgabe.

(2) Die Parteien wirken an der Bildung des politischen Willens des Volkes auf allen Gebieten des öffentlichen Lebens mit, indem sie insbesondere

auf die Gestaltung der öffentlichen Meinung Einfluß nehmen,
die politische Bildung anregen und vertiefen,
die aktive Teilnahme der Bürger am politischen Leben fördern,
zur Übernahme öffentlicher Verantwortung befähigte Bürger heranbilden,
sich durch Aufstellung von Bewerbern an den Wahlen in Bund, Ländern und Gemeinden beteiligen,
auf die politische Entwicklung in Parlament und Regierung Einfluß nehmen,
die von ihnen erarbeiteten politischen Ziele in den Prozeß der staatlichen Willensbildung einführen und
für eine ständige lebendige Verbindung zwischen dem Volk und den Staatsorganen sorgen.

(3) Die Parteien legen ihre Ziele in politischen Programmen nieder.

§ 2 Begriff der Partei

(1) Parteien sind Vereinigungen von Bürgern, die dauernd oder für längere Zeit für den Bereich des Bundes oder eines Landes auf die politische Willensbildung Einfluß nehmen und an der Vertretung des Volkes im Deutschen Bundestag oder einem Landtag mitwirken wollen, wenn sie nach dem Gesamtbild der tatsächlichen Verhältnisse, insbesondere nach Umfang und Festigkeit ihrer Organisation, nach der Zahl ihrer Mitglieder und nach ihrem Hervortreten in der Öffentlichkeit eine ausreichende Gewähr für die Ernsthaftigkeit dieser Zielsetzung bieten. Mitglieder einer Partei können nur natürliche Personen sein.

(2) Eine Vereinigung verliert ihre Rechtsstellung als Partei, wenn sie sechs Jahre lang weder an einer Bundestagswahl noch an einer Landtagswahl mit eigenen Wahlvorschlägen teilgenommen hat.

(3) Politische Vereinigungen sind nicht Parteien, wenn

1. ihre Mitglieder oder die Mitglieder ihres Vorstandes in der Mehrheit Ausländer sind oder
2. ihr Sitz oder ihre Geschäftsleitung sich außerhalb des Geltungsbereichs dieses Gesetzes befindet.

§ 3 Aktiv- und Passivlegitimation

Die Partei kann unter ihrem Namen klagen und verklagt werden. Das gleiche gilt für ihre Gebietsverbände der jeweils höchsten Stufe, sofern die Satzung der Partei nichts anderes bestimmt.

§ 4 Name

(1) Der Name einer Partei muß sich von dem Namen einer bereits bestehenden Partei deutlich unterscheiden; das gleiche gilt für Kurzbezeichnungen. In der Wahlwerbung und im Wahlverfahren darf nur der satzungsmäßige Name oder dessen Kurzbezeichnung geführt werden; Zusatzbezeichnungen können weggelassen werden.

(2) Gebietsverbände führen den Namen der Partei unter Zusatz ihrer Organisationsstellung. Der Zusatz für Gebietsverbände ist nur an nachfolgender Stelle zulässig. In der allgemeinen Werbung und in der Wahlwerbung kann der Zusatz weggelassen werden.

(3) Gebietsverbände, die aus der Partei ausscheiden, verlieren das Recht, den Namen der Partei weiterzuführen. Ein neu gewählter Name darf nicht in einem bloßen Zusatz zu dem bisherigen Namen bestehen. Entsprechendes gilt für Kurzbezeichnungen.

§ 5 Gleichbehandlung

(1) Wenn ein Träger öffentlicher Gewalt den Parteien Einrichtungen zur Verfügung stellt oder andere öffentliche Leistungen gewährt, sollen alle Parteien gleichbehandelt werden. Der Umfang der Gewährung kann nach der Bedeutung der Parteien bis zu dem für die Erreichung ihres Zweckes erforderlichen Mindestmaß abgestuft werden. Die Bedeutung der Parteien bemißt sich insbesondere auch nach den Ergebnissen vorausgegangener Wahlen zu Volksvertretungen. Für eine Partei, die im Bundestag in Fraktionsstärke vertreten ist, muß der Umfang der Gewährung mindestens halb so groß wie für jede andere Partei sein.

(2) Für die Gewährung öffentlicher Leistungen im Zusammenhang mit einer Wahl gilt Absatz 1 während der Dauer des Wahlkampfes nur für Parteien, die Wahlvorschläge eingereicht haben.

(3) Öffentliche Leistungen nach Absatz 1 können an bestimmte sachliche, von allen Parteien zu erfüllende Voraussetzungen gebunden werden.

(4) Die §§ 18 bis 22 bleiben unberührt.

ZWEITER ABSCHNITT
Innere Ordnung

§ 6 Satzung und Programm

(1) Die Partei muß eine schriftliche Satzung und ein schriftliches Programm haben. Die Gebietsverbände regeln ihre Angelegenheiten durch eigene Satzungen, soweit die Satzung des jeweils nächsthöheren Gebietsverbandes hierüber keine Vorschriften enthält.

(2) Die Satzungen müssen Bestimmungen enthalten über

1. Namen sowie Kurzbezeichnung, sofern eine solche verwandt wird, Sitz und Tätigkeitsgebiet der Partei,
2. Aufnahme und Austritt der Mitglieder,
3. Rechte und Pflichten der Mitglieder,
4. zulässige Ordnungsmaßnahmen gegen Mitglieder und ihren Ausschluß (§ 10 Abs. 3 bis 5),
5. zulässige Ordnungsmaßnahmen gegen Gebietsverbände,
6. allgemeine Gliederung der Partei,

7. Zusammensetzung und Befugnisse des Vorstandes und der übrigen Organe,
8. der Beschlußfassung durch die Mitglieder- und Vertreterversammlungen nach § 9 vorbehaltene Angelegenheiten,
9. Voraussetzung, Form und Frist der Einberufung der Mitglieder- und Vertreterversammlungen sowie Beurkundung der Beschlüsse,
10. Gebietsverbände und Organe, die zur Einreichung (Unterzeichnung) von Wahlvorschlägen für Wahlen zu Volksvertretungen befugt sind, soweit hierüber keine gesetzlichen Vorschriften bestehen,
11. eine Urabstimmung der Mitglieder und das Verfahren, wenn der Parteitag die Auflösung der Partei oder des Gebietsverbandes oder die Verschmelzung mit anderen Parteien nach § 9 Abs. 3 beschlossen hat. Der Beschluß gilt nach dem Ergebnis der Urabstimmung als bestätigt, geändert oder aufgehoben,
12. Form und Inhalt einer Finanzordnung, die den Vorschriften des Sechsten Abschnittes dieses Gesetzes genügt.

(3) Der Vorstand hat dem Bundeswahlleiter
1. Satzung und Programm der Partei,
2. Namen der Vorstandsmitglieder der Partei und der Landesverbände mit Angabe ihrer Funktionen,
3. Auflösung der Partei oder eines Landesverbandes

mitzuteilen. Änderungen zu Satz 1 Nr. 1 und 2 sind bis zum 31. Dezember des jeweiligen Kalenderjahres anzuzeigen. Die Unterlagen können beim Bundeswahlleiter von jedermann eingesehen werden. Abschriften dieser Unterlagen sind auf Anforderung gebührenfrei zu erteilen.

(4) Bei Parteien, deren Organisation sich auf das Gebiet eines Landes beschränkt (Landesparteien), gelten die in diesem Gesetz für die Partei getroffenen Regelungen für den Landesverband.

§ 7 Gliederung

(1) Die Parteien gliedern sich in Gebietsverbände. Größe und Umfang der Gebietsverbände werden durch die Satzung festgelegt. Die gebietliche Gliederung muß so weit ausgebaut sein, daß den einzelnen Mitgliedern eine angemessene Mitwirkung an der Willensbildung der Partei möglich ist. Beschränkt sich die Organisation einer Partei auf das Gebiet eines Stadtstaates, braucht sie keine Gebietsverbände zu bilden; sie ist Partei im Sinne dieses Gesetzes. Organisatorische Zusammenschlüsse mehrerer Gebietsverbände, die den verbandsmäßigen Aufbau der Parteiorganisation nicht wesentlich beeinträchtigen, sind zulässig.

(2) Soweit in einer Partei Landesverbände nicht bestehen, gelten die in diesem Gesetz für Landesverbände getroffenen Regelungen für die der Partei folgenden nächstniedrigen Gebietsverbände.

§ 8 Organe

(1) Mitgliederversammlung und Vorstand sind notwendige Organe der Partei und der Gebietsverbände. Durch die Satzung kann bestimmt werden, daß in den überörtlichen Verbänden an die Stelle der Mitgliederversammlung eine Vertreterversammlung tritt, deren Mitglieder für höchstens zwei Jahre durch Mitglieder- oder Vertreterversammlungen der nachgeordneten Verbände gewählt werden. Landesparteien ohne Gebietsverbände (§ 7 Abs. 1 Satz 4) können die Mitgliederversammlung durch eine Vertreterversammlung ersetzen, wenn sie mehr als 250 Mitglieder haben. Vertreterversammlungen können auch für Ortsverbände von mehr als 250 Mitgliedern oder mit großer räumlicher Ausdehnung gebildet werden.

(2) Die Satzung kann weitere der Willensbildung des jeweiligen Gebietsverbandes dienende Einrichtungen (Organe) vorsehen. Sie sind in der Satzung ausdrücklich als solche zu bezeichnen.

§ 9 Mitglieder- und Vertreterversammlung (Parteitag, Hauptversammlung)

(1) Die Mitglieder- oder Vertreterversammlung (Parteitag, Hauptversammlung) ist das oberste

Organ des jeweiligen Gebietsverbandes. Sie führt bei Gebietsverbänden höherer Stufen die Bezeichnung »Parteitag«, bei Gebietsverbänden der untersten Stufe die Bezeichnung »Hauptversammlung«; die nachfolgenden Bestimmungen über den Parteitag gelten auch für die Hauptversammlung. Die Parteitage treten mindestens in jedem zweiten Kalenderjahr einmal zusammen.
(2) Vorstandsmitglieder, Mitglieder anderer Organe des Gebietsverbandes sowie Angehörige des in § 11 Abs. 2 genannten Personenkreises können einer Vertreterversammlung kraft Satzung angehören, dürfen aber in diesem Fall nur bis zu einem Fünftel der satzungsmäßigen Gesamtzahl der Versammlungsmitglieder mit Stimmrecht ausgestattet sein.
(3) Der Parteitag beschließt im Rahmen der Zuständigkeiten des Gebietsverbandes innerhalb der Partei über die Parteiprogramme, die Satzung, die Beitragsordnung, die Schiedsgerichtsordnung, die Auflösung sowie die Verschmelzung mit anderen Parteien.
(4) Der Parteitag wählt den Vorsitzenden des Gebietsverbandes, seine Stellvertreter und die übrigen Mitglieder des Vorstandes, die Mitglieder etwaiger anderer Organe und die Vertreter in den Organen höherer Gebietsverbände, soweit in diesem Gesetz nichts anderes zugelassen ist.

(5) Der Parteitag nimmt mindestens alle zwei Jahre einen Tätigkeitsbericht des Vorstandes entgegen und faßt über ihn Beschluß. Der finanzielle Teil des Berichts ist vor der Berichterstattung durch Rechnungsprüfer,die von dem Parteitag gewählt werden, zu überprüfen.

§ 10 Rechte der Mitglieder
(1) Die zuständigen Organe der Partei entscheiden nach näherer Bestimmung der Satzung frei über die Aufnahme von Mitgliedern. Die Ablehnung eines Aufnahmeantrages braucht nicht begründet zu werden. Allgemeine, auch befristete Aufnahmesperren sind nicht zulässig. Personen, die infolge Richterspruchs die Wählbarkeit oder das Wahlrecht nicht besitzen, können nicht Mitglieder einer Partei sein.
(2) Die Mitglieder der Partei und die Vertreter in den Parteiorganen haben gleiches Stimmrecht. Die Ausübung des Stimmrechts kann nach näherer Bestimmung der Satzung davon abhängig gemacht werden, daß das Mitglied seine Beitragspflicht erfüllt hat. Das Mitglied ist jederzeit zum sofortigen Austritt aus der Partei berechtigt.
(3) In der Satzung sind Bestimmungen zu treffen über
1. die zulässigen Ordnungsmaßnahmen gegen Mitglieder,
2. die Gründe, die zu Ordnungsmaßnahmen berechtigen,
3. die Parteiorgane, die Ordnungsmaßnahmen anordnen können.

Im Falle der Enthebung von Parteiämtern oder der Aberkennung der Fähigkeit zu ihrer Bekleidung ist der Beschluß zu begründen.
(4) Ein Mitglied kann nur dann aus der Partei ausgeschlossen werden, wenn es vorsätzlich gegen die Satzung oder erheblich gegen Grundsätze oder Ordnung der Partei verstößt und ihr damit schweren Schaden zufügt.
(5) Über den Ausschluß entscheidet das nach der Schiedsgerichtsordnung zuständige Schiedsgericht. Die Berufung an ein Schiedsgericht höherer Stufe ist zu gewährleisten. Die Entscheidungen sind schriftlich zu begründen. In dringenden und schwerwiegenden Fällen, die sofortiges Eingreifen erfordern, kann der Vorstand der Partei oder eines Gebietsverbandes ein Mitglied von der Ausübung seiner Rechte bis zur Entscheidung des Schiedsgerichts ausschließen.

§ 11 Vorstand
(1) Der Vorstand wird mindestens in jedem zweiten Kalenderjahr gewählt. Er muß aus mindestens drei Mitgliedern bestehen.
(2) Dem Vorstand können Abgeordnete und andere Persönlichkeiten aus der Partei kraft Satzung angehören, wenn sie ihr Amt oder ihr Mandat aus einer Wahl erhalten haben. Der Anteil der nicht nach § 9 Abs. 4 gewählten Mitglieder darf ein Fünftel der Gesamtzahl der

Vorstandsmitglieder nicht übersteigen. Vorsitzender und Schatzmeister einer Partei dürfen nicht in einer der Partei nahestehenden politischen Stiftung vergleichbare Funktionen ausüben.
(3) Der Vorstand leitet den Gebietsverband und führt dessen Geschäfte nach Gesetz und Satzung sowie den Beschlüssen der ihm übergeordneten Organe. Er vertritt den Gebietsverband gemäß § 26 Abs. 2 des Bürgerlichen Gesetzbuchs, soweit nicht die Satzung eine abweichende Regelung trifft.
(4) Zur Durchführung der Beschlüsse des Vorstandes sowie zur Erledigung der laufenden und der besonders dringlichen Vorstandsgeschäfte kann aus der Mitte des Vorstandes ein geschäftsführender Vorstand (Präsidium) gebildet werden. Seine Mitglieder können auch vom Vorstand gewählt oder durch die Satzung bestimmt werden.

§ 12 Allgemeine Parteiausschüsse
(1) Die Mitglieder von allgemeinen Parteiausschüssen und ähnlichen Einrichtungen, die nach der Satzung umfassende Zuständigkeiten für die Beratung oder Entscheidung politischer und organisatorischer Fragen der Partei besitzen, können auch von nachgeordneten Gebietsverbänden gewählt werden.
(2) Der Vorstand und Angehörige des in § 11 Abs. 2 genannten Personenkreises können einem solchen Organ kraft Satzung angehören. Der Anteil der nicht gewählten Mitglieder darf ein Drittel der Gesamtmitgliederzahl des Organs nicht übersteigen; er kann um weitere Mitglieder mit nur beratender Stimme erhöht werden, muß jedoch auch dann noch unter der Hälfte der Gesamtmitgliederzahl des Organs liegen.
(3) Das Amt der gewählten Mitglieder der in Absatz 1 genannten Organe dauert höchstens zwei Jahre.

§ 13 Zusammensetzung der Vertreterversammlungen
Die Zusammensetzung einer Vertreterversammlung oder eines sonstigen Organs, das ganz oder zum Teil aus Vertretern von Gebietsverbänden besteht, ist in der Satzung festzulegen. Die Zahl der Vertreter des Gebietsverbandes ist in erster Linie nach der Zahl der vertretenen Mitglieder zu bemessen. Die Satzung kann bestimmen, daß die restliche Zahl der Vertreter, höchstens die Hälfte der Gesamtzahl, nach dem Verhältnis der im Bereich des Gebietsverbandes bei vorausgegangenen Wahlen zu Volksvertretungen erzielten Wählerstimmen auf die Gebietsverbände aufgeschlüsselt wird. Die Ausübung des Stimmrechts kann von der Erfüllung der Beitragspflicht des Gebietsverbandes abhängig gemacht werden.

§ 14 Parteischiedsgerichte
(1) Zur Schlichtung und Entscheidung von Streitigkeiten der Partei oder eines Gebietsverbandes mit einzelnen Mitgliedern und Streitigkeiten über Auslegung und Anwendung der Satzung sind zumindest bei der Partei und den Gebietsverbänden der jeweils höchsten Stufe Schiedsgerichte zu bilden. Für mehrere Gebietsverbände der Kreisstufe können gemeinsame Schiedsgerichte gebildet werden.
(2) Die Mitglieder der Schiedsgerichte werden für höchstens vier Jahre gewählt. Sie dürfen nicht Mitglied eines Vorstandes der Partei oder eines Gebietsverbandes sein, in einem Dienstverhältnis zu der Partei oder einem Gebietsverband stehen oder von ihnen regelmäßige Einkünfte beziehen. Sie sind unabhängig und an Weisungen nicht gebunden.
(3) Die Satzung kann vorsehen, daß die Schiedsgerichte allgemein oder im Einzelfall mit Beisitzern besetzt werden, die von den Streitteilen paritätisch benannt werden.
(4) Für die Tätigkeit des Schiedsgerichts ist eine Schiedsgerichtsordnung zu erlassen, die den Beteiligten rechtliches Gehör, ein gerechtes Verfahren und die Ablehnung eines Mitglieds des Schiedsgerichts wegen Befangenheit gewährleistet.

§ 15 Willensbildung in den Organen
(1) Die Organe fassen ihre Beschlüsse mit einfacher Stimmenmehrheit, soweit nicht durch Gesetz oder Satzung erhöhte Stimmenmehrheit vorgeschrieben ist.
(2) Die Wahlen der Vorstandsmitglieder und der Vertreter zu Vertreterversammlungen und zu

Organen höherer Gebietsverbände sind geheim. Bei den übrigen Wahlen kann offen abgestimmt werden, wenn sich auf Befragen kein Widerspruch erhebt.
(3) Das Antragsrecht ist so zu gestalten, daß eine demokratische Willensbildung gewährleistet bleibt, insbesondere auch Minderheiten ihre Vorschläge ausreichend zur Erörterung bringen können. In den Versammlungen höherer Gebietsverbände ist mindestens den Vertretern der Gebietsverbände der beiden nächstniedrigen Stufen ein Antragsrecht einzuräumen. Bei Wahlen und Abstimmungen ist eine Bindung an Beschlüsse anderer Organe unzulässig.

§ 16 Maßnahmen gegen Gebietsverbände
(1) Die Auflösung und der Ausschluß nachgeordneter Gebietsverbände sowie die Amtsenthebung ganzer Organe derselben sind nur wegen schwerwiegender Verstöße gegen die Grundsätze oder die Ordnung der Partei zulässig. In der Satzung ist zu bestimmen,
1. aus welchen Gründen die Maßnahmen zulässig sind,
2. welcher übergeordnete Gebietsverband und welches Organ dieses Verbandes sie treffen können.
(2) Der Vorstand der Partei oder eines übergeordneten Gebietsverbandes bedarf für eine Maßnahme nach Absatz 1 der Bestätigung durch ein höheres Organ. Die Maßnahme tritt außer Kraft, wenn die Bestätigung nicht auf dem nächsten Parteitag ausgesprochen wird.
(3) Gegen Maßnahmen nach Absatz 1 ist die Anrufung eines Schiedsgerichts zuzulassen.

DRITTER ABSCHNITT
Aufstellung von Wahlbewerbern

§ 17 Aufstellung von Wahlbewerbern
Die Aufstellung von Bewerbern für Wahlen zu Volksvertretungen muß in geheimer Abstimmung erfolgen. Die Aufstellung regeln die Wahlgesetze und die Satzungen der Parteien.

VIERTER ABSCHNITT
Erstattung von Wahlkampfkosten

§ 18 Grundsätze und Umfang der Erstattung
(1) Die notwendigen Kosten eines angemessenen Wahlkampfes sind Parteien, die sich an der Bundestagswahl mit eigenen Wahlvorschlägen beteiligt haben, zu erstatten. Die Wahlkampfkosten umfassen einen Pauschalbetrag von 5,00 Deutsche Mark je Wahlberechtigten dieser Bundestagswahl (Wahlkampfkostenpauschale) und die Sockelbeträge nach Absatz 6.
(2) Die Wahlkampfkostenpauschale wird auf Parteien verteilt, die nach dem endgültigen Wahlergebnis mindestens
1. 0,5 vom Hundert der im Wahlgebiet abgegebenen gültigen Zweitstimmen oder
2. 10 vom Hundert der in einem Wahlkreis abgegebenen gültigen Erststimmen, wenn in diesem Land eine Landesliste dieser Partei nicht zugelassen war,

erreicht haben.
(3) Der Anteil an der Wahlkampfkostenpauschale bemißt sich
1. bei Parteien nach Absatz 2 Nr. 1 nach dem Verhältnis der im Wahlgebiet erreichten Zweitstimmen,
2. bei einer Partei nach Absatz 2 Nr. 2 mit einem Betrag von 5,00 Deutsche Mark für jede Erststimme in Wahlkreisen, in denen die Mindeststimmenzahl von 10 vom Hundert erreicht worden ist.

(4) Die Absätze 1 bis 3 gelten entsprechend für Bewerber eines nach Maßgabe der §§ 18 und 20 des Bundeswahlgesetzes von Wahlberechtigten eingereichten Wahlvorschlages, sofern sie mindestens 10 vom Hundert der in einem Wahlkreis abgegebenen gültigen Erststimmen erreicht haben.
(5) Vor der Festsetzung der Anteile an der Wahlkampfkostenpauschale für Parteien nach Absatz 3 Nr. 1 sind zunächst die auf die Parteien nach Absatz 3 Nr. 2 sowie die auf Bewerber

nach Absatz 4 entfallenden Anteile an der Wahlkampfkostenpauschale von der Wahlkampfkostenpauschale abzuziehen.

(6) Parteien,die mindestens 2 vom Hundert der im Wahlgebiet abgegebenen gültigen Zweitstimmen erreicht haben, erhalten für die Bundestagswahl zusätzlich zu der Pauschale nach Absatz 1 einen Sockelbetrag in Höhe von 6 vom Hundert des in Absatz 1 festgelegten Betrages. Der Sockelbetrag darf bei einer Partei 80 vom Hundert ihres Anteils an der Wahlkampfkostenpauschale (Absatz 3) nicht übersteigen.

(7) Die Summe der Erstattungen der Kosten angemessener Wahlkämpfe aus öffentlichen Mitteln darf gegenüber den Gesamteinnahmen einer Partei nach § 24 Abs. 2 Nr. 1 bis 5 und 8 im zweiten Kalenderjahr nach der Erstattung der Kosten des Bundestagswahlkampfes und in den diesem Jahr vorangegangenen drei Kalenderjahren nicht überwiegen. Über diese Grenze hinausgehende Erstattungsbeträge sind von der nächstfälligen Erstattungszahlung in Abzug zu bringen.

(8) Vor Änderungen in der Struktur und Höhe der Wahlkampfkostenerstattung legt eine Kommission unabhängiger Sachverständiger, die vom Bundespräsidenten berufen wird, dem Deutschen Bundestag Empfehlungen vor.

§ 19 Erstattungsverfahren

(1) Die Festsetzung und die Auszahlung des Erstattungsbetrages (Anteil an der Wahlkampfkostenpauschale und Sockelbetrag) ist innerhalb von zwei Monaten nach dem Zusammentritt des Bundestages bei dem Präsidenten des Deutschen Bundestages schriftlich zu beantragen. Der Antrag kann auf einen Teilbetrag begrenzt werden.

(2) Der Erstattungsbetrag wird von dem Präsidenten des Deutschen Bundestages festgesetzt und ausgezahlt. Abschlagszahlungen nach § 20 sind anzurechnen. § 23 a bleibt unberührt.

§ 20 Abschlagszahlungen

(1) Den Parteien, die bei der jeweils vorausgegangenen Bundestagswahl Wahlergebnisse erreicht hatten, die die Voraussetzungen für eine Erstattung erfüllt hätten, sind auf Antrag Abschlagszahlungen auf den Erstattungsbetrag zu gewähren. Abschlagszahlungen können im zweiten und dritten Jahr der Wahlperiode des Deutschen Bundestages sowie im Wahljahr gezahlt werden; sie dürfen jeweils 20 vom Hundert der Gesamtsumme des nach dem Ergebnis der vorausgegangenen Wahl zu erstattenden Betrages nicht überschreiten.

(2) Der Antrag auf Abschlagszahlungen ist schriftlich bei dem Präsidenten des Deutschen Bundestages einzureichen.

(3) Endet die Wahlperiode des Deutschen Bundestages vorzeitig, kann der Präsident des Deutschen Bundestages vor der Bundestagswahl Abschlagszahlungen abweichend von Absatz 1 Satz 2 mit der Maßgabe gewähren, daß sie 60 vom Hundert der Erstattungsbeträge nicht übersteigen dürfen.

(4) Abschlagszahlungen sind nach der Wahl zurückzuzahlen, soweit sie den Erstattungsbetrag übersteigen oder wenn ein Erstattungsanspruch nicht entstanden ist.

§ 21 Bereitstellung von Bundesmitteln

(1) Die nach den §§ 18 und 20 erforderlichen Mittel sind im Bundeshaushaltsplan auszubringen.

(2) Der Bundesrechnungshof prüft, ob der Präsident des Deutschen Bundestages als mittelverwaltende Stelle die Wahlkampfkosten entsprechend den Vorschriften dieses Abschnitts erstattet hat.

§ 22 Erstattung von Wahlkampfkosten in den Ländern

Die Länder werden ermächtigt, durch Gesetz Vorschriften über die Erstattung von Wahlkampfkosten für Landtagswahlen zu erlassen. Diese müssen sich im Rahmen des § 18 Abs. 1, 6 und 7 und der §§ 19 und 20 halten. Bei Parteien nationaler Minderheiten darf die Erstattung nicht von einem Mindeststimmenanteil abhängig gemacht werden.

FÜNFTER ABSCHNITT
Chancenausgleich

§ 22 a Errechnung und Zahlung des Chancenausgleiches

(1) Parteien, die nach dem endgültigen Wahlergebnis der letzten vor dem 31. Dezember (Stichtag) liegenden Bundestagswahl mindestens 0,5 vom Hundert der im Wahlgebiet abgegebenen gültigen Zweitstimmen erreicht haben, erhalten jährlich einen Betrag als Chancenausgleich.

(2) Der Chancenausgleich wird wie folgt errechnet:
Für jede Partei, die bei der letzten vor dem Stichtag liegenden Bundestagswahl mindestens 5 vom Hundert der im Wahlgebiet abgegebenen gültigen Zweitstimmen erreicht hat, werden Ausgangsbeträge in Höhe von 40 vom Hundert des Gesamtbetrages der in dem Rechenschaftsbericht (§ 24) des vorausgegangenen Kalenderjahres angegebenen Mitgliedsbeiträge, geteilt durch die Zahl der im selben Rechenschaftsbericht angegebenen Mitglieder, sowie der Spenden, geteilt durch die Zahl der auf die Partei entfallenen gültigen Zweitstimmen, festgestellt. Der jeweils höchste der Ausgangsbeträge wird mit der Zahl der Mitglieder beziehungsweise der erreichten gültigen Zweitstimmen jeder Partei im Sinne des Absatzes 1 vervielfacht. Die sich nach beiden Berechnungen ergebenden Differenzen zwischen den Ergebnissen nach Satz 2 und 40 vom Hundert des Gesamtbetrages der einer Partei zugeflossenen Mitgliedsbeiträge beziehungsweise Spenden im Sinne des Satzes 1 werden addiert und durch zwei geteilt und ergeben den an die jeweilige Partei als Chancenausgleich zu zahlenden Betrag. Dieser Betrag darf 10 vom Hundert der Gesamtsumme der nach dem Ergebnis der vorausgegangenen Wahl der anspruchsberechtigten Partei zu erstattenden Wahlkampfkosten nicht übersteigen.

(3) Die Chancenausgleichsbeträge werden vom Präsidium des Deutschen Bundestages festgesetzt und jeweils bis zum 60. Kalendertag des auf den Stichtag folgenden Kalenderjahres ausgezahlt.

(4) Der Präsident des Deutschen Bundestages erteilt den Parteien einen schriftlichen Bescheid über die Höhe der Beträge.

(5) Chancenausgleichsbeträge werden erstmals für das Rechnungsjahr 1984 ausgezahlt.

(6) Vor Änderungen in der Struktur und Höhe des Chancenausgleichs gilt § 18 Abs. 8 entsprechend.

SECHSTER ABSCHNITT
Rechenschaftslegung

§ 23 Pflicht zur öffentlichen Rechenschaftslegung

(1) Der Vorstand der Partei hat über die Herkunft und die Verwendung der Mittel, die seiner Partei innerhalb eines Kalenderjahres (Rechnungsjahr) zugeflossen sind, sowie über das Vermögen der Partei zum Ende des Kalenderjahres in einem Rechenschaftsbericht öffentlich Rechenschaft zu geben. Im Rechenschaftsbericht ist auch die Zahl der beitragspflichtigen Mitglieder zum Ende des Kalenderjahres zu verzeichnen.

(2) Der Rechenschaftsbericht muß von einem Wirtschaftsprüfer oder einer Wirtschaftsprüfungsgesellschaft nach den Vorschriften der §§ 29 bis 31 geprüft werden. Er ist bis zum 30. September des dem Rechnungsjahr folgenden Jahres beim Präsidenten des Deutschen Bundestages einzureichen und von diesem als Bundestagsdrucksache zu verteilen. Der Präsident des Deutschen Bundestages kann die Frist aus besonderen Gründen bis zu drei Monaten verlängern. Der Rechenschaftsbericht der Partei ist dem jeweils auf seine Veröffentlichung folgenden Bundesparteitag zur Erörterung vorzulegen.

(3) Der Präsident des Deutschen Bundestages prüft, ob der Rechenschaftsbericht den Vorschriften des Sechsten Abschnittes entspricht. Das Ergebnis der Prüfung ist in den Bericht nach Absatz 5 aufzunehmen.

(4) Zahlungen nach den §§ 18 bis 20 sowie § 22 a dürfen nicht geleistet werden, solange ein

den Vorschriften des Sechsten Abschnittes entsprechender Rechenschaftsbericht nicht eingereicht worden ist.
(5) Der Präsident des Deutschen Bundestages erstattet dem Deutschen Bundestag jährlich über die Entwicklung der Parteienfinanzen sowie über die Rechenschaftsberichte der Parteien Bericht. Der Bericht wird als Bundestagsdrucksache verteilt.

§ 23a Rechtswidrig erlangte Spenden

(1) Hat eine Partei Spenden rechtswidrig erlangt oder Mittel nicht den Vorschriften dieses Gesetzes entsprechend verwendet oder nicht im Rechenschaftsbericht veröffentlicht (§ 25 Abs. 2), so verliert sie den Anspruch auf Erstattung der Wahlkampfkosten in Höhe des Zweifachen des rechtswidrig erlangten oder nicht den Vorschriften dieses Gesetzes entsprechend verwendeten oder veröffentlichten Betrages. Die rechtswidrig erlangten Spenden sind an das Präsidium des Deutschen Bundestages abzuführen.
(2) Als rechtswidrig erlangt gelten Spenden im Sinne des § 25 Abs. 1 Satz 2, soweit sie entgegen der Vorschrift des § 25 Abs. 3 nicht unverzüglich an das Präsidium des Deutschen Bundestages weitergeleitet werden.
(3) Das Präsidium des Deutschen Bundestages leitet die innerhalb eines Kalenderjahres eingegangenen Mittel zu Beginn des nächsten Kalenderjahres an Einrichtungen weiter, die mildtätigen, kirchlichen, religiösen oder wissenschaftlichen Zwecken dienen.
(4) Absatz 1 findet keine Anwendung, soweit die Länder durch Gesetz entsprechende Regelungen für die Landesverbände der Parteien sowie für die diesen nachgeordneten Gebietsverbände getroffen haben. Die Parteien sollen in die Satzungen Regelungen für den Fall aufnehmen, daß Maßnahmen nach Absatz 1 durch Landesverbände oder diesen nachgeordnete Gebietsverbände verursacht werden.

§ 24 Rechenschaftsbericht

(1) Der Rechenschaftsbericht besteht aus einer Einnahmen- und Ausgabenrechnung sowie einer Vermögensrechnung. In den Rechenschaftsbericht der Gesamtpartei sind die Rechenschaftsberichte jeweils getrennt nach Bundesverband und Landesverband sowie die Rechenschaftsberichte der nachgeordneten Gebietsverbände je Landesverband aufzunehmen. Die Landesverbände haben die Teilberichte der ihnen nachgeordneten Gebietsverbände gesammelt bei ihren Rechenschaftsunterlagen aufzubewahren.
(2) Einnahmen sind:
1. Mitgliedsbeiträge und ähnliche regelmäßige Beiträge,
2. Einnahmen aus Vermögen,
3. Einnahmen aus Veranstaltungen, Vertrieb von Druckschriften und Veröffentlichungen und sonstiger mit Einnahmen verbundener Tätigkeit der Partei,
4. Einnahmen aus Spenden,
5. Einnahmen aus dem Chancenausgleich,
6. Einnahmen aus der Wahlkampfkostenerstattung,
7. Zuschüsse von Gliederungen,
8. sonstige Einnahmen.

(3) Ausgaben sind:
1. Personalausgaben,
2. Ausgaben des laufenden Geschäftsbetriebes,
3. Ausgaben für innerparteiliche Gremienarbeit und Information,
4. Ausgaben für Öffentlichkeitsarbeit und Wahlen,
5. Zuschüsse an Gliederungen,
6. Zinsen,
7. sonstige Ausgaben.

(4) Die Vermögensrechnung umfaßt:

1. Besitzposten
   I. Anlagevermögen
      1. Haus- und Grundvermögen
      2. Geschäftsstellenausstattung
      3. Finanzanlagen
   II. Umlaufvermögen
      1. Beitragsforderungen
      2. Forderungen auf Erstattung von Wahlkampfkosten
      3. Forderungen auf Chancenausgleich
      4. Geldbestände
      5. sonstige Vermögensgegenstände
2. Schuldposten
   I. Verbindlichkeiten
   II. Rückstellungen
      1. Beitragsverbindlichkeiten
      2. Verbindlichkeiten gegenüber Kreditinstituten
      3. sonstige Verbindlichkeiten
   III. Reinvermögen (positiv oder negativ).

(5) Die wahlkampfbezogenen Kosten einer jeden Wahl sind nach Absatz 3 gegliedert und unabhängig von den Rechnungsjahren insgesamt gesondert auszuweisen und den nach Absatz 2 gegliederten wahlkampfkostenbezogenen Einnahmen gegenüberzustellen.

(6) Die Anzahl der beitragspflichtigen Mitglieder zum Jahresende ist zu verzeichnen.

(7) Die Partei kann dem Rechenschaftsbericht, insbesondere einzelnen seiner Positionen, kurzgefaßte Erläuterungen beifügen.

§ 25 Spenden

(1) Parteien sind berechtigt, Spenden anzunehmen. Ausgenommen hiervon sind:

1. Spenden von politischen Stiftungen,
2. Spenden von Körperschaften, Personenvereinigungen und Vermögensmassen, die nach der Satzung, dem Stiftungsgeschäft oder der sonstigen Verfassung und nach der tatsächlichen Geschäftsführung ausschließlich und unmittelbar gemeinnützigen, mildtätigen oder kirchlichen Zwecken dienen (§§ 51 bis 68 der Abgabenordnung),
3. Spenden von außerhalb des Geltungsbereiches dieses Gesetzes, es sei denn, daß
   a) diese Spenden aus dem Vermögen eines Deutschen im Sinne des Grundgesetzes oder eines Wirtschaftsunternehmens, dessen Anteile sich zu mehr als 50 vom Hundert im Eigentum von Deutschen im Sinne des Grundgesetzes befinden, unmittelbar einer Partei zufließen,
   b) es sich um Spenden handelt
      einer ausländischen Partei, die im Europäischen Parlament vertreten ist,
      deren Fraktion im Europäischen Parlament oder
      eines ausländischen Mitgliedes des Europäischen Parlaments oder
   c) es sich um eine Spende eines Ausländers von nicht mehr als 1 000 Deutsche Mark handelt,
4. Spenden von Berufsverbänden, die diesen mit der Maßgabe zugewandt wurden, sie an eine politische Partei weiterzuleiten,
5. Spenden, soweit sie im Einzelfall mehr als 1 000 Deutsche Mark betragen und deren Spender nicht feststellbar sind oder erkennbar nur die Spende nicht genannter Dritter weiterleiten,
6. Spenden, die erkennbar in Erwartung eines bestimmten wirtschaftlichen oder politischen Vorteils gewährt werden.

(2) Spenden an eine Partei oder einen oder mehrere ihrer Gebietsverbände, deren Gesamtwert in einem Kalenderjahr (Rechnungsjahr) 40 000 Deutsche Mark übersteigt, sind unter

Angabe des Namens und der Anschrift des Spenders sowie der Gesamthöhe der Spende im Rechenschaftsbericht zu verzeichnen.

(3) Nach Absatz 1 Satz 2 unzulässige Spenden sind von der Partei unverzüglich an das Präsidium des Deutschen Bundestages weiterzuleiten.

§ 26 Begriff der Einnahme

(1) Einnahme ist, soweit für einzelne Einnahmearten (§ 24 Abs. 2) nichts besonderes gilt, jede der Partei von außen zufließende Geld- oder geldwerte Leistung. Als Einnahmen gelten auch die Freistellung von üblicherweise entstehenden Verbindlichkeiten sowie die Übernahme von Veranstaltungen und Maßnahmen, mit denen ausdrücklich für eine Partei geworben wird, durch andere.

(2) Alle Einnahmen sind mit ihrem vollen Betrag an der für sie vorgesehenen Stelle einzusetzen. § 27 Abs. 2 bleibt unberührt.

(3) Wirtschaftsgüter, die nicht in Geld bestehen, sind mit den im gewöhnlichen Geschäftsverkehr für gleiche oder vergleichbare Leistungen üblicherweise zu zahlenden Preisen anzusetzen.

(4) Durchlaufende Gelder und Leistungen sowie Mitgliedsbeiträge und sonstige Einnahmen, die von vornherein für eine schlüsselmäßige Verteilung unter mehrere Gebietsverbände bestimmt sind, werden bei der Stelle ausgewiesen, bei der sie endgültig verbleiben.

§ 27 Einzelne Einnahmearten

(1) Mitgliedsbeiträge und ähnliche regelmäßige Beiträge im Sinne des § 24 Abs. 2 Nr. 1 sind nur solche Geldleistungen, die ein Mitglied auf Grund satzungsrechtlicher Vorschriften entrichtet. Darüber hinausgehende Zahlungen, insbesondere auch Aufnahmegebühren, Sonderumlagen und Sammlungen, sind als Spenden zu verzeichnen.

(2) Bei den in § 24 Abs. 2 Nr. 2 und 3 genannten Einnahmequellen ist der Reinertrag einzusetzen. Die Ausweisungspflicht nach § 24 Abs. 2 Nr. 4 bleibt unberührt. Sonstige Einnahmen nach § 24 Abs. 2 Nr. 8 sind aufzugliedern und zu erläutern, soweit sie bei einer der in § 24 Abs. 1 aufgeführten Gliederungen mehr als 5 vom Hundert der Summe der Einnahmen aus den Nummern 1 bis 6 ausmachen.

(3) Bei der Einnahmerechnung können Sach-, Werk- und Dienstleistungen, die die Mitglieder der Partei außerhalb eines Geschäftsbetriebes üblicherweise unentgeltlich zur Verfügung stellen oder die einen Wert von 1 000 Deutsche Mark im Einzelfall nicht übersteigen, unberücksichtigt bleiben. Für die Übernahme von Veranstaltungen und Maßnahmen der Parteiwerbung gilt Satz 1 entsprechend.

§ 28 Pflicht zur Buchführung

Die Parteien haben Bücher über ihre rechenschaftspflichtigen Einnahmen und Ausgaben sowie über ihr Vermögen zu führen. Dabei ist nach den Grundsätzen ordnungsgemäßer Buchführung unter Berücksichtigung des Gesetzeszweckes zu verfahren. Die Rechnungsunterlagen sind fünf Jahre aufzubewahren. Die Aufbewahrungsfrist beginnt mit Ablauf des Rechnungsjahres.

§ 29 Prüfung des Rechenschaftsberichts

(1) Die Prüfung nach § 23 Abs. 2 Satz 1 und Abs. 3 erstreckt sich auf die Bundespartei, ihre Landesverbände sowie nach Wahl des Prüfers auf mindestens vier nachgeordnete Gebietsverbände.

(2) Der Prüfer kann von den Vorständen und den von ihnen dazu ermächtigten Personen alle Aufklärungen und Nachweise verlangen, welche die sorgfältige Erfüllung seiner Prüfungspflicht erfordert. Es ist ihm insoweit auch zu gestatten, die Unterlagen für die Zusammenstellung des Rechenschaftsberichts, die Bücher und Schriftstücke sowie die Kassen- und Vermögensbestände zu prüfen.

(3) Der Vorstand des zu prüfenden Gebietsverbandes hat dem Prüfer schriftlich zu versichern, daß in dem Rechenschaftsbericht alle rechenschaftspflichtigen Einnahmen, Ausgaben und Vermögenswerte erfaßt sind. Auf die Versicherung der Vorstände nachgeordneter Gebietsver-

bände kann Bezug genommen werden. Es genügt die Versicherung des für die Finanzangelegenheiten zuständigen Vorstandsmitgliedes.

§ 30 Prüfungsbericht und Prüfungsvermerk

(1) Das Ergebnis der Prüfung ist in einem schriftlichen Prüfungsbericht niederzulegen, der dem Vorstand der Partei und dem Vorstand des geprüften Gebietsverbandes zu übergeben ist.

(2) Sind nach dem abschließenden Ergebnis der Prüfung keine Einwendungen zu erheben, so hat der Prüfer durch einen Vermerk zu bestätigen,

> daß nach pflichtgemäßer Prüfung auf Grund der Bücher und Schriften der Partei sowie der von den Vorständen erteilten Aufklärungen und Nachweise der Rechenschaftsbericht in dem geprüften Umfang (§ 29 Abs. 1) den Vorschriften dieses Gesetzes entspricht.

Sind Einwendungen zu erheben, so hat der Prüfer in seinem Prüfungsvermerk die Bestätigung zu versagen oder einzuschränken. Die geprüften Gebietsverbände sind im Prüfungsvermerk namhaft zu machen.

(3) Der Prüfungsvermerk ist auf dem einzureichenden Rechenschaftsbericht anzubringen und in vollem Wortlaut nach § 23 Abs. 2 Satz 2 mit zu veröffentlichen.

§ 31 Prüfer

(1) Als Prüfer darf nicht bestellt werden, wer Vorstandsmitglied, Mitglied eines allgemeinen Parteiausschusses, Revisionsbeauftragter oder Angestellter der zu prüfenden Partei oder eines ihrer Gebietsverbände ist oder in den letzten drei Jahren vor der Bestellung war.

(2) Die Prüfer, ihre Gehilfen und die bei der Prüfung mitwirkenden gesetzlichen Vertreter einer Prüfungsgesellschaft sind zu gewissenhafter und unparteiischer Wahrnehmung ihrer Aufgaben und zur Verschwiegenheit verpflichtet. § 168 des Aktiengesetzes gilt entsprechend.

SIEBENTER ABSCHNITT
Vollzug des Verbots verfassungswidriger Parteien

§ 32 Vollstreckung

(1) Wird eine Partei oder eine Teilorganisation einer Partei nach Artikel 21 Abs. 2 des Grundgesetzes für verfassungswidrig erklärt, so treffen die von den Landesregierungen bestimmten Behörden im Rahmen der Gesetze alle Maßnahmen, die zur Vollstreckung des Urteils und etwaiger zusätzlicher Vollstreckungsregelungen des Bundesverfassungsgerichts erforderlich sind. Die obersten Landesbehörden haben zu diesem Zweck unbeschränktes Weisungsrecht gegenüber den Behörden und Dienststellen des Landes, die für die Wahrung der öffentlichen Sicherheit oder Ordnung zuständig sind.

(2) Erstreckt sich die Organisation oder die Tätigkeit der Partei oder des für verfassungswidrig erklärten Teils der Partei über das Gebiet eines Landes hinaus, so trifft der Bundesminister des Innern die für eine einheitliche Vollstreckung erforderlichen Anordnungen.

(3) Das Bundesverfassungsgericht kann die Vollstreckung nach § 35 des Gesetzes über das Bundesverfassungsgericht abweichend von den Vorschriften der Absätze 1 und 2 regeln.

(4) Widerspruch und Anfechtungsklage gegen Vollstreckungsmaßnahmen haben keine aufschiebende Wirkung. Betrifft ein verwaltungsgerichtliches Verfahren eine Frage, die für die Vollstreckung des Urteils von grundsätzlicher Bedeutung ist, so ist das Verfahren auszusetzen und die Entscheidung des Bundesverfassungsgerichts einzuholen. Das Bundesverfassungsgericht entscheidet auch über Einwendungen gegen die Art und Weise der Durchführung der von ihm angeordneten besonderen Vollstreckungsmaßnahmen.

(5) Im Falle der Vermögenseinziehung werden die §§ 10 bis 13 des Vereinsgesetzes vom 5. August 1964 (BGBl. I S. 593) entsprechend angewendet. Verbotsbehörde ist die oberste Landesbehörde, im Fall des Absatzes 2 der Bundesminister des Innern.

§ 33 Verbot von Ersatzorganisationen

(1) Es ist verboten, Organisationen zu bilden, die verfassungswidrige Bestrebungen einer nach Artikel 21 Abs. 2 des Grundgesetzes in Verbindung mit § 46 des Gesetzes über das Bundesver-

fassungsgericht verbotenen Partei an deren Stelle weiter verfolgen (Ersatzorganisation) oder bestehende Organisationen als Ersatzorganisationen fortzuführen.
(2) Ist die Ersatzorganisation eine Partei, die bereits vor dem Verbot der ursprünglichen Partei bestanden hat oder im Bundestag oder in einem Landtag vertreten ist, so stellt das Bundesverfassungsgericht fest, daß es sich um eine verbotene Ersatzorganisation handelt; die §§ 38, 41, 43, 44 und 46 Abs. 3 des Gesetzes über das Bundesverfassungsgericht und § 32 dieses Gesetzes gelten entsprechend.
(3) Auf andere Parteien und auf Vereine im Sinne des § 2 des Vereinsgesetzes, die Ersatzorganisationen einer verbotenen Partei sind, wird § 8 Abs. 2 des Vereinsgesetzes entsprechend angewandt.

ACHTER ABSCHNITT
Schlußbestimmungen

§ 34 (Änderung des Einkommensteuergesetzes)

§ 35 (Änderung des Körperschaftsteuergesetzes)

§ 36 (Anwendung steuerrechtlicher Vorschriften)

§ 37 Nichtanwendbarkeit von Vorschriften des Bürgerlichen Gesetzbuchs

§ 54 Satz 2 sowie die §§ 61 bis 63 des Bürgerlichen Gesetzbuchs werden bei Parteien nicht angewandt.

§ 38 Zwangsmittel des Bundeswahlleiters

Der Bundeswahlleiter kann den Vorstand der Partei zur Vornahme der Handlungen nach § 6 Abs. 3 durch ein Zwangsgeld anhalten. Die Vorschriften des Verwaltungs-Vollstreckungsgesetzes gelten sinngemäß; der Bundeswahlleiter handelt insoweit als Vollstreckungs- und Vollzugsbehörde. Die Höhe des Zwangsgeldes beträgt mindestens 500 Deutsche Mark und höchstens 3 000 Deutsche Mark.

§ 39 Übergangsvorschriften

(1) Für die Rechnungsjahre 1987 und 1988 findet § 22 a Abs. 2 in der bis zum 31. Dezember 1988 geltenden Fassung mit der Maßgabe, daß die Chancenausgleichsbeträge 10 vom Hundert der Gesamtsumme der nach dem Ergebnis der vorausgegangenen Wahl der anspruchsberechtigten Partei zu erstattenden Wahlkampfkosten nicht übersteigen dürfen, Anwendung bei Parteien, für die die geänderten Bestimmungen zu geringeren Auszahlungsbeträgen führen würden. Im übrigen findet § 22 a Abs. 2 in der ab 1. Januar 1989 geltenden Fassung ab dem Rechnungsjahr 1987 Anwendung. Parteien, die Anspruch auf Chancenausgleichszahlungen haben (§ 22 a Abs. 1), teilen dem Präsidenten des Deutschen Bundestages die Zahl ihrer beitragspflichtigen Mitglieder zum Ende des Jahres 1987 bis zum 31. März 1989 mit. Die Angaben müssen von einem Wirtschaftsprüfer entsprechend den Vorschriften des § 23 Abs. 2 Satz 1 geprüft sein.
(2) Für die Wahl zum 12. Deutschen Bundestag beträgt der Sockelbetrag nach § 18 Abs. 6 3 vom Hundert.

§ 40 Berlin-Klausel

Dieses Gesetz gilt nach Maßgabe des § 13 Abs. 1 des Dritten Überleitungsgesetzes auch im Land Berlin. Solange der Anwendung des Artikels 21 Abs. 2 Satz 2 des Grundgesetzes im Land Berlin Hindernisse entgegenstehen, werden der Siebente Abschnitt und § 38 dieses Gesetzes im Land Berlin nicht angewandt.

§ 41 (Inkrafttreten)

Quelle: Bundesgesetzblatt, Jg. 1989, Teil I, S. 327–336.

5. Bundeswahlgesetz

Bundeswahlgesetz

vom 7. Mai 1956 (BGBl. I S. 383)
i. d.F. der Bek. vom 1. September 1975 (BGBl. I S. 2325)*,
zuletzt geändert durch Gesetz vom 20. Dezember 1988 (BGBl. I S. 2422)

ERSTER ABSCHNITT

Wahlsystem

§ 1 Zusammensetzung des Deutschen Bundestages und Wahlrechtsgrundsätze

(1) Der Deutsche Bundestag besteht vorbehaltlich der sich aus diesem Gesetz ergebenden Abweichungen aus 518 Abgeordneten. Sie werden in allgemeiner, unmittelbarer, freier, gleicher und geheimer Wahl von den wahlberechtigten Deutschen nach den Grundsätzen einer mit der Personenwahl verbundenen Verhältniswahl gewählt.

(2) Von den Abgeordneten werden 259 nach Kreiswahlvorschlägen in den Wahlkreisen und die übrigen nach Landeswahlvorschlägen (Landeslisten) gewählt.

§ 2 Gliederung des Wahlgebietes

(1) Wahlgebiet ist der Geltungsbereich dieses Gesetzes.

(2) Die Einteilung des Wahlgebietes in Wahlkreise ergibt sich aus der Anlage zu diesem Gesetz.[7]

(3) Jeder Wahlkreis wird für die Stimmabgabe in Wahlbezirke eingeteilt.

§ 3 Wahlkreiskommission und Wahlkreiseinteilung

(1) Der Bundespräsident ernennt eine ständige Wahlkreiskommission. Sie besteht aus dem Präsidenten des Statistischen Bundesamtes, einem Richter des Bundesverwaltungsgerichts und fünf weiteren Mitgliedern.

(2) Die Wahlkreiskommission hat die Aufgabe, über Änderungen der Bevölkerungszahlen im Wahlgebiet zu berichten und darzulegen, ob und welche Änderungen der Wahlkreiseinteilung sie im Hinblick darauf für erforderlich hält. Sie kann in ihrem Bericht auch aus anderen Gründen Änderungsvorschläge machen. Bei ihren Vorschlägen zur Wahlkreiseinteilung hat sie folgende Grundsätze zu beachten:

1. Die Ländergrenzen sind einzuhalten.
2. Die Bevölkerungszahl eines Wahlkreises soll von der durchschnittlichen Bevölkerungszahl der Wahlkreise nicht um mehr als 25 vom Hundert nach oben oder unten abweichen; beträgt die Abweichung mehr als 33⅓ vom Hundert, ist eine Neuabgrenzung vorzunehmen.
3. Die Zahl der Wahlkreise in den einzelnen Ländern soll deren Bevölkerungsanteil soweit wie möglich entsprechen.
4. Der Wahlkreis soll ein zusammenhängendes Gebiet bilden.
5. Die Grenzen der Gemeinden, Kreise und kreisfreien Städte sollen nach Möglichkeit eingehalten werden.

Bei Ermittlung der Bevölkerungszahlen bleiben Ausländer (§ 1 Abs. 2 des Ausländergesetzes) unberücksichtigt.

(3)[1,6] Der Bericht der Wahlkommission ist dem Bundesminister des Innern innerhalb von fünfzehn Monaten nach Beginn der Wahlperiode des Deutschen Bundestages zu erstatten. Der Bundesminister des Innern leitet ihn unverzüglich dem Deutschen Bundestag zu und veröffentlicht ihn im Bundesanzeiger[7a]. Auf Ersuchen des Bundesministers des Innern hat die Wahlkreiskommission einen ergänzenden Bericht zu erstatten; für diesen Fall gilt Satz 2 entsprechend.

---

* Anmerkungen siehe S. 462.

(4)[1] Werden Landesgrenzen nach den gesetzlichen Vorschriften über das Verfahren bei sonstigen Änderungen des Gebietsbestandes der Länder nach Artikel 29 Abs. 7 des Grundgesetzes geändert, so ändern sich entsprechend auch die Grenzen der betroffenen Wahlkreise. Werden im aufnehmenden Land zwei oder mehrere Wahlkreise berührt oder wird eine Exklave eines Landes gebildet, so bestimmt sich die Wahlkreiszugehörigkeit des neuen Landesteiles nach der Wahlkreiszugehörigkeit der Gemeinde, des Gemeindebezirks oder des gemeindefreien Gebietes, denen er zugeschlagen wird.

§ 4 Stimmen
Jeder Wähler hat zwei Stimmen, eine Erststimme für die Wahl eines Wahlkreisabgeordneten, eine Zweitstimme für die Wahl einer Landesliste.

§ 5 Wahl in den Wahlkreisen
In jedem Wahlkreis wird ein Abgeordneter gewählt. Gewählt ist der Bewerber, der die meisten Stimmen auf sich vereinigt. Bei Stimmengleichheit entscheidet das vom Kreiswahlleiter zu ziehende Los.

§ 6 Wahl nach Landeslisten[5]
(1) Für die Verteilung der nach Landeslisten zu besetzenden Sitze werden die für jede Landesliste abgegebenen Zweitstimmen zusammengezählt. Nicht berücksichtigt werden dabei die Zweitstimmen derjenigen Wähler, die ihre Erststimme für einen im Wahlkreis erfolgreichen Bewerber abgegeben haben, der gemäß § 20 Abs. 3 oder von einer Partei, für die in dem betreffenden Lande keine Landesliste zugelassen ist, vorgeschlagen ist. Von der Gesamtzahl der Abgeordneten (§ 1 Abs. 1) wird die Zahl der erfolgreichen Wahlkreisbewerber abgezogen, die in Satz 2 genannt oder von einer nach Absatz 6 nicht berücksichtigten Partei vorgeschlagen sind.
(2) Die nach Absatz 1 Satz 3 verbleibenden Sitze werden auf die Landeslisten auf der Grundlage der nach Absatz 1 Sätze 1 und 2 zu berücksichtigenden Zweitstimmen wie folgt verteilt. Die Gesamtzahl der verbleibenden Sitze, vervielfacht mit der Zahl der Zweitstimmen, die eine Landesliste im Wahlgebiet erhalten hat, wird durch die Gesamtzahl der Zweitstimmen aller zu berücksichtigenden Landeslisten geteilt. Jede Landesliste erhält zunächst so viele Sitze, wie ganze Zahlen auf sie entfallen. Danach zu vergebende Sitze sind den Landeslisten in der Reihenfolge der höchsten Zahlenbruchteile, die sich bei der Berechnung nach Satz 2 ergeben, zuzuteilen. Bei gleichen Zahlenbruchteilen entscheidet das vom Bundeswahlleiter zu ziehende Los.
(3) Erhält bei der Verteilung der Sitze nach Absatz 2 eine Landesliste, auf die mehr als die Hälfte der Gesamtzahl der Zweitstimmen aller zu berücksichtigenden Landeslisten entfallen ist, nicht mehr als die Hälfte der zu vergebenden Sitze, wird ihr von den nach Zahlenbruchteilen zu vergebenden Sitzen abweichend von Absatz 2 Sätze 4 und 5 zunächst ein weiterer Sitz zugeteilt. Danach zu vergebende Sitze werden nach Absatz 2 Sätze 4 und 5 zugeteilt.
(4) Von der für jede Landesliste so ermittelten Abgeordnetenzahl wird die Zahl der von der Partei in den Wahlkreisen des Landes errungenen Sitze abgerechnet. Die restlichen Sitze werden aus der Landesliste in der dort festgelegten Reihenfolge besetzt. Bewerber, die in einem Wahlkreis gewählt sind, bleiben auf der Landesliste unberücksichtigt. Entfallen auf eine Landesliste mehr Sitze, als Bewerber benannt sind, so bleiben diese Sitze unbesetzt.
(5)[6] In den Wahlkreisen errungene Sitze verbleiben einer Partei auch dann, wenn sie die nach den Absätzen 2 und 3 ermittelte Zahl übersteigen. In einem solchen Fall erhöht sich die Gesamtzahl der Sitze (§ 1 Abs. 1) um die Unterschiedszahl; eine erneute Berechnung nach den Absätzen 2 und 3 findet nicht statt.
(6) Bei Verteilung der Sitze auf die Landeslisten werden nur Parteien berücksichtigt, die mindestens 5 von Hundert der im Wahlgebiet abgegebenen gültigen Zweitstimmen erhalten oder in mindestens drei Wahlkreisen einen Sitz errungen haben. Satz 1 findet auf die von Parteien nationaler Minderheiten eingereichten Listen keine Anwendung.

§ 7 Listenverbindung[5]

(1) Landeslisten derselben Partei gelten als verbunden, soweit nicht erklärt wird, daß eine oder mehrere beteiligte Landeslisten von der Listenverbindung ausgeschlossen sein sollten.

(2) Verbundene Listen gelten bei der Sitzverteilung im Verhältnis zu den übrigen Listen als eine Liste.

(3) Die auf eine Listenverbindung entfallenden Sitze werden auf die beteiligten Landeslisten entsprechend § 6 Abs. 2 verteilt. § 6 Abs. 4 und 5 gilt entsprechend.

ZWEITER ABSCHNITT
Wahlorgane

§ 8 Gliederung der Wahlorgane

(1)[1] Wahlorgane sind

der Bundeswahlleiter und der Bundeswahlausschuß für das Wahlgebiet, ein Landeswahlleiter und ein Landeswahlausschuß für jedes Land, ein Kreiswahlleiter und ein Kreiswahlausschuß für jeden Wahlkreis, ein Wahlvorsteher und ein Wahlvorstand für jeden Wahlbezirk und mindestens ein Wahlvorsteher und ein Wahlvorstand für jeden Wahlkreis zur Feststellung des Briefwahlergebnisses. Wieviel Briefwahlvorstände zu bilden sind, um das Ergebnis der Briefwahl noch am Wahltage feststellen zu können, bestimmt der Kreiswahlleiter.

(2)[1] Für mehrere benachbarte Wahlkreise kann ein gemeinsamer Kreiswahlleiter bestellt und ein gemeinsamer Kreiswahlausschuß gebildet werden; die Anordnung trifft der Landeswahlleiter.

(3)[1,8] Zur Feststellung des Briefwahlergebnisses können Wahlvorsteher und Wahlvorstände statt für jeden Wahlkreis für einzelne oder mehrere Gemeinden oder für jeden Kreis innerhalb des Wahlkreises eingesetzt werden; die Anordnung trifft die Landesregierung oder die von ihr bestimmte Stelle.

§ 9 Bildung der Wahlorgane

(1) Der Bundeswahlleiter und sein Stellvertreter werden vom Bundesminister des Innern, die Landeswahlleiter, Kreiswahlleiter und Wahlvorsteher sowie ihre Stellvertreter von der Landesregierung oder der von ihr bestimmten Stelle ernannt[3].

(2)[1,3] Die Wahlausschüsse bestehen aus dem Wahlleiter als Vorsitzendem und sechs von ihm berufenen Wahlberechtigten als Beisitzern. Die Wahlvorstände bestehen aus dem Wahlvorsteher als Vorsitzendem, seinem Stellvertreter und weiteren drei bis fünf vom Wahlvorsteher berufenen Wahlberechtigten als Beisitzern; die Landesregierung oder die von ihr bestimmte Stelle kann anordnen, daß die Beisitzer des Wahlvorstandes von der Gemeindebehörde und

die Beisitzer des Wahlvorstandes zur Feststellung des Briefwahlergebnisses vom Kreiswahlleiter, im Falle einer Anordnung nach § 8 Abs. 3 von der Gemeindebehörde oder von der Kreisverwaltungsbehörde

allein oder im Einvernehmen mit dem Wahlvorsteher berufen werden.

Bei Berufung der Beisitzer sind die in dem jeweiligen Bezirk vertretenen Parteien nach Möglichkeit zu berücksichtigen.

(3)[6] Niemand darf in mehr als einem Wahlorgan Mitglied sein. Wahlbewerber, Vertrauenspersonen für Wahlvorschläge und stellvertretende Vertrauenspersonen dürfen nicht zu Mitgliedern eines Wahlorgans bestellt werden.

§ 10 Tätigkeit der Wahlausschüsse und Wahlvorstände

Die Wahlausschüsse und Wahlvorstände verhandeln und entscheiden in öffentlicher Sitzung. Bei den Abstimmungen entscheidet Stimmenmehrheit; bei Stimmengleichheit gibt die Stimme des Vorsitzenden den Ausschlag.

§ 11[1] Ehrenämter

Die Beisitzer der Wahlausschüsse und die Mitglieder der Wahlvorstände üben ihre Tätigkeit ehrenamtlich aus. Zur Übernahme dieses Ehrenamtes ist jeder Wahlberechtigte verpflichtet. Das Ehrenamt darf nur aus wichtigem Grunde abgelehnt werden.

DRITTER ABSCHNITT
Wahlrecht und Wählbarkeit

§ 12 Wahlrecht[5]

(1) Wahlberechtigt sind alle Deutschen im Sinne des Artikels 116 Abs. 1 des Grundgesetzes, die am Wahltage

1. das achtzehnte Lebensjahr vollendet haben,
2. seit mindestens drei Monaten im Geltungsbereich dieses Gesetzes eine Wohnung innehaben oder sich sonst gewöhnlich aufhalten,
3. nicht nach § 13 vom Wahlrecht ausgeschlossen sind.

(2) Wahlberechtigt sind bei Vorliegen der sonstigen Voraussetzungen auch diejenigen Deutschen im Sinne des Artikels 116 Abs. 1 des Grundgesetzes, die am Wahltage

1. als Beamte, Soldaten, Angestellte und Arbeiter im öffentlichen Dienst auf Anordnung ihres Dienstherrn außerhalb des Geltungsbereichs dieses Gesetzes leben, sowie die Angehörigen ihres Hausstandes,
2. in den Gebieten der übrigen Mitgliedstaaten des Europarates leben, sofern sie nach dem 23. Mai 1949 und vor ihrem Fortzug mindestens drei Monate ununterbrochen im Geltungsbereich dieses Gesetzes eine Wohnung innegehabt oder sich sonst gewöhnlich aufgehalten haben,
3. in anderen Gebieten außerhalb des Geltungsbereichs dieses Gesetzes leben, sofern sie vor ihrem Fortzug mindestens drei Monate ununterbrochen im Geltungsbereich dieses Gesetzes eine Wohnung innegehabt oder sich sonst gewöhnlich aufgehalten haben und seit dem Fortzug aus diesem Geltungsbereich nicht mehr als zehn Jahre verstrichen sind. Entsprechendes gilt für Seeleute auf Schiffen, die nicht die Bundesflagge führen, sowie die Angehörigen ihres Hausstandes.

Bei Rückkehr eines nach Satz 1 Wahlberechtigten in den Geltungsbereich dieses Gesetzes gilt die Dreimonatsfrist des Absatzes 1 Nr. 2 nicht.

(3) Wohnung im Sinne dieses Gesetzes ist jeder umschlossene Raum, der zum Wohnen oder Schlafen benutzt wird. Wohnwagen und Wohnschiffe sind jedoch nur dann als Wohnungen anzusehen, wenn sie nicht oder nur gelegentlich fortbewegt werden.

(4) Sofern sie im Geltungsbereich dieses Gesetzes keine Wohnung innehaben oder innegehabt haben, gilt als Wohnung im Sinne des Absatzes 1 Nr. 2 oder des Absatzes 2 Nr. 2 und 3

1. für Seeleute sowie für die Angehörigen ihres Hausstandes das von ihnen bezogene Schiff, wenn dieses nach dem »Flaggenrechtsgesetz in der im Bundesgesetzblatt Teil III, Gliederungsnummer 9514-1, veröffentlichten bereinigten Fassung, zuletzt geändert durch Artikel 3 des Gesetzes vom 10. Mai 1978 (BGBl. I S. 613)«, die Bundesflagge zu führen berechtigt ist,
2. für Binnenschiffer sowie für die Angehörigen ihres Hausstandes das von ihnen bezogene Schiff, wenn dieses in einem Schiffsregister im Geltungsbereich dieses Gesetzes eingetragen ist,
3. für im Vollzug gerichtlich angeordneter Freiheitsentziehung befindliche Personen sowie für andere Untergebrachte die Anstalt oder die entsprechende Einrichtung.

(5) Bei der Berechnung der Dreimonatsfrist nach Absatz 1 Nr. 2 und Absatz 2 Nr. 2 und 3 ist der Tag der Wohnungs- oder Aufenthaltsnahme in die Frist einzubeziehen.

§ 13[1] Ausschluß vom Wahlrecht

Ausgeschlossen vom Wahlrecht ist,

1. wer infolge Richterspruchs das Wahlrecht nicht besitzt,
2. wer entmündigt ist oder wegen geistigen Gebrechens unter Pflegschaft steht, sofern er nicht durch eine Bescheinigung des Vormundschaftsgerichts nachweist, daß die Pflegschaft auf Grund seiner Einwilligung angeordnet ist,
3. wer nach § 63 des Strafgesetzbuches in einem psychiatrischen Krankenhaus untergebracht ist,
4. wer sich auf Grund einer Anordnung nach § 63 in Verbindung mit § 20 des Strafgesetzbuches in einem psychiatrischen Krankenhaus befindet.

§ 14 Ausübung des Wahlrechts

(1) Wählen kann nur, wer in ein Wählerverzeichnis eingetragen ist oder einen Wahlschein hat.

(2) Wer im Wählerverzeichnis eingetragen ist, kann nur in dem Wahlbezirk wählen, in dessen Wählerverzeichnis er geführt wird.

(3) Wer einen Wahlschein hat, kann an der Wahl des Wahlkreises, in dem der Wahlschein ausgestellt ist,

a) durch Stimmabgabe in einem beliebigen Wahlbezirk dieses Wahlkreises oder

b) durch Briefwahl

teilnehmen.

(4) Jeder Wahlberechtigte kann sein Wahlrecht nur einmal und nur persönlich ausüben.

§ 15 Wählbarkeit

(1) Wählbar ist, wer am Wahltage

1. seit mindestens einem Jahr Deutscher im Sinne des Artikels 116 Abs. 1 des Grundgesetzes ist und
2. das achtzehnte Lebensjahr vollendet hat.

(2) Nicht wählbar ist,

1. wer nach § 13 vom Wahlrecht ausgeschlossen ist,
2. wer infolge Richterspruchs die Wählbarkeit oder die Fähigkeit zur Bekleidung öffentlicher Ämter nicht besitzt oder
3. wer, ohne die deutsche Staatsangehörigkeit zu besitzen, Deutscher im Sinne des Artikels 116 Abs. 1 des Grundgesetzes ist und diese Rechtsstellung durch Ausschlagung der deutschen Staatsangehörigkeit nach dem Gesetz zur Regelung von Fragen der Staatsangehörigkeit vom 22. Februar 1955 (Bundesgesetzbl. I S. 65) erlangt hat.

VIERTER ABSCHNITT
Vorbereitung der Wahl

§ 16 Wahltag

Der Bundespräsident bestimmt den Tag der Hauptwahl (Wahltag). Wahltag muß ein Sonntag oder gesetzlicher Feiertag sein.

§ 17 Wählerverzeichnis und Wahlschein

(1)[6] Die Gemeindebehörden führen für jeden Wahlbezirk ein Verzeichnis der Wahlberechtigten. Das Wählerverzeichnis ist an den Werktagen vom zwanzigsten bis zum sechzehnten Tag vor der Wahl öffentlich auszulegen.

(2) Ein Wahlberechtigter, der verhindert ist, in dem Wahlbezirk zu wählen, in dessen Wählerverzeichnis er eingetragen ist, oder der aus einem von ihm nicht zu vertretenden Grunde in das Wählerverzeichnis nicht aufgenommen worden ist, erhält auf Antrag einen Wahlschein.

§ 18 Wahlvorschlagsrecht, Beteiligungsanzeige[5]

(1) Wahlvorschläge können von Parteien und nach Maßgabe des § 20 von Wahlberechtigten eingereicht werden.

(2)[6] Parteien, die im Deutschen Bundestag oder einem Landtag seit deren letzter Wahl nicht auf Grund eigener Wahlvorschläge ununterbrochen mit mindestens fünf Abgeordneten vertreten waren, können als solche einen Wahlvorschlag nur einreichen, wenn sie spätestens am neunzigsten Tage vor der Wahl dem Bundeswahlleiter ihre Beteiligung an der Wahl schriftlich angezeigt haben und der Bundeswahlausschuß ihre Parteieigenschaft festgestellt hat. In der Anzeige ist anzugeben, unter welchem Namen sich die Partei an der Wahl beteiligen will. Die Anzeige muß von mindestens drei Mitgliedern des Bundesvorstandes, darunter dem Vorsitzenden oder seinem Stellvertreter, persönlich und handschriftlich unterzeichnet sein. Hat eine Partei keinen Bundesvorstand, so tritt der Vorstand der jeweils obersten Parteiorganisation an die Stelle des Bundesvorstandes. Die schriftliche Satzung und das schriftliche Programm der

Partei sowie ein Nachweis über die satzungsgemäße Bestellung des Vorstandes sind der Anzeige beizufügen.

(3) Der Bundeswahlleiter hat die Anzeige nach Absatz 2 unverzüglich nach Eingang zu prüfen. Stellt er Mängel fest, so benachrichtigt er sofort den Vorstand und fordert ihn auf, behebbare Mängel zu beseitigen. Nach Ablauf der Anzeigefrist können nur noch Mängel an sich gültiger Anzeigen behoben werden. Eine gültige Anzeige liegt nicht vor, wenn

1. die Form oder Frist des Absatzes 2 nicht gewahrt ist,
2. die Parteibezeichnung fehlt,
3. die nach Absatz 2 erforderlichen gültigen Unterschriften und die der Anzeige beizufügenden Anlagen fehlen, es sei denn, diese Anlagen können infolge von Umständen, die die Partei nicht zu vertreten hat, nicht rechtzeitig vorgelegt werden,
4. die Vorstandsmitglieder mangelhaft bezeichnet sind, so daß ihre Person nicht feststeht.

Nach der Entscheidung über die Feststellung der Parteieigenschaft ist jede Mängelbeseitigung ausgeschlossen. Gegen Verfügungen des Bundeswahlleiters im Mängelbeseitigungsverfahren kann der Vorstand den Bundeswahlausschuß anrufen.

(4)[6] Der Bundeswahlausschuß stellt spätestens am zweiundsiebzigsten Tage vor der Wahl für alle Wahlorgane verbindlich fest,

1. welche Parteien im Deutschen Bundestag oder in einem Landtag seit deren letzter Wahl auf Grund eigener Wahlvorschläge ununterbrochen mit mindestens fünf Abgeordneten vertreten waren,
2. welche Vereinigungen, die nach Absatz 2 ihre Beteiligung angezeigt haben, für die Wahl als Parteien anzuerkennen sind.

(5) Eine Partei kann in jedem Wahlkreis nur einen Kreiswahlvorschlag und in jedem Land nur eine Landesliste einreichen.

§ 19 Einreichung der Wahlvorschläge[6]

Kreiswahlvorschläge sind dem Kreiswahlleiter, Landeslisten dem Landeswahlleiter spätestens am sechsundsechzigsten Tage vor der Wahl bis 18 Uhr schriftlich einzureichen.

§ 20 Inhalt und Form der Kreiswahlvorschläge

(1) Der Kreiswahlvorschlag darf nur den Namen eines Bewerbers enthalten. Jeder Bewerber kann nur in einem Wahlkreis und hier nur in einem Kreiswahlvorschlag benannt werden. Als Bewerber kann nur vorgeschlagen werden, wer seine Zustimmung dazu schriftlich erteilt hat; die Zustimmung ist unwiderruflich.

(2)[1,6] Kreiswahlvorschläge von Parteien müssen von dem Vorstand des Landesverbandes oder, wenn Landesverbände nicht bestehen, von den Vorständen der nächstniedrigen Gebietsverbände (§ 7 Abs. 2 des Parteiengesetzes), in deren Bereich der Wahlkreis liegt, persönlich und handschriftlich unterzeichnet sein. Kreiswahlvorschläge der in § 18 Abs. 2 genannten Parteien müssen außerdem von mindestens 200 Wahlberechtigten des Wahlkreises persönlich und handschriftlich unterzeichnet sein; die Wahlberechtigung muß im Zeitpunkt der Unterzeichnung gegeben sein und ist bei Einreichung des Kreiswahlvorschlages nachzuweisen. Das Erfordernis von 200 Unterschriften gilt nicht für Kreiswahlvorschläge von Parteien nationaler Minderheiten.

(3)[1] Andere Kreiswahlvorschläge müssen von mindestens 200 Wahlberechtigten des Wahlkreises persönlich und handschriftlich unterzeichnet sein. Absatz 2 Satz 2 zweiter Halbsatz gilt entsprechend.

(4) Kreiswahlvorschläge von Parteien müssen den Namen der einreichenden Partei und, sofern sie eine Kurzbezeichnung verwendet, auch diese, andere Kreiswahlvorschläge ein Kennwort enthalten.

§ 21 Aufstellung von Parteibewerbern

(1) Als Bewerber einer Partei kann in einem Kreiswahlvorschlag nur benannt werden, wer in einer Mitgliederversammlung zur Wahl eines Wahlkreisbewerbers oder in einer besonderen oder allgemeinen Vertreterversammlung hierzu gewählt worden ist. Mitgliederversammlung zur

Wahl eines Wahlkreisbewerbers ist eine Versammlung der im Zeitpunkt ihres Zusammentritts im Wahlkreis zum Deutschen Bundestag wahlberechtigten Mitglieder der Partei. Besondere Vertreterversammlung ist eine Versammlung der von einer derartigen Mitgliederversammlung aus ihrer Mitte gewählten Vertreter. Allgemeine Vertreterversammlung ist eine nach der Satzung der Partei (§ 6 des Parteiengesetzes) allgemein für bevorstehende Wahlen von einer derartigen Mitgliederversammlung aus ihrer Mitte bestellte Versammlung.
(2) In Kreisen und kreisfreien Städten, die mehrere Wahlkreise umfassen, können die Bewerber für diejenigen Wahlkreise, deren Gebiet die Grenze des Kreises oder der kreisfreien Stadt nicht durchschneidet, in einer gemeinsamen Mitglieder- oder Vertreterversammlung gewählt werden.
(3)[1] Die Bewerber und die Vertreter für die Vertreterversammlungen werden in geheimer Abstimmung gewählt. Die Wahlen dürfen frühestens zweiunddreißig Monate, für die Vertreterversammlung frühestens dreiundzwanzig Monate nach Beginn der Wahlperiode des Deutschen Bundestages stattfinden; dies gilt nicht, wenn die Wahlperiode vorzeitig endet.
(4) Der Vorstand des Landesverbandes oder, wenn Landesverbände nicht bestehen, die Vorstände der nächstniedrigen Gebietsverbände (§ 7 Abs. 2 des Parteiengesetzes), in deren Bereich der Wahlkreis liegt, oder eine andere in der Parteisatzung hierfür vorgesehene Stelle können gegen den Beschluß einer Mitglieder- oder Vertreterversammlung Einspruch erheben. Auf einen solchen Einspruch ist die Abstimmung zu wiederholen. Ihr Ergebnis ist endgültig.
(5) Das Nähere über die Wahl der Vertreter für die Vertreterversammlung, über die Einberufung und Beschlußfähigkeit der Mitglieder- oder Vertreterversammlung sowie über das Verfahren für die Wahl des Bewerbers regeln die Parteien durch ihre Satzungen.
(6) Eine Ausfertigung der Niederschrift über die Wahl des Bewerbers mit Angaben über Ort und Zeit der Versammlung, Form der Einladung, Zahl der erschienenen Mitglieder und Ergebnis der Abstimmung ist mit dem Kreiswahlvorschlag einzureichen. Hierbei haben der Leiter der Versammlung und zwei von dieser bestimmte Teilnehmer gegenüber dem Kreiswahlleiter an Eides Statt zu versichern, daß die Wahl der Bewerber in geheimer Abstimmung erfolgt ist. Der Kreiswahlleiter ist zur Abnahme einer solchen Versicherung an Eides Statt zuständig; er gilt als Behörde im Sinne des § 156 des Strafgesetzbuches.

§ 22 Vertrauensperson[6]

(1) In jedem Kreiswahlvorschlag sollen eine Vertrauensperson und eine stellvertretende Vertrauensperson bezeichnet werden. Fehlt diese Bezeichnung, so gilt die Person, die als erste unterzeichnet hat, als Vertrauensperson, und diejenige, die als zweite unterzeichnet hat, als stellvertretende Vertrauensperson.
(2) Soweit in diesem Gesetz nichts anderes bestimmt ist, sind nur die Vertrauensperson und die stellvertretende Vertrauensperson, jede für sich, berechtigt, verbindliche Erklärungen zum Kreiswahlvorschlag abzugeben und entgegenzunehmen.
(3) Die Vertrauensperson und die stellvertretende Vertrauensperson können durch schriftliche Erklärung der Mehrheit der Unterzeichner des Kreiswahlvorschlages an den Kreiswahlleiter abberufen und durch andere ersetzt werden.

§ 23 Zurücknahme von Kreiswahlvorschlägen[6]

Ein Kreiswahlvorschlag kann durch gemeinsame schriftliche Erklärungen der Vertrauensperson und der stellvertretenden Vertrauensperson zurückgenommen werden, solange nicht über seine Zulassung entschieden ist. Ein von mindestens 200 Wahlberechtigten unterzeichneter Kreiswahlvorschlag kann auch von der Mehrheit der Unterzeichner durch eine von ihnen persönlich und handschriftlich vollzogene Erklärung zurückgenommen werden.

§ 24 Änderung von Kreiswahlvorschlägen[6]

Ein Kreiswahlvorschlag kann nach Ablauf der Einreichungsfrist nur durch gemeinsame schriftliche Erklärung der Vertrauensperson und der stellvertretenden Vertrauensperson und nur dann geändert werden, wenn der Bewerber stirbt oder die Wählbarkeit verliert. Das Verfahren nach

§ 21 braucht nicht eingehalten zu werden, der Unterschriften nach § 20 Abs. 2 und 3 bedarf es nicht. Nach der Entscheidung über die Zulassung eines Kreiswahlvorschlages (§ 26 Abs. 1 Satz 1) ist jede Änderung ausgeschlossen.

§ 25 Beseitigung von Mängeln[6]

(1) Der Kreiswahlleiter hat die Kreiswahlvorschläge unverzüglich nach Eingang zu prüfen. Stellt er bei einem Kreiswahlvorschlag Mängel fest, so benachrichtigt er sofort die Vertrauensperson und fordert sie auf, behebbare Mängel rechtzeitig zu beseitigen.

(2)[1] Nach Ablauf der Einreichungsfrist können nur noch Mängel an sich gültiger Wahlvorschläge behoben werden. Ein gültiger Wahlvorschlag liegt nicht vor, wenn

1. die Form oder Frist des § 19 nicht gewahrt ist,
2. die nach § 20 Abs. 2 Sätze 1 und 2 sowie Absatz 3 erforderlichen gültigen Unterschriften mit dem Nachweis der Wahlberechtigung der Unterzeichner fehlen, es sei denn, der Nachweis kann infolge von Umständen, die der Wahlvorschlagsberechtigte nicht zu vertreten hat, nicht rechtzeitig erbracht werden,
3. bei einem Parteiwahlvorschlag die Parteibezeichnung fehlt, die nach § 18 Abs. 2 erforderliche Feststellung der Parteieigenschaft abgelehnt ist oder die Nachweise des § 21 nicht erbracht sind,
4. der Bewerber mangelhaft bezeichnet ist, so daß seine Person nicht feststeht, oder
5. die Zustimmungserklärung des Bewerbers fehlt.

(3) Nach der Entscheidung über die Zulassung eines Kreiswahlvorschlages (§ 26 Abs. 1 Satz 1) ist jede Mängelbeseitigung ausgeschlossen.

(4) Gegen Verfügungen des Kreiswahlleiters im Mängelbeseitigungsverfahren kann die Vertrauensperson den Kreiswahlausschuß anrufen.

§ 26 Zulassung der Kreiswahlvorschläge[5,6]

(1) Der Kreiswahlausschuß entscheidet am achtundfünfzigsten Tage vor der Wahl über die Zulassung der Kreiswahlvorschläge. Er hat Kreiswahlvorschläge zurückzuweisen, wenn sie

1. verspätet eingereicht sind oder
2. den Anforderungen nicht entsprechen, die durch dieses Gesetz und die Bundeswahlordnung aufgestellt sind, es sei denn, daß in diesen Vorschriften etwas anderes bestimmt ist. Die Entscheidung ist in der Sitzung des Kreiswahlausschusses bekanntzugeben.

(2) Weist der Kreiswahlausschuß einen Kreiswahlvorschlag zurück, so kann binnen drei Tagen nach Bekanntgabe der Entscheidung Beschwerde an den Landeswahlausschuß eingelegt werden. Beschwerdeberechtigt sind die Vertrauensperson des Kreiswahlvorschlages, der Bundeswahlleiter und der Kreiswahlleiter. Der Bundeswahlleiter und der Kreiswahlleiter können auch gegen eine Entscheidung, durch die ein Kreiswahlvorschlag zugelassen wird, Beschwerde erheben. In der Beschwerdeverhandlung sind die erschienenen Beteiligten zu hören. Die Entscheidung über die Beschwerde muß spätestens am zweiundfünfzigsten Tage vor der Wahl getroffen werden.

(3) Der Kreiswahlleiter macht die zugelassenen Kreiswahlvorschläge spätestens am achtundvierzigsten Tage vor der Wahl öffentlich bekannt.

§ 27 Landeslisten[5]

(1)[1] Landeslisten können nur von Parteien eingereicht werden. Sie müssen von dem Vorstand des Landesverbandes oder, wenn Landesverbände nicht bestehen, von den Vorständen der nächstniedrigen Gebietsverbände (§ 7 Abs. 2 des Parteiengesetzes), die im Bereich des Landes liegen, bei den in § 18 Abs. 2 genannten Parteien außerdem von 1 vom Tausend der Wahlberechtigten des Landes bei der letzten Bundestagswahl, jedoch höchstens 2 000 Wahlberechtigten, persönlich und handschriftlich unterzeichnet sein. Die Wahlberechtigung der Unterzeichner eines Wahlvorschlages einer der in § 18 Abs. 2 genannten Parteien ist bei Einreichung der Landesliste nachzuweisen. Das Erfordernis zusätzlicher Unterschriften gilt nicht für Landeslisten von Parteien nationaler Minderheiten.

(2) Landeslisten müssen den Namen der einreichenden Partei und, sofern sie eine Kurzbezeichnung verwendet, auch diese enthalten.
(3)[1] Die Namen der Bewerber müssen in erkennbarer Reihenfolge aufgeführt sein.
(4) Ein Bewerber kann nur in einem Land und hier nur in einer Landesliste vorgeschlagen werden. In einer Landesliste kann nur benannt werden, wer seine Zustimmung dazu schriftlich erklärt hat; die Zustimmung ist unwiderruflich.
(5) § 21 Abs. 1, 3, 5 und 6 sowie die §§ 22 bis 25 gelten entsprechend mit der Maßgabe, daß die Versicherung an Eides Statt nach § 21 Abs. 6 Satz 2 sich auch darauf zu erstrecken hat, daß die Festlegung der Reihenfolge der Bewerber in der Landesliste in geheimer Abstimmung erfolgt ist.

§ 28 Zulassung der Landeslisten[5,6]
(1) Der Landeswahlausschuß entscheidet am achtundfünfzigsten Tage vor der Wahl über die Zulassung der Landeslisten. Er hat Landeslisten zurückzuweisen, wenn sie
1. verspätet eingereicht sind oder
2. den Anforderungen nicht entsprechen, die durch dieses Gesetz und die Bundeswahlordnung aufgestellt sind, es sei denn, daß in diesen Vorschriften etwas anderes bestimmt ist.

Sind die Anforderungen nur hinsichtlich einzelner Bewerber nicht erfüllt, so werden ihre Namen aus der Landesliste gestrichen. Die Entscheidung ist in der Sitzung des Landeswahlausschusses bekanntzugeben.
(2) Weist der Landeswahlausschuß eine Landesliste ganz oder teilweise zurück, so kann binnen drei Tagen nach Bekanntgabe der Entscheidung Beschwerde an den Bundeswahlausschuß eingelegt werden. Beschwerdeberechtigt sind die Vertrauensperson der Landesliste und der Landeswahlleiter. Der Landeswahlleiter kann auch gegen eine Entscheidung, durch die eine Landesliste zugelassen wird, Beschwerde erheben. In der Beschwerdeverhandlung sind die erschienenen Beteiligten zu hören. Die Entscheidung über die Beschwerde muß spätestens am zweiundfünfzigsten Tage vor der Wahl getroffen werden.
(3) Der Landeswahlleiter macht die zugelassenen Landeslisten spätestens am achtundvierzigsten Tage vor der Wahl öffentlich bekannt.

§ 29 Ausschluß von der Verbindung von Landeslisten[6]
(1) Der Ausschluß von der Listenverbindung (§ 7) ist dem Bundeswahlleiter von der Vertrauensperson und der stellvertretenden Vertrauensperson der Landesliste durch gemeinsame schriftliche Erklärung spätestens am vierunddreißigsten Tage vor der Wahl bis 18 Uhr mitzuteilen.
(2) Der Bundeswahlausschuß entscheidet spätestens am dreißigsten Tage vor der Wahl über die Erklärungen nach Absatz 1. § 28 Abs. 1 Satz 2 gilt entsprechend. Die Entscheidung ist in der Sitzung des Bundeswahlausschusses bekanntzugeben.
(3) Der Bundeswahlleiter macht die Listenverbindungen und die Landeslisten, für die eine Erklärung nach Absatz 1 abgegeben wurde, spätestens am sechsundzwanzigsten Tage vor der Wahl öffentlich bekannt.

§ 30 Stimmzettel
(1) Die Stimmzettel, die zugehörigen Umschläge und die Wahlbriefumschläge (§ 36 Abs. 1) werden amtlich hergestellt.
(2) Der Stimmzettel enthält
1. für die Wahl in den Wahlkreisen die Namen der Bewerber der zugelassenen Kreiswahlvorschläge, bei Kreiswahlvorschlägen von Parteien außerdem die Namen der Parteien und, sofern sie eine Kurzbezeichnung verwenden, auch diese, bei anderen Kreiswahlvorschlägen außerdem das Kennwort.
2. für die Wahl nach Landeslisten die Namen der Parteien und, sofern sie eine Kurzbezeichnung verwenden, auch diese sowie die Namen der ersten fünf Bewerber der zugelassenen Landeslisten.

(3) Die Reihenfolge der Landeslisten von Parteien, die im letzten Deutschen Bundestag vertreten waren, richtet sich nach der Zahl der Zweitstimmen, die sie bei der letzten Bundestagswahl im Land erreicht haben. Die übrigen Landeslisten schließen sich in alphabetischer Reihenfolge der Namen der Parteien an. Die Reihenfolge der Kreiswahlvorschläge richtet sich nach der Reihenfolge der entsprechenden Landeslisten. Sonstige Kreiswahlvorschläge schließen sich in alphabetischer Reihenfolge der Namen der Parteien oder der Kennwörter an.

FÜNFTER ABSCHNITT
Wahlhandlung

§ 31 Öffentlichkeit der Wahlhandlung
Die Wahlhandlung ist öffentlich. Der Wahlvorstand kann Personen, die die Ordnung und Ruhe stören, aus dem Wahlraum verweisen.

§ 32 Unzulässige Wahlpropaganda und Unterschriftensammlung, unzulässige Veröffentlichung von Wählerbefragungen[1,5]
(1) Während der Wahlzeit sind in und an dem Gebäude, in dem sich der Wahlraum befindet, sowie unmittelbar vor dem Zugang zu dem Gebäude jede Beeinflussung der Wähler durch Wort, Ton, Schrift oder Bild sowie jede Unterschriftensammlung verboten.
(2) Die Veröffentlichung von Ergebnissen von Wählerbefragungen nach der Stimmabgabe über den Inhalt der Wahlentscheidung ist vor Ablauf der Wahlzeit unzulässig.

§ 33 Wahrung des Wahlgeheimnisses
(1) Es sind Vorkehrungen dafür zu treffen, daß der Wähler den Stimmzettel unbeobachtet kennzeichnen und in den Umschlag legen kann. Für die Aufnahme der Umschläge sind Wahlurnen zu verwenden, die die Wahrung des Wahlgeheimnisses sicherstellen.
(2)[6] Ein Wähler, der des Lesens unkundig oder durch körperliches Gebrechen behindert ist, den Stimmzettel zu kennzeichnen, in den Wahlumschlag zu legen, diesen dem Wahlvorsteher zu übergeben oder selbst in die Wahlurne zu legen, kann sich der Hilfe einer anderen Person bedienen.

§ 34 Stimmabgabe mit Stimmzetteln
(1) Gewählt wird mit amtlichen Stimmzetteln in amtlichen Umschlägen.
(2) Der Wähler gibt
1. seine Erststimme in der Weise ab, daß er durch ein auf den Stimmzettel gesetztes Kreuz oder auf andere Weise eindeutig kenntlich macht, welchem Bewerber sie gelten soll,
2. seine Zweitstimme in der Weise ab, daß er durch ein auf den Stimmzettel gesetztes Kreuz oder auf andere Weise eindeutig kenntlich macht, welcher Landesliste sie gelten soll.

§ 35 Stimmabgabe mit Wahlgeräten
(1) Zur Erleichterung der Abgabe und Zählung der Stimmen können an Stelle von Stimmzetteln, Wahlumschlägen und Wahlurnen Wahlgeräte mit selbständigen Zählwerken benutzt werden.
(2) Wahlgeräte im Sinne von Absatz 1 müssen die Geheimhaltung der Stimmabgabe gewährleisten. Ihre Bauart muß für die Verwendung bei Wahlen zum Deutschen Bundestag amtlich für einzelne Wahlen oder allgemein zugelassen sein. Über die Zulassung entscheidet der Bundesminister des Innern auf Antrag des Herstellers des Wahlgerätes. Die Verwendung eines amtlich zugelassenen Wahlgerätes bedarf der Genehmigung durch den Bundesminister des Innern. Die Genehmigung kann für einzelne Wahlen oder allgemein ausgesprochen werden.
(3) Der Bundesminister des Innern wird ermächtigt, durch Rechtsverordnung, die nicht der Zustimmung des Bundesrates bedarf, nähere Bestimmungen zu erlassen über
1. die Voraussetzungen für die amtliche Zulassung der Bauart von Wahlgeräten sowie für die Rücknahme und den Widerruf der Zulassung,
2. das Verfahren für amtliche Zulassung der Bauart,

3. das Verfahren für die Prüfung eines Wahlgerätes auf die der amtlich zugelassenen Bauart entsprechende Ausführung,
4. die öffentliche Erprobung eines Wahlgerätes vor seiner Verwendung,
5. das Verfahren für die amtliche Genehmigung der Verwendung sowie für die Rücknahme und den Widerruf der Genehmigung,
6. die durch die Verwendung von Wahlgeräten bedingten Besonderheiten in Zusammenhang mit der Wahl.

Die Rechtsverordnung ergeht in den Fällen der Nummern 1 und 3 im Einvernehmen mit dem Bundesminister für Wirtschaft.

(4) Für die Betätigung eines Wahlgerätes gilt § 33 Abs. 1 Satz 1 und Abs. 2 entsprechend.

§ 36 Briefwahl

(1) Bei der Briefwahl hat der Wähler dem Kreiswahlleiter des Wahlkreises, in dem der Wahlschein ausgestellt worden ist, im verschlossenen Wahlbriefumschlag

a) seinen Wahlschein,

b) in einem besonderen verschlossenen Umschlag seinen Stimmzettel

so rechtzeitig zu übersenden, daß der Wahlbrief spätestens am Wahltage bis 18 Uhr eingeht. § 33 Abs. 2 gilt entsprechend.

(2) Auf dem Wahlschein hat der Wähler oder die Person seines Vertrauens gegenüber dem Kreiswahlleiter an Eides Statt zu versichern, daß der Stimmzettel persönlich oder gemäß dem erklärten Willen des Wählers gekennzeichnet worden ist. Der Kreiswahlleiter ist zur Abnahme einer solchen Versicherung an Eides Statt zuständig; er gilt als Behörde im Sinne des § 156 des Strafgesetzes.

(3)[1] Im Falle einer Anordnung der Landesregierung oder der von ihr bestimmten Stelle nach § 8 Abs. 3 tritt an die Stelle des Kreiswahlleiters in Absatz 1 Satz 1 und in Absatz 2 die Gemeindebehörde, die den Wahlschein ausgestellt hat, oder die Verwaltungsbehörde des Kreises, in dem diese Gemeinde liegt.

(4)[1] Wahlbriefe können von den Absendern bei der Deutschen Bundespost als Standardbriefe ohne besondere Versendungsform gebührenfrei eingeliefert werden, wenn sie sich in amtlichen Wahlbriefumschlägen befinden. Bei Inanspruchnahme einer besonderen Versendungsform hat der Absender den die jeweils gültige Briefgebühr übersteigenden Betrag zu tragen. Der Bund entrichtet an die Deutsche Bundespost für jeden von ihr beförderten, unfrei eingelieferten oder durch eine besondere Versendungsform übermittelten amtlichen Wahlbriefumschlag die jeweils gültige Briefgebühr.

SECHSTER ABSCHNITT
Feststellung des Wahlergebnisses

§ 37 Feststellung des Wahlergebnisses im Wahlbezirk

Nach Beendigung der Wahlhandlung stellt der Wahlvorstand fest, wieviel Stimmen im Wahlbezirk auf die einzelnen Kreiswahlvorschläge und Landeslisten abgegeben worden sind.

§ 38 Feststellung des Briefwahlergebnisses

Der für die Briefwahl eingesetzte Wahlvorstand stellt fest, wieviel durch Briefwahl abgegebene Stimmen auf die einzelnen Kreiswahlvorschläge und Landeslisten entfallen.

§ 39 Ungültige Stimmen, Zurückweisung von Wahlbriefen, Auslegungsregeln

(1) Ungültig sind Stimmen, wenn der Stimmzettel

1. nicht in einem amtlichen Wahlumschlag abgegeben worden ist,
2. in einem Wahlumschlag abgegeben worden ist, der offensichtlich in einer das Wahlgeheimnis gefährdenden Weise von den übrigen abweicht oder einen deutlich fühlbaren Gegenstand enthält,
3. nicht amtlich hergestellt ist oder für einen anderen Wahlkreis gültig ist,
4. keine Kennzeichnung enthält,
5. den Willen des Wählers nicht zweifelsfrei erkennen läßt,

6. einen Zusatz oder Vorbehalt enthält.

In den Fällen der Nummern 1 bis 4 sind beide Stimmen ungültig.

(2) Mehrere in einem Wahlumschlag enthaltene Stimmzettel gelten als ein Stimmzettel, wenn sie gleich lauten oder nur einer von ihnen gekennzeichnet ist; sonst zählen sie als ein Stimmzettel mit zwei ungültigen Stimmen.

(3) Ist der Wahlumschlag leer abgegeben worden, so gelten beide Stimmen als ungültig. Enthält der Stimmzettel nur eine Stimmabgabe, so ist die nicht abgegebene Stimme ungültig.

(4) Bei der Briefwahl sind Wahlbriefe zurückzuweisen, wenn

1. der Wahlbrief nicht rechtzeitig eingegangen ist,
2. dem Wahlbriefumschlag kein oder kein gültiger Wahlschein beiliegt,
3. dem Wahlbriefumschlag kein Wahlumschlag beigefügt ist,
4. weder der Wahlbriefumschlag noch der Wahlumschlag verschlossen ist,
5. der Wahlbriefumschlag mehrere Wahlumschläge, aber nicht eine gleiche Anzahl gültiger und mit der vorgeschriebenen Versicherung an Eides Statt versehener Wahlscheine enthält,
6. der Wähler oder die Person seines Vertrauens die vorgeschriebene Versicherung an Eides Statt zur Briefwahl auf dem Wahlschein nicht unterschrieben hat,
7. kein amtlicher Wahlumschlag benutzt worden ist,
8. ein Wahlumschlag benutzt worden ist, der offensichtlich in einer das Wahlgeheimnis gefährdenden Weise von den übrigen abweicht oder einen deutlich fühlbaren Gegenstand enthält.

Die Einsender zurückgewiesener Wahlbriefe werden nicht als Wähler gezählt; ihre Stimmen gelten als nicht abgegeben.

(5)[5] Die Stimmen eines Wählers, der an der Briefwahl teilgenommen hat, werden nicht dadurch ungültig, daß er vor dem oder am Wahltage stirbt oder sein Wahlrecht nach § 13 verliert.

§ 40 Entscheidung des Wahlvorstandes

Der Wahlvorstand entscheidet über die Gültigkeit der abgegebenen Stimmen und über alle bei der Wahlhandlung und bei der Ermittlung des Wahlergebnisses sich ergebenden Anstände. Der Kreiswahlausschuß hat das Recht der Nachprüfung.

§ 41 Feststellung des Wahlergebnisses im Wahlkreis

(1) Der Kreiswahlausschuß stellt fest, wieviel Stimmen im Wahlkreis für die einzelnen Kreiswahlvorschläge und Landeslisten abgegeben worden sind und welcher Bewerber als Wahlkreisabgeordneter gewählt ist.

(2) Der Kreiswahlleiter benachrichtigt den gewählten Wahlkreisabgeordneten und fordert ihn auf, binnen einer Woche schriftlich zu erklären, ob er die Wahl annimmt.

§ 42 Feststellung des Ergebnisses der Landeslistenwahl

(1) Der Landeswahlausschuß stellt fest, wieviel Stimmen im Land für die einzelnen Landeslisten abgegeben worden sind.

(2) Der Bundeswahlausschuß stellt fest, wieviel Sitze auf die einzelnen Landeslisten entfallen und welche Bewerber gewählt sind.

(3) Der Landeswahlleiter benachrichtigt die Gewählten und fordert sie auf, binnen einer Woche schriftlich zu erklären, ob sie die Wahl annehmen.

SIEBENTER ABSCHNITT
Besondere Vorschriften für Nachwahlen und Wiederholungswahlen

§ 43 Nachwahl

(1) Eine Nachwahl findet statt,

1. wenn in einem Wahlkreis oder in einem Wahlbezirk die Wahl nicht durchgeführt worden ist,
2. wenn ein Wahlkreisbewerber nach der Zulassung des Kreiswahlvorschlages, aber noch vor der Wahl stirbt.

(2)[6] Die Nachwahl soll im Falle des Absatzes 1 Nr. 1 spätestens drei Wochen, im Falle des Absatzes 1 Nr. 2 spätestens sechs Wochen nach dem Tage der Hauptwahl stattfinden. Den Tag der Nachwahl bestimmt der Landeswahlleiter.
(3) Die Nachwahl findet nach denselben Vorschriften und auf denselben Grundlagen wie die Hauptwahl statt.

§ 44 Wiederholungswahl
(1) Wird im Wahlprüfungsverfahren eine Wahl ganz oder teilweise für ungültig erklärt, so ist sie nach Maßgabe der Entscheidung zu wiederholen.
(2) Die Wiederholungswahl findet nach denselben Vorschriften, denselben Wahlvorschlägen und, wenn seit der Hauptwahl noch nicht sechs Monate verflossen sind, auf Grund derselben Wählerverzeichnisse wie die Hauptwahl statt, soweit nicht die Entscheidung im Wahlprüfungsverfahren hinsichtlich der Wahlvorschläge und Wählerverzeichnisse Abweichungen vorschreibt.
(3) Die Wiederholungswahl muß spätestens sechzig Tage nach Rechtskraft der Entscheidung stattfinden, durch die die Wahl für ungültig erklärt worden ist. Ist die Wahl nur teilweise für ungültig erklärt worden, so unterbleibt die Wiederholungswahl, wenn feststeht, daß innerhalb von sechs Monaten ein neuer Deutscher Bundestag gewählt wird. Den Tag der Wiederholungswahl bestimmt der Landeswahlleiter, im Falle einer Wiederholungswahl für das ganze Wahlgebiet der Bundespräsident.
(4) Auf Grund der Wiederholungswahl wird das Wahlergebnis nach den Vorschriften des sechsten Abschnitts neu festgestellt. § 41 Abs. 2 und § 42 Abs. 3 gelten entsprechend.

ACHTER ABSCHNITT
Erwerb und Verlust der Mitgliedschaft im Deutschen Bundestag

§ 45 Erwerb der Mitgliedschaft im Deutschen Bundestag
Ein gewählter Bewerber erwirbt die Mitgliedschaft im Deutschen Bundestag mit dem frist- und formgerechten Eingang der auf die Benachrichtigung nach § 41 Abs. 2 oder § 42 Abs. 3 erfolgenden Annahmeerklärung beim zuständigen Wahlleiter, jedoch nicht vor Ablauf der Wahlperiode des letzten Deutschen Bundestages und im Falle des § 44 Abs. 4 nicht vor Ausscheiden des nach dem ursprünglichen Wahlergebnis gewählten Abgeordneten. Gibt der Gewählte bis zum Ablauf der gesetzlichen Frist keine oder keine formgerechte Erklärung ab, so gilt die Wahl zu diesem Zeitpunkt als angenommen. Eine Erklärung unter Vorbehalt gilt als Ablehnung. Annahme- und Ablehnungserklärung können nicht widerrufen werden.

§ 46 Verlust der Mitgliedschaft im Deutschen Bundestag[5]
(1) Ein Abgeordneter verliert die Mitgliedschaft im Deutschen Bundestag bei
1. Ungültigkeit des Erwerbs der Mitgliedschaft,
2. Neufeststellung des Wahlergebnisses,
3. Wegfall einer Voraussetzung seiner jederzeitigen Wählbarkeit,
4. Verzicht,
5. Feststellung der Verfassungswidrigkeit der Partei oder der Teilorganisation einer Partei, der er angehört, durch das Bundesverfassungsgericht nach Artikel 21 Abs. 2 Satz 2 des Grundgesetzes.

Verlustgründe nach anderen gesetzlichen Vorschriften bleiben unberührt.
(2) Bei Ungültigkeit seiner Wahl im Wahlkreis bleibt der Abgeordnete Mitglied des Deutschen Bundestages, wenn er zugleich auf einer Landesliste gewählt war, aber nach § 6 Abs. 4 Satz 3 unberücksichtigt geblieben ist.
(3) Der Verzicht ist nur wirksam, wenn er zur Niederschrift des Präsidenten des Deutschen Bundestages, eines deutschen Notars, der seinen Sitz im Geltungsbereich dieses Gesetzes hat, oder eines zur Vornahme von Beurkundungen ermächtigten Bediensteten einer deutschen Auslandsvertretung erklärt wird. Die notarielle oder bei einer Auslandsvertretung abgegebene

Verzichterklärung hat der Abgeordnete dem Bundestagspräsidenten zu übermitteln. Der Verzicht kann nicht widerrufen werden.

(4) Wird eine Partei oder die Teilorganisation einer Partei durch das Bundesverfassungsgericht nach Artikel 21 Abs. 2 Satz 2 des Grundgesetzes für verfassungswidrig erklärt, verlieren die Abgeordneten ihre Mitgliedschaft im Deutschen Bundestag und die Listennachfolger ihre Anwartschaft, sofern sie dieser Partei oder Teilorganisation in der Zeit zwischen der Antragstellung (§ 43 des Gesetzes über das Bundesverfassungsgericht) und der Verkündung der Entscheidung (§ 46 des Gesetzes über das Bundesverfassungsgericht) angehört haben. Soweit Abgeordnete, die nach Satz 1 ihre Mitgliedschaft verloren haben, in Wahlkreisen gewählt waren, wird die Wahl eines Wahlkreisabgeordneten in diesen Wahlkreisen bei entsprechender Anwendung des § 44 Abs. 2 bis 4 wiederholt; hierbei dürfen die Abgeordneten, die nach Satz 1 ihre Mitgliedschaft verloren haben, nicht als Bewerber auftreten. Soweit Abgeordnete, die nach Satz 1 ihre Mitgliedschaft verloren haben, nach einer Landesliste der für verfassungswidrig erklärten Partei oder Teilorganisation der Partei gewählt waren, bleiben die Sitze unbesetzt. Im übrigen gilt § 48 Abs. 1.

§ 47 Entscheidung über den Verlust der Mitgliedschaft

(1) Über den Verlust der Mitgliedschaft nach § 46 Abs. 1 wird entschieden

1. im Falle der Nummer 1 im Wahlprüfungsverfahren,
2. im Falle der Nummern 2 und 5 durch Beschluß des Ältestenrates des Deutschen Bundestages,
3. im Falle der Nummer 3, wenn der Verlust der Wählbarkeit durch rechtskräftigen Richterspruch eingetreten ist, durch Beschluß des Ältestenrates des Deutschen Bundestages, im übrigen im Wahlprüfungsverfahren,
4. im Fall der Nummer 4 durch den Präsidenten des Deutschen Bundestages in der Form der Erteilung einer Bestätigung der Verzichtserklärung.

(2) Wird über den Verlust der Mitgliedschaft im Wahlprüfungsverfahren entschieden, so scheidet der Abgeordnete mit der Rechtskraft der Entscheidung aus dem Deutschen Bundestag aus.

(3) Entscheidet der Ältestenrat oder der Präsident des Deutschen Bundestages über den Verlust der Mitgliedschaft, so scheidet der Abgeordnete mit der Entscheidung aus dem Deutschen Bundestag aus. Die Entscheidung ist unverzüglich von Amts wegen zu treffen. Innerhalb von zwei Wochen nach Zustellung der Entscheidung kann der Betroffene die Entscheidung des Deutschen Bundestages über den Verlust der Mitgliedschaft im Wahlprüfungsverfahren beantragen. Die Zustellung erfolgt nach den Vorschriften des Verwaltungszustellungsgesetzes.

§ 48 Berufung von Listennachfolgern und Ersatzwahlen

(1) Wenn ein gewählter Bewerber stirbt oder die Annahme der Wahl ablehnt oder wenn ein Abgeordneter stirbt oder sonst nachträglich aus dem Deutschen Bundestag ausscheidet, so wird der Sitz aus der Landesliste derjenigen Partei besetzt, für die der Ausgeschiedene bei der Wahl aufgetreten ist. Bei der Nachfolge bleiben diejenigen Listenbewerber unberücksichtigt, die seit dem Zeitpunkt der Aufstellung der Landesliste aus dieser Partei ausgeschieden sind. Ist die Liste erschöpft, so bleibt der Sitz unbesetzt. Die Feststellung, wer als Listennachfolger eintritt, trifft der Landeswahlleiter. § 42 Abs. 3 und § 45 gelten entsprechend.

(2) Ist der Ausgeschiedene als Wahlkreisabgeordneter einer Wählergruppe oder einer Partei gewählt, für die im Land keine Landesliste zugelassen worden war, so findet Ersatzwahl im Wahlkreis statt. Die Ersatzwahl muß spätestens sechzig Tage nach dem Zeitpunkt des Ausscheidens stattfinden. Sie unterbleibt, wenn feststeht, daß innerhalb von sechs Monaten ein neuer Deutscher Bundestag gewählt wird. Die Ersatzwahl wird nach den allgemeinen Vorschriften durchgeführt. Den Wahltag bestimmt der Landeswahlleiter. § 41 Abs. 2 und § 45 gelten entsprechend.

NEUNTER ABSCHNITT
Schlußbestimmungen

§ 49 Anfechtung
Entscheidungen und Maßnahmen, die sich unmittelbar auf das Wahlverfahren beziehen, können nur mit den in diesem Gesetz und in der Bundeswahlordnung vorgesehenen Rechtsbehelfen sowie im Wahlprüfungsverfahren angefochten werden.

§ 49a Ordnungswidrigkeiten[1]
(1) Ordnungswidrig handelt, wer
1. entgegen § 11 ohne wichtigen Grund ein Ehrenamt ablehnt oder sich ohne genügende Entschuldigung den Pflichten eines solchen entzieht oder
2. entgegen § 32 Abs. 2 Ergebnisse von Wählerbefragungen nach der Stimmabgabe über den Inhalt der Wahlentscheidung vor Ablauf der Wahlzeit veröffentlicht.

(2) Die Ordnungswidrigkeit nach Absatz 1 Nr. 1 kann mit einer Geldbuße bis zu tausend Deutsche Mark, die Ordnungswidrigkeit nach Absatz 1 Nr. 2 mit einer Geldbuße bis zu hunderttausend Deutsche Mark geahndet werden.
(3) Verwaltungsbehörde im Sinne des § 36 Abs. 1 Nr. 1 des Gesetzes über Ordnungswidrigkeiten ist
1. bei Ordnungswidrigkeiten nach Absatz 1 Nr. 1
   a) der Kreiswahlleiter, wenn ein Wahlberechtigter das Amt eines Wahlvorstehers, stellvertretenden Wahlvorstehers oder eines Beisitzers im Wahlvorstand oder im Kreiswahlausschuß,
   b) der Landeswahlleiter, wenn ein Wahlberechtigter das Amt eines Beisitzers im Landeswahlausschuß,
   c) der Bundeswahlleiter, wenn ein Wahlberechtigter das Amt eines Beisitzers im Bundeswahlausschuß

unberechtigt ablehnt oder sich ohne genügende Entschuldigung den Pflichten eines solchen Amtes entzieht,
2. bei Ordnungswidrigkeiten nach Absatz 1 Nr. 2 der Bundeswahlleiter.

§ 50 Wahlkosten
(1) Der Bund erstattet den Ländern zugleich für ihre Gemeinden (Gemeindeverbände) die durch die Wahl veranlaßten notwendigen Ausgaben durch einen festen, nach Gemeindegrößen abgestuften Betrag je Wahlberechtigten.
(2) Der feste Betrag wird vom Bundesminister des Innern mit Zustimmung des Bundesrates festgesetzt. Bei der Festsetzung werden laufende persönliche und sachliche Kosten und Kosten für Benutzung von Räumen und Einrichtungen der Länder und Gemeinden (Gemeindeverbände) nicht berücksichtigt.

§ 51 Wahlstatistik
(1) Das Ergebnis der Wahlen zum Deutschen Bundestag ist statistisch zu bearbeiten.
(2) In den vom Bundeswahlleiter im Einvernehmen mit den Landeswahlleitern und den Statistischen Landesämtern zu bestimmenden Wahlbezirken sind auch Statistiken über Geschlechts- und Altersgliederung der Wahlberechtigten und Wähler unter Berücksichtigung der Stimmabgabe für die einzelnen Wahlvorschläge zu erstellen. Die Trennung der Wahl nach Altersgruppen und Geschlechtern ist nur zulässig, wenn die Stimmabgabe der einzelnen Wähler dadurch nicht erkennbar wird.

§ 52 Bundeswahlordnung[5]
(1) Der Bundesminister des Innern erläßt die zur Durchführung dieses Gesetzes erforderliche Bundeswahlordnung. Er trifft darin insbesondere Rechtsvorschriften über
1. die Bestellung der Wahlleiter und Wahlvorsteher, die Bildung der Wahlausschüsse und Wahlvorstände sowie über die Tätigkeit, Beschlußfähigkeit und das Verfahren der Wahlorgane,

2. die Berufung in ein Wahlehrenamt, über den Ersatz von Auslagen für Inhaber von Wahlehrenämtern und über das Bußgeldverfahren,
3. die Wahlzeit,
4. die Bildung der Wahlbezirke und ihre Bekanntmachung,
5. die einzelnen Voraussetzungen für die Aufnahme in die Wählerverzeichnisse, deren Führung, Auslegung, Berichtigung und Abschluß, über den Einspruch und die Beschwerde gegen das Wählerverzeichnis sowie über die Benachrichtigung der Wahlberechtigten,
6. die einzelnen Voraussetzungen für die Erteilung von Wahlscheinen, deren Ausstellung, über den Einspruch und die Beschwerde gegen die Ablehnung von Wahlscheinen,
7. den Nachweis der Wahlrechtsvoraussetzungen,
8. das Verfahren nach § 18 Abs. 2 bis 4,
9. Einreichung, Inhalt und Form der Wahlvorschläge sowie der dazugehörigen Unterlagen, über ihre Prüfung, die Beseitigung von Mängeln, ihre Zulassung, die Beschwerde gegen Entscheidungen des Kreiswahlausschusses und des Landeswahlausschusses sowie die Bekanntgabe der Wahlvorschläge,
10. Form und Inhalt des Stimmzettels und über den Wahlumschlag,
11. Bereitstellung, Einrichtung und Bekanntmachung der Wahlräume sowie über Wahlschutzvorrichtungen und Wahlzellen,
12. die Stimmabgabe, auch soweit besondere Verhältnisse besondere Regelungen erfordern,
13. die Briefwahl,
14. die Wahl in Kranken- und Pflegeanstalten, Klöstern, gesperrten Wohnstätten sowie sozialtherapeutischen und Justizvollzugsanstalten,
15. die Feststellung der Wahlergebnisse, ihre Weitermeldung und Bekanntgabe sowie die Benachrichtigung der Gewählten,
16. die Durchführung von Nachwahlen, Wiederholungswahlen und Ersatzwahlen sowie die Berufung von Listennachfolgern.

(2) Die Rechtsvorschriften bedürfen nicht der Zustimmung des Bundesrates.

(3) Der Bundesminister des Innern wird ermächtigt, im Falle einer Auflösung des Deutschen Bundestages die in dem Bundeswahlgesetz und in der Bundeswahlordnung bestimmten Fristen und Termine durch Rechtsverordnung ohne Zustimmung des Bundesrates abzukürzen.

§ 53 Übergangsregelung

Solange im Hinblick auf Artikel 2 des Vertrages über die Beziehungen zwischen der Bundesrepublik Deutschland und den Drei Mächten vom 23. Oktober 1954 (Bundesgesetzbl. 1955 II S. 305) in Verbindung mit dem Schreiben der drei Hohen Kommissare in der Fassung vom 23. Oktober 1954 (Bundesgesetzbl. 1955 II S. 500) der vollen Anwendung dieses Gesetzes im Lande Berlin Hindernisse entgegenstehen, gilt folgende Regelung:

1. Die in § 1 Abs. 1 festgelegte Abgeordnetenzahl verringert sich auf 496, die Zahl der nach § 1 Abs. 2 nach Kreiswahlvorschlägen zu wählenden Abgeordneten auf 248.
2. Dazu treten 22 Abgeordnete des Landes Berlin nach Maßgabe folgender Bestimmungen:
   a)[6] Das Abgeordnetenhaus von Berlin wählt die Abgeordneten sowie eine ausreichende Anzahl von Ersatzpersonen auf der Grundlage der Zusammensetzung des Abgeordnetenhauses zum Zeitpunkt der Wahl zum Deutschen Bundestag. Entsprechende Vorschläge machen die zu diesem Zeitpunkt im Abgeordnetenhaus vertretenen Fraktionen und Gruppen.
   b) Die Gewählten erwerben die Mitgliedschaft im Deutschen Bundestag mit der Annahmeerklärung gegenüber dem Präsidenten des Abgeordnetenhauses von Berlin. Dieser übermittelt das Ergebnis der Wahl unter Beifügung der Annahmeerklärungen unverzüglich dem Präsidenten des Deutschen Bundestages.
   c)[6] Für die Wählbarkeit und den Verlust der Mitgliedschaft im Deutschen Bundestag gelten im übrigen die Bestimmungen dieses Gesetzes entsprechend. Scheidet ein Mitglied aus, so rückt die nächste Ersatzperson nach. Sie muß derselben Partei angehören wie

der Ausgeschiedene zur Zeit seiner Wahl. Die Feststellung, wer als Ersatzperson nachrückt, trifft der Präsident des Abgeordnetenhauses von Berlin.

§ 53a Fristen und Termine[1]
Die in diesem Gesetz vorgesehenen Fristen und Termine verlängern oder ändern sich nicht dadurch, daß der letzte Tag der Frist oder ein Termin auf einen Sonnabend, einen Sonntag, einen gesetzlichen oder staatlich geschützten Feiertag fällt. Eine Wiedereinsetzung in den vorigen Stand ist ausgeschlossen.

§ 54 Berlin-Klausel[9]
Dieses Gesetz gilt nach Maßgabe des § 13 Abs. 1 des Dritten Überleitungsgesetzes vom 4. Januar 1952 (Bundesgesetzbl. I S. 1) auch im Land Berlin. Rechtsverordnungen, die auf Grund dieses Gesetzes erlassen werden, gelten im Land Berlin nach § 14 des Dritten Überleitungsgesetzes.

§ 55 Ausdehnung des Geltungsbereiches dieses Gesetzes
Dieses Gesetz ist in anderen Teilen Deutschlands nach deren Beitritt gemäß Artikel 23 des Grundgesetzes in Kraft zu setzen. Der Zeitpunkt des Inkrafttretens und die Wahlkreiseinteilung werden durch Bundesgesetz bestimmt.

§ 56 Inkrafttreten
Dieses Gesetz tritt vierzehn Tage nach der Verkündung in Kraft. Es findet erstmals auf die Wahl des dritten Deutschen Bundestages Anwendung.[10]

---

* Berücksichtigt sind die nachfolgenden Änderungen, und zwar:
1 Änderungsgesetz vom 20. Juli 1979 (BGBl. I S. 1149, ber. S. 1776)
2 Änderungsbek.[6] vom 15. Januar 1980 (BGBl. I S. 80)
3 Änderungsbek.[6] vom 23. April 1980 (BGBl. I S. 541)
4 Änderungsgesetz vom 7. Dezember 1982 (BGBl. I S. 1613)
5 Änderungsgesetz[6] vom 8. März 1985 (BGBl. I S. 521)
6 Änderungsgesetze vom 20. Dezember 1988 (BGBl. I S. 2422) m. W. v. 27. Dezember 1988
7 Die Anlage ist hier nicht abgedruckt; s. zur Wahlkreiseinteilung BGBl. 1979 I S. 1152 und 1776 sowie BGBl. 1980 I S. 80 und 541, BGBl. 1982 I S. 1613 (1614) und BGBl. 1988 I S. 2424, BGBl. 1985 I S. 521 (524)
7a Vgl. Bek. vom 5. August 1988 (BAnz. Nr. 183 a vom 29. September 1988)
8 Vgl. hierzu B-W (BGl. 1980 S. 297); BAY (GVBl. 1984 S. 15; BRE (Amtsbl. 1982, S. 547); HBG (Amtl. Anzeiger Nr. 68/80 S. 577); HES (GVBl. 1983 S. 153); NDS (Nds. MinBl. Nr. 61/79 S. 1958; N-W (GV. NW. 1980 S. 86); RH-PF (GVBl. 1984 S. 38); SL (Amtsbl. 1980 S. 550 und S. 589); S-H (GVOBl. 1980 S. 192)
9 Veröffentlicht im Berliner GVBl. 1975 S. 2293, 1976 S. 1798, 1985 S. 2338 und 1989 S. 76.
10 Amtl. Anm.: Die Vorschrift betrifft das Inkrafttreten des Gesetzes in der ursprünglichen Fassung vom 7. Mai 1956. Der Zeitpunkt des Inkrafttretens der späteren Änderung ergibt sich aus den in der vorangestellten Bekanntmachung näher bezeichneten Gesetzen.

6. Aus der Rechtsprechung des Bundesverfassungsgerichts

a) *Rechtsstellung der Parteien*

Aus BVerfGE 1, 223–228 (Urteil vom 5. April 1952)

In diesem Urteil befaßte sich das BVerfG mit einer Verfassungsbeschwerde des Südschleswigschen Wählerverbandes über Bestimmungen des Schleswig-Holsteinischen Landtagswahlgesetzes. Das Gericht nutzte das Urteil, um Grundsätzliches über die Stellung von politischen Parteien auszuführen.

In der Demokratie von heute haben die Parteien allein die Möglichkeit, die Wähler zu politisch aktionsfähigen Gruppen zusammenzuschließen. Sie erscheinen geradezu als das Sprachrohr, dessen sich das mündig gewordene Volk bedient, um sich artikuliert äußern und politische Entscheidungen fällen zu können. Sie sind, wie schon Radbruch (Handbuch des Deutschen Staatsrechts Bd. I, 1930, S. 288) mit Recht hervorgehoben hat, die »letzten Kreationsorgane aller anderen Organe ..., ohne deren Zwischenschaltung die amorphe Volksmasse gar nicht imstande wäre, die Organe der Staatsgewalt aus sich zu entlassen«. Heute ist jede Demokratie zwangsläufig ein *Parteienstaat,* da eine Verfassung, »welche alle Inhaber oberster Gesetzgebungs- und Regierungsgewalt aus Wahlen des Volkes oder Wahlen oder sonstigen Bestimmungsbefugnissen volksgewählter Staatsorgane hervorgehen läßt, nicht zum Leben erweckt und nicht am Leben erhalten werden kann, wenn sich nicht frei aus der Gesellschaft irgendwelche Gruppen bilden, die ihre Häupter als Bewerber um die verschiedenen Wahlämter (Parlamentsmitglieder, Präsidenten, Minister u. dgl.) präsentieren« (so Thoma, Handbuch des Deutschen Staatsrechts Bd. I, 1930, S. 190).

Schon unter der Weimarer Verfassung, die von den politischen Parteien keine ausdrückliche Notiz nahm, haben diese das politische Leben beherrscht. Demgemäß hatte der Reichsstaatsgerichtshof auch den politischen Parteien Parteifähigkeit in Verfassungsstreitigkeiten zuerkannt mit der Begründung: »Die Volksvertretungen der neuzeitlichen Verfassungen setzen aber das Vorhandensein von Parteien voraus, die Durchführung der Wahlen für die Volksvertretungen ist ohne sie nicht denkbar« (Entscheidung vom 17. Dezember 1927 – StGH 6/27 –, RGZ 118 Anh. 29 = Lammers-Simons Bd. I S. 402). Bei aller Kritik, die die Literatur an der Ausweitung der Parteifähigkeit durch den Reichsstaatsgerichtshof geübt hat, hat die Anerkennung der Parteifähigkeit *politischer Parteien* allgemeine Billigung gefunden.

Das Grundgesetz hat nun die Parteien zu einer verfassungsmäßigen Institution erhoben. Art. 21 GG bestimmt: »Die Parteien wirken bei der politischen Willensbildung des Volkes mit. Ihre Gründung ist frei.«

Der Zweck dieser Bestimmung ist, die in der Weimarer Verfassung zwischen der politischen Wirklichkeit und dem geschriebenen Verfassungsrecht bestehenden Spannungen zu beheben. Dadurch ist von Bundes wegen der moderne demokratische Parteienstaat legalisiert; die Parteien sind in die Verfassung eingebaut. Ein solcher Einbau enthält die Anerkennung, daß die Parteien nicht nur politisch und soziologisch, sondern auch rechtlich relevante Organisationen sind. Sie sind zu integrierenden Bestandteilen des Verfassungsaufbaus und des verfassungsrechtlich geordneten politischen Lebens geworden. Sie stehen daher nicht wie andere soziale Gebilde nur in einer verfassungsmäßig gesicherten Position dem Staate gegenüber.

...

Gewiß sind die Parteien keine formierten »obersten Staatsorgane« in dem Sinne, wie es Landtag und Landesregierung sind. Doch schließt dies nicht aus, daß »die Wählergruppen, die den Wahlvorschlag machen, und insoweit auch die durch sie repräsentierten Parteien Staatsorgane sind, »Kreationsorgane« im Sinne Georg Jellineks« (Radbruch, aaO, S. 290).

Die politische Willensbildung des Volkes findet ihren besonderen Ausdruck in den Wahlen zu den parlamentarischen Körperschaften. Das Wahlgesetz zum Ersten Bundestag, die zu seiner Durchführung erlassenen Verordnungen der Landesregierungen und die Landeswahlgesetze haben die politischen Parteien mit vielfältigen Befugnissen ausgestattet, wie z. B. Einreichung der Wahlvorschläge, Mitwirkung bei der Überwachung des Wahlvorgangs, Bestimmung der aus Ergänzungslisten zu entnehmenden Abgeordneten.

Wenn aber nach dem Grundgesetz und den Landesverfassungen die Wahlen zur Volksvertretung in Wirklichkeit Parteiwahlen sind, und die Rolle, die die politischen Parteien bei diesem Vorgang heute spielen, verfassungsmäßig legitim ist, so ist die *Beteiligung* der politischen Parteien an dem Prozeß der staatlichen Willensbildung jedenfalls insoweit in der heutigen Demokratie erwiesen. Sie erscheinen als durch die Verfassung mit eigenen Rechten ausgestattet.

...

Die politischen Parteien nehmen in der heutigen Form der Demokratie eine Sonderstellung ein. Sie können und müssen als Faktoren des Verfassungslebens anerkannt werden, da sie in dessen *innerem Bereich* stehen, während das gleiche für Gemeinden, Kirchen usw., die dem Staate allenfalls mit verfassungsmäßig gesicherten Rechten *gegenüber*stehen können, nicht behauptet werden kann. Die politischen Parteien können auch nur insoweit an einem verfassungsrechtlichen Rechtsverhältnis beteiligt sein, als ihre Stellung als Faktoren des Verfassungslebens reicht. Damit ist eine weitere Eingrenzung gegeben, die hier nicht nach allen Richtungen abgesteckt zu werden braucht.

Aus BVerfGE 2, 10 (Urteil vom 23. Oktober 1952)

In diesem Urteil stellte das Bundesverfassungsgericht auf Antrag der Bundesregierung die Verfassungswidrigkeit der Sozialistischen Reichspartei fest.

Bevor die Frage der Verfassungswidrigkeit der SRP im einzelnen geprüft wird, erscheint es angezeigt, zu umreißen, welche Stellung das Grundgesetz zu den politischen Parteien allgemein einnimmt.

Die deutschen Verfassungen der Zeit nach dem ersten Weltkriege erwähnten die politischen Parteien kaum, obwohl schon damals – nach der Einführung des parlamentarischen Regierungssystems und des Verhältniswahlrechts – das demokratische Verfassungsleben weitgehend von ihnen bestimmt war. Die Gründe hierfür sind vielfältig, gehen aber letztlich auf die demokratische Ideologie zurück. Sie wehrte sich dagegen, zwischen der freien Einzelpersönlichkeit und dem Willen des Gesamtvolkes, der aus der Summe der einzelnen Willen zusammengesetzt und durch Abgeordnete als »Vertreter des ganzen Volkes« im Parlament repräsentiert gedacht war, Gruppen anzuerkennen, die den Prozeß der politischen Willensbildung denaturieren könnten.

Das Grundgesetz verläßt diesen Standpunkt und trägt der politischen Wirklichkeit Rechnung, indem es die Parteien als Träger der politischen Willensbildung des Volkes – wenn auch nicht als einzige – ausdrücklich anerkennt.

Aus BVerfGE 5, 133f., 388f. (Urteil vom 17. August 1956)

In diesem Urteil stellte das Bundesverfassungsgericht auf Antrag der Bundesregierung die Verfassungswidrigkeit der Kommunistischen Partei Deutschlands fest.

Über die Stellung des Grundgesetzes zu den politischen Parteien hat sich das Bundesverfassungsgericht bereits im SRP-Urteil vom 23. Oktober 1952 (BVerfGE 2, 1 [10ff., 73]) ausgesprochen. Dort ist ausgeführt, daß Art. 21 Abs. 1 GG die Parteien aus dem Bereich des Politisch-Soziologischen in den Rang einer verfassungsrechtlichen Institution erhebt. Schon in einer früheren Entscheidung hatte das Gericht die Parteien als »integrierende Bestandteile des Verfassungsaufbaus und des verfassungsrechtlich geordneten politischen Lebens« bezeichnet (BVerfGE 1, 208 [225]). Schließlich nennt die Entscheidung des Plenums des Bundesverfassungsgerichts vom 20. Juli 1954 (BVerfGE 4, 27 [30]) die Parteien »notwendige Bestandteile des Verfassungsaufbaus«, die durch ihre Mitwirkung bei der politischen Willensbildung »Funktionen eines Verfassungsorgans ausüben«.

Sieht man mit diesen Entscheidungen in Art. 21 Abs. 1 Satz 1 GG nicht die beschreibende Feststellung eines Tatbestandes der gesellschaftlich-politischen Wirklichkeit, gibt man der Bestimmung vielmehr den normativen Sinn, daß sie den Parteien ihre Stelle in der Ordnung des Staatsaufbaus anweist, dann wird deutlich, daß an der »Inkorporation« der Parteien in das Verfassungsgefüge »politisch sinnvoll« nur die Parteien teilhaben können, die auf dem Boden der freiheitlichen demokratischen Grundordnung stehen (BVerfGE 2, 1 [73]). Wenn die Vielfalt der Weltanschauungen und Interessen nicht die Bildung eines einheitlichen Staatswillens überhaupt unmöglich machen soll, dann muß bei denen, die zur Mitwirkung an dieser Willensbildung berufen sind, wenigstens Einmütigkeit in der Bejahung der verfassungsrechtlichen Grundwerte bestehen. Es ist denkbar, daß eine politische Partei, die diese Grundwerte verwirft und bekämpft, als gesellschaftlich-politische Gruppe besteht und sich betätigt; es ist aber nicht denkbar, daß ihr die verantwortliche, rechtlich maßgebliche Mitwirkung bei der Bildung des Staatswillens verfassungsrechtlich garantiert werden könnte.

...

Es ist bereits dargelegt, daß das Grundgesetz mit der Bestimmung »Die Parteien wirken bei der politischen Willensbildung des Volkes mit« bewußt den Schritt der »Konstitutionalisierung« der politischen Parteien getan hat. Mit ihrer Erhebung in den Rang verfassungsrechtlicher Institutionen sind die Parteien zugleich in die Reihe der »Integrationsfaktoren« im Staate eingerückt. Hieraus hat die Verfassungsauslegung Folgerungen zu ziehen. Gewiß darf man die sich aus der Integrationsaufgabe der Parteien für sie ergebenden Pflichten nicht überbewerten. Für oppositionelle Parteien muß politischer Bewegungsraum bleiben. Eine grundsätzlich reformerisch orientierte Partei muß die bestehende Ordnung kritisieren können; damit muß ihr auch die Möglichkeit zugestanden sein, eine Propaganda zu treiben, die die Massen des Volkes erreicht. Das bedeutet immer eine gewisse Vulgarisierung ihrer politischen Ideen, ihre »Adaptation« an die emotionalen Bedürfnisse der Massen, mit anderen Worten: den Gebrauch trivialer, das Gefühl ansprechender Schlagworte und Kampfparolen. Das alles ist unschädlich und verfassungsrechtlich nicht zu beanstanden, solange die Partei in ihrer Haltung erkennen läßt, daß ihr das Bewußtsein, sich als politische Partei im Rahmen einer freiheitlichen Demokratie zu bewegen, stets gegenwärtig bleibt. Das heißt aber mindestens, daß sie eine vom Volk in freien Wahlen bestätigte Verfassungsordnung mit der in ihr verkörperten Rangordnung der Werte als allgemeinen Rahmen des politischen Lebens respektiert und die übrigen politischen Parteien als Konkurrenten in einem unablässigen Ringen um die beste Ordnung im Staat jedenfalls insofern anerkennt, als sie ihnen dabei nicht von vornherein auch nur die Möglichkeit, das politisch Richtige zu wollen, bestreitet. Daraus ergibt sich als Mindestpflicht jeder politischen Partei im freiheitlich-demokratischen Staate, in ihrem öffentlichen Auftreten, in Form und Stil ihrer politischen Betätigung, die obersten Verfassungswerte als für sich verbindlich anzuerkennen, an der Festigung ihres Ansehens im Volke mitzuarbeiten, allermindestens aber sich jeder Herabsetzung, Schmähung und Verächtlichmachung dieser Ordnung zu enthalten. Eine Partei, die bewußt, dauernd und planmäßig einen Feldzug der Verleumdung und Verhöhnung dieser Werte und der sie verkörpernden Ordnung unternimmt, geht auf ihre Beeinträchtigung, ja auf ihre Beseitigung aus. Es ist nicht denkbar, daß eine solche Partei verfassungsrechtlich zur Mitwirkung an der Bildung des staatlichen Willens in einer freiheitlichen Demokratie herangezogen werden könnte.

Aus BVerfGE 11, 241 f. (Beschluß vom 22. Juni 1960)

In diesem Urteil befaßte sich das Gericht mit einer Verfassungsbeschwerde des »Bundes der Deutschen. Partei für Einheit, Frieden und Freiheit«, der sich durch eine Bestimmung des niedersächsischen Haushaltsplans für das Jahr 1960 benachteiligt sah.

Die politischen Parteien sind durch Art. 21 GG aus dem Bereich des Politisch-Soziologischen in den Rang einer verfassungsrechtlichen Institution erhoben worden (BVerfGE 2, 1 [73]; 5, 85 [133]) und damit zu integrierenden Bestandteilen des verfassungsrechtlich geordneten politischen Lebens geworden (BVerfGE 1, 208 [225]). Als die notwendigen politischen Handlungseinheiten der heutigen Demokratie und integrierende Bestandteile des demokratischen Verfassungsaufbaues üben sie Funktionen eines Verfassungsorgans aus, wenn sie bei der politischen Willensbildung des Volkes mitwirken (BVerfGE 4, 27 [30]). Aus dieser verfassungsrechtlichen Stellung hat das Plenum des Bundesverfassungsgerichts die Folgerung gezogen, daß die organschaftliche Qualität der politischen Parteien die Form ihrer Teilnahme am verfassungsgerichtlichen Verfahren bestimmen muß, wenn sie in diesem Bereich tätig werden und um Rechte kämpfen, die sich aus dieser besonderen Funktion im Verfassungsleben ergeben (BVerfGE 4, 27 [30 f.]).

Aus BVerfGE 20, 97–114 (Urteil vom 19. Juli 1966)

Hier entschied das Gericht, daß der § 1 des Gesetzes über die Feststellung des Bundeshaushaltsplanes für das Rechnungsjahr 1965 nichtig sei, insofern er den Bundesminister des Inneren ermächtigte, Finanzmittel für die Aufgaben der Parteien nach Art. 21 GG auszugeben.

Der Grundgesetzgeber hat sich, indem er die freiheitliche demokratische Grundordnung geschaffen hat, für einen freien und offenen Prozeß der Meinungs- und Willensbildung des Volkes entschieden. Mit dieser Entscheidung ist eine Finanzierung der gesamten politischen Tätigkeit der Parteien von Staats wegen nicht zu vereinbaren.

Das durch Art. 5 gewährleistete Recht der freien Meinungsäußerung, Presse-, Rundfunk-, Fernseh- und Filmfreiheit sind für eine freiheitliche demokratische Staatsordnung schlechthin konstituierend (BVerfGE 5, 85 [134 f., 205]; 7, 198 [208]; 12, 113 [125]). Art. 5 GG garantiert auch die freie Bildung der öffentlichen Meinung (BVerfGE 8, 104 [112]). Aus dem Grundrecht der freien Meinungsäußerung ergibt sich ein grundsätzliches Recht der freien politischen Betätigung (BVerfGE 5, 85 [134 f.]). Meinungsfreiheit, Vereinigungs- und Koalitionsfreiheit, Versammlungsfreiheit und Petitionsrecht sichern die Freiheit der Meinungs- und Willensbildung des Volkes. Art. 21, 38 und 28 GG schützen zusätzlich die freie Willensbildung des Volkes. Die in der öffentlichen Meinung zum Ausdruck kommenden Zielvorstellungen, politischen Auffassungen und Stellungnahmen sind als »Vorformung der politischen Willensbildung des Volkes« gekennzeichnet worden (vgl. BVerfGE 8, 104 [113]. In einem demokratischen Staatswesen muß sich insbesondere die Willensbildung des Volkes frei, offen und unreglementiert vollziehen (vgl. BVerfGE 9, 162 [165] sowie den Bericht der Parteienrechtskommission »Rechtliche Ordnung des Parteiwesens«, 2. Aufl. 1958 – im folgenden: Bericht – S. 70). Der permanente Prozeß der Meinungs- und Willensbildung des Volkes mündet ein in den für die Willensbildung im Staat entscheidenden Akt der Parlamentswahl (BVerfGE 14, 121 [132]). Willensbildung des Volkes und Bildung des staatlichen Willens durch seine verfaßten Organe müssen unterschieden werden. Von dieser Unterscheidung geht das Grundgesetz aus. Es handelt in Art. 21 Abs. 1

GG von der Willensbildung des Volkes, in Art. 20 Abs. 2 GG von der Bildung des Staatswillens (BVerfGE 8, 104 [113]). Nur dann, wenn das Volk als Verfassungs- oder Kreationsorgan durch Wahlen und Abstimmungen selbst die Staatsgewalt ausübt (Art. 20 Abs. 2 Satz 2 GG), fällt die Äußerung des Volkswillens mit der Bildung des Staatswillens zusammen (vgl. BVerfGE 8, 104 [113]).

Das Volk bringt jedoch seinen politischen Willen nicht nur durch Wahlen und Abstimmungen zum Ausdruck. Das Recht des Bürgers auf Teilhabe an der politischen Willensbildung äußert sich nicht nur in der Stimmabgabe bei Wahlen, sondern auch in der Einflußnahme auf den ständigen Prozeß der politischen Meiungsbildung, der Bildung der »öffentlichen Meinung« (vgl. BVerfGE 8, 51 [68]). Die öffentliche Meinung, deren Entstehung hier nicht näher zu charakterisieren ist (vgl. hierzu BVerfGE 8, 104 [113]; 12, 113 [125]; 12, 205 [260]), beeinflußt die Entschlüsse der Staatsorgane. Weiterhin versuchen Gruppen, Verbände und gesellschaftliche Gebilde verschiedener Art auf die Maßnahmen der Regierung und die Beschlüsse der gesetzgebenden Körperschaften im Interesse ihrer Mitglieder einzuwirken. Vor allem aber sind es die politischen Parteien, die zwischen den Wahlen im Sinn der von ihnen mitgeformten Meinung des Volkes die Entscheidungen der Verfassungsorgane, insbesondere die Beschlüsse der Parlamente, beeinflussen; sie wirken auch auf die Bildung des Staatswillens ein (vgl. BVerfGE 3, 19 [26]; 5, 85 [134]; 14, 121 [133]). Über die Parteien, deren innere Ordnung demokratischen Grundsätzen entsprechen muß, nimmt das Volk auch zwischen den Wahlen Einfluß auf die Entscheidungen der Verfassungsorgane. Zwischen den Faktoren und Medien des komplexen Prozesses der Meinungs- und Willensbildung wirken mannigfache Beziehungen, Abhängigkeiten und Einflußnahmen.

Willensbildung des Volkes und staatliche Willensbildung sind auf vielfältige Weise miteinander verschränkt. In einer Demokratie muß sich diese Willensbildung aber vom Volk zu den Staatsorganen, nicht umgekehrt von den Staatsorganen zum Volk hin, vollziehen. Die Staatsorgane werden durch den Prozeß der politischen Willensbildung des Volkes, der in die Wahlen einmündet, erst hervorgebracht (Art. 20 Abs. 2 GG). Das bedeutet, daß es den Staatsorganen grundsätzlich verwehrt ist, sich in bezug auf den Prozeß der Meinungs- und Willensbildung des Volkes zu betätigen, daß dieser Prozeß also grundsätzlich »staatsfrei« bleiben muß. Einwirkungen der gesetzgebenden Körperschaften und von Regierung und Verwaltung auf diesen Prozeß sind nur dann mit dem demokratischen Grundsatz der freien und offenen Meinungs- und Willensbildung vom Volk zu den Staatsorganen vereinbar, wenn sie durch einen besonderen, sie verfassungsrechtlich legitimierenden Grund gerechtfertigt werden können.

Zulässig sind danach z. B. die Einwirkungen, die sich aus der verfassungsmäßigen Gestaltung des Wahlrechts auf die Willensbildung des Volkes ergeben können. Weiterhin ist unbedenklich die sogenannte Öffentlichkeitsarbeit von Regierung und gesetzgebenden Körperschaften, soweit sie – bezogen auf ihre Organtätigkeit – der Öffentlichkeit ihre Politik, ihre Maßnahmen und Vorhaben sowie die künftig zu lösenden Fragen darlegen und erläutern.

Insbesondere die Beziehungen zwischen den Verfassungsorganen und den politischen Parteien stehen unter dem Verfassungsgebot der grundsätzlich staatsfreien und offenen Meinungs- und Willensbildung vom Volk zu den Staatsorganen.

. . .

Die politischen Parteien wirken an der politischen Willensbildung des Volkes vornehmlich durch ihre Beteiligung an den Wahlen mit, die ohne die Parteien nicht durchgeführt werden könnten (BVerfGE 4, 27 [30]; 8, 51 [63]; 12, 276 [280]; 13, 54 [81]; 14, 121 [132]). Sie sind darüber hinaus Zwischenglieder zwischen den Einzelnen und dem Staat (Hesse, VVDStRL, Heft 17 [1959] S. 19), Instrumente, durch die der Bürgerwille auch zwischen den Wahlen verwirklicht werden kann, »Sprachrohr« des Volkes (BVerfGE 1, 208 [224]). Sie stellen, sofern sie die Regierung stützen, die Verbindung zwischen Volk und politischer Führung her und erhalten sie aufrecht. Als Parteien der Minderheit bilden sie die politische Opposition und machen sie wirksam. Sie sind als Mittler beteiligt am Prozeß der Bildung der öffentlichen Meinung. Sie sammeln die auf die politische Macht und ihre Ausübung gerichteten Meinungen,

Interessen und Bestrebungen, gleichen sie in sich aus, formen sie und versuchen, ihnen auch im Bereich der staatlichen Willensbildung Geltung zu verschaffen (vgl. BVerfGE 8, 104 [113] sowie Hesse, aaO S. 25). In der modernen Massendemokratie üben die politischen Parteien entscheidenden Einfluß auf die Besetzung der obersten Staatsämter aus (BVerfGE 13, 5 [81]). Sie beeinflussen die Bildung des Staatswillens, indem sie in das System der staatlichen Institutionen und Ämter hineinwirken, und zwar insbesondere durch Einflußnahme auf die Beschlüsse und Maßnahmen von Parlament und Regierung.

Das Verfassungsgebot der grundsätzlich staatsfreien und offenen Meinungs- und Willensbildung vom Volk zu den Staatsorganen wehrt eben wegen dieser Tätigkeit der politischen Parteien jede staatlich-institutionelle Verfestigung der Parteien ab und verbietet ihre Einfügung in den Bereich der organisierten Staatlichkeit (Hesse, aaO, S. 33).

...

Die Parlamentswahlen stellen den für die Willensbildung im demokratischen Staat entscheidenden Akt dar. In der repräsentativen Demokratie, für die sich der Verfassungsgeber entschieden hat, müssen sie periodisch wiederkehrend stattfinden, um dem Volk, von dem alle Staatsgewalt ausgeht, die Möglichkeit zu geben, seinen Willen kundzutun. Ihre Abhaltung ist eine öffentliche Aufabe, deren Durchführung den verfaßten Staatsorganen obliegt. Sie haben die Voraussetzungen zu schaffen und die für den Wahlvorgang erforderlichen Einrichtungen und Mittel zur Verfügung zu stellen.

Ohne die politischen Parteien können aber in der modernen Massendemokratie Wahlen nicht durchgeführt werden (BVerfGE 8, 51 [63]; 13, 54 [83]). Vornehmlich durch die Wahlen entscheiden die Aktivbürger über den Wert des Programms einer politischen Partei und über ihren Einfluß auf die Bildung des Staatswillens (BVerfGE 3, 19 [26]; 13, 54 [83]; 14, 121 [133]). Die Aktivbürger können diese Entscheidung sinnvoll nicht treffen, ohne daß ihnen zuvor in einem Wahlkampf die Programme und Ziele der verschiedenen Parteien dargelegt werden. Erst durch einen Wahlkampf werden viele Wähler bestimmt, zur Wahl zu gehen und ihre Entscheidung zu treffen. Das Gericht hat mehrfach betont, daß die politischen Parteien vornehmlich Wahlvorbereitungsorganisationen sind (BVerfGE 8, 51 [63]; 12, 276 [280]) und daß sie an der politischen Willensbildung des Volkes vor allem durch Beteiligung an den Parlamentswahlen mitwirken (BVerfGE 4, 27 [30]; 8, 51 [63]). Hieran anknüpfend hat das Gericht in ständiger Rechtsprechung die politischen Parteien auf den Weg des Organstreits verwiesen, wenn sie im Bereich der Wahlen tätig werden und in diesem Bereich ihren besonderen verfassungsrechtlichen Status gegenüber Verfassungsorganen verteidigen (BVerfGE 4, 27 [30]; 7, 99 [103]; 13, 1 [9f.]) Das Gericht hat den Parteien den Weg des Organstreits aber auch nur für ihre Rechte in bezug auf die Wahlen eröffnet.

Die Parteien wirken an der politischen Willensbildung des Volkes mit. Sie haben aber kein Monopol, die Willensbildung des Volkes zu beeinflussen. Neben ihnen wirken auch die einzelnen Bürger und vor allem Verbände, Gruppen und Vereinigungen auf den Prozeß der Meinungs- und Willensbildung ein. Aus Art. 21 in Verbindung mit Art. 38 GG sowie aus dem Bundeswahlgesetz, das zum materiellen Verfassungsrecht gehört, ergibt sich jedoch, daß den Parteien bei der Willensbildung des Volkes durch Parlamentswahlen eine Vorrangstellung gegenüber den Verbänden zukommt. Wenn sich die Tätigkeit der politischen Parteien auch nicht auf die Beteiligung an den Parlamentswahlen beschränkt, so ist doch diese ihnen durch Art. 21 Abs. 1 GG zugewiesene Aufgabe besonders hervorgehoben und von besonderer Bedeutung, weil sie für das Funktionieren einer demokratischen Ordnung des Gemeinwesens schlechthin unerläßlich und entscheidend ist.

Aus BVerfGE 44, 145f. (Beschluß vom 2. März 1977)

Vom Mai 1976 bis zu den Bundestagswahlen am 3. Oktober 1976 hatte die Bundesregierung in Tageszeitungen und Zeitschriften aus Haushaltsmitteln finanzierte Anzeigenserien veröffentlicht. Die CDU beantragte daraufhin, das Verfassungsgericht möge feststellen, die Bun-

desregierung habe dadurch gegen den Grundsatz der Chancengleichheit bei Wahlen verstoßen.

1. Zu den Prinzipien, die das Grundgesetz unter dem Begriff der freiheitlichen demokratischen Grundordnung zusammenfaßt, gehören neben der Volkssouveränität, der Gewaltenteilung und der Verantwortlichkeit der Regierung auch das Mehrparteienprinzip und die Chancengleichheit für alle politischen Parteien (vgl. BVerfGE 2, 1 [13]; 5, 85 [140]). In einem freiheitlichen Staat, in dem der Mehrheitswille in den Grenzen der Rechtsstaatlichkeit entscheidet, müssen Minderheitsgruppen die Möglichkeit haben, zur Mehrheit zu werden. Demokratische Gleichheit fordert, daß der jeweils herrschenden Mehrheit und der oppositionellen Minderheit bei jeder Wahl aufs neue die grundsätzlich gleichen Chancen im Wettbewerb um die Wählerstimmen offengehalten werden. Die Gewährleistung gleicher Chancen im Wahlwettbewerb ist ein unabdingbares Element des vom Grundgesetz gewollten freien und offenen Prozesses der Meinungs- und Willensbildung des Volkes.
2. Dieser Prozeß setzt in der modernen Parlamentarischen Demokratie die Existenz politischer Parteien voraus. Sie sind vornehmlich berufen, die Aktivbürger freiwillig zu politischen Handlungseinheiten mit dem Ziel der Beteiligung an der Willensbildung in den Staatsorganen organisatorisch zusammenzufassen. Aus diesem Grunde hat das Grundgesetz in Art. 21 Abs. 1 Satz 1 ausrücklich anerkannt, daß die Parteien an der politischen Willensbildung des Volkes mitwirken, und sie damit auch in den Rang einer verfassungsrechtlichen Institution erhoben (BVerfGE 1, 208 [225] und ständige Rechtsprechung). Sie sind Zwischenglieder zwischen dem Bürger und den Staatsorganen, Mittler, durch die der Wille der Bürger auch zwischen den Wahlgängen verwirklicht werden kann. Sie stellen, sofern sie die Parlamentsmehrheit bilden und die Regierung stützen, die wichtigste Verbindung zwischen dem Volk und den politischen Führungsorganen des Staates her und erhalten sie aufrecht. Als Parteien der Minderheit bilden sie die politische Opposition und machen sie wirksam. Die politischen Parteien sammeln und leiten die auf die politische Macht und ihre Ausübung in Wahlen und Staatsorganen gerichteten Meinungen, Interessen und Bestrebungen, gleichen sie in sich aus und formen sie zu Alternativen, unter denen die Bürger auswählen können. Parlamentswahlen wirken auch als politisches Werturteil über ihr Programm und bestimmen wesentlich den Einfluß, den die Parteien auf die Willensbildung und die Entscheidungen in den Staatsorganen haben.
3. Damit die Wahlentscheidung in voller Freiheit gefällt werden kann, ist es unerläßlich, daß die Parteien, soweit irgend möglich, mit gleichen Chancen in den Wahlkampf eintreten. Deshalb ist mit der in Art. 21 Abs. 1 Satz 2 GG gesicherten Freiheit der Gründung im Grundsatz auch freie Auswirkung bei der Wahl, d. h. die volle Gleichberechtigung aller Parteien notwendigerweise verbunden. Von dieser Einsicht her empfängt der Verfassungsgrundsatz der gleichen Wettbewerbschancen der politischen Parteien das ihm eigene Gepräge. Die Formalisierung des Gleichheitssatzes im Bereich der Politischen Willensbildung des Volkes hat zur Folge, daß auch der Verfassungssatz von der Chancengleichheit der politischen Parteien in dem gleichen Sinne formal verstanden werden muß (BVerfGE 24, 300 [340f.]). Der öffentlichen Gewalt ist jede unterschiedliche Behandlung der Parteien, durch die deren Chancengleichheit bei Wahlen verändert werden kann, verfassungskräftig versagt, sofern sie sich nicht durch einen besonderen zwingenden Grund rechtfertigen läßt (BVerfGE 34, 160 [163]; ständige Rechtsprechung).

Das Recht der politischen Parteien auf Chancengleichheit ist zunächst für den Wahlvorgang selbst entwickelt worden. Seine Geltung ist ausgedehnt worden auf die Wahlvorbereitung. Es gilt auch für die zur Wahlvorbereitung in der Massendemokratie erfolgende Wahlwerbung, soweit sie durch Maßnahmen der öffentlichen Gewalt beeinflußt wird (vgl. BVerfGE 14, 121 [132f.]). Dieses Recht wird verletzt, wenn Staatsorgane als solche parteiergreifend zugunsten oder zu Lasten einer politischen Partei oder von Wahlbewerbern in den Wahlkampf einwirken.

b) Parteiverbot

Aus BVerfGE 2, 11–74 (Urteil vom 23. Oktober 1952)

In diesem Urteil stellte das Bundesverfassungsgericht auf Antrag der Bundesregierung die Verfassungswidrigkeit der sozialistischen Reichspartei fest.

In einem liberalen demokratischen Staate, wie er der deutschen Verfassungsentwicklung entspricht, ist dem einzelnen Bürger die Freiheit der politischen Meinung und die Freiheit des Zusammenschlusses auch zu Vereinigungen politischer Art als Grundrecht gewährleistet. Auf der anderen Seite liegt es im Wesen jeder Demokratie, daß die vom Volke ausgehende Staatsgewalt in Wahlen und Abstimmungen ausgeübt wird. Dieser Volkswille kann jedoch wiederum in der Wirklichkeit des modernen demokratischen großen Staates nur in den Parteien als politischen Handlungseinheiten erscheinen. Beide Grundgedanken führen zu der grundsätzlichen Folgerung, daß der Bildung und Betätigung politischer Parteien keine Schranken gesetzt werden dürfen.

Der deutsche Verfassungsgesetzgeber stand vor der Frage, ob er diese Folgerungen rein durchführen könne oder ob er nicht vielmehr, belehrt durch die Erfahrungen der jüngsten Vergangenheit, hier gewisse Grenzen ziehen müsse. Er hatte zu erwägen, ob nicht die absolute Freiheit auf der Grundlage jedweder politischen Idee Parteien zu bilden, an der Anerkennung der tragenden Grundsätze jeder Demokratie ihre Schranken finden müsse und ob nicht Parteien, die mit den formalen Mitteln der Demokratie diese selbst beseitigen wollen, aus dem politischen Leben ausgeschaltet werden müßten. Dabei war die Gefahr zu bedenken, die darin liegt, daß die Regierung auf diese Art unbequeme Oppositionsparteien zu beseitigen versucht sein könnte.

Das Grundgesetz hat in Art. 21 versucht, dieser Problematik Herr zu werden. Es stellt auf der einen Seite den Grundsatz auf, daß die Gründung der Parteien frei ist. Auf der anderen Seite sieht es die Möglichkeit vor, die Tätigkeit »verfassungswidriger« Parteien zu verhindern. Um die Gefahr eines Mißbrauchs dieser Möglichkeit zu bannen, überträgt es die Entscheidung über die Frage der Verfassungswidrigkeit dem Bundesverfassungsgericht und bemüht sich, die Voraussetzungen für eine solche Feststellung tatbestandsmäßig nach Möglichkeit zu bestimmen. Den Grundgedanken, auf denen diese Regelung beruht, sind zugleich wichtige Hinweise für die Auslegung des Art. 21 GG im einzelnen zu entnehmen. Dies gilt vor allem für die nähere Bestimmung des Begriffs der »freiheitlichen demokratischen Grundordnung«. Die besondere Bedeutung der Parteien im demokratischen Staat rechtfertigt ihre Ausschaltung aus dem politischen Leben nicht schon dann, wenn sie einzelne Vorschriften, ja selbst ganze Institutionen der Verfassung mit legalen Mitteln bekämpfen, sondern erst dann, wenn sie oberste Grundwerte des freiheitlichen demokratischen Verfassungsstaates erschüttern wollen. Diese Grundwerte bilden die freiheitliche demokratische Grundordnung, die das Grundgesetz innerhalb der staatlichen Gesamtordnung – der »verfassungsmäßigen Ordnung« – als fundamental ansieht. Dieser Grundordnung liegt letztlich nach der im Grundgesetz getroffenen verfassungspolitischen Entscheidung die Vorstellung zugrunde, daß der Mensch in der Schöpfungsordnung einen eigenen selbständigen Wert besitzt und Freiheit und Gleichheit dauernde Grundwerte der staatlichen Einheit sind. Daher ist die Grundordnung eine wertgebundene Ordnung. Sie ist das Gegenteil des totalen Staates, der als ausschließliche Herrschaftsmacht Menschenwürde, Freiheit und Gleichheit ablehnt. Die Vorstellung des Vertreters der SRP, es könne verschiedene freiheitliche demokratische Grundordnungen geben, ist falsch. Sie beruht auf einer Verwechselung des Begriffs der freiheitlichen demokratischen Grundordnung mit den Formen, in denen sie im demokratischen Staat Gestalt annehmen kann.

So läßt sich die freiheitliche demokratische Grundordnung als eine Ordnung bestimmen, die unter Ausschluß jeglicher Gewalt- und Willkürherrschaft eine rechtsstaatliche Herrschaftsordnung auf der Grundlage der Selbstbestimmung des Volkes nach dem Willen der jeweiligen Mehrheit und der Freiheit und Gleichheit darstellt. Zu den grundlegenden Prinzipien dieser

Ordnung sind mindestens zu rechnen: die Achtung vor den im Grundgesetz konkretisierten Menschenrechten, vor allem vor dem Recht der Persönlichkeit auf Leben und freie Entfaltung, die Volkssouveränität, die Gewaltenteilung, die Verantwortlichkeit der Regierung, die Gesetzmäßigkeit der Verwaltung, die Unabhängigkeit der Gerichte, das Mehrparteienprinzip und die Chancengleicheit für alle politischen Parteien mit dem Recht auf verfassungsmäßige Bildung und Ausübung einer Opposition.

Damit ist auch das Entscheidende über das Verhältnis von Art. 21 zu Art. 9 Abs. 2 GG gesagt. Begrifflich gehören auch die Parteien zu den »Vereinigungen« im Sinne des Art. 9 Abs. 2 GG (vgl. auch § 90 a Abs. 3 StGB). Damit würden sie unter den dort bezeichneten Voraussetzungen ohne weiteres verboten sein und somit dem Zugriff der Exekutive schlechthin unterliegen. Dabei würden im einzelnen schwierige Auslegungsfragen entstehen, namentlich wenn man den in Art. 9 Abs. 2 GG verwandten Begriff der »verfassungsmäßigen Ordnung« dem Begriff der »freiheitlichen demokratischen Grundordnung« gegenüberstellte und ihr Verhältnis zueinander nur aus dem Wortlaut mit Mitteln der Logik zu bestimmen versuchte. Eine befriedigende Lösung kann nur aus den oben entwickelten grundsätzlichen Erwägungen gewonnen werden. Ist nämlich eine Vereinigung eine politische Partei, so hat sie – eben wegen der den Parteien und nur ihnen eingeräumten Sonderstellung – Anspruch auf die Privilegierung nach Art. 21 Abs. 2 GG. Diese Vorschrift ist also für die politischen Parteien uneingeschränkt lex specialis gegenüber Art. 9 Abs. 2 GG. Diese Bestimmung bleibt im Bereich des Politischen nur auf Gruppen anwendbar, die sich nicht als politische Parteien organisiert haben oder betätigen, oder auf Nebenorganisationen von Parteien.

...

[Die Beantwortung der Frage, ob eine Partei gegen die Verfassung verstößt,] ergibt sich aus der Erwägung, daß eine Partei nur dann aus dem politischen Leben ausgeschaltet werden darf, wenn sie die obersten Grundsätze der freiheitlichen Demokratie ablehnt. Entspricht die innere Ordnung einer Partei demokratischen Grundsätzen nicht, so wird im allgemeinen der Schluß naheliegen, daß die Partei die Strukturprinzipien, die sie bei sich selbst verwirklicht hat, auch im Staate durchsetzen, damit also einen der wesentlichsten Bestandteile der freiheitlichen demokratischen Grundordnung, nämlich die Bildung des Staatwillens als Ergebnis des freien politischen Kräftespiels, zugunsten eines autoritären Systems beseitigen will. Ob dieser Schluß berechtigt ist, muß im Einzelfall geprüft werden. Erreicht die Abkehr von demokratischen Organisationsgrundsätzen einen solchen Grad, daß sie nur als Ausdruck einer grundsätzlich demokratiefeindlichen Haltung erklärbar ist, so kann, namentlich wenn auch andere Umstände diese Einstellung der Partei bestätigen, der Tatbestand des Art. 21 Abs. 2 GG erfüllt sein. Die gleichsam »abstrakte« Feststellung einer demokratischen Grundsätzen nicht entsprechenden inneren Ordnung würde für sich allein jedoch nicht genügen.

Zu dieser Auslegung gelangt man auch, wenn man berücksichtigt, daß auch innerhalb der zweifelsfrei demokratischen Parteien die Erörterung darüber ständig im Gange ist, welche Möglichkeiten dem schöpferisch formenden Willen starker politischen Persönlichkeiten gegebenenfalls einzuräumen seien. Diese Fragestellungen können nicht mit dem einfachen Hinweis darauf abgetan werden, daß »in einem demokratischen Staate auch die Parteien demokratisch geordnet sein müssen«. Die Parteien als die dynamischen Faktoren des politischen Lebens im Staate sind es vor allem, in denen die politischen Ideen entstehen und weiterwirken. Wollten sie starke politische Persönlichkeiten innerhalb der Partei durch formal-demokratische Satzungsbestimmungen allzusehr einengen, so würden sie gegen ihr eigenes Lebensgesetz handeln. Lebendiges politisches Leben könnte dann zugunsten eines bloßen Funktionärtums erstickt, der echte Politiker in die politische Vereinzelung getrieben werden. Daß damit letztlich auch Gefahren für den demokratischen Staat selbst heraufbeschworen werden können, mag unter Hinweis auf das Verhalten der demokratischen Parteien bei ihrer Entmachtung und anschließenden Vernichtung durch die NSDAP im Jahre 1933 hier nur angedeutet werden.

...

[Es] läßt sich die Bedeutung des Art. 21 GG dahin zusammenfassen: Absatz 1 dieser Bestimmung erkennt an, daß die Parteien an der politischen Willensbildung des Volkes mitwirken, und hebt sie damit aus dem Bereich des Politisch-Soziologischen in den Rang einer verfassungsrechtlichen Institution. An dieser »Inkorporation« der Parteien in das Verfassungsgefüge können politisch sinnvoll nur die Parteien teilhaben, die auf dem Boden der freiheitlichen demokratischen Grundordnung stehen. Dies wird durch Absatz 2 bestätigt. Er hat die Bedeutung, die Feststellung zu ermöglichen, daß eine bestimmte Partei nicht an der politischen Willensbildung des Volkes teilnehmen darf, weil sie die freiheitliche demokratische Grundordnung bekämpft. Lediglich aus rechtsstaatlichen Erwägungen ist bestimmt, daß die Feststellung der Verfassungswidrigkeit mit rechtlicher Wirkung nicht von jedermann, auch nicht von Regierung und Verwaltung, und nicht in jedem Verfahren getroffen werden kann, sondern nur durch ein Urteil des Bundesverfassungsgerichts in einem der Erforschung der materiellen Wahrheit dienenden Verfahren.

Mit dem Urteil des Bundesverfassungsgerichts in einem Verfahren nach Art. 21 Abs. 2 GG steht fest, daß die Partei – von Anfang an oder von dem im Urteil bezeichneten Zeitpunkt ab – wegen des mit den demokratischen Grundprinzipien in Widerspruch stehenden Inhalts ihrer politischen Vorstellungswelt die Voraussetzungen für die Mitwirkung bei der Politischen Willensbildung des Volkes nicht erfüllt hat. Ist dem aber so, dann kann sich die Wirkung des Urteils nicht in der Auflösung des organisatorischen Apparates erschöpfen, der zur Durchsetzung dieser Vorstellungen geschaffen worden ist; vielmehr ist es der Sinn des verfassungsgerichtlichen Spruches, diese Ideen selbst aus dem Prozeß der politischen Willensbildung auszuscheiden. Dieses Ziel würde nicht erreicht werden, wenn es den wesentlichsten Exponenten der Partei, den Abgeordneten, weiterhin möglich bliebe, die Ideen ihrer Partei an der Stätte, wo die echten politischen Entscheidungen fallen, zu vertreten und bei Abstimmungen zur Geltung zu bringen. Der recht verstandene Sinn des Art. 21 GG führt also notwendig zu dem Schluß, daß die Mandate der Abgeordneten einer verfassungswidrigen Partei mit der Verkündung des Urteils in dem später zu behandelnden Umfang erlöschen. Der Mandatsverlust ergibt sich derart zwingend aus der Feststellung der Verfassungswidrigkeit der Partei, daß er als deren unmittelbare gesetzliche Folge angesehen werden muß, ohne daß es, wie in § 46 Abs. 3 BVerfGG für die Auflösung einer Partei geschehen, einer ausdrücklichen Ermächtigung des Gesetzgeberes zu einem entsprechenden rechtsgestaltenden Ausspruch bedurfte.

Aus BVerfGE 5, 111–145 (Urteil vom 17. August 1956)

In diesem Urteil stellte das Bundesverfassungsgericht auf Antrag der Bundesregierung die Verfassungswidrigkeit der Kommunistischen Partei Deutschlands fest.

Soweit in Art. 21 GG Wesen und verfassungsmäßige Stellung, Aufgaben und Pflichten der politischen Parteien allgemein umrissen werden, mag das näherer Ausgestaltung und Präzisierung in einem Parteiengesetz fähig und in gewissem Umfang auch bedürftig sein. Soweit dagegen Art. 21 Abs. 2 GG die Möglichkeit vorsieht, politische Parteien beim Vorliegen bestimmter Voraussetzungen für verfassungswidrig zu erklären, kann die Anwendbarkeit dieser Bestimmung lediglich davon abhängen, ob einmal die materiellen Voraussetzungen einer solchen Feststellung rechtsstaatlich einwandfrei bestimmt, d. h. in die Form eines für die richterliche Anwendung geeigneten gesetzlichen Tatbestandes gekleidet, und ob weiter Zuständigkeit und Verfahren klar geordnet sind. Beides ist in Art. 21 Abs. 2 GG und in dem – insoweit bereits ein Ausführungsgesetz im Sinne von Abs. 3 darstellenden – Gesetz über das Bundesverfassungsgericht geschehen. Die hier verwendeten Rechtsbegriffe sind ausreichend bestimmt, um einem Gericht die Feststellung der Voraussetzungen zu ermöglichen, an die die Verfassung die Kennzeichnung einer Partei als verfassungswidrig knüpft. Sie sind nicht unbestimmter als viele andere Rechtsbegriffe, unter die der Richter tatsächliches Verhalten von Personen oder Gruppen zu subsumieren hat. Das gilt namentlich von dem Begriff der

»freiheitlichen demokratischen Grundordnung«, dessen wesentliche Elemente das Bundesverfassungsgericht im Urteil vom 23. Oktober 1952 (BVerfGE 2, 1 [12f.]) aus einer Gesamtinterpretation des Grundgesetzes und seiner Einordnung in die moderne Verfassungsgeschichte heraus entwickelt hat. Die Bestimmung des Art. 21 Abs. 2 GG überschreitet somit ihrem Inhalt nach nicht die Grenze des Justiziablen.

Was insbesondere den Begriff der »Partei« anlangt, so ist auf zweierlei hinzuweisen:

Es mag in Grenzfällen streitig sein können, ob eine mit politischer Zielsetzung auftretende Gruppe als Partei anzusehen ist oder nicht. Das hindert aber nicht ein Einschreiten nach Art. 21 Abs. 2 GG gegen eine Vereinigung, bei der – wie bei der KPD – nach dem äußeren Erscheinungsbild der Charakter als politische Partei im Sinne des Grundgesetzes unzweifelhaft ist.

Art. 21 Abs. 2 GG unterscheidet nicht zwischen den Parteien. »Klassische demokratische Parteien« sind vor einem Verfahren nach dieser Bestimmung nicht schlechthin geschützt. Das ergibt sich schon daraus, daß die Ziele und der Charakter einer politischen Partei nicht notwendig immer dieselben bleiben müssen; deshalb könnte die etwa ursprünglich vorhandene demokratische Eigenschaft einer Partei niemals ein Freibrief für die Zukunft sein. Es kann also hier offenbleiben, ob die KPD – wie sie behauptet – als eine »klassische demokratische Partei« anzuerkennen wäre.

...

Auch wenn man es als eine notwendige Folge dieser verfassungsrechtlichen Garantie der Parteien ansieht, daß verfassungswidrige Parteien von der politischen Willensbildung des Volkes ausgeschlossen werden müssen, so läßt sich doch nicht verkennen, daß eine gewisse Spannung zwischen der Vorschrift des Art. 21 Abs. 2 GG und der politischen Meinungsfreiheit, ohne Frage einem der vornehmsten Rechtsgüter jeder freiheitlichen Demokratie, besteht. Ein Staat, der seine verfassungsrechtliche Ordnung als freiheilich-demokratisch bezeichnet und sie damit in die große verfassungsgeschichtliche Entwicklungslinie der liberalen rechtsstaatlichen Demokratie einordnet, muß aus dem Grundrecht der Freiheit der Meinungsäußerung ein grundsätzliches Recht der freien politischen Betätigung und damit auch der freien Bildung politischer Parteien entwickeln, wie in Art. 21 Abs. 1 Satz 2 GG geschehen ist. Denn es ist eine der Grundanschauungen der freiheitlichen Demokratie, daß nur die ständige geistige Auseinandersetzung zwischen den einander begegnenden sozialen Kräften und Interessen, den politischen Ideen und damit auch den sie vertretenden politischen Parteien der richtige Weg zur Bildung des Staatswillens ist – nicht in dem Sinne, daß er immer objektiv richtige Ergebnisse liefere, denn dieser Weg ist a process of trial and error (I. B. Talmon), aber doch so, daß er durch die ständige gegenseitige Kontrolle und Kritik die beste Gewähr für eine (relativ) richtige politische Linie als Resultante und Ausgleich zwischen den im Staat wirksamen politischen Kräften gibt. Bei konsequenter Durchführung dieses Gedankens müßte den Vertretern jeder politischen Konzeption die Möglichkeit eröffnet werden, sich in der Form einer politischen Partei zu organisieren und für die Durchsetzung ihrer politischen Auffassungen zu werben. Es ist nicht zu verkennen, daß die nicht durch den Wählerwillen im Prozeß der staatlichen Willensbildung, sondern durch staatlichen Eingriff sich vollziehende Ausschaltung einer politischen Partei aus dem politischen Leben zu dieser Konsequenz jedenfalls theoretisch in Widerspruch steht.

Es ist also kein Zufall, daß die liberalen Demokratien des Westens ein Parteiverbot entsprechend Art. 21 Abs. 2 GG nicht kennen, wie es auch der deutschen Reichsverfassung von 1919 und den damaligen Länderverfassungen fremd war. Das System dieser Verfassungen, die freilich auch noch nicht zu einer so eindeutigen rechtlichen Institutionalisierung und Garantie der Parteien gelangt sind wie das Grundgesetz, besteht darin, daß den Bürgern der freie Zusammenschluß zu politischen Parteien ohne Einschränkung freigestellt oder sogar – wie in der italienischen Verfassung von 1947 – ausdrücklich gewährleistet ist, und daß das Risiko einer selbst grundsätzlich gegnerischen Einstellung einer Partei zur geltenden Staatsordnung bewußt in Kauf genommen wird; für äußerste Fälle der Staatsgefährdung werden gegenüber den verantwortlichen Personen die Sanktionen des Strafrechts bereitgehalten. Dem mag die optimistische Auffassung zugrunde liegen, daß die beste Garantie des freiheitlichen demokratischen Staates in der Gesinnung seiner Bürger liegt; da freies Wahlrecht besteht, kann und soll die Abwehr staatsfeindlicher Parteien sich in der Versagung der Wählerstimmen ausdrücken; so werden sie in »systemkonformer« Weise von der politischen Willensbildung des Staates ausgeschlossen. In der Zeit der Weimarer Republik hat sich in Deutschland das Bild ergeben, daß Parteien unangefochten bestehen und die Einrichtungen des Staates in jeder Form bekämpfen konnten, denen oberste Gerichte bescheinigt hatten, daß sie das Ziel verfolgten, die bestehende Staatsordnung gewaltsam durch eine andere zu ersetzen.

Freilich zeigt die neueste Entwicklung, daß auch die freiheitlichen Demokratien an dem praktisch-politischen Problem der Ausschaltung verfassungsfeindlicher Parteien aus dem politischen Leben nicht vorübergehen können, sobald die Staatsgefährlichkeit einen bestimmten Grad erreicht hat. Der Weg zur Lösung ist nicht überall derselbe. Bisweilen wird eine bestimmte Partei, von der nach der geschichtlichen Erfahrung eine feindliche Einstellung zu einer freiheitlichen Staatsordnung ohne weiteres vorausgesetzt werden darf, in bewußter Ausnahmeregelung schon in der Verfassung selbst verboten (so in Italien die Faschistische Partei); häufiger wird – neben dem auf äußerste Fälle beschränkten strafrechtlichen Einschreiten – durch Spezialgesetze oder in Benutzung allgemeiner verfassungsrechtlicher Ermächtigungen auch administrativen Instanzen der Zugriff auf verfassungsfeindliche politische Parteien eröffnet. So ist die Kommunistische Partei in den Jahren 1939 und 1940 in Frankreich und in der Schweiz durch Regierungsverordnung verboten worden. In den Vereinigten Staaten von Amerika ist sie zur besseren Überwachung ihrer Tätigkeit als umstürzlerische Organisation einer Registrierungspflicht unterworfen. Je nach der gewählten gesetzestechnischen Methode gestaltet sich auch die gerichtliche Nachprüfung solcher Maßnahmen verschieden.

Für das Grundgesetz war mit der Erhebung der politischen Parteien in den Rang verfassungsrechtlicher Institutionen das Problem der Behandlung verfassungswidriger Parteien besonders klargestellt. Bereits der Herrenchiemsee-Entwurf (Art. 47 Abs. 4) hat die Lösung vorgeschlagen, daß solche Parteien durch ein Urteil des Bundesverfassungsgerichts förmlich für verfassungswidrig erklärt werden sollten und daß dies das gerichtliche Verbot der Partei bedeute. Das Grundgesetz und das Gesetz über das Bundesverfassungsgericht sind dem gefolgt. In der Ebene der Verfassung stehen somit Art. 21 Abs. 2 GG und das Grundrecht der politischen Meinungsfreiheit (Art. 5 Abs. 1 GG) gleichwertig nebeneinander, so daß von einem formal höheren Rang einer der beiden Bestimmungen nicht die Rede sein kann. Für das Bundesverfassungsgericht stellt sich aber die Frage, ob die fundamentale Bedeutung des Grundrechts der politischen Meinungsfreiheit in der freiheitlichen demokratischen Grundordnung eine Bestimmung wie Art. 21 Abs. 2 GG überhaupt zuläßt, ob mit anderen Worten eine freiheitlich-demokratische Verfassung, die zu ihrem Schutz einen ihrer eigenen Grundwerte, die politische Meinungsfreiheit, in so starkem Maße beschränkt, nicht damit in einen so unerträglichen Selbstwiderspruch verfällt, daß die beschränkende Bestimmung selbst als »verfassungswidrig« angesehen werden müßte, d. h. als einem Grundprinzip der Verfassung widersprechend, an dem auch die einzelnen positiven Verfassungsbestimmungen gemessen werden können und müssen.

Das Bundesverfassungsgericht ist zu der Überzeugung gelangt, daß Art. 21 Abs. 2 GG verfassungsrechtlich unangreifbar und damit für das Bundesverfassungsgericht bindend ist.

Die liberalen Verfassungen hatten bis in die Anfänge des 20. Jahrhunderts hinein mit politischen Parteien, die die Grundlagen einer freiheitlichen Staatsordnung bekämpften, kaum zu rechnen; so war ihnen die Haltung unbedingter Toleranz und Neutralität gegenüber allen Parteien angemessen. Das ändert sich mit dem Aufkommen der »totalitären« Parteien nach dem ersten Weltkrieg, die das natürliche innere Bewegungsprinzip der freiheitlichen Demokratie, das freie Spiel der politischen Kräfte, ablehnen und an seine Stelle eine starre, von der Parteiführung festgelegte und politische Doktrin setzen, an die die Mitglieder in strenger Disziplin gebunden sind. Das natürliche Streben jeder politischen Partei nach Einfluß auf den staatlichen Machtapparat wird bei diesen Parteien zum Anspruch auf eine »Machtergreifung«, die, wenn sie erreicht wird, ihrem Wesen nach auf Ausschaltung aller anderen politischen

Richtungen ausgehen muß und – jedenfalls dem Grundsatz nach – eine Freiheitssphäre des Einzelnen gegenüber dem Staat nicht mehr anerkennt. Gegenüber solchen Parteien ist der freiheitlichen Demokratie, die die Würde des Menschen zu verteidigen und zu sichern hat, eine neutrale Haltung nicht mehr möglich, und es wird ein verfassungspolitisches Problem, welche rechtlichen Mittel sie einsetzen will, um die sich nun für sie ergebende Forderung »keine unbedingte Freiheit für die Feinde der Freiheit« zu lösen. Die Weimarer Verfassung hat auf eine Lösung verzichtet, ihre politische Indifferenz beibehalten und ist deshalb der aggressivsten dieser totalitären Parteien erlegen.

Der verfassungsgeschichtliche Standort des Grundgesetzes ergibt sich daraus, daß es unmittelbar nach der – zudem nur durch Einwirkung äußerer Gewalten ermöglichten – Vernichtung eines totalitären Staatssystems eine freiheitliche Ordnung erst wieder einzurichten hatte. Die Haltung des Grundgesetzes zu den politischen Parteien – wie überhaupt die von ihm verwirklichte spezifische Ausformung der freiheitlichen Demokratie – ist nur verständlich auf dem Hintergrund der Erfahrungen des Kampfes mit diesem totalitären System. Der Einbau wirksamer rechtlicher Sicherungen dagegen, daß solche politischen Richtungen jemals wieder Einfluß auf den Staat gewinnen könnten, beherrschte das Denken des Verfassunggebers. Wenn das Grundgesetz so einerseits noch der traditionellen freiheitlich-demokratischen Linie folgt, die den politischen Parteien gegenüber grundsätzliche Toleranz fordert, so geht es doch nicht mehr so weit, aus bloßer Unparteilichkeit auf die Aufstellung und den Schutz eines eigenen Wertsystems überhaupt zu verzichten. Es nimmt aus dem Pluralismus von Zielen und Wertungen, die in den Politischen Parteien Gestalt gewonnen haben, gewisse Grundprinzipien der Staatsgestaltung heraus, die, wenn sie einmal auf demokratische Weise gebilligt sind, als absolute Werte anerkannt und deshalb entschlossen gegen alle Angriffe verteidigt werden sollen; soweit zum Zwecke dieser Verteidigung Einschränkungen der politischen Betätigungsfreiheit der Gegner erforderlich sind, werden sie in Kauf genommen. Das Grundgesetz hat also bewußt den Versuch einer Synthese zwischen dem Prinzip der Toleranz gegenüber allen politischen Auffassungen und dem Bekenntnis zu gewissen unantastbaren Grundwerten der Staatsordnung unternommen. Art. 21 Abs. 2 GG steht somit nicht mit einem Grundprinzip der Verfassung in Widerspruch; er ist Ausdruck des bewußten verfassungspolitischen Willens zur Lösung eines Grenzproblems der freiheitlichen demokratischen Staatsordnung, Niederschlag der Erfahrungen eines Verfassunggebers, der in einer bestimmten historischen Situation das Prinzip der Neutralität des Staates gegenüber den politischen Parteien nicht mehr rein verwirklichen zu dürfen glaubte, Bekenntnis zu einer – in diesem Sinne – »streitbaren Demokratie«. Diese verfassungsrechtliche Entscheidung ist für das Bundesverfassungsgericht bindend.

Ist so die vom Grundgesetz eröffnete Möglichkeit der Ausschaltung verfassungsfeindlicher politischer Parteien nicht zu beanstanden, so bietet auch das vorgesehene Verfahren die in einem Rechtsstaat erforderlichen Garantien gegen einen Mißbrauch dieser Möglichkeit. In der Ordnung dieses Verfahrens wird ein anderer, dem Grundgesetz eigentümlicher Zug, der es auch aus dem Kreise der liberal-demokratischen Verfassungen charakteristisch heraushebt, deutlich sichtbar: Die starke Betonung der »dritten«, der richterlichen Gewalt, das Bestreben, auch Vorgänge des politischen Bereichs, Handlungen politischer Organe in ungewöhnlich weitem Maße der Kontrolle durch unabhängige Gerichte zu unterwerfen und damit die Postulate des Rechtsstaates auch verfahrensmäßig zu realisieren. So ist im Grunde die Stellung der staatsfeindlichen Parteien nach dem Grundgesetz gesicherter als in Staaten, deren Verfassungen ein förmliches Verbotsverfahren nicht kennen. Denn wie die oben angeführten Beispiele zeigen, läßt das Schweigen der Verfassung praktisch ein Einschreiten der Exekutive aus Gründen der politischen Zweckmäßigkeit jederzeit zu – sei es auf Grund allgemeiner Ermächtigungen oder auf Grund von ad hoc erlassenen einfachen Gesetzen. Das nach dem Grundgesetz bestehende Entscheidungsmonopol des Bundesverfassungsgerichts für die Feststellung der Verfassungswidrigkeit einer Partei schließt dagegen administratives Einschreiten gegen den Bestand einer politischen Partei schlechthin aus, mag sie sich der freiheitlichen demokratischen Grundordnung gegenüber noch so feindlich verhalten.

II.

Die Auslegung des Art. 21 Abs. 2 GG

1. Auszugehen ist davon, daß eine politische Partei nur dann aus dem politischen Leben ausgeschaltet werden darf, wenn sie, wie das Bundesverfassungsgericht in dem SRP-Urteil vom 23. Oktober 1952 (BVerfGE 2, 1 [14]) ausgeführt hat, »die obersten Grundsätze der freiheitlichen Demokratie ablehnt«. Diese grundlegenden Prinzipien, die das Grundgesetz unter dem Begriff der freiheitlichen demokratischen Grundordnung zusammenfaßt, sind nach dem erwähnten Urteil (aaO S. 13) mindestens die folgenden:

> »die Achtung vor den im Grundgesetz konkretisierten Menschenrechten, vor allem vor dem Recht der Persönlichkeit auf Leben und freie Entfaltung, die Volkssouveränität, die Gewaltenteilung, die Verantwortlichkeit der Regierung, die Gesetzmäßigkeit der Verwaltung, die Unabhängigkeit der Gerichte, das Mehrparteienprinzip und die Chancengleichheit für alle politischen Parteien mit dem Recht auf verfassungsmäßige Bildung und Ausübung einer Opposition«.

Eine Partei ist nicht schon dann verfassungswidrig, wenn sie einzelne Bestimmungen, ja ganze Institutionen des Grundgesetzes ablehnt. Sie muß vielmehr die obersten Werte der Verfassungsordnung verwerfen, die elementaren Verfassungsgrundsätze, die die Verfassungsordnung zu einer freiheitlichen demokratischen machen, Grundsätze, über die sich mindestens alle Parteien einig sein müssen, wenn dieser Typus der Demokratie überhaupt sinnvoll funktionieren soll.

2. Eine Partei ist auch nicht schon dann verfassungswidrig, wenn sie diese obersten Prinzipien einer freiheitlichen demokratischen Grundordnung nicht anerkennt, sie ablehnt, ihnen andere entgegensetzt. Es muß vielmehr eine aktiv kämpferische, aggressive Haltung gegenüber der bestehenden Ordnung hinzukommen; sie muß planvoll das Funktionieren dieser Ordnung beeinträchtigen, im weiteren Verlauf diese Ordnung selbst beseitigen wollen. Das bedeutet, daß der freiheitlich-demokratische Staat gegen Parteien mit einer ihm feindlichen Zielrichtung nicht von sich aus vorgeht; er verhält sich vielmehr defensiv, er wehrt lediglich Angriffe auf seine Grundordnung ab. Schon diese gesetzliche Konstruktion des Tatbestandes schließt einen Mißbrauch der Bestimmung im Dienste eifernder Verfolgung unbequemer Oppositionsparteien aus.

3. Art. 21 Abs. 2 GG verlangt, daß die Partei »darauf ausgeht«, die freiheitliche demokratische Grundordnung zu beeinträchtigen oder zu beseitigen. Die KPD meint, dieses Tätigkeitsmerkmal erfordere mehr als nur eine Absicht, nämlich ein Tätigwerden; damit müsse aber praktisch der Tatbestand des § 81 StGB (Vorbereitung eines hochverräterischen Unternehmens) verwirklicht sein, ehe gegen eine politische Partei nach Art. 21 Abs. 2 GG eingeschritten werden könne. Das ist nicht richtig. Im Strafrecht handelt es sich darum, für eine bestimmt abgrenzbare, in der Vergangenheit liegende Handlung einer Einzelperson eine Strafe zu verhängen, die Sühne für begangenes Unrecht ist. Daher muß sich im Falle des § 81 StGB die Vorbereitung eines konkreten (»bestimmten«) verfassungsfeindlichen Unternehmens erweisen lassen, und es ist zu billigen, daß von der Rechtsprechung an das Begriffsmerkmal der Bestimmtheit strenge Anforderungen gestellt werden. Es kann auch dann vorliegen, wenn bei dem Täter eine grundsätzlich verfassungsfeindliche Einstellung nicht gegeben ist.

Anders der verfassungsrechtliche Tatbestand der Verfassungswidrigkeit einer Partei: Hier wird ein konkretes Unternehmen im Sinne des § 81 StGB nicht erfordert, dagegen muß der politische Kurs der Partei durch eine Absicht bestimmt sein, die grundsätzlich und dauernd tendenziell auf die Bekämpfung der freiheitlichen demokratischen Grundordnung gerichtet ist. Sie muß außerdem so weit in Handlungen (das sind u. U. auch programmatische Reden verantwortlicher Persönlichkeiten) zum Ausdruck kommen, daß sie als planvoll verfolgtes politisches Vorgehen der Partei erkennbar wird. Es fehlt ganz der »punktuelle« Charakter der strafrechtlichen Sanktion; ebensowenig brauchen die Tatsachen, aus denen die verfassungsfeindliche Planung erschlossen wird, Versuchs- oder Vorbereitungshandlungen in strafrechtlichem Sinne zu sein. Das Einschreiten gegen eine Partei auf Grund des Art. 21 Abs. 2 GG ist seinem Wesen nach Präventivmaßnahme, Vorsorge für die Zukunft. Sie soll Gefahren rechtzeitig abwehren, mit deren Eintreten nach der bisher in Reden und Handlungen sichtbar gewordenen allgemeinen Haltung der Partei gegenüber der freiheitlichen demokratischen Grundordnung gerechnet werden muß.

...

Eine Partei kann nach dem Gesagten auch dann verfassungswidrig im Sinne des Art. 21 Abs. 2 GG sein, wenn nach menschlichem Ermessen keine Aussicht darauf besteht, daß sie ihre verfassungswidrige Absicht in absehbarer Zukunft werde verwirklichen können. Ebensowenig ist die Anwendung des Art. 21 Abs. 2 GG deshalb ausgeschlossen, weil eine Partei etwa die Realisierung ihrer verfassungswidrigen Ziele zurückstellt, da sie im Augenblick keine Aussicht auf Verwirklichung sieht; wenn die verfassungsfeindliche Absicht überhaupt nachweisbar ist, braucht nicht abgewartet zu werden, ob sich die politische Lage ändert und die Partei nun die Verwirklichung ihrer verfassungswidrigen Ziele tatsächlich in Angriff nimmt.

Andererseits können politische Aktionen, die mit der Absicht unternommen werden, die freiheitliche demokratische Grundordnung zu beeinträchtigen, noch nicht zur Anwendung des Art. 21 Abs. 2 GG gegen politische Parteien führen, wenn es sich um Einzelfälle, namentlich um »Entgleisungen« einzelner Mitglieder oder Anhänger bei sonst loyaler Haltung der politischen Partei selbst handelt. Auch darin kommt zum Ausdruck, daß die Vorschrift nicht eine Sanktion für Vergangenes, sondern eine Sicherung vor zukünftigen Gefahren bezweckt. Erst wenn die politischen Aktionen aus einer Grundtendenz erwachsen, die der freiheitlichen demokratischen Grundordnung ablehnend oder sogar feindlich gegenübersteht, kann eine Partei verfassungswidrig sein. Es kommt darauf an, ob bewiesen werden kann, daß die politische Partei selbst von einer derartigen Grundtendenz beherrscht wird.

Für den Nachweis der verfassungsfeindlichen Absicht sollen nach Art. 21 Abs. 2 GG die Ziele der Partei das wichtigste Erkenntnismittel sein (»nach ihren Zielen«). Entsprechend ihrem präventiven Charakter unterscheidet die Bestimmung dabei nicht zwischen (erheblichen) Nah- und (unerheblichen) Fernzielen. Entscheidend ist allein, ob eine Partei nach ihren Zielen hic et nunc beabsichtigt, die freiheitliche demokratische Grundordnung zu beeinträchtigen oder zu beseitigen. Ist aus ihren Zielen diese Absicht in der Gegenwart nachweisbar, dann ist der Zeitpunkt, in dem nach ihrer Vorstellung ein Erfolg der Absicht eintreten soll oder wird, ohne rechtliche Bedeutung. Der Wille des Verfassunggebers war es, keine Partei sich entwickeln zu lassen, die während der Geltungsdauer des Grundgesetzes darauf ausgeht, die freiheitliche demokratische Grundordnung zu verletzen.

Die Zielsetzungen einer Partei werden sich in der Regel ergeben: aus dem Programm und den sonstigen parteiamtlichen Erklärungen, aus den Schriften der von ihr als maßgebend anerkannten Autoren über die politische Ideologie der Partei, aus den Reden der führenden Funktionäre, aus dem in der Partei verwendeten Schulungs- und Propagandamaterial, sowie aus den von ihr herausgegebenen oder beeinflußten Zeitungen und Zeitschriften. Das Verhalten der Parteiorgane und der Anhänger kann Schlüsse auf die Zielsetzung zulassen.

Eine Dokumentation der Zielsetzung in dem Sinne, daß alle Ziele schriftlich niedergelegt oder sonstwie fixiert sein müßten, verlangt Art. 21 Abs. 2 GG nicht. Eine Verständigung innerhalb der Führungsgremien einer Partei ist auch ohne solche Festlegung möglich und – der Natur der Sache nach – nicht selten. Daher sind auch geheime Zielsetzungen und nachträgliche tatsächliche Änderungen ursprünglich schriftlich verlautbarter Zielsetzungen rechtserheblich, sofern sie nachweisbar sind. Im einzelnen mag es schwierig sein, den wahren Inhalt der offenen und das Bestehen verborgener Ziele zu erkennen. Ohne weiteres leuchtet es ein, daß Ziele, aus denen sich die Verfassungswidrigkeit einer Partei ergeben könnte, niemals offen verkündet werden (BVerfGE 2, 1 [20]). Die politischen Erfahrungen der vergangenen Jahrzehnte geben genügende Hinweise, um aus der Art der von einer Partei verwendeten politischen Mittel, aus dem »Stil« ihrer Aktionen, ihre echten Ziele zu erkennen und sie von den vorgetäuschten richtig zu unterscheiden.

Aus BVerfGE 12, 304–307 (Urteil vom 21. März 1961)

Das Landgericht Lüneburg hatte im November 1956 ein Mitglied der KPD gemäß § 90 a StGB bestraft, da er als »Rädelsführer« Bestrebungen einer Vereinigung fördere, deren Zwecke oder Tätigkeiten sich gegen die verfassungsmäßige Ordnung richteten. Dagegen legte der Verurteilte Verfassungsbeschwerde ein. Das Gericht gab ihm Recht und entschied, bis zu seiner eigenen Entscheidung könne niemand die Verfassungswidrigkeit einer Partei rechtlich geltend machen.

1. Die Parteien gehören zu den Einrichtungen des Verfassungslebens. Ihr Status ist durch Art. 21 GG gesichert. Dieser ist eine lex specialis gegenüber Art. 9 GG. Daher ist Art. 9 Abs. 2 GG auch nicht subsidiär auf politische Parteien anwendbar (BVerfGE 2, 1 [13]). Die Folgen verfassungswidrigen Verhaltens können sich demnach bei politischen Parteien nur nach Art. 21 GG jedoch nicht nach dem für Vereinigungen geltenden Art. 9 Abs. 2 GG bemessen.
2. Art. 21 GG stattet die politischen Parteien wegen ihrer Sonderstellung im Verfassungsleben mit einer erhöhten Schutz- und Bestandsgarantie (dem sogenannten »Parteienprivileg«) aus. Diese findet vor allem ihren Ausdruck darin, daß die politischen Parteien im Gegensatz zu anderen politischen Vereinigungen nur durch das Bundesverfassungsgericht für verfassungswidrig erklärt werden können. Daraus folgt, daß bis zur Entscheidung des Bundesverfassungsgerichts niemand die Verfassungswidrigkeit einer Partei rechtlich geltend machen kann. Insofern kommt der Entscheidung des Bundesverfassungsgerichts konstitutive Bedeutung zu.
3. Im KPD-Urteil ist angeführt worden, das nach dem Grundgesetz bestehende Entscheidungsmonopol des Bundesverfassungsgerichts für die Feststellung der Verfassungswidrigkeit einer Partei schließe ein »administratives Einschreiten gegen den Bestand einer politischen Partei schlechthin aus, mag sie sich der freiheitlichen demokratischen Grundordnung gegenüber noch so feindlich verhalten« (BVerfGE 5, 85 [140]).

Der Bundesgerichtshof ist übrigens ebenfalls der Meinung, der sachliche Gehalt des Parteienprivilegs umfasse alles, was Art. 21 Abs. 1 GG als die Aufgabe der politischen Partei umschreibe: »Die Betätigung einer Partei ... soll – unter Vorbehalt der in Art. 21 Abs. 2 Grund G vorgesehenen Entscheidung des Bundesverfassungsgerichts – von jeder Behinderung frei sein, selbst auf die Gefahr hin, daß die Partei verfassungsfeindliche Ziele verfolgt. Das aber schließt notwendig ein: das der Partei in ihrem Aufgabenbereich dienende Tätigwerden ihrer Mitglieder und Anhänger und die verschiedenen Formen einer solchen Tätigkeit, insbesondere die Werbung für die Ziele der Partei in Wort und Schrift« (BGHSt 6, 318 [320]).

Die Auffassung, das in erster Linie die Parteiorganisation schützende Privileg des Art. 21 Abs. 2 GG (BVerfGE 9, 162 [165]) erstrecke sich auch auf die mit allgemein erlaubten Mitteln arbeitende partei-offizielle Tätigkeit der Funktionäre und Anhänger einer Partei, ist folgerichtig. Könnte die nicht gegen die allgemeinen Strafgesetze verstoßende Tätigkeit ihrer Gründer oder Funktionäre, die sich im Gründen der Partei und im Fördern der Parteiziele erschöpft, als strafbares Unrecht verfolgt werden, so würde der den Parteien durch Art. 21 Abs. 2 GG gewährte Schutz ausgehöhlt werden; denn eine Partei ist ohne die Tätigkeit der Funktionäre handlungsunfähig. Auf diese Weise könnte eine Partei unter Umgehung des in Art. 21 Abs. 2 GG vorgesehenen Verfahrens vor dem Bundesverfassungsgericht ausgeschaltet werden. Das aber wäre verfassungswidrig.
4. Die Freiheit, eine politische Partei zu gründen, und ihr Recht, an der politischen Willensbildung des Volkes mitzuwirken, sind verfassungskräftig verbürgt. Daraus folgt die Legalität des Handelns der Parteigründer und der für die Partei tätigen Personen selbst dann, wenn die Partei später für verfassungswidrig erklärt wird.

Die Anhänger und Funktionäre einer solchen Partei handeln, wenn sie die Ziele ihrer Partei propagieren und fördern, sich an Wahlen beteiligen, im Wahlkampf aktiv werden, Spenden sammeln, im Parteiapparat tätig sind oder gar als Abgeordnete sich um ihren Wahlkreis bemühen, im Rahmen einer verfassungsmäßig verbürgten Toleranz. Das Grundgesetz nimmt die Gefahr, die in der Gründung oder Tätigkeit einer solchen Partei bis zur Feststellung ihrer

Verfassungswidrigkeit besteht, um der politischen Freiheit willen in Kauf. Weil die Parteien verfassungsrechtlich relevante Integrationsfaktoren sind, schließt das Grundgesetz die Möglichkeit aus, daß eine Partei dem Zugriff der Exekutive oder des Gesetzgebers ausgesetzt wird. Das Grundgesetz sieht aber als Korrelat der Freiheit der Parteigründung die Möglichkeit vor, daß die politische Partei für verfassungswidrig erklärt wird; die Entscheidung darüber hat es aber ausschließlich dem Bundesverfassungsgericht vorbehalten. Diese Regelung enthält eine verfassungsrechtliche Grundsatzentscheidung, die auch für das Strafrecht verbindlich ist.

Das Grundgesetz mußte, wenn es die politischen Parteien als Faktoren des Verfassungslebens anerkennt, ihren Status sichern. Dazu gehört auch die Regelung der Frage, was diejenigen, die für die Partei tätig werden, tun dürfen und was sie unterlassen müssen, solange die Partei nicht durch das Bundesverfassungsgericht für verfassungswidrig erklärt ist. Nach Art. 21 GG dürfen sie bis zum Spruch des Bundesverfassungsgerichts mit allgemein erlaubten Mitteln im Namen der Partei an der Bildung des politischen Willens des Volkes mitwirken. Sie müssen dagegen alles unterlassen, was nach den allgemeinen Rechtsvorschriften verboten ist. Wenn sich also ihre Tätigkeit darin erschöpft, sich für die Verwirklichung der Ziele der Partei mit allgemein erlaubten Mitteln einzusetzen, so sind sie durch das Parteienprivileg auch dann geschützt, wenn ihre Partei durch eine spätere Entscheidung des Bundesverfassungsgerichts für verfassungswidrig erklärt wird. Die von der Verfassung eingeräumte Befugnis macht das Handeln rechtmäßig. Die Rechtsordnung kann nicht ohne Verstoß gegen den Grundsatz der Rechtsstaatlichkeit die zunächst eingeräumte Freiheit, eine Partei zu gründen und für sie im Verfassungsleben zu wirken, nachträglich als rechtswidrig behandeln.

Was das Grundgesetz gestattet, kann das Strafgesetz nicht verbieten, auch nicht in der Weise, daß es die Strafdrohung mit einer Strafverfolgungsbedingung verbindet.

Aus BVerfGE 25, 56–59 (Beschluß vom 14. Januar 1969)

Hier befaßte sich das Gericht mit der Verfassungsbeschwerde eines Mitgliedes der seit 1956 verbotenen KPD. Dieses hatte das Landgericht Saarbrücken 1964 wegen verschiedener Meinungsäußerungen verurteilt, die unmittelbar den organisatorischen Zusammenhalt der KPD unterstützten.

a) Durch Art. 21 Abs. 2 GG soll Gefahren begegnet werden, die von der Existenz einer von einer verfassungsfeindlichen Grundtendenz geprägten Partei und ihrer typischen verbandsmäßigen Wirkungsmöglichkeit ausgehen. Die Verbotsmöglichkeit ist damit auf die Partei als organisierte Gruppe bezogen, die bestimmte staatsgefährdende Meinungen vertritt.

Auch die den Inhalt eines Verbotsurteils näher regelnde Vorschrift des § 46 Abs. 3 BVerfGG zeigt, daß die freiheitliche demokratische Grundordnung gerade vor den von der Organisation ausgehenden spezifischen Gefahren geschützt werden soll. Das gilt nicht nur für das Auflösungsgebot und das Verbot von Ersatzorganisationen. Die fakultativ vorgesehene Vermögenseinziehung dient dem gleichen Zweck. Es soll einmal verhindert werden, daß der Zusammenhalt der Partei unter dem Vorwand der Vermögensauseinandersetzung von den Organen der aufgelösten Partei aufrechterhalten wird (BVerfGE 5, 85 [392 f.]). Zugleich sollen der verfassungsfeindlichen Organisation damit die sachlichen Mittel für eine weitere verbandsförmige Tätigkeit entzogen werden.

Das Bundesverfassungsgericht hat wiederholt die Ausrichtung des Parteiverbots auf den organisatorischen Zusammenhalt betont. Verboten wird durch einen Auflösungsausspruch »die einer politischen Partei eigentümliche politische Betätigung eines kommunistischen Organisationsapparates« (BVerfGE 6, 300 [306]). In der Entscheidung vom 3. Februar 1959 (BVerfGE 9, 162 [165]) wird den Vorschriften, die wie die §§ 80, 81 StGB (Hochverrat) den Schutz von Verfassungseinrichtungen gegen Angriffe Einzelner bewirken, Art. 21 Abs. 2 GG als Norm gegenübergestellt, »die die Parteiorganisation als solche betrifft; sie soll Gefahren, die der in

Abs. 1 dieser Vorschrift garantierten Freiheit der politischen Willensbildung von einer verfassungswidrigen Partei drohen können, rechtzeitig abwehren«.

Der Schutzzweck des Parteiverbots läßt allerdings nicht nur Maßnahmen gegen diejenigen zu, die sich als Mitglied in der verbotenen Partei oder einer Ersatzorganisation betätigen. Auch außerhalb einer solchen Vereinigung Stehende können dazu beitragen, die verfassungsfeindlichen Ziele in organisierter Form weiter zu verfolgen. Die verfassungsrechtliche Zulässigkeit von Eingriffen in die Meinungsfreiheit des Außenstehenden läßt sich jedoch noch nicht den Ausführungen des Bundesverfassungsgerichts im Urteil vom 17. August 1956 über das Verhältnis von Art. 21 Abs. 2 GG zu Art. 5 GG entnehmen (BVerfGE 5, 85 [134 ff.]). Dort wird nicht die Auswirkung des Parteiverbots auf das Grundrecht der freien Meinungsäußerung in dessen vollem Umfang untersucht, sondern lediglich für den begrenzten Bereich der freien Bildung politischer Parteien und der Betätigung im Rahmen der Partei. Auch unter Berücksichtigung des fundamentalen Charakters des Grundrechts der freien Meinungsäußerung bestehen jedoch keine Bedenken, dem Schutz des Staates durch ein Parteiverbot gegenüber organisationsbezogenen Handlungen des Außenstehenden den Vorzug zu geben. Der Einzelne wird nämlich nicht betroffen, soweit er selbst bestimmte politische Ziele anstrebt und vertritt. Es wird ihm nur verwehrt, dies durch Förderung einer verfassungsfeindlichen Organisation und der ihr eigenen Wirkungsmöglichkeiten zu tun. Sein Handeln wird gefährlich durch die von der Organisation ausgehende Wirkung. Gestattet das Grundgesetz in Art. 21 Abs. 2 GG schon die Beschränkung der politischen Tätigkeit im Rahmen der Partei, so ist nichts gegen eine Beschränkung der Betätigung einzuwenden, die durch den Bezug auf diese Organisation gleichartige Wirkungen erreichen soll. Die Abwehr richtet sich nicht gegen die Handlung des Einzelnen als solche, sondern gegen die mit ihr verbundene Stärkung der Organisation.

b) Hierfür reicht es nicht aus, wenn der Außenstehende gleiche Ansichten wie die verbotene Partei vertritt. Zwar wird in der Regel die Wirkungsmöglichkeit der Organisation verstärkt werden, wenn von ihr typisch verfolgte Ziele auch von anderer Seite propagiert werden. Wenn jemand an andere mit diesen Ansichten in Schriften und Reden herantritt, kann die Haltung der Angesprochenen in einer Richtung beeinflußt werden, die es der verbotenen Organisation erleichtert, selbst Einfluß zu nehmen. Das Parteiverbot soll jedoch nur den Gefahren vorbeugen, die von der Verfolgung der Ideen in organisierter Form ausgehen. Wollte man die fast nie ganz auszuschließende Rückwirkung auf die verbotene Organisation zum Anlaß nehmen, solche Meinungsäußerungen schlechthin zu verbieten, dann würde damit in die Meinungsfreiheit des Einzelnen in einer nicht zumutbaren und auch nicht durch den Zweck des Parteiverbots gerechtfertigten Weise eingegriffen. Eine solche dem Gesamtverständnis des Grundgesetzes entsprechende restriktive Auslegung des Art. 21 Abs. 2 GG widerspricht nicht dem Grundzug der Verfassung als »streitbare Demokratie«. Sind nämlich derartige Äußerungen eines Einzelnen wegen ihres Inhalts nicht mehr zu dulden, so ist der notwendige Schutz durch spezielle Strafvorschriften, schließlich durch den Verwirkungstatbestand des Art. 18 GG gegeben.

Ist nach den vorstehenden Darlegungen die Äußerung bestimmter politischer Ideen verfassungsrechtlich zulässig, so kann es nicht darauf ankommen, welcher Willensrichtung die Äußerungen entspringen, d. h. ob der Außenstehende damit die verbotene Organisation fördern wollte oder nicht. Das Parteiverbot soll nur objektive Gefahren abwehren.

c) Die Äußerung gleicher Meinungen, wie sie von der für verfassungswidrig erklärten Partei vertreten wurden, ist dann als objektive Gefahr in diesem Sinne zu werten, wenn zusätzlich äußere, sich nicht nur aus der Willensrichtung des Äußernden ergebende Umstände hinzutreten, die der Äußerung einen unmittelbaren Förderungseffekt verleihen. Ergibt sich aus diesen Umständen für einen objektiven Betrachter der Eindruck, es handele sich um eine Aktion unmittelbar zugunsten der verbotenen Partei selbst, dann kann sich der Außenstehende wegen der damit verbundenen Wirkung für die Organisation nicht auf seine Meinungsfreiheit berufen. Das Zurücktreten des Art. 5 Abs. 1 GG ist hier gerechtfertigt, weil dem Einzelnen nicht die Äußerung eines bestimmten Gedankeninhalts verboten wird.

Äußere Umstände, die den erforderlichen Bezug auf die verbotene Organisation schaffen, können etwa gegeben sein, wenn sich der Äußernde in Aufmachung und Stil seiner Ausführungen oder der Art der Agitation der verbotenen Partei anpaßt (vgl. BVerfGE 5, 85 [380]). Für die Öffentlichkeit kann sich in diesem Fall aus dem Zusammenwirken von an sich noch nicht zu beanstandender Inhaltsgleichheit und äußerer Form des Vorbringens der Eindruck ergeben, es werde für die verbotene Organisation Propaganda gemacht, es äußere sich nicht ein Einzelner, sondern ein organisierter Anhänger der verbotenen Organisation.

Gleiches gilt, wenn der Äußernde seine eigene persönliche Verbindung zu der Organisation mit ins Spiel bringt. War er früher für die Partei in exponierter Stellung tätig, dann darf er das sich daraus ergebende Gewicht nicht zur Stärkung seiner nunmehrigen individuellen Äußerungen verwenden. Damit wird nicht verlangt, ein früheres Mitglied einer verbotenen Partei müsse sich bei Fortsetzung individueller politischer Tätigkeit nach dem Parteiverbot in jedem Fall von der verbotenen Partei distanzieren. Gibt der Einzelne seine Äußerung jedoch kurz nach Beendigung seiner Tätigkeit für die Partei ab, darf er nicht außer acht lassen, daß von der Öffentlichkeit seine jetzige mit der früheren organisierten Tätigkeit in Zusammenhang gebracht wird. Er muß es dann unterlassen, diese Wirung noch zu verstärken, indem er seine frühere Tätigkeit für die Partei hervorhebt, unter Umständen muß er von der verbotenen Partei abrücken.

Aus BVerfGE 40, 291–294 (Beschluß vom 29. Oktober 1975)

Das Gericht befaßte sich mit einem Antrag der NPD in bezug auf die Feststellung, der Bundesminister des Innern habe gegen Art. 21 Abs. 1 GG verstoßen, indem er im Bericht »Verfassungsschutz '73« die NPD als Partei mit verfassungsfeindlicher Zielsetzung und als Gefahr für die freiheitliche Grundordnung beschrieben habe.

....

2. Die verbindliche Feststellung, daß eine Partei verfassungswidrig ist, kann nach Art. 21 Abs. 2 Satz 2 GG nur das Bundesverfassungsgericht in dem dafür vorgesehenen Verfahren (§§ 43ff. BVerfGG) treffen. Das Entscheidungsmonopol des Gerichts schließt ein *administratives* Einschreiten gegen den *Bestand* einer politischen Partei schlechthin aus, mag sie sich gegenüber der freiheitlichen demokratischen Grundordnung noch so feindlich verhalten (BVerfGE 5, 85 [140]; vgl. ferner BVerfGE 17, 155 [166]). Bis zur Entscheidung des Bundesverfassungsgerichts kann deshalb niemand die Verfassungswidrigkeit einer Partei *rechtlich* geltend machen (BVerfGE 12, 296 [304]); das heißt, gegen die Partei, ihre Funktionäre, Mitglieder und Anhänger dürfen wegen ihrer mit allgemein erlaubten Mitteln arbeitenden parteioffiziellen Tätigkeiten keine rechtlichen Sanktionen angedroht oder verhängt werden. An dieser Bestands- und Schutzgarantie (»Parteienprivileg«) des Grundgesetzes hat auch die NPD vollen Anteil.
3. Der Antrag auf die Entscheidung des Bundesverfassungsgerichts, ob eine Partei verfassungswidrig ist (Art. 21 Abs. 2 GG), kann vom Bundestag, dem Bundesrat oder von der Bundesregierung gestellt werden (§ 43 Abs. 1 BVerfGG). Eine Landesregierung kann den Antrag nur gegen eine Partei stellen, deren Organisation sich auf das Gebiet ihres Landes beschränkt (§ 43 Abs. 2 BVerfGG). Diese Verfassungsorgane haben nach pflichtgemäßem Ermessen, für das allein sie politisch verantwortlich sind, zu prüfen und zu entscheiden, ob sie den Antrag stellen wollen (BVerfGE 5, 85 [113]) oder ob die Auseinandersetzung mit einer von ihnen für verfassungswidrig gehaltenen Partei im politischen Felde geführt werden soll. Unbeschadet dessen, daß sich die Bundesrepublik Deutschland als streitbare Demokratie versteht und kraft ihrer Verfassung auch verstehen muß (BVerfGE 5, 85 [139]; 25, 88 [100]; 28, 36 [48]), bleibt sie doch primär auf die freie, selbstbestimmte (Art. 1 Abs. 1 GG) Integration aller politischen Meinungen und Kräfte im Rahmen und durch die Grundwerte der Verfassung angelegt. Es ist daher verfassungsrechtlich legitim, wenn die mit dem Recht zum Verbotsantrag ausgestatteten obersten Verfassungsorgane, statt von dieser Möglichkeit Gebrauch zu machen, zunächst versuchen, eine Partei, die sie für verfassungswidrig im Sinne von Art. 21

Abs. 2 Satz 1 GG halten, durch eine mit Argumenten geführte politische Auseinandersetzung in die Schranken verweisen zu lassen und dadurch ein Verbotsverfahren überflüssig zu machen. Auch damit erfüllen sie in aller Regel ihren Auftrag, die freiheitliche demokratische Grundordnung zu wahren und zu verteidigen.

4. Der Bundesminister des Innern stellt schon im Vorwort klar, daß der Bericht von der Absicht der Bundesregierung getragen ist, die Auseinandersetzung mit der Antragstellerin als politischer Partei mit politischen und nicht mit juristischen Mitteln zu führen. Die Auseinandersetzung soll also im freien Wettbewerb um die Stimmen der Wähler ausgetragen werden. Damit wird der NPD die Funktion, die auch sie im Parteienstaat des Grundgesetzes hat, und um deretwillen die politischen Parteien in den Rang einer verfassungsrechtlichen Institution erhoben (vgl. BVerfGE 20, 56 [100, 108]; 24, 260 [264]) und mit der Bestands- und Schutzgarantie des Art. 21 GG ausgestattet worden sind, nicht bestritten. Im Gegenteil, die Herausforderung der NPD, »nationale Opposition« zu sein, wird politisch angenommen. Das Recht und die faktische Möglichkeit, sich wie jede andere Partei zur Wahl zu stellen, bleiben unberührt. Nicht in Frage gestellt wird auch ihr Recht, zwischen und unabhängig von den jeweiligen Wahlen sich dem Bürger so darzustellen (vgl. BVerfGE 24, 330 [348]), wie es ihrem Selbstverständnis entspricht.

Bei dieser Sachlage kann hier von einer Verletzung oder Gefährdung des der Antragstellerin durch Art. 21 GG verliehenen Status nicht die Rede sein. Der im Rahmen der Öffentlichkeitsarbeit des Bundesinnenministeriums publizierte Bericht »Verfassungsschutz '73« stellt weder ein administratives »Einschreiten« gegen die NPD dar, noch wird durch die Veröffentlichung dieses Berichts eine Verfassungswidrigkeit der NPD rechtlich geltend gemacht. Bei den von der Antragstellerin beanstandeten Äußerungen des Berichts, die NPD sei »eine Partei mit verfassungsfeindlicher Zielsetzung und Betätigung«, sei »rechtsradikal, rechtsextrem, eine Feindin der Freiheit und eine Gefahr für die freiheitliche Grundordnung«, handelt es sich vielmehr um Werturteile, die der Bundesminister des Innern in Erfüllung seiner verfassungsrechtlichen Pflicht, die freiheitliche demokratische Grundordnung zu schützen, und im Rahmen seiner daraus fließenden Zuständigkeit für die Beobachtung verfassungsfeindlicher Gruppen und Aktivitäten abgegeben hat. An diese Werturteile sind keinerlei rechtliche Auswirkungen geknüpft. Soweit daraus für eine Partei faktische Nachteile entstehen, ist sie dagegen nicht durch Art. 21 GG geschützt (BVerfGE 39, 334 [360]).

Dies bedeutet indessen nicht, daß der Befugnis der Staatsorgane, negative Werturteile über Ziele und Betätigung nicht verbotener politischer Parteien kundzutun, keinerlei verfassungsrechtliche Schranken gesetzt wären. Das Recht solcher politischer Parteien auf Chancengleichheit als ein wesentlicher Bestandteil der demokratischen Grundordnung verbietet vielmehr jede staatliche Maßnahme, die den Anspruch der Partei auf die Gleichheit ihrer Wettbewerbschancen willkürlich beeinträchtigt. Danach wäre es der Regierung untersagt, eine nicht verbotene politische Partei in der Öffentlichkeit nachhaltig verfassungswidriger Zielsetzung und Betätigung zu verdächtigen, wenn diese Maßnahme bei verständiger Würdigung der das Grundgesetz beherrschenden Gedanken nicht mehr verständlich wäre und sich daher der Schluß aufdrängte, daß sie auf sachfremden Erwägungen beruhte. Das ist hier indessen nicht der Fall. Vielmehr erschöpfen sich die vom Bundesminister des Innern abgegebenen Werturteile – auch soweit sie zum Zwecke, die Öffentlichkeit über die Lagebeurteilung des Bundesinnenministeriums zu informieren (vgl. dazu BVerfGE 20, 56 [100]), allgemein zugänglich gemacht worden sind – in sachlich gehaltenen Meinungsäußerungen. Als solche sind sie verfassungsrechtlich nicht zu beanstanden (vgl. BVerfGE 13, 123 [125f.]). Sie müssen von der Antragstellerin, die auch ihrerseits in der Abgabe von Werturteilen nicht gerade zurückhaltend ist, als Teil der ständigen geistigen Auseinandersetzung, die für die freiheitliche demokratische Staatsordnung schlechthin konstituierend ist, hingenommen werden.

Aus BVerfGE 47, 228f. (Beschluß vom 14. Februar 1978)

Das Gericht befaßte sich hier mit Verfassungsbeschwerden der Kommunistischen Partei Deutschlands/Marxisten-Leninisten (KPD/ML), des Kommunistischen Bundes Westdeutschland (KBW) und der Kommunistischen Partei Deutschlands (KPD), denen Rundfunk- und Fernsehanstalten die Ausstrahlung von Wahlspots mit der Begründung verweigert hatten, deren Inhalt sei rechtswidrig.

Nach Art. 21 Abs. 2 Satz 2 GG entscheidet über die Verfassungswidrigkeit einer Partei das Bundesverfassungsgericht. Hierbei handelt es sich nicht um eine bloße Zuständigkeitsregelung, sondern – in Verbindung mit Art. 21 Abs. 1 GG – um eine Privilegierung der politischen Parteien gegenüber den übrigen Vereinigungen und Verbänden (BVerfGE 2, 1 [13]; ständige Rechtsprechung). Hiernach kommt den politischen Parteien wegen ihrer Sonderstellung im Verfassungsleben eine erhöhte Schutz- und Bestandsgarantie zu.

Das Entscheidungsmonopol des Bundesverfassungsgerichts schließt ein administratives Einschreiten gegen den Bestand einer politischen Partei schlechthin aus, mag sie sich gegenüber der freiheitlichen demokratischen Grundordnung noch so feindlich verhalten (BVerfGE 40, 287 [291]). Die Partei kann zwar politisch bekämpft werden, sie soll aber in ihrer politischen Aktivität von jeder Behinderung frei sein (vgl. BVerfGE 39, 334 [357]; 12, 296 [305ff.]). Das Grundgesetz nimmt die Gefahr, die in der Tätigkeit der Partei bis zur Feststellung ihrer Verfassungswidrigkeit besteht, um der politischen Freiheit willen in Kauf. Die Partei handelt, wenn sie ihre verfassungsfeindlichen Ziele propagiert, im Rahmen einer verfassungsmäßig verbürgten Toleranz (vgl. BVerfGE 12, 296 [306]). Dies haben auch die Rundfunkanstalten zu respektieren.

Etwas anderes läßt sich auch nicht aus den Vorschriften einzelner Rundfunkgesetze herleiten, die bestimmen, daß die Sendungen sich im Rahmen der verfassungsmäßigen Ordnung halten oder der freiheitlichen demokratischen Grundordnung entsprechen müssen. Auch diese Bestimmungen sind im Lichte des Art. 21 GG auszulegen. Sie vermögen das Parteienprivileg nicht zu durchbrechen, sondern werden von ihm überlagert und können deshalb als Begründung für die Zurückweisung eines Wahlspots wegen seines verfassungsfeindlichen Inhalts nicht herangezogen werden.

Die Zurückweisung eines Wahlspots wegen seines verfassungsfeindlichen Inhalts läßt sich auch nicht mit dem Hinweis rechtfertigen, daß diese Maßnahme nicht darauf abziele, die Handlungsfreiheit und die Erfolgsaussichten der betroffenen Partei einzuschränken, sondern lediglich dazu diene, der Förderung verfassungswidriger Bestrebungen durch die Gewährung öffentlicher Leistungen entgegenzuwirken. Eine solche Unterscheidung zwischen beschränkenden und begünstigenden Maßnahmen ist sachlich nicht gerechtfertigt. Die Chancen einer Partei – ihre Wahlaussichten – sind nicht unabhängig von denen ihrer Konkurrenten, sondern stehen zu diesen in einem wechselseitigen Verhältnis. Die Chancen einer Partei steigen, wenn die Wahlwerbung ihrer Mitbewerber Beschränkungen unterworfen sind; sie sinken, wenn andere Parteien ihr gegenüber begünstigt werden. Einseitig unterlassene Begünstigungen haben deshalb für die betroffene Partei dieselbe Wirkung wie nur ihr auferlegte Beschränkungen. Wahlpropaganda in Hörfunk und Fernsehen zählt wegen ihrer Breitenwirkung zu den wichtigsten Werbemitteln der politischen Parteien im Wahlkampf. Würde man einzelne politische Parteien wegen des von ihnen vertretenen politischen Programms oder wegen einzelner, zwar verfassungsfeindlicher, aber von dem Parteienprivileg gedeckter Äußerungen von der Ausstrahlung ihrer Wahlspots ausschließen, so wäre das mit dem Grundsatz der gleichen Wettbewerbschancen nicht vereinbar.

c) Parteienfinanzierung

Aus BVerfGE 8, 63–67 (Urteil vom 24. Juni 1958)

In diesem Urteil hatte sich das BVerfG mit Regelungen des Einkommensteuergesetzes, des Körperschaftsteuergesetzes sowie mit weiteren steuerrechtlichen Bestimmungen zu befassen, welche finanzielle Zuwendungen an politische Parteien betrafen. Hier regelte das Gericht Grundlegendes der Parteienfinanzierung.

Nach Art. 21 Abs. 1 Satz 1 GG wirken die Parteien bei der politischen Willensbildung des Volkes mit. Sie tun dies besonders durch Beteiligung an den Wahlen. Das geltende Wahlrecht setzt politische Parteien für die Vorbereitung und Durchführung der Wahlen voraus. Die Parteien sind also vor allem Wahlvorbereitungsorganisationen, und auch ihre Geldmittel dienen in erster Linie der Wahlvorbereitung. Wegen der zentralen Stellung, die die politischen Parteien im gesamten Verfassungsleben heute einnehmen und die in den Wahlen besonders sichtbar wird, hat das Bundesverfassungsgericht ihnen organschaftliche Funktionen im inneren Bereich des Verfassungslebens zuerkannt und ihnen für die Geltendmachung ihrer Rechte im Wahlverfahren den Weg des Organstreits eröffnet (BVerfGE 4, 27 [30]). Da die Abhaltung von Wahlen eine öffentliche Aufgabe ist und den Parteien bei der Durchführung dieser öffentlichen Aufgabe von Verfassungs wegen eine entscheidende Rolle zukommt, muß es auch zulässig sein, nicht nur für die Wahlen selbst, sondern auch für die die Wahlen tragenden politischen Parteien finanzielle Mittel von Staats wegen zur Verfügung zu stellen.

...

Angesichts der großen finanziellen Aufwendungen, die ein moderner Wahlkampf erfordert, sind heute alle politischen Parteien auf Spenden angewiesen; keine kann ihren gesamten Finanzbedarf einschließlich der Kosten für die Wahlpropaganda allein aus Mitgliederbeiträgen decken. Im demokratischen Mehrparteienstaat sind alle politischen Parteien in gleicher Weise dazu berufen, an der politischen Willensbildung des Volkes mitzuwirken, sei es auf seiten der Regierung, sei es auf seiten der Opposition. Der Staat ist zwar nicht verpflichtet, durch gesetzliche Bestimmungen dafür zu sorgen, daß der Geldbedarf der politischen Parteien befriedigt wird. Wenn aber der Gesetzgeber eine irgendwie geartete Regelung trifft, die die Finanzierung der politischen Parteien fördern soll, muß sie verfassungskonform sein und darf insbesondere nicht das Grundrecht der Parteien auf Chancengleichheit verletzen. Wenn der Staat gesetzgeberische Maßnahmen trifft, die der Finanzierung der politischen Parteien dienen – entweder indem er Spenden an sie steuerlich begünstigt, also gegenüber den Spendern auf Steuern verzichtet, oder indem er unmittelbar Steuermittel für die Aufgaben der Parteien zur Verfügung stellt –, so darf die Regelung nicht dazu führen, daß eine bestimmte Partei oder Parteiengruppe vor anderen Parteien begünstigt wird.

...

Geldspenden an eine politische Partei werden nach der allgemeinen Lebenserfahrung aus einer bestimmten Interessenlage heraus gegeben; die politische Spende hat in der Regel politisch oder ökonomisch finalen Charakter im Gegensatz zu der Spende für mildtätige, religiöse oder wissenschaftliche Zwecke, die meist um der Sache willen aus Liberalität und ohne die Erwartung eines besonderen Vorteils für den Spender gegeben wird. Es wird also der grundsätzlichen Tendenz nach jeder Spender nur der Partei Geld geben, von der er nach Programm und bisheriger Tätigkeit in Parlament und Regierung annimmt, daß ihre Politik seinen besonderen Interessen entspricht. Dieser Umstand kann freilich nur dann von Bedeutung sein, wenn die politischen Parteien sich in ihren Zielen und in den Mitteln zu deren Verwirklichung so deutlich voneinander unterscheiden und gruppieren, daß der Spender, wenn er seine Interessen wahren will, sich für die eine (oder die einen) und gegen die andere (oder die anderen) entscheiden muß. Tatsächlich bestehen in der Bundesrepublik zwischen bestimmten Parteien solche Gegensätze; sie beruhen auf einer historisch begründeten verschiedenen Auffassung des Verhältnisses von Individuum, Staat und Gesellschaft. Daher müssen die umstrittenen Bestimmungen zur Folge haben, daß diejenigen Parteien, deren Programm und Tätigkeit kapitalkräftige Kreise ansprechen, stärker begünstigt werden. Gewiß ist der Gesetzgeber nicht verpflichtet, bestehende faktische, auf der unterschiedlichen soziologischen Struktur der Parteien beruhende Verschiedenheiten der Wettbewerbschancen auszugleichen. Aber er darf nicht ohne zwingenden Grund eine Regelung treffen, die eine schon bestehende faktische Ungleichheit der Wettbewerbschancen der Parteien verschärft. Das vorliegende Gesetz ist aber so angelegt, daß der Beitrag, den der Staat durch Verzicht auf Steuern leistet, das Gewicht bestimmter politischer Parteien im Willensbildungsprozeß verstärkt. Diese Verschärfung der Unterschiede hat zwar die faktische Ungleichheit, die schon vor der gesetzlichen Regelung bestanden hat, zur Voraussetzung, sie beruht aber ausschließlich auf eben dieser gesetzlichen Regelung. Die als Folge der gesetzlichen Regelung eintretende Differenzierung des politischen Gewichts der Parteien enthält einen Verstoß gegen das formale Prinzip der Chancengleichheit, weil sie nach einem Kriterium erfolgt, das in diesem Bereich offenbar sachfremd ist. Denn das Gesetz wirkt sich, obwohl es seinem Wortlaut nach alle politischen Parteien gleich behandelt, dahin aus, daß bestimmte Parteien vor anderen durch die Möglichkeit begünstigt werden, große Spenden zu erlangen und damit ihr Gewicht im politischen Konkurrenzkampf ohne sachlich zu rechtfertigenden Grund zu verstärken.

Aus BVerfGE 11, 242 f. (Beschluß vom 22. Juni 1960)

Hier befaßte sich das Gericht mit einer Verfassungsbeschwerde des »Bundes der Deutschen. Partei für Einheit, Frieden und Freiheit«, der sich durch eine Bestimmung des niedersächsischen Haushaltsplans für das Jahr 1960 benachteiligt sah: Die im Landtag durch eine Fraktion vertretenen Parteien – und nur sie – sollten für ihre politische Arbeit unmittelbar staatliche Gelder erhalten.

Die Parteien nehmen das ihnen in Art. 21 GG garantierte Recht, bei der politischen Willensbildung des Volkes mitzuwirken, vor allem bei den Parlamentswahlen wahr. Sie sind in besonderem Maße Wahlvorbereitungsorganisationen; ihre Geldmittel dienen in erster Linie der Wahlvorbereitung (BVerfGE 8, 51 [63]).

Die vom Niedersächsischen Landtag beschlossenen Zuschüsse an die politischen Parteien sind unmittelbar oder mittelbar für diesen Zweck bestimmt. Sowohl die Befürworter wie die Gegner der diskutierten Regelung waren sich während der Parlamentsberatungen darin einig, daß die den Parteien aus Beiträgen und Spenden zufließenden Mittel nicht ausreichten, um dem ihnen im Grundgesetz zuteil gewordenen Auftrag zu genügen. Im einzelnen wurde näher dargelegt, daß es Ziel der staatlichen Zuschüsse sei, die Parteien instandzusetzen, ihre verfassungsmäßige Pflicht unabhängig von bestimmten hinter den Kulissen arbeitenden finanziellen Mächten sachgerecht erfüllen zu können.

...

Da die in Frage stehenden Zuschüsse offenbar den begünstigten Parteien ermöglichen sollen, der ihnen in Art. 21 GG zugewiesenen Aufgabe als Verfassungsorgan unabhängiger von sachfremden Finanzierungsquellen als bisher gerecht zu werden, kann eine Partei, die von diesen Zuwendungen ausgeschlossen wird, möglicherweise dadurch in ihrem Recht auf gleichberechtigte Teilhabe am Verfassungsleben beeinträchtigt sein.

Aus BVerfGE 20, 100–119 (Urteil vom 19. Juli 1966)

Hier entschied das Gericht, daß der § 1 des Gesetzes über die Feststellung des Bundeshaushaltsplans für das Rechnungsjahr 1965 nichtig sei, insofern er den Bundesminister des Inneren ermächtige, Finanzmittel für die Aufgaben der Parteien nach Art. 21 GG auszugeben. Wiederum ging es darum, ob der Staat die Parteien unmittelbar finanzieren dürfe.

Für die finanziellen Beziehungen zwischen den obersten Verfassungsorganen und den politischen Parteien gilt zunächst, daß der Staat nicht verpflichtet ist, dafür zu sorgen, daß der Geldbedarf der politischen Parteien befriedigt wird, und daß er ebenfalls nicht verpflichtet ist, die faktisch vorhandenen verschiedenen Möglichkeiten der Einflußnahme der politischen Parteien auf den Prozeß der Meinungs- und Willensbildung des Volkes durch finanzielle oder andere Maßnahmen auszugleichen (vgl. BVerfGE 8, 51 [65, 68]; 14, 121 [134]).

Eine Verpflichtung des Staates zur finanziellen Unterstützung der Parteien kann nicht daraus hergeleitet werden, daß die Parteien, wenn sie an der politischen Willensbildung des Volkes mitwirken, Funktionen eines Verfassungsorgans ausüben (BVerfGE 4, 27 [30]; 5, 85 [134]; 6, 367 [372, 375]) und auch als Staats- oder Verfassungsorgane, nämlich als Kreationsorgane im Sinne Georg Jellineks, bezeichnet worden sind (BVerfGE 1, 208 [225]; 12, 276 [280]). Art. 21 GG hat sie als verfassungsrechtlich notwendige Instrumente für die politische Willensbildung des Volkes anerkannt und sie in den Rang einer verfassungsrechtlichen Institution erhoben (vgl. BVerfGE 11, 266 [273] sowie grundlegend zur Stellung der Parteien in der modernen Demokratie, Leibholz, Der Strukturwandel der modernen Demokratie, in: Strukturprobleme der modernen Demokratie, 1958, S. 79ff.). Die Parteien gehören jedoch nicht zu den obersten Staatsorganen (BVerfGE 1, 208 [225]; vgl. auch BVerfGE 13, 54 [81, 95]). Sie sind vielmehr frei gebildete, im gesellschaftlich-politischen Bereich wurzelnde Gruppen (BVerfGE 1, 208 [224]; 3, 383 [393]), dazu berufen, bei der politischen Willensbildung des Volkes mitzuwirken und in den Bereich der institutionalisierten Staatlichkeit hineinzuwirken. Da sie selbst nicht zu diesem Bereich gehören, ist der Staat zu ihrer Finanzierung nicht verpflichtet.

...

Eine völlige oder auch nur überwiegende Deckung des Geldbedarfs der Parteien aus öffentlichen Mitteln ist nach allgemeiner Ansicht mit dem Grundgesetz nicht zu vereinbaren. Eine teilweise Staatsfinanzierung der Parteien durch jährliche oder monatliche Zahlungen für ihre gesamte politische Tätigkeit würde die Parteien dem staatsorganschaftlichen Bereich zwar nicht einfügen, jedoch mit diesem Bereich verschränken und die Parteien der staatlichen Vorsorge überantworten. Mit einer solchen Finanzierung würden die Staatsorgane auf den Prozeß der Meinungs- und Willensbildung einwirken. Für diese Einwirkung läßt sich ein besonderer, sie verfassungsrechtlich legitimierender Grund nicht anführen. Die im Bundeshaushaltsgesetz 1965 vorgesehene Finanzierung der Parteien ist also verfassungswidrig, ohne daß es darauf ankommt, ob sie die den Parteien durch Art. 21 GG gewährleistete Freiheit vom Staat oder den Grundsatz der Chancengleichheit der Parteien beeinträchtigt.

Die Zuwendung von Staatsmitteln an die Parteien für ihre gesamte politische Tätigkeit kann nicht damit gerechtfertigt werden, daß Art. 21 GG die Parteien als verfassungsrechtlich notwendige Instrumente für die politische Willensbildung des Volkes anerkennt und sie in den Rang einer verfassungsrechtlichen Institution erhoben hat. Da der Prozeß der demokratischen Meinungs- und Willensbildung grundsätzlich staatsfrei bleiben muß, kann die verfassungsrechtliche Anerkennung der Mitwirkung der Parteien an diesem Prozeß für sich genommen es nicht rechtfertigen, daß die Verfassungsorgane durch eine Finanzierung der Parteien auf diesen Prozeß einwirken.

Die Dotierung der Parteien von Staats wegen für ihre gesamte politische Tätigkeit kann nicht mit dem Hinweis gerechtfertigt werden, ohne Staatszuschüsse seien die Parteien nicht mehr in der Lage, ihre Aufgaben zu erfüllen. Dieser Hinweis impliziert den Zweifel an der Fähigkeit und Bereitschaft der Bürger, selbst die Organisation zu schaffen und lebensfähig zu halten, ohne die das Volk sich heute nicht artikuliert äußern kann und ohne die es politische Entscheidungen nicht zu fällen vermag (vgl. BVerfGE 1, 208 [224]). Damit würden die von der Verfassung vorausgesetzten Grundlagen der demokratischen Staatsordnung in Frage gestellt, die nach wie vor gegeben sind – trotz der historisch bedingten oder in den gegenwärtigen sozialen, wirtschaftlichen und politischen Verhältnissen wurzelnden Abneigung oder Indifferenz eines Teils der Bürger gegenüber den politischen Parteien. Auch kann nicht belegt werden, daß die Parteien ohne die 1959 einsetzende staatliche Teilfinanzierung tatsächlich nicht in der Lage gewesen wären, ihre Aufgaben zu erfüllen. Die Verfassung hat den Parteien das Risiko des Fehlschlagens eigener Bemühungen um ihre Finanzierung nicht abgenommen. Die freiheitliche Demokratie nimmt prinzipiell die Risiken in Kauf, die darin liegen, daß die politische Willensbildung der Urteilskraft und der Aktivität der Bürger anvertraut ist.

Daraus, daß die Mitglieder der Parlamente Diäten und die Parlamentsfraktionen Zuschüsse aus Haushaltsmitteln erhalten, kann nicht gefolgert werden, es müsse auch zulässig sein, den Parteien jährliche Zuschüsse für ihre gesamte politische Tätigkeit zu gewähren.

...

Ebensowenig überzeugt der Hinweis auf die Zuschüsse, die die Fraktionen der Parlamente zur Deckung ihrer im Rahmen der parlamentarischen Arbeit entstehenden Aufwendungen erhalten (vgl. z. B. Bundeshaushaltsplan 1965, Einzelplan 02 Kapitel 01 Titel 301: Zuschüsse an die Fraktionen des Bundestags zur Unterhaltung ihrer Büros sowie für wissenschaftliche Mitarbeiter und Hilfskräfte). Die Fraktionen sind Teile und ständige Gliederungen des Bundestags, die durch dessen Geschäftsordnung anerkannt und mit eigenen Rechten ausgestattet sind. Sie sind notwendige Einrichtungen des »Verfassungslebens«, nämlich der durch Verfassung und Geschäftsordnung geregelten Tätigkeit des Bundestags. Sie haben den technischen Ablauf der Parlamentsarbeit in gewissem Grade zu steuern und damit zu erleichtern (BVerfGE 1, 208 [229]; 351 [359]; 2, 143 [160, 167], 347 [365]; 10, 4 [14]). Nur weil sie ständige Gliederungen des Bundestags, nicht weil sie »Teile« einer politischen Partei sind, können sie im Organstreit antragsberechtigt sein. Als Gliederungen des Bundestags sind sie der organisierten Staatlichkeit eingefügt. *Deshalb* können ihnen Zuschüsse gewährt werden.

Es ist richtig, daß die Fraktionen den politischen Parteien eng verbunden sind und daß die Parteien insbesondere über die Parlamentsfraktion und die zu ihnen gehörenden Abgeordneten auf die staatlichen Entscheidungen, d. h. auf die Besetzung der obersten Staatsämter (BVerfGE 13, 54 [81]) und auf die Beschlüsse von Parlament und Regierung einwirken (vgl. BVerfGE 3, 19 [26]; 14, 121 [133] sowie Bericht S. 68). Das ändert jedoch nichts daran, daß die Fraktionen anders als die politischen Parteien zum staats-organschaftlichen Bereich gehören (vgl. BVerfGE 1, 208 [225]).

Es wäre allerdings ein die Verfassung verletzender Mißbrauch, wenn die Parlamente den Fraktionen Zuschüsse in einer Höhe bewilligen würden, die durch die Bedürfnisse der Fraktionen nicht gerechtfertigt wären, also eine verschleierte Parteifinanzierung enthielten.

Eine Finanzierung der Parteien aus öffentlichen Mitteln für ihre gesamte politische Tätigkeit kann – wie eine erneute Prüfung ergeben hat – auch nicht mit dem Hinweis gerechtfertigt werden, sie solle es den Parteien ermöglichen, ihren Aufgaben unabhängiger von sachfremden Finanzierungsquellen als zuvor gerecht zu werden (vgl. BVerfGE 12, 276 [280] sowie den Beschluß eines Ausschusses des Zweiten Senats vom 22. Juni 1960, BVerfGE 11, 239 [243]).

Art. 21 GG gewährleistet den Parteien Freiheit vom Staat, nicht jedoch Schutz vor dem Einfluß finanzkräftiger Einzelpersonen, Unternehmen oder Verbände. Das in Art. 21 Abs. 1 Satz 4 GG an die Parteien gerichtete Gebot, über die Herkunft ihrer Mittel öffentlich Rechenschaft zu legen, zeigt, daß das Grundgesetz den mit größeren privaten Spenden häufig erstrebten Einfluß auf die Parteien weder billigt noch verbietet, sondern als eine geläufige Form tatsächlicher politischer Interessenwahrnehmung (vgl. BVerfGE 5, 85 [232f.] und 12, 113 [125]) mit der Maßgabe hinnimmt, daß diese Spenden offenzulegen sind. Es entspricht nicht dem Sinn der Vorschrift, verfassungsrechtlich zwischen sachfremden und sachgerechten Finanzierungsquellen zu unterscheiden. Die Abgrenzung zwischen legitimer und die freie politische Willensbildung störender Einflußnahme der Spender ist verfassungsrechtlich nicht faßbar. Es liegt in der Verantwortung der Parteien, den sachwidrigen Einfluß finanzkräftiger Interessenten vom sachgerechten zu unterscheiden und dem auf sie eindrängenden sachwidrigen Druck der Interessenten zu widerstehen (vgl. Hesse, aaO, S. 29). Freiheit von solchem Druck gewährleistet ihnen die Verfassung nicht. Es darf auch nicht verkannt werden, daß keineswegs alle größeren Spenden mit dem Versuch gekoppelt sind, Einfluß auf die Entscheidungen der Partei zu nehmen.

Der Verfassunggeber hat mit dem Gebot der Rechenschaftslegung beabsichtigt, »Vorsorge zu treffen, daß die Öffentlichkeit Kenntnis über die Herkunft der Mittel der Parteien erhält, damit ersichtlich ist, wer hinter einer politischen Gruppe steht« (so die schriftliche Begründung des Antrags Drucks. 897 der Abgeordneten Wagner und Zinn, den der Parlamentarische Rat am 8. Mai 1949 als Art. 21 Abs. 1 Satz 4 GG beschloß [StenBer. S. 226]; vgl. von Doemming-Füßlein-Matz, JöR, N. F. Bd. 1, 1951, S. 207). Mit dieser Bestimmung will das Grundgesetz der Gefahr entgegenwirken, daß anonyme Interessenten allein vermöge ihrer Kapitalmacht, auch »auf dem Umweg über die Parteikassen ... die öffentliche Meinung (zu) dirigieren, und so indirekt eine enorme politische Macht (zu) entwickeln« (H. Heller, Staatslehre, 1934, S. 137) und Einfluß auf die staatliche Willensbildung gewinnen. Das Verfassungsgebot zielt darauf ab, den Prozeß der politischen Willensbildung für den Wähler durchschaubar zu machen und ihm zu offenbaren, welche Gruppen, Verbände oder Privatpersonen im Sinne ihrer Interessen durch Geldzuwendungen auf die Parteien politisch einzuwirken suchen. Es will Zuwendungen, mit deren Hilfe finanzkräftige Geldgeber die Werbemöglichkeiten einer Partei erhöhen und damit ihren eigenen politischen Einfluß verstärken, durch Offenlegung unter die Kontrolle der Öffentlichkeit stellen. Damit soll zugleich die Chancengleichheit der Parteien gesichert werden (vgl. Bericht S. 181). Allerdings hat der Gesetzgeber den ihm durch die Verfassung erteilten Auftrag noch nicht ausgeführt.

Die Pflicht zur Rechenschaftslegung über die Herkunft ihrer Mittel ist den Parteien auferlegt zur Sicherung ihrer verfassungsrechtlichen Funktion, an der offenen und freien politischen Willensbildung des Volkes mitzuwirken. Gruppen, Verbänden und gesellschaftlichen Zusammenschlüssen ist eine entsprechende Aufgabe von der Verfassung nicht übertragen worden. Über die Finanzierung solcher Vereinigungen besagt das Grundgesetz nichts. Kontinuierliche staatliche Finanzzuweisungen an die Parteien können deshalb nicht gerechtfertigt werden mit dem Hinweis darauf, daß der Staat in weitem Umfang gesellschaftliche Vereinigungen, Verbände und Gruppen subventioniert. Vereinigungen dieser Art wirken zwar auch im Sinne der in ihnen organisierten Interessen auf die politische Meinungsbildung und die Entschlüsse der Staatsorgane ein. Die freie Darstellung organisierter Gruppeninteressen gegenüber Staat und Parteien ist Bestandteil der Betätigungsfreiheit, die Art. 9 GG diesen Vereinigungen gewährleistet. Sie sind aber nicht wie die Parteien politische »Kreationsorgane« (Radbruch, HdbDStR, Bd. 1, 1930, S. 285ff. [288]; BVerfGE 1, 208 [224]; vgl. auch BVerfGE 17, 155 [166]). Ihnen werden staatliche Finanzhilfen für wirtschaftliche, soziale und kulturelle Zwecke zugewendet, die von den hierzu berufenen Staatsorganen als förderungswürdig anerkannt worden sind. Diese Förderung betrifft nicht den Grundsatz, daß sich die demokratische Willensbildung frei und offen vom Volk zu den Staatsorganen vollziehen muß. Die im Bundeshaushaltsgesetz 1965 vorgesehene finanzielle Förderung der politischen Parteien hingegen berührt diesen Grundsatz. Deshalb kann aus der Zulässigkeit der Förderung dieser gesellschaftlichen Gruppen und Vereinigungen nichts hergeleitet werden für die Zulässigkeit finanzieller Zuwendungen an die Parteien.

Die Dauerfinanzierung der Parteien aus Staatsmitteln für ihre gesamte politische Tätigkeit steht nicht in Einklang mit dem Leitbild der politischen Partei, von dem der Verfassunggeber ausgegangen ist und das er in Art. 21 GG festgelegt hat. Diese Vorschrift soll die Spannung beheben, die sich vor allem unter der Geltung der Weimarer Reichsverfassung zwischen der politischen Wirklichkeit und dem geschriebenen Verfassungsrecht entwickelt hatte (vgl. BVerfGE 1, 208 [225]). Art. 21 GG hat aber an der überkommenen Struktur der Parteien als frei konkurrierender und aus eigener Kraft wirkender Gruppen nichts ändern wollen und verwehrt es, ihre finanzielle Sicherung zu einer Staatsaufgabe zu machen.

...

Der Verfassunggeber hat in Art. 21 GG in entschiedener Abkehr vom nationalsozialistischen Herrschaftssystem die rechtliche Stellung der Parteien in der neugeschaffenen parlamentarischen Demokratie verankert (Art. 21 Abs. 1 Satz 1 und 2 GG). Er hat zugleich aus der Entwicklung des Nationalsozialismus, aus seiner Förderung durch finanzkräftige Unternehmer und aus dem Zusammenbruch des Parteiwesens im Jahre 1933 Folgerungen gezogen und auch in bezug auf die Parteien Vorkehrungen getroffen, die der Sicherung der freiheitlichen Demokratie dienen sollen. Diesem Zweck dient nicht nur die Vorschrift des Art. 21 Abs. 2 GG über verfassungswidrige Parteien, sondern auch das Gebot, daß die innere Ordnung der Parteien demokratischen Grundsätzen entsprechen muß (Art. 21 Abs. 1 Satz 3 GG) und daß die Parteien über die Herkunft ihrer Mittel öffentlich Rechenschaft geben sollen (Art. 21 Abs. 1 Satz 4 GG). Nur zur Sicherung der freiheitlichen demokratischen Grundordnung hat der Verfassunggeber diese Beschränkungen der Freiheit der Parteien vorgesehen. Im übrigen war für ihn jedoch das Bild des freien, in jeder Hinsicht vom Staat unabhängigen Parteiwesens maßgebend, wie es sich unter der Weimarer Verfassung entwickelt hatte.

Die Entstehungsgeschichte des Grundgesetzes bietet keine Anhaltspunkte dafür, daß die Verfassung vom überkommenen Bild der frei aus eigener Kraft wirkenden Partei abgehen und die dauernde finanzielle Bestandssicherung der Parteien dem Staat überantworten wollte.

...

Staatliche Mittel dürfen den Parteien auch nicht für Zwecke der »politischen Bildungsarbeit« zugewendet werden. Die Beweisaufnahme hat bestätigt, daß sich eine Grenze zwischen allgemeiner Parteiarbeit und politischer Bildungsarbeit der Parteien nicht ziehen läßt.

Der Schatzmeister der Sozialdemokratischen Partei hat zwar auf Merkmale verwiesen, an Hand deren sich die politische Bildungsarbeit von der allgemeinen Tätigkeit der Parteien sachlich und organisatorisch trennen lasse. Er hat aber eingeräumt, daß es letztlich auf den guten Willen der Parteien ankomme, beide Aufgabenbereiche zu trennen. Die Schatzmeister der Christlich-Demokratischen Union, der Christlich-Sozialen Union und der Freien Demokratischen Partei haben übereinstimmend bekundet, daß sich eine hinreichend sichere Abgrenzung zwischen politischer Bildungsarbeit und allgemeiner Parteiarbeit nicht ziehen lasse. In gleichem Sinne haben sich die Bevollmächtigten der übrigen politischen Parteien – mit Ausnahme des Bevollmächtigten der Sozialdemokratischen Partei – geäußert.

Tatsächlich gehen politische Bildungsarbeit und allgemeine Werbetätigkeit der Parteien in der politischen Praxis ineinander über. Keine Partei kann heute darauf verzichten, allgemeine staatspolitische Fragen zur Diskussion zu stellen und für ihre Lösungsvorschläge in der Wählerschaft zu werben. Deshalb kommen auch Mittel für die politische Bildungsarbeit der gesamten politischen Tätigkeit der Parteien zugute. Infolgedessen ist es aus den oben dargelegten Gründen mit der Verfassung ebenfalls nicht vereinbar, den Parteien Haushaltsmittel für politische Bildungsarbeit zur Verfügung zu stellen.

...

Der ständige Prozeß der Meinungs- und Willensbildung gipfelt im Wahlkampf und in der Wahl. Der Wahlkampf kann von diesem ständigen Prozeß gesondert werden. Die Tätigkeit der Parteien im Wahlkampf ist abgrenzbar von ihrer sonstigen Tätigkeit. Der Wahlkampf setzt voraus, daß die Wahl nahe bevorsteht; er ist zeitlich begrenzt. Dementsprechend sind auch die Kosten eines Wahlkampfes von der Sache her bestimmbar. Die Aufwendungen der Parteien für den Wahlkampf können von ihren übrigen Aufwendungen getrennt werden. In der Beweisaufnahme haben die Schatzmeister der vier im Bundestag vertretenen Parteien die zusätzlichen Einnahmen und Ausgaben ihrer Parteien in den Wahljahren 1957, 1961 und 1965 angegeben und damit bestätigt, daß sich diese Aufwendungen gesondert ermitteln lassen.

Die besondere Bedeutung der Parteien für die Wahlen läßt es also verfassungsrechtlich gerechtfertigt erscheinen, ihnen die notwendigen Kosten eines angemessenen Wahlkampfes von Staats wegen zu ersetzen. Es ist aber eine verfassungspolitische und deshalb nicht vom Gericht zu entscheidende Frage, ob der Gesetzgeber eine solche Erstattung von Wahlkampfkosten vorsehen soll.

...

Erstattungsfähig sind nur die tatsächlichen Ausgaben, die im unmittelbaren sachlichen Zusammenhang mit dem Wahlkampf stehen. Die laufenden Kosten der Parteien für die Unterhaltung ihrer ständigen Organisation und die Kosten der Tätigkeit, die nicht unmittelbar dem Wahlkampf dient, können nicht erstattet werden. Bei der Feststellung der den Parteien für den Wahlkampf entstandenen Kosten müssen die den Parteien üblicherweise unentgeltlich erbrachten geldwerten Dienstleistungen außer Ansatz bleiben. Es gehört zum Wesen der freien, aus eigener Kraft wirkenden Partei, daß Abgeordnete, Mitglieder und Anhänger ihre Dienste leisten, die nicht vergütet werden.

Was die Höhe der den Parteien insgesamt zu erstattenden Wahlkampfkosten anlangt, so sind erstattungsfähig nur die Kosten eines Wahlkampfes, der unter den jeweiligen politischen, wirtschaftlichen und sozialen Verhältnissen einer angemessenen werbenden Darstellung der Programme und Ziele und der notwendigen Auseinandersetzung der um die politische Macht kämpfenden Parteien dient. Es kann nicht auf das ankommen, was jede Partei für sich als angemessenen Aufwand für ihren Wahlkampf ansieht. Der Gesetzgeber wird sich vielmehr um einen objektiven Maßstab bemühen müssen.

Es wäre aber verfassungsrechtlich auch unbedenklich, wenn der Gesetzgeber eine Regelung treffen würde, nach der den Parteien nur ein bestimmter Vom-Hundert-Satz der notwendigen Kosten eines angemessenen Wahlkampfes ersetzt wird und es ihnen überlassen würde, den Rest aus eigener Kraft aufzubringen.

Sieht der Gesetzgeber eine Erstattung der Wahlkampfkosten vor, so muß er bei seiner Regelung die den Parteien durch Art. 21 GG gewährleistete Freiheit achten (vgl. BVerfGE 9, 162 [165]; 12, 296 [306]; 14, 121 [133]; 17, 155 [166]). Er wird weiterhin zu beachten haben, daß sein »Verteilungsschlüssel« nicht mit dem Grundsatz der Chancengleichheit der Parteien in Widerspruch gerät. Dieser Grundsatz gilt nicht nur für den Bereich des Wahlrechts im engeren Sinne (BVerfGE 1, 208 [242, 255]; 6, 84 [90]), für die Wahlvorbereitung (vgl. etwa für die Zulassung von Wahlvorschlägen BVerfGE 3, 19 [26f.]; 3, 383 [393]; 4, 375 [382f.]), für den Wettbewerb der Parteien um die Erlangung von Spenden (BVerfGE 6, 273 [280]; 8, 51 [64f.]) und für ihre Wahlpropaganda im Rundfunk (BVerfGE 7, 99 [107f.]; 14, 121 [132f.]), sondern im gesamten »Vorfeld« der Wahlen (vgl. BVerfGE 8, 51 [64f., 68]; 14, 121 [132]), also auch für eine gesetzliche Regelung der Erstattung von Wahlkampfkosten. In allen diesen Bereichen ist er streng formal zu verstehen. Bei einer solchen Regelung sind deshalb der Gestaltungsfreiheit des Gesetzgebers enge Grenzen gesetzt. Jede verschiedene Behandlung der Parteien, die sich nicht durch einen besonderen zwingenden Grund rechtfertigen läßt, ist ihm verfassungskräftig versagt (BVerfGE 8, 51 [64f.]; 14, 12f. [133]).

Es ist nicht Aufgabe des Gerichts darzulegen, wie eine verfassungsgemäße Regelung aussehen müßte oder könnte. Deshalb beschränkt sich das Gericht darauf, in Anschluß an seine bisherige Rechtsprechung anzudeuten, wo der Grundsatz der Chancengleichheit der Gestaltungsfreiheit des Gesetzgebers Grenzen setzt.

Mit der Entscheidung, daß den politischen Parteien die ihnen erwachsenen notwendigen Kosten eines angemessenen Bundestagswahlkampfes aus Mitteln des Bundes ersetzt werden können, steht einerseits der Kreis derjenigen fest, die an den staatlichen Geldleistungen teilhaben können: *nur* die Parteien, die am Wahlkampf teilgenommen haben. Der Grundsatz der streng formalen Chancengleichheit gebietet es andererseits, daß grundsätzlich *alle* Parteien, die am Wahlkampf teilgenommen haben, bei der Verteilung der Mittel berücksichtigt werden. Es widerspricht dem Grundsatz der Chancengleichheit, wenn diese Mittel von vornherein nur für die Parteien vorgesehen werden, die im Parlament bereits vertreten waren oder die auf Grund der Wahl Sitze im Parlament erlangen. Dieser Grundsatz verbietet jedoch nicht jede Differenzierung; er läßt eine verschiedene Behandlung der Parteien aus einem besonderen zwingenden Grund zu. Ein solcher Grund ist anzuerkennen, wenn der Gesetzgeber bei der Erstattung von Wahlkampfkosten der Gefahr einer übermäßigen Aufsplitterung der Stimmen und der Parteien entgegenzuwirken sucht.

Es läßt sich voraussehen, daß die Erstattung von Wahlkampfkosten geeignet ist, künftig die Bildung neuer politischer Parteien anzuregen. Damit würde eine Entwicklung gefördert, der die vom Bundesverfassungsgericht anerkannte 5 v. H.-Klausel entgegengewirkt hat (BVerfGE 1, 208 [248, 256]; 4, 31 [40]; 4, 142 [143]; 4, 375 [380]; 5, 77 [83]; 6, 84 [92ff.]; 14, 121 [135]). Der

Gesetzgeber kann aber schon bei der Wahl einer Zersplitterung der Stimmen und der Bildung von Zwergparteien vorbeugen und die Erstattung von Wahlkampfkosten dementsprechend beschränken. Zwar kann die Erstattung der Wahlkampfkosten einer Partei nicht davon abhängig gemacht werden, daß sie 5 v. H. der abgegebenen Stimmen erhalten hat. Diese Maßnahme würde den Effekt verdoppeln, den die 5 v. H.-Klausel hat, und einer neuen Partei den Einzug ins Parlament praktisch unmöglich machen.

Andererseits genügen die im Bundeswahlgesetz vorgeschriebenen Voraussetzungen für die Beteiligung einer neuen politischen Partei an einer Wahl noch nicht, um den Mißbrauch zu verhindern, daß sich kleine Splittergruppen nur deshalb am Wahlkampf beteiligen, weil er vom Staat finanziert wird. Der Gesetzgeber kann daher den Ersatz der Wahlkampfkosten einer Partei davon abhängig machen, daß sie einen Mindestanteil an Stimmen erreicht. Dieser muß freilich erheblich unterhalb der 5 v. H.-Grenze liegen, deren Erreichung für die Zuteilung von Mandaten erforderlich ist.

Auch hinsichtlich des Umfangs des Ersatzes der einer Partei entstandenen Wahlkampfkosten wird eine Differenzierung in gewissen Grenzen mit dem Grundsatz der Chancengleichheit der Parteien vereinbar sein. Die Rechtsprechung des Bundesverfassungsgerichts zur Frage der Verteilung von Sendezeiten im Rundfunk für die Wahlpropaganda der Parteien kann hierfür Anhaltspunkte geben (BVerfGE 14, 121 [134ff.]). Die Parteien unterscheiden sich jeweils nach Größe, politischem Gewicht und Leistungsfähigkeit, also nach ihrer – sich wandelnden – Bedeutung. Die Art ihrer Beteiligung am Wahlkampf, insbesondere die Wahl der Werbemittel und die Aufwendigkeit der Werbung, steht in einem gewissen Verhältnis zu Größe und politischem Gewicht der Parteien. Der Grundsatz der Chancengleichheit verlangt nicht, daß diese Unterschiede durch staatliche Maßnahmen ausgeglichen werden (vgl. BVerfGE 8, 51 [67]; 14, 121 [134]). Es würde dem Sinn des Ersatzes der Wahlkampfkosten aus öffentlichen Mitteln widersprechen, wenn alle Parteien, die sich an der Wahl beteiligen, ohne Rücksicht auf ihre Bedeutung und ihr eigenes personelles, ideelles und materielles Potential in den Stand gesetzt würden, den gleichen Aufwand zu treiben. Denn dadurch würde gerade die vom Staat vorgefundene tatsächliche Wettbewerbslage verfälscht werden. Andererseits wäre der Gesetzgeber gehalten, die bestehende faktische Ungleichheit der Wettbewerbschancen der Parteien nicht zu verschärfen (vgl. BVerfGE 8, 51 [67]). Sieht der Gesetzgeber künftig den Ersatz von Wahlkampfkosten vor, so wird er von dem Verhältnis ausgehen können, in dem die Aufwendungen zueinander standen, die die Parteien in der Vergangenheit gemacht haben. Bei den Aufwendungen der nicht im Bundestag vertretenen Parteien wird er dabei jedoch zu berücksichtigen haben, daß ihnen öffentliche Mittel bisher nicht zugeflossen sind. Dieser Verteilungsmodus, der lediglich die Basis für die Regelung des Gesetzgebers andeuten soll, wird entsprechend auf künftig neu entstehende und am Wahlkampf teilnehmende Parteien zu erstrecken sein. Ob weitere Gesichtspunkte für eine mit dem Grundsatz der Chancengleichheit verträgliche Differenzierung unter den Parteien berücksichtigt werden und u. U. zu einer Modifizierung der Verteilung führen können, wird der Gesetzgeber zu prüfen haben.

Aus BVerfGE 24, 335–356 (Urteil vom 3. Dezember 1968)

Das Gericht hatte auf Antrag der Nationaldemokratischen Partei Deutschlands, der Europäischen Föderativen Partei und der Bayerischen Staatspartei darüber zu entscheiden, ob bestimmte Regelungen des Parteiengesetzes verfassungswidrig wären. Diese betrafen u. a. den Kreis der Parteien, die auf die staatliche Wahlkampfkostenerstattung Anspruch hätten.

Daß die Wahlkampfkosten pauschaliert werden (§ 18 Abs. 1 PartG), ist verfassungsrechtlich nicht zu beanstanden. Die Pauschalierung verletzt insbesondere nicht den Grundsatz, daß den Parteien nur die notwendigen Kosten eines angemessenen Wahlkampfes erstattet werden dürfen (BVerfGE 20, 56 [113]).

Die Pauschalierung vereinfacht das gesamte Erstattungsverfahren. Sie erlaubt eine rein rechnerische Verteilung der Erstattungsbeträge, die außerordentlich leicht und genau zu kontrollieren ist, Ermessensentscheidungen praktisch ausschließt und kaum Anlaß zu Streitigkeiten zwischen den Parteien und der mittelverwaltenden Stelle gibt. Sie dient dadurch dem innerpolitischen Frieden.

Würde man dagegen an die den Parteien tatsächlich entstandenen Kosten anknüpfen, so entstünde nicht nur für Parteien und Verwaltung ein erheblicher zusätzlicher Verwaltungsaufwand. Die Parteien müßten genaue Belege über ihre Aufwendungen beibringen. Vor allem würde ein solches Verfahren die Gefahr in sich bergen, daß die verfassungsmäßig gewährleistete Parteienfreiheit beeinträchtigt wird. Denn die staatlichen Organe würden bei der Prüfung der Frage, ob die belegten Wahlkampfaufwendungen im einzelnen notwendig und angemessen waren, nicht umhin können, mehr oder weniger weitgefaßte Generalklauseln anzuwenden, um im konkreten Fall über die Erstattungsfähigkeit der angegebenen Ausgaben entscheiden zu können.

Die Pauschalierung kann zwar dazu führen, daß einer Partei höhere Beträge für den Wahlkampf erstattet werden, als sie tatsächlich aufgewendet hat. Dies ist jedoch außerordentlich unwahrscheinlich. In der Regel werden die tatsächlichen Aufwendungen der einzelnen Parteien nicht hinter den Erstattungsbeträgen zurückbleiben. Heute kann sich auch eine kleine Partei, wenn sie die verfassungsrechtlich zulässige Sperrklausel überspringen will, nicht damit begnügen, lediglich Wahlvorschläge nach den Vorschriften des Bundeswahlgesetzes einzureichen. Sie muß vielmehr in größerem Umfang für sich und ihr Programm und die von ihr aufgestellten Kandidaten werben und hierfür erhebliche Kosten aufwenden. Aber selbst wenn ausnahmsweise eine Partei im Einzelfall zu hohe Erstattungsbeträge erhalten sollte, kann das nicht zur Verfassungswidrigkeit des *Prinzips* der Wahlkampfkostenpauschalierung führen.

...

Das Pauschale an der Zahl der Wahlberechtigten zu orientieren, ist sachgerecht. Vor einer Wahl soll die Aktivbürgerschaft über die verschiedenen Parteiprogramme und die Art und Weise, in der diese in Zukunft verwirklicht werden sollen, so informiert werden, daß die Wahlberechtigten sich für einen der von den Parteien benannten Wahlbewerber und das von diesem vertretene Wahlprogramm entscheiden und hierdurch die künftige Regierungsbildung beeinflussen können. Diese Informationsarbeit erfordert zwangsläufig einen erheblichen Aufwand (Wahlbriefe, Plakate und Versammlungen), der um so höher sein muß, je größer die Zahl der Wahlberechtigten ist. Da diese nach den Wahlrechtsvorschriften vorgegeben ist (vgl. Art. 38 Abs. 2 GG; § 12 BWahlG), ist auch eine Manipulation des Pauschale ausgeschlossen.

Um die notwendigen Kosten eines angemessenen Wahlkampfes nach einem objektiven Maßstab berechnen zu können, hat der Gesetzgeber die Gesamtsumme der Kosten für den Bundestagswahlkampf von 1965 als Ausgangspunkt genommen.

...

Allerdings können sich die politischen, wirtschaftlichen und sozialen Verhältnisse von Wahlkampf zu Wahlkampf ändern. Künftige Wahlaufwendungen können daher höher oder niedriger liegen als die von 1965. Dies zwingt den Gesetzgeber jedoch nicht, die Gesamtsumme aller Erstattungsbeträge von Wahlkampf zu Wahlkampf neu festzusetzen, um sie den jeweiligen Verhältnissen anzupassen. Er kann – wie er es getan hat – die Gesamtsumme für die künftigen Wahlkämpfe nach oben begrenzen, indem er die zu erstattenden Kosten von der jeweiligen Zahl der Wahlberechtigten abhängig macht. Damit stellt er zugleich in Rechnung, daß die politischen, wirtschaftlichen und sozialen Bedingungen künftiger Wahlkämpfe möglicherweise einen höheren Aufwand erfordern als die bisherigen Wahlkämpfe. Mit einer solchen Steigerung der Wahlkampfkosten ist sogar zu rechnen, da mit einer ständig wachsenden Zahl von Wahlberechtigten und daher mit einer Ausdehnung der Informationsarbeit der Parteien gerechnet werden muß. Nach der derzeitigen Regelung des Parteiengesetzes wird aber die Wahlkampfkostenerstattung dadurch nach oben begrenzt, daß diese sich an den Wahlkampfkosten des Bundestagswahlkampfes 1965 orientiert. In Zukunft dürfen nach der gegenwärtigen

Rechtslage Wahlkampfkosten nicht erstattet werden, die je Wahlberechtigten die Kosten des Bundestagswahlkampfes von 1965 überschreiten.

Der Gesetzgeber durfte ferner davon ausgehen, daß die von den vier im Bundestag vertretenen Parteien für den Wahlkampf von 1965 gemachten Aufwendungen notwendig waren. Er war also berechtigt, aus der Angemessenheit des Bundestagswahlkampfes 1965 auf die Notwendigkeit der Wahlkampfkosten einen Rückschluß zu ziehen. Damit hat er der *künftigen* Wahlkampfkostenerstattung einen objektiven, vom subjektiven Dafürhalten der Parteien unabhängigen Maßstab zugrunde gelegt, der einerseits den individuellen Belangen der Parteien Rechnung trägt, aber zugleich der Wahlkampfkostenerstattung für die Zukunft feste Grenzen zieht.

...

Das Prinzip der Chancengleichheit der Parteien hängt aufs engste mit dem Grundsatz der Allgemeinheit und Gleichheit der Wahl (Art. 38 Abs. 1 GG) zusammen, der seinerseits ein Anwendungsfall des allgemeinen Gleichheitssatzes (Art. 3 Abs. 1 GG) ist (BVerfGE 1, 208 [242]; 3, 383 [391]; 6, 84 [91]; 13, 1 [12]). Dieser Grundsatz der gleichen Wahl gebietet, daß alle wahlberechtigten Bürger mit der Stimme, die sie abgeben, grundsätzlich formal gleichen Einfluß auf das Wahlergebnis ausüben und daß das Gewicht ihrer Stimme weder nach ihrem Zähl- noch ihrem Erfolgswert differenziert wird (BVerfGE 1, 208 [246]; 7, 63 [70]; 16, 130 [138]). Da es heute die Parteien sind, die die Aktivbürger für die Wahlen zu politischen Handlungseinheiten organisatorisch zusammenschließen, hat die Formalisierung des Gleichheitssatzes im Bereich der politischen Willensbildung des Volkes zur Folge, daß auch der Satz von der Chancengleichheit der politischen Parteien in dem gleichen Sinne formal verstanden werden muß (vgl. BVerfGE 14, 121 [132ff.]). Der Gesetzgeber muß deshalb bei Regelungen im Bereich der politischen Willensbildung beachten, daß ihm auf diesem Gebiete besonders enge Grenzen gezogen sind und ihm jede verschiedene Behandlung der Parteien verfassungskräftig versagt ist, die sich nicht durch einen besonderen zwingenden Grund rechtfertigen läßt (BVerfGE 8, 51 [64f.]; 13, 243 [247]; 14, 121 [133]; 20, 56 [115]).

Nach der ständigen Rechtsprechung des Bundesverfassungsgerichts rechtfertigt es die Sicherung des Charakters der Wahl als eines entscheidenden Integrationsvorganges, in einem bestimmten Ausmaß bei der Verhältniswahl den Erfolgswert der Wählerstimmen zu differenzieren und demgemäß die politischen Parteien verschieden zu behandeln. Diesem Zweck dient die 5 v. H.-Klausel des allgemeinen Wahlrechts, die ein arbeitsfähiges Parlament gewährleisten soll, das auch in der Lage ist, eine funktionsfähige Regierung zu bilden (BVerfGE 6, 84 [92ff.]; 14, 121 [134f.]).

Darüber hinaus hat das Bundesverfassungsgericht in ständiger Rechtsprechung Unterschriftenquoren bei der Zulassung von Wahlvorschlägen anerkannt, soweit die Quoren erforderlich sind, um die Ernsthaftigkeit von Wahlvorschlägen nachzuweisen. Wird eine vom Gesetz des näheren festgelegte, angemessene Zahl von Unterschriften von den Wahlvorschlagsberechtigten beigebracht, so ist die Vermutung begründet, daß hinter dem Wahlvorschlag eine politisch ernst zu nehmende Gruppe steht. Indirekt wird als Folge dieser Beschränkung der formalen Wahlrechtsgleichheit zugleich der Stimmenzersplitterung vor der Wahl begegnet (vgl. BVerfGE 12, 135 [137]; 14, 121 [135]).

Bei der Wahlkampfkostenerstattung, bei der grundsätzlich alle Parteien, die am Wahlkampf teilgenommen haben, berücksichtigt werden müssen, kann ein Mindeststimmenanteil nicht mit dem Hinweis, Wahlen sollten funktionsfähige Parlamente schaffen, sondern nur durch die für jede Wahl unerläßliche Voraussetzung gerechtfertigt werden, daß die zur Wahl gestellten Vorschläge und Programme ernst gemeint, das heißt, allein auf den Wahlerfolg und nicht auf sonstige Ziele gerichtet sind. Deshalb sind an den Nachweis der Ernsthaftigkeit der Wahlkampfbemühungen erheblich höhere Anforderungen zu stellen als an den Nachweis der Ernsthaftigkeit von Wahlvorschlägen. Denn bei der Wahlkampfkostenerstattung besteht die Gefahr, daß sich kleine Splittergruppen nur deshalb am Wahlkampf beteiligen, weil er vom Staate finanziert wird. Indem der Gesetzgeber diese Gefahr bekämpft, wirkt er bei der Erstattung der Wahlkampfkosten zugleich der Gefahr einer übermäßigen Aufsplitterung der Stimmen und der Parteien entgegen (so BVerfGE 20, 56 [117]).

Wie hoch der Mindeststimmenanteil sein darf, der kleine Gruppen berechtigt, an der Wahlkampfkostenerstattung teilzunehmen, kann nur unter Berücksichtigung der konkreten Verhältnisse bei den Bundestagswahlen ermittelt werden.

...

Der Grundsatz der Chancengleichheit, nach dem jeder Partei grundsätzlich die gleichen Möglichkeiten im Wahlkampf und Wahlverfahren und damit die gleichen Chancen im Wettbewerb um die Wählerstimmen eröffnet werden soll, gebietet nicht, daß die sich aus der unterschiedlichen Größe und Leistungsfähigkeit und den verschiedenen politischen Zielsetzungen der Parteien ergebenden Unterschiede durch staatliche Maßnahmen ausgeglichen werden (BVerfGE 8, 51 [67]; 14, 121 [134]; 20, 56 [118]). Würden mit Hilfe der Wahlkampfkostenerstattung aus öffentlichen Mitteln alle Parteien, die sich an einer Wahl beteiligen, ohne Rücksicht auf ihre Bedeutung und ihr eigenes personelles, ideelles und materielles Potential in den Stand gesetzt, den gleichen Aufwand zu treiben, so würde die vom Staat vorgefundene tatsächliche Wettbewerbslage verfälscht werden. Das Wahlergebnis, zu dem jeder Aktivbürger beigetragen hat, liefert immer noch den genauesten Maßstab für die politische Bedeutung einer Partei, das heißt, für den Anteil, den sie an der politischen Willensbildung des Volkes hat. Hiernach ist die Differenzierung des § 18 Abs. 3 PartG gerechtfertigt. Indem sie an den Wahlerfolg der Parteien anknüpft, trägt sie zugleich der Entscheidung der Aktivbürgerschaft über die Erstattung der Wahlkampfkosten und ihren Umfang Rechnung (Schriftlicher Bericht des Innenausschusses des Deutschen Bundestages, BT, *zu* Drucksache V/1918, S. 5).

Auch in den Entscheidungen zur Vergabe von Sendezeiten hat das Bundesverfassungsgericht bei der Zuteilung der Sendezeiten in einem bestimmten Ausmaß eine Differenzierung nach der politischen Bedeutung der Parteien für verfassungsrechtlich zulässig gehalten (BVerfGE 7, 99 [108]; 13, 204 [205]; 14, 121 [134]). Allerdings hat es hinzugefügt, daß eine ausschließliche Anknüpfung an den vorhergehenden Wahlerfolg mit dem Grundsatz der Chancengleichheit nicht vereinbar sei, weil sie wegen der zusätzlichen Werbewirkung einer erheblich längeren Sendezeit und einer größeren Anzahl von Sendeterminen einer Aufrechterhaltung des Status quo Vorschub leiste und auf eine Vorgabe im Wahlwettbewerb hinauslaufe (BVerfGE 14, 121 [137]). Deshalb müßten, um die Bedeutung einer Partei zu ermitteln, noch andere Faktoren außer den Ergebnissen der letzten Parlamentswahlen berücksichtigt werden, wie die Zeitdauer des Bestehens einer politischen Partei, ihre Kontinuität, ihre Mitgliederzahl und der Umfang und Ausbau ihres Organisationsnetzes. Erfahrungsgemäß stehen aber diese Kriterien, die zusätzlich über die Leistungsfähigkeit einer Partei entscheiden sollen, auf die Dauer mit dem Wahlerfolg der Partei in einem so engen Zusammenhang, daß ihnen für die Wahlkampfkostenerstattung ein gesondertes politisches Gewicht nicht zuerkannt werden kann.

Auch würde man, wenn man in der Anknüpfung an das Ergebnis der letzten Wahl für die hierdurch begünstigten Parteien eine relevante Vorgabe im Wahlwettbewerb sehen würde, nach den Entscheidungen des Gerichts zur Vergabe von Sendezeiten nur fordern können, daß *alle* Parteien, die sich an einer Wahl beteiligen, einen gleichen Grundbetrag, der sich an einem Basisaufwand orientiert, erhalten. Eine solche Regelung würde jedoch die Wirkung aufheben, die der Gesetzgeber legitimerweise mit § 18 Abs. 2 Nr. 1 PartG erzielen wollte; sie würde den Nachweis der Ernsthaftigkeit von Wahlkampfbemühungen ausschließen und damit indirekt die Stimmenzersplitterung fördern.

...

Zur Funktion der politischen Parteien in der freiheitlichen Demokratie gehört, daß sie schon in den Jahren vor der Wahl der Aktivbürgerschaft Rechenschaft über die geleistete politische Arbeit in der Vergangenheit geben und daß sie politische Alternativen für alle einer staatlichen Gestaltung zugänglichen Lebensbereiche anbieten. Zugleich haben sie die Aufgabe, der Aktivbürgerschaft einsichtig zu machen, welche Politik sie in Zukunft zu verfolgen oder zu unterstützen beabsichtigen.

Hiernach dürfen sich die Wahlen in einer parteienstaatlichen Demokratie nicht darauf beschränken, nur allgemein-registrierend statistische Funktionen zu erfüllen. Mit ihrer Hilfe soll vielmehr zugleich auch soweit wie möglich eine eindeutige politische Entscheidung von grundsätzlicher Bedeutung über die bisherige und künftige Politik von Regierung und Opposition herbeigeführt werden.

Die Arbeiten, die dazu erforderlich sind, insbesondere die Aufstellung von politischen Programmen, und die kritischen Stellungnahmen zur Regierungs- und Oppositionspolitik nehmen erhebliche Zeit in Anspruch und verursachen hohe personelle und sachliche Kosten. Insbesondere benötigen die Parteien Fachkräfte, um die Politik der Regierung überprüfen, kritisieren oder verteidigen und eigene Vorschläge mit der gebotenen Sorgfalt und Gründlichkeit ausarbeiten zu können.

Auch technisch läßt sich ein moderner Wahlkampf unter den in der Bundesrepublik Deutschland gegebenen Verhältnissen nicht kurzfristig abwickeln. Wenn eine Partei die ihr beim Wahlkampf obliegenden Funktionen erfüllen und möglichst viele Wähler erreichen will, muß sie langfristig planen können. Wahlanalysen und Umfragen müssen schon im ersten Jahr nach einer Wahl in Auftrag gegeben, Druckschriften und Plakate müssen vorbereitet und bestellt werden. Die Verteilung der Druckschriften muß organisiert, Plakatflächen müssen gemietet, Lautsprecherwagen bereitgestellt, Mietverträge für Großveranstaltungen abgeschlossen und Großkundgebungen vorbereitet werden.

Hinzu kommt, daß das Grundgesetz für die innerparteiliche Willensbildung eine demokratische Ordnung verlangt. Die Parteien müssen ihren Wahlbewerbern eine dem Grundgesetz (Art. 21 Abs. 1 Satz 3 GG), dem Wahlgesetz und dem Parteiengesetz (§ 17) entsprechende demokratische Legitimation vermitteln. Insbesondere die für die Parlamentswahlen wichtige Aufstellung der Wahlbewerber fordert eine sorgfältige Vorbereitung. Die politischen Parteien müssen Gelegenheit haben, Kandidaten auszuwählen, die sowohl sachlich qualifiziert sind als auch das Vertrauen der überwiegenden Mehrheit der Parteimitglieder besitzen. Um diese personellen Fragen entscheiden zu können, bedarf es nicht selten längerer Verhandlungen auf lokaler, regionaler und zentraler Ebene. Auch das verursacht Kosten.

Alle diese unter dem Blickpunkt eines angemessenen Wahlkampfes gebotenen Maßnahmen der Parteien sind für die bei der Wahl vom Aktivbürger zu treffenden Entscheidungen notwendig.

Mithin beginnt der Wahlkampf nicht erst in dem Augenblick, in dem die Aktivbürger durch die Werbung der Parteien unmittelbar auf ihn aufmerksam gemacht werden. Auch die langfristigen Wahlvorbereitungen sind für den Wahlkampf unerläßlich. Insbesondere ist es nicht möglich, aus den Fristen des Bundeswahlgesetzes für die Einreichung von Wahlvorschlägen (§§ 20, 27 Abs. 3, 29 Abs. 3 BWahlG) einen bestimmten Zeitpunkt für den Beginn des Wahlkampfes zu fixieren. Diese Fristen sind erforderlich, um eine ordnungsmäßige Abwicklung der Wahlen zu gewährleisten. Für die Frage, welche Maßnahmen der Parteien zum Wahlkampf gehören, sind sie ohne Belang.

Das bedeutet nicht, daß das Verhalten der Parteien innerhalb einer Wahlperiode sich dauernd am Wahlkampf orientiert. Vielmehr gewinnt der Wahlkampf während einer Legislaturperiode an Intensität. Daher kann man auch die Wahlkampfkosten von den Kosten für die allgemeine Parteiorganisation unterscheiden (BVerfGE 20, 56 [114]).

...

Das Prinzip der größtmöglichen Offenheit der Wahl verlangt an sich, daß *vor* einer Wahl die Parteien grundsätzlich nicht allein nach Maßgabe des letzten Wahlergebnisses unterschiedlich behandelt werden dürfen (BVerfGE 7, 99 [107 f.]; 14, 121 [137]). Dieselben Erwägungen, die es legitim erscheinen lassen, den Anteil am Wahlkampfkostenpauschale nach dem Wahlerfolg der Parteien unterschiedlich zu gestalten (vgl. oben C I 5 b), rechtfertigen es jedoch, auch bei den Abschlagszahlungen an den Wahlerfolg anzuknüpfen. Die politische Bedeutung einer Partei ist um so geringer einzuschätzen, je geringer ihr Wahlerfolg ist.

Diese Annahme ist im Falle der Abschlagszahlungen um so berechtigter, als diese schon im zweiten Jahr der Wahlperiode beginnen. Zwischen der letzten Wahl und dem Beginn der Abschlagszahlungen liegt also in der Regel nur ein Jahr. Es kann nicht angenommen werden, daß sich in dieser kurzen Zeit die politische Bedeutung der Parteien im Vergleich zu ihrem Erfolg bei der letzten Wahl wesentlich verändert hat. Wahrscheinlich ist vielmehr, daß das Ergebnis der letzten Wahl immer noch die politische Bedeutung der Parteien widerspiegelt.

...

§ 5 PartG eröffnet den Trägern öffentlicher Gewalt die Möglichkeit, bei der Gewährung öffentlicher Leistungen die Parteien unterschiedlich zu behandeln. Die Leistung darf nach der Bedeutung der Parteien abgestuft werden, aber nur bis zu einem von der Sache her gebotenen Mindestmaß. Die Bedeutung der Parteien soll insbesondere nach dem vorangegangenen Wahlerfolg beurteilt werden. Für die im Bundestag in Fraktionsstärke vertretenen Parteien muß in jedem Fall der Umfang der Gewährung mindestens halb so groß sein wie für jede andere Partei. Parteien, die keine Wahlvorschläge eingereicht haben, können während der Dauer des Wahlkampfes Leistungen, die mit den Wahlen in Zusammenhang stehen, nicht beanspruchen (§ 5 Abs. 2 PartG). Diese Regelung verstößt nicht gegen den Grundsatz der Chancengleichheit.

Ein zwingender Grund, der es rechtfertigt, von der formalen Chancengleichheit der Parteien abzuweichen, ist die Sicherung des Charakters der Wahl als des entscheidenden Integrationsvorganges bei der politischen Willensbildung des Volkes. Daher darf die besondere Bedeutung der Parteien, durch deren Gegen- und Miteinanderwirken die bisherige Entwicklung entscheidend geprägt worden ist, bei der Gewährung öffentlicher Leistungen berücksichtigt werden (vgl. BVerfG 14, 121 [136]). Als Kriterien für die jeweilige Bedeutung der politischen Parteien kommen vor allem die Ergebnisse der vorhergehenden Parlamentswahlen in Betracht, danach die Dauer des Bestehens der Partei, ihre Kontinuität, ihre Mitgliederzahlen, Umfang und Ausbau ihrer Organisation, ihre Vertretung im Parlament und ihre Beteiligung an der Regierung in Bund und Ländern (vgl. BVerfGE 7, 99 [108]; 14, 121 [137]).

Aus BVerfGE 44, 144 (Beschluß vom 2. März 1977)

Vom Mai 1976 bis zu den Bundestagswahlen am 3. Oktober 1976 hatte die Bundesregierung in Tageszeitungen und Zeitschriften aus Haushaltsmitteln finanzierte Anzeigenserien veröffentlicht. Die CDU beantragte daraufhin, das Verfassungsgericht möge feststellen, die Bundesregierung habe dadurch gegen den Grundsatz der Chancengleichheit bei Wahlen verstoßen.

6. Das Bundesverfassungsgericht hat die steuerliche Abzugsfähigkeit von Beiträgen und Spenden an politische Parteien, die Erstattung von Wahlkampfkosten aus öffentlichen Mitteln an die politischen Parteien und an unabhängige Wahlbewerber sowie die Einräumung von Sendezeiten in den öffentlich-rechtlichen Rundfunk- und Fernsehanstalten an politische Parteien als verfassungsmäßig anerkannt. In allen diesen Fällen war indes gewährleistet, daß die öffentlichen Mittel nicht der Identifizierung des Staates mit bestimmten politischen Parteien, Bewerbern, Wahlberechtigten, Programmen oder politischen Verhaltensweisen im Wahlkampf dienten; die verfassungsrechtliche Zulässigkeit ihrer Verwendung ergibt sich insbesondere aus dem verfassungsrechtlichen Status und der Bedeutung, die das Grundgesetz den politischen Parteien für das Staatsganze zuerkannt hat (Art. 21 Abs. 1 GG).

Unvereinbar mit Art. 20 Abs. 2 GG ist jedoch eine auf Wahlbeeinflussung gerichtete, parteiergreifende Einwirkung von Staatsorganen als solchen zugunsten oder zu Lasten einzelner oder aller am Wahlkampf beteiligten politischen Parteien oder Bewerber. Sie verstößt gegen das Gebot der Neutralität des Staates im Wahlkampf und verletzt die Integrität der Willensbildung des Volkes durch Wahlen und Abstimmungen.

Wenn der Staat, wie es in solchen Fällen nahezu immer der Fall sein wird, dabei zugunsten oder zu Lasten bestimmter politischer Parteien oder von Wahlbewerbern Partei ergreift, ist darüber hinaus auch das verfassungsmäßige Recht der davon nachteilig Betroffenen auf Chancengleichheit bei Wahlen verletzt (Art. 21 Abs. 1, Art. 38 Abs. 1 GG).

Aus BVerfGE 73, 71 f., 79–85, 88–91, 95–99 (Urteil vom 14. Juli 1986)

Das Gericht hatte sich mit der Frage zu befassen, ob die steuerlichen Regelungen der Abzugsfähigkeit von Parteispenden sowie die Regelungen zum „Chancenausgleich" verfassungsgemäß seien.

Das Recht des Bürgers auf gleiche Teilhabe an der politischen Willensbildung des Volkes äußert sich in einer lebendigen Demokratie nicht nur in der Stimmabgabe bei den Wahlen, sondern auch in der Einflußnahme auf den Prozeß der politischen Meinungsbildung. Dieses Gleichheitsrecht ist zu beachten, wenn die finanzielle Unterstützung politischer Parteien steuerlich begünstigt wird. Erläßt der Gesetzgeber solche Bestimmungen und wird dadurch dem Bürger die Einflußnahme auf das politische Geschehen erleichtert, so darf er das Recht des Einzelnen auf gleiche Teilhabe an der politischen Willensbildung grundsätzlich nicht in der Weise beeinträchtigen, daß er bestimmten Bürgern eine größere Einflußnahme auf den Willensbildungsprozeß ermöglicht als anderen. Der Gesetzgeber ist zwar nicht gehalten, die auf der wirtschaftlichen Leistungsfähigkeit beruhenden unterschiedlichen Möglichkeiten der Bürger zur finanziellen Unterstützung von politischen Parteien auszugleichen; er darf indes die vorgegebenen Unterschiede auch nicht durch eine steuerliche Regelung verschärfen, die einen Teil der Bürger in gleichheitswidriger Weise bevorzugt (BVerFGE 8, 51 [68 f.]; 24, 300 [360]; 52, 63 [88]) . . .

[Hierzu habe das Gericht früher schon ausgeführt (BVerfGE 8, 51, 69):]
„Der Grundsatz der progressiven Besteuerung führt nun aber dazu, daß diejenigen Bürger, die durch Parteispenden von ihrem demokratischen Recht auf Teilhabe an der staatlichen Willensbildung Gebrauch machen, als Steuerzahler einen unterschiedlichen materiellen Vorteil erlangen. Da dem Geld bei den Wahlvorbereitungen eine bedeutende Rolle zukommt, und da eine Partei, die über große Geldmittel verfügt, unter Umständen eine wirksamere Propaganda entfalten kann als eine Partei mit geringeren finanziellen Mitteln, kann der Spender mit hohem Einkommen seiner politischen Meinung zu einer größeren Werbekraft verhelfen und damit seinem politischen Einfluß eine größere Wirkung verschaffen als der Spender mit kleinem Einkommen. Da bei Spenden an politische Parteien der Bezieher eines großen Einkommens einen absolut und relativ höheren Betrag an Steuern erspart als der Bezieher eines kleinen Einkommens, wird die politische Meinung des ersten sozusagen prämiiert. Eine solche, durch ein Gesetz geschaffene unterschiedliche steuerliche Behandlung der Einflußnahme auf die politische Willensbildung je nach der Höhe des Einkommens verträgt sich aber nicht mit dem Grundsatz der formalen Gleichheit, der die Ausübung politischer Rechte in der freien Demokratie beherrscht."

An diesen Erwägungen hat der Senat in den Entscheidungen vom 3. Dezember 1968 (BVerfGE 24, 300 [358 f.]) und vom 24. Juli 1979 (BVerfGE 52, 63 [88 f.]) festgehalten und noch einmal hervorgehoben (BVerfGE 52, 63 [91]):

„Unzulässig wäre es dagegen insbesondere, einen bestimmten Prozentsatz der Einkünfte oder des Umsatzes als steuerlich abzugsfähig zu erklären oder die Grenzbeträge so hoch anzusetzen, daß die Einkommensteuerpflichtigen mit großem Einkommen und die Körperschaftsteuerpflichtigen unverhältnismäßig stärker begünstigt würden als die Einkommensteuerpflichtigen mit niedrigem oder mittlerem Einkommen mit der Folge, daß zugleich die Parteien bevorzugt würden, die eine größere Anziehungskraft als andere Parteien auf kapitalkräftige Kreise ausüben."

Das Änderungsgesetz (Anm. der Hrsg.: aus dem Jahre 1983) hat die Vorschriften über die steuerliche Begünstigung von Parteispenden (§ 10 b EStG, § 9 Nr. 3 KStG) jedoch in einen neuen Regelungszusammenhang eingeordnet, von dem die verfassungsrechtliche Würdigung nicht unbeeinflußt bleibt. Dabei verfolgt das Änderungsgesetz das verfassungsrechtlich grundsätzlich nicht zu beanstandende Ziel, die Finanzierung der politischen Parteien durch die steuerliche Begünstigung von Beiträgen und Spenden zu stärken. Dem liegt die Absicht des Gesetzgebers zugrunde, angesichts von Schranken, die die Verfassung einer unmittelbaren staatlichen Parteienfinanzierung vorgibt, die Finanzierung durch Mittel aus privaten Quellen zu erleichtern. Für eine solche Neuregelung sprach auch, daß zunehmend Vereinigungen, denen die steuerliche Begünstigung von finanziellen Zuwendungen durch die Steuerpflichtigen nach dem früher geltenden Recht in sehr viel größerem Ausmaß zugute kam, auf das politische Geschehen einzuwirken suchen und insoweit zu den politischen Parteien in Wettbewerb treten. Dabei hielt es der Gesetzgeber zugleich für geboten, die Parteienfinanzierung für die Zukunft durch eine klare gesetzliche Regelung durchschaubarer zu gestalten und zweifelhafte Umwegfinanzierungen auszuschließen...

Die Begrenzung der Abzugsfähigkeit von Zuwendungen an politische Parteien auf 5 v. H. des Gesamtbetrags der Einkünfte bzw. des Einkommens oder wahlweise auf 2 v. T. der Summe der gesamten Umsätze und der im Kalenderjahr aufgewendeten Löhne und Gehälter führt mithin zu einer krassen Ungleichbehandlung der Steuerpflichtigen. Bürger mit einem hohen Einkommen werden in die Lage gesetzt, an politische Parteien ungleich höhere Zuwendungen steuerwirksam zu leisten als Bürger mit geringeren Einkünften. Das ist mit dem Recht der Bürger auf gleiche Teilhabe an der politischen Willensbildung nicht vereinbar; der Grundsatz der Bürgergleichheit verlangt jedenfalls, daß allen Bürgern in gleicher Weise die Möglichkeit offensteht, die steuerliche Begünstigung der von ihnen erbrachten Zuwendungen und den damit für sie verbundenen Steuervorteil in Anspruch zu nehmen.

Die politischen Parteien werden herkömmlich nicht nur von Einzelpersonen, sondern auch von Personenvereinigungen und juristischen Personen finanziell unterstützt, die insoweit für die in ihnen zusammengeschlossenen und durch gemeinsame Interessen verbundenen Bürger handeln. Dies nimmt das Grundgesetz als eine geläufige Form tatsächlicher politischer Interessenwahrnehmung hin (BVerfGE 20, 56 [105]). Im Hinblick darauf bezieht § 9 Nr. 3 KStG – wie bisher – auch die Körperschaften und Personenvereinigungen in die steuerliche Begünstigung von Zuwendungen an politische Parteien ein. Daran war der Gesetzgeber von Verfassungs wegen nicht gehindert. Zwar können Mitglieder einer Partei nur natürliche Personen sein (§ 2 Abs. 1 Satz 2 PartG). Darauf kommt es aber in diesem Zusammenhang ebensowenig an wie darauf, ob der einzelne Steuerpflichtige, der sich zu einer Spende an eine Partei entschließt, Mitglied dieser Partei ist (BVerfGE 24, 300 [360]). Die rechtliche Möglichkeit, eine politische Partei finanziell zu unterstützen, ist auch nicht an das Wahlrecht geknüpft; sie steht auch natürlichen Personen offen, die gemäß §§ 12, 13 Bundeswahlgesetz nicht wahlberechtigt sind.

Für die Einbeziehung der Körperschaftsteuerpflichtigen in die steuerliche Begünstigung von Zuwendungen an politische Parteien sprach auch, daß ein Ausschluß der Körperschaftsteuerpflichtigen von den Steuerabzugsmöglichkeiten einen Anreiz zu Umgehungen und Umwegfinanzierungen gesetzt hätte, denen der Gesetzgeber mit der Neuregelung um der Durchschaubarkeit der Parteienfinanzierung willen gerade entgegenwirken wollte; das Ziel, durch eine größere Transparenz der Rechenschaftsberichte der politischen Parteien dem Bürger offenzulegen, welche Gruppen, Unternehmen, Verbände oder Einzelpersonen welche Parteien durch größere Zuwendungen unterstützen, würde weitgehend verfehlt.

Der durch die unterschiedlichen Abzugsgrenzen für finanzielle Zuwendungen an die politischen Parteien bewirkte Verstoß gegen das Recht der Bürger auf gleiche Teilhabe an der politischen Willensbildung wird durch den in § 22a PartG geregelten Chancenausgleich gemildert, aber nicht aufgehoben.

Gemäß § 22a Abs. 1 PartG erhalten Parteien, die nach dem endgültigen Wahlergebnis der letzten vor dem 31. Dezember (Stichtag) liegenden Bundestagswahl mindestens 0,5 v. H. der im Wahlgebiet abgegebenen gültigen Zweitstimmen erreicht haben, jährlich einen Betrag als Chancenausgleich. Der Chancenausgleich wird den Parteien gewährt, deren im Rechenschaftsbericht des vorausgegangenen Kalenderjahres ausgewiesenes Spenden- und Beitragsaufkommen im Verhältnis zu der Zahl der von ihnen gewonnenen Zweitstimmen hinter dem der Partei mit dem höchsten Spenden- und Beitragsaufkommen je Zweitstimme zurückbleibt (§ 22a Abs. 2 PartG). Auf diese Weise soll der Vorteil, der den Parteien mit relativ hohem Spenden- und Beitragsaufkommen aus der Steuerbegünstigung erwächst, nach dem Verhältnis des Wähleranteils der Parteien bei der letzten Bundestagswahl in Höhe von 40 v. H. der Zuwendungen ausgeglichen werden (vgl. Bericht des Innenausschusses vom 29. November 1983 – BTDrucks. 10/697, S. 8).

Der so ausgestaltete Chancenausgleich hat allerdings zur Folge, daß die von dem Spender oder Beitragszahler erbrachte Zuwendung, soweit sie Chancenausgleichszahlungen auslöst, nicht nur der Partei, der sie zugedacht ist, sondern indirekt auch anderen Parteien zugute kommt, an deren finanzieller Förderung dem Spender oder Beitragszahler möglicherweise gerade nicht gelegen ist. Dadurch wird indes das Recht des Bürgers, im Rahmen seiner Teilhabe an der politischen Willensbildung frei zu entscheiden, welche Partei er finanziell unterstützen will, nicht in verfassungswidriger Weise beeinträchtigt.

Das Grundgesetz hat in Art. 21 GG die politischen Parteien als verfassungsrechtlich notwendige Instrumente für die politische Willensbildung des Volkes anerkannt; es setzt politische Parteien voraus, die dieser Aufgabe, getragen von der Bereitschaft der Bürger, sie auch finanziell zu unterstützen, gerecht werden können. Wenn der Gesetzgeber sich entschließt, Zuwendungen an politische Parteien durch steuerliche Vergünstigungen zu erleichtern, und dabei ergänzend eine Regelung trifft, die eine ins Gewicht fallende Veränderung der vorgefundenen Wettbewerbslage der politischen Parteien vermeiden soll, so ist das verfassungsrechtlich nicht zu beanstanden. Die Freiheit der politischen Betätigung der Bürger, die durch die vom Grundgesetz verfaßte Demokratie konstituiert und gewährleistet wird, erleidet dadurch keine Einschränkung. Diese Freiheit umfaßt nicht einen Anspruch darauf, daß vom Staat gewährte Steuervergünstigungen für Beiträge und Spenden an politische Parteien unter Verletzung des Grundsatzes der Chancengleichheit nur der Partei – mittelbar – zugute kommen, die der Bürger unterstützt.

Der Chancenausgleich mildert die mit der unterschiedlichen Bemessung der Abzugsgrenzen für Zuwendungen an die politischen Parteien verbundene Beeinträchtigung des Rechts der Bürger auf gleiche Teilhabe an der politischen Willensbildung, hebt sie aber nicht auf. Soweit größere Spenden an eine Partei zu Ausgleichszahlungen an andere Parteien führen, kann der Spender nicht mehr mit dem unmittelbar ihm zufließenden Steuervorteil gerade seiner politischen Meinung bei der Willensbildung des Volkes zu einer größeren Werbekraft verhelfen; insoweit wird also die politische Meinung des Beziehers eines großen Einkommens nicht mehr „prämiiert" im Sinne der Entscheidung vom 24. Juni 1958 (BVerfGE 8, 51 [69]).

Die mit der Gewährung von großen Spenden verbundene Einflußmöglichkeit auf die politische Willensbildung erschöpft sich jedoch nicht darin, daß ein Spender, der die – gleichsam als vorgegeben gedachten – politischen Auffassungen einer Partei teilt, mit der Spende zugleich seiner persönlichen politischen Meinung zu einer größeren Werbekraft verhilft. Eine solche Spende kann auch dazu führen, daß der Spender einen mehr oder minder großen Einfluß auf politische Entscheidungen der von ihm bedachten Partei erlangt (vgl. BVerfGE 24, 300 [360 f.]).

Die erweiterte Abzugsfähigkeit von Zuwendungen an politische Parteien erleichtert es Steuerpflichtigen mit hohem Einkommen, ihre Spende erheblich zu erhöhen. Die Möglichkeit einer Einflußnahme wächst tendenziell mit der Höhe der gewährten Steuervergünstigung. Die die Steuerlast mindernde Spende verbleibt in voller Höhe der Partei, der sie zugedacht ist. Der Staat trägt also durch die von ihm gewährte Steuerermäßigung je nach dem Ausmaß, das sie erreicht, möglicherweise dazu bei, daß einzelne Steuerpflichtige mit Hilfe des in ihrer Zuwendung enthaltenen Steuervorteils die Empfängerpartei in ihrem Sinne beeinflussen können. Zwar gewährleistet Art. 21 GG den Parteien keine absoluten Schutz vor dem Versuch politischer Einflußnahme durch große Spenden. Das Grundgesetz begegnet den mit solchen Spenden möglicherweise verbundenen Gefahren durch das in Art. 21 Abs. 1 Satz 4 GG an die Parteien gerichtete Gebot, über die Herkunft ihrer Mittel öffentlich Rechenschaft zu geben. Damit stellt das Grundgesetz sicher, daß große Spenden an die politischen Parteien nicht anonym bleiben und daß auf diese Weise nicht unerkannt Einfluß auf die politische Willensbildung genommen wird. Im übrigen überläßt es das Grundgesetz der Verantwortung der Parteien, einem auf sie eindringenden sachwidrigen Druck zu widerstehen (vgl. BVerfGE 20, 56

[105]; 52, 63 [86 f.]; sowie jetzt § 25 Abs. 1 Nr. 6 PartG). Indessen folgt daraus nicht, daß der Staat durch die steuerliche Begünstigung von Spenden die Entstehung solcher Gefahrenlagen fördern dürfte. Vielmehr ist eine steuerliche Regelung, die Steuerpflichtige durch den ihnen zugute kommenden staatlichen Steuerverzicht in die Lage versetzt, einen bestimmenden Einfluß auf politische Entscheidungen einer Partei auszuüben, mit dem Recht der Bürger auf gleiche Teilhabe an der politischen Willensbildung nicht vereinbar.

Zieht man all dies in Betracht, so war der Gesetzgeber im Rahmen der durch das Änderungsgesetz geschaffenen Rechtslage nicht gehindert, die Steuerbegünstigung von Zuwendungen an politische Parteien erheblich auszuweiten. Jedoch genügt – wie sich ergeben hat – die in § 10 b EStG und § 9 Nr. 3 KStG getroffene Regelung auch im Blick auf die sie abschirmenden Vorschriften des § 34 g EStG und des § 22 a PartG nicht in jeder Hinsicht den Anforderungen des Rechts des Bürgers auf gleiche Teilhabe an der politischen Willensbildung. Dieses verlangt vielmehr eine Begrenzung der Abzugsfähigkeit von Zuwendungen an die politischen Parteien auf einen für alle Steuerpflichtigen gleichen Höchstbetrag, da nur so ausgeschlossen werden kann, daß einzelne Bürger kraft staatlicher Förderung einen bestimmenden Einfluß auf die von ihnen unterstützte Partei erlangen. Dadurch verlieren zugleich im Hinblick auf eine progressionsabhängig unterschiedliche Förderung durch staatlichen Steuerverzicht noch verbleibende Ungleichheiten zwischen den Bürgern ihre verfassungsrechtliche Relevanz.

Der Höchstbetrag ist im Hinblick auf die im Deutschen Bundestag vertretenen Parteien zu bestimmen, die durch ihre Repräsentanten in Parlament und Regierung wie als Opposition unmittelbar an der für alle Bürger verbindlichen staatlichen Willensbildung beteiligt sind. Unter diesem Blickpunkt hält der Senat eine steuerliche Begünstigung von Spenden bis zu 100 000 DM noch für verfassungsrechtlich zulässig, eine darüber hinausgehende Förderung jedoch mit dem Grundsatz der gleichen Teilhabe der Bürger an der politischen Willensbildung nicht mehr für vereinbar...

Gegen die direkten Zahlungen aus dem Staatshaushalt an die ausgleichsberechtigten Parteien im Rahmen des Chancenausgleichs lassen sich aus dem Grundsatz der Staatsfreiheit der politischen Parteien durchgreifende verfassungsrechtliche Bedenken nicht herleiten.

In der freiheitlichen Demokratie, die das Grundgesetz für die Bundesrepublik Deutschland verfaßt hat, geht alle Staatsgewalt vom Volke aus und wird vom Volke in Wahlen und Abstimmungen und durch besondere Organe der Gesetzgebung, der vollziehenden Gewalt und der Rechtsprechung ausgeübt (Art. 20 Abs. 1 und Abs. 2 GG). Wahlen vermögen demokratische Legitimation im Sinne des Art. 20 Abs. 2 GG nur zu verleihen, wenn sie frei sind. Dies erfordert nicht nur einen von Zwang und unzulässigem Druck freibleibenden Akt der Stimmabgabe, sondern ebensosehr, daß die Wähler ihr Urteil in einem freien, offenen Prozeß der Meinungsbildung gewinnen und fällen können (vgl. BVerfGE 20, 56 [97]). Dieser setzt in der modernen parlamentarischen Demokratie die Existenz politischer Parteien voraus. Sie sind vornehmlich berufen, die Aktivbürger freiwillig zu politischen Handlungseinheiten mit dem Ziel der Beteiligung an der Willensbildung in den Staatsorganen organisatorisch zusammenzuschließen und ihnen so einen wirksamen Einfluß auf das staatliche Geschehen zu ermöglichen (BVerfGE 44, 125 [145]; 52, 63 [82]). Aus diesem Grunde hat das Grundgesetz in Art. 21 Abs. 1 Satz 1 ausdrücklich anerkannt, daß die Parteien an der politischen Willensbildung des Volkes mitwirken, und sie damit in den Rang einer verfassungsrechtlichen Institution erhoben (BVerfGE 1, 208 [225]; ständige Rechtsprechung).

Unbeschadet dieser im Grundgesetz normierten und in § 1 PartG im Einklang mit der ständigen Rechtsprechung des Bundesverfassungsgerichts umschriebenen verfassungsrechtlichen Stellung der politischen Parteien sind diese jedoch keine Staatsorgane, sondern Gruppierungen, die sich im offenen Mehrparteiensystem frei bilden, aus eigener Kraft entwickeln und im Rahmen der freiheitlichen Grundordnung an der politischen Willensbildung des Volkes mitwirken (vgl. BVerfGE 20, 56 [101 f.]; 52, 63 [85]). Als frei gebildete Gruppen von Bürgern, die sich zusammengeschlossen haben, um auf die politische Willensbildung mit eigenen Zielvorstellungen und Programmen Einfluß zu nehmen und in den Bereich der institutionalisierten Staatlichkeit hineinzuwirken, gehören sie selbst nicht zu diesem Bereich. Eine völlige oder auch nur vorwiegende Deckung des Finanzbedarfs der Parteien aus öffentlichen Mitteln für ihre gesamte Tätigkeit würde sie zwar dem organschaftlichen Bereich nicht einfügen, sie jedoch der staatlichen Vorsorge überantworten. Das wäre mit der Funktion und der Stellung der politischen Parteien, wie sie Art. 21 GG umschreibt, nicht vereinbar. Das Grundgesetz hat den Parteien das Risiko des Fehlschlagens eigener Bemühungen um ihre Finanzierung nicht abgenommen. Es nimmt prinzipiell die Risiken in Kauf, die darin liegen, daß es die politische Willensbildung der Urteilskraft und Aktivität der Bürger anvertraut (BVerfGE 20, 56 [102f.]; 52, 63 [85f.]).

Ist nach alledem der Gesetzgeber von Verfassungs wegen nicht verpflichtet, dafür Sorge zu tragen, daß den politischen Parteien die zur Erfüllung ihrer Aufgaben notwendigen finanziellen Mittel zur Verfügung stehen, so ist er andererseits an deren finanzieller Förderung auch nicht gehindert, sofern hierdurch die politischen Parteien nicht der staatlichen Vorsorge überantwortet werden, und die vom Grundgesetz gewährleistete Offenheit des Prozesses der politischen Willensbildung des Volkes nicht beeinträchtigt wird (vgl. BVerfGE 20, 56 [99, 102]).

Die durch § 10b EStG und § 9 Nr. 3 KStG erweiterte steuerliche Abzugsfähigkeit von Beiträgen und Spenden an politische Parteien und der in § 22a PartG statuierte Chancenausgleich sind wechselseitig aufeinander bezogen. Die den Beitragszahlern und Spendern gewährte Steuervergünstigung, die mittelbar den Empfängerparteien zugute kommt, kann sich in einer gegen den Grundsatz der Chancengleichheit der politischen Parteien verstoßenden Weise auswirken. Dem begegnet der Chancenausgleich dadurch, daß er die unterschiedliche Auswirkung des staatlichen Steuerverzichts zwischen den Parteien nach ihrem Anteil an den Zweitstimmen ausgleicht. Die Gewährung der Steuervergünstigung und der Chancengleichheit stehen also in einem Wirkungszusammenhang, aus dem sie nicht herausgelöst werden können; deshalb dürfen sie auch nicht getrennt gewürdigt werden. Sie sind zwei wesentliche Bestandteile einer aufeinander abgestimmten Gesamtregelung und als eine „geschlossene konzeptionelle Einheit" gedacht (vgl. Bericht des Innenausschusses vom 29. November 1983 – BTDrucks. 10/697, S. 9). So gesehen erweist sich der Chancenausgleich als eine verfassungsrechtlich gebotene Ergänzung der angegriffenen steuerrechtlichen Regelung.

Durch die aufeinander abgestimmten Regelungen der Steuerbegünstigung von Zuwendungen an die politischen Parteien (§§ 10b, 34g EStG, § 9 Nr. 3 KStG) und des Chancenausgleichs (§ 22a PartG) wird die Offenheit des demokratischen Meinungs- und Willensbildungsprozesses nicht beeinträchtigt.

Die genannten Vorschriften eröffnen dem Staat keine Möglichkeit, auf den Prozeß der politischen Willensbildung insgesamt oder die Willensbildung in den Parteien einzuwirken:

Ob, in welcher Höhe und welcher Partei finanzielle Leistungen von privater Seite zugewendet werden, entscheiden allein die Beitragszahler und Spender. Soweit der Staat diese Zuwendungen durch seinen Steuerverzicht erleichtert und damit mittelbar an der Finanzierung der Empfängerpartei teilnimmt, wird der ihr daraus erwachsende Vorteil durch den Chancenausgleich weitgehend neutralisiert.

Die Gewährung des Chancenausgleichs steht nicht im Ermessen des Präsidiums des Deutschen Bundestages. In welcher Höhe eine politische Partei Zahlungen aus dem Chancenausgleich erhält, bemißt sich rein rechnerisch nach dem Verhältnis ihres eigenen Spenden- und Beitragsaufkommens zu dem der anderen politischen Parteien und nach dem Zweitstimmenergebnis der letzten Bundestagswahl. Alle Faktoren, die in diese Berechnung eingehen, sind am Bürgerwillen orientiert. Sowohl das Ausmaß dessen, was den politischen Parteien als Förderung aus öffentlichen Mitteln zugute kommt, als auch der Verteilungsmaßstab werden von den Bürgern und Steuerpflichtigen bestimmt, ohne daß darauf aus dem Bereich der organisierten Staatlichkeit Einfluß genommen werden könnte.

Durch die Gewährung der Steuervergünstigung für Beiträge und Spenden und den damit verknüpften Chancenausgleich fallen die politischen Parteien auch nicht der staatlichen Vorsorge anheim. Der Chancenausgleich enthebt die politischen Parteien nicht der Notwendigkeit, sich um die Finanzierung ihrer Aktivitäten durch ihre Mitglieder und ihnen nahestehende Bürger zu bemühen. Er ist eingebettet in eine Regelung, die gerade die vom Grundgesetz vorausgesetzte freiwillige finanzielle Unterstützung der politischen Parteien durch die Bürger fördern soll. Sinn und Zweck des Chancenausgleichs ist nicht die finanzielle Fürsorge für die politischen Parteien durch die Zuweisung öffentlicher Mittel, sondern die Wahrung der Chancengleichheit der Parteien im Rahmen einer steuerlichen Regelung, die den Bürgern die finanzielle Unterstützung der Parteien erleichtert. Dadurch werden die Parteien nicht der staatlichen Vorsorge überantwortet. Sie bleiben vielmehr auch in finanzieller Hinsicht auf die Überzeugungskraft und den Widerhall ihrer politischen Bestrebungen bei ihren Anhängern und Wählern angewiesen und geraten nicht in die Gefahr, sich aus ihrer Verwurzelung in der Aktivbürgerschaft zu lösen...

Das Recht der politischen Parteien auf Chancengleichheit ist zwar im Grundgesetz nicht ausdrücklich statuiert, ergibt sich aber aus der Bedeutung, die der Freiheit der Parteigründung und dem Mehrparteienprinzip für die freiheitliche Demokratie zukommt (BVerfGE 47, 198 [225]; ständige Rechtsprechung). Wenn die öffentliche Gewalt in den Bereich der politischen Willensbildung in einer Weise eingreift, daß dadurch die Chancengleichheit der politischen Parteien betroffen wird, sind ihrem Ermessen besonders enge Grenzen gezogen (BVerfGE 8, 51 [64f.]; 24, 300 [341]; 44, 125 [146]). Insbesondere darf der Gesetzgeber die vorgefundene Wettbewerbslage nicht verfälschen. Der Grundsatz der Chancengleichheit verlangt einerseits nicht, vorgegebene Unterschiede auszugleichen mit dem Ziel, eine Wettbewerbsgleichheit herzustellen. Er verwehrt es dem Gesetzgeber andererseits, durch finanzielle Zuwendungen bestehende faktische Ungleichheiten der Wettbewerbschancen zu verschärfen (BVerfGE 52, 63 [89]).

Der Grundsatz der Chancengleichheit beherrscht nicht nur den Wahlvorgang selbst; er gilt auch für den Wettbewerb der politischen Parteien um die Erlangung von Spenden (BVerfGE 52, 63 [89]). Wenn der Gesetzgeber sich dazu entschließt, Beiträge und Spenden an politische Parteien als steuermindernd anzuerkennen, so darf diese Regelung weder zu einer ernsthaft ins Gewicht fallenden Begünstigung oder Benachteiligung einer bestimmten Partei oder Parteiengruppe noch zu einer Verschärfung bestehender faktischer Ungleichheiten der Wettbewerbschancen bei der Erlangung von Zuwendungen führen...

In welchem Ausmaß die §§ 10b, 34g EStG, § 9 Nr. 3 KStG künftig zu einer mittelbaren Förderung der politischen Parteien führen würden und welchen Anteil der Steuerverzicht am gesamten Beitrags- und Spendenaufkommen der Parteien ausmachen werde, ließ sich bei Erlaß des Änderungsgesetzes nicht exakt voraussehen. Wie sich das Verhältnis des Steuerverzichts zum gesamten Beitrags- und Spendenaufkommen der politischen Parteien entwickeln werde, war ungewiß und ließ sich nur abschätzen. Das hinderte den Gesetzgeber indes nicht, die beanstandete Regelung zu treffen.

Die Ungewißheit über die Auswirkungen eines Gesetzes schließt die Befugnis des Gesetzgebers, ein Gesetz zu erlassen, nicht aus, auch wenn dieses von großer Tragweite ist. Andererseits begründet eine solche Ungewißheit nicht schon als solche einen verfassungsgerichtlicher Kontrolle nicht zugänglichen Prognosespielraum des Gesetzgebers (BVerfGE 50, 290 [332f.]). Prognosen enthalten ein Wahrscheinlichkeitsurteil, dessen Grundlagen ausgewiesen werden können und müssen; diese sind einer Beurteilung nicht entzogen. Im einzelnen hängt die Einschätzungsprärogative des Gesetzgebers von Faktoren verschiedener Art ab, im besonderen von der Eigenart des in Rede stehenden Sachbereichs, den Möglichkeiten, sich ein hinreichend sicheres Urteil zu bilden, und der Bedeutung der auf dem Spiele stehenden Rechtsgüter. Im vorliegenden Zusammenhang hat der Gesetzgeber angenommen, daß die steuerrechtlichen Regelungen der §§ 10b, 34g EStG, § 9 Nr. 3 KStG bei den begünstigten Parteien zu einer mittelbaren staatlichen Förderung durch Steuerverzicht in Höhe von etwa 40 v. H. aller Zuwendungen führen würden. Dies wäre nur dann verfassungsrechtlich zu beanstanden, wenn der Gesetzgeber mit dieser Annahme den von Verfassungs wegen an seine Prognose zu stellenden Anforderungen nicht gerecht geworden wäre. Das ist zu verneinen...

Es ist verfassungsrechtlich unbedenklich, den Parteien die notwendigen Kosten eines angemessenen Wahlkampfes von Staats wegen zu erstatten (BVerfGE 20, 56 [113ff.]; 24, 300 [306]; 41, 399 [414]). Sieht der Gesetzgeber eine Erstattung von Wahlkampfkosten vor, so muß er bei seiner Regelung sowohl den Grundsatz der Chancengleichheit wie den Grundsatz der Staatsfreiheit der politischen Parteien beachten (BVerfGE 20, 56 [116]; 52, 63 [88]).

Allerdings ist die Wahlkampfkostenerstattung nicht dazu bestimmt, die laufenden Kosten der Parteien für die Unterhaltung ihrer ständigen Organisation und die Kosten der Tätigkeiten zu decken, die nicht unmittelbar dem Wahlkampf dienen. Erstattungsfähig sind nur die Aufwendungen, die unter den jeweiligen politischen, wirtschaftlichen und sozialen Verhältnissen zur Durchführung eines Wahlkampfes erforderlich sind. Es kommt nicht darauf an, was jede Partei für sich als einen angemessenen Aufwand für ihren Wahlkampf ansieht. Der Gesetzgeber muß sich um einen objektiven Maßstab bemühen (BVerfGE 20, 56 [115f.]; ständige Rechtsprechung). Die gegenwärtige Regelung überschreitet die dadurch der Wahlkampfkostenerstattung gezogene Grenze noch nicht.

Die notwendigen Kosten eines angemessenen Wahlkampfes werden nicht auf der Grundlage der den Parteien tatsächlich entstandenen Kosten ermittelt, sondern mit einem Betrag von 5 DM je Wahlberechtigten pauschaliert und dann nach Maßgabe des Wahlergebnisses auf die erstattungsberechtigten Parteien verteilt (§ 18 Abs. 1 Satz 2 und Abs. 3 PartG). Die Pauschalierung begegnet für sich genommen keinen verfassungsrechtlichen Bedenken, weil sie das Erstattungsverfahren vereinfacht, eine rein rechnerische Verteilung der Erstattungsbeträge erlaubt und Ermessensentscheidungen ausschließt (BVerfGE 24, 300 [335]). In der Regel werden zwar die tatsächlichen Wahlkampfaufwendungen der Parteien nicht hinter den Erstattungsbeträgen zurückbleiben. Die Pauschalierung kann indes auch dazu führen, daß Parteien höhere Beträge für den Wahlkampf erstattet werden, als sie tatsächlich aufgewendet haben.

Der Grundsatz der Staatsfreiheit der Parteien verbietet eine völlige oder vorwiegende Deckung des Finanzbedarfs der Parteien aus öffentlichen Mitteln (vgl. BVerfGE 20, 56 [102]; 52, 63 [85]). Andererseits verlangt der Grundsatz der Chancengleichheit, daß alle Parteien, die am Wahlkampf teilgenommen haben, in grundsätzlich gleicher Weise bei der Erstattung der Wahlkampfkosten berücksichtigt werden; eine unterschiedliche Behandlung der Parteien ist dabei nur aus einem besonderen zwingenden Grund verfassungsrechtlich hinnehmbar (vgl. BVerfGE 20, 56 [116ff.]; 24, 300 [339f., 344f.]; st. Rspr.). Zwischen beiden Grundsätzen kann sich dann ein Konflikt ergeben, wenn die volle Wahlkampfkostenerstattung, die nach der gesetzlichen Regelung zusteht, bei einer Partei dazu führt, daß sie überwiegend aus staatlichen Mitteln finanziert wird. Dieser Konfliktfall läßt sich nur lösen, indem ermittelt wird, welcher Verfassungsgrundsatz in dem konkreten Zusammenhang das höhere Gewicht hat. Ihm ist in erster Linie Rechnung zu tragen. Der daneben zu beachtende Verfassungsgrundsatz tritt zurück. Er darf indes nur soweit zurückgedrängt werden, wie das zwingend geboten erscheint; sein sachlicher Gehalt muß soweit als möglich respektiert werden (vgl. BVerfGE 2, 1 [72f.]; 28, 243 [261]).

In dem hier gegebenen Zusammenhang kommt dem Grundsatz der Staatsfreiheit ein Vorrang zu. Art. 21 GG hat an der überkommenen Struktur der Parteien als frei konkurrierender und aus eigener Kraft wirkender Gruppen nichts ändern wollen (vgl. dazu im einzelnen BVerfGE 20, 56 [107ff.]; er verwehrt eine völlige oder vorwiegende Deckung des Finanzbedarfs der politischen Parteien durch Haushaltsmittel. Würde dieses Gebot für die Erstattung von Wahlkampfkosten durchbrochen, wäre es praktisch preisgegeben. Wird es hier beachtet, so wird dadurch das aus dem Grundsatz der Chancengleichheit fließende Gebot, grundsätzlich alle Parteien, die am Wahlkampf teilgenommen haben, an der Wahlkampfkostenerstattung zu beteiligen, nicht verdrängt, aber modifiziert. Das ist verfassungsrechtlich deshalb nicht zu beanstanden, weil der Grundsatz der Chancengleichheit eine unterschiedliche Behandlung aus besonderen zwingenden Gründen zuläßt. Solch ein besonderer Grund ist die Wahrung des vorrangigen Grundsatzes der Staatsfreiheit der politischen Parteien, die durch § 18 Abs. 6 PartG bewirkt werden soll. Indem diese Vorschrift die Wahlkampfkostenerstattung auf die Höhe der eigenen Einnahmen der Partei begrenzt, geht sie auch nicht über das unerläßliche Maß hinaus, um dem Grundsatz der Staatsfreiheit der Parteien Rechnung zu tragen.

Von einer Verletzung des Grundsatzes der Chancengleichheit der Parteien kann um so weniger die Rede sein, als § 18 Abs. 6 PartG den Belangen im Aufbau befindlicher Parteien in besonderer Weise Rechnung trägt. Zunächst ist festzuhalten, daß der Grundsatz der Staatsfreiheit der politischen Parteien unabhängig davon gilt, ob sich eine Partei nach ihrem Selbstverständnis als im Aufbau befindlich begreift. Auch solchen Parteien hat das Grundgesetz das Risiko der Eigenfinanzierung nicht abgenommen. Insbesondere ist es nicht Zweck der Wahlkampfkostenerstattung, Ausgaben einer politischen Partei, die nicht im unmittelbaren Zusammenhang mit dem Wahlkampf stehen, zu finanzieren. Dies ist vielmehr Aufgabe der frei aus eigener Kraft sich entwickelnden und wirkenden politischen Parteien, wie das Grundgesetz sie versteht.

Unabhängig davon jedoch kommt im Aufbau begriffenen Parteien entgegen, daß der vierjährige Vergleichszeitraum, den § 18 Abs. 6 PartG für die Gegenüberstellung der Wahlkampfkostenerstattung zu den Gesamteinnahmen einer Partei nach § 24 Abs. 2 Nr. 1 bis 5 und 8 PartG vorsieht, erst mit dem zweiten Kalenderjahr nach der Erstattung der Kosten des Bundestagswahlkampfes endet. Damit bleibt einer neu entstandenen Partei, die einen hinreichend großen Wahlerfolg errungen hat, die Möglichkeit, im Jahr der Wahl und in den beiden folgenden Jahren ihre Eigenfinanzierung zu verstärken. Hierzu wird sie gerade im Hinblick auf den erzielten Wahlerfolg in der Lage sein. Der in § 18 Abs. 6 PartG vorgesehene Vergleichszeitraum schließt praktisch auch aus, daß bei einer neu gegründeten Partei hiervon Zeiträume erfaßt werden, in denen sie noch nicht bestanden hat und noch keine eigenen Einnahmen erzielen konnte.

Hinzu kommt folgendes: Neu entstandene oder noch im Aufbau befindliche Parteien können erfahrungsgemäß in besonderem Maße mit dem ehrenamtlichen Engagement ihrer Mitglieder rechnen und dies in ihre Einnahmerechnung einbringen. Gemäß § 26 Abs. 1 Satz 1 PartG gilt als Einnahme grundsätzlich jede der Partei von außen zufließende Geld- oder geldwerte Leistung. Wirtschaftsgüter, die nicht in Geld bestehen, sind mit den im gewöhnlichen Geschäftsverkehr für gleiche oder vergleichbare Leistungen üblicherweise zu zahlenden Preisen anzusetzen (§ 26 Abs. 3 PartG). In der Einnahmerechnung können zwar nach § 27 Abs. 3 Satz 1 PartG Sach-, Werk- und Dienstleistungen, die die Mitglieder der Partei außerhalb eines Geschäftsbetriebes üblicherweise unentgeltlich zur Verfügung stellen oder die einen Wert von 1 000 DM im Einzelfall nicht übersteigen, unberücksichtigt bleiben. Für die Übernahme von Veranstaltungen und Maßnahmen der Parteiwerbung gilt Satz 1 entsprechend. Von dieser Möglichkeit machen die politischen Parteien regelmäßig Gebrauch (vgl. die Rechenschaftsberichte für 1984 – BTDrucks. 10/4104 [neu], 10/4626). Politische Parteien sind andererseits jedoch nicht gehindert, derartige Sach-, Werk- und Dienstleistungen sowie Maßnahmen der Parteiwerbung, die die Mitglieder der Partei unentgeltlich erbringen, als Einnahmen auszuweisen. Damit wird den Belangen von politischen Parteien, die mangels eines größeren Beitrags- oder Spendenaufkommens weitgehend auf die unentgeltliche Mitarbeit ihrer Mitglieder angewiesen sind, auch im Rahmen des § 18 Abs. 6 PartG Rechnung getragen ...

d) Parteistiftungen

Aus BVerfGE 73, 31–38 (Urteil vom 14. Juli 1986)

Das Gericht hatte sich hier mit einem Antrag der GRÜNEN zu befassen, wonach die Bereitstellung von »Globalzuschüssen zur gesellschaftlichen und demokratischen Bildungsarbeit« im Bundeshaushaltsplan an die der CDU, CSU, FDP nahestehenden Stiftungen verfassungswidrig sei: Hier liege eine verdeckte staatliche Finanzierung der diesen Stiftungen nahestehenden Parteien vor.

Die Gewährung von Globalzuschüssen an die Stiftungen, die in ihrer Selbständigkeit deutlich von den ihnen nahestehenden Parteien abgegrenzt sind, beeinflußt die Wettbewerbslage der Parteien nicht in verfassungsrechtlich beachtlicher Weise zu Lasten der Antragstellerin.

Die Stiftungen erfüllen ihre satzungsgemäßen Aufgaben in hinreichender organisatorischer und personeller Unabhängigkeit von den ihnen nahestehenden Parteien; eine verdeckte Parteienfinanzierung wird dadurch nicht bewirkt. Die Tätigkeiten der politischen Parteien und der Stiftungen verfolgen verschiedene, voneinander abgrenzbare Ziele. Die politische Bildungsarbeit der Stiftungen hat sich weitgehend verselbständigt und einen hohen Grad an Offenheit gewonnen. Einzelne mißbräuchliche Maßnahmen der Stiftungen rechtfertigen nicht die Annahme, es handle sich bei den Globalzuschüssen um eine verdeckte Parteienfinanzierung. Daß der Gesetzgeber lediglich für die im Jahre 1983 bestehenden Stiftungen Globalzuschüsse vorgesehen hat, war sachgerecht und verletzt Rechte der Antragstellerin nicht.

Die Vergabe öffentlicher Mittel zur Förderung politischer Bildungsarbeit setzt, da es verfassungsrechtlich nicht zulässig ist, den Parteien selbst solche Mittel zur Verfügung zu stellen (BVerfGE 20, 56 [112]), von den Parteien rechtlich und tatsächlich unabhängige Institutionen voraus, die sich selbständig, eigenverantwortlich und in geistiger Offenheit dieser Aufgabe annehmen. Soll die Vergabe, wie hier, parteinahe Stiftungen begünstigen, so müssen diese auch in der Praxis die gebotene Distanz zu den jeweiligen Parteien wahren und dem auch bei der Besetzung ihrer Führungsgremien hinreichend Rechnung tragen.

§ 11 Abs. 2 Satz 3 PartG i. d. F. des Gesetzes zur Änderung des Parteiengesetzes und anderer Gesetze vom 22. Dezember 1983 (BGBl. I S. 1577), wonach Vorsitzender und Schatzmeister einer Partei nicht in einer der Partei nahestehenden politischen Stiftung vergleichbare Funktionen ausüben dürfen, stellt insoweit nur Mindesterfordernisse auf. Die Stiftungen sind gehalten, darauf zu achten, daß Führungspositionen in der Stiftung und in der ihr nahestehenden Partei nicht in einer Hand vereinigt werden, und daß die Mitglieder der leitenden Stiftungsorgane nicht vornehmlich aus in hervorgehobener Stellung aktiv tätigen Parteimitgliedern bestehen.

Es ist den Stiftungen verwehrt, in den Wettbewerb der politischen Parteien einzugreifen, indem sie etwa im Auftrag und für die ihnen nahestehenden Parteien geldwerte Leistungen oder Wahlkampfhilfe erbringen. Unvereinbar hiermit wären z. B. die Kreditgewährung an nahestehende Parteien, der Ankauf und die Verteilung von Mitgliederzeitschriften solcher Parteien, die Verbreitung oder Überlassung von Schriften, die als Werbematerial im Wahlkampf geeignet und dafür bestimmt sind, die Finanzierung von parteiergreifenden Anzeigen und Zeitungsbeilagen, der Einsatz des Stiftungspersonals als Wahlhelfer oder die Durchführung von geschlossenen Schulungsveranstaltungen für aktiv am Wahlkampf Beteiligte.

Die Stiftungen haben, soweit sie Meinungsumfragen durchführen oder in Auftrag geben, darauf zu achten, daß die Fragestellungen in ihren Wahluntersuchungen sich in dem durch die Zielsetzung ihrer wahlsoziologischen Forschung gezogenen Rahmen halten und sich nicht an einem aktuellen Informationsbedürfnis der Parteien vor Wahlen orientieren.

Die Stiftungen dürfen das Vorrecht, daß Spenden, die ihnen gegeben werden, gemäß § 10 b Abs. 1 EStG und § 9 Nr. 3 KStG steuerlich begünstigt sind, nicht dazu mißbrauchen, letztlich für die Parteien bestimmte Spenden zu erbitten oder sich formal als Empfänger von Spenden auszugeben, die den Parteien zugedacht sind (§ 55 Abs. 1 Nr. 1 Satz 3 AO). Die Parteien sind nicht berechtigt, Spenden von politischen Stiftungen anzunehmen (§ 25 Abs. 1 Nr. 1 PartG).

Von dem auf die Erringung politischer Macht und deren Ausübung gerichteten Wettbewerb der politischen Parteien hat sich die Zwecksetzung der Stiftungen deutlich abzuheben. Die Stiftungen sollen die Beschäftigung der Bürger mit politischen Sachverhalten anregen und den Rahmen bieten für eine – allen interessierten Bürgern zugängliche – offene Diskussion politischer Fragen. Dadurch wird das Interesse an einer aktiven Mitgestaltung des gesellschaftlichen und politischen Lebens geweckt und das dazu notwendige Rüstzeug vermittelt.

Die politischen Parteien verfolgen demgegenüber andersgeartete Ziele. Sie nehmen an der politischen Willensbildung vornehmlich durch und im Blick auf die Beteiligung an den Wahlen teil. Sie sammeln die auf die politische Macht und ihre Ausübung gerichteten Meinungen, Interessen und Bestrebungen, gleichen sie in sich aus und formen sie zu Alternativen, unter denen die Bürger wählen können. Sie beeinflussen die Bildung des Staatswillens, indem sie in das System der staatlichen Institutionen und Ämter hineinwirken, und zwar insbesondere durch Einflußnahme auf die Beschlüsse und Maßnahmen von Parlament und Regierung (BVerfGE 52, 63 [82f.] mit w. N.).

Zwar erwähnt § 1 Abs. 2 PartG als Aufgaben der Parteien auch, die politische Bildung anzuregen und zu vertiefen, die aktive Teilnahme am politischen Leben zu fördern und zur Übernahme öffentlicher Verantwortung befähigte Bürger heranzubilden. Dabei handelt es sich indes – im Gegensatz zu der in § 2 Abs. 1 PartG umschriebenen, unverzichtbaren Zielsetzung, dauernd oder für längere Zeit für den Bereich des Bundes oder eines Landes auf die politische Willensbildung Einfluß zu nehmen und an der Vertretung des Volkes im Deutschen Bundestag oder einem Landtag mitzuwirken – um Aufgaben, die von den politischen Parteien, wenn sie es für zweckmäßig halten, wahrgenommen werden können, aber nicht müssen. Soweit sie sich dieser Aufgabe annehmen, geschieht dies vor allem, um Mitglieder zu informieren, neue Anhänger zu gewinnen sowie Funktionsträger heranzubilden und fügt sich mehr oder minder in den Wettstreit der Parteien um die Billigung und aktive Unterstützung der von ihnen verfolgten politischen Ziele durch die Bürger ein. Sie läßt sich von der übrigen Werbetätigkeit der politischen Parteien nicht abgrenzen (vgl. BVerfGE 20, 56 [112], 119 [130f.]).

Die Stiftungen werden im allgemeinen diesen verfassungsrechtlichen Anforderungen an die Zulässigkeit der Vergabe von Globalzuschüssen an sie gerecht. Sie betreiben in Erfüllung der in ihren Satzungen festgelegten Zwecke und Aufgaben in mehr oder minder gleicher Weise politische Bildungsarbeit, wissenschaftliche Forschung sowie Begabtenförderung und widmen sich der internationalen Zusammenarbeit. Sie unterhalten Archive und Bibliotheken, veröffentlichen Arbeitsmaterialien und Schriften und stellen Tagungsstätten bereit.

Die Stiftungen sind nach ihren Satzungen rechtlich selbständig und organisatorisch von den Parteien unabhängig. Die Satzungen erwähnen die jeweils nahestehenden Parteien nicht.

...

Die Geschäftsführer der Stiftungen üben in den nahestehenden Parteien keine hervorgehobenen Funktionen aus. Die Organe der Stiftungen sind indes stark mit führenden Mitgliedern der nahestehenden Parteien durchsetzt. Nach dem Ergebnis der Beweisaufnahme gehen von den Organen der Stiftungen, insbesondere den Vorständen, Anregungen und Vorschläge für Themen aus, die von den Stiftungen im Rahmen ihrer Programme untersucht und behandelt werden. Die Programme werden jedoch weitgehend von den Mitarbeitern der Stiftungen entwickelt und durchgeführt. Die Organe der Stiftungen oder die nahestehenden Parteien nehmen jedenfalls keinen bestimmenden Einfluß auf Inhalte oder Gestaltung von Projekten und Tätigkeiten der Stiftungen.

Die Beweisaufnahme hat nicht ergeben, daß die Stiftungen, abgesehen von verfassungsrechtlich unerheblichen Einzelfällen, für die Parteien unentgeltlich geldwerte Leistungen erbracht und dadurch die Finanzkraft der Parteien gestärkt haben:

Das Personal der Stiftungen wird nicht für Zwecke der nahestehenden Parteien eingesetzt. Die Stiftungen organisieren und finanzieren auch nicht Veranstaltungen und Konferenzen der Parteien. Von den Stiftungen unterhaltene Tagungsstätten werden den Parteien für deren Veranstaltungen nur gegen angemessenes Entgelt zur Verfügung gestellt. Das gleiche gilt für die Benutzung anderer Einrichtungen der Stiftungen, wie z. B. eine Presse- und Mediendokumentation. Die Archive der Stiftungen werden in der Regel kostenlos und überwiegend für wissenschaftliche Zwecke genutzt. Die Stiftungen stellen den Parteien keine Druckschriften für Werbezwecke zur Verfügung.

Die Stiftungen leisten den nahestehenden Parteien keine Hilfe im Wahlkampf. Sie geben weder Werbeanzeigen für die Parteien auf, noch verteilen sie Zeitungsbeilagen oder stellen Veröffentlichungen her, die als Werbematerial im Wahlkampf bestimmt sind und eingesetzt werden. Die Stiftungen führen keine besonderen Veranstaltungen oder Trainingsprogramme für Mandatsbewerber der Parteien durch. Vielmehr sind alle Veranstaltungen der Stiftungen, auch solche, die – wie z. B. Rhetorikseminare – dem individuellen Argumentationstraining dienen, allgemein zugänglich. Die Parteien organisieren und finanzieren ihre Wahlkämpfe selbst und stellen als Wahlhelfer Zeitpersonal ein. Die Stiftungen überlassen den Parteien zu diesem Zweck keine Mitarbeiter.

Meinungsumfragen im Hinblick auf Vorbereitung und Durchführung der Wahlkämpfe geben die Parteien – mit Ausnahme der F.D.P. – auf eigene Kosten in Auftrag. Die von den Stiftungen durchgeführten Umfragen vermitteln Erkenntnisse und Anregungen für die politische Bildungsarbeit und dienen – jedenfalls in der Regel – der wahlsoziologischen Forschung, die über die Jahre kontinuierlich betrieben wird. Die hierbei gewonnenen Daten und Ergebnisse werden publiziert und stehen der Allgemeinheit wie den Parteien zur Verfügung. Allerdings hat sich gezeigt, daß die Parteien über führende Mitglieder, die den Vorständen der Stiftungen angehören, bevorzugt Kenntnis auch von für den Wahlkampf bedeutsamen Umfrageergebnissen erhalten.

Dem verfassungsrechtlichen Leitbild haben die Stiftungen nur in Einzelfällen nicht entsprochen.

...

Unbeschadet der Abgrenzbarkeit der Tätigkeit der Stiftungen von derjenigen der politischen Parteien, deren grundsätzlichen politischen Vorstellungen sie sich verbunden fühlen, ist nicht zu verkennen, daß ihre Arbeit insbesondere auf den Gebieten der Forschung, der Materialsammlung und -aufbereitung, der Publikation, der Pflege internationaler Beziehungen, aber auch der politischen Bildung im engeren Sinne der ihnen jeweils nahestehenden Partei in einem gewissen Maße zugute kommt. Durch die Tätigkeit der Stiftungen gelangen die Parteien in den Besitz von Erkenntnissen, die es ihnen erleichtern, ihre Aufgaben wahrzunehmen, etwa tagespolitische Folgerungen aus längerfristigen gesellschaftlichen Entwicklungen zu ziehen. Auch wenn die Ergebnisse der in den Stiftungen geleisteten Arbeit der Öffentlichkeit und damit auch allen Parteien zugänglich sind, ergibt sich doch aus ihrer spezifischen, jeweils der Interessenlage einer bestimmten Partei zugewandten Aufgabenstellung, daß diese daraus regelmäßig einen größeren Vorteil ziehen wird als andere.

Die staatliche Förderung wissenschaftlicher Politikberatung, wie sie auch durch die Gewährung von Globalzuschüssen an die Stiftungen bewirkt wird, liegt im öffentlichen Interesse und stößt grundsätzlich nicht auf verfassungsrechtliche Bedenken. Mit Rücksicht auf die dargelegten Berührungspunkte zwischen der Tätigkeit der Stiftungen einerseits und den langfristigen politischen Zielvorstellungen einzelner politischer Parteien andererseits gebietet es allerdings der Gleichheitssatz, daß eine solche Förderung alle dauerhaften, ins Gewicht fallenden politischen Grundströmungen in der Bundesrepublik Deutschland angemessen berücksichtigt. Nur wenn die staatliche Förderung der pluralen Struktur der gesellschaftlichen und politischen Kräfte Rechnung trägt, wird sie dem verfassungsrechtlichen Gebot gerecht, Gleiches gleich und Ungleiches seiner Eigenart entsprechend verschieden zu behandeln.

7. Literaturhinweise

a) Monographien

ABENDROTH, WOLFGANG, Aufstieg und Krise der deutschen Sozialdemokratie, Frankfurt 1965.

DERS., Das Grundgesetz. Eine Einführung in seine politischen Probleme, hrsg. von Hans-Peter Hempel, Pfullingen 1966[2].

DERS., Antagonistische Gesellschaft und politische Demokratie. Aufsätze zur Politischen Soziologie, Neuwied-Berlin 1967.

DERS./RIDDER, HELMUT/SCHÖNFELDT, OTTO (Hrsg.), KPD-Verbot, oder mit den Kommunisten leben, Reinbek 1968.

DERS./FÜLBERTH, GEORG/HOFSCHEN, HEINZ-GERT/OTT, ERICH/STUBY, GERHARD, Sozialdemokratie und Sozialismus. August Bebel und die Sozialdemokratie heute, Köln 1974.

ADAMO, HANS, Die CDU/CSU. Wesen und Politik, Frankfurt 1976.

AGNOLI, JOHANNES/BRÜCKNER, PETER, Die Transformation der Demokratie, Berlin 1967.

ALBERTIN, LOTHAR, Liberalismus und Demokratie am Anfang der Weimarer Republik. Eine vergleichende Analyse der Deutschen Demokratischen Partei und der Deutschen Volkspartei, Düsseldorf 1972.

DERS. (Hrsg.), Politischer Liberalismus in der Bundesrepublik, Göttingen 1980.

DERS./LINK, WERNER (Hrsg.), Politische Parteien auf dem Weg zur parlamentarischen Demokratie in Deutschland, Düsseldorf 1981.

ALEMANN, ULRICH VON, Parteiensysteme im Parlamentarismus. Eine Einführung und Kritik von Parlamentarismustheorien, Düsseldorf 1973.

DERS., Organisierte Interessen in der Bundesrepublik, Opladen 1987.

DERS. (Hrsg.), Parteien und Wahlen in Nordrhein-Westfalen, Stuttgart 1985.

DERS./HEINZE, ROLF G. (Hrsg.), Verbände und Staat. Vom Pluralismus zum Korporatismus. Analysen, Positionen, Dokumente, Opladen 1979.

ALT, FRANZ, Der Prozeß der ersten Regierungsbildung unter Konrad Adenauer. Eine monographische Untersuchung der Bildung der ersten Bundesregierung, Eichholz 1970.

DERS., Es begann mit Adenauer. Der Weg zur Kanzlerdemokratie, Freiburg 1975.

ALTVATER, ELMAR u. a., Die Linke im Rechtsstaat, 2 Bde., Berlin 1975 und 1977.

ANSCHÜTZ, GERHARD/THOMA, RICHARD, Handbuch des Deutschen Staatsrechts, 2 Bde., Tübingen 1930 und 1932.

AREND, PETER, Die innerparteiliche Entwicklung der SPD 1966–1975, Bonn 1975.

ARNIM, HANS HERBERT VON, Parteienfinanzierung – Eine verfassungsrechtliche Untersuchung, hrsg. vom Karl-Bräuer-Institut des Bundes der Steuerzahler e. V., Wiesbaden 1982. Auch erschienen bei Interfron Taschenbuchreihe, Zürich-Osnabrück 1989.

BADURA, BERNHARD/REESE, JÜRGEN, Jungparlamentarier in Bonn – ihre Sozialisation im Deutschen Bundestag, Stuttgart 1976.

BÄRWALD, HELMUT, Deutsche Kommunistische Partei. Die Kommunistische Bündnispolitik in Deutschland, Köln 1970.

BAHR, EGON, SPD – Porträt einer Partei, München-Wien 1980.

BAKER, KENDALL L./DALTON, RUSSELL J./HILDEBRANDT, KAI, Germany Transformed: Political Culture and the New Politics, Cambridge, Mass. 1981.

BARNES, SAMUEL/KAASE, MAX u. a., Political Action, Beverly Hills 1979.

BARZEL, RAINER CANDIDUS, Die geistigen Grundlagen der politischen Parteien, Bonn 1947.

DERS., Die deutschen Parteien, Geldern 1952.

BAUER, GERHARD, Vom Zentrum zur CDU. Hundert Jahre christliche Politik an der Saar, Saarbrücken 1981.

BAUM, GERHART u. a., Politische Parteien und öffentlicher Dienst, Bonn 1982.

DERS./JULING, PETER, Auf und Ab der Liberalen, Gerlingen 1983.

Becker, Dirk-Eckhard/Wiesendahl, Elmar, Ohne Programm nach Bonn, oder Die Union als Kanzlerwahl-Verein, Hamburg 1972.
Becker, Horst u. a., Die SPD von innen. Bestandsaufnahme an der Basis der Partei. Auswertung und Interpretationen empirischer Untersuchungen in der SPD Nordrhein-Westfalens, Bonn 1983.
Becker, Winfried, CDU und CSU 1945–1950. Vorläufer, Gründung und regionale Entwicklung bis zum Entstehen der CDU-Bundespartei, Mainz 1987.
Behr, Wolfgang, Sozialdemokratie und Konservatismus. Ein empirischer und theoretischer Beitrag zur regionalen Parteianalyse am Beispiel der Geschichte und Nachkriegsentwicklung Bayerns (Schriftenreihe des Forschungsinstitutes der Friedrich-Ebert-Stiftung, Historisch-politische Schriften), Hannover 1969.
Benda, Ernst/Maihofer, Werner/Vogel, Hans-Jochen (Hrsg.), Handbuch des Verfassungsrechts der Bundesrepublik Deutschland, Berlin 1983.
Berberich, Walter, Die historische Entwicklung der Christlich-Sozialen Union in Bayern bis zum Eintritt in die Bundesrepublik, unv. Dissertation an der Universität Würzburg 1965.
Bergedorfer Gesprächskreis (Hrsg.), Repräsentieren unsere Parteien die Gesellschaft?, Hamburg 1982.
Bergsdorf, Wolfgang, Herrschaft und Sprache. Studie zur politischen Terminologie der Bundesrepublik Deutschland, Pfullingen 1983.
Bergsträsser, Ludwig, Die Entwicklungen des deutschen Parlamentarismus, Laupheim 1954.
Ders., Geschichte der politischen Parteien in Deutschland, München-Wien 1970[12].
Bericht der Sachverständigenkommission des Bundesministeriums des Innern, Rechtliche Ordnung des Parteiwesens, Bonn 1958.
Bericht zur Neuordnung der Parteienfinanzierung, Vorschläge der vom Bundespräsidenten berufenen Sachverständigenkommission, Köln 1983.
Berlau, Joseph A., The German Social Democratic Party, 1914–1921, New York 1949.
Bernecker, Walter L./Dotterweich, Volker (Hrsg.), Persönlichkeit und Politik in der Bundesrepublik Deutschland. Politische Porträts, Göttingen 1983.
Bertsch, Herbert, CDU/CSU demaskiert, Berlin (Ost) 1961.
Beyme, Klaus von, Parteien in westlichen Demokratien, München 1984[2].
Ders., Das politische System der Bundesrepublik Deutschland. Eine Einführung, München-Zürich 1985[4].
Ders./Schmidt, Manfred G. (Hrsg.), Policy and Politics in the Federal Republic of Germany, London 1985.
Ders./Pawelka, Peter/Staisch, Peter/Seibt, Peter, Wahlkampf und Parteiorganisation. Eine Regionalstudie zum Bundestagswahlkampf 1969, Tübingen 1974.
Bickerich, Wolfgang (Hrsg.), SPD und Grüne. Das neue Bündnis?, Reinbek 1985.
Biedenkopf, Kurt, Fortschritt in Freiheit. Umrisse einer politischen Strategie, München 1974.
Ders., Zeitsignale. Parteienlandschaft im Umbruch, München 1989.
Ders./Voss, Rüdiger von (Hrsg.), Staatsführung, Verbandsmacht und innere Souveränität. Von der Rolle der Verbände, Gewerkschaften und Bürgerinitiativen in der Politik, Stuttgart 1977.
Billstein, Helmut/Binder, Sepp/Elsner, Manfred/Klose, Hans-Ulrich/Wolkenhaar, Ingo, Organisierter Kommunismus in der Bundesrepublik Deutschland. DKP, SDAJ, MSB Spartakus, KPD/KPD(ML)/KBW, Opladen 1975[3].
Ders./Hohlbein, Hartmut/Klose, Hans-Ulrich, Jungsozialisten – Junge Union – Jungdemokraten. Die Nachwuchsorganisationen der Parteien in der Bundesrepublik, Opladen 1971.
Ders./Naumann, Klaus (Hrsg.), Für eine bessere Republik. Alternative der demokratischen Bewegung, Köln 1981.
Blüm, Norbert, Reaktion und Reform. Wohin geht die CDU?, Reinbek 1972.
Bock, Hans Manfred, Geschichte des ›linken Radikalismus‹ in Deutschland, Frankfurt 1976.
Bocklet, Reinhold (Hrsg.), Das Regierungssystem des Freistaates Bayern, Bd. II, München 1977.
Böhr, Christoph (Hrsg.), Jugend bewegt Politik. Die Junge Union Deutschlands 1947 bis 1987, Krefeld 1988.

Börnsen, Gert, Innerparteiliche Opposition. Jungsozialisten und SPD, Hamburg 1969.
Bolesch, Hermann Otto, Typisch Mischnick. Ein schlagkräftiger Liberaler, München 1974.
Bracher, Karl-Dietrich, Das deutsche Dilemma. Leidensweg der politischen Emanzipation, München 1971.
Ders., Nach 30 Jahren: Die Bundesrepublik Deutschland – Vergangenheit, Gegenwart, Zukunft, Stuttgart 1979.
Ders. (Hrsg.), Nach 25 Jahren. Eine Deutschland-Bilanz, München 1970.
Ders./Morsey, Rudolf/Schwarz, Hans Peter (Hrsg.), Auftakt zur Ära Adenauer. Koalitionsverhandlungen 1949, Düsseldorf 1985.
Ders. u. a. (Hrsg.), Geschichte der Bundesrepublik Deutschland, 5 Bde., Stuttgart-Wiesbaden 1981–1986.
Brand, Karl-Werner (Hrsg.), Neue soziale Bewegungen in Westeuropa und den USA, Frankfurt-New York 1985.
Brandt, Hans-Jürgen, Die Kandidatenaufstellung zu der Volkskammer der DDR. Entscheidungsprozesse und Auswahlkriterien, Berlin 1983.
Brandt, Peter, Antifaschismus und Arbeiterbewegung. Aufbau und Ausprägungs-Politik in Bremen 1945/46, Hamburg 1976.
Brandt, Willy, Begegnungen und Einsichten. Die Jahre 1960–1975, Hamburg 1976.
Ders./Schmidt, Helmut, Deutschland 1976. Zwei Sozialdemokraten im Gespräch, Reinbeck 1976.
Brauns, Hans Jochen/Jaeggi, Urs/Kisker, Klaus Peter/Zerdick, Axel/Zimmermann, Burkhard, SPD in der Krise. Die deutsche Sozialdemokratie seit 1945, Frankfurt 1975.
Braunthal, Gerhard, The West German Social Democrats 1969–1982. Profile of a Party in Power, Boulder 1983.
Breidbach, Ferdi/May, Rüdiger (Hrsg.), Das soziale Feigenblatt? Die Sozialausschüsse in der Union, Düsseldorf-Wien 1975.
Breitling, Rupert/Gellner, Winand (Hrsg.), Politische Studien. Machiavellismus, Parteien und Wahlen, Medien und Politik. Zum 65. Geburtstag von Erwin Faul, Gerlingen 1988.
Bretschneider, Joachim/Hofmann, Harald (Hrsg.), Karl-Hermann Flach. Liberaler aus Leidenschaft, München 1974.
Bretschneider, Michael, Mitgliederzahlen der Parteien und ihre räumliche Verteilung 1977, Berlin 1978.
Brun, Rudolf (Hrsg.), Der Grüne Protest, Frankfurt 1978.
Buchhaas, Dorothee, Die Volkspartei. Programmatische Entwicklung der CDU 1950–1973, Düsseldorf 1981.
Buchheim, Karl, Geschichte der Christlichen Parteien in Deutschland, München 1953.
Buchstab, Günther/Gotto, Klaus (Hrsg.), Die Gründung der Union. Traditionen, Entstehung und Repräsentanten, München 1981.
Bürklin, Wilhelm P., Grüne Politik. Ideologische Zyklen, Wähler und Parteisystem, Opladen 1984.
Ders., Wählerverhalten und Wertewandel, Opladen 1987.
Bundesvorstand der Jungsozialisten (Hrsg.), Bundeskongreßbeschlüsse der Jungsozialisten in der SPD 1969–1976, Hannover 1978.
Bundeszentrale für politische Bildung (Hrsg.), Grundlagen unserer Demokratie (Schriftenreihe der Bundeszentrale für politische Bildung, Nr. 270), Bonn 1988.
Burger, Werner, Die CDU in Baden-Württemberg und die CSU in Bayern. Eine vergleichende Analyse, unv. Dissertation an der Freien Universität Berlin 1984.
Buschfort, Hermann u. a. (Hrsg.), Godesberg und die Gegenwart. Ein Beitrag zur innerparteilichen Diskussion über Inhalte und Methoden sozialdemokratischer Praxis, Bonn 1975.

CDU-Bundesgeschäftsstelle, Abt. Öffentlichkeitsarbeit, Geschichte der CDU. Programm und Politik der Christlich-Demokratischen Union Deutschlands seit 1975, Bonn 1980.
Christier, Holger, Sozialdemokratie und Kommunismus. Die Politik der SPD und KPD in Hamburg 1945–1949, Hamburg 1975.

CHRISTLICHE DEMOKRATIE IN DEUTSCHLAND (Handbücher der Politischen Akademie Eicholz, Band 7), Melle 1978.
CONRADT, DAVID P., The German Polity, New York 1989[4].
CONZE, WERNER, Jakob Kaiser. Politiker zwischen Ost und West 1945–1949, Stuttgart u. a. 1969.
CZERWICK, EDWIN, Legitimationsstrategien der Parteien zwischen Landtagswahlen und Bundespolitik 1979–1983. Zur legitimatorischen Eigenständigkeit und Verflechtung von zwei politischen Systemebenen, Koblenz 1984.

DAHLBERG, THOMAS, Franz Josef Strauß. Portrait eines Politikers, Gütersloh 1968.
DETTLING, WARNFRIED (Hrsg.), Macht der Verbände – Ohnmacht der Demokratie? Beiträge zur Theorie und Politik der Verbände, München-Wien 1976.
DERS. u. a., Die Neue Soziale Frage und die Zukunft der Demokratie, München 1977[2].
DERS. (Hrsg.), Deutsche Parteien im Wandel. Eine Bestandsaufnahme, München 1983.
DEUERLEIN, ERNST, CDU/CSU 1945–1957. Beiträge zur Zeitgeschichte, Köln 1957.
DEUSSEN, GISO, Konrad-Adenauer-Stiftung, Düsseldorf 1977[4].
DEUTSCHER BUNDESTAG, PRESSE- UND INFORMATIONSZENTRUM (Hrsg.), Politik als Beruf? Das Abgeordnetenbild im historischen Wandel (Reihe: Zur Sache. Themen parlamentarischer Beratung), Bayreuth 1979.
DEUTSCHES INSTITUT FÜR ZEITGESCHICHTE (Hrsg.), Die Westdeutschen Parteien 1945–1965. Ein Handbuch, Berlin 1966.
DEXHEIMER, WOLFGANG F., Koalitionsverhandlungen in Bonn 1961, 1965, 1969. Zur Willensbildung in Parteien und Fraktionen, Bonn 1973.
DITTBERNER, JÜRGEN, FDP – Partei der zweiten Wahl. Ein Beitrag zur Geschichte der liberalen Partei und ihrer Funktionen im Parteiensystem der Bundesrepublik, Opladen 1987.
DERS./EBBIGHAUSEN, ROLF (Hrsg.), Parteiensystem in der Legitimationskrise. Studien und Materialien zur Soziologie der Parteien in der Bundesrepublik Deutschland, Opladen 1973.
DÖRING, HERBERT/SMITH, GORDON (Hrsg.), Party Government and Political Culture in Western Germany, London 1982.
DOMES, JÜRGEN, Mehrheitsfraktion und Bundesregierung. Aspekte des Verhältnisses der Fraktion der CDU/CSU im zweiten und dritten Deutschen Bundestag zum Kabinett Adenauer, Köln-Opladen 1964.
DREHER, KLAUS, Der Weg zum Kanzler. Adenauers Griff nach der Macht, Düsseldorf 1972.
DÜBBER, ULRICH, Geld und Politik. Die Finanzwirtschaft der Parteien, Freudenstadt 1970.

EBBIGHAUSEN, ROLF, Die Krise der Parteiendemokratie und die Parteiensoziologie. Eine Studie über Moise Ostrogorski, Robert Michels und die neuere Entwicklung der Parteienforschung, Berlin 1969.
DERS. (Hrsg.), Bürgerlicher Staat und politische Legitimation, Frankfurt 1976.
EBERMANN, THOMAS/TRAMPERT, RAINER, Die Zukunft der Grünen, Hamburg 1984.
EBSEN, INGWER, Verbindliche Quotenregelungen für Frauen und Männer in Parteistatuten, Heidelberg 1988.
ECKERT, RAINER/SEIDERER, AXEL, Sozialdemokratie und Jungsozialisten. Politik, Programm und Gesellschaftstheorie – eine marxistische Kritik, Frankfurt 1974.
EDINGER, LEWIS J., Kurt Schumacher. Persönlichkeit und politisches Verhalten, Köln-Opladen 1967.
EGEN, PETER, Die Entstehung des Evangelischen Arbeitskreises der CDU/CSU, unv. Dissertation an der Universität Bochum 1971.
EISNER, ERICH, Das europäische Konzept von Franz Josef Strauß. Die gesamteuropäischen Ordnungsvorstellungen der CSU, Meisenheim 1975.
EHRICH, EMIL/HELLWEGE, HEINRICH, Ein konservativer Demokrat (hrsg. von der Niedersächsischen Landeszentrale für politische Bildung), Hannover 1977.
ELLWEIN, THOMAS, Regieren und Verwalten. Eine kritische Einführung, Opladen 1976.
DERS. (Hrsg.), Politikfeldanalysen, Opladen 1980.
DERS./HESSE, JOACHIM, Das Regierungssystem der Bundesrepublik Deutschland, Opladen 1987[6].

ENGEL, ANDREAS, Wahlen und Parteien im lokalen Kontext. Eine vergleichende Untersuchung des Basisbezugs lokaler Parteiakteure in 24 nordhessischen Kreisparteiorganisationen von CDU, FDP und SPD, Frankfurt 1988.

FALKE, WOLFGANG, Die Mitglieder der CDU. Eine empirische Studie zum Verhältnis von Mitglieder- und Organisationsstruktur der CDU 1971–1977, Berlin 1982.

FALTLHAUSER, KURT/STOIBER, EDMUND (Hrsg.), Politik aus Bayern, Stuttgart 1976.

FENNER, CHRISTIAN, Demokratischer Sozialismus und Sozialdemokratie. Realität und Rhetorik der Sozialismusdiskussion in Deutschland, Frankfurt 1977.

DERS./BLANKE, BERNHARD (Hrsg.), Systemwandel und Demokratisierung. Festschrift für Ossip K. Flechtheim, Frankfurt-Köln 1977.

FENSKE, HANS, Wahlrecht und Parteiensystem. Ein Beitrag zur deutschen Parteiengeschichte, Frankfurt 1972; eine teils erweiterte, teils gekürzte Fassung ist bald darauf erschienen als: Strukturprobleme der deutschen Parteiengeschichte. Wahlrecht und Parteiensystem vom Vormärz bis heute, Frankfurt 1974.

FETSCHER, IRING, Demokratie zwischen Sozialdemokratie und Sozialismus, Stuttgart 1973.

FIJALKOWSKI, JÜRGEN/HAUCK, PETER/HOLST, AXEL/KEMPER, GERD-HEINRICH/MINTZEL, ALF, Berlin – Hauptstadtanspruch und Westintegration, Köln-Opladen 1967.

FISCHER, HEINZ DIETRICH, Parteien und Presse in Deutschland seit 1945, Bremen 1971.

FISCHER, JOSCHKA, Von grüner Kraft und Herrlichkeit, Reinbek 1984.

FISHER, STEPHEN L., The Minor Parties of the Federal Republic of Germany, Den Haag 1974.

FLACH, KARL-HERMANN, Dritte Kraft. Der Kampf gegen Machtmißbrauch in der Demokratie, Bonn 1957.

DERS., Noch eine Chance für die Liberalen, Frankfurt 1971.

DERS./MAIHOFER, WERNER/SCHEEL, WALTER, Die Freiburger Thesen der Liberalen, Reinbek 1972.

FLECHTHEIM, OSSIP K., Die deutschen Parteien seit 1945, Köln 1955.

DERS. (Hrsg.), Dokumente zur parteipolitischen Entwicklung in Deutschland seit 1945, 9 Bde., Berlin 1963–1971.

DERS. (Hrsg.), Die Parteien der Bundesrepublik Deutschland, Hamburg 1973.

FORSTHOFF, ERNST/LOEWENSTEIN, KARL/MATZ, WERNER, Die politischen Parteien im Verfassungsrecht, Tübingen 1950.

FRÄNKISCHE AKTION SPD, Sozialdemokratische Partei Deutschlands, Bezirk Franken, Nürnberg, Juli 1971.

FREDERIK, HANS, NPD, Gefahr von Rechts?, München 1966.

DERS., Die Rechtsradikalen, München-Inning o. J.

DERS., Franz Josef Strauß: Weder Heiliger noch Dämon, München 1969[3].

FREYBERG, JUTTA VON u. a., Geschichte der deutschen Sozialdemokratie 1863–1975, Köln 1975.

FRIEDEMANN, PETER (Hrsg.), Materialien zum politischen Richtungsstreit in der Sozialdemokratie 1890–1917, 2 Bde., Berlin 1977.

FRIEDRICH, HANS/ZEHETMEIER, WINFRIED, Parteien. Geschichte, Aufgaben und Bedeutung der politischen Parteien, München 1964.

FRIEDRICH, MANFRED, Opposition ohne Alternative? Über die Lage der parlamentarischen Opposition im Wohlfahrtsstaat, Köln 1962[2].

GABBE, JÖRG, Parteien und Nation. Zur Rolle des Nationalbewußtseins für die politischen Grundorientierungen der Parteien in der Anfangsphase der Bundesrepublik, Meisenheim 1976.

GABLENTZ, OTTO HEINRICH VON DER, Politische Parteien als Ausdruck der gesellschaftlichen Kräfte, Berlin 1952.

GABRIEL, OSCAR W. u. a., Strukturprobleme des lokalen Parteiensystems, Bonn 1975.

DERS. (Hrsg.), Bürgerbeteiligung und kommunale Demokratie, München 1983.

GAGEL, WALTER (Hrsg.), Probleme des deutschen Parteiensystems, Stuttgart 1982.

GANSEL, NORBERT (Hrsg.), Überwindet den Kapitalismus, oder, was wollen die Jungsozialisten?, Reinbek 1973.

GATTER, PETER, Die Aufsteiger. Ein politisches Porträt der Grünen, Hamburg 1987.

GAUS, GÜNTHER, Staatserhaltende Opposition, oder, Hat die SPD kapituliert? Gespräche mit Herbert Wehner, Reinbek 1966.

GEIß, IMANUEL/ULRICH, VOLKER (Hrsg.), Fünfzehn Millionen beleidigte Deutsche, oder, Woher kommt die CDU? Beiträge zur Kontinuität der bürgerlichen Parteien, Reinbek 1971.

GEMMECKE, VERA, Parteien im Wahlkampf, Meisenheim 1967.

GIESECKE, HERMANN/KLÖNNE, ARNO/OTTEN, DIETER, Gesellschaft und Politik in der Bundesrepublik, Frankfurt 1976.

GLASHAUSER, FRITZ, Die Bildungs- und Kulturpolitik der bayerischen F.D.P., Programmatik zwischen öffentlicher Darstellung und parteiinterner Willensbildung, München 1988.

GLOTZ, PETER, Der Weg der Sozialdemokratie. Der historische Auftrag des Reformismus, München 1975.

DERS., Die deutsche Rechte. Eine Streitschrift, Stuttgart 1989.

GÖLTER, GEORG/PIEROTH, ELMAR (Hrsg.), Die Union in der Opposition. Analyse – Strategie – Programm, Düsseldorf-Wien 1970.

GOTTO, KLAUS, Bibliographie zur Geschichte der CDU und CSU, Stuttgart 1980.

DERS./VEEN, HANS-JOACHIM, DIE GRÜNEN – Partei wider Willen, Mainz 1984.

GRAFE, PETER J., Schwarze Visionen. Die Modernisierung der CDU, Reinbek 1986.

GREBING, HELGA, Geschichte der deutschen Parteien, Wiesbaden 1962.

DIES., Geschichte der deutschen Arbeiterbewegung, München 1979[9].

GRESS, FRANZ/JASCHKE, HANS GERD, Rechtsextremismus in der Bundesrepublik seit 1960. Dokumentation und Analyse von Verfassungsschutzberichten, München 1982.

GREVEN, MICHAEL, Parteien und politische Herrschaft. Zur Interdependenz von innerparteilicher Ordnung und Demokratie in der BRD, Frankfurt 1977.

DERS., Parteimitglieder. Ein empirischer Essay über das Alltagsbewußtsein in Parteien, Opladen 1987.

GREWE, WILHELM, Zum Begriff der politischen Partei, Stuttgart 1950.

GROSS, JOHANNES, Die Christlich-Demokratische Union, Bonn 1957.

GROSSER, DIETER/LANGE, ANDREAS/MÜLLER-ARMACK, THOMAS/NEUSS, BEATE, Soziale Marktwirtschaft. Geschichte – Konzept – Leistung, Stuttgart 1988.

GROTZ, CLAUS-PETER, Die Junge Union. Struktur – Funktion – Entwicklung der Jugendorganisation von CDU und CSU seit 1969, Kehl-Straßburg 1983.

GRUBE, FRANZ/RICHTER, GERHARD/THAYSEN, UWE, Politische Planung in Parteien und Parlamentsfraktionen, Göttingen 1976.

GRÜNEN, DIE, Grüne Perspektiven. Kongreß vom 16.–19. Juni 1988.

DIES., Die Krisen-Klausur im »Pantheon«, 1987.

GRUMBACH, JÜRGEN (Hrsg.), Grünbuch Ökologie, Köln 1982.

GÜNTHER, KLAUS, Sozialdemokratie und Demokratie 1946–1966. Die SPD und das Problem der Verschränkung innerparteilicher und bundesrepublikanischer Demokratie, Bonn 1979.

GUGGENBERGER, BERND, Bürgerinitiativen in der Parteiendemokratie. Von der Ökologiebewegung zur Umweltpartei, Stuttgart 1980.

DERS./KEMPF, UDO (Hrsg.), Bürgerinitiativen und repräsentatives System, Opladen 1984[2].

GURLAND, ARCADIJ R. L., Die CDU/CSU. Ursprünge und Entwicklung bis 1953, hrsg. von Dieter Emig, Frankfurt 1980.

GUTJAHR-LÖSER, PETER, CSU. Porträt einer Partei, München-Wien 1979.

DERS./WAIGEL, THEO (Hrsg.), Die Grundsatzdiskussion in der CSU. Teil I: Studien, Berichte, Dokumente, München-Wien 1977.

GUTSCHER, JÖRG MICHAEL, Die Entwicklung der FDP von ihren Anfängen bis 1961, Meisenheim 1967.

HACKE, CHRISTIAN, Die Ost- und Deutschlandpolitik der CDU/CSU. Wege und Irrwege der Opposition seit 1969, Köln 1975.

HAHN, GERHARD, Bibliographie zur Geschichte der CDU und CSU 1945–1980, Stuttgart 1982.

HAHN, ROLAND, Der Landesparteitag der SPD, Landesverband Baden-Württemberg vom 24./25. Oktober 1970 in Offenburg. Eine Untersuchung zum Demokratisierungspotential in

einer politischen Partei, unv. Zulassungsarbeit zum Staatsexamen, Universität Tübingen 1971.
HALLENSLEBEN, ANNA, Von der Grünen Liste zur Grünen Partei? Die Entwicklung der GLU von ihrer Entstehung in Niedersachsen 1977 bis zur Gründung der Partei »Die Grünen« 1980, Göttingen 1984.
HARTMANN, JÜRGEN, Parteienforschung, Darmstadt 1979.
HASENCLEVER, WOLF-DIETER/HASENCLEVER, CONNIE, Grüne Zeiten. Politik für eine lebenswerte Zukunft, München 1982.
HAUNGS, PETER, Strukturprobleme des lokalen Parteiensystems, Bonn 1975.
DERS., Parteiendemokratie in der Bundesrepublik Deutschland, Berlin 1980.
DERS./JESSE, ECKHARD (Hrsg.), Parteien in der Krise? In- und ausländische Perspektiven, Köln 1987.
HECK, BRUNO, Die CDU und ihr Programm. Programme, Erklärungen und Entschließungen, Melle 1979.
HEIDENHEIMER, ARNOLD J., Adenauer and the CDU – the rise of the leader and the integration of the party, Den Haag 1960.
HEIDGER, RALF, Die Grünen. Basisdemokratie und Parteiorganisation. Eine empirische Untersuchung des Landesverbandes der Grünen in Rheinland-Pfalz, Berlin 1987.
HEIMANN, NORBERT, Die Schiedsgerichtbarkeit der politischen Parteien in der Bundesrepublik Deutschland, Bonn 1977.
HEIN, DIETER, Zwischen liberaler Milieupartei und nationaler Sammlungsbewegung. Gründung, Entwicklung und Struktur der Freien Demokratischen Partei 1945–1949, Düsseldorf 1985.
HEINRICHS, HANS JÜRGEN, Franz Josef Strauß, Frankfurt 1989.
HENKE, WILHELM, Das Recht der politischen Parteien, Göttingen 1972[2].
HENKEL, JOACHIM, Die Auswahl der Parlamentsbewerber. Grundfragen, Verfahrensmodelle, Berlin-New York 1976.
DERS., Amt und Mandat. Die Rechtsstellung der in den Deutschen Bundestag gewählten Angehörigen des öffentlichen Dienstes, Berlin-New York 1977.
HENNING, FRIEDRICH, F.D.P. Die Liberalen. Porträt einer Partei, München 1982.
HENNIS, WILHELM/KIELMANNSEGG, PETER GRAF/MATZ, ULRICH (Hrsg.), Regierbarkeit. Studien zur Problematisierung, 2 Bde., Stuttgart 1977.
HEPPEL, HANS/HIRSCHNER, GERHARD/KUNZ, RAINER/STAMMEN, THEO, Programme der politischen Parteien in der Bundesrepublik Deutschland. Ergänzungsband zur Bundestagswahl 1983, München 1983.
HERETH, MICHAEL, Die parlamentarische Opposition in der Bundesrepublik Deutschland, München-Wien 1969.
HERING, WOLFGANG B., Zur Frage der Anerkennung der politischen Parteien als Staatsorgane. Ein Beitrag zur verfassungsrechtlichen Stellung der politischen Parteien in der Bundesrepublik, Diss., Mainz 1962.
HERGT, SIEGFRIED (Hrsg.), Parteiprogramme. Grundsatzprogrammatik und aktuelle politische Ziele von SPD, CDU, CSU, FDP, DKP, NDP, Leverkusen 1976[9].
DERS. (Hrsg.), Ergänzungsband Parteiprogramme. Orientierungsrahmen der SPD, Mannheimer Erklärung der CDU, Parteienfinanzierung 1974, Leverkusen 1976[9].
HERZOG, DIETRICH, Politische Karrieren. Selektion und Professionalisierung politischer Führungsgruppen, Opladen 1975.
DERS., Politische Führungsgruppen. Probleme und Ergebnisse der modernen Elitenforschung, Darmstadt 1982.
HEUSSEN, EDUARD, Wie sieht der CDU-Staat aus?, Reinbek 1982.
HEYDTE, FRIEDRICH AUGUST FREIHERR VON DER/SACHERL, KARL, Soziologie der deutschen Parteien, München 1955.
HITZER, FRIEDRICH/OPITZ, REINHARD, Alternativen der Opposition, Köln 1965.
HOEGNER, WILHELM, Der schwierige Außenseiter. Erinnerungen eines Abgeordneten, Emigranten und Ministerpräsidenten, München 1959.
HOFFMANN, WOLFGANG, Die Finanzen der Parteien, München 1973.
HOFMANN, JOACHIM, Die Schülerarbeit der Jungsozialisten. Bonn 1976.

HOFSCHEN, HANS G./OTT, ERICH/RUPP, HANS K., SPD im Widerspruch. Zur Entwicklung und Perspektive der Sozialdemokratie im System der BRD, Köln 1976.
HOLL, KARL/TRAUTMANN, GÜNTER/VORLÄNDER, HANS (Hrsg.), Sozialer Liberalismus, Göttingen 1986.
HÜBNER, EMIL, Partizipation im Parteienstaat. Bürgerbeteiligung in Parteien und Wahlen, München 1976.
HUSTER, ERNST-ULRICH, Die Politik der SPD 1945–1950, Frankfurt-New York 1978.

INFAS-REPORT, Parteisoziologische Untersuchungen, Bonn-Bad Godesberg 1978.
ISENSEE, JOSEF/KIRCHHOF, PAUL (Hrsg.), Handbuch des Staatsrechts der Bundesrepublik Deutschland, Bd. 1, Heidelberg 1987.

JÄCKEL, ERNST (Hrsg.), Die Schleswig-Frage seit 1945. Dokumente zur Rechtsstellung der Minderheiten beiderseits der deutsch-dänischen Grenze, Frankfurt-Berlin 1959.
JÄGER, WOLFGANG (Hrsg.), Partei und System. Eine kritische Einführung in die Parteienforschung, Stuttgart u. a. 1973.
JENKE, MANFRED, Verschwörung von rechts? Ein Bericht über den Rechtsradikalismus in Deutschland nach 1945, Berlin 1961.
JESSE, ECKHARD, Wahlen. Bundesrepublik Deutschland im Vergleich, Berlin 1988.
JULING, PETER, Programmatische Entwicklung der FDP 1946–1969. Einführung und Dokumente, Meisenheim 1977.

KAACK, HEINO, Geschichte und Struktur des deutschen Parteiensystems, Opladen 1971.
DERS., Die F.D.P. Grundriß und Materialien zu Geschichte, Struktur und Programmatik, Meisenheim 1979[3].
DERS./KAACK, URSULA (Hrsg.), Parteien-Jahrbuch 1973/74, Meisenheim 1977.
DERS./KAACK, URSULA (Hrsg.), Parteien-Jahrbuch 1975, Meisenheim 1978.
DERS./ROTH, REINHOLD (Hrsg.), Parteien-Jahrbuch 1976. Dokumentation und Analyse der Entwicklung des Parteiensystems der Bundesrepublik Deutschland im Bundestagswahljahr 1976, Meisenheim 1979.
DERS./ROTH, REINHOLD (Hrsg.), Handbuch des deutschen Parteiensystems. Struktur und Politik in der Bundesrepublik zu Beginn der achtziger Jahre, Bd. 1: Parteienstruktur und Legitimation des Parteiensystems, Bd. 2: Programmatik und politische Alternative der Bundestagsparteien, Opladen 1980.
KAASE, MAX, Wahlsoziologie heute (Politische Vierteljahresschrift, 18 [1977] 2–3), Opladen 1977.
DERS./KLINGEMANN, HANS-DIETER (Hrsg.), Wahlen und politisches System. Analysen aus Anlaß der Bundestagswahl 1980, Opladen 1983.
DIES. (Hrsg.), Wahlen und Wähler. Analysen aus Anlaß der Bundestagswahl 1987, Opladen 1990.
KADEN, ALBRECHT, Einheit oder Freiheit. Die Wiedergründung der SPD 1945/46, Hannover 1964.
KALTEFLEITER, WERNER, Wirtschaft und Politik in Deutschland. Konjunktur als Bestimmungsfaktor des Parteiensystems, Köln-Opladen 1966.
DERS./NIßEN, PETER, Empirische Wahlforschung, Paderborn 1980.
DERS., Parteien im Umbruch. Ein Beitrag zur politischen Geschichte der Bundesrepublik Deutschland, Düsseldorf 1984.
KALTENBRUNNER, GERD-KLAUS (Hrsg.), Volksparteien ohne Zukunft? Die Krise des Parteienstaates, München 1988.
KARL, FRANK D., Die K-Gruppen. Entwicklung, Ideologie, Programme, Bonn 1976.
KASTENDIEK, HELLA, Arbeitnehmer in der SPD. Herausbildung und Funktion der Arbeitsgemeinschaft für Arbeitnehmerfragen (AfA), Berlin 1978.
KELLY, PETRA, Um Hoffnung kämpfen. Gewaltfrei in eine grüne Zukunft, Bornheim-Merten 1983.
KIRCHHEIMER, OTTO, Politische Herrschaft. Fünf Beiträge zur Lehre vom Staat, Frankfurt 1967.

Klages, Helmut/Kmieciak, Peter (Hrsg.), Wertwandel und gesellschaftlicher Wandel, Frankfurt-New York 1979.

Klein, Jo/Kierey, Karl-Joachim/Lammert, Norbert, Bürgernahe Organisationen großstädtischer Parteien, Melle 1983.

Kleinsteuber, Hans J., Rundfunkpolitik in der Bundesrepublik. Der Kampf um die Macht über Hörfunk und Fernsehen, Opladen 1982.

Klingemann, Hans-Dieter/Kaase, Max (Hrsg.), Wahlen und politischer Prozeß. Analyse aus Anlaß der Bundestagswahl 1983, Opladen 1986.

Klink, Dieter, Vom Antikapitalismus zur sozialistischen Marktwirtschaft. Die Entwicklung der ordnungspolitischen Konzeption der SPD von Erfurt (1891) bis Bad Godesberg (1959), Hannover 1965.

Klotzbach, Kurt, Der Weg zur Staatspartei. Programmatik, praktische Politik und Organisation der deutschen Sozialdemokratie, Berlin-Bonn 1982.

Kluge, Thomas (Hrsg.), Grüne Politik. Der Stand der Auseinandersetzung, Frankfurt 1984.

Kluth, Hans, Die KPD in der Bundesrepublik. Ihre politische Tätigkeit und Organisation 1945–1956, Köln 1959.

Knütter, Hans-Helmuth, Ideologien des Rechtsradikalismus im Nachkriegsdeutschland. Eine Studie über die Nachwirkungen des Nationalsozialismus, Bonn 1961.

Koch, Hans-Gerhard/Bamberg, Hans-Dieter, CDU/CSU. Verhinderte Staatspartei, Starnberg 1974.

Koerfer, Daniel, Die FDP in der Identitätskrise. Die Jahre 1966–1969 im Spiegel der Zeitschrift »liberal«, Stuttgart 1981.

Ders., Kampf ums Kanzleramt. Erhard und Adenauer, Stuttgart 1987.

Körper, Kurt J., FDP – Bilanz der Jahre 1960–1966. Braucht Deutschland eine liberale Partei?, Köln 1968.

Köser, Helmut, Die Grundsatzdebatte in der SPD von 1945/46 bis 1958/59. Entwicklung und Wandel der Organisationsstruktur und des ideologischen Selbstverständnisses der SPD. Eine empirisch-systematische Untersuchung, unv. Dissertation an der Universität Freiburg 1971.

Kofler, Anton, Parteiengesellschaft im Umbruch. Partizipationsprobleme von Großparteien, Wien-Köln-Graz 1985.

Kohnen, Peter, Deutschland, Deine SPD, München 1974[4].

Konrad-Adenauer-Stiftung (Hrsg.), Strukturprobleme des lokalen Parteiensystems, Bonn 1975.

Kolinsky, Eva, Parties, Opposition and Society in West Germany, London 1984.

Kraiker, Gerhard, Politischer Katholizismus in der BRD. Eine ideologiekritische Analyse, Stuttgart 1972.

Kramm, Lothar, Stamokap – eine kritische Abgrenzung, Bonn 1974.

Krause, Wolfgang/Wehr, Andreas/Weinsen, Hans Willi, Zwischen Anpassung und sozialistischer Politik. Zur Geschichte der Jungsozialisten seit 1945, Berlin 1975.

Kraushaar, Wolfgang (Hrsg.), Was sollen die Grünen im Parlament?, Frankfurt 1983.

Kremendahl, Hans, Nur die Volkspartei ist mehrheitsfähig. Zur Lage der SPD nach der Bundestagswahl 1976, Bonn-Bad Godesberg 1977.

Ders., Vertrauenskrise der Parteien? Parteienstaat zwischen Verfassungsauftrag und Parteienverdrossenheit. Ursachen – Alternativen – Reformen (Politik – kurz und aktuell, Nr. 29, Landeszentrale für politische Bildungsarbeit Berlin), Berlin 1978.

Kremer, Klemens, Der Weg ins Parlament. Kandidatur zum Bundestag, Heidelberg 1986[3].

Kretschmer, Gerald, Fraktionen – Parteien im Parlament, Heidelberg 1984.

Krockow, Christian Graf von (Hrsg.), Brauchen wir ein neues Parteiensystem?, Frankfurt 1983.

Ders./Lösche, Peter (Hrsg.), Parteien in der Krise. Das Parteiensystem der Bundesrepublik und der Aufstand des Bürgerwillens, München 1986.

Kronawitter, Georg, Mit allen Kniffen und Listen. Strategie und Taktik der dogmatischen Linken in der SPD, München 1979.

Kühnl, Reinhard u. a., Die NPD. Struktur, Programm und Ideologie einer neofaschistischen Partei, Berlin 1967.

KÜHR, HERBERT, Demokratie und Oligarchie in der CDU. Eine Fallstudie, Bonn 1975.
DERS. (Hrsg.), Vom Milieu zur Volkspartei. Funktionen und Wandlungen der Parteien im kommunalen und regionalen Bereich, Königsstein 1979.
DERS./SIMON, KLAUS, Lokalpartei und vorpolitischer Raum, Melle 1982.
KÜPPER, JOST L., Die SPD und der Orientierungsrahmen ›85‹, Bonn-Bad Godesberg 1977.
DERS., Die Kanzlerdemokratie. Voraussetzungen, Strukturen und Änderungen des Regierungsstiles in der Ära Adenauer, Frankfurt 1985.
KUNZ, RAINER/MAIER, HERBERT/STAMMEN, THEO, Programme der politischen Parteien in der Bundesrepublik, 2 Bde. (Bayerische Landeszentrale für politische Bildungsarbeit), München 1979[3].

LANGE, MAX GUSTAV u. a., Parteien in der Bundesrepublik. Studien zur Entwicklung der deutschen Parteien bis zur Bundestagswahl 1953, Stuttgart-Düsseldorf 1955.
LANGGUTH, GERD, Protestbewegung am Ende. Die Neue Linke als Vorhut der DKP, Mainz 1971.
DERS., Der Grüne Faktor. Von der Bewegung zur Partei?, Osnabrück-Zürich 1984.
LANGEWIESCHE, DIETER, Liberalismus in Deutschland, Frankfurt 1988.
LANGNER, MANFRED (Hrsg.), Die GRÜNEN auf dem Prüfstand. Analyse einer Partei, Bonn 1987.
LAPALOMBARA, JOSEPH/WEINER, MYRON (Hrsg.), Political Parties and Political Development, Princeton 1965.
LAUN, RUDOLF VON, Mehrheitsprinzip, Fraktionszwang und Zweiparteiensystem. Gedächtnisschrift für Walter Jellinek, München 1955.
LEGGEWIE, CLAUS, Der Geist steht rechts. Ausflüge in die Denkfabriken der Wende, Berlin 1987.
DERS., Die Republikaner. Phantombild der Neuen Rechten, Berlin 1989.
LEHMBRUCH, GERHARD, Parteienwettbewerb im Bundesstaat, Stuttgart 1976.
LEHNERT, DETLEF, Sozialdemokratie zwischen Protestbewegung und Regierungspartei 1848–1983, Frankfurt 1983.
LEIBHOLZ, GERHARD, Der Strukturwandel der modernen Demokratie, Karlsruhe 1952.
DERS., Strukturprobleme der modernen Demokratie, Karlsruhe 1967[3].
LENK, KURT/NEUMANN, FRANZ, Theorie und Soziologie der politischen Parteien, 2 Bde., Neuwied 1974.
LEY, RICHARD, Föderalismusdiskussion innerhalb der CDU/CSU von der Parteigründung bis zur Verabschiedung des Grundgesetzes, Mainz 1978.
LIEBERAM, EKKEHARD, Bundesparteien im politischen Mechanismus der BRD, Frankfurt 1974.
LIESE, HANS-JÜRGEN, Zielvorstellungen der Parteien, München 1976.
LIPPART, HANS-RUDOLF, Die Gleichheit der politischen Parteien vor der öffentlichen Gewalt. Eine kritische Studie zur Wahl- und Parteienrechtsjudikatur des Bundesverfassungsgerichts, Berlin 1975.
LIPSET, SEYMOUR M./ROKKAN, STEIN (Hrsg.), Party Systems and Voter Alignments: Cross-National Perspectives, New York 1967.
LIVINGSTON, ROBERT GERALD, West German Political Parties, Washington 1986.
LÖSCHE, PETER, Wovon leben die Parteien? Über das Geld in der Politik, Frankfurt 1984.
LOEWENBERG, GERHARD, Parlamentarismus im politischen System der Bundesrepublik Deutschland, Tübingen 1969 (Originalausgabe »Parliament in the German Political System«, Ithaca 1967).
LÖWENTHAL, RICHARD/SCHWARZ, HANS-PETER (Hrsg.), Die zweite Republik. 25 Jahre Bundesrepublik Deutschland – eine Bilanz, Stuttgart 1974.
LÖWKE, UDO F., Die SPD und die Wehrfrage 1949 bis 1955, Bonn 1976.
LOHMAR, ULRICH, Innerparteiliche Demokratie. Eine Untersuchung der Verfassungswirklichkeit politischer Parteien in der Bundesrepublik Deutschland, Stuttgart 1968[2].
LORIG, WOLFGANG H., Neokonservatives Denken in der Bundesrepublik Deutschland und in den Vereinigten Staaten von Amerika, Opladen 1988.

MACRIDIS, ROY C. (Hrsg.), Political Parties. Contemporary Trends and Ideas, New York-London 1967.

MAIER, HANS/BOTT, HERMANN, Die NPD. Struktur und Ideologie einer »nationalen Rechtspartei«, München 1968².

DERS./RAUSCH, HEINZ/HÜBNER, EMIL/OBERREUTER, HEINRICH, Parlament und Parlamentsreform. Zum Selbstverständnis des fünften Deutschen Bundestages, München 1979².

MANGOLDT, HERMANN VON, Das Bonner Grundgesetz, Berlin-Frankfurt 1953.

MAREN-GRIESBACH, MANON, Philosophie der Grünen, München-Wien 1982.

MARKMANN, HEINZ, Das Abstimmungsverhalten der Parteifraktionen in den deutschen Parlamenten, Meisenheim 1955.

MARTEN, HEINZ G., Die unterwanderte FDP. Politischer Liberalismus in Niedersachsen. Aufbau und Entwicklung der Freien Demokratischen Partei 1945–1955, Göttingen 1978.

MATTEDI, NORBERT, Gründung und Entwicklung der Parteien in der Sowjetischen Besatzungszone Deutschlands 1945–1949, Berlin 1966.

MATZ, ULRICH (Hrsg.), Aktuelle Herausforderungen der repräsentativen Demokratie, Köln 1985.

MAUCH, BERTHOLD, Die bayerische FDP. Porträt einer Landespartei 1945–1949, München 1989.

MAUERBERGER, VOLKER, Wie links dürfen Jusos sein? Vom Bürgerschreck zur Bürgerinitiative, Reinbek 1974.

MAUNZ, THEODOR/DÜRIG, GÜNTHER/HERZOG, ROMAN/SCHOLZ, RUPERT, Grundgesetz. Kommentar, 4 Bde., München 1958ff.

MAYER-VORFELDER, GERHARD/ZUBER, HUBERTUS (Hrsg.), Union alternativ, Stuttgart 1976.

MENDE, ERICH, Die FDP. Daten, Fakten, Hintergründe, Stuttgart 1972.

DERS., Das verdammte Gewissen. Zeuge der Zeit 1921–1945, München 1985².

DERS., Die Neue Freiheit. Zeuge der Zeit 1945–1961, München 1986².

DERS., Von Wende zu Wende. 1962–1982, München 1986.

MENG, RICHARD, Die sozialdemokratische Wende. Außenbild und innerer Prozeß der SPD 1981–1984, Gießen 1985.

MENUDIÉR, HENRI, Parteien und Wahlen im politischen System der Bundesrepublik Deutschland, München 1986.

METTKE, JÖRG R. (Hrsg.), Die Grünen. Regierungspartner von morgen?, Reinbek 1982.

MEYER, THOMAS (Hrsg.), Demokratischer Sozialismus – geistige Grundlagen und Wege in die Zukunft, München 1980.

MEYN, HERMANN, Die Deutsche Partei. Entwicklung und Programmatik einer nationalkonservativen Rechtspartei nach 1945, Düsseldorf 1965.

MICHAL, WOLFGANG, Die SPD – staatstreu und jugendfrei. Wie altmodisch ist die Sozialdemokratie?, Reinbek 1988.

MICHELS, ROBERT, Zur Soziologie des Parteiwesens in der modernen Demokratie. Untersuchungen über die oligarchischen Tendenzen des Gruppenlebens, Stuttgart 1957².

MILLER, SUSANNE/POTTHOFF, HEINRICH, Kleine Geschichte der SPD, Bonn 1983⁵.

DIES./RISTAU, MALTE (Hrsg.), Gesellschaftlicher Wandel – Soziale Demokratie: 125 Jahre SPD. Historische Erfahrungen, Gegenwartsfragen, Zukunftskonzepte, Köln 1988.

MINTZEL, ALF, Geschichte der CSU. Ein Überblick, Opladen 1977.

DERS., Die CSU. Anatomie einer konservativen Partei 1945–1972, Opladen 1978².

DERS., Die Volkspartei. Typus und Wirklichkeit, Opladen 1984.

MISCHNICK, WOLFGANG, Zwischen liberaler Milieupartei und nationaler Sammelbewegung. Gründung, Entwicklung und Struktur der Freien Demokratischen Partei 1945–1949, Düsseldorf 1985.

DERS. (Hrsg.), Verantwortung für die Freiheit. 40 Jahre FDP, Stuttgart 1989.

MOLT, PETER, Die neutralistische Opposition 1949–1954, unv. Dissertation an der Universität Heidelberg 1956.

MOMMSEN, HANS (Hrsg.), Sozialdemokratie zwischen Klassenbewegung und Volkspartei. Verhandlungen der Sektion »Geschichte der Arbeiterbewegung« des Deutschen Historikertages in Regensburg, Oktober 1972, Frankfurt 1974.

MOMMSEN, WILHELM, Deutsche Parteiprogramme, München 1960³.

MORAW, FRANK, Die Parole der »Einheit« und die Sozialdemokratie, Bonn-Bad Godesberg 1973.

MÜCHLER, GÜNTER, CDU/CSU. Das schwierige Bündnis, München 1976.

MÜHLEISEN, HANS-OTTO (Hrsg.), Das Geld der Parteien. Parteienfinanzierung zwischen staatspolitischer Notwendigkeit und Kriminalität, München-Zürich 1986.

MÜLLER, EMIL-PETER, Die sozio-ökonomische und verbandliche Struktur des VIII. Deutschen Bundestages (Institut der deutschen Wirtschaft, Beiträge zur Gesellschafts- und Bildungspolitik, Nr. 19), Köln 1977.

DERS., Alternative Listen. Protest ohne Programm, Köln 1979.

DERS., Soziale Strukturen im X. Deutschen Bundestag (Institut der deutschen Wirtschaft, Beiträge zur Gesellschafts- und Bildungspolitik, Nr. 92/93), Köln 1983.

DERS., Die Grünen und das Parteiensystem, Köln 1984.

DERS., Republikaner und Grüne. Zwischen Ideologie und Protest, Köln 1989.

MÜLLER, FERDINAND F., Political Recruitment in Modern Democratic Systems: The Case of the German Young Socialists, unv. Magisterarbeit an der University of Florida 1976.

MÜLLER, JOHANNES GEORG, Staats- und Parteieneinfluß auf die Rundfunkanstalten in Frankreich und Deutschland. Eine vergleichende Analyse, Frankfurt-New York 1987.

MÜLLER, JOSEF, Bis zur letzten Konsequenz. Ein Leben für Frieden und Freiheit, München 1975.

MÜLLER, UTE, Die demokratische Willensbildung in den politischen Parteien, Mainz 1967².

MÜLLER, WERNER, Die KPD und die ›Einheit der Arbeiterklasse‹, Frankfurt-New York 1979.

MÜLLER-ROMMEL, FERDINAND, Innerparteiliche Gruppierungen in der SPD. Eine empirische Studie über informell-organisierte Gruppierungen von 1969–1980, Opladen 1982.

DERS. (Hrsg.), New Politics in Western Europe: The Rise and Success of Green and Alternative Parties, Boulder 1989.

MURPHY, DETLEF u. a., Protest: Grüne, Bunte und Steuerrebellen. Ursache und Perspektiven, Reinbek 1979.

NARR, WOLF-DIETER, CDU – SPD. Programm und Praxis seit 1945, Stuttgart u. a. 1966.

DERS. (Hrsg.), Auf dem Weg zum Einparteienstaat, Opladen 1977.

DERS./SCHEER, HERMANN/SPÖRI, DIETER, SPD – Staatspartei oder Reformpartei?, München 1976.

NEUMANN, FRANZ, Der Block der Heimatvertriebenen und Entrechteten 1950–1960. Ein Beitrag zur Geschichte und Struktur einer politischen Interessenpartei, Meisenheim 1968.

NEUMANN, SIGMUND, Die deutschen Parteien. Wesen und Wandel nach dem Krieg, Berlin 1932 (Neuauflage: Die Parteien der Weimarer Republik. Mit einer Einführung von Karl Dietrich Bracher, Stuttgart 1970²).

DERS., Parteien in der Bundesrepublik. Studien zur Entwicklung der deutschen Parteien bis zur Bundestagswahl 1953, Stuttgart-Düsseldorf 1954.

NICKEL, ARNO, Die AfA in der SPD. Untersuchung ihrer gesellschaftlichen Funktion im Verhältnis von SPD und Arbeitnehmerschaft, unv. Diplomarbeit an der Freien Universität Berlin 1975.

NICLAUSS, KARLHEINZ, Kanzlerdemokratie. Bonner Regierungspraxis von Konrad Adenauer bis Helmut Kohl, Stuttgart 1988.

NIEDERMAYER, OSKAR, Europäische Parteien? Zur grenzüberschreitenden Interaktion politischer Parteien im Rahmen der europäischen Gemeinschaft, Frankfurt-New York 1983.

DERS., Innerparteiliche Partizipation, Opladen 1989.

DERS./REIF, KARLHEINZ/SCHMITT, HERMANN, Neumitglieder in der SPD. Ergebnisse einer empirischen Untersuchung im Bezirk Pfalz, Neustadt 1987.

NIETHAMMER, LUTZ, Angepaßter Faschismus. Politische Praxis der NPD, Frankfurt 1969.

NIPPERDEY, THOMAS, Die Organisation der deutschen Geschichte. Essays, München 1986.

NOHLEN, DIETER, Wahlrecht und Parteiensystem, Opladen 1986.

NOLLER, GERHARD, Die Veränderung der SPD, Reutlingen 1977.

NOWKA, HARRY, Die Machtverhältnisse zwischen Partei und Fraktion in der SPD, München 1973.

OBERNDÖRFER, DIETER (Hrsg.), Wählerverhalten in der Bundesrepublik Deutschland. Studien zu ausgewählten Problemen der Wahlforschung aus Anlaß der Bundestagswahl 1976, Berlin 1978.
OBERREUTER, HEINRICH, Kann der Parlamentarismus überleben?, Zürich-Osnabrück 1978[2].
DERS., Parteien – zwischen Nestwärme und Funktionskälte, Zürich 1984[2].
DERS. (Hrsg.), Parlamentarische Opposition. Ein internationaler Vergleich, Hamburg 1975.
DERS. (Hrsg.), Parlamentsreform. Probleme und Perspektiven in westlichen Demokratien, Passau 1981.
DERS. (Hrsg.), Wahrheit statt Mehrheit? An den Grenzen der parlamentarischen Demokratie, München 1986.
OERTZEN, PETER VON, Die Aufgabe der Partei. Reden und Aufsätze aus den letzten vier Jahren zur Arbeit der SPD und zur Entwicklung ihrer programmatischen Grundlagen, Bonn 1974.
DERS./EHMKE, HORST/EHRENBERG, HERBERT (Hrsg.), Orientierungsrahmen '85, Bonn 1976.
OLZOG, GÜNTER/HERZIG, ARTHUR/LIESE, HANS J., Die politischen Parteien in der Bundesrepublik Deutschland, München 1988[18].
OPP DE HIPT, MANFRED, Denkbilder in der Politik. Der Staat in der Sprache von SPD und CDU. Eine Sprachanalyse, Opladen 1987.
OSCHILEWSKI, WALTHER G./SCHOLZ, ARNO, Franz Neumann. Ein Kämpfer für die Freiheit Berlins, Berlin 1954.
OSTERHELD, HORST, Konrad Adenauer. Ein Charakterbild, Bonn 1973.
DERS., Ich gehe nicht leichten Herzens ... »Adenauers letzte Kanzlerjahre« – Ein dokumentarischer Bericht, Mainz 1987[2].
OSTERROTH, FRANZ/SCHUSTER, DIETER, Chronik der deutschen Sozialdemokratie, 3 Bde., Berlin-Bonn 1975 und 1978.
OSTROGORSKI, MOISEI, Democracy and the Organization of Political Parties, London 1902.

PANEBIANCO, ANGELO, Modelli di partito. Organizzazione et potere nei partiti politici, Bologna 1982.
PARTEIEN IN DER BUNDESREPUBLIK, Stuttgart-Düsseldorf 1955.
PATERSON, WILLIAM E./ALASTAIR, H. THOMAS (Hrsg.), Social Democratic Parties in Western Europe, London 1977.
DERS./SMITH, GORDON (Hrsg.), The West German Model. Perspectives on a Stable State, London 1981.
PAULI-BALLEIS, GABRIELE, Polit-PR. Strategische Öffentlichkeitsarbeit politischer Parteien. Zur PR-Praxis der CSU, Zirndorf 1987.
PETERS, JAN (Hrsg.), Alternative zum Atomstaat. Das bunte Bild der Grünen, Berlin 1979.
PIRKER, THEO, Die SPD nach Hitler. Geschichte der Sozialdemokratischen Partei Deutschlands 1945–1964, (Nachdruck) Berlin 1977.
POTTHOFF, HEINRICH, Handbuch politischer Institutionen und Organisationen 1945–1949, Düsseldorf 1983.
PRÄTORIUS, RAINER, Soziologie der politischen Organisation. Eine Einführung, Darmstadt 1984.
PREUSSE, DETLEV, Gruppenbildungen und innerparteiliche Demokratie. Am Beispiel der Hamburger CDU, Königstein 1981.
PRIDHAM, GEOFFREY, Christian Democracy in Western Germany. The CDU/CSU in Government and Opposition, 1945–1976, London 1977.
PROBLEME DES DEUTSCHEN PARTEIENSYSTEMS, Stuttgart 1982.
PÜTZ, HELMUTH, Die CDU. Entwicklung, Aufbau und Politik der Christlich-Demokratischen Union Deutschlands, Bonn 1971.
DERS., Innerparteiliche Willensbildung. Empirische Untersuchung zum bildungspolitischen Willensbildungsprozeß in der CDU, Mainz 1974.
PULTE, PETER (Hrsg.), Die Neue Linke, Berlin 1973.
DERS. (Hrsg.), Politische Jugendorganisationen. Programmatik, Beschlüsse, Forderungen und Thesen von Jungsozialisten, Junge Union, Jungdemokraten, Leverkusen-Opladen 1975.
PUMM, GÜNTHER, Kandidatenwahl und innerparteiliche Demokratie in der Hamburger SPD, Hamburg 1974.

RADUNSKI, PETER, Wahlkämpfe. Moderne Wahlkampfführung als politische Kommunikation, München 1980.
RAMMINGER, HELMUT K., Die schrankenlose Grüne. Chance und Grenzen einer Bewegung, Bern 1982.
RASCHKE, JOACHIM, Innerparteiliche Opposition. Die Linke in der Berliner SPD, Hamburg 1974.
DERS., Organisierter Konflikt in westeuropäischen Parteien. Eine vergleichende Analyse parteiinterner Oppositionsgruppen, Opladen 1977.
DERS. (Hrsg.), Die politischen Parteien in Westeuropa. Geschichte – Programm – Praxis. Ein Handbuch, Reinbek 1978.
DERS. (Hrsg.), Bürger und Parteien. Ansichten und Analysen einer schwierigen Beziehung, Opladen 1982.
RAUSCH, HEINZ, Bundestag und Bundesregierung. Eine Institutionenkunde, München 1976[4].
RECHTLICHE ORDNUNG DES PARTEIWESENS. Probleme eines Parteiengesetzes. Bericht der vom Bundesminister des Innern eingesetzten Parteienrechtskommission, Frankfurt 1958[2].
RECHTSRADIKALISMUS IM NACHKRIEGSDEUTSCHLAND. Studien über die »Sozialistische Reichspartei« (SRP), Berlin-Frankfurt 1957.
REENTS, JÜRGEN u. a., Es grünt so rot. Alternativen zwischen Mode und Modell, Hamburg 1982.
RICHARDS, FRED H., Die NPD. Alternative oder Wiederkehr?, München 1967.
RICHERT, ERNST, Die radikale Linke von 1945 bis zur Gegenwart, Berlin 1969.
RISTOCK, HARRY (Hrsg.), Mitte-Links, Bonn 1977.
RITTER, GERHARD A., Die deutschen Parteien vor 1918, Köln 1973.
DERS., Die deutschen Parteien 1830–1914. Parteien und Gesellschaft im konstitutionellen Regierungssystem, Göttingen 1985.
DERS./NIEHUSS, MERITH, Wahlen in der Bundesrepublik Deutschland. Bundestags- und Landtagswahlen 1946–1987, München 1987.
RITTER, WALDEMAR, Kurt Schumacher. Eine Untersuchung seiner politischen Konzeption und seiner Gesellschafts- und Staatsauffassung, Hannover 1964.
ROEMHELD, REGINE, Minorisierung als Herrschaftssicherung. Zur Innovationsfähigkeit des westdeutschen Parteiensystems, Frankfurt 1983.
ROHE, KARL, Vom Revier zum Ruhrgebiet. Wahlen, Parteien und politische Kultur, Essen 1986.
DERS. (Hrsg.), Elections, Parties, and Political Traditions, Oxford 1990.
DERS./KÜHR, HERBERT, Politik und Gesellschaft im Ruhrgebiet, Königstein 1979.
ROLLMANN, DIETRICH, Die CDU in der Opposition. Eine Selbstdarstellung, Hamburg 1970.
ROTH, REINHOLD/SEIBT, PETER (Hrsg.), Etablierte Parteien im Wahlkampf. Studien zur Bremer Bürgerschaftswahl 1976, Meisenheim 1979.
ROTH, ROLAND (Hrsg.), Parlamentarisches Ritual und politische Alternativen, Frankfurt 1980.
ROVAN, JOSEF, Geschichte der deutschen Sozialdemokratie, Frankfurt 1980.
ROWOLD, MANFRED, Im Schatten der Macht. Zur Oppositionsrolle der nicht-etablierten Parteien in der Bundesrepublik, Düsseldorf 1974.
RÜTHER, GÜNTHER, Geschichte der Christlich-Demokratischen und Christlich-Sozialen Bewegungen in Deutschland, Bonn 1987[2].
RÜTTEN, THEO, Der deutsche Liberalismus 1945 bis 1955, Baden-Baden 1984.
RUGE, PETER, Die Grünen – Bewegungscomic, Hamburg 1980.
RUPP, HANS KARL, Sozialismus und demokratische Erneuerung. Die ersten Konzeptionen der Parteien in den Westzonen nach 1945, Köln 1974.
DERS., Außerparlamentarische Opposition in der Ära Adenauer, Köln 1980[2].
RYSCHKOWSKY, NIKOLAUS J., Die linke Linke, München-Wien 1968.

SAHNER, HEINZ, Politische Tradition, Sozialstruktur und Parteiensystem in Schleswig-Holstein. Ein Beitrag zur Replikation von Rudolf Heberles: Landbevölkerung und Nationalsozialismus, Meisenheim 1972.
SARCINELLI, ULRICH, Symbolik der Politik. Zur Bedeutung symbolischen Handelns in der Wahlkampfkommunikation der Bundesrepublik Deutschland, Opladen 1987.

DERS. (Hrsg.), Politikvermittlung. Beiträge zur politischen Kommunikationskultur, Stuttgart 1987.

SARTORI, GIOVANNI, Parties and Party Systems: A Framework for Analysis, Cambridge, Mass. 1976.

SCHACHT, KURT, Bilanz sozialdemokratischer Reformpolitik, Frankfurt 1976.

DERS., Die F.D.P. Zur Geschichte und Politik, Frankfurt 1980.

SCHADT, JÖRG/SCHMIERER, WOLFGANG (Hrsg.), Die SPD in Baden-Württemberg und ihre Geschichte. Von den Anfängen der Arbeiterbewegung bis heute, Stuttgart u. a. 1979.

SCHÄFER, ASTRID, Innerparteiliche Auseinandersetzungen in der SPD von 1949–1970, unv. Zulassungsarbeit zum Staatsexamen an der Universität Heidelberg 1970.

SCHÄFER, FRIEDRICH, Der Bundestag: Eine Darstellung seiner Aufgaben und seiner Arbeitsweise, Opladen 1982[4].

SCHÄFER, GERT/NEDELMANN, CARL (Hrsg.), Der CDU-Staat. Analysen zur Verfassungswirklichkeit der Bundesrepublik, 2 Bde., München 1967.

SCHARDT, ALOIS, Wohin steuert die CDU?, Osnabrück 1961.

SCHEER, HERMANN, Parteien kontra Bürger? Die Zukunft der Parteiendemokratie, München-Zürich 1979.

SCHILLER-DICKHUT, REINER u. a., Alternative Stadt-Politik. Grüne, rote und bunte Arbeit in den Rathäusern, Hamburg 1981.

SCHINDLER, PETER, Datenhandbuch zur Geschichte des Deutschen Bundestages 1949–1982. Eine Veröffentlichung der Wissenschaftlichen Dienste des Deutschen Bundestages, Bonn 1984[3].

DERS., Datenhandbuch zur Geschichte des Deutschen Bundestages 1980–1987. Eine Veröffentlichung der Wissenschaftlichen Dienste des Deutschen Bundestages, Baden-Baden 1988.

SCHLANGEN, WALTER (Hrsg.), Die deutschen Parteien im Überblick. Von den Anfängen bis heute, Königstein 1979.

SCHLETH, UWE, Parteifinanzen. Eine Studie über Kosten und Finanzierung der Parteitätigkeit, zu deren politischer Problematik und zu den Möglichkeiten einer Reform, Meisenheim 1973.

SCHMID, CARLO, Gesammelte Werke in Einzelausgaben, Band 3: Erinnerungen, München 1979.

SCHMID, JOSEF, Landesverbände und Bundespartei der CDU. Organisationsstrukturen, Politiken und Funktionsweisen einer Partei im Föderalismus, unv. Dissertation an der Universität Konstanz 1988.

SCHMIDT, MANFRED G., CDU und SPD an der Regierung. Ein Vergleich ihrer Politik in den Ländern, Frankfurt-New York 1980.

SCHMIDT, RUDI/BÄRLEIN, MICHAEL/BONIN, HEINZ, Das Blockwahlsystem in der SPD. Zur Herrschaftstechnik des Parteiapparates, Hamburg 1970.

SCHMIDT, STEFAN (Hrsg.), Schwarze Politik aus Bayern. Ein Lesebuch zur CSU, Darmstadt-Neuwied 1974.

SCHMIDT, UTE, Zentrum oder CDU. Politischer Katholizismus zwischen Tradition und Anpassung, Opladen 1987.

SCHMIDT-URBAN, KARIN, Beteiligung und Führung in lokalen Parteieinheiten, Frankfurt 1981.

SCHMITT, HERMANN, Neue Politik in alten Parteien, Opladen 1987.

DERS., Das Parteiensystem der Bundesrepublik Deutschland, Kurs Nr. 3207 der Fernuniversität, Hagen 1987.

SCHMÖLLER, CARL, Kennen Sie eigentlich die CSU?, Bonn 1964.

SCHÖNBOHM, WULF, CDU: Portrait einer Partei, München 1979.

DERS., Die CDU wird moderne Volkspartei. Selbstverständnis, Mitglieder, Organisation und Apparat 1950–1980, Stuttgart 1985.

DERS./BRAUN, GÜNTHER E. (Hrsg.), CDU-Programmatik. Grundlagen und Herausforderungen, München 1981.

SCHREIBER, WOLFGANG (Hrsg.), Handbuch des Wahlrechts zum Deutschen Bundestag, Köln 1976.

SCHREINER, KURT, Die Entstehung des deutschen Parteiensystems, München 1974.

SCHRENK-NOTZING, CASPAR VON, Abschied vom Parteienstaat. Tendenz eines Umbruchs, Asendorf 1988.

SCHRÖDER, KARSTEN, Die FDP in der britischen Besatzungszone 1946–1948, Düsseldorf 1985.

SCHULZ, KLAUS-PETER, Auftakt zum Kalten Krieg. Der Freiheitskampf der SPD in Berlin 1945/46, Berlin 1946.

SCHUMANN, HANS-GERD, Die politischen Parteien in Deutschland nach 1945. Ein bibliographisch-systematischer Versuch, Frankfurt 1967.

DERS. (Hrsg.), Die Rolle der Opposition in der Bundesrepublik Deutschland, Darmstadt 1976.

SCHWAN, ALEXANDER/SCHWAN, GESINE, Sozialdemokratie und Marxismus. Zum Spannungsverhältnis von Godesberger Programm und marxistischer Theorie, Hamburg 1974.

SCHWARZ, HANS-PETER, Adenauer. Der Aufstieg: 1876–1952, Stuttgart 1986.

SCHWERING, LEO, Frühgeschichte der Christlich-Demokratischen Union, Recklinghausen 1963.

DERS., Vorgeschichte und Entstehung der CDU, Köln 1952².

SEE, HANS, Volkspartei im Klassenstaat oder Das Dilemma der innerparteilichen Demokratie, Reinbek 1972.

SEELIGER, ROLF, Quo vadis SPD. Aktuelle Beiträge zur Mobilisierung der Sozialdemokratie, München 1971.

DERS. (Hrsg.), SPD offensiv. Beiträge zur Auseinandersetzung mit der CDU/CSU, München 1974.

DERS. (Hrsg.), Mit der Union ist kein Staat zu machen. Die SPD in der Auseinandersetzung mit der CDU/CSU, München 1976.

SEIDEL, HANS, Weltanschauung und Politik. Ein Beitrag zum Verständnis der Christlich-Sozialen Union in Bayern, München 1961.

DERS., Zeitprobleme. Gesammelte Aufsätze und Vorträge, Aschaffenburg 1961².

SEIFERT, KARL-HEINZ, Die politischen Parteien im Recht der Bundesrepublik Deutschland, Köln 1975.

DERS., Bundeswahlrecht. Wahlrechtsartikel des Grundgesetzes, Bundeswahlgesetz, Bundeswahlordnung und wahlrechtliche Nebengesetze, München 1976³.

SELL, FRIEDRICH C., Die Tragödie des deutschen Liberalismus, Baden-Baden 1981².

SERFAS, GÜNTHER, »Lieber Freiheit ohne Einheit, als Einheit ohne Freiheit«. Der Neubeginn der Demokratischen Volkspartei in Württemberg-Baden 1945/46, Heidelberg 1986.

SKIBOWSKI, KLAUS OTTO, Zukunft mit der CDU? Fehler und Chancen der Opposition, Düsseldorf 1970.

SMITH, GORDON, Democracy in Western Germany. Parties and Politics in the Federal Republic, London 1986³.

SMOYZIN, WERNER, NPD. Geschichte und Umwelt einer Partei. Analyse und Kritik, Pfaffenhofen 1967.

SOELL, HARTMUT, Fritz Erler. Eine politische Biographie, 2 Bde., Bonn 1976.

SONTHEIMER, KURT/RÖHRING, HANS H. (Hrsg.), Handbuch des politischen Systems der Bundesrepublik Deutschland, München 1978².

STAMMEN, THEO, Das politische System der Bundesrepublik im Grundriß, München 1975.

DERS., Parteien in Europa. Nationale Parteiensysteme – Transnationale Parteienbeziehungen – Konturen eines europäischen Parteiensystems, München 1977.

DERS./HEPPEL, HANS/HIRSCHER, GERHARD, Wahlprogramme der politischen Parteien der Bundesrepublik Deutschland zur Bundestagswahl 1987. Texte, Erläuterungen, Kommentare, München 1987.

STAMMER, OTTO (Hrsg.), Parteiensysteme, Parteiorganisationen und die neuen politischen Bewegungen. Beiträge zur 3. Internationalen Konferenz über Vergleichende Politische Soziologie, Berlin 1968.

STARITZ, DIETRICH (Hrsg.), Das Parteiensystem der Bundesrepublik. Geschichte – Entstehung – Entwicklung. Eine Einführung, Opladen 1980².

STATISTISCHES BUNDESAMT, Datenreport. Zahlen und Fakten über die Bundesrepublik, Bonn 1987.

STENGER, JOSEPH, La Schüler-Union. Etude d'un mouvement politique de jeunes lycéens en République Fédérale allemande de 1972 à 1980, Frankfurt 1982.

STEPHAN, DIETER, Jungsozialisten. Stabilisierung nach langer Krise? Theorie und Politik 1969–1979 – Eine Bilanz, Bonn 1979.

STÖSS, RICHARD, Vom Nationalismus zum Umweltschutz. Die deutsche Gemeinschaft/Aktionsgemeinschaft Unabhängiger Deutscher im Parteiensystem der Bundesrepublik, Opladen 1980.

DERS., Die extreme Rechte in der Bundesrepublik, Opladen 1989.

DERS. (Hrsg.), Parteien-Handbuch. Die Parteien der Bundesrepublik Deutschland 1945–1980, Bd. 1: AUD-EFP, Bd. 2: FDP-WAV, Opladen 1983 und 1984.

STOLLBERG, FRANK, Die verfassungsrechtlichen Grundlagen des Parteiverbots, Berlin 1976.

STORBECK, ANNA CHRISTINE, Die Regierungen des Bundes und der Länder seit 1945, München-Wien 1970.

DIES., Die Regierungen des Bundes und der Länder seit 1945. Ergänzungsband 1969 bis 1973, bearb. von Jürgen Jekewitz, München-Wien 1973.

STREECK, SYLVIA/STREECK, WOLFGANG, Parteiensystem und Status quo. Drei Studien zum innerparteilichen Konflikt, Frankfurt 1972.

SUND, OLAF/CONERT, HANS-GEORG/GEYER, HORST, Die Parteien der Bundesrepublik als Volksparteien, München 1965.

TEMPEL, KARL G., Die Parteien in der Bundesrepublik Deutschland und die Rolle der Parteien in der DDR (hrsg. von der Landeszentrale für politische Bildungsarbeit), Berlin 1987.

THAYSEN, UWE, Parlamentsreform in Theorie und Praxis, Opladen 1972.

DERS., Parlamentarisches Regierungssystem in der Bundesrepublik Deutschland. Daten – Fakten – Urteile im Grundriß, Opladen 1976[2].

TORMIN, WALTER, Geschichte der deutschen Parteien seit 1848, Stuttgart 1968[3].

TRANSFER 2, Wahlforschung. Sonden im politischen Markt, Opladen 1976.

TRAUTMANN, HELMUT, Innerparteiliche Demokratie im Parteienstaat, Berlin 1975.

TREUE, WILHELM, Deutsche Parteiprogramme 1861–1956, Göttingen 1957[2].

TREUE, WOLFGANG, Die deutschen Parteien. Vom 19. Jahrhundert bis zur Gegenwart, Frankfurt 1975.

TROITZSCH, KLAUS G., Bürgerperzeptionen und Legitimierung. Anwendung eines formalen Modells des Legitimations-/Legitimierungsprozesses auf Wählereinstellungen und Wählerverhalten im Kontext der Bundestagswahl 1980, Frankfurt 1987.

TROSSMANN, HANS, Der Deutsche Bundestag. Vorgeschichte und Leistungen, Organisation und Arbeitsweise, Darmstadt 1971[5].

TSATSOS, DIMITRIS TH./MORLOK, MARTIN, Parteienrecht. Eine verfassungsrechtliche Einführung, Heidelberg 1982.

ULLMANN, HANS-PETER, Bibliographie zur Geschichte der deutschen Parteien und Interessenverbände, Göttingen 1978.

UNGER, ILSE, Die Bayernpartei. Geschichte und Struktur 1945–1957, Stuttgart 1979.

VARAIN, HEINZ JOSEF, Parteien und Verbände. Eine Studie über ihren Aufbau, ihre Verflechtung und ihr Wirken in Schleswig-Holstein 1945–1958, Köln-Opladen 1964.

VEEN, HANS-JOACHIM, Opposition im Bundestag. Ihre Funktionen, institutionellen Handlungsbedingungen und das Verhalten der CDU/CSU-Fraktion in der 6. Wahlperiode 1969–1972, Bonn 1976.

DERS. (Hrsg.), Christlich-Demokratische und konservative Parteien in Westeuropa, Bd. 1: Bundesrepublik Deutschland, Österreich, Bd. 2: Großbritannien, Frankreich, Paderborn u. a. 1983.

VERHEUGEN, GÜNTER, Der Ausverkauf. Macht und Verfall der FDP, Reinbek 1984.

VIEREGGE, HENNING VON, Parteistiftungen. Zur Rolle der Konrad-Adenauer-, Friedrich-Ebert-, Friedrich-Naumann- und Hanns-Seidel-Stiftung im politischen System der Bundesrepublik Deutschland, Baden-Baden 1977.

VOLLMER, ANTJE, ... und wehret euch täglich. Bonn – ein grünes Tagebuch, Gütersloh 1984.

VORLÄNDER, HANS (Hrsg.), Verfall oder Renaissance des Liberalismus? Beiträge zum deutschen und internationalen Liberalismus, München 1987.

VRING, THOMAS VON DER, Reform oder Manipulation? Zur Diskussion eines neuen Wahlrechts, Frankfurt 1968.

Wahlstatistik in Deutschland. Bibliographie der deutschen Wahlstatistik 1848–1975, hrsg. von Nils Diederich/Neidhard Fuchs/Irene Kullack/Horst W. Schmollinger, München 1976.
Walter, Gerd, Theoretischer Anspruch und politische Praxis der DKP, Meisenheim 1973.
Wambach, Manfred Max, Verbändestaat und Parteienoligopol, Stuttgart 1971.
Weber, Hermann, Das Prinzip Links. Eine Dokumentation, Hannover 1973.
Weber, Jürgen, Interessengruppen im politischen System der Bundesrepublik Deutschland (hrsg. von der Bayerischen Landeszentrale für politische Bildungsarbeit), München 1980[2].
Weber, Werner, Spannungen und Kräfte im westdeutschen Verfassungssystem, Stuttgart 1951.
Wehling, Hans-Georg (Hrsg.), Westeuropas Parteiensysteme im Wandel, Stuttgart u. a. 1983.
Weinacht, Paul-Ludwig (Hrsg.), Die CDU in Baden-Württemberg und ihre Geschichte, Stuttgart u. a. 1978.
Weitzel, Kurt, Von der CSVP zur CDU. Die Gründung der CDU in Rheinhessen 1945–1947, Frankfurt 1982.
Weizsäcker, Richard von (Hrsg.), CDU-Grundsatzdiskussion. Beiträge aus Wissenschaft und Politik, München 1977.
Wellner, Walter, Parteienfinanzierung, München 1973.
Wende, Frank (Hrsg.), Lexikon zur Geschichte der Parteien in Europa, Stuttgart 1981.
Wewer, Göttrik (Hrsg.), Parteienfinanzierung und politischer Wettbewerb. Rechtsnormen – Realanalysen – Reformvorschläge, Opladen 1987.
Wichard, Rudolf, Parteien in der Demokratie. Eine Einführung in die allgemeine Parteienlehre, Hildesheim-New York 1977.
Wichmann, Manfred, Parteipolitische Ämterpatronage. Vorschläge zur Beseitigung eines Verfassungsverstoßes im Bereich des öffentlichen Dienstes, Frankfurt 1986.
Wieck, Hans-Georg, Die Entstehung der CDU und die Wiedergründung des Zentrums im Jahre 1945, Düsseldorf 1953.
Ders., Christliche und Freie Demokraten in Hessen, Rheinland-Pfalz, Baden und Württemberg 1945/46, Düsseldorf 1958.
Wiedemeyer, Wolfgang, Helmut Kohl – Porträt eines deutschen Politikers. Eine biographische Dokumentation, Bad Honnef 1975.
Wiesendahl, Elmar, Parteien und Demokratie. Eine soziologische Analyse paradigmatischer Ansätze der Parteienforschung, Opladen 1980.
Wildenmann, Rudolf, Partei und Fraktion. Aspekte des Verhältnisses der Fraktion der CDU/CSU im zweiten und dritten Deutschen Bundestag zum Kabinett Adenauer, Meisenheim 1955[2].
Ders. u. a., Volksparteien. Ratlose Riesen?, Baden-Baden 1989.
Wolf, Konstanze, CSU und Bayernpartei. Ein besonderes Konkurrenzverhältnis 1948–1960, Köln 1984[2].
Wolf, Werner, Der Wahlkampf. Theorie und Praxis, Köln 1980.
Ders. (Hrsg.), CDU Hessen 1945–1985. Politische Mitgestaltung und Kampf um die Mehrheit, Köln 1986.
Wolfrum, Rüdiger, Die innerparteiliche Ordnung nach dem Parteiengesetz, Berlin 1974.
Woller, Hans, Die Loritz-Partei. Geschichte, Struktur und Politik der Wirtschaftlichen Aufbau-Vereinigung (WAV) 1945–1955, Stuttgart 1982.

Zauzich, Maria-Christine, Parteien im Wandel. Von der Weltanschauungspartei zur Volkspartei, München 1976.
Zeuner, Bodo, Innerparteiliche Demokratie, Berlin 1969.
Ders., Kandidatenaufstellung zur Bundestagswahl 1965. Untersuchungen zur innerparteilichen Willensbildung und zur politischen Führungsauslese, Den Haag 1970.
Ziebura, Gilbert (Hrsg.), Beiträge zur allgemeinen Parteienlehre. Zur Theorie, Typologie und Vergleichung politischer Parteien, Darmstadt 1969.
Zülch, Rüdiger, Von der FDP zur F.D.P. Die Dritte Kraft im deutschen Parteiensystem, Bonn 1973.
Zundel, Rolf, Die Erben des Liberalismus, Freudenstadt 1971.

b) *Aufsätze*

ABROMEIT, HEIDRUN, Parteiverdrossenheit und Alternativbewegungen. Thesen zur Weiterentwicklung des Parteiensystems der Bundesrepublik, in: Politische Vierteljahresschrift, 23 (1982) 2, S. 178–198.

ALBER, JENS, Modernisierung, neue Spannungslinien und die politischen Chancen der Grünen, in: Politische Vierteljahresschrift, 26 (1985) 3, S. 211–226.

ALEMANN, ULRICH VON, Stabilität und Gleichgewicht als Theoreme der Parteien- und Parlamentstheorie, in: Politische Vierteljahresschrift, 16 (1975) 1, S. 3–28.

DERS., Mehr Demokratie per Dekret? Innerparteiliche Auswirkungen des Deutschen Parteiengesetzes von 1967, in: Politische Vierteljahresschrift, 13 (1972) 2, S. 181–204.

ARNIM, HANS HERBERT VON, Verfassungsfragen der Parteienfinanzierung, in: Zeitschrift für Rechtspolitik, 15 (1982) 11, S. 294–301.

DERS., Verfassungsrechtliche Aspekte der Neuregelung der Parteienfinanzierung 1984, in: Aus Politik und Zeitgeschichte, B 8/84, S. 9–25.

DERS., Politische Parteien, in: Die öffentliche Verwaltung, 38 (1985) 15, S. 593–605.

BACHSLEITNER, KARL, Zur Entstehung und Funktion der AfA als ›Arbeitnehmerflügel‹ der SPD, in: Blätter für deutsche und internationale Politik, 21 (1976) 7, S. 802–817.

BARTON, TERRY, Die CDU 1975–1983: Nach rechts rutschende Honoratiorenpartei? Zum Selbstverständnis von Parteitagsdelegierten, in: Zeitschrift für Parlamentsfragen, 15 (1984) 2, S. 196–210.

BECKMANN, MICHAEL, Die Logik des kollektiven Handelns und die Logik von Parteigründungen am Beispiel der »Grünen«, in: Zeitschrift für Politik, 35 (1988), S. 407–415.

BEYER, WILHELM, Die Stellung der Nebenorganisationen im Verfassungsrechtsstreit, in: Die öffentliche Verwaltung, 8 (1955) 6, S. 176–178.

BEYME, KLAUS VON, Neue soziale Bewegungen und politische Parteien, in: Aus Politik und Zeitgeschichte, B 44/86, S. 30–39.

BLANK, JOSEPH-THEODOR, Die innerparteiliche Willensbildung nach dem Grundgesetz, ihre Ausgestaltung im Parteiengesetz und ihre Berücksichtigung in den Parteistatuten, in: Deutsches Verwaltungsblatt, 91 (1976) 15, S. 564–573.

BORCHERT, HARTMUT, Die Fraktion – eine eigenständige demokratisch legitimierte Repräsentation im parteienstaatlichen parlamentarischen System, in: Archiv des öffentlichen Rechts, 102 (1977) 2, S. 210–242.

BRINKMANN, HEINZ ULRICH, Wahlverhalten der »neuen Mittelschicht« in der Bundesrepublik Deutschland, in: Aus Politik und Zeitgeschichte, B 30–31/88, S. 19–32.

BÜRKLIN, WILHELM P., Die Grünen und die ›Neue Politik‹. Abschied vom Dreiparteiensystem?, in: Politische Vierteljahresschrift, 22 (1981) 4, S. 359–382.

BÜSCH, OTTO, »Geschichte und Gestalt der SRP«, in: Rechtsradikalismus im Nachkriegsdeutschland. Studien über die »Sozialistische Reichspartei« (SRP), Schriften des Instituts für politische Wissenschaft, Bd. 9, Berlin-Frankfurt 1957, S. 3–192.

DEXHEIMER, WOLFGANG F., Die CSU-Landesgruppe. Ihre organisatorische Stellung in der CDU/CSU-Fraktion, in: Zeitschrift für Parlamentsfragen, 3 (1972) 3, S. 307–313.

DUX, GÜNTER, Meinungsfreiheit als innere Ordnung der politischen Parteien, in: Deutsches Verwaltungsblatt (mit Verwaltungsarchiv des Reichsverwaltungsblattes), 81 (1966) 15, S. 553–559.

ELY, JOHN, The Greens: Between Legality and Legitimacy, in: German Politics and Society, 14 (1988), S. 41–49.

FALKE, WOLFGANG, Partei und Führung. Zu den innerorganisatorischen Aufgaben der CDU, in: Parteien-Demokratie. Sonderheft April 1974 der Zeitschrift Die politische Meinung, 19 (1974), S. 21–61.

FAUL, ERWIN, Verfemung, Duldung und Anerkennung des Parteiwesens in der Geschichte des politischen Denkens, in: Politische Vierteljahresschrift, 5 (1964) 1, S. 60–80.

FEIST, URSULA/KRIEGER, HUBERT, Alte und neue Scheidelinien des politischen Verhaltens. Eine Analyse zur Bundestagswahl 1987, in: Aus Politik und Zeitgeschichte, B 12/87, S. 33–47.

FEIST, URSULA/LIEPELT, KLAUS, Eine neue Scheidelinie. Nichtmaterielle Leitbilder und ihre Dynamik für das Parteiensystem in der Bundesrepublik Deutschland, in: Journal für Sozialforschung, 23 (1983) 1, S. 26–39.

DIES., Modernisierung zu Lasten der Großen: Wie die Deutschen Volksparteien ihre Integrationskraft verlieren, in: Journal für Sozialforschung, 27 (1987) 3–4, S. 277–295.

FLECHTHEIM, OSSIP K., Die Institutionalisierung der Parteien in der Bundesrepublik, in: Zeitschrift für Politik, 9 (1962) 2, S. 97–110.

DERS., Die Anpassung der SPD: 1914, 1933 und 1959, in: Kölner Zeitschrift für Soziologie und Sozialpsychologie, 17 (1965), S. 584–604.

FOGT, HELMUT, Die Grünen in den Parlamenten der Bundesrepublik. Ein Sozialraum, in: Zeitschrift für Parlamentsfragen, 14 (1983) 4, S. 500–517.

DERS., Basisdemokratie oder Herrschaft der Aktivisten?: Zum Politikverständnis der Grünen, in: Politische Vierteljahresschrift, 25 (1984) 1, S. 97–114.

FRANKE, SIEGFRIED, Kleinere Parteien im Modell der Demokratie, in: Jahrbuch für Neue Politische Ökonomie, 5 (1986), S. 68–87.

FRIAUF, KARL HEINRICH, Parteienfinanzierung im Spannungsfeld von Bürgergleichheit und staatlicher Neutralitätspflicht, in: Aus Politik und Zeitgeschichte, B 8/84, S. 3–8.

FROTSCHER, WERNER, Die parteienstaatliche Demokratie – Krisenzeichen und Zukunftsperspektiven, in: Deutsches Verwaltungsblatt, 100 (1986) 17, S. 917–927.

FUSS, ERNST-WERNER, Freiheit und Gleichheit des Parteiwirkens, in: Deutsche Juristenzeitung, (1959) 13, S. 392–396.

GABRIEL, OSCAR W., Zerfall der Parteiidentifikation – Krise der Volksparteien?, in: Jugendforum, (1988) 6, S. 161–172.

GALEOTTI, GIANLUIGI/BRETON, ALBERT, An Economic Theory of Political Parties, in: Kyklos, 39 (1986) 1, S. 47–65.

GANSEL, NORBERT, Und die Reform der Ortsvereinsarbeit?, in: Die Neue Gesellschaft, 18 (1971) 10, S. 730–733.

GLOTZ, PETER, Anatomie einer politischen Partei in einer Millionenstadt. Über den Zusammenhang von Mitgliederstruktur und innerparteilicher Solidarität in der Münchner SPD 1968–74, in: Aus Politik und Zeitgeschichte, B 41/75, S. 15–37.

GLUCHOWSKI, PETER, Lebensstile und Wandel der Wählerschaft in der Bundesrepublik Deutschland, in: Aus Politik und Zeitgeschichte, B 12/87, S. 18–32.

DERS./VEEN, HANS-JOACHIM, Nivellierungstendenzen in den Wähler- und Mitgliederschaften von CDU/CSU und SPD 1959 bis 1979, in: Zeitschrift für Parlamentsfragen, 10 (1979) 3, S. 312–331.

GOPPEL, THOMAS, Jugend und Parteien, in: Politische Studien, 36 (1985) 280, S. 156–167.

GREWE, WILHELM, Parteienstaat – oder was sonst?, in: Der Monat, (1950/51) 3, S. 563–577.

HÄBERLE, PETER, Unmittelbare staatliche Parteienfinanzierung unter dem Grundgesetz, in: Juristische Schulung, (1967) 2, S. 64–74.

HAUNGS, PETER, Die Bundesrepublik – ein Parteienstaat?, in: Zeitschrift für Parlamentsfragen, 4 (1973) 4, S. 502–524.

HEIDENHEIMER, ARNOLD J., Der starke Regierungschef und das Parteiensystem: Der »Kanzler-Effekt« in der Bundesrepublik, in: Politische Vierteljahresschrift, 1–2 (1960/61), S. 241–262.

HENKE, WILHELM, Verteidigung der Demokratie durch Parteiverbot oder Parteiquarantäne, in: Deutsche Juristenzeitung, 26 (1973) 10, S. 293–299.

DERS., Das Verbot von Ersatzorganisationen verfassungsfeindlicher Parteien, in: Die öffentliche Verwaltung, 27 (1974) 23, S. 793–798.

DERS., Bestand und Wandel im Recht der politischen Parteien, in: Deutsches Verwaltungsblatt, 94 (1979) 10–11, S. 369–378.

DERS., Die Parteien und der Ämterstaat, in: Neue Zeitschrift für Verwaltungsrecht, (1985) 9, S. 616–621.
HENNIS, WILHELM, Abkoppelung vom Volk. An den Grenzen des Parteienstaates, in: Süddeutsche Zeitung vom 11./12. 12. 1982, S. 109.
HESSE, KONRAD/KAFKA, GUSTAV E., Die verfassungsrechtliche Stellung der politischen Parteien im modernen Staat, in: Veröffentlichungen der Vereinigung der deutschen Staatsrechtslehrer, (1959) 17, S. 11–100.
HEYDTE, FRIEDRICH AUGUST FREIHERR VON DER, Freiheit der Parteien, in: Die Grundrechte. Handbuch der Theorie und Praxis der Grundrechte, hrsg. von Karl Gustav Bettermann/Franz L. Neumann/Hans Carl Nipperdey, 1967, Bd. II, S. 457–506.
HOFFMANN, DIETER H., Die öffentliche Rechenschaftspflicht der Parteien über die Herkunft ihrer Mittel, in: Deutsches Verwaltungsblatt, Jg. 73, 1958, S. 856–858.
HUBER, JOSEPH, Basisdemokratie und Parlamentarismus: zum Politikverständnis der Grünen, in: Aus Politik und Zeitgeschichte, B 2/83, S. 19–31.
HUFNAGEL, GERHARD, Re-Organisation des politischen Prozesses: Grundgesetz und Parteiendemokratie, in: Sozialwissenschaftliche Informationen für Unterricht und Studium, 6 (1977) 3, S. 121–129.

INGLEHART, RONALD, Traditionelle politische Trennungslinien und die Entwicklung der neuen Politik in westlichen Gesellschaften, in: Politische Vierteljahresschrift, 24 (1983) 2, S. 139–165.
ISMAYR, WOLFGANG, Die GRÜNEN im Bundestag: Parlamentarisierung und Basisanbindung, in: Zeitschrift für Parlamentsfragen, 16 (1985) 3, S. 299–321.
JESSE, ECKHARD/BACKES, UWE, Parteiendemokratie (Informationen zur Politischen Bildung, Nr. 207, 1985).

KALTEFLEITER, WERNER, Wandlungen des deutschen Parteiensystems 1949–1974, in: Aus Politik und Zeitgeschichte, B 14/75, S. 3–10.
KEWENIG, WILHELM, Die Problematik der unmittelbaren staatlichen Parteifinanzierung, in: Die öffentliche Verwaltung, 17 (1964) 24, S. 829–840.
KIMMINICH, OTTO, Die Parteien im Rechtsstaat: Herausforderung durch die »Alternativen«, in: Die öffentliche Verwaltung, 36 (1983) 6, S. 217–226.
KIRCHHEIMER, OTTO, Parteistruktur und Massendemokratie in Europa, in: Archiv des öffentlichen Rechts, 79 (1953/54) 3, S. 301–325.
DERS., Der Wandel des westeuropäischen Parteiensystems, in: Politische Vierteljahresschrift, 6 (1965) 1, S. 20–41.
KLEIN, HANS, Parteien sind gemeinnützig. Das Problem der Parteienfinanzierung, in: Neue Juristische Wochenschrift, 35 (1982) 14, S. 735–737.
KLOTZBACH, KURT, Parteien und Gesellschaft. Zu Tendenzen und Problemen der Parteienforschung nach 1945, in: Archiv für Sozialgeschichte, 13 (1973), S. 1–21.
DERS., Die Programmdiskussion in der deutschen Sozialdemokratie 1945–1959, in: Archiv für Sozialgeschichte, 16 (1976), S. 469–483.
KNÖPFLE, FRANZ, Der Zugang zu den politischen Parteien, in: Der Staat, 9 (1970) 3, S. 321–346.
KÖLBLE, JOSEF, Inwieweit schützt das Parteiprivileg des Art. 21 II Satz 2 GG auch Nebenorganisationen von Parteien?, in: Archiv des öffentlichen Rechts, 87 (1982), S. 48–66.
KONOW, GERHARD, Verfassungsrechtliche Fragen zum Parteiengesetz, in: Die öffentliche Verwaltung, 21 (1968) 3–4, S. 73–80.
KORT-KRIEGER, UTE, Der realistische Wähler. Problemlösungskapazität von Parteien im Urteil ihrer Anhänger, in: Politische Vierteljahresschrift, 27 (1986) 3, S. 290–310.
KRIELE, MARTIN, Feststellung der Verfassungsfeindlichkeit von Parteien ohne Verbot, in: Zeitschrift für Rechtspolitik, 8 (1975) 9, S. 201–204.
KRIMPHOVE, LUDGER, Wahlkampfkostenerstattung oder Parteienfinanzierung?, in: Zeitschrift für Rechtspolitik, 13 (1980) 4, S. 93–94.
KRIPPENDORFF, EKKEHART, Das Ende des Parteienstaates, in: Die Neue Gesellschaft, 13 (1966) 1, S. 3–10.

KÜHR, HERBERT, Probleme innerparteilicher Demokratie in der CDU, in: Aus Politik und Zeitgeschichte, B 34–35/74, S. 3–16.
KULITZ, PETER, Die Spendenfinanzierung der politischen Parteien, in: Die öffentliche Verwaltung, 35 (1982) 8, S. 305–310.
KUNTZ, ALINE, The CSU and the Vicissitudes of Modernity: An End to Bavarian Exeptionalism, in: German Politics and Society, 14 (1988), S. 13–18.

LEGGEWIE, CLAUS, Die Zwerge am rechten Rand. Zu den Chancen kleiner neuer Rechtsparteien in der Bundesrepublik Deutschland, in: Politische Vierteljahresschrift, 28 (1987) 4, S. 361–383.
LEIBHOLZ, GERHARD, Volk und Partei im neuen deutschen Verfassungsrecht, in: Deutsches Verwaltungsblatt, 65 (1950), S. 194–197.
LEISNER, WALTER, Organisierte Opposition in Verbänden und Parteien?, in: Zeitschrift für Rechtspolitik, 12 (1979) 11, S. 275–280.
LENZ, HELMUT/SASSE, CHRISTOPH, Parteiausschluß und Demokratiegebot, in: Deutsche Juristenzeitung, (1962) 8, S. 233–241.
LEPSZY, NORBERT, Die Republikaner. Ideologie – Programm – Organisation, in: Aus Politik und Zeitgeschichte, B 41–42/89, S. 3–9.
LÖSCHE, PETER, Über das Geld in der Politik: historische und politische Anmerkungen, in: Gewerkschaftliche Monatshefte, 36 (1985) 5, S. 280–292.
DERS., The Evolution of the SPD, in: German Politics and Society, 14 (1988), S. 32–40.
LOHMAR, ULRICH, Probleme innerparteilicher Demokratie, in: Gewerkschaftliche Monatshefte, 17 (1966) 1, S. 33–40.
LORENZ, DIETER, Verfassungswidrige Parteien und Entscheidungsmonopol des Bundesverfassungsgerichts, in: Archiv des öffentlichen Rechts, 101 (1976) 1, S. 1–24.

MAASS, HANS-CHRISTIAN, Die CDU und der vorpolitische Raum, in: Die Sonde, 20 (1987) 1, S. 24–28.
MAGIERA, SIEGFRIED, Der Anspruch auf Parteibeitritt, in: Die öffentliche Verwaltung, 26 (1973) 22, S. 761–768.
MAURER, HARTMUT, Das Verbot politischer Parteien. Zur Problematik des Art. 21 Abs. 2 GG, in: Archiv des öffentlichen Rechts, 96 (1971) 2, S. 203–236.
MEESSEN, KARL MATTHIAS, Parteienstaatlichkeit – Krisensymptome des demokratischen Verfassungsstaates?, in: Neue Juristische Wochenschrift, 38 (1985) 39, S. 2289–2294.
MENGER, CHRISTIAN-FRIEDRICH, Zur verfassungsrechtlichen Stellung der deutschen politischen Parteien, in: Archiv des öffentlichen Rechts, 78 (1952/53), S. 149–162.
MENZEL, EBERHARD, Staatliche Parteienfinanzierung und moderner Parteienstaat, in: Die öffentliche Verwaltung, 19 (1966) 17–18, S. 585–608.
MERCK, JOHANNES, Klar zur Wende? Die FDP vor dem Koalitionswechsel 1980–1982, in: Politische Vierteljahresschrift, 28 (1987) 4, S. 384–402.
MERLE, WERNER, Kann die Erfüllung der Pflicht erzwungen werden, die das Parteiengesetz den Parteien auferlegt hat? in: Die öffentliche Verwaltung, 21 (1968) 2–4, S. 84–88.
MICHAEL, WOLFGANG, Die SPD – die altmodische Variante der Volkspartei?, in: Gewerkschaftliche Monatshefte, 39 (1988), S. 278–288.
MINTZEL, ALF, Abschied von einem Phantom. Zu theoretischen Konzepten und empirischen Analysen der Volkspartei in vergleichender Perspektive, in: Jürgen W. Falter/Christian Fenner/Michael Th. Greven (Hrsg.), Politische Willensbildung und Interessenvermittlung. Verhandlung der Fachtagung der DVPW vom 11.–13. Oktober, Opladen 1984, S. 62–77.
DERS., Die Rolle der CSU-Landesgruppe im politischen Kräftespiel der Bundesrepublik Deutschland, in: Politische Studien, 40 (1989), Sonderheft 1/89, S. 113–134.
DERS., Großparteien im Parteienstaat der Bundesrepublik, in: Aus Politik und Zeitgeschichte, B 11/89, S. 3–14.
DERS., Political and Socio-Economic Developments in the Postwar-Era: The Case of Bavaria, 1945–1989, in: Karl Rohe (Hrsg.), Elections, Parties, and Political Traditions, Oxford 1990, S. 145–178.

Ders./Schmitt, Hermann, Krise der Parteiendemokratie? Zu Funktionen, Leistungen und Defiziten der Parteien in der parlamentarischen Demokratie, in: Politische Bildung, 14 (1981), S. 3–16.

Möckl, Karl, Die Struktur der Christlich-Sozialen Union in Bayern in den ersten Jahren ihrer Gründung, in: Zeitschrift für bayerische Landesgeschichte, 36 (1973) 2, S. 719–733.

Morstadt, Gerhard, »Wes Brot ich eß ...«. Die neue Regelung der Parteienfinanzierung, in: Demokratie und Recht, 13 (1985) 3, S. 335–344.

Müchler, Günter, Zum früheren Verhältnis von CDU und CSU, in: Politische Studien, 25 (1972) 206, S. 595–613.

Müller-Rommel, Ferdinand, Parteien neuen Typs in Westeuropa: Eine vergleichende Analyse, in: Zeitschrift für Parlamentsfragen, 13 (1982) 3, S. 369–390.

Münch, Ingo von, Das eigenwillige Parteimitglied, in: Juristische Schulung, (1964) 2, S. 68–72.

Nassmacher, Karl-Heinz, Öffentliche Parteienfinanzierung in westlichen Demokratien, in: Journal für Sozialforschung, 21 (1981) 4, S. 351–374.

Ders., Parteienfinanzierung im internationalen Vergleich, in: Aus Politik und Zeitgeschichte, B 8/84, S. 27–45.

Ders., Öffentliche Parteienfinanzierung in Westeuropa: Implementationsstrategien und Problembestand in der Bundesrepublik Deutschland, Italien, Österreich und Schweden, in: Politische Vierteljahresschrift, 28 (1987) 1, S. 101–125.

Ders., Parteienfinanzierung als verfassungsrechtliches Problem, in: Aus Politik und Zeitgeschichte, B 11/89, S. 27–38.

Neumann, Dieter/Wesener, Wolfgang, Rundfunkfreiheit. Grundsatz der Chancengleichheit und Wahlwerbung der politischen Parteien, in: Deutsches Verwaltungsblatt, 99 (1984) 19, S. 914–918.

Niedermayer, Oskar, Innerparteiliche Partizipation. Zur Analyse der Beteiligung von Parteimitgliedern am parteiinternen Willensbildungsprozeß, in: Aus Politik und Zeitgeschichte, B 11/89, S. 15–25.

Ders./Schmitt, Hermann, Sozialstruktur und politischer Status in Parteiorganisationen, in: Politische Vierteljahresschrift, 24 (1983) 3, S. 293–310.

Oberreuter, Heinrich, The CDU and Social Change, in: German Politics and Society, 14 (1988), S. 3–12.

Pappi, Franz Urban, Parteiensysteme und Sozialstruktur in der Bundesrepublik, in: Politische Vierteljahresschrift, 14 (1973) 2, S. 191–213.

Ders., Die Anhänger der neuen sozialen Bewegungen im Parteiensystem der Bundesrepublik, in: Aus Politik und Zeitgeschichte, B 26/89, S. 17–27.

Pöttker, Horst, Das Fernsehen und die Krise der Parteien. Inhaltsanalysen als Beiträge zur politischen Soziologie, in: Publizistik, 30 (1985) 2–3, S. 330–345.

Preuss, Ulrich, Von der Arbeiterpartei zur Volkspartei, in: Die Neue Gesellschaft, 13 (1966) 5, S. 371–385.

Rabus, Günther, Die innere Ordnung der politischen Parteien im gegenwärtigen deutschen Staatsrecht, in: Archiv des öffentlichen Rechts, 78 (1952/53), S. 163–194.

Randelzhofer, Albrecht, Probleme des Parteirechts, in: Deutsche Juristenzeitung, (1969) 4, S. 533–541.

Raschke, Joachim, Demokratisierung durch innerparteilichen Gruppenwettbewerb?, in: Aus Politik und Zeitgeschichte, B 14/75, S. 11–32.

Ders., Die Grünen zwischen Bewegungs- und Parlamentspartei, in: Gegenwartskunde, 36 (1987) 2, S. 171–184.

Ders./Rubart, Frauke, Die Grünen und das parlamentarische Regierungssystem, in: Gegenwartskunde, 32 (1983) 2, S. 143–157.

Ders., Soziale Konflikte und Parteiensystem in der Bundesrepublik, in: Aus Politik und Zeitgeschichte, B 49/85, S. 22–39.

RÖHRICH, WILFRIED, Der Parteienstaat der Bundesrepublik Deutschland, in: Neue Juristische Wochenschrift, 34 (1981) 49, S. 2674–2676.
ROHRMOSER, GÜNTER, Parteien im Umbruch, Industriegesellschaft in der Krise. Zur Signatur der Zeit, in: Criticon, 17 (1987) 100–101, S. 57–60.
RÖNTGENBILD EINER MODERNEN VOLKSPARTEI. Sozialstruktur, Parteiaktivität und Informationsverhalten der SPD-Mitglieder, in: Sozialdemokrat, Magazin, (1978) 4, S. 8–13.
ROSE, RICHARD/URWIN, DEREK, Persistence and Change in Western Party Systems since 1945, in: Political Studies, (1970), S. 287–319.
ROTH, DIETER, Sind die Republikaner die fünfte Partei? Sozial- und Meinungsstruktur der Wähler der Republikaner, in: Aus Politik und Zeitgeschichte, B 41–42/89, S. 10–20.
RUCHT, DIETER, Zum Verhältnis von sozialen Bewegungen und Politischen Parteien, in: Journal für Sozialforschung, 27 (1987) 3–4, S. 297–313.

SCHARPING, RUDOLF, Die Aufgaben der Arbeitsgemeinschaften in der SPD, in: Die Neue Gesellschaft, 18 (1971) 10, S. 733–737.
SCHEUNER, ULRICH, Parteiengesetz und Verfassungsrecht, in: Die öffentliche Verwaltung, 21 (1968) 3–4, S. 88–95.
SCHIEDERMAIR, HARTMUT, Parteiausschluß und gerichtlicher Rechtsschutz, in: Archiv des öffentlichen Rechts, 104 (1979) 2, S. 200–224.
SCHMID, RICHARD, Der kleine Mann und das große Geld. Probleme der Parteienfinanzierung, in: Merkur, 38 (1984) 7, S. 763–773.
SCHMIDT, MANFRED G., Allerweltsparteien in Westeuropa?: ein Beitrag zu Kirchheimers These vom Wandel des westeuropäischen Parteiensystems, in: Leviathan, 13 (1985) 3, S. 376–397.
SCHMIDT, WALTER, Politische Parteien und andere Vereinigungen, in: Neue Juristische Wochenschrift, 37 (1984) 14, S. 762–767.
SCHMIDT-JORTZIG, EDZARD, Parteienrechtsordnung im Wandel, in: Deutsches Verwaltungsblatt, 98 (1983) 15, S. 773–780.
SCHMITT, HERMANN/NIEDERMAYER, OSKAR/MENKE, KURT, Etablierte und Grüne: zur Verankerung der ökologischen Bewegung in den Parteiorganisationen von SPD, FDP, CDU und CSU, in: Zeitschrift für Parlamentsfragen, 12 (1981) 4, S. 516–540.
SCHÖNHUBER, FRANZ, Hat die Rechte in Deutschland eine Chance? Das unvollständige Parteienspektrum, in: Criticon, 15 (1985) 87, S. 29–30.
SCHULTZE, RAINER-OLAF, Nur Parteienverdrossenheit und diffuser Protest? Systemfunktionale Fehlinterpretation der grünen Wahlerfolge, in: Zeitschrift für Parlamentsfragen, 11 (1980) 2, S. 292–313.
SCHUSTER, HANS, Die Zukunft des Parteien-Staates. Kritische Stimmen zu Ekkehard Krippendorffs Analyse, in: Der Monat, 14 (1962) 162, S. 84–91.
SCHUSTER, RUDOLF, Relegalisierung der KPD oder Illegalisierung der NPD? Zur politischen und rechtlichen Problematik von Parteiverboten, in: Zeitschrift für Politik, 15 (1968), S. 413–429.
SEEBER, DAVID, Die Krise der CDU. Zur Situation einer Partei, die ihre Probleme erst annehmen muß, in: Herder-Korrespondenz, 42 (1988), S. 412–417.
SEIFERT, KARL-HEINZ, Zur Rechtsstellung der politischen Parteien, in: Die öffentliche Verwaltung, 9 (1956) 1, S. 1–7.
DERS., Zum Verbot politischer Parteien, in: Die öffentliche Verwaltung, 14 (1961) 3, S. 81–91.
SIMON, WERNER, Politische Bildung durch Parteien? Zur Problematik einer umstrittenen Parteiaufgabe, in: Aus Politik und Zeitgeschichte, B 50/85, S. 32–47.
SOE, CHRISTIAN, The Free Democratic Party: The Politics of Hanging on and Muddling Through, in: German Politics and Society, 14 (1988), S. 19–31.
SOELL, HARTMUT, Fraktion und Parteiorganisation. Zur Willensbildung in der SPD in den 60er Jahren, in: Politische Vierteljahresschrift, 10 (1969), S. 604–626.
STEFFANI, WINFRIED, Parteien als soziale Organisationen. Zur politologischen Parteienanalyse, in: Zeitschrift für Parlamentsfragen, 19 (1988), S. 549–560.
STEININGER, RUDOLF, Max Webers Parteienkonzept und die Parteienforschung, in: Kölner Zeitschrift für Soziologie und Sozialpsychologie, 32 (1980) 1, S. 543–575.
STOLLEIS, MICHAEL/SCHÄFFER, HEINZ/RHINOW RENÉ A., Parteienstaatlichkeit – Krisensymptome

des demokratischen Verfassungsstaates?, in: Veröffentlichungen der Vereinigung der deutschen Staatsrechtslehrer, 44 (1985), S. 7–168.
Stöss, Richard, Terra incognita der Parteienforschung: Splitterparteien in der Bundesrepublik, in: Zeitschrift für Parlamentsfragen, 6 (1975) 2, S. 254–266.
Strunk, Gert Peter, Meinungsfreiheit und Parteidisziplin, in: Deutsche Juristenzeitung, (1978) 3, S. 87–92.

Ullrich, Hartmut, Die Rolle von Bundestagsfraktion und außerparlamentarischen Parteigremien in der politischen Willensbildung der FDP, in: Politische Vierteljahresschrift, 8 (1967) 1, S. 103–125.

Varain, Heinz Josef, Die politischen Parteien. Geschichte und Theorie, in: Neue Politische Literatur, 15 (1970) 2, S. 141–155.
Veen, Hans-Joachim, Wer wählt grün? Zum Profil der neuen Linken in der Wohlfahrtsgesellschaft, in: Aus Politik und Zeitgeschichte, B 35–36/84, S. 3–17.
Ders., Bewährung als Volkspartei. Konfession und Wahlverhalten der Generationen, in: Die politische Meinung, 33 (1988) 238, S. 58–66.
Ders./Gluchowski, Peter, Sozialstrukturelle Nivellierung bei politischer Polarisierung – Wandlungen und Konstanten in den Wählerstrukturen der Parteien 1953–1987, in: Zeitschrift für Parlamentsfragen, 19 (1988) 2, S. 225–248.
Vorländer, Hans, The Enigmatic FDP: Can the Liberal Party Survive?, in: German Studies Newsletter, (1985) 5, S. 9–16.

Wassermann, Rudolf, Funktionsverluste der Parlamente und Parteien – Parlaments- oder Demonstrationsdemokratie?, in: Recht und Politik, 21 (1985) 3, S. 129–137.
Ders., Der öffentliche Dienst im Griff der Parteien, in: Der öffentliche Dienst, 39 (1986) 8, S. 165–168.
Wenner, Ulrich, Grundgesetz und Parteienstaat, in: Sozialwissenschaftliche Informationen für Unterricht und Studium, 13 (1984) 4, S. 22–34.
Wildenmann, Rudolf/Kaltefleiter, Werner/Schleth, Uwe, Auswirkungen von Wahlsystemen auf das Parteien- und Regierungssystem der Bundesrepublik, in: Kölner Zeitschrift für Soziologie und Sozialpsychologie, 17 (1965) Sonderheft 9, S. 74–112.
Willms, Günther, Zur Problematik des Parteiverbots, in: Deutsche Juristenzeitung, (1973) 14, S. 455–456.
Wolinetz, Steven B., The Transformation of Western Europe Party Systems Revisited, in: West European Politics, 2 (1979) 1, S. 4–28.

Zeuner, Bodo, Parlamentarisierung der Grünen, in: PROKLA, 15 (1985) 61, S. 5–22.
Zohlnhöfer, Werner, Parteiidentifizierung in der Bundesrepublik und in den Vereinigten Staaten, in: Kölner Zeitschrift für Soziologie und Sozialpsychologie, 17 (1965) Sonderheft 9, S. 126–168.
Zwirner, Henning, Die Rechtsprechung des Bundesverfassungsgerichts zur Parteienfinanzierung, in: Archiv des öffentlichen Rechts, 93 (1968) 1, S. 81–135.

Personenregister

Sachregister

Abkürzungsverzeichnis

ADAC	Allgemeiner Deutscher Automobilclub
ADAV	Allgemeiner Deutscher Arbeiterverein
ADF	Aktion Demokratischer Fortschritt
AKW	Atomkraftwerk(e)
AL	Alternative Liste
APO	Außerparlamentarische Opposition
AUD	Aktionsgemeinschaft Unabhängiger Deutscher
AVP	Aktionsgemeinschaft Vierte Partei
BAT	Bundes-Angestelltentarif
BdD	Bund der Deutschen
BFD	Bund Freies Deutschland
BGBl.	Bundesgesetzblatt
BGL	Bremer Grüne Liste
BHE	Block (Bund) der Heimatvertriebenen und Entrechteten
BLW	Bunte Liste – Wehrt Euch: Initiative für Demokratie und Umweltschutz
BP	Bayernpartei
BUU	Bürgerinitiative Umweltschutz Unterelbe
BVerfGE	Entscheidungen des Bundesverfassungsgerichts
BVP	Bayerische Volkspartei
BWahlG	Bundeswahlgesetz
BWK	Bund Westdeutscher Kommunisten
CDU	Christlich Demokratische Union Deutschlands
CSU	Christlich Soziale Union
CVP	Christliche Volkspartei
CVP	Christliche Volkspartei des Saarlandes
DAG	Deutsche Angestellten-Gewerkschaft
DAP	Deutsche Aufbau-Partei
DBD	Demokratische Bauernpartei Deutschlands
DDP	Deutsche Demokratische Partei
DFP	Deutsche Freiheitspartei
DFU	Deutsche Friedens-Union
DG	Deutsche Gemeinschaft
DGB	Deutscher Gewerkschaftsbund
DKP	Deutsche Kommunistische Partei
DKP	Deutsche Konservative Partei
DKP–DRP	Deutsche Konservative Partei – Deutsche Rechtspartei
DL	Demokratische Linke
DNVP	Deutschnationale Volkspartei
DP	Deutsche Partei
DPD	Demokratische Partei Deutschlands

DRep	Deutsche Rechtspartei
DRP	Deutsche Reichspartei
DSU	Deutsch-Soziale Union
DU	Deutsche Union
DVP	Demokratische Volkspartei
DVP	Deutsche Volkspartei
DVU	Deutsche Volksunion
DVPW	Deutsche Vereinigung für Politische Wissenschaft
EAP	Europäische Arbeiterpartei
ECPR	European Consortium for Political Research
EG	Europäische Gemeinschaft
EVG	Europäische Verteidigungsgemeinschaft
FAP	Freiheitliche Deutsche Arbeiterpartei
FDP	Freie Demokratische Partei
GAL	Grün-Alternative Liste
GAZ	Grüne Aktion Zukunft
GB/BHE	Gesamtdeutscher Block/Block der Heimatvertriebenen und Entrechteten
GDP	Gesamtdeutsche Partei
GG	Grundgesetz
GIM	Gruppe Internationale Marxisten
GLB	Grüne Liste Berlin
GLH	Grüne Liste Hessen
GLNF	Grüne Liste Nordfriesland
GLSH	Grüne Liste Schleswig-Holstein
GLU	Grüne Liste Umweltschutz
GLU/HH	Grüne Liste Umweltschutz/Hamburg
GLU/H	Grüne Liste Umweltschutz/Hessen
GLUW	Grüne Liste unabhängiger Wähler
GLW	Grüne Liste – Wählerinitiative für Umweltschutz und Demokratie
GRÜNE	„Die Grünen“
GVP	Gesamtdeutsche Volkspartei
HJ	Hitler-Jugend
IHK	Industrie- und Handelskammer
INFAS	Institut für angewandte Sozialwissenschaft
JU	Junge Union Deutschlands
KB	Kommunistischer Bund
KBW	Kommunistischer Bund Westdeutschland
K-Gruppen	Kommunistische Gruppen
KP	Kommunistische Partei

KPD	Kommunistische Partei Deutschlands
KPD/ML	Kommunistische Partei Deutschlands/Marxisten-Leninisten
KZ	Konzentrationslager
LDP	Liberal-Demokratische Partei
LDPD	Liberal-Demokratische Partei Deutschlands
LDU	Liste für Demokratie und Umweltschutz
MLPD	Marxistisch-Leninistische Partei Deutschlands
MSB	Marxistischer Studentinnen- und Studentenbund Spartakus
N	Numerus
NATO	North Atlantic Treaty Organization
NDP	Nationaldemokratische Partei
NDPD	National-Demokratische Partei Deutschlands
NDR	Norddeutscher Rundfunk
NF	Nationalistische Front
NLA	Nationalliberale Aktion
NLP	Niedersächsische Landespartei
NPD	Nationaldemokratische Partei Deutschlands
NS	Nationalsozialismus
NSDAP	Nationalsozialistische Deutsche Arbeiterpartei
ÖDP	Ökologisch-Demokratische Partei
PdA	Partei der Arbeit
Patrioten	Patrioten für Deutschland
Pg	Parteigenosse
REP	Die Republikaner
RSF	Radikal-Soziale Freiheitspartei
SA	Sturmabteilung
SAP	Sozialistische Arbeiterpartei Deutschlands
SBZ	Sowjetische Besatzungszone
SDAJ	Sozialistische Deutsche Arbeiterjugend
SDAP	Sozialdemokratische Arbeiterpartei
SED	Sozialistische Einheitspartei Deutschlands
SPD	Sozialdemokratische Partei Deutschlands
SPV	Sonstige Politische Vereinigung
SRP	Sozialistische Reichspartei
SS	Schutzstaffel
SSV	Südschleswigscher Verein
SSW	Südschleswigscher Wählerverband
UAP	Unabhängige Arbeiter-Partei (Deutsche Sozialisten)
UNO	United Nations Organization (Vereinte Nationen)

USP	Umweltschutzpartei Niedersachsen
USPD	Unabhängige Sozialdemokratische Partei Deutschlands
UWSH	Unabhängige Wähler Schleswig-Holstein
VDNV	Vereinigung Deutsche Nationalversammlung
VSBD	Volkssozialistische Bewegung Deutschlands
VSP	Vereinigte Sozialistische Partei
WAA	Wiederaufbereitungsanlage
WAV	Wirtschaftliche Aufbauvereinigung
WP	Wahlperiode
Zentrum	Deutsche Zentrumspartei

Verzeichnis der Autoren und Herausgeber

ALEMANN, ULRICH VON, Dr. phil., geb. 1944; Professor für Politikwissenschaft an der Fernuniversität Hagen. – *Veröffentlichungen u. a.:* Parteiensysteme im Parlamentarismus, Opladen 1973; (Hrsg.) Parteien und Wahlen in Nordrhein-Westfalen, Stuttgart 1985; Organisierte Interessen in der Bundesrepublik, Opladen 1989; (Mithrsg.) Gesellschaft – Technik – Politik, Opladen 1989.

HAUNGS, PETER, Dr. phil., geb. 1939; Professor für Politikwissenschaft an der Universität Trier. – *Veröffentlichungen u. a.:* (zus. mit Bernhard Vogel) Wahlkampf und Wählertradition, Köln-Opladen 1965; (Hrsg.) Wahlkampf als Ritual?, Meisenheim 1974; Parteiendemokratie in der Bundesrepublik, Berlin 1982; (Mithrsg.) Parteien in der Krise, Köln 1987.

JESSE, ECKHARD, Dr. phil., geb. 1948; Wissenschaftlicher Angestellter im Fach Politikwissenschaft an der Universität Trier. – *Veröffentlichungen u. a.:* Wahlrecht zwischen Kontinuität und Reform. Eine Analyse der Wahlsystemdiskussion und der Wahlrechtsänderungen 1949–1983, Düsseldorf 1985; Wahlen. Bundesrepublik Deutschland im Vergleich, Berlin 1988; (zus. mit U. Backes) Politischer Extremismus in der Bundesrepublik Deutschland, 3 Bde., Köln 1989; Streitbare Demokratie in der Bundesrepublik Deutschland (i. E. 1991).

MINTZEL, ALF, Dr. phil., geb. 1935; Professor für Soziologie an der Universität Passau. – *Veröffentlichungen u. a.:* Geschichte der CSU, Opladen 1977; Die CSU. Anatomie einer konservativen Partei, Opladen 1978^2; Die Volkspartei. Typus und Wirklichkeit, Opladen 1984.

MÜLLER-ROMMEL, FERDINAND, Dr. rer. pol., geb. 1952; Akademischer Rat am Institut für Sozialwissenschaften der Universität Lüneburg. – *Veröffentlichungen u. a.:* Innerparteiliche Gruppierungen in der SPD, Opladen 1982; (Mithrsg.) Vergleichende Politikwissenschaft, Opladen 1986; (Hrsg.) New Politics in Western Europe, Boulder 1989.

OBERREUTER, HEINRICH, Dr. phil., geb. 1942; Professor für Politikwissenschaft an der Universität Passau. – *Veröffentlichungen u. a.:* (Hrsg.) Parlamentarische Opposition. Ein internationaler Vergleich, Hamburg 1975; (Mitautor) Parlament und Regierung. Ein Vergleich dreier Regierungssysteme, München 1977; (Hrsg.) Wahrheit statt Mehrheit? An den Grenzen der parlamentarischen Demokratie, München 1986; Bewährung und Herausforderung. Zum Verfassungsverständnis der Bundesrepublik Deutschland, München 1989.

POGUNTKE, THOMAS, Dr. sc. pol., geb. 1959; Wissenschaftlicher Mitarbeiter der Forschungsstelle für gesellschaftliche Entwicklungen, Universität Mannheim. – *Veröffentlichungen u. a.:* Basisdemokratie als grünes Gegenmodell?, in: Der Bürger im Staat, 39 (1989)4; The »New Politics Dimension« in European Green Parties, in: Ferdinand Müller-Rommel (Hrsg.), New Politics in Western Europe, Boulder 1989.

ROWOLD, MANFRED, Dr. phil., geb. 1949; seit 1975 bei »Die Welt«, ab 1. September 1989 Moskau-Korrespondent. – *Veröffentlichungen u. a.:* Im Schatten der Macht. Zur Oppositionsrolle der nicht-etablierten Parteien in der Bundesrepublik, Düsseldorf 1974.

SCHMITT, HERMANN, Dr. sc. pol., geb. 1952; Leiter des Zentrums für Europäische Umfrageanalysen und Studien (ZEUS) an der Universität Mannheim (zusammen mit Oskar Niedermayer), Koordinator der European Elections Study 1989. – *Veröffentlichungen u. a.:* Neue Politik in alten Parteien, Opladen 1987; (Mithrsg.) Neumitglieder in der SPD, Neustadt 1987; (Hrsg.) The European Elections of 1989, special issue of the European Journal of Political Research, 1990.

Vorländer, Hans, Dr. phil., geb. 1954; seit 1987 Lehrstuhlvertreter für Politikwissenschaft, insbes. vergleichende Analyse liberal-demokratischer Systeme und Demokratietheorien, an der Universität Frankfurt. – *Veröffentlichungen u. a.:* Verfassung und Konsens. Der Streit um die Verfassung in der Grundlagen- und Grundgesetzdiskussion der Bundesrepublik Deutschland, Berlin 1981; (Mithrsg.) Sozialer Liberalismus, Göttingen 1986; Verfassungsverehrung in Amerika. Zum konstitutionellen Symbolismus in den USA, in: Amerikastudien, 34 (1989); Grundgesetzverständnis und Verfassungspolitik in der Bundesrepublik Deutschland, in: Aus Politik und Zeitgeschichte, B 16–17/89.